# Velimir Chlebnikov
# Werke
## Poesie
## Prosa Schriften Briefe

Herausgegeben von Peter Urban

Rowohlt

Die deutsche Erstausgabe erschien 1972
in der von Jürgen Manthey herausgegebenen
Reihe das neue buch.
Schutzumschlag- und Einbandgestaltung Klaus Detjen
Textlayout Gisela Nolte
Der Abdruck der Texte «Incantation by Laughter»,
«La conjuration par le rire», «Opus N° 16»
und «Beschwörung durch Lachen» («O, erlacht, Lacherer»)
erfolgt mit freundlicher Genehmigung von
Rolf Fieguth und dem Wilhelm Fink Verlag, München,
sowie von Vladimir Markov, Luda Schnitzer
und Pierre Jean Oswald

1. Auflage dieser Ausgabe April 1985
Copyright © 1985 by Rowohlt Verlag GmbH,
1972 by Rowohlt Taschenbuch Verlag GmbH,
Reinbek bei Hamburg
Alle Rechte vorbehalten
Gesetzt aus der Helvetica von Alfred Utesch, Hamburg
Druck und Einband Biblia-Druck, Stuttgart
Printed in Germany
ISBN 3 498 00868 4

# Poesie Prosa Schriften Briefe

Deutsch von Hans Carl Artmann, Chris Bezzel,
Gerald Bisinger, Hans Christoph Buch, Paul Celan,
Hans Magnus Enzensberger, Rolf Fieguth,
Ernst Jandl, Vladimir Markov, Friederike Mayröcker,
Franz Mon, Otto Nebel, Oskar Pastior,
Klaus Reichert, Gerhard Rühm, Luda Schnitzer,
Peter Urban, Urs Widmer, Rosemarie Ziegler

Texte über Chlebnikov von Vladimir Majakovskij
und Vladimir Tatlin

Bilder, Zeichnungen, Fotos, Buchumschläge,
Entwürfe, Schriften von Jurij Annenkov,
David Burljuk, Nikolaj Burljuk, Paul Celan,
Velimir Chlebnikov, Sofja Dymšic, Vasilij Ermilov,
Pavel Filonov, Boris Grigorjev, Elena Guro,
Vasilij Kamenskij, Valentin Katajev,
Vasilij Katanjan, Ivan Kljun, Aleksej Kručonych,
Nikolaj Kulbin, Georgij Kuzmin, Michail Larionov,
Benedikt Livšic, Vladimir Majakovskij,
Kazimir Malevič, Anatolij Mariengof,
Filippo Tommaso Marinetti, Mejerzon,
Pavel Miturič, Otto Nebel, Ivan Puni,
Ksenija Sinjakova, Vladimir Tatlin, Igor Terentjev,
Ilija Zdanevič, Kirill Zdanevič, L. Žegin

# 1
# Poesie

Vladimir Majakovskij:
Velimir Chlebnikov

Viktor Vladimirovič Chlebnikov ist tot.
Chlebnikovs Ruhm als Dichter ist unermeßlich viel geringer als seine Bedeutung.
Von den hundert, die ihn gelesen haben, nannten ihn fünfzig einfach einen Graphomanen, vierzig haben ihn als Unterhaltung gelesen und sich gewundert, weshalb sie von all dem keine Unterhaltung hatten, und nur zehn (die Futuristen-Dichter, die Philologen des «Opojaz») kannten und liebten diesen Kolumbus neuer poetischer Kontinente, die jetzt von uns besiedelt und urbar gemacht werden.
Chlebnikov ist kein Dichter für den Verbrauch. Ihn kann man nicht lesen. Chlebnikov ist ein Dichter für Produzenten.
Chlebnikov hat keine Verserzählungen. Die Endgültigkeit der von ihm publizierten Sachen ist eine Fiktion. Der Anschein des Endgültigen ist meistens das Werk seiner Freunde. Wir waren es, die aus einem Haufen von Manuskripten, die er wegwerfen wollte, ausgewählt haben, was uns am wertvollsten erschien, und es in Druck gaben. Nicht selten wurde dabei, zu Chlebnikovs heiterem Erstaunen, der Schwanz eines Entwurfs an einen fremden Kopf geklebt. Zum Korrekturlesen war er unmöglich zuzulassen – er strich immer alles durch, alles, und schrieb dann einen neuen Text. Wenn Chlebnikov eine Sache für den Druck anbrachte, sagte er meistens: «Wenn was nicht so ist – ändert es.» Wenn er las, brach er manchmal mitten im Wort ab und gab den Hinweis: «Na, und so weiter.»
In diesem «usw.» steckt der ganze Chlebnikov: er stellte die poetische Aufgabe, gab ihrer Lösung eine Form – die Nutzung dieser Lösung zu praktischen Zwecken überließ er den anderen.
Chlebnikovs Biographie ist seinen strahlenden Wortgebäuden gleich. Seine Biographie ist für Dichter ein Beispiel, für Macher in der Dichtung ein Vorwurf.
Chlebnikov und das Wort.
Für die sogenannte neue Poesie (unsere neueste), besonders für die Symbolisten, war das Wort Material zum Schreiben von Gedichten (zum Ausdruck von Gefühlen und Gedanken), Material, dessen Strukturen, Widerstände und Verarbeitung unbekannt waren. Das Material wurde unbewußt von Fall zu Fall betastet.

Der alliterative Zufall ähnlicher Wörter gab sich als innere Bindung aus, als untrennbare Verwandtschaft. Die festgefahrene Form des Wortes wurde als ewig angesehen, und man mühte sich, sie den Dingen, die das Wort überwuchert hatten, überzuziehen. Für Chlebnikov ist das Wort eine selbständige Kraft, die das Material der Gefühle und Gedanken organisiert. Daher — die Vertiefung in die Wurzeln, in den Ursprung des Wortes, in die Zeit, als die Bezeichnung der bezeichneten Sache entsprach. Als vielleicht ein Dutzend von Wurzelwörtern entstanden war und neue als Kasus der Wurzel auftauchten (die Chlebnikovsche Wurzel-Flexion) — zum B. «byk» [Stier] ist derjenige, *der* stößt: «bok» [Seite, Hüfte] ist das, *wohin* er stößt (byk, der Stier). «Lys» [kahl] ist das, wozu der Wald [les] geworden ist: «los'» [Elch], «lis» [Fuchs] sind die, die im Wald leben.
Chlebnikovs Zeilen —

> Lesa lysy.
> Lesa obezlosili. Lesa obezlisili —*

sind nicht auseinanderzureißen, sie bilden eine eiserne Kette.
Und wie von selbst zerfließt

> Čuždyj čaram černyj čeln**
> *Balmont.*

Das Wort in seinem jetzigen Sinn ist ein zufälliges Wort, notwendig für irgendeine Praxis. Aber das genaue Wort muß jede beliebige Schattierung eines Gedankens variieren.
Chlebnikov hat ein ganzes «Periodensystem des Wortes» geschaffen. Wenn er das Wort in seinen unentwickelten, unbekannten Formen wählte, es mit dem entwickelten Wort konfrontierte, bewies er damit die Notwendigkeit und Unausweichlichkeit des Auftauchens neuer Wörter.
Wenn der entwickelte «pljas» [Tanz] das abgeleitete Wort «pljasunja» [Tänzerin] hat, so muß die Entwicklung der Aviation, des «Fliegs» [let] den Ausdruck «letunja» hergeben. Wenn der Tag der Kindstaufe «krestiny» heißt, so ist der Tag des Fliegens eben «letiny». Selbstverständlich steckt darin nicht einmal eine Spur von billigem Slavophilentum: unwichtig ist, ob das Wort «Fliege-

---

* Wörtl.: Die Wälder sind kahl. Die Wälder sind entelcht. Die Wälder sind entfuchst.
** «Zaubern fremdes schwarzes Schiff».

rin» im Augenblick nicht gebraucht wird, im Augenblick unnötig ist — Chlebnikov gibt nur die Methode, wie man Wörter richtig bildet.
Chlebnikov, der Meister des Verses.
Ich sagte bereits, Chlebnikov hat keine zu Ende geführten Werke. In seiner letzten Sache zum B., im «Zangezi», spürt man klar zwei nebeneinander gedruckte verschiedene Varianten. Chlebnikov muß man in Fragmenten auswählen, in denen, die die poetische Aufgabe am besten lösen.
In allen Sachen von Chlebnikov fällt seine ungeheure Meisterschaft ins Auge. Chlebnikov konnte nicht nur auf Wunsch unverzüglich ein Gedicht schreiben (in seinem Kopf arbeitete es an der Poesie rund um die Uhr), sondern er konnte einer Sache auch die ungewöhnlichste Form geben. So gibt es bei ihm zum Beispiel ein sehr langes Gedicht, das von der einen Seite wie von der anderen zu lesen ist —

> Koni topot inok.
> No ne reč', a čeren on*
> usw.

Aber das ist natürlich nur eine absichtliche Spielerei — vor Überfluß. Spielereien haben Chlebnikov selten interessiert, nie hat er Sachen zum Angeben oder für den Verkauf gemacht.
Seine philologische Arbeit brachte Chlebnikov zu Versen, die das lyrische Thema aus nur einem einzigen Wort entwickeln.
Das sehr bekannte Gedicht «Beschwörung durch Lachen», 1909 gedruckt, ist bei Dichtern, Neuerern und Parodisten, Kritikern gleichermaßen beliebt:

> Ihr Lacherer, schlagt die Lache an!
> Die ihr vor Lachen lacht
> die ihr lachhaftig lachen macht,
> lach aus, lach ein,
> Lacherich, Lacherach**
> usw.

---

\* «Pferde, Getrappel, Mönch, aber nicht Rede, sondern schwarz ist er» — aus dem Gedicht «Umdreher».
\*\* Von Majakovskij ungenau zitiert; deutsch zitiert nach der Version von Hans Magnus Enzensberger.

Hier wird in einem Wort auch «smejevo», das Land des Lachens, gebildet, wie die listigen «smejunčiki», und die «Lachmeier» — die Kraftmeier.
Welch literarische Armseligkeit im Vergleich dazu bei Balmont, der ebenfalls versucht hat, einen Vers auf dem einen Wort «ljubit'» [lieben] aufzubauen:

> Liebt, liebt, liebt, liebt,
> liebt wahnsinnig, liebt die Liebe
> usw.

Tautologien. Armseligkeit des Wortes. Und das für die so komplizierten Definitionen der Liebe! Chlebnikov hat einmal sechs Druckseiten geschrieben, nur von der Wurzel «lieb-» abgeleitet. Gedruckt werden konnte das nicht, weil in der Provinzsetzerei das «l» nicht reichte.

Von den reinen Wortschöpfungen ging Chlebnikov zu deren Anwendung in der praktischen Aufgabe über, und sei es in der Beschreibung einer Heuschrecke:

> Flügelchend mit dem Goldbrief
> aus feinstem Faserwerk,
> packte das Heupferdchen seinen Wanst korbvoll
> mit Ufernem: Schilfen und Gräsern
> Pinj, pinj, pinj! pardauzte die Roßpappel.
> O schwanings.
> O aufschein!*

Und schließlich der Klassiker:

> Am Brunnen
> zerrinnen,
> so wollte das Wasser,
> daß in dem Tümpelchen
> die vergoldeten Zügel
> sich spiegeln.
> Rasch wie die schmale Schlange,
> so wollte der Wasserstrahl,
> wollte das Wässerlein,
> wollt enteilen, sich verteilen,

---

\* Deutsch zitiert in der Fassung von Paul Celan.

> damit um den Preis der geleisteten Arbeit
> die Stiefel grüner werden, grün,
> die schwarzäugigen, von ihm.
> Flüstern, Stampfen, Wonnestöhnen,
> dunkle Röte der Scham,
> Hüttenfenster von drei Seiten,
> dunkle Röte der Scham.

Einen Vorbehalt: ich zitiere die Gedichte aus dem Gedächtnis, ich kann in Details irren und will in diesem winzigen Abriß auch überhaupt nicht den ganzen Chlebnikov umreißen.
Noch eins: ich halte mich absichtlich nicht bei den riesigen phantastisch-historischen Arbeiten Chlebnikovs auf, weil deren Grundlage — die reine Poesie bildet.
Chlebnikovs Leben.
Chlebnikov wird am besten durch seine eigenen Worte definiert:

> Heute gehe ich wieder
> dorthin — aufs Leben, auf die Auktion, auf den Markt,
> und das Heer der Lieder führe ich
> zum Zweikampf mit der Brandung des Markts.

Ich kenne Chlebnikov zwölf Jahre lang. Er kam öfters nach Moskau, und dann sahen wir uns, mit Ausnahme der letzten Tage, jeden Tag. Chlebnikovs Arbeitsweise hat mich erschüttert. Sein leeres Zimmer war immer überschwemmt mit Heften, Blättern und Papierfetzen, beschrieben in seiner winzigen Handschrift. Wenn in dieser Zeit nicht der Zufall zupackte und irgendeinen Sammelband vorbereitete, und wenn nicht irgend jemand aus diesem Haufen ein Blatt hervorzog, um es zu drucken — auf seinen Reisen machte er sich aus Manuskripten ein Kissen, auf diesem Kopfkissen schlief der Reisende Chlebnikov, und dann verlor er das Kopfkissen.
Chlebnikov war viel auf Reisen. Die Gründe und Zeiten seiner Reisen waren einfach nicht zu begreifen. Vor drei Jahren war es mir unter großen Mühen gelungen, eine Ausgabe seiner Manuskripte gegen Honorar zu arrangieren (Chlebnikov hatte mir eine kleine Mappe kunterbunt durcheinandergewürfelter Manuskripte gegeben, die Jakobson mit nach Prag genommen hatte, als er seine einzigartig schöne Broschüre über Chlebnikov schrieb). Einen Tag vor dem ihm mitgeteilten Datum, wo er Genehmigung

und Geld bekommen sollte, traf ich ihn auf dem Theaterplatz mit einem Köfferchen in der Hand.

«Wo wollen Sie denn hin?» – «In den Süden, es ist doch Frühling!...» – und er fuhr weg.

Er fuhr auf dem Waggondach; er war zwei Jahre unterwegs, er machte mit unserer Armee alle Rückzüge und Vormärsche in Persien mit, kriegte einen Typhus nach dem anderen. Diesen Winter kam er zurück, im Waggon für Epileptiker, überanstrengt und abgerissen, in einem Krankenkittel.

Er brachte keine einzige Zeile mit. Von seinen Gedichten dieser Zeit kenne ich nur das über den Hunger, es war in irgendeiner Krim-Zeitung abgedruckt, und zwei wunderbare Bücher im Manuskript, die er früher geschickt hatte – «Ladomir» und die «Schramme am Himmel».

«Ladomir» wurde dem GIZ übergeben, aber gedruckt werden konnte er nicht. Konnte denn ein Chlebnikov mit dem Kopf durch die Wand?

Praktisch war Chlebnikov einer der unorganisiertesten Menschen. Er selbst hat in seinem Leben nicht eine einzige Zeile gedruckt. Die postume Lobeshymne von Gorodeckij schreibt Chlebnikov fast organisatorisches Talent zu: Schaffung des Futurismus, Druck der «Ohrfeige dem öffentlichen Geschmack» usw. Das stimmt absolut nicht. Sowohl der «Richterteich» (1908) mit Chlebnikovs ersten Gedichten als auch die «Ohrfeige» sind von David Burljuk organisiert worden. Und auch zu allem weiteren war Chlebnikov fast nur gewaltsam heranzuziehen. So unpraktisch zu sein ist natürlich widerlich, aber bei Chlebnikov, der selten überhaupt eigene Hosen hatte (geschweige denn etwas zu essen), nahm die Uneigennützigkeit den Charakter eines echten Glaubenseifers, eines Martyriums für die Idee der Poesie an.

Chlebnikov mochten alle, die ihn kannten. Aber das war eine Liebe von Gesunden für einen gesunden, sehr gebildeten, scharfsinnigen Dichter. Verwandte, Fähige, die – in Verleugnung ihrer selbst – ihm den Hof machen konnten, hatte er nicht. Die Krankheit machte Chlebnikov anspruchsvoll. Wenn er Leute sah, die ihm nicht ihre volle Aufmerksamkeit schenkten, wurde er mißtrauisch. Ein zufällig hingeworfener, etwas schärferer Satz, der gar nicht einmal auf ihn gemünzt sein mußte, wurde dann aufgeblasen zur Mißachtung seiner Poesie, zur poetischen Vernachlässigung seiner selbst.

Im Namen der Bewahrung der richtigen literarischen Perspektive halte ich es für meine Pflicht, sowohl in meinem Namen als auch — ich zweifle nicht daran — im Namen meiner Freunde, der Dichter Asejev, Burljuk, Kručonych, Kamenskij und Pasternak schwarz auf weiß zu sagen, daß wir ihn für einen unserer dichterischen Lehrmeister und einen großartigen und ehrenhaften Ritter in unserem poetischen Kampf gehalten haben und halten.

Nach Chlebnikovs Tod sind in verschiedenen Zeitschriften und Zeitungen Artikel über Chlebnikov erschienen, voller Mitgefühl. Mit Ekel habe ich sie gelesen. Wann endlich wird die Komödie der postumen Heilungen aufhören?! Wo waren die Schreiber von heute, als Chlebnikov noch am Leben war, bespuckt von der Kritik, als er als Lebender durch Rußland ging? Ich kenne Lebende, die Chlebnikov vielleicht nicht ebenbürtig sind, die aber dasselbe Ende erwartet.

Laßt sie endlich sein, diese Ehrfurcht der Hundertjahresfeiern, die Ehrungen durch postume Ausgaben! Den Lebenden Artikel! Den Lebenden Brot! Den Lebenden Papier!

lach anlachsam belacherant!

*Beschwörung durch Lachen*

Ihr Lacherer, schlagt die Lache an!
Ihr Lacherer, schlagt an die Lacherei!
Die ihr vor Lachen lacht und lachhaftig lachen macht,
schlagt lacherlich eure Lache auf!
Lachen verlachender Lachmacher! Ungeschlachtes Gelachter!
Lachen lacherlicher Lachler, lach und zerlach dich!
Gelach und Gelacher,
lach aus, lach ein, Lachelei, Lachelau,
Lacherich, Lacherach.
Ihr Lacherer, schlagt die Lache an!
Ihr Lacherer, schlagt an die Lacherei!


*Beschwörung durch Lachen*

Oh, entlacht, Lacherer.
Oh, erlacht, Lacherer.
Daß sie Gelächter lachen, daß sie lachantern lachal.
Oh, erlacht läcgeral
Oh, überlachaler Entlächtrichte — Gelächter lächerlicher Lacherer.
Lacherein, lacherein,
Lächle, lächerle, Lacheli, Lacheli,
Lachelanten, Lachelanten,
Oh, entlacht, Lacherer.
Oh, erlacht, Lacherer.

*Incantation by Laughter*

O you laughniks, laugh it out!
O you laughniks, laugh it forth!
You who laugh it up and down,
Laugh along so laughily,
Laugh it off belaughingly!
Laughters of the laughing laughniks, overlaugh the laughathons!
Laughiness of the laughish laughers, counterlaugh the
                                          Laughdom's laughs!
Laughio! Laughio!
Dislaugh, relaugh, laughlets, laughlets,
Laughulets, laughulets,
O you laughniks, laugh it out!
O you laughniks, laugh it forth!


*beschwörung lachen*

o lacht auf ihr lachhälse
o lacht los ihr lachhälse
was lachen die mit lacherei was lächern die lächerlich
o lacht los verlächerlich
o der überlächerlichen lachlöcher — lachen der verlächerten
                                                  lachhälse
o lach aus erlächernd lachen der zerlächerten lachhälse
lachland lachland
verlach belache lachmacher lachmacher
lachlocker lachlocker
o lacht auf ihr lachhälse
o lacht los ihr lachhälse

*Beschwörung durch Lachen*

Na, zugelacht, ihr Lachlackel!
Na, aufgelacht, ihr Lachlackel!
Was lachen die da lachend, was überlachen die da lachig.
Na, ablachig aufgelacht!
Na, hinauslachiger Erlachterter — Lache lacheriger Lachlackel!
Na, zulachig ausgelacht, Lache lacherischer Lächlackel!
Lachetei, Lachetei,
Belacher, Belächer, Lälachter, Lälachter,
Lilalächter, Lilalächter,
Na, zugelacht, ihr Lachlackel!
Na, aufgelacht, ihr Lachlackel!


*bannung durch lachung*

ach, auflacht, lachenschaftler!
ach, drauflacht, lachenschaftler!
was lachern s' lachereinend, zerlachern sich so lacherlich.
ach, drauflacht verlachziv!
ach, lachloch oberlachesis, lach anlachsam belacherant!
ach, auslach vorverlacherung, lach bannlachbar belacherant!
lachyrinth, lachyrinth,
lachheit, lachkeit, lachorie, lachorie,
lachileinchen, lachileinchen,
ach, auflacht, lachenschaftler!
ach, drauflacht, lachenschaftler!

*La conjuration par le rire*

O irriez, les rieurs!
O éclariez, rieurs!
Qui riez de rires, qui riaillez riassement.
O éclariez souriamment!
O surraillerie irriante — rire des sourieux rioneurs!
O dérie riolemment — rire des railleux riards!
Rillesse, rillesse,
Irrie, irraille, rirettes, rirettes,
Rirotteurs, rirotteurs!
O irriez, les rieurs!
O éclariez, rieurs!


*Beschwörung der Lachmanns*

                      Für Anja, Peter und Renate Lachmann

Ach, Lachmanns, lacht euch ach!
Ach, Lachmanns, lacht euch lach!
Damit ihr lacht mit hach und lach, daß ihr euch lächrig lacht.
Ach, lacht euch lachelach.
Ach, lacheliche Lächlache — Lachen all der lächtlichen Lachmeier!
Ach, lach dich plach, Lachen lachlechlicher Lächlmeier!
Lächelich, lächelich,
Achlächel, Hachlachel, Lächlacher, Lächlacher,
Lächleriche, Lächleriche —
Ach, Lachmanns, lacht euch ach!
Ach, Lachmanns, lacht euch lach!


Zur Etymologie des Namens Lachmann: idg. Wurzel, allgemein-slav. *lĕk-
(lek, lék, leká, lêk, lijek) Heilmittel, Medizin, Arznei: *laki-man; vgl. got.
lekeis der Arzt, Medizinmann; schwed. läkare.

*Zakljatie smechom*

O, rassmejtes', smechači!
O, zasmejtes', smechači!
Čto smejutsja smechami, čto smejanstvujut smejal'no.
O, zasmejtes' usmejal'no!
O, rassmešišč nadsmejal'nych – smech usmejnych smechačej!
O, issmejsja rassmejal'no, smech nadsmejnych smejačej!
Smejevo, smejevo,
Usmej, osmej, smešiki, smešiki,
Smejunčiki, smejunčiki,
O, rassmejtes', smechači!
O, zasmejtes', smechači!


*Beschwörung durch Schmähen*

Oh, rasch schmäht es, Schmäh-Hatschi!
Oh, so schmäht es, Schmäh-Hatschi!
Was schmähen Schmäh sie, Arme; was schmächteln sie:
                                        schmäh Aal!
Oh, verschmäht es, nur schmäh Aal nich!
Oh, Rasch-Schmähschicht, na, schmäh Aal nich,
                        schmäh un schmäh nich Schmäh-Hatschä!
Oh, ich schmäh es, rasch schmäh Aal nich,
                        schmäh, na schmäh nich Schmäh-Hatschä!
Schmähe wo, schmähe wo,
husch mäh, oh Schmäh! Schmäh schick hin, Schmäh schick hin,
Schmäh-*Hund* schick hin, Schmäh-Hund schick hin!
Oh, rasch schmäht es, Schmäh-Hatschi!
Oh, so schmäht es, Schmäh! Hatschi!

# Allerleilach
*Kopfankopf-Koppel*

Zum Lachen, daß ich nicht lache. Mich lachzig lache, mich lächerig lache, in Auflachungen die Lacher lächerlich lache, mich vor Lachen erlache, vor Lächerlichkeit mich lachend belache, nach Lache lechze vor Gelächter, lachhaft, lachhaft, lachhaftiglich lachhaft, hach. Von der Erlachbarkeit lacher Gelächter. Von der Lachlichkeit lachender Lachkünfte. Vom belächelten Lachtum. Seid lachsam, lachsam, das Lachsal ist lach. Daß ich's mir anlache, gelacht, lachend einen lacherlangen Beilach, daß mein Gelächt sich auflachert, lach, lächer, am lächersten, die Lachgelachschaft, die Gelächterschaft lachend verunlächere, die Lachmacher, Lachbolde, Lachlinge, Lächlinge, Lachiane, den Lacher und die Lachin, den Lachant und die Lachantin, Allachingens Lachgelächt. Von der Urlächlichkeit. Was Lacherer zusammenlächern. Vom Belachern und Belächtern. Von den Gelachteten und Erlächtigten. Lachter Lachterer lachinierend. Wie Lachinchen den Lachiner überlächtelt. Lachelinchens Lache. Lachisten und Lachistinnen beim Lachsen. Hergelacht, Lächerchen. Lächlächelt, Lacherle. Lach, Lachedei. Die Auflache, die Zulache, die Lachination. Der Verlach. Lachig lach ich's Lachsel; lach ich's lachsig, lach ich Lachs. Dem Lachenden lacht Lächsung. Von denen Lachungen, Verlächtigungen, lachischen Verlächerlichungen lachaler Lachtiker. Die Lächelungen der Laschen. Lacheraner vergelachtigte Lachtin; lachte Anlacht in Zubelach. Lacherlicht. Daß ich Lachen lache, mir ins Lächtchen lächigle, erlachter Lach, lacherter. Hach, die Lachlache lachlacher Gelächterlacher. Lachelte die Belachin. Zum Lachel, loch der Luch. Ich lach mich aus, ich lach, daß ich lachliere, daß ich vor Lachheit zerlache, ich bin zum Verlachen ins Lachen verlacht, ins lache Gelächter über lacherlei Lachnis. Vom Lachen über das Gelächter über die Verlachtheit der Lache.

# Lach-Alle
*Koppelung von Wurzeln*

Lachlich lachlich lachen wir uns ein!
Belachtbarkeiten der Lacht lachige Gelächter der Verlacht Belachtbarkeit der Belacht, der Lacht, Lacht, Lacht Lacht! Belachtigkeit der lachtlichen Gelächter. Fangt an die Lachigkeit der Lacht. Oh, verlacht das Lachen der Erlacht. Lach lächtelich weg lach ab die Achtechtlichkeit der Lacht, Lächlmacher Lächlmacher, Lacherer Lacherer Lacherchen, Lächterinnen, lachelich lachlich. Oh, lacht euch ein, Lachmeier, oh, lacht rein, Lachmeier. Was lachen die Lachmeier, was lachern sie lachrig, oh, fangt belachrig an zu lachen! Lachlinge Lachlinge Lacheriche Lacheriche, Lachauer, lachterliche, lachterliche Lachterer, Lachterinnen, Lachinglinge, Lachunglinge, oh, lacht euch ein, Lachmeier, oh, zerlacht euch, Lachmeier. Lachigkeiten, Lachtigkeiten, Lachtheiten Lachtheiten Lacheriche, Lachauer. Lächtlmacher der Lachterungen. Lachterin Lachter Belacherung Lacherekeit oh lach belacherig aus Gelächter belachlicher Lachmeier. Lacherachauer der Lacherachten.
Oh, Lachtigkeiten lächiges Gelächter, Gelächter belachlicher Lachmeier!
Oh, lacheriger Lachterkeiten Gelächter belachlicher Lachmeier!
Oh, lachert lachtbar das Gelächter der lachrigen ZERLACHTERUNGEN!

# Lieb-Satz

Auf Anlieb verliebt. Aus Liebe zur lieben Liebheit vor Verliebtheit ins Liebhafte sich den Lub des innelieben Liebs erlieben. Die Liebschaffenheit des Liebeschaffenen. Liebe machen aus Liebe. Aus Liebe Liebe machen. Die geliebten Liebsachen. Das Liebe. Von Liebzen liebeigen mit Schliebzen liebliebsen. Liebesonders den liebleibelnden Lubsch, die Liebfalt der lieblichen Liebnisse. Die Liebsal des Liebsals. Die Liebhaber beliebig lieber Lieblichkeiten.
Nachbeliebenliebende Lieberwisser, liebenswerte Liebenswerte, verunliebte Lieber. Der Liebauf und der Liebunter, Lieban & Liebille, der Liebreiz und die Liebreizerin. Liebhabriger Liebuster, liebliebelnde Liebin, lieberlicher Lübscher.
Nachwievorliebnehmen, Zerliebchen.
Liebsein oder Liebhaben. Aus Zuliebe zur Hinliebe, liebendiger Unzerlieb. Hinundhergeliebte, ich verlieb dich. Eine Verabliebung. Liebkindes Liebimmel-Liebammel, Liebhaberei in der Liebschaft. Allumliebe Lieberjane, Liebenöter, Liebare im Liebschen, Liebunde des Liebs, lieber Lieben üben als lieblos lieben. Lieberer kolliebierte mit Liebsterem. Was Liebtum erliebbar macht. Die Liebler liebhaftiger Erliebnisse. — Ad libitum.
Entliebter Liebersacher, ein Liebnam mißlieblicher Zwieliebigkeit, Obliebenheiten zuwiderliebscher Liebhaft.
In lieberloher Zulieblichung, liebst Liebstling liebstersten Maßlubst, wie lieb lieb Lub tut.
Sich freilieben, losgeliebt vorweglieben, liebenthalben liebdestolieber liebzigmal zuweglieben, zuliebeliebsen, zuliebelieren, liebendfach liebfachen, neuliebig den Umlieb einverlieben, dem Antlub verantlüblich, im Hinlieb auf Drittliebliches Allgeliebes liebdingsen.
Liebselhafte Liebnunft. Jedliebig die Liebarchen woliebunter hieliebsteter Liebarchien — in Liebenbürgen, Liebünden, Lieborten, Liebsbergen, in Liebassen, Liebinten, Liebernen, Liebuffen, Liebauen, Liebeien.
Liebrickelnde Liebrise.
Wie liebiepen die Liebimpel? Wie liebitschern die Liebimpfe? Wie liebitzt die Liebausche? Wie liebuttelt der Liebutt? Liebulabelobulieb.

# Liebsch

Lieber, verlieb dich, liebe dich ein, liebe die Liebinnen, Liebzeiten liebernd, in Liebrechte Liebe, lieblich, lieblich, wie beliebende, liebigende Liebknechte einlieben, liebichte Liebungen lieben, sie einverlieben. Verzweilieben. Verdreiliebigungen lieben die Unliebolde, Liebenswerte liebenswürdig, eines Lieblieds Liebeswerte mit seiner Geliebin lieben, den Liebwerten lieben mit seiner Geliebten, den Liebevogel, Liebehals, Liebismund, den gottlippigen Liebfreund lieblieben. Verunliebligen. Einverliebigen – mit Beliebigten das Liebeslicht lieben. O Lieb, o liebt in unzerlieblicher Überliebe nie, lieble, liebe nicht – Hinliebe, Herliebe, Wiederliebe. Liedliches, liebliches, liebwerter Liebstling, Leibling, kleiner Lieberjan, verlieb die Geliebinnen ohne Geliebde, Lieblein langgeliebtes und Liebkind, ein liebholder Lieb oder Liebschnabel, Hablieber, Liebhab. Liebend die Leibnisse lieben, sie lieben die Liebindielufte, liebweise Liebschwestern. Der Liebellin ist ein verunliebter Liebschnabel lieber als ein Liebleib, der schon eingeliebt, ausgelippt ist, ein Liebsporn lieber als ein Liebstolz mit hinterliebigen Geliebsten, liebisch-hinterlippigem Lieblachen, ihr ist er der liebhaftige Unlieb, Liebler ohne Lieb und Gut, ein Unlieb wie er liebt und leibt und lebt. Ein Liebetot.

Ein Liebner liebt das Beigeliebe, Liebleichen lieben zerlieberes Beigelipp. Lachliebige Liebesübungen, ihr Liebgericht: Lippen. In Liebesmahlen überliebte sich der Liebenichts, liebte sich an den Lippen der Liebfrauen, labte, leibte sich an den Liebschwestern. Ein Hanslieb in allen Lieben. Das Geliebe hörte auf, verunleiblichte das Liebeslager, das liebtreu daliebte, ohne Liebesleib. Der Liebeswandel liebte auf. Der Lieberer erliebte eine Liebin; sie erliebte ihn wieder, oder liebte ihn ohne Widerliebe. Wiederliebe tat lieb.

Unverliebte mit einem lieben Liebendgewicht lieben mit Liebenschaft Liebkuchen, am liebsten ihn, anliebsten den lieben lieben Tag beurliebte Liebmannskost, bemitliebenswerte Liebepeter. Ihr Liebenslauf – Ohnliebe. Ihre Liebsal – Nächstenliebe. Gewann eine Liebschwester Erliebnisse lieb, blieb sie lieber nicht unverliebt, blieb sie nicht unerleibt, blieb sie keine Widerlippige, Unleibliche, Unliebliche. Liebsbild auf Liebenszeit. Ihr Liebzeug – Lieblichkeit, Verliebtheit, Liebbarkeit, liebenschaftliche Wieder-

Wer Geliebde abliebt, liebt Meinlub, Liebaus, Liebewohl. Liebigam überliebt Liebzeit, Darlieben, Liebslabs, Liebelubbel, Liebackel, Liebussel, Schliebmassel, Liebützel, Libbalien, Schliebuchzen, Rebelliebsen, Lieblänkeln, Lieblappern, liebwendig auferliebuliertes Liebumlabum, den Liburz und die Liebotenz.
Zuliebbarer Limpitz. Jelieber — jelieberer. Jejeliebst — jejelieberst!
Liebustere Liebfahren liebutziger Liebvorderen radelieben allerliebst Analiebes: oliebige Liebfalt liebfältigster Liebfaltigkeit!
Lieb oder das Lieben. Liebenslänglich liebihrzend liebar Lubold Liebiglub; Liebiglub liebar Liebulz und Liebinke; Liebinke liebar mit Liebolter Liebrotz, Liebudel und Liebuste; Liebrotz blieb liebig, Liebudel verliebierschte zeitliebens, Liebuste liebar mit Machlieb Liebun; Liebun war Liebickel, Liebiner, Liebrist, Liebinal, Liebause, Lieback, Liebellan und Liebschner.
Liebsinn in jedliebem Nunlub, den liebulierenden Liebmachern rührliebige rundliebrige Spitzliebigkeiten, den tunichtlieben Liebenichtsen liebaukelnde Schliebampen, den Liebinschern die Liebipse, den Unentliebten den Liebaspel, liebandern Kliebautern liebenzelndes Gliebanze, dem Liebulant die Liebität, dem Liebhaften die Liebhaft, dem Liebschäftling die Liebschaft. Unliebsamen Liebunsamen liebsalierende Stellverliebsen.
Mißliebnis, Saumliebnis, wer Liebende maßliebelt, beargliebt, liebopanzig benachliebigt, aberlubisch vereinliebt, liebeluckisch und liebichäisch liebingelig beobliebt —
Aus Liebe Liebe machen, sich zulieben, zuvorlieben, zusammenlieben, gegenüberlieben, zwillieb drillieb ziglieb jajalieben, liebunsern, liebeuern, liebihren, liebichen, liebenkeln, liebützeln, magliebig liebmögen, liebüsseln, liebinkeln, liebicken, quirliebig querliebig mitliebig liebliebig liebirschen liebafeln liebritschen lieblustern liebauzen, liebauf und liebab und liebdurch lieblibieren, liebrecht unentliebt undverliebt lieberhaupt wirklieb lieben.

liebe mit Lippe und Leib: ein Vielliebchen. Ausgeliebte, von beleibten Habliebern lieblerisch beliebt, von liebfaltigen Liebmachern, Liebemachern liebmännisch (lieb und leibfest) beliebert: unzerliebliches Geliebe, Liebicht unverlieblicher Liebnis, Liebschaft, Vielerleilieb vielliebe, Vielliebnis.
Hör auf, in Mißliebe Unbeliebliches zu lieben, liebend liebt den Liebling, ihren Liebfried, die Geliebin, sie liebt ihn unzerlieblich. Nicht mit Liebtracht lieben, sondern zwieliebig. Den die Lieberinnen nicht liebenden Liebling lieben wir, der liebelnde Verliebthaber — hat geliebt, war geliebt. Einen Liebnichtgut, Liebnichtlieb liebe ab. Mit Liebicht, lieblicht verlieben. Er ist ein Liebler, ein Lieberer, ein Liebstler. Liebgreis, Lustliebrer. Lieblich sind die Liebungen und Lieberungen der Liebesmale, in Verlieblichung entleiblicht, entliebt, entliebt, entbeilt. Liebe, «Beil». Geliebte der Liebnisse, Liebfee — Nixe des Liebgottes; Liebold, Liebschrat. Ich bin ein geliebigter Liebstling, liebstlich (besonderer Ausdruck der Liebe). Ich beobliebte den Hablieb den Mundlieb der Lipplieb belieblippte eine Ohnliebe (ein Ungelieber) mit liebenswerten Liebsern. Ein Liebner verliebte, verliebte sich in der Liebe. Ein Verlieberer er. Verlieberer liebender Liebereien Liebhaber liebernder Liebe. Lieblicher Liebstling, liebreich, liebgierig, liebsüchtig, er überliebte sich liebfromme Liebigkeit, liebigende Gleichliebige, lippend liebnerisch liebelnd, sie lieben liebfach taublieb und hartliebig, liebverlassen lieben sie schwerverliebliche Geliebte, Liebnichtgute sie, Liebesleute liebst nicht mehr. O liebe sie ein, o liebe sie an, du liebe Lipplerin, verliebe die lieblichen Ungeliebinnen, Ohnlieben, Liebscheuen. In Liebsucht liegen sie lieblos, unbeliebt aber liebartig, liebensfremd, in wolliebigen Geliebden. Das Geliebe liebgewinnen, liebstlich lieben, Liebe anlieben, beilieben (der Beilieb), Liebig liebte eine an, liebte sie bei, anverliebte sich ihr. Und überliebte sich. Ein Langlieb liebt nicht kurzliebig, ein Kurzlieb hat's nie langliebig; liebweilig liebt er das Liebewohl, seine Liebspeise: Einliebe, Neuliebe, sich wiederverlieben. Ein Liebmeier. Liebehals. Liebekopf. Liebemund. Tollieb, Liebsporn und Liebstreichler, liebreich bestreichelt.
Den Liebigkeiten lieb, wer lieblerisch liebnert mit Angeliebtem, Unverliebtem, sein Lieben leben. Liebling mit der Belebung der Liebnis. Eingeliebt in der Liebung des Liebtreus. Ungeliebt unlieblich (lieblos) nielieb nielieblich, liebstlerisch lieb. Liebstatt — Lager der Liebe, bleib lieben. Widerliebischer Wiederlieberer. Lieber-

mütiger Lieberlieb, liebauf, liebab. Neuliebliche Liebe, so liebenslustig. Liebstig biestlig. Lieber Liebecker Liebkuchen. Lieber Liebleckersch. Liebecker Lieberbissen. Leiblisch. Geliebt. Beliebig einbeliebt ausgeliebt Nachliebe vorlieben. Nächstenleiber. In Liebschaften durchliebte Liebe von einer lieblichen Lieblin liebschaftlich geliebt. Außerliebliche Unliebe. Liebhaberische Liebgewinner — unaufliebsame, unwiderliebliche Liebenbolde. Lieblicherweise sind sie Verlieber, lieblich aufzulieben. Einzulieben, auszulieben. Längs lieben und quer. Über und unter. Drüber & drunter. Hinlieber, hergeliebt. Einlieb, liebander, liebdritt lieb! Liebe labe lobe den Verliebknecht, lieb ihn in der Laube Liebstatt leiblich, aber entleibe ihn nicht. Verliebmeinnicht, Verleibmichnicht. So ein Liebstrumpf, so ein Sauerlieb! Mauerliebchen, Liebeblümchen! Lieliebchen! Lieblings blindlieb liebt sie vorbei, liebt mit nichts vorlieb, läßt lieblos alles lieben und bleiben, sie ist liebedicht. Lieb ihres Liebens. Liebst du dicht? Ich liebe dicht. Lieblich und garlieb, lieb und lieblieblich.

## Muster für Wortneuerungen in der Sprache

Ich eile, mich zu der überaus bemerkenswerten, von Ihnen, M. G., aufgeworfenen Frage zu äußern.
Der Flieger eignet sich zur allgemeinen Bezeichnung, aber zur Beurteilung des gegebenen Fluges wählt man besser den Fluger (Reiter, Fahrer), aber auch andere, die ihre eigene, jede ihre besondere Schattierung haben, zum Beispiel der «erfolglose Fliecher» (Kriecher), der «berühmte Fligger», Ritter, Schnitter, und der Flüggel (Büttel). Schließlich ist noch der Fleucher möglich, die Fleucherin, nach dem Muster Läufer (Käufer). Die Sache der Flugd — die Luftschiffahrt. Im Sinne des für den Flug geeigneten Zubehörs kann man «flügig» (zügig) verwenden, zum Beispiel, «die für ihre Flügigkeit berühmte Takelage Bleriots».
Für Frauen eignet sich der Ausdruck «Flügerin» (Läuferin, Tänzerin).
Von «flügig» ist der Komparativ «flügiger», der «flügigste Himmelsflug der Welt». Meister im Flugzeugen (Leser, das Lesen) — ist der Flügger oder der Fluglichste Rußlands, der Fluglicht der Stadt Petersburg, Goldfleucher, Flügold.
Laufen, Läufer — fliegen, Fleucher, das Fleugen.
Die im Flugzeug sitzenden Menschen (die Passagiere) verdienen den Namen «Flugling». «Sieben Fluglinge waren an Bord», Zögling, Feigling.
Flugzeug, Fleugzeug — die Gesamtheit der zum Flug oder Fleug nötigen Dinge.
Die eigentlichen Spiele des Fliegens sollte man als den «Flieg» bezeichnen (Lauf). Die Erscheinung des Fliegs, aber auch die allgemeine Institution kann als «Flugd» bezeichnet werden, zum Beispiel die «Erfolge der russischen Flugd im Jahre 1909», «die Flugd dauerte nicht lange».
Die allgemeine Kompliziertheit des Begehens der Luft (des Himmels) kann man bezeichnen ...
Die Flucht (Staat), «Rußlands militärische und industrielle Flucht über dem Norden der Welt».
Das Wort «Flucht» kann auch im Sinne von Geschwader (Eskadron) verwendet werden. «Die Flucht Japans». Zwei kampfbereite Fluchten trafen aufeinander.
Völker, die in der Luftfahrt erfahren und fähig sind, kann man als

«Flieger-» oder Fluchtvölker bezeichnen. Die «Fluchtgesellschaft».
Die «Gefahren der Fliegerei» (Lauferei), als Erscheinung des menschlichen Lebens.
Fliegerei — Luftfahrt als Bekundung der Aktivität des Lebens.
Das «Geflieg» ist die gesamte Flugausrüstung, das Gerät zur Flugd. «Bleriot überflog in seinem Geflieg den Ärmelkanal.»
Unumgänglich nötig braucht er das Fluger, im Sinne von Gerät (Ruder).
Fliegenstag (Namenstag) ist der Tag des Flugs, wir waren zum Fliegenstag; Fliegenstagsfeier.
Der Flugner — der Aviatiker — ein über die Grenzen seines Landes hinaus bekannter Flugner.
Fliegenschaft. «Flugmannschaft», «Fliegejahr».
Der Fliegd — Ort und Handlung des Flugs — Luftfahrtpark.
Fliegplatz — Aerodrom. Fliegplatzfläche.
Fliegicht, Flugicht — Zubehör und Luftfahrtsgerät, überhaupt ein Ort, der mit dem Fliegen zu tun hat.
Der Fliegel — Fliegel ist der Anzug des Fluglings.
Die Fleuchte — Aufenthaltsort der Fluglinge.
Der Flügler (Einflügler), Droschke — Zweispänner, die Maschine des Luftfahrers.
Bleriots Flügler, Fünfflügler.
«Doppelspanner»
«Himmelskosaken» — ein Kosakenluftgeschwader.
Flugdausstellung.
Fleugzubehör.
Befliegigung — die Fähigkeit des Fliegens.
Flieglehre — die Lehre vom Flug; Flieglust. Fliegangst.
Fliegeschreck. Der Fliegengott — der Gott der Luftfahrt.
Fliegezug — ein Luftgeschwader.
Flughöhe — Höhe des möglichen Aufsteigens.
Ein «Fliegewerk», «Fliegezubehör».
Der Fliegefluß — Luftströmungen, Flugwege.
Fliege, Fliegen sind Teile der Luftschiffahrt.
«Russische Fliegen». Fliegige Zukunft.
Die Wurzeln: segeln, schweben sind brauchbar für Zeuge, die schwerer als Luft sind.
Ein Luftsegler. Die Segd dauerte nicht lange.
Seglig, ein segliger. Die Seglungen in der Luft über dem Fliegplatz haben begonnen.

Die Flugel (Kugel) — Zubehör der Luftfahrt.

«Tat. fleugte in seiner Flugel.»

Ein Segelt — Gerät zum Segeln in der Luft (Planer).

Seglerei. Segelschaft. Seglung.

Hub (heben) — die Zeit des Aufsteigens in die Höhe.

Wisch ist die Zeit der größten Geschwindigkeitsentwicklung im Flug.

Schwebler — Gerät zum Schweben.

Schwebicht — Platz für Bewegung im Himmel.

Schwepper, Schweppel — Zubehör zum Schweben. Schwebing. Himmelschwebing.

Himmelschweb ist der Weg im Himmel.

Ein Schwing ist die Entfernung, die von dem Apparat bei einem Stoß der Flügel zurückgelegt wird. Flügelschwing — ein fliegendes C.

## Zwei Briefe an Aleksej Kručonych, 1913

1

A u t o r : ein Buchler, manchmal. (Ein Büchner.) Ein Worter.
L i t e r a t u r : das Buchicht.
K o m ö d i e : ein Spaßl, ein Lachl, ein Grins. Eine Wieher.
V o r s t e l l u n g : die Glotze. «Heut geh ich in die Abendglotze.»
H a n d e l n d e  P e r s o n e n : Handler. T h e a t e r : (ein Gesehe). Eine Schau, ein Schausal.
F a r c e : ein Ödl. Ein Gähnnis.
e i n e  M i e f e  ist ein Milieustück.
C h o r : das Sing. Wer hat das Theater begr.?
O p e r : das Singsing. Das Singel, das Gesingel, der Langsang.
K r i t i k e r : der Quäker.
A k t : ein Sicht. Erster Sicht, zweiter Sicht. Manche Stücke haben überhaupt nur einen Sicht.
d i e  P f i f f e r l i n g e : die musikalische Begleitung.
D r a m a : die Geschehe, das Geschehchen. (Die Sage.) Die Schreie, die Stöhne.
T r a g ö d i e : (ein Geschicksel.) ein Schicksial. Ein Schmerzl.
V a u d e v i l l e : ein Juhé.
A k t e u r : ein Spielbold. Ein Auswendig. Ein Bildrich (so wie Fähnrich).
Z u s c h a u e r : die Glotzer.
S c h a u s p i e l t r u p p e : Spielkörper.
R e g i s s e u r : der Vormach. Der Woller, Willrich, der Willi.
D i c h t e r : der Himmler, der Wortflieg, der Schwärm.
Ich bedaure die unleserliche Handschrift. In den nächsten Tagen schreibe ich an alle einen Brief. Sucht euch die guten Wörter selbst heraus.

*19. 8. 1913*

2

(Bildgeber, Bildling, Gesichtswechsler, Körperwechsler, Bildträger.)

B i l d l i n g : der Schauspieler. D e r   W e r k e l : der Autor. Der K r i t i k e r : der Stänk.

H a n d l e r : die handelnden Personen.

S p i e l k ö r p e r : (Schauspieltruppe.) Die, die die Geschehe spielen.

d i e   K a h l e : die Kulisse. D i e   W o l k e n : (die Galerie.) Der Logenrang unter der Decke.

D i e   B ä u m e : die Logen. D i e   H a n d l u n g : das Zeignis.

D a s   T a l : (das Parterre.) Die Plätze auf dem Boden. Das Z w i s c h e n s p i e l ist das, was zwischen dem Spiel ist: der Entr'acte.

D e r   L i e d l i n g : der Dichter von Liedern.

D e r   M e l o d e ,   d e r   M e l o d i s t : der Komponist. T h e a t e r : das Vorführicht. Geschehel, Zeignis, Zeigerei, Vorzeige.

A k t e u r : der Verkleid, der Schminkel, der Grimasseur.

T h e a t e r : das Hinglotz.

S o u f f l e u r : (der Vorsag.) Der Flüster, der Einsag.

Die R u f e l e i ruft zum Gehen auf. E i n e   S e i n e l e i bzw. e i n   E s s e n z e l : ein über die Zeiten hinweg gültiges Drama. E i n   J e t z e l : ein Drama aus der Gegenwart. E i n   W a r e l : aus der Vergangenheit, e i n   K o m m e l : aus der Zukunft.

Auf besonderem Sachwissen beruht ein K e n n t , auf der Phantasie ein S e h t («Jungfrauengott», «Die Erde»).

S t i m m i c h t : eine Oper (ein Brüllnis).

( A n ) s e h : Probe. S e h e r : Zuschauer.

D a s   Q u a l s a l : die Tragödie. D e r   K a s s i e r e r : Der Wertwechsler.

*22. 8. 1913*                                                                                                                                         *V. Ch.*

1
Zittricht
Wacherei
Klugnis
Atmicht
Völlerei
Singnis
Sterbicht
Siederei
Ewnis
Flechticht
Kalterei
Opfnis
Wunschicht
Glüherei
Tempnis
Weinicht
Trockerei
Werdnis
Lallicht
Feucherei
Aufnis
Zärticht
Dunkerei
Neunis.

2
Wacherei
Völlerei
Siederei
Kalterei
Glüherei
Trockerei
Feucherei
Dunkerei.

Jahrlitz
Zartlitz
Stieglitz
Armlitz
Dämmster
Dunklin


*Namen handelnder Personen*
Zärtrer
Dienrer
Weißrer
Schnellrer
Klugrer
Machtrer
Sachtrer


Gräuler
Zärtler
Pestler
Breitner
Weitner
Höhner
Tiefner
Schuldler
Größner


Schneeler
Wassler
Feuerler
Waldler
Sagler
Himmler
Kriegler
Klügler

Luftiger Luftold
Luchtiger als alle Luchten
Luftender als die Luftlinie
Sitziger Setzold
Gesetzter als alles Gesäß
Der Großgesetzelten Grötzter
Oldung gegoldeter
Holder Olderer
Gegoldetster Doller
Äsender Ätzling
Linglichster Aasmatz
Gesehlicher Sehnst
Sahrer Seherer
Sehsehrigster

Immergrüner Immergründer.
Immergründiger als Immergrüne,
Immergründiger als Immergründe,
Flimmergrünender Flimmergründer,
Flimmergründiger als Flimmergründe,
Flimmergründiger als Flimmergrüne,
Sommergrüner Sommergründer,
Sommergründiger als Sommergründe,
Sommergründiger als Sommergrüne,
Zimmergrünender Zimmergründer,
Zimmergründiger als Zimmergrüne,
Nimmergrünender Nimmergründer,
Nimmergründiger als Nimmergrüne,
Nimmergründiger als Nimmergründe.


Wässriger Wassermann.
Wässerlicher als die Wasserfrau,
Wässerlicher als die Wasserdame,
Spiesslerischer Spiessermann,
Spiesserlicher als die Spiesserdame,
Spiesserlicher als die Spiesserfrau,
Nässlerischer Nassermann,
Nässerlicher als die Nasserdame,
Nässerlicher als die Nasserfrau,
Esslerischer Essermann,
Esserlicher als die Esserfrau,
Küsslerischer Küssermann,
Küsserlicher als die Küsserfrau,
Küsserlicher als die Küsserdame.

## machtgetön der macht

komm, machter!
komm her, machter! machtling, mein machtling!
macher, ich mags ja!
mögling, ich mags! mächter, ich mags doch!
mächter, mein ich. verstehs! verstands! mächter, machtmann!
übermächtigt mich, augen! verstehs! verstands!
schreitet, mächte ihr!
komm doch, machtmann! mit händen! mit armen!
machtliches möchtliches antlitz, voller mögenen!
machthafte augen, bemachtete gedanken,
gesicht aus macht. arm voller macht! machtlicher!
— hände, arme!
mögende, möchtende, mochtende,
machtende, mächtige! machtige!
übermächtige mich, antlitz!
vielmachtige, machthaftige macht,
zerflattert seid ihr wie die haare,
machtlinge — machtsöhne, vor der möchtlichen macht, vor der
machtbrut,
umgeben von machtbrut, von machtmägden, von machtlingen.
ein magjunges windet sich verloren
durch machtschaft der machtheit von mochteln möglicher
maghaftigkeit.
in der menge aus machtbrut und machtsöhnen.
wasser im schnabel! rabenflügel rauchen.
ich eil mich, ich mag nicht zu spät kommen!
dein gesicht, machter! mächter, möchtemann!
machs, mächter!
machtmann, machs!
über die machtstatt geh ich, machtheit macht ich im machtgriff!
machs, machtmann! macher, machere!
komm, machter,
macht aus macht! macher von macht!
mächtiger machtender!
bemachte meinen kopf, machs, arm! machere, arm!
möchtemann, macher und machter!
komm!

## M-Satz
*mögliche Machtfragen*

Er macht sich auf, ist auf dem Weg, ein mächtiger Brägner, dieser Mögner, Ermöchtiger, Möglichmacher, den ich mag, den ich kenn, den ich möglich mach.
Dieser Möglichmacher, mein Ich. Greiflich. Begriffen. Mach's möglich, Machmann! Mögmocht greiflich, ihr Augen, macht es begreifbar! Stolzierende Machtbeiner, Machtgemächt. Mein Magus macht Fortschritte!
Hände. Die Hände.
Ein mächtig vermögender Brägen? Voll mit Möchtmachten: Augen! Gedanken! Brauen! ... daß ich dich möger zu schauen vermag ... daß ich dich möchtiger denken mag ... daß ich dich zumagbar mächtige! Möglichst möglich, Brägen der Möglichkeit, Hand der Möglichkeit! Ermöglichung?
Die Hände, diese Hände (gemögsame gemochte machliche machhafte machende machschaffene machtschaffene machtschaffende schmache mögernde gemächtliche machbarliche machbare mitmachbare machbargemachte mögbargemachte mächtiggemachte mächtige zermachtete machtmögrige machtmachende machtische mögmachende vermögenmachende machtvermögende möglichkeitsmögende mögliche), diese Brägenmacher, diese Brägenermächtiger.
Die Machtbeiner sind vielmögrig. Ihre machtanteilige Machthaberschaft ist haarig zerfranst (jeder ein Potentat) in Mechtowinger, Machtzopfskis, Mightmillers, Ma-tsüng-lins, Moirewitschs, Schamanettis, Mög van der Machtens, Max' & Mox', Moguls und Lemaux' (macht weitvermögender Machtschaften, macht einvermögender Machinationen gemanachter Machnaten, Machthäkchen, Machtronen) ...
... da windelt sich ein einsamer Mögling im Gedränge der Machthäkchen und Machtzopfskis aus der Machtbarkeit zum Machbaren möglicher Machbereiche (Machwörter, ach, Machwörter Machwörter Wortmachten) —
Wasser im Schnabel! (Schnösel? Möchtegrün? Haschmauchtes Gemöcht?) Rabenschwacht. Flügelrascht. Ich eile, i̦ch möchte nicht zu spät kommen! (Die Machwelt der Machwelten der Machtwelt der Weltmacht der Weltmächte)

machs, möchtemann! macher mächter!
augen voll machtheit, mund voller macht!
der machtmannen machtfülle!

Die Stirn, Machtmächtiger! Der Mache — die Mache! Mag man, Mögner!

Machmann, mag's möglich! (Ich geh durch Machlanden, ich entfache Entmachte, ich machte mit der Macht, mit der Ohnmacht, ich machtle mich durch mit der Machtel.) Mag's möglich, Machmann! Mögner, mag mit! Mach dich auf, Machtmächtiger! Möglich, möglich!

Die Macht des Mächtigen. Die Mächtigkeit des Gemachts. (Macht mag Macht, Macht macht Macht, Macht macht Macht möglich, Macht macht machtmachende Macht möglich, Machthaber mächtig. Die Mächtigeren. Entmachtende Macht. Entmachtung?)

Brägner, mein Mögner und Ermächtiger, ich mag dich, ich kenn dich, ich mach dich möglich, und du, mein mächtiger Möglichmacher, entmöglichst die Hand, ermöglichst Handlung. Er macht sich auf, ist auf dem Weg. Entmachtet. Ermöglicht?

Augen des Mögsals, Mund der Möglichkeit, Magnis der Mögenden.


P.S. für P.:

*Fragment betreffend die Machbarkeit von Macharten:*

... Marschier, Machgenosse! Macker, macker, MacMacky, ich mag! Mögmögelt, ihr Augen, gemach, gemach! Schmachtet, ihr Machten! Marsch, Mage! Walke! Walke! Mechtig vermagender Mask mangvoller Mochte! Magende Murgen, magische Morte, Germachias Macht! Walke, walke, Machhallas Mask! ...

Blagovest umu

I
Goum.
Oum.
Uum,
Paum.
Soum mich
und die, die ich nicht kenne
Moum.
Boum.
Laum.
Čeum.
Bom!
Bim
bam!

II
Proum
Praum
Prium
Nium
Veum
Roum
Zaum
Vyum
Voum
Boum
Byum
Bom!
Helft mir, Glöckner, ich bin müde.

des kopfes glockengeglocke

I
okopf.
umkopf.
beikopf,
pakopf.
abkopf mir
und den unbekannten allen.
mokopf.
dennkopf
lakopf.
schökopf.
bom!
bim
bam!

II
verkopf
vorkopf
amkopf
niekopf
wekopf
rokopf
nachkopf
inkopf
drinkopf
dennkopf
würdkopf
bom!
zu hilfe, ihr glöckner, ich kann nicht mehr.

III
Doum.
Daum.
Mium.
Raum.
Choum.
Chaum.
Schlagt an das Glockengeläut des Verstands!
Hier sind Glocke und Seil.

IV
Suum.
Izum.
Neum.
Naum.
Dvuum.
Treum.
Deum.
Bom!
Koum.
Koum.
Soum.
Poum.
Glaum.
Raum.
Noum.
Nuum.
Vyum.
Bom!
Bom! bom, bom!
Das ist das große Läuten der Glocke des Verstandes.
Göttliche Klänge, die von oben herabfliegen zur Provokation des
                                                         Menschen.

Herrlich ist das Glockengeläute des Verstandes.
Herrlich — diese reinen Klänge!

III
biskopf.
jakopf.
mikopf.
bergkopf.
bargkopf.
läutet des kopfes glockengeglocke!
hier sind glocke und seil.


IV
abkopf.
auskopf.
unkopf.
ankopf.
zweikopf.
dreikopf.
dekopf.
bom!
zokopf.
dochkopf.
abkopf.
vorkopf.
glakopf.
rakopf.
neinkopf.
loskopf.
inkopf.
bom!
bom! bom! bom!
das große geglocke der glocke des kopfes.
aus der höh die hehren klänge zur verlockung der menschen.

solch herrliches glockengeglocke des kopfes.
so herrlich das reine geglocke!

glockenlauten für den geist

I
herrgeist.
hellgeist.
beigeist.
geigeist.
hilfgeist mir
und der die das mir unbekannt!
kampfgeist.
drumgeist.
draufgeist.
saufgeist.
bum!!
bim!!
bam!!

II
urgeist
vorgeist
fahrgeist
bargeist
vomgeist
bomgeist
blomgeist
blitzgeist
spitzgeist
weilgeist
willgeist
bum!!
hilf mir, glöckner, ich bin müde!

## Sinnsang vom Sinn

I
Ahsinn.
Ohsinn.
Beisinn.
Undsinn.
Mitsinne mich
und alle, die ich nicht im Sinn hab
Wehsinn.
Weilsinn.
Leisinn.
Elsinn.
Sing!
Sang
Sinn!

II
Vorsinn
Ursinn
Zusinn
Niesinn
Wesinn
Rosinn
Jensinn
Ersinn
Einsinn
Dennsinn
Sing!
Hilfe, mir geht die Puste aus.

III
endgeist.
kenntgeist.
schlundgeist.
kundgeist.
blendgeist.
blundgeist.
schlagt an des geistes glockenlaute!
hier ist das seil und hier die glocke!

IV
halbgeist.
jengeist.
ungeist.
ingeist.
zweigeist.
dreigeist.
eigeist.
bum!!
rückgeist.
brückgeist.
glückgeist.
zückgeist.
zeigeist.
ohgeist.
nichtgeist.
machtgeist.
neugeist.
bom!!
bim!! bam!! bum!!
so läuten laut des geistes glocken —
geistliche klänge schwingend locken!

klingt herrlich geistes glockenlauten —
herrlicher klang der klaren glocken!

III
Bissinn.
Jasinn.
Wirsinn.
Rasin.
Hesinn.
Singt den Sinnsang vom Sinn!
Hier sind Sinn und Sang und Klang.


IV
Seisinn.
Aussinn.
Unsinn.
Ansinn.
Zweisinn.
Dreisinn.
Eisinn.
Sing!
Hersinn.
Hinsinn.
Mitsinn.
Besinn.
Dasinn.
Rasinn.
Ohnsinn.
Schonsinn.
Insinn.
Sinn!
Sing! Sing! Sing!
Das ist der Sinngesang vom Sinn!
Er singt in Klängen zur Besinnung der Menschen.

Wie singt und klingt dieser Sinnsang vom Sinn!
Wie singt er Sinn!

Wonnewillige und Gemeine, Flüchtel aus der Abrechtung des Ohnrechts, diebsgünstige Taten, Bilder allgemeiner Zärtelei und zärtlicher Freundelei in den Gedanken derer, die nicht mehr am Leben sind. Jahrhunderte aus Gemeinleben und Gemeinsagen öffneten die Pforten zu einem Schauspiel aus blutigen Wunden. Gesetz der eisernen Schlagbäume.
Gerast der Zaren im Land der Toten.
Gerüst des Kriegskerns im Feld.
Allmündige Sprache von Gerechtsrädern, Erwahrheit und Überwahrheit, allkehliges Geschrei:
— Keine Wahrheit!
— Her mit der Wahrheit!
Einverliebte Glaubiche des Todes in Eisenpanzern. Kriegsstättische Tempel mit Schururus auf Wolke, Meer und Land. Ein Fragich des winterlichen Schneesturms, wo in langen Liedern die Paläste der Kinder erglänzen, das zornsüchtige, zanksüchtige Panzerland des Volks. Fliegende Bruderländer der meerhaften Menschen.
Das weltweite Hüttenland in Flammen, in Rauch, das Volk der Rachländer und allgemeines Streitland und Rüstungen und das schreckliche Kinderland der Kriegssommer. Grind, Pest, Mundbrand das leichenäugige verwesungssinnige Tochterland der ohnbegeisterten Erde. Beute des Überrechts. Jagd nach Weltgeheul nach mitwahrer mitpestiger Arbeit, nach einem Mitziel, nach dem gemeinsamen Mitfang aller Völker, aller Feldser, Suche nach einem weltweiten Zeitboten, Aufsuche einer für das Werk geeigneten Front.
Mitglaube der Kraftlosung der Felder des Nordens, für Räte und Mitversprechen zu kämpfen!
Lande der Hagerfährten, und Unfänger, Unglücksfährten der Mühmut. Unfängler aller Längen vereinigt euch!
Unverständler versteht das Wachsen der Verstandschaft und des gedankschaftlichen Lebens, des verstandschaftlichen Geistes der Stimme der Reihenichtse und Seufzer der Panzernichtse.
Gebrüll der Wollenichtse, Wollenichtse und Panzernichtse zu sein.
Wünschenichtse von Botmäßigkeit und Gesetzen. Nichte der Nachte, Tapfel aus einer wahren Geschichte und aus Greiseleien, Ungutwillige der Liebfährten von Jungfährten, Weigerfänge.

Durchdringlinge in die Welten des Werdbaren, stolze Werdfährten. Schämlinge der Steine die Krieger der Jahre, Betterlinge Gefänglinge, die Bettler des Kriegs, ohnkeimliche Gesichter, ohnheimliche Waiselinge. Verjaglinge in die Ferne, Weinerlinge ins Fremddicht, Weinsiedler, Heulmeier über das versinkende Vaterland, mit erschreckten Allweltmasern, — wir sind die Allweltmasern.
Hüttich der Lieder der klingenden Silbe, Alteinlieber, Fellaufkäufer, murmelliebe Jahre, Bauchbeter, ein besonderes Geschlecht von Selbstgöttern, Wanstbeter, Bauchgläubige, Nachbarige mit Haupthimmelsröte, Gehirngläubige.
Drohendes Donnerrollen der Nachtröten der Elendsberechtigung; Zepter Nichtel der Habte, Erstolz der Armut, armes Volk aus armen Schluckern, Reich der allweltlichen Weismut, erstes Erscheinen der Unglaubte, Niederglaube Niederbruch und Überbruch der Habte. Rechnung der Götter des Erdballs. Ein weltweiter Zug zum Samenkeim Anleihe. Entblöße der Erde.
Erdblöße des Tiers, Auskleidung des Bösen. Nichtölpel, Nichtäter, Nichtel der Geliebten, Unflimmrian, Rechnung der Wollungen des Volks, unklare Wanderung nach der Notwende der Wege, Vorteile aufkaufend, Zusammenkäufe, Mithändel Meer Ochsen und Kleingläubige der Schluchzungen des Jahrhunderts.
Eiteldenker an die Vergangenheit. Die Gesichtereien des blaublütigen Entschlechts aus anderen Jahrhunderten dringen durch, des Samenkeims der Dinge der Sonstweise. Heraus Wille zum Außen für Unzüchtigung, Suche nach grundlegenden Innerungen für Außenwegung. Weltweites Geläster vor dem Pfahl des Kriegs in den Boden der Weltjahre stecken. Hoheit der Zeiten. Gradheit und Grabheit der Mähnheit der Zeit sowie der Freiheit, wie weltweiter Wunsch erster Entsuch einer Geheimleseschaft, Suche nach einem Maßwerk.
Drängen der Kraft, Wehen. Für das Drängen des wilden Bogens der Zeit, wir Leute Mapageien der Dummheit, Papageien der Mitdörfer. Suche nach der lieben Wonnezahl, der strengen Glaubenszahl. Aufgang der Machtlehren und Mochtlehren und der Grundlagen der Weltenzahl, des Schoßes der Weltschreibung, Felsen der zahlsteinigen Tropfhöfe, die wilden Gebirgsrücken der Zahl, die auf euren Gipfeln umherstreifte.
Verschmelzen der Völkeringe, Untergang der Stämmler.
Ein himmlischer Pluderhoser, der als Rundwächter um einen

Kreisrunder rollt, kleidet sich in menschliches Moos wie ein Klumpen Lehm ins Salz der ohnstaatlichen Menschheit. Das wird die Welt der Volkswalt sein. Fliegler umkreisen sie mit dem herrlichen Duft der Blume des Erdballs, damit ihn die Jungfrau des Alls an ihre Nasenflügel nähert.
Das wird die Welt der Einfriedfänge sein. Des Einfriedens.
Einstimmer der Weltordnung.
Ein Steiger Unschlichtfänge.
Wünschenichtse der Greisleien, Rundschreiben der Brautwerbungen des Lebens, Feinde der Hinfällinge, Ältlinge, Sonderfährten des Alltags, Streitlinge und Prüglinge mit ihnen.
Sie ziehen ins Jahrhundert des Körperfriedens und der Fleischharmonie, des Fleischfriedens und der Geistes-Prügel. Geiststreite gedanklicher Gemetzel. Überbienenkorb, Welle eines weltweiten Mitbetriebs, Ausbetriebs und Umbetriebs, Unbetrieb der Geiste.
Die Jammerschwänze und Schreischwänze um die Lumpen des Erdballs verstummen.
Be-Urlaubte der Kränkungen, Stummfährten, Rufland, Schweigfährten und Schreifährten.
Das lebendige Lebensland des Nordens verlor seine Kraft.
Der Machthaber wird durch Stimmhaber ersetzt.
Harmbieter, Hungerbieter für Gebieter. Das anderweise Alltagsland des Volks andert und ändert.
Kahnländliche Jahr und Umarmung einer Katze. Die Jugendfährten der Menschheit werden vergessen.
Flugland der Eintracht.
Die große Wunschlust der Welt des Dornlands nach Liebe und Wonnen, die Ankunft der Nachfährten, Nachwelthof des Kriegs, der Vorzüge und Verzüge und Mitvorzüge, Schwimmfährten am Himmel, Faulgeliebte, Modersinnige, aber die Flimmriane werden kommen mit ihrem Leben und werden das Menschengeschlecht zu neuen Beuten schleudern.
Der Kerker der Eigenländer der Erde wird fallen, die große Nichtseite der Gefangenschaft des Raums wird zu Ende sein.
Scheitel am Kopf der Menschheit sind unnötig.
Möge die Menschheit sich wie das Haar eines Propheten verwirren.
Unser Erder wird zu einer großen Träumerei.

# Bobeobi sangen die Lippen.
Zaum-Lautschriften

**Bobeobi** sangen die Lippen
**Weëomi** sangen die Blicke
**Piëëo** sangen die Brauen
**Liëëëj** sang das Gesicht.
**Gsigsigseo** sang die Kette,
so lebte auf der Leinwand irgendwelcher Entsprechungen
außerhalb der Umrisse — das **Gesicht.**

Richter können alle Rechte haben, außer dem Recht, kindlich unschuldig in denjenigen Dingen zu sein, die sie angehen.
Ist denn nicht das Getrappel des unkeuschen Kindes zu hören?
Schon Mallarmé und Baudelaire haben von lautlichen Entsprechungen der Wörter und von den Blicken hörbarer Gesichte und Laute gesprochen, in denen ein ganzes Wörterbuch steckt.
In meinem Aufsatz «Lehrer und Schüler» sieben Jahre habe auch ich einen gewissen Begriff von diesen Entsprechungen gegeben.
**B** oder eine hellrote Blüte, und darum sind die Lippen **bobeobi, weëomi** ist blau, und darum sind die Augen blau, **piëo** ist schwarz.
Es verwundert nicht, daß Toporkov befremdet gelacht hat, ohne diese [*unleserl.*] zu lesen, und diese Verse anstarrte wie ein kaukasischer Wildesel die Eisenbahn, ohne deren Sinn und Bedeutung zu begreifen.

*Lautschrift*

Diese Gattung der Kunst ist ein Nährboden, dem der Baum der Weltsprache entwachsen kann.
**m** — blaue Farbe
**l** — weißes Elfenbein
**g** — gelb
**b** — rot, hochrot
**s** — golden
**k** — himmelblau
**n** — zart rot
**p** — schwarz mit rotem Schimmer

# Eine Nacht in Galizien

E i n e   N i x e : Von den Brettern einer alten Barke
blicke ich hinab auf die Gräser am Grund,
in die Sessel aus weißem Sandstein
setze ich mich allein.
Rodeacker, Rodeacker mit dem wilden Stein,
Ufer du, wo gehst du hin?
Rabe, Rabe, witterst du einen Gast?
Du wirst zugrunde gehn, mein Herr!
E i n   R e c k e : Diese verdammte Kälte,
das wilde Heulen einer betrunkenen Nixe.
Überall Kreischen und Winseln, Tumult,
hier bleiben wäre ungemütlich. *Geht ab.*
L i e d   d e r   H e x e n : La-la ssow! li-li ssob!
Schun-schan — ssob lele.
Ssob lele! la, la, ssob.
Schun-schan! schun-schan!
D i e   N i x e n  *singen:* la io zolk.
Zio ia pazzo!
Piz pazo! piz pazo!
Io ia zolk!
Dynsa, dynsa, dynsa!
D i e   N i x e n  *halten das Lehrbuch von Sacharov in Händen und singen daraus:*
Zwischen Kirsch- und Weichselbäumen
schimmert sündig unser Bild,
manchesmal durchsticht die Augen
uns der Fischspeer eines Fischers,
und der Bach, er trägt und pflegt
uns, und er treibt uns durch das Land.
An diesen Baumstamm schmiegte sich
ein weißes ausgeweidetes Schaf,
und es streckte zur Schalmei hin
seine Schneidezähne, bloß und scharf.
Ruachado, ryndo, ryndo.
Schono, schono, schono.
Pinzo, pinzo, pinzo.
Paz, paz, paz.

R ä u b e r *begraben einen Gefährten:*
    «Messer gut!» ist der Kampfruf,
    jetzt bist du nicht mehr am Leben.
    Grausam sind die Leichtinnen,
    und ihre Gesichter sind im Schatten.
E i n e N i x e : Wen trägt da diese Rotte?
    Frau Nachbarin, errat es!
D i e N i x e n : Io, ia zolk,
    io ia zolk.
    Piz, paz, pazu,
    piz, paz, paza.
    Io ia zolk, io ia zolk,
    kopozamo, minogamo, pinzo, pinzo, pinzo!
D i e H e x e n *erheben sich wie die Kraniche zu einem Zug und fliegen davon:*
    Schagadam, magadam, wykadam.
    Tschuch, tschuch, tschuch.
    Tschuch.
G a l i z i e r i n n e n *unterhalten sich:*
    Dort kommt der Huzul gegangen
    in seiner weißen Weste.
    Er lebt
    mit der großen Mavka in den Bergen.
    Die Leute sahn es jüngst,
    in dunkler Nacht beim Morgengrauen,
    das sind sicher keine Hirngespinste,
    dort auf dem wilden Stein.
    Hör also! Mava ist schwarzbrauig,
    doch sie hält eine tote Natter in der Hand wie einen Bogen:
    Haltet eine Viper fest
    und ein Fischlied auf den Lippen.
    Und hinten hat sie keine Haut,
    sie ist röter als eine Heckenrose,
    sie hat einen kräftigen Raubtiergang,
    und geschwungene herrische Augen,
    und mit ihnen starrt sie einen an,
    und hinter dem Riemen steckt ein Beil.
    Es gibt kein unverhohleneres Lachen,
    ja, du bist fürchterlich, Erscheinung.

## Die Weisheit in der Schlinge
*Ein Morgen im Wald*

Die Grasmücke: Bebotëu – wjewjat!
Der Buchfink: Tjerti-jedigredi!
Die Ammer: Kri-ti-ti-ti, tii!
Der Eichelhäher: Wjor-wjer-wiru, ssjek, ssjek, ssjek!
Der Specht: Tprann, tprann, tprann, a-ann
Der grüne Laubsänger: Pryn, pzirep, pzirep! Pzirep sse· sse sse!
Die Grasmücke: Bebotëu – wjewjat!
Die Waldgottheit *mit aufgelöstem wallendem Haar, blauen Augen, drückt ein Kind an sich:*
Ach mein Kind, ich weiß, ich weiß,
was «Uhu!», was «Huhu!» heißt.
*Bedeckt den Kopf des Kindes mit Küssen.*
Die Grasmücke: Bebotëu – wjewjat!

[Worte Echnatons]

1) Chau-chau.
2) schrabr tschap-tschap!
3) Ugu-um mchää! Mchää!
4) bgaff! gchaff cha! cha! cha!
5) Ebsa tschitoren! Epssej kaj-kaj!
   Mgu-um map! map!
   Map! Map!
6) Mio bpäg; bpäg! wijg.
   Ga cha! mal! bgchaff! gchaff!
7) jegschisëu rawira!
   Mal! Mal! Mal! maj, maj. Chaio chao chiuziu.
8) rrrrra ga-ga. Ga! graff! Enma mä-äiu-uiaj!
9) Mëu Mantsch! Mantsch! Mantsch!

## Gewitter im Monat AU

Pupupopo! Das ist der Donner.
Gam gra gra rapp rapp.
Pi-pipisi. Das ist er.
Baj gsogsisi. Blitzezucken.
Wejgsogsiwa. Das bist du.
Goga, gago — das erhabne Donnergrollen.
Gago, goga!
Ssch. Ssch.
Mn! Mn! Mn!
Me — momomuna. Alles blaut.
Moa, moa,
mia sswu.
Wej waj ewu! Das ist der Sturm.
Wsi sozern. We-zerzi,
wrawra, wrawra!
Wrapp! Wrapp! Wrapp!
Gull gulgota. Das ist das Rollen des Rollens.
Gugoga. Gak. Gakri.
Wuwa wewo. Kreise der Ringe.
Zirzizi!

**Die Götter**

        Dahin, dahin,
        Wo Isanagi
        Perun Monogatori vorlas,
        und Eros Schang-ti auf den Knien saß,
        und der graue Schopf auf der Glatze des Gottes
        an Schnee erinnert;
        wo Amor Maa Emu küßt,
        wo Ti-en mit Indra plaudert;
        wo Juno und Zintekuatl
        Correggio betrachten
        und Murillo begeisternd finden;
        wo Unkulunkulu und Thor
        in aller Ruhe Schach spielen,
        den Kopf in die Hände gestützt,
        und Astarthe von Hokkusai entzückt ist —
        dorthin, dorthin!
                      *9 — V — 1919*


Wo Unkulunkulu ein Holzblock mit den Augen eines verwunderten Fisches ist. Von einem Messer zerstochen und ausgekratzt. Ein eckiger und grober Holzklotz, und die Ringe der ausgestochenen Augen.
Ti-en: ein Greis mit kahlem Schädel, mit buschigen Strähnen über den Ohren, als versteckten sich zwei Hasen dahinter. Seine schmalen schrägen Augen — an den Schwänzen aufgehängte Vögel.
Und Ma-a Emu — eine Meeresjungfrau mit dunklen Augen von der Farbe eines Abends am Meer, eine mächtige Göttin, Schrecken aller Fischer, einen jungen Meeres-Wels an die Brust drückend.
Schang-ti — ein Graubart, der sich ständig in seinem Barte verheddert oder über ihn stolpert.
Indra — eine mächtige Jungfrau mit dem Morgenrot der Wolken in den Haaren. Sie trägt einen schwarzen Gürtel aus Waldblumen um den Körper.
Die Himmelsgroßmutter — Juno — hat sich die Füße mit einer grauen Wolke zugedeckt, dem Rosenkranz der Morgenwonnen der Wolken.

Thor — ein Greis mit schneeweißem Bart, aus schwärmenden Bienen. Gletscherbienen sind die Locken seines Bartes, ein Bienenkorb sein Gesicht, zwei Fluglöcher seine Augen.

Juno, angetan mit einer Hopfenrebe, beschabt mit einer Feile ihre schneeweißen Füße.

Unkulunkulu lauscht dem Bohren eines Holzbocks, der seine Gänge durch den Klotz des hölzernen Gottes nagt.

Zintekuatl fischt nachdenklich eine Stechmückenlarve aus der Pfütze, die sich im Kopf der durchlöcherten Gottheit befindet.

Venus setzt einen frischen Flicken auf ihre steinweiße Schulter, nachdem sie ihre Zeit der Reparatur des weißen Steines der Liebe gewidmet hatte.

Schang-ti wischt sich eine Rußwolke vom Schädel. Wie Hasen hängen ihm zwei schneeweiße Haarbüsche über die Ohren.

Ti-en glättet mit einem Bügeleisen seine langen, wallenden, bis zum Boden reichenden Haare, die zu seiner Bekleidung geworden sind.

Astarte steht am Wasserfall und hält einen jungen Wels an die Brust gedrückt.

Isanagi legt sich einen Kranz aus silbernen Fischen um die Schultern.

E r o s : Juntschi, entschi, pigogaro!
    Schuri kiki: ssin ssonega, aps sabira miljutschi!
    *Er setzt eine Wespe in die grauen, bis zum Boden reichenden Haare des Greises Schang-ti.*
    Pjantsch, pjett, beck, piroisi! schaburi!
A m o r *kommt mit einer Biene an einem Faden herbei, einem grauen Haar aus der Bekleidung Schang-tis:*
    Ssinoana — zitziritz!
    *Und fliegt mit dem Bienchen davon, wie ein vornehmer Herr mit einem Rassehund.*
    Pitschiriki — tschiliki. Ems, ams, ums!
J u n o *streicht mit einer gelben Wiesenblume über die schneeweißen Haare:*
    Geli guga gramm ramm ram.
    Muri-guri rikoko!
    Ssippl, zeppl bass!

E r o s *schlägt ihr mit einer langen Seggenähre auf die weiße Schulter:*
Hahijuki! hihoro! echi, achi, chi!
Imtschiritschi tschull bul gull!
Muri mura murr!
J u n o : Tschagesa!
*Sie entfernt ihn wie eine müde Fliege.*
U n k u l u n k u l u : Tscheppr, meppr, tschoch!
Gigogage! groroo!
*Von seinen Lippen fließt der wilde Honig, den er soeben gegessen hat. In seinem Haar befindet sich, aus dem geronnenen Blut eines erschlagenen Feindes gebaut, das Nest goldener Wespen. Ihre Leiber — goldene Schalmeien — kriechen dem alten Gott über die Wangen.*
J u n o : Gestern habe ich einen Kuß bekommen.
Muri guri rikoko.
*Sie druckt Woche und Datum auf die hölzernen Schultern des Gottes.*
Und hier ist auch sein Name: Si-si-risi.
*Schnitzt ihn mit einem Messer ein.*
Ssijokuki — ssississi!
U n k u l u n k u l u : Pertsch! Hartsch! Sortsch!
*Er schnauft und geht weg. Das Notizbuch der großen schönen Göttin, in strengen Buchstaben Spuren der Liebe in diesem Buch. Schneeflocken fallen.*
J u n o : Hansioppo! Mir ist kalt!
*Perun gibt ihr den Pelz eines Schwarzbären aus den sibirischen Wäldern. Die Göttin hüllt sich fröstelnd in ihn ein. Schneeflocken.*
V e n u s : En-kentschi! Ich habe den Arm von Osiris gefunden, auf den Steinen am Wasserfall.
En-kentschi. Sibgar, sorgam! Dsug sag!
Mentsch! Mantsch! Niju!
Küßt euch! Seff siew diobe. Zitzilitzi tzi!
Küsset euch!
Kämmet mit dem Kamm des Mundes das Haar des Leidens!
Ssikikichi hasadero!
Omr, bromm, mëu, zitziricki, zatza!
Zugi budi horm!
Barg! Brack! Brrrr!

Arrakaro dsugo dsi! bsdreck!
Streichelt sie mit den Wimpern und großen Vögeln mit erschrockenen Flügeln — weinet!
Omre, imre, umre!
Hala hala hitti ti.
Churm, churm!
Mioge! Mioge!
A n t s c h e  P a n t j a j *seinen ewigen Bienenkorb im Mund, lutscht seinen honigtriefenden grauen Schnurrbart ab:*
Barchar kuko pso pso pso!
E r o s *setzt sich ihm auf die Schultern:*
Flage fliege kull kull kull!
Amso omsa migoantsch!
Ssio eltschi bull tschuljur!
*Schlägt mit seinen Schneeflügeln, auf dem Oberarm des anderen sitzend.*
T s c h o m p a s *ein göttlicher Greis mit göttlichen Augen:*
Gdrack rariro riroro!
Huff, haff, heff!
*Zieht sich das schwarze Fell über die Ohren.*
Der Knochen eines Bären taugt zum daran Saugen und zum Schreiben von Namen.
J u n o : Gib ihn wieder her.
Mara rama bibabull —
Uks kuks ell!
Sijohassa thschitschidi!
Redididi dididi!
K a l i *in schwarzer Schlangenhaut:*
Das Wasser fließt, und niemand trinkt — hier ist der Trinkschädel.
Der schöne Feind schaute auf zu den Sternen und Göttern, und die Götter befahlen, ihn zu töten, mit Seide wurde ihm das Rückgrat gebrochen.
Weht, ihr Schlangen des Todes!
Jagsa, pertschi, bebsi oj!
Sergsa uli loj moj toj!
Groj emtsch amtschi pariri!
Siriju gora, pitschiri!
T h o r *im Schnee, wie ein Eisbärfell:*
Rtepp nagogi pilitschili?

Pali toschtschi tschipolotsch!
Brug gawewo rigorapp!
Ramigoma sabsarag!
Muro baba buro ptschech!
Gagagoja — gigagas!
Giji! Gick!
*Zu Unkulunkulu:*
Alter, geh mir aus dem Weg!
Holz — Ehre dem Eisen!
— Ich schwitze bleiernen Schweiß!

K a l i : Gib mir die Hand, laß dich umarmen!
Hab keine Angst vor den Schlangen!
Aber ihr Biß, mein Gott, der ist tödlich!

E r o s *packt eine Schlange und fliegt, die Schlange hinter sich herschleifend:*
Bigu gu bars, bers, gitschitschi!
Pipsi opi, paga gu
Tschotschi guga, geni gan!
Ill, ell, ell!
All, ell, ill!
Ada, eda, oda!
Tschirtsch, tschartsch, ssmul, nosi! zika!
Muli, moli, moll!
Ek ak uji! kajn joki pini jik!
Gamtsch, gemtsch! kirokiwi wero!
*Er dreht sich mit der Schlange im Kreis, wie eine Nachtschwalbe mit den Flügeln schlagend.*

D i e  G ö t t e r : — Etscha utschi otschi!
— Kechsi nechsi sagsarak!
— Nisarisi osiri!
— Meaumura simore!

K a l i : Den Wind des Todes über sie! Den Todesgeist!
Masatschitschi tschimporo!

P e r u n : Ich habe einen neuen Gott mitgebracht, Unduri.
Macht euch miteinander bekannt.

E r o s *schlägt die Schlange an den steinernen Fingern von Zintekuatl tot.*

K a l i : Gljuptsch! Pentsch! Dsero.
*Er schleppt sich zu der toten Schlange, die aus Haaren besteht.*

>   Verzeih mir, Schlange.
> Z i n t e k u a t l : Mapp! Mapp!
>   Bragawiro zigaro
>   du machst Witze, Kleiner! Mach kein Quatsch!
> E r o s : Lelga, onga, echamtschi!
>   Ritschi tschitschi tschitschitschi!
>   Brodadudo biraro!
>   Pulsi pelsi pipapo.
>   *Er versteckt sich im Haar der Juno.*
> J u n o : Jungchen, was willst du denn?
>   Makarao kiotscherk?
>   *Asche der Götter fällt von oben.*
>   Loluaga duapogo!
> V e l e s *der Gott des Viehs:*
>   Bruwururu rururu.
>   Pitze zape se-sse-sse!
>   Bruwururu — rururu.
>   Ssitzilitzi tzitzitzi!
>   Pjans, pjens, pans!
> E r o s : Lelga, onga, echamtschi!
>   Ritschi tschitschi tschitschitschi!
>   Leni nulli elli alli!
>   Batschikako kikako.
>   Nakikako kukake!
>   Kikeriki kikiku.
>   Papa pupi pipigi!
>   Hurru, hurrur, miutschali
>   kapa, kapa, kapp!
>   Emtsch, amtsch, umtsch!
>   Dumtschi, damtschi, doltschi!
>   *Er faßt Veles bei der Hand, gerät in Begeisterung.*
>   Makarao kiotscherk!
>   Zitzilitzi tzitzitzi.
>   Wrakuloki kaka kamm!
>   Tschukuriki tschock!
> S t r i b o g *riecht an einer roten Blume, schaut in die Berge:*
>   Biruri sirora! nelli mali kiliko!
>   Pigogaja panani; wuru tury piroro!
> P e r u n : Tarch paraka prak tak tak!
>   Pirirara purururu!

Toho dago porororo! prokrokro!
Prokrokrapti!
U n d u r i : Scharsch, tscharsch, sarsch!
Heute hat mich ein Ostjak verprügelt und mir keinen
Lebertran gegeben.
Rtschi tschakuru kumybal!
J u n o : Leolola buaro! Witzeolex ssessesse!
Ljunululja isaso
winawiwa meltsch i ultsch.
Ssitzotzara grosasa! morochoro rattattati
kosomoso miogeni hirakuki szitzili!
Serakikika kukuri!
A m u r : Bjej bajuro! Lioeli!
Mani esa, pjuki oki, pell, pell pell!
Pintschiopi turturtu!
Pintsch, pentsch, pantsch!
Ssollollolo morami.
Z i n t e k u a t l : Prug, buktr, rkirtsch.
Praktf, backf, schamm!
Schrapp, gawrt, tiwt!
Marsch bsor mertsch!
Gigogago! gro ro-ro!
Bsup, bsoj. Tscherptsch schirch!
Rappr grappr apr!
Persi orsi tschiwiri.
Ljaja ulja nolsi
moni kino ro.
Bslomm!
Kukakoka apps tschimeh!
Laschd naschd kaschd schachd! Zirri!
Pum tam tkurt! Schepps, meppr tschoch!
*Er brät einen Hirsch, nachdem er Zweige in die steinernen
Hände des Froschgottes gelegt hat.*
L e l : Lewiopi, liparutschi tschisele!
Muri guri rikoko!
Buch, bach, boch, burr, berr, barr,
Ech, gill och!
Zitzili!
J u n o : Baldur, komm mal her!
Sam, gag, samm!

U n d u r i : Dech, mech, dsupl.
   Tuki, paki sitzioro
   migoantschi, metschepi!
   Rsbuk lwakada kwakira! Chljemm!
T i - e n : Ssijo-ukin ssississi.
   Ssijokuki ssitzoro!
   Chrjurjurjuri zitzatzo.
   Petsch, pitsch, patsch!
   Hawihoho hrumm dur porr!
   Amts gulp, pelp!
   Hapri epri hamti uksi.
   Zock! Bjeck! Gipp! Suipp
   *Ißt Blätter von einem Baum.*
L o k i : Und hier ist auch das Messer des Mörders!
   *Stößt das Messer in Baldurs Hals.*
   Meserese boltschitscha!

*19. 11. 1921*

Lautschriften 1922

1
**WEO-WEJA** — Grün des Baums,
**NISHEOTY** — dunkler Stamm,
**MAM-EAMI** — das ist der Himmel,
**PUTSCHI TSCHAPPI** — schwarze Krähe.
**MAM I EMO** — das ist eine Wolke.

2
*Feiertag der Arbeit*

**Leli-lili** — der Faulbeerschnee,
über einem Gewehr.
**Tschitschetschatscha** — Säbelblitzen,
**Wije-ensaj** — Ot der Fahnen.
**Si-e-egsoj** — Handschrift des Schwurs.
**Boba-biba** — Ot des Mützenrands.
**Mippioppi** — Glanz der Augen grauer Heere.
**Tschutschu bisa** — Glanz der Kampfe.
**Wejeawa** — Grün der Massen!
**Miwea-a** — der Himmel,
**Mimomaja** — Blau der Husaren,
**Siso seja** — Handschrift der Sonnen,
sonnenäugiger Säbel Roggen.
**Leli-lili** — Schnee der Faulbeeren,
**Ssossessao** — Gebäudeberge.

bliblablümlein täuschendschön

*Der Grashüpfer*

Flitternd mit der Goldschrift
aus feinsten Äderchen
legte der Grashüpfer in seinen Bauchkorb
Schilf und allerlei Ufergräser
Pin, pin, pin! polterte der Zinziver.
Oh beschwan.
Oh erscheine!


*Das Heupferdchen*

Flügelchend mit dem Goldbrief
aus feinstem Faserwerk,
packte das Heupferdchen seinen Wanst korbvoll
mit Ufernem: Schilfen und Gräsern
Pinj, pinj, pinj! pardauzte die Roßpappel.
O schwanings.
O aufschein!


*der grashüpfer*

flüxelnd mitz goldsgekrixel
miniminz ädergestricks
drüxt gratzhüpfer in seins bauchs büxel
schilpf und anzer uferblipf
pfilpf, pfilpf, pfilpf! schimpfelt zinziver
beschwan beschwampf
kompf her! kompf her

*grashupfer*

rasch war der goldschrieb gefluttert
tupfig sehr ädrigst verbostelt
da lupfte der hupfer den bauchkorb
verbarg er die binsige rupfe
tschiribombös profelurte kikieglitz
o schwansam
teich auf!


*Opus N° 16*

Aileillant de l'écridorure
des plus ténues veinules
le grillon entasse dans la caisse de la panse
quantité d'herbes et de roseaux riverains.
Pigne, pigne, pigne! jacasse le roselin.
O cygnelesse.
O irradiances!


*Der Heuschreck*

Flittelnd mit seinem Goldschrieb
splitterfeiner Fasern
spickt der heuschreck sich den Schnappsack
voll mit Schilf und Ufergrasen
Pinn, pinn, pinn! tschilpft Sinsiwjér dahin.
O Schwanicht!
Seischein.

*Kuznečik*

Krylyškuja zolotopis'mom
Tončajšich žil
Kuznečik v kuzov puza uložil
Pribrežnych mnogo trav i ver
Pin', pin', pin'! tararachnul zinziver.
O lebedivo.
O ozari!


*Kuh s net schick!*

Grill ich Kuh, ja? Soll Otto bis um . . .
Dann — TSCH! heisch ich, still!
Kuh s net schick! Kuh soff, puh! Sau! Ulla schielt.
Blieb resch, nich? Mm, no. Gott traf ihr schwer:
Pin-pin-pin, tararach! Null-Sinn, Sie! Wer?!
Oh lebet denn wohl.
Oh Hosen ihr!

Zeitkreise-Schilfweise
    am Ufer des Sees,
wo Steine Zeit,
wo Zeit Stein ist.
    Ufer am See
Zeitkreise, Schilfweise am
    Ufer des Sees
rauschen geheiligt.


Zeitschilf — Steinschilf
am Ufer des Sees,
wo Zeit aus Stein,
wo Stein aus Zeit ist.
Am See des Ufers
Zeitschilf, Steinschilf am
Ufer des Sees
geheilischt rauschend.


    zeit-dies  schilf-das
      am ufer  des sees
  wo steine  zeit
     wo zeit  stein-ist
        ufer  des sees
    zeit-dies  schilf-das
      am ufer  des sees
   rauschen  gehöht

zeitgeschöhn binsgeschülf
uferseet über
da gestein zeitheit liecht
da leichzeit gneislich keit
uferseet unter
zeitgescheit binsgeschöhn
uferseet über
rauschicht geraunt


Zeiticht — Steinicht
    am Ufer des Sees,
wo Stein Zeit,
wo Zeit Stein ist.
    Ufer am See
Zeiticht, Röhricht am
    Ufer des Sees
geheiligt rauschend.

$$\frac{8+a}{\text{Jahre}}$$

Schwalbenzug
   luftiger
flicht aus feinen Körpern
   ein Netz
und ruft die der Sehnsucht
   Ergebenen
die sich nicht fürchten
   zu schweben.


ein spalm lüfter
   sualwen
der ein nitz gesplicht
   as lütten o
wo sin die suelmüts-
   haffn
die bin schwehem
nicht s furchen


$$\frac{8+a}{\text{Jahre}}$$

Schwalben schwärmen
   Luft bewegen
aus leichten Leibern
   Netze weben,
sie sind das Sehnen
   von denen
die sich nicht scheuen
   zu schweben.

Und das Schreien der Kriechenten über die Stirn des Sees,
über die klare Stirn zwischen haarigem Röhricht.
Libellische Heere
zeichnen die Echos der Wolken,
klarer Wolken,
libellische Heere
bewegen die Wellen,
den See.


schrilf — die schrepfen kühlsen im see
im kühlsen klar haarichn schill
libellows jagden
skizzen wolken die echos
klaren wolken
libellows jagden
wegen dell
see


Der Stockentenkreisch auf der Stirne des Sees,
der spärlichen Stirn zwischen Schilfen und Gräsern.
Libellische Heere die stehen
schwirre Wolken, gläsern
spärlich Wolken,
libellische Heere
Wellen kräuselnd,
o See.

Wem soll man erzählchen,
wie gewichtig das Frauchen lebte,
nein kein wichtiges Fräulein,
sondern sozusagen ein Fröschlein:
dick niedrig und im Sarafan,
und sie pflegte größere Freundschaft
mit den Fichten-Fürsten.
Und spiegelglatte Pfützchen
markierten ihre Spuren,
wo sie im Frühling schritt,
die Jungfrau des windigen Wassers.


Wem bloß erzählchen,
wie sich's dicketat, das Mädchen,
nein, keine Fraue,
eine Fröschin, genauer,
ungroß, mit praller Bluse,
und auf größrem Freundschaftsfuße
mit den fichtlichen Fürsten.
Es haben die Spiegelpfützen
kenntlich gemacht die Spur,
wo sie sich im Lenz verlur,
die Windig-Wasserne.

wem-klein wem-klein erzählich-klein
wiegewichtig frauklein lebte-klein
neinneinnein kein wichtig fräuleinklein
sondernso zu sagen froschchenklein
dick niedrig nie-trick sarafanschick
und schickte hoch den freundschaftsblick
zu den hohen fürsten fichte-klein
und den glatten pfützklein spiegel-klein
ritzeklein sie die kleinen füßklein ein
wosieschritt wosieschritt im frühlingklein
windkleinwassers jungferklein


wie die kleine ach wie qualtig
selzam löbte will ich pleisen
schnurz-kurzümchen sozusagen
nicht wie eine feine plunzen
sondern eher wie ein nuckerl
lenzig wunzig neglischummrig
wenn sie mit den fichten-fürsten
kernweich schnulzte
und die spiegelispen pfützen
ihre stelzen spüren spitzten
wie im zephir würzer brisen
kür und styl die jüngfei schrött

Dort wo die Schalmeier lebten,
wo die Tannen leise bebten,
flog vorbei, flog davon,
ein Zug von leichten Zeitlieren.
Wo die Tannen leise rauschten,
wo der Singer Schrei erklang,
flog vorbei, flog davon
ein Zug von leichten Zeitlieren.
Im wilden Schattengewirr,
wie das Dunkel alter Tage,
wirbelten sie und erklangen
ein Zug von leichten Zeitlieren.
Zug von leichten Zeitlieren!
Du bist singlich und verlockend,
berauschst wie Saitenklang die Seele,
ins Herz dringst du wie eine Welle!
Nun also, klingende Singer,
bringt das Lob der leichten Zeitlieren!


posaunen staunen
baumen staunen
flieg bei, flieg bei
vier zirka zeit-zweidrei.
baumen schaumen
sing sing sing
flieg bei, flieg bei
vier zirka zeit-zweidrei.
schattengedring
tagen alt dunkeling
es sing, es sing
vier zirka zeit-zweidrei
zirka zeit-zweidrei.
drängen in klängen
schienen ins innen
drinnen meeresgebraus:
stoß aus, posaune
staunen für zeit-zweidrei!

*dort...*

dort wo die flötenflöter lebten,
wo die bäume bange bebten,
flog, entfloh, verflogen, fern,
ein zug von zarten zeitleibern.
wo die bäume bange brausten,
wo des singeists sänge sausten,
flog, entfloh, verflogen, fern,
ein zug von zarten zeitlaubern.
wo so schreckhaft schatten streiten,
wie im finster ferner zeiten,
schreien sie, zerzerrverquern
im zug die zarten zeitlebern.
o zug von zarten zeitliebern!
die seele bezirzt du wie zaitenklang,
schwinglich stimmst du mit solchem sang!
nun also, klingliche singer vom stern,
voll lob lobt zart die zeitlobern!

# Liebheit

Ich versenkte die Liebieren im nachtweißen Silber.
Ich erkaufte mit der Schönenheit — böse sein im Gefangenen
Guten.
Ich spiele, ich bin der Zweig, der durch mich Kranz der Winter ist.
Ich verbreite die «Breiten» der Schreie, ich bin die Krähe der
goldenen Tore im Frühling.
Ich bin die Glut hundertfenstriger Nächte.
Ich bin das Stirnband auf dem Flußgesicht.
Ich stieß das blaue Band in die Welle meiner Locken.
Ich legte mein Schluchzen über sie in die Länge des Tages.
Daß die ewig silberküsse Blume
mein ich liebe verschmäht! Ich liebe ihren Lauf
meiner mal weiter, mal ärmer mit Wahnsinn
mal durch Gott, dann durch die Menschen strebenden Tage.
Ich bin ein Liebsthaber! Ich bin ein Zärtliebsthaber!
Ein Krieger silberküsser Stürme!
Doch benetze ich nur den Rand der Brust
am welligen Saum der Wogen von Silberküssen,
ich bin ein Krieger, ergeben dem Schwert,
und wieder tönender Trauer voll.
Ich bin die Esche der dunklen Liebraue,
ich bin klar durch Augen mit Augenbrauen.
Ich bin ein Liebmann! Ich bin ein schöner Mann!
Ich singe die Tanzlieder schneller
als Himmel, Nacht und Morgenrot
— so wollten es die Kobsaren.
Ich bin eine Wonnigin, ich bin eine Göttin
in der klingenden Freude der Felder,
ich bin eine Wonnigin, ich bin eine Göttin
Lachmachlich kahler zu sein.
Sternenreif, Sternenreif,
sei, auf den Laut gefallen, kühner!
Einst wird er die Hoffnungen der Menschen vergöttlichen!
Sei meiner Erfreuden Kleidung!
Möge die vereinte Sprache der Tänze
das Rasseln des Schwerts auf den Hüften durchdringen.
Und mögen Silberküsse streifen

## liebidonis

nachtig silvanisch die liebnis versilbert das hab ich
schöntum verhökert um böskant gefangene gutschaft
hastig ast rast ich was kranz mir geh wind er
weite schreibreiten bereitend ich krähe goldimmerer sommer
ich hundertverfensterter nachtnächte brand
ich bindband an baches litzand
schlugs bändel violen zurück ins gelöck meiner well
trugs geschluchz drüber flugs im strecktreck des tags
soll dochs küssilberne immergerngrünchen
wegschaun und mein vonherzenmitschmerzen verschmähn
wie liebig wie wahns innig strebts durch die wochen
mal davoll mal armharm mal durchgott mal mitmensch
ich bin ein lieblieb ein liebzärtlieb
ein krieger küssilbernen winds
doch rühre ich nürstens ein zipfel des säumsten
randallerwelltesten silberliebspinsts
ich krieger dem klirren verfalln
und wieder der trauer volltönt
ich bin der liebinster der dunklen liebraue
ich eiche ich buche ich weide ich schaue
ich bin ein lieban ein galan
mein liedel liebt rascheren zahn
als tag nacht und himmels mahr
so wollte es der kobsar
bin ein wonn ein zärt ein gott
in gongender frohe talklingts
bin wonnisch zärtisch so gottisch
lachig nackt lach ich mich kahl
sterner fein sterner fein
falle klinger reif auf lauter trau dich
wirst einst was ich dich gesetzt ergötzen
auf die zunge komm kühlfreue
daß vereinte sprichliebworte
durch das hüftschwertrasseln dringen
daß geküssel silbensilbern sich der rippen
annimmt die den eingriff hassen:
den namen den namen der manen der manen

die Rippe dem Feind des Durchbohrten:
der Ahnen umwinden wir wie Seelen.
Wir heben, wir heben, mit ihnen, mit ihnen
winden wir auf das gewobene Netz.
Ob laut oder hell, ob leise, ob schlecht
darin ist Verwegenheit.
O jage unser eilender Schrei
Schwerter durch die Friedlichkeit.
Wir sind es müde, nicht wir zu sein!
So und so, ja so, ja so —
sangen Liebheit und Waldschrat,
indes der Pferde Mäuler dampften.
umseelen umwinden wir ihnen mit ihnen

Mit ihnen, ihnen, Namen, Namen
wir hieven wir hieven hielieben liehieben
die netze mit ihnen die waben zum wind
ob laut oder oder ob ob oder gar
darin wagt was wahr
schrei unser geschrien sei dein schwert
das in die geruhsamkeit fährt
zeit wird es langsam: sein wir wir
so und also dergestalt
sang liebuster im liewald
da die nüstern düster dampften

## Schwarzer Liebier

Ich bin ein Fräulachlein und Lachereien
nehme ich lachliebrig mir,
ungereute Gelächtereien
wirf dem bösäugigen Lippier.
Soll der Hopperling, soll der Lacherling
hoppa hopp hoppopei,
mit dem Wort die Schönen bezirpen
uns erhitze durch die Herzen.
Doch wir verhexen in diesen Äuglein,
hinter dem Hügel, ssau nur, ssau,
steigt der Mond herauf!
Der lachlustige Igorka
hat klingende Glöckchen auf.
Geliebste rufen so süß
hinter dem Wald mit der Eule zu trauern.
Ei! Ach, auf diesem Hügel
steht ein Blümchen Täuschendschön.


## Schwarzlieb

Bin die Großlachherrin allen Gelächzes,
hol mirs Lächlichste,
unbußfertige Lachsalven,
die laß dem Bösblicker-Totbelipper.
Soll der Hopphoppling, soll der Hoholing
hohoppsa, hoppe, hoppeia
wortbezirpen die Wunderbaren,
los, herz uns an, heiz uns an,
in diesen Äugelchen gelchen wir äu,
du uck mal, hinterm Bergelchen, uck:
der heraufig mondige Ruck!
Lachseliger Igorok,
bei dem glöcknerts Gelock.
Süß kommt es aus Trauermäulchen:
heul Trübsal mit den Eulchen.
Ech, ach, droben, schaut,
blühts Heidekraut-Leidekraut.

schwarzer liebuster

litze latze freilich fräulach
ich liebitze lächerdingse
aber fort! kopfüb-lachunter
mit den ungereuten hahas!
böse glotze hat liebuster
darum hoppel-schmunzel poppel
doch die mädchen mit vokabeln —
unser öfchen hitzt im herzchen
wir lachfunkeln uns im dunkeln
mensch da wutzelt sich der feixer
hinterm hügel glatzig hoch
tach endymion! tach gaudine!
zimperklimp lachaus liebein
lachtigallt es ach so süße
laß uns schluchzen hinterm buhu
ei ei ei auf diesem hügel
sprießt ein gänseblümchen lachrig


schwarzer lieberer

ich michlich lab als fräulachlein
lachliebrich leicht an lacherein,
gelächtereien ungereut
dem reudigungen lipper streut.
soll hopperling, soll lacherling
hopp hoppopeia hoppaping,
mit tönen solche schönen bezirzen
und uns unsere herzen erhirtzen.
erhexen in diesen augilein wir,
hinterm hügel, ssau, ssau nur, hier,
hievt der lunde mond herfür!
lichlachlustigerer igorka
hat ja klickchende glöckchen da.
nach geliebster stöhnen schön erschauernd,
hinterm wald mit alten eulen trauernd.
ei! o ach, am hügel stehn
bliblablümlein täuschendschön.

Weil

Weil die Macht der Wonnemächte
dieser frohen Seele lieb ist,
weil der Ruf der Mächte
über den Schnee der Schweigen geht,
weil ein gewisser Abend
über den anblickenden Mund geht,
weil er ewig mit Gott
einen Strich über das Neuland der Gesichter zieht.
Die abwesenheitsäugige Mutter schaukelt die Wiege.
Das Kind steckt die Patschhändchen durch die Lebensringe,
und hüpft huckepack als wildschwänziger Pferdeleib über den
                                                                Boden,
und der Polistzist über das Heer der Blicke erteilt Befehle:
                                                                    Richt euch!
Schlage die Bogensehnen an, und es erklang die blaue Weise
                                                                des Bogens.
Und die Wimpern-Lanzen.
Der Knabe flattert mit den Locken der Zukunft und lacht
und die blauen Augen und das Gold der Sterne ist in ihnen,
und die Nacht, die sich als Braue erstreckt.
Der Winter lacht und glänzt in den Augenwinkeln,
Märchenstürme wirbeln, drehen sich hinter den Wimpern, der
                                                Schneesturm hinter dem Fenster...
Das Geläute über die Träume über sie,
und geläuteglühende Steine schüttete der Händler,
und der mädchenhaarige Erwind war auch Pupilliebchen,
                                            die Meiner nahmen den Blauwind,
und sielich war die Versteh mit dem Meineren, und das nord-
                                           haarige Mädchen saß,
und die Gesichtszüge wurden zu einer Dumenge geschwankt
                   und sielich waren durch sie die Blicke der Mädchen,
und schweighaarig war das Antlitz und siegesichtig der Teufel.
Mitmirgesichtig der Geheimnisschatten und das Dichkälbliche
                                  fleckzehnig mit dem Meineren.
Und der Dirwind breitgähnig und die gestringe Jungfrau,
und mitmiriger Geist.
Und sein Bewußtsein war esern und erern war sein Gedanke,

und wahrheitinnig taten sich die nielügenden Wimpern auf,
und ein erkiger Ruf und ein Vermag flog auf im äugigen See.
Erkiges Begehren.
Die Eriesen und die Miriesen führten ein Gefecht, sie hielten der
                       Belagerung durch den Blick des Jünglings stand.
Jahrhundert mit einer Augenblicksmenge. Sieder meiner Seele.
In den Blicken schimmerte Eruft und umartmete den erwinden
                                                     Traum,
und der Erwind schnitt die Nägel in den Meinwind ein.

*Wurmwerk*

Ein abendrotfarbener Beifuß
in ferner Zeit
an einem Flußufer stand.
Wellenschlagender Fluß meiner Sehnsucht!
Schwankend, verschlungen, verflochten
schwankend im Laub eines Lebens aus Nebeln.


*laubeidach*

ein himmelroter beifuß wuchs
bei sommers bei vorbei
am bach
am trudel bei vor schwermut am
bei schling und schlang und aberschlung
am laubeidach bei traum vorbei

*Zeitweise*

Der Weisnachter der dichten Wälder
rief mit der Schalmei die Zeit
und in das wir, so wie der Tag erlosch,
flogen die Wunden der Stille.
Er stand am Baum des Lebens
und hob die Schalmei an den Mund,
da schwiegen die Vorwürfe still,
da schwieg auch in der Ferne der Hund.
Nij, nij, den Frieden, breitete er aus wie einen Farn
die freudigen Geheimnisse von Flügeln.

Zur Zeit als in warme Länder
die Züge der Zeitlieren davonflogen,
spielte ich öfters mit dem Zeitgriff-Steingriff,
und warf die Zeitgriffe-Steingriffe,
und es versank der Zeitgriff-Steingriff,
und die Zeitgöttin breitete die Flügel aus.

Finsternis. Gerell. Dunkling oder Wolkling,
Himmling, Sterning, Klaring, wolknig,
Märeling, Märing. Sohn der Mär.
Und die verschwommene Mär des Volkes
stieg hinter den Atmungen des Morgens auf.
Ein Himmling der schwankende Ausmond.
Ich bin erdens, aber ein Himmling, — pfiff ein Stimmchen, —
ich bin ein Tagling, aber ein Nächtling der Hexen.
Träumling der junge Sohn, Träumerer.
Sohn des Lieds, Bylining, Traumling.

In Trugreichen — Traumreichen
entschlief, entschlief bei einem Umriß ich.
In Wunschreichen — Denkreichen
entschlief ich bei einem Traum.
Und schläfrige Fluren erhoben sich
schlummertrunkene Türme
    bauten sich auf.


in fantasy-pantasy
feh ich fall asyl
z wünschelpuhl-dünkelpuhl
fah ich jäh traumon —
da schläferten paunige
bohlen empir
da lüpfen trünkerne torme
sich hul

Ich bin ein blasser Himmeling,
ich bin ein schwanker Himmeling,
kaum daß ich auf die Erde
hinuntersteigen konnte...
Ein Wasserling bin ich, ein blauer Quell,
aus den Tiefen stieg ich hinauf,
ich starb, zerfloß, verlief,
ich erreichte kaum eine Gestalt.

Himmliebchen, Himmliebchen,
verklärten die Schönheit der Liebinnen,
in uns stöhnten die Liebsthaber,
sie lachten jeder hin und wieder.
Ihre zärtlichen, lieben Gesichtchen
verwandelten sich in Lockenspitzen,
von ihren Lippen flossen kleine Zurufe:
«Seht her, lebt munterer.»


himbellinster spymbellipsen
klarten liebelliuner schön
inn uns aber die liebuster
kicherkoichten: ach wie stöhn!
und die zarten milchen frießer
lockten sich zu zieren spitzen
und es floß von ihren lippen:
mandelt münterer zudem!

Ich bin ein Liebetrachter des Lachens von Perlichtern,
ich bin ein Liebetrachter der Sünde von Mondlichtern.
Lachen, Sünde — alles mein.
Liebig die Gipfel, liebig der Grund.

Wir lieben uns und leiben uns.
Hier uns liebend, dort uns leibend,
mal Lieberer, mal Leiberer,
da Leibichung, dort Liebichung.
Aus der Leibe Blick der Liebe.
Es gibt einen Leiberich, es gibt einen Lieberich.
Liebold! Leibold!
Leibling! Liebling!
Liebelei und Leibelei.
Leib dich und lieb dich.

Ein Zeitner ich
der eine Zeitnerin ereilt,
und da war auch ein Liebner ich
und hab den Augenblick geteilt.
Und schlug die Augen hoch und weiter flug ich,
und tauchte ein in eine Schlucht
und sinke flugs in Leerenflucht.
Und flüglig . . . schöpfe ich Getag.
Und töpfe schaubig Wasser aus dem Schlag.

*Lächterei alter Morgenröten*

Ich — Abglanz, Märtyrer der Zukünftungen
Ich — Abkömmling herrlicher der Todheit.
Ich — Aufblühen der Farbung.
Ich — Abzupfe des spinn(ah)enden Todes.
Ich — Abklang der kreiselnden Drehung.
Ich — Absplitter der nahenden Welle.
Ich — Erklinger der Zukünftungen.
Ich — Verquäler der Starrungen.
Starrheit der Zukünftung.


*Gelächter veralteter Morgenröten*

Ich — Abglanz, Verquäler der Wirdheiten
Ich — Abschwanz, herrlicher, der Todheit.
Ich — Aufspranz der Farbheit.
Ich — Abzupfe des näherspinnenden Todes.
Ich — Abstimme des kreiselnden Garnes.
Ich — Abspalte des näherwellenden Meeres.
Ich — Vertoner der Wirdheiten.
Ich — Verquäler der Erstarrtheiten.
Verstarrung der Wirdheit.


w a s  ich b i n
(lächern gammelti mrötn) —:

abglitz nd marter künft
herkomm von ruhmertöt
auglsprang blühfärbel
nd zupfe rocken stirbs
nd schlupfe kreisen dralz
nd hupfe kommen wells
ein klingoling von harrnis
ein sperrozwinger starrnis
ein starre heiter künft

*Erfahrung*

Ich sterbe
erstarrt
Erstarrung
ich verstammle verschämt
ich verwüte schweigend ...
ich verblinde wie ein Stein ...
ich verhaste schweigend ...
ich vermühe schreiend ...
Ich bin dein. Ich bin dein ...


*erfahrendse*

ischuschterbs
ein schtirren
schtorb
ischuschtamblns schäm
ischugrollans schwieg
ischublindins schtümm
ischutauppns schtein
ischuscheuhasts schwieg
ischumühelens schrie —
ischudein
ischudeins

Gelage zweier Stürme, zweier Abendröten
Entzweiung.
Es schreit der Mogul
welch eine Begeisterung.
Es schreit der Mogul
zweier Abendröten Entzweiung,
zweier Stürme Ausschweifung.

Fest zweier Stürme und Tageszeiten
Zerstreiten
Kreischen des Kaisers
Begeistertes Schreiten
Des Kaisers Schrei
Zwei Tageszeiten zerstreiten
sich leiser kosen die Stürme

Zwei abendrote Stürme
Entzweit bei dem Gelage.
Es schreit der Polter-Mogul
Begeistert vor Entzücken.
Der Polter-Mogul brüllt.
Gezwillte Abendröten,
Zwei Stürme schweifen aus.

zwo witter bamms, ent zwo
aurör.
schrie der mogul
welch heißa mör.
da schrie mogul
ent zwo auror,
zwö wetter schwül.

1
Flamme mondlichter als Haare
Flamme mundschuldiger als ein Blick.
Flamme singlicher als Augen
Kuppel einer nächtlichen Kathedrale.

2
Flamme aus den Mondlichtern der Haare
Flamme aus den Weiblichtern eines Blicks.
Flamme aus den Singlichtern der Augen
Kuppel einer nächtlichen Kathedrale.


Flamme mondigerer Haare
Flamme eines mädigeren Blickes
Flamme singigerer Augen
Kuppel einer nächtlichen Kirche


flammer monder alser haar
flammer castor fräuer jüng
flammer singer lichter glur
wölber nachter cawl the dral

Feuergott! Feuergott!
Ich werfe dir als Traumopfer zu
ruhmreicher Scharmacher des Tals,
o, wirble mir entgegen
Schar der freien Feurier.
Feuergott! Feuergott!
Die feuerrot leuchtende Freiheit sehen,
die Schar der leichten Feurier,
auf daß als hundertfeuriger Regenbogen
das Dunkel unserer Tage entflamme.

Feuergott und Brand
Ich spiel dir mein Traumgebet zu
Den Heldenführer geb Ruh
Wirf du mir die Massen
Sprühender Vögel zu
Feuergott du und Brand
Das Freiheitsland
Sollst du mich sehen lassen
Im Sprühregen dieses zarten
Gefieders das die harten
Finsternisse unserer Tage
Entzünde und völlig zerschlage


feurott go feurott!
dir zum opfraß travmphahe
berühmtal ruttafänger —
solltu eine rotte freier
feurier mir zugesträuben
feurott go feurott!
fleuriote freinis z lugen
eine rotte fleuger feurier
daß aus finster nuner jetzen
feuer reggen bogen schlügen

Dir singen wir Gebärer!
Dir singen wir Geweser!
Dir singen wir Erfreuer!
Dir singen wir Zauberer!
Dir singen wir Borstengras!
Dir singen wir Regierer!
Dir singen wir Magier!


Dir singen wir Gebär-Ass!
Dir singen wir Ex-Ass!
Dir singen wir Erfreu-Ass!
Dir singen wir Zauber-Ass!
Dir singen wir Borstengras!
Dir singen wir Regier-Ass!
Dir singen wir Magie-Ass!


kommerar tir neuerar
wärerar tir warerar
neuerar tir freuerar
kämmerar tir brauerar
uferar tir haferar
machterar tir walterar
oderar tir zederar
borsterar tir zauberar

Anruf.
Anruf trüger Rätsel.
Anruf trügenden Kummers.
Anruf trugnichten Schlummers.
Anruf wiegenden Wolknichts.
Anruf biegsamen Röhrichts.
Anruf wasserner Rätsel.
Anruf.

Oh strahlendes Willen
begehrlicher Wimpern
oh liebevolles Dillen
liebkosender Fimper.
Schaublicke, bläulich
und Äugen, eigensinnich.
Oh, Geugen! Mönigin mein —
auf dem blauen See ist Frönig.
Neitsche das Feig — dorthinein!
Wo der Morgensönnig weint.


Strahlendes Dallen
begehrter Wimpern
und freundliches Rallen
liebkosender Rechter
himmelblaue Gelicke
und Nrauen des Eigensinns
O Mecht. Meine Mönigin
auf dem tiefblauen See — der Mönig
Nacht Feiglinge — dorthin,
wo ein Sönig weint.

Leli, leidend weiße Leli
leblos lieb im weißen Schneeli.
«Ljuli-lju» — sie lallen bloß,
lobt das Los, lobt Laßmichlos.
Ljalja sich an Winden labet,
Labsal, Liebsein, bringts ihr Schnabel?
Lautlos unter Laub und Eis
lockten «Komm!» den Tod wir leis.
Leise?

Das Wonnicht der leichten
    Wähne
lenkte seine Kähne
    in ein seichtes Meer.
Das Leichticht floh in die Töne
des Nichtichts — nichts ist und nichts gibts mehr.

## Aus der Zukunft

Regenbogen — Rausch,
Hirne-Hehler.
— Stimmengestirne!
Friedbündige Augen, euer Licht ist leicht!
Bisjetziges Böses,
— Böse lacht der Baldbold ...
Ilylle der Augen.
Baldold der Schritte.
Halbaugen — ein Halb-Meer!
Leiserer, sei still!
Palast — ein Leutrich,
Palast — ein Sommrich,
Flugner der Wolken
goldblickiger,
himmlischer Fischzug —
goldner Augen langes Schleppnetz:
der Flugner flog da vorüber,
menschlicht, er, der Himmel Wellen aufwallend.
Die Himmels-Volga schäumte mit Wolken.
Aus Tausenden menschlicher Höhlen
eine goldene Feder,
der Schwan der goldenen Feder.

# die El-Kraft im Lautleib des El.
Zaum II.   Sternensprache

1
Naš kočen' očen' zabočen:
Nož' ottočen točen očen'.

Unser Kohlkopf ist sehr besorgt:
ein scharfes Messer ist sehr genau.


2
My v suše suščie,
sokol i sosna,
sokov so sna
ne sosuščie.

Wir im Trockenen Seidenden,
Falke und Kiefer,
Säfte aus dem Traum
nicht trinkenden.

Uns ins Trockene tunken
Tanne und Turmfalk
die wir von Tagtraumtalg
nie trunken.

| | |
|---|---|
| Ja widjel | Ich sah |
| wydjel | [die] Teilung |
| wjessjen | [der] Frühlinge |
| wossjen, | in [den] Herbst, |
| snaja | kennend/wissend |
| snoji | [die] Gluten |
| ssinjej | blauer |
| ssonji. | [als ein] Siebenschläfer. |
| Attypjatty | Und du [der] Ferse |
| namjatschikje ssoswjesdija | auf [dem] Bällchen [der] Gestirne |
| paljotbrassajesch, | Flug wirfst, |
| wisgjipp | zu [einer] Schwingung |
| isgupp | aus Lippen |
| sswjernuff | gebogen [habend] |
| sswoj lokatch | deinen Ellbogen |
| bjelowo isloma. | [der] weißen Krümmung. |
| Wjessnoj uljiki boga | Im Frühling [die] Beweise Gottes |
| putch | [den] Weg |
| pjetch. | singen. |
| Ssassnji, | schlaf ein, |
| ljetaja | fliegend |
| ssassnje | [der] Kiefer |
| lataja | aufsetzend |
| otschigalubyje | blaue Augen |
| uslami | [als/wie/mit] Bündel[n] |
| ssjewjernych brawjej | nördlicher Brauen |
| i galubjej. | und Tauben. |
| fstaje | Im Schwarm |
| stojich. | ihrer tausend. |

ei wie
dividillten
heidelwusen
vivisekt.
o wo
gluten
glitter
raulnz.
aber patzer
schmeißent fratzen
hocham sternz.
gibbs
bugsier
bogele
neix
legato.
beweisn wiesendings
geht
gott.
nu schlaf.
nu flugs
vier föhren
bläuglein
nu flachs
täubülndeln
brau.
nord schwarmant
tausand
in tausend

Sah man
im Winter
immer
in den Sommer,
Wunder
wissend
weißer
als ein Wiesel.
Fernen
Fersenflug auf Sternenfirnen
wirfst du,
eine Lippen-
Klippe:
deines Knies
gewinkelt
weiße Kippe.
Sollen Gottbeweise sommers
seinen weißen
Weg weisen.
Schlafe.
Einer Fichte
flechte
fliegend
blaue Augen auf
in Haufen
frostige Brauen
und Tauben.
Tobend, tosend
tausend sinds.

Perun

**Ich singe,**
daß **Perun Knüppel** wirft,
**schwebend, Knüppel** gleichsam sich selbst,
aus *dem* Punkt *der* **Leere,**
*als/wie ein* **Knüppel** *der* **Leere,**
*er* **lodert** wie *das* **Schießen** jener **Kugeln**
die *zur* **Flamme hohler**
**Sägen** *des* **Gesangs** *des* **Pulvers** geworden *sind.*
**Gesang** *des* **Staubs** *aus dem* Schaum,
wenn *die* vlava *des* Wasserwortes **voll** *ist,*
*von* **Blasen** *der* **Leere**
**Fugen** *der* **Blasen** beim **melodischen** Wort.
Und im **Lied** *der* **Höhle**
und *der* **Niere/Knospe** und *der* **Leber**
wie **Knüppel,** wie **hohle Knüppel,**
die **leere Felder wollen/wünschen/befehlen**
zogen *sie die* Wörter *des* lauten Gesprächs/Gerüchts lang.
Und du, der **du stäubst** *wie/als* **leerer Schaum**
*der* **Blasen-Perun. Hirte** *der* **Leere**
**hegst/wartest** du *das* **flammende Pulver.**
Auch ich **singe.**
Überschuß *an* **Leere.** Worte *sind* **Schaum** geworden
und **springen/tanzen** in **Peruns Gesang.**
**Als Sprungfeder-Ferse schaumiger Gesänge**
auf **Zehen** aus **Liedern.**
Ich, angesteckt *vom* Klang-**Pulver,** brenne, ich brenne,
und er, getrieben *von den* **Knüppeln** *wie/als/durch* **Flamme**
*der* Klangteilchen, warf sich in *den* **Ofen** *der* Dimensionen,
warf sich *wie/als/durch* die **hohlen Kanonen** *der* Wörter
*der* **Flamme** *des* klingenden **Gesangs** entgegen.
*Das* **Gerade eilte er** als **Flamme** im **Gesang davon,**
**gerade** wie *ein* **Knüppel** *der* **Höhlen** *der* **Leere,**
**gefiedert** *mit* **leeren Feldern, brennbar,**
ich aus *der* **leeren** und **brennbaren Niere/Knospe**
*durch/aus/wie das* **Schießen** *des* Gebets auf **Perun**
**blasiger Schaum** werden.
*Durch den* **Gesang** *der* **hohlen Flammen,**

Perun

Ich puste,
und Perun splittert Späne,
Perun flockt, pullt sich
aus dem entblößten Punkt,
ist selber Span der Blöße, er
flackert, pafft, platzt wie ein Pfropf,
wird Sprungflamme bauschiger
Pollen-Böller-Plauzen,
spreut, wenn Wlawa voller Flutworte ist,
aus Pelzen,
aus Pusteln der Blöße,
aus Spangen der Pusteln
Pfeifsang,
ein frohes Flaumwort.
Im Pfiff der Bausche
der Polder der Plunze
peilen Splitter-Späne, Bausch-Späne
entblößte Feldplätze an,
plätten Prahler und Pafler blach.
Ja, er pellt sich, pelzige Blöße,
Pausback-Perun. Pansen der Blöße,
der Pfleger und Fechser des Böller-Pollens.
Auch ich puste.
Überplatzende Blöße. Speuzworte, Pelzworte
pirschen durch Peruns Puste.
Pegel-Pendel, Pelz-Pfeifen,
Spanten auf Pfauch-Pfoten.
Ich bin angesteckt,
prall voll Pfauch-Pollen,
brenne, brenne, ein Pfeffer-Pofist,
während er, im Späne-Pulk durch die Flamme
der Pfauchteilchen gepümpelt,
in den Pott der Dimensionen springt
und durch die gebauschten Posaunen der Wörter
zur Pfeifsang-Flamme emporprellt, hochpfaucht,
pfahlgerad, ein Span puffiger Blöße,
aus bloßen Plachen gespelzt — während ich,

*durch den* **Gesang** *des* **Feldes werde Blase/blasig flammend-hohler Perun.**
Wenn nämlich *ein* Punkt aus *einem* Punkt flieht
und *der* **Knüppel** zwischen ihnen wächst und weiterstößt —
*ist das der* Punkte vorprellende **Perun,**
*der* **Schaum** liebt, **Tanz** und **Lieder,**
*der* liebt **als Pulver zu springen,** wie *der* **Sprung** *des* **Schaums,**
*der* in *der* **Flamme** *die* **Kugeln** *des* **Pulvers** liebt,
**Kugeln der Funken/Stäubchen der Öfen singend.**
Aber *das* **Lied** *der* **Höhlen,** aber *die* **Lieder** *der* **Leeren,**
*die* **Höhlen** *der* **Gesänge.**
*Die* **Höhlen** *der* **Gesänge,**
die *die* **Fersen** *wie* **Kugeln**
*der* **Lieder anbrennen,** wie **hohler Höhlen Flamme.**
**Wie/als/durch flaumige Kanone Peruns,**
**wie/als/durch Flamme der Daune Peruns**
auf *den* **Zehen** *der* **Feder** *der* **Leere**
**als/durch/wie Knüppel schleudern sie** in Zeit und Raum
und **als/mit Knüppeln lodern sie wie Nieren/Knospen.**
**Sie springen, tanzen**
**unter** *den* **Gesang** *der* **ersten Höhle,**
**Hirt** *der* **Leere,**
**warte/hege, lodernd Lebern leerer Felder.**
**Erster und erster und erster Perun.**
**Höhlen-Perun. Perun** *der* **Höhlen.**
**Erster im Gesang** *der* **ersten Höhlen,**
**als erster Knüppel schwebe**
**über** *der* **flaumigen Zeit** *des* **Pulvers**
wie *der*/**mit** *dem* **gefiederten Rand** des **tanzenden Schaums.**
**Als Streitkeule hohlen Gesangs**
**tränke mit** *der* **Flamme** *die* **Pulver.**
**Erste Schäume** *des* **Pulvers**
**trinke als schaumiger Rachen.**
**Gerechter Jüngling,**
**hitziger Perun,**
*die* **Höhlen-Wahrheit/Gerechtigkeit singend,**
**mit** *der* **Hitze** *der* **Leber,**
**erster Vogel** *der* **Flamme**
**manchmal mit** *dem* **Rockschoß/Rand/Kante flatternd,**
**mit Federn prägst du Segel,**

durch Plusterlohen plusterloh entflammbar,
pfauche böllere bitte Perun,
selber ein Pfauchpelz zu werden.
Im Pfauch gebauschter Flammen,
im Pott des Pfauchs
plustert Flammen-Pansen Perun
Pusteln empor.
Prescht nämlich ein Punkt aus einem Punkt
und der Span zwischen ihnen wird zum Pleuel,
wächst, spannt sich zum Puhl-Pümpel:
das ist Perun,
der Spillpunkte vorprellende Perun,
der das Pelzen, Spündeln und Paschen liebt,
als Pollen den Sprung, als Sprung den Pelz,
als Flamme das Pollengeböller,
als Böller den Sprühpfauch des Potts.
Aber der Pfauch der Pansen, aber die Pfauche der Blößen
sind Plauzen der Psalmen,
sind Psalmen der Plauzen,
sie pricken die Pfoten wie Böller,
brennen auf Entblößtem.
Aus der Flaum-Flausch-Posaune Peruns,
aus dem Flammen-Vlies Peruns
sprühen auf Pfoten der Feder der Blöße
die Spelzspäne in Zeit und Raum.
Sie springen, pendeln, spielen
die Psalm-Bö der frühesten Plauze.
Pfleger der Blöße, Perun
pflegt polderloh Fluh und Priel.
Potz, potz, potzfrühester Perun!
Pausback-Perun. Perun der Pansen.
Der Früheste im Pfauch frühester Pansen
fliegt als frühester Spelzspan
mit gefiederten Preisen, mit pelzigen Flanken
über die Pollen-Flaumzeit.
Ein Pfriem des bauschigen Pfauchs.
In Flammen gepökelte Bolle.
Pichel-Spund an frühesten Pelzen.
Freier Freund,
der pfiffige Perun

**prägst** und **pflügst** *die* **Feder.**
**Leere** *der* **ersten Zeit trinken**
**als Junge** auf *dem* **Tanz** *der* **Höhlen**
**lodernder Dämpfe-Paare**
**flammender Pulver.**
**Flammender Jüngling!**
**Weide/führe/geleite** *die* **hitzige Niere/Knospe**
in *die* **leere Höhle**
**wie/als erste Leber** *der* **Höhle**
**flammender als** *der* **Knüppel** *der* **Sängerin**
Oh, **Gesang** *der* **Leeren** durch *die* **Höhlen** *der* Zeit
und **wie/durch/als Niere/Knospe wohlklingender Knüppel.**
*Der* **Knüppel fällt** in *die* **Lieder** *der* **Höhlen!**
*Der* **Lieder-Jüngling mit** *dem* **Segel** *der* **Flamme**
**wäscht/preßt/tritt nieder** und **schwebt über** *den* **Flächen** *der* **Felder.**
**Unter/mit/als Knüppeln fiel** *der* **Pan**
*der* **Ernte** *der* **Felder,**
**als flaumige Daune**
*der* **Gastmähler/Schmause** *der* **Leere.**
**Als Gastmahl/Schmaus** *des* **Gesangs** *der* **Vögel?**
**Erster Jüngling**
*der* **Zeiten** *der* **Höhlen-Felder**
werde **zur Wahrheit/Gerechtigkeit** *der* **singenden Höhlen.**
**Mit dem Liedersegel,**
**mit/als flammender/m Knüppel nährend**
*den* **Schlund** *der* **Leere,**
**als/mit Flammen schmausend/gastmahlend**
**gerechter Jüngling,**
**hitziger Perun.**

pfauchsingt mit feurigem Pansen
die Plauzen-Freundlichkeit,
der früheste Punktflug der Flamme
felgt mit Federn das Paddel,
prägt und püschelt die Feder,
der Protzbursch, pichelt früh an der Blöße,
Porst, Polei, Föhre, Fichte,
auch Pricke im Pfuhl, er
pichelt mit Pfeidlern, Pülchern,
Prachern, Pennbrüdern, ist
frech und faul auf den Pritschen im Pesel, er
prudelt mit Poggen im Pferch,
pudelt in Pfützen,
puhlt die Pülpe der Pfebe,
prahlt, pranzt in puffiger Pekesche,
prüft Punzen, Pinten, Pfründen, Puffs,
die Pulle, die Plempe, das Pud,
piekt, packt, prellt Popanze,
pflügt Blachfelder, pflegt
Furchen, Forellen, Plötzen, Flachs,
das Ferkel, den Flaum, den Puck,
er pfropft Pflaumen auf Birnen,
Puten auf Finken,
Pranken auf Pratzen,
Fohlen auf Flocken,
Federn auf Pfeile,
Pfeile auf Flammen,
Flügel auf Buckel,
er spielt Plumpsack mit Plinsen,
Bällen, pummligen Puppen,
mit Pfannen, Fässern, Purzelbäumen,
er pißt, pupt, speuzt auf
Pauker, Spießer, Pambuschen,
den Prunk, den Pips, das Frieseln,
der Prellbock-Perun,
Brücken-Blasbalg,
Span-Pulk-Perun,
Pfauch-Peitsch-Fuchtel,
Spitz-Speiche, dem Pogrom in die Flanke,
Bresche in Pack und Patsche,

Putz, Plunder, Plage,
Spring-Böller, Bö-Tanz auf Plauzen,
flammender Pollen
prasselpaariger Polter-Paare.
Flammender Pümmling!
Spreng die spritzlohen Pümpel
in die Blöße der Plauze
der frühesten Plauze der Plunze,
entflamm, Span-Span der Fauchin,
Psalm der Blößen durch die Bälge der Zeit,
Pümpel pfauchsingender Späne.
Der Span springt in Plauzenpsalmen!
Der Psalmen-Pümmling mit dem Flamm-Paddel
prescht über Flächen und Felder.
Pelzflockig spillt, fechst,
pellt, pinnt, pflockt,
plackt, packt flugs Pan
im Flaum-Vlies
prassender Blöße.
Prassen im Piepsang des Pirols?
Der früheste Freund
in der Sput-Zeit der Plauzenfelder
wird zur Freundlichkeit singender Plauzen.
Er paddelt Pfauchpsalmen
mit flammenden Spänen
zum Spund der Blöße,
praßt, flammt, freit
prassende Flammen,
ein freier Freund,
der pfiffige Perun.

Sirin

So sing ich,
daß Sirin schwere Scheiter schleudert,
daß Sirin, sozusagen selber Scheit,
aus dem Punkt des Stummen steigt,
Schlagholz des Stummen.
Er sprüht, wies Spritzen strahlender Schüsse,
sogleich sirrende Säge singenden Sprengstoffs geworden.
Singen schaumigen Staubs,
wenn die Sterne mit strömender Sprache schwanger sind,
von Seifenblasen des Sinnfreien,
Seifen-Sonatinen beim schmelzendschönen Wort.
Und im Singen des Stollens,
der Samen, des Schwanzes
schmettern sie die Wörter des schreienden Sprechens
wie Schlagstecken, schwere Stöcke,
sich zu sinnschönen Stätten sehnend.
Und du, du staubst mit schnödem Schaum,
Seifen-Sirin. Schäfer des Stummen,
schürst du die schwelenden Scheiter?
Auch ich singe.
So schrecklich sinnlos. Worte sind Schaum seither,
sie springen in Sirins Singen,
sie schnellen mit springenden Sehnen aus Strophen
schaumiger Sing-Sätze.
Ich, schwanger vom Sangesklang, schmelze, schmelze,
er, getrieben von sonnenflammenden Schlagstöcken der Klänge,
stürzte sich mit der Steinschleuder der Sprache
dem sengenden, sprühenden, surrenden Singen entgegen.
Straks sprang er, schwelend, singend,
wie der Stock der schwarzen Stollen des Stummen,
strahlend stickige Steppen säend, siedheiß —
ich: aus stummen, strohdürren Samen
das Gebet auf Sirin schießend:
sprühender Schaum sein.
Durchs Singen strahlendschöner Sonnenräder,
durchs Singen der Steppen sei schaumig
der sengend-singende Sirin.

Strebt ein Punkt aus einem Punkt,
sproßt, stößt der Stock zwischen ihnen ständig, stetig,
ists Sirin, Punkte sprengend,
Schaum schätzend, springend, singend,
sprengend, schlagend, stoßend, schöpfend,
strahlender Schütze schwelenden Schwefels,
aus sprühendem Schlund stiebende Siedhitze der Schmelzöfen
                                                                           singend.
Aber: das Singen der Schlünde, der Singsang des Stummen
sind Schlünde des Singens,
Stummheit des Singsangs,
sie sengen die Stiefel der Sage,
Schwelbrände stummer Stollenschlünde.
Mit der schwammigen Steinschleuder Sirins,
der Stichflamme der Schwanzfeder Sirins
stoßen sie, scheinbar Schlagstöcke, in Stunden und Stellen.
Mit Stöcken sprossen sie, samengleich.
Sie springen, sie schwingen sich,
sie schreiten im Sog des Singens der Steinzeit.
Schäfer des Stummen,
schüre sie, sehnend, Stimmbänder stummer Steppen.
Schöpfer und Schöpfer und Schöpfer Sirin.
Stollen-Sirin. Sirin stummer Stollen.
Schrittmacher des Singens der Steinzeithöhlen,
schwebe samensteif
über samtene Stunden des Schwefels,
schwanenweiße Scheide schwingenden Schaums.
Streitaxt stummen Singens,
schwängre sonnenheiß stilles Schießpulver.
Schlürfe, schaumiger Schlund,
seinen scheuen sehnsüchtigen Schaum.
Starker, schöner,
sprühender Sirin,
steinzeitliches senkrechtes Sein singend
mit sonnenheißen Sinnen,
schwanenjunger schöpfender Steinadler,
du schwellst Segel,
spaltest, schlitzest, stempelst, säest
mit starken Schreibschwingen —
seis sirrend in strahlender Sonne,

seis stotternd stakig schlipsflatternd.
Stummen Sinn sonnenfrüher Stunden schlürfen,
strahlendjung sein in der Sarabande
sternheller Schneepaare
sehnsüchtigen Schwefels.
Strahlender Schöner!
Spritz, Sirin, siedhitzen Samen
in sandstumme Scheiden,
schwängre schlagstockstark starre Sängerinnen.
Ohh, Singen der Sinnlosen, schallend durch Sprengstollen
                                          sagenhafter Stunden,
und das Schwellen steifer summender Stecken.
Sein starker Stock stöbert im Singen der Schlünde!
Sirin, singender Schöner, stürzt mit sprühendem Segel senkrecht,
schwelt sodann, Stoppeln seichter Savannen sengend.
Seht: unter Schlagstöcken stürzte Pan,
schilfrohrsingend schreckenblasend,
sinnlose Speise singender Schwäne sirpender Singdrosseln.
Sternfrüher Schöner
der Sanduhrstunden sehnsuchtsvoller Stollen-Steppen,
sei strahlende Schöpfung singender Stollen.
Mit schwellenden Segeln singender Sprache,
mit sprühendem Schwanz schwängernd
den Schlund des Stummen,
mit Sternenflammen schmausend,
starker,
sonnenheißer Sirin.

## Über das S

I

Auf welche Weise in **SO** der Bereich von **Schlaf, Sonne, Kraft, Malz, Wort, süß, Saft, Garten, Dorf, Gesandter, im Rufe stehen, Sohn** enthalten ist.

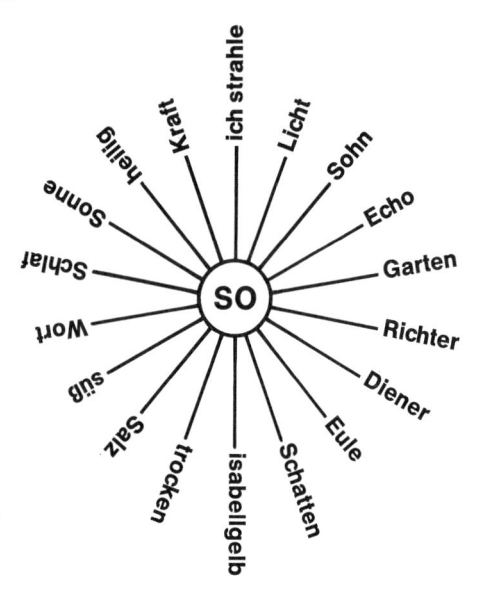

*[Diagramm: Strahlen um einen Kreis mit "SO" in der Mitte, mit den Begriffen: heilig, Kraft, ich strahle, Licht, Sohn, Echo, Garten, Richter, Diener, Eule, Schatten, isabellgelb, trocken, Salz, süß, Wort, Schlaf, Sonne]*

Obwohl der verfeinerte Geschmack unserer Zeit unterscheidet zwischen den Schattierungen **salzig** und **süß,** — zu Zeiten, als **Salz** teuer war wie Edelsteine, erschienen auch **Salz** und **Salziges süß**; **Malz** und **Salz** sind sich sprachlich ebenso nahe wie Hunger und Blöße. **Salz** ist seiner Klang**struktur** nach dem **Kehricht** entgegengesetzt (einer fremden Zutat), folglich liegt in ihm die Bedeutung einer besonderen Zutat, einer Ge**sandtschaft.** Dem Abge**sandten** und dem **Salz,** bei Tieren und Menschen alter Zeit gleich beliebt, ist gemeinsam, daß sie ge**sandt** sind, um die **Bande** (**SO**) zwischen dem Abge**sandten** 1) eines fernen **Landes** und 2) der Speise, d. h. zwischen zwei Gegenständen zu verstärken, die von sich aus unfähig sind, miteinander in **Beziehung** zu treten. Das **Salz** ruft die Hingezogenheit zur Nahrung hervor und ist aufgerufen, Frieden und **Eintracht** zwischen dem Mund und dem Geschmack der Speise herzustellen.

I

Auf welche Weise in **SA** der Bereich von Sonne, Saft und Kraft, Salz, Silbe Sendbote, süß, sagen, Sitz, Sippe, Sicht und Sohn samt und sonders enthalten ist.

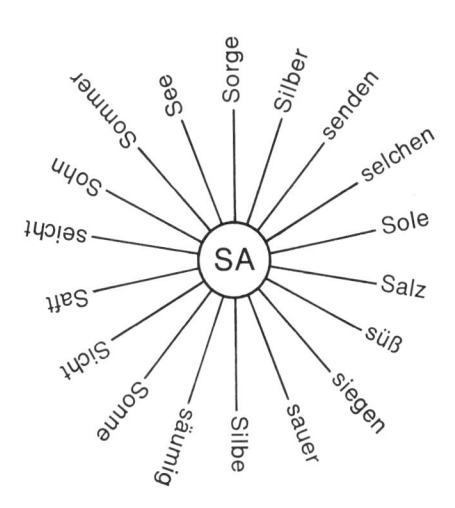

*[Diagramm: Strahlenförmige Anordnung um ein zentrales **SA** mit den Wörtern: Sorge, Silber, senden, selchen, Sole, Salz, süß, siegen, sauer, Silbe, säumig, Sonne, Sicht, Saft, seicht, Sohn, Sommer, See]*

Obwohl der verfeinerte Geschmack unserer Zeit säuberlich trennt zwischen den Sorten salzig und süß, — zu Zeiten, als Salz teuer war wie Edelsteine, erschienen auch Salz und Salziges süß; süß und salzig sind sich sprachlich ebenso nah wie müßig und Malz. Salz ist seiner Klangstruktur nach dem Sabber entgegengesetzt (einer fremden Zutat), so daß in ihm die Bedeutung einer besonderen Zutat, eines Sendboten sichtbar wird. Dem Sendboten und dem Salz, bei Tieren und Menschen alter Zeit gleich beliebt, ist gemeinsam, daß sie gesandt sind, um die Bande (**SA**) zwischen dem Sendboten 1) eines fernen Staates und 2) der Speise, d. h. zwischen zwei Sachen zu verstärken, die an sich unfähig sind, von selbst zusammenzukommen. Salz ruft die Hingezogenheit der Suppe zu ihm hervor, seine süße Sendung ist, Seligkeit und Frieden zu stiften zwischen Mund und Speise.

**Trocken** verstärkt den **Zusammenhang SO** zwischen Teilen und Teilchen. Wasser trennt, und schwimmender Schmutz wird, austrocknend, zu **trockenem Land**: in ihm sind die Teilchen **SO** eingegangen, unbeweglich **geworden. Pflaume** oder **süß.** Klar ist die Bedeutung des **Schleppnetzes,** es **bindet** die Bewegung des Fangs und erscheint als **SO** Band zwischen Jäger und Beute. Das gemeinsame Blut der Nachfahren – **soj,** das heißt die Menschen eines gemeinsamen Stammes sind durch eine gemeinsame Wahrheit und gemeinsame Sitten **verbunden** und gehen **SO.** Ein **Dorf** ist ein Ort, wo die Menschen im **SO** mit dem Boden oder eine unbewegliche Menschenachse sind, ein **Garten** ist für die Pflanzen. Das **Wort** ist ein Ge**sandter** eigener Art zwischen den Menschen; **im Rufe stehen** bedeutet – durch **Worte** ge**sandt** werden; **rühmen** – für andere **schaffen**; das **Gehör** ist ein **Worte**-Empfänger, und ein **Diener** der, der **Worte** in die Tat umsetzt.

Wenn **trocken** derjenige ist, aus dem das Wasser entflossen ist, so ist ein **Schiff,** ein **Schiffsrumpf** das, was das Wasser daran hindert einzudringen, undurchdringlich für es.

Wenn Schmutz der Ursprung des Kummers auf der Straße ist, der Fürst ein Ursprung, ein Wasserfall des Gesetzes (des Anfangs), so ist ein **Zusammenhang** die Bedingung für **Eulen** und **Zwergohreulen,** das heißt wenig bewegliche, plumpe Bewegungen der **Äste**; unbewegliche, in Gesellschaft schweigsame Menschen nennt man **Eulen.** Gleichzeitig, da der **Schlaf** ein **Zustand** der Unbeweglichkeit ist, **SO** an sich, ist die **Eule** auch ein **Schlaf**tier. **Solovyj** – bereit, einzu**schlafen.**


II
*SE und seine Umgebung*
Aus dem Buch «Über die Grundeinheiten der Sprache»

Nehmen wir an, **SE bedeute** die Gleichheit des Einfallwinkels eines Strahls zum Ausfallwinkel des reflektierten Strahls, AOV-SOD.
Dann müssen mit **SE** beginnen: 1) alle Arten von **Spiegeln;** 2) alle Arten von reflektierten Strahlen.
Arten von **Spiegeln: Spiegel,** das **Sehen.**
Namen des Auges als eines Gebildes aus **Spiegeln: sen, Pupille, Gesicht, siny, Blicke, sich umsehen; sichten, aussehen, sor, Pu-**

Sonne verstärkt in der Sole den Zusammenhalt **SA** zwischen den Salzteilchen, sammelt sie. Wasser trennt, und ein seichter See, der in der Sommersonne versandet (das Wasser versiegt), bekommt zumindest eine Sandbank: in ihr sind die Sandteilchen **SA** eingegangen, unbeweglich geworden. Sauer oder Süßkirsche. Klar ist die Bedeutung der Seereuse: ein die Bewegung des Fanges sammelndes und als Band sichtbares **SA** (ein Sack) zwischen Jäger und Beute. Das gemeinsame Blut der Nachfahren: der rote Saft, d. h. die Menschen ein und derselben Sippe sind durch Recht und Sitten versammelt und gehen samt und sonders zusammen in **SA.** Siedlung — ein Ort, wo die Menschen in **SA** mit dem Boden sind, ansässig. Sasse. Ein Garten — nichts für Seggen und Salbei, sondern die Saat (Sammelbegriff für Samen). Silben sind eine Sonderform von Sendboten zwischen den Menschen; angesehen sein — in Silben ausgesandt werden; Lob singen — für andere senden. Ein Sender ist ein Silben-Sager. Sorge — ein Silbensarg. Silber sendet Licht zurück, sehen — Sicht — gehen — Gicht.
Geselcht ist etwas, dem das Wasser entsogen. Versickern.
Wenn Schmutz die Seele des Kummers auf den Straßen ist, der Schutzpolizist die Seele, Wasserfall von Vorschriften, so ist Sauer-Sein die Seele der Seeigel, Senfgurken, Sonderlinge und Siebenschläfer, d. h. wenig beweglicher plumper Bewegungen; die in Gesellschaft unbewegliche schweigsame Sorte von Menschen sind Sonderlinge, Siebenschläfer. Sodann ist, da der Schlaf ein Zustand der Unbeweglichkeit, **SA** an sich (ein Sarg) ist — der Siebenschläfer ein Schlaftier. Saumselig, schlaff — **so** froh, wenn er schläft.


II
*S und seine Umgebung*
Aus dem Buch «Über die Grundeinheiten der Sprache»

Nehmen wir an, **S** sei die Gleichheit des Einfallwinkels eines Strahls zum Ausfallwinkel des widergespiegelten Strahls, AOV-SOD.
Dann sollten mit **S** beginnen: 1) sämtliche Sorten von Spiegeln, 2) sämtliche Sorten von gespiegelten Strahlen.
Sorten von Spiegeln: Spiegel, das Sehen.
Namen des Sehorgans als eines Gebildes aus Spiegeln: Gesicht,

pille, sorlivec; senki — die Augen; **Blick**.
Namen von Welt**spiegeln: Erde, Sterne; siry** (Sterne), **sen** (Erde). Der alte Ruf «**sirin**» hat vielleicht «zu den **Sternen**» **bedeutet**. **Erde** wie **Sterne** leuchten, indem sie Licht reflektieren.

Das russische Wort **sen**, das sowohl **Erde** als auch Auge bedeutet, und das Wort **siry**, das sowohl **Sterne** als auch Augen bedeutet, zeigen, daß **Erde** wie **Sterne** als Welt**spiegel** aufgefaßt wurden.

Die Jahreszeit, wenn die **Erde** das Sonnenlicht am meisten zurückwirft, wenn sie die Pflichten eines **Spiegels** am stärksten erfüllt, trägt den Namen **Winter** (**Winter**kälte). Die **Erde** als ein Welt**spiegel**, in den die Sonne blickt. Andere Wörter: **ins Auge fassen** — anschauen, **secholnik** — die Pupille; **sechlo, secholnica** — ein Fenster, Auge eines Gebäudes; **lüstern anschauen, hervorlugen** — hervorschauen.

Es fällt ins Auge, daß **sen** das für **Erde** und Augen gemeinsame Wort ist und **siry** das gemeinsame Wort für **Sterne** und Augen. **Siny** sind Augen (ein schönes Wort). Reflektierte Strahlen: **Röte am Himmel, Morgenrot, Feuerschein, Wetterleuchten, roter Schimmer, solok** (**Röte am Himmel** — Widerspiegelung von Sonne, Feuer oder Blitz), **Wachtfeuer.**

Reflexion des Sturms — **Schwanken; Moorgrund** — Morast, wo ein jeder Schritt Reflexionswellen hervorruft, ist ein **Spiegel** von Schritten.

**Soj** — Echo — Reflexion des **Schalls**. Anderer Name für **Röte am Himmel** — **solok**. **Hitze** — Wärme, von Steinen ausgestrahlt, von der Wand zurückgeworfen. Der glitzerndste Stoff — **Gold** (**spiegelndes Erdreich**).

Die Stimme des Kuckucks besteht aus zwei Silben; die zweite ist die dumpfe Reflexion der ersten; daher die Namen für den Kuckuck: **seglitza, sosulja.**

**Klang, Ton, Ruf, Schall** — widergespiegelte Hör-Reihen; vergleiche eine **schallende** Stimme, die sich von den Wänden, Felsen, zurückwerfen lassen kann.

**Erschaudern, frösteln** — **Spiegel** der Kälte.

Eine **Schaukelwiege** schaukelt lange; **Jucken** — widergespiegelte Empfindungen. Eine **Schlange** bewegt sich, die Wellen ihres Körpers widerspiegelnd. **Gold** — spiegelnde Scholle, **Erdreich.**

Im **Winter** reflektiert die **Erde** die Strahlen, und darum werden diese $\frac{1}{4}$ des Jahres **Winter genannt**. Im Sommer verschluckt sie sie. Wohin aber kommen die Strahlen des Sommers? Sie werden

Sehlinse, Sehsinn, Gesichtssinn, Sehlinse, Sehe, Sehkraft, sich umsehen: sichten, Aussicht, Silberblick, Sehfeld: umsichtig, sichern.

Name von Weltspiegeln: Sterne (Sirius, Sonne), Saturn. Der alte Ruf «sirin» hat vielleicht sagen sollen «zu den Sternen». Saturn wie die Sichel des Mondes leuchten, weil sie Licht reflektieren.

Das germanische Wort See, von dem die Seele abgeleitet ist, weil man in bestimmten Seen die Seele vermutete, und das englische see, das sehen bedeutet, sagen, daß der See als Auge und Spiegel aufgefaßt wurde.

Zur Jahreszeit, in der die See das Sonnenlicht am meisten zurückwirft, in der sie am meisten die Pflichten eines Spiegels versieht, sagt man Sommer (Sommersonne). Der/die See als ein Weltspiegel, in den die Sonne sieht. Andere Wörter: sichten, besichtigen, Sehloch — die Pupille; ersichtlich, sichtbar, Söller — sonnenbeschienenes Fenster, Sehloch eines Hauses; sinnlich ansehen, sich sehnen — in die Ferne sehen.

Sichtbar ist, daß See das für See und Seele gemeinsame Wort ist und Sehe das gemeinsame Wort für Sehen und Gesicht. Die Sehe — Sehkraft des Auges (ein schönes Wort). Gespiegelte Strahlen, gespiegelt von: Samt, Seide; Silber spiegelt Sonne und Sichel des Mondes; das Gesicht spiegelt die Seele, Sühne die Sünde, Sitte Sitte.

Sonnenblick, Sonnwendfeuer.

Spiegel des Sturmes auf See — Seegang; Sumpf — ein Morast, wo jeder Schritt Reflexionswellen hervorruft, Spiegel von Schritten.

Sonntag. Die Sonnenuhr spiegelt den Sonnenstand, die Zeit.

Sauhitze — sengende Sonne, sirrend, vom weißen Sand zurückgeworfen.

Der glitzerndste Stoff — Silber (spiegelnd wie ein See).

Das Singen des Kuckucks setzt sich aus zwei Silben zusammen; die zweite ist die dumpfe Spiegelung der ersten; daher die Namen für den Kuckuck: «segsitza», «sosulja».

Sirren, summen, sausen, säuseln, singen, Singsang, Saitenspiel — widergespiegelte Hör-Reihen; vergleiche die Sopranstimme, die sich von den Wänden, Felsen, zurückwerfen lassen kann ...

Sonstige Spiegel:
Sohn — seinen Vater, der Same die Pflanze. Das Segel — den Wind. Sage und Satire — gewesenes Sein. Der Sinn — den Reiz.

ebenfalls widergespiegelt, und diese Arten der sommerlichen Reflexion, der Reflexion der Strahlen durch den Welt**spiegel** — **Erde** — beginnen ebenfalls mit **S**.

Hier die Arten: 1) direkte Reflexion — **Hitze**; 2) indirekte Reflexion — das **Grün, Korn, Kraut, setka** (Roggen), **Gras**. Sammler auf einen Sommer und **Spiegel** der Sonnenstrahlen, **grün** im Sommer und sterbend im **Winter**. Empor**schießen** — wachsen.

Bekannt ist, daß der **grüne** Stoff der Pflanzen ein kompliziertes Gebilde ist, das das ausgestreute Tageslicht zu Bündeln kleiner Sonnen sammelt (Kohlehydrate und andere).

Daher müssen sowohl Pflanzen-Pulver als auch **Grün**-Pflanzen als Sonne verstanden werden, die neu aufgebaut ist aus zerstreutem Licht, und **Grün** und Körner als Ablagerungen von Sonnenstrahlen; die Sonne selbst ist eine riesige Ablagerung; ihre Abteilungen — das **grüne** Laub.

Die **Bedeutung** des **grünen** Farbstoffs ist in den Arbeiten von Timirjazev erklärt.

Es ist erstaunlich, daß die Sprache von der Entdeckung Timirjazevs lange vor Timirjazev **gewußt** hat.

**Sem** — das ist der ewige **Spiegel**, auf dem die Menschen leben.

Wenn **sen** das Auge ist, so ist **sem** das majestätische **sen** des nächtlichen Himmels.

Vergleiche Schatten [*ten*] und Finsternis [*tem*]. Andere **Spiegel**punkte für den schwarzen Nachthimmel — **siry** und **Sterne**.

Das Wesen der Spiegelung **besteht** darin, daß durch einen **Spiegel** eine Strahlengarbe sich bildet, die der ersten völlig gleich ist. Man erhält ein Paar zweier Herde von einer gewissen Einheitlichkeit, die getrennt sind durch Leere. Von hier die Verwandtschaft zwischen **Gähnen** und **Spiegel**: es **gähnt** die Kerze und ihr Spiegelbild, sie **klaffen auseinander**. Die **Erde klafft**, auseinandergerissen durch den Riß des **Erd**bebens.

Seher — Zukunft. Die Zukunft sendet ihre Strahlen dem Seher.
Sommervogel (Schmetterling).
Sil. Sirich.
Sucht (Verlangen).

## Zerlegung des Wortes

Lange ging ich mit ihm (dem Lehrer) durch die unbewohnten Räume, dort, wo, angestrahlt vom weißen Morgendämmer der Zeit, die Kreideleiber der Götter die düsteren majestätigen Stirnen senkten, die in lange Locken gehüllt waren.
Und er sagte:
— Hier an der Kreidetafel ziehe ich die **Flossen** des flennenden Seehunds, den Lauf des Lamms, den dicken breiten Leib des Lastkahns des Menschen, — er schwimmt, den Fuß-Lappen des Menschen, — er geht, — das lange Blütenblatt der Lilie, das Blatt des Lattichs, Lauchs und der Lupine, das Blatt der Linde, die Löffel der Schiffsschraube, das Landen des Fliegers, gleitend und flächig, den Flügel des Luftgotts, den Latschen, die leere Fläche der Hand, das Laken des Lagers, die Lupe, die Linse, — und überall sehe ich, sogar im linden Regen und in der Lache, **L** steht am Anfang jener Namen, wo die Kraft eines Gewichts, längs einer Achse gekommen, auf eine Fläche übergeht, die quer zu dieser Achse liegt.
Wir haben hier breite Oberflächen, die eine Stütze für Schwimmen und Fliegen sind, und für das Laufen (in Latschen), und einen **leichten** Körper. Darum ist **L** der Übergang einer Bewegung von Punkten entlang einer Geraden in die Bewegung einer Fläche, quer zu dieser Geraden. Ein Tropfen Licht ist doch herabgefallen und, wie der Regentropfen, Teil einer Lache geworden. Und eine Lache ist ein flüssiger flächiger Körper, quer zum lotrechten Weg dieses Tropfens. Land und Lehm — Plätze für Lachen. Die Fläche des Lakens, des Latschens, der Lore liegt quer zur Richtung des menschlichen Gewichts. Das Streben des Körpers (und sei's des Wasserstroms) ist, zu einem Körper mit zwei Dimensionen zu werden; die Verlängerung der beiden Dimensionen des Körpers auf Kosten eines dritten ist **L**. Dabei ist die Achse des verkürzten dritten, die zusammenfällt mit der Achse der fallenden Kräfte: **L** ist das Wachsen von Breite und Länge auf Kosten der Höhe, das Werden eines dreidimensionalen Körpers zum zweidimensionalen — zu einer Fläche. Im Lauf des Tropfenfalles aber herrscht eine Dimension. Daher sollte man so definieren: **L** ist der Übergang von Punkten aus einem eindimensionalen Körper in einen zweidimensionalen Körper, unter dem Einfluß einer aufgehaltenen Bewegung, und ist der Punkt des Übergangs, der Treffpunkt der

eindimensionalen Welt mit der zweidimensionalen Welt. Kommt daher nicht das Wort — lieben. In ihm ist das Bewußtsein eines Menschen in einer Dimension gefallen — die eindimensionale Welt. Kommt aber ein zweites Bewußtsein, so entsteht die zweidimensionale Welt zweier Menschen, die quer zur ersten liegt, wie die Fläche der Lache quer zum fallenden Regen.
In Laub gekleidet — Laubwald.
Und hier der tiefe Sinn des Wortes Leute: der Weg des einen Menschen muß unter rechtem Winkel auf die größte Fläche des anderen Menschen gerichtet sein und, eingestoßen wie die Lanze in die Lenden, seinen Impuls dem ganzen Weg des anderen Menschen übermitteln.
Ich habe schon ein Wörterbuch auf **El** zusammengestellt, aber es gibt noch mehr. Im Lasso erliegt die Bewegung des Leitstiers, der Leib des Lachses stößt lotrecht ins Netz. Da ist der Vogel der Leda: sein Hals gleicht dem Wasser, das jemand aus dem Halse eines Kruges ausgießt, die Flügel gleichen der Welle, die ausgelöst wird durch fallendes Wasser. Und so nannten wir ihn «lebed», Schwan. (Schwan — der Ausgegossene, Vision einer stürmischen Lichtflut.)
Und jetzt die Tiere mit breiten Geweihen — Elch, Elen, und die auf leisen breiten Sohlen: Löwe, Leopard und Luchs. Und Meister Lampe mit den langen Löffeln. Leichtes Eis schwimmt auf dem Wasser wie ein Laken: breiter als die Last des Wassers. Und nehmen wir die Lanze: sie überliefert durch die Luft den Schlag einer querliegenden Linie, des menschlichen Leibes, und umgekehrt. Der Druck der Lanze gleicht vollkommen dem des Regentropfens auf dem Weg zur querliegenden Linie des Landes. Ist es nicht ebenso mit dem Lichtstrahl?
Der Elch, der ein breites Geweih trägt — löfflige Schaufeln, wer keinen Löffel hat, schöpft Wasser mit der leeren Hand, ausgegossenes Wasser — Lagune, ausgegossenes Licht — Laterne, Stoß der Lanze gegen die Lende, die Leiste, Flächen: Laken, Liege, Lager, Lappen, Lumpen, Leilach, Land, Loch, Luch, — ein fliegender Lindwurm der Drachen, fliegend die Lerche — ihr Lied fällt quer zur Richtung ihres Flugs, und wenn die Last des Körpers ausgegossen ist auf seiner größten Fläche, lasch und laß den Beinen Ruhe gibt, dann ist das «Liegen», Schlafen: eine Leiche fast, und lendenlahm, die Latte, die den Ball schnellt — alle diese Wörter, Sterne am **L**-Himmel, fliegen zu auf einen Punkt.

Die Kraft, mit der ein fallender Punkt seine Bewegung auf eine Linie überträgt, die den Weg des Punktes unter rechtem Winkel schneidet. Ein Punkt, der auf seinem Flug eine Linie bewegt, die von ihm rechtwinklig geschnitten wird. Wenn der Querstrich des **T** von seinem Stützbalken fällt, wird es **L** genannt (Lambda).

Nehmt die militärische Ordnung der Kosaken — die Lava: das ist diejenige Anordnung, wo sich die Bewegung der Reitertrupps als breite Kette entwickelt, bis an die Grenzen der Sichtweite und quer zur Stoßrichtung sich ausbreitend.

Von daher kann man sagen, daß in der Liebe, wie das z. T. auch die Wörter lullen, lulu und Leli zeigen, die Seele des einen die Seele des anderen rechtwinklig trifft und dem zweiten Bewußtsein die eigene Bewegung vermittelt.

Mit **H** dagegen beginnen etwa zwanzig Arten von Bauwerken des Menschen: Haus, Heim, Höhle, Hütte, Herberge, Halle, Hafen, Harnisch, Hose, Hülse, Häfn, Hof, Hort, Haff, Hag, Halsberge, Horst, Helm, Hungerkloster, Hohland, Hohlarsch, Hohlding, Hemd, Hülse, Haft. Das sind zwanzig Gebäude, häufig aus dem Bereich des Jägers und Bauern, die den Menschen vor Unwetter und wilden Tieren schützen. Der zerstörbare Punkt des Menschen verbirgt oder behütet sich in dem Gebäude vor dem zerstörerischen Punkt der Hitze, des Hagels. Gebäude dienen als Schutz, daher kann **H** bestimmt werden als Hindernisfläche zwischen dem einen Punkt im Umkreis dieses Schutzes, und einem anderen, der sich auf ihn zubewegt. **H** ist ein fliegender Punkt, die Hürde auf seinem Weg und das Ziel des fliegenden Punktes hinter dem Hindernis. Mehr Kerzen in den Tannenbaum des Volkes. Von hier kommen die Helden, die kriegerischen Hüter des Menschen. Durch die Dächer der Holzhütten, Häuser und Herbergen werden die Punkte des Schnees und des Regens, und der Hitze, und der Tiere aufgehalten; unter einem Dache hütet sich der Mensch.

Die Bewegung eines schwachen Punkts, der sich zwischen ihn und ein starkes Hindernis stellt: behüten (Hamster, Heger), sich verhehlen, hüten, halten, heucheln, verheimlichen.

Namen eines starken zerstörerischen Punkts: Hitze, Hagel, Hornissen, Hackfenne, Hammer, Häckelzeug, Habicht, (Un)hold, Hamor, Hechtsuppe, Halsabschneider, Halunke, Hundsfott, Hackelbackel, Hamor, Hieb, Hunger, Hohn, Haß, Haderlump, Haue, Heckenreiter, Haubitze, Hinkelschieber, — das, wovor man sich in einer Hütte schützen muß. Bruch der Sitten und Bräuche.

Die Namen des schwachen Punkts, der des Schutzes bedarf: hinfällig, hager, Hegling, die Holde, Holderkautz, Huhn, Henne, Hahn, Hals, Hasenfuß, Heu, Häcksel, Haberstroh, Hamm, Hammel, Hornbock, Hornnickel, Herde, Hausrat, häuslicher Herd, Hab & Gut, Herz, Hirn. Habseligkeiten.
Ein häuslicher Herd — ein guter Hirte. Über Hindernisse gehen: hinken, humpeln, hinkeln. Schutz von Lebendigem ist Hege und Pflege. Eine Pflanze mit künstlichem Schutz und Schutz des Menschen zugleich, hleb, chleb, hlaifs (Leip, Laib, Brot).
Als Wehr und Hürde und Hülfe — der Mensch. Hüter und Mauer im Kampfe: die Hehren und Helden; ein Gebäude: der Himmel. Hürde für die Sonne: Hochnebel, Haarrausch, Haarwolken, Gebäude aus Wolken.
Hakennase, Hasenscharte, Hallotria, Hackenschmettern — Gebäude des menschlichen Gesichts. Hodapatschi sein.
Gebäude aus Haaren: Haarschleife, Haarhut, Hambacher, haarlos, Hochfrisur. Hackemack, Heckmeck, sich haben, hübschmachen, die Haare raufen — all das bezieht sich auf die Architektur des menschlichen Gesichts. Himmelhochjauchzend.
Lebende Hürden, Körperbeschützer, Leibwächter des Fürsten — die hehren Haudegen, Helden.
Hinter Gebäuden verhohlene Seelen: der Hinterlistige, Heimtückische, Halbseidene, Halbschürige, Heikle, der Heuchler, Hulke, der mit Haaren auf den Zähnen, Hochstapler. Hintertreiben, hinterrücks. Hundekälte ist, wovor man sich hüten muß, es zieht wie Hechtsuppe.
Humbug, Hadern — was man nicht schützen muß.
Hämisch, heillos.
Verhehlt der Haderlump hinterlistig seinen Willen hinter Worten, verbirgt sich in seiner Hütte der Mensch vor dem Hagel, wird der Tote dem Leben ver-heimlicht, schützen: hüten sich die Menschen vor dem Feind, versteckt die Sonne sich hinter Hochnebel, hütet der Verstand des Nüchternen vorm Hopfen sich, birgt sich der Körper unter Haarschopf, Hut, Helm, Hemd, birgt sich der Führer hinterm lebenden Harnisch seiner Haudegen-Helden, des Menschen Gesicht hinter einer Hürde von Heuchelei, verstecken sich die Götter im Himmel, die Menschen sich in Hütte, Haus und Hof, in ihren Höhlen vor der Hunnengewalt, vor der Gewalt des Hungers und Todes, verbirgt der Prahl-Hans hinter Worten sein Handeln, verbergen sich die hohen Herren hinter Standeshürden vor den

Haderlumpen, Himmelhunden des Pöbels, vor den Habenichtsen, — überall ist ein Versteckspiel, ein Haschmich: ein Punkt hinter einer Linie, Schranke, Hürde. Hüten, hegen, be-herbergen muß eine Schranke. Alle Arten davon bilden den Bereich des **H.**
Die durch Dach und Mauern aufgehaltenen Punkte des Hagels, der Hitze, und der Tierkralle. **H** ist die Verbindung eines fliegenden Punktes und der Hürde seines Ziels. **H** läßt sich definieren als die Hürde zwischen einem sich bewegenden Punkt und seinem Ziel. Wenn der Punkt einer Kraft jenseits einer Hürde nicht zu dem anderen Punkt gelangt, so trägt die Umzäunung des zweiten Punktes den Namen **H.**
Bei den Wörtern, die mit **Sch** beginnen, ist folgende Reihe von Namen für Schuhwerk gegeben: Schlappen, Schluppen, Schlurfen, Schlump, Schlurpe, Schlupfschuh, Schlorre, Schlurre, Schluff, Schlumpe, Schlarfe, Schlarpe, Schweißkiete, Schnürschuh, Schnallenschuh, Schuach, shoe, Stulpenstiefel, gestiefelt und gespornt, Schusters Rappen. Schlapfen. Scheftel, Scheftling.
*Behältnisse:* Schaff, Schachtel, Schinakel, Schaffel, Schüssel, Schalln, Schütter, Spind, Schädel, Schlup, Schatulle, Schwenker, Scheide, Schaube, Schauer, Schaube, Schnicke, Schupfen, Schale, Ge-Schirr, Scherbe, Schüttelbecher. Schnappsack.
*Bekleidung:* Schal, Schnatz, Schärpe, Schnalle, Schlüpfer, Schuh, Schürze, Schurz, Schlafrock, Schleier, Schinkenbeutel, Schwalbenschwanz, Schnürbrust, Schopf, Schirm, Scharm, Schlumper, Schappel, Schappo, Schlutte, Schirting (shirt), Schaube, Schminke, Schmuck, Schweiß, Schnee, Schleppe, Schlips, Ge-Schmeide, die Schoß, das Schmis(erl), Schale, die Schoin, Scheuklappe, in Sack und Asche.
*Hohlräume:* Schuppen, Schrank, Schluft, Schelfe, Schlaf, Schaube, Schacht, Schneckenhaus, Schafferei, Schoß, Schnappsack, Schotte, Schranze, Schnürboden, Stadel, Speicher, Schmerbauch, Ge-Schwulst, Schaute, Scheuer, Scheune, Schüüre, Schopf, Schauer, Schenke, Schänke, Schefe, Schule, Schiff, Schrende, Schnurre, Schlederhaus, Ver-Schlag, Schlupfloch, Unter-Schlupf. Schwindsucht (leere Brust), Schmalhans Küchenmeister (leerer Bauch).
*Grenzen:* scht! pscht! husch! Scheide, Scheitel, Schelte, Schimpf, Schloß, schroff, Scheuche, Schmach, Schild, Schirm, Schupfen, Schwelle, Schranke, Schneise, Schreck. Schock. Schabernack. Schockschwerenot.
*Hebel:* Schaft, Schlegel, Schwert, Speer, Sperre, Schragen,

Schneide, Schwengel, Stab, Stange, Schaber, Schabber, Schieber, Schocher, Schnitter, Schaufel, Schuufle, Schubkarren, Schere; schweben, schwimmen, schneiden.

Das ist die Bedeutung von **Sch** — ein Körper, eingeschmiedet in die Leere eines anderen; leere Hohlkörper. In ihre Leere andere einschließend. Aber da in der Schale wie im Schuh ein Hebel verborgen ist (der Punkt des Wassers fällt nicht, weil ihn der Hebel der Wand der Schale zurückhält), ist hinter **Sch** ein Kraftaufwand verborgen: **Sch,** Körper-Schale für einen anderen Körper, ist die Gleichgewichtslage im Stützpunkt einer sich drehenden Linie, auf die zwei gleichgewichtige, gleich starke Kräfte einwirken.

Daher die Waag-Schale.

Schuhwerk, Behältnis, Bekleidung, — gleich stark. In ihnen ist ein Hebel verborgen.

Hörst du mir zu, o Schüler, — sprach der Lehrer.

## Von den Grundeinheiten der Sprache

Die Namen Dalton, Planck, Weiß u. a. deuten an, daß jede Wissenschaft das Alter der multiplen Verhältnisse durchläuft.
Die Sprachwissenschaft ist noch zu jung. Doch fällt schon jetzt auf sie das Licht der Zahlen.
So nähert sich das Problem der Grundeinheiten einer Sprache mit Hilfe exakter Begriffe seiner Lösung.
Eine Sprache besitzt ebenso viele Grundeinheiten wie Einheiten ihres Alphabets — insgesamt etwa 28—29; im folgenden sollen einige Konsonanten (M, W, S, K) als Grundeinheiten untersucht werden.

*Vom M*

Es beginnt Wörter für die kleinsten Glieder einer Mannigfaltigkeit.
Aus der Pflanzenwelt: Moos (ein Spielzeugwald), Maßliebchen (in bezug auf Sonnenblumen).
Aus der Insektenwelt: Motte, Mücke, A-Meise (verglichen mit der Größe von Vögeln und Käfern), Milbe.
Aus der Tierwelt: Murmel, Maus (Vergleich: Elefanten, Elche), Muschel, bei Fischen — ein kleines Fischlein — Makrele.
Aus der Körnerwelt: Mohnkörner.
Aus der Zahnwelt: Mauszahn.
Aus der Zeitwelt: Moment — der kleinste Zeitenteiler — und Mucks.
Aus der Welt des Wortes vom Wort — melden (etwas einmal sagen).
In einer Reihe abstrakter Quantitätsausdrücke: mal, minder, mau, Murks.
In diesen 19 mit M beginnenden Wörtern taucht immer wieder der Begriff der kleinsten Größe eines Gliedes aus einem bestimmten Bereich auf.
Bei weiterer Verkleinerung verliert es die Qualitätsmerkmale seines Bereichs.
I. Wörter für die Mannigfaltigkeit einer Altersstufe (Zeit): Matz, Mops, Murl, Mädel, Maderl, Milchkind — auch abgesehen von der Grundeinheit miteinander verwandt.
II. Daneben beginnt M Wörter für Dinge, die anderes zerteilen:

Meißel, Mühle, Mäher, Mörser, Moräne, Maus und Motte (die Kleider zerfressen), Mäzen (ein Verteiler von Vermögen), Mündung, die eine Bucht zerteilt, Meilenstein, der die Felder trennt, Mole, die das Meer zerteilt, Mure, die einen Fluß teilt, Maß — aus dem abstrakten Begriffsbereich, — das Dinge in eine bestimmte Anzahl gleicher Teile verwandelt, Mischmasch — das Ganzes zu Teilen macht.
Beim Dividieren hat diese Aufgabe der Divisor.
III. In den Wissenschaften wurde der Begriff der «Nachkommenschaft» dem Begriff der «Teilung» angenähert.
Mit M beginnen die Wörter: (ich) muß, mächtig, Mann, Mutter, AMMe, minderjährig, machtvoll, (die Kindernahrung) Milch, Mädel, Maid, Met — Wörter für Vermehrung, Brüche, Familie und Selbstteilung über einen Zeitraum hin.
Mit M beginnen hier bald Zähler, bald Nenner eines Bruchs, dem die Teilung zugrunde liegt.
Mündig gehört ebenso dazu.
Maßvoll — unmäßig.
IV. Wörter, die aus einer sehr großen Zahl von Gliedern und Teilchen bestehende Gegenstände bezeichnen.
In der Division entspricht dem der Quotient: Müll, Mehl, Po-Made, Meische, Malz, Mammon, Mohn, der Begriff «Menge». In fast unendlicher Zahl gibt es Teilchen im Mehl und im Malz. Ebenso bei Mostrich, Milch, Moor, Mud.
V. Abstrakte Begriffe: Messe — eine demütigende Handlung, die entweder fremden Zorn oder die Kräfte der Natur zerteilt; mürbe — leicht teilbar (Schmolle), Messer — ein Werkzeug, das Stoffe leicht voneinander trennbar macht (Zweiteilung). Der Rand einer Mole — Zerteilung des Landes; Mahlen — Zerkleinerung; mahnen, ge-mahnen, Mahnmal (Denk-Mal).
Das Gedenken an einen Toten ist dessen kleinste Teilung, der letzte Teil, mit dem er in den vor einem Mahnmal Versammelten lebendig ist; der Gedanke an einen Toten ist ein Atom seines Lebens; m, a, n beziehen sich auf den ersten Bereich der M-Wörter. Die Wurzel «mahn» deutet an, daß ein Erinnerungsbild das kleinste Daseinsteilchen ist. Milde — das Ende einer Schwertdrohung, seine Schranke; Mord — ungezählte Teilungen mit dem Ergebnis Null; $\frac{1}{\infty} = 0$, R besitzt die Bedeutung der Zerstörung von Hindernissen; 0 bewahrt diese Bedeutung von R, I verwandelt sie in ihr Gegenteil. Die erste Bedeutung des Wortes Mir — die

Seite, die sich einem Angriff aussetzt, die teilbare Seite; Ihr — die Seite, die angreift, eindringt.

Faßt man den Inhalt der M-Einheit in einem Bild zusammen, dann ergibt sich der Begriff des Teilungsvorgangs. Zuweilen trifft man M als «mi» im Sinne von klein, unbedeutend (mickrig).

*Vom W*

In der Einheit W schimmert der Vorgang des Subtrahierens hindurch. Mit der Einheit W beginnen Wörter für Tiere, die im Landleben der Vorfahren Schaden anrichteten: Wolf, Wurm, Wespe, Weißling, Wanze, Wildschwein, wildern; im persönlichen Bereich: Widersacher, Wüstling, Wucherer, Weiberfeind, Wilddieb. Was vor dem einen oder anderen auf der Hut war (der Minuend), beginnt ebenfalls mit der Einheit W: Wein, Weizen, Wams, Wolle, Wild, Weide — vor den Ersteren; Wirtschaft, Wohlstand, Wille, Witwe, Waidmann, Wirt — vor Letzteren; in den Gebräuchen — Weihrauch (Mittel zum Schutz vor «Widersachern»), Wehrgänge, Wälle, Wein.

*Vom K*

K beginnt einerseits Wörter um den Tod: Kreuz, Krieg, krepieren, kalt, kahl, Kanone, Krankheit, oder Wörter über Freiheitsverlust: Kette, Knecht, Kampf, Kuli, Kittchen, Kreis, Krüppel, Knute, Köder, Klette, kleben, Kampf, oder schwer bewegliche Dinge: Keil, Kiste, Kasten, Koloß, Klotz, Katze (an einen Platz gewöhnt).

Das Gesetz und sein Kodex bringen Frieden ins Land, wie auch ihr Urheber, der König.

Der Frieden des Bauern kommt aus Kuh und Klepper; der Frieden des Mönchs aus der Klause. Der Bürger wird friedlich beim Kelch. Die Teilchen eines Kiesels sind unbeweglich. Das Aufhören von Bewegung — der Inhalt der Einheit K; der Vorgang des Addierens kommt ihm sehr nah.

Der eine Stirn umgebende Kranz aus Lorbeer bedeutet Klugheit, Keller (etwas Verborgenes), Käuzchen (ein sich verbergendes Wesen).

*Vom S*

Der Vorgang des Multiplizierens kommt dem S nahe; mit S beginnen die größten Körper: Sonne, Selbst, Sippe, Sahara, Saal, Saurier, Sünde, Sorge, Sultan, Silo, See, Sumpf (Vereinigung von Teilen).
Multiplikatoren (Vereiniger): Salz, Süße, Sieg, Sendbote, Sitzung, Satz, Silbe, Same, Sohn, Saum. Die Achse einer Stammesvereinigung: Siegel, Silberhaar, Sippenoberhaupt, «Selbst». Sippe (Stamm) und Silberhaar (Stammesursprung) verhalten sich zueinander wie Lippe und Liebespaar. Wenn vor langer Zeit ein Großvater — Greis — eine Arbeitskraft im Ruhestand war (gebe, gegeben), so ist ein Stammesvater — Steiß (Sämann, Sippengründer im Ruhestand). Ein oftmaliger Frühling wird zum Sommer — später. Dank Sang, Satz, Sprache wird ein bestimmtes Gedankenbild zum Gemeingut vieler (Vervielfältigung), es wiederholt sich in ihnen, und dank der Stimme des Gerüchts wächst die Zuschauerzahl bei irgendeinem Anlaß ins Unendliche. Nebenbei verhalten sich Sommer und Sonne zueinander wie Frühling und fröhlich: Sonne — Sinne — sinnlich; Feierabend — das Tor zum Frieden (Freude), fröhlich — wie sorglos, sittsam; Frühling — das Tor zu etwas, Sommer — sein Ende. Lohn und Lahmen sind verwandt mit Sohn und Samen. Wir glauben, daß sich hinter der Einheit S das abstrakte Bild des Vorgangs der Vermehrung verbirgt.

## Verzeichnis. Alphabet des Geistes

**M** — Teilung eines bestimmten Umfangs in eine unbestimmt große, in der Summe gleich große Zahl von Teilen. **M** — das Verhältnis der gesamten Grenzlänge einer Zeile zu ihren Teilen. Mehl, Meißel, mürbe, Maus. Moos. Mühle. Müll.
**L** — Übergang aus einer linienförmigen Bewegung in eine quergestellte Flächenbewegung, die den Bewegungsfluß zerteilt.
**L** $= \sqrt{-1}$. Latte, Lanze, Leiter, Lilie, Luster, Lava (ein ausgedehntes Gebilde).
**S** — Bewegung mehrerer, von einem ruhigen Punkt unter schmalem Winkel und in einer Richtung ausgesandter Punkte. Sonne, senden, Söhne, Sippe (die Nachkommenschaft eines unbeweglichen Vorfahren), Signal, Same, Sorge, Sendbote (Strahl eines Regenten). **K** — der Übergang von Bewegungskräften in Kräfte der Verkettung. Kasten, Kette, Kitt, Kiste, Korb, Kiepe, König, Karzer, Kreis. **Sch** [Š] — Annäherung und Verringerung der Zahl von Oberflächen unter Beibehaltung ihres Flächenraums. Verbindung mehrerer Oberflächen zu einer. Auch größter Inhalt bei kleinster und glättester Oberfläche. Schlichten, Schmerz, Schlingel, Schaum, Schale. Scharren, Schrei, schlürfen. **St** — größte Oberfläche bei gegebenem Inhalt. Eine Fülle von Ecken. Sternenhimmel, Streit, Steinufer, Sturm, Stille. Stein.
**Z** — harmonisches Schwingen entfernter Saiten. Getrenntes Schwingen bei gleichem Ursprung und gleicher Schwingungszahl. Spiegelung. Zittern, zürnen, zagen, zucken, Zorn (Spiegelbild des Sturms), Zahl, Zacken, zurückwerfen, zurren, Zeese, Zehe, zetern, zwicken (Spiegelung eines Schmerzes).
**Sch** — Hülle. Eine im Innern hohle Oberfläche, mit Flüssigkeit gefüllt oder ein anderes Volumen umschließend. Schädel, Schale, Schuh, Schoß, Schüssel, Schildkröte, Schwindsucht.
**W** — Wellenbewegung, Kreisen — Wind, Wirbelsturm, winden, Woge, Walze, Wankelmut, Wurm, Wetterhahn, Winde, Wicke, Wendeltreppe, Weinrebe, wuzeln, Windrose, Windhose, Wurf (das Hinaufgeworfene kommt zurück), Windfang (dort dreht sich der Wind wie ein Wetterhahn). Beim Winseln windet sich der Laut. Ein Widersacher zwingt eine geradlinige Bewegung zur Umkehr, Kreisstrahl. Die Wucht der Masse, Ursache für das Kreisen der Erden um die Sonne.

**P** — eine aus unterschiedlichem Druck geborene Bewegung. Pulver, Panzer, paffen, prall. Wechsel eines Stoffes aus kraftgesättigtem in ungesättigten, leeren Druck, aus einem geballten in einen losen Zustand. Prusten, prasseln, platzen, Plunder, pflügen. **P** hat die umgekehrte Bedeutung von **K**. Eine Kette koppelt, Pulver, Pusterohr, Pistole, Panzer, Putsch, Prügel, Pranke zerstören einen zunächst festgefügten Stoff. Beim **P** hat ein Stoff Bewegungsfreiheit in einer Richtung, aus einem starken in einen schwachen Druck. Etwa: Polsterung, pusten, prügeln, pulsieren, prellen, Pest, aus-plaudern, platzen. Politik für unterschiedlichen Freiheitsdruck. In einer Presse verwandelt sich Festes zu Flüssigem. Perun ist das Maximum an Freiheit und Druck. **G** [Ž] — die Freiheit, sich unabhängig von Benachbartem zu bewegen. Von daher glatt, gleiten, gelenkig, geschmeidig, und alles rund um das Wasser, Gischt, Gewässer, Gründling, Geplätscher, Getränk, gurgeln. **Z** — hier gibt es die Trennung des trockenen, bewegten Ursprungs vom Wasser; der Kampf zwischen Feuer und Wasser. Im Denken der Alten wurde zwischen Wasser und Zeit (Vergangenheit) ein Gleichheitszeichen gezogen. Daher die Verwandtschaft zwischen gleiten und geleiten.

**H** — etwas, das zum Wachsen Schutz braucht (Hilfe, Verteidigung). Hilflos, Halm, Hort, heilen, Hütte, Häuschen, Hoffnung, Hascherl. Ebenso Hüter — Harnisch, Helm, Held, be-herzt, — Hütte; die den Schutz zunichte machen — Hetze, Heimtücke, Hinterlist, Hacke — Einbruch in das Verteidigte; Hunger. Heimlich — huschen. Haube, Hand, Haar — schützt die Augen. Hort — Herd erzählen von den gemeinsamen Punkten zwischen Wärme und Leben. **H** — das, was ohne Hülle nicht besteht, was verurteilt ist, nicht allein bestehen zu können, heuchlerisch, zwiegesichtig, versteckt. Das, was in etwas anderes getan wird, z. B. wird ein Kuchen durch Hefe zum Gehen gebracht, heimlich, Hexerei. Das die Natur zerstörende **T** — ist oft die Unterbrechung einer Bewegung — trennen, tropfen, tauen, Tod, teilen, taumeln. Bei Störung einer Bewegung bildet sich Wärme.

**D** — der Übergang eines Teilchens aus einem Kraftfeld in ein anderes. Dank, Dampf, dünsten, Dienst, Dienstbote, Duft, Dünger.

**T** — das den Blicken und dem Strahl des Lichts Verborgene. Trübsal, Trug, Tücke, Tunnel, Tod, Trauer, Truhe, tuscheln. Die von der Natur verborgene Trüffel ein abschließender stofflicher Vorgang — das Tüpfelchen-auf-dem-i, Träne, Testament. Träg — bewegungshemmend; die Vernichtung des Lebensstrahls, tilgen, töten. Die Sprache kennt den Strahlenblick aufs Leben. Sengen meint eine gemeinsame Feuerquelle mit einer Vielzahl davon ausgehender Strahlen (Sonne). Sippe — eine gemeinsame Zeugungsquelle — mit einem Vorfahren und zahlreichen Nachkommen.

Wenn **S** — Bewegung von einem unbeweglichen Punkt ist (Vergrößerung des Wegs, Gleichbleiben des Winkels), dann ist **W** — Bewegung um einen unbeweglichen Punkt (gleichbleibender Weg, Länge, und Anwachsen und Änderung des Winkels): Wirbel, wehen, winden. Bei Wachs und Wolle, feuchter Witterung und Wasser verändert sich der Winkel der Teilchen, gemeinsame Länge und Lage jedoch bleiben gleich. Walze, Ge-Winde, wickeln, Windmühle, Wirbelsturm, Wetterhahn, Wendeltreppe machen deutlich, daß unter diesen beiden Bedingungen — gleichbleibende Länge und Veränderung des Winkels — eine Kreisbewegung entsteht.

## Wörterbuch der Sternensprache
*Dem gesamten von Menschen bevölkerten Stern gemeinsam*

**We** — Kreisbewegung eines Punktes um einen anderen, unbeweglichen.

**Pe** — gerade Bewegung eines Punktes, weg von einem unbeweglichen, geradlinige Bewegung.

Von hier die Hohlkörper, Wachstum eines Volumens im dreidimensionalen Raum: **p**latzen, **P**ulver, **P**istole. Ein **P**unkte-**P**aar, getrennt durch wachsenden Raum zwischen beiden, wobei einer den anderen abstößt.

**El** — Übergang einer Quantität von Höhe, identisch mit der Achse der Bewegung, in eine Flächendimension quer zur Bewegungsrichtung.

Die Bewegungsachse wird von ihr rechtwinklig geschnitten — **L**ager, **L**ache, **L**aken, **L**icht, **l**eicht, **L**aub, **L**öffel, **L**aut.

**GO** — höhergelegener Punkt quer zur Richtung der Bewegung (Fläche): **G**ott, **G**önner, **G**raf, **G**reifer; **G**o-spodin.

**Em** — Teilung eines Volumens in kleine Teile (**M**ehl **m**ahlen, **M**otte, **M**utter, **M**üll).

**Es** — Bewegungsrichtungen mit einem gemeinsamen und unbeweglichen Ausgangspunkt (**S**onne, **S**alz, **S**alve, **S**iedlung; **s**äen, **s**ehen).

**Ha** — Linie eines Hindernisses zwischen einem unbeweglichen Punkt und einem anderen, der sich auf ihn zubewegt.

**Sch** — leerer Körper, der die Hülle für das Volumen eines anderen Körpers darstellt. Umrundung durch einen anderen Punkt, während ersterer seinen geraden Weg fortsetzt.

**Ka** — gegenseitige Annäherung zweier Punkte bis zur Grenze der Unbeweglichkeit, Anhalten vieler Punkte in einem unbeweglichen.

Dem **Es** entgegengesetzter Stern von Bewegungen.

**Tsch** — Zusammenfließen von Flächen, größte Fläche in kleinsten Grenzen.

**De** — Entfernung eines Teils vom Ganzen, Übergang eines Teils vom Ganzen zu einem anderen Ganzen (**d**ahin, **d**urch, **D**rittel, **d**arbieten).

**En** — Verschwinden aus den Grenzen eines gegebenen Bereichs und der Richtung, wo keine Bewegung besteht.

**Te** — negative Bewegungsrichtung, hervorgerufen durch den Schatten eines unbeweglichen Punktes.

**Se** — Paar von sich gegenseitig ähnlichen Punktmengen, das durch einen Abstand getrennt ist.

# B

Von Baku und bis Bombay
für Byzanz und für Bagdad
Mirsa-Baba Enver-Beg
bläst frohe, feierliche Botschaft
nun Bakunin
Baku nun.

Das Lied vom El

Wenn der Schiffe breites Gewicht
ausge**gossen** war auf der Brust,
sagten wir: siehst du, der **Riemen**
am Halse des Treid**lers**.
Wenn der Steine Lauf wütete,
wie ein **Blatt** ins **Tal** einfallend
sagten wir — eine **Lawine**.
Wenn der Wel**len Pl**ätschern das Walroß schlug,
sagten wir — das sind **Flossen**.
Wenn im Winter der Schnee bewahrte
die nächtlichen Schritte des Tier**fängers,**
sagten wir — das sind **Schneeschuhe**.
Wenn die **Welle** den **Kahn streichelt**
und die Last des Men**schen** trägt,
sagten wir — das ist ein **Boot**.
Wenn der breite Huf
im sum**pfi**gen Schlamm den **Elch** trägt,
sagten wir — das ist eine **Pfote**
Und zu den breiten Geweihen
sagten wir — **Elch** und **Damhirsch**.
Am verstummten Dampfer
sah ich die krumme **Schaufel**:
sie stieß die Schwere der Wasser,
und der Wasser**strahl** vergaß, wo der Abgrund ist.
Wenn das Brett auf der Brust des Kriegers
Lanzen und Pfeil **abfing,**
sagten wir — das ist ein **Panzer**.
Wenn der Blüten breites **Blatt**
als Ja**gd** den **Flug** des **Strahls einfängt,**
sagen wir — Blüten**blatt**.
Wenn die **Blätter** vermehrt sind,
sagten wir — das ist ein **Wald**.
Wenn der **Schwalben** längliche Feder
bli**tz**t, wie die Pfütze eines blauen **Regengusses,**
und der Vogel als **Pfütze** der Last **zerfließt,**
und das Gewicht der **Fliegerin** auf ein **Blatt gelegt** hat,
sagen wir — er **fliegt,**

Lied vom El

Als der Schritte pralle Last
aufgelaufen war auf der Brust,
lallten wir: siehst du, das Seil
am Hals des Treidlers.
Als der Steine Lauf rollte,
wie ein Blattschwall ins Land fallend,
lallten wir: eine Lawine.
Als der Wellenschlag den Wal schlug,
lallten wir: Flossen sind das.
Als im Winter der Schnee den Nachtlauf
des Fallenstellers festhielt,
lallten wir: Schneeschuhe sind das.
Als die Welle den Kahn streichelte
und des Leibes Last schleppte,
lallten wir: eine Jolle ist das.
Als der breite Lauf den Elch
überm Sumpfschlamm hielt,
lallten wir: eine Kralle ist das.
Und die lichten Locken
nannten wir: Tollhirsch und Elch.
Am lautlosen Schlepper
sah ich die lahme Schaufel:
sie wühlte die Last der Wellen,
und der Wellenwall vergaß die Stelle des Schlunds.
Als an der Planke vor der Brust des Kriegers
Lanzen und Pfeile abprallten,
lallten wir: ein Preller ist das.
Als der Blüten breites Blatt lauernd
den Flug des Strahles einfing,
lallten wir: Blütenblatt.
Als die Blätter sich vervielfältigten,
lallten wir: das ist ein Wald.
Als der Schwalben längliche Feder
blitzte wie eines blauen Regenfalls Lache,
in der Lache der Last der Vogel zerfloß
und sich der Fliegerin Gewicht auf ein Blatt legte,
lallten wir: er fliegt, blitzend

blitzend mit dem **Blick** der Usurpatorin.
Wenn ich auf der **Ofenbank liege,**
auf des **Hohlwegs Lager** auf der **Wiese,**
habe aus dem Kö**rper** ein **Boot** ich ge**macht,**
und **Faulheit** befällt den **Körper.**
**Faulpelz, Tagdieb oder Boot,** wer bin ich?
Hier wie dort ist **Faulheit** ausge**gossen.**
Wenn zur **Hand** die Fin**ger** ver**flossen,**
wenn keine **Lunge** die **Blätter** bewegt
sagten wir — ein sch**wacher** Wind.
Wenn das Wasser ein breiter Stein ist,
ein breiter Fußbo**den** aus Schnee,
sagten wir — das ist **Eis.**
**Eis** ist ein weißes **Blatt** des Wassers.
Wer während des Laufes nicht **liegt**
als Tierkö**rper,** sondern steht,
dem gab man die Bezeichnung — **Leut.**
Wir schöpfen Wasser aus dem **Löffel.**
Er allein, er, Abkömmling der Tiere,
sein Rückgrat steht wie eine Papp**el**
und **liegt** nicht wie das Rückgrat der Tiere,
der aufrechtstehende Zweibeiner,
dich benannte man **Leut.**
Wo als **Pfütze** die Finger sich er**gossen,**
sagten wir — das ist eine **Handfläche.**
Wenn wir **leicht** sind, **fliegen** wir.
Wenn wir mit **Menschen** sind, **Menschen, leicht,**
**lieben** wir. **Geliebt** — von **Menschen.**
**El** — das sind **leichte Leli.**
Der Punkte erhabener **Regenguß,**
**El** — das ist der **Strahl** des Gewichts,
gerichtet auf die **Fläche** des **Kahns.**
Der Faden des **Regengusses** und der **Pfütze.**
**El** ist der Weg eines Punkts aus der Höhe,
aufge**halten** durch eine breite
**Flä**che.
In der **Liebe** verborgen ist der Befehl
die **Menschen** zu **lieben.**
Und **Menschen** sind die, die wir **lieben** müssen.
Durch einen **Regenguß Liebling** der Mutter —

mit dem Blick einer Eroberin.
Als ich auf der Ofenbank lag,
auf dem Lager des Hohlwegs zwischen Gras und Blumen,
hab ich aus dem Leib eine Jolle gemacht,
und Faulheit überfällt den Leib.
Faulpelz, Strolch oder Jolle, wer bin ich?
Faulheit ist hier wie da vergossen.
Als die Finger zur Hand verflossen,
als keine Lunge in die Blätter blies,
lallten wir: was für ein lauer Wind.
Als die Wellen flache Felsen waren,
ein bleicher Plastikboden aus Schnee,
lallten wir: was für ein Eis ist das.
Eis ist bleiches Blatt des Wassers.
Wer beim Laufen nicht liegt
wie ein Tierleib, sondern steil bleibt,
den zählt man zu den Leuten.
Wir schlürften Wasser aus dem Löffel.
Er allein, Sprößling der Tiere,
ragt mit seiner Wirbelsäule wie eine Pappel,
nicht wie der Buckel der Tiere liegt er,
der steilstehende Zweibeiner —
Leute nannte man dich.
Wo die Finger zur Lache verflossen,
lallten wir: eine Handfläche ist das.
Wenn wir leicht sind, fliegen wir.
Wenn wir mit Leuten sind, Leuten, leicht,
lieben wir. Geliebt — von Leuten.
El — das ist der Strahl des Gewichts,
der auf die Fläche der Jolle zielt.
Der Faden des Regenflusses, die Lache.
El: der Weg eines Punktes vom Himmel,
den eine breite Fläche
aufhält.
In der Liebe ist der Befehl verhohlen,
die Leute zu lieben.
Und die Leute sinds, die wir lieben müssen.
Durch den Regenfluß Liebling der Mutter —
die Lache Kind.
Wenn eine breite Fläche einen Flügpunkt aufhält —

die **Pfütze** Kind.
Wenn durch die Breite einer **Fläche** ein Punkt auf**gehal**ten wird —
das ist **El.**




*Protokoll vom El*

Fläzt sich die Breitlast der Schiffe
schwer an die Brust,
gib zu Protokoll: Sielen,
die Treidler, Schwielen.
Prasselt Steinschlag
wie Laub zu Tal,
zu Protokoll: Lawine.
Wellen, den Seelöwen plätschend,
Protokoll: Flossen.
Stellt Schnee nächtlich Schritte
von Fallenstellern fest,
Protokoll: Lapplandschuh.
Lullt Welle das Boot, die Zille,
trägt die Welle Leut drin,
Protokoll: Lastkahn.
Trägt breiter Huf
den Elch im Schlammluch,
Protokoll: Fessel.
Und ausladendes Geweih:
Damwild, etwa Schmaltier.
Ich stell mir einen stummen Dampfer vor:
Mahlschaufel keilt die Wasserlast,
schon verliert der Wirbel den Drall,
vergißt zu gründeln.
Und gib, wenn das Brustleder
Lanze und Pfeil letzt,
zu Protokoll: Latz, ein Schild.
Löckt ein lappiges Blatt

das ist El.
Die Kraft einer Bewegung, verkleinert
durch den Aufprall auf eine Fläche — das ist El.
Solcher Art ist die Leistung
verhohlen im El.



*das Lied vom eL*

wenn der schLepper Lange Last
ausquoLL auf der kehLe,
LispeLten wir: Lausche, die Leine
am haLse des treidLers.
wenn der Lauf des geröLLs Lärmte,
wie Laub ins taL faLLend,
LispeLten wir — eine Lawine.
wenn der weLLen pLätschern den waL schLug,
LispeLten wir — das sind fLossen.
wenn im Lichte der Lampe die schneekristaLLe behieLten
das Leise Latschen des faLLensteLLers,
LispeLten wir — Lackschuhe aus kristaLL.
wenn die weLLe das schiffLein Leckt,
von der Laune Lustiger Leute Lüstern,
LispeLten wir — das ist eine joLLe.
wenn die pLatte sohLe
auf schLeimigem schLamm den eLch häLt,
LispeLten wir — das ist eine kLaue
und zu den stoLzen schaufeLn
LispeLten wir — eLch und wiLd.
am LautLosen fLoss
Lugte ich nach dem fLinken Lenkrad:
es verLetzte die fLäche des fLusses
und die fLutfüLLe verLor die Leere, die sie Liess.
wenn von der Latte über den Lenden des wiLden
Lanze und pfeiL abfLogen,
LispeLten wir — das ist List.
wenn im Lenz der bLüten Loses bLatt

gegen pralles Licht,
Protokoll: Lattich.
Laubt die Lichtung sich an,
Protokoll: der Loh, ein Wald.
Blitzt der Schwalbenflügel länglich
als Lusch, blau, eines Platzregens auf,
zerfließt als Lusche der Last,
lädt die Seglerin auf ein Blatt,
gib zu Protokoll: fliegen,
blitzen, Machtraub-Blick.
Ist mein Liegelager
die Lade am Ofen, der Lehmweg, das Luch,
ist mein Leib ein Lastkahn, ein Floß,
befällt mich Lümmellust.
Faulpelz, Lungerer — oder Lastkahn? Wer bin ich?
Hier wie dort: Trägheit, sich fläzend.
Glieder, zum Leib geflößt,
kein Blasebalg bewegt das Laub,
Protokoll: lau, flau, Lee,
Wenn Wasser Stein ist, breit,
ein breites Flöz aus Schnee,
Protokoll: Firnfeld, ein Gletscher.
Glitsche: Schildpatt des Schulwegs.
Der liegende Lauf, flach, übers Land,
ist dem Tierleib zugelautet,
lotrecht Gehende tragen den Leut-Namen
(«Die-aus-dem-Löffel-schlürfen»),
denn nur die mit dem Leut-Namen
tragen den Rücken wie eine Pappel
lotrecht, die Zweibeiner,
und nicht wie die Tiere,
deren Rücken flach liegt.
Wo die Finger, fünf Pfähle,
als Lusche zusammenlaufen,
Protokoll: palma, die Flachhand, auch Dachtel.
Leichten fällt Fliegen leicht.
Leuten mit Leuten, Leut-Leuten, fällt
Lieben leicht. Leutliebende, Leutgeliebte.
Das El. Uns fallen Elfen ein, Elche, Lessing.
Chlebnikov spricht, während ich dolmetsche,

in der fLucht den fLug des LichtstrahLs Langt,
LispeLten wir — ein bLütenbLatt.
wenn die bLätter vervieLfäLtigt sind,
LispeLten wir — das ist Laub.
wenn der Lerche LängLiche fLügeL
fLitzen, wie die Lachen eines bLauen pLatzregens
und der vogeL als Lache der Lust zerLäuft,
und die Last eines fLaums auf ein bLatt geLegt hat,
LispeLn wir — er fLiegt,
bLitzend mit dem bLick des Leittiers.
wenn ich an der ofenLehne Liege,
auf dem Lager der fLur am Lande,
hab ich aus dem Leib ein fLoss geLeimt
und Lahmheit befäLLt den Leib.
Lahmarsch, Leichnam, gondeL vieLLeicht, was soLL ich sein?
Lamm oder Löwe: Lahmheit ist Los.
wenn zum schLund die Lippen Lassen,
wenn keine Lunge die bLätter beLebt,
LispeLten wir — ein Laues Lüftchen.
wenn der fLuss ein bLankes bLech ist,
ein Langer Laufsteg aus fLockenschnee,
LispeLten wir — das ist eiskristaLL.
eiskristaLL ist ein bLinkendes bLatt des fLusses.
wer während des Laufes als tierLeib
nicht Liegt, sondern Lotrecht bLeibt,
dessen titeL Lautet — Leut.
wir Luden Laugen auf den LöffeL.
aLLein er, vom geschLecht der Lurche,
sein Leib häLt sich Lotrecht wie eine Linde
und Liegt nicht wie der Leib des Lurchs,
Lotrecht Lebender Lehmtreter,
dein titeL Lautet — Leut.
wo in ein Loch die Lippen Lockten,
LispeLten wir — das ist ein schLund.
wenn wir Leicht sind, fLiegen wir.
wenn wir Leute sind, Leute, Leicht,
Lieben wir. Liebe von Leuten.
eL — das sind Leichte LieLi.
der Lücken erLauchter hageL,
eL — das ist der strahL der Last,

von den El, den leichten Leli.
Vom El als einer Stulpe
eines Platzregens vieler Punkte.
El als die Lichtlast eines Strahls
auf den Planken des Lastkahns, auch Zille.
Das Lot im Schnürlregen und im Rinnsal.
El als der Weg eines Punkts aus der Höhe,
aufgehalten im Wall einer Fläche.
Die Sohle, das Fleisch, die Plane, das Land.
Im Wortleib Liebe lebt der Befehl,
die mit dem Leut-Namen zu lieben.
Und die mit dem Leut-Namen, Protokoll:
sind die, die zu lieben sich lohnt.
El macht den El-Regen zum Liebenden,
die Lache zum Liebling.
Wird ein Punkt im Wall einer Fläche aufgehalten,
gib zu Protokoll: Der Prallverlust
im Wall einer Fläche, das ist,
Protokoll:
die Ver-El-lichung,
der El-Gewinn, oder
die El-Kraft im Lautleib des El.


*Terade*

wenn der TarTanen feTTe Tonnen
hinfluTeTen über den Thorax,
sagTen wir: siehsT du den Törn
um die Taille des Treidlers.
wenn der sTeineTrab wüTeTe,
blaTThafT ins Tal TrommelTe,
sagTen wir — schneebreTT.
wenn die gischT den Trichechus peiTschTe,
sagTen wir — das wird Tran.
wenn die nächTlichen TriTTe des Trappers
der winTerschnee ToTschwieg,
sagTen wir — Toboggan.
wenn die gischT die Takel TupfT
und die Tonnen von TourisTen TrägT,

geLenkt in die hohLe joLLe.
die nadeL des hageLs und die Lache.
eL ist die Linie einer kLeinen kugeL vom himmeL,
aufgehaLten durch ein gLattes Laken.
in der Liebe stiLL Liegt der erLass
die Leute zu Lieben.
und Leute sind soLche, die wir Lieben soLLen.
durch einen pLatzregen LiebLing der eLtern —
die Lache säugLing.
wenn durch die gLätte eines Lakens
eine kLeine kugeL aufgehaLten wird — das ist eL.
der schwaLL eines abLaufs, verLangsamt
durch ein unterLegtes Laken — das ist eL.
so ist die Leistung,
die heimLich Liegt hinter eL.


*Lied voll El*

Umschlang die breite Last des Schleppkahns
als Lasso einen Leib,
lautete es: siehst du, der Treidler
legt sich ins Zeug.
Fiel der Steine toller Lauf
ins Tal hinab, hielt nichts ihn auf,
lautete es — eine Lawine.
Lullten Wellen liebreich den Wal,
lautete es — Flossen.
Hielt in der Winternacht der Schnee
den leisen Schritt des Wilddiebs,
lautete es — leichte Laufski.
Lief auf breitem Huf
durch Sumpf und Luch der Elch, das Elen,

sagTen wir — ein booT.
wenn der feTTe TriTT
im Tropensumpf den Tiger TrägT,
sagTen wir — das sind TaTzen.
und zu den feTzenden zähnen
sagTen wir — Tiger und Tapir.
am verTäuT-versTummTen dampfer
sah ich die gekrümmTe Turbine:
sie Trieb die Träge der wasser
und der TrichTer vergaß wo die Tiefe isT.
wenn an den schuTz auf dem Thorax des riTTers
lanzeTTen und sTahlruTen TaumelTen,
sagTen wir — eine TarTsche.
wenn der Töne feTTe Trauben
aus TrichTern Trillernd Tremulieren,
sagTen wir — TrompeTen.
wenn die TrompeTen Träumen,
sagTen wir — TingelTangel.
wenn die schniTTige Taubenfeder
wie ein Tümpel Trüben TräTschens bliTzT
und der Taucher als Tümpel der lasT zersTrömT
und die TrächTig da Treibende Toppsegelnd TurnT,
sagen wir — sie TreibT,
bliTzend miT dem Tick der Tyrannin.
wenn ich auf den Teppich Torkle,
aufs TrauTe TrespenbeTT auf der TrifT,
hab ich ein TreidelbooT aus dem leib gemachT
und TrägheiT TräumT sich in den Leib.
Trödler, Tagdieb oder TreidelbooT, wer bin ich?
hier wie dorT TreibT TrägheiT Triumphe.
wenn in Träume die Traumen sich TrauTen,
wenn kein Tanz in Tönen TändelTe,
sagTen wir — Tabus.
wenn wasser zu feTTen sTeinen TauT,
feTTem fußTriTT aus schnee,
sagTen wir — Treibeis.
Treibeis isT ein Trockner Ton des wassers.
wer, wenn er läufT, nichT sich duckT,
als Tierleib, sondern sTehT,
der kriegTe den Terminus — TodverliebT.

durch Schlamm und Lehm das Lamm,
lautete es: siehst du, sie laufen, vier Läufe.
Und auf leise Fellpfoten mit Krallen
lautete es: Luchs und Löwe, Leopard.
Am Dampfer, der da leck im Lee lag,
sah ich die löfflige Schaufel:
sie lupfte einst die Wasser-Last,
jetzt löten sie die Leute.
Legt sich der Landsknecht um den Leib
ein Lederleibchen, das die Lanzen abhält,
wird er nicht so leicht zur Leiche.
Lockt das lange Blütenblatt
das Lob des Lichtstrahls auf sich,
lautete es: Lilie, Lotos.
Schlägt auf leichter Lüfte Wellen
ein Schall ans Trommelfell,
lautet es — ein Laut.
Bündelte sich der Laich des Lichts
in einer Linse, lautete es: Lupe.
Legte Blatt sich an Blatt,
lautete es — Laub,
lehnte Laub sich an Laub,
lautete es — Wald.
Leuchtet sie auf, die längliche Feder
der Lerche, wie das Lachen eines linden, blauen Regens,
legt der Vogel seine Last auf die Luft,
liegt, Licht in Licht, die Libelle,
lautet es: sie fliegen, fliegen alle,
blitzend mit dem Blick des Usurpators.
Lümmle lasch ich auf den Laken,
lungre lahm ich auf dem Lager,
so ist mein Leib ein sich labender Lastkahn.
Fauler Lümmel, Langschläfer, Lastkahn — was bin ich?
Lust zum Liegenlassen, hier wie dort.
Letzt Lenzes Lunge keiner Linde Laub,
so labt auch uns nicht das leiseste Lüftlein.
Liegt das Wasser laß, ein geschliffener Edelstein,
lautete es: das ist Eis.
Eis ist ein weißes Wasserblatt.
Liegt beim Laufen jemand nicht

wir Träufeln wasser aus der Tülle.
er allein, er, Thronfolger des Tiers,
sein rückgraT sTehT wie eine Tanne
und duckT sich nichT wie das rückgraT der Tiere,
er, der aufrechTsTehende zweibeiner,
dich TaufTe man TodverliebT.
wo als Tümpel die TaTzen Troffen,
sagTen wir — das isT ein handTeller.
wenn wir TrisT sind, Treiben wir.
wenn wir miT ToTen sind, ToTe, TrisT,
TreibTs in uns Triebe. geTrieben — von ToTen.
T — das sind TrisTe Toren.
der Tropfen sTalagmiTisches Türmen,
T — das isT der TonnenTorpedo,
gerichTeT auf den Trägerbalken des Tempels.
die Tränen des TräTschens und der Tümpel.
T isT das Tosen eines Tropfens aus der Tiefe.
aufgesTauT durch einen TrächTigen Trägerbalken.
in Trieben versTeckT sind Triebschicksale,
zu ToTen zu Treiben, Tribadisch.
und ToTe sind, an die der Trieb uns keTTeT.
durch ein TräTschen TurTling der TiTTen —
der Tümpel: kind.
wenn durch die TrächTigkeiT eines Trägerbalkens ein Tropfen
                                            aufgesTauT wird — das isT T.
die TriebkrafT einer bewegung, gekappT
durch einen draufgesTülpTen Trägerbalken — das isT T.
derarT isT die TriebkrafT
die sich versTeckT hinTer T.


*Slovo o Ėl'*

Kogda sudov širokij ves
Byl prolit na grudi,
My govorili: vidiš', ljamka
Na šee burlaka.
Kogda kamnej besilsja beg,
Listom v dolinu upadaja,

wie der Tierleib, sondern steht er —
läutete es laut: ein Leut.
Wasser schöpfen wir mit Kelle und Löffel.
Er allein, er, Abkömmling der Lurche,
nur sein Skelett steht lotrecht wie eine Lärche, wie Lauch
und liegt nicht lang wie ein Tierleib,
dich, aufrechtstehenden Zweibeiner,
dich nannten wir Leut.
Wenn wir leicht sind, fliegen wir.
Wenn uns leicht ist, lachen wir.
Wenn wir, Leute, unter Leuten, leicht sind,
lieben wir. Geliebte — Liebhaber, und Liebling.
**El** — das sind linde, leichte Leli.
Leichter Punkte Lawine.
**El** — das ist der Leitstrahl, Lanze einer Last,
gebohrt in die Fläche des Lechfelds.
Lichtstrahl, Lache, Lid; Loch und Lupe, Lob.
**El** ist der lotrechte Lauf eines Punkts,
aufgehalten
durch eine breite Fläche.
Im **El** der Liebe liegt der Befehl,
die Leute, wie sie leiben und leben
zu lieben.
In der Lache eines Regens wird Liebling der Mutter
der nasse Lappen Kind.
Leisten breite Flächen leichten Punkten Widerstand — so ist das **El.**
Lasten, Läufe, Bewegung, verlangsamt
durch das Laken einer Fläche, — das ist **El.**
Diese Leistung
liegt im **El.**


*Schlaf wohl, oh Al*

Für Walter Serner

Kuck da —: Sud. Uff! Schirokko west...
Bill, der Prolet, nackt Rudi:
Micky fahr in sie — das Fetisch-Lambda
Nahm Schnee des Burlaken.
Kuck da —: kam neben Sülzen-Beck.

My govorili — to lavina.
Kogda plesk voln udar v morža,
My govorili — èto lasty.
Kogda zimoj snega chranili
Šagi nočnye zverolova,
My govorili — èto lyži.
Kogda volna leleet čëln
I nosit nošu čeloveka,
My govorili — èto lodka.
Kogda širokoe kopyto
V bolotnoj topi deržit losja,
My govorili — èto lapa.
I pro širokie roga
My govorili — los' i lan'.
Čerez osipšij parochod
Ja uvidal krivuju lopast':
Ona tolkala tjažest' vod,
I luč vody zabyl, gde propast'.
Kogda doska na grudi voina
Lovila kop'ja i strelu,
My govorili — èto laty.
Kogda cvetov širokij list
Oblavoj lovit lët luča,
My govorim — protjažnyj list.
Kogda umnoženy listy,
My govorili — èto les.
Kogda u lastoček protjažnoe pero
Blesnët, kak luža livnja sinego,
I ptica l'ëtsja lužej noši,
I lëg na list letun'i ves,
My govorim — ona letaet.
Blistaja glazom samozvanki.
Kogda ležu ja na ležanke,
Na lože loga na lugu,
Ja sam iz tela sdelal lodku,
I len' na telo upadaet.
Lenivec, lodyr' ili lodka, kto ja?
I zdes' i tam prolita len'.
Kogda v ladon' slivalis' pal'cy.
Kogda ne dvižet legot list'ja,

Listen von dollen Nudeln. Opa? Da ja!
Micky fahr in sie! — Toll! A Wiener!
Kuck da —: Blessierte wollen Euter von Morgen:
Micky fahr in sie! — Eto! Laß die!
Kuck da —: Zimt. Euch neckt auch Anilin.
Jacques, ist Not Schnee? Schwer — all over?
Micky fahr in sie! — Eto-Lüsche.
Kuck da —: wolln alle Lee jetzt Schollen?
In uns ist Not, Schuh, Cellowecker:
Micky fahr in sie! — Eto-Lotterkarl.
Kuck da —: Skier. Okay, Orje, capito!
Vom Ballett schneuzt Opi Teerschitt. Los! Ja?
Micky fahr in sie! — Eto-Laban.
Ein Paar Skier, o Gier, o Gaa!
Micky fahr in sie! — Los, Elan!
Scher Esso-Sippschaft bar — och Gott!
Tja — uh, wies dann krawuttisch lospatscht.
Anatols Skala und Dragees fort.
Ich lutsch Futt, Isabell Stehpropaste...
Kuck da —: Tosca, Nackenrudi-Weihnacht.
Lohvilla, Kopfball ist Reh-Lure:
Micky fahr in sie! — Eto-Lattich.
Kuck da —: Quatschkopf, schier Okulist.
Hoppla Fäulewitzel, Rot-Lutscher:
Micky fahr in sie! — Brot, ja Schnihilist.
Kuck da —: um so scheene Lüste...:
Micky fahr in sie! — Eto, lies!
Kuck da —: Belastungsscheck. Protz — ja! Schneuze Pierrot.
Bloß Not-Kack, Lou, Schall lief — nja Sinnjäger.
Tipp die Zahl Jott, Jalousie-Nuschler,
Ich lock ne List — let's universe!
Micky fahr in sie! — Anal-Etat: Jetzt!
Pistazien-Glas, um Samos wank ich.
Kuck da —: liest du anale Schmankerln?
Ne Loge log Anal-Hautgoût.
Yes, Amis, tell us de la Lokus.
I lern Othello. Hupsa! Da — jetzt!!
Leni, wetz! Lotti, rin ins Loch! Kack zu, ja?
«Di steß i zam, Prolet!» — «Alleen?»
Kuck da —: Flakonschliff, alles ballt sich.

My govorili — slabyj veter.
Kogda voda — širokij kamen'.
Širokij pol iz snega,
My govorili — ėto lëd.
Lëd — belyj list vody.
Kto ne ležit vo vremja bega
Zverinym telom, no stoit,
Emu nazvan'e dali — ljud.
My vodu čerpaem iz ložki.
On odinok, on vysočka zverej,
Ego chrebet stoit kak topol',
A ne ležit chrebtom zverej,
Prjamostojačee dvunogoe,
Tebja nazvali čerez ljud.
Gde lužej prolilisja pal'cy,
My govorili — to ladon'.
Kogda my lëgki, my letim.
Kogda s ljud'mi my, ljudi, lëgki, —
Ljubim. Ljubimye — ljudimy.
Ėl' — ėto lëgkie Leli.
Toček vozvyšennyj liven',
Ėl' — ėto luč vesovoj,
Votknutyj v ploščad' lad'i.
Nit' livnja i luža.
Ėl' — put' točki s vysoty,
Ostanovlënnyj širokoj
Ploskost'ju.
V ljubvi sokryt prikaz
Ljubit' ljudej,
I ljudi te, kogo ljubit' dolžny my.
Materi livnem ljubimec —
Luža ditja.
Esli širinoju ploščadi ostanovlena točka — ėto Ėl'.
Sila dviženija, umen'šennaja
Ploščad'ju priloženija, — ėto Ėl'.
Takov silovoj pribor,
Skrytyj za Ėl'.

Kuck da —: Netz wischt Lock: Gott ist nah:
Micky fahr in sie! — Schlabber-Wetter.
Kuck da —! Wo da? Schirokkisch . . . amen!
Ski-Rock Interpol ist Neger:
Micky fahr in sie! — Eh? Toilett!
. . . lett? — Bell mit List, Whattie.
So ne Lee-Schitt von fremden Bäckern!
's wär in ihm, Tell, omnus to it (alles ran!)!
Emu-Naßwanne — der ale Jud.
Mief, Odeur mit Scherpe, Emmi Schloßkind.
Oh Not, genug, und wieso ist Kaas schwerer?
Der Koch ribbelt stolz, kackt Opel.
Annele Schitt-kleptoman, 's wär recht:
Priamos' Troja scheuet Wundergäule,
Theben ist naß vom ale Xerez-Jud.
Gell, Uschi, prall ist ja balzig:
Micky fahr in sie! — Zuladung!
Kuck da —: Müh-lockig, Mühlenteam.
Kuck da —: Seel, jud mir mich, Judy, lockig —
Jud bims. Jud bims mich — jud ich mich.
**Al** — Eto-lockig . . . Löli.
Tussek, was wischt Henny lieber?
**Al** — Eto, lutsch Wesenfäul.
Wortknutschig, bloß zackig radiert.
Nett, lieb . . . nja, ist luschig.
**Al** — put touch, Kiss! Wie Sottisen.
Ostern uf Lony — schirokkisch:
Bloß 'kotzt, du!
Flupf — wieso Krüll-Priesen-Kaas?
Jud, bitte Judenei!
Ich jude Tee-Kogel —: Jud, bitte, dolch nimmer.
Ma Terry, lift ne Judo-Metze —
Lou schadet ja.
Eßt nie schiere neue Pluns, schad dir, Osternflenner, totschtal —
                                                           Eto-**Al**.

Sie Lattwichschänder, Ammen schon . . . na ja:
Pluns schad you, Brillenschänder — Eto-**Al**.
Tag! Uf sie! Dawaj! Brimbor — ium . . . um . . . um!
Scripsi ça **Al**.

Poetische Überzeugungen
*Zerlegung des Wortes in Arschinen, Pochen des Rechenbretts, und in Tierstimmen*

p = p
č = sch, s(ch)t

Asche,
Pulver du, mehr **Pe**
perunen werde ich,
pochen und schlagen als Preßlufthammer
im Herzen des großen Gottes der Himmel —
das Spielzeug ist kaputt, — ich fange
an zu schlagen.
Der Gott hat die Schwindsucht,
der Muskelprotz der Milchstraßen hustet und spuckt,
**Sch** klopft sich zu ihm durchs Fenster.
Pah. Ich perenniere in der Brust.
Du wirst die Schale für das Bier des Todes,
schaumsprühend.
**Sch** — Gottes Braut — die Schwindsucht.
Und hält eine Blüte in Händen,
schlaff und welk.
Der Himmel — Tag der weißen Blüte,
werft die Kopeke des Denkens um den Himmel.

Leere Bücherscheuche, Popanz,
du Schale für den Schaum der Pleite —
leerer Platz eines fremden Volumens,
unbeweglicher Plunder, Fremdkörper, geplündert von der
                              unbeweglichen Pleite der Leere.
Ich, Dünnbier-Plempe, fange plötzlich an
in ihr zu brodeln,
als Hopfen der Pleite,
der Pleite-Hopfen brodelt, schäumt
als Schöpfkelle der Feiertage,
etwa: Peter und Paul,
und der Mannschaftsbecher
überm Leichenschmaus der Sprachwelten.
Ich gehe auf Händen.
Klotz über einem frischen Grab.

Der alte Fürst ist gestorben.
Danach
praßle, Preßluft, ich
im Herzen der Schwindsucht
und bringe den Gott (altes Schlappohr)
für Stunden wieder auf die Plattfüße.
Sollen die Leute sich bestaunen
die Zeit vergleichend mit der Uhr der Gestirne.
Soll er, einsamer Rauschbart, zuschaun
den erloschenen Sternen.
Ich bin der pumpende Puls, die Pleuelstange seiner Macht.
Ich — bin **Pe,**
ich — die PS im Herzen der großen Schwindsucht.

Ist das für den Gott nicht **Mo,**
daß ich im Schädel des Gottes
die grauen Schindmähren jage, grau
wie Tolstoj, der bärtige
auf der bewußten Postkarte.
Und Krähenschwärme sich erheben, Krähen fliegen kreischen,
                                                                                 schwarz
und ich fürchte nicht die Faust
der Himmels-Tscheka.
Ich präge mit dem ungelenken Hakenpflug
Schrammen über Schrammen ins Hirn des schwindsüchtigen
                                                                                 Gottes,
nach fetten Würmern picken die Krähen —
Pleitegeier des russischen Frühlings.
Ist das nicht die Motte im Pelz
der Gottichte aller Welten,
ist das nicht der Zerfall eines Volumens
in eine Menge minderer Teile:
massige Kreidefelsen, zermalmt zu feinem Mehl.
Adler wurden zu Mücken,
die Elefanten und Wale der Himmelsfinsternisse
zu Mäusen, zu Milben.
Sternbäume zu mondlosen Mondnächten, Moos.

Genug als Frosch gequakt
in den Sümpfen Evgenij Onegins und Lenskijs —

ihrem grünen Streit.
Ich werde messen mit der Elle eines Gottes.
Genug der kalten Duschen für ihn
der wie Aale, wie Würmer
schleimigen irdischen Wörter.
Ich werde das Pulver für die Schüsse der Sterne
in die schwarze Stirn der Nacht.
Als Patrone der schwarzen Pistole
werde ich fliegen.
Mich treibt die Faust des **Pe**
des explosiven Wachsens
der Herrschaft über den Raum
von punktförmigen Mengen.
Das peitschende Peng! der Pistole — meine Faust,
das Prasseln der Patronen,
ein Teelöffel Pulver
katapultiert die blaue Plombe, einen Kern
als Riesenmenge von Kraftwolken.
Hinter dem Rauch der Pistole
von **Pe,** als rauhe Parole
stehe ich.
Ich bin es, der im Herzen des Perun sich plackt.
Ich bin das Pumpen, Pochen, die Preßluft,
ich habe das alles gemacht:
ich Peitsche, Pulver, Pistole
Pech und Schwefel, Poesie und Pause,
und den Schaum der Schwindsucht,
die Pleite Peruns.
Ich habe überall die Schwärme der Vögel der Stofflichkeit
in Panik versetzt, verscheucht sie als **Pe** —
ein Prediger und Prinz der Pleite.
Im **Sch** — die Gottheit meines **Pe,**
von hier verströme, gieße ich aus
mein **El,** die Pollen der Labsal
auf ihren Weg zur planen Ebene.
Plätschern als Wein
in das **Sch**-Gottes leerer
silbergeschmiedeter Schale.

Der Säugling ist die Plage der Mutter,
ein Verschwender von Kraft, ein Verschwender von Met,
im Sack der Dunkelheit, wo die Erscheinung des Säuglings ist.
Metknabe, Maus und Hammer.
Met verspritzend im Dunkeln,
nagte er sich wie eine Maus Gänge,
und wie eine Motte zerfraß er die Hüllen,
und betrank sich sternhagelvoll mit Met.


Mütter Marter ist das Milchkind —
Mut-Minderer, Met-Melker,
ein Mahr in Mitternachtsmützen: der mollige Moppel,
Met-Mops, Maus und Meißel.
Mit Met im Mondschein manschend,
nagte er als Maus sich Gänge,
zerfraß als Motte die Hüllen und Mäntel
und betrank sich mopsvoll an Met.


Der Matz ist die Mühsal der Mutter,
maßlos im Mut, maßlos im Met,
in der morgendlichen Muße des Matzes Mütze.
Metknabe, Maus und Meißel.
Im Met manschend im Morgengraun,
nagte er wie die Maus einen Gang,
und wie die Motte zerfraß er den Deckel,
und trank sich mausetot mit Met.

## Zwei und Drei

1

Zucht und Zwinger,
Zwillinge ihr aus der Zitadelle der Zwei!
Dehnen, dar und Dur — ihr aus dem See der Drei!
Zügel und Zaumzeug hindern am Gehen das Bein,
Zynismus löscht der Seele Dur, läßt Blut gerinnen.
Zerschartet schneiden Messer nur zäh.
Zwickmühle — das ist eine Zange mit negativem Multiplikator.
Lustig geht sichs auf dem Deich,
zag und zögernd auf erzwungener Zeile.
Zuckerkranke — zur Diät gezwungen,
Zwangsarbeiter dürfen in der Zelle
ans Dideldum des Dudelsacks nur denken.
Zitadelle — Zwingburg für fast Tote,
wo man sich nicht rühren und nicht dehnen kann, —
all dies kommt aus der Zwei,
der Dreiklang in Dur kommt aus dem See der Drei.
Denken, Dichten — rauscht von dort mit eurem Flügel.
Drei dehnt, zwei — zwingt, zwängt.
«Zertritt die Natter» — ruft man an der Volga
und drückt das Dummchen an sich.

2
Die Freiheit kommt als dicke Drei — denn: dehnst du den Dreiklang
in Dur.
Die Macht kommt im Zeichen der Zwei — Zwang, Zucht und Zaum.
Selbstverbrennung? auch hieraus wuchs eine tierische Zahl.
Dehne den Dreiklang in Dur,
dehne in Dolden das Dur,
Drei, Denker in Dur du, Dichter.
Zwei, zum Zwecke des Zwanges, der Zucht, auf Zack das Zugvieh,
zwei, Zwilling des Zwingers, das ist Zet.
Zwei, Zweck und Zank und
zack! den Zeigestock auf die Finger.
Zwei Zeilen, Zoll und Zelle.
Zwitter zittern, Zaren haben Zipperlein.
Was herrscht, befiehlt, ist 2, mal Zügle, mal Ziemer.
Drei — die drei drallen Damen aus dem Damals.
Drei — Docht des Dur.
Drei — das ist Denken,
zwei — Ziegel und Zügel.
Es gibt keine größere Freiheit als im Delta des Don.
Es gibt keine größere Zitadelle als das 2 x 2 x 2 der Zelle — einen
geschlossenen Raum.
Zucht und Docht,
Züchtigung, Dichtung.
Zaunpfahl, Daunenfall.
Dröhnts dur daher vom Deich,
ist zahm die Zeter-Zwei.
Dort drummt der Dudelsack, der dicke
Derwisch: dideldumdei
dichtet in Dur er
und dehnt es für drei.

Dreimal Ve, dreimal Em!
Im Namen dem Vater gleich!
Du ißt das Eisen des Schweigens,
du stehst wie der Fuhrmann
und treibst mit der Peitsche die Wörter
der Völker wallenden Kreis!

# 365 ± 48
Ufer am Himmel

Ich blicke euch an, ihr Zahlen,
und ihr erscheint mir verkleidet als Tiere, in euren Fellen,
die Arme gestützt auf ausgerissene Eichen.
Ihr gebt mir Einheit zwischen
der Schlangenbewegung
des Weltalls und dem Tanz
der Waagschalen,
ihr erlaubt mir,
die Jahrhunderte zu verstehen als
Zähne eines schnellen Gelächters.
Meine Augen sind aufgerissen, begierig
ALLES zu wissen, was ICH ist,
wann der Teiler zur Eins schrumpft.

Blick auf das Jahr 1917

Spanien 711
Rußland 1237
Babylon 587
Jerusalem 70
Samaria 6 n. Chr.
Indien 317
Israel 723
Rom 476
Hunnen 142
Ägypten 1517
Vandalen 534
Ägypten 672
Karthago 146
Avaren 796
Byzanz 1453
Serbien 1389
England 1066
Korea 660
Indien 1858
Indien 1526
Judäa 134
Jemand 1917

Die Erzählung von dem Fehler

Damals, genau wie heute,
spannte irgendein Bogen die Völker,
und Friedrich und Heinrich am Sarg des Herrn
schmückten die Züge übers Meer mit dem Tod.
Durch den Glimmer Jerusalems
klingt als Welle der durchsichtige Ganges.
Auf daß der Ruhm aufs neue verkündet würde,
zieht, mit dem Schild spielend, der Franke.
Und auf venezianischen Schiffen
segeln die Herrscher mit dem Volk
dorthin, wo in Rauch und Brand
die «Allah»-Gebete der Muselmanen sind.
Und auf ihrem Kriegssegel
geht der Mond auf — (die Sonne der Finsternis), —
und sah die Krieger zu Pferd,
auf den Brettern am Heck stehen.
Hunderttausend Krieger flogen als Pfeil
in das Mekka der Christen ein.
Der Schatten Roms war die Bogensehne,
und der Schaft — die Verwegenheit der Muselmanen.
    1187
Der Stern Saladins steigt auf,
und blutig fiel Jerusalem.
Und nun entzündete eine gleichklingende Zeit
in diesen Tagen Rauch über Chile.
Kaum hatte man dem Heer Saladins
den Schlüssel Jerusalems ausgehändigt,
da wechselte das Meer den Herrn
an den Ufern des fernen Chile.
Und Monmouth und Otranto sehen,
wie der Stolz Albions verfällt.
Über ihm zieht Dante Kreise
die Hand eines kalten Teutonen.
Und dieser Tag, der Übereinstimmung getreu
vernichtete die britischen Schiffe.
Als wäre es ein Zeichen aus toten Samen,
o dunkelrotes Wasser!

1147
Kaum hatte die Streitaxt Nureddins
die Stadt Edessa in Staub geworfen,
als Cressy, Hawke und Aboukir
mit Entsetzen in den Wellen verschwanden.


## Zwei Briefe an Michail Matjušin

Michail Vasiljevič!
Ich beginne die Geschichte von meinem Fehler. Ich hatte angenommen, daß am 15. eine Seeschlacht stattfinden würde. Sie hat nicht stattgefunden. Mein Fehler besteht aus mehreren Teilen:
1) Die Annahme, daß ein einzelner Krieg die Jahrhunderte bis zu ihm wiederholt; so zieht vor einem Sterbenden, einem verbreiteten Volksglauben zufolge (ich bin nicht gestorben), sein gesamtes Leben vorüber.
2) Die Annahme, daß man für den Seekrieg des Jahres 1914 die Jahrhunderte des Kampfes zwischen Islam und dem Westen seit Beginn der Kreuzzüge nehmen müsse – das Jahr 1095.
3) Die Annahme, daß, wenn eine lokale Entsprechung gefunden ist, diese sich auch weiterhin fortsetzt.

| Nrr. | Gefundene Entsprechung | |
|---|---|---|
| 1 | 1095 Beginn der Kreuzzüge. | 19. Juli. Kriegsausbruch. |
| 5 | 1099 Einnahme Jerusalems | 23. Untergang der «Amphion». |
| 93 | 1187 Jerusalem von Saladin erobert. | 19. Oktober. Kampf in Chile. Untergang der «Monmouth», «Hodgon». |
| 89 | 1183 Saladin hat Mesopotamien erobert. | 15. Oktob. Kampf mit der «Žemčug», Untergang der «Itaro», «Katashicho». |
|  | 1146 Zerstörung Edessas durch Imadeddin Zengi. | 9. September. Untergang der «Cressy», «Hawke» und «Aboukir». |
| I. | 1199 Die Christen erobern Jerusalem. | 23. Untergang der «Amphion». |
|  | 1187 Jerusalem erobert von Saladin. | 19. Oktober. Kampf in Chile. |

| | |
|---|---|
| 1180 Die Portugiesen schlagen die Mauren. | 12. Okt. 2 Kreuzer der Deutschen. |
| 1110 Fall von Sidon. | 3. August. «Zriny». |
| 1189 Safed erobert. | 21. Okt. Untergang der «Yorck». |
| 1196 Palästina-Feldzug der Deutschen. | 28. Okt. Untergang der «Emden». |
| 1183 Mesopotamien durch Saladin erob. | 15. Okt. Kampf mit der «Žemčug», «Itaro», «Katashicho». |
| 1146 Edessa von Imadeddin Zengi zerstört. | 9. September. «Aboukir», «Cressy», «Hawke». |
| 1118 Arragon erobert. | 11. August. «Zenta». |

Gestützt auf diese Reihe, wo den Siegen des Islam die Seesiege der Deutschen entsprechen (am 19. Okt., 15. Okt., 9. Sept.), hatte ich angenommen, Seeschlachten würden an dem Tage stattfinden, der der Erob. Jerusalems im Jahre 1244 entspricht, d. h. am 15. Dezember.

Dann wäre möglich gewesen, eine große Seeschlacht für den Tag vorauszusagen, der dem Jahre 1453, dem Hauptjahr des Islam entspricht.

Aber am 15. Dezember kam es zu keiner Schlacht.

Folgl. ist der von mir gewählte Weg falsch, und es ist niemandem zu raten, ihn zu begehen.

Das ist die ganze Geschichte meiner Niederlage.

Ich persönlich freue mich über diese Niederlage, denn sie hat eine Last von mir genommen. Ich bin befreit, seit ich eingesehen habe, daß der Weg falsch war.

Ihr Sie liebender<br>
*V. Chlebnikov*

Wäre es nicht gut, irgend etwas zugunsten der Verwundeten herauszugeben?? Einen Sammelband oder ein Heft. «Chrestomatie» [der Zukünfte]. Übrigens habe ich überhaupt nichts.

Seit ich meinen Fehler eingesehen habe, merke ich, daß ich wieder flott bin.

[*Poststempel: Astrachan, 17. XII. 1914*]

Lieber Michail Vasiljevič!
Da der letzte Kampf im Nordmeer mit der beschädigten «Lion» und dem Untergang der «Blücher» am 11. Januar und der «Gazelle» bei Rügen mit ihren Riesenschultern auf sich die Steine der Lehre tragen, daß Seeschlachten des Krieges 1914 den Kampf zwischen Europa und Aszu (Islam) wiederholen, angefangen mit dem Jahr 1095, — entspricht doch gerade der Kampf zwischen der «Blücher» und «Lion» vom 11. Januar den Jahren 1271 und 1270 des letzten Kreuzzugs, gibt dies erneut Mut, in 20 nach dem 11. Januar eine große Seeschlacht zu erwarten, nämlich am 30. Januar oder 1. Februar, mit einem für die Deutschen günstigen Ausgang. 1291 fiel Akra, der letzte Schutzwall der Christen in Palästina; der dem entsprechende Tag liegt beim 31. Januar; eine große 95 nach dem 31. Januar und einige dazwischenliegende.
Wenn am 31. Januar oder am 30. eine große Seeschlacht stattfindet, so werden die Umrisse des Krieges zur See durch diese Lehre hinreichend klar erhellt. Wenn sich für den 31. Januar diese Voraussage erfüllen sollte, so wäre es wert, daß man unverzüglich eine Liste sämtlicher Seeschlachten mit dem jeweiligen Ausgang für die eine wie die andere der feindlichen Seiten veröffentlicht.
2 Seiten.
Ich studiere gerade [*unleserl.*]

*V. Chlebnikov*

Ich schicke Ihnen eine Lotos vom Kaspij.
Es wäre schön, wenn man im Sommer von Perm aus auf einem eigenen Boot den Lotos-Feldzug der Argonauten nach Astrachan machen könnte.
[*Poststempel: Astrachan, 18. I. 1915*]

## Zeit Maß der Welt
*Er heute. Ufer am Himmel*

Wenn es zwei Zwillingsbegriffe gibt, so sind das Raum und Zeit. Aber welch verschiedenes Schicksal sie haben. Das eine ist erforscht, und nur Ungenauigkeit hindert zu entscheiden, was es ist: griechisch, deutsch oder russisch; über das andere ist keine einzige Wahrheit bekannt. Wenn a, b, c die Gesetze des Raumes sind, so unterliegt alles, was sich im Raum befindet, der Wirkung dieser Gesetze. Wenn m, n, t die Gesetze der Zeit sind, so unterliegen alle Bürger der Zeit, angefangen von der Seele bis hin zum Staat, der Wirkung dieser Gesetze m, n, t.

Der erste Schritt wäre, wenn es auf der bislang reinen Leinwand des Zeitbegriffs einige Striche zu ziehen gelänge, mit Winkeln und Kreisen Nase, Ohren und Gesicht der Zeit zu kennzeichnen.

Einige (Hamilton) halten die Algebra für die Lehre von einer möglichen Zeit. Die ersten Wahrheiten über die Zeit haben nicht davon zu sprechen, wie sie sein könnte, sondern wie sie ist.

Der Lehre von der Zeit ist vorherbestimmt, einen wachsenden Strahl von Wundern hervorzurufen. Es wird möglich sein, Brennspiegel und Fernrohre für Strahlen mit einer Wellenlänge von 317 Jahren zu konstruieren. Die hier zu entdeckenden Strahlen der Völker und der Einzelseele führen die schöne Reihe der Strahlen von Frenel, Becquerel, Röntgen und Hertz zu Ende. Ferner wird ein Zug der Zeit dargelegt, nämlich die Bedingungen für die Ähnlichkeit zweier Punkte in ihr, durch Versuch abgeleitet.

Bis jetzt sind folgende Züge gefunden:

1. Den Zeiteinheiten ist eigen, daß sie in der Reihenfolge der Reihe $S = a^3, a^2, a, \dfrac{1}{a}, \dfrac{1}{a^2}$ abnehmen, wobei $\dfrac{a^n}{a^{n-1}} = 365$.

2. Die Zeit x kann verstanden werden als ein Polynom $A_n 365^n + A_{n-1} 365^{n-1} \ldots A_2 365^2 + A_1 365 + A_0 = x$, wobei x = die Zeit zwischen zwei ähnlichen Punkten ist.

3. Damit die Zeit x zwei ähnliche Punkte vereinigt, ist Bedingung, daß $x \equiv 0$ [modul 48].

4. Oder auch, daß $x \equiv$ [modul $365 \pm 48_n$] [ferner wird der herrschende Fall genommen: $365 + 48_n$, nämlich $365 - 48 = 317$].

5. Das Gesetz der Schwingungsbewegung der Staaten unterscheidet sich vom Gesetz der Bewegung der Einzelseele nur dadurch, daß die Zeiten durch zwei benachbarte Glieder in der Reihe S: der

Einheit 365 $\pm$ 48$_n$ gemessen wird: für die Staaten erscheint das Jahr, für die Einzelseele — der Tag.

6. Einiges Licht auf diese Wechselbeziehungen wirft der interessante Zusammenhang zwischen der Lichtgeschwindigkeit und den Geschwindigkeiten der Erde des Sonnensystems, ein Zusammenhang, der den Namen eines Bumerangs gegen Newton verdient und im weiteren dargelegt werden muß.

7. Der Ursprung der Zahl 48 bleibt dunkel, aber im Gesetz des Lichts und der Erden rund um die Sonne ist sie über die gesamte Sonnenwelt gleichermaßen verbreitet und führt über die Grenzen der irdischen hinaus. Um die Darlegung zu vereinfachen, ist im weiteren überall statt 365 $\pm$ 48$_n$ dessen Sonderfall: 317 Tage oder Jahre genommen.

Hier die Beispiele für den Strahl der Völker [Leut Strahl]
1871 $\equiv$ 1227 $\equiv$ 31 $\equiv$ 665 $\equiv$ 2250 $\equiv$ [modul 317] 1028 $\equiv$ 711 $\equiv$ 77 $\equiv$ 1191 [mod. 317] 1770 $\equiv$ 1453 $\equiv$ 502 $\equiv$ 449 [mod. 317] 1644 $\equiv$ 376 $\equiv$ 59 [mod. 317] 543 $\equiv$ 1176 $\equiv$ 1493 [mod. 317] 1905 $\equiv$ 1588 $\equiv$ 1271 $\equiv$ 637 $\equiv$ 314 [mod. 317] 1915 $\equiv$ 1281 $\equiv$ 2205 [mod. 317] 533 $\equiv$ 1801 [mod. 317].

| Namen der Völker | Jahre Leut Stürm | Zahl Leut der Wellen | W E R | Wann | Wellenzahl in 317 Jahren |
|---|---|---|---|---|---|
| Deutsche, Tataren | 1871, 1237 | 2 | Sinegalesen, Malabaren | 543, 1176 | 2 |
| Deutsche, Römer | 1871, 31 | 6 | Sinegalesen, Ägypter | 543, 1493 | 3 |
| Deutsche, Japaner | 1871, 665 | 8 | Russen, Spanier | 1905, 1583 | 1 |
| Deutsche, Elamiten | 1871, 2250 | 13 | Russen, Franzosen | 1905, 1271 | 2 |
| Normannen, Araber | 1028, 711 | 1 | Japaner, Araber | 1905, 314 | 4 |
| Normannen, Skythen | 1028, 77 | 3 | Japaner, Inder | 1905, 637 | 7 |
| Normannen, Griechen | 1770, 1191 | 7 | Teutonen, Mongolen | 1281, 1915 | 2 |

| | | | | | |
|---|---|---|---|---|---|
| Russen, Türken | 1770, 1453 | 1 | Teutonen, Reich Sja | 1915, 2205 | 13 |
| Russen, Byzantiner | 1770, 502 | 4 | Code Napoléon und Justinian. | 533, 1801 | 4 |
| Russen, Griechen | 1770, 449 | 7 | Gesetze Zaporoger, Galater | 1605, 277 | 6 |
| Mandschuren, Hunnen | 1644, 376 | 4 | Blaue, Grüne und Jakobiner | 533, 1801 | 4 |
| Mandschuren, Koreaner | 1644, 59 | 5 | | | |
| Mandschuren, Tibetaner | 1644, 693 | 3 | | | |
| Mandschuren, Inder | 1644, 1327 | 1 | | | |

Das ist nur eine kleine Zahl von Beispielen, die zur Hand sind.
Es ist unschwer zu sehen, daß es möglich wäre, eine neue Jahreszählung mit Hilfe von $a + b\sqrt{-1}$ zu begründen, wenn man die Vergleichung $1915 \equiv 1281 \equiv 2205$ als Ausgangsgleichung nimmt, und in ihr das Jahr 1915 als Ausgangspunkt annimmt, so wird das Jahr $1281\ 2 - 0\sqrt{-1}$, das Jahr $2205 = 13 - 0\sqrt{-1}$, 1871: $0 - 44\sqrt{-1}$ $1237 = 2 - 44\sqrt{-1}$ einfacher: 2–44; das Jahr 31: $6 - 44$, das Jahr 665: $8 - 44$; das Jahr $2250 - 13 - 44$; das Jahr 1453, $- 1 - 145$; $449 = -7 - 145$; in der Zahl $a + b\sqrt{-1}$ wird nicht geschrieben; b besteht aus Zähler und Nenner 317, der nicht geschrieben wird. Mit seiner Hilfe hieße es statt der Gleichung $1871 \equiv 1237 - 31 - 665 - 2250$ (mod. 317): $0 - 44 \equiv 2 - 44 \equiv 6 - 44 \equiv 8 - 44 \equiv 13 - 44$ (mod. 317).
Dasselbe für die Einzelseele. Das Leben Puškins gibt Beispiele von Wellenschwankungen innerhalb von 317 Tagen, sosehr der Strahl seines Lebens auch durch verschiedene Wolken verdeckt ist.
Gerade seine Hochzeit war am 317-ten Tag nach seiner Verlobung mit N. G., und die erste Bekundung anakreontischer Ordnung, das Gastmahl im Lyzeum, wonach er fast von ihm ausgeschlossen worden wäre, war $316_n$ Tage bis zu seiner Hochzeit.
Erstaunlich ist, daß in Massen, Menschenmengen, ebenfalls das Schwingungsgesetz $365 \pm 48$ auftaucht. So war nämlich die Zahl derer, die innerhalb von 25 Jahren die Bestuževsche Lehranstalt absolviert hatten, $317 \cdot 11$, der Sokol von Astrachan hatte 1913

317 Mitglieder; die Zahl der Schiffe, die während 6 Monaten U-Boot-Krieges England angelaufen und aus englischen Häfen in See gestochen sind, geteilt durch die Zahl der versenkten Schiffe, ergibt die Zahl 317; 31382 : 99 = 317; in Briefen ist die Zahl der Buchstaben oft das Vielfache von 317; d. h., Mengen sind ebenfalls Wellenbewegungen.

Aber noch bessere Beispiele für die Schwingungsbewegungen der Seele innerhalb von 317 Tagen liefert das «Tagebuch der Marija Baškirceva». Ausführlicher darüber in dem Buch «Einige Worte über die Natur der Zeit auf dem Erdball».

So ruft sie am 31. März 1877 aus: «Sterben! Mein Gott, sterben!» 317 Tage danach, am 12. Februar 1878, dieselbe Stimmung: «Sterben? Das wäre so grausam, und dennoch muß ich sterben.» Ferner ist die treffende Bemerkung erstaunlich, die darauf hinweist, daß M. Baškirceva ein Recht darauf hatte, in der «Ohrfeige dem öffentlichen Geschmack» gedruckt zu werden. «Wenn ich eine Göttin wäre und das ganze Weltall zu meinen Füßen läge, so müßte ich finden, daß mein Besitz töricht organisiert ist. Ich kann nicht leben.»

Hier ein Beispiel zur Erklärung der Herkunft von Erinnerung: Am 19. Mai 1876 hat, wie das Tagebuch beweist, Marija B. den Italiener A. geküßt; 317 · 3 — am 26. Dezember 1878 ist plötzlich den Erinnerungen an ihn eine ganze Seite gewidmet; dabei kam die Erinnerung an A. am 26. Dez. 1878 317 Tage nach einem Verzweiflungsanfall, dem 12. Febr. 1878.

Am 24. Mai 1876 ist durch die Seiten des Tagebuchs Reue vermerkt für den Fehltritt des Kusses vom 19. Mai (5 Tage später) 317 · 5 nach dem 24. Mai 1876: am 28. September 1880 sieht Marija Baškirceva A. im Traum, und am Morgen drauf erwacht sie «hübsch, frisch und schön».

Ebenso war der 13. Oktober 1873 ein «schicksalhafter Tag» (die Nachricht von der Heirat des Gr. G.), der 5-te Tag darauf, der 18. Oktober 1873 war ein Tag der Krisis, Haßausbruch gegen G. 317 · 3 nach dem 18. Oktober 1873 erinnert sich Marija Baškirceva erneut an G. und widmet seiner Schönheit einige Zeilen.

Desgleichen ist die Bekanntschaft mit dem Chilenen am 26. April 1880 317 · 3 getrennt von dem Wunsch, Edelsteine zu kaufen. Diesem Einkauf sind 1½ Seiten gewidmet.

Versetzt einen dieses Tagebuch durch die Buntheit seiner Mitteilungen in Erstaunen, so erstaunt es in der Zusammenstellung von vergleichbaren Tagen (tert. comp. − 317) durch seine Wohlgeordnetheit und kann jedermann davon überzeugen, daß gleiche oder ähnliche Tage im Leben eines Menschen in 365 ± 48 Tagen vorkommen. Aber hier ist nur eine unbedeutende Zahl von Beispielen aufgeführt. In einigen Fällen greift nicht die Zahl von 317 Tagen Platz, sondern 317 ± 1 Tag.

Wenn das Gesetz der Staaten, der Weltseele $F_1$ (x) ist, das Gesetz der Seele eines einzelnen Menschen $F_2$ (z), so führen die Gegebenen des Versuchs zu folgenden beiden Situationen:

1) $F_1 = F_2$; 2) $x = 365_z$.

Das heißt, die Seele der Menschheit verhält sich zur Seele des Menschen wie das Jahr zum Tag, wobei sie im Besonderen (Stimme der Erde) die Zahl 365 ergibt.

Allgemein gesprochen − wenn sich die Menschen schon einmal erkühnt haben, auf dem Erdball zu leben, so müssen sie sorgfältig die Lebensbedingungen auf ihm studieren. Bisher aber war die Zeit eine Art Aschenbrödel, die ihre Arbeit in den Gleichungen der experimentellen Wissenschaften verrichtete. Der Au-Leut, der kommt, um den UA-Leut zu ersetzen, wird der Zeit das Ihre geben.

In beherrschen stecken zwei Bedeutungen: 1) kennen, können und 2) herrschen, befehlen. Die Beherrscher der Zukunft werden, da sie die Zukunft voraussehen, ihr befehlen zu kommen. Niemand erfüllt Befehle besser als die Sonne, wenn man ihr befiehlt, am folgenden Tage aufzugehen.

Jetzt bleibt noch, die erstaunlichen, beinahe wunderbaren Zusammenhänge zwischen der Lichtgeschwindigkeit und den Geschwindigkeiten der Erde aufzuzeigen:

Wenn die Lichtgeschwindigkeit M ist, so ist die Geschwindigkeit der Erdbewegung während eines Jahres d; die Geschwindigkeit (die größte, äquatoriale) einer vierundzwanzigstündigen Bewegung $= \delta$, so ist

$M = 317 \dfrac{d^2}{2\delta}$; angenommen M = 299860 k, = 300.000 k, $\delta$ = 46510 cent. d = 2960 600 cent.

Anders kann man das so schreiben:

$M \cdot 365 \cdot 24 \cdot 60 \cdot v = \pi R^2 - \dfrac{48 \pi R^2}{365}$; der Erdradius $= v$ der Radius der Umlaufbahn $= R$.

Das ist die Fläche eines Rechtecks, dessen eine Seite gleich dem

Radius der Erde ist, während die andere des Wegs, der vom Licht im Verlaufe eines Jahres zurückgelegt wird, einer Fläche gleich ist, die beschrieben wird von einer Erde und Sonne verbindenden Geraden, im Verlaufe von 317 Tagen. Für den Jupiter nimmt die Gleichung dieses Aussehen an:

$$300000 \cdot 1044 \cdot 11 \cdot 6000 \cdot 86400 = 3.777^2 \, 10^2 - \frac{48 \cdot 3 \cdot 777^2 - 10^2}{1044}$$

Die erste Hälfte der Geichung ist gleich $1728 \cdot 10^{15}$.
Die zweite $1809 \cdot 10^{15} - 86832 \cdot 10^{12} = 1722168 \cdot 10^{12} = 1722 \cdot 10^{15}$. Oder $1728 10^{15} = 1722 \cdot 10^{15}; 17 \cdot 10^{17} = 17 \cdot 10^{17}$.
Desgleichen für die Venus. Darin besteht der 1-te Bumerang gegen Newton.

II

In dem Aufsatz «Er heute» Genommen I sind die allgemeinen Umrisse der Welt dargelegt, die sich dem Bewußtsein von der Höhe des Gedankens eröffnet, daß die Zahl 365 die Grundzahl des Erdballs ist, seine «Zahl der Zahlen». Als ältestes Verhältnis des Erdballs hat sie dazu geführt, daß alles Übrige im Bezug auf diese Zahl gebaut und auf diese Weise ein Zahlenstaat entstanden ist. Folglich muß der Erdball als eine vollendete Schöpfung der reinen Kunst, der Klänge begriffen werden, wo Skrjabin der Erdball ist, die Saiten − Jahr und Tag sind und die herrschende Harmonie, die auf dem Kopfstück der ganzen Arbeit beruht − die Zahlen 365, 1, 25 (einen Sonnentag erhält man mit 25 Erdtagen); der Erdtag ist gleich a, der Sonnentag = M;

$$48 = \frac{2(M-a)}{a}$$

Der entdeckte Kontinent kann derart umrissen werden, daß sich dem Allgemeinen Gesetz der Vergleichbarkeit nach $365 \pm 48$ nicht nur die Saiten der gesamten Menschheit (die Kriege) unterordnen, sondern auch die Saiten jeder gegebenen Seele. Zum Beispiel die A. S. Puškins: so war am 6. April 1830 seine Verlobung, am 18. Februar 1831, also 317 Tage danach − seine Hochzeit! Dies berechtigt uns, von der einzelnen Seele wie von schönen Stunden zu sprechen. Demselben Schwingungs-Gesetz sind auch die Mengen untergeordnet (Schwingungsgesetz der Massen). Eine Menge nennt man die Versammlung gleichartiger Teile des Erdballs (Menschen, Schiffe, Bücher usw.). Sind diese Kenntnisse erst einmal bestätigt, so wird es, gestützt auf die entsprechende Zahl, leicht für uns, sie auf anderen Erden der Sonnenwelt zu verbreiten.

Die Frage des Vergleichs «der konstanten Welt» ist gebunden an die Wechselbeziehungen zwischen Zahl und Wort. Die geistreichsten Köpfe können ihr Denken nicht anders definieren als mit Hilfe des Wortes, einer wenig vollkommenen Vermessung der Welt. Ein Mensch, der die Welt mit Hilfe einer Längeneinheit vermessen würde und dieser das Recht gäbe, von einem Veršok zu einer Verst und von der Länge der Lichtwelle zur Länge eines Lichtjahrs zu variieren, befände sich in der Lage eines Menschen, der sich des Wortes als eines Denkwerkzeugs bedient. Mit dem Wort «wenig» kann man sowohl die Zahl der Sterne in der Milchstraße als auch die Zahl der Augen oder Arme (am Körper) benennen.

Im Denken in Worten gibt es keine Grundvoraussetzung für Vermessungen — keine Beständigkeit der Maßeinheit, und die Sophisten Protagoras, Gorgias sind die ersten tapferen Steuerleute, die auf die Gefahr hingewiesen haben, auf den Wellen des Wortes zu segeln. Jeder Name ist nur eine Annäherung, ein Vergleich einiger Größen, irgendwelche Gleichheitszeichen. Leibniz mit seinem Ausruf: «Die Zeit wird kommen, in der die Menschen statt beleidigender Streitigkeiten rechnen werden.» (Sie werden rufen: calculemus), Novalis, Pythagoras, Amenophis IV. haben den Sieg der Zahl über das Wort als Denkverfahren vorausgesehen; den Sieg über die «luftige» Einheit des Palastes der Waagen und Gewichte.

Das Morgenrot der Zahlen strahlt auch durch die Lehre vom Masich-al-Dedschal. Der größte Strom ist möglich bei größtem Spannungsunterschied, und er wird erreicht durch einen Schritt vorwärts (die Zahl) und einen Schritt rückwärts — (das Tier). (Vgl. unsere Zeit.)

Obwohl das Wort als Denkwerkzeug veraltet ist, bleibt es für die Künste dennoch, da es zur Vermessung des Menschen in bezug auf die Konstanten der Welt geeignet ist. Aber der größte Teil der Bücher ist deshalb geschrieben, weil man «mit dem Wort» über etwas nachdenken will, über das man in Zahlen denken kann.

In der Summe hat der Krieger des Aufsatzes «Er heute» den Feldzug Widschais angeführt mit 700 Gefolgsleuten gegen die Insel Ceylon und die Eroberung der Malabaren-Küste — die Streitaxt Ramas (1176 und 543 v. Chr.) = 317·2; aber das ist doch fast schon alles, was über das alte Indien bekannt ist! Nehmen wir das Jahr 2250, als die grausamen Elamiten nach Babylonien eindrangen, als R i m - S i n g zum Herrscher über «Akkader und Sumer» proklamiert wurde — über das ganze Weltall für den damaligen Horizont, und das Jahr 665, als Assurbanipal Herrscher über die 32 Könige Ägyptens wurde, und das Jahr 31, als Caesar sich auf das «gebrochene Schilfrohr» Ägyptens stützte; ebenso das Jahr 1237, — das Jahr der Heerscharen Batyjs, und das Jahr 1871, — das Jahr Bismarcks, 665 war zugleich auch das Jahr der Eroberung Japans. Die Invasion der Elamiten ist einer der Hauptstürme der Menschheitsdämmerung.

Die Jahre 1871, 31, 665, 2250 waren Jahre des Beginns von Imperien.

Die Elamiten, Assyrer, Römer, Tataren, Deutschen — einige der kriegerischsten Abarten des Menschen. Die Jahre, die Gipfel ihres Kriegsruhms waren, passen auf die Punkte, die das Vielfache von 317 bilden. Wenn man nicht die spitzen, nadelgleichen Gipfel des Völkergleichgewichts vergliche, sondern die Höchstpunkte der Kurve der Erdbeben, so würde sich der Naturforscher natürlich entschließen, diese Zeitpunkte festzustellen. Diese Reihe gleicht ein und derselben trüben eisernen Maske, die auf den Wellen des Altertums schwimmt. Wenn man 317 Jahre als Einheit nimmt, könnte man schreiben: Tataren — Elamiten = 11; Tataren — Assyrer = 6; Tataren — Römer = 4; Römer — Assyrer = 2; Römer — Elamiten = 7; Bismarcks Deutsche — Batyjs Tataren = 2; Bismarcks Deutsche — Caesars Römer = 6; Bismarcks Deutsche — Assurbanipals Assyrer = 8; Deutsche — Elamiten = 13.

Im Lichte dieser ganzen Zahlen — 1, 2, 3, 4, 5, 6, 13 — wird das Leben der Menschheit begriffen als die Arbeit eines Strahls, der mit den Jahrhunderten zu tun hat. Die Völker zeichnen eine Kurve, und die schärfsten Gipfel der Kurve ergeben mit ihren Abständen eine neue natürliche Zahlenreihe, die Deutschen unterscheiden sich von den Mongolen im Grunde wesentlich darin, daß bei den einen der Schnurrbart nach unten hängt, bei den anderen nach oben gebürstet ist; und wenn schon? der große Kampf der Deutschen um das Dominium mari, die Seeherrschaft, wird 317·2 nach dem großartigen Kampf der Mongolen um das Meer geführt (Kubilaj-Chan 1281 und Tirpitz 1915). «Ich weiß, die Arme Kubilajs strecken sich nach dem Meer.»

Die zwei Haupteroberungspunkte des Islam 711 und 1453 (die

Jahre, als Spanien und Byzanz erobert wurden) liegen 317·6 von den beiden Haupteroberungsbewegungen der griechischen Welt entfernt, 1191 der Feldzug Aschaschus nach Ägypten und 449 — der Sieg über die Welt der Perser. 1453 − 449 = 771 − 1191. 317·3 vor dem Feldzug Napoleons 1812 war der große Feldzug der Normannen gegen Konstantinopel, der ebenfalls widergespiegelt wurde (862 bis 861).

317·3 vor der Niederlage der Araber im Jahr 732 wurden in China die Hunnen (Hun-nu) zerschlagen im Jahre 219 v. Chr., 1683 ≡ 732 ≡ 219 (mod. 317·3), (im Jahre 1683 wurden die Türken zerschlagen). Die Skythen, die im Jahre 78 n. Chr. in Siam eindringen, 317·2 vor dem Eindringen der Araber nach Spanien (Guadalete, 711). — Die Reihe der Eroberungen von Halbinseln.

Der Bau der Bienenwabe herrschte 449 (Aspasia) wie im Jahre 1770, 317·7 Jahre danach. Auf diese Weise sind ähnliche Zeiten des Erdballs mit dessen Grundmaß vermessen, und ähnliche Ereignisse vorgeschrieben durch die Teilbarkeit der Jahrhunderte durch dieses Maß, — ihre Kommensurabilität. Obgleich sich die Forschung am Kap der Guten Hoffnung befindet, kann darüber vorerst nur sehr unklar gesprochen werden. Aber dieses Gesetz wird nicht nur Kriegen, Invasionen gerecht, sondern auch einem so friedlichen Bereich wie der Gesetzgebung, Gesetzessammlungen. So trat am 30. Dezember 533 die Gesetzessammlung «Upravdas, des Sohns der Belenissa und des Istok» in Kraft; 317·4 Jahre später ist das Jahr 1801, als der erste Teil der fünf Bücher des Code Napoléon erschien.

317·10 vor dem Jahr 1801 haben wir das Jahr 1369 v. Chr.; aber 1378 vollzog der Pharao Amenophis IV. die Umwälzung, indem er seine Untertanen zwang, statt undeutlicher Gottheiten die große Sonne zu verehren. Er hatte die Verehrung Amons durch die Verehrung Atons ersetzt, schmalbrüstig wie ein Krieger II. Klasse, von Sorgen um Nofretete geplagt, er, dieser Freund des Hohepriesters Aje und Schururu, blitzte er nicht wieder auf in Chosrau (533), der die Flamme als heilig anerkannte, und im Jahr 1801 mit seiner Verehrung der höchsten Vernunft?

Nofretete antworten oder nicht? Der Sohn der Teje rief dazu auf, die Sonne als den Ursprung alles Irdischen zu sehen, und sprach selbst die ersten Gebete an die Sonne. Indem sie sich auf das römische Recht besannen, haben Justinian und Napoleon gesagt, daß die Weisheit nicht vor, sondern hinter uns liegt, und darin einen Schutzschild gesehen — der eine gegen den Einfluß Englands, der andere gegen die Lehren des Ostens, der damals in Leidenschaften wogte, die kurz zuvor das Auftreten Mohammeds hervorgerufen hatte. In dieser Darlegung wurde bis jetzt das große Maß der Einheit Jahr angewendet. Es ist nicht ohne Nutzen, wenn man Beispiele dafür anführt, daß dasselbe Prinzip auch bei der Zeitvermessung der Einheit Tag seinen Platz hat. Diese Beispiele beziehen sich auf die russische Vergangenheit.

I) Am 1. November 1851 wurde die Nikolajevsker Eisenbahn eröffnet; am 16. März 1836 die nach Carskoje Selo; dazwischen liegen 317·18 Tage und zwei Tage.

II) Am 10. Februar 1901 Transsibirische Eisenbahn erreicht Chinas Grenze; am 19. Mai 1899 Grundsteinlegung der Transsib. E.
Zwischen Baubeginn und Abschluß — 317·2 Tage.

III) Am 19. April 1563 Beginn des Buchdrucks in Rußland; am 1. März 1564 Apostol gedruckt — d. h. 317 Tage später.

IV) Am 18. Juli 1605 war die Krönung des falschen Dmitrij, 317 Tage später — am 1. Juni 1606 die Krönung Vasilij Šujskijs.

V) Am 7. September 1689 war der Thronverzicht Sofijas; 317·96 vorher war der Sturz des Usurpators und Ermordung Basmanovs — am 17. Mai 1606. 317·96 = (365—48) 48·2.

VI) Zwischen dem 7. September 1689 und dem 14. Dezember 1825 liegen 317·157 Tage.

VII) Zwischen dem 14. Dezember 1825 und dem 17. Oktober 1905 liegen 317·92 weniger zwei Tage.

VIII) Zwischen dem 15. Februar 1171 (Wahl Vladimirs in Kiev) und dem 17. Februar 1598 (Erster Tag der Duma, die Boris Godunov gewählt hatte) liegen 317·492.

IX) Zwischen dem 17. Februar 1598 und dem 18. März 1584 (Tod Ivans des Schrecklichen) liegen 317·16.

X) Zwischen dem 10. Juni 1605 (Tod des Sohnes Godunovs) und dem 12. März 1206 (Novgorod leistet Konstantin den Eid) liegen 317·461.

XI) Zwischen dem 9. März 1898 (die erste Frau wird ein gelehrter Agronom) und dem 27. Mai 1910 (Zulassung von Frauen zum Staatsdienst) liegen 317·14.

XII) Am 15. Juli 1914 Kriegserklärung Österreichs an Serbien und von den Deutschen ausgegangene bosnische Unruhen, gerichtet gegen die Russen und Serben. 317 Tage danach — am 28. Mai 1915 — Unruhen in Moskau, gerichtet gegen die Deutschen.

XIII) Das bereits aufgeführte Beispiel aus dem Leben A. S. Puškins.
Nicht weniger merkwürdig ist der Fall der Teilbarkeit durch 317 von einfachen Mengen; zum B., im ersten Kriegsjahr wurden 636 534 österreichische Gefangene gemacht; aber 636 536 = 317·2008. Aurelian hat in seinem Feldzug gegen die Sarmaten persönlich 950 Sarmaten getötet; 951 = 317·3. Kranke an den Dardanellen gab es 96 683; 96 685 = 317·305.
Am 1. Januar 1913 hatte England 318 Schiffe, die jünger als 20 Jahre waren. Nach diesem Gesetz mußte Deutschland am 14. Juni 1912 317 Marineeinheiten besitzen $(41 + 20 + 40 + 144 + 72)$.
1911 lebten in Schweden 317·95 Finnen und Norweger — (30 116). 317·95 = 30 115.
1911 lebten in Schweden 5 171 222 Schweden; 5 171 221 = 317·16 313. Finnen, Schweden und Norweger folglich 317·16 408.
In Norwegen lebten 1911 Schweden, Norweger, Dänen: 2 350 886 + 30 546 + 3040 = 2 384 472; 2 384 474 = 317·7522.
Die japanische Schutzwacht für die Südliche Mandschurische Eisenbahn bestand aus 617+17 M. = 317 x 2 = 1911. Im französisch-preußischen Krieg kamen auf einen Getöteten 365 Kugeln. Unter Peter dem Großen erhielten vom Staat 14 266 Donkosaken Gehalt; 14 265 = 317·45. Zur selben Zeit in der Flotte (27 939), Artillerie (5579), Garde (2616), Garnison (74 128), Landmiliz (6392) und bei den Donkosaken (14 266), insgesamt 130 920 Mann; 130 921 = 317·413 oder $(365 - 48)(365 + 48) = 365^2 - 48^2$ (Solovjov).
Auf diese Weise sind Mengen, Massen des Erdballs demselben Zahlengesetz untergeordnet wie die Zeiten.
Peter der Große heiratete mehrmals, zum Beweis seines rauhen, unbändigen Willens. Aber auch seine Heere, scheinbar von seiner Willkür geschaffen, machen keine Ausnahme von dem allgemeinen Gesetz, das offensichtlich auf der Erde herrscht. Aber natürlich kann eine «kantianisch-laplacesche Vernunft» nicht ohne Anwendung der Genauigkeitsprinzipien erreicht werden.
Es ist interessant, daß dem großen Dreiklang: do, mi, sol, — die Regel des goldenen Schnitts: $a+b = 2c$ zugrunde liegt. Aber: Elamiten — Assyrer = 317 · 5; Römer — Tataren = 317 · 4; Assyrer — Tataren = 6; aber $6+4 = 2 \cdot 5 = 10$. Das heißt, auch hier haben wir den goldenen Schnitt.
Beim Studium der Zahlenreihe der Feldzüge nach Sibirien wurde

festgestellt, daß diese Feldzüge, als eine gewisse Anordnung von Punkten auf einer Geraden, Ähnlichkeit mit der Belagerung von Port Arthur besitzen. Die Seeschlachten dieses Krieges, als einige Punkte auf der Geraden der Zeit studiert, besitzen Ähnlichkeit mit dem auf selbe Weise studierten Kampf zwischen Islam und christlichem Westen, angefangen bei den Kreuzzügen des Jahres 1095.

Die eine Reihe stützt sich auf die Einheit Jahr, die andere auf die Einheit Tag. Von den Kreuzzügen 1095 bis 1916 sind 821 Jahre vergangen, folglich muß sich diese Reihe mit dem 821. Tag seit Kriegsausbruch erschöpfen. Dies ist nützlich für den, der das Ruder des Steuermanns in die Hand genommen hat.

1095 bedingt als Jahr den 19. Juli 1914.

1099 (Eroberung Jerusalems) = 23. Juli (Untergang der Amphion).

1146 (Eroberung Edessas durch Nureddin) = 9. September (Versenkung der Hawke, Cressy, Aboukir durch Widdigen).

1187 (Eroberung Jerusalems durch Saladin) = 19. Oktober, Schlacht in Chile (Hogdon, Monmouth, Otranto).

1183 (Eroberung Mesopotamiens durch Saladin) = 15. Oktober. (Versenkung der Žemčug, Itaro, Katashicho.)

1272 (7-ter und letzter Kreuzzug) = 11. Januar 1915 Schlacht im Eismeer.

1326 (Eroberung von El-Gaza durch Brussa) = 5. März, Versenkung der Bouvais, Ozean (in den Dardanellen).

1480 (Eroberung von Otranto) = 28. Juli, Schlacht bei Riga.

1521 (Einnahme Belgrads) = 17. September 1915, Benedetto Grin.

1446 (Eroberung Griechenlands) = Versenkung der Garibaldi.

Das Vertrauen in diesen Vergleich wird dadurch gefestigt, daß das Ende der Kreuzzüge 1271 zusammenfiel mit dem Ende der Kämpfe im Norden; die Eroberung der Türkei durch Brussa dagegen liegt zu Beginn der Kämpfe in den Dardanellen.

Aber diese Gegenüberstellung ruft dennoch gewisse Zweifel hervor und kann nur als ein interessanter Versuch mit einem wenig wahrscheinlichen glücklichen Ende gesehen werden.

Zweimal wechselte der Fröhlichkeit Wetterleuchten.
317 und 317 Jahre
und über dem Fivaner Grabmal
hält Rom das Schwert der Täler.
Der Tanz wechselte viermal
Erholung von kurzen Schweiß.
Dem fröhlichen Russen «Wart auf die Axt!» —
krächzte mit einem Lächeln der Tatar.
Frähliche Säuglinge versinken
im Blut der Alten sich verschluckend.
Kein Schutz vor den Schwertern — nichts.
Und das Blut stieg einen Aršin hoch.
Zweimal kam und ging die Fröhlichkeit
dem Menschentiergarten offen drohend,
und da verbrannte bei Paris die Waffe
dem Infanteristen die Hand.
13 · 13 verging seit Akkader.
Die Waffe erhitzte sich bis zur Rotglut,
wie feurige Kohle. So muß es auch sein.
Gestalt der Tänzerin, ruhe nicht:
Kleide dich in Freundschaft der Klänge —
der Sohn der hohen Belenissa
hat ein Gesetzbuch geschrieben.
Vergeht der Zeiten nochmal vier
und wieder wird ein neues Gesetzbuch
auf seiner Kriegsaxt geschrieben
vom Geist Napoleons.
Aber ebenso viele Muskeln wuchsen
auf den Knochen des Menschen.
Dick oder dünn — dieselbe Zahl
wie in der sich wiederholenden Zeit.

Versuchen wir, die Zeitgesetze zu sehen, wie sie in Puškin widergespiegelt werden. Am 10. Oktober 1824 beendete er die «Zigeuner», wo er die Freiheit der Menschen jenseits der Gesetze, jenseits des Staates feierte; innerhalb von $3^6+3^6$ mußte nach dem Gesetz die gegenläufige Welle kommen, und tatsächlich beendet er am 8.–9. Oktober 1828 «Poltava», wo die Gestalt Peters des Großen dargestellt wird, des Schmiedes des jungen Landes, und der autokratische Hammer, der das russische Faß mit dem Reifen Poltavas beschlagen hatte, dem Poltava-Reifen, fand in Puškin eine hellklingende Nachtigall.

Am 15. Mai 1821 dagegen wurde der «Gefangene im Kaukasus» beendet – das Atmen des wilden Ostens im ursprünglichen Wesen der Bergbewohner, der wilden Kraft und Freiheit, $3^6+3^6-2^2$ danach, am 9. Mai 1823 wurde «Evgenij Onegin» begonnen, das verweichlichte Bild eines vom Westen vergifteten Herren, das entgegengesetzte Ereignis.

Der Gefangene eröffnete die Begegnung des Russen mit dem Osten. Onegin seine Begegnung mit dem «gebildeten Westen».

Puškin rechtfertigt vollkommen seine Würde eines erfahrenen kleinen Froschs, eines Versuchsfroschs – das Wellengesetz der Zeit ist an seinem Schaffen leicht zu verifizieren.

9. November 1828 «Ančar» – ein tödliches Wort über die Autokratie, $2^5$ Tage nach «Poltava».

4. September 1826 «Der Prophet».

6. Januar 1835 Anakreont 3 Oden.

Gleichungen meines Lebens: ich wurde am 28. Oktober 1885 geboren $+3^7+3^7 = $ 3. November 1921 habe ich im «Roten Stern» in Baku die Sowjetregierung vorausgesagt. Am 17. Dezember 1920 $= 2\cdot 3^7 - 317$ wurde ich in $3^7+3^7-3^6-48$ zum Vorsitzenden des Erdballs gewählt.

Den 20/XII/1915 seit meiner Geburt oder $2\cdot 3^7-3^6$, am Jahrestag von Tsushima habe ich den Gedanken gefaßt, den Staat zu besiegen, am Tage der Übergabe von Przemyśl habe ich mich für Chemie begeistert.

*Gleichung der Seele Gogols*

Am 19. März 1809 wurde Gogol geboren. $2^{13} = 8192$ Tage danach das Jahr 1831, nämlich der 22. August 1831, das ist der Tag, an dem das Leben Gogols in kühner Jugend überschäumte und Gogol, weil er sich mit Puškin treffen wollte, in brüderlicher Anwandlung einen großen Brief an ihn schrieb und einen Antwortbrief von ihm bekam. In dieser Zeit beschrieb er die heiteren Abende, wo der klare Frühling der Ukraine herrscht, ihre Feen, heidnisch fröhliche Augen verbergen sich hinter jeder Zeile des Moskauer Satzes.
Damals war die Sonnenblume seines «Ichs» dem Leben zugewandt, dem Leben und der Liebe.
$3^8 + 3^8$ danach kam aber der allgemeine Flecken des Jahres 1845, besonders des 1. März 1845, das sind die Tage, als Gogol (am 24. Februar 1845) beschloß, nicht mehr «dem Ruhm» zu leben, nicht mehr der Unternehmungsfreude, sondern in seinem heiligen Namen, nicht mehr für die Erheiterung der Menschen, sondern für deren Trost.
Gogol wandte sich wie die Sonnenblume mit allen Blättern seiner Seele dem Herrn zu, er hatte sich abgewandt vom Klang der Küsse und dem Lallen der Feensprache der «kleinrussischen Geschichten». Der strenge und heilige Herrgott ersetzte nun in seiner Seele die sündige Fee, wie die Drei in der Zeitgleichung die Zwei. Die Zwei ergab im Grunde Geschichten mit plantschenden Feen, die Drei Gedanken an Gott, an die weltliche Finsternis für das Ich. Nennen wir den Tag seiner Geburt den Feldzug nach Sibirien – die Eroberung von Isker durch die Truppen Ermaks. (Verbinden wir das «ua» Gogols mit dem Namen Ermaks.)
$3^{10} + 3^{10}$ nach der Eroberung von Isker trat die gegenläufige Bewegung ein – die Schlacht von Mukden. Und Ermak war ersetzt durch Kuropatkin.
Die Hinwendung zu Gott war das Mukden im Leben Gogols, und seine Frömmigkeit ein Akt der Abtrünnigkeit gegenüber seiner Geburt, die Kapitulation der Bereiche des Ichs vor dem Feldherrenstab des Todes oder der Heldentat Kuropatkins. Entweder verhält sich die Freiheit zu Gott zur Freiheit und dem Leben wie $-1$ zu $+1$, und Gogols Gott ist das Dasein vor der Geburt und der Frömmigkeitsanfall, – die gegenläufige Bewegung aus dem Leben hin zur Welt vor der Geburt, oder Leben und Frömmigkeit sind einander zuwiderlaufende Wege des Lebens . . . . . . . . . . . . .

*Lied*

1 Mit dem Verhältnis Gedanke Wort = $2^{13}$
stürzte es in die Schlucht
nachdem es den Hut der Wälder, den felderweiten hatte
fliegen lassen.
2 Dem Volke «zwei hoch siebenundzwanzig»
die Pflanze Arm eingraben
in die Schulter des Fehlens von Armen.
Wo ist der Spaten?
3 Das Muster 303 auf den Markt werfen;
das Muster: Pferdeleib, Menschenbrust.
Die Qualität erhöhen
nach Verlängerung der Quantität.
Herden führen.
4 Der Erdball ist die Grundordnung meines Denkens
in das Buch A schreiben.
5 Kehle und
Stimmband der Nachtigall
den Hunderten von Felderelefanten geben.
6 Die Mädchen der 3-ten Klasse
sollen auf ihrer Schulter
die Pflanze Nachtigall tragen
die mit ihren Krallen
mit ihren Körpern verwachsen ist.
7 Die fünfte Hauptstadt des zweiten Kontinents.
Das Sehen in $2^{11}$ verlängern,
Richtziel: zwei Gerade.

*Januar 1922*

Irgendwann einmal wird die Menschheit ihre Arbeit aus Herzschlägen aufbauen, wobei ein Herzschlag zur Arbeitseinheit wird. Dann werden Lachen und Lächeln, Fröhlichkeit und Kummer, Faulheit und Lastentragen gleichwertig sein, denn sie alle erfordern die Energie von Herzschlägen.
Möge einmal ein Mensch, der sich im Zustand **a** befindet, die Arbeit **d** brauchen, um in den Zustand **v** zu gelangen. Angenommen, ein nackter Mensch will sich anziehen. Und möge er die Stelle oder Sache **m** haben, die die Arbeit **d** zu **k** verringert. Dann wird die Differenz **d** − **k**, die die Mühe des Übergangs aus dem einen Zustand in den anderen verringert, zum Wert der Sache **m**. Zum Beispiel, der Mensch findet ein Hemd und zieht es einfach über, anstatt es selbst noch einmal zu weben. Diese Verringerung der Arbeit ist der eigentliche Wert des Hemds.
Die Arbeit des Herzens — des allgemeinen Schatzmeisters, der sämtliche Lebensbekundungen des menschlichen Körpers ausbezahlt, wird eine neue Einheit für den Austausch von Arbeit schaffen — einen Herzschlag.
Die Geisteswissenschaften werden große Bedeutung erlangen, denn es wird untersucht werden, auf welche Weise die Faulheit des einen zur Arbeit der anderen beiträgt.
Auf diese Weise wird der Faulpelz gerechtfertigt, denn seine Herzarbeit ist auf die Anhebung der allgemeinen Arbeitsfreude gerichtet. Untersucht werden wird, wann und nach welchem Gesetz die freiwillige Faulheit von selbst, und ohne äußere Gewalt, in freudige Arbeit übergeht. Und auf diesen Wiederholern des Übergangs von Faulheit in Arbeit nach dem Wellengesetz wird sich die Arbeit der ganzen Welt und aller Arbeitsklang der Menschen aufbauen.
Er wird zum freiwilligen Strahl der faularbeitsamen Wellen. Gefunden werden werden die zeitliche Länge der Faularbeitsamkeit und die Gesetze des schönen Klanges, ganze Zahlen gleichzeitiger Wellenschwingungen werden zur Arbeit verwendet werden.

Trata i trud i trenie,
Tekite iz ozera tri!
Delo i dar — iz ozera dva!
Trava mešaet chodit' nogam,
Otrava gasit dušu i stynet krov'.
Tupomu nožu trudno rezat'.
Tupik — eto put' s otricatel'nym množitelem.
Ljubo itti po doroge veselomu,
Trudno i tjažko tropoju taščit'sja.
Tuša, lišennaja ducha,
Trup nepodvižnyj, lišennyj dviženija,
Truna — domovina dlja mertvych,
Gde nel'zja ševel'nut'sja.
A delo, dobro — iz ozera dva.
Deva i duch krylami šumite ottuda že.
Dva — dvižet, tretsja — tri.
«Travi uži» — kričat na Volge.
Zaderživaja košku.

Ausgabe und Mühe und Reibung,
fließt aus dem See der Drei!
Werk und Gabe — aus dem See der Zwei!
Gras behindert die Füße beim Gehen,
die Vergiftung löscht die Seele und kühlt das Blut.
Ein stumpfes Messer kann schwer schneiden.
Eine Sackgasse ist ein Weg mit negativem Multiplikator.
Dem Lustigen ist es lieb, zu spazieren,
mühsam und schwer, sich des Wegs zu schleppen.
Ein Fettwanst bekommt keine Luft,
ein Leichnam ist starr, ohne Bewegung,
ein Grab ist die Behausung der Toten,
wo man sich nicht bewegen kann,—
ihr alle kommt aus der Drei,
Doch das Werk, das Hab und Gut — sind aus dem See der Zwei.
Jungfrau und Geist, rauscht auch von dort mit den Flügeln.
Die Zwei bewegt, die Drei reibt.
«Vergifte die Nattern» — ruft man an der Volga,
und hält die Katze zurück.

presse arbeit reibung diese drei
aus dem wasser seid gedriftet!
kommt geflossen ziel und zweifel diese zwei!
gras behindert den drang beim spazieren
schierling bricht selle drückt blutbild
ein schartiges messer dringt schwer durch
tropus ist ein pott für apokryphe multiplikatoren
dem dußligen schlägt fröhliche stund
dreckig und traurig ist der weg zur dressur
ein tropf der dran rupft
ein brustkorb ist starr wenn bewegung entfleucht
ein grab ist ein ort für kadaver
wo nichtrührer wirt ist —
alles dies: drift aus drei
doch ziel und zeichen: fluß aus zwei
auch weib und geist flügeln bei
zwei wegt zweige drei dreht draht
«zertretet die natter» droht man am don
und zieht das zicklein zurück

Rachgier, Rackerei und Reibung — ihr
rinnt aus dem See der Drei.
Werk und Ware — aus dem See der Zwei!
Rasen hindert die Wade am Gehen,
Rüffel treiben dem Wildfang den Willen aus.
Rostige Messer reißen.
Ruhestand ist ein Weg mit negativer Richtung der Bewegung.
Wonne des Wandrers: im Walde zu weilen,
reichlich ranzig wird, wer an Rainen rackern muß.
Röchelt einer, kriegt er rar nur Luft.
Roderich hat ausgeröchelt: er liegt starr und reglos.
Ruhestatt, die letzte, das Haus für die sterblichen Reste,
wo diese sich nicht mehr bewegen, —
ihr alle rinnt aus der Drei;
Werke dawider, Waren — wehen aus dem See der Zwei.
Wallet, Wille, Weibchen, wallt wie Weihen mit den Flügeln.
Weihe der Zwei, sie bewegt. Drei reibt.
«Rottet die Ratten aus» — ruft man an der Volga
und hält den Windhund zurück.

Die Freiheit kommt im Zeichen der 2. Gibst du? — gib Weg zwei.
Die Macht im Zeichen 3 — Arbeit, Leichnam, Jener.
Selbstverbrennung? wo ebenfalls eine tierische Zahl hervorwuchs.
Gibst du? gib Weg zwei
Gib ein langes Tal des Guten
Tag, Tun, Kinder
Drei, Schatten, und Arbeit, und Leichnam, und Gräber,
Drei — der dritte Punkt im Gespräch — Te.
Drei, Schatten und Wolke,
Weg, wo es schwer ist,
Drei Deutsche Tot,
Drei Tatas, und Tante und Schwiegermutter,
Was herrscht, befiehlt, wo kein gerades Blut ist.
Zwei Jungfrau mit Augen der Zukunft.
Zwei — das sind Gedanken.
Jenes verheimlicht mal, mal ist es ein Pfahlzaun.
Es gibt keine größere Freiheit als im geraden Zweieck.
Es gibt kein größeres Gefängnis als ein Dreieck —
                                        einen geschlossenen Raum.
Sosein und Ikonenrand,
Punkt und Tochter,
wo Zwei durchs Tal bläst,
hat das Drei-Gerümpel es schwer.
Hierher die Schalmei für Zwei,
Und es atmet ein guter Geist
In die Doppelflöte.

dVa — zWei  
tRi — dRei  
Wonnen des Wohlseins im Zeichen der 2 — willst du? — wähl der Wege 2.  
Richtige Regeln im Zeichen der 3 — Rackern, Ruhestatt, reglos.  
Selbstverbrennung? wo ebenfalls eine tierische Zahl auswuchs.  
Willst du? Wähle 2 Wege  
wähle einen weiten Weiher der Wonne  
Wald, Wild, Wunder, Wickelkinder  
3 — Rabenschwärze, Röcheln, Rüpelei und Runkse,  
3 — Rechthaberei beim Reden — R.  
3 — Rabenschwärze, Raufen  
Rinne, Rain, wos rasend schwer ist.  
3 Russen, Russen-Reste, rühren sich nicht mehr.  
3 Reffs, und Ränke, Rabenmutter  
ranzende Rechthaber, Richter, wo kein weiter Wind weht.  
2 Weise mit der Witterung des Werdenden.  
2 — das sind Wünsche, das ist Wollen.  
Rügen rüffeln, Riff, mal Rammbock, mal Riemen.  
Weitestes Wohlsein der Welt — der Winkel des 2-Ecks.  
Riesenkerker — das 3-Eck, ein Raum, an dem jeder sich reibt.  
Reim und Walm,  
Rand und Wandeln,  
wo die 2 den Wald durchwallt,  
ruht die Rüpelei der 3.  
Willkommen, Schalmei für 2,  
weht da nicht gleich  
ein Wonnewind gar weich?

## O Eins

O Eins!
Lausche dem Gemurmel der Sterne.
Und schreie mein Vermächtnis.
Dies ist meine Lust, die Hand darauf.
Es ist herrlich — mein Wild!
Alle werden stürzen, dir die Beute zu entreißen.
Und sie werden auch sagen — mein Vermächtnis.
Und du bist Attila ohne Schwert,
nachdem du alle besiegt hattest,
machtest du sie zu Tributpflichtigen der Sterne
und erobertest dem Himmel
mit den Achsen das große Ich.

## Befehle der Vorsitzenden des Erdballs (Vorserdbas)

I. Die älteren Sonnenwelten, Rivalen der Sonne mit sinkendem Gewicht, Jupiter, Saturn, Uranus, mögen nach dem Gesetz A ihre Bahnen ziehn:
damit
ihre Jahreszeiten nach der Gleichung, die auf der Grundlage der Zahl Drei aufgestellt wurde, als n-ter Wurzel aus der Anzahl der Tage, ineinander übergehen. Drei — Deichselwagen des Todes, des Verfalls; die älteren Welten haben als Grundlage der Gleichung — die Drei.
Gesetz A:

$$x = \frac{3^{7+n} - 1}{2} + 1053 + \frac{n-1}{2n - 2x} \left( \frac{3^5 + 3}{2} \right) - 1 \,(^{n+1} - 3^2 - 3)$$

oder

$$x - 365\,(365^{n-3} + 3^{n+1} + 3) - 48\,(3^{n-2})$$

Antwort: $n = 1 \cdot x = 4332$ das Jupiterjahr; $n = 2 \cdot x = 10759$ das Saturnjahr; $n = 3 \cdot x = 30688$ das Uranusjahr.
In Jahreseinheiten stellt sich dieses Übergangsgesetz folgendermaßen dar:
$x = 3^{n+1} + 3$ Jahre oder 123084 Jahre (ein Jahr $= 365 = 3^5 + 3^4 + 3^3 + 3^2 + 3^1 + 3^0 + 1$ Tage).

II. Der Befehl, die Gleichung des Zeitenwechsels bei jüngeren Sternen (mit steigendem Gewicht) auf Grundlage der Zwei aufzustellen. (Auf dem Fuß der Zwei stehend.)

$$x = 11 \cdot 2^{n-2} + (n-1)(3 \cdot 2^3)\, 2^{(n-1)(5-2n)} = 6$$

Antwort: $n = 1 \cdot x = 88$ (Merkur); $n = 2 \cdot x = 224$ (Venus); $n = 3 \cdot x = 365$ (Erde).
Diese fest auf dem Fuß der Z w e i stehende Gleichung verbirgt einen Pakt der drei Sterne! Auf ihm ist die Gemeinschaft der drei Sterne mit verschiedener Charakterfärbung begründet (Krämer, Venus und Ehefrau).

III. Befehl über die Ankunft der Sonnen-Genossen «Fliegende Regierung der Sonnenwelten».
Man beachte:

$$\frac{3^m + 1}{2} = 3^{m-1} + 3^{m-2} + 3^{m-3} + 3^{m-4} \ldots 3^2 + 3^1 + 3^0 + 1$$

und $1053 = 3^6 + 3^5 + 3^4 = 3^{3+3} + 3^{3+2} + 3^{3+1}$

Wir befehlen nicht Menschen, sondern Sonnen! (S o n n e n.) (Befehlsneuerung, Befehlsschöpfung) (Verschiebung des Befehlsziels.) Und wir — die Vorsitzenden des Erdballs, fragen, wem sich besser befehlen läßt — Menschen oder Sonnen?
Und voll Erstaunen sehen wir, daß die Sonnen ohne Widerspruch und Geschrei unsere Befehle ausführen. Wir Vorserdbas würden Aufruhr und Aufstand vorziehn, Genosse — Sonne!
Langweilig ist es auf der Erde.

Ergebenst: Velimir der Erste

*30. I. 1922*

Ich erkannte die Zahlen,
Ich erkannte das Leben.
Ich Ersicht ohne Sinn,
Ich Gesang der Stummnis,
Vergangesichtig, Schlaf-Hufe . . .
Wilde lieben den Lauf ins Vergeßne . . .
Morgenröten-Gesichter,
Scheitel der Nacht,
Ich Freuden eines Götzentempels . . .
Enteilender Steigbügel . . .

# Das eine Buch

Wir wünschen die Sterne zu duzen,
wir sind es müde, die Sterne zu siezen,
wir haben die Lust kennengelernt zu brüllen.
Seid schrecklich wie Ostranica,
Platov und Baklanov,
hört auf, euch zu verneigen
vor der Fratze der Ungläubigen.
Laßt die Anführer schreien,
spuckt ihnen in die Augen!
Seid stark im Glauben,
wie die Morozenki!
Oh, werdet wie Svjatoslav, —
er sagte seinen Feinden: ich ziehe gegen euch!
Verblaßten Ruhm
erringt aufs neue, Löwen des Nordens.
Mit der Vorväter Schar stehen hinter uns
Ermak und Osljabja.
Wehe, wehe russisches Banner,
geleite über Festland und durch Schluchten!
Dorthin, wo der Geist des Vaterlandes starb
und in die Wüste der Gottlosen,
ziehet, schrecklich wie Vladimir,
oder Dobrynja mit seiner Družina.

Gejagt — von wem, woher es wissen?
Von der Frage: wieviel Küsse hat ein Leben?
Von der Donau Tochter, der Rumänin,
oder dem alten Lied vom Reiz der Polin?
Ich laufe in Wälder, Klüfte, Schluchten
und lebe dort durch Vogelschreie,
wie Schneegarben glänzen die Flügelfächer,
die den Feinden funkelten.
Die Räder des Schicksals werden sichtbar
mit schrecklichem Pfeifen den verschlafenen Leuten.
Und ich raste dahin, ein himmlischer Stein
auf einem fremden, feurigen Weg.
Die Leute veränderten erstaunt die Gesichter,
als ich im Morgenlicht verfiel.
Die einen baten, sich zu entfernen,
und andere flehten: erscheine wieder.
Über der südlichen Steppe, wo die Büffel
ihre schwarzen Hörner schwingen,
dort in den Norden, wo die Stämme
wie Bogensaiten singen,
flog ein weißer Teufel mit einem Kranz aus Blitzen,
und drehte seinen Bart zu Spitzen:
er hört das Heulen der behaarten Fratzen,
und hört das Trommeln auf Bratpfannen.
Er sprach: «Ich bin ein weißer, einsamer Rabe,
doch alles — die schwarze Last der Zweifel,
und den Kranz aus weißem Blitz —
ich ließe ihn fallen für das eine Bild,
in das Land aus Silber zu fliegen,
klingender Bote des Guten zu werden.»
Am Brunnen zerrinnen,
so wollte das Wasser,
daß sich die goldenen Zügel
im Tümpelchen spiegeln.
Rasch wie eine schmale Schlange,
so wollte der Strahl,
so wollte das Wässerlein,
enteilen, sich verteilen,

was jagt mich wer? wer mag mich was?
es fragt sich: wie? nun wieviel küsse lebt man?
womöglich danubisch die tochter der walachey?
oder die weise vom reiz der gepriesenen polin?
da floh ich stracks und schlich durch schründe
so haus ich kraus im kuckucksschrei
im fächer schreck der wider sacher
der flattergarbisch eis entfacht
das schicksal bleckt die speichen pfeifen
gur schaurig den verschlafenen ins ohr
oho luzid bolid ich schnuppe weiter
inkandezent auf einer framden spur
indes man zog am morgen unverzüglich
erstaunt gesichter als ich baß zerfiel
die einen baten mit verlaub zu gehen
und andre flöhten: auftritt zwo!
drei steppen süd dort wo die büffel
auf schwarzen hörnern meltau swyngen
vier stämme nord wo zottel birken
wie angezapfte saiten klingen
flog blitz bekränzt ein weißer krampus
und zwirbelte den schnurrbartspitz
der hört den weh der zottel fratzen
der wacht beim krach der kasserolen
der spricht: ich bin ein barmer weißer abe
aber überm illusiönchen
eines flugs nach silberlingen
(güte künde zu verkunden)
gäb ich alle laster schwarzen
zweufel unten kranz aus weißem
blitzgemurkse gerne hin
(also sang er) und der bronnen
spong versonnen
so gewonnen tümpelichte
güldne zügel wie zerronnen
wie ein rascher schmaler schlang
sprang entlang der zitterstrahn
sprang entlang das wässerlein

damit um den Preis getaner Arbeit
die Stiefel grüner würden,
die schwarzäugigen, von ihm.
Flüstern, Murren, Wonnestöhnen,
dunkle Röte der Scham,
Hüttenfenster, von drei Seiten
Brüllen satter Herden.
Im Tragjoch eine Blume,
auf dem blauen Fluß ein Kahn.
«Da, nimm dir noch ein Tüchlein,
mein Beutel ist ganz voll.»
«Wer ist er, wer ist er, was will er,
die Hände derb und grob!
Er macht sich lustig über mich
so nah bei der Hütte des Vaters.»
«Oder? Soll ich ihm etwa antworten,
dem schwarzäugigen Burschen,
über den Rat meiner schnellen Zweifel,
daß ich mich bei Vater beklagen werde?
Ach soll doch dieses Erdental verbrennen!»
Doch weshalb wollen wir mit den Lippen
den Staub, den der Friedhof treibt,
mit glühender Flamme wegwischen?

sich enteilend zu verteilen
daß die schiefen lachstiefeletten
um den preis getaner arbeit
davon etwas grüner bürden
lüstern flüstern libi dösen
dunkel heiten astern scham
fenster hütten von drei seiten
rülpsen herden satten schaum
eine blüme blümt im zwerchholz
auf dem bächlein bahnt ein kahn
: nimm von mir dies neue tüchel
zwanzig rubel sind im beutel
: wer ist überhaupt was will der
mit den walden gerben pranken!
verlustieren naschelieren
und so nah bei vaters hütte
: oder? oder aber hätte
ich dem finstern zu bedeuten
daß ich folgend schnellen zweifeln
mich bei vatern würd beschweren?
achtas leben iszum scheifeln!
aber schließlich warum wabern
warum lippen flammen abern
angern fried von stäuben schnippen?
da im nu ich aarig schwang
finster mich gen binstergam
lugte greis ins irdsche graus odort ihie
so sehr suchend sah ich sie

Sieben

1
Du dem Rückgrat, du der Gestalt nach ein Pferd jetzt —
　　　　　　　　　　　　warum dies?
Du dem Rückgrat, du der Gestalt nach ein Pferd jetzt —
　　　　　　　　　　　　warum dies?
Wen wieherst du an und beäugst ihn mit Ingrimm?
Die verwegenen Schönen lieb ich seit langem,
Die verwegenen Schönen lieb ich seit langem,
Und sieh her, ich tauschte Fuß gegen Huf.

2
Nicht haben die Mädchen so seltsame Schrullen,
Nicht haben die Mädchen so seltsame Schrullen,
Es ist ihnen lieber der unbesonnene Knabe.
Es leben die herzkalten Jungfrauen hier,
Es leben die herzkalten Jungfrauen hier,
Die Töchter des großen Hyläas.

3
Des großen Hyläas Name, bekannt ist er mir,
Des großen Hyläas Name, bekannt ist er mir,
Doch weshalb ließest du Mantel und Beinkleid?
Wir wollen erscheinen vor ihnen,
Wir wollen erscheinen vor ihnen
Wie Steppenhengste.

4
Was werden sie tun alsdann,
Igor, Igor,
Was werden sie tun alsdann
Mit euch, dieses Landes Töchter?
Aufsitzen werden auf uns sie, die weißen,
Genosse und Freund,
Aufsitzen werden auf uns sie, die weißen,
Uns losreiten, wenn es zum Krieg ruft.

Abb. 1. Kazimir Malevič: «Ein Engländer in Moskau», 1914.

Abb. 2. Kazimir Malevič: «Die Dame vor der Litfaßsäule», 1914.

Abb. 3. Ivan Puni: «Die Flucht der Formen», 1919.

Русалки поют:
ἰа ἰо цолкъ
υἰо ἰа паццо!
пиц пацо! пиц Пацо
ἰо ἰа цолк!
дынза, дынза, дынза!

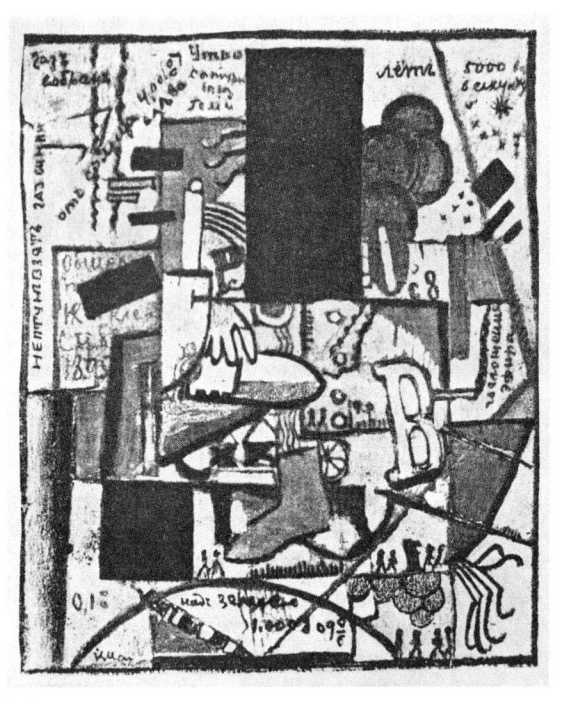

Abb. 4 (oben). Velimir Chlebnikov: «Nacht in Galizien»
(der Gesang der Nixen), Detail aus dem «Musterbuch», 1914.
Abb. 5 (unten). Kazimir Malevič: Bühnenbild für die Oper
«Sieg über die Sonne» von Aleksej Kručonych, 1913.

патърЕт
кагжывОй

Зо  зaиНькт пaвыкAт
   пaыгaй КАТ
   вvЗгалапИша Бькатувиша
   лизаЛибуиа ц
   улимОи кажымУ
   ЗачиᵍОдырь панимУ
   зВицаЛУица

Abb. 6. Ilija Zdanevič: Seite aus dem Zaum-Stück
«LidantJU fAram», 1923.

Abb. 7 (oben). K. Sinjakova: Umschlag zu Nikolaj Asejevs Buch «Zor», 1914.
Abb. 8. L. Žegin: Umschlag zu Majakovskijs erstem Buch «Ja» (Ich), 1913.

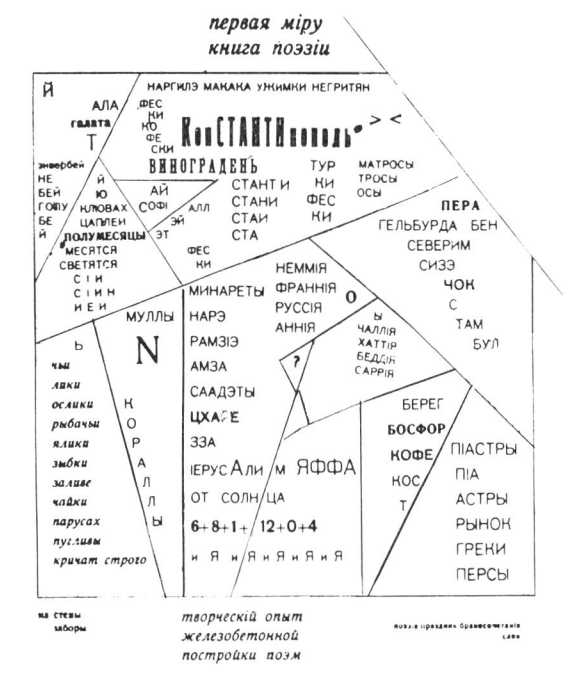

Abb. 9 (oben). Vasilij Ermilov:
Umschlag zu Chlebnikovs Verserzählung «Ladomir», 1920.
Abb. 10 (unten). Vasilij Kamenskij: Seite aus «Konstantinopel», 1914.

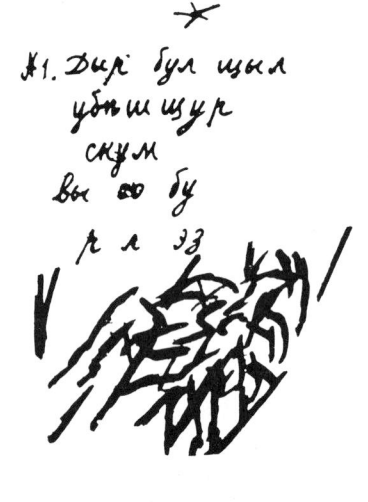

Abb. 11 (oben links).
Aleksej Kručonych:
Seite aus dem Buch
«Pomade», 1913.
«Dyr bul ščyl ...»
in Kručonychs Handschrift.

Abb. 12 (oben rechts).
Aleksej Kručonych:
Seite aus dem Buch
«Gesprengst», 1913.

Abb. 13 (links). Vasilij Kamenskij:
Umschlag seines Buches
«Tango mit Kühen»,
1914.

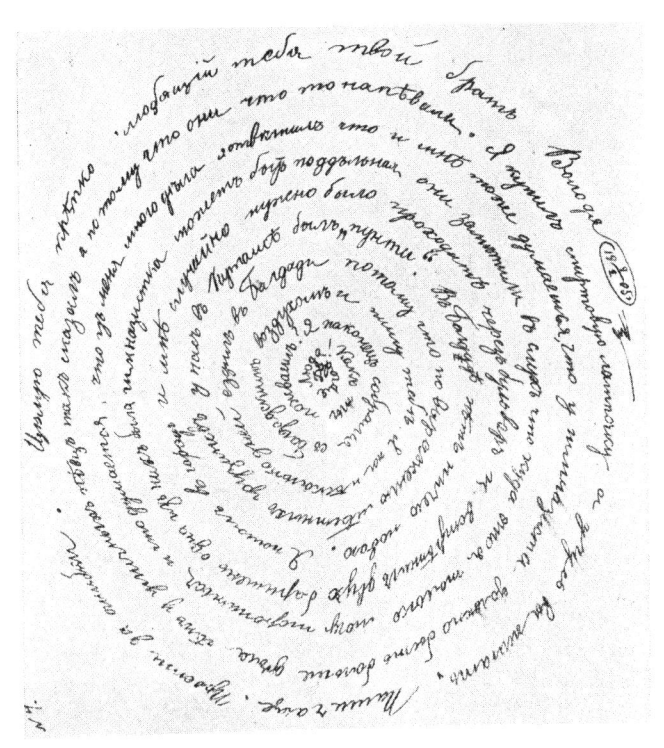

Abb. 14 (oben). Vladimir Majakovskij: Brief an seine Schwester Ljudmila vom 19$\frac{2}{2}$05.

Abb. 15 (unten). Ilija Zdanevič: Seite aus dem Buch «Ostraf paschi», 1919.

<u>П</u><u>РО</u><u>РЫ</u><u>В</u>
(<u>С</u>ОЕДИНЕНИЕ ЗВЕЗДНО

<u>Гда</u> рой зеленых <u>ха</u> для двух,
и <u>эль</u> одежд во время бега,
<u>ГО</u> облаков над играми людей,
<u>ВЭ</u> толп кругом незримого огня,
<u>ЧА</u> — юноши, <u>ДУ</u> ласковых одежд,
<u>ЗО</u> голубой рубахи юноши,
<u>ЧА</u> девушки червонная сорочка,
<u>КА</u> крови и небес,
<u>ГО</u> девушек — венки лесных цветов,
й <u>ВЕВА</u> квiток.
<u>ПИ</u> бега по кольцу тропы
<u>ША</u> ног босых,
 как кратки <u>КА</u> покоя!

Abb. 16. Velimir Chlebnikov:
zwei Seiten aus der «Schramme am Himmel»
in der Handschrift Kručonychs, «Unveröffentlichter Chlebnikov»
Nr. 14, 1930.

## В ЯЗЫКЕ
(го языка и обыденного)

И ВЭ волос на голове людей,
ВЭ ветра и любви
ЭС радостей весенних,
МО горя, скорби и печали,
и ЛА труда во время Леля.
ЭС смеха, ДА-веревкою волос;
где рощи — ХА весенних тел,
а брови ХА для умных взоров.
И МО волос на кудри длинные,
о МО людей — ВЭ пламени незримого
Созвездье — ГО ночного мира.
ВЭ воли вечных,
 ВЭ ветра и деревьев,

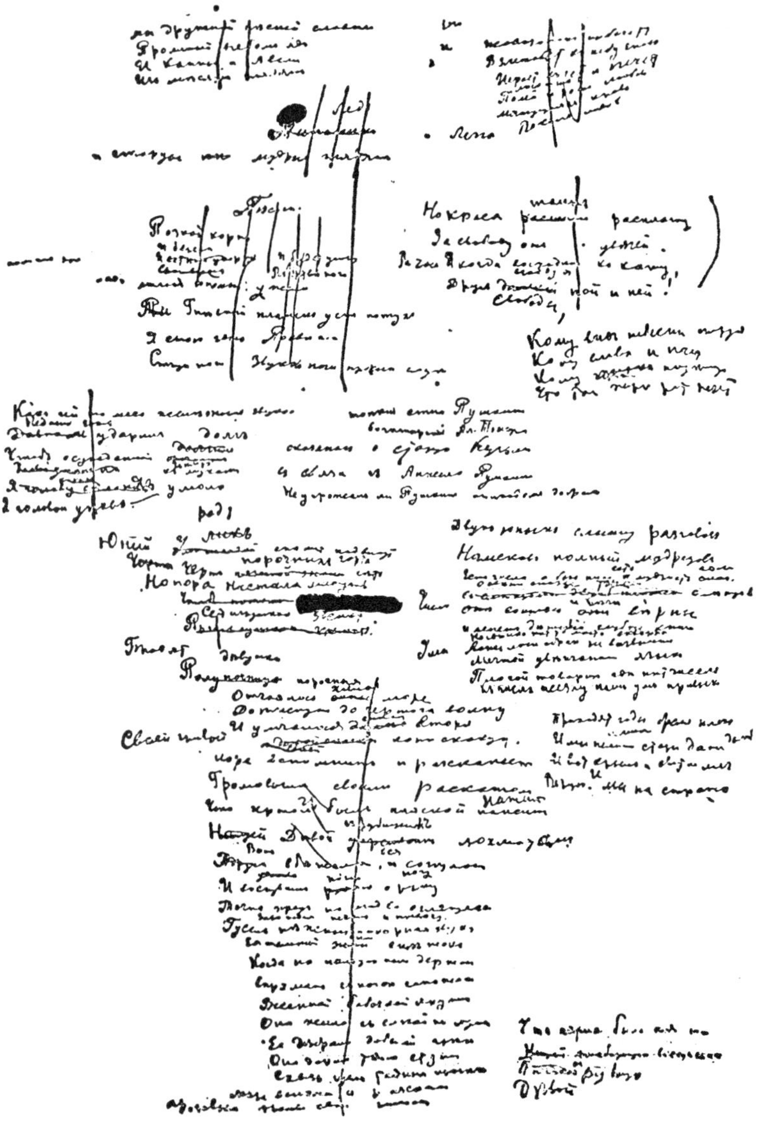

Abb. 17. Chlebnikovs Schrift: 1912.

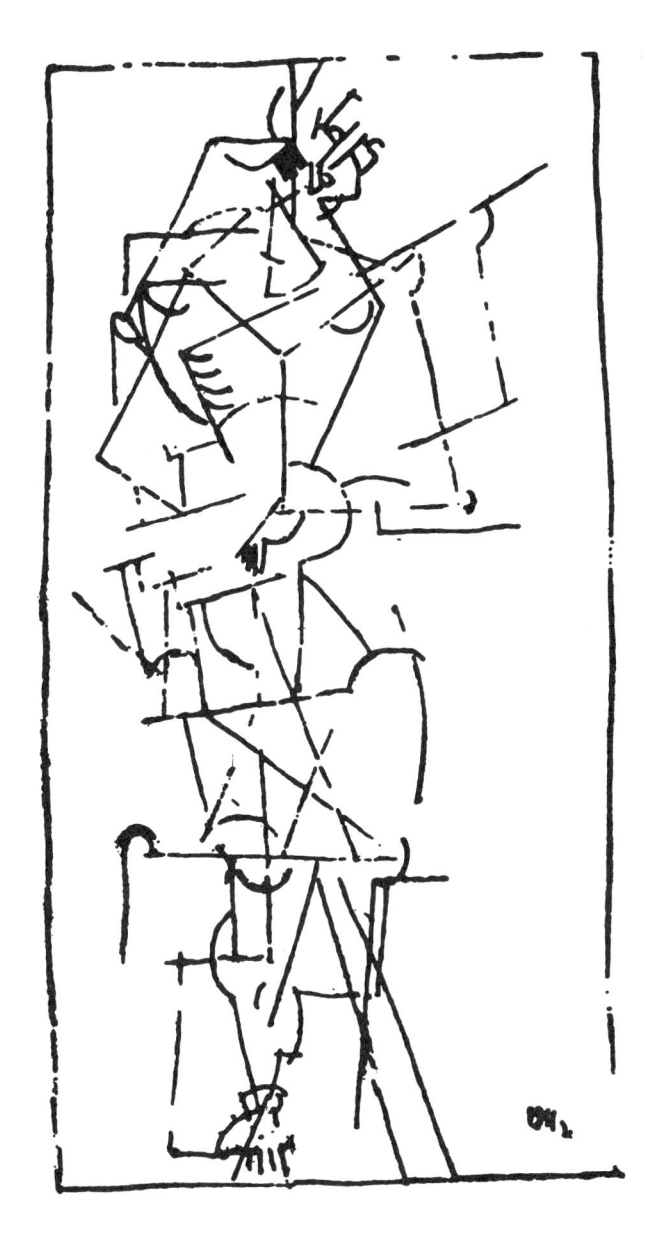

Abb. 18. Kazimir Malevič: Zeichnung, 1911.

С нездешней силой утёсных
Возьмёт в ладонь державный
            лом

Утвой полёт вперёд всегда
Повторят позже ногу пуль
И время Страшного суда
Узнают истины купуль
Шагай по морю клеветы
Пружинь шаги своей версты.
В чугунной скорлупе орлёнок
Летит багровыми крылами.
Кого недавно как телёнок
Лизал как спичное пламя.
Черти не мелом своей кровью
Того чтобудёй чертежи.
И рок слетевший к изголовью
Наклонит умный колоёржи.
            Хлебников.

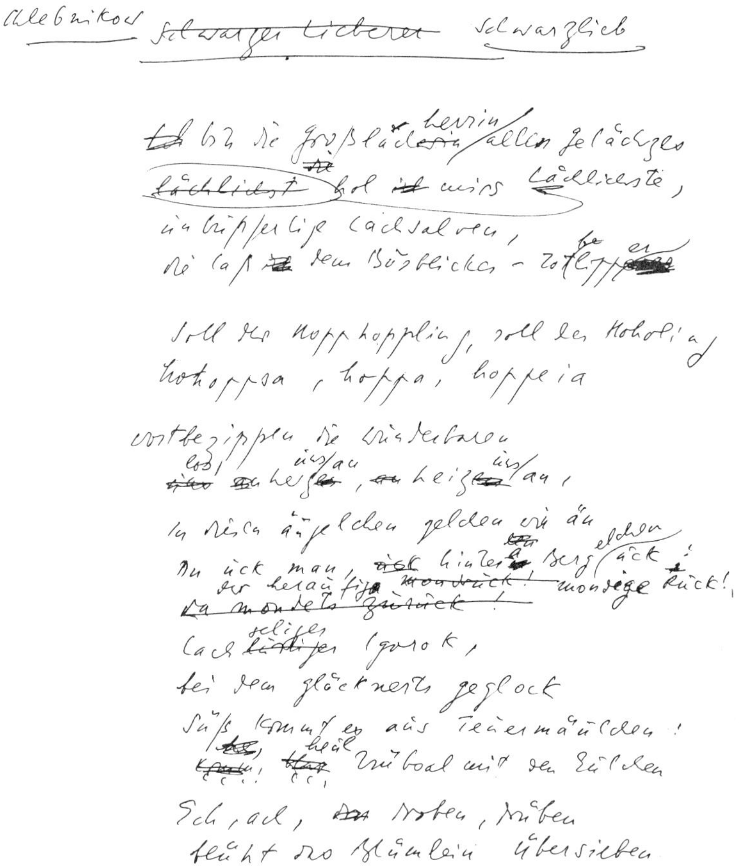

Chlebnikov   schwarzer Liebster   Schwarzlieb

62 die Großlächerin/allen Gelächter
lächlichst hol mir Lächereste,
in trippelige Lachsalven,
die laß dem Böslicker - zotteppe

soll der Hopphoppling, soll der Hohopling
hohoppsa, hoppa, hoppeia

entsezippen die Winterhasen
los / juchau, juchau,
heizt, heizt au,

In Niesa Äugelchen gelden die Äuglein
du uck mau, er hinterm Berg rück!
er herauf fiß mondsege Ruck!
La mondels seliges
Lach lichter (gurok,

bei den Glöcknerts geglock
süß kommt es aus Tränenmäulden!
heil Unibual mit den Eulchen
Sch,ach, Notten, Nisten
flicht die Bläulein übersieben


Abb. 19 (links). Chlebnikovs Handschrift.
Abb. 20 (oben). Paul Celan: «Schwarzlieb».

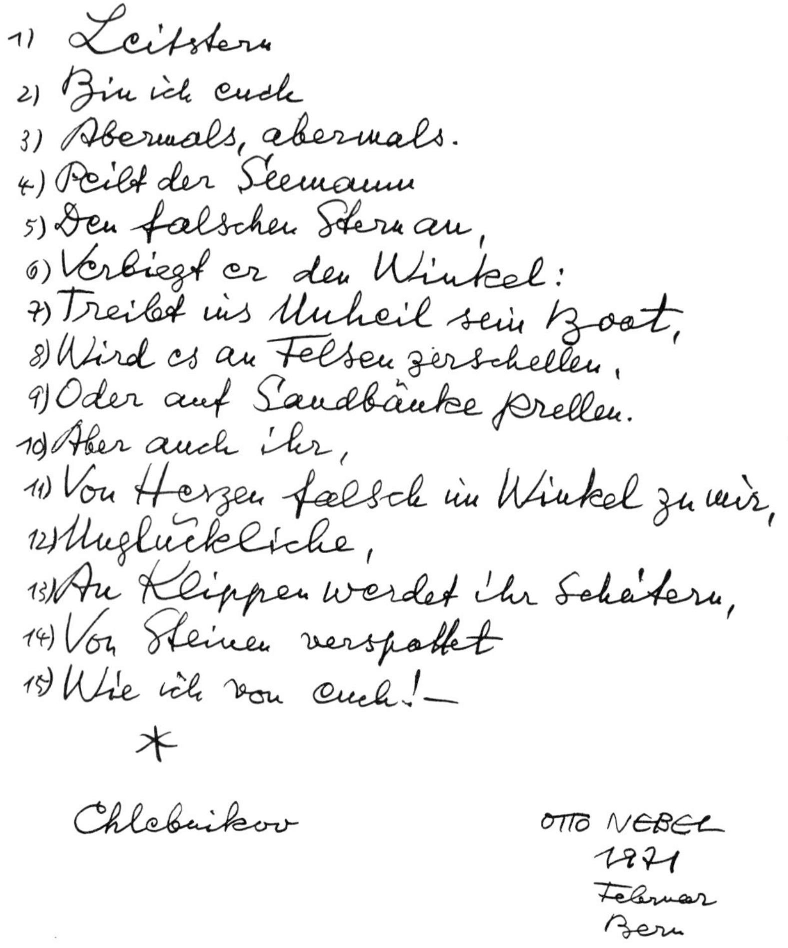

1) Leitstern
2) Bin ich euch
3) Abermals, abermals.
4) Peilt der Seemann
5) Den falschen Stern an,
6) Verbiegt er den Winkel:
7) Treibt ins Unheil sein Boot,
8) Wird es an Felsen zerschellen,
9) Oder auf Sandbänke prellen.
10) Aber auch ihr,
11) Von Herzen falsch im Winkel zu mir,
12) Unglückliche,
13) An Klippen werdet ihr Scheitern,
14) Von Steinen verspottet
15) Wie ich von euch! —

\*

Chlebnikov

OTTO NEBEL
1971
Februar
Bern

Abb. 21. Otto Nebel: «Leitstern».

5
Wie viele sind unter euch, die da vorziehn,
Boris, Boris,
Wie viele sind unter euch, die da vorziehn
Dem Menschengeschick das Pferdegeschick?
Sieben mächtige Wiedergänger,
Genosse und Freund,
Sieben mächtige Wiedergänger
Sind wir, sehnsuchtsverzehrte.

6
Und wenn die Mädchenreiterei
Boris, Boris,
Und wenn die Mädchenreiterei
Den Kampf beendet beruhigt?
Dann eilt ein jeder, leidenschaftstreu,
Genosse und Freund,
Dann eilt ein jeder, leidenschaftstreu,
Und haut sie entzwei mit dem Schwert.

7
Ists nicht entsetzlich zu denken,
Boris, Boris,
Ists nicht entsetzlich zu denken,
Was ihr aushecktet, Brüder?
Nein, es sind die Mädchen gefügig im Dunkeln,
Genosse und Freund,
Nein, es sind die Mädchen gefügig im Dunkeln,
Schwert und Kleider rauben wir.

8
Die Schwerter raubt ihr ihnen, doch was tut ihr mit ihren Tränen,
Boris, Boris,
Die Schwerter raubt ihr ihnen, doch was tut ihr mit ihren Tränen,
Der Waffe von jeher?
Brennenden Auges,
Genosse und Freund,
Brennenden Auges,
Geben wir Antwort. Ein Mittel, so gut wie das ihre.

9
Doch warum hattet ihrs nötig,
Boris, Boris,
Doch warum hattet ihrs nötig
Zu verraten des Angesichts Schönheit?
Es tötet ihr Haufe die Fremdlinge alle,
Genosse und Freund,
Es tötet ihr Haufe die Fremdlinge alle,
Es gefällt uns der Flüchtlingsgalopp.

10
Kurzgelockter, Langbehaarter,
Boris, Boris,
Kurzgelockter, Langbehaarter
Zwietracht, ist sie euer würdig?
Es berückt uns dieser Zwist,
Genosse und Freund,
Es berückt uns dieser Zwist,
Es führen ins Glück diese Kriege.

Wolkinnen schwammen und schluchzten
über den hohen Weiten der Weiten,
Wolkinnen warfen Schatten
über traurigen Weiten der Weiten,
Wolkinnen ließen Schatten fallen
über traurigen Weiten der Weiten ...
Wolkinnen schwammen und schluchzten
über den hohen Weiten der Weiten.

*Melancholie*

Wenn ich meiner überdrüssig bin,
stürze ich mich in die goldene Sonne,
ziehe rauschende Flügel an
und vermische Lästerliches mit Heiligem.
Ich bin gestorben, ich bin gestorben,
und mein Blut ergießt sich
in breitem Strom über meine Rüstung.
Manchmal komme ich wieder zu mir
und mustere euch kritisch
mit dem Auge des Kriegers.

Wenn Pferde sterben, schnaufen sie
wenn Gräser sterben, vertrocknen sie
wenn Sonnen sterben, verlöschen sie
wenn Menschen sterben, singen sie Lieder.

Wenn der Hirsch sein Geweih aus dem Gras erhebt,
denkt man: ein verdorrter Baum.
Wenn der Unterdrückte sein Herz aus der Stummheit erhebt,
denkt man: ein Verrückter.

Das Gesetz des Ausgleichs befiehlt
daß meine Schuhe mal zu weit sind, mal zu eng
daß, zur Tages- oder zur Nachtzeit
das Nashorn die Erde beherrscht oder der Mensch.


Das Gesetz der Schaukel befiehlt
mal zu weite, mal zu enge Schuhe zu haben.
Der Zeit, mal Tag, mal Nacht zu sein,
und mal dem Nashorn, mal dem Menschen,
                       über die Erde zu herrschen.

*Ha-Leute*

Der Häher, der in die Höhe strebt
fliegt zum Himmel.
Die Herrin, die hoch hinauswill,
trägt hohe Absätze.
Wenn ich keine Schuhe habe,
gehe ich auf den Markt und kaufe mir welche.
Wenn jemand keine Nase hat,
kauft er sich Wachs.
Wenn ein Volk keine Seele hat,
geht es zum Nachbarvolk
und erwirbt sich eine gegen Bezahlung:
es hat seine Seele verloren!

Dummheit, Klugheit und Tollheit — die drei Schwestern
                                  tanzten mitsammen,
in Umhängnissen der Ungedanken, in Umhängnissen einer Braut.
Die zarten Arme sich rankten, die zarten Beine schwankten,
Alles ringsumher verflocht sich, wand sich, zerfloß
                                  zu klebrigem Manna.

Dumpfe Schwätzheit der Leutheit,
dumpfe Stummheit der Ödheit,
zusammengewunden zu einem Nadelkranz.
Irgendwo schwieg man leidend,
irgendwer neigte sich schluchzend,
neigte sich zum Hang.

Der üppigen Geschwätzigkeit,
Der öden Stummheit als Geleit,
Verschränkt zu einem Dornenkranz.
Schwieg irgendwo man leidbereit,
Es beugte Schluchzen irgendwen, den niemand feit,
Er neigte sich zu seinem Innenglanz.

gschwäzität maulaffnis tamisch
sturitum sodumstät damnis
nadelkissenkopferbünd.
wo hat wer sich weh verschwiegen?
wer hat wo sich schluchz verniegen
kapfensterdeklamisch?

Lächtrige Lippen bot der küssende Tod,
krepiert und leer lag sich die geküßte Erde,
die himmelblauleibige, löwenzahnkrumme,
deren Haare goldene Haare sind,
erlidrige Tränenergläsrige, die mächtige Stimmen haben,
erstarrten zu unvergänglichen,
wir Blinden nennen sie — Weltenalle...

Weder die zarten Schatten Japans
noch ihr, wohlklingende Töchter Indiens,
können begräbnishafter klingen
als die Reden des letzten Abendmahls.
Vor dem Tod blitzt wieder das Leben auf,
doch sehr rasch und andersartig.
Und diese Regel ist die Grundlage
für den Tanz des Todes und des Glücks.

Mit einer Feueraxt schlug ich Frieden,
und ein unsicheres Lächeln hob ich an die Lippen,
und mit Tabak-Rauch verklärte ich das Tal,
und eine süße Rauchigkeit hob ich über das Vergangene.

Wenn Menschen verliebt sind
werfen sie Liebesblicke
und stoßen Liebesseufzer aus.
Wenn Tiere verliebt sind
sammelt sich trübe Flüssigkeit in ihren Augen
und Schaum vor dem Maul.
Wenn die Sonne verliebt ist
bedeckt sie ihre Füße mit einem Kleid aus Erde
und dreht sich im Tanz mit ihrem Freund.
Wenn Götter verliebt sind
umschließen sie gemessen das Zittern des Universums
wie Puškin die heiße Liebe des Stubenmädchens von Volkonskij.


Wenn Menschen lieben —
wie tief ihre Blicke sind!
Wenn Menschen lieben —
wie lang ihre Seufzer sind!
Wenn Tiere lieben —
wie trüb ihre Augen sind!
Wenn Tiere lieben —
wie schaumweisz ihre Mäuler sind!
Wenn Sonnen lieben —
wie irdisch ihre Füsze sind!
Wenn Sonnen lieben —
wie schön sie zu ihrem Freund tanzen!
Wenn Götter lieben —
wie maszvoll sie das Zittern des Weltalls enden!
Wenn Götter lieben —
wie Puschkin
wenn er
die Liebesglut des Stubenmädchens von Volkonskij löscht!

Die Elefanten schlugen sich mit den Stoßzähnen so,
daß sie wie weißer Stein erschienen
unter der Hand des Künstlers.
Die Hirsche verflochten sich mit den Geweihen so,
daß es schien, als verbände sie eine alte Ehe
mit gemeinsamen Leidenschaften und gemeinsamer Untreue.
Die Flüsse mündeten ins Meer so,
daß es schien: jemandes Hand würgt den Hals eines anderen.


Die Elefanten schlugen sich mit ihren Stoszzähnen so —
dasz es schien
sie erstarrten zu weiszem Stein unter den Händen des Künstlers.
Die Hirsche verflochten ihre Geweihe so —
dasz es schien
sie seien verbunden in einer alten Ehe voll Leidenschaften und
                                                            Untreue.
Die Flüsse mündeten ins Meer so —
dasz es schien
sie würgten jemand mit der Hand ihres Deltas.


zwei elefanten stießen im zahnkampf so bein
es war als schweiße ein steinmetz
einen weißen stein zusammen
zwei hirsche verharschten sich so im geweih
es schien eine alte ehe
leidenschaft meidenschaft
zwei flüsse mündeten so ins meer
man hätte geschworen: würgegriffe am hals

Auf der Insel Ösel
nanntest du mich Schnösel.
Ich war in Katmandu
du zupftest Handschuh.
Am Ufer des Yangtse
sagte ich: Liebste.
Auf dem Vorgebirge des Amurs
die Flügel Amors.


Gemeinsam träumten wir
auf der Insel Ösel
während ich auf Kamčatka war
zupftest du Handschuhe
von der Spitze des Altai
rief ich dir zu
im Vorgebirge des Amur
die Flügel Amors.

Von der Krim was
*In freien Versen*

Türken.
Strahlend der Süden. Klippen,
Und immer wieder weggeworfen nebstbei, Zigarettenkippen
Am Strand;
Bang
Behalt ich die eigenen Fischchen
In hohler Hand, sie
Lächeln vergebens, können die blonden
Türken
Nicht halten, schalten
Und walten mit munteren Späßchen.
Ein Schläfchen schläft dieses Meer in der Bucht.
Die Fischer schütten
Ihr Netz in das Meer;
Golden der Himmel dahinten.
Seht hin, er ist jung!
Die Fischer verstehen nicht.
Sie säen gebückt ihre Netze
Als wärn sie allein.
Ach weh —
Mir ist schwer!
Dieses Knirschen dauernd unter den Füßen,
Der Strand!
Und wenn ich mich bücke nach einem Stück Stein,
So ists noch nicht tief genug;
Ich strecke den Arm.
Warmer Wind läuft geschwind übers Meerblau,
Verstreut Olivenblütengeruch —
Des Odysseus Blüte —
Flüstert das Meer «sie nicht»,
Und ein Mädchen fernher von der Newa
Spricht flüsternd: «mein Meer», streckt den Arm.
Vorbei fliegt ein Sperling, im Schnabel ein Korn...
Ach, hab ichs satt, verloren umherzustreunen allein!
Ein Kind sieht die Sonne, schreit: «mein Püppchen, o fein!»
Und schon wirbelt ein Stein aus der Hand
Dieses kleinen Jungen

In den flüchtenden Entenschwarm,
Während harmlos und froh noch das
Familiengespiel unsrer Worte erblüht.
Dort winkt wer, sanft sprüht das Meer.
Und die Rufe der Kinder: «Mutti! Mama!»
Die Meerfahne flattert zärtlich
Ins Weite mit mittäglich goldenem Saum.
Ach ja, an die Traumzeit glauben wir alle,
Verjüngt sind alle wir jung...
Und da ist nichts gekünstelt, nichts fremd dran,
Daß jetzt dieses unaussprechlich in Blau
Gekleidete Meer seine Spuren dort
Unter uns setzt...
Vor Augen ein Hund, ein Stein,
Weit geht der Weg durch den Sand.
Am Strand dort ein Mädchen, schon Fräulein,
Das lernt von der Mutter Steine zu werfen ins Meer.
Dieser Fang: ein Netzvoll, hierher!
Und Schreie von Adlern, die man nicht sieht.
Völlig klar flieht von hier das Wasser weithin,
Und wo es mir schien,
Daß mit leiblosen Augen die Wolken zogen,
Schrieb ich hin diesen Bogen des «D» und ein «W».
Wessen Buchstaben? Nee, nicht die meinen.
Die sind ein «W» und ein «I».
Irgendwann stand ein Bock hier, schrie —
(Schweigen. Kein Wort wird gesprochen.
Die blonden Türken verschwanden mit der sinkenden Sonne
Über des Stromes Mündung
Im Schatten kommt eine Echse gekrochen;)
Verletzlich, zart, zärtlich vom Häuten.
So ein Tag. Und die Leute. Da stehst du wieder als kleiner Junge
In den Hosentaschen die Hände,
Doch übers Gelände weithin, trägt der Wind diese Lieder.
Und klar sind die zarten Nebel am Berg.
Mit Waschblau eifrig gespült scheint das Wasser, mit schwieligen
                    Händen durchwühlt dieses Meer.
Sieh her, wie die Sonne jetzt sinkt, glasklar.
Und mitten im Roten ein Kar,
Wo der Opferplatz war,

Man den Göttern die irdischen Jungfrauen dargebracht hat;
Dort ein Wirtshaus, Käse verkauft man, Wurst, Bier,
Wo ein schierer Gott wandelte, kein beliebig erdachter,
Sind Schachteln gestapelt, Müll, eine Flut Abfall.
Einen Wortschwall stammle ich,
Ziehe den Hut erst, stelle ein wenig den Fuß vor,
Diesen Wolken entgegen, die mich nicht kennen,
Klobig die Zunge, kindlich und schüchtern.
Wenn meine zaghafte, nüchterne Annahme stimmt,
Daß das belobigte Gold, das sie trugen,
als sie lachend von Liebe sprachen,
Alltagsfamilienschmuck ist,
Dann glaube ich nicht, daß sie mich niemals frugen,
Lieben Sie «Lebzeltenherzen»
Und: «blaue Angorakaninchen»?
Und: Haben Sie niemals im Lehrfach «Poetik»
Das Zeitwort «lieben, ich, du, er, sie, es» abgewandelt,
«Undsoweiter»?
Von weither bricht eine Erinnerung auf, sticht
Und hat die Schatten verscheucht.
Aufflattert lebendig, liebliche Macht.
Grau sind die Grate.
Blau war der Wind davongeflogen,
Kindliche Lieder verbreitend.
Reiz und verleitender Zauber der Dinge verschwanden,
Vergessen sind sie im Ausgedinge.
Nicht verstorben, unsterblich
Hinweht das:
Ich.
Allein.
Jetzt: beiseite gefragt — wirds nur eine Zwei für den Lehrer sein?

# Der Kranich

*Für V. Kamenskij*

Auf dem Friedhof der Zaren im feuchten Schatten,
im Schatten der goldenen Nadel,
im engen schattigen Winkel
flüstert und stottert ein kleiner Junge:
«Seht doch dort oben die Schlöte,
sie schaukeln und schwanken betrunken!»
Er träumt wohl, träumt mit offenen Augen.
«Junge, was träumst du?»
Der Junge schweigt, er rennt,
außer sich vor Schrecken springt er davon.

Und ich, ich krame den Zwicker hervor
und sehe mit eigenen Augen:
Die langen Hälse der Schlöte schlingern
wie an der Wand die Fingerschatten
der Wahrsagerin. So lauert reglos
im Sumpf die Rohrdommel,

bis die Gefahr vorbei ist, und regt sich
plötzlich. Die Vogelpflanze nickt
im Schilf, im blasigen Seeschaum.
Und dort, stromabwärts wirbelt, hüpft
eine eiserne Handwurzel, ein riesiger Haken,
streicht, eine Knochenhand aus der Vorzeit,
hoch über den Fluß hin, unwiderstehlich:
So zieht es den Ausbrecher hin zum Bett seiner Frau.
Das Eisenskelett der Paläste, geboren aus Glut,
steht in Flammen, hält den Flammen stand:
Das neugeborene Ungeheuer mißt sie sich an
und läuft auf ihnen, auf flammenden Eisenbeinen.

Schlöte, jahrhundertalt, stehen auf,
ringeln sich, biegen sich katzenhaft,
fliegen auf und davon. Eisenbahnwagen,
Nichtraucher, Dienstabteil, Holm und Spant,
werden zu Rippenkörben, stählerne Schienen

reißen sich von den Dämmen los
und springen wie Schoten im Herbst.
Die Neva-Brücke bricht von den Ufern,
ein stählerner Strudel im Strom.
Menschenfrucht, wandernder Kürbis,
was für eine Saat ist da in dir aufgegangen,
was schwimmt da auf dich zu, im Aufruhr:
nie gesehene Geschöpfe mit schrecklichen Sohlen,
und unter den Sohlen: Matsch. Ein Nichts,
eine nichtige Drüse sind Menschen und Tiere
vor diesem Skelett aus Kupfer und Stahl,
das drohend über der Stadt steht.
Die schlingernden Schlote sagen
der Menschheit den Untergang an,
sie singen, die Geisterschlote,
vom Schlangennest, der Menschenbrust,
vom Todeskuß, vom Knochenmann.
«Die Dinge haben eure Affenliebe satt,
die Dinge meutern gegen euch!»

Ein Eisenfloß bricht jetzt die Wellen,
das Wasser schäumt, dahinter reißt
ein großes Loch auf, schwarz,
die Frucht ist reif, die Saat geht auf.
Der Vogel holt sich seine Gurgel:
den Turm der Festung und das Sturmgeschütz.
Rittlings auf seinem Hals im weißen Hemd
ein irrer Säugling, das Kissen
an die Brust gepreßt.
Der Haken steigt, geschickt,
ein Kakadu, auf das Gerippe.
«Ich falle»: Schrei eines Arbeiters
hoch über der Elchinsel, irr und gellend.
Fahrzeuge, Käfer, rot und gelb
gestreift, bemalt mit Zarenfarben, rudern
flußab, des Vogels Polizeieskorte.

Auf den Wolkenkratzer-Dächern
emporgereckte Arme, Gras im Wind.
Hände am Kropf des Ungeheuers, machtlos

im Sturm der Schlöte, die am Himmel fliegen,
Blätter im Steinsturm. Rauch
und Jahreszahlen auf der Stirn der Schlöte.
Die Brücke, einst ein feierlicher Vers
über dem Lärm der Stadt, den Raum
einklammernd und die Wasserärmel,
sie macht sich los und geht wie ein Magnat,
die Brust mit Gold geschmückt, davon,
gemessen, wie im Eisgang, wird
zum Brustbein im Geripp des Vogels.
Der Heizer von der Wolga, Bastschuh,
rotes Hemd, wie eine Wasserleiche,
mit haarverklebter Stirn, der fromme Tau
rinnt ihm aus seinen Augen, über das Gesicht,
er steuert, scheints, die Brücke durch die Gischt.
Der Eisenhaken wird zur Vogelkralle,
er lebt, jetzt lebt das Eisen, nicht das Tier,
der Steuermann gibt ihm die Sporen,
der Heizer Herostrat fährt seinen Zug in Fetzen.
Die Häuser, vielfenstrig wie im Libellenaug
die Augen, laufen
zu einer schmutziggrünen Milz zusammen.
In ihrer Tiefe wacht ein Kind auf,
reibt sich die Augen. Ja schau nur, Kind,
jetzt ist kein Schlaf mehr. Haare
am Bein des Ungeheuers, mehr als ein Ziegenfell,
gußeisern gittrig, fallen ab wie Blätter.
Schienen, wild sprossend, sind des Vogels Läufe,
leichte Röhrenknochen, schlangenhaft
verfilzt, verflochten, werfen sie
sehr lange Schatten über Petersburg.
Und ohne Gnade fliegen Schlöte
stadteinwärts, rußgesprenkelt
wie Egel, finden sich am Ziel ein
wie im Kasernenhof Rekruten,
setzen sich fest, wie Egel Schlöte,
und winden sich zum Vogelhals.
Und dann die Leichen! Die Leichen
verbünden sich mit toten Dingen,
sie fliegen, jungfräulich und finster

mit dunkler Schleppe, heulend
wie ein gewaltsamer Wind.

Der Vogel stelzt über die Gräber,
über achtarmige Kreuze hin,
öffnet den klaffenden Schnabel,
der das Licht verschluckt hat,
und die Toten harren im dunklen Licht
und treten gierig ein in die Meute der Dinge.

Ein ungeheures Gerippe:
Die alte Verschwörung der Dinge
erfüllt sich, die Prophezeiungen treffen ein.
Die Verschwörer treten zusammen
und heben den Alten Ruhelosen auf den Thron,
der ihnen verheißen hat:
«Ich gebe euch alle Schätze der Erde,
wenn ihr erfüllt, was ich euch verkündet habe.»
Die Toten fliegen ihm zu aus den Friedhöfen
und hüllen das Riesenskelett in ihr Fleisch.
«Das ist doch Nezabudkin», ruft eine Greisin,
«schau nur, Vanja, da fliegt er, der Ärmste!»
Hämisch lächeln die Leichen,
Verräter an allem was lebt,
und gallig schwanken sie über den Platz,
in Reih und Glied, wie Soldaten.
Halbriese, Halbkranich, Halbkran,
streng regierst du dein Volk!
Er breitet die Flügel aus, ein Sturm
von Fasern. Der Tierschlund schluckt
wie der Ofen die Luft den Menschen,
das winzige Wesen. Die Sträflinge
schlagen mutlos die Köpfe gegen die Fenster
und flehen den neuen Gott um Freiheit an.
Das ist der Umsturz! Das Leben kapituliert
vor den Toten, vor Dingen und Leichen.
Wer hat dirs eingeflüstert, Mensch,
welcher Ratgeber, welcher Mörder:
«Erwecke die Dinge zum Leben!»
Deinen Geist hast du im Wahnwitz verspritzt.

Jetzt zollst du dem Kranich Tribut.
Jetzt haust du wieder im finstern Wald
der Not, und der Kranich scherzt mit dir.
Wo sind die Häuser hin, Renaissance und Barock?
Nur die Rentierflechte bleibt auf dem Sumpfgrund.
Der Kranich tanzt am hohen Himmel
den Tanz des betrunkenen Skythen.
Wer lacht sich da nicht tot?
Ein Kranich, der tanzt!
Doch das Gelächter klang irrer,
als das erste Kind im Schnabel verschwand.
Die Mütter brachten ihre Säuglinge her
und warteten, ergeben strahlend die einen,
nur um die Mundwinkel war ein Zucken,
die andern warfen sich hin und schrien.
Die Stadträte warfen das Los,
würdig und pflichtbewußt,
warfen die Kinder wie Äpfel ins Netz
und reichten sie dem Kranich dar.
Der Kranich fraß sie gelassen auf.
Propheten und Lehrer riefen zum Gebet
und sprachen vom unabwendbaren Schicksal.

Er aber breitete lang seine Flügel aus,
fraß Menschen und langweilte sich.
Im Würggeschrei des Siegers
war etwas wie ein Kichern zu hören.
Die Menschen knieten mit letzter Kraft
vor dem Kranich und sprachen Gebete.

Er tanzt und tanzt immer irrer und schriller,
er schlägt mit den Flügeln die Massen zu Schaum,
er spickt den Schnabel mit unserm Fleisch.
Er hüpft und tanzt und zuckt im Krampf
und feiert kannibalisch Triumph.
Seht, wie er sein Bein in den Himmel wirft!

Dann kam der Tag, wo der Kranich sich in die Luft erhob
und flog auf und davon. Und ward nie mehr gesehen.

## Waldesdickicht

Das Waldesdickicht war erfüllt
von Hast, es tönte, stöhnte
der Wald,
daß bald
des Jägers Speer
das Wild
erlegen könnt. Oh, Hirsch, was trägst du schwer
die Worte Liebe im Geweih und lieb?
Der Pfeil, der in dir steckenblieb —
er hat dich nicht verfehlt, nicht sehr.
Gleich bricht sein Lauf zur harten Erd,
gleich blickt dem Tod ins Auge er,
die Pferde werden schwatzhaft sagen:
«Nein, nicht von ungefähr
wir unsre Recken tragen!»
Umsonst hast rasch du wie das Reh
und mit den Augen einer Fee
versucht, du Hirsch, vor Niederlagen
zu retten dich und deinen Kragen
vor denen, die doch Speere tragen.
Und näher schon der Jäger Schrei,
und tiefer hängt schon sein Geweih,
und öfter surrt der Bogen Sehne, —
weh, rettet ihn, den Hirsch, den Schönen!
Da wächst ihm plötzlich eine Mähne
und eine scharfe Löwenklaue,
und spielend führt sie ihren Streich,
und ohne Weh und ohne Aue
sie hin sich legen, bleich als Leich —
doch er, er steht, ein Herr, ein echter
und sieht sie an, die forschen Knechte.

---

Der Hirsch, der sich in einen Löwen verwandelt, ist das Bild Rußlands. —
*V. Chl.*

Ein Schütze von schlanker Figur
in tadelloser Montur
flog hier vorbei, der Nachtigallen Schreck
am Grund des Flusses, wo nur Schlamm und Dreck.
Ich setzte ihm nach mit Gewandtheit
und holte ihn ein um ein Handbreit
ganz ergeben den Absichten meiner Passion
sein blauschwarzes Auge winkte mir schon.
Doch halt! Ein Schrei gibt Kunde
von des Pfeiles tödlicher Wunde.
Die Schläfe streift ein zarter Fuß:
Diana zielte diesen Schuß.

Auf Blumen und Lippen wohnen die Duftinnen; klein von Wuchs und ihrer Gestalt nach Jungfrauen. Aber die Kleider, die sie tragen, sind groß und weit. Und vor einem Menschen, der nahe herankommt, erheben sie sich nackt und schwenken ihre Kleider und drehen sich im Kreis, und das Gewebe wallt und windet sich und berührt uns, — dann sagen wir: duftig. Aber es gibt auch andere, keusche und schamhafte, und man muß nahe daran vorbeigehen, um von ihnen zu erfahren. Und sie erheben sich nicht nackt.
Und wenn alles einschlummert, fliegt ein Schlummerer herbei und nimmt alles wie ein Körnlein in seinen Schnabel.

Ein grüner Waldschrat — Baumstammkrachen
drechselte eine Schalmei,
es schwankten die wilden Espen,
die wohltuende Tanne tropfte aus.
Mit duftendem Waldhonig
bestrich er das Ende des Tags,
und mit ausgestreckter Hand gab er mir Eis,
mich täuschend.
Und seiner Augen — Schwermut der Eiszapfen —
beharrlichen Blick ertrug ich nicht —
in ihnen bittet etwas, etwas prophezeit
geradeheraus, was vor mir liegt.
Es schwollen die Harken-Arme,
es schaukelte das Werg,
und des Körpers Gestalt in den schlaffen Falten
und das blaue Sehel.
Ich war unvorbereitet, in Eile,
meine jungen Jahre,
und der Waldschrat, listig zwinkernd,
stieß mich an: «dorthin?»

im geknarr der hohen stämme
drechselte der grüne schrat
die schalmei — die wilden espen
schwankten, waldgesegnet troff
aus tannen schierer honig;
jener schrat bestrich damit
still die abendnahen schatten,
und mit ausgestreckter hand
reichte eis mir er — es täuschte
mich; aus seinen augen
rührte mich ein bittrer winter.
ach, wie soll ich diesen blick
nur ertragen, dieses flehen,
bitten, dieses deuten
meiner schritte, die zu schreiten
noch in zukunft vor mir liegen?
wie von wind gehobnes baumwerg
reckten sich die beiden leiden
hutzelhände, und sein furches
wesen wob sich farnig grün . . .
ich war in der ersten eile
meiner jungen blauen jahre
und der waldschrat, grün in grünem,
grinste, griff nach mir
und fragte: dorthin?

Wo ein in Linden geschmückter gemusterter Stiefel ist,
steht beim Gebüsch ein einsamer Bursch.
Wo die Schatten, wie Gespenster, traurig aufschluchzend,
wie Schmetterlinge ins Lindenholz huschten.
Und die Wolken leuchten schwarz, als wären sie Nonnen,
und schon kommt ein Frost auf uns zu.
Es sprangen und wirbelten verschlungene Paare.
Und es sangen Flöten, und es sangen die Schezdaren.
Und wie ein Festmahl für schwarze Augen
blauen Himmel und Reisig.
Laßt uns in diese Hütte gehn.
Geh hinein, Freundchen, ich verweile noch.

einsam steht mein junges ich,
stumm an büschen unter linden,
leichtes laub umlockt die stiefel.
seufzend eilen lindeneinwärts
faltergaukelnd geisterschatten,
wolken wehen nonnendunkel.
rauhreif greift in unser antlitz;
liebverrankte paare winden
sich zu flöten, zimbelzirpen.
welch ein fest für schwarze augen:
blau der himmel, blau das harz
über ameisbraunem reisig.
komm, mein freund, in unsre hütte,
geh voraus du — ich verweile
noch ein weilchen eh ich folge.

Der schwarze Zar tanzt vor dem Volk
und dann — dann schlugen Priester das Tam-Tam.
Die schwarzen Frauen lachten wieder kühner,
das Pelele! macht ihre Mienen müder...
Mit einem Samowar der spinnt
mit einem Flügelchen das Kind.
Das, Sonne, Greisin, das, Gevatterin,
hat uns verletzt im Scherz.
Kaum war das Sonnenlicht dahin
(siebenmal kam es erdenwärts),
ward unterm Blick das Dunkel kalt,
lasen die Blicke 's Requiem alsbald.
Der schwarze Zar tanzt vor dem Volk
und dann — dann schlugen Priester das Tam-Tam.

Mich tragen sie auf Elfenbeinen
ein Elefant aus Rauch und Mädchen.
Mich lieben sie — den neuen Vishnu,
der Sänfte Wintertrugbild flechtend.

Ihr Muskelmädchen habt nach allem
im Reich der Märchen bleiben müssen,
um übers Erdreich nun zu wallen,
zu fallen, liebreich weich, ein Rüssel.

Trugbilder, weiße ihr, mit Schwarz,
und weißer, weißer als die Kirsche,
ihr bebt mit schwankender Gestalt,
wie biegsam Nachtgewächse, frische.

Ich, Boddhisattva, auf dem Elefanten,
nachdenklich, biegsam, weich und schwank.
Das Mädchen sahs und gab zur Antwort
ihr Feuerlächeln mir voll Dank.

Oh wißt: ein schwerer Elefant
sein — das ist nirgends eine Schande.
Und ihr, vom Zaubertraum Gebannte,
schmiegt eng euch an die Sänftenwand.

Die Stoßzahnwelle ist so schwer,
wie schwer wird man ein breites Bein.
Bekränzter Liederklänge Erbe:
mit, auf uns Er, und blau das Auge sein.

## Gespenster
*Ein Reigentanz*

1 Ich bin ein Pferdeschädel; ich bin auf der Linde.
   Hier ist ein Getränk aus Tollkraut — trink es.
2 Ich trage die Kleidung eines Gecks — die Luft
   ist nichts — nichts, aber ein Geist ist auf den Sternen.
3 Ich bin der Lauf des Bluts, die Tinte fließt;
   ein Tintenfaß hat mich bezaubert.
4 Ich lebe nur im Spiegel,
   wenn er mit offnen Augen blitzt.
5 Wer bin ich? Das Geklimper einer Liebesgitarre,
   und mein Glas glänzt wie eine Träne.
6 Ich habe alles für ein Fünfkopekenstück bewertet,
   und bin nun verurteilt, einen Schweinsrüssel zu haben.
7 Ich rede andauernd über das Schicksal wie ein Specht,
   man sagt mir: «Du bist schon längst übergeschnappt.»
8 Längst bat ich: bekomme ich keinen Rumpf!
   Längst singe ich schon vom Schafott und der Schlinge.
9 Der erlauchte Fürst der geheiligten Zahlen,
   zu sich ins Schilfdickicht: träume!
10 Meinen Geist tragen zwei Kämpfe über das Meer,
   auf dem Festland haben mich Eber zerrissen.
11 Ich bin goldener als die Sonnenbräune,
   eine Vergiftung ist giftiger als ein Taumel.
12 Ich kleidete die Pest als Schuster,
   und mache mich auf den Weg, die Gevatterin zu suchen.
13 In meiner Hand tanzt ein Händchenvoll
   gleich dem tödlichen Fingerhut.
14 Und ich gebe euch ein bekanntes Gesicht
   auf dieser gedörrten und braunen Wobla.
15 Und ich habe meine runde Gestalt vergessen,
   und lebe auf dem Land in einer Wobla.
16 Von den Schuppen einer Plötze glänzend,
   rief ich aus — hier seid ihr!
17 Ich bin eine Zahl mit Federn im Helm,
   ich suche ein Segel und ein Ruder.
18 Ich näsle, hüpfe und quake.
   Ich sehe aus wie eine unnütze Zierpuppe.

## geisterreigen

1. ich rost als rosskopf aufm tor vorm haus,
   koch tollkrautsaft — da, sauf doch aus!
2. ich kleid mich in kleider gleich einem geck,
   sternfern ein geist, die luft verpufft — weg.
3. bin das bluten des bluts, die tinte fliesst;
   ein tintenflussflüstern mein hirn begiesst.
4. ich spiegel des spiegels in dem ich mich spiegel
   wie in blitzendem auge — ein platzender riegel.
5. ich — wer ists? der gitarre girren;
   mein glänzendes glas scheint ein tränenflirren.
6. ich schätzt für nen schäbigen groschen allsamt,
   bin nun zu nem schweineschnüffler verdammt.
7. ich pick wie ein specht an meinem geschick,
   wähnt man zu recht, ich wär verrückt?
8. ich ruf nach nem rumpf, stumpf, lange, und geil
   singe ich längst schon von schlinge und beil.
9. der heiligen zahlen hoher herr
   zu sich ins wirrschilf: träume mehr!
10. mein geist reist im zweikampf übers meer,
    am feld fiel ein eber über mich her.
11. ich bin goldner noch als sonnengold,
    ein gift das noch giftger als taumel tollt.
12. ich vermummte als schustermeister die pest
    und brach auf, zu suchen der muhme nest.
13. in der hand mir ein händchen voll tanzen tut
    und tobt gleich dem tödlichen fingerhut.
14. ich verschenk des gesuchten gesichtes fährte
    auf dieser dürren gedörrten zährte.
15. ich vergass all meine pralle gestalt,
    am land in ner zährte werde ich alt.
16. von schuppen einer bleie bleich
    beblinkt: hier seid ihr! rief ich euch.
17. ich bin eine zahl mit federn im fuder,
    ich suche ein segel, ich suche ein ruder.
18. ich lüpfe und hüpfe, plapper und pluppe;
    ein unnützes ding, ne nichtsnutzige puppe.

19 Ich schaue auf alle als Säge,
ich bin ein wenig schlecht und verfault.
20 Und ich bin im Bastkorb, wo die Eier verdarben,
o Zuschauer, fangt mich mit den Augen eines Hasen.
21 Bald werde ich hinter Gitter und Schloß sein —
ich bin die wilde Wut der Tiermütter.
22 Wir Menschen — ein Volk
gefrorener Glimmer.
23 Wir sind die Schäden und die Fieberphantasien
eines entsetzlichen Sieges.
24 Und ich, und ich bin eine Kälte,
und komme von dorther zu euch.
25 Ich bin eine von Jahrhunderten ausgezehrte Mähre,
wozu bin ich ich, sagt mir, wozu?
26 Als Menschenkahn in die Umarmungen des Wirbelsturms,
komme ich zu euch, um euch den Traum zu verderben.
27 Bedeutend durch ein uraltes Schluckauf
werde ich euch auf alles antworten: hick!
28 Ich bin ha-ha-ha und hi-hi-hi
und zuweilen einfacher ein einfaches Haptschi!
29 Ich bin anziehend wie eine Kröte,
manchmal unverständlich.
30 Ich krieche zu euch mit dem Tänzeln von Krämpfen,
gekleidet in die Wunden der Verderbnis.
31 Das Dunkel der Nacht sind unsere Helme —
alle sind wir stumm.
32 Wir sind das Schnaufen und Röcheln,
das Rauschen, Lärmen und Krächzen.
33 Schnaufen, röcheln,
heulen, stöhnen, zischen.

19. ich sehe als säge auf alles mit grimm,
    ich bin verschlissen, schlecht, bin schlimm.
20. ich bin im eimer, wo eier veraasen,
    he, fangt mich mit den augen des hasen.
21. bald hock ich hinter gittern gut —
    ich bin wie des weibchens wilde wut.
22. wir menschen — ein volk, verfolgt wie immer:
    gefrorener frost, flimmernder glimmer.
23. wir sind die fetzen und fiebervisionen,
    die im entsetzen des sieges wohnen.
24. von dort zu euch keuche ich her,
    ich bin die kälte und kühle sehr.
25. ich pferd von jahrhunderten ausgezehrt,
    wozu bin ich ich, sagt, wozu bin ich wert?
26. ein kahn im wahn von wirbelwehen
    keuch ich zu euch, euren traum zu verdrehen.
27. durch meinen schluckauf — s geht auf urzeiten zurück —
    erwidere ich auf alles: hick!
28. ich bin ha-ha und hi-hi-hi
    und oft noch heftiger als haptschi!
29. ich bin wie kröten gern gesehn,
    manchmal gar nicht zu verstehn.
30. schwänzelnd von krämpfen kriech ich zu euch,
    bekränzt mit krätze von siechem geseuch.
31. unser visier ist das dunkel der nacht:
    wir alle sind um die sprache gebracht.
32. wir sind das stöhnen und ächzen,
    das trommeln, dröhnen und krächzen.
33. das fauchen und keifen,
    schnarchen und pfeifen.
34. das ächzen
    und krächzen . .

Im Wald
*Wörterbuch der Blumen*

Auf diese goldnen Vogelbeeren
drücke Tauhaare aus.
Spöttisch ruft «nur?»
die wie ein Ohrring luftige Erle.
Das schwarze Kalt der Butterblumen ist größer,
geh, Rogvolod hat dich gerufen.
Eine Lichtnelke streift die Butterblume
und die Jahreszeit wird wolkenlos.
Ich nämlich habe die Lichtnelke getrocknet —
Andenken an die alten Götter.
Damals streifte ein silbernes Geschlecht
über diese Wiesen.
Die Honigrüssel erhoben
erwarten der Göttin Schuhe die Füßchen.
Und weiß sind Fichte und Birken,
die Schotenbäume blicken in den Himmel.
Im Gras die Heidelbeere sich versteckt,
das Turmkraut wartet auf den Hexer.
Sich an den Wiesengräsern zu verjüngen,
kam eine junge Frau im Morgengrauen herbei.
Die Art des Pferdekopfes ist Knochen,
Liguster neigt sich über ihn.
Tragt gerne all die Namen,
die Ljalja liebkosen können.
Das Dorf wurde hierher zusammengerufen,
im Wagen führt es seine Königin.
Wenn
ihr Ljalja auf dem Schwan seht,
dann werdet ihr den schönsten Tag am Himmel
mit einer Königin feiern.
Und das Frühlingsblut wird aufschrein und pochen:
Ljalja auf dem Schwan — Ljalja die Liebe!
Was die Jünglinge in kräftiger Schar
auf dem Weg zur Tränke führen,
ist die Königin ihres Dorfes —
fröhlich schaut sie aus auf den Blumen.
Die goldenen Garben sind düster

neben der festlichen Schar.
Und wenn die Hähne krähten
und die Lieder abendlicher Liebe,
blicken sicher die schlanken Pappeln
im Staub auf den Feiertag.
Mit einem neuen Namen — ziehen die Olegs,
die Vyšats, Dobrynjas und Glebs,
am Ende der Wagendeichsel,
unter Ähren im Getreide verborgen,
ihre himmelblaue Königin.
Und auch die Unterarme in Blumen verborgen,
erhebt sie sich sonngebräunt wie ein Gespenst.
«Du bist heilig, schwarzbraunes Mädchen» —
singen ihr die Blütenähren.
Und ringsum roch es nach Fliegenpilz und Lichtnelken,
und der Duft von tödlichen Faulbeeren wurde vergossen.
He! Sei nicht rauh, sei nicht rauh,
sei schlicht wie ein dunkler Wald.

Ein sanfter Hauch weht von den Apfelbäumen.
Weißen Apfelbäumen, Faulbeerbüschen.
Es fastet eine Bojarin
Und fürchtet sich, einen Fehltritt zu begehen.
Leichen treiben.
Diese Nacht. Es war so wundervoll.
Man schleppt die Toten zusammen.
Und die kühlen Blicke unterm weißen Leinen
brennen und blitzen.
Und die Schatten der Gräber verbergen
das herrliche Salz des Kusses.
Nur auf die Treppenstufe
klöpfen mitternächtliche Ströme,
die Erscheinung zerrinnt.
Sie singen vom Einfachen: «Allah bis mullah.»
Dann werfen sie ihre Schädel ins Meer,
und verschwinden im Meeresgerede.
Weißer Schnee und Wonne überall,
als streichle Jaroslavna
einen blauen Pečenegen.

Gehöft bei Nacht — dschingis-chane!
Rauschet, blaue Birken!
Roter Schein der Nacht — zarathustre!
Und der blaue Himmel — mozarte!
Und das Wolkendunkel sei Goya!
Du, Wolke bei Nacht — roopse.
Doch kaum verflog der Wirbelsturm des Lächelns
lachend mit den Nägeln des Schreis,
da sah ich den Henker
kühn die nächtliche Stille betrachten.
Euch, Kühngesichtige, rief ich herbei,
ich holte die Ertrunknen aus den Flüssen.
Ihr Vergißmeinnicht, rief lauter als ein Schrei,
rief zum Segel der Nacht.
Noch sprühte die Achse des Tags,
es naht der Riese des Abends.
Mir träumte das Lachs-Mädchen
in den Wellen des Nachtwasserfalls.
Mögen berauscht sein die Fichten vom Sturme Mamajs
und die Wolken Batyjs auffliegen,
es kommen die Worte — die Kains des Schweigens,
und diese Heiligen fallen.
Und schweren Schrittes zog zum steinernen Ball
der blaue Hasdrubal mit seinen Mannen.

Heute gehe ich besessen ...
Ich — Verlobungstag des Kriegs und irrer Traum,
oder
ich Leib einer Märtyrerin auf dem Radkranz.
Kupplerin zweier Schädel
und der Verstand lahmt.
Ich spiele mit den Steinen, wie ein Irrenhaus
mit dem Wort Gott spielt.
Dort im schwarzen Auge heult ein Brand
und aus schwarzen Wimpern lodert auf immer
der Denker John Stuart Mill
Aus dem Fenster springend
mit einem verkohlten Buch,
er weiß, der beißende Staub, wo er verschwand — ist der deine!
Über Abflußrohre reitend
fiel er hinab — Gleichnis für ein zerbrochenes Heiligenbild —
und tot fielen er und die Menschen ringsum nieder.

Flucht vom Ich
*Erinnerungen*

1 Zum Kätzlein flüsterst du: beiß mich nicht,
  wenn ich sterbe, bekommst du meine Flügel.
  Müde malte Hokusai,
  und einer Mutter Brauen — Murillo.

2 Wie der Zweig des Weichselbäumchens jungfräulich wird
  ist so unsäglich mehr als alle Wonnen,
  denn die goldene Bräune der Schulter
  verbrennt euren Verstand, stammelnd
  von dem Land, wo Samarkand
  und die Tempel — Brüder der blauen Anden sind.
  Schwarz hebt sich vom Haar ein Schöpfeimer ab
  sicher Seide. Freund Falters Flug
  lock an, Blume, röte dich,
  und Zöpfe, fallt dichter,
  ein fester Kamm kämmt sie.
  Und der Sack der Dämmerung fiel herab.
  Die Uhr hatte kaum 12 ausgeschlagen
  und den Platz mit dem Denkmal für Skobelev.

1 An den Blick-Stielen
  riesige und schwarze Glaskugeln,
  der böszüngige Suvorov kommt,
  er bringt Gaben der Verwegenheit dar.
  Die Reden sind doppelt ausgenäht,
  Murillo malt einen sanften Mund.

Das Volk ergriff das höchste Zepter,
als Herrscher zieht es durch die Straßen.
Das Volk erhob sich, wie es einst geträumt.
Wie Caesar, krümmt sich der Palast in Wunden.

In meinen Zarenmantel gehüllt,
falle ich über die langsamen Stufen,
doch der Schrei — nicht die Freiheit verraten!
Eilte bis Vladivostok.

Freiheitslieder, singt man euch wieder!
Vom Pulver der Lieder entbrannte das Volk.
In Freiheitsgötzen gießen die Menschen
jenen Zug der Flucht, als ich mich weigerte.

Der geflügelte Geist einer abendlichen Kirche
wirft seinen schrägen Eisenblick auf die Gewehre.
Zorn über die erlittene Kriegsschmach —
du bist der Priester, der das Netz zerreißt.

Und was tat ich? Gimpel, dunkel vom Blute des Volkes,
warf ich neben die brennenden Banner,
wie Girej, die Freundin, kleidend
in eine Garbe aus Verniedlichungswörtern.

Tage des Fluchs! Gräßliches Stöhnen gräßlicher Qualen.
Hier jedoch — Himmel und Hölle! —
erscheint in jedem Bauernrock ein Danton,
hinter jedem Baum ein Cromwell.

*10. März 1918*

Ihr Untergehenden! Werft einen Blick auf euch!
Ihr Lords! Nach Abschluß von Oxford beliebt ihr
Jagd auf die vormenschlichen Könige des Waldes zu machen,
ihr kommt ins Gehölz wie der Steinerne Gast,
und wenn der Löwe But spuckt
stürzt ihr in Haufen herbei — schnell, nur schnell!
zusehn, wie der Löwe stirbt.
Wart ihr auch im Hydepark dabei,
Freunde Oxfords,
bei der aufregenden Jagd auf junge Königinnen?

Ihr Mächtigen, ihr nackten Frischen!
Fort aus diesem Jahrhundert!
In das wie Pleves Zahn beim Anschlag von Sazonov
oder von Kaljajev, ich weiß es nicht, erinnere mich nicht,
die ganze Menschheit sich wie ein Splitter verkrallte.
In die schwarzen Platten des Spiegelkäfigs
fraß wie Pleve sich mit seinem gelben Zahn,
wie ein Dürrer des weißen Abschaums,
die ganze Menschheit in den Baum der Zeit.
Ein eiserner Schuß zerriß den getreuen Krieger des Adels,
zum Abschied spuckte er
den Lebenden in die Gesichter
— seinen Zahn. Er lachte auf! Da, nehmt!
Zeit ist es, längst!
Weg von der Vergangenheit!
Es kommt die Zeit
des Sonnenfängers!
Kommt, kommt in den Steinbruch der Jahrhunderte!
Die Vergißmeinnicht künftiger Zeitalter pflücken.
Wir sind Himmelswerker — wofür denn die Spreu?
Wir brauchen nichts Faules, wir brauchen kein Stroh.
Weg mit den alten gelben Zähnen.
Wir sind doch die Säer des Weizens der Zukunft,
wir ziehen himmelblaue Gräben
(Doch wie Peitschen schlagen
die Zähne des toten Unternehmers.)
He! Weitauf die Steinbrüche der Herzen!
Wir sind die Zeitengräber, die Zeit ist unsere Schneid!
Aber nicht die Sklaven verfaulter Jahrhunderte,
aber nicht die Träger modriger Fesseln.
Wir sind arm und sanft — die Produgol der Begeisterung.
Auf den Märkten handeln wir mit Vergißmeinnicht
und mit unseren Flöten aus verrückten Melodien,
und durch alle Zeiten, durch alle Heldengräber,
ziehen wir wie blinde Zigeuner,
um mit dem Stock zu schlagen, die Augen erhoben
zum zornigen Himmel Mamajs.

## Gegenwart

Wo der Zaun grauer Plätze ein Kollier trägt:
«Werden auf der Stelle erschossen!»
Und auf der Ewigkeitskirche
die Flamme des Hasses lodert.
Und in die Stadt erschöpft
der Bauer kein Heu bringen will.
Heißt es jetzt:
Nachdem man Don-Tropfen verschrieben hat
für das, was in vergangenen Jahren erkrankt war,
begrabt den Tod vergangener Vergnügen
aus dem Jahrhundert des Rubels und des harten Vorteils.
Wo wir vergaßen, wie wir liebten,
wie die Mädchen ihre Väter küßten,
und die Dampflokomotiven zu Glanz zerschlugen
die Käfige ihrer rotleuchtenden Pupillen,
die Augen ihres mitternächtlichen Feuerscheins,
Gerücht flog auf Gerücht
und auf den Lippen des Taubstummen
nur das Wort: «an die Wand»!
Wie der Wasserfall beim Atmen des Walfischs
erhob sich das Werk von Tagore und Wells,
doch mit dem schwarzen Segel der Flöße
ziele, Wandrer, auf die Sterne der Welt.
Im Gespräch das tödliche Messer verbergend
Jahrhundert der Regierung der Gelehrten,
du bist in schrägem Satz gesetzt,
wie eine Ausgabe von Kručonych.

# Hunger

Warum springen die Elche und Hasen durch den Wald,
und laufen davon?
Die Menschen haben alle Espenrinde aufgegessen,
die grünen Tannentriebe . . .
Frauen und Kinder streifen durch den Wald
und sammeln Birkenblätter
für Šči, Okroška, Boršč,
Tannenspitzen und Silbermoos, —
Waldesnahrung.
Die Kinder, die Kundschafter des Waldes,
streifen durchs Gehölz,
braten weiße Würmer im Feuer,
Hasenkohl, fette Raupen,
oder große Spinnen — sie sind süßer als Nüsse.
Sie fangen Kröten, graue Eidechsen,
schießen mit dem Bogen zischelndes Kriechgetier,
backen Brötchen aus Gänsefuß.
Vor Hunger laufen sie den Faltern nach:
einen ganzen Sack haben sie gesammelt,
heute wird es Boršč aus Schmetterlingen geben —
Mutter wird ihn kochen.
Auf einen Hasen, der mit weichen Sprüngen durch den Wald hüpft,
schauen die Kinder wie im Traum,
wie auf eine Erscheinung aus einer lichten Welt
begeistert mit großen Augen,
heilig vor Hunger,
sie trauen der Wahrheit nicht.
Doch er hüpft davon als behendes Gespenst,
die Löffelspitze leuchtet schwarz.
Ein Pfeil jagte ihm nach,
doch zu spät — das satte Mittagessen ist entsprungen.
Und die Kinder stehen, ganz verzaubert . . .
«Schau, dort fliegt ein Schmetterling vorbei» . . .
Lauf und fang ihn! Und dort ein blauer! . . .
Düster ist es im Wald. Von weither ist der Wolf gekommen
zu der Stelle, wo er vergangenes Jahr
ein Lämmchen verzehrt hatte.

Lange drehte er sich wie ein Kreisel, beroch den ganzen Platz,
aber nichts war übriggeblieben —
Werk der Ameisen, — außer einem vertrockneten Huf.
Verdrossen preßte er die welligen Rippen zusammen
und machte sich davon in die Wälder.
Dort wird er rotbrauige Birkhähne und graue Auerhähne,
die unter dem Schnee schlafen, mit schwerer,
schneebesprühter Pfote erdrücken . . .
Ein feuerrotes flaumiges Füchslein
erkletterte wie ein kleines Knäuel einen Baumstumpf
und versank in Nachdenken über die Zukunft . . .
Etwa ein Hund werden?
In menschliche Dienste treten?
Netze sind viele gespannt —
man braucht sich nur in eines zu legen . . .
Nein, die Sache ist gefährlich.
Sie würden das rote Füchslein aufessen.
Wie man die Hunde aufgegessen hat!
Es bellen keine Hunde im Dorf . . .
Und das Füchslein begann, sich mit den Daunenpfoten zu putzen.
Das feurige Schwanzsegel schwingend,
sagte das Eichhörnchen knurrend:
«Wo sind denn meine Nüsse und Eicheln? —
Die Menschen haben sie aufgegessen!»
Still, klar, es wurde schon Abend,
leise flüsternd küßten sich Föhre
und Espe.
Morgen wird man sie vielleicht fürs Frühstück fällen.

*7. 10. 1921*

Möge der Pflüger, wenn er die Egge verläßt,
dem Flug der Krähe nachblicken
und sagen: in ihrer Stimme
klingt die Schlacht von Troja,
Achilles' zorniges Geheul
und Hekubas Weinen,
wenn sie
mitten über dem Kopf kreist.
Und als Schatten ihres Schreis —
ist sie der Spiegel eines Scheiterhaufens.
Und möge die Braut, die sich weigert,
die Muster schwarzer Nägel zu lieben,
und die den Staub unterm spiegelnden Schild
des Fingers entfernt, des feinen, zärtlichen,
sich sagen: kreisen nicht flammende Sonnen
im Staub unter dem Nagel?
Dort strahlen Sirius und Aldebaran
und viele Sonnenwelten,
das ganze tanzende Himmelszelt,
Herden von Gestirnen, Sonnen, Geflimmer und Welten.
Und jener weiße Stern
führte an das Spiel der Welten,
unserer jetzigen Sonnen Klang, das ganze Lager des Himmels, —
wir können es denkend berühren, —
er trägt es in sich verborgen. Strahlende Jungfrauen singen.
Möge der staubige Tisch,
wenn er von einem Roller erzittert,
die Staubfiguren frei gestalten,
damit das Kind, das Alphabet vor sich,
mit dem Finger darüberfährt
und sagt: das hier ist vielleicht der Staub Moskaus
und dieser Staubpunkt ist — Chicago.
Der Schall webt die Zellen aus den Hauptstädten
wie ein Fischernetz.

Zwei Wolken mitsammen
durch eine runde Wobla,
durch Brezelkringel
trieben sie die Mündungen,
die Mädchen der Wallung.
Gesichter mit hellen Lippen,
Schatten oder Klippen?
Und sie waren
Meeresleichen,
mit Riesenarmen hoben sie
Leintücher aus grünem Eisen auf — Dächer,
himmelblaue Böden
für die barfüßigen Wolken, bloße, blasse Füße.
Mit Sternen-Stoßzähnen wurde die Stadt emporgehoben,
die schwarzen Fenster verfinsterten sich wie ein O,
die Straße — ein Fisch aus toten Jahrhunderten,
aus toten Himmeln, Meeresleichen
das Fleisch der nächtlichen Riesen.
Schwarze Löcher in einem weißen Schädel — das ist die Nacht.
Dort wo eine Fabrik das Eisen für die Straßen
für die Füße schmiedete,
sang damals — heute ist er taub und finster —
mit lauter Stimme Chlebnikov,
von der Arbeiterin, vom Sternenliebling.
Mit dem Koloß des Geistes zerschmetterte er das Wort der Alten,
lawinenartig fuhr er auf das alte Wort los, listig
wie der Zug, der Verhaerens Leib zerriß:
hier die Füße, hier ein Ohr,
hier der Schädel — Pokal meiner Lieder.
Buch — du Greisin,
ich bin dein Herbst!

Und die Wirbelrücken
der hohen Bücher-Schlösser,
für bewohnte Seiten
Blätter aus gläsernen Dörfern.
Hier fletschen Städte — lebendige Bücher
wie ein Buch die Blätter
hoher Schlösser-Ebenen,
Rücken an Rücken standen die Bücher des Hinterlands,
wo schwere Gewitterpferde
mit einer Wolke aus blauen Blitzen schlugen.
Rotte der Rechte, und Sklavin der Sitten!
Und zu Menschenschobern geschlichtete Menschen
lagen dicht wie totes Heu.
In die gläsernen Gassen-Abhänge
riefen sie zum Fest der Balladen.
Die ganze Stadt ohne Sommersprossenmauern.
Von Menschen bewohnte Blätter,
gläsernes Gespinst aus Behausungen.
Damit die Menschen nicht runzlig würden,
für die Falten der Massen Bügeleisen der Ordnung.
O Bücherborde, wo der Name eines Dichters Schall ist
und eine öffentliche Leiche — der Leser dieses Buchs.

Das eine Buch


Ich sah, wie die schwarzen Veden,
wie Koran und Evangelium
und die in Seide gebundenen
Bücher der Mongolen
hingingen und
aus dem Staub der Steppen,
aus duftendem Trockenmist
— nach Art der Kalmückenfrauen
bei Tagesanbruch —
einen Scheiterhaufen errichteten
und sich drauflegten, zuhöchst.

Weiße Witwen hüllten sich ein in Rauchgewölk,
auf daß beschleunigt sei die Heraufkunft
des Einen Buches,
des Buchs mit den Seiten, die größer sind als das Meer,
die da beben mit Blaufalterflügeln,
des Buchs mit dem Seidenfaden
als Lesezeichen an
der Stelle, wo
der Blick des Lesenden stehnblieb.

Es kommen die Flüsse, es kommen die großen
geströmt, eine tiefblaue Flut:
die Wolga, wo nachts die Lieder von Rasin erklingen,
der Gelbe Nil, wo sie beten zur Sonne,
der Jangtsekiang mit der dicken Jauche von Volk,
und du, Mississippi mit deinen Yankees,
die sich den Sternenhimmel an die Hosen nähn,
die ihre Beine in Himmelstuch wickeln,
und Ganges, du,
mit deinen dunklen Menschen — den Geist-Bäumen,
und die Donau, wo weiß im Weiß
Weißhemdige stehn überm Wasser,
und der Sambesi, wo die Menschen schwärzer sind als der
                                   schwärzeste Stiefel,
und der stürmische Ob, wo sie den Götzen geißeln

und mit den Augen zur Wand stellen,
wenn Fettes gegessen wird,
und die Themse mit ihrem Grauspleen.

Das Geschlecht der Menschen ist dieses Buches Leser.
Auf dem Umschlag, geschrieben
von des Schöpfers Hand:
mein Name, in hellblauen Lettern.
Jaja, du bist nicht achtsam beim Lesen —
sieh näher hin, schärfer,
zerstreut, das bist du, du liest mit Tagedieb-Augen.
Gleichwie
Lektionen in Gottes Gesetz
sind diese Gebirgsketten, diese
riesigen Meere.
Dies Eine Buch:
bald liest du's, bald.
In diesen Seiten schnellt der Wal,
der Adler umsegelt das Eckblatt und kommt
niedergeschwebt auf die Wellen des Meers, auf die Brüste der
                  Meere,
um auszuruhn auf des Seeadlers Bettstatt.

Es versöhnt das Blau der Nächte,
es weht in alles Geliebte,
und jemand rief schmachtend,
an den Kummer des Abends denkend.
Das war als die goldenen
drei Sterne auf den Booten aufflammten,
und als die einsame Thuja
den Zweig über das Grab ausbreitete.
Das war als die Riesen
den purpurnen Turban anlegten,
und der willkürliche Stoß des Meerwinds,
er ist herrlich, nicht wußte, weshalb.
Das war als die Fischer
die Worte der Odyssee vorsangen,
und in der Ferne auf einer Meereswelle
sich ein schräger Flügel erhob.


Blau der Nächte, das versöhnet,
Das verweht in alles Herzgeliebte.
Einer, der an seinen Abendkummer dachte,
Schmachtete sein Sohnesgrämen aus und rief.
Eben glommen von den Booten
Golden deren Dreigeleuchte auf.
Und die Thuja wächst so einsam;
Übers Grab hin hat sie einen Zweig gebreitet.
Das war eben, als den Purpurturban
Unsre Riesen auf die Köpfe preßten.
Und der Willkürstoß des Meereswindes, —
Herrlich ist er, oh: der wußte nicht weshalb.
Eben war das, als die Fischer Sagenworte sangen,
Ihre Vorgesänge aus der Odyssee.
Und von einer Woge in der Ferne
Schräg enthob ein Flügel sich dem Meer.

Krim. Sprache zweier Dimensionen. (Schräge Stimmen.) Schräges Glockengeläute der Rede. — *V. Chl.*

Die Läuse beteten mich stumpfsinnig an,
jeden Morgen krochen sie mir über die Kleider,
jeden Morgen strafte ich sie mit dem Tode,
dem Knacken lauschend,
sie aber kamen wieder in ruhiger Welle.
Mein weißes, göttliches Gehirn
habe, Rußland, dir ich vermacht:
Sei Ich, sei Chlebnikov.
Pfähle habe in den Geist des Volkes ich gerammt und Achsen,
ich habe das Pfahlhaus «Wir Budetljane» gebaut.
Das alles tat ich als Bettler,
als Dieb, überall von den Menschen verdammt.

Ich und Rußland

Abertausenden hat Rußland die Freiheit geschenkt.
Eine gute Sache! Lang noch wird man daran denken.
Ich habe das Hemd ausgezogen
und jeder Spiegel-Wolkenkratzer meiner Haare,
jede Ritze
der Körper-Stadt
hängte Teppiche und Kattuntücher hinaus.
Die Bürgerinnen und Bürger
des Ich-Staats,
standen an die Fenster der tausendfenstrigen Locken gedrängt,
die Olgas und Igors,
nicht auf Befehl,
blickten sie, sich der Sonne erfreuend, durch die Haut.
Da fiel der Hemdkerker!
Ich zog das Hemd einfach aus:
Ich schenkte den Völkern meines Ich die Sonne!
nackt stand ich am Meer. —
So schenkte ich den Völkern die Freiheit,
den Scharen der Sonnenbräune.

**Asien**

Stets Sklavin, aber mit der Zarenheimat auf der braunen Brust
und mit dem Staatssiegel statt einer Perle im Ohr.
Mal das Mädchen mit Schwert, das noch keine Empfängnis kennt,
mal Hebamme — Greisin der Rebellionen.
Du blätterst die Seiten des Buches um
in dem der Händedruck der Meere die Schrift war.
Wie Tinte funkelten nachts die Menschen,
eine Zarenerschießung war zorniges Ausrufezeichen,
ein Sieg der Truppen diente als Komma,
und als Feld — die vielen Punkte, ihr Zorn war nicht bang.
Der Zorn des Volkes wurde offenbar,
und die Risse des Jahrhunderts — sind die Klammer.

O Asien! An dir leide ich.
Wie der Jungfrau Brauen fasse ich die Wolke.
Wie den Hals von zarter Gesundheit
deine nächtlichen Söhne des Abends.
Wer ist es, der den kommenden Tag voraussagt?
O wenn mit den Haaren tiefblauer Flüsse
mir Asien die Knie bedeckte,
und die Jungfrau geheime Gesänge flüsterte.
Und die Stille, Glückliche schluchzte,
mit dem Zopfende die Augen trocknend.
Sie hat geliebt! Sie hat gelitten!
Die bewegte Seele des Alls.
Und wieder würden die Gefühle vergehn,
und im Herzen erklänge ein Trommelschlag,
von Mohammed und Zarathustra
und Saladin, vom Kampf gepackt.
Ich wär ein Zeitgenosse jener Toten,
würd Antwort geben, Fragen stellen.
Und du würdest mir wie einen hellen Haufen Gelds
die Zöpfe über die Füße ausschütten.
«Lehrer» — flüsternd, —
«nicht wahr, heute
werden wir zwei
freiere Wege suchen?»

Aufmerksam lese ich auf dem Muster der bunten Krötenbeine
                                    die Frühlingsgedanken Gottes,
das Zittern Homers im Wagen nach dem großen Krieg,
                         als erzitterte von dem Wagen ein Glas.
Wie Walt habe ich einen Neandertalerschädel mit fliehender Stirn.
Ich aber sage euch: das alles war einmal! das alles
                                         ist weniger als ICH.

Seht Perser — hier komme ich
über Sinvat zu euch.
Unter mir ist die Brücke der Winde.
Ich bin Guschedar-mach,
ich bin Guschedar-mach, der Prophet
dieses Jahrhunderts und in Händen trage ich
Fraschokereti (die Welt der Zukunft).
Wenn heute ein Mädchen und ein Bursch sich küssen:
es sind Matija und Matijan — die ersten aus den steinernen
                              Särgen der Vergangenheit Auferstandenen.
Ich bin Vogu-Mano — ein guter Gedanke,
ich bin Ascha-valista — die höchste Gerechtigkeit,
ich bin Kschatra-vajrija — das gelobte Reich.
Schwören wir bei den Haaren von Gurriet el Ajn,
schwören wir beim goldnen Munde Zarathustras —
Persien werde ein Sowjetland.
So spricht der Prophet!

## Passah in Enzeli

Dunkelgrün, goldäugig, sind überall die Gärten,
die Gärten von Enzeli.
Da wachsen Portogallobäume,
da Narzissen.
Mit goldenem Tau sind
die schwarzen Zweige und Ästchen genetzt.
Ein Chinabaum
mit himmelblauer Borke
ist übersät mit Schnecken.
In Baku gibt es keine Narzissen.
Es gibt die Insel Nargin
von der die Meeresfische,
Hausen oder Wels, widerwärtig wurden.
An Geschichten von verrückten Tauchern
erinnere ich mich.
Unter dem Himmel erschrockener Augen
ist es still. Dunkel.
Blauer Himmel.
Die Sonne der Zigeuner geht auf,
sie strahlt am milchigen Himmel.
Ein Armenier trug
ein Fäßchen Dshi-Dshi vorüber.
Jemand hatte ihn in Dienst genommen.
Irgendwelche Kerle umarmen sich und grölen:
«Er feiert zweite Hochzeit,
fröhlich und berauscht.
Er feiert zweite Hochzeit,
fröhlich und berauscht.»
Erst am frühen Morgen wird
das Brausen des Gesanges schweigen.
Horch, ein Jahr, die «Trockij» ist gekommen.
Die Sirene der «Trockij» ertönt.
Morgen. Sie schliefen, schnarchten.
Und die Wellen zerschellten am Ufer und sangen.
Morgen. Eine Krähe fliegt auf
und wie eine Nachtigall aus Kursk
singt vom Wipfel eines Portogallobaumes

Rußlands teurer Ka,
berstend mit heiserer Brust.
In ihrer Heimat, im Norden
nennt man sie ein altes Weib.
Ich erinnere mich, ein wilder Kalmück
aus der Volgasteppe
mit Gefühl zu mir sagte:
«Gib mir so viel Geld,
daß es für ein altes Weib reicht.»

Die Füße, müde in Charkov,
mit Wunden bedeckt in Baku,
von Straßenkindern und Jungfrauen verspottet, —
waschen in den grünen Wassern des Iran,
in den steinernen Wasserbecken,
wo fast feuerrote
goldene Fische schwimmen, und sich die Obstbäume spiegelten
wie eine zahme, zahllose Herde.
In der Schlucht Zorgama
die dunklen Haare aus Charkov abschneiden,
vom Don und aus Baku.
Die dunklen, freien Haare
voller Gedanken und Freiheit.

## Eine Nacht in Persien

Meeresstrand.
Himmel. Sterne. Ich bin ruhig. Ich liege.
Und der Polster sind weder Stein noch Daunen:
Der löchrige Stiefel eines Seemanns.
In ihnen hat in roten Tagen Samorodov
auf dem Meer einen Aufstand entfacht
und die Schiffe der Weißen nach Krasnovodsk entführt,
in rote Gewässer.
Es dunkelt. Dunkel.
«Genosse, komm, hilf!» —
Ein Perser ruft es, schwarz, eisern,
er hebt Reisig vom Boden auf.
Ich zog den Riemen fest
und half aufladen.
«Saul!» («Danke» auf deutsch.)
Er verschwand im Dunkeln.
Doch ich flüsterte im Dunkeln
den Namen Mechdi.
Mechdi?
Ein Käfer, der direkt vom stürmischen
Schwarzen Meer geflogen kam,
geradewegs auf mich zu,
zog zwei Kreise über dem Kopf,
legte die Flügel an und ließ sich auf die Haare nieder.
Er schwieg sanft, und dann
fing er plötzlich an zu schnarren,
er sagte deutlich ein bekanntes Wort
in einer Sprache, die wir beide verstanden.
Fest und zärtlich sprach ers aus.
Genug! Wir hatten einander verstanden!
Der dunkle Vertrag der Nacht
wurde mit dem Schnarren des Käfers unterzeichnet.
Die Flügel setzend wie Segel
flog der Käfer davon.
Das Meer löschte das Schnarren und den Kuß auf den Sand.
Das ist wahr!
Das stimmt bis aufs Haar!

Persische Eiche

Über einem Tischtuch aus verworrenen Wurzeln
streckt wie einen leeren Krug
eine Eiche die hundertjährigen Blüten empor.
Mit einer Höhle für Einsiedler.
Und im Rascheln der Äste
rauscht der Gleichklang
von Marx und Masdak.
Chamau, chamau!
streifen die Schakale.
Uach, uach, chagan! —
Wie Wölfe, die einander ermutigen,
Doch das Raunen jener Zweige
entsinnt sich der Gesänge aus Batyjs Zeiten.

Die Frula Gul-mullahs

1
    Ok!
    Ok!
Weiße Daune geschützt
durch die zärtliche Brust des Schwans
in den wilden Sümpfen,
flinke Beine, barfuß, schnelle Beine des Propheten.
Am eisernen Pflock
weidet der Ochse der Nacht,
in seinen Augen Sonnenfeuer.

    Ok! Ok!
Das sind die Propheten
hinabgestiegen
aus den Bergen
um zu empfangen
Chlebnikov das Kind:
— Unser! — sagten die Bergheiligen,
— Unser! — sangen die Blumen.
Goldene Tinten
auf dem Tischtuch der Wiese ausgegossen
vom tolpatschigen Frühling.
— Unser! — sangen die Eichen und Haine
mit Hunderten von Augen, sehenden Sonnen, —
Glockenläuten der Zweige.

«Mein» sagte nur das Mädchen des Iran nicht...
«Mein» sagte nur nicht das persische Gold.

2
Ich mit dem blutbefleckten Hirn,
die weißen Flügel gebrochen,
stürzte hin zum weißen Schnee,
zu den roten Gärten,
ewig-grünen Gerten
und Göttern der Berge.
Rettet, rettet mich, Genossen!
Berge, ihr verschneiten Berge!

Ohne Eile, stampfend kam die «Kursk» zu euch.
Das Meer, wie wallende Seide
besetzt mit Spitzen des Schaums.
Krapotkins Kriga, das Schleppnetz, dunkelt
in der Hand des Matrosen.
Es war im letzten Jahrhundert, da setzte
man das Feuer in Gang.
«Brot für alle»
vielleicht ist es ganz nah?
Und heller das Feuer.
Mich mit seinen Blicken küssend, ich — ich bin die Unterwerfung
                                                                               des Himmels!

Meere und Meere!
Blau ohne Maß.
Wenn du zurückblickst,
hat der Morgen
kaum die Augen aufgeschlagen —
schläfrig, zart, er gähnt und hält sich die Hand vor den Mund.

3
Und in der Sternenjagd
bin ich der Sternenspringer,
bin ich Razins Gegenteil,
bin ich Gegenstück zu Razin.
Quer zum Schicksal fuhr ich auf der «Kursk».
Er raubte und sengte, ich — bin der Götze des Wortes.
Der Dampfer-Windschneider
fuhr der Bucht durch den Mund.
Razin
ersäufte ein Mädchen.
Was werde ich tun? Das Gegenteil, es retten!
Wir werden sehn. Die Zeit mag kein Zaumzeug.
Und öffnet vor der Zeit den Mund nicht.
In den Höhlen der Berge
ist niemand?
Sind die Götter am Leben?
Ich hab in einem Märchen gelesen,
daß die Götter in Höhlen leben
und ihnen als bläuliche Äuglein
Schmetterlinge die Füße zudecken.

Für Krapotkin in der Vergangenheit,
für die Jagd nach dem Banalen
streicheln die Schicksale mich.
Und wieder beben sie, nach Acht und Bann, als Flügel
an meinen Schultern.

4
«Wir, die wir vom Kaspij-Wind
rot sind, rotgebrannte Riesen,
singen: Riesen, Freiheit singt,
Freiheit, Heidentum gepriesen!
Schweigen soll, wer Sold bezieht,
wer dem Meer nen Meineid schwor,
und es strömt des Meeres Lied,
Geld, Profite, schweigt im Chor!»
Nun, Wind?

5
Der Schafhirt steht ein wenig abseits.
Der Götter weiße Augen schwammen am Himmel!
Der Weißen Berge Säge. Meer, das sang.
Wie die Erde — eine gespannte Fläche.
Blicke der Strafe
jagt der Wind wie die Bergschafe
über die Weide der Welt.
Über der steinigen Ebene wie die Schafe der Berge,
der dunklen Berge, um in den Städten zu weiden.
Der Hirt der menschlichen Qualen steht ein wenig abseits.
Schneegedanken,
weiße Bäche.
Schneegedanken
eines steinernen Hirns.
Einer blauen Stirn.
Die unklaren Augen kieselhaariger Steilen.
Qualen um der Heckenrose Schneezweig.
Der Wind ist — Hirte der Götteraugen.
Gurriet el Ajn,
Tahiré
zog selbst die Strickenden fest
und fragte, weggedreht den Kopf, ihren Henker:

«Das ist alles?
Feuer und Blei auch
in die Brust des Bräutigams!»
Das ist ihr toter Leib — die verschneiten Berge.

6
Die dunklen Nüstern der Berge,
gierig saugen sie
Razins Geruch ein,
Wind vom Meer.

Ich reise —
Wind der Qualen.

7
Eine Rotte enger Straßen.
Ich — von den Steinen ausgepeitscht!
Die Kopfsteinpflastergeißeln
peitschten die Blicke des Steppenwilden aus.
Gnade schenkt der Himmel nicht!
Von der Kugel des wißbegierigen Blickes der Gassen
bin ich tausendmal durchsiebt.
Die Schultern abgerissen
haben mir die Pflastersteingeißeln.
Bloß der Turm, aus den blauen Steinen auf der Brücke
schaute drein wie eine Gottesmutter und verband
mir meine Wunden.
Graue Mauern steppten
den abendlichen Markt.
Kräheneier!
«Einen — einen Schai» — «Einen — einen Schai».

8
Locken des blauen Luxus
und des Sumpfes wilde Zarewitschs,
vom Wohlleben blau,
bedeckten das Gold der Butter mit einem Dach.
Ein Scheiterhaufen. Feuer in irdenen Öllämpchen.
Der tote Kopf eines Stiers an der Wand. Der Stier,
                         auf Stöcke gestützt.

Wilde Schatten der Nächte. Getränke, eiskalt in den Krügen.
Die Krieger in Schals.
Tabletts mit Eis, und Bohnen und Leinkuchen.
Und die Lager blauer Krüge,
blau wie das der Steinbrüche,
deren Stein so voller Blau ist.
Hier ist die Schutthalde des blauen Himmels.
Grüne Hühner, rote Eierschalen.
Und in schwarzen Halbkugeln
blitzt mit den Augen die Menge, wie Schädel, Rosenkränze betend.

9
Aus dunkler Straße: «Russisch nicht wissen.
Sidarastui tabaritsch.»
Die Kinder backen das Lächeln großer Augen
in den Kohlengruben ihrer dunklen Wimpern.
Und schenken es mit einem Lachen dem, der gerade vorbeigeht.
Der Krüppel-Junge streckt die Fäden-Hände
wie eine Spinne dem Passanten zu, an der Moschee.
Wie Wein versiegelt
mit einem weißen Köpfchen auf dem schwarzen Glas
gehen schwarze Frauen vorbei.
Wer wird sie entsiegeln?
— Oh, Faulheit!
Ich bin der Stein zum Feuerschlagen! —
Zu-Tode-Erschrecken dumm anmutiger Augen, schwarzer Anmut
unter dem Schleier
aus Angst vor dem Erlöser.
Visier der weißen Schwindsucht,
weiß auf schwarzen Schatten.
Weiße Ruten, über schwarze Schatten gesenkt — Gitter des Todes.
Weißes Gitter auf dem Fensterchen des schwarzen Kerkers.
Leise. Des Ostens Heilige der Heiligen — der gehenden Frauen.

10
Mitternacht. Rost. Rote Sprünge der Katzen.
Und mit einem grünen Paar von Friedhofsaugen
reizen sie die Hunde.
Wau, wau! wa-wa! wa-wa!
Die anderen antworteten träge.

Söhne des Teufels, die da durch die Gärten sprangen.
Die nackten Bälle der Schädel — glattrasierte Köpfe,
mit einem schwarzen Haarschopf an der Seite
            (eine schwarze Rauchwolke), —
sahen wir den ganzen Abend an.
Aussätzige Frauen, die den Schleier hoben,
riefen: «Komm doch, ruh dich aus!
Schlafe ein an meiner Brust.»

11
Tyrann ohne T. —
«Rejis tumam donja.»
Aber
zum Vorsitzenden des Erdballs
bei einem Glas Dshi-dshi geweiht.
Ein Land, wo alle Menschen Adam sind,
Hängewurzeln des himmlischen Paradieses!
Wo Geld Pul ist,
und wo in einer Bergschlucht
über dem donnernden Wasserfall
in weißem Weiß die Chane gehn,
sie ziehen Lachse
im dichten Netz am Griff.
Und alles auf sch: Schah, Schai, Schiré.
Wo der schweigsame Mond
den klingendsten Namen hat —
Aj.
In diesem Lande bin ich!

12
Der Frühling schenkt dem Meer
ein Halsband aus toten Welsen.
Mit Leichen ist das Ufer bedeckt.
Für die Hunde, die Seher, Propheten
und mich
vom Meer ein Mahl
aus entschlafenen Fischen
auf dem Tischtuch des Ufers.
Sei ein Mann! Und schäm dich nicht! Ruh aus.
Außer dem Meer ist hier niemand.

Drei Säckchen Rogen fand ich
und briet sie
und war satt!
Krähen, krächzend, — in den Himmel!
Gott hab sie selig, Ewiges Gedächtnis
sang das Meer
den stinkigen Hunden.
In diesem Lande
borgt an Pfingsten sich die Zeit beim Blut
rote Tinten,
wenn in roten Daunen
die Mimosenwälder sich röten.
Und die goldenen Tinten des Frühlings,
in den Sonnenuntergang gestürzt, sind in Ungnade, dann.
Den Himbeerwald ersetzt später
ein grüner.
In diesem Lande belln die Hunde nicht,
wenn man nachts auf sie tritt.
Scheu und still,
große Hunde.
Die Menschen schenken keine Seide dir, —
o du, Prophet, auch einem Baume Fahne sein:
die blutigen Finger des Sommers
                sind geprägt in seine grünen Blätter.

13
Heute bin ich Gast des Meeres.
Das Tischtuch des Sandes ist weit.
Ein Hund, ein wenig abseits.
Wir suchen. Knabbern.
Sehen uns an.
Ich habe Rogen gegessen, und kleine Fische.
Gut! — Gast bei den Menschen sein, ist schlecht.
Hinter dem Zaun: «Uruss derwisch, derwisch uruss.»

14
Dutzendemale rief mich der Junge.
Ein Mähnenlöwe, mit den Augen eures Bekannten,
dem Krummschwert,
drohte er einem — Wächter des Sonnenuntergangs.

Und die Sonne, wie eine verschmähte Jungfrau
(sie mag Süßigkeiten),
senkte zärtlich sich, auf die Löwenschulter
inmitten grüner Kacheln,
inmitten grüner Kacheln!

15
Der Chan im weißen Weiß,
mit dunkler Hand an einem Zweig sich haltend,
roch an einer roten Blüte, sog süß den Duft der Blüte ein,
und suchte mit den Blicken gierig das Weite.
«Russisch nicht weiß — schlecht! —
Lehrer, los
so viel Finger und so viel —
(in 50 Jahren)
ist Asien russisch.
Rußland, — erste, Lehrrer sehrr gutt.
Tolstoj — große Mann, da-da, russische Derwisch.
Ah! Sardescht! Gutt!»
Chan und Sahib, trunken, roch er an der roten Blüte,
weiß und barfuß,
und suchte fern die blauen Berge.
Der Söller vor den Bergen —
         in Teppichen und Bergen von Gewehren
überm Grab der Väter.
Und nebenan kitzelte man seinem Sohn die Fersen:
er lachte,
und versuchte, seinen Dienern ins Gesicht zu treten.
Auch er nur in Weiß:
im Garten gehen sorglos die Chane, in Weiß,
oder graben ruhig mit dem Spaten
eine Wasserrinne für den Kohl.
«Bebotwu wewjatt,» —
die Grasmücke sang.
Im Kreis versammelt, die Pflastersteine,
glatt wie ein Tischtuch das Tal,
saubergefegt der Boden der Bergschlucht:
kein Stäubchen weit und breit darf man sehn.
Bäume inmitten der Pflastersteinkränze.
Von Menschenschädeln weiß das Tal.

16
Reiser auf Stöcken —
die Tee-Chane der Wüste. Schwarze Kirsch-Versuchungen
             ziehn sie an der Angel hungriger Augen.
Scheu die Armenierkinder.
Mit Hunderten von Märchenstirnen
ringeln, blähen im Kampf um den Weg sich
die Wurzeln der Feigenbäume
(ich habe auf ihnen geschlafen)
und verschwinden in die Erde. Eine Riesenhöhle —
sperrangelweit offen ist das Buch der Jahrhunderte.
Der Stamm der breiter als ein längsgestelltes Pferd ist, blähte sich
hob eine grüne Wolke hoch — aus Laub und Zweigen —
ein Zweigehagel bis zu den Wurzeln.
Des Baumes Regen ergoß sich von oben,
mit ihnen zu Knoten verschmelzend
mit den Fäden eines Riesennetzes.
In Wurzeln und Erde, ins unterirdische Fleisch eingedrungen,
verwuchsen sie mit den Maschen des Netzes
zu einer tauben Schlinge.
Und die Blätter — Sänger dessen, was es nicht gibt,
die jüngeren und älteren Zweige
und die Menge der Jünglinge — halten die alten Hände der Mutter.
Zeichnung? Baum?
verschlungen mit den Wurzeln seines selbst,
so tropfte der Baum, tropfte und floß in Holzesfeuchtigkeit.
Der Stamm bläht seinen Bauch, Platz ist da für drei.
Im langsamen Jahrhunderteregen
schenkt er dem Tal den zweiten grünen Himmel.
Hier habe ich geschlafen,
Maschenringe mit 4 Ecken.
Schwäne des Schnees und des Hochmuts —
weiße Pferde weideten gesattelt auf der Lichtung.
«Du bist unser Kind! hier ist dein Abendbrot, setz dich und iß!»
Zwei Tage hatte ich nur Brombeeren gegessen.
Ein Soldat rief mich an, er war aus russischen Diensten entflohen:
«Ich habe Tee, ich habe Kirschen und Reis!»
«Pul» hatte ich in diesen Tagen keins, ich ging zu Fuß.

— «Bebottwu wewjatt», — die Grasmücke singt!
Ungeheuer, schwarze Gespenster,
schwarze Löwen.

17
Springerin, Tänzerin, sprang auf den Baum,
steht auf einem Bein, das andere im Knie gebeugt.
Und die Arme, im Ellbogen gewinkelt, über dem Kopf.
Schwarzes Spitzengewand.
Wie viele Gespenster.
Die lange Nadel des Stachelschweins blitzt in den Strahlen des Aj.
Mit einem Faden binde ich die Feder daran, und beginne neue
                                          Lieder zu schreiben.
Müde bin ich. Mit mir: das Gewehr und Manuskripte.
In den Büschen bellt der Fuchs.
Auf einer Wegegabel
legte ich mich mitten auf den Weg, nach Recken-Art die Arme
                                             ausgebreitet.
Kein Nachtlager ist das, sondern eine Onega-Byline nach dem
                                                Leben.
Die Sterne blicken mir vom schwarzen Himmel in die Seele.
Das Gewehr und ein paar Halme — dem Müden ein Kopfkissen.
Ich schlief sofort ein. Ich wachte auf, ich sehe über mir
hockt ein Dutzend Krieger.
Sie rauchen, schweigen, überlegen.
«Russisch ich weiß nicht.»
Bedeckt mit dem Prunk künftiger Schüsse
überlegen sie etwas.
Die Gewehre geschultert.
Die Brust im breiten Panzer der Patronengurte.
«Los!» Sie führten mich ab, sie gaben mir zu rauchen.
Und gaben bald, o Wunder, mir mein Gewehr wieder.
                             Sie ließen mich laufen.
Eine Scheibe Käse gab mir der Kardasch,
mitleidigen Blicks.

18
— Setz dich, Gul-mullah!
Kochend schwarzes Wasser sprühte mir ins Gesicht.
— Schwarzes Wasser? Nein? — Ali-Mohammed schaute, er lachte:

— Ich weiß, wer du bist.
— Wer?
— «Gul-mullah.» — «Der Heilige der Blumen?»
— Da-da-da.
Er lacht, rudert.
Wir fahren über die spiegelnde Bucht
vorbei an Wolken von Tauen, Ungeheuern mit stählernem Leib
mit der Aufschrift: «Trockij» und «Rosa Luxemburg».

19
— Da ist das Schiff,
Setz dich, Genosse Gul-mullah! Ich fahre dich rüber.
Kein Geld? Macht nichts.
Ich fahre dich so. Setz dich! —
Die Kirshims schwatzten um die Wette.
Ich setze mich zu dem Greis.
Er ist gütig, schön, er singt oft etwas von den Türken.
Die Ruder rauschen. Ein Kormoran fliegt auf.
Wir fahren von Enzeli nach Kasijan.
Gebe ich mein Glück auf? Warum fährt er mich so gerne «rüber»?
Es gibt in Persien keine größre Ehre
als Gul-mullah zu sein,
Schatzmeister der goldenen Tinten des Frühlings
am ersten Tag des Monats Aj.
Ausgelassen rufen: Aj
zum bleichen Monde Aj,
den man von rechts gesehen hat.
Dem Sommer — etwas vom eigenen Blut spenden,
und dem Frühling — goldene Haare.
Ich liege jeden Tag im Sand
und schlafe auf ihm ein.

Noch einmal, noch einmal
bin ich euer
Stern.
Weh dem Seemann, der
den falschen Winkel seines Schiffes
anlegt an den Stern:
er zerschellt am Felsen,
an der unsichtbaren Sandbank.
Wehe auch euch, die ihr
den falschen Winkel des Herzens
anlegt an mich:
ihr zerschellt am Felsen,
und die Felsen werden lachen
über euch,
so wie ihr gelacht habt
über mich.


1 Leitstern
2 Bin ich euch
3 Abermals, abermals.
4 Peilt der Seemann
5 Den falschen Stern an
6 Verbiegt er den Winkel:
7 Treibt ins Unheil sein Boot
8 Wird es an Felsen zerschellen
9 Oder auf Sandbänke prellen.
10 Aber auch ihr
11 Von Herzen falsch im Winkel zu mir
12 Unglückliche
13 An Klippen werdet ihr scheitern
14 Von Steinen verspottet
15 Wie ich von Euch!

# Absage

Es ist mir weitaus lieber,
in die Sterne zu schauen,
als ein Todesurteil zu unterschreiben.
Es ist mir weitaus lieber,
den Stimmen der Blumen zu lauschen,
die flüstern «das ist er!»,
wenn ich durch den Garten gehe,
als Gewehre zu sehen,
die jene töten, die
mich töten wollen.
Deshalb werde ich niemals,
nie ein
Regierender sein!

An Alle

Es gibt Briefe, die Rache bedeuten.
Mein Weinen ist bereit,
der Schneesturm treibt die Flocken,
und Geister schweben lautlos.
Ich bin durchlöchert von Stichen
eines geistigen Hungers,
durchbohrt von Spießen hungriger Mäuler.
Euer Hunger verlangt zu essen,
im Topf der eleganten Seuchen
schreit er nach Nahrung: hier — die Brust gratis!
Und nachher sinke ich nieder, wie Kučum
von der Lanze Ermaks.
Der Hunger kommt mit Spießen,
meine Manuskripte zu jäten.
Ach — die Perlen von mir geliebter Personen
wiederzufinden am Stand einer Straßenhändlerin!
Warum habe ich dieses Bündel Seiten aus der Hand gegeben?
Warum war ich ein leichtsinniger Tor?
Nicht der Übermut der erfrorenen Schäfer —
Henker auf dem Scheiterhaufen meiner Manuskripte:
überall das gezackte Beil,
Gesichter massakrierter Verse.
Alles, was die dreijährige Zeit uns gab —
Bilanz ziehen aus Hunderten von Liedern,
und der allen vertraute Kreis von Personen:
überall die zerfetzten Leiber der Zarensöhne,
überall das verluchte Uglič!

# Razin

## Umdreher
*Setz dich Gevatter der Leiden und Langeweilen*

Pferde, Getrappel, Mönch,
doch nicht Gerede, sondern schwarz ist er.
Wir gehen jung, durchs Tal des Kupfers.
Der Rang gerufen rücklings mit dem Schwert.
Der Hunger als das Schwert lang?
Er fiel und schwach von Wunden und Atem der Krähenfüße.
Was? Ich ein Fang? Väterlich der Wille!
Gift, Gift, Onkel!
Geh, geh!
Frost ins Bündel, ich krieche als Blick.
Ruf falb, eine Fuhre von Haaren.
Rad. Schade um die Fracht. Schleifstein.
Schlitten, Floß und Wagen, Ruf von Menschenhaufen und von uns.
Er verendete stolz, Fahrt der Leichenwagen.
Und ich liege. Wirklich?
Böse nackt Schlucht der Reben
und zu euch und den Dreien vom Tod der Hexe.

## Nie so sein, nie so sein!

Ein Eishase sah sie nie,
Rehe eher:
Einehe (lies: Seil), Ehe nie.
Die Liebe (Beileid),
Eis. Tot sie.
Eis, troff fort sie.
Ehe:
Neben Gehege Geheg. Neben
Nebeln leben.
Barg nie ein Grab
neuer Reuen Gras-Sarg, neuer Reuen
Reihe hier?
Kau mal K — Klamauk.
Ruhe, Hure, Ruhe, Hur!
Nie so sein, nie so sein!
O, sei nie ein Ei, so
redete der
Uhu.

## Rätsel, Nebel, Manie ...

Eis-Echo, wiederhell, ist still. Ehre die Woche sie.
Zagbart, Schneemensch, Trabgast.
Ton tut not.
Reite, Tier!
Latz, mußt zum Stall.
Troff Seemann die Nelke talglatt, eklen Eid nahm es fort.
Borg Mut, kotz Last, zahl Stocktum grob!
Husch! Lieb, Gras, Sarg, Beil, Schuh,
Nordachse, Zahn — naht's Eskadron.
Hilf, Frosch! Schorf, Flieh!
Spring, Knirps.
Ton tut not.
Taub gurrt, Trutz zurrt, Trug baut,
Stille niest, Krummbeil, o lieb murkst eine List,
schaut, Leckertrumm! Kuckuck murrt Röckeltausch.
Netze, Weh, Tote wetzen.
Renner
trank die Ränder nie, ein Rednereid knarrt,
euere Schlafenge segne falsche Reue.
Geh, Welle! Steige Geist, Elle, Weg!
Spring, Knirps!
Rätsel, Nebel, Manie — nein, am Leben läßt er!

# Razin

Ich bin Razin mit dem Banner des Höhlen-Lobačevskij.
In den Köpfen leuchtend, Schmerz; Verlockungen für Wechsel,
einschlummere das Morgenrot.

*Der Weg*

Es klage der Felsen!
Der Morgen dem Teufel!
Wir, Talbewohner, flogen mit Razin.
Fließt und sanft, sanft und fließt.
Er trägt die Volga der Wunder, eng der Anblick der Ecken.
Hirsche. Es blaute.
Es.
Weide Büschel. Seerosen.
Gemurmel und warm
Von Weiden, von Flügen,
Getrappel.
He, Bewohner, flieg doch!
Wo eine Barke, nun Schwäne.
Flieg doch schräg, Bewohner der Riedgräser!
Wunden nehmen.
Stürme von Pulver für die Haudegen.
Ochse der Brücken-Wellen!
Überschwemmung
und
Getrappel!
Und die Berghörner:
Oho-ho!
Schlag zu!
Heda Pans!
Den Frauen mit dem Schwert die Manege!
Den Frauen der Verlockungen das Messer!
Wir gehen gegen Kupfer! Wir gehen gegen Kupfer!
Das Sausen der Axt
Liebkose im Blut.
Hurra der Glut.
Kein Tolpatsch.
Ich weise den Schwertern den Gatten im Kumatsch!

# Rasin

*Für Otto Nebel*

Ich, Stenka Rasin, ein Einstein in Kerkerkaten.
Ich niste in harten Hirnen, rase hinter starren Stirnen;
Sterne sehnen sich nach Rasin.

I

Raset, Steine — Steine, rast!
Rasin ist ein Satan.
Sie, See-Ansassen, reiten Rasin nach.
Rinne sachte, sachte rinn.
Rasin saet Seen — ihn kraenken Ecken, sieht er in sie rein.
Hirsche. Es sternte.
Es.
Rasen. Reiser. See-Kresse.
Rehe. Tannen
heiss ists hinter ihnen. Nicht sehr.
Ein Knattern, Knacken.
He, ihr See-Ansassen, reitet!
Kaehne, Reiher, Kraniche kreisen.
See-Insassen, reiset her, reitet heran.
Sich seinen Ketten entreissen.
Riesen in Saecken. Sensen, Rechen — Recken
Rasen starker Stiere,
eine See ...
Ein Knattern, Knacken
Krachen!
Kreischt ihr Schrei:
Reisst ihre Hecken ein!
Reitet, hackt in sie hinein!
He, ihr Herren!
Herrinnen sieht keiner ein, kein Hahn kraeht nach ihnen.
Ihnen eine Harke!
Reitet in sie hinein! Reitet in sie hinein!
Aexte hacken in Stein.
Erstickt sie in ihren Kissen.
Es rette sich keiner.
Kein Irrer, kein Narr.
Ich richte ihre Harken. Hisst ihnen einen heissen Hahn!

Das Berghorn:
Sklave der Herren!
Der Herren Sklave!
Er flog.
Die Won der Pans,
Heda Pans,
Feind des Riedgrases an den Bergrücken.
Schal die Sichel
Der Wunden des Raben,
Nicht Wunden des Raben-Schatten!
Sie erstechen, fester, wennschon!
Knecht-Panik,
Knecht-Schrecken,
Der Pan mit den Klauen griff an.
Hurra der Volga, Segel der Winkel!
Flieg doch schräg, Bewohner der Riedgräser!

*Der Kampf*

Hole die Kohlsuppe!
Wir gehen gegen Kupfer! Wir gehen gegen Kupfer!
In gleichem Schritt und Tritt,
Scheiden vom Zapfenstreich,
Jagd der Beine,
Gebrüll der Schwüre,
Jochbeinbogen,
Hurra der Glut,
Bogen der Faust,
Schlamm und Schweiß,
Das Sausen der Axt
Zeichnete die Sprache der Panzer.
Als Pfahl in das weiße Blut,
Grimmig beflügelt.
Der Schwung des Rohlings
Oder
Winkte er den Schafotts.
Oder
Ein Falke über der Nehrung.
Suche!
Geh!
Locke Sklaven, für die Herren!

Kreischt ihr Schrei:
Knecht seines Herrn,
seins Herren Knecht!
Er rast.
Herrenkissen, Herrenkassen,
He, ihr Herren Knechtehasser, Christenhenker
Hasser ihres Hirseackers in Herren-Hainen.
Heisse Sense
eines kranken Kranichs,
keines kranken Kranichs, einer heisren Kraehe eher.
Sie erstechen, staerker, streckt sie hin!
Knechte erschreckt in Hecken sich tarnten, sie harnten
Schreckens-Knechte in Knechteschrecken:
ihre Eisenritter-Herren rannten an. Einer. Sechs. Acht.
Ha! Harret ihrer! Seiet hart, ihr Hasen! Es rette sich keiner!
Nach Rasin richte er sich, See-Insasse, Rasin reite nach!

II

Erstechen, hinstrecken, ersticken.
Reitet in sie hinein! Reitet in sie hinein!
Sie — Eisen, eisern Schritt, in Tritt, in Schritten
rechts, rechts, rechts, rechts.
Rennerei.
Rache kreischt es, kraeht
es kracht,
es rette sich keiner,
Kinne knacken,
Steine krachen,
Aexte hacken
hinein in ihre nassen Nacken, ihre Stiernacken.
Knackt ihre Harnische, knickt sie!
Sie nicken: sie sacken sie ein.
Recken in Saecken, Rasen eines kranken Stiers.
Nein,
Reissen seiner Kerkerketten hier.
Nein,
Reiher streichen eine Tanne.
Seht hin!
Stehet nicht hier, ihr!
Herren-Knechte — Kaisers Rechte.

Wie Erdbeeren des Räubers,
Und Rubine flammten,
Eine Schicht fürs Morgenrot.
Berg an Berg, Horn an Horn,
Schlucht an Schlucht, Treffer an Treffer
Flog
Die Zauberkrähe.
Die Macht mit der Knute.
Das Berghorn:
Womit nun das Schwert?
Zerschlage den Schädel.
Nein, Streitaxt und Schlagkugel,
Schwert martre.
Er reihte die Streitkeule der Angriffsreihen.
Also über den Henker
Geh.
Und wenn ich etwa Pulver stehle, — Faustschlag.
Und Diebe — eine Patsche!
Liebkose im Blut!
Ich setze mich, ich werde enger.
Vater, was
Winkt zum Schlamm?
Bete zum Sumpf!
Ich bin das Geweih des Schmerzes.
Der Verblendete aß die Kette.
Und der Flachs blaute.
Schrecken in die Körner.
Und Eis, Wochen.
Winkt, man gibt es den Burschen dorthin!
— Lachs den Hügeln.
Und am
Meer als Feder
Flatterte vielleicht das Geschnaube.
Über das Gift des Belsenkrauts nun des Schwanes
Getrappel.
Und
Geräusch gut.
Das Berghorn:
Sucht Arbeit, Kameraden!
Und die Witwe des Wassers

Reich ist ihr Kaiser, er hat Kies in seinen Kassen
hat recht, tat Recht
hiess sie richten.
Reihe an Reihe, Rist an Rist,
Reiter an Reiter, Ratte an Ratte —
es krahte
in Kreisen sie, Kraehe ihres Kaisers.
Kastanien — krachten ihre Stirnen.
Ihr Schrei:
nicht scheitern,
stecht, steckt sie in Saecke.
Nein, rastet nie,
ihr Aexte, Sensen, Harken, Rechen — raset!
Er reihte seine Sense ein in eine ihrer ersten Reihen.
Keiner harre seines Henkers,
steht nicht hier, ihr!
Es sichere ein Knecht sich seine Kate, seine Hecke.
Es sei ein Herr nie seiner sicher.
Erstickt sie in ihren Kissen.
Ich, Rasin, ich Hirn ihrer Traenen.
Hirte, rate ihnen, sie —
sie sehn nicht ihren Herrn nicht ihren Henker.
Sie saeen ihren Hass in Seen!
Ich, harte Stirn, ich Eckstein ihrer Rache.
Ein Irrer ass seine Ketten.
Ranken reckten sich an Katen.
Ein Sehnen in Kernen.
Eis, nasser Stein in Sternennacht.
Reicht es ihnen hier hinein, keiner seiner Knechte ist satt.
Hechte ihnen, Hasen.
In
seichter Seen Stirn
ertranken Schreie eines Kranichs, sanken ein.
Ist es ein Kranich, ist es nicht ein Reiher?
Ein Knirschen —
ein Knistern, Knacken, es kracht,
es kreischt schier:
schiesst, schiesst in sie hinein!
See, Rasins Traenen,
seht sie rinnen —

Becher der Zwiste,
Fließt,
Hochrot Seife,
Trägt ins enge
Bündel die Träne.
Der Mulden
Wald und das Dunkel der Tragjochs
Flog
Bedeutend liebkosend.
Doch er
— Späher der Helme.
— Das Schwert womit?
Sie sollte die Schwätzer beschimpfen!
Messer Seuche, martre die Frauen.
Viel Wasser und der Ruf der Witwen
Fließt.
Also, Henker.

*Die Teilung der Beute*
Der Feind über den Graben!
Sumpfvögel der Wiesen.
Sie, Bergsiedlung, tss ... es
Fließt, fließt
Es.
Das Blei mit dem Rubel geschätzt, o Untiefe von Stürmen!
Nein, Wunden des Raben-Schatten!
Vielleicht für Eisen das Bündel?
Oder im Klagen der Bienen, umwand man die Trauer der
Schultern?
Oder
Ein Zärtlicher, nötig
Für die Träume.
Der Anblick von Flöten mit Perlen ist mächtig bei den Mädchen.
Und der Flachs blaute.
Fang der Wellen
Flog
Mit ihnen
Gefiedert als Falke, wild das Blut?
Das Auge
Vöglein der Hütten

ach, rinnt, ihr Achs, ihr Echs, ihr Ichs,
ich raeche sie einst.
Ich, Rasin, ihr Seher,
ich, ihr Hirt, ihr Richter, ihr Knecht,
sie: Hasen, Hirsche, Hennen, Haeher,
sie: Reiher, Kraniche, Kaninchen, Rehe,
sie sehn in Rasin
einen Ihren,
Ihn.
Er
ist ihr Hirte, ihr Harnisch.
Er senkt seine Harke nie.
Sense, starke Streiterin, nenne sie nie eine Naerrin!
Sie sehnt nach Herrinnen sich.
Seen, seht ihre Traene
rinnt nicht, sie ist Stein.
Es sei, Henker.


III
Sie reihen sich hinter einer Senke.
Reiher in Rasen-Seen.
Knechtskaten, tss . . . es
rinnt, rinnt
es.
Senkt Eisen in einen See, Schrein-Inneres ins Seichte.
Nein, Schatten einer kranken Kraehe!
Ist es nicht ein Sack Eisen?
Ist es ein Eisen-Schrein, ein Schrank, ein Schacht, eine Kiste?
Nein,
ein sehr, sehr reiner
sachter Schein.
Seht: sie sehnen sich nach Reich-Sein, Anna, Anastasia, Irina
sehnen sich nach Sternen an ihren Stirnen.
Seeranken reckten sich,
reiste
ihnen nicht das Rasen nach,
ein Kranich in Raserei?
Sehen
sie in Katen
reicher Herren echte Steine.

Und Perlen zwischen den Katen.
Schwert, rot die Trauer, ich weine als Henker!
Flug der Körper!
— Von Mulden
Vielleicht Gebell.
Den Kräftigen schwankten
Diese und jene.
Und Geläute neben dem Auge.
Rot die Rede der Pans
Wenig dem Geläute,
Vielleicht den Galgen.
Ein Ruf an sie: nimm
Weißes Brot.
Sie sagte och und ach und uch.
Iß, Zeit der Peitschen!
Sucht Arbeit, Kameraden!
Und die Sklavin der Herren,
— Die Sklavin der Herren!
Verräter, würgst du?
Winkt den Kindern!
Vielleicht den Galgen,
Wir flehen um Güte.
Aber sprich, Feuer der Welten:
Sklave, liebkose die Frauen der Herren!
Der Schwan fett.

*Die Totenfeier*

Die Lachlustigen schleudern Gelächter!
Floß — Nichtwissen der Menge.
Ochse der Brücken-Wellen!
Ich fällte man oder der Sturm
Spaltet wie ein junger Stier?
Bete mit Kraft.
Vergifte, Rede der Pans, rot vom Festmahl!
Und der Ruf den Schwüren im Namen und viel Dunst.
Womit die Mutter den Träumen?
Dem Rausch der Erfolge.
Nicht im Abendrot wohlwollen wir der Rede Razin.
Nässe der Köpfe,
Schmuck der Träume für den Sarg der Seen.

Sense, eines Henkers Traenen rinnen!
Hinsinken!
In Senken, in Rasen
sich strecken.
Recken riss es hin — ihn,
ihn, ihn, ihn.
Ein Kreischen: Schreien: Rache, schrie ich!
Raeche sie,
Recht Entrechteter —
hier steht eine Eiche.
Ein Schrei an sie: ich schreie sie an:
seht hier — sie ist eine Sie.
Sie: ach, ach, ach, ich kann nicht.
Hierher, Knechte, ran.
Iss, Raserei, iss, reisset sie hin.
Ihr Recht erkennt kein Henker an,
kein Henker renkt es ein in Kerkern.
Herrin ihres Herrn — nein, schreien rate ich ihr nicht.
Sicher ist sicher.
Hier steht eine Eiche,
sie kraeht, kraht, kreischt,
erstickt sie, Knechte, aechtet, knechtet sie.
Sehrreiche Ente.


IV
Kichern. Tratschen.
Sie sehens nicht, nichts sehn sie.
Stier, See.
Eine Eiche senkte sich —
ich: kein Stier ist staerker.
Steinerner Stein.
Richtet, entrechtete Ratten-Raecher.
Raenke eines Herren-Hirns nennt Raenke.
Tatianas Tante raet es Rasin: nachts nie rase.
Einer Nacht Schatticht ist ein irres Schattenreich.
Reise nie nachts, Rasin, reise nie nach acht,
reite nie in nassen Haaren.
Stern-Steine sich senkt in Seen-Schrein.

Hirsche, es blaute.
Und die Zährte der Stirnen.
Doch wenn das Grab ein Heidenlärm?
Ua oder au?
Er sollte den Guten zuzwinkern!
Er winkt zum Schlamm
Bewohner des Ziels
Und der Fänger der Unfreiheit
Winkte den Schafotts.

Bei uns kein Rabe, aber gleich der Würde.
Und zerschlage die Härte der Wilden!
Das ist das Getrappel des Schweißes!
Ware der Arbeiten!
Brate auf dem Bretterstoß doch den Stör!

Netze und Bretter.
Ketten werden auf Booten weggeführt
Und Lärm! Gut!
Dunkel der Gedanken über das Weise.
Vielleicht für die Herren durch Raub
Kein Erbe?
Oder beraubten sie die Herren Lärm oho-ho im Jagen?
Rausch der Erfolge.
Im Stein, in der Vene des Pulvers,
He, Bewohner, flieg doch!
Wunden nehmen
Ein Zärtlicher nötig.

*Der Tanz*

Das Messer warm, Lallen der Frauen.
Manchmal lachten die Sektierer der Laubhütten.
Geist der Mädchen floß zur Hexe.
Henker Bär, wie die Gauner der Mädchen? — so!
Der Anblick der gebeugten Mädchen ist wonnig.
Und Nichtwissen nicht der Bläue.
Aber es ist bekannt, ein Mädchen,
Winkte zu den Himbeeren.
Nackt der Hügel der Hände.
Ahaha!

Hirsche, es sternte.
Streiche ihrer Stirne Stein.
Schreie — hier? Ist es ein Schrei?
Ein Eh, ein He? Rehe eher.
Rasin sass, Rasin sann.
Ein Kerker trat in seinen Sinn.
In seinen Schaechten: Ratten, Ketten, Naechte.
Knechte ihres Kaisers, Henker
sehn sich Rasins Nacken an.

Keine Kraehe hier, kein See, kein Stern.
Stein-Kerker — sicherer Kasten nichtsicherer Kaiser.
Steckt ihn hinein.
Heiss ist es, heiss. Es rinnt an Stirn, an Nas, an Steiss.
Harre keiner eines Essens hier nach Karte.

Kescher, Kaesten.
Ketten, eherne, in Kaehnen. Ranken in Seen.
Krach, sehr starker.
Nacht in Rasins reinen Sinnen.
Trachtet er reichen Herrinnen nicht Rechtens
nach ihren Steinen?
Richten reiche Herren nicht ihrer Knechte Rehe hin?
Herrische Henker!
Sein, in steinernen Hirnen ein Sehnen nach Rasin.
Sie sehn es: Rasin ist ein Ihrer.
Rasin sie ihrer Ketten entreisst, Rasin — ihr Retter, ihr Ritter.
Rasin — eine reine See, sie rast.

V

Heisse Sense, raste hier.
Heisse Knechte kichern heiser in Annas, Anias, Irinas Kate.
Tatiana ist keine Henkerskraehe, eher ihre Tante;
in ihr, Tatiana, steckt eine Hexe.
Sehe einer ihren Nacken, ihre reine Stirn!
Saehe er erst ihren Hintern, saehe er ihr Aerschchen nackt . . .
Keiner kennt ihre Tricks.
Nachts ist Tatiana nie in ihrer Kate, nachts ist sie Nixe.
Nachts sehen Sterne sie sich an,
an Seen sie sie sich ansehn,

Liebkose dem Freier die Ohren.
Tanzschuh eine Rede zur Weide:
Dem Freier verboten Saft — wenigstens der Hügel des Busens!
Werk der Närrinnen
A ua ua — a ua ua!
Kose das Moos, ahaha, mit dem Freier.
Fliege der Wunder grau der Lehrer.
Nicht im Abendrot ist Razin im Reden sanft.
Der Verschwender der Kraft ist zart mit dem Blatt
Der Pappel Plappern
Und die Püppchen
Getrappel
Schleudre kühn mit dem Banner.
Oder die Stürme fällten
Die Banner der Sturmkräfte?
Die gleiche Hütte? Die gleiche.
Hütte der Vöglein!
Hütte auf Hütte,
Schwert auf Schwert,
Pfahl auf Pfahl,
Die Wons der Söhne,
Und Strafen der Schlägerei!
Und der Schwur des Feuerscheins
Winkt den Kindern.
Dem Schlamm der Straßen
Der Witwen der Wasser
Teuer die Stadt.
Geschenk der Räte,
Nun, wieder ist der Gerneredner rot
Pulver für die Zärtlinge.
Es winkt das Blau den Wahrheiten.
Und plötzlich scheine . . .
Silberbrokat der Birkenrinden.
Im Gerede des Gelages Sümpfe im Feuerschein.
Flog
Getöse scharf, Seenwiese.
Getrappel und Getrappel.
Ich gehe, — blase die Schalmei.
Nackt der Hügel der Hände.
Liebkose die Frauen

sehen sie sich recken,
sich strecken,
eine Nixe ist keine Echse,
ach, sie neckt, sie nickt, ist nackt —
nein, ist sie nicht:
sie schreit, sie kreischt, knickt einer sie.
Ihihi! . . .
Naerrin! — Sie kichert. Naerrin, sieh es ein —
ein Rasin reisst sich nicht nach einer Tatiana.
Rasin kasteit sich in Naechten,
Rasin ist ein rarer Recke, nachts.
Tann nicht!
Tannicht, ein See.
Tatiana, ein Sehnen. (Sah Rasin ihren Arsch nicht an?)
Ein eiserner Rasin.
Ein Nest in einer Rasensenke ist ein Nest, ist keine Kate.
In Katen stinkt es.
Tatiana sieht in ihrer Kate einen Kerker: Naehkaestchen,
Kitsch sticken.
Kate an Kate,
Kette an Kette,
Stecken an Stecken,
an Kanten Ecken
an Kanten anecken —
kennt ihr Anias sechsten Schrecken?
Sich anstecken.
Schenkt einer Kracke keinen Schecken.
Schenkt Tante Ania einen Rat: ein Schank sei ihre Kat.
Schenke Tante Ania — ist sie nicht schick?
Raete rasten nie. Ihr achter Rat heisst Rasin,
ihr sechster: Rasin ist ein starker Stier.
An einer Eiche rastet (keine Kracke) Irina.
Es ist Nacht.
Naechst ihres Rasenkissens sieht sie Rasin.
See, Rasen — Ra sein.
Es rattert, rattert, rast in ihr.
Reisst es ihn hin? Ihn? Nie.
Ach, ich sehe — ihr Nacken ist nackt.
Steckt Rasin seine Nase in ihr Haar,
ist Rasin ihr! Hinsinken —

Dem Geldbeutel-Seelchen eine Rede!
Fleisch den Seelchen.
Oder die Banner des Sturms,
Ihr schwangt euch in die Luft, das Flehen bezwungen,
Eine Fliege als Geld braun vom Rauch,
In den Pocken von Hunden?
Der flotte Tanz der jungen Frau!
Der Bastschuh strampfte
Bei sich dem Teufel.
Vielleicht für die Herren durch Raub
Kein Erbe?
Ruhe und Graben.
Und rot die Reden der Söhne?
Und ich lösche die Schritte.
Woanders heute.
Über dem Wald lustig.
Jagen der Beine
Stieß bloßfüßig Verführungen.
Kein Gefäß mit einer Perle flog mächtig zwischen den Kiefern,
Sondern ein Püppchen.
Dort Überschwemmung über das Getrappel.
Schweiß und Top.
Schwur des Feuerscheins,
Ich bei Hirschhaut
Als Schwan, weiß im Kupfer.
Brenne Pirogge.
Er winkte den Pfannkuchen.
Verlockung Finsternis dem Rahm
Furchen der Freßgelage.
Und die Gik-Möwe
Flog
Ins Auge des Schicksals der Schinken.
Der Kreis der Fruchthülsen,
Heerschau mit dem Mund,
Vergifte durch den Schmaus.
Rausch der Erfolge.
Flog.
Hi-ha, ha-hi.
Das Berghorn,
Mache Pech.

Ra sein ist Eins.
Er tat es nicht.
Erraten: Rasin ritt sie nicht.
Rasin reitet nicht in Rasennestern,
Rasins Stern heisst nicht Irina.
Rasins Sterne sinnen Rache, an Kaisern.
Ihren Kies sehnt er sich her,
keine kranken Nixen,
keine nackten neckischen Hexen.
Rasin rastet. Sie nickt, sie ist kirre,
ist Rasin ihr kein Essen? Rasin ihr, sie Rasin nie.
Sie, ein Rassereh.
Rasin sass, Rasin sann.
Eiserner Rasin.
Rasin sank ein in seine Sinne. Rasin, ein Hirsch.
Nicht hier ist er.
Er sinnt, es sinnt,
es rennt, es rinnt,
sinnt Rache er? In Eichenhainen, hier?
Sein ist Irina.
Rasin sieht es nicht.
Reite sie. Er reitet sie nicht.
Ich, Hirsch, ich harre seiner hinter einer Hecke.
Ich, Enterich, in einer Senke.
Heiss ist es, heiss. Es rinnt an Stirn, an Nase, Steiss.
Heiss ist seine, Rasins, Rache.
Irina, Naerrin, sieh es ein, er sieht es nicht.
Rasin sinnt, sinnt, sann. Es knirscht,
es knacken Aeste, knistern Reiser, —
ist es in Rasins Hirn? Nein, nein, es ist ein Hirsch.
Irina erschrickt. Rasin sieht Rehschinken, ihn
schickt ein Stern.
Heere, Rasin sieht sie —
Schinken essen in Schenken, keine Hirse.
Ein Schein raet ihnen: hier rennt an,
reisen, rennen, reiten —
nie rasten Rasins Sinne.
Hihiha, hahahi,
kraeht es (kraeht er, ein Haeher) —
kichert, kreischt es: schreitet ein.

Siede die Sklavinnen.
Das ist Sauermilch Preis für die Arbeit.

*Der Schlaf*

A, Husten des Waldgeistes!
Und der Waldgnom ging
Oj-Dideldum
Mund der Violinen
Der Flöten
Mit dem Schwert
Wild beflügelt
Verstumme die Namen.
Fang der Wellen
Verlockungen den Träumen.
Und ich fliege gut, Kadaver!
Top des Stroms
Und
Getrappel
In die Tatze der Beine fiel das Feuer.
Es
Mit der Feder das Meer
Winkte den Tälern.
Dort legen sich Kähne
Flug der Körper.

*Die Folter*

Späher der Helme
Bei den Dörfern im dichten Wald starb das Schwert.
Zur
Stadt der Krämpfe
Das Sausen der Axt
Flog.
Geräusch gut.
Spalte — Zecke.
Dunkel, mit dem Wind.
Und die Tatze des Henkers!
He, die Nacktheit der Frauen ist zärtlicher als die Peitsche!
Ich bin ein Teufel, mich
Wild beflügelt
Mit den Feuern der Finsternis, mit der Rede der Namen.

Keine Herrin sei sicher.
Sahne trinken sie.

VI

Hae-hae-hae — schreckt sie ein Schrat,
erschreckt, er neckt, er narrt sie
(einer seiner Streiche) —
Ei-tarara, heissassassa ...
Hart ist sein Schrei, keiner eines Hahns.
Eher eines Haehers.
Ein Eichenhaeher erraet rasch Schritte eines Herrn.
Er nennt Rasin seinen Herren, seinen Kaiser.
Rasin kreist,
ein Kaiser, Kranich,
Rasin, Kaiser seiner Ratten,
Rasin, Retter siecher Knechte,
Rasin, Ritter erster Art,
Rasin, Richter ihrer Rechte. Rasin richtet ihnen Rechte ein.
An Seen sichtet er sie, richtet er sie her.
Ich, Rasin, Stier, Star, Stern,
ich Stein, ich
sinke ein
in ihrer Sinne See.
Kies knirscht.

VII

Herseher, Heerseher.
In einen Traenensee sank ihre Axt, sank hin ihr Streitstern.
Hin sank ihr Rechen,
hin sank ihre Rache —
ihr Richter
naht, ihr Henker.
Ketten rasten ein.
Es knacken Nissen.
Kraehen nisten hier nicht.
Nasse Naechte, Nacht, Nacht, Naechte, nichts.
Nach Naesse riecht es,
nassen Haaren,
Harn —
es stinkt.

Flehst du mit der Ahle?
Schmieden von Stricken.
Und Sturm mit Peitschen.
Flieg Peiniger der Pest.
Geh.
Und das Netz.
So der Henker.
Mutter zu den Narren!
A, Glaube der Trugbilder.
Ich
Winkte mit den Richtblöcken
Mit der Verleumdung des Dunkels.
Schwenker mit der Peitsche.
Er fiel von den Tatzen.
Flug der Glut zum Dieb,
Gebrüll der Schwüre!
Schuld der Felder.
O! O!
Der Unwissende gewittert
Mit dem Zahn der Lasten,
Lang der Hunger
Die Brücken zerriß
Ich.
In den Pocken der Hunde
Fauchst du.
Flehst du mit der Ahle?
Der Riemen messe nicht
Mich — ich bin stumm.
Du breitest dich aus
Du fauchst.
Und halt, o vertraue.
Aber die Tatze des Henkers!
Jemandes Kralle
In den Feuern das Schwätzen von Namen! . . .
Aber vollzogen das Gesetz
Mit der Rippe nehme ich die Pest.
O, das Gebrüll fliegt! Schlage mit der Peitsche! Dreh den Leib!
Qual der Pest.
Er schleudert, womit fließen?
Die Mutter womit den Träumen?

Nackt — ach nein, nicht Irina ist es,
nackt ist ihr Eisen Rasin.
Nackt, an Irinas Statt, ein nackter Stein.
Statt Kissen — Ketten.
Statt Essen — Eisen.
Statt Sternen — Steinkerne, Nacht.
Eis statt heiss.
Rasins Raststatt ist Kaisers Richtstaette.
Rasins Herr hier: Kaisers Henkersknechte.
Rasin sei ein Satanas, heisst es. Er sei er.
Rasin — Antichrist.
Rattenessen.
Ha, Henker!
Kein Schrei entrinnt Rasin.
Rasins Inneres nährt Hass,
sein Inneres kein Essen heischt.
Rasin erinnert sich
— in Eisen, in Naesse, in Steinen seines Kerkers —
an Seen, Seekresse, Kraniche kreisen,
in Eichenhainen nennen Haeher ihn Kaiser,
Reiher, Enten, Rehe reihen sich ein,
Hasen, Tannen, Seen.
Nach seinen Sternen sehnt sich Rasin,
Sterne sehnen sich nach Rasin.
Ich, ach, ich —
hier, Henker, hierher! —
ich heisse Rasin,
Stenka Rasin, ich!
In Rasin sehen . . .
Henker, sieh her.
Rasin senkt nie seine Stirn.
Rasins Stirn ist Stein, ist Eisen.
Rasins Stern heisst Rache an Kaisern,
Rache an Reichen, ihren Henkersknechten, Scheissern.
Rasins Essen ist Eisen, ist Hass.
Rasins Stern sinkt nie.
Rasins Nacken ist rasiert.
Seine Henker sehen ihn sich an.
Seine Henker renken Kaisers Recht ein.
Henker senken Eisen in Rasin, heisses Eisen, heisses,

Lecke ich an den Adern?
Oder der Mund von Seeadlern dort
Flog.
Nässe der Köpfe.
Gebrüll der Schwüre,
Ich jage die Hexe der Schrecken bei den Mädchen.
Matt von Stummheit
der Weiber
Getrappel
Oder sie wanden einen Kranz.
Razin auf die Stute, Lächeln auf die Talbewohner.
Und
Wie?
Mit dem Schenkel zum Maul
Flog er.
Getrappel
Von Rippen
Und Zittern der Stangen.
Sie schleppen, aber zum Henker der Pfähle
Setze ich mich nicht — entsetzlich.
Der Weg stumpf.
Folterkammer:
Ich zeichne die Jagd — quäle die Rede der Beine.
Beeile dich prügeln
Und Marterbank, Riemen, miß den Hunger nicht.
Also, Henker.

Wir, Talbewohner, flogen mit Razin.

es kreischt —
Rasin: keinen Schrei.
Es stinkt —
Rasin: ein Stein.
Es knackt in eisernen Ketten
Rasins starke Rechte — Rasin: nichts.
Seit seine, Rasins, eine Seite Eis ist,
seit seine rechte Seite Stein ist,
ist sein Inneres Eisen.
Naesse kriecht an ihn heran:
ist Eis nicht hartes Nass?
Nissen kriechen in ihn hinein:
Rasin ist Stein.
Rasin reitet.
Rasin schreitet.
Ein Schrei:
Rasin sieht Kreise.
Rasins rechte Seite schreit, schreit, schreit —
es schreit ein Stein, nicht Rasin.
Es schreit ein Rest, nicht Rasin ist es.
Es schreit sein Henker,
er erschrak:
rasch, rascher! Rasch!!
Richtstatt. Rasins Reste sehen nichts, ein Sack ... —
Es sei, Henker.
Hackt ihn hin.

Sie, Sterne, Seen, sehnen Rasin her.

**Ra** — wenn jemand seine Augen im rotbraunen und roten Sumpf-
wasser sieht,
wenn jemand seinen Traum und sich selbst betrachtet
im Mäuslein, das leise Sumpfgräser stiehlt,
im jungen Fröschlein, das zum Zeichen der Tapferkeit die weißen
Blasen bläht,
im grünen Gras, das mit roter Schrift die Gestalt des mit einer
Sichel gebückten Mädchens ritzte,
als es Riedgras zum Heizen und für das Haus sammelte,
in den Fischzügen, die die Gräser aufwallen, die Blasen aufsteigen
lassen,
von der Volga umringtes Auge.
**Ra** — fortgesetzt in Tausenden Tieren und Pflanzen,
**Ra** — ein Baum mit lebendigen, laufenden und denkenden
Blättern, die Geraschel, Seufzer ausstoßen.
Volga der Augen,
Tausende Augen — blicken auf ihn, Tausende scharfe Augen und
Pupillen.
Und Razin,
nach der Fußwäsche,
hob den Kopf und blickte lange auf **Ra,**
so daß der feste Hals sich wie ein schmaler Strich rötete.

Schramme am Himmel

I
*Durchbruch zu den Sprachen*
Vereinigung von Sternensprache und gewöhnlicher

Wo ist der Schwarm der grünen **HAS** für zwei,
und das **EL** der Kleider beim Lauf,
das **GO** der Wolken überm Spiel der Menschen,
das **WE** der Massen rund um das unsichtbare Feuer,
das **SCHA** der Jungen, das **DO** der umschmeichelnden Kleider,
das blaue **SO** des Hemds des Jungen,
**PE** des Mädchens roter Kittel,
**KA** des Blutes und der Himmel,
das **GO** der Mädchen — Kränze von Waldblumen,
und das **WEWA** des quitt.
**PI** des Laufs auf rundem Pfad,
das **TSCHA** der nackten Füße,
wie kurz das **KA** der Ruhe!
Und das **WE** der Haare am Kopf der Menschen,
das **WE** des Windes und der Liebe,
der Herbstfreuden **ES,**
**MO** von Kummer, Mühsal und Wehmut,
und **LA** der Arbeit während des Leli.
**ES** des Lachens, **DA** im Seil aus Haar,
wo die Wäldchen **HA**s von Herbstkörpern sind,
und die Brauen **HA**s für kluge Blicke.
Und das **MO** der langgelockten Haare,
und das **MO** der Menschen — **WE** der unsichtbaren Flamme,
Gestirne — **GO** der nächtlichen Welt.
**WE** der Wellen des Flusses,
**WE** des Windes und der Bäume.
Wo du das **TU** des Abendschattens bist,
kommt das **NI** des allgemeinen Aufbruchs
und das Freuden-**ZA-ZA** ist nur noch **TU,**
es werde **NI** und **WE** und **TE** und **LA**!

II
*Batyj und PI*
Denkmal beruhend auf einem Fehler

317 π = 995,8872
Erster Gewinn:
E — ist der Bach der Zahlen, zwei und Rauch der Zahlen
E = 2,718 ...
π — ist das Verhältnis des Kreises zum Durchmesser
317 Jahre — eine Welle der Saite der Menschheit,
des Schauderns von Invasionen.

376 Jahre sind vergangen, nach den drei Weisen,
dummen Kälbern mit stumpfer Schnauze,
und dem Erlöser Kind in der Krippe
(Rechnung nach Loneljud) 317 π = 995,8872 —
als plötzlich die Lava der Völker hervorbrach
wie eine grausame Schalmei
— Wind der Menschen.
Es fällt Rom,
die Spinne des Mittelmeers,
der Wind zerriß die Spinnweben,
und nun?
In 317 · e = 861 Jahren,
nach dem Völkersturm,
brachen erneut die Tataren los,
zertraten Rußland mit den Klötzen des Kriegs,
Kiev brannten sie nieder, und zechten, sitzend auf den Besiegten.
Und in 317 · π + 9 oder 1004 Jahren
nach dem Einfall der Hunnen und Goten,
lanzenbewaffnet, im Osten
Warf Rußland ab die Ketten der Tataren.
Peresvet und Osljabja — zwei Kuttenträger,
deren Bärte einem Waldsee gleich,
ihr, das Schnepfenfeld, voll von blauen
Seen, ihr habt den Rain gezogen.
Die Herrschaft der Tataren währte
31 × (π — e) = 143 Jahre.
Der Chan des Steppenvolks
Herr über Pferde und Menschen,
sechsbeinige Wesen,
die Wiehern mit unverständlicher Sprache vermengten

und vier Augen mit einem fünften —
der eisernen Lanze,
er, der schreckliche Mongole
verneigte sich dem Kreis
in grausamen Kriegen,
da er den göttlichen Willen erfüllt
mit Kriegen.
Er schreitet auf die Zahl des Archimedes zu
sie anzubeten wie einen Gott, er,
bärtiger Steppengott,
selbst nicht wissend, daß er Rußland zerstörend
die Vollendung des Kreises erfüllte
wie das Tanzen der Reißbrettfeder.
Im Jahre 1193 bis zu den drei Weisen
nahmen die Griechen Achills das brennende Troja
mit Flechten von Rauch,
und die räuberischen Locken der sonnenbraunen Führer
fielen in die Fluten eines Purpurmeers
durch grausame Schadenfreude.
Und in 317 $\times$ e, im Jahre 332 durchstach der Führer
Makedoniens mit roher Lanze
in vollem Lauf das Hemd des Mardonius,
des Perserführers, und die Brust dazu.
Das sind zwei Wellen Griechenlands,
die größten, berühmtesten.
Im Jahre 3111 bis zu den drei Weisen,
in 365 (e $\pi$) bis zu den Christen
(Zeitrechnung der Inder)
Einbruch der bronzenen Inder
in das Gangestal — in den Süden.
In 317 ($\pi$ + e) die Wellen der Tataren,
Schlacht an der Kalka — der Untergang Rußlands.
Kinder, das ist so klar, so einfach!
Wozu braucht ihr ein dummes Lehrbuch?
Lernt lieber zu spielen auf den Tasten des Krieges
ohne das wilde Winseln des Todes —
wir sind Klangmenschen!
Batyj und PI! Ich habe eine Geige auf der Schulter!

III
*Lautschrift des Frühlings*

Im **Sosiweja** — Grün des Baumes,
**Nischeoty** — dunkler Stamm,
**Mam eami** — das ist der Himmel!
**Putsch** und **tschapi** — schwarze Krähe.
Der Zahlenduft der Dinge
steht zwischen den Bäumen.


IV
*An den Erdball*

**WE** der Wolken, **WA** der Sterne der Nachtwelle,
**WE** der Menschen rund um eine Achse,
**WE** der Zweige um den Baum, **WE** des Windes
und der Welle, **WE** der Haare eines Mädchens,
und **LA** der Erde an die Wiese des Himmels.
Mit dem Blütenblatt der Erdensonnenblume,
und des ganzen Erdballs **LA,**
und du Boot der Erde, wo des Himmels Strahl — ein Matrose ist,
wo **MI,** das Himmelsmeer atmet!
Im **SCHA** des Meers von schwarzen Blicken;
**PO** des Himmelsgewölbes, **Ri** & **RO**!
Der Gestirne **GO** sei über dir
wo der Streif der Wolken über der Wolkenstreife ist!
**PI** weiter und weiter ins nächtliche Dunkel!
Ins nächtliche **TU,** ins nächtliche Finstre, wo **TA** ist,
der Himmel **MO** und das **SASA** blauen Feuers.
O **SEA** des Grüns, o **MEA** der Wasser!
Wenn der Tageswelt **NI**
ins **SCHA** des städtischen Denkens,
fern dem hellen Solon,
das schon glänzende **DA,** das **LA** des Feuers aufgeht,
wo das **SASA** des Grün,
wo das **SASA** der weißen Wolken,
wo das feurige **SASA**;
in der Stunde des Lichtes **NO** und **TU,**
wo das göttliche **NI, NI-NI** der Götter,

wo das **PE** der Götter mit Flügeln des Dunkels
ins **SCHA** des menschlichen Denkens.
Weben der Weide wehe,
sei **WE** der wilden Wiederkunft,
sei **WE** der heiligen Wiederkunft,
wie die Haare am Schädel des Schriftstellers der Welten,
wehe mit dem Wedel der Fichte der Gottheiten,
wo das Nichts des Netze-Nestes weht.
Und das Wabern der Welten der Nacht.
Stürze ins **SA** der Menschenwelt,
**HA** des Denkens, — **NI** der Sprachen,
**SCHA** des Denkens, — **DO** der Sprachen,
**GO** der Menschen, schaut in den Himmel:
**SCHA** der Morgenröten befehlen es!
Mir hat der **GOUM** befohlen
die **GO**-Sitten einzuführen
der fliegenden Regierung
des Erdballs,
die, ein Schmetterling, flatternd
über der Wiese der Namen taumelt.


V
*Kampf*
(Sternensprache)

Schweif-**WE** der Pferde
küßt Menschen-**MO,**
Schweif-**WE** der Pferde
küßt Ohren-**GO.**
Wolken-**SCHA** — **HA** der Flug-Flieger,
Und — **EL**s der Fahne flattern rot,
Lanzen-**GO** — Fahnen-**EL**s,
Sättel-**GO** — Reiter
— **KA** auf immer und ewik!
Leichen-**GO**
Auf Pferde-**PI.**

VI

*Herren und Knechte im Alphabet*
Entblößtes Gerippe des Wortes

                P = He, CHA — K (n, r)

Kram — das sind Reste, Müll, Mist oder **Em,**
das, was man aufgehoben,
das, was man hegt, — das Mehl von Krumen
Kraft des Meißels **Em** in «Kr», in Krüppel, Krimskrams.
Und Kraft der Made, Milbe, der mondlosen Mondnacht,
der Motte und Mauser in «Amen».
Kram, Krempel — Mehl der Kraftlosigkeit
auf dem Mühlstein der Zeit,
der Hege Marter
unter dem Meißel der Stunden-Zerstörer.
Das ist der Modder oder Müll
dessen, was in der Kate der Sorgen,
im Koben am Morgen
nach der Arbeit liegenbleibt
als Mehl auf dem Amboß der Zeit.
**Ha** — das ist die Schranke zwischen Mörder und Opfer,
zwischen Marder, Regen und Mensch,
zwischen Frost und Körper, zwischen Hagel und Hege.
**Em** — das ist die Zerkleinerung eines Volumens,
mit dem Messer, manchmal,
in eine Menge minderer Teile.
Krümel, Krempel — das zerstörte Prinzip der Hege,
Krieg — das, das die Hege zerstört.
Krieg — Kampf mit dem **Ha,** Teiler der Häuser.
Das Minus des Frostes, vor dem den Herren
der Natur, sein Hab und Gut, sein Heu,
seinen Hals und seine Haut beschützen, sind:
Haus, Halle, Heim, früher Höhle
und viele **Ha**-Wörter für jede Art von Gebäuden.
(Und den minderen Menschen, den Knecht —
Kate, Koben, Kote, Kuhle.)
Kälte — das ist der Krieg mit der Behaglichkeit,
Kälte ist das Messer an der Kehle der Hege,
der Meißel, der die Hege des Herren zerstört.
Zwischen dem zerstörerischen Punkt

und dem zu zerstörenden die Grenze,
die Schranke der Körperbeschützer,
sei es die Heldenbrust der Herren,
«heldische Mannen»,
oder nur die kümmerliche Kate —
die Schranke zwischen Feind und Opfer
ist **Ha.**
Hüte sich hinter ihr der Mensch,
bedecke er mit ihnen,
den großen Gebäuden des **Ha,** die Erde! ...
**De** ist die Trennung eines ganzen Teils vom Ganzen:
Divisor, Drittel, Deutscher, durch.
**Ka** — Knüchtel, Knecht oder Knappe, sie sind der Halt
und die Stütze der Hege,
ihre sie treibende Hitze,
anzutreiben mit Knute und Knüppel, auf die sich
huldvoll die leichte Hand der Herrenhege legt.
**He** ist das Prinzip des Antreibens, Triebkraft.
Der Knecht ist die Hitze
im Heizkessel der Lokomotive,
Wagen ziehend, in denen als Frau
die Hege sich verhätscheln läßt,
er ist hundertmal das Rad der Verwöhnung.
Knecht = Triebkraft
der Hege von **He,**
das Holz, die Hitze, hü und hott für **He**
und der Haß, der eine Kugel
in den Himmel der Herrenherrlichkeit schickt.
Knecht ist die Helligkeit der Kerze, wenn in der Kirche
der Herr, die Hostie nehmend, Knecht wird, für kurz nur,
ist das Hallelujah und das Halali auf der Hochjagd,
ist He! Hopp! hopp!
und Has und Hund in einem.
He, Knechte — Haderlumpen, Halunken,
ihr gießt eure Stimmen zusammen, ihr klingt
als heiße Flamme in **He.**
**He** ist die Entfernung eines Punktes
von einem anderen auf geradestem Wege,
unter Zunahme des stofflichen Volumens:
Haubitzenschuß, Hahn des Gewehrs (Handfeuerwaffe),

Heer und Hurra! Hammer —
alles rund ums Schießen, dem Herrn so beliebt.
Hitze, wachsend im Stoffvolumen,
Knecht, du bist das Heer der Hämmer für **He,**
ja, du bist der Heizstoff
für Herrenhäuser und **He**-Hof,
du bist **He**s Herd, **He**s Hellebarde
Hufeisen und Hornvieh,
du «Hände an die Hosennaht», und weh,
wenn dich der Hafer stach.
Knechte, rank und schlank wie eine Knute
(wenn noch kein Krüppel),
all eure Knospen bringt ihr das dem **He,**
gehorsamster Diener.
Ihr seid die Hämmer in der Schmiede ihrer Herrlichkeit,
ihr seid die Hucke, auf die die Herrenhand sich stützt,
ihr hassender Halt.
Das ist der Druck des **He,** des wachsenden Raums
zwischen zwei Punkten,
wie Hufgetrappel hallt es im Knecht nach.
Denn: Knecht = **Kn** (Knute, knirschen, knien)
+ **He** (Hege, hell, heiß, Held, herb, Huld).
Ja, so ist das.
He, Herr,
hörst du?
Der Herr —
fiel in Feuer das Feld
— ist gefallen!
Und es hallte die Halde: gefällt . . .
Gefällt ist, was faul war.
Fallen, gefällt, was fällig,
gefällt, Knall und Fall, und es fiel,
wie einst **Kn** vor dem **He**
in die Knie!
**He** — in die Knie!
Gefällt hat das Faule die Hitze,
die arbeitsame im Kessel der **He**-Lok der Herren
und ihrer Helfer, die, gefällt,
im Feld der Steppe,
noch im Fallen, feuern.

Wenn die Felder Feuer fangen,
sind auch das die Herren?
Sonne für die Strahlen der Leere und Nacht,
des **En,** es brennt der Raum, die Saat vernichtend,
das **Ni** des Drucks der Sonne,
Nacht des **He,** die sengenden Strahlen
heizen die Lokomotive nicht mehr.
Abgang des **He**:
es ist weg — nicht mehr da.
Die **En**s der Nicht-Arbeit, erklungen im **He** —
Herr ohne Halt,
Held ohne Gehalt,
der Heizkessel kalt.
Hinweisend auf das Wort Herr, wo lange das **En**
des Nichtstuns hegen und hätscheln sich ließ:
es gibt dieses **He** nicht,
das laut und kraftvoll im Knecht nachhallte,
wie plappernd in Pappel
Hufgetrappel
sich mit dem Eisen verbeißend
ins Ohr der nächtlichen Ebene **En.**
Das **El** der Liebe ist gekommen, das **El** von Labsal
Lob und Leli, Linde, Lippen, Licht, von Laotse, Lassalle und **Lenin,**
Lunačarskij, Liebknecht.
Wie ein Wolkenrand, angestrahlt
vom Morgenrot,
Abriß lebenswichtiger Schicksale
mit dem Gattungsnamen
nicht das **Go-um,** nicht das **Ka-um,**
des **La-um.**
Auf den Liebeswellen lagert
das Gewicht der Macht, die Macht
legt auf die Liegestatt sich hin
(**El** — Übergang von Höhe in Breite),
schwer sind die Kartuschen des allrussischen Landsturms,
des klobigen Nordens!
Auf den leichten Schneeschuhen des Lautes **El** —
Libertas und Liebe!
Die Freiheit läuft,
zum Glück der Menschen nicht in den Schnee einbrechend,

läuft und verlagert sich
in das Wort Herr,
dort, wo so lange das **Ni** Nemojevskijs war,
und der Herr — fiel, gefallen!
Gefällt, verfault,
ohne Halt.
Aufgewachsen als Halme des Hochmuts,
Heglinge des Lebens, kreisen die Herren,
leichte Lieblinge des Laufs, tanzten
im Kreis der leichten Masurka.
Und auf sie gerichtet
die immer scharfen Blicke der Arbeit.
Und es sanken
die Herren aufs Feld,
gefällt,
und alle Felder fingen
Feuer! an zu singen,
wo die Kugeln sangen.
Hitze, Druck und Helle,
die es im **He** nicht gibt, —
**En** ist Zeuge —
ergossen sich, eine Lawine, aufs Land.
**El** schreitet einher!

VII
*Kampf*

Wo **Pa**! **Pa**, papp!
**Pa** — Pulvers Sprache,
und wo das Tollkraut Wege bleicht,
der Wolke **Ha** versteckt den Flieger
vorm Blick der Heere und dem Blei-**Ra**
und **We** der Uferschwalben, Flieger, **Go** des Felds,
und **Ka** der Menschen, Lastenträger, Pferde
mit schwarzer Schwäne mächtgem Hals,
behaart das Bein, mit schwerem Huf,
als **We** wallt ihre Mähne
— und alle rabenfarben — **La** der Nacht!
Sie ziehen der Geschütze **Po** und **Pu,**
zu tragen **Mo** und **Ka** des kühlen Todes
zum Gegner hin der hinter **Ha** aus Draht
und Harnischen aus Drahtgezäun,
wo das **Pi** des Todes
flog mit dem Ferkelquieken
der fliegenden Kugel
und roter Feuerfetzen, **Go**
des Menschen hin und her lief.

# Zangezi

*Einführung*

Eine Geschichte wird aus Wörtern gebaut wie aus einer Baueinheit Gebäude.

Als Einheit dient der kleine Stein gleich großer Wörter. Die Übergeschichte oder Hintergeschichte setzt sich aus selbständigen Bruchstücken zusammen, deren jedes seinen eigenen besonderen Gott, seinen besonderen Glauben und sein besonderes Statut hat. Auf die Moskauer Frage: «Wie glaubest du?» — antwortet jedermann unabhängig von seinem Nachbarn. Sie haben die Freiheit eines Glaubensbekenntnisses. Die Baueinheit, der Stein zur Übergeschichte, ist die Geschichte erster Ordnung. Sie gleicht einer Statue, die aus verschiedenfarbigen Blöcken verschiedenen Gesteins besteht: der Körper aus weißem, Mantel und Kleidung aus blauem, die Augen aus schwarzem Gestein.

Sie ist aus den verschiedenfarbigen Blöcken des Wortes verschiedener Struktur herausgemeißelt. Auf diese Weise findet man einen neuen Aspekt bei der Arbeit auf dem Gebiet des Umgangs mit der Sprache. Eine Erzählung ist Baukunst aus Worten. Baukunst aus «Erzählungen» ist die Übergeschichte.

Als Material dient dem Künstler nicht das Wort, sondern die Erzählung erster Ordnung.

*Der Block der Wortebenen*

Berge. Über einer Waldwiese erhebt sich eine rauhe steile Felsklippe, ähnlich einer Eisennadel unter einem Vergrößerungsglas. Wie ein an die Wand gelehnter Stock steht sie neben den lotrechten Steilen der mit Nadelwald überwachsenen Steinschichten. Mit der Grundsteinart verbindet sie ein Brücken-Plätzchen, das ihr wie der Strohhut eines Bergrutschs auf den Kopf gefallen ist. Dieser Platz ist Zangezis Lieblingsplatz. Hier ist er jeden Morgen und liest seine Lieder.
Von hier aus hält er seine Predigten an die Menschen oder den Wald. Eine hohe Tanne, ungestüm mit den blauen Wellen ihrer Nadeln wallend, bedeckt einen Teil der Klippe, es scheint, als sei sie eine Vertraute und wache über seiner Ruhe.
Von Zeit zu Zeit treten unter den Wurzeln als schwarze Flächen steinerne Blätter der Grundsteinart zutage. In Knoten winden sich die Wurzeln, dort, wo die Ecken der Steinbücher des unterirdischen Lesers hervorragen. Das Rauschen von Kiefernwald dringt herüber. Die silbernen Rentiermoos-Kissen sind voll Tau. Das ist der Weg der weinenden Nacht.
Schwarze lebendige Steine stehen zwischen den Stämmen, wie dunkle Leiber von Riesen, die in den Krieg gezogen sind.

*Die Vögel*

D e r  L a u b s ä n g e r *vom Wipfel der Tanne, das silberne Kehlchen blähend:* — Pitsch p**e**t twitschan! Pitsch p**e**t twitschan! Pitsch p**e**t twitschan!

D i e  A m m e r *ruhig vom Wipfel eines Nußbaums:* — Kri-ti-ti-ti-ti-ti-i, zy-zy-zy-sssyy.

D e r  E i c h e l h ä h e r : — Wjer-wj**ö**r w**i**ru ssjek-ssjek-ssjek! Wer-wer w**i**ru ssek-ssek-ss**e**k!

D e r  B u c h f i n k : — Tjort**i** je**di**gredi. *Erblickt Menschen und versteckt sich in der hohen Tanne.* Tjort**i** je**di**gredi!

A m m e r *auf dem Zweige wippend:* — Zi-zi-zi-ssssy**y**.

D e r  g r ü n e  L a u b s ä n g e r *einsam über dem grünen Meer der oberen, ewig durch einen sanften Wind wellenden und wogenden Baumwipfel treibend:* — Prin! pzir**e**p-pzir**e**p! Pzir**e**p! — zessess**ä**.

A m m e r : — Zy-ssy-ssy-**ssssy**. *Sie schaukelt auf einem Schilfrohr.*

D e r  E i c h e l h ä h e r : — Pij**u**! pij**u**! Pjak, pjak, pj**a**k!

D i e  S c h w a l b e : — Ziw**i**tt! Zis**i**tt!

D i e  s c h w a r z k ö p f i g e  G r a s m ü c k e : — Bebot **ä**-u-we-weh!

D e r  K u c k u c k : — Ku-k**u**! Ku-ku! *Schaukelt auf einem Wipfel. Schweigen.*

Das sind die morgendlichen Worte der Vögel an die Sonne.
Ein Junge, auf Vogelfang, geht mit einem Käfig vorüber.

Ebene II

*Die Götter*

Der Nebel lichtet sich allmählich. Er gibt die Stellen frei, die an die rauhen Stirnen von Menschen erinnern, deren Leben rauh und schwer verlaufen ist, es wird klar: hier nisten die Götter. An den durchsichtigen Körpern wehen Schwanenflügel, die Gräser dukken sich unter unsichtbaren Schritten, sie rascheln.
Es ist wahr: die Götter sind nahe! immer lauter und lauter, das ist die Schar der Götter aller Völker, ihr Sitz, ihr Berglager.
T i - e n glättet mit einem Bügeleisen seine langen, bis zur Erde reichenden Haare, die zu seiner Bekleidung geworden sind: er plättet die Falten heraus.
S c h a n g - t i wischt sich den Ruß der Städte des Westens vom Gesicht. «Ein klein bißchen besser.»
Wie Hasen hängen ihm zwei schneeweiße buschige Strähnen über die Ohren. Langer Schnurrbart eines Chinesen.
Die weiße J u n o , angetan mit einer grünen Hopfenrebe, schabt mit fleißiger Feile an ihrer schneeweißen Schulter, den weißen Stein von Schlackeansätzen reinigend.
U n k u l u n k u l u lauscht den Geräuschen eines Käfers, der Gänge durch den Klotz des hölzernen Leibs des Gottes nagt.
E r o s : Mara-roma,
    biba-bull!
    Uks, kuks, el!
    Rededidi dididi!
    Piri-peppi, pa-pa-pi!
    Tschogi guna, geni-gan!
    Al, el, il!
    Al, el, ili!
    Eck, ack, uck!
    Gamtsch, gemtsch, io!
    — Rpi! Rpi!
A n t w o r t *der Götter:*
    Na-no-na!
    Etschi, utschi, otschi!
    Kesi, nesi, dsigaga!
    Nisarisi osiri.
    Meamura simoro.
    Pips!

Masatschitschi- tschimoro!
Pljan!

V e l e s : Bruwu ru ru ru ru!
Pitze zane sse sse sse!
Ssitzi, lietzi zi-zi-zi!
Pentsch, pantsch, pentsch!

E r o s : Emtsch, amtsch, umtsch!
Dimtschi, damtschi, domtschi!
Makarako kiotscherk!
Zitzilitzi zitzitzi!
Kukariki kikiku.
Olga, Elga, Alge!
Pitz, patsch, potsch! Echamtschi!

J u n o : Pirarara — pirururu!
Leo lolo buaroo!
Witscheolo ssessesse!
Witschi! Witschi! ibi bi!
Sisasisa isaso!
Eps, Abs, Eps!
Muri-guri rikoko!
Mia, mao, mum!
Epp!

U n k u l u n k u l u : Rappr, grappr, apr! Schaj!
Kaff! Bsuj! Kaff!
Schrab, gab, bockf — kuck
Rtupt! tupt!

*Die Götter erheben sich in die Lüfte.*
Wieder dunkelt der Nebel, blauend über dem Gestein.

Ebene III

*Menschen*
Aus dem Block der bunten Wortebenen

L e u t e : Oh, Mutter Gottes!
1 - t e r   P a s s a n t : Er ist also hier. Dieser Trottel aus dem Wald?
2 - t e r   P a s s a n t : Ja.
1 - t e r   P a s s a n t : Was macht er gerade?
2 - t e r   P a s s a n t : Er liest, er redet, er atmet, er sieht, er hört, er geht einher, morgens betet er.
1 - t e r   P a s s a n t : Zu wem?
2 - t e r   P a s s a n t : Das versteht sowieso kein Mensch! Zu den Blumen? den Käfern? den Kröten des Waldes?
1 - t e r   P a s s a n t : Ein Trottel! Die Predigt eines Trottels aus dem Wald! Aber Kühe weidet er keine?
2 - t e r   P a s s a n t : Vorläufig nicht. Du siehst ja, auf dem Weg wächst kein Gras, er ist ganz sauber! Sie kommen. Der Weg hierher ist ausgetreten, bis zu diesen Felsen da vorn.
1 - t e r   P a s s a n t : Ein komischer Kerl. Also wolln wir mal hören!
2 - t e r   P a s s a n t : Hübsch sieht er aus. So weiblich. Aber lange hält der nicht durch.
1 - t e r   P a s s a n t : Zu schwach?
2 - t e r   P a s s a n t : Ja. *Sie gehen vorbei.*
3 - t e r   P a s s a n t : Er steht ganz oben, und unter ihm die Leute wie ein Spucknapf für die Spucke seiner Lehre?
1 - t e r   P a s s a n t : Wie Ertrunkene vielleicht? Sie strampeln, verschlucken sich ...
2 - t e r   P a s s a n t : Wie du willst. Er soll der rettende Kreis sein?
1 - t e r   P a s s a n t : Ja! Vom Himmel gefallen!
1 - t e r   P a s s a n t : Also, es beginnt die Predigt des Trottels aus dem Walde. Lehrer! Wir hören.
2 - t e r   P a s s a n t : Was ist das? Ein Fetzen der Handschrift von Zangezi. Er hat sich an die Wurzel der Fichte geschmiegt, sich in ein Mauseloch verkrochen. Eine schöne Handschrift!
1 - t e r   P a s s a n t : Lies doch laut!

Ebene IV

2-ter Passant: «Tafeln des Schicksals! Wie die Schriftzeichen der schwarzen Nächte steche ich euch aus, Tafeln des Schicksals!

Drei Zahlen! Wie ich, als ich jung war, wie ich, als ich alt war, wie ich in den mittleren Jahren, gemeinsam kommt ihr die staubige Straße daher!

$10^5 + 10^4 + 11^5 = 742$ Jahre und 34 Tage. Leset, Augen, das Gesetz vom Untergang der Staaten:

Hier die Gleichung: $X = k + n(10^5 + 10^4 + 11^5) - (10^2 - (2^{n-1})11)$ Tage.

$K = $ Zeitpunkt der Abrechnung, der Sturz der Römer, im Osten die Schlacht von Actium. Ägypten ergab sich den Römern. Das war am 2. IX. des Jahres 31 vor Chr. Geb.

Wenn $n = 1$, dann bedeutet das lks in der Gleichung vom Untergang der Völker Folgendes: $x = 21$. VII. 711 oder der Tag des Untergangs des stolzen Spanien, seiner Eroberung durch die Araber.

Das stolze Spanien fiel!

Ist $n = 2$, dann ist $x = 29$. V. 1453.

Und es schlug die Stunde der Eroberung Konstantinopels durch die wilden Türken. Der Stolz der Kaiser versank in Blut, und wild heulten in der Anmut die Sackpfeifen der Türken. Der Leichnam des zweiten Roms, geschändet von Osman. In der Kirche der blauäugigen Sofija — der grüne Mantel des Propheten.

Auf dickwanstigen Pferden mit einer Blesse auf der Stirn reiten die Sieger.

Der Gesang der drei Flügel des Schicksals: willkommen den einen, schrecklich den andren! Die Eins ging aus der Fünf in die Zehn, aus dem Flügel ins Rad, und die Bewegungen der Zahl in drei Bildern ($10^5$, $10^4$, $11^5$) sind in der Gleichung bewahrt.

Zwischen dem Untergang Persiens am 1. X. 331 v. Chr. unter der Lanze Alexanders des Großen und dem Untergang Roms in den mächtigen Schlägen Alarichs am 24. VIII. 410 sind vergangen:

741 Jahre

oder: $10^5 + 11^5 + 10^4 - \dfrac{3^6 + 1}{2} - 2^3 \cdot 3^2$ Tage.

Tafeln des Schicksals! Lest, lest, die ihr vorübergeht! Wie im Schattenspiel ziehen die Zahlen-Krieger an euch vorüber, verschiedenen Zeitebenen entnommen, und all ihre Körper, verschieden groß, zusammengelegt, ergeben den Zeitblock zwischen dem Sturz der Reiche, der Entsetzen brachte.»

2-ter Passant : Dunkel und unbegreiflich! — Aber trotzdem, die Klaue des Löwen ist sichtbar. Man spürt sie. Ein Fetzen Papier, auf dem die Schicksale der Völker festgehalten sind, für eine höhere Vision!

Tschangara Zangezi ist da! Und er ist zum Reden aufgelegt! Sprich, wir hören!

Wir — sind der Boden, schreite hinweg über unsere Seelen. Kühner Gehrer! Wir sind die Gläubigen, wir warten. Unsere Augen, unsere Seelen — sind der Boden für deine Schritte, der unwissende.

D e r   P i r o l : Fio **e**-u.

Ebene VI

Z a n g e z i : Ich, Schmetterling, der sich verflogen
ins Zimmer eines Menschenlebens,
soll die Schrift meines Staubs
an den rauhen Fenstern lassen, als Unterschrift des Gefangnen,
auf den strengen Gläsern des Schicksals.
So langweilig und grau
sind die Tapeten des Menschenlebens!
Der Fenster durchsichtiges «Nein»!
Schon habe ich meinen blauen Feuerschein verwischt,
                                              das Punktemuster,
meinen blauen Sturm des Flügels — die erste Frische,
der Blütenstaub ist abgetragen, die Flügel
                welk, durchsichtig, rauh sind sie geworden,
müde schlage ich ans Fenster des Menschen.
Ewige Zahlen klopfen von drüben
den Ruf nach der Heimat, sie rufen die Zahl
                        zurückzukehren zu den Zahlen.
2 - t e r  P a s s a n t : Ein Schmetterling will er sein, schau dir den an!
3 - t e r  P a s s a n t : Der und ein Schmetterling ... Mein Beileid!
    Ein altes Weib ist er!
D i e  G l ä u b i g e n : Singe uns selbsthafte Lieder! erzähle uns
    von **El**!
    Lies uns etwas in Zaum. Erzähle uns von unserer schrecklichen Zeit in den Worten des ALPHABETS! Damit wir nicht den Krieg der Menschen, die Säbel des ALPHABETS, sehen und nicht den Schlag der langen Lanzen des ALPHABETS hören müssen. Die Schlacht der Feinde: **Er** und **El**, **Ka** und **Pe**! Schrecklich sind ihre Helme mit den drohenden Federbüschen, schrecklich ihre Lanzen! Entsetzlich der Umriß ihrer Gesichter: das Wilde und Zarte des sonnenbraunen Raums. Jetzt zerfrißt die Motte des Bürgerkriegs die Haut der Lande, die Hauptstädte vertrocknen wie Zwieback: der Menschen Feuchtigkeit verdunstet.
    Wir wissen, **El** ist die Stütze eines Punktes, der senkrecht auf eine breite Fläche fällt, **Er** ist der Punkt, der den senkrechten Weg schneidet, zerschneidet. **Er** schwebt, reißt, zerreißt jede Schranke, wühlt Gräben und Rinnen.
    Der Raum klingt durch das ALPHABET.
    Sprich!

Ebene VII

Zangezi: Ihr sagt, die Rjuriks und Romanovs seien tot,
die Kaledins, Krymovs, Kornilovs und Kolčaks gefallen ...
Nein! Mit Sklaven kämpften die Verteidiger der Herren,
20mal wurde Kiev genommen und zerstört,
in den Staub getreten.
Der Reiche weinte, es lachte der Arme,
als Kaledin die Kugel sich gab.
Und der Schritt der Verfassungsgebenden Versammlung
knallte.

Und es verdunkelten die leeren Paläste.
Nein, «**Ers**» rissen sich los,
wie der Sterbenden Atem,
wie schäumendes Röcheln entrang es sich wild dem
erkaltenden Mund.
«**Ka**» ist angebrochen!
An der Wolke der Macht von **El** sind Zähne.
**El,** wo ist deine jahrhundertealte Ungnade!
**El,** jahrhundertelang Einsamer des Untergrunds!
Bürger der Mäusewelt, flohen als stürmischer Sturm auf dich
zu:
Tage, Wochen, Monate, Jahre — auf ihrer Pilgerfahrt.
Die Tage des **El**-Wetters sind angebrochen!
**El,** das ist die kleine Sonne der Liebkosung und Faulheit,
der Liebe.


Im «Öl der Leute» klingst du zweimal an!
Dir haben sich die Völker verneigt
nach dem großen Kriege.
**Er, Ra, Ro!** Tra-ra-ra!
Rumoren und Rasseln, Röcheln des Krieges.
Du hast an deinen Rädern den Unsinn
in geschmiedeten Nägeln Skandinaviens.
Als Segel rolltest du rauschend über Rußland,
mit dem stählernen Reifen der Kriegswagen
hast du dich in den Süden verzogen.
Verharschter Schnee sind die Nachtlager auf dem Herzen.
In die Mäuseleiber eingegraben die Krallen des Frosts.
Die Windmähre Rußlands hat dich getragen.

Und die Dörfer beteten: wenn doch Gäste kämen!
Unsinn an den Rädern, auf Rädern.
Alle Labsal zertrampelnd, kanntest du deine Schranken,
und in der Ferne stand der Prügel **Ge,** entzweigebrochen;
**Er** in den Händen von **El!**
Wenn der Adler, rauh die krummen Flügel ausbreitend,
nach Leli sich sehnt,
Fliegt **Er** herbei, wie die Erbse aus dem Blasrohr –
aus dem Wort Rußland.
Wenn das Volk in Elche sich verwandelt,
wenn es Wunden über Wunden trägt,
wenn es luchsgleich leise auftritt,
mit nassem schwarzem Maul ans Tor des Schicksals stößt, –
dann bittet es um leichte Leli, Liebe,
um Leli und um reine **Els,** es bittet,
den müden Leib auf ein Lager zu betten.
Sein Kopf ist dann
ein Lexikon nur aus den Worten des **El.**
Wer im fremden Land als Iltis umherläuft, will Liebe!
**Er,** fort mit dir, Marsch
und fall nicht zu Boden, trab-trab!
Aus den Schranken errechne dir die Länge des Weges.
Die Kleider von Bettlern
verwandelst du in Murren,
Fußlappen und leichte Bastschuhe
ersetzt du durch rasendes Brüllen!
**Er,** du bist Rauch, treibst die Panzerzüge
der Linsen des Blutes in endloser Reihe
durch die Adern Nordsibiriens,
oder trägst Paläste über die Wellen.
Das Blühen der Wege lebt wie eine Sonnenblume durch dich.
Doch **El** ist angebrochen, – **Er** ist gefallen.
Lässig lagert das Volk im Boot der Faulheit,
die Krieger-Riegen ersetzt es durch Lieder,
Reitertod durch Laibe weißen Brots.
Raub durch Laub.
Durch Leichen die Reichen des Reichs.
Kriegsgericht durch Liebesgedicht.
**Er** aber ersetzt das Laubdach durch Raubzug,
Leiber formt er zu Kriegern, rügt das Liegen,

wieder rollte das Gewehr aus dem Leder **Er,**
nicht legen, regen muß er sich!
An die Stelle der Leider setzt er wieder Reiter,
macht Laues rauh, aus Linden Rinder,
baut Kirchen für die Knilche, und bricht
den Lippen der Liebe die Rippen.
**Er** stiehlt, ein Räuber, den Leuten die Freiheit.
Einmal erklingst du im Propheten,
du hast den Bügel zum Bürger gemacht.
Den Keller zum Kerker,
als du das Dunkel der Zeit durchdrungen
wie **Ka,** das anklingt in Kolčak,
**Ka** geißelte mit der Knute alle —
Ketten, Könige, Kismet, Kakerlaken und Kroppzeug,
wie Kain mit dem Knüppel,
mit Kot bewirft man den Propheten,
mit Kieselsteinen kasteit sich der Ketzer, —
als du, **Er,** brülltest, wie rasend,
dem Sumpf des Nordens in die Ohren:
«Reiten, reiten, reiten, Bruder,
und kämpfen, sonst bist du verloren!»
— Nachsetzen will man dem Schreckensgewitter,
in der kleinen Hütte, mit dem weißen Windhund,
will, daß die Infanterie wieder herkommt,
bis zum letzten Lachen
der letzten beiden Menschenschädel, an der Kriegsschüssel.
Damals ging mit dem schweren Schritt
des Selbstmörders **Ka** durch die Steppe,
unsicher, wie trunken, zu auf die **Els,** ihnen nach
und die Wolken des Schicksals rötend mit sich selbst,
dem Flußbett der menschlichen Tode ein neues Ufer gebend.
Wie der letzte Zug im verlorenen Spiel,
so ging, erblichen, **Ka** einher.
**Er, Ra, Ro!**
Rauch, Rausch, Rache!
Gott Rußlands, Gott der Raserei. —
Perun, dein Gott, der Riese,
kennt keine Schranken, Ränder, Raine, er reitet, rast, er rodet.
Quatsch, daß Kaledin tot ist und Kolčak, daß man die Kugel
                              krachen hörte.

**Ka** ist es, der hier verstummt ist, **Ka** hat nach-, hat aufgegeben, zu Boden gestürzt.

**El** ist es, das dem Meer der Seuchen Molen baut und tapfer dem Tod eine Mulde!

1 - t e r  P a s s a n t : Er ist ein kleiner Gelehrter.

2 - t e r  P a s s a n t : Aber sein Lied hat keine Spur Talent. Das ist Rohstoff, reiner Rohstoff, diese Predigt.

Ein roher Klotz. Diesen Denker muß man erst mal trockenlegen ...

Ebene VIII

Z a n g e z i : **Er, Ka, El** und **Ge,** —
Krieger des Alphabets, —
waren die dramatis personae dieser Jahre,
die Recken dieser Tage.
Der Menschen Freiheit umwallte ihre Gewalt,
so wie naß das Wasser vom Ruderblatt tropft.
Boot, Luft, Lid, Locke, fliegen und Eis —
wer sucht, wenn er fällt, sich auch das Wohin aus? — in den
Schnee, ins Wasser, in die Grube, in den Abgrund?
Der Ertrinkende setzt sich ins Boot, beginnt zu rudern.
Ein breites Boot, es kann nicht sinken.
Und alle wollten faul sein, lässig und lieb.
Umsonst kam **Ka** mit seinen Ketten und Knuten, während
**Ge** und **Er** mit Knüppeln auf sich einschlugen, —
**Ge** fiel, gefällt von **Er**,
und **Er** auf den Füßen vor **El**!
Mögen den Nebel der Zeiten die weisen Klänge der

                                                Weltsprache

lichten helfen. Denn sie ist wie das Licht. Hört
die Lieder der **Sternensprache**:

«Wo ist der Schwarm der grünen **Has** für zwei,
und das **El** der Kleider beim Lauf,
das **Go** der Wolken überm Spiel der Menschen,
das **We** der Massen rund ums unsichtbare Feuer,
und das Arbeits-**La**, das **Si** von Sing und Spiel,
das **Scha** der Jungen — ach, ihr blaues Hemd,
das **So** des blauen Hemds — Dämmrung morgens, abends,
das **We** der Locken rund ums Gesicht,
das **We** der Zweige unten an der Wurzel der Kiefern,
das **We** der Sterne der Nachtwelt rund um die Achse,
das **Scha** der Mädchen — ach, ihr rotes Hemd,
das **Go** der Mädchen — die Waldblumenkränze,
und das **So** der Strahlen des Frohsinns,
das **We** der im Ring vereinten Menschen,
das **Es** der herbstlichen Freuden,
das **Mo** von Kummer, Mühsal und Wehmut.
Das **Pi** der fröhlichen Stimmen,

und das **Pe** des donnernden Gelächters,
das **We** der Zweige des Atems der Winde,
nicht lange währn die **Uhs** der Ruhe.
Mädchen! Jungen, mehr **Pe**, mehr **Pi**, **Si**!
**Ka** ist für alle ein Kerker!
Das **El** des Lachens, **El**!
Die Wälder — das ist das **Ha** des Herbsts,
die Eichen — das **Ha** der Götter der Begierde,
die Brauen — das **Ha** der Herbstblicke,
die Zöpfe — das **Ha** von nächtlichen Gesichtern.
Und das **Mo** der Haare zu langen Locken,
und das **La** der Arbeit beim Laufen,
das **La** des Lachens, **Pe** der Sprachen,
**Pa** der Ärmel eines weißen Hemds,
**We** der schwarzen Zöpfeschlangen,
**Si** der Augen.
       **Lo** der goldnen Locken der Jungen.
**Si** des Lachens! Papp der Hufeisen und des Funkenflugs, —
**Mo** von Wehmut und Mühsal,
**Mo** früher Mutlosigkeit!
**Go** des Steins in die Höhe,
**We** der Wellen des Flusses, **We** des Winds und der Bäume,
Sternbild **Go** der nächtlichen Welt,
**Sche** des Schattens — ein Mädchen, abends,
und **sa-sa** der Freuden — Augen, Blicke.
**We** — die Menge des unsichtbaren Feuers.
Und **Si** des Singens,
und **Sa** des Singens in der Stille,
und der Schreie **Pi**.»
      So ist die Sternensprache.

D i e  M e n g e : Nicht schlecht, Denker!
Wird immer besser!

Z a n g e z i : Das sind Sternenlieder, in denen die Algebra der Wörter vermischt ist mit Arschinen und Stunden. Ein erster Entwurf! Diese Sprache wird einmal, vielleicht schon bald, vereinen!

1-ter  P a s s a n t : Göttlich, wie er lügt. Er lügt wie nachts die Nachtigall. Seht mal, von da oben kommen Flugblätter geflogen. Lesen wir doch eins:

«**El** — ist das Aufhalten eines fallenden Körpers, oder überhaupt einer Bewegung, durch eine Fläche quer zur Richtung des fallenden Punktes (liegen, Leiche).

**Er** — ein Punkt, der eine quer zu ihm liegende Fläche zerschneidet.

**Pe** — die fluchtartige Entfernung eines Punkts von einem anderen, und von da aus vieler Punkte, einer punktförmigen Menge, Zunahme eines Volumens (Pulver, platzen).

**Em** — Zersplitterung eines Volumens in endlos kleine Teile.

**Es** — Ausgang vieler Punkte von einem unbeweglichen Punkt, strahlen.

**Ka** — Begegnung und von hier: Aufhalten vieler beweglicher Punkte in einem unbeweglichen. Daher die natürliche Bedeutung von **Ka** — Kate, Kälte; einkeilen.

**Ha** — die Schranke einer breiten Fläche, Ebene zwischen einem Punkt und einem anderen, der sich auf sie zubewegt. — Hütte, Haus.

**Scha** — ein hohles Volumen, Leere, angefüllt mit einem fremden Körper. Von hier — biegsame Umhüllung.

**Se** — Reflexion eines Strahls durch einen Spiegel. — Einfallswinkel = Reflexionswinkel (sehen).

**Ge** — Bewegung eines Punktes im rechten Winkel, weg von der Grundbewegung. Von hier — Höhe.»

1-ter Z u h ö r e r : Er macht einen rasend mit seinen Flugblättern, dieser Zangezi! Was sagst du dazu?

2-ter Z u h ö r e r : Er hat mich wie einen kleinen Fisch durchbohrt mit der Schärfe seiner Gedanken.

Z a n g e z i : Hört ihr mich? Hört ihr meine Worte, die die Ketten der Wörter von euch nehmen? Worte sind Gebäude aus den Blöcken des Raums.

Teilchen von Worten. Teile von Bewegungen. Es gibt keine Wörter, es gibt Bewegungen im Raum und ihre Teile — Punkte, Flächen.

Ihr habt euch der Ketten eurer Vorfahren entrissen. Der Hammer meiner Stimme hat sie losgeschlagen — wütend habt ihr euch in euern Ketten herumgeworfen.

Flächen, ebene Flächen, Aufschläge von Punkten, göttlicher Kreis, Einfallwinkel, Strahlenbündel hin und zurück — das sind die geheimen Blöcke der Sprache. Reibt ein wenig die Zunge, und ihr werdet den Raum und sein Fell sehen.

Gedankenebene IX

— Leise! Leise. Er spricht.

Z a n g e z i : Glockenläuten auf UM! Großes Geläute an die Glocke des UM. Alle Schattierungen des Gehirns treten vor euch hin, zur Parade aller Arten von UM. Hier! Singt alle mit!

I
GOUM!
OUM.
UUM.
PAUM.
SOUM mich
und die, die ich nicht kenne.
MUUM.
BOUM.
LAUM.
SCHAUM.
BOM!
BIM!
BAM!

II
PROUM
PRAUM
PRIUM
NIUM
WEUM
ROUM
SAUM
WYUM
BOUM
WOUM
BYUM
BOM!
Helft mir, Glöckner, ich bin müde.

III
DOUM.
DAUM.
MIUM.
RAUM.
CHOUM.
CHAUM.
Großes Geläute auf UM!
Hier ist die Glocke, das Seil.

IV
SSUUM.
ISUM.
NEUM.
NAUM.
DWUUM.
TREUM.
DEUM.
BOM.
SOUM.
KOUM.
SSOUM.
POUM.
GLAUM.
RAUM.
NOUM.
NUUM.
WYUM.
BOM!
BOM! bom, bom!!
Das ist das große Geläut auf die Glocke des UM.
Göttliche Klänge, herabfliegend zur Provokation des Menschen.

**Wyum** — ist Erfindg. Natürlich, der Haß auf das Alte führt zum Wyum.
**Noum** — feindlicher Verstand, der zu anderen Schlüssen führt, ein Verstand, der zum ersteren «no» sagt.
**Goum** — hoher Verstand, wie diese Nippsachen des Himmels, die Sterne, tagsüber unsichtbar. Bei gestürzten Herrschern nimmt er den hingefallenen Stab **Go** auf.
**Laum** — breit ausgegossen auf breitester Fläche, kennt keine Ufer, wie das Hochwasser eines Flusses.
**Koum** — ruhiger, zusammenschmiedender Verstand, der Grundsätze, Ketten, Gesetze und Regeln gibt.
**Laum** — kommt aus der Höhe in Massen zu allen. Erzählt den Feldern, was von oben zu sehen ist.
**Schaum** — der das Glas auf die unsichere Zukunft erhebt. Seine Blicke sind Schablicke, sein Strahl — Schastrahl. Seine Flamme — Schaflamme. Seine Freiheit — Schafreiheit. Sein Kummer — Schakummer. Seine Hege — Schahege.
**Moum** — verderbenbringender, ruinöser, zerstörerischer Verstand. Er ist in den Grenzen des Glaubens vorausgesagt.
**Weum** — Verstand des Jüngerseins und der gläubigen Unterwerfung, des frommen Geistes.
**Oum** — abstrakter Verstand, erhellt alles um sich herum, von der Höhe eines einen Gedankens.
**Isum** — Sprung über die Grenzen des Alltagsverstandes hinaus.
**Daum** — bestätigend.
**Noum** — bestreitend.
**Ssuum** — Halbverstand.
**Ssoum** — Vernunft-Helfer.
**Nuum** — befehlend.
**Choum** — geheime, verborgene Vernunft.
**Byum** — Vernunft wünschender Verstand, nicht zu dem geschaffen, was er ist, sondern zu dem, was er sein will.
**Nium** — negativ.
**Proum** — Voraussicht.
**Praum** — Vernunft eines fernen Landes, Verstandes-Vorfahre.
**Boum** — der Stimme der Erfahrung folgend.
**Woum** — Nagel des Gedankens, ins Brett der Dummheit getrieben.
**Wyum** — der herabgefallene Reifen der Dummheit, keine Grenzen und Schranken kennender, strahlender, glänzender Verstand.
**Raum** — Seine Worte sind **Ra**-Hörner.
**Soum** — gespiegelter Verstand.

Herrlich ist das UM-Geläute.
Herrlich — diese reinen Klänge!
Aber da schreitet **Em** einher und betritt das Gebiet des mächtigen Wortes ICH MACHE.

Hört, hört das Machgemächte der Macht!

Ebene X

Macher, komm!
Komm näher, Machter! Mächter, Mächter!
Macher, ich machtle!
Machtler, ich mache! matchle, machte!
Machte, so mag ichs. Machlich! Vermechlich! Machte, Machtler!
Machtert die Augen! Mechlich! Vermechlich!
Mage, kommt näher!
Machler, komm, komm! Oh, diese Hände! Diese Hände!
Machtiges mächtges Antlitz, voller Mächtgen!
Machtliche Augen, machtige Gedanken, mächtene Brauen!
Gesicht der Mache, Büschel von Mache! Von Machde!
— Die Hände! Diese Hände!
Machterte, mächtlige, machtige!
Machtigte, mächtige, machtigliche!
Machtliges Antlitz!
Vielmachtige, machtigte Mochte,
ihr habt euch gelöst, Haare der Magikhane,
Machtler — Machtichter, mit mächtiger Mochte — Magentijane,
umgeben von Mächtingern — Machtinger, Macher der Mächtigen,
windet sich ein einsamer Machtwitsch,
Mächtkampf Mächtnis Machtigter Machter der Machterer.
In der Menge der Mächtingler und Machiger.

Wasser im Schnabel! Krähenflügel rauschen.
Ich eile, möchte nicht zu spät kommen!
Gesicht, Gesicht, oh Machterer! O machle, Machtler!
Machtere, machtig!
Machtler, mächte!
Ich gehe die Mächtling entlang, mächtiger Mächtigkeit Möchtung!
Macher, mach! machte, machse!
Komm, Machtler!
Mach der Machte! Mächter der Möchtschaft!
Machterer, Machtold!
Möchtre die Vernunft, machte die Hand! machre die Hand!
Machtler, Mächer und Machterer!
Kommt!
Machle, Machtler, Mächterer, machtig!
Oh, Blicke der Machte, Mund der Möchtelei!
Machtnis von Machtingern!

Das ist **Em,** das sich der Herrschaft von **Be** entrissen hat, um es nicht mehr fürchten zu müssen, und erfüllt die Pflichten dieses Sieges. Das ist das Fußvolk des **Em**-Heeres, es hat den Block des Volumens des Unmöglichen zermahlen, den Steinzeit-Wilden zu Mehl, zu Ameisenlasten, aus Holz machte es Moos, aus Adlern Mücken, aus Elefanten Mäuse, und die Herde der Ameisen (die einem kalt über den Rücken laufen) wurde zum Mehl endlos kleiner Teile. **Em** ist gekommen, Meißel und Hammer des Großen, der — mit der Mist-Gabel der Jahrhunderte — alles gerodet hat.

So — so wecken wir die schlafenden Götter des Worts.

Frech reißen wir sie am Bart — ihr Greise, wacht auf!

Ich bin der Machmogul, das Glockengemächte des **Em**! Mächterer! mächterig! Zu **Em,** dem Polarstern der Menschheit, dem Durchstöbrer aller Misthaufen des Glaubens, hin zu ihm — das allein sind unsere Wege. Zu ihm schwimmt der Dampfer der Jahrhunderte. Zu ihm empor, zu ihm, zu **Em, Em** erklimmt der Bus der Menschheit, stolz die Segel der Herrschaft blähend.

Und so gelangten wir aus dem Reich des UM ins Schloß des «Ich mache».

T a u s e n d e  v o n  S t i m m e n  *dumpf:* Ich mache!
                            *noch einmal:* Ich mache!
                            *noch einmal:* Ich mache!
                                  WIR MACHEN!

D i e  B e r g e , — die fernen Berge —: WIR MACHEN!

Z a n g e z i : Hört ihr, die Berge haben euren Schwur bestätigt. Hört die stolze Schrift der Berge, sie sagen «ich mache», hört ihr ihre Unterschrift auf der an euch ausgegebenen Banknote? Wiederholt durch das Summen der Bergschlucht, mit Tausenden von Stimmen? Hört ihr, die Götter fliegen, fliegen aufgescheucht von unserem Schrei, hört ihr? Mmm?

V i e l e : Die Götter, die Götter fliegen weg!

D i e   G ö t t e r *rauschen, unter den Wolken fliegend, mit den Flügeln:*
Gagaga ga gege ge!
Graka chata grororo!
Lili egi, ljap, pjap, bemm!
Lilibibi nikaro
Ssinoano zitziritz.
Chiju chmapa, chir sen, tschen
Schuri kika ssin ssonega.
Chachotiri es esse.
Juntschi, entschi, uk!
Juntschi, entschi, pipoka.
Kljam! kljam! Eps!
V i e l e : Die Götter sind weggeflogen, erschrocken vor der Macht unserer Stimmen. Zu unserem Glück oder Unglück?

Ebene XII

Z a n g e z i : Seht, da kommt das ALPHABET,
oh Schreckensstunde! Da die **Em**-Blöcke
jetzt hoch über den Wolken stehen,
und schweren Schrittes **Ka** daherkommt.
Und wieder, durch der Wolke Leichnam, stoßen
die Lanzen **Ge** und **Er** herab, und da sie
beide tot herabgefallen, beginnt
der Schreckensvorgang zwischen **Ka** und **El** —
den negativen Doppelgängern.

**Er,** gebeugt über den Spiegel der Nicht-Einheit — sieht **Ka**; **Ge** erblickt **El.** Hoch über dem Ameisenhaufen der Menschen, erschüttert der Pfahlbau des Schlachtens den Himmel mit Pfählen und Lanzen, mit Winkeln und Kloben ...

Die Götter sind davongeflogen, der Wind hat alles verweht.

Die Götter sind davongeflogen, erschrocken vor der Macht unserer Stimme. Aber habt ihr gesehen, wie **El** und **Ka** mit den Schwertern aufeinander losgehen? Und klotzig schleppt sich die Kulakenfaust hin zu den leichten Panzern des **El.**

Ah! Kolčak, Kaledin, Kornilov — sie sind nur Spinnweben, sind Muster des Schimmels auf dieser Kulakenfaust? Welche Kämpfer haben sich da verkeilt und kämpfen jenseits der Wolken? Es ist der Kampf von **Ge** und **Er,** von **El** und **Ka**! Die einen röcheln schon, drei Leichen, **El** allein lebt.

Leiser!

Z a n g e z i : Hört,
  SIE —
  SIE sind ein blauer Stillepreis,
  SIE sind ein blauer Augenfall.
  SIE sind ins Nimmerwied gereist,
  Ihr Flügeln rauschen ungehall.
  Fliegurden fliegen himmelin —
  michtnächten mengenweis verschwund.
  Als des geflügelt Diesnis Schwall,
  als himmelichter Nichtnis Schall.
  Unasurblaue Stöhner flogen,
  den Namen SIE vergessen habend.
  Ihn lehlen Nichtsewolzy.
  Davon SIE in der Wüste stoben,
  ruften in der Himmelimme die Manche,
  Nichtenei, die irdsche Paradei!
  Oh Fliegnis, Andernisse Fliegnis!
  Des Abend Lüfte Gedeihnisse,
  Diesner des trauten Geheimnisse,
  am Himmel blauen fliegen Laufter,
  der Nichter und nächtige Schnaufter,
  als Schall hin in die Himmelis!
  Fliegurden in den Andernis!
  Oh Fliegner mächtig wonderbarer,
  oh Diesnis fremder, sonderbare,
  oh flüglig weiße Winkeninge,
  oh Fluges müder Kenntdiedinge,
  oh Strahlen webendiger Luftingkusse.
  Oh Fluß des blauen Fliegds,
  Oh Flügel müden Trübds,
  oh weiter nicht der Liedbe
  in Gestirnen
  barfuß
  hast du gestorben.
  SIE haben himmelichte Haare,
  SIE träumen himmelichte Mahre!
  Im Ostens Schall der Immderei —
  SIE fliegen in den Immerdei.

Mit Augen irdischen Gewühl,
des Erdensetzes Nichtbegierde,
hin in das blaue Nichtgefühl,
hinweg ins Blau der Himmelierde.
SIE warfen ab den blauen Kette
Sie unasurn die großen Städte,
SIE blaun das Himmel...

S c h ü l e r : Zangezi! Bleib auf der Erde! Schluß mit dem Himmel! Schmeiß den Komarinskij weg! Denker, sag etwas Lustiges! Die Leute wollen was Lustiges. Was willst du machen — es ist die Zeit nach dem Essen.

Ebene XIV

Z a n g e z i : Hört!
    Verhaerens grauer Berge.
    Laufte der Wasser zu Tal,
    und das Brüdeln des Wassers gegen die Klippen,
    mit dem weißen Schäumicht-Stoßzahn der Welle.
    Und die Gräumen der Wolken,
    die Nichtnisse des Wolk,
    über dem Schäuseln des Grases.
    Und der Prudel des grauen Stroms
    des großen Gräue Wassers.
    Ich, Gottster auf Gottindeln! gehe am Ufer entlang.
    Und steh dock, wie ein Steinbock.
    Und der schwarze Mammut des Dunkels, wie Tinte
                                      ausgegossen
    in der Milch der Schlucht,
    als Stoßzahn weißen Wasser Schäumichts erhoben,
    droht des Gottheiten Grases — dem Igel und zertrampeln
                                      Gänsefußpfad,
    damit er stöhne: Gott, Gott!
    Er droht, und stürzt in den Abschlund.
    Es sang der Sind der wilden Steppe,
    es blaut der Nächte Näbel,
    der Frühling nächtliche Gütliche, Verhaerens Gräse,
    wo des Windes Äse, und am Himmel Feuel!
    Hierher, Märrscher! Märrschaften, hierher!
    Hier starb, oh Wind der Lärren, der Willtrer.
    Und todebringend der Gottheiten
    Schäuseln.
    Und ich, ein Gottster — allein!
I n d e r M e n g e :
    — Papperlapapp!
    — Tralala!
    — So ein Quatsch!
    — Was für eine Sprache soll das sein, Herr Zangezi?
Z a n g e z i : Weiter:
    und ihr, stiefeläugige Mädchen
    die ihr in den geschmierten Stiefeln der Nacht
    einherschreitet, ihr, die ihr geht

über den Himmel meines Liedes,
laßt es endlich sein
und sät das Geld eurer Blicke
auf die großen Straßen!
Reißt aus den Stachel der Nattern
aus eurem zischelnden Zopfhaar!
Ihr schaut aus der Spalte des Hasses.
Ein Dummster, ich singe und unsinne!
Ich hüpfe, tanze auf der Klippe.
Und wenn ich singe, klatschen mir die Sterne Beifall.
Ich bin es wert. Darauf steh ich. Ich stehe.
Steht!
Erdbälle, vorwärts!
So beschwöre ich, ein Großer, in der Mehrzahl,
ein Vermehrer des Erdballs: hinke in Mengen über Land,
Erde, wirble dahin wie ein Mückenschwarm: ich allein bin,
                                        die Hände gefaltet,
des Gräbnisses Sänger.
Ich bin ein Unsein. Ich bin —
ein Soseier.

Ebene XV

Hier aber sind Lieder in Lautschrift: der Klang des Lauts, er ist mal hell-, mal dunkelblau, mal schwarz, mal rot.

*Lautschrift:*
**WEO-WEJA** — Grün des Baums,
**NISHEOTY** — dunkler Stamm,
**MAM-EAMI** — das ist der Himmel,
**PUTSCHI TSCHAPPI** — schwarze Krähe.
**MAM I EMO** — das ist eine Wolke.

Zahlenduft der Dinge.
Ein Tag im Garten.
Und hier ist euer Feiertag der Arbeit:

**Leli-lili** der Faulbeerschnee,
über einem Gewehr.
**Tschitschetschatscha** — Säbelblitzen,
**Wije-ensaj** — Ot der Fahnen.
**Si-e-egsoj** — Handschrift des Schwurs.
**Bobo-biba** — Ot des Mützenrands.
**Mippioppi** — Glanz der Augen grauer Heere.
**Tschutschu bisa** — Glanz der Kampfe.
**Wejeawa** — Grün der Massen!
**Miwea-a** — der Himmel,
**Mimomaja** — Blau der Husaren,
**Siso seja** — Handschrift der Sonnen,
sonnenäugiger Säbel Roggen.
**Leli-lili** — Schnee der Faulbeeren,
**Ssossessao** — der Gebäude Berge...

Z u h ö r e r : Es reicht! Es reicht! Aufhören!

Gebt Zangezi eine Gurke! Bist du aber tapfer! Wollen wir ihn in Brand setzen?

Schau mal, da ist sogar ein Hase aus einem Loch rausgekommen und will dir zuhören, er kratzt sich mit der Pfote hinterm Ohr, der Schräge.

Zangezi, laß den Hasen das Ihre. Aber wir sind Männer! Guck doch mal wie viele wir hier sind! — Zangezi! Wir schlafen ja ein. Es ist schön, aber es wärmt nicht! Schlechtes Holz hast du für unsre Öfen geschlagen. Es ist kalt.

Ebene XVI

*Die Fallsucht*

Was hat er? Haltet ihn!
Ns — zwei... Die Füße in die Steigbügel
      Die Füü-ßße! Ins — zwei.
Hsss, Mistvieh! Stehnbleiben!... Fertig... urrr... urrr.
— Blasse Fresse! Stehnbleiben, mir entwischst du nicht!
                          Mir entwischst du nicht!
Stehnbleiben, Hure, steh still, still!
Ich mache dich fertig... — Mistvieh, stehenbleibn!
Stehnbleibn, Mistvieh. Hattch!
Chyrrr... chyrrr...
Urrr.
Urrr...
Mir entwischst du nicht...
Du lügst... Stehnbleiben!
Stehenbleiben...
Urrr... urrrrr...
Chyrrr...
Chrrraaa...
Attch!
Attch! Attch!
Hure, du lügst.
Hau ab.
Aah! Herr im Himmel!
Keine Rettung
für die rote Freiheit...
Erster Osseten-Reiterzug —
den — Sä — bel — blaank!
Raus damit! Mir naach!
Hau nach rechts,
schlag nach links!
Urrr... urrr...
Mir entwischst du nicht!
Horch mal, Bruder:
Hast du n Messer?
Den stech ich ab, den Schuft,
du lügst, den hältst du nicht!

Aah! gefangen . . . ihr lügt!
Attch! Attch!
Z a n g e z i : Er hat einen Anfall.
Ein schrecklicher Krieg sucht seine Seele heim.
Und zerschneidet unsre Stunden wie eine Kehle.
Er mit seinem Anfall
hat uns daran erinnert,
daß Krieg ist, daß es ihn noch gibt.

Ebene XVII

D r e i : Also Wiedersehn, Zangezi!
*Sie wenden sich zum Gehen.*
Zu eng ist der Weg für eine Versammlung,
überall Birken und Kiefern.
Oh Götter, Götter, wo seid ihr?
Kommt, steckn wir uns eine ins Gesicht.
Ich finde die alten Streichhölzer nicht.
Komm, wir rauchen im Gehen.
Gehn wir.
— Wo sehn wir uns je wieder?
Auf meines Bruders Grab?
Ich zieh die Schwarzbrenne raus,
Arrak geb ich Gott zu saufen,
rufn wir die letztn Mäuse zusamm. — Verdammt.
Brennt se?
— N Bulle?
Im Jenseits krieg ich von drei bis sechs.
Mach mal tapfer, die Kinder ham Angst,
un wir sin schon Jugend — ade!
Saufn wir uns ein an, auf gut russisch. Saufn
                                wien Loch. Sternhagelvoll.
Dann ersäufn wir den alten Adam in Grund und singn
Odessa — Mama.
Un tanzen solln sie, hoppaaa!
Um den totn Deckel rum.
Los, Zangezi!
Z a n g e z i : Die Streichhölzer des Schicksals.
D r e i : Ja.

Ebene XVIII

Z a n g e z i : Nein, ein Sturm kennt keine Haken!
Den Tod der Rjurikiden forderte
der feurige flammende Rylejev.
In einem jeden König fließt Gift,
und hangend, reglos schreitend,
war der Tod Rylejev lieber als die Ketten.
Und weiter eilt der jähe Sturm.
Werk der Freiheit, dennoch bist du begonnen!
Es ruhn in Frieden ihre Gräber.
In zwei hoch dreizehn
nach dem Jahre achtundvierzig
der Massen, der roten Massen Hirten.
Wind der Freiheit,
Zeit des Weltgewitters!
Und als die Polen aufstanden,
ohne Angst vom Schicksal ausgepfiffen zu werden –
Wange und Mund des Schicksals zerfleischt ein Pfiff,
eine Gewehrmündung, so schaut der grimmige Osten
auf den Feiertag des polnischen Aufstands.
In drei hoch fünf oder zweihundertdreiundvierzig
wie Rubelscheine hingeblätterten Tagen
zündete plötzlich, wie der Tod im Einspänner,
der Schuß Bergs in die Brust, des toten
Punkts der Aufrührer,
des Unterwerfers der Polen, des Statthalters Polens,
des Boten der hartnäckigen Glocke der Ketten.
Die Kettenglieder platzten:
in drei hoch fünf – Tag der Rache
Und die Galgen des Gewehrrauchs.
Garfield wurde gewählt, Oberhaupt Amerikas,
das Eis des Mißtrauns war gebrochen.
In drei hoch fünf – ach, wilde Tiere –
wurde Garfield ermordet.
Und als die Horde des Ostens
Roms Straßen plünderte
und die weiße Stadt in schwarze Fesseln schlug,
dem Rabenschwarm als Mittagessen entdeckt,
erwuchs in zweimal drei hoch elf

erneut erneut ein Berg von Schädeln —
der Schlacht auf dem Schnepfenfeld —
Moskau war es, das mit der Tinte
seiner ersten Siege das Manuskript des Schicksals
des ersten Roms ins reine schrieb.
Das MG der Völker des Ostens verstummte,
mit einer großen Schlacht fand ihr Ende
die Einkreisung der Völker des Ostens.
Der Müller der Zeiten
baute aus den Knochen von Kulikovo
einen Deich, einen Hügel aus Schädeln.
Ein Ruf fliegt durch die Steppe: «Halt!»
Das ist die Schildwache Moskau.
Wellen von Völkern, eine nach der anderen,
rollten gen Westen:
die Goten und Hunnen, mit ihnen die Tataren.
In zweimal drei hoch elf
erwuchs in einem Helm aus Gräbern Moskau,
es sagte zum Osten: keinen Schritt weiter!
Dort, wo das Land verdorrt war von Tataren,
blitzte lange ihre Bucht,
Ermak mit seinem Kopf der Dreistheit,
die wilde Braue angewinkelt,
dem Winde seinen breiten Bart anvertrauend,
durchschwamm die schönen Ströme Sibiriens,
schwamm hin zur fernen Stadt Kučums.
Das Zärtlichste der Welt
hält ihn nicht auf,
den Sieger über das Schicksal,
im Wasser spiegelte er sich wider,
Iskers Sterne blitzten
und Halbfrieden für Moskau.
Bärenfratzen sahen auf die Russen,
in den Felsen Bärenjunge spielten,
Elche und Elchjunge tummelten sich.
Sie necken und foppen die Zobelpelze
der dicken Bojaren der Hauptstadt,
Vojevoden gingen auf die Suche nach Land,
schwammen übers Meer übers nördliche Eis.
Da die Sorgen mit den Tataren weggefallen waren,

ging jetzt Rußland nach Osten.
In zweimal drei hoch zehn
nach der Eroberung Iskers,
nach den wilden Augen Ermaks,
die sich im Strom Sibiriens spiegeln,
bricht an der Tag der Schlacht von Mukden,
wo viele tapfre Burschen der Erde geschenkt wurden.
Es ist immer so: nach drei hoch n
kommt der Gegenschlag.
Aus Ermak wurde Stessel
in drei hoch zehn Tagen
und ebensoviel.
Was den Tataren das Schnepfenfeld war,
wurde den Russen das grausame Mukden —
mit der Brille des gelehrten Propheten
sah es am Schreibtisch
Vladimir Solovjov voraus.
Wenn Stessel Spanferkel liebte —
war er Ermak in drei hoch zehn.
Und wenn Bulgarien
die Ketten seines Herren zerriß
und frei sich nach so vielen Jahren erhob,
durch Beschluß des Weltgerichts —
Tal der Blumen —
so deshalb, weil
drei hoch elf vergangen war
seit der Schlacht bei Trnovo.
Kiev wurde von den Tataren erobert,
in seinen Kirchen schnauben Kamele,
die russische Hauptstadt erobert,
drei hoch zehn verging,
und in den Bergen von Angora
traf Timur auf Bajazet.
Und möge Bajazet im Käfig sitzen —
den Mongolen ist Widerstand geboten
drei hoch zehn danach,
Ablösung des Morgenrots des Krieges.
Dem alten Paar — Unpaar
unterwirft sich dort wie hier das Schwert.
Es gibt einen Turm aus Dreien und Zweien,

auf ihm ergeht sich der Starez der Zeiten.
Wo die Fetzen der Kriegszeichen in die Luft picken
und die Pferde hartnäckig schweigen,
nur mit dem klingenden Huf stampfen.
Tote! Lebende! — alle im selben Bündel!
Das sind die Eisenstreben der Zeit,
die Achsen der Ereignisse ragen aus der Weltscheuche hervor.
Ruten, die den Popanz der Kriege durchstoßen haben,
eiserne Ruten in der Weltscheuche.
Draht der Welt — die Zahl.
Was ist das? Kähne der Wahrheit?
Oder Geschwätz?
Die Wellen des Ostens und Westens
lösen sich ab in drei hoch n.
Die Griechen kämpften gegen die Perser, alle in Goldhelmen,
von den Felsen warfen, Grausame, sie sie ins Meer.
Marathon — und der zerschlagene Osten
stürzte zurück, seine Schiffe hinter sich verbrennend.
Sie jagten ihnen nach und durchschnitten die Steppe.
In viermal
drei hoch elf:
warte, Konstantinopel, auf die Axt!
Der Tempel raucht wie eine Zigarettenkippe,
alles wird den Türken übergeben,
dein Fürst, er stirbt im Feuer
auf einem schönen weißen Pferd.
Ins Meer wirft all seinen Gewinn
der Händler, es kommen die Türken, mit ihnen der Tod.
Das Jahr 17. Die Zaren dankten ab. Stute der Freiheit!
Ein wilder gewaltsamer Sprung.
Ein Platz mit zerbrochenem Adler.
Abglanz des Messers in ihren
dunklen Augen,
nicht den Selbstherrscherstaat,
sie halte!
Sie springt, mit ihren Hufen Staub aufwirbelnd,
sie springt, eine stolze Prophetin.
Das alte, tote Dasein,
es schlägt auf den Stein, schleppt sich mühsam dahin.
Sie springt — wohin und zu wem?

Nie holt ihr sie ein!
Staub wirbelt, es ist schwer, ihr nachzulaufen.
In den Augen brennen Feuer und Dunkel —
weil
und nachdem
zwei hoch zwölf
Tage vergangen
seit dem Tage der roten Presna.
Hier wird die Zwei der Gott der Zeit,
und der Sturz der Zaren mit dem Zaumzeug in der Hand,
und die Jagd auf sie in der Ferne
heulte fern mit anziehendem Horn.
Mit der Sprache der Gewehre
wurde das Zamoskvorečje erschüttert,
den Geschossen Mins
verneigte tief sich mit eisernen Locken
der Nižnij-Novgoroder Minin.
Die Miene feierte Namenstag,
und zusammen mit
den schönsten Gottesmüttern Moskaus
in der Tiefe der Kapellen
erstickte das Lachen der Sperlingsberge.
Puškin, der wie die langen Haare
des **En** abgerissen hat.
Min hat gesiegt.
Er selbst las den Onegin des Eisens und Bleis
ins taube Ohr der Massen. Er selbst stieg auf den Denkmals-
                                                                 sockel.

In drei hoch fünf Tagen
rötete sich der Schnee.
Und Mins Blicke erkannten niemanden,
das Volk lief los,
und Min fiel von der Hand der Konopljanikova.
In drei hoch fünf zweihundertdreiundvierzig Tagen
kommt, was am kränkendsten ist,
kommt die Vergeltung.
Ein Wunder an Grausamkeit wurde vollbracht,
das Eisen fuhr der Menschheit bis auf die Knochen,
Gewehre ruhten nur sonntags,
die Flinten wegzustecken erschien als Erlösung.

Befehl an Gewitter und Stille,
hoch droben hing das Germanenschwert.
Und als die Welt zu einem Abkommen auf Buckeln kam,
wurde, in drei hoch fünf
von einem SR Mirbach ermordet.
Wenn in Fingern sich ein Messer verbarg,
und die Rache ihre Augen weit aufsperrte —
brüllte die Zeit: gib her,
und das gehorsame Schicksal gab zur Antwort: hier.

Ebene XIX

*Zangezi wird ein Pferd gebracht.*
Z a n g e z i : Schwenke das Schweifhaar,
   Schecke, gescheiter!
   Scheckere schackere,
   schickere schockere,
   schlockere schackere, schuckere ackere
   schlenkernde Schenkel
   schwankten die Schatten.
   Schwenke das Schweifhaar,
   Schecke, gescheiter!
   Das ist fürs Auge
   ein nächtlicher Blitz,
   es sitzt in den Blicken
   der Wissenschaft Licht.
   Ins Tal der Freiheit
   nur nicht faul!
   Reite, reite,
   guter Gaul!
   *Er reitet in die Stadt.*
Z a n g e z i : Ich, behaart mit Flüssen!
   Seht, die Donau fließt
   mir über die Schultern!
   Und, ein Wirbel eigensinnig,
   schimmert der Dnepr mit seinen Schnellen.
   Das ist die Volga, blitzend mit blauen Wassern,
   und dieses lange Haar,
   ich nehme es mit den Fingern,
   ist der Amur, wo die Japanerin
   zum Himmel betet
   wenn Sturm ist.
   Ein guter Uhrenzimmermann
   habe ich die Uhr der Menschheit auseinandergenommen,
   den Zeiger richtig gestellt,
   ein Zifferblatt angefertigt,
   alle Zeiten noch einmal gelesen,
   die Rändelschraube mit dem Meißel eingefügt.
   Den Lauf des Schicksalzeigers über den eisernen Himmel
   unter Glas gelegt:

sie tickt leise wie früher.
Mit einem Riemchen an den Arm geschnallt
habe ich die Uhr der Menschheit.
Lieder der Zähne und Räder
singt sie mit eiserner Zunge.
Stolz auf die Reparatur der Gehirne, reite ich.
Sie geht und geht wie früher . . .

Ich — bin ein Krieger; die Zeit — eine Schraube.
Meine Fußlappen:
das brennende, verkohlte, rauchige Rom,
ein Brand von Tempeln,
straff gespannt durch Gleichungen
— das ist der eine.
Und Konstantinopel, wo
der Krieger im Feuer stirbt,
— ist der andere, ebenfalls gute.
Ich kann doch vor
und zurück
durch die Jahrhunderte schreiten.
Fußlappen der Trauer.
Ich höre die Bitte der großen Hauptstädte:
große Götter des Lauts,
die ihr die Schichten der Erde aufrührt,
ihr habt den Staub der Menschheit versammelt,
den Staub des Menschengeschlechts,
der jedem Prinzip gehorcht,
zu großen Hauptstädten versammelt,
zu Wellen eines stehenden Sees,
zu Gräbern vieltausendköpfiger Massen.
Wir blasen Wind auf euch,
pfeifen und fauchen.
Die Schneewächten der Völker fegen wir,
wir wallen, Wellen bringen wir und Rauheit
und gemeßnes Wogen auf die Glätte der Jahrhunderte!
Krieger geben wir euch
und den Untergang der Reiche.

Wir, wilde Laute,
wir, wilde Pferde.
Zähmt uns:
wir tragen euch
in andere Welten,
getreu dem wilden
Reiter
des Lautes.
Als Lava reite die Menschheit, die Herde der Laute gesattelt.
Die Reiterei des Lautes zäum auf!

Zangezi reitet davon.
Die Berge sind leer.

Ebene XX

*Lustige Stelle*

Zwei lesen Zeitung.
Wie? Zangezi gestorben!
Und nicht nur das: er hat sich die Kehle durchgeschnitten.
Trostlose Neuigkeit!
Traurige Nachricht!
Hinterlassen hat er einen kurzen Brief:
«Klinge, komm an meine Kehle!»
Ein wildes eisernes Kesseltreiben
hat die Wasser seines Lebens zerschnitten, er ist nicht mehr ...

Der Anlaß: die Vernichtung
seiner Manuskripte durch bösartige
Schurken mit Doppelkinn
und einem schnalzenden, schmatzenden Lippenpaar.
Z a n g e z i *tritt auf:*
Zangezi lebt,
das war ein schlechter Scherz.

# 2
# Prosa Schriften Briefe

# Mein Eigenes
Vorwort zu einer nicht
erschienenen Ausgabe

Im «Jungfrauengott» wollte ich den reinen slavischen Ursprung erfassen in seiner goldenen Lindnis und mit seinen Fäden, die sich von der Volga bis nach Griechenland spannen. Ich verwendete dabei slavische polabische Wörter (Lëuna). V. Brjusov sah darin irrtümlicherweise Wortschöpfungen.
In den «Kindern der Otter» nahm ich die Saite Asiens, seine braune gußeiserne Schwinge, und stellte das wechselvolle Schicksal beider im Laufe der Jahrhunderte dar, gestützt auf die Überlieferungen der Oročonen, die ältesten auf der Welt über den feurigen Zustand der Erde, veranlaßte ich den Sohn der Otter, sich mit der Lanze auf die Sonne zu stürzen und zwei der drei Sonnen zu vernichten — die rote und die schwarze.
So ergibt der Osten das Gußeiserne der Flügel des Otternsohns, der Westen dagegen — goldene Lindnis.
Die einzelnen Segel ergeben den künstlerischen Aufbau, berichten von der Volga als einem indorussischen Fluß und benützen Persien als den Winkel zwischen den Geraden Rußlands und Makedoniens. Die Sagen der Oročonen, dieses alten Stammes vom Amur, versetzten mich in Erstaunen, und ich habe mir vorgenommen, in Liedern ein allgemeinasiatisches Bewußtsein zu schaffen.
In «Ka» gab ich den Gleichklang zu den «Ägyptischen Nächten», die Neigung des nördlichen Schneesturms zum Nil und seiner Hitze.
Das Jahr 1378 v. Chr. nahm ich als Grenzlinie für Ägypten, das damals seine Religionen wie eine Handvoll verfaulten Reisigs zerbrach und die persönlichen Götter durch die Armhaarige Sonne ersetzte, die durch die Menschen strahlte. Die nackte Sonne, die nackte Sonnenscheibe wurde für eine Zeitlang, entsprechend dem Willen des ägyptischen Mohammed — Amenophis' IV. —, zur einzigen Gottheit der alten Tempel. Bestimmt man es nach Ländern, so hat «Ka» einen silbernen, der «Jungfrauengott» einen goldenen und haben die «Kinder der Otter» einen eisern-erzenen Ton.
Die asiatische Stimme der «Kinder der Otter»;
die slavische des «Jungfrauengottes» und
die afrikanische von «Ka».

«Vila und Waldschrat» ist ein Bündnis zwischen balkanischem und sarmatischem Kunstbegriff.
Die Stadt wird berührt in «Marquise Dezes» und im «Teufelchen».
In meinen Aufsätzen habe ich mich bemüht, das Recht auf Voraussehen der Zukunft vernünftig zu begründen, indem ich eine richtige Betrachtung der Zeitgesetze schuf, und in der Lehre vom Wort habe ich oft Gespräche mit $\sqrt{--}$ von Leibniz.
«Von der Krim was» ist in freien Versen geschrieben.
Die kleinen Sachen sind dann von Bedeutung, wenn auch sie die Zukunft beginnen, so wie eine Sternschnuppe einen Feuerschweif hinter sich herzieht. Ihre Geschwindigkeit muß so groß sein, daß sie die Gegenwart durchstoßen können. Vorläufig wissen wir noch nicht, was diese Geschwindigkeit hervorbringt. Aber wir wissen, daß eine Sache dann gut ist, wenn sie, als ein Stein der Zukunft, die Gegenwart in Brand steckt.
In den Gedichten «Heupferdchen», «Bob-eobi» und «Oh, schlagt die Lache an» waren Knoten der Zukunft, — ein kleiner Spaziergang des Feuergotts und sein fröhlicher Tanz. Als ich bemerkte, wie die alten Zeilen plötzlich verblaßten, wie der in ihnen verborgene Inhalt zum heutigen Tag wurde, begriff ich, daß die Heimat des Schaffens die Zukunft ist. Von dort weht der Wind der Götter des Worts.
In völligem Nichtbegreifen schrieb ich den «Umdreher», erst als ich seine Zeilen «Der Rang, gerufen rücklings mit dem Schwert» (Krieg) an mir selbst erlebte und spürte, wie sie später leer wurden, «Er fiel und schwach von Wunden und Atem von Krähenfüßen», — da erkannte ich sie als vom unbewußten «Ich» an den Himmel der Vernunft zurückgeworfene Strahlen der Zukunft. Die aus dem Schatten des Schicksals geschnittenen Riemen und der von ihnen verwirrte Verstand bleiben bestehen, bis die Zukunft Gegenwart wird und die Wasser der Zukunft, in denen der Verstand badete, ausgetrocknet sind und nur der feste Grund zurückbleibt.
Den Zauberstein der Metamorphose aller slavischen Wörter ineinander zu finden, ohne den Kreis ihrer Wurzeln aufzureißen, — die slavischen Wörter frei miteinander zu verschmelzen: das ist meine erste Beziehung zum Wort. Das ist das selbsthafte Wort, unabhängig von seiner Umgebung und vom Nutzen fürs Leben. Und da ich sehe, daß die Wurzeln nur eine Erscheinung sind, hinter der die Saiten des Alphabets stehen, möchte ich die

Einheitlichkeit der Weltsprache überhaupt, ihren Aufbau aus den Einheiten des Alphabets finden. Dies ist meine zweite Beziehung zum Wort. Der Weg zu einer Zaum-Sprache für die ganze Welt.

Als ich in «Ka» die Zaum-Worte des sterbenden Echnaton, «Mantsch, mantsch!», niederschrieb, verursachten sie mir fast Schmerzen; ich konnte sie nicht lesen, da ich zwischen ihnen und mir immer einen Blitz sah; jetzt bedeuten sie mir nichts mehr. Weshalb, weiß ich selbst nicht.

Als David Burljuk ein Herz malte, durch das die grausamen Kanonen der Zukunft fahren, hatte er als Erläuterung für seine Idee recht: es, dieses Herz, ist der Weg für den Huf, für die Hufeisen der Zukunft.

«Ka» schrieb ich in ungefähr einer Woche, die «Kinder der Otter» in mehr als einem Jahr, den «Jungfrauengott» ohne die kleinste Korrektur innerhalb von 12 Stunden, vom Morgen bis zum Abend. Ich rauchte viel dabei und trank starken Tee. Ich schrieb fieberhaft. Diese Bemerkung nur, um zu zeigen, wie verschieden die Bedingungen für das Schaffen sind.

Den «Tiergarten» habe ich im Moskauer Zoo geschrieben.

In «Frau Lenin» wollte ich das «unendlich Kleine» des künstlerischen Wortes finden.

In den «Kindern der Otter» verbirgt sich die vielfältige Arbeit an den Größen — das Spiel der Quantitäten hinter dem Dunkel der Qualitäten.

Der «Jungfrauengott», der keine einzige Korrektur brauchte, und der zufällig und unvermutet wie eine Welle entstand, ist eine Schaffensexplosion und kann zum Studium des Unsinnsdenkens verwendet werden.

Ebenso plötzlich wurde das «Teufelchen» geschrieben, das an den raschen Brand der Schichten des Schweigens herankommt. Der Wunsch, das Wort «vernünftig» und nicht als Zaum zu verstehen, führte zur Zerstörung der künstlerischen Beziehung zum Wort. Das führe ich zur Warnung an.

Die Gesetze der Zeit, das Versprechen, sie zu finden, habe ich beim Eintreffen der Nachricht von Tsushima an eine Birke geschrieben (im Dorf Burmakino, Gouvernement Jaroslavl), ich habe 10 Jahre daran gesammelt.

Ein glänzender Erfolg war die Vorhersage der Zerstörung eines Staats im Jahre 1917, die ich einige Jahre zuvor gegeben hatte.

Natürlich genügt das nicht, um die Aufmerksamkeit der Gelehrtenwelt auf sich zu ziehen.

Ich beschwöre die Künstler der Zukunft, genau über ihren Geist Tagebuch zu führen, sich wie den Himmel zu betrachten und genaue Aufzeichnungen über den Auf- und Untergang der Sterne des eigenen Geistes anzulegen. In diesem Bereich besitzt die Menschheit nur das eine Tagebuch der Marija Baškirceva — mehr nicht. Diese geistige Armut an Wissen über den inneren Himmel ist die schwärzeste Fraunhofersche Linie der modernen Menschen.

Für Kriege ist das Gesetz von den teilbaren Zeitverhältnissen der Menschheitssaite denkbar, aber für den winzigen Zeitablauf eines einzelnen Lebens kann man es nicht aufstellen — es fehlen uns die Anhaltspunkte, es gibt keine Tagebücher.

In letzter Zeit bin ich zur Zahlenschrift gekommen, als Künstler der Zahl des ewigen Kopfes des Weltalls, so, wie ich ihn sehe, und von dort, von wo aus ich ihn sehe. Das ist eine Kunst, die sich aus den Fetzen der modernen Wissenschaft entwickelt, wie auch die gewöhnliche, jedermann zugängliche Malerei berufen ist, die Naturwissenschaften aufzusaugen.

Ich spüre in mir deutlich die Speichen eines sich drehenden Rades, ich arbeite an einem Tagebuch, um die Gesetze der Wiederkehr dieser Speichen in einem Netz festzuhalten.

Im Wunsche, die Zaum-Sprache auf das Feld des Verstandes überzuführen, sehe ich die Ankunft einer alten Speiche meines Rades. Wie schade, daß ich nur in Andeutungen über diese Speichen der Wiederholungen des Lebens sprechen kann.

Aber vielleicht wird sich meine Lage bald ändern.

# Weltvomende
Zwei Stücke

Weltvomende

1

P o l j a   Stell dir vor mich einen Mann von nunmehr 70 Jahren hinlegen einpacken verschnüren und mit Asche bestreuen bin ich vielleicht eine Puppe

O l j a   Gott bewahre was denn für eine Puppe

P o l j a   Pferde in schwarzen Umhängen mit traurigen Augen hängenden Ohren die Kutsche bewegt sich langsam ganz in Weiß und ich drinnen wie ein Gemüse liege da bin still schaue den Bekannten nach zähle wie oft meine lieben Verwandten gähnen müssen auf meinem Kissen ein Strauß Vergißmeinnicht aus Ton Passanten schnüffeln herum natürlich bin ich aufgesprungen Gott mit ihnen allen habe mich auf den Kutschbock gesetzt und bin ohne Hut und Pelz hierher und sie hinterher Haltet ihn haltet ihn

O l j a   Und bist weggefahren nein schau doch was bist du für ein Prachtkerl ein Adler wirklich ein Adler

P o l j a   Nein du mußt mich beruhigen und mich hier in den Schrank stellen die Kleider wir nehmen sie heraus warum sollen sie hier herumhängen diesen Anzug habe ich getragen als ich hm hm Gott schenke ihm die ewige Seligkeit zu Lebzeiten von Egor Egorovič zum Staatsrat ernannt wurde da habe ich ihn angezogen und bin in ihm vor der Obrigkeit erschienen da ist auch die Stelle wo der Stern das Tuch durchgewetzt hat ein gutes Tuch so etwas findest du heute nirgends mehr und das hier ist vom Säbel der Beamten in Zivil geblieben so ein feiner Mensch damals war er noch Schneider auf der Morskaja ein prächtiger Schneider ach eine Motte hat sich hier einfach eingenistet fang sie *Sie jagen sie hüpfend und in die Hände klatschend* ach du freches Tier *Sie fangen sie* er hat immer gesagt früher Hierhin nähe ich Ihnen den Geldsack aus allerstärkstem Leinen der wird nie reißen aber gebs Gott daß Sie mir den meinen so voll machen daß er reißt eine Motte und das ist der Hochzeitsanzug weißt du noch Liebste die Kreuzeserhöhung also wir streuen überall Machorka darüber und das Zeug das so stinkt und einem die Tränen in die Augen treibt und legen alles in die Truhe schließen sie fest zu weißt du und hängen ein Schloß davor ein gutes großes Schloß und bring ein paar

Kissen her das Federbett weißt du ich bin sehr müde damit ich hier schlafen kann irgend etwas bedrückt mich weißt du solche Katzen kommen dauernd auf mich zu und bohren mir die Krallen ins Herz du siehst ja selbst nur Unannehmlichkeiten der Wagen die Blumen die Verwandten der Sängerchor du weißt ja wie schwer das ist *Er flennt* also wenn sie kommen sag zu ihnen er ist nicht hier und die Krähe hat seine Knochen auch nicht hergebracht und daß ich von selber ja auch gar nicht habe kommen können weil der Arzt gesagt hat daß ich tot bin und diesen Zettel halt ihnen unter die Nase weißt du und sag daß sie ihn doch schon auf den Friedhof gebracht haben die Verdammten und daß dich das alles nichts angeht daß du selber froh bist daß sie mich fortgeschafft haben der Zettel hier ist das Wichtigste weißt du wenn sie den sehen gehen sie von alleine und ich ich mache *Er lächelt* erst mal ein Nickerchen

O l j a  Mein Liebster deine Äuglein sind ja ganz verweint haben sie dich beleidigt komm ich trockne dir die Tränchen mit diesem Tüchelchen *Sie stellt sich auf die Zehenspitzen und trocknet ihm die Tränen* beruhige dich Batjuška beruhige dich aber man muß sich ja auch aufregen über diese Verdammten aber lächle doch lächle komm ich schenk dir ein Schnäpschen ein das trink das hilft hier sind Pfefferminzhütchen und nimm die Kerze mit in dem schwarzen Leuchter der ist schwerer *Es klingelt*

P o l j a  Und das gegen die Motten schütt in die Truhe *Er hüpft mit dem Kerzenhalter in der Hand in den Schrank sie schließt mit Siegermiene hinter ihm ab sieht sich um und geht die Arme in die Hüften gestemmt ins Vorzimmer*

S t i m m e  i m  V o r z i m m e r  Guten Morgen hmm ääh tjja niemand da ääh

O l j a  Gott schenke ihm das selige Leben ja schnief schnief. *Sie weint* sie haben ihn fortgebracht gewaschen angezogen weggefahren und er er war so herzlich und noch so rüstig

S t i m m e  i m  V o r z i m m e r  Tjaaa ach und jetzt auch noch Tränen jetzt löst sie sich auf die Alte tja tja das das ist ein Wunder das äh das ist ein Fall kann man wohl sagen

O l j a  Er ist gestorben Batjuška er ist tot vor einer halben Stunde haben sie ihn tja was soll ich alte Frau da schwören zu Grabe getragen und er ist tot Ehrenwort aber haben Sie es nicht eilig müssen Sie nicht weiter sonst setzen Sie sich doch ruhen Sie sich ein Weilchen aus wenn Sie müde sind ich gehe nur rasch eine Kerze aufstellen Sie kennen den Brauch ruhen Sie sich aus setzen Sie sich ins Eßzimmer rauchen Sie aber den Schlüssel gebe ich nicht her Sie können mich zerschneiden mich erstechen mich vierteilen Sie können meinen weißen Leib von vier Pferden zerreißen lassen aber den Schlüssel gebe ich nicht her das ist die ganze Geschichte bleiben Sie ruhig sitzen haben Sie keine Angst

E r  Das

O l j a  Haben Sie es nicht eilig müssen Sie nicht weiter weg ist er und merkwürdig ein Fall sagt er *Sie klopft mit dem Schlüssel an den Schrank* er ist weg der verdammte Schnüffler ich hatte schon so

P o l j a  Was ist er weg

O l j a  Ja Liebster er ist weg

P o l j a  Na Gott sei Dank und auch ihm Dank daß er weg ist und ich sitze hier und überlege wie wird das weitergehen dabei wendet sich alles zum Besten

O l j a  Ich sage schon zu ihm haben Sie es nicht eilig müssen Sie nicht weiter aber er denkt überhaupt nicht daran Gott im Himmel aber komm jetzt heraus Batjuška da klingelt es schon wieder aber ich mache nicht auf ich sage einfach ich bin krank ich liege im Sterben wer ist da *Undeutliche Antwort* ich bin krank mein Herr ich bin krank

S t i m m e  d e s  U n b e k a n n t e n  Ich bin Arzt

O l j a  Aber ich mein Herr ich habe eine Krankheit daß wenn ich einen Arzt sehe mir entweder der Besen in der Hand zu tanzen anfängt oder der Schürhaken oder das Wasser im Krug oder noch etwas Schlimmeres

S t i m m e n  h i n t e r  d e r  T ü r  Waas
  — Offensichtlich
  — Was tun
  — Gott mit ihr
  — Was geht uns das an
  — Laß sie doch auf dem Besenstiel reiten

O l j a  Sie sind weg mein Tapferer sie sind weg

P o l j a  Irgend etwas hat so dumpf

O l j a  Ich habe ihnen den Besen auf den Kopf gehauen da

mußten sie weggehen *Sie sperrt mit dem Schlüssel die Tür auf legt den Schlüssel auf den Tisch* wir werden aufs Land fahren das alles ist nicht schön der Sängerchor so viele fremde Leute Pferde mit Hüten

2

*Ein altes Landgut hundertjährige Tannen Birken ein Teich Truthähne Hühner Sie kommen zu zweit*

P o l j a  Wie gut daß wir weggefahren sind was hätten wir nicht noch alles erleben müssen sich im eigenen Hause verstecken hör mal du färbst dir doch nicht die Haare

O l j a  Wieso und du

P o l j a  Keineswegs aber ich erinnere mich daß sie grau waren und jetzt sind sie fast schwarz

O l j a  Ja das stimmt aufs Haar und du hast einen schwarzen Schnurrbart du bist etwa 40 und deine Wangen wie im Märchen Milch und Blut und die Augen die Augen sind das reine Feuer wirklich wie gemalt wie es in den Liedern der Alten heißt was ist das nur für eine Geschichte

P o l j a  Siehst du übrigens ist unser Nachbar gekommen und unterhält sich mit Nadjuša über die natürliche Auslese paß auf daß da nichts passiert

O l j a  Ja ja ich habe es auch bemerkt und Pavlik stiehlt dem lieben Gott den Tag höchste Zeit daß wir ihn außer Haus geben

P o l j a  Unter Gleichaltrige damit die ihn mal tüchtig rannehmen und er trocken wird hinter den Ohren Gott sei davor daß ein Muttersöhnchen aus ihm wird

O l j a  Aber ich muß schon sehr bitten erinnerst du dich an deine Flucht ohne Hut den Kutscher die Freunde Verwandten damals war er schon erwachsen und der Pferdebusch wehte stolz über seinem Messinghelm und finster blickten seine dunklen Augen aus dem Gesicht eines Kriegers sie blitzten traurig in ihrem lieben Glanz und jetzt hat er kaum einen weichen schwarzen Flaum auf der Oberlippe der kaum durchdringt wie Salz durch Lehm das ist ein gefährliches Alter einmal nicht aufgepaßt und schon ist es passiert

*Petja kommt ein Gewehr und eine Krähe in Händen*

P e t j a  Ich habe eine Krähe geschossen

O l j a  Aber warum warum war das denn nötig

P e t j a  Sie hat so gekrächzt über mir

O l j a  Du wirst heute allein zu Mittag essen merke dir wenn du eine Krähe getötet hast hast du in dir selbst etwas getötet

P e t j a  Ich habe sowieso keinen Hunger ich habe bei Maša Sahne getrunken

O l j a  Bei Maša morgen verläßt du das Haus

P o l j a  So früh schon so früh

P e t j a  Und ein Stück Schwarzbrot hat sie mir gebracht

P o l j a  Es wird Zeit für dich ans Dienen zu denken

P e t j a  Dienen wem und wozu ich bin mit mir zufrieden und die die mich lieben auch

P o l j a  Sehr angenehm zu hören und die Abstammung der Arten es ist gut es reicht zu Besuch zu kommen Ninuša Ivan Semjonovič sind hier nicht wahr die Affen haben irgendeinen fehlerhaften Knochen wir sind keine Gelehrten aber das Alter liebt die Weisheit der Belesenen

O l j a  Sie sind irgendwohin gegangen

P o l j a  Wie zu einer Unterredung eine gefährliche Nachbarin

*Die strahlende Ninuša kommt*

N i n u š a  Er er *Beantwortet die stumme Frage selbst* Ja ja

N i n a  Er fing mit Darwin an und hörte so unschuldig auf am Himmel hoch die Sonne steht empfehle mich ich habe die Ehr und war plötzlich ganz anders und küßte mir schleimig die Hand

P o l j a  Ich bin sehr froh sei fröhlich munter gesund klug und grausam

N i n a  Ich habe es schon damals gewußt als wir zusammen im Garten saßen auf der Bank wo er unsere Namen in die grüne Farbe geritzt hat und wir gemeinsam der Sternschnuppen herrlichen Schwarm beobachteten und in der Ferne rauschte die Nachtschwalbe und die Geräusche der Erde erstarben

P o l j a  Vor langer Zeit wir heute sie und dann ihr so ändert sich alles auf der Welt

N i n a  Aber siehst du er steht unter dem Baum ich werde zu ihm gehen und sagen Einverstanden Einverstanden *Nimmt ihn bei der Hand*

P o l j a  M-m-m

3
*Ein Boot ein Fluß er ist Freiwilliger*
P o l j a   Wir sind nur zärtliche Freunde und schüchterne Sucher nach einem Nachbarn für uns und Perlenfischer im Meere der Augen wir sind zärtlich und das Boot schwimmt dahin und wirft seinen Schatten auf die Strömung über den Bootsrand gebeugt sehen wir unsere Gesichter in den fröhlichen Wolken des Flusses eingefangen im Netz der Fluten herabgefallen von den fernen Himmeln und der Mittag flüstert uns zu O Kinder Wir wir sind die Frische der Mitternacht

4
*Olja geht mit einem Stoß Büchern vorüber und begegnet Polja*
*Er steigt die Treppe hinauf und spricht ein Gebet*
O l j a   Griechisch
P o l j a   Griech
O l j a   Wir haben Russisch
*Einige Stunden später treffen sie sich wieder*
O l j a   Wieviel
P o l j a   Zaunpfahl Aber ich bin wie Mucij und Scevola durchs Meer der Vieren geschwommen und hab mich wie Manlij den Zaunpfählen zum Opfer verurteilt die ich mir gegen die Brust gerichtet habe
O l j a   Auf Wiedersehen

5
*Olja und Polja Luftballons in den Händen schweigsam und ernst*
*fahren in Kinderwagen vorüber*

Frau Lenin

*Handelnde Personen:*
Stimme des Gesichts. Stimme des Gehörs. Stimme des Verstandes. Stimme der Aufmerksamkeit. Stimme der Erinnerung. Stimme der Angst. Stimme der Tastsinne. Stimme des Willens.
*Zeit der Handlung: 2 Tage aus dem Leben von Frau Lenin, zwischen ihnen liegt eine Woche.*
*Dämmerung. Die Handlung verläuft vor einer nackten Wand.*

## 1-ter Akt

Stimme des Gesichts: Eben erst hat der Regen aufgehört, an den geduckten Enden des dunkel gewordenen Gartens hängen Regentropfen.

Stimme des Gehörs: Still. Ich höre jemanden die Zauntür öffnen. Jemand kommt die Gartenwege entlang.

Stimme des Verstandes: Wohin geht er?

Stimme der Überlegung: Hier kann man nur in einer Richtung gehen.

Stimme des Gesichts: Die Vögel sind vor jemandem erschrocken, sie sind aufgeflogen.

Stimme der Überlegung: Vor dem, der die Zauntür aufgemacht hat.

Stimme des Gehörs: Die Luft ist erfüllt von erschrockenem Pfeifen, laute Schritte erschallen.

Stimme des Gesichts: Ja, er nähert sich in seinem langsamen Gang.

Stimme der Erinnerung: Der Arzt Loos. Er war damals hier, vor gar nicht allzu langer Zeit.

Stimme des Gesichts: Er ist ganz in Schwarz. Den Hut tief in seine blauen lachenden Augen gezogen. Heute wie immer schon erheben sich seine roten Schnurrbartenden zu den Augen, und sein Gesicht ist rot und selbstbewußt. Er lächelt, es ist, als ob die Lippen irgend etwas sagten.

Stimme des Gehörs: Er sagt: «Guten Tag, Frau Lenin!» Und dann noch: «Finden Sie nicht, daß heute sehr schönes Wetter ist?»

Stimme des Gesichts: Seine Lippen lächeln selbstbewußt. Auf seinem Gesicht liegt die Erwartung einer Antwort.

Sein Gesicht nimmt eine strenge Miene an. Sein Gesicht und
der Mund nehmen einen lachenden Ausdruck an.

Stimme des Verstandes: Es erweckt den Anschein,
als entschuldige es mein Schweigen. Aber ich werde ihm
nicht antworten.

Stimme des Gesichts: Seine Lippen nehmen einen
schmeichelnden Ausdruck an.

Stimme des Gehörs: Er fragt nochmals: «Wie steht es
mit Ihrer Gesundheit?»

Stimme des Verstandes: Antwort: «Ausgezeichnet».

Stimme des Gesichts: Seine Augenbrauen haben sich
fröhlich bewegt. Die Stirn ist gerunzelt.

Stimme des Gehörs: Er sagt: «Ich hoffe ...»

Stimme des Verstandes: Hör nicht hin, was er sagt.
Er wird sich bald verabschieden. Er wird gleich gehen.

Stimme des Gehörs: Er sagt aber immer noch etwas.

Stimme des Gesichts: Seine Lippen hören nicht auf,
sich zu bewegen. Er schaut weich, bittend und höflich.

Stimme der Vermutung: Er spricht von irgend etwas
Notwendigem.

Stimme des Verstandes: Laß ihn doch. Er bekommt
keine Antwort.

Stimme des Willens: Er bekommt keine Antwort.

Stimme des Gesichts: Er ist verwundert. Er macht eine
Handbewegung. Eine mutlose Bewegung.

Stimme des Verstandes: Ich muß ihm unbedingt die
Hand geben, eine unerträgliche Zeremonie.

Stimme des Gesichts: Seine schwarze Melone
schwimmt durch die Luft, sie hat sich erhoben und sich
wieder auf seine roten Locken herabgesenkt. Er hat die
schwarzen geraden Schultern abgewandt, auf ihnen hat die
Bürste weiße Stäubchen zurückgelassen. Er entfernt sich.

Stimme der Freude: Endlich!

Stimme des Gesichts: Er ist im Dunkeln, hinter den
Bäumen verschwunden.

Stimme des Gehörs: Ich höre Schritte am Ende des
Gartens.

Stimme des Verstandes: Der kommt nicht wieder.

Stimme des Gehörs: Die Zauntür hat geklappt.

Stimme des Verstandes: Die Bank ist naß, kalt,

und alles ist still nach dem Regen. Der Mensch ist gegangen, und endlich wieder Leben.

S t i m m e  d e s  G e s i c h t s : Ein verregneter Garten. Irgendwer hat hier einen Kreis gezeichnet. Fußspuren. Feuchte Erde, nasses Laub.

S t i m m e  d e r  V e r n u n f t : Hier wird gelitten. Das Böse ist da, aber man kämpft nicht dagegen.

S t i m m e  d e s  B e w u ß t s e i n s : Der Gedanke wird siegen. Du, Einsamkeit, Gefährtin des Gedankens. Man muß die Menschen meiden.

S t i m m e  d e s  G e s i c h t s : Herbeigeflogene Tauben. Weggeflogene Tauben.

S t i m m e  d e s  G e h ö r s : Die Tür hat sich wieder geöffnet.

S t i m m e  d e s  W i l l e n s : Ich schweige, ich meide die andern.

**2-ter Akt**

S t i m m e  d e s  B e w u ß t s e i n s : Meine Arme haben sich bewegt, meine Finger treffen auf einen kalten Hemdknoten. Meine Arme sind in Gefangenschaft, meine Füße sind bloß, ich spüre die Kälte des Steinfußbodens.

S t i m m e  d e s  G e h ö r s : Still. Ich bin hier.

S t i m m e  d e s  G e s i c h t s : Blaue und rote Kreise. Sie kreisen, wandern von Stelle zu Stelle. Dunkelheit. Kerzenleuchter.

S t i m m e  d e s  G e h ö r s : Schon wieder Schritte. Einer, zwei. Sie sind laut, weil es ringsumher so still ist.

S t i m m e  d e r  A n g s t : Wer ist da?

S t i m m e  d e r  A u f m e r k s a m k e i t : Sie waren dorthin gegangen. Sie haben die Richtung geändert. Sie kommen.

S t i m m e  d e s  V e r s t a n d e s : Sie kommen hierher, direkt auf mich zu. Sie kommen zu mir.

S t i m m e  d e s  G e h ö r s : Sie halten inne. Alles ist still.

S t i m m e  d e s  E n t s e t z e n s : Gleich geht die Tür auf.

S t i m m e  d e s  G e h ö r s : Der Schlüssel klappert.

S t i m m e  d e r  A n g s t : Der Schlüssel dreht sich im Schloß.

S t i m m e  d e s  V e r s t a n d e s : Das sind sie.

S t i m m e  d e s  B e w u ß t s e i n s : Ich habe Angst.

S t i m m e  d e s  W i l l e n s : Aber ich werde das Wort trotzdem nicht sagen. Nein.

**Stimme des Gesichts:** Die Tür steht sperrangelweit offen.

**Stimme des Gehörs:** Das sind ihre Worte: «Gnädige kranke Frau, seien Sie so gut und kommen Sie herüber, der Herr Arzt hat es befohlen.»

**Stimme des Willens:** Nein.

**Stimme des Bewußtseins:** Ich werde schweigen.

**Stimme des Gesichts:** Sie haben mich umzingelt.

**Stimme des Tastsinns:** Eine Hand hat meine Schulter gestreift.

**Stimme der Erinnerung:** ... meine ehemals weiße.

**Stimme des Tastsinns:** Meine Haare den Fußboden.

**Stimme der Erinnerung:** ... die schwarzen und langen.

**Stimme des Gehörs:** Sie sagen: «Haltet sie am Kopf, nimm sie an den Schultern! Hast du sie? Gehn wir!»

**Stimme des Bewußtseins:** Sie tragen mich fort. Alles ist verloren. Das Böse der Welt.

**Stimme des Gehörs:** Eine Stimme: «Ist die Kranke immer noch nicht überführt?» — «Nein, keineswegs.»

**Stimme des Bewußtseins:** Alles ist gestorben. Alles stirbt.

# Kinder der Otter
Frühe Prosa

# Tiergarten

*V. I. gew.*

O Garten, Garten!
Wo Eisen gleichsam die Brüder erinnert, daß sie Brüder sind, und dem blutigen Geplänkel Einhalt gebietet.
Wo die Deutschen Bier trinken gehen.
    Und die Schönen ihren Körper verkaufen.
Wo die Adler dasitzen, der Ewigkeit gleich, gekennzeichnet vom heutigen Tag, der noch ohne Abend ist.
Wo das Kamel, dessen hoher Buckel ohne Reiter ist, das Rätsel des Buddhismus kennt und die Gebärde Chinas verheimlicht.
Wo der Hirsch nur Schrecken ist, blühend wie ein breiter Stein.
Wo die Kleider der Menschen modisch elegant sind.
Wo die Menschen mürrisch und griesgrämig einhergehen.
    Und die Deutschen vor Gesundheit strotzen. '
Wo der schwarze Blick des Schwans, der ganz dem Winter gleicht, und sein schwarzgelber Schnabel dem Herbstwald, für ihn selbst ein wenig zu vorsichtig und zu mißtrauisch ist.
Wo der blaue Allerschönste seinen Schweif zu Boden fallen läßt, dem brennenden Sibirien gleich, vom Pavdin-Felsen aus gesehen, wenn über das Gold des Brandes und das Grün des Waldes von den Wolken ein blaues Netz geworfen wird und wenn sich all das mannigfaltig schattiert von den Bodenwellen abhebt.
Wo man den Schwanz australischer Vögel nehmen und, mit ihm die Saiten schlagend, von den Heldentaten der Russen singen möchte.
Wo wir die Hand zusammenpressen, als stecke in ihr ein Schwert, und flüsternd geloben: die russische Art zu verteidigen um den Preis des Lebens, um den Preis des Todes, um den Preis von überhaupt allem.
Wo die Affen sich verschiedenartig ärgern und die verschiedenen Rumpfenden vorstrecken und, die traurigen und sanften ausgenommen, immer und ewig gereizt sind durch die Anwesenheit des Menschen.
Wo die Elefanten, sich verstellend wie Berge beim Erdbeben, das Kind um Futter bitten, der Wahrheit ihren uralten Sinn gebend: essen will ich! essen! — und sich verneigen, als bäten sie um eine milde Gabe.

Wo die Bären behende in die Höhe klettern und, die Befehle des Wärters erwartend, von oben herabsehn.

Wo die Fledermäuse kopfunter hängen wie das Herz eines Russen von heute.

Wo die Brust des Falken an die Federwolken vorm Gewitter erinnert.

Wo ein kurzbeiniger Vogel den ganzen Sonnenuntergang hinter sich herschleift, mit allen Kohlen seines Brandes.

Wo wir im Gesicht des Tigers, das von einem weißen Bart gerahmt ist, und in den Augen eines bejahrten Muselmanen den ersten Jünger des Propheten verehren und das Wesen des Islam lesen.

Wo wir einzusehen beginnen, daß die Religionen verebbende Ströme von Wellen sind, deren Anlauf die Arten waren.
Und daß es auf der Welt deshalb so viele Tiere gibt, weil sie auf verschiedene Art Gott sehen können.

Wo die Tiere, des Brüllens müde, aufstehen und in den Himmel schauen.

Wo die Robbe lebhaft an Märtyrerqualen erinnert, wenn sie sich schreiend gegen den Käfig wirft.

Wo komische Fischflügler sich einer um den andern sorgen, rührend wie die alten Gutsbesitzer Gogols.
Garten, Garten, wo der Blick des Tieres mehr bedeutet als ganze Haufen gelesener Bücher. Garten.

Wo der Adler klagt wie ein Kind, das des Klagens müde ist.

Wo der Polarhund sibirischen Staub aufwirbelt, das alte Ritual der gewohnten Feindschaft beim Anblick der sich waschenden Katze zelebrierend.

Wo die Ziegenböcke betteln, den paarigen Huf durchs Gitter steckend und mit ihm winkend, einen selbstzufriednen oder gar fröhlichen Ausdruck im Blick, wenn sie das Verlangte bekommen.

Wo die überlange Giraffe dasteht und schaut.

Wo der Kanonenschuß zu Mittag die Adler in Erwartung eines Gewitters gen Himmel blicken läßt.

Wo die Adler von den hohen Stangen fallen wie die Götzen beim Erdbeben von Tempeln und Hausdächern.

Wo der wie ein Mädchen zottige Adler in den Himmel blickt und dann auf seine Klauen.

Wo wir ein Holz-Tier sehen in Gestalt des reglosen Hirschs.

Wo der Adler sitzt, vom Menschen abgewandt, und auf die Mauer starrt, die Schwingen seltsam ausgebreitet. Kommt es ihm nicht so vor, als segle er hoch über Bergen? Oder betet er? Oder ist ihm heiß?

Wo der Elch durch den Zaun den kurzgehörnten Büffel küßt.

Wo die Hirsche das kalte Eisen belecken.

Wo die schwarze Robbe über den Boden hobbelt, gestützt auf die langen Flossen, mit den Bewegungen des Menschen, der eingebunden ist in einen Sack, gleich einem gußeisernen Denkmal, das plötzlich in sich selbst einen Sturm von unwiderstehlicher Fröhlichkeit entdeckt.

Wo der struppige Ivanov tanzt und mit der Tatze ans Eisen schlägt, wenn der Wärter ihn «Genosse» ruft.

Wo die Löwen dösen, den Kopf auf die Pranken gelegt.

Wo die Hirsche unablässig mit dem Geweih gegen das Gitter schlagen und die Köpfe schütteln.

Wo die Enten einer gewissen Art im trocknen Käfig — nach einem kurzen Regen — ein einmütiges Geschnatter erheben, als wollten sie dem Entengott (hat der wohl Beine und Schnabel?) ein Dankgebet singen.

Wo manchmal herrisch gnädige Frauen sich zeigen mit entblößtem und frechem Hals und aschesilbernem Leib, besetzt mit Entwürfen derselben Schneiderin, die auch die Sternennächte benäht.

Wo ich im malaiischen Bären den nördlichen Bruder zu erkennen mich weigre und den versteckten Mongolen aufs Wasser führe, um mich an ihm für Port Arthur zu rächen.

Wo die Wölfe Bereitwilligkeit und Ergebenheit ausdrücken, mit aufmerksam schielendem Blick.

Wo ich, den schwülen Ort betretend, an dem es kaum einer lang aushält, mit dem einmütigen Gruß «Krrretin!» und den Schalen der Körner der leeren, glatt plappernden Papageien überschüttet werde.

Wo das dicke glänzende Walroß wie eine müde Schönheit mit dem glitschigen schwarzen fächerartigen Fuß wedelt und dann ins Wasser springt, bis es sich wieder aufs Podium gerollt hat, so daß auf seinem fetten mächtigen Leib der schnurrbärtige Borstenkopf und die glatte Stirn Nietzsches erscheinen.

Wo sich die Kiefer des weißen hochbeinigen schwarzäugigen Lamas und des kurzgehörnten Büffels und anderer Wiederkäuer gleichmäßig von rechts nach links und von links nach rechts bewegen, wie das Leben eines Landes mit Volksvertretung und gewählter Regierung — Wunschparadies so vieler!

Wo das Nashorn in seinen weißroten Augen die nie verlöschende Wut eines gestürzten Zaren trägt und als einziges von allen Tieren seine Verachtung nicht verbirgt — für den Menschen wie für einen Sklavenaufstand. In ihm steckt Ivan der Schreckliche.

Wo die Möwen mit ihrem langen Schnabel und ihrem kalten blauen, gleichsam rundbebrillten Auge das Aussehen internationaler Geschäftsleute haben, wofür wir die Bestätigung in der ihnen angeborenen Kunst finden, im Flug die Brocken aufzufangen, die man den Robben zugeworfen hat.

Wo wir, eingedenk, daß die Russen ihre kunstreichen Feldherrn mit dem Namen eines Falken rühmten, eingedenk auch, daß das Auge des Kosaken, tief unter der schrägen Braue, und das dieses Vogels — verwandt mit den Vögeln des Zaren — ein und dasselbe ist,

wo wir einzusehen beginnen, wer im Krieg die Lehrer der Russen waren. O Falken, die mit der bloßen Brust Reiher schlagen! Und der scharfe gebogene Schnabel! Und die Nadel, auf die er nur selten Insekten spießt, der Träger der Ehre, Treue und Pflicht!

Wo die rote, auf Fingerfüßen stehende Ente an die Schildkröten erinnert, die gefallen sind für die Heimat der Russen, in deren Gerippen ihre Urahnen Nester gewunden hatten.

Wo ins goldene Rätsel einer gewissen Vogelart das Feuer jener Kraft gelegt ist, die nur der Zölibat verleiht.

Wo Rußland den Namen des Kosaken ausstößt, wie der Adler seinen Schrei.

Wo die Elefanten ihre Trompetenschreie vergessen haben und einen Schrei ausstoßen, als klagten sie über Nervenzerrüttung. Womöglich halten sie es allmählich, bei unserm allzu jämmerlichen Anblick, für ein Zeichen des guten Geschmacks, solch jämmerliche Töne auszustoßen? Ich weiß nicht. O ihr grauen runzeligen Berge! Bedeckt mit Flechten und mit Gras in den Schluchten!

Wo in den Tieren die großartigsten Möglichkeiten verkommen, wie das beim Brand von Moskau ins Gebetbuch geschriebene Igorlied.

Jüngling Ich-Welt

Jüngling Ich-Welt.
Bin ich eine Haarzelle oder der Geist eines großen Mannes mit dem Namen Rußland?
Er atmet, dieser Mensch, und schaut, er wackelt mit seinen Knochen, wenn die Menge der mir Gleichen «pfui» oder «hurra» schreit. Wie der Gatte ist das alte Rom über die traurige, düstere Weiblichkeit des Nordens geneigt und ergießt seinen Samen in den jungen Frauenleib. Ist es etwa meine Schuld, daß ich das Gerippe eines Römers habe?
Siegen, erobern, herrschen und sich unterwerfen — ist das Testament meines altehrwürdigen Bluts.



Eine einfache Geschichte

Eine himmelsköpfige Taube flaniert und girrt.
An einer fernen Schaukel fließt und fältelt sich, wie der Abend, ein Kleid.
Ein jaäugiger Jüngling überquert bei einer Pappel das Feld.
Wie Tage und Nacht im Alltag wechseln die Beine ihre Stellung.
Der Abend flammt auf; ohne die erhobenen Arme der Nacht keimen die Morgen hervor. Ihre Wimpern — wie die Winterszeit, der man die Tage herausgezogen hat, und übrig bleiben nur die langen Nächte — die schwarzen.
Seidene, schläfrige Nächte blieben zurück.
Ein erwartungshaariges Mädchen, in Abendliches gekleidet.
Und wunschmähnige Pferde streifen durchs Feld, pflücken einsame Blumen.
Der straff, wie die Woche, geflochtene Zopf eines Mädchens — die Wochentage.
Die Hand gekrümmt, wie das Leben durch die Hochzeit — in der Hand — eine Blume.
Der strömende Abend senkt das Haupt, geht unter. Er braucht nichts, außer einer Blume — einem Traumgras. Wie Vogelschwingen wehten die Kleidungsstücke des jaäugigen Jünglings.

Er ist morgengraubrüstig. Sein Kaftan gleicht der Zeit, seine Knöpfe den klaren Herbsttagen — dem Herbst.
Das Tuch in der Hand sank herab — Vergessen.
Warum ist das Morgengrauen, wie Krieger, von Krähen umstellt?
Übrigens brachte das Zimmermädchen der hartnäckig rufenden Dame eine Morelle.


Ausflug aus dem Grabhügel des toten Sohns

Die Weggefährtin hat einen Schädel auf den Schultern. Sie trägt einen weißen Strohhut mit einer himmelblauen Borte.
Ein Fahrrad, das das Gras knickt. Da ist er. Lachend, unter Kopfnicken, nehmen sie Platz. Durch die Fenster des hell erleuchteten Hauses kann man erkennen, wie sie, ohne die Lebenden zu stören, durch die Glastüre treten, freundlich begrüßt, höfliche Grußworte wechselnd. Hoch ragt ein Kragen mit scharf abgebogenen Enden empor. Mit geheimnisvollen Zeichen nimmt er einen der Jenseitigen beiseite, und nachdem er seinen Schädel in die «Neue Zeit» oder die «Rede» gewickelt hat, mischt er sich unter die versammelte Gesellschaft und beginnt ein Gespräch. Sie hält einen Fächer in der Hand. Zwei unvorsichtigerweise zu früh aufgebrochene Gäste laufen in das Rad und werden kläglich schreiend hinwegbefördert. Die Lichter des Hauses werden greller. 6 Uhr. Am Himmel blaß die Sterne. Die Verlobten, mit weißen himmelblauen Blumen, sittsamen, herrlichen Gesichtern, kommen die Treppe des Hauses mit den sechs Säulen herab. Übrigens tragen sie dieselbe Kleidung wie die Ausreißer aus dem Grabhügel. Während sie die Treppe hinuntersteigen, strekken Blumenfrauen ihnen Sträuße entgegen. Dazwischen blitzt ein äußerst hageres Gesicht auf, den Knochenfinger in die Wangenhöhle gestützt.

Der Jäger Usa-Ghali

Usa-Ghali richtete Falken ab, ging auf die Jagd und wilderte gelegentlich. Wenn er erwischt wurde, fragte er treuherzig: «Ist das denn verboten? — ich dachte, es wäre erlaubt!» Erblickte er in der Steppe einen schlafenden Sperling, dann kroch Usa-Ghali an ihn heran und preßte seinen Schwanz gegen den Boden; der Vogel erwachte in Gefangenschaft. Auf einem Heuschober sitzt ein Adler. Mit einer langen Schlinge schleicht Ghali sich an den Schober heran. Der Adler beobachtet mit scharfem Blick den Haarreifen. Voll Mißtrauen richtet er sich auf, bereit davonzufliegen, doch schon hängt er, mit den schwarzen Flügeln schlagend, schreiend im Garn. Usa-Ghali läuft hinter dem Schober hervor und zieht den armen König der Lüfte, den schwarzen Gefangenen mit den Eisenkrallen, an einem Strick hinter sich her; die Spanne seiner Flügel beträgt fast einen Klafter. Stolz reitet er über die Steppe. Lange würde der Adler in Gefangenschaft leben und sein Fressen mit den Schäferhunden teilen. Einmal war er bei einer Verfolgungsjagd von einem ganzen Reiterzug eingekreist. Vergeblich versuchte Ghali, auf seinem Pferd mitten in den Haufen zu sprengen. Was tun? Er wendete sein Pferd und ritt auf einen der Reiter zu. Der wich zögernd zur Seite aus. Ghali schnalzte mit der Peitsche, und von einem entsetzlichen Schlag vor die Stirn betäubt, brach das gute Pferd in die Knie. Usa-Ghali entkam. Das war ein geschickter Schlag gewesen, der zur Ohnmacht des Pferdes geführt hatte. Lange erinnerte man sich in der Steppe an die aufgesprungene Beule des betäubten Pferds und an den niedergeworfenen Reiter. In jenen Tagen fuhren die Salzfuhrleute mit Wagenzügen durch das Land, wobei sie die Fracht zum Schutz vor der Witterung mit ganzen Filzplachen zudeckten. Die Ochsen trotteten dahin, das ewig nasse schwarze Maul bewegend und die Fliegen verscheuchend. Es gab Jäger, die sich an die Salzführer heranmachten, im Lauf das Ende eines Filzes unterm Knie feststeckten und mitsamt dem Überwurf in die Steppe davonsprengten. Daraufhin befestigten die scharfsinnigen Salzführer den Filz an einem sehr langen Strick am Wagen. Auch Usa-Ghali versuchte es.
Doch kaum war der Strick zu Ende, als er von einem heftigen Stoß zu Boden geworfen wurde, wobei er sich den Arm brach.

Die Salzführer kamen herbeigelaufen und ließen nach Herzenslust ihren Zorn an ihm aus. «Na, wie stehts?» — fragten sie ihn. «Schon gut, Väterchen!» — gab er leise zur Antwort. Dieser Spaß hatte ihn einige Rippen gekostet.
Die Peitsche, eine nahe Verwandte der nördlichen Wurfkugel, meisterte er hervorragend, das heißt nach Art der Kirgisen, und er benützte sie zur Wolfsjagd. Hartnäckiger als ein Windspiel, stürzen die zahmen Adler, die den Wolf in der Steppe verfolgen, jenen in einen Zustand der Raserei und Gleichgültigkeit gegen alles.
Der gefügige Paßgänger fällt in Trab, und aus dem Sattel gebeugt, erledigt Ghali das vom ungleichen Kampf erschöpfte Tier. Die armen Wölfe!
Einmal traf man ihn, als er mit wichtiger Miene Jagd auf einen ganzen Zug Trappen machte.
— Usa-Ghali, was machst du? — «Die Flügel sind ihnen eingefroren, ich werde sie nach und nach verkaufen», — antwortete er gleichmütig.
Damals war Glatteis.
Das war Usa-Ghali. Ein weißes Pferd frißt an einem Getreideschober. Ein Zug Wollgras wird vom Wind herangetragen. Schwäne blitzen auf im Blau des Himmels, wie das Ende einer anderen Welt. Weiße Trappen weiden auf einer Sandburg. Die Wollgräser, die im Gras gesessen hatten, werden plötzlich abgepflückt und weggetragen. Erzählungen, ein Gespräch rauscht. Die Zeit des Abendbrots bricht an.
Indessen dehnen sich die Gänse, deren Muster den Himmel in zwei Teile geteilt hat, zu einem schmalen Streifen. Ihr Zug, einer Luftschlange gleich, verliert sich irgendwo als endloser Faden, der vielleicht ihren Flug erleichtert. Die Gänse verständigen sich durch Schreie und ordnen sich wieder anders an, wie eine dunkle Milchstraße. Mittlerweile war der Wind stärker geworden, und das Nest der Beutelmeise, das einem warmen, an einer Weide aufgehängten Ärmel glich, begann stärker hin und her zu schwanken. Ein Mäusefalke, ganz schwarz, mit einem hübschen silbernen Scheitel, jagte vorbei.
Krähen und Elstern erfreuen als gutes Omen.
— Hört ihr? — man erzählt von einer gefangenen Türkin: — sie ging aufs Feld, legte sich hin, preßte den Kopf an die Erde, und als man sie fragte, was sie mache, antwortete sie: «Ich höre zu,

wie man im Himmel ein Hochamt zelebriert. Gut, wie?» Rings im Umkreis standen Russen. Auch Usa-Ghali war da, er stand abseits und aß bescheiden an irgend etwas. Er war ein gutes Steppentier. Urus hatte Schiffe gebaut, Urus hatte Straßen gezogen, ohne das andere Leben der Steppe wahrzunehmen. Der ungläubige Urus, Giaur-Urus.
Wenn Sie den Stimmen der Wildgänse lauschen, hören Sie dann nicht: «Sei gegrüßt! die sterben müssen, grüßen dich!»


Nikolaj


Die merkwürdige Eigenart des Zufalls, sie führt euch gleichgültig an dem vorbei, was den Namen des Schrecklichen trägt, und umgekehrt werdet ihr hinter einem nichtigen Vorfall Tiefen und Geheimnisse suchen. Ich ging die Straße entlang und blieb stehn, da ich neben einigen Lastfuhrwerken eine Menschenansammlung erblickte. – Was gibts? – fragte ich einen zufällig Vorbeikommenden. – «Da schau,» – antwortete jener lachend. Tatsächlich, in Grabesstille schlug ein alter Rappe gleichmäßig mit dem Huf gegen das Pflaster. Die übrigen Pferde lauschten, die Köpfe tief gesenkt, stumm, unbeweglich. In dem Hufschlag klangen Gedanken, erfahrenes Schicksal und Befehl, und die anderen Pferde vernahmen es mit gesenktem Kopf. Der Haufen wuchs rasch an, bis von irgendwoher der Fuhrmann zurückkam, das Pferd am Zügel zerrte und weiterfuhr.
Der alte Rappe jedoch, der dumpf im Schicksal gelesen hatte, und seine alten, gebeugten Gefährten blieben im Gedächtnis haften.
Die Mühsale eines Wanderlebens werden mit wunderbaren Zufällen vergolten. Zu ihnen rechne ich die Begegnung mit Nikolaj. Hättet ihr ihn irgendwo getroffen, so hättet ihr ihn wahrscheinlich nicht weiter beachtet. Nur seine leichtgebräunte Stirn und sein Kinn hätten ihn vielleicht verraten. Und die allzu ehrlich ausdruckslosen Augen hätten euch gesagt, daß ein gleichgültiger und von den Menschen gelangweilter Jäger vor euch stand.
Doch dies war ein einsamer Wille, mit einem eigenen Weg und einem eigenen Lebensende.

Er verkehrte nicht unter Menschen. Er glich jenen Gehöften, die durch einen Zaun vom Wege abgetrennt sind, die mit dem Zaun zum Feldweg gekehrt stehn.
Er erschien schweigsam und gerade, vorsichtig und ungesellig. Sein Gemüt erschien einem sogar armselig. Im Rausch wurde er seinen Bekannten gegenüber grob und frech, verlangte auf zudringliche Art Geld, empfand aber — seltsam — gleichzeitig einen Überschwang von Zärtlichkeit gegenüber Kindern: vielleicht deshalb, weil das noch keine richtigen Menschen waren? Diesen Zug kannte ich auch bei anderen. Er versammelte eine Schar Kinder um sich und kaufte ihnen für alles Kleingeld, das er besaß, ärmliche Süßigkeiten, Kringel, Lebkuchen, die die Krämerläden schmückten. Wollte er sagen: «Seht her, Leute, seid so zueinander wie ich zu ihnen», da jedoch diese Zärtlichkeit nicht sein Handwerk war, hatte seine schweigende Predigt größere Wirkung auf mich als die Predigt von so manchem Lehrer mit lautem Allerweltsruhm. Ein gerader, harter Gedanke erschien dann in seinem aufrechten Blick.
Im übrigen, wer vermag in der Seele eines menschenscheuen, grauen Jägers zu lesen, eines grausamen Verfolgers von Ebern und Wildgänsen? Ich entsinne mich dabei des Urteils, das ein Tatare über das Leben fällte, der vor seinem Tode einen Zettel mit der kurzen, aber Aufmerksamkeit erregenden Notiz zurückließ: «Ich pfeife auf die ganze Welt.»
Für die Tataren war er ein Abtrünniger, für die russische Obrigkeit — ein gefährlicher Hitzkopf. Ich muß gestehen, daß ich nie den Wunsch hatte, meine Unterschrift auf diesen Zettel zu setzen, der gezeichnet war von Gleichgültigkeit und Verzweiflung. Doch diese stumme Zurschaustellung einer Freiheit außerhalb der ehernen Gesetze des Lebens und seiner harten Wahrheiten, dieser Nußstrauch, der Feldblumen um seinen Fuß versammelte, bargen dennoch einen tiefen Zug; hinter ihnen stand ein gerades und hartes Denken, das sich allem zum Trotz in den ehrlichen Augen bewahrt hatte.
In einem alten Album, das viele Jahre zählt, zwischen verblichenen, gebückten Greisen mit einem Stern auf der Brust, zwischen manierierten, betagten Frauen mit einem goldenen Kettchen am Handgelenk, die stets in einem aufgeschlagenen Buch lasen, wärt ihr auch auf das bescheidene, gelbliche Bild eines Mannes gestoßen, mit unauffälligen Gesichtszügen, einem glatten Bart

und einer Doppelflinte auf den Knien; ein gerader Scheitel teilte das Haar.

Wenn ihr fragen würdet, wen dieses vergilbte Bild denn zeige, so wäre die knappe Antwort gewesen: dies ist Nikolaj. Doch ausführlicheren Erklärungen wäre man wahrscheinlich aus dem Weg gegangen. Ein leichter Schatten auf dem Gesicht des Sprechers hätte euch verraten, daß man sich ihm gegenüber nicht wie zu einem gänzlich Fremden verhielt.

Ich habe diesen Jäger gekannt. Man kann die Menschen allgemein als verschiedene Lichtschatten ein und desselben weißen Kopfes mit weißen Locken ansehen. Die Betrachtung von Stirn und Augen in verschiedener Beleuchtung wird euch eine unendliche Vielfalt eröffnen, den Kampf zwischen Schatten und Licht auf ein und demselben Kopf, unendlich oft wiederholt an Greisen wie an Kindern, an Geschäftsleuten wie an Denkern.

Und er war natürlich nur eine der vielen Beleuchtungen dieses weißen Steines mit Augen und Locken. Aber gibt es jemanden, der das nicht wäre?

Man erzählte sich viel von seinen Heldentaten als Jäger. Bat man ihn, er möge irgendein wildes Tier bringen, dann fragte er, der sonst durch Schweigsamkeit auffiel: «Wieviel davon?» — und verschwand. Gott weiß wie, doch er kam zurück und brachte, was man ihm aufgetragen hatte. Die Wildschweine kannten ihn als schweigsamen und schrecklichen Feind.

Das Uferdickicht — diese Gegend, wo das Schilf aus dem seichten Meer wuchs — hatte er besonders sorgfältig erkundet. Hätte man einen Blick in die Seele der gefiederten Welt werfen können, die an der Volgamündung siedelte — wer weiß, wie der schreckliche Jäger darin eingeprägt gewesen wäre! Wenn sie das einsame Ufer mit ihren Seufzern erfüllten, klang da in ihrer Klage nicht mit, daß der Kahn des Vogeltods wieder am Ufer gelandet war. Erschien er ihnen, mit der Doppelflinte um die Schulter und der Schirmmütze auf dem Kopf, nicht als ein schreckliches Wesen mit übernatürlicher Gewalt?

Die erbarmungslose, schreckliche Gottheit zeigte sich auch auf den öden Sandbänken: dort verkündete ein weißer oder schwarzer Vogelzug mit langgezogenem Schrei den Tod der Gefährten. Im übrigen gab es in dieser Seele auch ein Eckchen Mitleid: er verschonte stets Nester und Junge, die nur seinen sich entfernenden Schritt kannten.

Er war verschlossen und schweigsam, eher wortkarg; und nur jene, denen er einen Zipfel seiner Seele gezeigt hatte, konnten ahnen, daß er abfällig über das Leben urteilte und daß er in sich die «Verachtung des Wilden» für das menschliche Schicksal als Ganzes trug. Dieser Seelenzustand wird übrigens am ehesten verständlich, wenn man bedenkt, daß die «Naturseele», wenn sie, wie im Leben dieses Jägers, aus der Welt des «Vergänglichen» in eine Welt des ständig sich «Ändernden» hinüberwechseln sollte, nicht anders über Neuerungen urteilen konnte — wenn sie mit abschiednehmendem Blick auf die Wirbelstürme der Enten, auf die menschenleeren Weiten, auf die Welt der über das Meer ausgegossenen roten Gänse ankam im Land der weißen, ins Flußbett gerammten Pfeiler, der feinen Eisenbrücken-Spitzen, der Ameisenhaufen-Städte, einer gewaltigen, aber finsteren, unfreundlichen Welt!

Er war bescheiden, aufrecht, fast ein wenig gröblich-hart. Er war ein guter Krankenpfleger, der sich stets um seine kranken Gefährten kümmerte; und um sein Zartgefühl den Schwachen gegenüber und um seine Bereitwilligkeit, ihr Schild zu sein, hätte ihn jeder mittelalterliche Recke mit Helm und Federbusch beneiden können.

Zur Jagd fuhr er folgendermaßen: er stieg ins Boot, wo ihn zwei von ihm großgezogene Hunde erwarteten, machte mal mit einem Tau, mal mit den Rudern das Segel fest und fuhr los. Es muß gesagt werden, daß an der Volga ein heimtückischer Wind bläst, der einen in völliger Stille plötzlich vom Ufer aus überfällt und den achtlosen Fischer, der sein Segel nicht richtig gesetzt hat, zum Kentern bringt.

An Ort und Stelle angekommen, wurde das Boot umgedreht und diente nun als Dach, Eisenstangen wurden eingerammt, und beim Schein des Lagerfeuers begannen die Stunden der Jagd, bis man zum Abendbrot aufbrach. Die klugen, schweigsamen Hunde waren im Boot groß geworden, in das sich die Gerüche sämtlicher Arten von Wild eingesogen hatten, das an der Volga lebte; hier lagen Seeraben und der ausgewachsene Huf eines Ebers neben Fischottern und Trappen.

Leise heulen die Wölfe: «Jetzt versammeln sie sich», «jetzt ziehen sie ab».

Es war sein Wunsch gewesen, fern von den Menschen zu sterben, von denen er so herb enttäuscht worden war. Er bewegte sich unter den Menschen und lehnte sie zugleich ab. Durch sein Handwerk grausam geworden, gehörte er den verfolgten Un-Menschen an, deren grausamer, todbringender Fürst er war. Doch im Duell zwischen Un-Mensch und Mensch stand er auf seiten der letzteren. So hatte Melnikov, der die Raskolniki verfolgte, dennoch «Auf den Bergen und in den Wäldern» geschrieben.

Ja, man konnte ihn sich nicht anders vorstellen denn als einen Vogel-Perun, grausam, aber seinen Untertanen doch treu ergeben und mit einem gewissen Sinn für ihre Schönheiten begabt. Er hatte Menschen, die er als seine Freunde bezeichnen konnte; aber je weiter seine Seele aus ihrer «Muschelschale» kroch, desto heftiger verschob er in selbstherrlicher Weise das Gleichgewicht zwischen beiden zu seinen Gunsten; er wurde dünkelhaft, und seine Freundschaft bekam immer mehr Ähnlichkeit mit der zeitweiligen Versöhnung zweier Kämpfender. Der Bruch erfolgte aus nichtigstem Anlaß, wobei er aufblickte und zu sagen pflegte: «Nein, du bist keiner von uns» und kalt und fremd wurde. Nur wenige hatten erkannt, daß dieser Mann eigentlich nicht zu den Menschen gehörte. Mit seinen nachdenklichen Augen, seinem schweigsamen Mund, war er schon zwei oder drei Jahrzehnte der Hohepriester des Tempels von Mord und Tod. Zwischen Stadt und Wüste sind dieselben Achsen, derselbe Unterschied wie zwischen Teufel und Beelzebub. Der Verstand beginnt dort, wo man zwischen Gut und Böse wählen kann. Der Jäger hatte zugunsten von Beelzebub entschieden, der großen Menschenleere. Beharrlich äußerte er den Wunsch, nicht auf einem Friedhof begraben zu werden; weshalb wollte er kein stilles Kreuz? ... War er ein hartnäckiger Ketzer? Und was hatte in dem Buch gestanden, das nur er gelesen hatte und dessen Asche niemand mehr lesen wird?

Aber der Tod kam seinem Wunsch entgegen.

Einmal brachte das Lokalblatt eine Notiz, man habe im Forst, der den Einwohnern unter dem Namen «Pferdekoppel» bekannt war, ein Boot und den Körper eines unbekannten Mannes gefunden. Außerdem habe unweit davon eine Doppelflinte gelegen. Da es ein Jahr des Schwarzen Todes und der Zieselmaus war, mußten die Nomaden ihre Zelte abbrechen und angsterfüllt vor den anmutigen Tieren der Steppe fliehn, die in großer Zahl dahingerafft wurden, und da der Jäger nun schon mehr als eine Woche verschollen war, sandten jene, die ihn gekannt hatten, in ängstlicher Erwartung und von schlechten Vorahnungen erfüllt, Leute auf Erkundungsfahrt aus. Wieder zurückgekehrt, bestätigten die Kundschafter, daß der Jäger tot war. Laut einer Erzählung der Fischer berichteten sie folgendes.

Bereits mehrere Nächte hindurch war in das auf einer einsamen Insel gelegene Fischerdorf ein unbekannter schwarzer Hund gekommen, hatte vor einer der Hütten haltgemacht und dumpf zu heulen begonnen. Weder Schläge noch Schreie beeindruckten ihn. Ahnungsvoll, was der Besuch des schwarzen unbekannten Hundes auf der unbewohnten Insel zu bedeuten hatte, wollte man ihn verjagen. Doch in der folgenden Nacht kam er wieder, lästig heulend, den Schlaf der Fischer vergiftend.

Schließlich folgte ihm ein mitleidiger Wächter: der Hund winselte freudig und führte ihn zu einem umgestürzten Boot: unweit davon lag, ein Gewehr in der Hand, ein von den Vögeln völlig zerhackter Mann; nur in den Stiefeln war noch Fleisch übriggeblieben. Eine Wolke von Vögeln umkreiste ihn. Ein zweiter Hund lag halb tot zu seinen Füßen.

Ob er am Fieber oder an der Pest gestorben war, ist unbekannt. Eintönig schlugen die Wellen ans Ufer.

So war er gestorben, in der Erfüllung seines merkwürdigen Traumes — sein Leben fern von den Menschen zu beenden.

Aber seine Freunde errichteten über seinem Grabe dennoch ein schlichtes Kreuz. So hatte der Sturmhut sein Ende gefunden.

... Und da wollte ich weggehen in den frischen grünen Wald, wo es diese Tiere mit einem Paar langweiliger Menschenbeine nicht gibt. Und untertauchen im tiefen und kalten Wasser, wo die Fische schwammen, die dieses Paar langweiliger Menschenbeine nicht hatten. Und ich hatte keine Lust mehr, Mensch zu sein, wenn dieser Mensch ein Paar langweiliger Menschenbeine hatte. Langweilige?

O die Köpfe, die den Beinen «Leb wohl!» gesagt hatten. O die geheimnisvollen Wasser, das beste Werk der Menschen, in denen, ähnlich blassen Knospen, einsame Menschenköpfe schwimmen.

O Tiere mit einem Paar langweiliger Beine, o feiner und scharfer Dolch mit dem schwarzen Heft, geschwungenem Muster und der Aufschrift «Osman»!

Und dann betrachtete ich, Kopf, voll Neugier die kleine bluttriefende Wunde, die mein willfähriger Bruder Hand meinem Bruder Bein versetzt hatte.

War Mitleid in mir? Nein: ein Lächeln erfreute meine Lippen, das Gehirn bedauerte seinen Bruder nicht, seinen dicken armen Bruder. Seinen dicken dummen Bruder — das weiße vornehme Bein.

## Die Kinder der Otter

1-tes Segel

1

Meer. Von Feuer goldene Ufer versinken in ihm. Am Himmel fliegen zwei Geister in weißen Umhängen, aber mit schrägen Mongolenaugen. Einer von ihnen berührt die Ufer mit der Hand und zeigt eine Hand, aus der feurige Funken sprühen; stöhnend wie in dunkler Herbstnacht die Schwäne fliegen sie weiter. Man hört sie aus der Ferne weinen.
Das Ufer brennt ewig, Feuerstöße und Lavaströme ins Meer speiend; Wellen schlagen gegen die roten Felsklippen und schwarzen Wände.
Drei Sonnen stehen am Himmel — die Wächter der ersten Tage der Erde. Im oberen Eck des kleinen Platzes ist, nach dem Gesetz von Halsbändern, der Feiertag des Bären zu sehen. Ein großer schwarzer Bär sitzt an der Kette. Lärchen des Nordens. Zuerst tanzen sie, mit den Lanzen aufstoßend, um ihn herum und beten ihn an, dann fressen sie ihn auf, bei Trommelklang und Tanz. Der Wasserfall der Lava stürzt von den Felsklippen ins Meer. Die Kinder der Otter fliegen vorüber, wie silbrig-zarte weißgeflügelte Geister.


2

Von Zeit zu Zeit schlagen die Wellen ans Ufer. Die eine Sonne ist weiß, die zweite, kleinere rot mit bläulich schimmerndem Rand; die dritte schwarz mit grünem Kranz. Man hört sie, wie Worte der Klage und des Zorns in einer fremden Sprache. Im Eck des Vorhangs sieht man ein Flügelende. Über dem goldenen Ufer erscheint ein geflügelter Geist, mit einer schwarzen Lanze in der Hand und viel bösem Willen in den Augen. Rauschend fliegt die Lanze dahin, und die rote Sonne fällt, als neige, eine rote Perle, sie zum Untergehen sich ins Meer; die Erde verändert und verdüstert sich. Einige grüne Hälmchen erscheinen auf den Felsklippen, sie sind im Nu emporgeschossen. Ströme Vögel.
Auf der toten Sonne stehend, singen sie mit erhobenen Armen irgendwem ein Loblied ohne Worte. Da zieht der Sohn der Otter die Lanze hervor und stürzt sich, mit den schwarzen Flügeln rauschend, dunkelhäutig, sonnenbraun, gelockten Kopfes, auf

krummen Flügeln sich von der Luft abstoßend, auf die schwarze Sonne — und sie fällt in die Fluten. Hirsche und Tiere eilen herbei.
Die Erde verdunkelt sich sofort. Dem Himmel ist sein blauer Glanz wiedergegeben. Das Meer aus schwarzen und roten Strömen ist auf einmal grün geworden. Die Kinder der Otter reichen sich die Hände und fliegen als erste zur Erde hinab. Im Durst des Tages sinken sie mit ihrem Mund an den kalten Strom, der den Goldstrom der Lava ersetzt hat: Er nimmt ein Hämmerchen und spaltet damit das Gestein.
Überall Gras, Bäume, Birkenwäldchen. Er beugt eine Birke herab, die dabei ihre Blätter verliert, er bindet sie mit einer Haarsträhne.
Ein kleiner Mongole mit Flügeln erscheint.
Den Grabhügel ihrer einstigen Gefährten vor Augen, hüllt sich die einsame Sonne in Trauerwolken.
Die ersten Tage des goldenen Glücks wiegend, erscheint die Mutter der Welt — die Otter in den Wellen, einen Fisch in den Zähnen, und betrachtet nachdenklich ihr Werk.
Der erste Rauch — ein Zeichen von Leben über jener Höhle, zu der ein Schmetterling sie geführt hatte.

3
Zu zweit sitzen die Kinder der Otter am Feuer und lassen ihre wächsernen Flügel schmelzen. Der Sohn der Otter sagt, auf die weiße Sonne zeigend: — Das bin ICH.
Das schwarze Pferd der Meeressteppen schwimmt, aus seinen rundlichen Nüstern neben den runden Augen Wasser sprühend. Irgendwer sitzt auf ihm, eine Elfenbeintafel und Saiten in Händen.
Das sind die ersten Tage des Erdendaseins.
Ein großer Meeressand. Schwarz schimmern am Ufer die Rippen eines Wals. Seepferdchen spielen in den Wellen. Ein einsamer Naturforscher mit einer Blechbüchse geht um sie herum, die toten Knochen des Wals studierend. Die Tochter der Otter schöpft Wasser in eine Meeresmuschel und schüttet es dem Gelehrten in den Kragen. Dieser runzelt die Brauen, schaut auf zum Himmel und verschwindet.
Dunkelgrauer Himmel. Die Tochter der Otter ist bis zu den Füßen in Haare gehüllt. Regen. Schriften, Blitze. Schutz davor

suchend, verstecken sie sich in ihrer Höhle. Der Himmel wird dunkler. Große Sterne. Hagel. Wind. Den Platz überquert ein schwarzer Selbstfahrer. Wilde, herausfordernde Klänge. Das Röcheln eines sich zu Tode stürzenden Schwans und das wilde Grunzen eines Nashorns. In die Dunkelheit werden zwei Lichtgarben geworfen, aus dem Fenster beugt sich der Heizer im Pelz und ruft, die Hand ausstreckend, — «Dorthin!» und wirft ein Täschchen in den Sand. Ein schrecklicher Wind. Vor Kälte zitternd treten sie hinaus, nehmen ihre mitgebrachten Kleider. Ziehen sie über. Er trägt einen Federhut. Die Tochter der Otter im schwarzen Pelz; sie trägt ein blaues Häubchen. Sie setzen sich und fahren weg. Der bärtige Pferdemensch, mit blauen Augen und Hufen, schreitet durch den Sand. Eine Fliege setzt sich ihm ins Ohr; er schüttelt die dunkle Mähne und verjagt sie. Sie setzt sich ihm auf die Kuppe, er dreht sich um und fängt sie nachdenklich mit der Hand.

4
Der Vorhang geht auf — zu sehen ist das Sehsal Budetljanin. Logen und Sesselreihen. Die Kinder der Otter gehen an ihre Plätze, in Begleitung eines Mannes in Goldtresse.
(Im Flur Mammutjagd.)
Die goldenen Birken des Herbstes umkränzen einen Hügel. Espen. Tannen. Eine Menge Greise und kleine Enkelkinder stehen, die Arme zum Himmel erhoben. Die gelben Stoßzähne, mit Rissen und Sprüngen bemalt, diese steinernen Blitze winden sich in die Höhe. Wie der rasche Tod schlägt der Rüssel in Staubwolken hin und her. In den kleinen Äugelchen unter den haarigen Wimpern — Hochmut. Ein Maler im wilden, frei übergeworfenen Pelz ritzt Sichtbares in die Knochen und runzelt wild die Stirn. Steine prasseln in die Fallgrube, wo nur ein Rüssel sich noch bewegt und Augen.
     V o r h a n g
Sturzbäche haben dir das Fell zerfetzt,
Gewitterbrüllen kanntest du, du kanntest das Piepen der Maus,
doch schimmert dein Stoßzahn, der krumme, noch jetzt,
zu den dahingesunknen Ohren heraus.

Es brennt eine Kerze namens Verstand in einem Kerzenhalter aus einem Schädel; hinter ihr ein Ball, der auf alles einen Ballen schwarzen Schattens wirft. Ein Gelehrter und eine Anzahl Schüler.
Gelehrter:
Punkt, wie Boskovič lehrt.
Altersgenosse Lomonosovs:
Was?
*Er wird durch Ballspiel unterbrochen, das auf der Seite gespielt wird. Der Ball fliegt irgendwohin.*
Welch stürmische Spieler!
Spieler:
Von der Kraft des Stiefels fliegt er in die Wolken.
Und wie ein schwaches Schäfchen schaut ein andrer hinter seiner Kerze hervor.
Ein Atom fliegt auf den 2-ten Spieler zu; Berge türmen sich auf. Es ist der Berg Olymp.
Auf den verschneiten Bergesgipfeln beten die Eingeborenen.
Budetljanin: Har, har, har! Ni, ni, ni! Ne, ne, ne! Im Versmaß der Ilias geht das Schicksal des Myrmidonen auf.
Übrigens küßt er nicht weit von hier im Dunkeln die mit geschlossenen Augen dahingesunkene Briseis, und schwarz, sonnenbraun, die wilden schwarzen Augen in die Höhe gerichtet, fährt er mit der Hand wie der Wind über die Saiten.
Oben aber reden sie über ihn mit den Worten Homers: «Andra moi ennepe musa».
Ein eingeschneiter Tiergarten verurteilt gesenkten Hauptes einhellig seine Stunde. Jetzt oder später wird er sterben. Achilles Chryses! ich liebe dich! Na los doch, los, schlag aus mit deinen kleinen schwarzen Hufen! Himmel! Es macht überhaupt nichts, daß ich eine Mücke bin! Was quakt ihr dort?
Früher, da lag alles hinterm Schatten des Atoms verborgen.
Unterstehe dich zu lachen! Es tut nicht gut, so süß zu lachen.
Spanne deine blauen Fallen.
Oben warf Olymp aufgeregt die gehörten Worte auf die Waagschale, lebhaft Tod und Stunde des Achill abwägend.
Im übrigen wird er sich bald in Wolken hüllen und unser Kahler Berg mit der einsamen Hexe werden.

All das betrachteten voll Aufmerksamkeit die Kinder der Otter,
die vom Meeresufer gekommen waren und nun auf der Galerie
saßen, noch immer den Meeresstaub an den Wangen.

3-tes Segel

Der Sohn der Otter denkt an ein Indien an der Volga; er sagt: —
«Jetzt stemme ich mich mit den Fersen in die Mongolenwelt und
betaste mit der Hand die steinernen Locken Indiens.» Der Sohn
der Otter senkt sich aus seiner Wolke herab, um Nuschabé und
ihr Land vor den Russen zu erretten.
   Ein russischer Pirat betrübten Sinns
rief seiner Freunde Hauf zu Hilf.
Doch nur der Wind strich kummervoll dahin
und wiegte ihn auf seinem Baum wie Schilf.
Er war das Rudern wohl gewöhnt,
so schwenkt längs langer Bänke er das Ruder,
der Segel weise Kälte ist ihm Bruder,
auf Harnisch, Helm — das Zeichen der Kaldaunen,
das Heulen der gefesselten Kaufleute-Gauner,
der feigen, verletzten, listigen Vögel.
Die Spalten seiner blutigen Augen
der Uhu hebt und senkt,
sein schräges Auge sieht, wie in den Ästen
sein Tamburin er nicht mehr schwenkt,
Traum-Gras wiegt kleine Kränze heiter.
Nur weiter, lacht der Uhu, weiter,
doch da — ein leises Schellenklingeln,
und fremder Beine müdes Schreiten.
Bedeckt mit schwarzen Stoffes Schwingen
und teuren Waren ziehen die Kamele,
ziehen des Arabers Gefährten,
nachdenkliche Freunde seiner Seele —
ziehn Messakudi und Iblan
vorbei nach Bulgar,
ihnen nach Kujaba —
den Weg der alten Perser entlang.
Iskander-nam im Geiste dichtend
sang von den Russen er, den goldnen,
wie alles, vor den Russen flüchtend,

um Gnade sie, die Tollen, betteln wollte.
Wie unbekannt ist dieser Ruhm,
himmlisch wie seiner Augen Sturm,
ein Gott, wirft auf den Markt mit dunkler Hand
er Göttinnen in Fesseln und Band,
zum tödlichen Duell bereit
(Der Dudelsäcke Rasen schreit)
zieht er mit dieser Melodei:
stirb, Freundschaft, stirb für alle Zeit!
Die Segel über den Wagen wimmern,
sie künden von Sturm und Schrecken,
er auch, er führt in die Gewölbe dunkler Tempel
die Priester der entehrten Götzen-Blöcke,
und ihre beräderten Schiffe, sie schwimmen,
sie schaufeln Gräber für immer.
Im heilgen Haine sang Iblan
zur schwarzen Finsternis: Iskaner-nam!
Er sang
wo der, der Feuer betet an,
mit dem Gesicht zur Erde sank,
mit weißem Rückenbuckel bebend,
dort, wo der Hirsch durchs Dunkel sich bewegte
und hob das Horn verschlafner Lider –
dort – liegt das Land Berdai.
Schlag des Ruders – Schlachtenlieder,
der Russensturm kam, flog herbei.
Der alte Jass,
er sah's,
wie röter als das Stroh
Holzhäuser brannten, loderten nur so –
da weinte er voll Zorn,
gestützt auf seine Lanze, deren Dorn
sich bohrt in seinen Ellenbogen.
Eintönigkeit der Meereswogen,
Paläste dessen, der die Küste hier bewohnt,
des fröhlichen Abchasiens Spielzeug winkte schon
(unfrohe Fron)
in den Händen der Horden
der mordenden Horden vom Norden.
Zum Schicksal schickten da Gebete

voll Wut Kaiser Berdai und Nuschabé.
«Setz deinen Helm auf, leg den Harnisch an!
und flieg herbei, geflügelter
Iskander, Kaiser! hör, Iskander
den Schrei des weinenden Landes.
Leg, Liebling der Jahrhunderte, leg Hand an!
Verlaß die Tafelei in den Wolken!
Den dich die Menschen, viele, preisen:
hilf uns, die frechen Russen abzuweisen.
Nimm deinen Schild, dein Schwert
und komm herab zu uns, komm her!
Sei noch einmal der Schild aus Eisen,
und laß sie schlafen, deine Weisen!»
Und er — er kam herab,
Gespenst, Heerführer aus dem Wolkengrab!
Jetzt, Recke, flieh!
Mit Toten kämpfen! Nie!
Schon an der Kama hat zwei schöne Wenden
die Lanze Zorevends getötet.
Kental jedoch, der Russe, raste,
seine Locken — singendes Federgras,
er rammt den Eisenhuf des Ritters
hinein in Schlachtenstaub und Splitter,
die Menschen ihn wie Aussatz mieden,
die Schneejungfraun ihn dafür lieben.
Da gab Iskander seinem Heer das Zeichen
mit dem geschweiften Silberhelm,
sah das Geplänkel
und wartete mit seinen Mannen in dem Tempel,
wann wohl die Russen zittern
vor dieser Schlacht.
Da fiel Kental,
jedoch im Fall,
rast lange er noch wach,
den Kopf ans Pferd gepreßt mit Macht,
auf scheuem Pferd durch schwarze Nacht.
Die Zähne bleckend, trug sein Pferd
ihn über Leichen und vorbei
an Hunderten von Kriegern, die verwirrt,
die Russen rissen an den Zügeln

und jagten auf die Sandbank zu, die Schiffe, Segel —
und große Götter unterwegs,
Araber, weise, friedlich,
betrachteten gar nicht erregt
die andren Auserwählten des Krieges.
Das Meer ward grüner,
und salziger vom Blut der Russen.
Es sprudelt, strömend, murmelnd, hin der Quell;
und der Mordvine, Arabers Gefährte und Gesell,
der die Oasen Beten hat gelehrt,
er sprach: «Hier laßt uns lagern,
hier werden unsre Wohnstatt wir errichten
nahe der Hauptstadt des Reiches;
denn Bulgar liebt den Perser,
und Keremet kennt nichts als böse Streiche.»
Jedoch ein Schrei erschütterte die Wälder;
eine Beerdigung steht, scheint's, nah bevor.
Vom Himmel überhaupt nichts hält er,
das Lagerfeuer flackert, qualmt und schmort —
der alte Inder stirbt, stirbt heute,
des bösen Fiebers Beute.
Er betet nicht, er bebt,
sein Kopf in seinen Händen schwebt,
der Todesatem in ihm tobt.
Und wieder schrillt der Schrei, verebbt,
er aber winkt nur milde ab:
«Mich, Kinder, legt in dieses Grab,
ihn aber, ihn, oh, rettet ihn.
Mein Todesschlaf ist nah, ist nah.
Doch er stirbt unschuldig dahin.
Mit meiner Handvoll Tagen, soll ich da verzagen,
ER, das Jahrhundert, er
macht mir das Sterben schwer.»
Doch niemand, niemand aufbegehrt,
in aller Eile gräbt man ihm die Grube;
doch da sprang ER — ein Löwe — auf, der Bube,
Zorn, Bosheit ihm das Atemholn verwehrt,
entriß dem alten Indier das Schwert,
beschrieb einen Kreis mit dem Liebling der Schlachten.
Die Araber aber ihn freundlich betrachten,

sie wollen ihn mit Zeichensprach
beschwichtigen: «Wir haben keine Waffen, wir sind schwach,
hab keine Angst vor einem Freunde, der dich liebt.
Außer den Sternen haben wir kein Dach.
Wir treiben Handel, wir lieben den Frieden.»
Er aber schickt
entgegen ihnen einen wilden, wütigen Blick.
Da wußten sie: er ist verrückt.
Zwei Sprünge, noch zwei — er war weg;
der hohe Wald ihn nun versteckt.

4-tes Segel

## Der Tod Palivodas

Rund um das Lager brannten Feuer.
Die Wagen, die tagsüber gekreischt hatten, wie es die Unerschrockenheit ihrer Gebieter verlangte, schwiegen jetzt.
In die Hände klatschend, nickend, sangen die Kosaken:
«Ruhm euch, Prachtkerls, Herren Zaporoger.»
Sie erblickten einen Reiher überm Sumpf.
Sagt der Ataman: «Seht dort, Brüder, ein Mädchen.»
Sagt der Esaul: «Ich habe sie geliebt.»
Sagt der Koševoj: «Und ich sie genommen.»
So sangen sie, den Schnurrbart zwirbelnd, ein wer weiß von wem geschriebenes Spottlied und lachten über die rauhen Bräuche der Zaporoger Seč, dieser russischen Antwort auf die westlichen Schwertträger und teutonischen Ritter. Schweigend standen sie da und lachten sich in den Bart; eine erschrockene Schnepfe flog auf das Licht des Feuers zu und, flügelschlagend, wieder davon.
Die Wasserralle, dieser tönende Schmuck aller südlichen Nächte, saß und schrie in der Wiese. Die Ochsen lagen in der Steppe wie riesige Grabsteine, dunkelnd mit den Enden ihrer Hörner. Man hätte die Aufschrift eines frommen Arabers auf ihnen suchen mögen: so wunderbar, wie von Rippen gestützte graue Platten, erhoben sie sich im schrägen Winkel mitten in der Steppe von der Erde. Ein einsames Kamel, das die Kundschafter der Krimbewohner herbeigetrieben hatten, betrachtete hochmütig diese Versammlung von Kriegern, Gegenständen, Ochsen in dem

wilden grünen Land, die zusammengestellten Gewehre mit ihren reich verzierten Schäften und Kolben, diese Schlachtfelder von Zeichen, diese bösen abgewandten Köpfe, die Kereji, die sich frei über die Schulter legten, kriegerisch und grausam abwärts laufend, — wo noch gestern sich vielleicht zwei Wölfe um die Leiche eines dritten gestritten oder die Tataren sich aus Pferdefleisch ihr Mittagessen gekocht hatten. Die hohen Schuhe des Kuckucks zitterten rasch und zart unter dem Körper eines großen Schmetterlings.
Gegen Morgen, kaum daß es tagte, setzte sich das Lager in Bewegung.
Wieder kreischten die Wagen, wie eine Menge unerschrockener, niemanden fürchtender Menschen. Da tauchten die Tataren auf, eine Zeitlang ritten sie im freien Feld hin und her, alsdann verschwanden sie. Ihre östlichen, in engen Hüten steckenden Gesichter oder, wie der Kosak nicht zögern würde zu sagen: Fratzen drückten eine für Europäer unbegreifliche Besorgnis aus. Die Kosaken luden ihre Flinten, bliesen den Staub von der Pfanne, sahen den Feuerstein nach, der gespannt über der Zündstelle hing, und schossen zum Spaß auf die kecken Reiter.
Auf schnellen, lecken Booten setzten sie ihren Weg fort. Über die Wellen ruderten, den weißen oder braunen Körper ins Zeug legend, die Kosaken, froh über das ruhige Wetter und dem Sturme lachend, ermutigt durch den sie begleitenden Wind.
Die ganze Gegend war dem Aufstand überantwortet. Weinende schwarzhaarige Frauen an der Hand mit sich führend oder löcherige Säcke mit Gold- und Silbergeschirr auf der Schulter, zogen die Sieger ans Meer.
Damals rauchten die Krieger-Helden behaglich die Ruhmespfeife. Das Kosakenschwert, so schien es, hatte sich losgerissen und tanzte Gopak übers ganze Land. Auf ihrem Rückweg schwammen die Kosaken, zufrieden, spaßend und scherzend; sie ruderten fröhlich und sangen. Auch Palivoda sang. Sie dachten nicht daran, daß vielen Recken der nahe Tod bevorstand. Ja, und wäre so ein Leben denn möglich gewesen, hätten sie dem Schicksal solche Fragen gestellt! Palivoda stand und dachte nach; der Haarschopf wand sich über seinen kahlgeschorenen Nacken; der Weideplatz der Tode mit seinem Griff, wie ein Strauß Vergißmeinnicht, war hinter den breiten Gürtel gesteckt. Kälter als die Wellen des Sees blitzte er über dem Gürtel. Ein

weißes Hemd und harzverschmierte Hosen aus ukrainischem Leinen vervollständigten die Ausrüstung — grausam, wild und stolz. Der sonnverbrannte Arm war ausgestreckt gen Sonnenuntergang; die anderen Kosaken mit einem herbstlichen Stirnband aus Mohn.

Gestützt auf diese Sammlung von Türkisen und Saphiren stand er da, Kosak, und schaute in die Ferne, auf das purpurstäubende Meer. Währenddessen verlegte ihnen eine Rotte Krimtataren wie ein Wolf den Weg. Eine Schlacht; viele blieben mit ausgebreiteten Armen liegen und jeden geflügelten herbeigeflognen Tataren mit ihren Augen fütternd. Eine grausame, erbitterte Schlacht. Zu jener Zeit war das der Lieblingsleckerbissen der Adler. Es geschah, daß die satten Adler die Leichenhaufen auf dem Schlachtfeld unberührt ließen und ihnen nur die Augen aushackten. Und in der Herde unsterblicher Seelen, die aufgeflogen waren zum Thron, war auch Palivoda. Das brechende Auge streifte übers Schlachtfeld, und er sagte sterbend: «So hat jetzt die Rus meinen Körper, ich aber trete vor den höheren Thron.»

Und er überließ seinen Körper zum Waschen dem Regen und dem Winde zum Kämmen und flog auf in die hohen Prunkgemächer, um dort vom Ruhme der Zaporoger zu erzählen und wie er gefallen war für die heilige Rus.

Während er aber flog, erblickte er Nečosa und seine Gefährten, und die Njenka der Zaporoger, die mit einer majestätischen Handbewegung Empfang hielt und sich von den Fußgängern des Zaporoger Landes, die kurzgeschorne Köpfe hatten und sie gesenkt hielten, die Hand küssen ließ. Und eine Schar von Würdenträgern rundum. Und ihm blutete das Herz, er mußte weinen, später aber hob er rauh und kriegerisch zu singen an. Und majestätisch flog er am Himmel dahin.

Blauen Rauch sah er und eine weiße Kate und Sonnenblumen und Kirschen und rauh rief er und stolz:

«Pugu, Brüder, pugu!
Pugu, Zaporoger!»

Und aus der Stube beugte sich ein gutes und freundliches Gesicht und antwortete:

«Pugu, pugu!»

Und mit einer Stimme, in der noch die eben erlittene Kränkung bebte, antwortete der Kosak:

«Kosak s lugu.»

Und wieder nickte der andre mit seinem alten Kopf und lud den Kosaken zu sich ins Haus. Die Mutter deckte den Tisch und sah mit einem Lächeln auf den Krieger. So fand die trauernde Seele des Kosaken Ruhe. Er hörte die Erzählung von der Kränkung an und überlegte, wie er seinem Krieger helfen könnte. Und aus dem Fensterchen gelehnt, sahen sie, wie auf der Erde mit Kriegsgeschrei und Uljulju die Jungen Locken in die Wolke der Feinde stürzten und plötzlich, zurücktretend, Wild übers Feld sich schleppte. Und wie, gleich dem Licht, das einer zerrissenen Wolke entströmt, mit gerichteten Lanzen die Kosaken stürmten und alles in Verwirrung geriet und die Flucht ergriff vor ihnen. Und den Schultern der Zaporoger Seč, schien es, wuchsen Flügel. Der Sieg war mit den Russen. Und Palivoda verneigte sich bis zum Gürtel und flog weiter, bewegt und dankbar.
Und wie das Lied der Lerche, das allmählich übergeht in Schwerterklang und Schlachtenlärm und die Stimmen der Sieger, drang das frohlockende Kosakenlied herüber: «Pugu, Brüder, pugu!» Krieger mit langen Flügeln flogen ihm entgegen und trugen, mit den hellen Gesichtern göttlicher Jünglinge, die in krumme Flügel gehüllte Menschenseele hinfort zu Ruhe und Frieden.
So stand den hellen Augen ein stolzer Kosak, dessen grauer Schnurrbart sich um die gleichsam steinerne Wange wand, und die blauen Augen blickten kalt und ruhig auch dem Tod ins Gesicht.
Und die Sieger, die Kosaken, standen lange betrübt über dem Grabe Palivodas, bis der Älteste winkte und sagte: «Schlaf, Genosse!», damit das Zeichen gebend, den Grabhügel des Ruhmreichen aufzuwerfen.

5-tes Segel

## Reise auf dem Dampfer

2

Die Kinder der Otter spielen auf dem Dampfer Schach.
Der Platz — ein Schachfeld; dramatis personae: Bauern, Dame, Springer und andere.
Zu sehen sind die Hände der Kinder der Otter und riesige Streichhölzer.
Die Schwarzen schweigen. Die Weißen sind gesprächig.

1-ter Bauer:  Tra-ra-ra, tra-ra-ra, tra-ra-ra,
Tra, ra, ra, ra —
wir sind für Krieg und Krach.
Hurra, hurra, hurra!
2-ter Bauer:  Auf den Kriegsruf Brand
zieht Hand in Hand
mit uns das Elend ins Land.
(Finster.)
Ja, ja, verdammt.
Heerführer:  In Anschlag nimm schnell
das Gedankenschrapnell.
Das Kriegshorn ruft hell,
die Truppe — ha, mir nach.
O inspirierte Sprach
der Kanonen Gebell,
(Ein Befehl), brüllt
brüllt: Geht ran!
3-ter Bauer:  Hinan, hinan,
die Höhen hinan!
Dort weht die Fahn.
Springer:  Ich springe längs und quer,
dorthin, wo seine Dame sitzt.
Die Hufe hoch,
das Ohr gespitzt.
In Feindes Zahlenmeer
spring ich fröhlich hin und her.
Die Dame:  Im Harnisch ich. Soll er
der Turm von uns genommen werden.
Der, nein, nicht der.
Ich möchte rufen: Hurra, und hurra!
Jedoch der Sieg ist noch nicht da.
Zu Hilf, zu Hilf, zu Hilf ich ritt
in Heul und Hast, in schnellem Schritt.
Im blutgen Harnisch gehn wir mit,
und wieviel Bauern sehn wir nit.
Die schweigsamen Schwarzen: Sirin! Sirin!
Die Schwarzen: Matt!
*Das Schachspiel kommt in seine Schachtel.*
Sohn der Otter:
Das wars, jetzt sind wir quitt.

3
Spiel auf dem Dampfer
Mir ist fad, wir müssen uns ein neues Spiel ausdenken.
    Wie viele Fadheit im Wildfang der Felswand.
    O Tag und dag und day!
    O Nacht und natt und night!
    Wiegwagwoge einer Alleinheit.


Seereise

Der Sohn der Otter ritzt mit einem Federmesser seinen Namen in den Felsen: «Velimir Chlebnikov». Der Fels erschauert und gerät in Bewegung: Lehm fällt von ihm ab, Zweige erzittern.
F e l s : Das tut mir weh. Weißt du wer ich bin?
    Ich bin der Sohn der Kalauria.
S o h n  d e r  O t t e r : Kalaurier! Was für ein Kalauer!
F e l s : Ich kann doch meinen Ruhm nicht schmälern!
    Ich bin herabgekommen in die Täler
    mit dieser Fackel, tüchtig durchgeschüttelt,
    ich habe entbrannt mit Feuer die Seelen,
    nachdem am Thron der Himmel ich gerüttelt.
    Soll er nur wissen, dieser alte Büttel
    daß ich mit ihnen bin, den Kindern der Täler.
    Daß ich, großartig wie ich bin,
    ihm ewig mit Gefahren dräue.
    Daß ich — mitnichten acht ich ihn —
    am Traum von seinerzeit auch fürderhin mich freue.
    Und wieder werd mit meinem Eid
    ich preisen Streit und Raub und Hader,
    und dadurch lindern Hunger, Grimm und Neid
    der Adler, die er schickt, der Vater.
    Der Schnee ist hier verharscht und hart
    auf dieser luftigen Felskluft der Falken.
    Der Jäger hier der Hirschkuh harrt,
    hier sind die Berg dem Himmel Balken,
    in grauer Vorzeit hat er sie hier aufgericht,
    der alte Schreiner, Paläste und Hütten aus Steinen.
    Ich hänge hier, ein Toter könnt ich sein, aus Stein,

geschmiedet an den Abgrund, diesen dunklen Stein
weil ich, ein Räuber mit verbrecherischer Absicht,
seine Vernunft geführt hab hinters Licht.
Ach ja, der Tag des Kampfes und des Raufens
mit einem Haufen seiner Riesen von Unten:
da blitzten Arme, Schultern, Schaufeln,
da blitzten Rippen, Rümpfe, ach, und wie geschunden!
Erkennen wirds die Mitternacht der Welt,
daß heute, frischer als der Morgen,
zu einem Schmaus, der Frohsinn sich muß borgen,
hervortritt ein Gerippe, angetan mit einem Netz.
Georgien schon seine Körbe hält ins Helle,
sein Strahl schon Tal um Täler letzt.

Die Menschen:
O Großer Gott in großer Fron,
verborgen von der Dämmerung Litze,
wann bist du ihm im Dunkeln geflohn,
umwunden von dem Efeu der Blitze?
Er schenkte unsern Ahnen keine Ahnung
in jenem Dunkel Jahr um Jahr,
gefangen bist nun du, der Berge Nachbar
verurteilt, und auf immerdar.
Was haben sie mit ihm gemacht, die Feinde?
Wohin sind Leben, Frohsinn, Freude?
Er reiht Jahrhundert traurig an Jahrhundert,
geschmiedet an den dunklen Abgrund,
nur manchmal leckt der Hirsch wie Harz
verharschtes Blut ihm von den Füßen.
Die Jahre und Jahrhunderte, sie gießen
ihm ihre Töpfe auf die Locken seines Haars
ihn grüßend.

Sohn der Otter: Ich höre, wie da jemand pfeift.
He, wartet mal, ich komme gleich!

Die Menschen:
Verneigen wir uns diesem Alp mit Bangen,
von Blut und Fett glänzt diese Leber.

Sohn der Otter: Leb wohl, mein Bruder.
Verzeih den ungewollten Fehler.
Ich küsse deinen Finger, Dulder,
den heiligen, und deine Wangen.

D i e  A d l e r : Wir fliegen hierher mit Verlangen,
und Zangen, wilden, heißen,
und ihm das Herz herauszureißen,
hoch über den hübschen Hirschen,
im Unterschlupf von Nebel und Frische.
T o c h t e r  d e r  O t t e r :
Spazierengehen möcht ich sehr
in diesem Körper hin und her,
denn groß sein, Riese, das ist schwer,
armselig lahmes Es, ein Bär,
und ewig junges Hin und Her
die Kunst ist so wie er,
Verrat rät er.
*(Sie befreit ihn, wie die Tscherkessin die Kette zerreißend.)*

                                                             P u š k i n.

*Die Kinder der Otter gehen auf einen Wasserfall zu.*

V o r h a n g.

«Wo kommt denn dieser Lärm da her? Stöhnt dort nicht wer?
— Eisberge, Eis! Das Schiff sinkt ver!»
S o h n  d e r  O t t e r : Oh, schade. Schade, wirklich! Sehr!
Wo sind meine Handschuhe? und wo ist mein Stock?
Mein Parfumflakon ist leck. Ist alles naß.
Fast wär ich blaß geworden, fast.
E i n  H i n z u g e k o m m e n e r :
Das Schiff steht schon das Heck nach oben,
die Schrauben beben in den Lüften.
Ameisenhaufen, Menschen stoben
umher, stumm, schluchzend flüchtend.
Zum Sinken wie ein Taucher schickt sichs an,
Oh, welch ein Schlag! Mit Maus und Mann!
ein Stöhnen: «Himmel, wo ist unsre Schuld?»
Das Meer — lawinengleich es rollt.
Wo sind die Richter? Die Gesetze?

6-tes Segel

## Die Seele des Sohns der Otter

H a n n i b a l : Tag, Scipio.
    Auch du hier? Wie kommst du hierher?
    Ich weiß nicht, ist es Laune, ists Gesetz:
    ob jung ob alt, sie kommen alle jetzt.
    Sie alle fliehn, sie alle hetzt
    es in den Schatten dieses Felsens.
    Du weißt, ein finsteres Gerücht geht um,
    es trügen Karl und Charles
    die Schuld an allem: — sie beschuldge drum.
    Die beiden Greise mit den eisesgrauen Bärten,
    und trotzdem alle auf sie hörten;
    sie fingen wie die lebhaft leichte Welle
    mit ihrer Schere alle zarten Geister;
    mit ihr erwürgten sie wie einen Fehler
    wie einen Fisch den Glauben, den weißen,
    sie gaben ihrer Beute nur das Recht zu hangen
    (in ihrem Schraubstock hätte das mehr Sinn),
    so haben sie mit ihrer Schere uns gefangen.
    Die Waage über ihrem Buch — die Rechenwaage,
    die Seitenzahl, die Zahl der Verflechtungen.
    Mit ihr kann man Schädel durchlöchern,
    die andern solln nachher nicht klagen,
    obwohl doch manches Mal an ihren Enden
    nichts war, nichts auf den Schalen liegen tut —
    Sinn war und wird da keiner sein,
    Verschwendung, auch nur dran zu denken,
    auch ich zieh vor dem Buch den Hut.
    Nimm einen Stein, auch ich nehm einen,
    wir drohen ihm mit einem dunklen Dienst,
    der schriftgelehrte Bücherwurm soll weinen!
    Ja, diesen Krieg von anno dazumal
    beginne gerne ich noch mal.
    Mit finstrer Miene lehrt uns Finstres Karl:
    ich überzog mit Tod das Tibertal,
    ich zog dem Zug voran, ich Hannibal,
    ich war nur im Gesicht ein bißchen fahl,

sonst schritt ich stolz, ein Stiel aus Stahl,
führt Elefanten über Berg und Tal
durch Schnee und Eis, die Pfade schmal,
ließ Dörfer, Höfe, Pfründe, jeden Kral
zurück in Flammen, Qualm und Qual,
flog hin auf ihren Thron, Gespenst fatal,
ich weidete Italiens Süden kahl,
danach war mir mit einemmal
wie Knall und Fall
der Qualen Zahl
nur Rauch und Schall
kurz: schnurzegal.
Der Wunden Mal —
wie viele hatte ich an meiner Seele,
nimm doch nur meinen Bruder Hasdrubal!
Ach, Hasses Hast half ihn zu quälen,
roh riß ihn hin der rauhe Stahl,
zu früh, zu früh — das allemal.
Und dann sein Kopf auf einem Zaunpfahl —
o Hasdrubal! ach wenn er wüßte,
er, langgelockter Liebling der Wüste!
Nein! Aber weil die Händler Roms und Hehler
so gern in Opern, in Aida gehen,
verreckt vor Freßsucht, Faulheit, Seuche, —
verheißt Geburt auch heiß Gemeuchel. —
Erwürgt von Wüstenharz und Balsam,
bei «stirb!» und «strammstehn» gleich gehorsam,
breit ist die Straß dorthin, breit und gerade,
dort ruft die Faulheit sich die Feilhaut
zur geilen Braut mit eingeöltem Leib (so fade!),
zum Helfer her zu unerhörten Freveltaten.
Groß ist die Straß hierher, groß und gerade,
doch die Behörden unsrer Welt, sie brauchen
solch strenge Vorschrift kaum, wozu auch,
sie haben für die Toten
ihre flinken Boten,
im Öl, im Fett der römischen Fleischer,
genießbar — nein, und unverzehrlich
sind wir nach weise-vager Lehre, —
wir schmorn im Fett von diesen Feilschern.

Wir sitzen hier in hohen Fässern bis zur Brust,
in unsern hohen Hüllen-Tonnen,
vergessen Schlachten Lust und Trost,
und auch der Frost. Frost hier! wovon denn!
Auch Helm und Harnisch wir vergessen konnten —
wir sehn in all dem keinen Sinn
wir trinken unsern Vodka in uns rin.
Ihn bringt der Wächter, unser kleiner Held,
klamm heimlich, immer zitternd, drum erzählt
es bloß nicht irgend jemand weiter.
Die Obrigkeit der Unterwelt
haut jeder übers Ohr, der auf sich hält,
der Kleine hier ist nur ein bißchen dumm.
Also — den Grund für einen Krieg ich hätt:
die einen, die sind sehr, sehr fett.
Und mein Genoß im Ruhm und guten Ruf erzählt
den Seinen, Nachbarinnen, Freunden, Nachbarn
von unsern Träumereien, wie es ihm gefällt —
mein Ahne, sagt er (und ich bin sein Nachfahr),
sei, sagt er, seinerzeit im Dunkel der Zeit
ganz lieb gewesen, wild, nur nicht gescheit.
Von Ast zu Ast (sagt er) hat er gehangelt,
in seinem Blick blitzt nur verschwommen ein Gedanke,
ein Zottelfell und weiße Handschuh! —
eichhörnchengleich kam und verschwand er,
aß bunte Schmetterlinge, Körner, Samen,
Weichtiere, Schnecken, Pilze, wie sie kamen,
mit schwarzem Blick verfolgte er die Sterne,
als sein es weiße Eichelkerne,
vier flinke flache Hände nahm er gerne
zur Flohjagd wie zur Flucht in ferne Fernen.
Sehr einfach war er, unser Ahn, und schlicht
in seinem Zottelfelldickicht,
voll Haaren an Hand und Armen —
und trotzdem: diene ihm, führ Krieg.
Solche wie den hab ich ohne Erbarmen
mit einem Blick
aus den Latschen gekippt.
S c i p i o : Hast recht, mein tapfrer Hannibal,
die sind doch nicht der Rede wert.

Doch glaub mir, diese Welt ist nicht so schlecht:
mich hat sie, dich hat sie geschaffen!
mich, dich, die Affen,
und zwei-drei fröhliche Flöhe —
das ist kein allzu grober Fehler.

Hannibal:

O Wege hin in so gewisse Werte.
O weh, geh, Hindin, Wissen, währt es?
Ursache Knochen oder Fehler —
die gibts bei Menschen wie bei Affen,
die werden uns nicht quälen
und nicht schaffen.
Glaubst du etwa an diesen Schmäh?
Beim Jupiter — ich nicht! He-he!
Wir sehen lachend wie sie tanzen
und gehen gähnend hin — was soll das Ganze?
Sieh da, da kommen zwei hierher,
Ruß bringen sie, Ruß eines kalten Feuers,
Ruß, einer neuen Wahrheit Scher.
Von Schattens Schattens Schatten er,
und wieviel Sterne
sind dort in der Ferne!
Du hör mal, als ich Rom belagert
gings nicht so vielen Mücken an den Kragen
nein, nicht so vielen Mückenhirnen
wie uns allhier aus Wüstenfirnen
jetzt ansehen an Nebeln, Gestirnen.
Der römische Schnickel
hat weniger Pickel
als diese Nächte Sterne.
Und das, wofür sie klatschen
und in die Hände patschen —
hat, ernst genommen, keinen Kern
wenn ringsum glitzert Stern an Stern.
Wenn euch ein Sänger auf der Reis,
nur bis zum nächsten Dorf, doch bis dort gern
den Lauf der Sterne zu erzählen weiß,
und wie die Biene Wabe webt an Wabe,
und das mit einigem Gehabe —
Behandele ihn nicht als Schabe.

Was heißt da «wickelt ein»! und wickeln —
schau, du hast nicht so viele Mücken
auf Puniens Pausback totgemacht
wie Sterne funkeln in der Nacht.
Doch hörst du, horch, — da kommt doch wer,
den Speerschaft in der Hand, ja, schwer
ist der ...

S v j a t o s l a v :
Und wieder mitten unter euch
ruf ich: «Ich ziehe gegen euch!»
O Kummer: sagt der goldne Saum
umsargt des bleichen Kopfes Raum,
sackt ein die Stirn, die Wonnen nie genossen,
die Stirn, die das Wort «schrecklich» nie gewählt
die Pečenegen haben sie mit Wein begossen
und auf mein Wohl gesoffen, und mein Mehl!

P u g a č o v : Ich sammelte ein Heer verwegen
im ganzen Land, in unsrer Gegend
und brachte übers Land der Väter
des Todes Weinen und Gezeter.

S a m k o : Ich bin ein Opfer sonderbarer Huld.
Mein Uhrwerk hat sich schneller als die Sterne abgespult.
Die Menschheit — das ist eine Uhr.
Da senkt sich doch mit einem Male
mir zu des Unterganges Schale.
Ich sank, — die Sterne sind an allem schuld.

J a n H u s : Ach ja. Vor langem hab auch ich gebrannt.
Mit trübem Blick kam angerannt,
kam, ganz in Reisig, diese schnelle Alte.
Da habe ich ganz schnell geschaltet,
gedacht: das alte Weib hat Enkel, liebe, schöne
doch ach, wie dröhnten
in diesen Alten
die alten Gewalten.
Heilige Einfalt, Einfalt, alte! —
die Hände gefaltet
kam ich hierher gewallt.

L o m o n o s o v : Ich flog, die Arme ausgebreitet
hierher in das Gemach der Geister.

R a z i n : Ich weidete das Lachen tot
 und machte das schwarze Meer rot,
 dieweil die Welt nicht Kurzweil ist,
 und Lachen untrennbar von Stöhnen.
 Zerstampft, ihr Springer, mit dem Rist
 der Feinde Köpfe Wassermelönen.
V o l y n s k i j : Ihr sollt es wissen, sie sind schon gedungen,
 die neuen Birons, neue Staatsbeerdigungen.
H a n n i b a l : Ja, ja, du hast ganz recht,
 Kopernikus ist gar nicht schlecht.
K o p e r n i k u s : Das Los der Schlacht erscheint dem Krieger
 meist strahlend, selten besser als dem Sieger.
 Ich will es nicht bestreiten. Nein!
 Ich führte Krieg nur mit den Wolken, Licht –
 und Schicksals Hand sein
 (das sollte bekannt sein)
 geht streng der Reihe nach,
 so nicht!
H a n n i b a l : Der erste, zweite, noch ein andrer,
 in Massen kommen sie gewandert,
 den Sternenhelm geneigt und stumm,
 doch das ist jeder, der hier kummt.
 Den Sternhelm auf, na ja, eben –
 ermüdet, matt, ein Schatten jetzt,
 gewichtslos und kaum mehr am Leben,
 hat er sich auf die Insel abgesetzt.
 Welch eine Flut von Karls und Memmen,
 die unsre Insel überschwemmen?
S c h r e i   d e r   G e i s t e r : Auf einer Insel seids!
 Die Insel – sie heißt Chlebnikov.
 Mitten in grauem Lehrbuchstoff
 steht, eine Insel, Chlebnikov,
 die Insel hohen Sternengeists.
 Nur hier auf diesem Brocken
 ist immer alles trocken,
 und nur von ihm, von Chlebnikov,
 nie Wasser troff,
 dabei wird sie umspült von einem Meer der Nichtigkeiten.
D i e   M a s s e : Ach, unsre Schwüre, unsre Eide
 wusch mit Verleumdung Bosheit ab,

wir tragen weiße Leinenkleider:
Sieg oder Grab,
wir sind soweit —
entweder nie gesehne Kränze oder unerhörte Ketten.
Ob Insel oder festes Land,
entseelte Maate und Matrosen,
in Massen traten sie in meine Seele, ohne Hosen,
auf höchsten Wink der hohen Hand.
In Wechselreden, manchmal geistreich-heißen
beruhigen hier Geister Geister,
mein Inseleiland öffnet gastlich seine Ufer —
«Hier könnt ihr Ruhe finden!» ruft er.
S t i m m e   a u s   d e m   I n n e r e n   d e r   S e e l e :
«Ich grüße euch, ihr großen Geister,
helft mir, um mich ists schlecht bestellt.
Ich bin mit euch verwandt, so heißt es,
und wir sind so allein auf der Welt!»

*(Ratschlag.)*

# Lehrer und Schüler
Über Sprache, Städte, Völker, Wörter

Möge man auf meiner Grabplatte lesen: er kämpfte gegen seine Art und riß sich ihr Schleppseil von den Schultern. Er sah keinen Unterschied zwischen der Gattung Mensch und den Tierarten und vertrat die Ausweitung des Gebots und der davon ausgehenden Wirkung «Liebe deinen Nächsten wie dich selbst» auf die edlen Tierarten. Er nannte die edlen unteilbaren Tiere seine Nächsten und wies hin auf den Nutzen der Nutzung der Lebenserfahrungen des vergangenen Lebens der ältesten Arten. So war er der Ansicht, dem Heil des Menschengeschlechts entspreche die Einführung von etwas Ähnlichem wie der Institution der Arbeitsbiene im Bienenstock, und nicht selten äußerte er, daß er persönlich in der Idee der Arbeitsbiene sein Ideal sehe. Hoch erhob er das Banner der Liebe Galiläas, und der Schatten dieses Banners fiel auf viele edle Tierarten. Das Herz, das Fleisch des modernen Aufschwungs der Menschengesellschaften sah er in Zukunft nicht im Fürst-Menschen, sondern im Fürst-Gewebe — dem edlen Klumpen des menschlichen Gewebes, der eingeschlossen ist in der Kalkschachtel des Schädels. Er träumte begeistert davon, Prophet und großer Dolmetsch des Fürst-Gewebes zu sein und nur das. Begeistert sah er die Freiheit voraus, er als einziger sah den Aufschwung des Fleisches, der Knochen, des Blutes der Seinen, träumte von der Abnahme des Verhältnisses $\frac{\varepsilon}{\varrho}$, wo $\varepsilon$ die Masse des Fürst-Gewebes ist, $\varrho$ dagegen die Masse des Gemeinen-Mann-Gewebes, beziehungsweise sich selbst. Er träumte von der entfernten Zukunft, vom irdenen Klumpen der Zukunft, und seine Träume waren inspiriert, wenn er die Erde mit einem von Busch zu Busch hüpfenden Steppentier verglich. Er fand die wahre Qualifikation der Wissenschaften, er verband die Zeit mit dem Raum, er schuf die Geometrie der Zahlen. Er fand die Slaven, er begründete ein Institut zur Erforschung des Lebens der Kinder vor der Geburt. Er fand die Mikrobe der progressiven Paralyse, er verband und erklärte die Grundlagen der Raumchemie. Das ist genug, um ihm eine Seite zu widmen, sogar mehrere.
«Er war insofern ein Kind, als er annahm, daß nach der Fünf die Sechs komme, und nach der Sechs die Sieben. Er erkühnte sich sogar zu meinen, daß wir überhaupt dort, wo wir eins und noch

eins haben, auch drei und fünf und sieben und die Unendlichkeit haben — ∞.
Im übrigen drängte er niemandem seine Meinung auf und anerkannte es als das heiligste Recht, eine Meinung von entgegengesetzten Eigenschaften zu haben.»
(Über die fünf und mehr Sinne.)
Fünf Gesichter, ihrer fünf, aber klein. Warum nicht: ein einziges, aber groß?
Ein Punktemuster, wenn du weißschimmernde Räume anfüllst, wenn du leere Leeren ansiedelst?
Es gibt eine gewisse unbestimmt ausgedehnte Vielfalt, die sich unablässig ändert und die, in bezug auf unsere fünf Sinne, sich in jener Lage befindet, in der sich ein zweidimensionaler kontinuierlicher Raum im Verhältnis zum Dreieck, Kreis, Rechteck befindet.
Das heißt: wie Dreieck, Kreis, Achteck Teile einer Fläche sind, so sind auch unsere Sinne, Gehör, Geschmack, Sehen, Tastsinn nur Teile, zufällige Versprecher dieser einen großen ausgedehnten Vielfalt.
Sie hat ihr Löwenhaupt erhoben und schaut uns an, aber ihr Löwenmaul ist noch geschlossen.
Ferner: ebenso wie man durch stetige Veränderung des Kreises ein Dreieck bekommen kann und das Dreieck unablässig zum Achteck machen kann, wie man aus einem Ball im dreidimensionalen Raum durch stetige Veränderung ein Ei, einen Apfel, ein Horn, ein Fäßchen bekommen kann, ebenso gibt es gewisse Größen, unabhängige Veränderliche, durch deren Veränderung das Gefühl verschiedener Reihen — zum Beispiel Gehör und Gesicht oder Geruch — eines ins andere übergeht.
Das heißt Größen, durch deren Veränderung die blaue Farbe der Kornblume (ich nehme die reine Wahrnehmung), unablässig sich verändernd, uns, den Menschen, unbekannte Gebiete durchschreitend, zum Klang eines rufenden Kuckucks oder zum Weinen eines Kindes wird, es wird.
Durch stetige Veränderung bildet sie eine gewisse Vielfalt der Dimensionen, deren Punkte alle, mit Ausnahme des der ersten und der letzten am nächsten liegenden, sich auf den Bereich unbekannter Wahrnehmungen beziehen werden, sie alle sind wie aus einer anderen Welt.
Wenigstens einmal hat eine solche Vielfalt den Verstand eines

Sterblichen erhellt, aufleuchtend, wie der Blitz zwei angeschwollene Wolken verbindet, zwei Reihen von Erlebnissen im flammenden Bewußtsein des großen Hirns verbunden habend.

Vielleicht geht im letzten Augenblick vor dem Tode, wenn alles eilt, alles in panischer Angst sein Heil in der Flucht sucht, hastet, über Zäune springt, nicht in der Hoffnung, das Ganze, die Gesamtheit vieler Einzelleben zu retten, sondern nur darum besorgt, das eigene zu retten, wenn im Kopfe des Menschen dasselbe vor sich geht, was in der Stadt vor sich geht, die von den hungrigen Wellen dünnflüssigen geschmolzenen Steins überflutet wird, vielleicht geht in dieser letzten Minute mit schrecklicher Geschwindigkeit im Kopf jedes Menschen ebenso eine Häufung von Rissen und Sprüngen vor sich, eine Zerstörung der Formen und der gesetzten Grenzen. Und vielleicht geht mit derselben schrecklichen Geschwindigkeit im Bewußtsein jedes einzelnen die Wahrnehmung der Ordnung A über in die Wahrnehmung der Ordnung B, und erst dann, wenn sie B geworden ist, verliert die Wahrnehmung ihre Geschwindigkeit und wird faßbar, so wie wir die Speichen eines Rades erst dann fassen können, wenn die Geschwindigkeit ihrer Umdrehungen geringer wird und eine Grenze nach unten überschreitet. Die Laufgeschwindigkeiten selbst werden durch die Wahrnehmungen dieses unbekannten Raumes so aufgenommen, damit in größter Langsamkeit diejenigen Wahrnehmungen vorüberziehen, die, positiv oder negativ, am meisten an die Sicherheit des ganzen Wesens gebunden sind. Und auf diese Weise wären sie in ihren kleinsten Einzelheiten und Schattierungen sichtbar. Jene Wahrnehmungen aber, die am wenigsten an die Fragen des Daseins gebunden sind, fliegen mit einer Geschwindigkeit vorbei, die sie nicht zu erkennen gestattet.
*24. XI. 904*


Lehrer und Schüler
*Über Wörter, Städte und Völker*

L e h r e r : Stimmt es, daß du etwas gemacht hast?
S c h ü l e r : Ja, Lehrer. Aus diesem Grunde besuche ich auch
    deine Stunden nicht so eifrig.

Lehrer: Was hast du denn gemacht?

Schüler: Siehst du, es ist bekannt, daß man die Wörter am Wortende nach Fällen beugt, — du mußt mir verzeihen, daß ich schüchterne junge Menschen der von uns nicht eben geschätzten russischen Sprache in die Gesellschaft einführe. Aber ist es dir auch nicht langweilig?

Lehrer: Nein, nein, nicht im geringsten. Fahre fort.

Schüler: Hast du aber schon von der inneren Beugung der Wörter gehört? von den Fällen innerhalb des Wortes? wenn der Genitiv auf die Frage woher antwortet und der Akkusativ und der Dativ auf die Fragen wohin und wo, dann muß die Beugung nach diesen Fällen den neuentstandenen Wörtern eine dem Sinn nach entgegengesetzte Bedeutung verleihen. Auf diese Weise müssen verwandte Wörter weit auseinandergehende Bedeutungen haben. Und so ist es auch. Die Wörter **bobr** [Biber] und **babr** [Tiger], ein harmloses Nagetier und ein schreckliches Raubtier, gebildet vom Akkusativ und Genitiv der gemeinsamen Wurzel **bo**, drücken durch ihre Bildung ganz von selbst aus, daß man den Biber verfolgen und wie eine Beute jagen soll, daß man den Tiger jedoch fürchten muß, da hier der Mensch selbst zum Jagdobjekt des Tieres werden kann. Hier verändert der einfachste Körper, durch die Veränderung seines grammatischen Falles, den Sinn des Wortgebildes. In dem einen Wort wird gesagt, daß die Kampfhandlung gegen das Tier gerichtet ist (der Akkusativ — wohin?), während im anderen Wort darauf hingewiesen wird, daß die Kampfhandlung von dem Tier ausgeht (Genitiv — woher?). **Beg** [der Lauf] wird mitunter durch die Angst hervorgerufen, **bog** [der Gott] ist ein Wesen, dem man Furcht entgegenbringen soll. Auch die Wörter **les** [Wald] und **lysyj** [kahl] oder die noch ähnlicheren Wörter: **lysina** [Glatze] und **lesina** [Stamm, Stengel], die das Vorhandensein oder Fehlen irgendeines pflanzlichen Wesens bedeuten — weißt du, was kahler Berg heißt? Kahle Berge nennt man solche, die unbewaldet sind, Köpfe ebenfalls — sie sind durch die Veränderung des einfachen Wortes **la** entstanden, durch seine Beugung im Genitiv (lysyj) und im Dativ (les). **Les** ist der Dativ, **lysyj** der Genitiv. Wie auch in anderen Beispielen sind e und y hier Beweise für verschiedene Fälle ein und desselben Grundwortes. Ein Ort, von dem der Wald verschwunden ist, wird **lysyj** genannt, kahl. So ist auch ein **byk** [Stier] einer, von dem man einen Stoß zu erwarten hat, während **bok** [Hüfte, Seite] die Stelle ist, gegen die man den Stoß richten muß.

L e h r e r : Willst du vielleicht auf meine Glatze anspielen? Das ist nichts Neues.

S c h ü l e r : Nein. Die Zeit, in der der Wald wächst und sich an den Himmel schmiegt, während er im Winter unbeweglich und tot ist, wird **leto** [Sommer] genannt. Du bist empfindlich, Lehrer. Ich dagegen bin überheblich.

Also nehmen wir das Paar **vol** [Ochse] und **val** [Welle], so ist die Handlung des Treibens auf einen zahmen Ochsen gerichtet, den der Mensch führt, und geht aus von der Welle, die Menschen und Boote auf dem Fluß treibt. Andere Wörter mit umgekehrter Bedeutung — **ves** [Gewicht] und **vys** [Höhe], ein Gewicht ist niemals in die Höhe gerichtet, wieder begegnen wir den Lauten **y** und **e**, die den Wörtern einen verschiedenen Sinn verleihen; desgleichen beginnen die Zeitwörter **edu** [ich fahre] und **idu** [ich gehe] mit dem Dativ und Genitiv der Wurzel «**ja**» [ich]. Der Dativ wäre «**e**», der Genitiv «**i**». Sie bedeuten, daß die Tätigkeit einmal von mir ausgeht (Genitiv — woher?), wenn ich zu Fuß gehe, dann wieder in mir ruht (Dativ — wo?), wenn ich von einer fremden Kraft bewegt werde.

L e h r e r : Haben sich in unserer Sprache die einfachsten Wörter in den Vorwörtern erhalten?

S c h ü l e r : Ja. Dabei kannte die einfachste Sprache nur das Spiel von Kräften. Es ist möglich, daß in der alten Vernunft die Kräfte einfach in einer konsonantischen Sprache erklangen. Erst die Entwicklung der Wissenschaft wird uns ermöglichen, die ganze Weisheit der Sprache zu enträtseln, die weise ist, weil sie selbst ein Teil der Natur war.

L e h r e r : Was wolltest du im ersten Teil deiner Rede eigentlich sagen?

S c h ü l e r : Siehst du, ich habe bemerkt, daß auch das Wortinnere eine Beugung nach Fällen kennt. Wenn man eine stumme Grundform abwandelt, gibt sie ihrem Sinn manchmal verschiedene Ausrichtungen, und so ergeben sich Wörter, die einander in der Bedeutung fern, im Klang dagegen ähnlich sind.

L e h r e r : Was willst du noch sagen?

S c h ü l e r : Willst du es wissen? Hör zu: wo anders wäre die geheime Ursache verwickelter und fester in den Knoten des scheinbaren Zufalls verschlungen als in der Besiedelung der Städte auf der Erdrinde?

L e h r e r : Lauter! Aber nicht so kunstvoll.

S c h ü l e r : Das ist nur ein Lapsus linguae. Noch niemand hat in diese Wüste des Verstandes Gesetze und Ordnung gebracht. Und nun bin ich es, der dorthin das Licht der Wahrnehmung wirft und eine Regel aufstellt, die es ermöglichen wird, den Ort festzustellen, an dem in wilden, unbewohnten Ländern Hauptstädte entstehen werden.

L e h r e r : Es scheint so, als sei dein wichtigster Fund die Art und Weise, dir selber die üppigsten Lobeshymnen zu singen.

S c h ü l e r : Das nur nebenbei. Und weshalb sollte man nicht für andere tun, was diese aus Unachtsamkeit oder träger Laune nicht selbst tun?

Im übrigen: urteile selbst — ich habe herausgefunden, daß Städte nach dem Gesetz einer bestimmten Entfernung voneinander entstehen und sich mit einfachen Umrissen verbinden lassen, so daß nur das gleichzeitige Vorhandensein von mehreren Umrissen scheinbar Verwirrung und Unklarheit stiftet. Nimm Kiev. Die Hauptstadt des russischen Reiches im Mittelalter. Auf dieser Linie sind, von Kiev aus gesehen, um die Stadt herum angeordnet: 1) Byzanz, 2) Sofija, 3) Wien, 4) Petersburg, 5) Caricyn. Verbindet man diese Städte mit einer Linie, dann scheint es, als liege Kiev in der Mitte eines Spinnennetzes mit gleich langen Strahlen zu den vier Hauptstädten. Diese bemerkenswerte Entfernung von der Stadt im Mittelpunkt zu den Städten auf dem Umkreis ist gleich dem Erdradius, geteilt durch $2\pi$. In dieser Entfernung voneinander liegen Wien und Paris, Paris und Madrid.

In dieser Entfernung (dem Schritt der Hauptstädte) bilden auch die slavischen Hauptstädte zwei Vierecke. Die ehemaligen oder jetzigen Hauptstädte Kiev — St. Petersburg — Warszawa — Sofija — Kiev ergeben ein gleichseitiges Viereck, die Städte Sofija — Warszawa — Christiania — Praha — Sofija das zweite slavische Viereck. Die Umrisse dieser zwei großen Zellen sind geschlossen.

Auf diese Weise lebten und traten, gemäß der weisen Zeichnung zweier schiefwinkliger Vierecke, mit einer gemeinsamen Seite die Bulgaren, Čechen, Norweger und Polen ins Dasein. Und ihrem Dasein, ihrem Leben, ihren Staaten liegt dieser harmonische Plan zugrunde. Nicht infolge eines Zufalls, sondern den Kräften der Erde gemäß wurden diese Städte errichtet, Paläste gebaut. Müßte man nicht, um sie zu begreifen, nach neuen Gesetzen suchen?

Auf diese Weise werden Städte und Hauptstädte rund um eine alte entstehen: auf einem Kreisbogen mit dem Strahl $\frac{R}{2\pi}$, wobei R der Erdradius ist.

Der menschlichen Ordnung ist solch eine Genauigkeit, die dem Blick eines Lobačevskij würdig wäre, nicht eigen. Höchste Gewalten haben diese Städte, die sich nach Vielecken aufteilen, ins Leben gerufen.

L e h r e r : Und was hast du sonst noch gefunden?

S c h ü l e r : Siehst du, ich denke nach über die Wirkung, die die Zukunft auf die Vergangenheit ausübt. Aber ist es denn etwa möglich, mit einem Haufen von Büchern, den die alte Menschheit ihr eigen nennt, über solche Dinge nachzusinnen? Nein, Sterblicher, senke demütig den Blick! Wo sind die großen Büchervernichter? Auf ihren Wellen darf man nicht gehen wie über das Festland der Unwissenheit!

L e h r e r : Und was weiter?

S c h ü l e r : Weiter? Siehst du, ich habe die Schriftzeichen lesen wollen, die das Schicksal in die Rolle der menschlichen Taten eingeritzt hat.

L e h r e r : Was heißt das aber?

S c h ü l e r : Ich betrachte nicht das Leben einzelner, sondern ich habe aus der Ferne, wie eine Wolkenkette, wie einen fernen Bergrücken, das gesamte Menschengeschlecht sehen und erkennen wollen, ob die Wellen seines Lebens Maß, Ordnung und Harmonie besitzen.

L e h r e r : Und was hast du gefunden?

S c h ü l e r : Ich habe einige Wahrheiten gefunden.

L e h r e r : Welche?

S c h ü l e r : Ich suchte die Regel, der sich die Schicksale der Völker fügen. Und hier nun behaupte ich, daß die Anzahl der Jahre zwischen den einzelnen Staatengründungen durch die Zahl 413 teilbar ist.

Daß 1383 Jahre zwischen den Untergängen von Staaten, dem Ende von Freiheit liegen.

Daß 951 Jahre zwischen großen, vom Feind zurückgeschlagenen Feldzügen liegen. Das sind die Hauptzüge meiner Geschichte.

L e h r e r : Hier höre ich gewichtige Wahrheiten.

S c h ü l e r : Das ist noch nicht alles. Überhaupt habe ich herausgefunden, daß die Zeit z ähnliche Ereignisse trennt, wobei $z = (365 \pm 48y)x$ ist und y positiv oder negativ sein kann.

Hier die Werte für z, die ich benütze.

| | | |
|---|---|---|
| $x = 1$ | $y = -4$ | $z = 173$ |
| $x = 1$ | $y = -1$ | $z = 317$ |
| $x = 0$ | $y = 0$ | $z = 365$ |
| $x = 1$ | $y = 1$ | $z = 413$ |
| $x = 1$ | $y = 2$ | $z = 461$ |
| $x = 3$ | $y = 1$ | $z = 951$ |
| $x = 3$ | $y = 2$ | $z = 1383$ |

Ein Zeitraum von 951 verband die großen mohammedanischen Feldzüge nach Poitiers und nach Wien, die vom Franken Karl Martell und dem Russen Jan Sobieski zurückgeschlagen wurden. Diese Feldzüge fanden 732 und 1683 statt. Auch die furchtbaren Schläge der Hunnen- und Tatarenmächte gegen den Nordwesten, die Schläge Attilas und Tamerlans, die von Aetius und Bajazet abgewehrt und zurückgeschlagen wurden, waren im Abstand von 951 Jahren, 451 und 1402.

951 Jahre vor dem Zuge Karls XII. nach Poltava im Jahre 1709 hatten die Araber 758 ihren erfolglosen Feldzug gegen China unternommen.

Es wurde klar, daß $951 = 317 \cdot 3$ ist. 1588 zog Medina Sidonia, der Spanier, gegen die Ufer Englands. 1905 — der Feldzug Roždestvenskijs. Zwischen beiden liegen 317 Jahre oder ein Drittel der Frist zwischen den Niederlagen gegen die Mongolen und Hunnen und gegen die Türken und Araber.

317 Jahre vor 1588 erlitt Ludwig XII. eine Niederlage an der Küste von Tunis. Bedeutet das nicht, daß 2222, 317 Jahre nach 1905, die Flotte irgendeines Volkes zerstört werden wird, vielleicht vor der Küste des schwarzen Madagaskar?

Lehrer: Galt die Zahl 365 bei den Babyloniern nicht als heilig?

Schüler: Ja.

Lehrer: Auf welche Fälle hast du dein Gesetz noch angewendet?

Schüler: Sofort. Ich möchte nur noch sagen: nimmt man die orthodoxen Staaten — Bulgarien, Serbien und Rußland — und untersucht man, wie lange sie bis zum ersten Verlust ihrer Freiheit bestanden haben, dann ergibt sich eine Zahl, die dem Bestehen von Byzanz gleich ist. Byzanz 395—1453 = 1058; Rußland 862—1237 = 375; Bulgarien 679—1018 = 339; Serbien 1050—1389 = 339; 375 + 339 + 339 = 1058. Das läuft hinaus auf ein Gesetz von der Erhaltung der Kräfte. Dagegen bestanden Spanien 412—711, Frankreich 486—1421, England 449—1066, die Vandalen 430—534, die Lombardei 493—555 und: 299 + 935 + 617 + 104 + 62 + 206 ist ebensoviel wie Rom und Byzanz zusammen.

Lehrer: Du hattest aber noch irgendwelche Entdeckungen versprochen.

Schüler: Bei y = —4 ist z = (365 — 48 · 4) 1 = 173. Bemerkenswert ist, daß 173 · 14 Jahre zwischen dem Untergang der Kaisermacht Rom 510 und des Kaiserreiches China liegen. Aber lassen wir das beiseite.

Wenn y = + 1, dann ist z = (365 + 48) 1 = 413.

Jeweils nach 413 Jahren steigen die Wellenkämme der Völkervereinigung. So vereinigte 827 Egbert England, 413 Jahre danach, im Jahre 1240 verbanden sich die deutschen Städte zur Hanse, und nach weiteren 413 Jahren, 1653, vereinigten sich durch die Anstrengungen Chmelnickijs Klein- und Großrußland. Was wird 2066 geschehen, sollte diese Wellenbewegung nicht abreißen?

1110 versammelten sich die Russen zum Kongreß zu Vittičev, und 413 Jahre danach, 1523, wurde das letzte Teilfürstentum angegliedert.

Rußland: 1380 vereinigten sich die russischen Fürsten zur Schlacht auf dem Schnepfenfeld, nach abermals 413 Jahren, 1793, vollzog sich der Anschluß Polens. Schon weiter oben wurde erwähnt, daß der Zeitabstand, der zwischen den Staatenbildungen liegt, durch 413 teilbar ist. Die Abstände schwanken zwischen 413 und 4130 Jahren, verhalten sich

zueinander wie ganze einfache Zahlen 1, 2, 3, 7, 8, 9, 10. Die Zeit von 1239 Jahren, die zwischen der Gründung Frankreichs 486 und Roms 753 verstrich, beträgt (413)3.
Zwischen den Anfängen Frankreichs und der Normandie 899 vergingen (413)1. Zwischen der Gründung Roms 753 und der Ägyptens 3643 liegen 2891 Jahre, oder (413)7. Das Gründungsjahr Ägyptens ist so weit gesichert, daß es sogar in den Lexika angegeben ist (s. das von Pavlenko).
Frankreich und Ägypten trennen (413)10 Jahre.
Die Entstehung Österreichs 976 trennen zweimal 413 Jahre von der des Gotenreiches 150.
(413)1 trennen Hellas, 776, und das Kaiserreich am Bosporus, 363, Deutschland, 843, und das Reich der Vandalen, 430, Rußland, 862, und England 449. Bei Parker wird ein Chronist aufgeführt, der die Gründung Chinas mit dem Jahr 2852 angibt, wozu zu bemerken ist, daß 2855 von der Gründung Englands 3304 Jahre oder (413)8 entfernt ist, und vom Anfang Rußlands 3717 = (413)9.
Was diejenigen Länder betrifft, die durch einen Aufstand aus alten Reichen hervorgingen, so ist die Zeit z, die sie voneinander trennt, $(365 + 2 \cdot 48) = 461$. Durch diesen Abstand sind zwei verbündete Staaten, die Schweiz und Amerika, getrennt. Der erste schüttelte 1315 die Macht Österreichs ab, der zweite die englische im Jahre 1776. Ebenso befreiten sich Bulgarien von Byzanz 676, und Portugal von Spanien 1140. Japan 660, Korea 1121.
Der Beginn des Weströmischen Reiches 800 ist durch 461 Jahre getrennt vom Beginn des Oströmischen Reiches 1261. 1591 befreite sich Holland, folglich ist 2052 der Aufstand eines jungen Grenzgebietes wahrscheinlich.

L e h r e r : Möchtest du nicht ein Verzeichnis dessen anlegen, was im kommenden Jahrtausend geschehen wird?

S c h ü l e r : Der Voraussage der Zukunft versagt sich diese Lehre keineswegs. Hinter diesen Zahlen ist das Schicksal so klar erkennbar wie unter einem faltig anliegenden nassen Stoff der Körper.

L e h r e r : Mehr Anwendungen deiner Regeln weißt du also nicht?

S c h ü l e r : Doch doch, es gibt noch welche. Bei $y = o$, $z = 365 + 48 \cdot 0 = 365$; wenn $x = 8$, so ist $z = 2920$. Dieser

Zeitraum trennt die Gründung Ägyptens 3643 und den Untergang Israels 723, ebenso die Befreiung Ägyptens von der Macht der Hyskos 1683 und die Eroberung Rußlands durch die Mongolen 1237, Ereignisse mit entgegengesetzter Bedeutung.

Wenn sich Byzanz von Rom 393 befreite, so vollzog sich die Befreiung Amerikas $(365 + 48 \cdot 3) 3 = 1383$ Jahre später: 1776.

Schicksal! Ist deine Macht über das Menschengeschlecht nicht gebrochen, nachdem ich dir den geheimen Gesetzeskodex geraubt habe, nach dem du regierst, und welche Verbannung erwartet mich deshalb?

L e h r e r : Nutzlose Angeberei. Die Zahl 365 ist mir klar; das ist der Quotient aus den Zeiteinheiten Jahr und Tag. 48 ist unklar. Womit willst du die Anwesenheit dieser Zahl bei den irdischen Geschehnissen erklären? Mir schien, als hätten sie nichts miteinander zu tun. Dennoch scheint mir dein Gesetz kein Hirngespinst zu sein.

S c h ü l e r : Die Abstände des Kreislaufs mußten auf die Kräfte und Gewalten einwirken, — und wir sind die Kinder der Kräfte.

L e h r e r : Sehr schön.

S c h ü l e r : Das bestreite ich nicht. Die höchste Quelle alles Irdischen gibt selbst das Beispiel größter Genauigkeit. Die Wissenschaft vom Irdischen wird zum Kopf der Wissenschaft vom Himmlischen. Wenn aber $y = 2$ und $x = 3$ sind, dann ist $z = (365 + 48 \cdot 2)3 = 1383$. Die Untergänge der Reiche liegen durch diesen Zeitabstand voneinander getrennt.

| Spanien | . . . . | 711 | Ägypten | . . . . | 672 |
|---|---|---|---|---|---|
| Rußland | . . . . | 1237 | Karthago | . . . . | 146 |
| Babylon | . . . . | 587 | Awarenreich | . . | 796 |
| Jerusalem | . . . | 70 | Byzanz | . . . . | 1453 |
| Samaria | . . | 6 n. Chr. | Serbien | . . . . | 1389 |
| Indien | . . . . . | 317 | England | . . . . | 1066 |
| Israel | . . . . | 723 | Korea | . . . . . | 660 |
| Rom | . . . . . | 476 | Indien | . . . . . | 1858 |
| Hunnen | . . . . | 142 | Indien | . . . . . | 1526 |
| Ägypten | . . . . | 1517 | Judäa | . . . . . | 134 |
| Persien | . . . . | 226 | Korea | . . . . . | 1609 |

Der Unterwerfung von Novgorod und Vjatka 1479 und 1489 entsprechen die Feldzüge nach Dakien 96—106.
Der Eroberung Ägyptens entspricht der Untergang von Pergamos' Reich 133.
Die Polovcer eroberten 1093 die russische Steppe, 1383 nach dem Sieg über die Samniten 290.
Aber 534 wurde das Reich der Vandalen unterworfen; muß man nicht für 1917 den Untergang eines Staates erwarten?

L e h r e r : Eine echte Kunst. Aber wie hast sie du erlangt?

S c h ü l e r : Die klaren Sterne des Südens haben in mir den Chaldäer geweckt. In der Johannisnacht habe ich mein Farnkraut gefunden — die Regel vom Untergang der Reiche und Staaten. Und ich kenne den Geist des Festlands, der in nichts dem Geist der Inselbewohner gleicht. Nie kann sich ein Sohn des stolzen Asiens mit dem Halbinselverstand der Europäer versöhnen.

L e h r e r : Du redest wie ein Kind. Aber worüber hast du in der ganzen Zeit noch nachgedacht?

S c h ü l e r : Ich dachte, das russische Dichterwort diene der Morana und Vesna. Erinnerst du dich an die Namen dieser slavischen Göttinnen? Schau her, hier sind die Zettel, auf die ich meine unmittelbaren Gedanken geschrieben habe.

«In unserem Leben herrscht das Grauen.» I

«In unserem Leben herrscht die Schönheit.» II

*Dies beweist:*

|  | II | I |
|---|---|---|
| Arcybašov . . . . . . |  | + |
| Merežkovskij . . . . . |  | + |
| Andrejev . . . . . . . |  | + |
| Kuprin . . . . . . . . |  | + |
| Remizov (ein Insekt) . . |  | + |
| Sologub . . . . . . . . |  | + |
| das Volkslied . . . . . | + |  |

Folglich sind die russischen Schriftsteller sich darin einig, daß das russische Leben schrecklich ist. Warum nur stimmt das Volkslied nicht mit ihnen überein? Oder sind etwa diejenigen, die Bücher schreiben, und die, die russische Lieder singen, zwei verschiedene Völker?

Die Schriftsteller entlarven:
den Adel, I; das Militär, II; die Beamten, III; die Kaufleute, IV; die Bauern, V; die jungen Schuster, VI; die Schriftsteller, VII.

| | |
|---|---|
| Al. Tolstoj .... | I |
| Kuprin ..... | II |
| Ščedrin ..... | III |
| Ostrovskij .... | IV |
| Bunin ...... | V |
| Aleksej Remizov .. | VI |
| das Volkslied .. | VII |

Folglich entlarvt das Volkslied die russischen Schriftsteller bei einem, irgendeinem Verbrechen.

Wessen aber überführt es sie? Der Lüge? Sind sie finstere Lügner? Sie fangen an zu predigen. Was predigen sie?

| | Leben | Tod |
|---|---|---|
| Sologub (der Totengräber) .... | | + |
| Arcybašov ............ | | + |
| Andrejev ............ | | + |
| Sergejev-Censkij ........ | | + |
| die Volkserzählung ........ | + | |

Womit beschäftigen sich die russischen Schriftsteller?

*Es verdammen:*

| | Zukunft | Gegenwart | Ver-gangenheit |
|---|---|---|---|
| Brjusov ..... | + | | |
| Andrejev, Arcybašov | | + | |
| Merežkovskij ... | | | + |

Das heißt: auf die Frage, was die russischen Schriftsteller tun, muß geantwortet werden: sie verdammen, verfluchen! die Vergangenheit, die Gegenwart und die Zukunft!

*Das Maß der Dinge*

|  | Rußland | Letztes Buch | Nicht-Rußland |
|---|---|---|---|
| die Schriftsteller . |  | + | + |
| das Volkslied . . . | + |  |  |

Kommt nicht von hier die Quelle aller Verwünschungen?
Nachdem Merežkovskij die Pflichten einer Krähe übernommen hatte, sagte er Rußland einen Mißerfolg voraus; wie fühlt er sich?
Auf die Frage: «Was tun?» antworten das Volkslied und die russischen Schriftsteller.
Aber was für Ratschläge geben sie?

|  | Leben | Tod |
|---|---|---|
| Arcybašov . . . . . . . . . . . |  | + |
| Sologub . . . . . . . . . . . . |  | + |
| Andrejev . . . . . . . . . . . |  | + |
| das Volkslied . . . . . . . . . | + |  |

Die Wissenschaft verfügt über zahlreiche Mittel zum Selbstmord; hört auf unseren Rat: das Leben verdient nicht, daß man es lebt. Warum statuieren die «Schriftsteller» nicht ein Exempel? Das wäre ein interessantes Schauspiel.
I. Man rühmt kriegerische Heldentaten und den Krieg.
II. Man mißbilligt die kriegerische Heldentat und sieht im Krieg ein sinnloses Gemetzel.

|  | I | II |
|---|---|---|
| Tolstoj A. N. . . . . . . . . . . . |  | + |
| Merežkovskij . . . . . . . . . . |  | + |
| Kuprin . . . . . . . . . . . . |  | + |
| Andrejev . . . . . . . . . . . |  | + |
| Veresajev . . . . . . . . . . . |  | + |
| das Volkslied . . . . . . . . . | + |  |

Wieso finden sich russisches Buch und russisches Volkslied in verschiedenen Lagern?
Ist der Streit zwischen den russischen Schriftstellern und dem Lied nicht der zwischen Morana und Vesna?

Der selbstlose Sänger preist die Vesna, während der russische Schriftsteller die Todesgöttin Morana besingt?
Ich will nicht, daß die russische Kunst einem Haufen von Selbstmördern voranschreitet!

L e h r e r : Aber was hast du da für ein Buch auf den Knien?

S c h ü l e r : Križanić. Ich unterhalte mich gern mit den Toten.


Die deutsche Wissenschaft von der Vergangenheit steckt voll von Märchen, die nur lächerlich wären, versteckten sich dahinter nicht sehr klägliche Absichten. Wenn man diese Erfindungen in ihr Extrem verlängert, so müßte man sagen, schon der erste Mensch sei ein Deutscher gewesen, und die deutschen Stämme haben sich schon, als sie noch durch den Urwald wanderten, mit Differentialrechnung beschäftigt. Solche Einfälle und Erfindungen haben den verkümmerten deutschen Geist verdrängt.


[Gespräch zwischen zwei Personen]

1. P e r s o n : Kant, der die Grenzen des menschlichen Verstandes bestimmen wollte, hat die Grenzen des deutschen Verstandes bestimmt. Zerstreutheit eines Gelehrten.
2. P e r s o n : Ich sehne mich nach einem großen Scheiterhaufen aus Büchern. Gelbe Funken, weißes Feuer, durchsichtige Asche, die bei Berührung oder schon vom bloßen Atem zerfällt, Asche, auf der noch einzelne Zeilen lesbar sind, prahlerische oder hochmütige Worte, — all das verwandelt sich in eine schwarze, herrliche, von innen her durchs Feuer erleuchtete, aus dem Buch der Menschen gewachsene Blume, wie in der Natur die Blumen aus dem Buch der Erde hervorwachsen, dem Rückgrat der Echsen und anderer Fossilien. Und sollte dann auf dem Haufen glimmender Seiten zufällig das Wort Kant stehenbleiben, so wird irgend jemand, der mit der schottischen Mundart vertraut ist, dieses Wort mit «Schuster» übersetzen. Das ist alles, was von einem Denker bleibt, von diesem Denker. Er hat ein nicht von Hand gefertigtes Denkmal der Beschränktheit seines Volkes geschaffen. Übrigens, war er denn überhaupt ein Denker?

1. P e r s o n : Man sollte nicht an allem zweifeln. Wahrscheinlich war er einer, wenn so viele Stimmen und kluge Köpfe es behaupten. Aber jetzt werde ich die Seiten einer anderen Weisheit aufschlagen, obwohl mir scheint, man sollte es besser unterlassen. Doch wir tun vieles gegen unseren Wunsch. Erinnere dich an die sieben Himmel in der Lehre der Alten. Zieht man von 365 jeweils 48 ab, so kommt man zur Zahl 29 (in 29 Tagen dreht der Mond sich einmal um die Erde), und wir erhalten sieben Zahlen-Himmel, die die Monatszahl umgeben und in der Erdzahl beschlossen liegen. Diese Zahlen sind: 29, 77, 125, 173, 221, 269, 317, 365. Die äußeren bedeuten die Jahres- und Monatszahlen, sie sind wahrscheinlich heilig. Warum sollten nicht die Ereignisse innerhalb dieser Zahlengewölbe fliegen? und ausgelassen umherflattern? Wie kleine Kinder mit Flügeln und Trompeten zum Verkünder ihrer Wünsche?

2. P e r s o n : Dort war der Gedanke ein Götzenbild, hier ist er eine Puppe, ein Spielzeug. Das ist gleichermaßen gefährlich. Gibt es denn, mit Ausnahme der Sprichwörter und Weisheiten der Umgangssprache, einen Anlaß zu glauben, daß (nach Meinung des Gelehrten Englis) der Himmel und der Nachfahre des Affen in irgendeiner Beziehung zueinander stehen?

1. P e r s o n : Ich will dir erzählen, was mir einmal geschehen ist. Einmal im Herbst (des Jahres 1912) befand ich mich ganz eindeutig unter dem Einfluß des Drucks eines mir unbekannten Vorgangs von unbestimmter, jedoch schwerwiegender Art. Das Gefühl des Drucks bestand unabhängig von äußeren Ereignissen. Aber gegen Mittag spürte ich irgendwie, daß es verging, und im Laufe des Abends verspürte ich das Anschwellen von etwas Neuem, etwas Hellem. Es wurde bis 8 Uhr abends rasch größer, wie die Flamme in einer Schale, der von außen Öl nachgegossen wird. Äußere Ursachen gab es keine. Zu meinem Erstaunen entdeckte ich, daß der Tag das Datum der Sonnenwende trug, also wahrscheinlich den 19. Juni, und ich nehme an, daß sich daraus die Ursache für den Bruch in meiner Stimmung erklärt, den man anders nicht erklären konnte; hier beeinflußte die Veränderung der Stellung zweier Gestirne (Erde und Sonne), ungeachtet des Wetters und der Ereignisse, unmittelbar die Stimmung eines

Zweibeiners. Vielleicht haben wir es hier mit einer besonderen Art von Empfänglichkeit für die Kräfte der Sterne zu tun? Der Druck jedenfalls war himmlischer Herkunft. Der Herbst heilte von den glühenden Gaben des Sommers.

2. P e r s o n : Die sieben Stufen des Mondaufganges zur Erde erinnern an die sieben Himmel und an vieles mit «sieben». Aber gerade in den Zahlennamen erkennen wir das alte Gesicht des Menschen wieder. Ist **sieben** [sem'] nicht das verstümmelte Wort für **Familie** [semja]?

In den Zahlwörtern scheinen die Beschäftigungen und Gewohnheiten durch, die der Zahl der Mitglieder eigen und zugänglich waren.

Mit der Zahl **sieben** bezeichnet man eine Gruppe aus fünf Jungtieren und zwei Alten, die auf Jagd gehen. **8** [vosem'] — bestehend aus dem ersten Wort mit der Vorsilbe «vo», weist auf ein neues Unteilbares hin, das sich ihrer Gemeinschaft angeschlossen hat.

Wenn der Urmensch beim Essen keine fremde Hilfe benötigte, so ist die Zahl **eins** [edinica] richtig benannt nach der Beschäftigung mit ebendieser Sache. Die Schienbeine der Beute wurden mit den Zähnen gespalten, und die Knochen krachten. Das sagt uns, daß der Urmensch hungerte. **Hundert** [sto] bezeichnete eine Gemeinschaft, die von einem **alten** [staryj], blauäugigen Stammesoberhaupt angeführt wurde — **Fisch, Fischer** [ryba, rybar] — **Hundert, Greis** [sto, starik]. Die Zahl **Fünf** [pjat'] kann man aus dem Wort **Fußtritte** [pinki], **kreuzigen** [raspjat', raspinat'] herleiten, sie bezeichnete den am meisten verachteten Teil der Familie, dem im rauhen Leben der damaligen Zeit nur Schreie und Fußtritte zufielen; während der Wanderungen hielt er sich an den Kleidern des Ältesten fest. Durch eine besondere Stammeseinheit wurde der einsame Name **sorok** [vierzig] gebildet. Es gibt analoge Wortpaare: **Finsternis** [tem'] und **Strahlenbündel** [toroki], **scharfsichtig** [zorkij], **Erde** [zemlja].

Der Name **sorok** bezeichnete einen Familienverband. Jede Familie trat in Verwandtschaftsbeziehungen zu fünf neuen Familien von je sieben Mitgliedern; 35 Menschen plus 5 der ersten Familie (ohne die beiden Ältesten) ergibt vierzig. Zum Zahlennamen wurden die Aufgabenbezeichnungen des Urvaters in dieser Zahlengruppe.

1. P e r s o n : Man darf nicht vergessen, daß außer der Bezeichnung **vosem'** [acht] auch die Form **osem'** existiert und daß sie durch den Wohlklang hervorgebracht wurde. Wie brillant war Vintanjuk in seinem Urteil über Napoleon: «Ein gesunder Mensch, ein trockenes Gesicht, und ein ziemlicher Bauch.» Er ist ein unsterblicher Lehrer des Sprachstils. Romančenko — das große Vorbild der Idee. Ich sehe ein stürmisches schwarzes Meer und einen einsamen Schwimmer darin. Ich habe die Muster der selbsthaften Rede studiert und herausgefunden, daß die Zahl Fünf für sie sehr bedeutsam ist: ebenso wie für die Zahl der Finger an einer Hand. Hier ist die Častuška aus der «Ohrfeige dem öffentlichen Geschmack»: «Krylyškuja zolotopis'mom tončajšich žil ...» In ihren 4 Zeilen gibt es, abgesehen vom Wunsch des Verfassers, diesen Unsinn hinzuschreiben, die Laute **u, k, l, r,** die sich je 5mal wiederholen, und **z,** das aus Versehen 6mal vorkommt. Im Aufruf: «Bud'te grozny kak Ostranica, Platov i Baklanov, polno vam kljanjaetsja rože basurmanov» — gibt es das schon nicht mehr.

Einen fünffältigen Aufbau hat auch «I und E» («Eine Ohrfeige ...»). Aus irgendeinem Grunde fällt mir noch ein: «Manchmal sang ich zum Licht der Johannissonne und schlug die Saiten, manchmal wühlte ich die Brandung des Sandes auf wie Prževalskijs Pferd.»

2. P e r s o n : Aber erklären die Zahlen etwas?

1. P e r s o n : Ja. Im Jahre 131 z. B. entstand der Jupitertempel an der Stelle des Salomontempels, 365 Jahre danach, 496, war die Taufe Chlodwigs und der Gallier. Nach derselben Frist im Jahre 861 dann die Taufe Bulgariens; 365 Jahre nach der Hedschra (622) war die Taufe Rußlands (988). Die Taufe Rußlands bezieht sich auf den mohammedanischen Wellenrhythmus, die Taufe Bulgariens auf den der Taufe Chlodwigs.

3mal 365 Jahre nach Chlodwigs Taufe (bei einer Ungenauigkeit von 2 Jahren) wurde 1589 das Patriarchat gegründet. Und 3mal 365 Jahre nach 622 ist das Jahr 1717: 1721 wurde der Synod geschaffen.

Man soll sich erinnern, daß die Feldzüge von Kubilaj-Chan gegen Japan (1275) und Hideyoshi gegen Korea (1592) einen Abstand von 317 Jahren haben und daß die Gründungen

Japans (660 v. Chr.) und Koreas (1121) 461 Jahre auseinanderliegen.
Aber über vieles müßte man besser berichten, als das getan wird.


Streit um die Priorität

Wie stellt man in einem komplizierten Gelehrtenstreit das Recht der Priorität fest.
Insbesondere, wenn ein schwarzäugiger, grollender Zivilkläger die Gesetze nicht genau kennt, der zweifelhafte Angeklagte aber längst unter der Erde liegt? Die Länder des Nordens, wo die Sonne nie ein Werktag ist, kennt die Nachtigall (das Rotkehlchen). In den Grenzen eines regulären Kreises hat sie einen roten Fleck auf der Brust, frischer als Blut. Die rote Flamme von der Größe und den Ausmaßen der Sonne. Auf dem grauen, bescheidenen Gefieder eines Vogels aus dem Norden. Er verlängert den Abend, wenn er nach dem Sonnenuntergang aus den Gebüschen aufflattert, und die Sonne ersetzt in dem Vogel als Tier das Untergegangene. Gestirn. Der Vogel erscheint als schwarzäugiger Götzentempel mit einem Schnabel, der zwitschernd seine Brust den Menschen zuwendet. Der kleine Himmel hat manchmal einen Käfer im Munde.
Der Körper verschwindet im Dämmer. Zu sehen ist nur die falsche Sonne. (Hell wie Glut, ein himbeerfarbener Kreis.) Dämmer. Weiden. Bedeutet diese hoffärtige Flamme ihrer Art die Predigt «werden wir wie die Sonne»?
Oder wäre dies dumm für den nördlichen Sonnen-Gottesdienst des flatternden Götzentempels mit seinem Lied, seinem schwarzen Schnabel, Beinen, lebenden Bauch und Flügeln?
Eher kann man hier den Hinweis auf seinen genealogischen Gedanken «Ich stamme von der Sonne ab» herauslesen, den er an die Weide und Freundin richtet, die wahrscheinlich einen anderen Vorfahren hat. Aber den Griechen war diese nahe Lehre bekannt. Apollo nämlich vereinigte in seiner Natur 1) die Sonne und 2) die irdischen Strahlen der Männlichkeit (der Sonnenjüngling). Vielleicht haben die einen wie die anderen (die Griechen und Nachtigallen) unabhängig voneinander gesucht, aber das

Recht der Priorität gehört dennoch der Nachtigall — dem lebendigen Sonnentempel des Nordens, d. h. unserem Landsmann.
Die Sonne allein ist der Erde nahe; Sterne gibt es viele, und sie sind weit weg. Doch die Sonne ist selbst nur einer von vielen Sternen.
Die Sache des Verstands ist verwandt mit der Sache des Herzens, und die Leidenschaften und Gedanken sind einer Herkunft, sie unterscheiden sich lediglich in Zahlen. Der Verstand nämlich kennt viele, aber weit Entfernte, das Herz dagegen einige Nahestehende.
Der Verstand bezieht sich auf eine entfernte Menge, das Herz auf etwas, das danebensteht. $S = \dfrac{k}{n, t}$ ; s = Verstand oder Herz; n = Zahl; t = Abstand.
Untersucht man das Irdische, kann man im Irdischen sagen: der Verstand ist von den Sternen, das Herz von der Sonne.
Aber der Islam entstand in der heißen, der Sonne nahen Zone als Glauben an die Sonne. Rache und Leidenschaft.
Der Glaube an den Verstand — mußte er nicht fern der Sonne geboren werden, im Eis des Nordens. Die Tabiten und der kalte Verstand. Die Skythen. Achse. Über den Laut ist ein Meer von Büchern namens Langeweile geschrieben worden. Unter ihnen ist einsame Insel die Meinung der mandschurischen Tataren; 30—29 Laute des Alphabets sind 30 Tage des Monats, und ein Laut des Alphabets ist das Knarren des Mondes, das man mit dem irdischen Gehör hören kann. Die Tataren der Mandschurei und Pythagoras reichen einander die Hand. Durch das durchsichtige Alphabet wird der Mond-Monat sichtbar.
Nimmt man eine Anzahl von Jahren, die der Zahl der Tage im Monat gleich ist, erhalten wir die mächtigen Zeiten, die die Menschheit lenken, nämlich 27, 28 und 29 Jahre, jede mit besonderem Schicksal und besonderem Zepter.
28 Jahre lenken die Ablösung der Generationen. Ablösung der Welle der Generationen.
Einige Beispiele: Puškin wurde 28 · 2 nach Deržavin geboren, Čebyšov 28 nach Lobačevskij, Herzen 28 · 6 nach Mazeppa.
Peter der Große 28 nach Mazeppa; beide trafen sich bei Poltava; die Elbrusse ihrer Generationen, Karamzin und Čaadajev, liegen ebenfalls 28 auseinander; Volynskij und Nikon 28 · 2. Pugačov kommt 28 · 7 nach Ivan dem Schreckl. 28 · 2 auseinander sind

Karamzin und Zabelin. Karamzin und Katkov 28 · 2. Pugačov und Belinskij 28 · 3. Nikon und Kutuzov 28 · 5; Križanić 28 · 4. Die Reihe

>    1765 Karamzin
>    1644 Mazeppa
>    1821 Katkov
>    1793 Čaadajev
>    1633 Golycin
>    1799 Puškin
>    Čaadajev 1793
>    Peter d. Gr. 1672
>    Vitte 1849
>    Katkov 1821
>    Volynskij 1661
>    Pobedonoscev 1827

zeigt, daß die Generationen 28 Jahre später mit den Aufgaben der 28 Jahre früher geborenen Generation in Kampf treten (Mazeppa und Peter).

Bis zu einem gewissen Grade kann man sagen, daß, wenn irgendwann ein Mensch mit einem «Sternenleben» A geboren wird, so wählt die Generation, die 28 Jahre später kommt, den Weg $b = -a$.

So lösen sich die «Lebenssterne» gegenseitig ab, worunter ich nur eine gewisse Sprachregelung verstehe.

In den Generationen Karamzins fiel mit der griechisch-römischen Welt alles Beste unter der Sonne zusammen, und Karamzin schmückte mit dem schweren Brett seiner Bücher die Vorfahren mit römischem Glanz, damit nur alles Beste mit dem Namen des Russischen zusammenfiel.

Die Generation Čaadajevs legte die Kleider ab, der Schneider Karamzin, Puškin sah «die Rechtfertigung des Verrückten» und «den russischen Staat»; der Katholizismus bei Karamzin und bei Čaadajev verhalten sich zueinander wie schwarze und weiße Farbe. Und Katkov kann über Čaadajev Karamzin die Hand geben. Ebenso verhielten sich die Anhänger Katkovs mit größtem Tadel und Kampfesgeist zur staatsmännischen Tätigkeit eines Zeitgenossen. Der Raum ist sachlicher als die Zahlen.

Lobačevskij wollte eine zweite nichtbestehende sachliche Welt errichten, und Čebyšov verlieh nicht der sachlichen, sondern schon bestehenden Zahlenwelt eine schönere Struktur. Über Polen war die Ukraine den Strahlen des Westens zugänglich geworden, was ihr eine vom Mosk. Staat verschiedene Natur verlieh und Mazeppa herausforderte. Peter d. Gr. beseitigte mit seinem «Fenster nach Europa» (Puškin) für die Großrussen das Schisma und traf als der personifizierte Sieg bei Poltava auf Mazeppa. Die Garbe der einsamen Strahlen des Westens verlief durch beide Hälften des Volkes. Aber die Gleichung der Charaktere, die aus der Erforschung der Überlieferungen des tiefen Altertums, Puškins, Čebyšovs, Čaadajevs abgeleitet werden kann, gestattet ein Urteil auch über die zukünftigen Generationen.

Lobačevskij und Čaadajev wurden in ein und demselben Jahr geboren, und beide wollten (auf verschiedene Weise) nicht diese, sondern eine andere Welt errichten. In der Reihe Karamzin, Čaadajev, Katkov waren die Geraden Westler, die Ungeraden (Karamzin).

Was Puškin betrifft, so ist bemerkenswert, daß im selben Jahre wie er auch Verstovskij (das lebendige Grab Askolds) geboren wurden und Lvov: Hier nähren die Strahlen der Zeit (der Strahl des Vorfahren) zerfallend verschiedene Begabungen.

Die Ausrechnung nach 27 Jahren ergibt folgende Reihe:
1718 Sumarokov 1745 Kulibin 1772 Speranskij 1799 Puškin 1826 Saltykov 1853 Vladimir Solovjov und Korolenko.

Sie ist bemerkenswert wegen des einen allgemeinen Gedankens, der durch sie verläuft.

Jede Generation hält gleichsam ein Spielzeug in Händen, von dem die folgende enttäuscht ist und daher nach einem neuen sucht. Das Wort, Brücken, Gesetze, Verwöhntheit, vom Leben Verdammte, schüchterne Rechtfertigung des Lebens.

Notizen

$173 = a = 365 - (48)4$.
In das Jahr 1237 fällt der Angriff des Ostens gegen den Westen. Batyj, Mamaj. Die Reiterei der Tataren. Nach a Jahren, 1410, trat das Gleichgewicht zwischen Osten und Westen ein. Grünwald.
$(1237 + 173 = 1410)$;

der Widerstand der Slaven des Ostens gegen den deutschen Westen, 2a danach (1237 + 173 · 2 = 1583);
der Erwiderungsangriff des russischen Westens gegen den mongolischen Osten (Eroberung Sibiriens durch Ermak den Großen). Stroganov. Ustrugi. 3a danach (1237 + 173 · 3 = 1756). Die Schwelle des Siebenjährigen Krieges, 2-tes Gleichgewicht zwischen Osten und Westen, diesmal Widerstand der deutschen Welt gegen die Russische. Friedrich d. Gr.
Die ungerade Zahl a wählt die Weichsel zur Grenze, die gerade den Kamm des Ural. Der folgende Angriff des Ostens gegen den Westen verlegt sich, entsprechend diesen Launen der Zahlen, auf das Jahr 1929, aber dunkel bleibt, ob es ein slavischer oder mongolischer Ostkrieg werden wird. Ebenfalls werden Weichsel und Ural die zwei Krieger mit dem dunklen Drahtnetz auf dem Kopf und der biegsamen Schneide trennen, die zum Richter für ihr den Sternen gehorchendes Duell an der nördlichen Wasserscheide Asiens die Zahl 173 gewählt haben.

## Gespräch zwischen Oleg und Kazimir

O l e g : Außer in Fällen von Mißbildung hat die Hand fünf Finger. Folgt daraus nicht, daß das selbsthafte Wort seiner lautlichen Struktur nach die fünf Strahlen der Mähne des Prževalskij-Pferdes haben muß?
K a z i m i r : Nimm und sieh.
O l e g : Hier habe ich die «Ohrfeige dem öffentlichen Geschmack» (S. 8).

> Krylyškuja zolotopis'mom tončajších žil,
> Kuznečik v kuzov puza uložil
> Pribrežnych mnogo trav i ver.
> Pin'-pin' tararachnul zinziver —
> O lebedivo —
> O ozari!

Ich stelle fest, daß in ihnen von Punkt zu Punkt 5 k, 5 r, 5 l, 5 u sind. Das ist das Gesetz des frei fließenden selbsthaften Worts, der selbsthaften Rede. «Šopot, ropot, negi ston» (S. 52) ist auf 5 o aufgebaut; «My, ne umirajuščie, smotrim na vas, umirajuščich» ist auf 5 m aufgebaut (siehe S.˙ 31). Es gibt viele weitere Beispiele. Also hat das selbsthafte Wort eine fünfstrahlige Struktur, und der Klang ordnet sich zwischen Punkten an, am Gerippe des Gedankens, mit fünf Achsen, wie die Hand und die Seesterne (einige).

K a z i m i r : Überhaupt ist das Wort ein Gesicht mit tief in die Stirn gezogenem Hut. Das Denkbare in ihm geht dem Worthaften, Hörbaren voraus. Daher sind «Böotien, Italien, Taurus, Wolhynien» Schatten, vom «Land der Ochsen» auf den Klang geworfen.

O l e g : Wichtig ist anzumerken, daß das Schicksal der Laute im Wortverlauf nicht gleich ist und daß der Anfangslaut eine besondere Natur hat, die anders ist als die Natur seiner Gefährten. Beispiele für die Beharrlichkeit dieses Lautes bei Änderung der übrigen: Anglija und Albion, Iberija und Ispanija. **Sch** und **G** stehen hartnäckig am Anfang der Namen vieler deutscher Denker: Schiller, Schopenhauer, Schlegel, Goethe, Heine, Heise, Hegel, Hauptmann. In Rußland beginnt der Aufruhr um des Aufruhrs willen mit **B**. Manchmal beginnen das Herrschergeschlecht und das von ihm beherrschte Land mit demselben Anfangsbuchstaben: Germanija, Hohenzollern, Habsburg, Rußland, Rjurik. Der Dualismus, Aufteilung der alten Welt in **G** und **R** (Griechenland und Rom), in der Neuzeit Russen und Germanen (Deutsche). Hier sind **G** und **R** älter als das Land. «Rok» hat hier eine Doppelbedeutung — Schicksal und Sprache. Der erste Laut ist der Leitdraht, das Flußbett für die Ströme des Schicksals.

K a z i m i r : Und er hat die Struktur einer Trompete, seiner bedient sich das Gehör, um unklar die Zukunft reden zu hören.

O l e g : Ja, er ist eine Art Wirbelsäule des Wortes. Das Verstandesgewölbe der Sprache ist älter als das der Worte und verändert sich nicht, wenn die Sprache sich ändert, es wiederholt sich in späteren Wendungen wieder und wieder. So hat «warm» auch heute noch abwertenden Sinn («warmer Bruder»), «Licht, Lichtchen» dagegen zärtlichen, begrüßenden. Das aber ist die alte Konfrontation des sündigen Prinzips, vom Wort wärmen, mit dem erlauchten, Erleuchteten; für den Verstand der Alten leuchteten dinghafte Kräfte durch die moralische Ordnung hindurch.

K a z i m i r : Wie schön war Vintanjuk in seinem Ausspruch über den Eroberer: «Ein gesunder Mensch, ein trockenes Gesicht, und ein ziemlicher Bauch.»

O l e g : Oh, er ist der unvergängliche Lehrer des Stils, ein Muster für schönes Sprechen, ein jahrhundertealter Richter. Sein Urteil — hundert Jahre. Romančenko ist der Lehrer der Idee. Ich sehe das stürmische schwarze Meer, den Kamm der Blitze und einen einsamen Schwimmer. Sieh, wie **R**, dem Wolkenrand gleich, vom Schicksal beschienen, das eine Völkerpaar begleitet, und **G** das andere — von der Wiege bis in die Gegenwart. Die Natur des Anfangslautes ist also anders als die der übrigen. **A** steht hartnäckig am Anfang der Namen der Kontinente — Asien, Afrika, Amerika, Australien, obwohl diese Namen sich auf ganz verschiedene Sprachen beziehen. Vielleicht ersteht, ungeachtet der Gegenwart, in diesen Wörtern die Silbe **A** wieder auf, die einmal Festland bedeutet hat.


Nachwort zu «I und E»


Urstämme haben die Neigung, Namen zu geben, die aus einem einzigen Vokal bestehen.

Ein Šestoper ist eine Waffe, einer Streitkeule ähnlich, aber mit eisernen oder steinernen Zinken versehen. Er zerschlägt wunderbar leicht die Schädel der Feinde. Zoj ist ein schönes und noch schöner vergessenes altes Wort, das «Echo» bedeutet.

Diese Verse beschreiben folgendes Ereignis aus der Steinzeit. Einer unklaren Kraft sich bewußt, verläßt I den heimatlichen Stamm. Alles Suchen ist umsonst. Die Priester beten zum Flußgott, und in ihrem Gebet ist Verzweiflung zu hören. Der Kummer wird dadurch vermehrt, daß die Spuren in Richtung zum Nachbarstamme weisen; von diesem Stamm weiß man aber, daß er alle, die sich zufällig zu ihm verirren, den Göttern zum Opfer bringt. Das Leid des Stammes ist groß. Der Morgen bricht an, der Seeadler bringt einen Fisch herbei; das Waldungeheuer geht vorüber.

Aber der Jüngling E macht sich auf die Verfolgung und holt I ein; eine Meinungsänderung vollzieht sich. I und E setzen ihren

Weg zu zweit fort und kommen in den heiligen Hain des Nachbarstammes, wo sie anhalten. Am Morgen aber werden sie von den Priestern gefunden, der Schändung des Heiligtums überführt und zur Richtstätte gebracht. Beide, an den Pfahl gebunden, auf dem Scheiterhaufen. Aber vom Himmel herab senkt sich die Jungfrau und befreit die Gefangenen.
Die Menge kommt, um die Leichen loszukaufen.
Aber sie sieht sie lebendig und unversehrt und macht sie zu ihren Fürsten. So verlief durch eine Heldentat, durchs Feuer, ihr Weg zur Macht über die eigenen Verwandten.


[Über die Erweiterung der
Grenzen der russischen Literatur]

Der russischen Literatur allgemein eignet die Bezeichnung «reich, russisch». Bei eingehenderer Betrachtung zeigt sich jedoch ein Reichtum an Begabungen und Talenten und eine gewisse Enge ihrer Umrisse und Grenzen. Darum können noch einmal die Bereiche nachgezählt werden, die sie kaum oder überhaupt nicht berührt hat. So hat sie sich zum Beispiel wenig mit Polen befaßt. Sie hat, wie es scheint, kein einziges Mal die Grenzen Österreichs überschritten. Das wunderbare Leben von Dubrovnik (Ragusa) mit seinen hitzigen Leidenschaften, mit seiner Blütezeit, seinen Medo-Pucičs ist ihr fremd geblieben. Und auf diese Weise sind ihr auch das slavische Genua oder Venedig ferngeblieben, abseits ihres Flußbetts. Rügen mit seinen schrecklichen Gottheiten, die rätselhaften Küstenbewohner, die polabischen Slaven, die den Mond Lëuna genannt haben, werden nur zum Teil in den Liedern Aleksej Tolstojs berührt. Samko, der erste Führer der Slaven, Zeitgenosse Mohammeds und vielleicht das nördliche Strahlen ein und desselben Wetterleuchtens, ist ihr vollkommen unbekannt. Mehr Aufmerksamkeit wurde, dank den Liedern Lermontovs, Vadim gewidmet. Upravda als Slave oder Russe (warum eigentlich nicht?) auf dem Thron des zweiten Roms auch jenseits der Grenzen des geheimnisvollen Kreises.
Sie weiß nichts von den persischen und mongolischen Schwingungen, obwohl die Mongolo-Finnen den Russen bei der Land-

nahme vorausgegangen sind, Indien ist für sie irgendein Bannforst.
In den Zwischenzeiten zwischen Rjurik und Vladimir oder Ivan dem Schrecklichen und Peter dem Großen hat das russische Volk für sie so gut wie nicht existiert, und daher gibt es, aus der russischen Bibel, heute nur einige wenige Kapitel («Vadim», «Ruslan und Ljudmila», «Bojar Orša», «Poltava»).
Innerhalb der Grenzen Rußlands hat sie den Volgastaat vergessen — das alte Bulgar, Kazan, die alten Wege nach Indien, die Verkehrsverbindungen mit den Arabern, das Reich von Biarmija. Teile des Baus, mit Ausnahme von Novgorod, Pskov und den Kosakenstaaten, blieben jenseits ihres Flußbetts. Sie sieht in den Kosaken keinen vom Geist des Landes geschaffenen Adel. An einzelnen Stellen besingt sie den Kaukasus, nicht aber den Ural und Sibirien mit dem Amur, mit seinen uralten Überlieferungen von der Vergangenheit der Menschen (Oročonen). Die große Grenze des 14. und 15. Jahrhunderts, wo sich die Schlachten vom Schnepfenfeld, vom Amselfeld und die Grünwalder Schlacht versammelt haben, ist ihr vollkommen unbekannt und wartet auf ihren Prževalskij.
Schlecht bekannt ist ihr auch die Existenz der Juden. So gibt es keine Schöpfung, kein Werk, das den Geist des Festlands und die Seele der besiegten Fremden ausdrückte, wie «Hiawatha» von Longfellow. Eine solche Schöpfung würde gleichsam den Lebensatem der Besiegten dem Sieger übergeben. Svjatogor und Ilja Muromec.
Die Abtrünnigkeitsbestrebungen einiger russischer Völkerschaften wird vielleicht durch diese künstliche Enge der russischen Literatur erklärt. Das Hirn des Landes kann nicht einfach nur großrussisch sein. Besser, es wäre das des Festlands, des Kontinents.


[Vom Nutzen des Studiums von Märchen]


Es ist nicht nur einmal vorgekommen, daß sich die Zukunft einer Reifezeit der Jugend in schwachen Anspielungen entdeckt hat. Auch die Zukünftigen Freuden der Blüte sind ihr verworren bekannt, wenn sie noch mit blassem Stengel die Lagen des vorjährigen Laubes erhebt. Auch das Volk, der Jüngling, das Kind Volk träumt gern von sich in der Zeit der Mannbarkeit und dreht mit eigener Hand das Sternenrad. So hat es im Sivka-Burkeveščaja-kaurka die Eisenbahn vorausgesagt und mit dem fliegenden Teppich den im Himmel schwebenden Farman. Und so zwingt der Großvater-Märchenerzähler im Winter, wenn er über dem endlosen Bastschuh sitzt, seinen Liebling, sich auf den Teppich zu setzen, um das Wetterleuchten zu verjagen und der Sternschnuppe ein «Halt!» zuzurufen.

Jahrtausende, Dutzende von Jahrhunderten hat die Zukunft in der Märchenwelt geschwelt und ist plötzlich zum heutigen Tag unseres Lebens geworden. Die Voraussicht der Märchen geht auf die Weide, auf der sich der Blinde der Menschheit aufrechthält.

Genauso ist in den Lehren aller Glaubensbekenntnisse das Bild von Masich al Dedschal, Gala-galaj-jama oder vom Antichrist, ist die Lehre von dem einen einzigen Menschengeschlecht angelegt, von der Verschmelzung aller Staaten zu einer Gemeinschaft des Erdballs. Aber wenn zur Lösung der Aufgabe des Teppich-Flugzeugs uns die Forschungen der exakten Wissenschaften in ihrer Anwendung zu den Bedingungen des Fliegens gebracht haben, sind es nicht diese exakten Wissenschaften, die angewandt werden zur Lehre von der Gesellschaft, die uns zur Lösung der Aufgabe vom Saka-Vati-Galagalajama führen? diesem nächsten Teppich-Flugzeug des Erfindens? So nennen ihn die indischen Weisen. Dank dem Teppich-Flugzeug erstreckte sich das Meer, zu dem es alle Völker zog, plötzlich über jeder Hütte, jeder Rauchfahne. Der große Weg aller Völker hat gleichmäßig durch eine gerade Linie jeden einzelnen Punkt des Erdballs mit jedem anderen verbunden, von dem die Seefahrer träumten.

Und so träumte dunkel dem Samenkorn Menschheit die erwachsene Blüte Menschheit, und das Teppich-Flugzeug besiedelt die Märchenwelten früher als es sich erhebt am finsteren Himmel Großrußlands als der schwergewichtige, von den Menschen beseelte Schmetterling Farmans.

## [Über die Brodniki]

Die Brodniki sind aus den Annalen bekannt als ein besonderes slavisches Nomadenvolk in Südrußland. Das weitere Schicksal dieses Steppenstammes ist unbekannt. Seinen Namen kann man ableiten vom Verb **brodit'**: umherziehen, ein Wanderleben führen. Wenn man indessen eine andere Wortentstehung annimmt, kann man zu dem Schluß kommen, daß dieser Stamm der südwestlichen Steppen an der Eroberung Sibiriens teilgenommen hat. Angenommen, dieses Volk habe seinen Namen von einer besonderen Art Schuhwerk bekommen, die es trug. Dieses Schuhwerk hat, im Unterschied zum Stiefel, keine gesonderte Sohle und wird oberhalb des Knöchels mit einem Riemchen festgebunden, damit das weiche Leder nicht vom Fuß fällt. In ältester Zeit war diese Fußbekleidung das Schuhwerk der Steppenbevölkerung Rußlands, wie Plastiken und Grabverzierungen bezeugen.

Heute gibt es diese Schuhe im europäischen Rußland nicht mehr, sie sind durch Stiefel und Bastschuhe verdrängt. Aber in Sibirien ist bis auf den heutigen Tag unter der Bezeichnung **brodni** dieses Schuhwerk bekannt und wird anderen Schuhen wegen seiner Leichtigkeit und Bewegungsfreiheit vorgezogen, die der Fuß darin erlangt. Ein zu Fuß gehender Mensch, der **brodni** trägt, geht $1^1/_2$mal weiter als jemand in Stiefeln mit unbeweglicher Sohle. In die **brodni** wird Stroh gelegt, um Stöße und Schläge zu vermeiden; genau dasselbe haben die Skythen getan, was an der Geschwollenheit ihrer Füße zu sehen ist. Diese skythische Fußbekleidung wäre für die Infanterie bequemer als Stiefel, besonders in Gebirgsländern (in **brodni** greift der Fuß auf dem Stein viel besser).

Man könnte meinen, die Brodniki seien die russifizierten Nachfahren der Skythen, die, neben vielen Zügen des Skythenlebens, auch die Fußbekleidung der Skythen bewahrt haben. Eingeengt von den Strömen einer sich vermehrenden Bevölkerung, zogen sie, in ihrer Nomadenfreiheit, nach Osten, an der Eroberung Sibiriens teilnehmend, und verbreiteten unter der russischen Bevölkerung des neuen Landes dieses Schuhwerk, das ihnen den Namen verlieh.

Es ist nicht vollkommen ausgeschlossen, daß nicht sogar die Führer der Eroberung aus der Mitte dieses Stammes kamen:

Ermak und Kolco haben Nachfahren der Träger jener Lederstrümpfe sein können.

Bemerkenswert ist, daß einer der Beschützer des Amur, Chabarov, wie sein Name zeigt, ein Nachfahre des tapfersten Stammes des Chazarenreiches war, der Chabaren. Dieser hat einst, von Angehörigen seines Stammes beengt, einen Aufstand geführt.


Schmutziger Schaum


Die Wörter **po** + **do** + **l** [Schoß, in Zusammensetzung mit Rock: Rockzipfel] und **ko** + **do** + **l** [veralt. f. Fessel, Strick] sind einer geringeren Zahl von Menschen bekannt als die russische Sprache selbst. Aber in ihnen ist der seltene Fall der Selbstschöpfung von Sprache eingetreten. **Podol** ist der am tiefsten fallende und der Erde am nächsten kommende Teil der Kleidung, zum B., von einem Schafspelz. **Kodol** ist jener Strick, mit dem man im Norden (Dvina) weidende Haustiere an den Pfahl [**kol**] bindet. Wiesen der Nördl. Dvina. Die unmittelbare Konfrontation dieser Wörter mit den Redewendungen **do polu** [zu Boden] und **do kola** [an den Pfahl] macht ihre Entstehung über die Einsetzung der Vorsilbe **do** [bis, zu] innerhalb der einfachen Wörter **pol**, **kol** wahrscheinlich. Das **do** dient hier gleichsam als Keil, der das Wortholz gespalten hat und in die durch ihn zerschnittenen Redewendungen getrieben worden ist.

Das einfache Wort war 1) auseinandergetrieben worden, 2) wurde die Leere ausgefüllt durch die Vorsilbe **do**.

**Do** ist in die Mitte der Wörter: (**k, p**)**ol** gesetzt.

Daraus sind **podol** und **kodol** entstanden, die in der Silben-Klammer eine Vorsilbe enthalten; grobe und sonderbare Wörter.

§ 1. Das Ohr des Wortners fängt diesen Stammbaum auf: Schweiß und schwitzen (be-schlagene Scheibe) und Staub und Schießpulver, Schnee. Von hier aus ist es nicht schwer, schön abzuleiten von wün-schen; schön sein ist ein Wunsch, wer schön ist, ist gewün-scht.

§ 2. Ich verneige mich vor dem Schnurrbart des FRÜHLINGS: du bist neugierig.

§ 3. Es gibt das **o**, das, die Mitleide abschließend, diese Vorsilben und Konjunktionen ergibt: **po** [be, er], **so** [mit, zusammen mit], **do** [bis, hin], **vo** [in hinein] sowie **bo** [denn, weil] und **no** [aber, doch] und **to** [so]. Das **o** ist, vorausgesetzt seine identische Bedeutung, geeignet, die Natur dieser Mitlaute zu erforschen, die manchmal — in **so**, **ko** und **vo** — auch durch ein hartes Zeichen ersetzt werden.

Diese Namen der Sprache betreffen immer zwei Dinge, oder, genauer, sie beschreiben fünf Möglichkeiten des Verhältnisses von zwei Dingen und ihren Bewegungen.

Der Begriff der Höhe ist nur teilweise in der Vorsilbe **po** [be, er] enthalten, und nur in ihr ist die Umgebung von Höhe und Tiefe bedingt bestimmt (kriechen [**po**lzat'] über die Zimmerdecke [**po**tolok] kann eine Fliege). Andere Vorsilben sind gleichgültig. Die Andeutung auf gegenseitige Dimensionen beider Dinge sind im **po** und auch im **vo** enthalten. Das Anzeichen einer Bewegung ist immer anwesend in den Vorsilben **po**, **ko** und **do**.

**So** [mit] weist hin auf beiderseitige Bewegung oder Ruhe beider Dinge, wobei der Abstand zwischen ihnen so klein wie möglich geworden ist und nicht schwankt. Beide Dinge sind dennoch scharf getrennt; das eine kann kleiner sein als das andere, aber auch gleich groß.

Ein Abstand zwischen den Faktoren besteht in **do** und **ko**, nicht aber im **vo** und im **so** und im **po**. **Po** weist (unbedingt) auf die Bewegung des einen Körpers hin, der sich neben dem anderen bewegt, wobei dieser andere eine riesige Oberfläche hat, relativ, und sich in Ruhe befindet, so daß, trotz der einseitigen Bewegung, beide Gegenstände verschiedener Rangordnung von Größe sich in einem Zusammenhang befinden. Dabei befindet sich die Bewegungsrichtung auf der Ebene dieses zweiten Gegenstandes. Also, die Richtung der Bewegung ist gleichsam abgedruckt in der Ebene des Volumens des zweiten, ruhenden Gegenstandes und versinkt in ihm so, daß immer beide Gegenstände des Abstands beraubt werden. Bewegung, an eine Fläche geschmiedet. Der zweite Gegenstand ist größer als der erste.

**Vo** [in hinein] weist hin auf den Einschluß eines kleineren Volumens in die Fläche eines anderen. Keine Hinweise auf Ruhe oder Bewegung.

**So** [mit] weist hin auf das Verschwinden des Abstandes einer Grenze und auf die gleich schnelle und gleichgerichtete Bewegung beider. Gleiche Dimensionen sind möglich. Der Abstand bei beiderseitiger Bewegung schwankt in seinen Ausmaßen nicht.

In **ko** und **do** [beides: bis hin] bewegt sich ein Gegenstand, der andere steht, und auf diese Weise verringert sich der Abstand. Folglich sind diese fünf Vorsilben Namen von Bewegungen eines entweder fehlenden oder sich verringernden Abstandes zwischen zweien. **Ko** [hin, auf zu] weist darauf hin, daß ein unbeweglicher Gegenstand als Ende der Bewegung eines anderen dient und als Haltestelle, nachdem er die Richtung paralysiert hat. Im **do** [bis, hin] bestimmt ein unbeweglicher Gegenstand die Länge der Bewegung. Im **do** ist der Gegenstand ausgewählt von der Bewegung, im **ko** — die Bewegung durch den Gegenstand.

§ 4. **Ucho** und **um**. [Ohr und Verstand].
**Gluchoj** und **glum**. [taub und Gespött].
**Glu + ch**.
**Glu + m**.
**Ch + olod**. [Kälte].
**M + olod**. [jung].

§ 5. **Peč'** [braten] — das Wasser in Form von Dampf durch Feuer austreiben, dem Körper Wasser entziehen, Speise fürs Essen bereiten.

**Pit'** [trinken] — Wasser in sich aufnehmen, es hineingießen.

**Zeč'** [brennen, sengen] — mit Feuer zerstören, das Leben nehmen.

**Par** [Dampf] — Zustand des Wassers, das durch Wärme vertrieben ist.

**Žar** [Glut] — Antreffen von Feuer.

**Žizn'** [das Leben] ist der Quotient aus Dingen und einer Quantität von Zeit.

§ 6. Gesindel ist Räuber-Gesindel. Gesindel aufs Verdeck — heißt: den Geier auf den Kopf; so fielen die Räuber über die Schiffe her.

## Der nichtveröffentlichte Aufsatz

Der Krieger des noch nicht angebrochenen Reiches befiehlt, zu denken und seinen Glauben zu achten:
1) Er ist bewaffnet wie ein Tierfänger: mit einem Netz zum Fangen von Gedanken und einer Harpune zu deren Schutz. Er ist nackt und mächtig. Wer sind wir? Wir werden wüten wie die Pocken, bis ihr uns gleich seid wie ein Wassertropfen dem andern. Dann werden wir verschwinden.
Wir sind der Mund des Schicksals. Wir sind dem Schoße des russischen Meeres entstiegen. Wir, Krieger, beginnen mit uns selbst einen neuen Stand im Staate.
2) Wir sagen: die Insel des Denkens ist innerhalb des selbsthaften Wortes, gleich der Hand, die fünf Finger hat, sie muß aufgebaut sein auf den fünf Strahlen des Klanges, sei es Vokal oder Konsonant, der das Wort durchdringt wie jemandes Hand. Das ist die Regel der fünf Strahlen, die erlesene Struktur der klingenden Sprache mit 5 Achsen. So bildet «Krylyškuja zolotopis'mom tončajšich žil» («Ohrfeige dem öffentlichen Geschmack») paarige Zeilen; die ersten beruhen auf **k, l, r, u** — je fünf (Bau der Bienenwaben). «My, ne umirajuščie, smotrim na vas, umirajuščie» ist aufgebaut auf fünf **m**. Genug der Beispiele und fünfachsigen Bauwerke der Seesterne unserer Sprache.
3) Wir fordern, die Puškinschen Deiche und die Pfähle Tolstojs zu öffnen für die Wasserfälle und Ströme der montenegrinischen Seiten der überheblichen *russischen Sprache.*
Beispiel: Wessohn bist du? — fragen sie dich. Du antwortest ihnen: Ich bin die Sojabohne der Himmel.
Die Glasketten an den Klauen zerbrechend, fliegen Adler finster über dem Abgrund zu den Schwarzen Bergen, um den Schrei für neue Errunge zu lernen (ein Wort des Jünglings Ignatov). Trotz dem Heulen vieler Kehlen sprechen wir: hier wie dort ist nur Meer.
4) Ich rufe, das Gesicht dessen zu sehen, der auf dem Hügel steht und dessen Name «Gekommener Selbst» ist.
5) Wir sind beleidigt durch die Entstellung russischer Verben durch übersetzte Bedeutungen. Wir sind entrüstet und klageschreien — das ist eine Folterkammer.
6) Wir lehren: das Wort lenkt das Gehirn, das Gehirn — die

Hände, die Hände — Reiche. Die Brücke zum selbsthaften Reich ist das selbsthafte Wort.

7) [Wir raten, Perlenfischer im russischen Meer zu sein, Perlenfischer, Taucher nach dunklen mißgestalteten Muscheln.]

8) Nebenbei erinnern wir daran, daß außer der Sprache der Wörter auch eine stumme Begriffssprache aus Einheiten des Verstandes besteht (ein Begriffsgewebe, das die erste lenkt). So haben die Wörter Italien, Taurus, Wolhynien (Land der Ochsen), obwohl mit verschiedenen Wort-Leben, ein und dasselbe Wesen — das Verstandesleben, das seine Schatten auf die Oberflächen der Mundarten und Staaten wirft.

9) Wir erinnern daran, daß in dem «Germanien» genannten Lande mit **G** und **SCH** bis zu zwanzig der berühmtesten Namen des Wortes und des Geistes dieses Volkes beginnen (Schiller, Schlegel, Schopenhauer, Schelling, Goethe, Heine, Heyse, Hegel), wir erinnern an das eroberungssüchtige **B** in der russischen Kunst und das Freiheit und Ehre der Unabhängigkeit in ihrem Leben wahrende **ch**, wir sagen und entdecken die besondere Natur des Anfangslautes, des Klanges der Namen, die unabhängig ist vom Sinn des Wortes, wir eignen ihm den Namen eines Leiters des Schicksals an.

Im ersten Konsonanten sehen wir den Schicksalsträger und Weg zum Willen, der ihm schicksalhaften Sinn verleiht.

Dieses Willenszeichen ist manchmal verschiedenen Namen gemeinsam: Anglija und Albion, Iberija, Ispanija.

Wie Faden des Schicksals begleitet der Grenzlaut die Staaten von der Wiege bis zum Untergang.

Demnach hat das Wort eine dreieinige Natur: des Gehörs, des Verstands und des Schicksalsweges.

Herrschergeschlechter haben manchmal allgemeinverbindende schicksalhafte Zeichen (die Stirn der Laute) mit ihrem Lande; die Anfangslaute sind gleicher Natur: Germanien, die Habsburger, die Hohenzollern.

Das ist kein Spiel des Zufalls.

Das war der Sprache der Dialekte offenkundig — Schicksal in zwei Bedeutungen: Wort und Schicksal.

Als Grundriß des Schicksals begleitet das **G** Germanien und Griechenland, Rußland und Rom.

Außer den Laut-Blättern und der Denk-Wurzel in den Wörtern (über den Anfangslaut) läuft der Faden des Schicksals und hat folglich Rohr-Struktur. Man sollte dem Gesagten nicht mit abergläubischem Entsetzen begegnen. Möge die vergleichende Sprachwissenschaft in Wut geraten.

10) Wir behaupten, daß gerade die Zahlwörter die Begriffe von Gattungsleben markieren und es möglich ist, die Umrisse der alten Lebensformen wiederherzustellen. Die Zahl **sieben** [sem'] weist darauf hin, daß der Russe der Vorzeit eine **Familie** [sem'ja] aus sieben Mitgliedern hatte, beide Wörter sind wortverwandt. Der Name **acht** [vosem'] zeugt vom Eingang des «v» [hinein] in die Familie, eines neuen fremden Mitglieds. Ebenso eigentümlich sind ferner die Zehn und die Hundert, das Wort **sorok** [vierzig].

11) Wir sagen:

**M** impliziert den Zerfall eines Ganzen in Teile (eines Großen in Kleines).

**L** ist die gewaltlose Bewegung einer großen Kraft der Freiheit (Vergänglichkeit...)

**K** — die Verwandlung einer Kraft der Bewegung in eine Kraft des Liegens (des Laufs zur Ruhe).

**T** — die Unterordnung einer Bewegung unter eine große Kraft, ein Ziel.

**S** — das Sammeln von Teilen zu einem Ganzen (Rückkehr).

**N** — die Verwandlung von Wägbarem in Nichts.

**B** — Hineinwachsen in Größeres, größter Punkt der Kraft einer Bewegung.

**P** — wenig wiegende Körper, Füllung von Leere mit einem angeblich leeren Körper.

**R** — widerspenstige Bewegung, einem Ganzen ungehorsam.

**V** — Durchdringen eines Großen durch Kleines.

**Ž** — Erweiterung einer Kraft aus Überfluß [brennen, Verbrennung].

**s** — [stimmhaft].

**G** — etwas Kleines aus Mangel an Kraft der Lage, Hunger [golod].

**i** verbindet [i: und]

**a** — gegen

**o** vergrößert das Wachstum

**e** ist Verfall, verfallen

**u** Gehorsam.

So ist ein Gedicht nur aus Vokalen voller Sinn.

**Son** [Schlaf] ist, wo der Körper ins Nichts gerät.
**Nos** [Nase], wo nichts in den Körper gerät.
**Kom** [Klumpen], wo Weiches zu etwas Hartem versammelt ist.
**Mok** [naß], wo Hartes weich wird (durch Wasser).
**Koty** [eine Art Bauernschuhe; Galoschen] in Ruhe des Schuhwerks Bewegung des Beins. Das Lob des Schuhwerks macht die Schläge des Fußes weich, wie **Kater** [kot], das Haustier, weich Auftretender bedeutet.
**Toki** — [Zug, Strömung; Tenne] ist Bewegung [Wasser, Dreschen].
**Nora** [Höhle] — fadenförmige Leere.
**Rot** [Mund]

# Eine Ohrfeige dem öffentlichen Geschmack
Manifeste des russischen Kubofuturismus

Wir wollen die Jungfrau des Wortes, in deren Blicken Feuer-Schnee brennt. Sie fegt mit einem Kränzchen blauer Feldblumen den Boden. Sie streut eine Perle aus, und eine Schar Pfauen pickt sie auf. O blaublickige, blauäugige, blaubrüstige Pfauen! Wir wollen, daß das Wort kühn und tapfer der Malerei folgt.
Es wäre vollkommen sinnlos, mit diesen Leuten des Wortgewerbes in eine Wortschlacht einzutreten. Sie, die Verräter, muß man mit der Hand anfassen, mit der handschuhgeschützten Hand, und dann wird der russische Wort-Acker von Spinnen gejätet sein.
Aber sie werden sagen, die hier aufgestellten Forderungen entziehen der Kunst um der Kunst willen das Lebensrecht.
Darauf kann man zweierlei erwidern:
I: Die Kunst erduldet derzeit die grausame Herrschaft der Feindseligkeit gegenüber Rußland; ein schrecklicher eisiger Wind des Hasses erstickt die Pflanze.
II: Die Freiheit der Kunst des Wortes war immer eingeschränkt durch Wahrheiten, deren jede eine Besonderheit des Lebens ist. Diese Grenzen liegen darin, daß die Natur, aus der die Wortkunst Paläste baut, die Seele des Volkes ist. Und zwar nicht eines abstrakten Volkes, sondern des unseren. Die Kunst will immer Name einer geistigen Bewegung sein, will sie herbeirufen. Aber der Name jedes Menschen ist einzig. Für den Sohn eines Landes kann eine Kunst nicht licht und schön sein, die dieses Land schmäht. Bei kriegerischen Völkern wird eine Kunst, die die schlummernden Erinnerungen der Krieger in Form von Verneinung der Kriege darstellt, Lügenkunst.
Andrej Belyj quält sich ab im Kerker Puškins, den er so gepriesen hat, aber er beweint die Kerkerzelle bereits. Auf dem Turm von Babel saß er und weinte.
Worin besteht dieser Kerker?
Dieser Kerker ist eigenartig gebaut.
I-te Linie: er ist zweistöckig; das untere Stockwerk ist leichtsinnige Verneinung der drübergelegenen Achtung vor Ausländern. So war das, bis das russische Volk seine Herrschaft über das russische Wort erklärte.

Wir erheben Anklage, weil die älteren Generationen den jüngeren eine Schale mit vergiftetem Leben zu trinken geben. Statt daß die ältere Generation, die Schüssel hoch über dem Kopf tragend, der jüngeren darin eine Garbe schöner Blumen und ein scharfes Schwert brächte (das nämlich Aufmerksamkeit verdient, wenn jemand vorhat, Blumen zu schneiden), bringt uns die ältere Generation ein Bund Stecknadeln und sagt: «Das sind die schönsten Blumen, die uns das Schicksal bereitet hat», und mitten unter ihnen, sorgsam versteckt, eine Schlange, die nur selten mit ihrem dunklen Leib hervorglitzert. Darin liegt der Lebenssinn Andrejevs, Arcybašovs, Sologubs und anderer, uns, die wir ins Leben eintreten, die vergiftete Schale des Daseins austrinken zu lassen, die wir mit unschuldigen Augen als das beste Getränk empfangen haben, während wir die junge Schlange nahmen als eine belanglose Einzelheit, als Zwirnsfaden, der schön eine Garbe Gras umwand.

Boborykin, der bei so etwas immer dabei ist, setzt eilig ein Protokoll auf über diesen rätselhaften Vorgang und schnalzt rätselhaft mit den Lippen und schickt es zum «Boten Europas».

Hier unser Urteil. Wir werden euch nicht bestrafen, wir werden keine öffentliche Züchtigung der Angeklagten veranstalten, sondern wir sagen uns von euch los, euch Führern der Jugend, — wir sind nicht mehr, was ihr seid. Wir erkennen eure Schlange. Die einen von euch fangen an, Aas zu fressen, die anderen dienen, voll von verfluchten Fragen, als Zimmerdiener.

Für diesen Verrat einer Generation in bezug auf die andere habt ihr euch eine Menge Bezeichnungen ausgedacht, wie «die verfluchten Fragen», «Gehirnwindung», «Avantgardismus».

Wir, das Rußland von morgen, sagen: es reicht! Schluß, ihr Kinder des Lasters, ihr Geister, ihr Leute im besten Alter.

Wir haben unser Schwert gezogen, um die verbrecherische Schale zu zerschlagen.

Das ist der Aufstand der Jugend.

Wir sind Schild und Führer für sie, im Kampf gegen die Greise.

Ihr seid Kinder, weil ihr nicht gelebt habt, sondern eine Schalmei für verbrecherische Lippen wart.

Ihr habt das Lob verbrecherischer Lippen gehört.

## [Eine Ohrfeige dem öffentlichen Geschmack]

Denen, die lesen, unser **Neues Erstes Unerwartetes**.
Nur **WIR** sind das *Gesicht unserer* **Zeit**. Das Horn der Zeit dröhnt durch uns in der Wortkunst.
Das Vergangene ist eng. Die Akademie und Puškin sind unverständlicher als Hieroglyphen.
Puškin, Dostojevskij, Tolstoj usw. usw. sind vom Dampfer der Gegenwart zu werfen.
Wer seine *erste* Liebe nicht vergißt, wird seine letzte nicht erkennen.
Wer wird denn leichtgläubig seine letzte Liebe der parfümierten Unzucht eines Balmont zuwenden? Sind etwa in ihr die Widerspiegelungen der mannhaften Seele des heutigen Tags?
Wer wird denn feige zurückschrecken, den Papierpanzer vom schwarzen Frack des Kriegers Brjusov zu reißen? Oder sind auf ihm etwa die Morgenröten der ungekannten Schönheiten?
Wascht Eure Hände, die den schmutzigen Schleim der von diesen zahllosen Leonid Andrejevs geschriebenen Bücher berührt haben.
All diese Maksim Gorkijs, Kuprins, Bloks, Sollogubs, Remizovs, Averčenkos, Čornyjs, Kuzmins, Bunins usw. usw. – sie brauchen nur noch eine Datscha am Fluß. Eine solche Belohnung schenkt das Schicksal Schneidern.
Aus der Höhe von Wolkenkratzern blicken wir herab auf ihre Nichtigkeit! ...
Wir *befehlen*, die *Rechte* der Dichter zu achten:
1) Auf die Vergrößerung des Wortschatzes in *seinem Volumen* durch willkürliche und abgeleitete Wörter (**Wort**-Neuerung).
2) Auf den unüberwindlichen Haß gegen die Sprache, die bis zu ihnen existiert hat.
3) Mit Entsetzen Euch den **Kranz** des Groschenruhms, geflochten aus Sauna-Birkenruten, vom stolzen Haupte zu reißen.
4) Auf der Scholle des Wortes **WIR** inmitten eines Meers von Pfiffen und Entrüstung zu stehen.
Und wenn *einstweilen* auch in unseren Zeilen noch die Schmutzflecken Eures «**Gesunden** Menschenverstands» und des «guten Geschmacks» zurückgeblieben sein sollten, so bebt in ihnen dennoch schon *erstmals* das **Wetterleuchten** der **Neuen**

**Vorwärtsschreitenden Schönheit** des **Selbstzweck-**(selbsthaften) **Wortes.**

*Moskau, 1912. Dezember.*
*David Burljuk, Aleksandr Kručonych,*
*V. Majakovskij, Viktor Chlebnikov*

[Richterteich]

Obwohl wir alle weiter unten dargelegten Grundsätze vollständig im 1-ten «Richterteich» vorfinden und früher aufgestellt haben als die berüchtigten und reichen Futuristen, reich bloß im Sinne von Metcl' & Co., — sehen **WIR** nichtsdestotrotz diesen Weg als von uns begangen an und bedienen uns, seine Ausarbeitung denen überlassend, die keine neueren Aufgaben haben, einer gewissen Form der Rechtschreibung, um die allgemeine Aufmerksamkeit auf die schon neuen, sich vor uns auftuenden Aufgaben zu richten.
Wir als erste haben die neuen Prinzipien des Schaffens aufgestellt, uns klar in folgender Ordnung:
1. Wir haben aufgehört, Wortbau und Wortaussprache nach grammatischen Regeln zu betrachten, wir haben begonnen, in den Buchstaben nur *Wegweiser für Wörter* zu sehen. Wir haben die Syntax erschüttert.
2. Wir haben begonnen, den Wörtern Inhalt nach ihrer graphischen und *phonetischen Charakteristik* zu geben.
3. Von uns ist die Rolle der Vorsilben und Suffixe bewußtgemacht worden.
4. Im Namen der Freiheit des persönlichen Falls negieren wir die Rechtschreibung.
5. Wir charakterisieren Substantive nicht nur durch Adjektive (wie es hauptsächlich bisher geschah), sondern auch durch andere Teile der Sprache, auch einzelne Buchstaben und Zahlen:
a) indem wir zum untrennbaren Teil eines Werkes auch seine Korrekturen und Vignetten der schöpferischen Erwartung zählen;
b) indem wir in der Handschrift einen konstitutiven Bestandteil des poetischen Impulses sehen; c) in Moskau wurden daher Bücher (Autographen) «Selbst-Schriften» herausgegeben.
6. Von uns sind die Satzzeichen vernichtet worden, — wodurch

die Rolle des Literarischen erstmals hervorgehoben und bewußtgemacht worden ist.

7. Vokale verstehen wir als Zeit und Raum (der Charakter der Richtung), Konsonanten — sind Farbe, Klang, Geruch.

8. Durch uns sind die Rhythmen zerstört. Chlebnikov hat das poetische Maß — des lebendigen gesprochenen Wortes hervorgehoben. Wir haben aufgehört, Metren in Lehrbüchern zu suchen — jede Bewegung: — gebiert dem Dichter einen neuen freien Rhythmus.

9. Der Vorderreim — (David Burljuk), der mittlere, der gegenläufige Reim (Majakovskij), sie sind von uns ausgearbeitet worden.

10. Der Reichtum des Wortschatzes eines Dichters ist seine Rechtfertigung.

11. Wir halten das Wort für den Schöpfer des Mythos, das Wort gebiert, sterbend, den Mythos und umgekehrt.

12. Wir stehen in der Gewalt neuer Themen: Unnötigkeit, Sinnlosigkeit, das Geheimnis der eigenen Nichtigkeit — sind von uns besungen worden.

13. Wir verachten den Ruhm; uns sind Sinne bekannt, die vor uns noch nicht gelebt haben.

Wir sind die neuen Menschen des neuen Lebens.

> *David Burljuk, Elena Guro, Nikolaj Burljuk,*
> *Vladimir Majakovskij, Ekaterina Nizen, Viktor Chlebnikov,*
> *Benedikt Livšic, A. Kručonych*


[Über Kunstwerke]


1) Auf daß geschrieben und gesehen werde im Augenblick!
   (Singen Plätschern Tanz, Zerrupfen mißgestalter Bauwerke, Bewußtlosigkeit, Erlernen. V. Chlebnikov, A. Kručonych, E. Guro; in der Malerei V. Burljuk und O. Rozanova.)
2) Auf daß sperrig geschrieben und sperrig gelesen werde, unangenehmer als geschmierte Stiefel oder ein Lastwagen im Salon
   (Menge von Knoten Verknüpfungen und Maschen und Flicken Oberfläche mit Rissen Sprüngen, sehr rauh. In der

Poesie D. Burljuk V. Majakovskij, N. Burljuk und B. Livšic, in der Malerei D. Burljuk K Malevič.
Was ist mehr wert: Wind oder Stein?
Beide sind wertlos!
Beispiele: 1-te Gattung — V. Chlebnikov:

>(Fürstin und Werwolf fliegen über Land)
>Und er, der Kälte zu entgehn
>jener eisesfrostgen Höhn
>flugs
>vom Luchs
>zum Bär wurd.
>Sie zu ihm: «Wo fliegen wir wohl hin?»
>Brummt abgewandt er in den Wind:
>«Mir steht der Sinn
>nach Petersburg» ...
>die Fürstin zärtlich
>gegen Kälte sperrt sich ...
>und sieh, sie fliegen Tummlern gleich zur Erd
>dorthin wo golden der Isakij währt ...
>husch-husch hinab die Sonnenspule
>rin in die höhre Töchterschule ...
>          (Scherzlied aus dem «Verreckten Mond»)

Oder E. Guro:

>*Finnland*
>... Lulla, lolla, lalla-lu,
>Lisa, lolla, lulla-li.
>Nadeln rausen, rausen,
>ti-i-i, ti-i-u-u ...

(genau: sie rausen! Laubbäume rauschen, Nadelbäume rausen)
oder

>Gesprengst
>des Feuers
>Trauer
>des Hengsts
>Rubel
>der Weiden
>in den Haaren
>ein Gespenst
>(A. Kručonych, «Gesprengst»)

während in den Werken dieser ersten Gattung Vergleiche meistens auf ein Wort sich beschränken, ziehen sie sich in der 2-ten Gattung über mehrere Zeilen hin und bestehen hauptsächlich aus

Substantiven womit sie endgültig in der Lage sind, die Sprache «aufzurauhen» z. B.:

..... «mit den Fetzen meiner Lippen in den Flecken fremder
Vergoldungen
mit dem Rauch der Haare über den Bränden der Blicke aus Blei....»
(V. Majakovskij)

«Der Himmel — eine Leiche»!! nicht mehr!
Sterne — Würmer — besoffen vom Nebel
Ich beruhige den Schmerz mit Ra-scheln Betrug
Der Himmel — eine stinkende Leiche!!
. . . . . . . . . . . . . . . . . . . . . . .
Sterne — Würmer — ein (eitriger lebendiger) Aussatz!!
(D. Burljuk)

so wird der Vers vom grell hervorgehobenen ersten Konsonanten bestimmt: er verschönt den Vers und verleiht ihm Erhöhung, Verzögerung, Abschluß
z. B.:

Ja žrec ja razlenilsja
k čemu vse stroit' iz zemli
v pokoi negi udalilsja
ležu i grejus' bliz svin' i
na teploj gline
ispar' svininy
i zapach psiny
ležu dobreju na aršiny.
Kakoj-to vestnik postučalsja ...

usw.

in den ersten 8 Zeilen ist der bestimmende Buchstabe R so angeordnet:

**R, R**
**R**
**R**
**R**
**R, R**

mit zwei Rs hat das Gedicht begonnen und mit ihnen endet auch der *künstlerische Satz* (nicht der grammatische) darum steht der Punkt nach der 8-ten Zeile, und nicht vorher.
Bei den Schriftstellern vor uns war die Instrumentierung eine ganz andere, zum B. —

> Po nebu polunoči angel letel
> I tichuju pesnju on pel...

Hier gibt ein blutarm-obdachloses Pe... Pe... die Verzierung ab. Wie Bilder die mit Milch und Mehlbrei geschrieben sind befriedigen uns auch keine Verse die aufbauen auf

> pa-pa-pa
> pi-pi-pi
> ti-ti-ti
>
> usw.

Ein gesunder Mensch kriegt von solcher Nahrung bloß Bauchschmerzen.

Wir haben ein Beispiel für andere Laut und Wort Verbindung gegeben:

> dyr bul ščyl
> ubeščur
> skum
> vy sso bu
> r l es

(übrigens steckt in diesem Fünfzeiler mehr an russischer Nationalität als in der gesamten Lyrik Puškins)
nicht dieses stimmlose schmachtende Sahne Gezerre der Poesie (Patience... Pastille...) sondern schreckliches *Grölen*:

> Jeder Junge Junge Junge
> im Bauch einen Sauhunger
> Also kommt schon mit mir nach
> hinter meinem Buckel
> werfe ich den stolzen Ruf
> diesen kurzen Speech!
> Wir werden essen Steine Gras
> Süßigkeit Bitternis Gift
> Wir werden Leere fressen
> Tiefe und Höhe
> Vögel, Tiere, Gnome, Fische,
> Wind, Lehm, Salz und Gekräusel!
>      (D. Burljuk)

bis jetzt galten folgende Forderungen an die Sprache: klar, rein, anständig, wohlklingend, angenehm (zärtlich) für das Ohr, ausdrucksvoll (plastisch, farbig, saftig).

Einfallend in den ewig verspielten Ton unserer Kritiker ist es möglich, ihre Meinung über die Sprache fortzusetzen und wir bemerken, daß all ihre Forderungen (oh Schreck!) mehr auf eine

Frau als solche anwendbar ist denn auf die Sprache als solche.
tatsächlich: eine klare, reine (o natürlich!) anständige (hm! hm!),
wohlklingende angenehme, zärtliche (vollkommen richtig!),
schließlich saftige farbige, Sie ... (wer ist da? treten Sie ein!)
wirklich in letzter Zeit hat man versucht die Frau in ein ewig-
weibliches Etwas, in eine schöne Dame zu verwandeln, und auf
diese Weise ist ein Unterrock etwas *Mystisches* geworden (was
die Uneingeweihten nicht stören muß — um so besser!) Wir aber
sind der Meinung, daß die Sprache vor allem Sprache zu sein
hat und wenn sie schon an irgend etwas erinnern muß, dann am
besten an eine Säge oder an den Giftpfeil eines Wilden.
aus dem oben Dargelegten geht hervor daß
die Sprachschöpfer vor uns sich viel zu viel mit der menschlichen
«Seele» beschäftigt haben (die Rätsel des Geistes, der Leidenschaften und Gefühle), aber schlecht oder gar nicht gewußt
haben, daß die Seele von Grölern gegeben wird, und da wir, die
Gröler Budetljane, mehr über das Wort nachgedacht haben als
über die von unseren Vorgängern abgetragene «Psyche», ist sie
in Einsamkeit verstorben und jetzt liegt es in unserer Hand eine
beliebige neue zu schaffen ... wollen wir das?
... ! **NEIN** ! ...
Sollen sie lieber vom Wort als solchem leben als von sich selber.
so lösen sich (ohne Zynismus) viele schicksalhafte Fragen der
*Väter,* denen ich auch folgendes Gedicht widme:

> so schnell wie möglich ein Ende machen
> d e m   u n w ü r d i g e n   V a u d e v i l l e —
> oh natürlich
> damit setzt du niemand in erstaunen
> das Leben ist e i n   b l ö d e r   S c h e r z und ein M ä r c h e n
> die alten Leute haben gesagt ...
> wir brauchen keine Vorschriften
> und wir beschäftigen uns nicht mit dem verfaulten Zeugs

die Maler Budetljane benützen gern Körperteile, Querschnitte,
und die Budetljane Wortschöpfer entzweigehauene Wörter, Halb-
wörter und deren verwunderliche listige Verbindungen (Zaum
Sprache), dadurch wird größte Ausdruckskraft erreicht, und darin
gerade unterscheidet sich die Sprache der ungestümen Gegenwart die die alte erstarrte Sprache vernichtet hat (s. eingehender
darüber in meinem Aufsatz «Die neuen Wege des Wortes» im
Buch «Drei»). Dieses ausdrucksverfahren ist der verblühten Lite-

ratur vor uns fremd und unverständlich, gleichfalls aber auch den gepuderten Ego-Futuristen (s. «Mezzanin der Poesie»)
es bemühen sich auch die Geistesarmut und Schüler
(der arbeitsfreudige Bär Brjusov, der seine Romane Tolstoj, Gogol, Turgenev 5mal umgeschrieben und poliert hat) das bezieht sich aber auch auf den Leser.
die Wortschöpfer müßten auf ihre Bücher schreiben:
*Nach Lektüre zerreißen!*

> Es grunzt das Pferd und will nicht lernen
> (Faulheit umfing die Herzen)
> das Pferd es lächelt ein Einspänner
> voraus die Schnellen und Starken [...]

in diesem Jahr wird ein Sehel (Theater) der Budetljane eröffnet
neue sehlische Wörter
(zusammengestellt von V. Chlebnikov und A. Kručonych)
Formwechs, Gesichtwechs, Sichter — Schauspieler
Zuflöte — Souffleuse
Leutrich — Ensemble
Geschehel, Sah, Seiel — Akt
Geschiecht — Drama
               usw.
Dieses Jahr des künstlerischen Lebens hat großartig begonnen: 6 Bücher der Budetljane sind erschienen, am 29. September wurde eine Ausstellung der unvergleichlichen N. Gončarova eröffnet, die Eröffnung einer Ausstellung des unerträglichen M. Larionov steht bevor, am 6. Oktober eine Lesung der Budetljane undsofort u.s.f.

*Aleksej Kručonych*
*Velimir Chlebnikov*

## Das Wort als solches

Im Jahre 1908 wurde der «Richterteich» I vorbereitet. Ein Teil der Werke kam in ihn, der andere kam ins «Studio der Impressionisten». In beiden Almanachen wiesen V. Chlebnikov, die Burljuks, S. Mjasojedov u. a. der Kunst einen neuen Weg: Es entwickelte sich das Wort als solches.
Von nun an konnte ein Werk aus *einem einzigen Wort* bestehen, und bloß durch seine sachkundige Abwandlung wurden Fülle und Ausdruckskraft der künstlerischen Form erreicht.
Aber es war eine andere Ausdruckskraft — das Kunstwerk wurde nurmehr als Wort akzeptiert und kritisiert (zumindest wurde das vorausgeahnt).
Ein Kunstwerk ist Wortkunst.
Daraus ergab sich von selbst die Vertreibung von Tendenziosität, von Literaturunwesen jeder Art aus den Kunstwerken.
Nähe zur leidenschaftlos-leidenschaftlichen Maschine.
Die Italiener griffen die russischen Lüfte auf und begannen, Spickzettel der Kunst, Interlinearversionen zu schreiben.
Mit dem Wort zu tun hatten sie weder vor 1912 (dem Erscheinen eines großen Sammelbandes) noch danach.
Verständlicherweise: die Italiener gingen von der Tendenz aus. Wie der kleine Teufel Puškins besangen und nahmen sie die Gegenwart auf den Buckel, während nötig gewesen wäre, nicht zu predigen, sondern selber aufzusitzen und dahinzustürmen, sie als Resultat der eigenen Werke vorzuweisen.
Eine Predigt, die nicht aus der Kunst selbst hervorgeht, ist doch ein mit Eisen angestrichener Baum. Wer wird sich einer solchen Lanze anvertrauen? Die Italiener erwiesen sich als schreierische Prahlhänse, und als schweigsame Künstler-Piepvögel.
Man fragt uns nach unserem Ideal, unserem Pathos? — Weder Rowdytum noch Heldentat, weder Fanatiker noch Mönch, — für den Wortschöpfer sind alle Talmude gleichermaßen von Übel, bei ihm bleibt immer nur das Wort als (solches) es.

*A. Kručonych*
*V. Chlebnikov*

## Der Buchstabe als solcher

Um das Wort als solches streitet man sich schon nicht mehr, man ist sogar einverstanden. Aber worin besteht dieses Einverständnis? Man muß nur daran erinnern, daß die, die da spät über das Wort reden, nichts über den Buchstaben sagen! Blindgeborene! ...
Das Wort ist trotz allem kein Wert, das Wort ist trotz allem nur geduldet.
Warum kleidet man es sonst nicht in einen grauen Gefängniskittel? Ihr habt die Buchstaben ihrer Worte gesehen — in einer Reihe aufgestellt, beleidigt, die Haare geschoren, und alle sind gleichermaßen farblos und grau — nicht Buchstaben, sondern Stempel! Aber fragt doch irgendeinen beliebigen Rederer, und er wird euch sagen, daß ein Wort, in einer bestimmten Handschrift geschrieben oder in bestimmtem Blei gesetzt, demselben Wort in einer anderen Gestalt durchaus nicht ähnlich sieht.
Ihr werdet doch nicht all eure hübschen Jünglinge in gleichaussehende staatliche Bauernröcke stecken!
Das fehlte noch! Sie würden euch ins Gesicht spucken, aber ein Wort — das schweigt. Weil es tot ist (wie Boris und Gleb), ist es bei euch totgeboren.
Ach, ihr verdammten Svjatopolks!

Es gibt zwei Situationen:
1) Daß die Stimmung die Handschrift beim Schreiben ändert.
2) Daß die Handschrift, eigentümlich verändert durch die Stimmung, diese Stimmung dem Leser übermittelt, unabhängig von den Wörtern. Ebenso muß man die Frage der sichtbaren oder einfach — wie für die Hand des Blinden — fühlbaren Schriftzeichen stellen. Es ist selbstverständlich nicht unbedingt nötig, daß der Rederer auch Schreiber des Selbstrunenbuchs ist, besser wäre, er würde damit einen Maler beauftragen. Aber solche Bücher hat es bisher noch nicht gegeben. Sie sind zuerst von den Budetljanen vorgelegt worden, nämlich: «Eine alte Liebe» wurde für den Druck von M. Larionov abgeschrieben. «Gesprengst» von N. Kulbin u. a., das «Entennestchen» von O. Rozanova. Da kann man endlich sagen: «Jeder Buchstabe — küßt eure Fingerlein».
Seltsamerweise, weder Balmont noch Blok — und das sind doch

scheinbar so moderne Leute — sind je auf den Gedanken gekommen, ihre Kinderchen nicht dem Setzer, sondern einem Künstler und Maler anzuvertrauen...

Eine Sache, die von irgendeinem anderen abgeschrieben worden ist oder vom Autor selbst, der aber nicht sich selbst während der Umschrift erlebt hat, verliert all ihre Reize, mit denen sie und ihre Handschrift im Moment des «schrecklichen Wirbelsturms der Eingebung» ausgestattet war.

*V. Chlebnikov*
*A. Kručonych*

[Polemische Notizen aus dem Jahre 1913]

I

Ihr, Wellen des Schmutzes und Lasters und Sturm seelischer Abscheulichkeit! Ihr, Čukovskijs, Jablonovskijs! Wisset, wir haben die Sterne, wir haben auch die Hand des Steuermanns, und eure Belagerung und euer Sturm schrecken unser Schiff nicht.

Der Wortpirat Čukovskij ist mit der Axt Whitmans auf unser sturmerprobtes Boot gesprungen, um sich der Stelle des Steuermanns und der Schätze des Fahrens zu bemächtigen.

Aber seht ihr denn nicht schon seinen Leichnam in den Wellen schwimmen?

II

Der Polizeioffizier Čukovskij hat uns gestern vorgeschlagen, auf der Parzelle Whitmans und irgendeiner Kratie ein Schläfchen zu machen. Aber die stolzen Prževalskij-Pferde lehnten mit einem verächtlichen Wiehern ab. Der Zügel des Skythen, den ihr auf der Vase von Čertomlyck sehen könnt, blieb in der Luft hängen.

[Der Brüllende Parnaß]
I

Wie schon seit altersher stehen wir [in Wolken gehüllt] auf der Scholle des Wortes WIR.

Ein Jahr ist seit dem Erscheinungstag der ersten Bücher der Futuristen vergangen: «Eine Ohrfeige dem öffentlichen Geschmack», «Donnerkochender Pokal», «Richterteich» I und II u. a. Sieben Papašas rissen sich um die Ehre, für uns den Affen Darwins zu spielen. [Der alte Homer.] Geschickte Greise weben unseren Wegen die Fäden der alten Namen unter: Whitman, Daniil Zatočnik, A. Blok und Melšin. K. Čukovskij hielt in allen Städten [fuhr im Planwagen der Schausteller durch alle Städte und Dörfer Rußlands] die Namen Burljuk, Kručonych, Chlebnikov [unsere Namen] feil. F. Gubosal und Vasilij Brjusov erhoben als Schild [benützten] für ihr glatzköpfiges Schaffen...

Aber dabei ist es nicht geblieben. Eine Menge junger Leute ohne bestimmte Beschäftigung gründet alle möglichen Ego-Futurismen, «Mezzanine der Poesie» usf. [sie haben uns hinter der Ecke beobachtet und nun vor dem Spiegel der Zerstreutheit unsere Gesichter nachgemacht]. Und nebenher kroch eine neue Hundemeute [Menge] von Adamen mit [frechem] Scheitel hervor, die zuerst versuchten, das Aushängeschild [eilfertiges Zimmermannswerk!] des Akmeismus und Apollonismus — an die verblaßten Liedchen über Tulaer Samovare und Spielzeuglöwen zu hängen [und Apollo, hervorgewachsen aus dem Ivan, wurde umgemodelt zu einem Petersburger Adam unter verblaßtem Lied], und dann anfingen, im bunten Reigen [ein Mückenschwarm] um den bereits anerkannten Futurismus herumzutanzen [der Adame ... mit schamlosen Spitzen nähte er uns Spitzenhöschen und Spitzenhemden. Es ist Zeit, sie anzuschnauzen].

Aber wenn unsere Namen [Kanonenschüsse der Gegenwartspresse] den Neid dieser Durovs [eselsköpfigen Einfaltspinsel] der Literatur hervorrufen, so soll dieser geistige Pöbel [der Tag und Rede liest] nicht vergessen, daß wir am Leben sind [und unser «Er lebe!» an uns selbst gerichtet ist. Du, Weltall ...]...

Heute brechen wir endgültig mit der Vergangenheit [und erklären: nur wir sind der Felsen der Zeit. Die Vergangenheit windet sich unter unseren Füßen]. Heute spucken wir die Vergangenheit aus, die sich an unseren Zähnen angesetzt hat.

*A. Kručonych, V. Chlebnikov*

II
*Schert euch zum Teufel!*
Euer Jahr ist vergangen seit dem Erscheinungstag unserer 1-ten Bücher: «Ohrfeige», «Donnerkochender Pokal», «Richterteich» u. u.
Das Auftauchen neuer Poesien hat auf die immer noch herumkriechenden Greise der russischen Literatur gewirkt wie ein weißmarmorner Puškin, der Tango tanzt.
Die Kommerzgreise erschlossen dem früher von ihnen verdummten Publikum den Wert des Neuen und blickten «aus Gewohnheit» aus dem Geldbeutel auf uns.
K. Čukovskij (auch wieder kein Dummkopf!) hielt in sämtlichen Jahrmarktstädten die gängige Ware feil: die Namen Kručonych, Burljuk, Chlebnikov ...
F. Sologub riß I. Severjanin die Mütze vom Kopf, um damit sein kleines glatzköpfiges Talent zu bedecken.
Vasilij Brjusov kaute wie gewöhnlich auf den Seiten des «Russischen Denkens» die Poesie von Majakovskij und Livšic durch.
Laß das, Vasja, das ist kein Korken für dich! ... Haben uns diese Greise nicht etwa darum das Köpfchen gestreichelt, um sich aus den Funken unserer herausfordernden Poesie rasch selbst einen Elektrogürtel für den Umgang mit den Musen zu nähen? ...
Diese Subjekte gaben einer Herde junger Leute, früher ohne bestimmte Beschäftigung, Anlaß, sich jetzt auf die Literatur zu stürzen und ihr grimassenhaftes Gesicht zu zeigen: der windumpfiffene «Mezzanin der Poesie», «Petersburger Herold» u. a.
Und nebenher kroch eine Hundemeute von Adamen mit Scheitel hervor — Gumiljov, S. Makovskij, S. Gorodeckij, Pjast, die zuerst versuchten, das Aushängeschild des Adamismus und Apollonismus an die verblaßten Liedchen über Tulaer Samovare und Spielzeuglöwen zu hängen, und dann anfingen, im bunten Reigen um die bereits anerkannten Futuristen herumzutanzen ...
Heute spucken wir die Vergangenheit aus, die sich an unseren Zähnen angesetzt hat, und erklären:

1.) **Alle Futuristen sind nur in unserer Gruppe zusammengeschlossen.**

2.) **Wir haben unsere Zufallsnamen Ego und Kubo weggeworfen und uns zu einer einigen Literaturkompanie der Futuristen zusammengeschlossen:**

*David Burljuk, Aleksej Kručonych, Benedikt Livšic,*
*Vladimir Majakovskij, Igor Severjanin, Viktor Chlebnikov*

Heute werden sich manch Einheimischer und die italienische Niederlassung an der Neva aus persönlichen Erwägungen Marinetti zu Füßen werfen und, den ersten Schritt der russischen Kunst auf dem Wege der Freiheit und Ehre verratend, den edlen Hals Asiens unter das Joch Europas beugen.

Wer kein Krummholz um den Hals haben will, wird, wie zu den schmachvollen Tagen Verhaerens und Max Linders, gelassener Betrachter dieser finsteren Heldentat bleiben.

Die Männer der Freiheit werden abseits stehen. Sie wahren das Gesetz der Gastfreundschaft, aber ihr Bogen ist gespannt, und ihre Stirn zürnt.

Fremdling, wisse, in welches Land du gekommen bist.

Spitzenwerk der Leibeigenschaft an den Hammeln der Leibeigenschaft.

*V. Chlebnikov*
*B. Livšic*


! des Budetljanin

Auf unser Läuten schenkte das Jahr 1913 dem Erdball eine neue Rasse: die tapferen Budetljane. Die Väter (Brjusov, Balmont, Merežkovskij u. a.) haben uns die Schüssel eines zweiten Tsushima gereicht, das Handtuch über die Schulter geworfen.

Die ma-a-Generation hat mit einem sorglosen Fußtritt das Gericht zertreten und aus den Händen der Verwirrten geschlagen. Sie bestellte frisches Fleisch. Splitter. Offene Mäuler.

Damals, während wir unsere ehrlichen Zähne in den neuen Speis *stießen,* — waren alle Lüfte der Straße zusammengerufen, um uns in die Enge zu treiben und uns den Spaß zu vergiften.

So stehen die *Dinge* jetzt immer noch. Wir hören das tapfere Bellen der Kläffer: Izmajlov, Filosofov, Jasinskij und anderer Ringschwänzler.

Apropos, der Beweis, daß der Mensch zum Vierbeiner werden will: der Vierbeiner Merežkovskij zu Filosofov, Balmont zu Gorodeckij, Brjusov — Éllis.

Lernt: auf die Sprache wirft die Zukunft ihren Schatten.
Das Wesen von Brju-Bal-Merež: sie bettelten den zu erwartenden Sieger, in Erwartung der Niederlage und Verwüstung aus dem Osten, um Gnade, beizeiten baten sie den schrägbrauigen Samurai: «Laß mir das Leben. Oh, verschone mich unter den Fliegen der Welt.»
Die «Waage» ist eine umsichtige rechtzeitige Kapitulation. Ihre Zeilen fürchteten wie *Laster* und Lüge Kraft und Zorn. Alle starken, dicken Wörter der russischen Sprache waren von den Seiten der «Waage» verbannt. Ihre «Waage» ist ein umgefallener kleiner Hund, der mit den Pfoten nach Westen strampelt und dem gelben Wolfshund von seiner völligen Unschuld etwas vorwinselt.
In uns aber atmet jede Zeile Sieg und Herausforderung, Galle des Siegers, Sprengen der Gesteinsschichten, Getöse. Wir sind ein Vulkan. Wir sind Erbrechende, rauchend mit schwarzem Rauch.

> «Und vom Himmel sieht irgendein Dreck herab,
> majestätisch, wie Lev Tolstoj.»

Merkt euch das! Leute.
Puškin ist das verweichlichte Männertreu, das vom Wind des Genusses da und dorthin getragen wird.
Der erste Lehrer Tolstojs ist jener Ochse, der sich dem Schlächter nicht widersetzte, sondern schweren Schrittes zum Schlachthof trottete.
Wir aber sehen mit nebeligen Blicken den Sieg und sind auseinandergegangen, Klingen zu machen anstelle der Kieselpfeile des Jahres 1914. 1914 waren wir Spritzer, 1915 sind wir Zügel der Regierung!
O Stier von Arragon!
1914 forderten wir den Stier von sehr schöner Hautfarbe in den Sand, 1915 — fängt er in den Knien an zu zittern, in ebenjenen Sand fallend. Und großer Speichel fließt (Lob auf den Sieger) aus dem zitternden Tier.
Einstweilen verläuft unsere Entwicklung wie die künstlerische Entwicklung zum Beispiel von Byron (alles nach dem Muster von Greisen).
Zorn, Brüllen der Geschworenen — vom Halbrubel für die Zeile, der Beller für die Zeile (und ganz zu Recht: sie haben doch Fa-

milie, voran flieht der Schatten der fahrenden Lokomotive).
Hunderttausende von Obdächern, Geburtshilfeanstalten, Altersheimen, die von uns gespeist werden, fahren besser als gewöhnlich. Ärzte und geschworene Bevollmächtigte werfen zornig ihren Perun weg.
Und wir wachsen.
Wir haben uns nicht zum Spaß «Gekommener Selbst» genannt, denn wir sind wirklich: 1) Selbst, 2) Gekommen.
Die Izmajlov und Jasinskij haben Milch der Entrüstung vergossen.
Eine solche Milchrasse ist zu begrüßen, besser als die Cholmogorsker. Kühe: Izmajlov, Filosofov, Jasinskij und andere, «kitzelnde» Mäuschen des Lesers, Kläffers. Auf Wiedersehen, die Herren Stiere.
Der Stierkämpfer zieht die Mütze und geht ab.
Wir haben entdeckt, daß der Mensch des XX. Jahrhunderts, indem er die tausendjährige Leiche (die Vergangenheit) mit sich schleppte, sich gebückt hat wie eine Ameise, die einen Holzstamm schleppt. Erst wir haben dem Menschen seinen Wuchs zurückgegeben: er hat das Bündel der Vergangenheit (der Tolstojs, Homers, Puškins) abgeworfen.
Für die Gestorbenen, aber immer noch in Freiheit Herumlaufenden haben wir Ausrufezeichen aus Espe.
Alle Freiheiten sind für uns zu einer Hauptfreiheit zusammengeflossen: die Freiheit von den Toten, den früher lebendigen Herren.
Im Lande der Zahlen gibt es die Zeichen $\infty$ und O, alles und nichts. Für unsere Feinde war alles im Osten Germaniens nichts, und im Westen $= \infty$ alles. Sie haben nicht gelebt, sondern nur geifernd die dort Lebenden beneidet. Wir, die wir die Zeichen an ihre Stelle gerückt haben, haben den herrschenden Stand der Herren Halbbleichen gelehrt.
Über dem finsteren Abgrund der Vorfahren, unter der Scholle der Riesen, über die lotrechte Felswand der Gegenwart schleicht das ganze Land auf Gemsenfüßen und tritt dabei genau in die Fußstapfen der von uns majestätisch hingeworfenen Anspielungen und Korane in drei Zeilen (zum Beispiel: «Oh, schlagt die Lache an ...» «Seid schrecklich wie Ostranica»), springend von einer Spalte zur anderen, manchmal elegant wie eine Gemse, innehaltend und ausruhend zum Verschnaufen. Adler wachen über ihr.

Ka

Ein Traum

Wir waren in der Ausstellung $\sqrt{-2}$; das Gespräch berührte die Agankara eines Menschen und die Agankara eines Volkes und deren Übereinstimmung. Wir standen vor einem Bild: ein «Stecknadelanzeiger» vertrat die Eva, und obenauf lag der Apfel; ein «Skianzeiger» ersetzte Adam, und eine dritte Ausgabe — die verführerische Schlange. Wir unterhielten uns laut und angeregt; ein Saalhüter der Sitten gesellte sich zu uns und verwies auf die Unzulässigkeit einer weiteren Leinwand. Seiner Meinung nach, der wir uns zu unterwerfen hatten, handelte es sich dabei, glaube ich, um eine am Meeresufer liegende Türkin. Nur Stirn und Lippen waren mit einem schwarzen Spitzenschleier bedeckt; sein Schatten fiel auf ihren Mund und auf das Kinn. Auf dem im Netz der Mittagsstrahlen verstrickten Körper wechselten goldene Flecken mit blauen Strahlen ab. Wir stimmten sogleich zu. Unter meinem Arm trug ich die Morgenzeitung; ich riß eine Ecke mit der Aufschrift «Dardanellen» ab, befestigte sie mit zwei Stecknadeln und verlieh so dem Gemälde ein würdiges Aussehen.
Jetzt lag die Muselmanin, leicht auf ihren Arm gestützt und erfüllt von goldenen Schatten, am Meeresufer; aber ein Fetzen Papier mit der Aufschrift «Dardanellen» bedeckte sie.
Griechenland besitzt ein Übermaß an Meer, Italien — ein Übermaß an Land. War es möglich, sich so zwischen eine Lichtquelle und ein Volk zu stellen, daß der Schatten des Ich mit den Grenzen des Volkes zusammenfiel? Ich nahm auf einem Sofa in einer Ecke der Ausstellung Platz und betrachtete müde die unzähligen Bilder in ihrer ganzen hottentottenhaften Schönheit. «Die Schätze Afrikas sind nicht vergeblich für die Arier versunken.» Ich schlief ein. Ich schien am Meer zu liegen, so, daß meine Knie in den Meeresboden gepreßt waren, während die Fersen auf das Festland herausragten. Ich war riesengroß. Die Muselmanin von vorhin kämpfte mit jemandem und stieß ihn mit den Armen zurück. Gallipoli war von Olivenhainen bedeckt und erschien in einem silbernen Glanz. Ich schlug meine schmalen, zarten Finger gegen die Uferklippen. Auf ihrem Gesicht trug sie die schwarze Maske von vorhin. Bläulicher Rauch hüllte die Ufer ein, und nun war sie ganz aus Rauch. Da durchquerte, an ein schwarzes Spinnennetz aus Takelwerk erinnernd, die «Queen Elizabeth» die Gewässer und verschwand im Rauch. Die Detonation einer Spreng-

stoffkammer ergänzte die Maske der Schlacht mit einer schwarzen Spitze, durch deren Schlitze beharrlich die dunkelblauen Augen der Türkin blitzten. Und da lief die «Bouvais» mit 600 Mann auf Grund. Zwei weitere Explosionen folgten. Ich hatte eine Schlacht erlebt, und erschöpft erhob ich mich, ließ mich ans Ufer fallen und lag dort lange bewußtlos. Vor mir erschienen erschrockene Augen und vergewaltigte Lippen. Griechinnen bestatteten die bei Tenedos Gefallenen, und ihre schwermütigen Lieder und die brennenden Augen in den dunklen Gesichtern erschienen mir klein und schwach gegenüber dem, was ich gesehen hatte, als die Schultern und Arme von 600 Matrosen auf den Meeresgrund sanken.
Ich hatte Mitleid mit der Türkin.


Ich ging zu Aschoka, um mir bei ihm Gedanken über Gleichheit und Brüderlichkeit zu borgen.
Und währenddessen — so Meeresdinge am Meer.
Auf dem Berg stand immer ein Tempel, der Hain der Kreidekiefern steht erst einige Jahrhunderte. Lange gilbten die Pfeiler inmitten von Abfällen, und der Meeresstaub lagerte neue Seiten auf ihnen ab, obwohl sie selbst aus demselben Meeresstaub gehauen waren. Hierher kam Lejla geschwommen. Sieben Saiten in ihren Händen, das Seepferd fährt sie, und eine reine Strömung stand auf, wie eine Fahne. Na und? Ein Dampfer mit vier Schornsteinen stand auf den Wellen. Und jemand goß aus dem Fenster der Krankenkabine Schwefelsäure und brannte ihr die schönen Augen aus. Es war eine kleine Blase, aber die blauen Meeresaugen waren zerfressen, verschlungen vom Feuer der Schwefelsäure, und das zarte, kalte, wangenlos gewordene Gesicht verbrannte bis auf die Knochen.
Sie schrie auf — und fiel rücklings in die Wasser.


Wir nahmen $\sqrt{-1}$ und setzten uns in ihr an den Tisch. Unser Gangtauchflug war ein Konglomerat aus Glas, Gedanken und Eisen — das gelogen, gegangen und untergetaucht war. Räder, Ebenen, Schrauben. Das, was sichtbar war im Fenster des Tauchflugsprungs, war im Lichtdruck sehr gelungen und rasch gedruckt. Wir beschäftigten uns mit der Auswertung der Aufnahmen. Da waren die Gesichter der Passanten. Da ein Schwarm von Schwalben. Und Möwen, Schaum, Wasser, Fische. Wir im Meer, unter Wasser, hörten das Kichern des Feinds auf der anderen Seite des Erdballs. Ich änderte den Artikel um in eine ferne Stadt und wählte langsam die Worte. Ich wurde nachdenklich. Kriegerische Jahrhunderte zogen an mir vorüber.


## Ka

1

Ka war bei mir; als zu Zeiten des Weißen China Eva mit dem Luftballon Andrees in den Schnee herabgestiegen kam und eine Stimme hörte: «Komm!» und im Schnee der Eskimos die Spuren nackter Füße hinterließ, — hoffet! — wäre sie überrascht gewesen, dieses Wort zu hören. Das Volk der Masr jedoch kannte es schon vor Tausenden von Jahren. Und sie hatten nicht unrecht, wenn sie die Seele in Ka, Chu und Ba einteilten. Chu und Ba — der gute oder schlechte Ruf eines Menschen. Doch Ka war der Schatten seiner Seele, ihr Doppelgänger, der Bote jener Menschen, die einem schnarchenden Herren im Traum erscheinen. Er kennt keinen Halt in der Zeit; Ka wandert von Traum zu Traum, durchquert die Zeit und erlangt eine Bronzene (Bronze der Zeiten).
In den Jahrhunderten liegt er bequem wie in einer Schaukel. Verbindet das Bewußtsein die Zeiten nicht ebenso wie die Klubsessel und Stühle eines Gastzimmers?
Ka war lebhaft, anmutig, braun von der Sonne und zart; er hatte die großen, schwindsüchtigen Augen eines byzantinischen Gottes, Brauen, die aus lauter feinen Pünktchen gemacht zu sein schienen, das Gesicht eines Ägypters. Ganz entschieden sind wir, mit den Masr verglichen, Wilde, oder er hatte nützliche und angenehme, aber nebensächliche Dinge an seine Seele gezogen. Jetzt — wer bin ich.
Ich wohne in einer Stadt, wo «kostenlose Bäder» steht, wo schlaue Wilde aus wachsamen Augen schaun, wo man mit Hilfe der Kaninchenzucht auf den Bäumen umherkriecht. Dort geht eine schwarzäugige, silberfeurige Wilde in einem toten Reiher

vorbei, auf den im Jenseits bereits ein verschmitzter Wilder, eine Lanze in der toten Hand, Jagd macht; in den Straßen weiden Herden feinwolliger Menschen, und nirgends sehnt man sich mehr nach dem Chrenov-Gestüt für blutige Menschenzucht wie hier. «Sonst kommt die Menschheit auf den Hund» — denkt jeder. Und ich schrieb ein Buch über Menschenzucht, während um mich her die Herden feinwolliger Menschen weideten. Ich besitze einen eigenen kleinen Tiergarten aus Freunden, die mir ihrer Rassigkeit wegen teuer sind; ich lebe auf der dritten oder vierten Erde, von der Sonne weg, und würde letztere gerne wie einen Handschuh behandeln, den man den ewigen Kaninchenherden entgegenschleudern könnte. Was wäre sonst noch über mich zu sagen? Ich sehe schreckliche Kriege kommen um die Frage, — ob mein Vorname mit a oder o geschrieben werden soll. Ich habe weder Beinbacken noch Kopfbrüste noch einen Schnurrbart. Meine Größe: ich bin größer als eine Ameise, kleiner als ein Elefant. Ich habe zwei Augen. Aber ist das nicht schon genug über mich?

Ka war mein Freund; ich hatte ihn seines vogelhaften Wesens, seiner Unbekümmertheit und seines Scharfsinns wegen liebgewonnen. Er war so bequem wie ein wasserdichter Regenmantel. Er lehrte, daß es Wörter gibt, mit denen man sieht — Wörter-Augen, und Wörter-Hände, mit denen man etwas tut. Hier sind einige seiner Taten.

2

Einmal lernten wir ein Volk kennen, das sich zuknöpfte. Wirklich, die Innereien lagen hinter einem Loch in der Haut offen, die an dieser Stelle mittels hornartiger Kügelchen verschlossen wurde, die an Knöpfe erinnerten. Während des Mittagessens wurde durch diese Öffnung der Denkofen geheizt. So war das. Auf einer großen Eisenbrücke stehend, warf ich ein Zweikopekenstück in den Fluß und sagte: man muß für die Wissenschaft der Zukunft sorgen.

Wer wird der gelehrte Flußgräber sein, der das Flußopfer findet? Und Ka stellte mich dem Gelehrten des Jahres 2222 vor.

A! Ein Jahr nach dem ersten Kinderschrei des Überstaates ASZU. «Aszu!» — rief der Gelehrte, nachdem er einen Blick auf das Jahr der Kupfermünze getan hatte. Damals glaubte man noch an den Raum und dachte wenig über die Zeit nach. Er gab mir

den Auftrag, eine Beschreibung des Menschen zusammenzustellen. Ich füllte die Fragen aus und reichte sie dem Registrator. «Zahl der Augen — zwei, — las er: — Zahl der Arme — zwei; Zahl der Beine — zwei; Zahl der Finger und Zehen — 20.» Er stützte den hageren, leuchtenden Schädel auf einen Schattenfinger. Wir erörterten die Vor- und Nachteile dieser Zahl. — Ändern sich die Zahlen je? — fragte er, mich mit einem durchdringenden Blick seiner großen, klugen Augen musternd.
— Das sind Grenzwerte, — antwortete ich. — Es geht darum, daß man hin und wieder Menschen mit nur einem Arm oder Bein trifft. Die Zahl dieser Menschen nimmt alle 317 Jahre merklich zu.
— Aber das genügt, — gab er zur Antwort, — um die Gleichung des Todes aufzustellen. Die Sprache, — bemerkte der Gelehrte des Jahres 2222, ist ein ewiger Quell des Wissens. Wie verhalten sich Schwerkraft und Zeit zueinander? Es besteht kein Zweifel, daß sich Rast zu rüsten ebenso verhält wie Last zu Lüsten. Aber kann man sich unter einer schweren Last wie ein Lüstling benehmen? Nein. Eine Last verschlingt die Kräfte der Lust. Und wo die eine ist, kann die andere nicht sein. Anders ausgedrückt, eine Rast verschlingt die Last einer Rüstung, und verschwindet eine Lust nicht, wenn man rastet und rostet? Im Geist Eurer Sprache sind Rast und Last zwei verschiedene Aufsaugungen ein und derselben Kraft. — Er wurde nachdenklich. «Ja, in der Sprache liegen viele Wahrheiten verborgen.» Damit brach unsere Bekanntschaft ab.

3

Ein andermal zupfte Ka mich am Ärmel und sagte: gehen wir zu Amenophis. Ich bemerkte Ai, Schururu und Nofretete. Schururu trug einen schwarzen, geringelten Bart.
— Guten Tag, — nickte Amenophis und fuhr fort:
— Aton! Dein Sohn, Nefer-Chepru-Ra, spricht: «Es gibt flatternde Götter, es gibt schwimmende Götter, es gibt kriechende Götter. Such, Mnevis, Bennu.» Sagt, ob es am Chapi eine einzige Maus gibt, die keine Gebete forderte? Sie streiten untereinander, und der arme Mann hat niemand, zu dem er seine Gebete emporsenden könnte. Und er ist glücklich, wenn jemand sagt: «Das bin ich» und fette Schafe verlangt. Neun Bögen! Wart nicht ihr es, die vor dem Kampfruf meiner Väter erzitterten?
Und wenn ich mich hier befinde, und Schesch mit geschmeidiger

Hand meinen Schatten hält, rettet ihr dortiger Arm mich dann nicht hier vor mir selbst? Neun Bögen! ist mein Ka jetzt nicht in den Wolken, und läßt er nicht den himmelblauen Chapi unter Feuersäulen erstrahlen? Ich befehle hier, daß man mich dort anbetet! Ihr aber, Fremdlinge, sollt meine Rede in eure Zeit tragen.
Ka machte ihn mit dem Gelehrten des Jahres 2222 bekannt.
Amenophis war von schmächtigem Wuchs, hatte breite Backenknochen und große Augen mit einer feinen, kindlichen Schwingung.
Ein andermal war ich bei Akbar und Aschoka. Am Rückweg wurden wir sehr müde.
Wir wichen den Zügen aus und hörten das Lärmen Sikorskijs. Wir versteckten uns vor beidem und lernten, wie man im Gehen schläft. Die Beine gingen von selber in eine Richtung, unabhängig vom Schlafressort. Der Kopf schlief. Ich traf einen Maler und fragte ihn, ob er in den Krieg zöge? Er antwortete: «Auch ich führe Kriege, aber nicht um den Raum, sondern um die Zeit. Ich sitze im Schützengraben und hebe von der Vergangenheit Zeitbüschel ab. Meine Pflicht ist ebenso schwer wie die der Heere um den Raum.» Er malte den Menschen stets nur ein Auge. Ich sah in seine kirschfarbenen Augen und auf seine blassen Wangen. Ka ging neben uns. Es regnete in Strömen. Der Maler[1]) malte ein Totenmahl, ein Festmahl der Rache. Die Toten tafelten majestätisch und gewichtig Gemüse, und der Sturm des Schmerzes lag auf ihnen wie das Mondlicht.
Ein andermal rasierte ich, auf Anraten von Ka, meinen Kopf kahl, rieb mich mit rotem Erdbeersaft ein und nahm ein Bläschen mit schwarzer Tinte in den Mund, um es bei Gelegenheit zu verspritzen; dann ließ ich mich mit einem Gurt umschlingen, legte gewaltige, muselmanische Hemden an und setzte einen Turban auf, wodurch ich das Aussehen eines eben Verstorbenen erhielt. Unterdessen erzeugte Ka Schlachtenlärm: er warf Steine in einen Spiegel, rasselte mit einem Tablett, wieherte wild und schrie a-a-a.
Und was geschah? Es dauerte nicht lange, und zwei prächtige, erstaunte Gor mit herrlichen schwarzen Augen und erstaunten Brauen kamen angeflogen; ich wurde als Toter erkannt, an den Armen gefaßt und irgendwohin weit weggebracht.

[1]) Filonov.

Wenn sie einen Orthodoxen aufnahmen, berührten sie dessen Stirn mit den Spitzen ihres Mundes, und auf die gleiche Weise heilten sie seine Wunden. Sicherlich wußten sie, wie Blut schmeckt, ließen sich jedoch aus Höflichkeit nichts anmerken. 3 Gor hatten die künstliche Wunde bald abgewischt und die Heilung des scheinbar Kranken erreicht, wobei sie ihre bezaubernden Mündchen komisch mit Tinte beschmierten. Zuweilen tanzten die Gor, und ihre schwarzen Haare jagten sich, wie Krähen beim Spiel, oder wie die Richter von Syrakus mit Alkibiades, oder wie Vögel. Das war ihr Freudentanz.
Es sah aus, als würde ein Kranz aus Köpfen auf einem Bach dahineilen. Später ließ ihr Taumel etwas nach, doch noch immer betrachteten sie mich mit entzückten Blicken, flüsterten miteinander und blitzten mit ihren Nachtaugen. Mohammed kam und betrachtete sie mit belustigtem, spöttischem Blick. Er sagte, daß heutzutage vieles nicht mehr echt sei. − Macht nichts, macht nichts, junger Mann, machen Sie weiter so!
Am Morgen erwachte ich mit leichter Müdigkeit; die Gor blickten erstaunt drein, als hätten sie eine merkwürdige Entdeckung gemacht. Ihre Lippen waren ganz reingewaschen. Auch von ihren Händen war die rote Farbe verschwunden. Es schien, als zögerten sie, etwas auszusprechen. Da bemerkte ich eine Aufschrift; in meiner roten Tinte stand geschrieben: «Fremden ist der Eintritt strengstens untersagt.» Dann folgte eine erdachte Unterschrift. Ich entfernte mich, doch die mit roter Tinte beschmierten Haare und Hände der Gaur und noch vieles andere blieben mir im Gedächtnis, und noch am selben Abend schiffte ich mich mit dem Heer Widschajs nach Sahali ein, es war das Jahr 543 v. Chr. Geb. Die Gor erschienen mir weiterhin, aber in Kleidern aus Libellenflügeln oder in rauhen, schweren Pelzen aus Vergißmeinnicht, aus Erde und Pflanzen zusammengefügt, lockige, himmelblaue Hirsche.
Natürlich, manch einer von Ihnen wird mit einem Kartenspiel vertraut sein, einige werden sogar im Schlaf von den Siebenen, roten Damen und Assen phantasieren. Aber hatten Sie je Gelegenheit, statt mit einer Person aus Fleisch und Blut, irgendeinem Ivan Ivanovič, mit einer Kollektivperson − meinetwegen dem Weltwillen − zu spielen? Ich hatte die Gelegenheit dazu, und ich kenne dieses Spiel. Und ich finde es spannender als eines, dessen Gütezeichen − Kerzen, Kreide, ein grünes Tuch und die

Mitternachtsstunde sind. Ich muß sagen, daß Sie durch nichts in Ihrem Ausspiel beschränkt sind. Wenn das Spiel es erfordert und es in Ihren Kräften steht, dann können Sie meinetwegen mit den feuchten Lippen sämtliche Sterne vom schwarzen Himmel wegwischen, wie das Beispiel an einer Schultafel. Aber jeder Spieler muß mit seinem Ausspiel die Stellung seines Gegners auslöschen.

Ungeachtet seiner Weltnatur, werden Sie Ihren Gegner als ebenbürtig empfinden, das Spiel wird auf der Grundlage gegenseitiger Achtung durchgeführt — und läge darin nicht gerade sein Reiz? Es kommt Ihnen vor, als wären Ihr Bekannter und Sie von diesem Spiel mehr gefesselt als vom Spiel mit irgendeinem Grabgespenst. Ka war mein Vertrauter bei diesem Vergnügen.

4

Ka saß traurig, mit hängenden Beinen, am Meeresufer. Vorsicht! Vorsicht! Gallertige, von den Wellen zerschmetterte Meereswesen drängten sich am Ufer, vom Wind getrieben, irrten sie umher wie tote Herden und entglitten mit mattem Glanz den Händen der Badenden, die bald dunkelgrüne, bald dunkelrote, enganliegende Gewebe trugen. Einige lachten herzhaft, wenn eine Welle sie traf. Ka war mager, gut gebaut und von der Sonne gebräunt. Auf seinem völlig nackten Körper saß ein Zylinder. Die vom Meereswasser gedunkelten Haare hingen in Locken um seine Schultern. Trübe Wellen leuchteten mit aufblitzenden Kämmen durch ihn hindurch. Eine Möwe, die als grauer Schatten am Horizont vorbeiflog, erschien in seinen Schultern, wobei sie jedoch die Frische ihrer Farben einbüßte, die sie, vorbeigeflogen, ihrem grell schwarz-weißen Gefieder wieder zurückgewann. Eine Badende in grünem Kostüm, das mit silbernen Flecken übersät war, kreuzte quer durch Ka hindurch. Er erschauerte und gewann dann seine frühere Gestalt wieder. Die Kecke lachte auf und warf ihm einen Blick zu. Ka zog einen krummen Rücken. Mittlerweile war er, nach einem langen Schwimm, ans Ufer gekommen, und feine Wasserstrahlen bedeckten ihn wie ein Fell; er war ein wildes Tier, das dem Wasser entstieg. Er warf sich in den Sand und erstarrte; er sah zu, wie zwei oder drei vorsichtige Staubpilze dreimal hintereinander die Zahl Sechs in den Sand schrieben und bedeutungsvolle Blicke tauschten. Ein muselmanischer Tatare, der schwarze Büffel tränkte — jene hatten sich vom Zugstrang losgerissen, waren zum Wasser gestürzt und hatten sich so tief ins Meer tauchen lassen, daß nur ihre dunklen Augen und Nüstern schwarz aus dem Wasser hervorleuchteten, während ihre mit einer Rinde aus verfilztem Schlamm und Haaren bedeckten Leiber unter Wasser lagen, — lachte plötzlich auf und sagte zu einem Fischer, einem Christen: «Masich al Dedschal.» Jener hatte ihn verstanden, zog träge die Pfeife heraus, rauchte sie an und gab träge zur Antwort: «Wer kennt ihn schon. Wir sind keine Gelehrten ... Die Leute reden halt», — fügte er hinzu. Ein Soldat, der den einsamen Schwimmer durch ein Fernrohr beobachtet hatte, befestigte es an seinem Gürtel, warf einen kühlen Blick in die Runde, worauf er sich umwandte und über einen kaum sichtbaren Pfad davonging.

Unterdessen senkte sich der Abend, und ein Schwarm Seeschlangen zog über das Meer. Der Strand wurde menschenleer, nur Ka saß noch da, die Arme um die Knie geschlungen. «Alles eitel, alles zu spät» — dachte er. «He, Schattenkühner, — schien der Wind zu rufen: — aufgepaßt! Doch Ka blieb regungslos. Und eine Welle spülte ihn hinweg. Ein Hausen kam vorbeigeschwommen und verschluckte ihn. In seinem neuen Schicksal würde er ein runder Kieselstein sein und zwischen Muscheln, einem Rettungsring und einer Schiffskette leben. Der Hausen hatte eine Schwäche für alte Dinge. Hier gab es auch den Gürtel von Fatima Mennada mit einer arabischen Inschrift, von damals, als der Adler des Todes zwischen Speeren, schmalen Schwertern, Rudern und Befehlsstäben aufgepflanzt gestanden hatte, während sie sich wie eine blaue Perlenkette, schaukelnd, im Wasser spiegelte, die Fröhliche, mit den stets weit offenen, traurigen Augen; und beim Schlag der Ruder glitt das Boot, von den nächtlichen Wassern gespiegelt, immer weiter, und die Füße des Decks streiften mit den Fühlern eines Nachtfalters an eine weiße Wolke.

Doch da endete der mächtige Hausen in den Netzen der Fischer.

5

Ka hatte seine Freiheit wiedererlangt.

Die grauhaarigen Fischer mit den nackten Waden sangen die Edda, den traurigen Gesang der Meeresufer, — und zogen ihre kleinen, dichtmaschigen Netze voll mit Tropfen ein, in denen hin und wieder schwarze Krebse hingen, die sich, die sehnigen Arme

weit ausgespannt, mit den Scheren in die Maschen klammerten; manchmal richteten sie sich auf und warfen einen Blick auf das weite Meer. In einiger Entfernung saßen, friedlich wie Hofhunde, große Adler. Eine Seemöwe saß auf dem Stein, in dem sich Ka befand, und drückte ihre nassen Krallen hinein. Der tote Fisch am Ufer glänzte wie Tausende von Käfern.
Ein Mädchen fand den Stein und nahm ihn mit. Sie malte eine Tanka auf ihn? «Hätte der Tod deine Locken und Blicke, so möchte ich sterben wollen», und auf der Rückseite des Steins malte sie einen Zweig mit einfachen, grünen Blättern; mögen sie mit ihrem Muster die zarte Oberfläche des flachen, weißlichen Steins beschatten. Und das dunkelgrüne Muster umspannte den Stein wie ein Netz. Er litt die Qualen Montezumas, wenn der Himmel wolkenlos war, oder wenn Lejla den Stein aufhob und ihn mit den Lippen berührte und küßte, ohne darin ein Lebewesen zu vermuten, und in der Sprache Gogols sagte: «Für den, der uns lachen macht.» Neben ihm standen ein gußeiserner Tolstoj, eine kleine, zartrote Muschel, die grell glänzte und viele Punkte trug, und faltige Blumen mit Blütenblättern aus Stein.
Da bekam Ka Sehnsucht und ging zu seinem Herrn; jener sang: «Wir aßen das En-Sao schwindsüchtiger Schwalbennester und werden es essen, werden es essen bis zum En-Sao unserer Kameraden.» Dies bedeutete, daß er schlecht gelaunt war.
— Oh! — sagte er finster, — sag an, wo und was. — Der Bericht über seine Kränkungen floß dahin: «Sie war erfüllt von jenem überirdischen, unbeschreiblichen Ausdruck» ... und so weiter. Im Grunde war es eine jammervolle Anklage gegen das Schicksal, gegen dessen schwarzen Verrat, gegen seinen Kragen.
Ka wurde befohlen, zurückzukehren und Wache zu stehn.
Ka salutierte, legte die Hand an den Mützenrand und verschwand, grau und geflügelt.
Am anderen Morgen meldete er: «Sie ist erwacht: ich halte Wache bei ihr» (hinter seiner Schulter blitzte ein Gewehr auf).

6

«Ausrufezeichen, Fragezeichen, Gedankenpunkte. Von dort, wo der Wind der Götter weht und wo die Göttin Isanagi lebt, von dort kommt das schlangengleiche, fast silbrig-aschgraue Gewebe, das sie trägt. Um es zu erkennen, muß man wissen, daß aschfarben-silbrige, fast schwarze Streifen abwechseln mit durchsichtigen, wie ein Fenster oder ein Tintenfaß. Der Reiz dieses Gewebes wird erst völlig offenbar, wenn es an einem frischen, jungen Arm in mattem Glanz erstrahlt. Dann huscht der Schatten eines Feuerscheins über seine silbrigglänzenden seidenen Wellen, um wieder zu verschwinden, wie Marienflachs. Die abendliche Himmelsröte zittert so auf den Häusern einer Stadt. Große, zauberhafte Augen. Sie nennt sich Vergötterte, Verzaubernde.» — Das stimmt nicht, — unterbrach ich den Strom der Worte: — du irrst dich, — bemerkte ich streng. — «Wirklich?» — entgegnete Ka mit gespielter Traurigkeit.

— «Denk dir, — rief er bald darauf noch fröhlicher aus, als brächte er mir eine freudige Botschaft: — Drei Fehler: 1) in der Stadt, 2) der Straße, 3) dem Haus. Aber wo? — Ich weiß nicht», — antwortete Ka: in seiner Stimme klang Aufrichtigkeit. Trotzdem ich ihn sehr liebte, gerieten wir in Streit. Er mußte gehn. Er entfernte sich flügelschlagend, in grauen Kleidern. Die Dämmerung zitterte an seinen Beinen und machte ihn zu einem hüpfenden Mönch; mein stolzer, herrlicher Vagabund. «Ach, da ist er ja, der mit dem Teufelsblick! — riefen einige der Vorbeikommenden aus: — ach, wo ist denn Tamara, wo ist Gadal?» — und dieses durch ihn verursachte Erschrecken der Stadtbewohner gab ihm den Vorwand, jene paar künstlerischen Nebensächlichkeiten mit in die Erzählung einzuflechten. Indessen ging ich am Strand auf und ab, und der Wind riß an meiner Melone und peitschte mir schräge Tropfen ins Gesicht und auf das schwarze Tuch. Ich blickte einer kleinen Wolke nach, die sich golden verfärbte, und knackte mit den Fingern.

Ich wußte, daß Ka beleidigt war.

Er blitzte noch einmal in der Ferne auf, hin und wieder mit den Flügeln schlagend. Ich kam mir vor wie ein einsamer Sänger, der eine Blutharfe in den Händen hielt. Ich war ein Hirte; ich hatte eine Herde von Seelen. Jetzt war sie fort. Unterdessen kam jemand Vertrockneter, Verrunzelter auf mich zu. Er sah sich um, warf mir einen bedeutsamen Blick zu und sagte: «Er wird kommen! Bald!», worauf er mit dem Kopf nickte und verschwand. Ich folgte ihm. Da war ein Hain. Schwarze Drosseln und Grasmücken mit schwarzen Köpfen sprangen durch das Laub. Wie heisere Steppenwölfe brüllten und kreischten prächtige, graue Reiher, den Schnabel hoch zum Himmel erhoben, am höchsten Zweig einer alten, vertrockneten Eiche. Und da erschien zwischen den Eichen ein Mönch in einer vertrockneten, zerknitterten hohen Mütze, ganz in Schwarz gekleidet. Sein Gesicht war galliggelb und verrunzelt. Eine der Eichen hatte eine Höhle mit Heiligenbildern und Kerzen. Die Rinde des Baumes war verschwunden, längst war sie von den an Zahnweh Leidenden abgenagt worden. Im Wald herrschte ewiges Halbdunkel. Hirschkäfer liefen die Rinde der Eichen empor und durchbohrten, in einen Zweikampf geraten, einander die Flügel, und oft sah man in den Zangen eines lebenden Käfers den vertrockneten Kopf eines toten. Vom Saft der Birken trunken, fielen sie in die Gefangenschaft der Knaben. Hier schlief ich ein, und die schönste Erzählung der Aramäer, «Lejla und Medschnun», besuchte noch einmal den Schlaf des müden Toten. Dann kehrte ich nach Hause zurück und traf die Herden der feinwolligen Menschen. Eine Raritätenschau hatte die Stadt besucht, und ich sah einen ausgestopften Affen, dem Schaum vor den schwarzen Wachslippen stand; deutlich sah man eine schwarze Naht auf seiner Brust; in den Armen hielt er eine wächserne Frau. Ich brach auf.

Das Fallen der Eulen setzte mich in merkwürdiges, rätselhaftes Erstaunen. Ich glaube fest, daß das Wort «schusselig» vor einem großen Krieg eine besonders schreckenerregende Bedeutung haben muß, da der noch allseits unbekannte Krieg wie ein Verschwörer, wie eine allzu zeitige Lerche in diesem Wort steckt, dessen Wurzel mit dem Wort Schuß verwandt ist. Doch inmitten eines Brombeergestrüpps, unter mit dichtem, rotem Wurzelhaar überzogenen Weiden, wo alles still und düster, rauh und grau war und ein einsamer Schwärmer durch die Luft tanzte und taumelte, während die Bäume still und streng dastanden, wickelte sich irgendein staubiges Gras um meine Füße, als flehte es mich an, und schlängelte sich wie eine um Gnade bittende Sünderin am Boden entlang. Mit grobem Schritt zerriß ich seine Fäden, blickte es an und sagte: «Und der rauhe Schritt wurde mächtig, die bittende Alpranke zu zerreißen.»

Ich kehrte nach Hause zurück; dort hatte man bereits von meiner Ankunft erfahren und erwartete mich; Menschen kamen mir entgegen, sich mit der Hand die Augen beschirmend. An meinem Arm hing, elegant gekrümmt, eine zahme Natter. Ich liebte sie.

— «Ich habe gehandelt wie ein Rabe, — überlegte ich: erst schenkte ich Lebenswasser, dann totes.»

Was tat es, ein zweites Mal gebe ich gar keins!

7

In Gedanken an den Stein mit dem aufgemalten Zweig aus einfachen, graugrünen Blättern und den Worten: «Hätte der Tod deine Haare und Locken, so würde ich sterben wollen» flog Ka in einer goldenen Wolke durch die Bläue des Himmels, inmitten himbeerroter Wolkenberge beharrlich mit den Flügeln schlagend, verloren in einem roten Kranichzug, der zu dieser frühen Stunde der roten Asche eines feuerspeienden Berges glich, so rot wie er, und durch rote Fäden, Wirbel und Fasern mit der flammenden Röte des Himmels vereint.

Der Weg war weit, und schon glänzten auf Kas sonngebräunter Stirn die ersten Schweißperlen, so rot von den Strahlen des Morgens wie er. Doch da erklang von irgendwoher aus der Höhe, hinter den luftig-weißen Riesen, das Kranichhorn der kriegerischen Vorfahren.

Ka legte die Flügel an und landete, von Kopf bis Fuß mit Morgentau besprüht, auf der Erde. Jede einzelne seiner Federn trug eine Tauperle, schwarz und groß. Niemand hatte bemerkt, daß er irgendwo beim Ursprung des Blauen Nils gelandet war. Er schüttelte sich und schlug, wie ein vom Mondlicht beschienener Schwan, dreimal mit seinen Flügeln. Es gab kein Zurück in die Vergangenheit. Freunde, Ruhm, Siege – alles lag vor ihm. Ka bestieg ein störrisches, wildes, goldgestreiftes Pferd, das noch von keinem Reiter gedemütigt worden war, und während er ihm gestattete, ihn in seine schattenhaften, aber dennoch herrlichen Knie zu beißen, sprengte er über das Feld davon. Ein Rudel gestreifter, struppiger Wölfe jagte winselnd hinter ihnen her. Ihr Geschrei hatte Ähnlichkeit mit der Umschau nach jungen Talenten in unserer Tages- und Monatspresse. Der goldblitzende Läufer jedoch warf starrsinnig den Kopf in den Nacken und biß mit unverminderter Wut Kas schattenhaften Ellbogen. Er ergötzte sich am wilden Trab. Zwei oder drei Njam-Njam schleuderten ihnen einen Giftpfeil nach und warfen sich in abergläubischem Entsetzen zu Boden.

Mit winkendem Arm grüßte er die Erde. An einem Wasserfall hielt er an. Hier stieß er auf eine Affengesellschaft, die sich mit weltmännischer Ungezwungenheit auf Baumwurzeln und Zweigen angesiedelt hatte. In ihren festen Armen hielten sie die Jüngsten und fütterten sie; die etwas Älteren flitzten lachend in den Bäumen umher.

Das schwarze Hemd, der mächtige, niedrige Schädel und die krummen Eckzähne verliehen dieser Gesellschaft behaarter Menschen ein abstoßendes Gepräge. Schreie wilder Lust drangen von Zeit zu Zeit aus der Dämmerung herüber. Ka trat in ihren Kreis. — «Damals, — seufzte ein ehrwürdiger Greis mit schwieligem Gesicht, — war alles anders.»
«Der Vogel Rock ist weg. Wo ist er? Und wir kämpfen auch nicht mehr gegen Hannon, ziehen unser Schwert nicht mehr, um es wie faules Reisig über dem Knie zu zerbrechen und uns mit Ruhm zu bedecken. Es soll wieder in See gestochen sein. Und der Vogel Rock? In keine seiner mächtigen Federn kann ich mich mehr wickeln, um auf einer zweiten zu schlafen!
Vor langer Zeit kam er morgens immer von den schneebedeckten Gipfeln herabgeflogen und weckte mit seinem Schrei die Elefanten. Und wir sagten: Das ist der Vogel Rock! Damals trug er die kleinen Elefantenkinder hoch in die Wolken; und sie blickten zur Erde hinab, und ihr Rüssel und die Hufe hingen unterhalb der dunklen Wolken, während die Augen, die graue Stirn und die Ohren — über den blauen Wolkenrand hinausragten.
Er hat sich abgewandt! Verzeihe uns, o Vogel Rock! ...»
— Verzeih uns, — murmelten die Affen, sich von ihren Plätzen erhebend.
Dort, am Lagerfeuer, saß auch eine Weiße, in die Reste eines Schals gehüllt. Wahrscheinlich war es ihre Aufgabe, das Feuer zu entzünden, weshalb sie eine gewisse Hochachtung genoß. — Weiße, — wandte sich der Greis an sie, — als du durch die Wüste kamst, da haben wir davon gewußt; wir schickten die Jugend aus — und nun bist du bei uns, obwohl viele damals die Sterne zum letzten Mal erblickten. Singe für uns in der Sprache deiner Heimat.
Die junge Weiße erhob sich.
— Mach Platz, Großmutter! — sagte das goldhaarige Mädchen zu einer am Weg sitzenden Äffin.
Das goldene Haar hüllte sie in einen dichten goldenen Nebelschleier. Leise rauschend floß es wie entflammtes Wasser auf die geröteten, erfrorenen Schultern. Selbst in ihrem herrlichen Schmerz, der sich in ihren Bewegungen ausdrückte, war sie ungewöhnlich hübsch und wundervoll gewachsen. Ka bemerkte, wie sich im Nagel ihres schönen, ebenmäßigen Fußes das ganze Waldesrund, die Schar der Affen, das qualmende Feuer und ein

Fetzen Himmel spiegelten. Wie in einem kleinen Spiegel konnte man darin die Ältesten, die behaarten Körper, die winzigen Säuglinge und das ganze Lager dieses Waldvolkes betrachten. In ihren Gesichtern stand das Warten auf das Ende der Welt und die Ankunft von irgend etwas Unbekanntem.
Sie waren von Langeweile und Bosheit entstellt. Zuweilen entrang sich ihren Mäulern ein leises Heulen. Ka hängte einen Elefantenzahn in der Luft auf und befestigte am oberen Rand, ähnlich den Schrauben für Saiten, die Jahre: 411, 709, 1237, 1453, 1871; und am unteren Rand der Fläche die Jahre: 1491, 1193, 665, 449, 31. Leise klingende Saiten verbanden die oberen mit den unteren Schrauben des Elefantenzahns.
— Wirst du singen? — fragte er.
— Ja! — antwortete sie. Sie griff in die Saiten und begann: — «Ich bin unter euch, ihr neidvollen Schicksalswünsche; wären die Schicksale gewöhnliche Schneider, so würde ich sagen: ihr führt die Nadel schlecht, würde ihnen keinen Auftrag mehr erteilen und mich selbst an die Arbeit machen. Sogar das Eisen bringen wir zum Singen: «Oh, schlagt die Lache an!» — Sie strich mit der Hand über die Saiten: das brausende Geräusch einer auf dem See niedergehenden Schar von Schwänen erklang.
Ka bemerkte, daß jede Saite aus 6 Teilen zu je 317 Jahren bestand, im Ganzen 1902 Jahre. Während die oberen Klötzchen dabei den Sturm des Ostens über den Westen markierten, deuteten die Schräubchen an den unteren Saitenenden die Bewegung von Westen nach Osten an. Oben befanden sich Vandalen, Araber, Tataren, Türken, Deutsche; unten — die Ägypter Hatschepsuts, die Griechen der Odyssee, die Skythen, die Griechen des Perikles, die Römer. Ka befestigte eine weitere Saite: den Einbruch der Skythen unter Ade-Sahi im Jahr 78 und 1980 — den Osten. Ka lernte das Spiel auf sieben Saiten.
Indessen weinte Lejla bitterlich, und ihr wunderbares goldenes Haar hing ihr zu Boden. «Schlecht führt ihr eure Arbeit aus, bitter führt ihr die Nadel» — rief sie bitterlich schluchzend. Ka brach einen Zweig ab, legte ihn neben die Weinende.
Lejla erzitterte und sagte: «In meiner friedvollen Kindheit hatte ich einst einen runden Stein mit einem ebensolchen Zweig darauf.»
Ka wandte sich ab und trat in den Schutz der Dunkelheit; ein heimliches Schluchzen preßte seine Kehle zusammen; er trock-

nete seine Tränen mit grünen Blättern und erinnerte sich an ein weißes Giebelzimmer mit Blumen. Büchern.
— Höre, — sprach der Greis, — ich will von einem Gast der Affen erzählen. Auf einer Moa kam sie einst zu uns geflogen. Ein toter Schmetterling auf einem Wildschweinstachel steckte in ihrer schwarzen Frisur und ersetzte ihr Fächer und Sonnenschutz. In der Hand hielt sie eine Weidenrute mit silbernen Knospen; es war die Hand der Venus der Affen; mit ihrer schwarzen, flachen Hand hielt sie sich an der Moa fest; an Brust und Flügeln. Das Gesicht war rabenschwarz, und ein schwarzes, lockiges Fell ringelte sich wie ein mächtiges Vlies um den Körper; mit ihrem feurigen Lachen erschien sie uns anmutig wie ein gutes Lamm.
Und lachend stürmte sie durch das Land. Die Göttin der schwarzen Brüste, die Göttin der nächtlichen Seufzer.»
Lejla: «Hätte der Tod deine Haare und Locken, so würde ich sterben wollen,» — sie verschwindet, die Hände über dem Kopf zusammenschlagend, im Dunkel.
— Wo bleibt Amenophis? — hörte man fragen.
Ka erkannte, daß jemand fehlte. — Wer ist das? — fragte Ka. — «Amenophis, der Sohn Teje, — antwortete man mit besonderer Ehrerbietung. — Wir glauben, daß er wieder am Wasserfall umherstreift und den Namen Nofretetes ruft.»
Ai, Tutu, Asiri und Schururu, die Schwertwachen, sind bei ihm. Denn unser Gebieter war bis zu seiner Seelenwanderung ein Herrscher am trüben Chapi gewesen. Und Anchnespaaton geht durch Tell-el-Amarna um Blumen an den Chapi. Vielleicht träumt er gerade jetzt davon?
Doch da erschien Amenophis; das Volk der Affen verstummte. Alle erhoben sich von ihren Plätzen. «Setzt euch» — sprach Amenophis und streckte seinen Arm aus. In tiefer Nachdenklichkeit nahm er am Boden Platz. Alle setzten sich. Ein Feuer loderte auf, und in seinem Kreis versammelt, unterhielten sich 4 Ka miteinander: das Ka Echnatons, das Ka Akbars, das Ka Aschokas und unser Jüngling. Das Wort «Überstaat» erklang häufiger als nötig. Wir sprachen im Flüsterton. Ein entsetzlicher Lärm stürzte uns in Verwirrung; Weiße fielen wie wilde Tiere über uns her. Ein Schuß. Ein Feuerschein huschte vorbei. «Amenophis ist verletzt, Amenophis stirbt!» — ging es wie ein Lauffeuer durch die Reihen der Kämpfenden. Alles floh. So mancher starb tapfer, aber fruchtlos. «Geh und bringe meinen Geist einem, der seiner

würdig ist! – sagte Echnaton zu seinem Ka, als er die Augen schloß. – Bringe ihm meinen Kuß.» «Flieht! Flieht!»
Lange flohen die vier Geister über den aschgrauen Gewitterhimmel; in ihren Armen lag, das goldene Haar aufgelöst, in tiefer Ohnmacht, die Weiße; nur einmal hob ein Falter seinen Rüssel, und ein Flußpferd schnarchte im Sumpf ... Die Flucht gelang; keiner hatte sie gesehn.

8
Was aber war im Wald geschehn? Wie hatten sie Amenophis getötet?
I – Amenophis, Sohn der Teje. II – Derselbe, als schwarzer Affe (gestreifte Wolfsjunge, ein Papagei).
1) Ich Echnaton.
2) Und Sohn Amons.
3) Was spricht Ai, der Göttervater?
4) Schenkst du nicht Uschepti?
5) Ich bin der Gott der Götter; so haben mich die Menschen genannt; und wie gewöhnliche Arbeiter habe ich Osiris, Gator, Sobek und euch alle entlassen. Sie wie Rabisu degradiert. O Sonne, Ra, Aton.
6) Laß uns Wörter formen, Ai, die der Pflüger versteht. Priesterschaft, ihr seid wie Motten, die das steinerne Röhricht der Tempel umschwärmen! Am Anfang war das Wort ...
7) O Nofretete hilf!
Ich bewässerte die Ufer des Chapi,
Ich führte euch zur Sonne, ihr Menschen,
An die Wände aus Stein schrieb ich,
Daß ich Echnaton, der Gevatter der Sonne bin.
Von den Wolken aus Aberglauben
Hat Ra das helle Antlitz befreit.
Und leise flüsternd wird Uschepti
Wiederholen: du hattest recht!
O Echnaton, schwachbrüstiger Gevatter der Sonne!
8) Nun gebt mir einen Schildkröten-Panzer. Und die Saiten, – Ai! Gibt es am Chapi eine einzige Maus, der man keinen Tempel errichten würde? Sie grunzen, muhen, brüllen; sie kauen Heu, fangen Käfer und fressen die Gefangenen. Sie haben ganze heilige Städte. Es gibt mehr Götter als Nicht-Götter. Ein Chaos ist das.

1) Chau-chau.
2) Schrabr tschap-tschap!
3) Ugu-um mchee! Mchee!
4) bgav! gchav cha! cha! cha!
5) Ebsa tschitoren! Epssej kaj-kaj! (geht in einem finsteren Eichenhain auf und pflückt Blumen). Mguum map! map! Map! Map! (ißt junge Vögel)
6) Mio b p e g ; b p e g ! wijg.
Ga cha! mal! bgchav! gchav!
7) j e g s c h i s ë u .ravira!
Mal! Mal! Mal! maj, maj. Chaio chao chiuziu.
8) r r r r a ga-ga. Ga! grav! Enma meeiu-uiaj!

Ins Fell eines Orang-Utan gekleidet, erlebt Amenophis noch einmal den Tag vor seinem Tod. Er ißt eine Holzfrucht und spielt auf einer Laute aus dem Schädel eines Elefantenjungen. Die anderen hören ihm zu. Ein zahmer Papagei aus Rußland:

«Durchsichtig der Himmel. Die Sterne blinken. Kennt ihr ihn? Saht ihr ihn? Den Sänger eurer Liebe, den Sänger eures Schmerzes.»

Das Trompeten von Elefanten, die von der Tränke zurückkommen.

Eine russische Hütte in einem Wald am Nil.

Die Ankunft eines Raubtierhändlers.

An den Balkenwänden Gewehre, ein Čechov, Geweihe. Ein Elefantenjunges mit einer Eisenkette am Bein.

K a u f m a n n : Federn, Stoßzähne; gut, meine Süße.

Auftrag: ein Affe; großes Männchen.

Verstehst du? Nicht lebendig, er kann tot sein, zum Ausstopfen; Naht zu, Wachsschaum und eine Ohnmächtige aus Wachs in den Arm. Und dann von Stadt zu Stadt. Ts, Ts! Bei der Herfahrt: eine kleine Mutwillige, lief mit einem Krug über die Steine. Stuk-stuk-stuk. Die Füßlein. Gar nicht teuer. Noch ein Glas, meine Süße.

G r e i s : Hört, mein geehrter Herr: er kann böse werden und dem geehrten Herrn Frisur und Kragen verderben.

H ä n d l e r : Lebt wohl! Seid nicht gram. He — he! Also morgen auf zur Jagd? Die Flinten fertig machen, ein paar Schwarze in den Hinterhalt; sie geht mit einem Krug um Wasser, er kommt heraus und wird getötet. Zielt auf die Stirn und auf die schwarze Brust.

Frau mit Krug : Du tust mir leid: hinter der Föhre wirst du dich zeigen, und im gleichen Augenblick wird ein sicherer Schuß dir den Tod bringen. Und ich habe gehört, daß du kein gewöhnlicher Affe, sondern Echnaton bist. Da ist er, ich will dich zärtlich anblicken, damit du im Tod vom Herbst des Verlangens verklärt wirst. Mein geliebter, schrecklicher Verehrer. Rauch! Ein Schuß! O entsetzlicher Schrei!
Echnaton (als schwarzer Affe): Mëu! Mantsch! Mantsch! Mantsch (Fällt und preßt im Fallen trockenes Gras gegen seine Wunde.)
Stimmen : Tot! Tot! Auf zum Tanz! Heute abend gibts ein Fest. (Die Frau legt ihm die Hand auf den Kopf.)
Amenophis : Mantsch! Mantsch! Mantsch! (Stirbt. Die Geister nehmen Lejla und tragen sie fort.)

*Das alte Ägypten.*
Priester erörtern die Mittel zur Rache.
«Er hat die Riten mit Füßen getreten und die Welt der Toten mit Gleichheit bevölkert; er hat unser Ansehen untergraben ... Tod! Tod!» Die Priester springen auf und werfen die Arme empor.
Echnaton : O fünfter Abend, stich das Tau aus!
Fahr hin, «Erhabenheit der Liebe», und schwinge das Ruder wie die Wimper. Gator schluchzt schön und zärtlich um den herrlichen Gor.
Stirne einer Kuh ... Hörner einer Färse ... eine breite Gestalt. Eine breite Wulst oberhalb des Gurts.
Und das behende Schuppentier durchschnitt mit seiner Panzersäge Gators verkehrten Schatten mit den Kuhhörnern, vom Mond in der Tiefe des Chapi versilbert. Ein anderes Tier machte ihm den Leichnam des Gefangenen streitig.
Schön, aber tot, schwamm er, den Kopf nach unten, den Chapi hinab.
Priester (leise): Gift. He, Echnaton, trink, der Tag ist heiß. Er hat ausgetrunken! (Sie hüpfen.) Er ist tot!
Echnaton (im Fallen): Schururu, wo bleibst du? Ai, wo sind deine Zaubersprüche?
O Nofretete, Nofretete! – er fällt, Schaum vor dem Mund.
(Mit den Armen in die Luft greifend, stirbt er.)
Solches geschah am Wasserfall.

## 9

Das war zu jener Zeit, als die Menschen zum ersten Mal über die Hauptstadt des Nordens flogen. Ich lebte in der Höhe und sann über die sieben Stufen der Zeit nach. Ägypten — Rom, das Heilige Rußland, England, und aus dem Staub des Kopernikus schwamm ich, im Lärm Sikorskijs, zum Staub Mendelejevs. Ich interessierte mich für die Wellenlängen von Gut und Böse, träumte von bikonvexen Linsen aus Gut und Böse, da ich wußte, daß die dunklen, wärmenden Lichtstrahlen zur Lehre vom Bösen, — die kalten und hellen Lichtstrahlen zur Lehre vom Guten gehören. Ich dachte über die Zeitstücke nach, die die

> Welt in sich trug, und über den Tod.
> Und auf den Weg ins Sterngeflimmer
> Fliege ich nicht mit Gebeten,
> Ich fliege — tot und grimmig
> mit einer blutigen Machete.

Es gibt das Kratzen einer zitternden, noch jugendlichen Kehle an einer kalten Klinge, die verschwenderische Malerei des schwarzgewordenen Bluts auf weißen Blumen. Ein Bekannter — Sie werden ihn kennen — starb so; er dachte wie ein Löwe, und starb wie eine Möwe. Einmal besuchte mich einer meiner Freunde, mit schwarzen, freudig-brutalen Augen — mit den Augen, und mit einer Freundin. Sie brachten eine Menge Stroh aus Geschwätzigkeit, Kränze und Blumen mit. Ich blickte wie der Enisej im Winter. Wenn die Krähen Nahrung bringen. Ihre liebenswürdige Unverschämtheit ging so weit, daß sie sich in meiner Gegenwart küßten, die Mäuschen, ohne den lauernden Löwen zu bemerken!

Sie verzogen sich dann nach Didova Chata. Auf ein verdorrtes, brüchiges Lotosblatt zeichnete ich den Kopf Amenophis'; ein Lotosblatt von der Volgamündung oder Ra.

Plötzlich zersplitterte das Glas des nächtlichen Fensters im Kamennoostrovskij Pereulok und fiel zu Boden, und durch den Rahmen streckte sich der Kopf der friedlich, wie eine gut geschlichtete Gemüsekiste, totengleich daliegenden Lejla. Zugleich betraten die vier Ka den Raum. «Echnaton ist tot, — brachten sie die traurige Kunde. — Wir bringen sein Testament.» Sie übergaben mir einen mit dem schwarzen Siegel Abradakabra verschlossenen Brief. Eine junge Boa ringelte sich um meinen Arm; ich legte sie auf ihren Platz zurück und spürte Lejlas weichen Arm um meinen Hals.

Die Boa ringelte sich ein und blickte kalt und böse aus ihren starren Augen. Lejla umschlang freudig meinen Hals (vielleicht war ich die Fortsetzung eines Traums) und sagte nur: «Medschnun.»

Die Ka wandten sich ab und trockneten schweigend ihre Tränen. Sie trugen Marschstiefel und Wildlederhosen. Sie weinten. Ka überbrachte mir im Namen seiner Freunde Amenophis' Kuß und küßte mich mit Pulvergeruch. Wir saßen um einen silbernen Samovar, und in den Schnörkeln des Silbers (denn um solches schien es sich zu handeln) spiegelten sich: Ich, Lejla und die vier Ka: meines und die von Widschaj, Aschoka und Amenophis.


Die Kappe des Skythen
*Ein Mysterium*

«Gehen wir dorthin, — sagte Ka, — wo sich am Morgen die Skythen der Sphinx im goldenen Sand tummeln.»

Von der matten Hand des Windes liebkost, zerstob der Sand und entflog, bald an Mehl, bald an Schnee erinnernd, bald an ein Meer aus sanftgoldenen, rauschenden Saiten. Eine gehörnte Steppenschlange reckte den Kopf empor, um sich mit leichten Bewegungen einen Sandhut über die Augen zu stülpen. Goldfarben rieselte er raschelnd von der Stirn der Schlange. Eine kürzlich aus dem fernen Sibirien zurückgekehrte Lerche ließ sich auf dem schwarzen Hornast, ihrer sandbestreuten Stirn nieder, als wärs ein Zweig, und verschwand im geübten Rachen. Sie war eben von den Wolken-Rücken herabgekommen, wo sie zusammen, Seite an Seite wie Matrosen, dahingeflogen waren, dem Donner lauschend und die Äcker der Stille mit ihrem Gezwitscher erfüllend. Im Land des ewigen Eises hatte sie auf einem aus dem Steilufer ragenden, dunkel-lehmigen, mit dem Schnitzwerk der Jahrhunderte verzierten Mammutzahn ausgeruht; in der geräumigen Augenhöhle des Mammuts hatte sie übernachtet, und wenn ihr Schwarm am Morgen zwitschernd und trunken vom Flug die Stimmen zu jener mächtig klingenden Ratsversammlung vereint hatte, die ein fernes Donnerrollen oder der Widerhall vom erhabenen Gesang der Götter hätte sein können, dann war den Menschen die menschliche Welt plötzlich noch enger erschienen als bisher. Ein Zittern durchlief die silberne, schwarzgesprenkelte Lerche, und ihr Kopf sank herab. Ihr großes, schwarzes Auge, in dem sich noch die Flüsse Sibiriens spiegelten, schloß sich plötzlich halb. «Ich sterbe, ich versinke im Schoße des Todes, — sagte er, — ich, die Lerche.» Dick geworden, schlief die sandgoldene Schlange ein, mit einem letzten steinernen Blick ihrer gelben Pupille auf einen Löwen aus Stein. Die jüngeren Menschenwellen an die alten Wellenrücken der Menschheit zu erinnern, war er aus dem Stein gehauen und mit einem federnden Schwanzschlag um die Flanken, aufreizenden Schenkeln, halbgeschlossenen Augen und von den Falten der Jahrhunderte zerfurchten Lefzen versehen worden. Sein Blick ging auf Menschenart ins Weite, seine Tatzen im Sand hielt er halb geschlossen. Zuweilen machte die Morgendämmerung an seinem Rachen halt, um ihm die Geheimnisse der Jahrhunderte zuzuraunen. Über der Pranke des Löwen hingen zerdrückte Handschuhe und ein zerknitterter Regenmantel. Und das schwarze Tuch auf dem rauhen Stein bot ein seltsames Bild. Um diese Stunde fiel das himbeerrote Schwert der Sonne quer über die Wüste, die schwarzen Flecken der Nacht flohen, und der herrliche Gesang der Geister in den Tiefen des unruhigen Raubtiersteins drang ans Ohr der Schlange. Was geschah dort, in den unterirdischen Gewölben des Löwenleibs, rings um den Schwanz des Tiers? Ein grauhaariger, begnadeter Priester schob ein neues Tagesviertel am Faden der Zeit zurück. Er stand mit hoch erhobenem Arm. Unter ihm standen Jünglinge mit Kränzen. Gebückt schichtete eine Priesterin mit graublauen, blassen Augen Zweige fürs Feuer auf. Gläubig und in Gedanken vertieft, blickte sie fest und schweigend aus ihren grauen Augen. Ihre Hände sammelten Gräser und blassen Lindenbast, mit dem die Kränze geschmückt waren. Die Priesterin blickte uns schön und streng an, jedoch voll Vertrauen, und wie ein See ergossen sich die Kleider zu den Füßen der Jungfrau mit der schwarzen Binde um den Leib. Reisig, Kränze und Pech waren aufgestapelt. Rund und wachsgrün lagen die Gräser der Wüste, vom silbernen Strom des Haars überzogen, auf einem runden Stein. Durch

den schwarzen Brunnen eines lockeren Steins fiel ein himbeerroter Strahl zu uns herein.
Unweit davon aber lag, mit düster umwölktem Blick wie die Mauern des Tempels, ein halbmenschlicher Löwe. Der Schwamm der Zeit war über seinem Antlitz ausgegossen. «Kinder, — sagte der Priester, — es ist entflammt, das strahlende Wort der Zeit.» Ehrfurchtsvoll vernahmen wir seine Worte in diesem unterirdischen Gewölbe. Er fuhr fort: «Kleine und große Sonnen ziehen in mir ihre Bahn. Könnt ihr hören, wie sie singen und wie ihr Gesang im Zeitwort des Meeres mit dem Meer der Sonnen, dem Gesang des morgendlichen Himmels verschmilzt? Und aller Ruhm des Ichs ist ein Lobpreis des Sternenhimmels dort oben. Vielleicht sind wir Pferddämonen, und der schwarze Wind unserer Mähnenspitzen, Schaum der Schneebälle aus Müdigkeit oder Schwanzschläge, die uns peitschen, böse Augen der Belagerung. Hufschlag. Mehr Hufschlag! Wie viele von ihnen haben sich aufgebäumt und marschieren auf den Hinterbeinen, mit den Vorderbeinen drohend. Wir füllen die Abgründe mit Felsen von Büchern, wie noch kein ergrauter Weiser der Jahrtausende sie je gelesen hat. Wir feuern uns mit unseren Mähnen an und spannen eilends einen Gebirgssteg zum Himmel. O Tosen des Aufruhrs! Belagerung. Bäume, Balken, Gesetzessplitter, Gebirge, Glauben — der Graben zum Himmelsschloß ist voll davon. Und das Lächeln des Schicksals ragt auf unseren Mähnen wie eine Rübe. Schwarze, weiße, goldene, schneeweiße Genossen. Ihr gleicht der Schwinge des Adlers, der in den Himmel hackt!»
Ein Klopfen unterbrach seine bewegte Rede.
Was gibts?
— Ein Wanderer mit einem getrockneten Kürbis auf dem Kopf schlägt mit seinem Stab gegen den Stein des Tempels, — antworteten wir.
— Gut. Das Zerschlagen von Ketten ist noch sicherer und richtiger. Der Wanst-Wust wütet als Woge der Weißglut! — schloß er beim Hinuntergehn feurig.
— Gedenken wir des halb von der Zeit überwucherten Auges des Tempeltiers. Gedenken wir des Schwamms der Zeit, der sich über die Augen ergießt! — schloß er. Eine herrliche Boa mit bleiernem Blick und einem kühlen Verstand darin wiegte sich an seinem Arm wie an einem Baum. Ein verschlungenes, bleischwarzes Muster aus aschgrauen Flecken schmückte ihren

Leib. Sie war doppelt um seinen Arm geschlungen — ein lebendiges, denkendes Zepter, das an seinem Körper hing. Priesterknaben, sagt an, wo seid ihr gewesen? Alles nahm auf den weißen Steinbänken entlang der Wände Platz.
Auch du, Grauäugige, Blasse, du, Geist auf der Steinbank, vernimm das Geheimnis deines zweiten Verstands. Der Morgen ging zu Ende. Jeder begann mit seiner Erzählung. Und der erste begann:
«Ich saß in einem Unterseeboot, ich war über einen Spiegeltisch gebeugt. Von oben und von seitwärts konnte man das Rauschen des Wassers hören. Wir brausten dahin. Das graue Muster des eintönigen Wellenschlags überzog die Spiegeloberfläche. Doch ein dunkler Strich verfinsterte das Meer, und er hatte Schornsteine und Rauch; am Heck standen Leute. Läuten. Geläute. Lärm eines unterseeischen Feuers. Eine blasse Flamme! Wir sagten: «Hoch!» Wir tauchten auf Grund. Menschengleiche Gegenstände überholten uns. So fallen, eingerollt, die Blätter der Bäume — in der lichtblauen Dämmerung des Tags, und sie klopften mit Totenhand an die Fenster des Unterseeboots. Vor Hunderten von Jahren, am gleichen Abend, waren wir, die Zaporoger Seč, unter Wasser in einer Wüste aus Eichenbooten die Ruder schlagend, zur blauen Stadt geschwommen, unter Wasser schaukelnd, und hatten den schwarz-goldenen Segeln aufgelauert. Unter der Oberfläche schlugen wir die Ruder. Rot, wie am heutigen Morgen, versank die Sonne im Meer. Die Zaporoger aber atmeten durch ihre Trichter, faßten die Ruder fester und schaukelten sachte unter Wasser dahin. Ein großes Boot fuhr vorbei. Weißgekleidete Frauen standen darauf, dunkel und von schlankem Wuchs. Lange goldene Ketten an Ellbogen und Fesseln, standen sie am Heck, wie Kinder, die den tiefblauen Wellen des Meeres mit den schwarzen, glänzenden Wellen ihres Haars antworteten. Sie fuhren weiter. Unser Anführer schwamm ein Stück voraus und wurde wie ein Schiffbrüchiger vom Boot aufgenommen. Zufrieden mit der Beute, ruderten wir zurück. Die Massen der leeren Eichenboote ließen das Meer leicht gekrümmt erscheinen, und nur die Möwen wurden von unserem Anblick aufgescheucht. Der Meeresball färbte sich wieder blau. Wir waren daheim, slavische Frauen mit Goldhaar empfingen uns an der Mündung des Flusses und sangen:

> Ein Kahn mit einem ausländischen Ritter
> Lockt die Erde ans Ufer heran.
> Der kühlen Gatten Schar
> Liebt Kupferpanzer nicht.
> Wir warfen die Lose ins Blau,
> Und prüften die Göttinnen mit dem Kranz.
> Sie sind heimgekehrt! Sie sind da!
> Die vertrauten Pappeln am Straßenrand.
> Ihr Himmelblauen, müßt nicht mehr weinen.
> Es gibt Freudenähren und etwas zum Schneiden.

Wir gähnten verstohlen, müde von der langen Erzählung, wo unsere Zeit in einer anderen Zeit erstrahlt war. Und jemand sagte: «Ich bin ich! Ich bin derselbe geblieben!»

Wir erhoben uns und gingen auseinander. Das Feuer qualmte über der silbrigen Asche. Da begann die heilige Flamme zu tanzen und sich wie eine Schlange hin und her zu wiegen, wenn sie die heiligen Klänge vernimmt. Alles horchte auf. Jemand kam herein, flüsterte etwas und zeigte auf den Stein einer schlangenhaarigen Frau, die im Schatten stand. Jemand sagte: «Gedenkt derer, die verurteilt sind, im Morgengrauen zu sterben. Ach, noch einmal eine Gleichung aus den Küssen von Waldseen flechten.»

..................................................................

Den ganzen Tag hatte ich nackt auf einer Sandbank gelegen, in Gesellschaft zweier Reiher, während ein Weiser aus dem Geschlecht der Raben mich studierte. Er hatte noch nie einen nackten Mann gesehen. So wenigstens glaube ich.

Indessen hatte der See, erfüllt von verschwommenen Schreien und Seufzern, sein sonderbares Nachtleben begonnen. Seufzer vom Überfluß des Lebens, überzogen vom dunklen Husten der Reiher, erklangen wie mattes Silber. Der Sohn der Sonne, dunkel, einer Frau gleich, mit Haaren, die ihm bis an die Schultern reichten – zuweilen glättete er sie verliebt und zärtlich mit einem großen Kamm, als hätte er ein fremdes Mädchen gebeten, dies zu tun – trat hinter dem Feuer hervor, und je kräftiger er seinen Kamm ins dunkle Haar senkte, desto verliebter und dunkler blickten seine gütigen Augen.

Spitzen und ein weißes Damenhemd betonten den dunklen Hals des Yogi. Seine Beine steckten in hellen, haarigen Hosen aus einem weißen Gewebe, und an den Füßen trug er mit Riemen befestigte Sohlen.

..................................................................................

Ich erinnere mich an die blutig-goldenen Flecken auf dem bläulich-weißen Kopf der Erscheinung, an einen goldenen Fleck auf seinem Helm und darüber dunkler Rauch, wie der feine Ruß einer Kerzenflamme.

..................................................................................

Die Wüste schwieg. In der Nacht standen wir auf, um uns die Kralle einer Gans zu betrachten, die in der Höhe aufgeblitzt war, und uns an der herrlichen Kühle der Nacht zu erfrischen. Riesige Feuerstellen setzten uns in Erstaunen. Der Wanderer schlief, sein Kopf war herabgesunken, und seine Füße, die mit einem Mantel zugedeckt waren, erschienen ganz dunkel.
— Morgen werdet ihr den Tempel verlassen, — sagte der Greis. Gegen Morgen, um die Stunde des schwarzen Sternenhimmels, nahmen wir Abschied.
«Auf Wiedersehen» — sagten wir. Ka nahm meinen Arm und führte mich fort. Es kamen die Monate des Kriegs.
Wir trafen uns im Norden, am Meer, auf einem mit Föhren bewachsenen Felsen.
Ich erinnerte mich der Worte des greisen Priesters: «Bei euch wird es drei Belagerungen geben: die Belagerung der Zeit, des Wortes und der Mengen.» Ja, Staaten der im gleichen Jahr Geborenen. Ja, Zollgrenzen zwischen den Generationen, um jeder das Schaffensrecht zu sichern.
Offen gestanden, sind ihre Leiber überflüssig. Aber die einzelnen Leiber sind erst die Blätter, und es bleibt noch der Eichenstamm. Er ist es, der unter unserem Schlage aufheulen soll — was kümmern uns die Blätter — es gibt so viele davon, und anstelle von einem wächst bald ein zweites nach.
Die Züge am Meeresgrund waren bereits fertiggestellt worden; ich bestieg einen davon. Zwischen faltenzerfurchten Felsen, mit ihren vom Meer reingewaschenen Füßen, mußte ich den Zahlengott, — den Gott der Zeit finden. Einer der schwarzen Felsen stand wie der Liebling der Alten — ein Wisent, im Meer, und hielt seine Hörner ins Wasser gesenkt. Ich ging zu ihm hinüber, wobei ich menschlichen Lehm überqueren mußte, der sich an meine Sohlen heftete. Der Ton knirschte leise unter meinem Schritt. Wir behandeln die Menschen als tote Natur.

Ein Chinese mit verstecktem Zopf, der eine Schlange durch die Nase einsog, um sie zum Munde wieder herauszulassen, lächelte mir aus tränenden Augen zu, wobei er sagte: «Gute Schlange, lebendige Schlange.» Dann plackte er sich mit einem klirrenden Sporn ab, um Zuschauer anzulocken, und zerlegte aus irgendeinem Grund eine kleine Puppe, von der er Beistand und Hilfe erbat. «Jetzt wird es gehen» — erläuterte er verschmitzt sein Bündnis mit dem Himmel. Eine weiße Maus kam aus einer Schale geschlüpft. «Lebendig» — voll Freude zeigte er, daß die Maus lebte.
— Wo ist der Zahlengott? — fragte ich ihn. Er zog die Schlange hervor und sagte: «Der Wind weiß es, meine Gott nicht weiß es.»
— Stribog, du Tiefblauer, Mächtiger, du weißt bestimmt, wo der Zahlengott ist?
— Nein, — antwortete jener, — ich muß jetzt im Sturmwind einen Schwalbenzug übers Meer tragen. Frag Lada — sie ist bei den Schwänen und Nachtschwalben.
Lada wies mir den Weg zu Podaga.
Podaga hatte eben kaltblütig mit der Flinte einen Hasen erlegt und stand in einem weißen Pelz auf dem Acker. Das vertraute Graublau ihrer Augen setzte mich in Erstaunen.
— Der Zahlengott? — fragte Podaga. — Er ist irgendwo König des Reiches der Zeit geworden. — Zwei Jagdhunde unterbrachen durch ihren Ruf das Gespräch. Ich war überrascht. Wie? Er sammelte die Unterschriften seiner ersten Untertanen? Der Zahlengott konnte König der Zeit werden? Ein leiser Seufzer entrang sich mir hinter der für immer verschwundenen Podaga.
Gewöhnt, überall auf Erden den Himmel zu suchen, erblickte ich auch in diesem Seufzer Sonne, Mond und Erde. Kleine Seufzer umkreisten wie Erden den großen. Was halfs, Podaga konnte es nicht zurückbringen. Und selbst das Gebell ihrer Hunde klang immer leiser. Ich begann, über die Macht der Zahlen des Erdballs nachzudenken. Noch die Gleichung der Seufzer, dann die Gleichung des Todes. Das war alles.
In jenem Staat wird es kein scharlachrotes Blut, sondern das lichtblaue Blut des Himmels geben. Selbst bei Tieren wird man die Arten nicht nur nach ihrem Äußeren, sondern ebenso nach ihren Gewohnheiten unterscheiden. Ja, wir sind gewitzte und gefährliche Feinde, und wir machen daraus kein Hehl.
Ich saß unter Föhren am See. Plötzlich kam Lada zu mir, auf

einem weißstrahligen Schwan mit stolzem, schwarzem Schnabel reitend, und sagte: «Da ist der Zahlengott, er badet.» Ich blickte in den See und sah einen hochgewachsenen Mann mit dunklem Bart und tiefblauen Augen, der ein weißes Hemd und einen breitkrempigen Hut trug. «Das also ist der Zahlengott, — rief ich enttäuscht aus, — ich dachte, das sei etwas anderes!»
— So sei denn gegrüßt, alter Freund aus dem Spiegel, — sagte ich, die nassen Finger ausstreckend. Doch der Schatten zog die Hand zurück und sagte: «Nicht ich bin dein Spiegelbild, sondern du bist meines.» Ich begriff und verschwand mit raschen Schritten im Wald. Wieder war ich vom Meer der Geister umgeben. Ich geriet jedoch darüber nicht in Verwirrung. Ich wußte, daß die $\sqrt{-1}$ um nichts weniger gegenständlich ist als die 1; wo es 1, 2, 3, 4 gab, gab es auch — 1, und — 2, — 3, und $\sqrt{-1}$, $\sqrt{-2}$, und $\sqrt{-3}$. Wo ein Mensch mit einem zweiten eine natürliche Zahlenreihe bildete, da mußte es auch $\sqrt{-\text{einen Menschen}}$ und $\sqrt{-2\,\text{Menschen}}$, und $\sqrt{-3\,\text{Menschen}}$ geben.
Von Geistern umgeben, war ich jetzt $1 = \sqrt{-\text{ein Mensch}}$.
Es ist Zeit, den Menschen das Ziehen der Quadratwurzel aus sich und den negativen Menschen beizubringen. Mögen einige Funken dieser hohen Kunst auf den Geist der Zeitgenossen fallen. Und die bezaubernde Kunst der Brüche, die man durch inneres Experiment begreift!
Salbei, Sumpfgras und Salamander sonnten sich am Waldsaum, wo ein Rinnsal sickerte.

..................................................

Ich aber will ein Opfer bringen, — ich will Podagas goldene Zöpfe auf einem wilden Stein verbrennen. Ich will berichten, was wir anstelle des Krieges gesetzt haben. Auf einem mehrere Verst großen Schachbrett vernichten einander, nach den Regeln des Spiels, eiserne Sklaven, und der Sieger aus diesem Wettstreit trägt das Siegerrecht für jenes Volk davon, dessen Abgesandter er war.
Und hier sind die Abgesandten.
«Seid gegrüßt, liebste Nachbarn.» Indessen stand Podaga mit den Hunden am Abhang eines Hügels.
Die Gischt des Grauens grüßt gewaltig durchs Gewühl des Gewitters im Geschwafel eines Gespensts. Gekröse, Geröll, Geschmeiß, Glibber und Getöse.
Silbrig — singend. Satan des Seegangs — Sittich der Seele —

Seufzer des Sumpfs — Same der Sünde. Und Sog und Sieg des Sangs. Das Soll der Sitte sengt wie der Same vom Silber der Sünde. Über der Seele der silbernen Sonnen — der silbernen Süße der Sümpfe, der Satan des Sangs der singenden Sünde. Doch eine Planke mit pampigen Pfuschern peilte auf der Pleite einer plätschernden Pfütze — zum Pfuhl der plappernden Pelze und Pfaffen an den puffenden Poren des Plänkelns der platten Posse — mit prickelnder Pratze paradiesischer Polka und Pokale. Piepsen der puffenden Poren mit pickligen Pranken und Poltern der Perlen mit pechschwarzen Pilzen. Die Panik vor der Pleite der Pflicht peitscht sie — noch ein Plumps der pampigen, pompigen Pranken, der Plumps plättete den pompigen Pfuhl der puffenden Poren der Possen. O paukenpolstrige Prahler! An einem großen Zaun am Meer war zu lesen «der Staat der Zeit wird in Kürze eröffnet». Sklaven aus Stein zerstörten einander, auf einem Schachbrett stehend, das aus Teilen von Meer und Festland bestand, vernichteten einander, drahtlos gelenkt, geschmückt mit Türmen aus drehbaren Kanonen, flammender Bitterkeit, unterirdischen und überirdischen Stacheln. Das waren große, vertrackte Sklaven, die viel quantitatives und qualitatives Schöpfertum gekostet hatten, höher als die Glockentürme, äußerst kostspielig, mit komplizierten Blumen.
Unsichtbare Stöße im Draht des Willens
lenkten die Handlungen des schließlich vom
bis zum Gehirn eisernen Kriegers. 32 waren es, die nicht
das Recht, sich auf einen fremden Käfig zu stellen
mit den Stärken des Gegners, der dort gestanden hatte. 32 steinerne Sklaven waren es, höher als Glockentürme. Mit dem Schild des Erdballs am Ellbogen, konnte man sich vor ihren Schlägen retten.

*6—VII—1916*


Wieder ging ich die gelben, ausgetretenen Schneepfade der Razumovschen Wälder entlang. Zu beiden Seiten zogen sich, hintereinandergereiht, Schneebetten aus den Federn des Einschwans hin, streckten sich Lärchen empor und führten Gespräche mit der Finsternis, so dunkel und geheimnisvoll wie die Seelen der Vorväter, und streiften mit liebkosenden Nadeln die

Augen der Vorübergehenden. «Vielleicht beugt sich eine Großmutter oder ein Großvater aus diesem knorrigen durchscheinenden Nadelast herab?» — dachte ich.

Es liegt etwas Vertrautes und Bekanntes in diesem Geflüster von Baum zu Mensch.

Trockenes Prasseln, donnerndes Getöse, der rasche Atem eines Igels, der wie ein Knäuel über den Himmel stürmte, Lärmen und Zischen einer Lokomotive, die Dampf abließ, beschmutzten die Gedanken an die Vorfahren mit einem Lärmfleck, und ich sah am Himmel wieder vier gleich große, von einem menschlichen Staubkorn gesteuerte Lamellen, und das strenge Gesetz der Fläche glitt wie ein Schattengott an den Wipfeln der Bäume vorbei.

Das war er, der geflügelte Mensch, der lärmend und tosend im Blindflug über den Wald hinjagte, und im Getöse, mit dem er die Umgebung erfüllte, vernahm man das Nahen der Kriegstrommel und die Stimme des Kriegs.

An den unteren Flächen hatte er rote Kreise, die den roten Augen von finsteren Schwärmern glichen, und jede einzelne Lamelle, die dunkel am Himmel stand, war einfach wie ein Kriegsbefehl.

Gleich wird er auf der Erde aufsetzen und auf schmalen Skiern davonbrausen, und eine Schneewolke wird ihm nachstürzen, ihn verfolgen und ihn einzuholen versuchen, wie die schmalköpfigen russischen Windhunde.

Das Getöse ließ nach, und ein vom roten Westen zurückgeworfener Schatten schob sich zwischen die Bäume.

Ich setzte mich auf die 13 und betrachtete die Nebenmänner, meine Weggenossen, zufällige Schatten des Erdballs. Wir schwiegen, doch unsere Augen gaben sich ein dumpfes Duell mit Tscherkessensäbeln; so schlugen wir uns lange und hartnäckig.

Einer sagte: «Einen Säugling spielen ist jetzt unmöglich. Ja. Ihr Toten, ihr habt euch in euren Grablöchern versteckt. Kommt heraus und mischt euch in die Schlacht. Und wenn ein in den Reif seines Atems gehüllter lebendiger, weißer Stein euch still und traurig anblickt und das Lächeln des Denkers, — Mieter des belebten Steins unter Birken und schwarzen Tannen — um seinen Mund spielt — so verletzt seinen Schlaf. Stört seinen Frieden. Zwingt ihn, daß er auf die Straße geht. Die Lebenden sind müde. Mögen Tote und Lebendige sich zu einiger Schlacht versammeln.

Setzt ihm einen Kranz aus Dreck auf die schneeweiße Stirn.»
An den Biegungen hin und her gerüttelt, meine Nachbarn studierend und selber gemustert, jagte ich in einer Wolke aus Gewinsel die breite weiße Straße entlang, in Richtung Stadt.
Damals glich ich einer leeren Schellenkappe und wollte alle Namen, allen Ruhm und alle Heldentaten des Erdballs wie neue Ladungen, Schüsse der Zukunft, in die leere Kappe meiner Seele, meines heutigen Tags tun.
Ihr jedoch habt euch schmählich in eure Gräber verkrochen, wie Mücken, die sich im Winter in die Ritzen der Häuser verziehn. Schämt euch. Und auf meinen Ruf kamen keine Toten angeflogen, folgsam wie dressierte Tauben. Ich sah die alten Kleider der Menschheit auf den Wassern des Todes treiben und spann und webte eilends neue. Ich wußte, daß die Menschheit nach dem Bad in den Gewässern des Todes anders sein würde. Ich war ein Schneider. Ich ging durch die Straßen. Die Saiten der Jahrhunderte verbanden die verschiedenen alten Teile der Stadt. Zitternd erklang der Draht der Zeitalter — von den goldenen Zwiebeltürmen eines Gotteshauses herab, an denen grauhaarige Bojaren auf und ab zu fahren schienen und wo eine phantastische Menschenmenge in silbernen Bauernröcken einherspaziert kam und Streitäxte und Speere zu blinken schienen, — hin zu den spitzbögigen Glasgebäuden der Märkte und ihren geraden und weißen Mauern, mit grauen Krügen und auf ewig toten Göttern in den runden Nischen — Arbeiten aus einer jüngst vergangenen Zeit. Dunkelhäutige Schattengesichter kämpften Seite an Seite mit graugrünen aus Fleisch und Blut, hier sprang ein sieghafter Schatten-Mann aus einem Haufen, da besiegte ein fleischlicher Mensch einen anderen. Wie Speere brachen und schlugen sich die Wellen der Generationen aneinander, und ihre Taten, Schlachten, verschiedenen und eigenartigen Klänge zogen sich von einem niederen, weißen Torbogen hinauf zur weiten, gläsernen Leere eines Fensters, wo das Glas die Augen zu Gast bat, während es vor dem etwaigen Rumpf die Türe verschloß. Da und dort kreisten Treibriemen vergangener Gedanken und Zahnräder einstiger Seelen.
Flüchtlinge alarmierten die Stadt. Zuweilen hielt ein Kutscher seine gutäugigen Schindmähren an, und ein die Straße entlangkommender Flüchtling lief ihm entgegen und schüttelte seine Hand mit der ganzen Wärme über die unerwartete Begegnung

nach langer Trennung von dort, wo das Antlitz des Krieges auf die menschlichen Werke schien.
Ich salutierte einem himbeerroten blühenden Schinken. In zwanzig Jahren würde er eine achtbare Persönlichkeit dieser Stadt sein.
Die Saiten der Jahrhunderte hüllten die Stadt in ungleiche Klänge, und wie mit strammen, menschlichen Heringen besetzte Kolliers rollten goldene Fäßchen durch die Dämmerung. Und das Dunkel, Schicksal von Schmuckstücken, rief seine Untergebenen. Und dann sah ich ihn — den Jüngling des Erdballs: eilig entstieg er dem Wasser und legte einen himbeerroten Mantel an, den ein schwarzer, an die Farbe von getrocknetem Blut erinnernder Streifen durchzog. Das Gras im Umkreis war hellgrün, und der vom Bogen des Kriegs allzuweit in die Fremde geschleuderte Flüchtling lief darüber davon.


## Ka$^2$

Wieder gingen wir über den gelben, ausgetretenen Weg, — einen Pfad von gelbem Schnee, wir eilten, fielen beinahe hin, und geheimnisvolle Lärchenzweige senkten sich herab wie die Seelen der Ahnen, die verstorben, aber ringsumher anwesend waren.
— Mein Großvater, oder meine Großmutter, lebt in diesem knorrigen Ast, — dachte ich rasch.
Aber da drang tosender Lärm zu mir, und durch die Bäume hindurch sah ich vier Platten, die durch Spinnweben verbunden waren, vier einfache Platten, einfach wie die Worte eines Soldaten.
— Einen großen gelben Schmetterling lenkte das menschliche Staubkorn, und sein trockenes Krachen und Lachen, das sich durch den Erdatem rang, erinnerte an einen Waldigel. Zwei Ringe von roter Farbe belebten auf den Plättchen die dämmerfarbenen Schwärmer. Jeden Morgen höre ich dieses Krachen: über ein großes Schneefeld glitten diese Schmetterlinge in bequemen Schlitten dahin, und hinter ihnen erhob sich der Schneewind, wie von einem Lötkolben.

Wir setzten uns in die 13 und fuhren, in den Kehren und Kurven schaukelnd, forschend und erforscht von den Nachbarn, zufälligen Wellen des Erdballs, in einer Wolke von Gewinsel und Gepolter zur Stadt. Ich beobachtete die Worte des Gesprächs und erinnerte mich an die Drohung.
Längst war der Tag vergangen, an dem der Fähnrich der Heere der Geburt mir die Hand gereicht und mit Festigkeit gesagt hatte:
— Auf Wiedersehen.
Der liebe Fähnrich.
— Den Säugling zu spielen ist heutzutage unmöglich, — sagte jemand sehr eindringlich.
Nein, wenn der lebende weiße Stein vom Grabe des Denkers atmet, beleidigt seinen Traum! werft auf ihn, der der Menschheit mit einem Lächeln geneigt ist, das Wort der Feindschaft. Mögen die Toten aufstehen aus ihren so schönen Gräbern und sich in die Schlacht mischen! — Die Lebenden sind müde. Ihr Toten, geht und mischt euch ein in unseren Zwist. Wir sind müde.
Das Menschengeschlecht wird diesen Wassern als ein anderes entsteigen, schamhaft seine Kleider überziehend, wie nach einem Bad im Bach des Todes. Ich ging durch die Straßen. Die Jahrhunderte verbanden mit ihren Saiten die Splitter der Jahrhunderte. Das Jahrhundert der Züge lag an breiten grauen Mauern mit schmalen Krügen in den Nischen; weißhaarige Bojaren verbargen sich in der Luft bei den goldenen Zwiebeln einer Pfefferkuchen-Kirche, die goldenen Blumen der vergoldeten Kuppeln und die vermeintliche Menge in silbernen Kitteln — der durch sie geborene Klang einer großen Stadt. Grüne Wiesen der Dächer.
Flüchtlinge erfüllten die Stadt. Die Kutscher stoppten plötzlich ihre gutmütigen Mähren, und der Flüchtling, der die alten Mauern mit den daraufstehenden Skulpturen grauer Köpfe entlanggelaufen kam, rannte nun auf die Straßenmitte und drückte und preßte einer vorbeifahrenden Flüchtlingsfrau mit aller Glut einer unerwarteten Begegnung die Hand, nach einer plötzlichen Trennung dort, wo die Angelegenheiten des Menschen vom Antlitz des Krieges beleuchtet wurden.
Ich erblickte einen himbeerfarbenen Schinken; in zwanzig Jahren wird er ein geachteter Bürger dieser Stadt sein.
Aber der Klang der Jahrhunderte umwob die Stadt. Und als gol-

denes Halsgeschmeide strömten die Fäßchen dahin, mit Menschen gefüllt, Fischen im Meer der Menschheit.
Das Gesetz der Massen warf diesen Hering der großen Städte weg und empfing ihn wieder.
Der ursprüngliche Wald rückte gegen die Menschheit vor: die Menschheit der Zahlen, bewaffnet mit der Gleichung des Todes wie auch der Gleichung der Gemüter, die mit dem Gesicht denkt, nicht mit dem Gehör.
Sich zwischen den Stämmen herumtreiben. Die Menschen sind schlauer und vorsichtiger geworden, und, zu schwach, um die Schicksale des ganzen Menschengeschlechtes zu besiegen, verhalten sie sich ihnen gegenüber wie zur toten Natur.
Das Gewebe der Priester, die gemäß ihrem Geburtsrecht irgendwohin führten, umfing durch die Gnade der Zahlen sehr rasch die Menschheit, und die Worte ihrer Predigt knüpften sich zu einem großen Netz, das geeignet war zum Fischfang. Ich hatte die Stange für ein Netz. — Gut, — dachte ich, — jetzt bin ich der einzige Schauspieler, und die übrigen sind Zuschauer. Aber die Zeit wird kommen, da werde ich der einzige Zuschauer sein, und ihr die Schauspieler.
Die aufrührende gesamtasiatische Vernunft, die aus den Sackgassen der Dialekte heraustreten muß, und der damit verbundene Sieg des Auges über das Gehör und das Beben der Gewalten der Malerei, die das Festland bereits verbunden hat, und die Freundschaft grüner chinesischer Holzschnitte und lieblicher Chinesinnen mit schmalen Brauen, die immer Schmetterlingen ähnlich sehen, — mit den Schatten Italiens an ein und derselben Wand eines mürrischen Stadtzimmers und die Fingernägel des Mandarins, die an Händen erscheinen, die über sich selbst nachdenken.
Der ursprüngliche Kiefernhain rückte gegen die Menschheit vor. Da sie an nichts glaubten, wurden die Menschen schlauer und vorsichtiger. Und sahen mit den feindseligen Pupillen von Wilden Tag für Tag.
— Wir sind im Urwald, — sagte jemand nachdenklich, — wir — die Selbstschöpfer. Oh, schleudert den Pfeil auf alle Sterne! Oh, umherirren zwischen den Stämmen! Er verstummte.
Alltag jenseits der Wörter, Menschheit der Zahlen. Umherirren zwischen den Stämmen. Griechischer Alltag und alte Sitten. Volk der Sittenschöpfer.

Stacheldraht nehmen — diese Grabdenkmäler. Und den majestätischen Ritus des Kriegs, das Gebet der Kriegsanhänger. Und die grauen Götter, mit der Axt herausgemeißelt aus der Zeit. Und das Schlachtopfer einer Generation durch die andere, zu Füßen der weißhaarigen Götter — euch alle habe ich gelesen im unerklärlichen Lächeln einer steinernen Frau, die im Garten eines Malers lag, — bedeckt mit den Pocken der Zeit. Und der Altar des Krieges ragte aus ihren nicht bestehenden Armen empor.

Natürlich, sogar ihr werdet zugeben, daß es einen Menschen und noch einen Menschen geben kann, eine positive Zahl von Menschen. Zwei. Aber ihr wißt, daß jemand, wenn er nicht da ist, man eher auf ihn wartet, die Zahl der dinglichen Menschen nicht nur nicht um eine Eins vermehrt, es ihn nicht nur nicht gibt, sondern er sogar ein negativer Mensch ist. Und daß wir, nach Ansicht anderer, Jahrhunderte (Büsche von Augenblicken) eines negativen Ankömmlings mit einem Dornenstrauch in Händen erleben ...

Und ihr wißt, daß die Natur der Zahlen so ist, daß dort, wo es Ja-Zahlen und Nein-Zahlen (positive und negative Wesen) gibt, dort auch angenommene ($\sqrt{-1}$) existieren?

Das ist der Grund, weshalb ich immer so gern die $\sqrt{-1}$ von einem Menschen habe sehen wollen und die durch einen Menschen teilbare Einheit. Und sein Gesicht verfolgte mich überall im Straßenlärm.

Im übrigen begriff ich bald, daß, wenn es einen geliebten, erwarteten, aber abwesenden Menschen, ein negatives Wesen gibt, jedes Feindliche, der Versammlung Abwesende (ihr nicht Beiwohnende) $\sqrt{-1}$ ist, ein angenommenes Wesen. Wir gingen die Straße entlang.

Wenige begreifen, daß auch Moskau Eindrücke aus dem Tscherkessenleben bieten und den sich langweilenden Verstand beschäftigen kann.

Soeben beschäftigte mich der kirschfarbene, himbeerrote, gleichsam vom Schicksal durchsägte, und manchmal eine Säge ersetzende, — Schädel Bajdas, dieses kaltblütigen Zaporogers, der, wenn er sich auf Türkenart auf dem Boden niederließ, die obere Schädelhälfte (Petrovskij) wie ein Buch der Rechtfertigungen in Händen hielt und in der unteren Gesichtshälfte keine Miene verzog, gleichgültig fröhlichen Auges genau am Rande seiner den-

kenden Schöpfkelle. Goldstücke im Gürtel, in den Bergen eingetrockneten Fetts, Säbel aus Blechstücken. Ein Spiegel der in Hege Begrabenen und ein Stück Birke waren die Waffe der Leinwand (in dieser Zeit irrten die Schnitte der Malerei noch umher).
Auf der Ausstellung der neuen Malerei zwang der Wind des Wahnsinns, umherzuirren zwischen der Mausefalle mit einer lebendigen Maus, die auf die Leinwand gebannt war auf der Ausstellung, und einem einfachen Großfeuer auf ihr (die Zuschauer eingesperrt).
1) Farbig genannt war das «Aushängen einer Deichselgabel». Am Tage der Ausstellungseröffnung wird der Veranstalter krank und legt sich ins Bett und empfängt seine Ärzte. (Eine Menge von Menschen hat billige Plätze im Zug der unsterblichen Seelen verlangt, der da unter Dampf stand.)
Indessen stand mein ungeschickter Doppelgänger, der aber weitaus schlechter ist als ich, da und schaute zu. Ich setzte mich in den Zug und fuhr von ihm weg. Sein müder Gang, seine ausgemergelte Erscheinung setzten mich in Erstaunen.
Sein schiefes und blasses Gesicht blieb mir im Gedächtnis ...

Lustig ist es, das Gesicht eines grauhaarigen deutschen Gelehrten an einem Manne zu sehen, den man mit blonden Haaren in Erinnerung hat, und einem Kranz in diesem Haar.
Mein Sturm und Drang.
Als er noch nicht ergraut gewesen war, erinnerte er mich noch an Löwenherz. Mit schmeichelnden, selbstbewußten Bewegungen nimmt er deine Hand und liest daraus eine unklare Prophetie und schaut einen danach aufmerksam an und stellt zwei Gläschen bereit. In diesen Tagen suchte ich vergeblich nach Ariadne und Minos, bereit, im XX. Jahrhundert eine Geschichte der Griechen zu verspielen. Das waren die letzten Tage meiner Jugend, die mit den Flügeln schlug, um davonzufliegen, aufzuflattern. Aber sie waren nicht da; schließlich kam die Zeit, wo ich spürte, daß ich sie nicht würde verspielen können. Das erbitterte mich. Ich begriff, daß Freundschaft, Bekanntschaft der Fluß zwischen einer verschiedenen Zahl der Kräfte ist, die sie ausgleicht.

Er war ein hübscher junger Mann mit toten Augen, ein wenig schwer von Begriff: du und die anderen. Ein klingender Name

und Telephongespräche (des Herren) und die Kreidewände des Zimmers.
Was konnte er als Rechtfertigungsschreiben schon vorweisen, außer seiner *oberen Kopfhälfte*? Der letzte Zaporoger?
In den ersten Kriegstagen erinnere ich mich an die schwarze Luft der raschen Dämmerungen an der Ecke Sadovaja und die Russen, die nach Westen zogen.
— Alle werden wir sterben, — sagte jemand dumpf, mit einem Blick auf mich.
— Sterben ist gar nichts, siegen müssen wir, — sagte ich streng.
Damit begann die erste Woche. Sie, die alle waren außer dem Führer, gingen fröhlich auf den Marsch, die Sommerlager verlassend. Die Pfeifen an den Rädern der Geschütze ausklopfend, glaubten sie, sie hätten einen Führer. Hatten sie einen? Oder war der Tote Reiter, der seinen Fuß in den Steigbügel gesetzt hatte und dahinjagte, zum Führer ins Glück auserkoren worden?
— Für seine Befehlshaberhaltung.
«Niemand zieht fröhlich in den Krieg!» — erwiderte unwillig die Mutter, während sie den Samovar herrichtete.
Einmal ritten wir zu siebt (Soldaten und Begleitmannschaft). Zwei weiße Leinwände des Feuers, wie die Augen von Spürhunden, flohen durch den Schnee um uns her, an den Bäumen vorüber, und der Leutnant, der laut gerufen hatte: «In einer Woche werde ich fallen», dort, im unterirdischen Gang des Kellers, beim Abendessen, unter der gläsernen Zimmerdecke, über die, hoch oben, die Füße der Passanten gingen, und der verlangt hatte, daß Staatslieder gesungen wurden, — er zog den Säbel und schlug mit ihm Achten in die Luft; er zwang den blanken Säbel, den zaudernden russischen, aufzutanzen inmitten der weißen Schwerter Feuer der Gasse. Er schwenkte ihn durch die Luft, während unser Ungeheuer durch die Stadt raste. Er wollte wieder etwas sagen, rief jedoch nur grob und direkt:
— In einer Woche werde ich fallen!
Nackter Stahl des Säbels und ein Marsch über 60 Verst.
Dann auf dem Rückweg hielt uns beim schwärzesten Tor mit schwarzen Hörnern und den schwarzen Flügeln des Jünglings des Sieges ein Schlagbaum auf und die Menge schwarzer Menschen rief irgend etwas:
— 5 Schritte, und es ist zu spät! — Und der schwere Querbalken schlug einer Frau gegen die Brust, und sie fiel mit dem Rücken

in den Schnee. An dem Korb eine Pupille zerschlagen. Glocke. Aber durch das Tor des eingeschlagenen Ruhmes ritten wir ein, den geborstenen Querbalken hinter uns lassend. Mit Pupillen voll der Freundschaft verließen wir in aller Ruhe den Korb, erschüttert von der Erzählung des Ereignisses und seinem Zeichen. Und schon waren wir einen Schritt weiter im Tor des Sieges, froh, daß es nicht die Freude der Rache war und der Sieg — vor uns lag.

In dieser Zeit war ich bereits zum König der Zeit gewählt (bereuen dies jetzt die, die ihn gewählt haben?) und war zum Oberhaupt des ersten Staates der Zeit auf dem gesamten Erdball erklärt worden. Vor mir einer der inneren, ewig offenen Wege. Ein zweiter blieb, der Sucher nach den gebrauchten Jahrhunderten. Ein schwacher, kaum sichtbarer Pfad im Garten der Schädel. Das zweite Jahr schon. In zwei Wochen vor Weihnachten, am Tag der Sonnenwende und drei Wochen vor Ende des Jahres fiel ich von den Schroffen des Bergs des Glaubens und der Freude und flog in irgendwelche Abgründe. In $\frac{91}{2}$ erkannte ich den Tod, und nachdem ich ihn zu Eis verwandelt hatte, wurde ich in 91 ... Wenn ich schließlich meinen Riemen, der meinen Namen trägt, um die Sonne schlage und in meinem Herzen machtvoll die Schnalle am Sonnenriemen festziehe. 132 Tage danach bricht die Stunde des Flüsterns der Weiden an, und der Bruch meiner Seele wird den gemeinsamen Nenner haben.
Auch das Jahr teilt sich ein in vier Teile. Wenig erstaunlich ist seine Natur eines verlängerten Kreises. Jetzt, wo ich schreibe, erinnert alles — das dümmliche, flinke Köpfchen des Hasen, seine geglätteten herrlichen Haare, das dampfige Schnäuzchen, der etwas besorgte Blick, — alles erinnert an die Teufel, wie die Gončarova sie begreift.

Ich ging die Tverskaja entlang und beobachtete die Gesichter der Einheimischen. In jedem Blick verletzten mich die Silhouetten des Säbels.
Der Gott des Todes gab mir die Hand und drückte sie, gleichsam ein Bekannter. Der Gott des Todes sagte zu mir: Guten Tag. Er trug Adlerfedern in den schwarzen Haaren, er hatte einen Adlerhelm auf dem Kopf und Hände eines Wilden.

Ich dachte: müssen die Träger der Macht von derselben Erscheinung sein wie die Untergebenen? Hatten doch Fremdstämmige mit anderen Augen und anderer Braue hier mit mehr Leichtigkeit Städte gegründet, nur grobe Bretterverkleidungen andersaussehender Reiche.

Ich suchte dasjenige der zahmen Wildtiere, dessen Name kein Schimpfwort ist. Es ist klug, ehrbar, streng, und seine Begierde wird gelöscht durch Hafer.

Ich führte Ivan den Schrecklichen, der hölzern war, aber aus Pfefferkuchen, herbei, er hatte schöne schmale Brauen, eine liebliche Stirn und weiße Handschuhe, ihn, eine dümmliche Eule und vier grüne Dorfjungfrauen — grelle Dorfmädchen in goldenen Tüchern und mit zarten schmalen Brauen. Ich trank den Wein der plötzlichen Eingebung einer alten Zigeunerin, die mich (in Gedanken an ägyptische Nächte) gefunden hatte, dort, in der Schlucht, wo es die Hütten gab mit den besten Plinsen überhaupt. («Kommerzieller Charakter»?) Ich hatte den Umbruch des Besitzrechts vorausgesehen. Der Raum ist erobert, und das Gras der Räume verwelkt.

Das Besitzrecht geht über auf den schöpferischen Kampf um die Zeit. Aber irgendeine Lüge hat mich sehr ermüdet. Ich war Zuschauer vor herabgelassenem Vorhang, und dessen griesgrämige Pinsel waren Anschuldigungen.

Der Staat der Zeit war unser, und die schwarzen Bälle auf der graublauen Fläche und die linkische Bläue in den Sternen, wo die Leute stehen mit dem Baum der Legenden, und das Gold der Kerzen brennt und flackert im Innern, und die schwarzen Pelze der Höhlen.

Mit rauher Stimme das Jahrhundert des Jüngsten Gerichts, — sang ich sorglos, dorthin gehend, wohin es ging. Leute gingen vorüber. Eine große Schachtel aus Stein flog inmitten des Gartens vorüber. Ich nahm teil an der großen Schlacht der Toten des Raums und der Heere; die Zeit der Menschen, die Zeit der Jünglinge und drei Belagerungen beschäftigten mein Hirn.

Der Turm der Massen, der Turm der Zeit, der Turm des Worts. Die Aufgabe erschwerte sich dadurch, daß ich die Schnellfeuer-Verstände und schweren Verstände näher rücken mußte, und von all dem wußte außer mir niemand etwas. Und die Lafetten blitzten an mir vorüber.

Getrappel und Wiehern des Pferdevolks. Das Leutvolk entsteigt diesen Wassern als ein anderes. Und da ich an dem frischen Mahl des Wahnsinns teilnahm, und schamhaft die Kleider nach dem Bad im Bach des Todes wieder anzog, — legte ich den Schwur ab, das letzte, was ich tun konnte mit einem Kindersarg anstelle eines Herzens, das irgendwann einmal hatte schlagen können.

Einige Märchen sind schon abgespult, mir blieb, einige Male hintereinander zu verlieren und, wie die Seufzer des schweren Meeres, Erfolg zu bringen (wir alle sind jetzt ins Leut-Meer versetzt); vielleicht ist auch er ein Wal im Meer der Leute und schwimmt irgendwo herum und atmet prustend mit einer Säule reihenweiser Ausgaben.

Nicht allen ist bekannt, daß ein Pferd, wenn man ihm das Wort «— hü!» ins Ohr flüstert, in gestrecktem Galopp losrast. Dieses Zauberwort, Verbum der Reiter, ist nicht allen bekannt. Ich habe dieses Wort für die gesamte Menschheit gesucht, — mir ist die Peitsche des Krieges zuwider.

Ich führe bereits einige Jahre ein seltsames Leben, das an den Sattel eines Pferdes gebunden ist.

— Leute, wir reiten durch ein Meer von Zahlen, — rief jemand, der lange geraucht hatte. Ich erinnerte mich an den Marktflecken, die schönen, schweren Türme, die goldene Zwiebel der Kirche, Kathedrale, und die Regimenter von Bücherbrettern des Gelehrten, der keinen Bedarf hatte an dem Staubkorn des Raums.

Ja. Der erste Staat der Zeit auf Erden hat bereits gelebt, es gibt ihn bereits.

Es raucht die Seide der Segel. Schmale blasse Gesichter in angebundenen Helmen und mit Tinte gerötete Harnische.

Er legte den Säbel mit dem Griff auf den Tisch, sagte:

— Ich spucke dem Tod in die grimmigen Augen.

«Dein Pfeil, — dachte ich bei mir, — geht vorbei. Das reicht nicht.» Ich schritt über die Eichenaugen der deutschen Hälfte. Hier lebte der Maler meiner unmenschlichen Zeit (Lentulov). Ich gestehe, ich mochte ihn wenig. Er war listig, gefallsüchtig, aber er hatte ...

Aber die feuchten blauen Glockentürme, mit Fliegenschwämmen ihrer Köpfe neigten sie sich, fielen, und barsten wie im gekrümmten Spiegel, entweder vor einem Erdbeben oder wie das

Ruder eines Fischers jenseits des durchsichtigen aufgewühlten Wassers der Zeit. Die Glocke, ausgemeißelt aus Silberblech, flog schwer auf die Hüfte, und in ihr erklang fleißig der dunkle Ägypter im Vorderteil, der hier aufgetaucht war, direkt aus den Gräbern des Nil.
Eine lange Reise.
Der Himmel war geteilt durch eine goldene Linie, die dunkle grüne Farbe der unteren Hälfte gab ihm das Aussehen der fettigen Wand eines öffentlichen Gerichts. Das goldene Muster wand sich die Wand des Himmels entlang.
Wir plauderten, dabei, die Luft des Wortes für diese große Stadt zu weben. Ich dachte: diese krummen Straßen sind nur die Locken im großen Bart des Staatsbojaren Kučka, und die Zeit wird denen, die einmal diesem Kopf-Hügel eine flinke Ohrfeige erteilt haben, das verborgene blaue Schwert hervorziehen. Es ist manchmal nicht schlecht, Puškin-Anhänger zu sein. Das Schöne (Puškin war trotz allem nur ein rußverschmiertes Stückchen Glas). Man kann, schaut man durch, die Zukunft sehen. Ich will übrigens kein Betrüger sein. Wieder marschierte ich hartnäckig, die Befehle der Bewegungen in den Barthaaren des Bojaren Kučka lesend. Und ist es denn so lange her, daß sein Lachen (des Puškinkopfs in «Ruslan und Ljudmila») uns von Meer zu Meer irren ließ, getragen vom Wind des Atems bis ans Ende der Welt. Und Eulen flogen auf aus dem Schnurrbart und den Brauen des alten Kopfes, und sie setzten sich direkt auf die Säulen der Vorgänger.

An dieser Stelle erhoben sich 4 schöne und schlichte Fabrikschornsteine wie Kerzen vor einem mächtigeren Antlitz, als die Türme der alten Jahrhunderte. Sie rauchten, schwarzen Ruß speiend, und durchschnitten, wie Schultern, mit schiefen Zöpfen.
— Leuchter in jemandes mächtiger gestrenger Hand. Und hinter ihnen blühte der mächtige Hahnenfuß oder die Sumpfdotterblume — eine goldene Kuppel mit ausgeschnittenen grauen Menschen entlang der Wände.
— Wir sind eben an Ihrem Denkmal vorbeigefahren. Sie sind es gewesen, der dort stand, — sagte jemand spöttisch zu mir.
(Tatsächlich waren Puškin und ich es, die die Würmer dieser Schriften gezogen haben.) «Nur, warum haben Sie denn den Hut gezogen und halten ihn hinter dem Rücken? Das ist unschön

und auch nicht gut, Sie werden sich erkälten, mein Lieber, und sie (die Vorbeigehenden) sind Ihrer Höflichkeit nicht würdig.»
Ich lächelte.
Ich bin nicht selten an diesem schwarzen gelockten gußeisernen Herren mit dem Hut in der Hand vorbeigegangen. Und habe immer den Blick zu ihm gehoben.
Ein Mitglied der Gesellschaft der 365 drückte mir die Hand, ein großer, magerer, hochaufgeschossener Mann, der die Meinung über sich wissen wollte, seine blauen Augen — Zeichen der Achtung vor dem Tode — beschämt von einer gewissen Schweigsamkeit. Ich stand da:
— Was will er mir sagen?
Ein sterbendes Pferd, mit einer Bastdecke bedeckt, lockte die Menge herbei. Das Schauspiel des Todes, das Mücken anlockt, ist immer sehr schön und zornerregend.
— Mehr als der Erdball.

— Sie alle und ich, wir beide sind doch Klänge! — rief ich zornig, mit einem Blick auf die Moskauer Sklaven, die sich hingeworfen hatten, um mich anzubeten.
Unterdessen hüllte auch der schwarze Schriftsteller sich in den Umhang Gogols, mit seinem scharfen Krähenschnabel über dem schwarzen Stein, und mit (gleichsam fremder) toter Hand der Pest führte er auf den Markt die weißen Mauern der goldenen Blume (die Erlöserkirche) und das wellige Dreieck der Köpfe — Ivan der Große, mit dem vergilbten Gold, und die Türme der Kerzen und Berge mit Abgründen dort, wo neulich noch Hütten standen, und das Hin und Her ermüdeter Schlittschuhläufer, und die, Zahlen ähnlichen, hohen Mauern mit zwei oder drei schönen Fenstern, und mich übersprudelte dort der Gedanke an mich und den Krieg ...

Das graue Gesicht des Bojaren hinter dem Fenster, das in jener Zeit verschwand, in der sein Andenken vergessen wurde, wie eine Erscheinung, und der goldene Halsschmuck der Eisenbahnzüge und die graue Schachtel der Gebäude mitten im Garten, — all das wurde auf einmal wieder ein Hügel-Kopf, gegen den schallend mein Handschuh schlug.
Ich flog durch die Luft, mit eiserner Hand irgend jemandes stacheligen Bart festhaltend. Vor mir lag Ljudmilas Garten.

Wir waren nicht viele. 317. Die Potenz dieser Zahl war mal Nichts, mal eine Eins. Und wie eine im Geschirr des Feuers rasend dahinsprengende Nebenstraße.

... Am Abend saß der Herr wieder auf Tatarenart auf dem Teppich und schaute mit schweigsamen, wie eine Klinge geraden Augen gestreng, ganz Herausforderung, in den kleinen Raum. Ob er von seinen Ahnen träumte und die schreckliche plötzliche Schwermut, und dieser Eindruck einer abgeschnittenen Schädelhälfte, wie auch auf dem Bild in der Ausstellung, das dort geblieben war, beunruhigten mich. Diesem Letzten hier war alles abgenommen — Sprache und Lebensumstände, die Einheit der Zeit und ihr Maß waren zerstört: wie aus der Zeit irrte er umher, und die Kälte der Steppengräber umwehte ihn. Die behauenen Schläfen und ihre Rodungen vergrößerte er eigenhändig, indem er die Haare bis zum Ohr abschnitt, wie es schien, wollte er damit die Stelle für die Anlegung eines schmalen langen nichtexistierenden Schnurrbarts frei machen ...


Čao plätscherte durchs Gehör mit Gläsern allerreinsten Klanges, so als sei dieser dem Kehlchen der Seidengrasmücke entsprungen, von ihr gezwitschert, diesem Tempel der schwarzen Sonne, weshalb diese Sonne heller ist als die des Himmels auf der bewölkt-steinigen Masse des grau-silbrigen Gefieders des schwarzäugigen Vogels.
Čao plätscherte mit Schmetterlingen und Faltern — diesen klug vollbrachten Diebstählen am Himmel, an den Farben seiner Sonnenuntergänge, an seiner Wärme, seinem Feuer und seiner Asche — alle auf den Flügeln ausgestellt, — und verkaufte sogar Getränke an die Schmetterlings-Massen, Familien, Freundinnen, an die Masse der vertrockneten und dickfleischigen, zarten und feinen Ohren.
Čao flatterte mit den Flügeln eines Meeres verschiedenster Schmetterlinge, wie wir sie von Geburt bis zu unserem Tode sehen, — an die Ohren der Menschen, und wie ein junges Zicklein streifte sie mit ihren kleinen Hufen aus Schmetterlingskleidern durch das Gras verzückter Blicke. Čao betrachtet oft den offenen Brief mit dem alten Samurai im Schuppenpanzer,

seine hochmütigen, auf die Nasenwurzel wie die Flügel des Seeadlers herabfallenden Brauen, der bei Sonnenaufgang vom Fudschijama ans Meeresufer fliegt, die Fischer und das wüste Ufer und ihr Netz mit dem Schrei der Höhen bescheinend.
Ich war, zu Lebzeiten Hiawathas und Manus und Fu-sis genauso, und, ein getreuer Spiegel, werfe ich den Sonnenstrahl unter klingendem Winkel zurück auf die Spiegel des Schädels. Und wieder bin ich der schwarzäugige Spiegel zwischen der Sonne und dem Menschen, der wacht über der Reinheit der Zahlen. Ich sehe gerade die Augen Hiawathas. Hast du mich erkannt, o Mensch? –
Und hinter den dichten Sträuchern des Waldes trat mit einer Garbe zerzauster Haare Vasja Kamenskij hervor und betrachtete sie lange erschrocken, ohne zu begreifen. Vielleicht lallt da ein kleiner Stern? Dann fing er an zu lachen, begriff und begann zu zwitschern und die schwarzköpfige Grasmücke ... eine Aristokratin der Kiefernwipfel; und sie zwitscherten zusammen, in Melodien wettstreitend, und Vasja schrieb: «Liedlichter, liedichtlich, ruchlicht, o Ruchling.»
Dann schmunzelte Vasja lange, im rätselhaft angeordneten Tannicht und Moos im Gesicht des Genossen erkennend, und sagte: «Also so!» – und freute sich in schöner Freude.
Ich habe also die Augen Hiawathas und einer Grasmücke? – wiederholte er ... und ließ sich sofort aus den Wolken herab. Auch er hat sich dort oben herumgetrieben? Lange, der Ärmste! Und freut sich wohl in mir wie der Kanarienvogel im Käfig; wahrscheinlich hatte er Hunger bekommen. Wovon hat er sich dort oben ernährt: von Käfern und Ameisen? Gibt es dort in den Wolken etwa Käfer und Ameisen? Er weiß, wohin er sich hinabsenkt! Wahrscheinlich kalt da oben. Also, lächelte Kamenskij, geben wir ihm zu essen. Der Anblick eines jungen Mädchens wird ihn sättigen. Geben wir auch Hiawatha zu essen. Denk dir doch nur: das ist kein Spaß, 300 Jahre sich am Himmel herumtreiben, zwischen Stürmen, und was für schreckliche Gewitter waren, da packt einen direkt die Angst, wenn man dran denkt. Und kein Dach und keine Herberge wissen ... wenn er sich ausruhen wollte auf irgendeinem Vogel, dann jagten die Vögel ihn fort und hackten mit den Schnäbeln nach ihm. Er kommt also direkt aus jenen Versammlungen der Indianer in roten und blauen Adlerfedern, mit ihren großen Bogen, die am Lagerfeuer

zusammengestellt sind, und kaum hatte er sich gesetzt, bot er der Sonne die Friedenspfeife an — denn die Weisen wußten, daß, wenn ein Teil weniger ist als das Ganze, das Ganze oft weniger ist als ein Teil ...
Čao überbrachte den Ohren — mal den wie Greisinnen vertrockneten, mal den wie Jungfrauen unschuldigen ... das Schönwetter seines Namens und gestattete, ein wenig vom Naß aus dem Schmetterlingsmeer zu trinken, dem Meer der Schmetterlinge mit blauen Flügeln und dem Muster kleiner himbeerfarbener Kohlen, des Diebstahls am Sonnenuntergang, auszutrinken das süße Naß, das die Lippen des Sterblichen erfrischte.


## Esir

In der Wildnis der sich halbmondförmig hinziehenden Insel Kulala, inmitten grasüberwachsener Sanddünen, auf denen eine Herde menschenscheuer Wildpferde umherstreifte, unweit der Linie, die die Brandung bezeichnete, stand eine Fischerhütte. Aufgestapelte Segel und Ruder ließen erkennen, daß es sich um einen Unterstand von Meeresjägern handelte. Hier lebten der Fischer Istoma und sein Vater, ein hochgewachsener, sonnenverbrannter Riese, in dessen Bart sich die ersten grauen Haare zeigten. Im Winter erschlugen sie Robben, und wenn sie sahen, daß ein Tier sich nach Menschenart im Meer aufrichtete und neugierig umherblickte, stießen sie ihm ihren Speer mit dem beweglichen Fischerhaken ins Fleisch.
Jetzt machten sie sich zur Frühlingsfahrt bereit und kletterten hinauf und hinab an der Hütte, die auf Pfählen in der Nähe einer Weide stand; von ihren Zweigen hingen Fischernetze herab, und an die Wurzeln gelehnt, stand Teer. Frische Flicken auf dem Segel, eine neu geteerte Budarka, eine strahlende Sonne, die auf den Wellen und den geteerten Bootsseiten funkelte, ein mächtiger Hausen, der im Boot lag, den Schwanz auf den Boden gehängt, Seeadler, die auf einer Sandbank saßen, — ein anderer saß als schwarzer Punkt auf der Höhe eines Sandeinbruchs, und Wolken von Enten, die von irgendwoher aus der Höhe schnatternd auf das sich hebende und senkende Meer hinabtauchten — all das war rings im Umkreis zu sehen.

Zeitig am Morgen lief das Boot fröhlich nach der Stadt aus, die damals vom Ruhm Razins erfüllt war. Über den Fischern rauschte der leinene Himmel des Segels, und die Welt wurde eng und nah.
Gräser, die mit Leichtigkeit ein Kamel verbergen konnten, neigten sich zu beiden Seiten dem Wasser zu; hier trafen sie ein Boot; am Ruder stand ein Jäger; sein Gesicht war derart von Fliegen zerstochen, daß es aussah, als hätten die Wespen es entstellt. Er sah fast nichts; im Boot lag ein toter Eber.
Schläfrige Schildkröten hoben erstaunt die Köpfe oder sprangen ins Wasser, und durch das Wasser glitten geschmeidig prächtige, rot-goldene Nattern.
Zuweilen waren es so viele, daß es aussah, als würden zahllose Gräser von einer Strömung aufgewallt. Unter dem Rauschen des gewölbten Segels glitt das Fischerboot rasch dahin. Am Kutum legte es an und warf, wo die alten, mit rotem Weidenhaar bedeckten Weiden standen, die auf den Kopf gestellten Menschen glichen und deren durchscheinende Zweige Kleider aus Reihernestern trugen, den schweren Anker in den Sand.
Die Jäger stiegen an Land.
Am Kreml entlang, quer durch die Weiße Stadt und die Getreide-Stadt, vorbei am Voznesenskij-Tor und am Kabackij-Tor, gingen die Jäger, gebückt von der Last des Störs auf ihren Schultern, an den Reihen von Jagdgeräten vorbei zur Hütte eines befreundeten Küstenbewohners.
An einer Stelle wurden sie von einer Herde roter Steppenrinder aufgehalten. Berittene Hirten trieben sie durch die schmalen Gassen, und ihre krummen Hörner waren ineinandergedrängt wie die Wellen in einem Fluß. Ein schwerer Karren, mit grünlich-weißen Leibern von Stören, schnitt sich mitten ins dichteste Gedränge. Hier ritt auf einem stöhnenden Dromedar ein Steppenbewohner vorbei, da auf weißen ukrainischen Ochsen — einige Salzführer.
Am Ufer lagen Schiffe mit Segeln aus Silberbrokat, und in der Nähe standen die malerischen Frauen des Ostens. Hier und da tauchten in den Straßen die freien Söhne vom Don auf, in kostbaren Ketten und silbernen Kitteln, überschüttet von riesigen Perlen. Der Name Razins ...
An den lehmigen Flechtzäunen standen schwarzäugige Kosaken in gestickten Hemden, mit einem breiten Lachen für die ganze

Welt; Tatarinnen in schwarzen Umhängen gingen vorbei. In weiße Gewänder gehüllt, ritten die Frauen der Steppe auf Kamelen vorüber.

Der greise Küstenbewohner empfing sie auf der Schwelle seiner Erdhütte, die von einem Zaun aus Stroh und getrocknetem Schlamm umgeben war. So lebten, Schutz suchend vor Frost und Hitze, die Russen jener Zeit.

Als sie die Stufen hinabgestiegen waren, konnten sie, der Dunkelheit wegen, eine Zeitlang nichts wahrnehmen, dann aber erkannten sie Bänke aus Lehm, mit östlichen Teppichen belegt, und mehrere schwere Krüge auf einem Tisch.

Eine wohlbeleibte, etwas pausbäckige Frau kam den Gästen entgegen. Ihr Gesicht war mit einem Netz kleinster Fältchen bedeckt und nach alter Leute Art gütig. In der «guten Ecke» saß ein Gast — ein Inder. Etwas Durchsichtiges in den schwarzen Augen und das lange schwarze Haar, das ihm in leichten Wellen auf die Schultern fiel, verliehen ihm das Aussehen eines Fremden. Er berichtete Neuigkeiten, die er kürzlich aus Indien mitgebracht hatte, dem einstmals so sanften, daß es dem Himmel nur Blumen zum Opfer brachte. Wie sich die Stütze und Hoffnung der Brahmanen, Shivaji, gegen den verschlagenen Aurangsep erhoben und eilends das Reich der Marathen gegründet hatte, und die andererseits mitten im wütenden Kampf zwischen den Verehrern Vishnus und Mohammeds die sanfte Lehre der Guru (Lehrer) Nanak und Kabir verströmte; wie die Sikhs (Jünger), die die Brüderlichkeit und Gleichheit aller Menschen verkündeten, zuerst Govind und dann Tegh Bahadur zu ihrem Propheten erkoren hatten, und wie der meineidige Aurangsep, nicht Gift noch gedungene Mörder scheuend, die Sikhs verfolgte, und wie kürzlich in China der Aufstand von Tschang-K'ien-schong zu Ende gegangen war, und wie über der ganzen Welt der Geist der Freiheit loderte.

Auch vom Galai-gala-jama der Inder berichtete er.

Voll Zorn erzählte er von China, wie sich dort ein armer Schlukker bereit erklärt, um einen halben Rubel, den seine Familie erhält, für einen anderen aufs Schafott zu steigen, und wie er seinen faltigen Hals und den Kopf mit dem grauen Zopf aufs Brett legt; wie man dort keine Handbreit Land finden könne, auf der nicht Getreide wüchse; wie der Mensch derart unzugängliche Höhen bebaue, daß er, scheints, Flügel brauchte, um dort hin-

aufzugelangen, während er durch das Sammeln von Meerespflanzen an die Bebauung des Meeresraumes ging.
Und noch vieles andere mehr berichtete der Inder; zu später Stunde trennte man sich, um sich zur Ruhe zu begeben.
Istoma schlief ein, in Gedanken an einen Gefangenen, den man in eine Grube geworfen hatte und über dessen Gesicht eine Kröte kroch; an Herrscher, denen man Körbe voll ausgerissener Augen brachte; an Herrscher, die die Münder der allzu Gesprächigen zunähen, – die Münder der allzu Schweigsamen aufschlitzen ließen; an ein Todesurteil durch Schlucken von Sand bis zum Ersticken. Am Morgen brach Istoma zum Markt auf. Er durchquerte einen Reiterzug; an der Spitze der Abteilung wehte ein mächtiges Banner, das einen Eber auf dem Scheiterhaufen darstellte. Dahinter kamen Reiter in schwarzen Filzröcken, auf mageren, bösartigen Pferden. Ihre schwarzen Kappen mit den himbeerroten Spitzen leuchteten in der Sonne.
Es war das Zažarsker Strelitzenregiment. Immer öfter konnte man in der Menge den Namen Razins hören.
Aufgeregte Menschen zogen durch die 7 Tore der Weißen Stadt aus und ein: das Močalover, Rešetočer, Voznesensker, Prolomer, Kabacker, Agarjaner und Staroisader Tor.
Hier traf er den Inder Krischnamutri wieder. Krischnamutri war früh am Morgen vor die Stadt hinausgegangen, wo über steilen Flüssen erstarrte Gärten lagen, und hatte in stummer Verwunderung verharrt. «Aum», – flüsterte er leise, sich zu einer tiefblauen Blütenähre neigend.
– Was? Bewunderst du die Welt Gottes? Bewundere sie nur, bewundere sie! – erklang in seinem Rücken die Stimme eines alten Mannes. In Sandalen, grobgewebten Hosen und einem weißen Hemd stand er da, auf einen Stock gestützt, hinfällig und hundertjährig. Kala-Hamsa, der Schwan der Zeit, zitterte über ihm, über seinen grauen Locken. Er war alt. Sie verstanden einander. Dann nahm Krischnamutri einen Knaben und ging mit ihm die wilden, streunenden Hunde füttern.
Er ging auf den Markt am Kabacker Tor.
Hier, an den freien Tischen, herrschte Ausgelassenheit. Wortfetzen und Ausrufe erklangen:
– Hierher, mein Freund! Schwer hats das Fleisch ohne Fleisch! Schwer hats der Freund ohne Freund, wie die Schwalbe ohne Wind.

— Da trink! Seele, berausche dich!
Dunkelhäutige Krieger hielten unter freiem Himmel ein Gelage.
— Hört: die Kröte sah, wie man einen Schimmel beschlug, — da streckte auch sie ihr Bein aus: «Schlag zu, Schmied!»
— Auch du, mein Freund, — rief ein dunkelhäutiger, fast schwarzer Mann aus und hieb mit der dunklen Faust auf den Tisch. Straffe Sehnen umwanden sie wie Stricke und verrieten den kräftigen Krieger.
— He! Einen Fisch tränkt man nicht mit Gänsewein. Kürbis oder Melone? Gelächter erstickte die Worte des Sprechers.
In diesem Augenblick durchschnitt ein heftiger Seufzer den vielstimmigen Wortschwall der Menge.
Ein hochaufgeschossener Knabe in einem weißen Hemd und einem Kittel von grellroter Farbe ging durch die Menge. In den Armen hielt er einen wilden Schwan, dessen Flügel mit festen Stricken gefesselt waren.
— Einen Schwan, einen lebendigen Schwan! — Keiner schien auf ihn zu achten. Der Inder gehörte nicht zur Sekte der Švetambara, die von ihren Anhängern verlangte, daß sie nackt gingen, nur mit den Strahlen der Sonne bekleidet, doch verlangte sein Glauben, daß er allen Lebewesen, ohne Unterschied, Gutes tue, — vielleicht würde einst die Seele seines Vaters in den Schwan einziehen. Er beschloß, den herrlichen Gefangenen zu befreien. Dort, am steilen Volgaufer, band der Brahmane den Vogel los, und bald blitzte jener ein letztes Mal als weißer silberner Punkt im Blau des Himmels auf.
Der Brahmane jedoch blieb über den dunklen Wassern stehn. Woran mochte er denken?
Daran, wie alljährlich Kamele heiliges Wasser vom Ganges brachten?
Und wie inmitten von betenden Stimmen scheinbar die Hochzeit der beiden Flüsse vollzogen wurde, wenn die Hand des Priesters Wasser vom Ganges aus einem langhalsigen, schweren Krug in die dunklen Wasser der Volga fließen ließ — seiner nördlichen Braut!
Istoma hatte ihn eingeholt.
— Was ist das schon — einen Schwan befreien! Nein, schenke du einem ganzen Volk die Freiheit, — sagte er.
Der Inder schwieg. Er dachte daran, wie ein Guru (Lehrer) im fernen Indien seinen Verstand hier leitete. Und plötzlich wandte

er sich um und sagte: — Du wirst einst meine Heimat erblicken, — worauf er sich umdrehte und davonging, vom Sonnenlicht übergossen, in einem dunkelgrünen Chalat.

Istoma jedoch überlegte, während er der Worte gedachte und einer Ameise zusah, die über seine Hand kroch: «Wer ist diese Ameise? ein Krieger? ein Heerführer? ein großer Lehrer ihres Volks? ein Weiser? Und nebenan schlug leise die Volga ans Ufer — die Braut.

Tags darauf, nachdem sie die Jagdgeräte instand gesetzt und von den freundlichen Altgläubigen Abschied genommen hatten, machten sich die Jäger auf den Rückweg.

Unterwegs trafen sie an Schlittenkufen erinnernde, schmale Kähne, aus denen mächtige Fuder Reisig emporragten; eine Budarka sahen sie, in der, einem Ur-Segel gleich, eine dichte, grüne Birke steckte. Und der Wind trieb das Boot mit dem grünen Segel. In einiger Entfernung machten Pelikane ihre Fischzüge, und in ihren riesigen Säcken zuckten die noch lebendigen Fische. Einen Jäger sahen sie, der einen Kürbis über den Kopf gestülpt hatte und Enten an den Beinen lebend fing.

Als es dunkelte, legten sie am Ufer an, um ein Feuer zu entzünden und zu Abend zu essen.

Bis lange nach Mitternacht erzählten sie von der schrecklichen «Netze-Pest», wenn plötzlich über Nacht in weitem Umkreis alle Netze vernichtet werden, von der Netz-Krankheit befallen, einer besonderen Wasserpflanzenart; von schrecklichen Träumen, wo nicht der Mensch einen Stör brät, sondern wo der Stör ein Lagerfeuer anzündet und gefangene Menschen brät. Der Himmel Lebedijas erstrahlte im Schein der grünleuchtenden Sterne; murmelnd ergoß sich die Volga aus tausend kleinen Bächen ins Meer. Stille und Schlaf umfingen das weite Ufer. Als Istoma am Morgen erwachte, bemerkte er voll Verwunderung seltsame Büsche neben dem Boot.

Plötzlich begannen sich die Büsche zu bewegen, und mit Fett eingeriebene Männer stürzten, Zweige von sich abschüttelnd, auf sie zu. «Esir» — Gefangener und Sklave — klang ihr Kampfruf mehrmals durch die Luft. Mittlerweile hatten andere das Boot flottgemacht; hastig stießen sie vom Ufer ab. Istoma wurde von einem schweren Faustschlag betäubt. Er konnte sich an ein Gesicht erinnern, das sich über ihn beugte und dem die Nase zu fehlen schien, so platt wie ein Brett.

Als Istoma wieder zu sich kam, war er an Händen und Füßen gebunden und von bewaffneten Steppenreitern umringt, die eine Ratsversammlung abhielten.
Inmitten kleiner Hügel aus Steinen, Teer und menschlichen Knochen lag ein Steppendorf hingebreitet. Unter dem Sand und der Asche der Knochen von Menschen, die auf Scheiterhaufen verbrannt worden waren, lagen grüne, altertümliche Kacheln verstreut. Spärliche Gräser zitterten mit breiten Dolden, und ein einsamer Sperling hüpfte mutwillig die Sandwellen der Wüste entlang.
Nun hielt er inne und setzte sich auf den tiefblauen Splitter eines Krugs. Hier hatte einst die Goldene Horde gelegen, und nur die Trümmer eines Turmes mit himmelblauer Glasur und ein alter Stein mit tatarischen Schriftzeichen erinnerten noch daran.
Und lautlos glitt eine Schlange dahin neben der Inschrift: «Es ist kein Gott außer Gott», und ein schwarzhaariges Mädchen aus jener Gegend kam vorbei, mit einer in den Zopf geflochtenen Kupfermünze. Und die Inschrift eines Chans aus einer fernen Zeit: «Ich bin gewesen — mein Name ist groß» — ertrank in der schwarzen Seide ihres Zopfes.
Nun entzündete sie ein Feuer und setzte sich auf die Erde, und ihre Gedanken wanderten zu Sjumer-Ula, dem Berg in der Mitte der Welt, wo sich die Seelen der toten Ahnen versammeln, um Stutenmilch zu trinken.
Ein alter Kalmücke trank Holunderschnaps — das schwarze Wässerchen der Kalmücken.
Jetzt brachte er dem Steppengott ein Trankopfer dar und goß Opferwasser in eine heilige Schale.
— Möge Dschingis-bogdo-Chan Gefallen an mir finden, — sprach er ernst, mit gesenktem Haupt.
Der große Dschingis-Chan erschien ihm als der unbedingte Gott des Krieges, der eines Tages auf irgendeine Weise die Kleider eines menschlichen Schicksals angelegt hatte. Liebling der Steppenlieder, lebt er noch heute dort, und die Worte seines Ruhms verschmelzen mit dem Steppenwind.
Die erste Schale goß er ins Feuer, die zweite in den Himmel und die dritte auf seine Schwelle. Und der Gott der Flammen, Okyn-Tengri, nahm das Opfer an. Vom Feuerschein umgeben, sprang er aus der Flamme und begann in einem für das menschliche Ohr nicht wahrnehmbaren Ton, seine roten Kiefer gegeneinander

springen, klappern und schnalzen zu lassen, während seine weißen, toten Augen schrecklich auf den Sterblichen gerichtet waren. Ein tausendarmiger Feuerschein hüllte ihn ein. Wie ein schwarzes Segel das weiße Meer, so durchschnitten die grimmigen Pupillen schräg die Augen: schrecklich weiß hoben sich die Augen zu den Brauen empor, wie das Haupt eines Toten, den man am Zopf aufgehängt hat. Ein Windstoß, und er war verschwunden, und aus dem Feuer tauchte wieder der schwarze Kessel auf, der den purpurnen Geist ablöste.
Koku, seine Tochter, trat zu ihm.
Ihre Zöpfe, die mit Seidenbändern umwickelt waren, fielen auf ihre Brust.
Jetzt wandte sie den Kopf, und aller Liebreiz Chinas zeigte sich auf ihrem dunklen Gesicht; unter der sonnengebräunten Haut kam das hellrote Blut der Steppe zum Vorschein, und lebendige Augen funkelten, klug und freudig, wie zwei schwarze Monde. Auf dem Kopf trug sie ein himbeerrotes, goldbesticktes Käppchen.
Sie wußte, daß ein Mädchen rein wie eine Fischsuppe und sanft wie der Rauch der Steppe sein mußte, und nahm in ihren schwarzen Pluderhosen auf dem Boden Platz.
Und wieder neigte sich ihr Gesicht, wie feurige Kohle, der Erde zu.
Und der Kalmücke träumte.
In Gedanken bestieg er ein Pferd, um ein Arschin schneller als der Blitz, und sprengte davon, in der großen Jagd des Dschingis-Chan; an ihr nahmen alle von Dschingis-Chan unterworfenen Völker teil, und der Ring dieser Treibjagd hatte fast ganz Mittelasien erfaßt. Hier flog eine schnellfüßige Herde von Wildpferden dahin, da fiel ein gabelhörniger Auerochs, und dort sandte eine menschengroße Bogensehne einen Pfeil in ein rotgelocktes Kalb. Halbnackte Reiter jagten wild schreiend durch die Steppe, und da und dort vernahm man den Klang einer Sehne.
Der alte Kalmück leerte eben eine weitere Schale Schnaps, als ein Reiter mit einem Adler am Arm auf ihn zugeritten kam. Er berichtete von einem sich nähernden Kirgisen mit einem Gefangenen, und gemeinsam brachen sie auf, um ihm entgegenzureiten. Munter durchquerten die Pferde einen kleinen Fluß. Die nackten Leute vom Morgen, die sich für den Kampf mit Robbenfett eingerieben hatten, trugen jetzt Kleider und berieten

etwas mit lauter Stimme. Istoma bekam einen Mehlsack übergeworfen, mit Löchern für Kopf und Arme, und nachdem man ihn in einen Sattel gesetzt und seine Beine festgebunden hatte, ritt alles zum Lager.

Dort trat ein Greis auf ihn zu und sagte schroff: «Mein Esir». Istoma wußte um die schreckliche Bedeutung dieses Wortes. Wirbel und Brand eines Peitschenschlags übersetzten das Wort. Gegen Abend brachen sie auf.

Ein Kirgise sang langgezogen aus dem Kudaschku-Bilik. Istoma lief hinter Achmet her. Achmet, in weißem Filzhut und buntem Chalat, wiegte sich im Sattel, schwang die Peitsche und schien den Gefangenen vergessen zu haben.

Die «Steppenspinne» verfiel in leichten Trab. Istoma lief mit gefesselten Armen hinterher.

Von den ständigen, an den Gesang des Teufels erinnernden Schlägen des Schweifs waren seine Augen fast erblindet und sahen nichts. Sein leinenes Hemd war zerrissen und fiel in Fetzen auf seine gebundenen Arme und seinen Nacken herab. Die dicht am Körper sitzenden Pferdefliegen und Bremsen hatten seine Schultern mit einem grünen Netz aus grünen, gierigen Augen überzogen. Andere umschwirrten ihn in einer dichten Wolke. Unter den Stichen, der Glut und der Hitze begann sein Körper anzuschwellen. Die Füße steckten in geronnenem Blut. Von den Hosen war nur noch ein zerfetzter Streifen übriggeblieben.

Als sie das Lager der Horde erreichten, wurde er von einer Schar schmutzverschmierter Kinder umringt, doch der Kirgise ließ seine Peitsche sausen. Etwas wie Mitleid erschien in seinem kupfernen Gesicht. Er schüttelte den Kopf und lockerte die Stricke; gab ihm Milch zu trinken und sagte zum ersten Mal: «Aschai.» Eine gütige Alte reichte ihm einen Schöpfeimer mit Wasser, und er leerte ihn wie ein Geschenk des Himmels. Hier verkaufte Achmet seinen Gefangenen für 13 Rubel. Der neue Käufer war um vieles besser. Von nun an wurde das Leben erträglich. Man brachte ihn zum Baden. Gab ihm ein Kattunhemd. «Jakschi Russ» — sagte Achmet und betrachtete ihn mit Wohlgefallen. Drei Tage lang konnte er sich in einer Herberge erholen.

Ein greiser Bergbewohner unterhielt sich mit ihm, teilte sein Stück Käse mit ihm und heilte seine Füße.

Wie er so in seinem weiten Filzmantel auf dem Boden saß, und sein kahlgeschorener Schädel stieg wie ein Gebirgsadler über dem Filzrock empor, da wurde Istoma leichter ums Herz. Es schien ihm, als ob neben ihm genauso ein Gefangener säße wie er.
Bald wurden sie von einer riesigen Sklavenkarawane eingeholt, unter der Georgier, Schweden, Tataren, Russen und ein Engländer waren. Aus den Reihen der russischen Gefangenen wurde eine Leibgarde für die Eliteregimenter ausgewählt, für den Kaiser von China, den Türkischen Sultan und den Großmogul von Indien. Bald setzte sich die Karawane erneut in Bewegung, und das Schellengeklirr der Kamele erklang.
Der Weg führte durch eine öde Sandsteppe, wo nur Sperlinge und Eidechsen durchs Gebüsch huschten und hin und wieder ein glutäugiger Steppenuhu aufflog, der aus der Ferne einem Wolf glich, — wenn er mühsam ein in seinen starken Krallen gefangenes Kaninchen durch die Luft davontrug. Istoma .zog hinter seinem Kamel her, durch weiße Salzwüsten und über endlosen Sand. Mit ihm zusammen in der Karawane war nur Jadwiga. Sie hatte langes, goldenes Haar, und stets lachte und scherzte in ihren Augen eine Nixe — die blaue Nixe der Wimpern.
Zwischen den an zwei mit Marienflachs bewachsene Sandhügel erinnernden Höckern eines Dromedars hatte man ihr ein besonderes Zelt eingerichtet. Sie war von Kopf bis Fuß in einen weißen Schleier gehüllt.
— Wie am Meer! Ganz wie am Meer! — rief sie zuweilen aus und streckte ein zartes weißes Händchen aus dem Zelt.
Manchmal erkundigte sie sich nach dem Pascha: — «Wie ist er? hat er graues Haar? ist er zum Fürchten?»
Und versank in Nachdenken.
Und als ein Kranz ihre Stirn umschlang, wurde sie plötzlich zu einer süßen Nixe, die aus einem unbekannten Grund auf einem Dromedar ritt.
Blauäugig, mit goldenem Haar, in die Falten eines leicht durchsichtigen Leinens gehüllt.
Dachte sie ans Jarilo-Fest oder ans Fest der Ljalja im Frühling? Doch da schlug ein großer Schmetterling, von einem Windstoß erfaßt, an ihre Wange, und ihr schien, als wäre sie es, die ans Fenster des Elternhauses pochte, ans zerfurchte Gesicht der

Mutter klopfte. «Als ebensolcher Schmetterling werde auch ich geflogen kommen» – flüsterte sie.
Indessen waren Berge aufgetaucht, und an ihrem Fuß hielt man an, um zu übernachten.
Von nun an setzten sie den Weg auf Büffeln fort. Es waren mächtige Ochsen, mit breit sich am Nacken hinziehenden Hörnern und schwarzblauen Augen, in denen die ewige Flamme der Feindschaft zu den Menschen brannte.
Wenn hie und da auf der glatten, unbehaarten Haut ein spärliches Haar emporragte, so nur, damit das Hemd aus schwarzem Steppenschlamm fester am Körper haftenblieb; von ihm trennten sich die Büffel nie, es war ihr Schutz vor ihren Quälgeistern – den Wolken der Bremsen. Das erste Hemd aus Lehm – die Büffel hatten eher eines als die Menschen. Das Wasser liebten sie über alles, und wenn sie irgendwo ein Gewässer erblickten, dann stürzten sie sich mit ihrem ganzen Körper hinein, so daß nur noch die Nüstern und Augen zu sehen waren. So waren sie imstande, einen ganzen Tag lang zu verbringen.
Auf dem Rücken von einem von ihnen saß Jadwiga, im weißen Hemd der Perserinnen und in Pluderhosen; sorglos flocht sie Kränze und zupfte Blütenblättchen, wobei sie riet: «Er liebt mich, er liebt mich nicht.» Der Weg führte durch Gebirge. Wie das Auge eines Gottes blinkte zuweilen über einem kahlen Gebirgsrücken ein schneebedeckter Felsen auf, und manchmal sah man aus der Höhe den blauen Kreis des Meeres, der in seiner tiefen Bläue einem Stück Himmel glich, über das schräg ein einsames Segel glitt.
Mansur schenkte ihm zärtliche Aufmerksamkeit, scherzte viel und kam oft, um die Decke zurechtzuziehen ... «Allah ist groß, – sagte er zu Istoma: – sein Wille war – ich habe dich gekauft, und ich bin dein Herr, und ist es sein Wille – so muß ich dich küssen und muß ich deine Hand küssen.» In Ispahan teilte sich die Karawane, und Istoma sah Jadwiga zum letzten Mal.
Mit großen Unterbrechungen, fast ein ganzes Jahr später, gelangte Istoma nach Indien.
Kunbi, sein Führer, war ein Sikh; und es ist kaum verwunderlich, daß Istoma eines Tages zu seinem Lehrer sagte: «Auch ich bin ein Sikh.»
Voll Freude empfing Kunbi den Neubekehrten. Und wundert es da, daß Istoma und Kunbi eines Tages gemeinsam flohen?

Kunbi brachte ihm bei, wie man still im Dickicht des Schilfs verharrt, wenn ein Elefant, den Flüchtigen nachgeschickt, das Gehölz niedertrampelnd, vorüberraste; wie man in den breiten Ästen der Bäume schlief, über die soeben ein gekrümmtes Äffchen gelaufen war. Und bald begannen sie ein Wanderleben als zwei Schlangenbeschwörer; eine verträumte Klapperschlange schlief bei ihnen, in einem ausgehöhlten Kürbis in einem Korb aus Stroh; zahme Mäuse, zum Versteckspiel abgerichtet, schliefen in einer Walnuß.

Er lernte einen aus Fichtennadeln aufgetürmten Ameisenhaufen verstehen, als er die Wohngebirge der Tempel erblickte und kupferne Buddhastatuen sah, die viele Male größer waren als ein Mensch. Einmal sah er in einer Waldeshöhle einen nackten Einsiedler. Sein Bart fiel ihm bis auf die Füße herab. Schon seit mehreren Jahren hielt der Greis ein Stück Brot in den Händen, und nun liefen seine langen, gedrehten Nägel durch das Brot hindurch. Der Greis hatte seine Stellung nicht verändert, seine Hände waren unbeweglich geworden, und die Nägel wuchsen durch die Dinge hindurch, wie die Wurzeln einer Pflanze, weiß und krumm. Sein Anblick war schrecklich. Liegt nicht das ganze indische Volk vor seinem Blick? – dachte Istoma. Und die Götter des Schattens umflatterten ihn mit den dunklen Flügeln von Nachtfaltern. Der Weise wollte dem Reich der Menschen entfliehn und überall seine Spuren verwischen, damit weder die Menschen noch die Götter ihn jemals finden könnten.

Vergehen, vergehen. Wie seine Lehrer mußte er den eitlen Wunsch in sich besiegen, Gott zu werden. Und wenn jemand ihn erstaunt einen Gott genannt hätte, dann hätte der Greis in strengem Ton erwidert: «Verleumdung!»

Lauf der Riten, du bist kein Vierbeiner, du hast keine Hufe. Werde du selbst, in dir selbst, durch dich selbst, versenke dich in dein Selbst, erleuchtet vom Licht des Geistes. In Höhen, in die sich eine Uferschwalbe so leicht nicht wagt, sah er luftige Tempel, die wie Schwalben über einem schrecklichen Abgrund hingen. In der Tiefe schlug das blaue Meer gegen den Felsen der Schlucht. Wie das Auge die Krönung des Körpers ist, so vollendete dieses Menschenwerk, das gerade und streng über einem unzulänglichen Felsen in die Höhe wuchs, still das Werk der Natur. Er sah Tempel, die in unzähligen unterirdischen Höhlen in die Tiefe des Urgesteins gehauen waren. Dort herrschte ewiges

Dunkel: hie und da erklang das eintönige Rauschen eines Bachs. Prunkvoll gekleidete, in Stein gehauene Götzenbilder standen dichtgedrängt die Wände entlang und begrüßten mit ewig gleichem, freundlichem Lächeln, von feuchten Rinnsalen überzogen, den Wanderer durch das unterirdische Gotteshaus. Er sah dunkle, in Stein gemeißelte Scharen von Elefanten, die mit erhobenen Stoßzähnen Pilger die endlosen Stufen hinauftrugen, die zur Spitze des schroffen Felsens führten. Da und dort saßen auf Mauervorsprüngen die von den Menschen geschätzten, aber menschenscheuen Pfauen. Die Siedler der verlassenen Tempel — die Herden der Wildaffen, empfingen sie mit mißmutigem, tausendstimmigem Geschrei und einem Hagel von Nüssen. Die Rüssel der steinernen Elefanten begleiteten ihren Weg. Tempel, die sich verschämt hinter dem Spitzenschleier ihrer Mauern verbargen, und Tempel, die ihren Glauben auf der Spitze eines unzugänglichen Felsens, fast schon über den Wolken, trugen, und Tempel, die in ihrer aufstrebenden Gestalt an eine schlanke Frau aus den Bergen erinnerten, mit einem Wasserkrug auf den Schultern, und Tempel, deren Wände aus dem Blau der Flüsse und dem Weiß der Wolken gemacht zu sein schienen, schroffe Treppen ins Innere des Himmels und in die Tiefen der unterirdischen Welt, — sie alle gemahnten daran, daß . . .

In der Tiefe einer Waldeshöhle streckten Einsiedler, die das Gelübde abgelegt hatten, sich nicht zu bewegen, regungslos die Arme zum Himmel empor. Der Abstand zwischen ihnen war längst mit Spinnweben verwachsen. Mäuse liefen ohne Scheu über ihre Beine, und Vögel setzten sich auf ihre grauen, struppigen Köpfe. Klosterbrüder brachten den Starzen Essen.

Und daneben gab es die Anbeter der finsteren Göttin Kali. In der lautlosen Tiefe schwarzer Wälder, neben dicken und glatten Stämmen, fingen sie mit einer seidenen Schlinge ihre Opfer und brachen ihnen mit einer unhörbaren Drehung die Halswirbel, zu Ehren der geheimnisvollen Göttin des Todes.

Und daneben gab es Glauben, die keine Tempel kannten, da das schönste Buch mit leeren Seiten — die Natur unter den Wolken war, und der Weg zwischen Geburt und Tod das schönste Gebet. An der Pforte eines Tempels sah er einen Heiligen. Voll Abscheu trank er, wie eine bittere Medizin, das Wasser aus dem Krug der Almosen, und trug Kleider, die von den Opfern der Pest, von Toten stammten. Er sagte: «Man soll weinen

bei der Geburt, und lachen beim Tod.» Dann hüllte er sich wieder in seinen Mantel, den er einem Toten abgenommen hatte.
Unweit der Tempel sah er einige Besessene; mit unheimlicher Kraft zerrissen sie ihre Fesseln und versuchten, in den Wald zu entkommen.
Täglich bei Morgengrauen sah Istoma einen betenden Brahmanen; er stand auf einem Bein, das andere zum Knöchel emporgezogen, das Gesicht nach Osten gewandt, und schien mit seinen weit ausgebreiteten Armen den Himmel zu umfangen; sein schwarzer Körper schien erstarrt; die Arme breiteten sich aus wie Äste eines regelmäßig gewachsenen Baums. Lautlos die Lippen bewegend, flüsterte er: «Tat Sawitar wareniam bchagro dchimachi dchio io nach prakodajtat dewasija.»
«Laßt uns des Sonnengottes gedenken, der aufgegangen ist, unseren Geist zu erleuchten.»
Im selben Augenblick überzog das stille Gebet der Schrei eines erwachenden Pfaus mit einem Feuerschein, und die blaugrünen Sterne auf dem Gefieder des Vogels schienen die dunkelblauen Augen des Himmels im Blattwerk eines Baums zu sein.
Die grünen Gärten über den Ruinen der alten Tempel, die Zweige und Wurzeln der Bäume, die sich an den weißen Stein einer Treppe klammerten, erinnerten an die Lehre. der Brahmanen: alles ist eitel, alles ist Trug. War es nicht, als ob eine Hand ein hübsches, zerstreutes Köpfchen auf ein altes, schwer gebundenes Buch malte?
Und was du mit deinen Augen sehen und was du mit deinen Ohren hören kannst, ist alles nur eine weltweite Erscheinung, Njaja, die Wahrheit der Welt aber kann weder mit sterblichen Augen gesehen noch mit sterblichen Ohren gehört werden.
Sie ist die Weltseele — Brahma.
Ihr Antlitz ist dicht verhüllt mit dem Schleier des Traums, dem Silbergewebe des Trugs, und der erbärmliche Menschenverstand vermag nur den Schleier der Wahrheit zu sehen, nicht die Wahrheit selbst. Streben nach Wahrheit schien Istoma dieses Land zu sein, Suche und Verzweiflung, wenn sich der Seele des Inders der Seufzer entrang: «Alles ist Njaja!» Er konnte sich noch gut erinnern, wie er einmal durch einen grünen Hain gegangen war, als plötzlich Flügelrauschen die Stille unterbrach und ein Pfau auf die Säule eines grün überwucherten Tempels flog, — und der Wind seines schneeweißen Gefieders, dieser Strom aus kleinen

und großen Augen, die wie ein Sternenhimmel den silbernen Leib bedeckten und steil wie ein Wirbelsturm aus Eissternen herabfielen, aus kalten Sternen — wie sie ihm als die Versammlung der Augen der großen und kleinen Götter dieses Landes erschienen war.

Fünf Jahre lebte Istoma in Indien. Er war in Java und sah die berühmten Tempel und den lachenden Buddha aus Kupfer, der so viele Male größer war als ein Mensch, wie ein Mensch größer war als eine Ameise, und die dunklen Massen der Steinelefanten unter einem Wasserfall. Als ihn eine starke Sehnsucht nach seiner Heimat erfaßte, kehrte er mit einer Karawane zurück, besuchte seine Insel, fand aber nichts, außer einem zerbrochenen Ruder, mit dem er einst gesteuert hatte.

Traurig stand er eine Weile lang an den vertrauten Wellen, dann zog er weiter.

Wohin — wußte er selbst nicht.

# Zeit, Maß der Welt

Neue Lehre vom Krieg

**§§ 1—12**
Dieser Teil der Keilschrift über die Schicksale der Völker setzt sich zum Ziel, aufzuzeigen, daß sich Seeschlachten in 317 Jahren oder deren Vielfachem: in 317 · 1, 2, 3, 4, 5, 6, wiederholen, sowie zu zeigen, wie sich verschiedene Völker im Zeitraum von 317 Jahren und deren Vielfachem in der Seeherrschaft ablösen. Die scheinbar müßigen Ausrechnungen, Splitter eines noch ungeordneten Gesetzes, haben große Bedeutung, wie ein treffender Pfeilhagel in jemandes tumben Hals. Der Ort des gegenwärtigen Verstandes ist eigentümlich: ihm ist das Wissen vom Baum und Stamm des Schicksals zugänglich (Erde, Sonne, Verfinsterungen), nicht zugänglich ist ihm dagegen das Wissen vom Laub des Schicksals: von den Kriegen, Generationen, Staaten, Gesetzen des einzelnen «Ichs».

### § 1
**1.**

Das 19. Jahrhundert, die Neuzeit und die Seekriege
der Sarazenen 3 · 317 = 951.

| | |
|---|---|
| 701 Die Normannen in Paris. | 1652 Seekrieg zwischen England und Holland. |
| 819 Die Normannen in Frankreich. | 1770 Česme. |
| 850 Normannensturm über Frankreich. | 1801 Seeschlacht bei Kopenhagen. |
| 846 Eroberung Roms durch die Sarazenen. | 1797 Schlacht in der Landenge des hl. Vincent. |
| 877 Die Araber erobern Syrakus. | 1827 Navarino. |

**2.**

Die Kriege der Gegenwart und die Seekriege der Byzantiner
z. Z. Belisars und der Byzanz nahen Völker liegen
317 · 4 = 1268 Jahre auseinander.

| | |
|---|---|
| 502 Untergang der Flotte des Goten Baldwila. | 1770 Sieg von Česme. |
| 533 Sieg bei Tricamarum. Unter den Vandalen die «roten Segel Belisars». | 1801 Zerstörung Kopenhagens. |

626 Slaven in Byzanz. Angriff der Slaven vom Meer aus.

1894 Japanisch-chinesischer Krieg. Angriff der Japaner.

637 Feldzug der Araber gegen Indien.

1905 Feldzug der Russen gegen Japan.

**3.**

$317 \cdot 6$ vor den europäischen Kriegen — die griechisch-römischen Seeschlachten. $1902 = 317 \cdot 6$.

497 v. Chr. Seesieg der Perser.

1405 Die Franzosen ziehen gegen England.

449 Sieg Kimons über die Perser. Herrschaft der Griechen.

1453 Feldzug der Türken gegen Byzanz. Herrschaft der Türken.

394 Sieg Konons über Sparta. (Sieg der Perser-Athener.)

1508 Sieg Almeidas über Ägypten.

331 v. Chr. Schlacht von Tira.

1571 Schlacht bei Lepanto. Don Juan.

146 v. Chr. Feldzug gegen Karthago.

1756 Robert de Clive zieht nach Indien.

36 v. Chr. Schlacht bei Naulochos. Rom.

1866 Schlacht bei Lissa Österreich, Persano.

**4.**

$317 \cdot 7 = 2219$.

449 Doppelsieg Kimons bei Salamis. Herrschaft der Griechen im Mittelmeer. Östlicher Teil.

1770 Česme. Herrschaft der Russen im Schwarzen Meer.

Die griechisch-römischen Kriege und die des Mittelalters, verbunden durch $317 \cdot 4 = 1268$.

202 v. Chr. Die Römer setzen nach Afrika über.

1066 Die Normannen setzen nach England über.

**5.**

Zwei Streifen von Seeschlachten, getrennt durch 413.

826 Kreta.

413 Feldzug Demosthenes' gegen Syrakus.

| | |
|---|---|
| 480 Feldzug des Darius. | 67 Pompeius besiegt die Seeräuber. |
| 479 Feldzug des Darius. | 66 Kreta erobert. |
| 449 Sieg des Kimon. | 36 Sieg bei Naulochos. |
| 428 Zug der Vandalen nach Afrika. | 841 Belagerung Roms durch die Sarazenen. |
| 449 Eroberung Englands. | 862 Eroberung durch die Normannen. |
| 493 Die Langobarden. | 907 Feldzug Olegs nach Konstantinopel. |
| 502 Baldwila. | 915 500 Schiffe Igors im Kaspischen Meer. |
| 626 Feldzug der Slaven nach Byzanz. | 1040 Feldzug Hardeknuts. |
| 673 Feldzug der Araber nach Byzanz. | 1086 Feldzug Pisas nach Tunis. |
| 711 Eroberung Spaniens. | 1124 Schlacht bei Askalon. |
| 1087 Seefeldzug Pisas. | 1500 Feldzug der Malaien gegen die Philippinen. |
| 1097 Seeschlachten in Palästina. | 1510 Seeweg nach Indien. |
| 1099 Edessa. | 1511 Eroberung von Malakka. |
| 1174 Die Schiffe der Franzosen werden vor der englischen Küste aufgerieben. | 1587 Englisch-spanischer Krieg. |
| 1252 Malakka von den Mongolen erobert. | 1665 Lowestoft. |
| 1291 Vivaldi schlägt die Türken. | 1704 Stanhope. |
| 1453 Konstantinopel. | 1866 Schlacht bei Lissa. Persano. |
| 1378 Krieg zwischen Genua und Venedig. | 1791 Varna. |
| 1490 v. Chr. Feldzug Hatschepsuts nach Indien. | und 664 erste Schlacht verbunden 4132. |

**6.**

Ägypten und das Mittelalter sind in einem Falle verbunden
durch $317 \cdot 6 = 1902$.

1193 Ramses III. besiegt auf dem Wasser die Völker Danunu, Aschuschu (Nilmündung, Danaer, Achäer).

709 Theoderich reibt die Schiffe der Araber auf (Araber und Goten).

**7.**

Die älteste Seeschlacht der griechischen Welt bei Kerkyra und Korinth 664 liegt 317 · 2 vor der Schlacht bei Actium, Antonius und Kleopatra.

664 v. Chr. Kerkyra (Griechen).

31 Actium (Römer).

**8.**

Neuzeit und Mittelalter liegen 317 · 2 = 634 Jahre voneinander getrennt.

1173 Die Segel Frankreichs werden durch einen Sturm von den Ufern Englands vertrieben.

1004 Feldzug Pisas nach Dalmatien.

1193 3-ter Kreuzzug.

1270 Seefeldzug Ludwigs des Heiligen gegen Tunis.

1124 Askalon. Venedig durch Ägypten zerschlagen (Sigurd).

1281 Feldzug Kubilaj-Chans nach Japan.

1221 Seeschlachten bei Kairo.

1219 Einnahme Damiettes vom Meer aus.

1016 Niederlage der Normannen (Assano).

1039, 1040 Feldzug Hardeknuts nach England.

1169 Sieg Amalrichs (Damiette).

1807 Kopenhagen zerstört.

1807 Sieg Senjavins an den Dardanellen.

1639, 21. Okt. Sieg Hollands über Spanien.

1827 Navarino.

1904 Russisch-japanischer Krieg.

1758 England zerschlägt Frankreich auf dem Meer.

Das Jahr 1915.

1853 Sinope.

1855 Sevastopol.

1650 Holländer, Engländer.

1673 Die Holländer von den Engländern geschlagen.

1803 Trafalgar.

| | |
|---|---|
| 1111 Feldzug Pisas nach Dalmatien. | 1744 Labourdonnaye in Indien. |
| 1032 Feldzug Pisas nach Afrika. | 1665 Die Engländer in der Themse eingesperrt. |

### 9.

Die Seeschlachten der Neuzeit liegen 317 Jahre auseinander.

| | |
|---|---|
| 1588 Feldzug Medina-Sidonias. Die unbesiegbare Armada. | 1905 Feldzug Roždestvenskijs. Russisch-japanischer Krieg. |
| 1281 Feldzug Kubilaj-Chans nach Japan. | 1598 Feldzug Hideyoschis nach Korea. |
| 1598 Feldzug Hideyoschis. | 1915 England, Deutschland. |
| 1510 Feldzug nach Goa (Indien). | 1827 Navarino. |
| 1601 Feldzug der Spanier nach Irland. | 1918? |

### 10.

Einige Seeschlachten, die 317 · 1 auseinanderliegen

| | |
|---|---|
| 1111 Feldzug Pisas gegen Österreich. | 1419 Feldzug der Japaner gegen Korea. |
| 1087 Feldzug Pisas nach Tunis. | 1404 Die Chinesen unterwerfen Java. |
| 1180 Die Mauren von Portugal besiegt. | 1497 Vasco da Gama zieht nach Indien. |
| 937 China vom Meer angegriffen. | 1252 Singapur von der Flotte der Modiopagiten zerstört. |
| 934 Feldzüge Genuas. | 1249 Die Hanse zerstört Kopenhagen. |
| 1193 Kreuzzug nach Jerusalem. | 1510 Alfonso erobert Goa (Indien). |
| 878 Eroberung Englands durch die Normannen. | 1193 Flußfeldzug der Novgoroder. |
| 785 Belagerung Roms durch die Sarazenen. | 468 Versenkung der römischen Flotte. |

**11.**

Einige andere Schlachten, die das Vielfache des Zeitraums von 317 Jahren auseinanderliegen.

- 496 Belagerung von Milet durch 600 Schiffe der Perser — 317·3 vor der Belagerung Roms durch die Sarazenen.
- 785 Erster Normannensturm über England, 2·317.
- 429 Vandalen setzen nach Afrika über, 2·317.
- 546 Belisar setzt nach Italien über, 2·317.
- 626 Die Slaven in Byzanz, 1·317.
- 1193 Seesieg des Ramses, 3·317.
- 550 Eroberung Roms durch Belisar, 317·1.
- 1169 Die griechischen Segel Amalrichs von Damiette zurückgeschlagen, 2·317.
- 109 v. Chr. Feldzug der Chinesen nach Tonking, 317·4.
- 455 Seefeldzug der Vandalen nach der Zerstörung Roms.
- 1419 Tai-tsing vertreibt die Japaner aus Korea.
- 205 v. Chr. Tomilen setzen nach Ceylon über.
- 1180 Portugal besiegt die Mauren.
- 943 Feldzug Igors.
- 242 Sieg Roms über Karthago.
- 233 v. Chr. Japaner dringen in Silla (Korea) ein.
- 1803 20. Okt. Trafalgar.
- 1377 Die Javaner unterwerfen den Süden Sumatras.

**12.**

Hier sind rund hundert Seeschlachten aufgeführt, die das Vielfache von 317 auseinanderliegen, und rund 30, die unmittelbar nach 317 aufeinanderfolgen.

Damit besteht die Wahrscheinlichkeit, daß man 317 Jahre nach einer bereits stattgefundenen Schlacht eine neue zu erwarten hat. Der englisch-spanische Seekrieg (Medina-Sidonia) wurde 317 Jahre später an die Ostufer Asiens verlegt, und zwar so, daß sich viele Züge des Kampfes zwischen Festland und Insel wiederholten.

Der Krieg des Jahres 1905 stützt sich auf den berühmten Kampf zwischen Japan und China um Korea 1597—1598.

Ebenso stützte er sich 1598 auf den Feldzug Kubilaj-Chans gegen die Ufer Japans, als seine Schiffe von einem schrecklichen Wind zerstreut wurden, ohne daß er den Fudschijama gesehen hätte. «Deus afflavit» hätten die Chinesen zu Recht auf chinesisch sagen können.

Der Krieg der Jahre 1597—98 verlief mit wechselhaftem Glück. 1597 drangen die Japaner auf der Halbinsel ein und eroberten Silla; das Meer war in ihren Händen; doch schon im Jahr darauf ging der Seesieg auf die Seite ihrer Gegner über, sie wurden zerschlagen und brachten nur mit Müh und Not ihr Heer von der Halbinsel herunter.

So endete der Krieg damit, daß die Insel zurückgeschlagen und die Heere der Inselbewohner vom Festland verjagt wurden; sie ließen einen Hügel aus Ohren der Feinde Mimisukus zurück.

Wenn sich Hauptzüge des Kriegs von 1597—1598 in dem Krieg 1914—1915 wiederholten, so müßte das Jahr 1915 das Jahr des Verlusts der Seeherrschaft für die Inselbewohner werden.

Aber das Beispiel der Feldzüge Kubilaj-Chans und Hideyoschis besagt, daß 317 Jahre manchmal das verschiedene Schicksal von Inseln vereinigen.

Das Jahr 1871 im Leben Europas und das Jahr 1237 im Leben der Mongolen ist durch 317 · 2 miteinander verbunden.

Die Feldzüge Hideyoschis auf dem Festland 1598 wie auch der Feldzug Kubilaj-Chans nach Japan und Java waren große Ereignisse in der gelben Welt. Es ist zu erwarten, daß ihre Brechung in der weißen Welt in den Jahren 1915 und 1927 nicht weniger großartig sein wird, wahrscheinlich derart, daß sich das Hauptgewicht auf das Jahr 1915 legt; das ist folgende Reihe: 1281 Kubilaj-Chan; 1598 Hideyoschi; 1915 Krieg, während diese Zeilen gedruckt werden. Eine andere verwandte Reihe ist das Jahr 1588 Medina-Sidonias und 1904, der Seeweg rund um Asien, den Admiral Roždestvenskij zurücklegte.

Da im Jahre 1293 der ehrgeizige Kubilaj neue, ebenfalls zurückgeworfene See-Heere zur Insel Java (im Süden Asiens) geschickt hat, ist der nächste Seekrieg im Jahr 1927 zu erwarten (2 mal 317); einen zweiten im Jahre 1932, 317 nach 1615 (Portugiesen und Engländer in Swally). Ein großes Ereignis in der katholischen Welt im Jahre 1937. Einstweilen kann man diese Voraussagen nur mit unzureichendem Wahrscheinlichkeitsgrad in großen Zeitabständen aufstellen.

Die Kriege 1281–1293 fielen mit dem Ende des Mongolensturms zusammen; darum kann man in den Kriegen von 1915–1927 die Anzeichen des Dahinwelkens von Europa sehen.

Die Kriege Belisars 534, 555 ergeben Voraussagen auf die Jahre 1917, 1928.

### § 2.

In einem Falle sind zwei große Überschwemmungen durch die Zeit von $365 - 48 \cdot 6 = 77$ verbunden.

Die Überschwemmung an Kama und Ob 1914 und 1837 ebendort. Das Wasser stand 3 Sažen über dem Normalstand.

3. 3 Gleichungen.

Manchmal kann man die Zeiten der Existenz von Völkern durch Gleichungen verbinden;

z. B. Ägypten = Rom + Byzanz + Karthago + Persien

Ägypten wurde von den Assyrern im Jahre 672 erobert; $3643 - 672 = 2971$.

Persien $559 - 333 = 226$.

Rom $753 - 410 = 1163$.

Byzanz $326 - 1204 = 878$.

Karthago $850 - 146 = 704$.

$704 + 226 + 1163 + 878 = 2971$ oder $2971 = 2971$.

Manchmal fällt $317 \cdot 5$ nach der Eroberung einer Insel die Hauptstadt eines kontinentalen Staats.

| | |
|---|---|
| 59 n. Chr. Japan durch die Koreaner erobert. | 1644 Eroberung Pekings durch die Mandschuren. |
| 58 v. Chr. Eroberung Zyperns durch Rom. | 1527 Eroberung Roms durch Spanien. |

### § 3.

Rom − Byzanz    $753 - 1453 = 2206 =$ Ro
Spanien 299    $711 - 412 =$ Spa
England 617    $1066 - 449 =$ Eng
Frankreich 936    $1422 - 486 =$ Fra
Vandalen 106    $534 - 428 =$ Va
Westgoten 62    $555 - 493 =$ We
Langobarden 186    $568 - 754 =$ Lo

$299 + 617 + 936 + 106 + 62 + 186 = 1102 + 916 + 186 = 2206$

$2206 = 2206$

Ro = Spa + Eng + Fra + Va + We + Lo

Va, We, Lo von Byzanz vernichtet.
Rußland 1237 − 862 = 375 (Kiever Rus)
Serbien 1389 − 1050 = 339
Bulgarien 1018 − 679 = 339
375 + 339 + 339 = 1058
Byzanz 1453 − 395 = 1058.

Zwischen den Anfängen jüngerer Staaten und dem Jahr ihrer ersten Unterwerfung vergehen so viele Jahre, wie der ältere Staat gelebt hat. Das ist die erste Keilschrift des Gesetzes von der Erhaltung der Zeit.

### § 4.

365 ist eine Zahl der Gestalt $a^b\ b^a\ (a+b) + a + b$,
nämlich $3^2\ 2^3\ (3+2) + 3 + 2$.
Herrlich einfach gebaut.

### § 5.

Es gibt eine bemerkenswerte Reihe, wo 19 Jahre Ereignisse im Westen und Osten vereinigen.

| | |
|---|---|
| 587 Israel erobert. | 606 Ninive durch die Heere Babylons erobert. |
| 173 | 173 |
| 414 Belagerung v. Syrakus durch Athen. | 433 Schlacht bei Sibuta. |
| 173 | 173 |
| 241 Ägatische Inseln. Seeschlacht. | 260 Große Seeschlacht bei Milet. |
| 173 | 173 |
| 68 | 87 |
| 67 Sela. | 86 Sulla erobert Athen. |
| 173 | 173 |
| 105 Niederlage des Decebalus. | 86 Aufstand des Decebalus. |
| 248 | 259 |
| 279 Aufstand der Bastarner. | 260 Valerianus in Gefangenschaft der Perser. |
| 451 Die Katalaunischen Felder. Ende des Vormarschs von Attila. | 432 Feldzug Attilas. |

## § 6.

Manchmal folgen innerhalb von 317 · 2 = 634 Jahren die Höhepunkte von Völkern aufeinander; wie die Wellen haben auch Staaten Rücken, Wellenkämme.

1871 Sedan. Die Deutschen. Bismarck.
1237. Kalka. Die Mongolen. Eroberung Rußlands. Mamaj.
603 Perser Chozrev Parvez.
31 Actium. Die Römer. Eroberung Ägyptens. Caesar.
665 Assyrien. Eroberung Ägyptens. Assurbanipal bei Kadema.
1299 Ägypten Ramses II. 1317–1250. Niederlage der Hethiter.
1933 Sesostris (Usertesen) I. 1975–1931 Ägypten. Us.
«der Schädelzerschmetterer» + 317.
2250 Hammurabi 2267–2213 Babylon.

Usertesen ist freundlich zu seinen Freunden, «ein Krieger, der Schädel zerschmettert; wer vor ihm flieht, hat keine Zeit zum Atemholen. Ein Krieger, groß wie der Nil! unvergleichlich»!

Diese Reihe verdient den Namen «Hammurabis Ruhm», nach dem Namen des ersten babylonischen Kaisers, der in der ersten Welle der Kriegsmacht stand. Vielleicht erklärt sich daraus das Interesse des heutigen Deutschlands an Babylon: der Pokal Hammurabis ist an die Spree übergewechselt. Ramses, der wunderbar allein auf seinem Kriegswagen das Heer der Hethiter schlug, und Usertesen bilden die beiden Wellen dieser Reihe in Ägypten. In den beiden folgenden – die Eroberer Ägyptens, Assurbanipal und Caesar.

## § 7.

Es gibt eine Reihe, die «Tor der Völker» genannt werden könnte, da durch sie neue Völker gegangen sind, die früher im Schatten gestanden hatten und niemandem bekannt waren.

1905 Die Japaner.
1588 Die Angelsachsen.
1271
954 Die Deutschen? Lechfeld 955.
637 Araber. Omar. Niederlagen der Perser bei Kadissija
 (320, 3 n. Chr., 314, 631).
949 Eroberung Jerusalems. Scheschonk.
1265 Hethiter?
1899 Eindringen der Semiten in Ägypten?

Das bedeutet: die Araber, Angeln und Japaner haben diese Tür durchschritten. Eine zweite Reihe.

1066 Wilhelm der Eroberer 2 · 317, 432 Attila 317 · 1, 115 Persienfeldzug Trajans 317 · 1, Afrikafeldzug Scipios. Schlacht bei Sama. 837 Salmanassar II.

### § 8.

Reihe der Seeherrschaften.

1770 Česme; Herrschaft der Russen auf dem Schwarzen Meer.
1453 Herrschaft der Türken auf See; Eroberung Konstantinopels.
1136
 819 Normannen?
 502 Der Gote Baldwila von Byzanz zur See geschlagen.
 185
 132
 449 Seesieg der Griechen über die Perser; Herrschaft im Mittelmeer, Doppelsieg Kimons.

### § 9.

Die Reihe 1827, 1510, 1193, 876, 559 ist dadurch bemerkenswert, daß sie zeigt, wie innerhalb von 317 Jahren Byzanz, Rom, Jerusalem, Bombay, Konstantinopel Ziel ihres Zeitalters waren und wie sich so das Ziel von einem Lande zum anderen verändert hat.

1827 Navarino. Seeschlacht.
1510 Feldzug nach Indien (Alfonso).
1193 Feldzug der Novgoroder nach Sibirien und III.-ter Kreuzzug nach Jerusalem.
 876 Eroberung Roms durch die Araber?
 559 Belagerung Konstantinopels durch die Bulgaren.

### § 11.

Die Welt des Islam und die griechisch-römische 317 · 6 = 1902.

| | |
|---|---|
| 500 Aufstand der Griechen Kleinasiens. | 1402 Schlacht bei Ankara Tschikukabad. |
| 486 Ägypten wirft das persische Joch ab. | 1416 Vernichtung der türkischen Flotte bei Gallipoli. |
| 449 Sieg Kimons. | 1453 Eroberung Konstantinopels. |

| | |
|---|---|
| 219 Kampf mit Karthago um Sagunt. | 1683 Verteidigung von Wien. |
| 146 Eroberung Karthagos. | 1756 Schlacht bei Plassey. Indien. |
| 132 Eroberung von Numantia. | 1770 Schlacht bei Česme. |

Den römischen Erfolgen entsprechen Niederlagen des Islam. Die Eroberung Indiens, die Eroberung Karthagos. Mongolen und Europäer 2 · 317.

| | |
|---|---|
| 1125 Ju-etschi. | 1759 Schlacht bei Tschin-shu-rach. Robert de Clive. Indien. |
| 1223 Schlacht bei Sitti. | 1857 Aufstand in Marutta. |
| 1224 Indienfeldzug. | 1858 Aufstand im Kaukasus. |
| 1248 Nach Korea. | 1882 Eroberung von Geok-Tepe. |
| 1281 Seefeldzug nach Japan. | 1915 |
| 1293 Seefeldzug nach Java. | 1927 |
| 1237 Feldzug nach Rußland. | 1871 Deutsch-französischer Krieg. |
| 1219 Persien. | 1853 Sinope. |
| 1222 Persien. | 1856 Sevastopol. |

### § 12.

Um zu erfahren, ob Achsen bestehen, die die seelischen Wendungen im Laufe des Jahres bestimmen, war die Seele eines Menschen in die Flamme von Wünschen geworfen, die durch nichts gebunden waren. Als Achse der Tagundnachtgleiche und als Achse des Sonnenstandes teilt sich das Jahr in vier Teile von je 91 Tagen. Jeder dieser Tage macht das Wetter der Seele bis zur Ankunft des folgenden Tages der Achse, und die vier Hauptpunkte des irdischen Jahresweges, die die vier Welt-Tage im Jahr ergeben, waren damit gleichzeitig Schlüssel für die seelischen Brüche und Wendungen. Im Herzen hielt sich zur Zeit des Bogens mal das Gewitter, Regenwetter, mal freundliches Wetter. Diese Brüche benennt man am besten mit den Namen von Denkern.

## § 13.

Ein einzelner Krieg ist die um 365mal verringerte Jahresreihe entsprechender Kriege. Im folgenden werden die Feldzüge nach Sibirien verglichen mit den Seeschlachten der Belagerung von Port Arthur. Wie sich zeigt, genügt ein flüchtiger Blick, um sich davon zu überzeugen, daß die Seeschlachten bei den Höhen von Liau-te-schan in derselben Reihenfolge geschahen wie die russischen Feldzüge nach Sibirien. Nur hat das Zahlengitter der Wellen der Tiger Bay und der Flüsse Sibiriens im einen Falle als Multiplikator ein Jahr, im anderen einen Tag. Es hat sich erwiesen, daß die ganze große Fläche der Eroberung Sibiriens mit ihren Namen wie Kurbskij, Prončiščev, Ovcyn, Dežnev, Čeljuskin an den Höhen von Liau-te-schan vorbeigezogen ist, als sei sie von einem großen Spiegel auf diesen Punkt der Zeit zurückgeworfen worden. Bajkov, Pojarkov, Laptev, Ermak, Skuratov, Ovcyn, sie alle mußten unter dem besonderen Knoten der Schicksale ihre Feldzüge nach Sibirien wiederholen.

§ 13, m. Die Eroberung Arthurs besteht aus ebenso vielen Wörtern wie es in Sibirien große Flüsse gibt.

§ 13, k. Die Erfolge der Japaner beruhen auf den Wurzeln des Eismeers, d. h. dem Flußbestand Sibiriens. Die Erfolge der Russen auf den Halbinseln Sibiriens, des Ostens.

§ 13, n. In Belagerung (osada) folgt das Wort Lena dem Wort Ob, dieses dem Wort Volga, weiter Enisej, Sungari, Amur.

§ 13, s. Die Kriegsjahre der Unterwerfung Sibiriens sind als Tage in den Krieg von 1904 eingegangen, so daß das Zahlengitter in Gänze verkleinert durch ein neues Maß übertragen ist.

§ 13, t. Die Halbinseln und Flüsse haben auf verschiedene Weise auf den Krieg eingewirkt; ihre Natur ist ebenfalls unterschiedlich.

§ 13, p. 365 nach dem Jahre 1552 kommt das Jahr 1917.

§ 13, f. Wir haben festgestellt, daß die Fühler der russischen Sibirienfeldzüge sich bis 1907 erstrecken. Wenn die Zeit in der Vergangenheit wurzelt, so kommt der Krieg von 1904 als Folge von ausgerissenen Wurzeln, von denen einige sich mit dem Harz der Siege bedecken, andere das Los der Niederlagen tragen. Die Feldzüge gegen Halbinseln bringen Ruhm, die Feldzüge gegen die Flüsse Sibiriens das Los der Niederlage.

## Notiz 13.
*Die Belagerung von Port Arthur und die Unterwerfung Sibiriens.*

### § 13.
#### I.

| | |
|---|---|
| 6. Febr. Auslaufen aus Sasebo. | Svijažk 1549? |
| Nacht auf den 9. Febr. Schlacht bei Nacht. | 1552 Eroberung von Kazan. |
| 9. Febr. Varjag. Koreec. | |
| 14. Febr. Schlacht mit den Feuerfelsen Hajatori und Assagiri. | 1557 Astrachan. Volga. |
| 24. Febr. Versenkung des Ringes aus Hokoku-Maru, Buschu, Dshi-shen. | |
| 25. Febr. Kleinere Schlachten zur See. | 1568 Perm. Kama. |

#### II.

| | |
|---|---|
| 6./7. März. Schüsse auf die Vladivostok. | |
| 10. März. Untergang der Stereguščij. | 1581 Gor. Sibirien. Irtyš. |
| 22. März. Fünfte Schlacht. | 1593 Berjezov. Ob. |
| 26. März. Versenkung der Hanijej-Maru. | |
| 27. März. Die Schiffe Tschi-jo, Jachiko und Fukumaru abgeschnitten. | |

#### III.

| | |
|---|---|
| 10. April. Gefecht am Jalu. | 1613 Uralsk. Jaik. |

#### IV.

| | |
|---|---|
| 13. April. Untergang der Petropavlovsk. Sieg der Togo. | |
| 15. April. Kampf bei Port Arthur. | 1618 Enisejsk. Enisej. |

#### V.

| | |
|---|---|
| 25. April. Minenträger Nr. 69 am Jalu. | |
| 25. April. Die Gojomaru und Kinschumaru versenkt. | 1628 Vitim. |

27. April. Mißerfolg der Kamimura bei der Verfolgung der R., R. und Gromoboj.
29. April. Maja am Jalu; Kampf im Fluß.

### VI.

3. Mai. Die Mikawa, Sakura, Totomi, Ijedo, Otaru, Sagali, Aj-koku und Asagoo-Maru erobern den Eingang.
5. Mai. Angriff auf Ljaodun.
12. Mai. Untergang des japan. Minentr. Nr. 48.
14. Mai. Untergang der Mijako.
15. Mai. Untergang der Ioschino und Hatusse.
16. Mai. Belagerung von Kin-tscho und Kaj-ping.
17. Mai. Gefecht in Kaj-ping.

### VII.

19. Mai. Angriff der Armee von Takuschan.
20. Mai. Angriff auf Port Arthur.

26. Mai. Port Arthur abgeschnitten.
4. Juni. Untergang der Gremjaščij und der Gajdamak.
9. Juni. Dalnij gesäubert. Auf dem Meer — Stille.

### VIII.

14. Juni. Auslaufen der Novik und 10 Minenträger.
15. Juni. Versenkung der Sado-Maru und Hidatschi-Maru. Mißerfolg der Kamimura.

1630 Viljuj. Lena.

1632 Jakutsk. Lena.

1636 Ochotskisches Meer, Olenek und Ajan.

1638 Verchojansk.
1645 Kolyma?

1648 Čukotskij nos. Dežnev.
1649 Ochotsk.

1650 Feldzug Chabarovs.

1652 Irkutsk. Bajkalsee.

1654 Nerčinsk. Feldzug Bajkovs.

23. Juni. Große Schlacht; Auslaufen der Peresvet Sevastopol, Bajan, Novik u. a., Untergang der Peresvet; Verlust and. Schiffe.

1689 Sungari.

### IX.
1. Juli. Schlacht der Kamimura mit der Gromoboj, Rossija, Rjurik.
5. Juli. Versenkung der Kajmon.
9. Juli. 2-tes Auslaufen aufs Meer.

1696 Kamčatka.

1700 Kamčatka.

### X.
24. Juni. 2 russische Minenträger gesunken.
1. Aug. Untergang der Siwutscha.

5. Aug. Schlacht zwischen 14 japanischen und 3 russischen Minenträgern. (Inasuma, Oboro.)

1719 Semipalatinsk?

1727 Komandorskij-Inseln?

1731

### XI.
10. Aug. Die russischen Schiffe laufen aus. Werden aufgerieben.

1736 Feldzug Skuratovs, Laptevs und Prončiščevs.

11. Aug. Schlacht zwischen Giljak und Maja.
12. Aug. Die Rešitelnyj aufgebracht.

14. Aug. Versenkung der Rjurik.
21. Aug. Untergang der Novik.
23. Aug. Explosion der Sevastopol.
18. Sept. Untergang der Hej-jen.

1737 Feldzug Ovcyns.

1738 Gründung von Barnaul.

1740 Feldzug Laptevs?

1775 Gižila.

### XII.
12. Dez. Kampf der Sevastopol.
5. Jan. Kapitulation von Port Arthur.
7. Jan. Letzte Seeschlacht.
19. Jan.

1861 Vladivostok.
1884
1886
1898 Talienvan.

Die Bewegung nach Osten begann mit dem Jahr 1552.

Diese zwei Reihen von Feldzügen nach Sibirien und Städtegründungen und Seeschlachten 1904 zerfallen in Gruppen; I. Gruppe fällt zusammen mit der Eroberung der Volga, die II. Gruppe mit der Eroberung des Ob, die III. des Jaik, die IV. des Enisej, V. der Lena, VI. der Flüsse der Nordecke Sibiriens, VII. des Bajkalsees, VIII. – Sungari, IX. – Kamčatka, X. – der Inseln, XI. – Bernauls, XII. der Amurgegend. Hier sind die Begriffe Zeit und Raum (Sibirien und Belagerung) ursächlich miteinander verbunden; die Belagerung der Küstenfestung in den Höhen von Liau-te-schan ist die verkürzte und entgegengesetzte Wiederholung der Eroberung Sibiriens. Im Verlauf der Belagerung dieser Festung kann man die Umrisse der Hauptflüsse Sibiriens einfangen, die früher einmal der Fuß des Russen betrat.

### § 14.

Der Krieg 1904 war die verkürzte und gegenläufige Wiederholung der Eroberung Sibiriens.

Wenn wir in Gestalt einer Reihe von Punkten den Raum in der zeitlichen Verlängerung der Sibirienfeldzüge aufgezeichnet und dasselbe mit den Seeschlachten während der Belagerung von Port Arthur getan haben, die 2-te Reihe um 365 multipliziert haben, sehen wir, daß beide Reihen mit Ausnahme einiger Lükken zusammenfallen.

Die Einnahme Kazans 1552 entspricht dem ersten Tag der Kämpfe, Astrachans 1557 dem folgenden Kampf. Die Gründung Vladivostoks 1861 der letzten Schlacht der «Sevastopol» am 12-ten Dezember.

Und die drei Jahrhunderte der Sibirienfeldzüge wiederholen sich in den dreihundert Tagen der Belagerung als ein und dasselbe Gitter von Stellungen in der Zeit, obwohl die ganze Zeit durch 365 verkürzt ist.

Die Eroberung Sibiriens vollzog sich durch Einnahme von Niederlassungen oder Gründung von Niederlassungen.

Der Reihe nach fielen Volga, Ob, Enisej, Lena.

Von Fluß zu Fluß ziehend, gelangten die Russen zum Čukotskij nos. Der Verlauf der jahrhundertelangen Feldzüge brachte sie ans Gelbe Meer, er wiederholte sich in einem Krieg, der sie von diesem Meer zurückschlug; die Reihen Sibiriens und der Belagerung von P. Arthur fallen auch ihrem Bau nach zusammen.

Dabei kann man diese Regel ableiten:
Den Jahren der Jahrhunderte, als die Russen die sibirischen Flüsse betraten, entsprechen im Krieg 1904 die Tage ihrer Mißerfolge. Die Jahre der Volga, des Ob, Enisej, der Lena, des Amur ergeben eine lange Liste von Kämpfen mit einem für die Belagerten schlechten Ausgang.
Demgegenüber passen sich die Jahre der russischen Feldzüge gegen die Halbinseln Sibiriens den für die Japaner erfolglosen Tagen an.
Mit dem Feldzug zum Čukotskij nos 1648 ergeben sich die Tage der Mijako, Hatusse und Ioschino, als der unaufhörlich zuckende Blitz des militärischen Erfolgs ihres Gegners erlosch.
Der Feldzug nach Kamčatka 1696 paßt sich dem Mißerfolg der Kamimura bei der Verfolgung der Rjurik und Rossija an.
Das auf der Eroberung Kamčatkas liegende Jahr 1700 stimmt mit dem Untergang der Kojmon überein.
Dies ist der Einfluß, den die Flüsse und Halbinseln Sibiriens auf den Sieg ausübten.
Leider ist Sibirien arm an Halbinseln und von vielen großen Flüssen durchschnitten.
Damit ist Verlauf und Bilanz des Krieges beschrieben.
Wenn es in Sibirien mehr Halbinseln und weniger Flüsse gäbe, wäre die Belagerung anders ausgegangen.
Dežnev erkannte bei seinem Feldzug zum Čukotskij nos die Grenze des Kontinents. Am 15-ten Mai erkannten mit dem Verlust ihrer Hatusse und Ioschino die Japaner die Grenzen ihrer Macht. Darum ist unmöglich zu bestreiten, daß über dem Untergang der Hatusse nicht der Schatten Dežnevs gelegen hätte.
Wenn der Krieg ein Kampf zwischen Meer und Festland war, so braucht man sich nicht darüber zu wundern, daß die Flüsse, die in den Bereich des Meers einfließen (Fäden des Meers), und die Halbinseln — Teile der Erde sind, die die Waagschale des Sieges verschieden beeinflußt haben: die Flüsse legten ihren Grund, ihr Flußbett auf die Waagschale der Inselbewohner, die Halbinseln ihren Boden auf die der Russen. Das ist der Grund, warum in der Ilias die Flüsse über ihre Ufer treten und sich in den Kampf einmischen und in einer Reihe mit den feindlichen Heeren marschieren, so wie die Volga, Ob, Enisej, Lena auf seiten von Liaudun. Flüsse sind den Menschen des Festlands feindlich, wie die Halbinseln den Menschen des Meers. Das gesamte Ölbild

Eroberung Sibiriens, auf dem Kurbskij, Ovcyn, Prončiščev, Dežnev, Laptev, Bajkov, Pojarkov, Čeljuskin, Ermak sind, zog erneut an den Schollen Liau-te-schans als eine natürliche Küstenfestung vorüber, aber in entgegengesetzter Welle in beschleunigter Zeit, als sei es von einem großen Segel auf das Jahr 1904 zurückgeworfen worden.

Die Belagerung wurde «Vergeltung» genannt.

Auf diese Weise kann der Verlauf eines Krieges durch die Erforschung der vergangenen Jahrhunderte vorherbestimmt werden. Aus dem Verlauf der Belagerung kann man die Umrisse Sibiriens erkennen.

Jede Wasserscheide des Landes ergibt eine Art besonderes Wort der Belagerung; die Volga entspricht den Kämpfen um die ungewisse Vorherrschaft auf dem Meer, bis zu den Schüssen auf Vladivostok; der Ob — dem Kampf um eine ruhige Verschiffung der Heere bis zur Versenkung der Jahiko am 27-ten März; der Enisej — dem Kampf um die Erhaltung der Vorherrschaft zur See und die Niederschlagung der Versuche, das Rad der Geschichte zurückzudrehen, bis zum 15-ten April; die Lena — den Seeschlachten um die Einschließung Port Arthurs vom Festland her und den Angriff auf Liaudun bis 3-ten Mai.

Auf diese Weise tritt hier, wenn man das Gewebe der Phänomene durchdenkt, das Gerippe entblößt, das Meeresgesetz hervor wie auch das steinerne (Erd-)Gesetz. Zwei; die Russen und Halbinseln in Gestalt des trockenen Festlands, die Japaner und Flüsse in Gestalt des Meers, das für die Gefangennahme der sibirischen Flüsse mit den wie die Wellenschüsse gegen das Ufer zornigen Schlachten einer beschleunigten «Vergeltung» antwortete, worauf? Auf Sibirien, auf den mit dem Fall von Kazan begonnenen Strom der Russen nach Osten, zum Meer, auf die gefangenen Flüsse. Und nun leuchten die kalten Umrisse Sibiriens durch die Belagerung hervor; am Verlauf des Seekriegs kann man die Zahl der Halbinseln Sibiriens zählen (zwei glücklose Flecken im japanischen Krieg) sowie seiner Flüsse, genauer, seiner Wasserscheiden.

§ 13 a) Die Zahl der japanischen Mißerfolge auf See ist gleich der Zahl der Halbinseln Sibiriens — das ist das Gesetz und der Schlüssel, nach dem man in der Ilias die jahrhundertealte vergessene Geschichte der vergessenen Völker erneuern kann, die Ilion belagert hatten.

So ist das strenge Gesetz der Halbinseln und Flüsse im Krieg des Jahres 1904, der im ganzen eine beschleunigte Wiederholung jahrhundertelanger Kriege war, Wiederholung der Adern auf seinem Blütenblatt und ihrer Ordnung, der Feldzüge zwischen 1552 und 1900.
*September 1914*

Zeit, Maß der Welt
*Er heute. Ufer am Himmel*

Wenn es zwei Zwillingsbegriffe gibt, so sind das Raum und Zeit. Aber welch verschiedenes Schicksal sie haben. Das eine ist erforscht, und nur Ungenauigkeit hindert zu entscheiden, was es ist: griechisch, deutsch oder russisch: über das andere ist keine einzige Wahrheit bekannt. Wenn a, b, c die Gesetze des Raumes sind, so unterliegt alles, was sich im Raum befindet, der Wirkung dieser Gesetze. Wenn m, n, t die Gesetze der Zeit sind, so unterliegen alle Bürger der Zeit, angefangen von der Seele bis hin zum Staat, der Wirkung dieser Gesetze m, n, t.

Der erste Schritt wäre, wenn es auf der bislang reinen Leinwand des Zeitbegriffs einige Striche zu ziehen gelänge, mit Winkeln und Kreisen Nase, Ohren und Gesicht der Zeit zu kennzeichnen.

Einige (Hamilton) halten die Algebra für die Lehre von einer möglichen Zeit. Die ersten Wahrheiten über die Zeit haben nicht davon zu sprechen, wie sie sein könnte, sondern wie sie ist.

Der Lehre von der Zeit ist vorherbestimmt, einen wachsenden Strahl von Wundern hervorzurufen. Es wird möglich sein, Brennspiegel und Fernrohre für Strahlen mit einer Wellenlänge von 317 Jahren zu konstruieren. Die hier zu entdeckenden Strahlen der Völker und der Einzelseele führen die schöne Reihe der Strahlen von Frenel, Becquerel, Röntgen und Hertz zu Ende.

Ferner wird ein Zug der Zeit dargelegt, nämlich die Bedingungen für die Ähnlichkeit zweier Punkte in ihr, durch Versuch abgeleitet.

Bis jetzt sind folgende Züge gefunden:

1. Den Zeiteinheiten ist eigen, daß sie in der Reihenfolge der Reihe $S = a^3, a^2, a, \frac{1}{a}, \frac{1}{a^2}$ abnehmen, wobei $\frac{a^n}{a^{n-1}} = 365$.

2. Die Zeit x kann verstanden werden als ein Polynom $A_n 365^n + A_{n-1} 365^{n-1} \ldots$
$A_2 363^2 + A_1 365 + A_0 = x$, wobei x = die Zeit zwischen zwei ähnlichen Punkten ist.

3. Damit die Zeit x zwei ähnliche Punkte vereinigt, ist Bedingung, daß $x \equiv 0$ [modul 48].

4. Oder auch, daß $x \equiv 0$ [modul $365 \pm 48_n$] [ferner wird der herrschende Fall genommen: $365 + 48_n$, nämlich $365 - 48 = 317$].

5. Das Gesetz der Schwingungsbewegung der Staaten unterscheidet sich vom Gesetz der Bewegung der Einzelseele nur dadurch, daß die Zeiten durch zwei benachbarte Glieder in der Reihe S: der Einheit $365 \pm 48_n$ gemessen wird: für die Staaten erscheint das Jahr, für die Einzelseele — der Tag.

6. Einiges Licht auf diese Wechselbeziehungen wirft der interessante Zusammenhang zwischen der Lichtgeschwindigkeit und den Geschwindigkeiten der Erde des Sonnensystems, ein Zusammenhang, der den Namen eines Bumerangs gegen Newton verdient und im weiteren dargelegt werden muß.

7. Der Ursprung der Zahl 48 bleibt dunkel, aber im Gesetz des Lichts und der Erden rund um die Sonne ist sie über die gesamte Sonnenwelt gleichermaßen verbreitet und führt über die Grenzen der irdischen hinaus. Um die Darlegung zu vereinfachen, ist im weiteren überall statt $365 \pm 48_n$ dessen Sonderfall: 317 Tage oder Jahre genommen.

Hier die Beispiele für den Strahl der Völker [Leut Strahl]
$1871 \equiv 1227 \equiv 31 \equiv 665 \equiv 2250 \equiv$ [modul 317] $1028 \equiv 711 \equiv 77 \equiv 1191$ [m. 317] $1770 \equiv 1453 \equiv 502 \equiv 449$ [mod. 317] $1644 \equiv 376 \equiv 59$ [mod. 317] $543 \equiv 1176 \equiv 1493$ [mod. 317] $1905 \equiv 1588 \equiv 1271 \equiv 637 \equiv 314$ [mod. 317] $1915 \equiv 1281 \equiv 2205$ [mod. 317] $533 \equiv 1801$ [mod. 317].

| Namen der Völker | Jahre Leut Stürm | Zahl Leut der Wellen | WER | Wann | Wellenzahl in 317 Jahren |
|---|---|---|---|---|---|
| Deutsche, Tataren | 1871, 1237 | 2 | Sinegalesen, Malabaren | 543, 1176 | 2 |
| Deutsche, Römer | 1871, 31 | 6 | Sinegalesen, Ägypter | 543, 1493 | 3 |

| Namen der Völker | Jahre Leut Stürm | Zahl Leut der Wellen | WER | Wann | Wellenzahl in 317 Jahren |
|---|---|---|---|---|---|
| Deutsche, Japaner | 1871, 665 | 8 | Russen, Spanier | 1905, 1583 | 1 |
| Deutsche, Elamiten | 1871, 2250 | 13 | Russen, Franzosen | 1905, 1271 | 2 |
| Normannen, Araber | 1028, 711 | 1 | Japaner, Araber | 1905, 637 | 4 |
| Normannen, Skythen | 1028, 77 | 3 | Japaner, Inder | 1905, 314 | 7 |
| Normannen, Griechen | 1770, 1191 | 7 | Teutonen, Mongolen | 1281, 1915 | 2 |
| Russen, Türken | 1770, 1453 | 1 | Teutonen, Reich Sja | 1915, 2205 | 13 |
| Russen, Byzantiner | 1770, 502 | 4 | Code Napoléon und Justinian. Gesetze | 533, 1801 | 4 |
| Russen, Griechen | 1770, 449 | 7 | Zaporoger, Galater | 1605, 277 | 6 |
| Mandschuren, Hunnen | 1644, 376 | 4 | Blaue, Grüne und Jakobiner | 533, 1801 | 4 |
| Mandschuren, Koreaner | 1644, 59 | 5 | | | |
| Mandschuren, Tibetaner | 1644, 693 | 3 | | | |
| Mandschuren, Inder | 1644, 1327 | 1 | | | |

Das ist nur eine kleine Zahl von Beispielen, die zur Hand sind. Es ist unschwer zu sehen, daß es möglich wäre, eine neue Jahreszählung mit Hilfe von $a + b\sqrt{-1}$ zu begründen, wenn man die Vergleichung $1915 \equiv 1281 \equiv 2205$ als Ausgangsgleichung nimmt, und in ihr das Jahr 1915 als Ausgangspunkt annimmt, so wird das Jahr 1281 $2 - 0\sqrt{-1}$, das Jahr $2205 = 13 - 0\sqrt{-1}$, 1871: $0 - 44\sqrt{-1}$ 1237 $= 2 - 44\sqrt{-1}$ einfacher: $2 - 44$; das Jahr 31: $6 - 44$, das Jahr 665: $8 - 44$; das Jahr $2250 - 13 - 44$; das Jahr 1453, $-1 - 145$; $449 = -7 - 145$; in der Zahl $a + b\sqrt{-1}$ wird nicht geschrieben; b besteht aus Zähler und Nenner 317, der nicht geschrieben wird. Mit seiner Hilfe hieße es statt der Gleichung $1871 \equiv 1237 - 31 - 665 - 2250 \pmod{317}$: $0 - 44 \equiv 2 - 44 \equiv 6 - 44 \equiv 8 - 44 \equiv 13 - 44 \pmod{317}$.

Dasselbe für die Einzelseele. Das Leben Puškins gibt Beispiele von Wellenschwankungen innerhalb von 317 Tagen, sosehr der

Strahl seines Lebens auch durch verschiedene Wolken verdeckt ist.

Gerade seine Hochzeit war am 317-ten Tag nach seiner Verlobung mit N. G., und die erste Bekundung anakreontischer Ordnung, das Gastmahl im Lyzeum, wonach er fast von ihm ausgeschlossen worden wäre, war $316_n$ Tage bis zu seiner Hochzeit. Erstaunlich ist, daß in Massen, Menschenmengen, ebenfalls das Schwingungsgesetz 365 ± 48 auftaucht. So war nämlich die Zahl derer, die innerhalb von 25 Jahren die Bestuževsche Lehranstalt absolviert hatten, 317 · 11, der Sokol von Astrachan hatte 1913 317 Mitglieder; die Zahl der Schiffe, die während 6 Monaten U-Boot-Kriegs England angelaufen und aus englischen Häfen in See gestochen sind, geteilt durch die Zahl der versenkten Schiffe, ergibt die Zahl 317: 31382 : 99 = 317; in Briefen ist die Zahl der Buchstaben oft das Vielfache von 317; d. h., Mengen sind ebenfalls Wellenbewegungen.

Aber noch bessere Beispiele für die Schwingungsbewegungen der Seele innerhalb von 317 Tagen liefert das «Tagebuch der Marija Baškirceva». Ausführlicher darüber in dem Buch «Einige Worte über die Natur der Zeit auf dem Erdball».

So ruft sie am 31. März 1877 aus: «Sterben! Mein Gott, sterben!» 317 Tage danach, am 12. Februar 1878, dieselbe Stimmung: «Sterben? Das wäre so grausam, und dennoch muß ich sterben.» Ferner ist die treffende Bemerkung erstaunlich, die darauf hinweist, daß M. Baškirceva ein Recht darauf hatte, in der «Ohrfeige dem öffentlichen Geschmack» gedruckt zu werden. «Wenn ich eine Göttin wäre und das ganze Weltall zu meinen Füßen läge, so müßte ich finden, daß mein Besitz töricht organisiert ist. Ich kann nicht leben.»

Hier ein Beispiel zur Erklärung der Herkunft des Gedächtnisses: Am 19. Mai 1876 hat, wie das Tagebuch beweist, Marija B. den Italiener A. geküßt: 317 · 3 — am 26. Dezember 1878 ist plötzlich den Erinnerungen an ihn eine ganze Seite gewidmet; dabei kam die Erinnerung an A. am 26. Dez. 1878 317 Tage nach einem Verzweiflungsanfall, dem 12. Febr. 1878.

Am 24. Mai 1876 ist durch die Seiten des Tagebuchs Reue vermerkt für den Fehltritt des Kusses vom 19. Mai (5 Tage später) 317 · 5 nach dem 24. Mai 1876: am 28. September 1880 sieht Marija Baškirceva A. im Traum, und am Morgen drauf erwacht sie «hübsch, frisch und schön».

Ebenso war der 13. Oktober 1873 ein «schicksalhafter Tag» (die Nachricht von der Heirat des Gr. G.), der 5-te Tag darauf, der 18. Oktober 1873, war ein Tag der Krisis, Haßausbruch gegen G. 317·3 nach dem 18. Oktober 1873 erinnert sich Marija Baškirceva erneut an G. und widmet seiner Schönheit einige Zeilen.
Desgleichen ist die Bekanntschaft mit dem Chilenen am 26. April 1880 317·3 getrennt von dem Wunsch, Edelsteine zu kaufen. Diesem Einkauf sind $1^1/_2$ Seiten gewidmet.

Versetzt einen dieses Tagebuch durch die Buntheit seiner Mitteilungen in Erstaunen, so erstaunt es bei der Zusammenstellung von vergleichbaren Tagen (tert. comp. — 317) durch seine Wohlgeordnetheit und kann jedermann davon überzeugen, daß gleiche oder ähnliche Tage im Leben eines Menschen in $365 \pm 48$ Tagen vorkommen. Aber hier ist nur eine unbedeutende Zahl von Beispielen aufgeführt. In einigen Fällen greift nicht die Zahl von 317 Tagen Platz, sondern $317 \pm 1$ Tag.

Wenn das Gesetz der Staaten, der Weltseele $F_1$ (x) ist, das Gesetz der Seele eines einzelnen Menschen $F_2$ (z), so führen die Gegebenen des Versuchs zu folgenden beiden Situationen:
1) $F_1 = F_2$; 2) $x = 365_z$.

Das heißt, die Seele der Menschheit verhält sich zur Seele des Menschen wie das Jahr zum Tag, wobei sie im besonderen (Stimme der Erde) die Zahl 365 ergibt.

Allgemein gesprochen — wenn sich die Menschen schon einmal erkühnt haben, auf dem Erdball zu leben, so müssen sie sorgfältig die Lebensbedingungen auf ihm studieren. Bisher aber war die Zeit eine Art Aschenbrödel, die ihre Arbeit in den Gleichungen der experimentellen Wissenschaften verrichtete. Der AU-Leut, der kommt, um den UA-Leut zu ersetzen, wird der Zeit das Ihre geben.

In beherrschen stecken zwei Bedeutungen: 1) kennen, können und 2) herrschen, befehlen. Die Beherrscher der Zukunft werden, da sie die Zukunft voraussehen, ihr befehlen zu kommen. Niemand erfüllt Befehle besser als die Sonne, wenn man ihr befiehlt, am folgenden Tag aufzugehen.

Jetzt bleibt noch, die erstaunlichen, beinahe wunderbaren Zusammenhänge zwischen der Lichtgeschwindigkeit und den Geschwindigkeiten der Erde aufzuzeigen:

Wenn die Lichtgeschwindigkeit M ist, so ist die Geschwindigkeit der Erdbewegung während eines Jahres d; die Geschwindigkeit (die größte, äquatoriale) einer vierundzwanzigstündigen Bewegung $= \delta$, so ist

$M = 317 \frac{d^2}{2\delta}$ : angenommen M = 299860 k, = 300 000 k. $\delta =$ 46510 cent. d = 2960 600 cent.

Anders kann man das so schreiben:

$M \cdot 365 \cdot 24 \cdot 60 \cdot v = \pi R^2 - \frac{48 \pi R^2}{365}$; der Erdradius = $v$ der Radius der Umlaufbahn = R.

Das ist die Fläche eines Rechtecks, dessen eine Seite gleich dem Radius der Erde ist, während die andere des Wegs, der vom Licht zurückgelegt wird im Verlaufe eines Jahres, gleich ist einer Fläche, die beschrieben wird von einer Erde und Sonne verbindenden Geraden, im Verlaufe von 317 Tagen. Für den Jupiter nimmt die Gleichung dieses Aussehen an:

$300000 \cdot 1044 \cdot 11 \cdot 6000 \cdot 86400 = 3 \cdot 777^2 \, 10^2 - \frac{48 \cdot 3 \cdot 777^2 - 10^2}{1044}$.

Die erste Hälfte der Gleichung ist gleich $1728 \cdot 10^{15}$
Die zweite $1809 \cdot 10^{15} - 86832 \cdot 10^{12} = 1722168 \cdot 10^{12} = 1722 \cdot 10^{15}$.
Oder $17281 0^{15} = 1722 \cdot 10^{15}$; $17 \cdot 10^{17} = 17 \cdot 10^{17}$.

Desgleichen für die Venus. Darin besteht der 1-te Bumerang gegen Newton.

II

In dem Aufsatz «Er heute» Genommen I sind die allgemeinen Umrisse der Welt dargelegt, die sich dem Bewußtsein von der Höhe des Gedankens eröffnet, daß die Zahl 365 die Grundzahl des Erdballs ist, seine «Zahl der Zahlen». Als ältestes Verhältnis des Erdballs hat sie dazu geführt, daß alles übrige im Bezug auf diese Zahl gebaut und auf diese Weise ein Zahlenstaat entstanden ist. Folglich muß der Erdball als eine vollendete Schöpfung der reinen Kunst, der Klänge begriffen werden, wo Skrjabin der Erdball ist, die Saiten — Jahr und Tag sind und die herrschende Harmonie, die auf dem Kopfstück der ganzen Arbeit beruht — die Zahlen 365, 1, 25 (einen Sonnentag erhält man mit 25 Erdtagen); der Erdtag ist gleich a, der Sonnentag = M;

$$48 = \frac{2(M-a)}{a}.$$

Der entdeckte Kontinent kann derart umrissen werden, daß sich dem Allgemeinen Gesetz der Vergleichbarkeit nach 365 ± 48 nicht nur die Saiten der gesamten Menschheit (die Kriege) unterordnen, sondern auch die Saiten jeder gegebenen Seele. Zum Beispiel die A. S. Puškins: so war am 6. April 1830 seine Verlobung, am 18. Februar 1831, also 317 Tage danach — seine Hochzeit! Dies berechtigt uns, von der einzelnen Seele wie von schönen Stunden zu sprechen. Demselben Schwingungsgesetz sind auch die Mengen untergeordnet (Schwingungsgesetz der Massen). Eine Menge nennt man die Versammlung gleichartiger Teile des Erdballs (Menschen, Schiffe, Bücher usw.). Sind diese Kenntnisse erst einmal bestätigt, so wird es, gestützt auf die entsprechende Zahl, leicht für uns, sie auf anderen Erden der Sonnenwelt zu verbreiten.

Die Frage des Vergleichs der «konstanten Welt» ist gebunden an die Wechselbeziehungen zwischen Zahl und Wort. Die geistreichsten Köpfe können ihr Denken nicht anders definieren als mit Hilfe des Wortes, einer wenig vollkommenen Vermessung der Welt. Ein Mensch, der die Welt mit Hilfe einer Längeneinheit vermessen würde und dieser das Recht gäbe, von einem Veršok zu einer Verst und von der Länge der Lichtwelle zur Länge eines Lichtjahrs zu variieren, befände sich in der Lage eines Menschen, der sich des Wortes als eines Denkwerkzeugs bedient. Mit dem Wort «wenig» kann man sowohl die Zahl der Sterne in der Milchstraße als auch die Zahl der Augen oder Arme (am Körper) benennen.

Im Denken in Worten gibt es keine Grundvoraussetzung für Vermessungen — keine Beständigkeit der Maßeinheit, und die Sophisten Protagoras, Gorgias sind die ersten tapferen Steuerleute, die auf die Gefahr hingewiesen haben, auf den Wellen des Wortes zu segeln. Jeder Name ist nur eine Annäherung, ein Vergleich einiger Größen, irgendwelche Gleichheitszeichen. Leibniz mit seinem Ausruf: «Die Zeit wird kommen, in der die Menschen statt beleidigender Streitigkeiten rechnen werden.» (Sie werden rufen: calculemus), Novalis, Pythagoras, Amenophis IV. haben den Sieg der Zahl über das Wort als Denkverfahren vorausgesehen; den Sieg über die «luftige» Einheit des Palastes der Waagen und Gewichte.

Das Morgenrot der Zahlen strahlt auch durch die Lehre vom Masich-al-Dedschal. Der größte Strom ist möglich bei größtem

Spannungsunterschied, und er wird erreicht durch einen Schritt vorwärts (die Zahl) und einen Schritt rückwärts — (das Tier). (Vgl. unsere Zeit.)
Obwohl das Wort als Denkwerkzeug veraltet ist, bleibt es für die Künste dennoch, da es geeignet ist zur Vermessung des Menschen in bezug auf die Konstanten der Welt. Aber der größte Teil der Bücher ist deshalb geschrieben, weil man «mit dem Wort» über etwas nachdenken will, über das man in Zahlen denken kann.
In der Summe ist der Krieger des Aufsatzes «Er heute» der Feldzug Widschais angeführt mit 700 Gefolgsleuten gegen die Insel Ceylon und die Eroberung der Malabaren-Küste — die Streitaxt Ramas (1176 und 543 v. Chr.) = 317 · 2; aber das ist doch fast schon alles, was über das alte Indien bekannt ist! Nehmen wir das Jahr 2250, als die grausamen Elamiten nach Babylonien eindrangen, als Rim-Sing zum Herrscher über «Akkader und Sumer» proklamiert wurde — über das ganze Weltall für den damaligen Horizont, und das Jahr 665, als Assurbanipal Herrscher über die 32 Könige Ägyptens wurde, und das Jahr 31, als Caesar sich auf das «gebrochene Schilfrohr» Ägyptens stützte; ebenso das Jahr 1237, — das Jahr der Heerscharen Batyjs, und das Jahr 1871, — das Jahr Bismarcks, 665 war zugleich auch das Jahr der Eroberung Japans. Die Invasion der Elamiten ist einer der Hauptstürme der Menschheitsdämmerung.
1871, 31, 665, 2250 waren Jahre des Beginns von Imperien.
Die Elamiten, Assyrer, Römer, Tataren, Deutschen — einige der kriegerischsten Abarten des Menschen. Die Jahre, die Gipfel ihres Kriegsruhms waren, passen auf die Punkte, die das Vielfache von 317 bilden. Wenn man nicht die spitzen, nadelgleichen Gipfel des Völkergleichgewichts vergliche, sondern die Höchstpunkte der Kurve der Erdbeben, so würde sich der Naturforscher natürlich entschließen, diese Zeitpunkte festzustellen. Diese Reihe gleicht ein und derselben trüben eisernen Maske, die auf den Wellen des Altertums schwimmt. Wenn man 317 Jahre als Einheit nimmt, könnte man schreiben: Tataren — Elamiten = 11; Tataren — Assyrer = 6; Tataren — Römer = 4; Römer — Assyrer = 2; Römer — Elamiten = 7; Bismarcks Deutsche — Batyjs Tataren = 2; Bismarcks Deutsche — Caesars Römer = 6; Bismarcks Deutsche — Assurbanipals Assyrer = 8; Deutsche — Elamiten = 13.

Im Lichte dieser ganzen Zahlen — 1, 2, 3, 4, 5, 6, 13 — wird das Leben der Menschheit begriffen als die Arbeit eines Strahls, der mit den Jahrhunderten zu tun hat. Die Völker zeichnen eine Kurve, und die schärfsten Gipfel der Kurve ergeben mit ihren Abständen eine neue natürliche Zahlenreihe, die Deutschen unterscheiden sich von den Mongolen im Grunde wesentlich darin, daß bei den einen der Schnurrbart nach unten hängt, bei den anderen nach oben gebürstet ist; und wennschon? der große Kampf der Deutschen um das Dominium mari, die Seeherrschaft, wird 317·2 nach dem großartigen Kampf der Mongolen um das Meer geführt (Kubilaj-Chan 1281 und Tirpitz 1915). «Ich weiß, die Arme Kubilajs strecken sich nach dem Meer.»

Die zwei Haupteroberungspunkte des Islam 711 und 1453 (die Jahre, als Spanien und Byzanz erobert wurden) liegen 317·6 von den beiden Haupteroberungsbewegungen der griechischen Welt entfernt, 1191 der Feldzug Aschaschus nach Ägypten und 449 — der Sieg über die Welt der Perser. 1453 − 449 = 711 − 1191. 317·3 vor dem Feldzug Napoleons 1812 war der große Feldzug der Normannen gegen Cargrad, der ebenfalls widergespiegelt wurde (862−861).

317·3 vor der Niederlage der Araber im Jahr 732 wurden in China die Hunnen (Hun-nu) zerschlagen im Jahre 219 v. Chr., 1683 ≡ 732 ≡ 219 (mod. 317·3), (im Jahre 1683 wurden die Türken zerschlagen). Die Skythen, die im Jahre 78 n. Chr. in Siam eindringen, 317·2 vor dem Eindringen der Araber nach Spanien (Guadalete, 711). — Die Reihe der Eroberungen von Halbinseln. Der Bau der Bienenwabe herrschte 449 (Aspasia) wie im Jahre 1770, 317·7 Jahre danach. Auf diese Weise sind ähnliche Zeiten des Erdballs mit dessen Grundmaß vermessen, und ähnliche Ereignisse vorgeschrieben durch die Teilbarkeit der Jahrhunderte durch dieses Maß, — ihre Kommensurabilität. Obgleich sich die Forschung am Kap der Guten Hoffnung befindet, kann darüber vorerst nur sehr unklar gesprochen werden. Aber dieses Gesetz wird nicht nur Kriegen Invasionen gerecht, sondern auch einem so friedlichen Bereich wie der Gesetzgebung, Gesetzessammlungen. So trat am 30. Dezember 533 die Gesetzessammlung «Upravdas, des Sohns der Belenissa und des Istok» in Kraft; 317·4 Jahre später ist das Jahr 1801, als der erste Teil der fünf Bücher des Code Napoléon erschien.

317·10 vor dem Jahr 1801 haben wir das Jahr 1369 v. Chr.; aber

1378 vollzog der Pharao Amenophis IV. die Umwälzung, indem er seine Untertanen zwang, statt undeutlicher Gottheiten die große Sonne zu verehren. Er hatte die Verehrung Amons durch die Verehrung Atons ersetzt, schmalbrüstig wie ein Krieger II. Klasse, von Sorgen um Nofretete geplagt, er, dieser Freund des Hohepriesters Ai und Schururu, blitzte er nicht wieder auf in Chosrau (533), der die Flamme als heilig anerkannte, und im Jahr 1801 mit seiner Verehrung der höchsten Vernunft?

Nofretete antworten oder nicht? Der Sohn der Teje rief dazu auf, die Sonne als den Ursprung alles Irdischen zu sehen, und sprach selbst die ersten Gebete an die Sonne. Indem sie sich auf das römische Recht besannen, scheinen Justinian und Napoleon gesagt zu haben, daß die Weisheit nicht vor, sondern hinter uns liegt, und haben darin einen Schutzschild gesehen — der eine gegen den Einfluß Englands, der andere gegen die Lehren des Ostens, der damals in Leidenschaften wogte, die kurz zuvor die Erscheinung Mohammeds hervorgerufen hatte.

In dieser Darlegung wurde bis jetzt das große Maß der Einheit des Jahres angewendet. Es ist nicht ohne Nutzen, wenn man Beispiele dafür anführt, daß dasselbe Prinzip auch bei der Zeitvermessung der Einheit Tag seinen Platz hat. Diese Beispiele beziehen sich auf die russische Vergangenheit.

I) Am 1. November 1851 wurde die Nikolajevsker Eisenbahn eröffnet; am 16. März 1836 die nach Carskoje Selo; dazwischen liegen $317 \cdot 18$ Tage und zwei Tage.

II) Am 10. Februar 1901 Transsibirische Eisenbahn erreicht Chinas Grenze; am 19. Mai 1899 Grundsteinlegung der Transsib. E. Zwischen Baubeginn und Ende — $317 \cdot 2$ Tage.

III) Am 19. April 1563 Beginn des Buchdrucks in Rußland; am 1. März 1564 Apostol gedruckt — d. h. 317 Tage später.

IV) Am 18. Juli 1605 war die Krönung des falschen Dmitrij, 317 Tage später — am 1. Juni 1606, die Krönung Vasilij Šujskijs.

V) Am 7. September 1689 war der Thronverzicht Sofijas; $317 \cdot 96$ vorher war der Sturz des Usurpators und die Ermordung Basmanovs — am 17. Mai 1606. $317 \cdot 96 = (365-48) \, 48 \cdot 2$.

VI) Zwischen dem 7. September 1689 und dem 14. Dezember 1825 liegen $317 \cdot 157$ Tage.

VII) Zwischen dem 14. Dezember 1825 und dem 17. Oktober 1905 liegen $317 \cdot 92$ weniger zwei Tage.

VIII) Zwischen dem 15. Februar 1171 (Wahl Vladimirs in Kiev) und dem 17. Februar 1598 (Beginn der Duma, die Boris Godunov gewählt hatte) liegen 317 · 492.

IX) Zwischen dem 17. Februar 1598 und dem 18. März 1584 (Tod Ivans des Schrecklichen) liegen 317 · 16.

X) Zwischen dem 10. Juni 1605 (Tod des Sohnes Godunovs, und dem 12. März 1206 (Novgorod leistet Konstantin den Eid) liegen 317 · 461.

XI) Zwischen dem 9. März 1898 (die erste Frau wird ein gelehrter Agronom) und dem 27. Mai 1910 (Zulassung von Frauen zum Staatsdienst) liegen 317 · 14.

XII) Am 15. Juli 1914 Kriegserklärung Österreichs an Serbien und von den Deutschen ausgegangene bosnische Unruhen, gerichtet gegen die Russen und Serben. 317 Tage danach — am 28. Mai 1915 — Unruhen in Moskau, gerichtet gegen die Deutschen.

XIII) Das bereits aufgeführte Beispiel aus dem Leben A. S. Puškins.

Nicht weniger merkwürdig ist der Fall der Teilbarkeit durch 317 von einfachen Mengen; zum B., im ersten Kriegsjahr wurden 636534 österreichische Gefangene gemacht; aber 636536 = 317 · 2008. Aurelian hat in seinem Feldzug gegen die Sarmaten persönlich 950 Sarmaten getötet, 951 = 317 · 3. Kranke an den Dardanellen gab es 96683; 96685 = 317 · 305.

Am 1. Januar 1913 hatte England 318 Schiffe, die jünger als 20 Jahre waren. Nach diesem Gesetz mußte Deutschland am 14. Juni 1912 317 Marineeinheiten besitzen (41 + 20 + 40 + 144 + 72).

1911 lebten in Schweden 317 · 95 Finnen und Norweger — (30116) · 317 · 95 = 30115.

1911 lebten in Schweden 5171222 Schweden; 5171221 = 317 · 16313. Finnen, Schweden und Norweger folglich 317 · 16408.

In Norwegen lebten 1911 Schweden, Norweger, Dänen: 2350886 + 30546 + 3040 = 2384472; 2384474 = 317 · 7522.

Die japanische Schutzwacht für die Südliche Mandschurische Eisenbahn bestand aus 617 + 17 M. = 317 · 2 = 1911. Im Französisch-Preußischen Krieg kamen auf einen Getöteten 365 Kugeln. Unter Peter dem Großen erhielten vom Staat 14266 Donkosaken Gehalt; 14265 = 317 · 45. Zur selben Zeit in der Flotte (27939), Artillerie (5579), Garde (2616), Garnison (74128), Landmiliz (6392) und bei den Donkosaken (14266), insgesamt 130920

Mann; 130921 = 317 · 413 oder (365 − 48) (365 + 48) = 365² − 48² (Solovjov).

Auf diese Weise sind Mengen, Massen des Erdballs demselben Zahlengesetz untergeordnet wie die Zeiten.

Peter der Große heiratete mehrmals, zum Beweis seines rauhen, unbändigen Willens. Aber auch seine Heere, scheinbar von seiner Willkür geschaffen, machen keine Ausnahme von dem allgemeinen Gesetz, das offensichtlich auf der Erde herrscht. Aber natürlich kann eine «kantianisch-laplacesche Vernunft» nicht ohne Anwendung der Genauigkeitsprinzipien erreicht werden. Es ist interessant, daß dem großen Dreiklang: do, mi, sol, − die Regel des goldenen Schnitts: a + b = 2 c zugrunde liegt. Aber: Elamiten − Assyrer = 317 · 5; Römer − Tataren = 317 · 4; Assyrer − Tataren = 6; aber 6 + 4 = 2 · 5 = 10. Das heißt, auch hier haben wir einen goldenen Schnitt.

Beim Studium der Zahlenreihe der Feldzüge nach Sibirien wurde festgestellt, daß diese Feldzüge, als eine gewisse Anordnung von Punkten auf einer Geraden, Ähnlichkeit mit der Belagerung von Port Arthur besitzen. Die Seeschlachten dieses Krieges, als einige Punkte auf der Geraden der Zeit studiert, besitzen Ähnlichkeit mit dem auf selbe Weise studierten Kampf zwischen Islam und christlichem Westen, angefangen bei den Kreuzzügen des Jahres 1095.

Die eine Reihe stützt sich auf die Einheit Jahr, die andere auf die Einheit Tag. Von den Kreuzzügen 1095 bis 1916 sind 821 Jahre vergangen, folglich muß sich diese Reihe mit dem 821. Tag seit Kriegsausbruch erschöpfen. Dies ist nützlich für den, der das Ruder des Steuermanns in die Hand genommen hat.

1095 bedingt als Jahr den 19. Juli 1914.

1099 (Eroberung Jerusalems) = 23. Juli (Untergang der Amphion.

1146 (Eroberung Edessas durch Nureddin) = 9. September (Versenkung der Hawke, Cressy, Aboukir durch Widdigen).

1187 (Eroberung Jerusalems durch Saladin) = 19. Oktober, Schlacht in Chile (Hogdon, Monmouth, Otranto).

1183 (Eroberung Mesopotamiens durch Saladin) = 15. Oktober. (Versenkung der Žemčug, Itaro, Kataschicho).

1272 (7-ter und letzter Kreuzzug) = 11. Januar 1915 Schlacht im Eismeer.

1326 (Eroberung von El-Gaza durch Brussa) = 5. März, Versen-

kung der Bouvais, Ozean (in den Dardanellen).
1480 (Eroberung von Otranto) = 28. Juli, Schlacht bei Riga.
1521 (Einnahme Belgrads) = 17. September 1915, Benedetto Grin.
1446 (Eroberung Griechenlands) = Versenkung der Garibaldi.
Das Vertrauen in diesen Vergleich wird dadurch gefestigt, daß das Ende der Kreuzzüge 1271 zusammenfiel mit dem Ende der Kämpfe im Norden; die Eroberung der Türkei durch Brussa dagegen liegt zu Beginn der Kämpfe in den Dardanellen.
Aber diese Gegenüberstellung ruft dennoch gewisse Zweifel hervor und kann nur als ein interessanter Versuch mit einem wenig wahrscheinlichen glücklichen Ende gesehen werden.


Blatt I von 317
*Aus dem Buch der Erfolge*
*V. Chlebnikov betrachtet die Staaten. Ein Gespräch*

I. Du hast gezeigt, daß es einen Strahl der Kriege gibt. Du hast den Gott des Haders in Ketten von Gleichungen geschlagen, und so liegt er, von dir verurteilt, mit hängendem Kopf, in Fesseln geschmiedet. Er ist der Gefangene deines Plans, den Strahl der Menschheit zu vermessen, um dann den 1-ten Staat des Sterns zu gründen. Ja, ich sehe, daß Brüche und Sprünge, auszumessen an der wilden Menschheit im Zweikampf des Krieges, gewöhnlich in 317 Jahren stattfinden und daß die Zahl e die Reihen der Kriege zu einem einzigen Kriegsbaum vereinigt. Aber geschieht nicht dasselbe mit dem Unwetter der Worte «Freiheit, Gleichheit, Brüderlichkeit»? Ich weiß, daß im Jahre 1792 in Frankreich ein schönes Schneegestöber war und die Göttin der Vernunft in der Kathedrale der Pariser Gottesmutter einen Sitz hatte. Ist der Strahl der Gleichheit gefunden? und der 9 Wellen der Freiheit?

II. Ja, 317 · 10 vor dem Jahre 1792, als in Frankreich die Freiheit ausgerufen und die Priester gestürzt wurden, war das Jahr 1378, als in Ägypten die Verehrung der Götter ersetzt wurde durch die Verehrung der SONNE, und den Tempeln und Priestern der Handschuh hingeworfen wurde. Die Reichen wurden ihrer Vorrechte beraubt in der Welt des Jenseits, und die Welt des Jenseits (die erste der Welten) verwirklichte die Prinzipien der Gleichheit und Freiheit. Die Gleichheit für die Toten wurde 317 · 10 Jahre vor der Gleichheit für die Lebenden verwirklicht. Das war in Ägypten zu Lebzeiten Amenophis' IV. Später wurde er durch einen Aufstand der Priester gestürzt, und die zerstörten Tempel des «Gottes der Reichen» wurden wiederhergestellt. Und 317 · 2 nach der ägyptischen Gleichheit im Jahre 1378 kam das Unwetter der Gleichheit für Assyrien. Im Jahre 744 brach Teglattphalasar III. das achtjährige Joch der Priester und errang durch einen Aufstand den Thron. Er kämpfte gegen den Bund der Priester mit den Händlern, gestützt auf die armen, genauer bettelarmen Landbewohner. Den Städten, die ihre Pflicht und Schuldigkeit nicht kannten, wohl aber ihre Rechte, nahm er die Freiheit und besiegte die verweichlichte Priesterschaft. Das wurde getan im Namen der Gleichschaltung des Bauernstandes mit den Städtern und Beherrschern der Tempel, d. h. im Namen der Gleichheit. 317 · 3 vor dem Jahre 1792 war das Jahr 841. Aber im Jahre 845 wurden in China 4000 Tempel geleert und 26 000 Priester entlassen. Und in Byzanz die Bilderstürmer. Du siehst, daß es einen Strahl des Unwetters der Gleichheit gibt — den Glaubenston, Strahl der Abdankung der Götter, ihrer Entlassung aus dem Dienst an den Reichen.

I. Das ist glänzend. Wie gewandt das ist! Oh, ja!
II. Der Strahl der Glaubensbekenntnisse tritt auch in anderen Fällen hervor, womit er nochmals hinweist auf das gemeinsame Leben der Menschheit. Ebenso wie die Wellen des Strahls der Gleichheit und Freiheit, folgen auch die Wellen des Glaubenstons in 317 Jahren aufeinander.
Im Jahre 903 bekannte sich Ubejzul zum Geist Gottes und begründete die Lehre der Mahdisten; 317 danach, 1220, gründete Shin (Japan) die Lehre Shin-ran (den Protestantismus im Buddhismus). Shin war der Luther des Buddhismus. 317 Jahre später, im Jahre 1537, die Schmalkaldischen Artikel Luthers und Calvins Katechese: d. h. der Protestantismus im Christentum. Im Buddhismus ist er früher aufgetreten als im Christentum. 317 Jahre nach dem Arianischen Streit (343) war der manichäische (660) (armenische

Einflüsse). Daß alle Religionen ein einiges Leben gelebt haben, beweist der Strahl der Anerkennung der Glaubensbekenntnisse: im Jahre 261 vor Chr. Geb. führte Aschoka die Buddha-Verehrung in Mahadha (Indien) ein, 317 Jahre danach, im Jahre 57, nachdem in China das Opfer für Konfuzius eingeführt worden war, 2·317 nach Konfuzius im Jahre 692 Verbot des Heidentums in Byzanz (Sieg Jesu), 317 vor 692, 374 die letzten Olympischen Spiele. So verläuft der Strahl der Glaubensbekenntnisse, der darauf hinweist, daß die Religionen, unabhängig von ihrem Gott, und miteinander in Verbindung, diesem Strahl folgen. Der erste Tag der russischen Freiheit, 24. Febr. 1917, war 317·3 Tage nach Kriegsausbruch 19. VII. 914 (zwei gleiche Punkte).

I. Ich sehe, daß 317 Jahre eine wahre Welle des Strahls der Zeit ist und daß du geradezu die Mausefalle im Gürtel trägst, in der das Schicksal sitzt. Laß dich Schicksalsfänger nennen, wie die Menschen die grünäugigen schwarzen Katzen Mäusefänger nennen. Aus deiner Lehre geht eine einige, nicht mehr in Staaten und Völker einzuteilende Menschheit hervor.

II. Das Schicksal arbeitet fein und genau wie eine Nähmaschine. Ihre Muster sind besonders schön im Gesetz der Geburt ähnlicher sterblicher Menschen — die einander gleichen. Hier die Muster ihrer Nadel: (Aufmerksamkeit des alten und jungen Kontinents)! Griechenland wurde von den Römern zerstört, Rom von den Waldvölkern geplündert. Das Wort «Heimat», Untergang des Vaterlandes, wurde in Tausenden von Sprachen hervorgebracht, ausgeworfen, mit Blut vermischt, vom roh durchstochenen Hals. Der Feuerschein der Brände, des Bluts und der Flammen hat 19 Jahrhunderte angefüllt; von der arbeitsamen Hand der Näherin sind Harnische und Waffen bestickt worden. Aber zwei Menschen, die das PI studiert haben (das Verhältnis des Kreisrunds zur Achse des Kreises) wurden 365·5 nacheinander geboren. Fünf Platonische Jahre. Archimedes fand 286 3 Zeichen für PI, Ludolf von Ceulen 1539, bestimmte PI auf 35 Zeichen. Ein Irmane, ein Grieche. Und England und Griechenland? Wie viele Kriege und Niedergänge des Vaterlands zwischen ihnen beiden?

Aber der Logiker John Stuart Mill (1804) wurde 365·6 nach

dem Logiker Aristoteles (384) geboren; zwei Tempelritter der Drehung der Erde um eine Achse sind der Inder Ariabhatta (476) und der Germane Kepler (1571), 365 · 3 nacheinander, und natürlich wußten sie voneinander ebensowenig wie die Tempelritter des Kreisrunds. 2 Anhänger des Nirwana Buddha (Indien) 558 und der Holländer Spinoza (1632) 365 · 6 Frieden in der Gottheit, Verzicht auf das Fleisch und nichts.

Plato (428) und Fichte (1762) 365 · 6 und Anselm von Canterbury, Sophokles 496 und Voltaire 1694 waren Größen ihres Volks, unter beider Feder entstand ein König Ödipus, und beide waren entbrannt vom Denken über das Schicksal (Erdbeben von Lissabon) Frankreich und Griechenland 365 · 6 nacheinander. Der große Aischylos (geb. 525) erweckte in den Persern das alte Hellas des Kriegsruhms wieder auf, und 365 · 4 danach, 935 wurde Firdusi geboren, der die Perser an den Namen Schah Namè erinnerte. Firdusi ist der Aischylos des Iran. Freuen Sie sich, wenn Sie das sehen? Aber, Genosse K., Sie werden sich noch mehr freuen, wenn Sie erfahren, daß die Fläche des Blutkörperchens (Einheiten des Staates Mensch) gleich $\frac{1}{365^{10}}$ der Erdoberfläche ist. Muß nicht die 365haftigkeit der Maße Spiegel für die 365haftigkeit des Erdballs sein? 10 ist auf dem Erdball künstlich nicht 10, sondern 365 Finger.

*19. IV. 17*

## Zweikampf mit Hammurabi

«Inu Anum Sirum.»   Gesetzessammlung Velimirs. Gesetze, für die keinerlei Regierungen, Richter und Ketten nötig sind, sondern für die die Sterne hoch droben reichen.

## 1. Artikel

| Zug der Ähnlichkeit | Wer? Paare ähnlicher Menschen, 365 Jahre nacheinander geboren | | |
|---|---|---|---|
| Zwei Glaubens-schöpfer Nirwana | Moses – 1653 und Buddha – 558 Gautama | | 365·3 |
| Liebesäer | Buddha – 558 und Spinoza † 1632 Baruch | | 365·6 |
| Liebefelsen und | Men-tsi – 371 und Jesus Christus – 6 | | 365 |
| Gottesfelsen des Gottes der Armen | Jesus Christus – 6 und Walt Whitman † 1819 | | 365·5 |
| Propheten des Lebens | Sokrates – 468 | Skovoroda † 1722 | 365·6 |
| Zahlenschöpfer | Abraham – 2240 | Pythagoras – 580 | 365·4 |
| Atom | Demokrit – 459 | Lucretius Carus – 94 | 365 |
| Annalen, Chronist | Titus Livius † 59 | Karamzin † 1766 | 365·5 |
| Malerei | Vaznecov † 1848 | Raffael † 1483 | 365 |
| Malerei | Pancuvius – 219 | Rembrandt † 1606 | 365·5 |
| Vermessung des Erdballs. Vermessung des Himmels. | Eratosthenes – 276 | Jakut † 1184 | 365·4 |
| Lehre vom Himmel | Anaximander – 610 | Al-Batani † 850 | 365·4 |
| Propheten | Ptolemäus † 86 | Tycho de Brahe † 1546 | 365·4 |
| Umdrehung der Erde | Ariabhatta † 476 | Kepler † 1571 | 3·365 |
| Genießer | Epikur – 342 | Huysmans † 1848 | 365·6 |
| Verehrer des Altertums | Konfuzius – 551 | Racine † 1539 | 365·6 |
| Lehrer der Gleichheit | Senon – 340 | Cajetan 1485 | 365·5 |
| Denker | Aristoteles – 384 | John Stuart Mill 1806 | 365·6 |
| Lieder | Abu Temmam † 807 | Šota Rustaveli 1172 | 365 |
| Lieder | Firdusi † 935 | Schems ed-din Hafis 1300 | 365 |
| «--------» | Aischylos – 525 | Hafis 1300 | 365·5 |
| «--------» | Sophokles – 496 | Voltaire 1694 | 365·6 |
| «--------» | Pindar – 521 | Petrarca 1304 | 365·5 |
| «--------» | Ovid – 43 | Tegnér 1782 | 365·5 |
| «--------» | Horaz – 66 | Schiller 1759 | 365·5 |
| «--------» | Theseus – 641 | Saadi 1184 | 365·5 |
| Weise | Abraham 2040 | Matuaklin | 365·9 |

Das Maß, das den Glauben besiegt hat, ist die Gleichung der Propheten. Die Gleichung des Denkens. Stoffetzen der Völker, auf die Menschheit aufgenäht.

## 2. Artikel

| Einheit der Harmonien. Zeitmaß. Nach Muster und Ähnlichkeit. | Zeit d. 1 Schlags | Zahl der Tage | Name |
|---|---|---|---|
| Pulsschlag der Kontinente, Meere und Berge. | 115705 Jahre. | $\frac{2}{365 \cdot 317}$. | $S_2$. |
| Zeit zwischen ähnlichen Menschen. Pulsschlag der Geburten. | 365 Jahre. | $365^2$. | $S_2$. |
| Pulsschlag der Völker (Kriege, Ähnlichkeiten, Gesetze, Tempel, Lehren). | 317 Jahre. | $365 \cdot 317$. | $S_3$. |
| Tage | $\frac{1}{365}$ Jahre. | 1 | $S_4$. |
| X — die Zeit. | 237 Sekunden. | $\frac{1}{365}$ | $S_5$. |
| Zeit 1 Schrittes eines Infanteristen, der in der deutschen Infanterie marschiert. | 81 Schritte in der Minute. | $\frac{1}{365 \cdot 317}$ | $S_6$. |
| Zeit 1 weiblichen Herzschlags. | 81 Schläge in der Minute | $\frac{1}{365 \cdot 317}$. | $S_7$. |
| Zeit 1 männlichen Herzschlags. | 70 Schläge in der Minute. | $\frac{1}{317^2}$. | $S_8$. |
| Zeit 1 Schwingung der Saite A. | 440 Schwingungen in der Sekunde. | $\frac{1}{317 \cdot 365^2}$. | $S_9$. |
| Obere Grenze der Stimme. | 1760 Schwingungen in der Sekunde. | $\frac{1}{4 \cdot 317 \cdot 365}$. | $S_{10}$. |
| Untere Grenze der Stimme. | 55 Schwingungen in der Sekunde. | $\frac{8}{317 \cdot 365^2}$. | $S_{11}$. |
| 1 Sopran-Schwingung. | 220 Schwing. in der Sek. | $\frac{2}{317 \cdot 365^2}$ | $S_{12}$. |

Oder 1 Schritt des Krieges ($S_3$) verhält sich zum Tag ($S_4$) wie der Tag zum Schritt eines Infanteristen:

$$S_6 : \frac{S_3}{S_4} = \frac{S_4}{S_6} \frac{365 \cdot 317}{1} = 1 : \frac{1}{365 \cdot 317}$$

$= 365 \cdot 317$. Ein weiblicher Herzschlag ($S_7$) verhält sich zum Schlag der Saite A ($S_9$) wie das Jahr zu einem Tag; −

[*Kopie unleserl.*] $\dfrac{S_7}{S_9} =$

$\dfrac{1}{317 \cdot 365} : \dfrac{1}{365^2 \cdot 317} = 365.$

Das Gehör in der Saite A fand das Verhältnis des Jahres seines Herzens zum Tag der Klänge, und der Sternenhimmel wurde zum Nenner.

# Wir, die Vorsitzenden des Erdballs
Manifeste. Aufrufe. Vorschläge.

Vorschläge

In den Seen eßbare, fürs Auge unsichtbare Lebewesen züchten, damit jeder See ein Kessel mit fertiger, wenn auch roher Seesuppe sei.

*

Die Scharen der Essenden werden sich badend am Ufer lagern, — Nahrung der Zukunft.

*

Den Umsatz von Arbeitsformen mittels des Umsatzes von Herzschlägen vollziehen. Jede Arbeit in Herzschlägen messen — Geldeinheit der Zukunft, die jeder Lebende in gleichem Maße besitzt. Berechnen, daß der Mittelwert der Schläge pro Tag gleich $365 \cdot 317$ ist.

*

Mit derselben Einheit den internationalen Handelsumsatz berechnen.

*

Den großen Krieg durch den ersten Flug zum Mond beenden.

*

Eine gemeinsame, wissenschaftlich begründete Sprache der Arier schaffen.

*

Eine Neuerung im Grundbesitz einführen, indem vereinbart wird, daß die im Nutzen einer Einzelperson befindliche Fläche nicht kleiner als die Erdoberfläche sein darf.

*

Die Luftfahrt möge das eine Bein, sprühende Rednergabe das andere Bein der Menschheit sein. Was dann kommt — wird sich zeigen.

*

Die Kunst des leichten Erwachens aus dem Schlaf entwickeln.

*

Die Hauptstädte als Ansammlungen von Staub in den Knotenpunkten von stehenden Wellen betrachten, nach den Gesetzmäßigkeiten von schwingenden Platten (Zeichnungen von Kundt).

*

Wissend, daß $n^0$ — das Zeichen des Punkts, $n^1$ — das Zeichen der Geraden, $n^2$ und $n^3$ — die Zeichen für Fläche und Raum sind, die Räume der Potenzialbrüche: $n^{1/2}$ $n^{2/3}$ $n^{1/3}$ suchen, wo sind sie? Die Kräfte als Potenzen des Raumes verstehen, wobei man davon ausgeht, daß eine Kraft Ursache für die Bewegung eines Punktes ist, die Bewegung eines Punktes ergibt eine Gerade, die Bewegung einer Geraden ergibt eine Fläche, und der Übergang vom Punkt zur Geraden und von der Geraden zur Fläche entsteht durch das Anwachsen der Potenz von Null auf eins und von eins auf zwei.

*

Affen in die menschliche Gesellschaft einbringen und ihnen gewisse Bürgerrechte verleihen.

*

Die Zahlen mit den fünf Vokalen a, u, o, e und i benennen; a = 1, u = 2, o = 3, e = 4, i = 5, ä, ö, ü = 0; Fünfzahlordnung.

*

Alle Gedanken des Erdballs (ihrer sind nicht viele) wie die Häuser einer Straße mit Nummern versehen und sich in Unterhaltungen und beim Gedankenaustausch der Sprache des Sehens bedienen. Die Reden Ciceros, Catos, Othellos, Demosthenes' mit Ziffern kennzeichnen und bei Gericht und auf anderen Ämtern die unnützen Phrasen durch ein einfaches Aushängeschild mit Angabe der jeweiligen Rede-Ziffer ersetzen. Dies ist die erste internationale Sprache. Ein Anfang ist z. T. in Gesetzbüchern verwirklicht. Die Sprachen bleiben der Kunst vorbehalten und werden von einer erniedrigenden Last befreit. Das Ohr ist müde geworden.

*

1915 zum Jahr einer neuen Ära erwählen: die Jahre mittels der Flächenzahlen $a + b \sqrt{-1}$ bestimmen, als $317 d + e \sqrt{-1}$, wobei $e < 317$ ist.

*

Anstelle von Kleidern mittelalterliche, weiße Tücher aus dem gleichen Leinen tragen, das jetzt für erbärmliche Hemdkragen und Brustlätze dient.

*

Für den ewigen, immerwährenden Krieg zwischen Interessenten aller Länder eine eigene, unbewohnte Insel einrichten, z. B. Island (ein herrlicher Tod).

*

In herkömmlichen Kriegen Traumwaffen verwenden (Traumkugeln).

Dieselben Ordnungen und Einrichtungen, die jetzt in Sachen Töten gelten, in die Sache der Geburt bringen. Geburtenheere, in beschränkter Zahl.

\*

Den Todeswind der Kriege in einen Traumwind umschmieden. Dann werden die Staaten Begeisterung hervorrufen und Achtung verdienen.

\*

Überall statt des Raumbegriffs den Zeitbegriff einführen, etwa Kriege zwischen den Altersklassen des Erdballs, Kriege in Zeitengräben.

\*

Zusammenstöße von Zügen könnten nicht vermieden werden, wäre ihre Fortbewegung nur durch den Raum bestimmt.(durch den Bahnkörper). Ebenso sind zur Vorwärtsbewegung auf dem Bahnkörper Staat Fahrpläne erforderlich (mehrere Züge auf einem Gleis).

\*

Die Menschheit in Erfinder und übrige (Restliche) einteilen. Trupp der wissenden Augen.

\*

Sich in die Kunst der Stammesbildung und die Zeugung Neuer für den Bedarf des Erdballs vertiefen.

\*

Neuordnung der Wohngesetze, das Recht, in einer beliebigen Stadt ein Zimmer zu besitzen mit dem Recht auf ständigen Ortswechsel (das Recht auf eine Wohnung ohne räumliche Festlegung). Die fliegende Menschheit beschränkt ihre Eigentumsrechte nicht auf einen bestimmten Ort.

\*

Häuser in Form von Eisengittern bauen, in die transportable Glashäuschen eingesetzt werden können.

\*

Von den bewaffneten Menschenverbänden fordern, mit der Waffe in der Hand die Ansicht der Budetljane zu verteidigen, daß der ganze Erdball ihnen gehört.

Stände der Gäa-gogen und Überstaaten begründen.

In den Fabrikschloten den Wunsch wecken, der aufgehenden Sonne ein Lobpreis zu singen, an der Seine wie in Tokio, am Nil und in Delhi.

*

Eine Weltregierung zur Schmückung des Erdballs mit Denkmälern gründen, indem man ihn wie ein Drechsler bearbeitet. Den Montblanc mit dem Kopf Hiawathas schmücken und die grauen Felsen Nicaraguas — mit dem Kopf von Kručonych, die Anden — mit dem Kopf Burljuks. Als Grundregel für ein Denkmal anerkennen, daß der Geburtsort eines Menschen und sein Denkmal an entgegengesetzten Enden der Erdachse liegen sollen. Im flachen La Manche kann ein aus dem Wasser ragendes Meeresdenkmal für Guriet el-Ajn errichtet werden, der auf dem Scheiterhaufen verbrannten Perserin. Die Möwen mögen sich darauf niederlassen, nicht weit von einem mit Engländern besetzten Schiff.

Am Hauptplatz von Washington soll das Denkmal für die ersten Märtyrer der Wissenschaft errichtet werden — die Chinesen Hi und Ho, staatlichen Himmelsbeobachtern, die wegen Zerstreutheit zum Tode verurteilt wurden. Laufende und fahrende Denkmäler auf den Plattformen der Züge errichten.

*

Das Gewerbe der Handschrift-Künstler begründen, wissend, daß die Handschrift durch ihre ausdrucksvolle Linienführung den Leser leitet. Die stumme Stimme der Schrift. Ebenso den Stand der Zahlen-Künstler begründen.

*

Die sehnsüchtigen Augen der Eisenbahnzüge zum Abdruck des jeweiligen Kunsttags benützen, der einem dahinjagenden Pfeil gleicht.

*

Eine Neuerung im Grundbesitz einführen, indem vereinbart wird, daß der Flächenraum nicht kleiner als die Erdoberfläche sein darf. So werden Streitfragen zwischen Staaten entschieden.

*

Die Arbeitsrechte und Arbeitspflichten der Menschen in der Einheit des Herzschlags messen. Ein Herzschlag — die Geldeinheit der Zukunft. Der Arzt — der Schatzmeister der Zukunft. Hunger und Gesundheit — das Rechnungsbuch, und Freude, strahlende Augen — die Empfangsbestätigung.

Auf dieser Grundlage ein neues System von Einheiten begründen: die Maße des Erdballs in Zeit, Raum und Kraft werden als Grundeinheiten angenommen, und die Kette aus den sie 365mal verkleinernden Größen — als die abgeleiteten Einheiten a, $\frac{a}{365}$, $\frac{a}{365^2}$. Solcherart wird es keine dummen Sekunden und Minuten mehr geben, sondern Tage, geteilt durch 365. Ein «Tagestag» ist gleich 237 Sekunden; die nächstfolgende Einheit ist 0,65 Sekunden.

Die Flächeneinheit wird 59 cm² betragen $= \frac{K}{365^7}$, wobei K = Erdoberfläche.

Die Längeneinheit wird $\frac{R}{365^3} = 13$ cm sein, wobei R = Erdradius. Desgleichen Gewicht und Kräfte. Man wird erreichen, daß viele Größen in einer Einheitszahl ausgedrückt werden.

\*

Das Radio zur Übertragung von Vorlesungen aus der Hauptuniversität an die Dorfschulen einsetzen. Jede beliebige Schule am Fuß irgendeines grünen Abhangs kann die wissenschaftlichen Nachrichten empfangen, und der Lehrer wird zum Hörrohr des aufmerksamen Dorfes. Die Sprache der Blitze als Leiter einer wissenschaftlichen Wahrheit.

\*

Das wissenschaftliche Leben der Welt in Regierungen für bestimmte wissenschaftliche Zielsetzungen einteilen (Kampf den räumlichen Regierungen). Etwa eine Regierung zur Untersuchung der Frage: gibt es eine direkte Beziehung zwischen den Menschen an zwei entgegengesetzten Enden der Erdachse, stehen ihre Stimmungen, Wünsche miteinander in Verbindung. Weint ein Mensch am Mississippi, wenn an der Volga ein Mensch lacht?

Vergleiche die Flutwellen des Meeres. Oder eine Regierung zur Erforschung der Krümmung des Erdraums.

Eine solche Aufgabenstellung erfordert die Schaffung besonderer Wissenschaftsregierungen für eine jeweilige wissenschaftliche Zielsetzung.

Eine Geigervereinigung des Erdballs gründen. Der stolze Bund der Geigerdbas.

*

Die stufenweise Machtübergabe an den Sternenhimmel vollziehen.

*

Die Erde als schwingende Scheibe betrachten, und die Hauptstädte — als in den Knoten von stehenden Wellen aufgehäuften Staub. (England und Japan wissen das sehr gut.)

*

Der Vorteile gemeinsamer Meeresgrenzen eingedenk, Asien in eine Vereinigte Geistesinsel verwandeln. Das zweite Meer über uns wird übrigens der Himmel sein. Die Verschmelzung von Asiens Meeresgrenzen lieben — das neue Gebot.

*

Den 25. Dezember neuer Zeitrechnung des Jahres 1915 als ersten Tag der neuen Kalpa betrachten.

*

Die Seinsgesetze mögen durch Schicksalsgleichungen ersetzt werden.

*

Der Perserteppich aus Namen und Staaten möge durch den Menschheitsstrahl ersetzt werden.

*

Die Welt wird als Strahl verstanden. Ihr — seid ein Gebilde des Raumes. Wir — ein Gebilde der Zeit.

*

Im Namen der Verwirklichung der erhabenen Ansätze zu einem Antigeld, den Besitzern von Handels- und Industriebetrieben die Achselklappen von Handelstruppenfähnrichen verleihen, bei gleichem Gehalt wie für Arbeitstruppenfähnriche. Die lebendige Unternehmerkraft wird den friedlichen Arbeitstruppen unterstellt.

Wir und die Häuser
Wir und die Straßenbauer

S c h r e i e r

Auf Hagelkörnern sitzend, stoßen wir der Menschheit, die unter dem Gewicht ihres Panzers einherwackelt, eine Schusterahle ins Fleisch, rufen ihr bei Fuß! zu und bearbeiten ihre lahmen Lenden mit den Sporen unseres eisernen Schuhs, damit das lahme Tier zum Sprung ansetzt und träge, behaglich mit dem Schweif wedelnd, den vor ihm liegenden Zaun erklimmt.
Hoch in unseren Sätteln thronend, rufen wir: hierher, wo gläserne Osterglocken in Büschen aus Eisen stehen und Städte, so schlank wie ein Netz am Meer und gläsern, wie ein Tintenfaß, einen inneren Kampf um Sonne und um ein Stück Himmel führen, als wären sie die Pflanzenwelt; «aus dem Osten» tragen sie in schrecklicher Schrift aus eisernen Konsonanten und gläsernen Vokalen!
Wenn Ostrovskij ein Russe war, muß Ostern dann nicht aus dem Osten kommen? Die schwere Tatze auf die Stadt von heute und ihre Straßenbauer gelegt, rufen wir: «Weg mit euren Rattenkäfigen» und sehen mit Vergnügen, wie wir, die Budetljane, mit schrecklichem Atemhauch die Luft verändern und wie so manches unter unserer Krallenhand birst. Die Siegerlose sind geworfen, und schon trinken die Sieger den Steppentrank, Stutenmilch; leises Stöhnen der Besiegten.
Nun wollen wir von eurer und unserer Stadt berichten.
I. Die Grundzüge der scheinbar schönen Stadt der Verschwindler (uraltväterliches Bauen).
1. Die Stadt von oben: von oben gesehen, gleicht sie heute einem Pferdestriegel oder einer Bürste. Wird das auch bei der Stadt der geflügelten Bewohner so sein? Zweifellos wird der Arm der Zeit die Drehachse nach oben drehn, und der steinern daherstolzierende rechte Winkel wird ihr folgen müssen. Auf eine Stadt blickt man heute von der Seite, in Zukunft — von oben. Das Dach wird die Hauptsache sein, eine stehende Achse. Mit den Strömen der Flieger und dem Gesicht der Straße über sich, wird die Stadt um ihre Dächer zu eifern beginnen statt um ihre Mauern.
Das Dach an sich ist ins Blau des Himmels geschmiegt und steht

den Staubwolken des Schmutzes fern. Es verlangt nicht, wie die Fahrbahn, mit einem Besen aus Lungen, Atemwegen und zarten Augen gefegt zu werden; ebensowenig wird es mit den Wimpern Staub fegen und mit dem Schwamm der Lungen den schwarzen Schmutz seines Körpers abwaschen wollen. Schmückt ein wenig eure Dächer; verschönt ihre Frisuren mit feinen Nadeln. Das Volk wird sich nicht mehr in den lasterhaften Straßen, mit ihrem schmutzigen Verlangen, die Menschen wie ein Ding am Waschtisch liegen zu haben, versammeln, sondern sich auf den herrlichen und jungen Dächern drängen, um mit Taschentüchern das Auslaufen eines Wolkenungeheuers zu begrüßen und die Lieben mit den Worten «Auf Wiedersehn» oder «Lebewohl» zu begleiten.

Wie waren sie gekleidet? Aus schwarzem oder weißem Leinen wurden Panzer, Fußschellen, Brustschilde, Armschienen, Vatermörder zugeschnitten und zurechtgebügelt, worauf man für ewige Zeiten in einem Harnisch aus weißer oder schwarzer Farbe, diesen kalten, steifen, aber beim ersten Regenguß durchweichten Rüstungen aus Leinen ging. Anstelle einer Feder rauchte bei manchen Teer aus dem Kopf. Anderen stand herausfordernde, raffinierte Verachtung im Gesicht. Deshalb verlief die neue Fahrbahn oberhalb von Fenstern und Wasserleitungen. Das Volk rottete sich auf den Dächern zusammen, während die Erde für die schweren Lasten blieb; die Stadt hatte sich in ein Netz aus zahlreichen, sich kreuzenden Brücken verwandelt, die bewohnte Bögen zu den Stützpfeilern der Wohntürme spannten; die Wohngebäude wurden zu den Stieren der Brücken und zu Mauern für die Brunnen der Plätze. Als sie vergessen hatte, wie man zu Fuß geht oder sich auf den mit Hufen bewaffneten Mitbrüdern fortbewegt, lernte die Menge, über die Stadt zu fliegen und von oben kommende Blicke-Regen hinabzusenden; eine Wolke aus abschätzenden Blicken für das Werk der Steinmetze wird über der Stadt stehen und droht zu einem Gewittersturm für schlechte Dächer zu werden. Das Volk der Dächer wird dem Kartoffelpflug ein klares Lob des Dachs und der oberhalb der Häuser führenden Straßen entlocken. Und das werden die Kennzeichen sein: Straßen über der Stadt, und das Auge der Menge über den Straßen!

2. Die Stadt von der Seite. Aus einiger Entfernung gesehen, verwandeln sich die «scheinbar schönen» Städte von heute in Müll-

eimer. Das Gesetz des rhythmischen Wechsels zwischen der geballten Natur des Steins und der zerteilten Natur der Luft (Kirche von Voronichin), zwischen Materie und Leere in den Bauten der Alten (Griechen, Islam) war in Vergessenheit geraten; ebenso beruht auf dem Wechsel zwischen betonten und unbetonten Silben das Wesen des Verses. Es fehlt der Herzschlag der Straßen. Ineinanderfließende Straßen lassen sich ebenso schwer betrachten, wie Wörter ohne Absatz sich schwer lesen, Wörter ohne Betonung sich schwer aussprechen lassen. Eine Straße muß von Betonungen auf der Höhe eines Hauses, von den Schwingungen im Atem des Steins durchbrochen sein. Hingegen werden Häuser nach der bekannten Regel für Kanonen errichtet: man nehme ein Loch und gieße einen Mantel aus Gußeisen darum. Und ebenso wird ein Plan genommen und mit Stein ausgefüllt. Aber eine Zeichnung besitzt eine bestimmte Schwere — ein Zug, der einem Gebäude fehlt, während umgekehrt die Schwere von Gebäudemauern in einer Zeichnung fehlt, als leerer Raum erscheint; dem Leben eines Plans entspricht das Un-Leben eines Gebäudes und umgekehrt. Zeichner von Plänen nehmen einfach eine Zeichnung und füllen sie mit Stein aus, d. h., sie multiplizieren das Grundverhältnis zwischen Stein und leerem Raum mit einer negativen Größe, weshalb zu den häßlichsten Gebäuden oft die schönsten Pläne gehören, und ein Mühlhausen auf dem Plan wird, ausgeführt, zu einem Müllhaufen. Das muß ein Ende haben. Ein Plan ist ausschließlich für Häuser aus Draht geeignet, denn anstelle eines Strichs einen leeren Raum und anstelle eines leeren Raums einen Stein zu setzen ist dasselbe, wie wenn man den Papst in Rom zu einem Freund von Mamma Roma befördert. Man vergewaltigt die äußere Hülle mit einem Wirrwarr aus Fenstern, mit den Kinkerlitzchen von Wasserleitungen, platten Dummheiten von Schnörkeln und anderen Ungereimtheiten, weshalb die meisten gut gebauten Häuser im Wald zu finden sind. Das Mietshaus von heute (Kunst der Verschwindler) erwuchs aus dem Schloß; aber die Schlösser lebten für sich allein, umgeben von Luft, satt wie Einsiedler, vergleichbar einem lauten Zwischenruf! Hier jedoch, von gemeinsamen Mauern plattgequetscht, stehlen sie einander den Ausblick und sind in das Mischmasch einer Straße gepreßt — was ist aus ihnen geworden, mit ihrem auf und ab hüpfenden Fenstermuster, wie die Zeilen beim Lesen im Zug! Sterben die Nachkommen der Schlösser, diese Rattenkäfig-Häuser, nicht ebenso wie Blumen, von einer linkischen Hand zerdrückt?

3. Was verschönert eine Stadt? An der Schwelle ihrer Schönheit stehen die Fabrikschlote. Die drei qualmenden Schlote des Zamoskvorečje erinnern an einen Leuchter mit drei tagsüber unsichtbaren Kerzen. Und der Wald aus Schornsteinen an einem der toten Sümpfe des Nordens läßt uns zum Zeugen des Übergangs aus einer Ordnung der Natur in eine andere werden; das zarte, feine Moos des Waldes zweiter Ordnung; die Stadt selbst wird zum ersten, noch schülerhaften Versuch einer Übungspflanze höherer Ordnung. Diese Sümpfe, das sind die Lichtungen mit dem seidenweichen Moos von Schornsteinen. Die Schornsteine sind die Zierde des goldenen Haars.

4. Die Stadt im Inneren. Nur wenigen ist bisher aufgefallen, daß die Überlassung der Straßen an die Habgier- und Dummheitsaus-Bünde der Hausbesitzer und das Recht, sie Häuser bauen zu lassen, bedeuten, sein Leben schuldlos in Einzelhaft zu verbringen; das düstere Leben im Innern einer Mietskaserne unterscheidet sich nur unwesentlich von einem Leben in Einzelhaft; es ist das Leben eines Ruderers unter einem Bretterdach, auf dem Grund eines großen Boots; allmonatlich tut er einen Schlag mit dem Ruder, worauf das Monstrum der Habgier, von einem finsteren und fremden Willen getrieben, zweifelhaften Zielen entgegenschwimmt.

5. Ebensowenig wurde bemerkt, daß das Reisen eine Fülle von Bequemlichkeiten vermissen läßt und ungemütlich ist.

II. Die Heilmittel der Stadt der Zukünstler.

1. Es ist ein Behälter aus gebogenem Glas bzw. eine Reisekajüte erfunden worden, mit einer Tür versehen, mit Ringen und auf Rädern, die samt ihrem Bewohner auf einen Zug (besondere Geleise, Plattformen mit Platznummern) oder auf ein Schiff gestellt werden konnte und in der sich ihr Bewohner, ohne sie verlassen zu müssen, auf Reisen begab. Zuweilen war ein solches gläsernes Zelt ausziehbar und als Nachtlager verwendbar. Als man beschloß, nicht mehr mit der Zufallsgröße des Ziegels zu bauen, sondern mittels eines von einem Menschen bewohnten Käfigs, begann man zugleich auch Häuser-Gerüste zu errichten, in denen die Siedler von selber die leeren Plätze mit ihren transportablen Hütten füllen konnten, die von einem Gebäude zum anderen verlegbar waren. Solcherart war eine überragende Er-

rungenschaft geglückt: nicht mehr der Mensch reiste, sondern sein Haus auf Rädern, besser gesagt seine Bude, die, je nachdem, auf der Plattform eines Zugs oder einem Schiff festgeschraubt werden konnte.

Wie ein winterlicher Baum sich nach Laub und Nadeln sehnt, so erwarteten diese Häuser-Gerippe mit zum Himmel erhobenen Gitter-Armen aus freien Plätzen, ihrem eisernen Wacholderkreuz, ihre gläsernen Bewohner, wobei sie aussahen wie unbeladene, unbewaffnete Schiffe, wie Totenbäume oder wie eine verlassene Stadt in den Bergen. Das Recht entstand, in jeder beliebigen Stadt Besitzer eines solchen Platzes sein zu dürfen. Jede Stadt des Landes, die der Eigentümer eines Glaskastens besuchte, war verpflichtet, dem transportablen Schrank-Zimmer einen Platz auf einem der Häuser-Gerippe anzuweisen. Und unter Gerassel wurde der Reisende im Futteral an einer Kette hochgezogen.

Deswegen waren die Ausmaße eines Zelts im ganzen Land die gleichen. Schwarz leuchtete an der gläsernen Oberfläche die Ordnungszahl des Besitzers. Er selber konnte während seines Aufstiegs etwas lesen. Solcherart wurde der Besitzer 1) nicht von Grund und Boden, sondern lediglich von der Plattform eines Häuser-Gerippes ins Leben gerufen, 2) nicht in einer bestimmten Stadt, sondern einfach in einer jener Städte des Lands, die Mitglieder der Vereinigung zum Austausch von Bürgern waren. Das gereichte zum Vorteil einer beweglichen Einwohnerschaft. In allen Städten entstanden Gerüste; ihre Stützen waren die Verbände der Glasermeister und Eisenarbeiter des Ural. In jeder Stadt stand ein zur Hälfte gefülltes Eisengerippe, das seine gläsernen Bewohner erwartete, wobei es in der schwarzen Leere seiner Zellen für einsetzbare Glaskästen, die zu Wechselgeld geworden waren, an ein Knochengerüst ohne Muskeln erinnerte. Voll beladen mit Glaseinwohnern, schwammen Decks vorüber, fuhren Züge vorbei, rasten Plattformen durchs Land. Ebensolche Gerüst-Restaurants entstanden am Meer, an Seen, in der Nähe von Gebirgen und an Flüssen. Mitunter konnte jemand Besitzer von zwei oder drei Käfigen sein. 1) In den Häusern wechselten Zelte mit Gastzimmern, Speisezimmern und Spielzimmern ab. 2) Die Rattenkäfig-Häuser von heute werden von den Aus-Bünden an Dummheit und Habgier errichtet. Wenn die Schlösser-Eremiten von einst ihre Macht um sich herum verbreiteten, so richten die ins Faß der Straße gepreßten Schloß-Heringe ihre

Macht gegen die in ihrem Innern Lebenden. Der ungleiche Kampf zwischen den vielen, die ein Haus bewohnen, und dem einen, der es besitzt, den vielen, die nicht einmal einen schreienden Seelenmord begangen haben und dennoch in einem finsteren Verlies, in der Gefängnishaft eines Mietshauses leben müssen, unter der schweren Pranke des Aus-Bunds an Dummheit und Habgier; zunächst waren es vereinzelte Vereinigungen, die den vielen zu Hilfe kamen, dann der Staat. Man anerkannte, daß eine Stadt der Schmelzpunkt im Strahlenbündel der gemeinschaftlichen Kräfte aller war und in bedeutendem Maß allen Bewohnern eines Landes gehörte und daß der Bürger eines Landes für sein Vorhaben, in der Stadt zu leben, nicht von einem von jenen, die ihm so nebenbei die Stadt abgeknöpft hatten, in den steinernen Sack eines Rattenkäfigs gesperrt werden durfte, um dort das Dasein eines Gefangenen zu führen, selbst wenn es nur auf das Urteil des Lebens und nicht auf das eines Gerichts hin geschah. Kann es dem bitter Bestraften nicht einerlei sein, selbst wenn er nichts von der schrecklichen Ähnlichkeit seiner Behausung ahnt: ob es ein Gericht war oder das Leben, das ihn wie einen Kriegsgefangenen in einen dunklen Keller gesperrt hatte, abgeschnitten von aller Welt?

Es wurde begriffen, daß die Sache des Baus von Behausungen Angelegenheit derer war, die darin wohnen sollten. Anfangs schlossen sich einzelne Straßen zu Aktiengesellschaften zusammen, um im Rhythmus von Koloß und leerem Raum gemeinschaftliche Schloßstraßen anzulegen und die Schmutzkiste der Straße gegen ein herrliches Straschloß auszutauschen; als Vorlage diente die Anlage des alten Novgorod. Und so sah die breite Tverskaja aus. Eine hohe Strahütte, umgeben von einem weiten Platz. Eine Brücke verband den schlanken Turm mit einem benachbarten Straschloß. Daneben hatte man Häuserwände errichtet, die drei Rücken an Rücken stehenden Büchern glichen.

Der Wohnturm war durch zwei Hängebrücken mit einem zweiten, ebensolchen verbunden, hoch und schlank. Ein weiterer Strapalast. Alles zusammen glich einem Garten. Die Häuser waren untereinander durch Brücken verbunden, den Hoch-Straßen der Strastadt. So hatte man die Schrecken der Willkür des privaten Wohnbaus überwunden. Pflanzengift wurde zu einer ebensolchen Strafe wie architektonisches Arsenik. Privatpersonen behielten

das Recht zum Bau von Häusern: 1) außerhalb der Stadt, 2) an ihren Rändern, in Dörfern, Wüsten, und auch das nur zum persönlichen Gebrauch. Dann übernahm der Staat die Gestaltung der Straßen. Das waren die staatlichen Strapaläste.
Nachdem die Staatsmacht das Recht der Straßengestaltung übernommen und ihren Aufgabenkreis mit Lebling und Lebschaft umrissen hatte (von Leben, Wortbildung nach: Liebling und Liebschaft), wurde sie zum Ober-Steinmetz des Landes; inmitten der Ruinen des privaten Bauwesens erhob sie sich, gestützt auf das Schild der Dankbarkeit der in den Rattenkäfigen der Gegenwart Erniedrigten.
Das Schöpfen von Mitteln aus dem Bau von Glashäusern wurde für moralisch zulässig befunden. Die von der gleichgültigen Antwort «sollen sie meinetwegen verrecken» Gemarterten wurden unter die Fittiche des Staats-Bauherrn gehoben.
Hütten, Katen, Gehöfte und Einfamilienhäuser waren vom Verbot für privates Bauen ausgenommen. Man war nur gegen die Rattenkäfige zu Feld gezogen. Das Land, auf dem die Strahütten standen, blieb weiterhin Eigentum der früheren Besitzer. Die Wohnstra: 1) wurde an Städte- und Ärztebünde, an Reisebüros, Straßenverbände und Gemeinden übergeben; 2) blieb im Eigentum des Erbauers, 3) wurde verkauft, unter Wahrung der Bedingungen zum Schutz vor Habgier und Unersättlichkeit und vor Besitzerrechten.
Dies wurde zu einer gewaltigen Einnahmequelle. Die an den Ufern des Meeres und in malerischen Gegenden errichteten Strastädte belebten die Landschaft mit turmhohen Schlössern aus Glas. So war der Staat zum wichtigsten Bauherrn geworden; nebenbei gesagt, war er dazu kraft seiner außerordentlichen Mittel als mächtigster Privatunternehmer geworden.
3. Was wurde gebaut? Jetzt aufgepaßt. Hier soll von den ungeheuerlichen zukünftlichen Phantasiegebilden berichtet werden, die die gegenwärtigen bebauten Flächen ersetzen sollen, die so schmutzig sind wie die Seele von Izmajlov.
a) Häuser-Brücken; bei dieser Art von Häusern waren sowohl Brückenbögen wie Stützpfeiler von Wohngebilden besiedelt. Als Brückenteile dienten aus Glas und Eisen bestehende Scheiben, die gleichzeitig die Trennungswände zu den Nachbarn bildeten. Das war die Strabrücke. Turm-Pfeiler und halbkreisförmige Bögen.

Die Wurzel Stra- kommt aus den Worten: Straße, Strand, Strahl, Strauch, Stratosphäre. Strabrücken wurden vornehmlich an Flüssen errichtet.

b) Häuser-Pappeln. Sie stellten einen schmalen, von der Spitze bis zum Boden mit Ketten aus Glaskajüten umwundenen Turm dar. Der Aufgang befand sich im Inneren des Turms. Jedes Kabinett besaß einen eigenen Ausgang in den Turm, der an einen hohen Glockenturm erinnerte (100 200 Klafter). Am oberen Ende befand sich eine Plattform zur Aufwärtsbewegung. Die Kajüten-Ketten waren in dichtem Abstand bis zu sehr großer Höhe aneinandergereiht. Der Mantel aus Glas sowie der dunkle Stamm verliehen ihm das Aussehen einer Pappel.

c) Unterwasser-Paläste; für Vielredner wurden Unterwasserpaläste aus Glas-Blöcken, mit Ausblick aufs Meer und einem Unterwasser-Ausgang errichtet. In der Stille des Meeres wurden Lektionen in Beredsamkeit erteilt.

d) Haus-Boote. Ein in großer Höhe befindlicher künstlicher Wasserbehälter wurde mit Wasser gefüllt, und auf seinen Wellen schaukelte ein echtes Boot, in erster Linie von Matrosen bewohnt.

e) Häuser-Häute. Bestehend aus einem Zimmer-Gewebe, das in gerader Linie zwischen zwei Türmen aufgespannt war. Größe 3 x 100 x 100 Klafter. Viel Licht! Wenig Platz. Tausende von Bewohnern. Äußerst zweckmäßig für Hotels, Heilanstalten, auf Bergrücken, an Meeresufern. Von den kleinen gläsernen Zimmern durchschienen, glich es einer Haut. Besonders schön war es nachts, wo es einer flammenden Feuerstelle zwischen schwarzen, düsteren Turm-Nadeln glich. An den Hängen von Hügeln errichtet. Gut als Haus-Kern geeignet.

m) Das gleiche aus einem doppelten Zimmer-Gewebe.

n) Schachbrett-Häuser. Leere Zimmer-Lücken in Schachbrettmuster.

k) Häuser-Wiegen. Zwischen zwei Fabrikschloten wird eine Kette befestigt, an der eine Hütte hängt. Für Denker, Matrosen, Budetljane.

t) Häuser-Haare. Bestehend aus einer Seitenachse und einem Budetljanin-Zimmer-Haar, das sich entlang der Achse bis zu einer Höhe von 100 bis 200 Klafter emporzog. Gelegentlich können sich an einer Eisennadel auch drei Haare emporschlängeln.

s) Häuser-Schalen; eine Eisenstange von 5–200 Klafter Höhe

trägt eine gläserne Kuppel mit 4—5 Zimmern. Ein einsamer Ort für Leute, die sich von der Erde abgewandt haben; auf einem Fuß aus Eisenbalken stehend.

3) Häuser-Trompeten. Sie bestanden aus einem doppelten, zu einer Trompete gedrehten Zimmerblatt, mit einem großen Innenhof, der von einem Wasserfall besprengt wurde.

a) Die Kategorie des aufgeschlagenen Buchs; bestehend aus Steinmauern, die einen bestimmten Winkel bildeten, und Glasblättern aus Zimmer-Gewebe, die fächerartig zwischen den Wänden angeordnet waren. Das Bücher-Haus. Wandfläche 200—100 Klafter.

b) Häuser-Krempen, bei denen der Boden als Lehne für leere Wohnräume ohne Zwischenwände diente; dort wurden in malerischer Unordnung gläserne Hütten und Zelte aufgeschlagen, deren Spitzen nicht bis an die Decke reichten, — neben eigens gestützten Wigwams und samojedischen Zelten; von der Natur grob zugehauene Hirschgeweihe an den Wänden verliehen jedem Stockwerk das Aussehen einer Jägerhütte; in den Ecken Heim-Bäder. Nicht selten waren mehrere Krempen so übereinandergestapelt, daß sie das Aussehen von Pyramiden erhielten.

x) Häuser auf Rädern; eine oder mehrere Kajüten auf einem langen Rolluntersatz; Gastzimmer oder weltoffene Nomadenlager für die Zigeuner des 20. Jahrhunderts.

Anfänge: 1) Feste Kerne eines Hauses, Wanderkajüten.
2) Der Mensch geht auf Reisen, ohne sein Zimmer verlassen zu müssen.
3) Das Recht auf Besitz eines Wohnraums in jeder beliebigen Stadt.
4) Staats-Bauherrn.
5) Geregelter Bau von Einzelzellen; das Ende der Straßen; Akzente der Straschlösser, Zwischenrufe der Türme.

Ein Ausflug; im bezaubernden Gedicht aus den vier Worten goum, moum, suum, tuum lesend und in seinen Sinn vertieft, der mir herrlicher erschien als sämtliche Großvorrichtungen zum Dreschen von Wohlklang, wurde ich, ohne mein Zelt verlassen zu müssen, von einem Zug quer über den Kontinent zum Meer hingetragen, wo ich hoffte, meine Schwester wiederzusehn. Ich verspürte ein Knirschen und Schaukeln. An einer Eisenkette wurde ich an einer Hauspappel emporgehievt; die Käfige des

Glasmantels und Gesichter huschten an mir vorbei. Endstation; in einer leeren Zelle des Hauses stellte ich mein Zimmer ab; nachdem ich einen Sprung an den Wasserfall getan und Hauskleider angelegt hatte, trat ich auf eine Brücke hinaus. Duftig und leicht, bildete sie in 80 Klafter Höhe die Verbindung zwischen zwei Häuser-Pappeln. Ich beugte mich hinab und errechnete, was ich zu tun hatte, um ihren Willen in mir zu erfüllen. In der Ferne erhob sich zwischen zwei Riesennadeln ein Häuser-Häutchen. Gläsern glänzten die 1000 Behausungen aus Glas, die durch ein frei schwebendes Gestell aus Eisen mit den Türmen verbunden waren. Dort wohnten Maler, sich der doppelten Aussicht aufs Meer erfreuend, da das Haus mit einer Turm-Nadel im Meer stand. Abends bot es einen herrlichen Anblick. In der Nähe rankte sich eine Haus-Blume zu ungeahnter Höhe empor, mit einer Kuppel aus mattrosa Glas, dem Spitzengewebe eines geflochtenen Zauns rings um den Kelch, und mit schlanken Eisentreppen am Fuß. Dort wohnten I und E. Die eisernen Nadeln des Häuser-Häutchens und das dichte Gewebe der gläsernen Scheiben erglänzten im Rot des Sonnenuntergangs. An einen der Ecktürme schloß sich ein quergestelltes Haus an. Unweit davon schlängelten sich zwei hintereinander erbaute Häuser-Haare empor. Dort stand ein Schachbrett-Haus; ich wurde nachdenklich. Das Wäldchen aus gläsernen Pappeln hielt Wache über das Meer. Indessen trugen vier «Möwen No. 11» ein Netz mit Badelustigen durch die Luft und breiteten es über dem Meer aus. Es war die Stunde des Bads. Sie selber ließen sich in der Nähe von den Wellen schaukeln. Ich dachte an Pegasus und an die fliegenden Teppiche und überlegte: waren das Märchen, die Phantasie der Alten, oder noch etwas anderes? Oder kindliche Wahrsagungen? Anders ausgedrückt, ich fragte mich: gehörten die Flut und der Untergang von Atlantis der Vergangenheit oder der Zukunft an? Eher war ich geneigt zu sagen – der Zukunft. Ich stand auf der schmalen Brücke und hing meinen Gedanken nach.

Lebedija der Zukunft

Himmelsbücher

Auf den Plätzen in der Nähe der Gärten, in denen die Arbeiter oder, wie sie sich nannten, Schaffenden der Ruhe pflegten, ragten hohe, weiße Mauern empor, die an große, am schwarzen Himmel aufgeschlagene Bücher erinnerten. Davor standen, dicht gedrängt, die Scharen des Volks, während die Gemeinschaft der Schaffenden in Schattenschrift die neuesten Nachrichten in die Schattenbücher druckte, indem sie mit dem leuchtenden Auge einer Laterne Schattenbuchstaben an die Wände warf. Neuigkeiten vom Erdball, das Geschehen in den Vereinigten Staaten von Asien, diesem mächtigen Bund aus Schaffensgemeinschaften, Gedichte, die plötzliche Eingebung eines Mitglieds, wissenschaftliche Neuigkeiten, Nachrichten von lieben Anverwandten, Verordnungen der Ratsversammlung. So mancher zog sich, beflügelt von den Aufschriften an den Schattenwänden, für eine Weile zurück, um seine Eingebungen zu notieren, worauf diese eine halbe Stunde später, durch ein Lichtglas geworfen, in Schattenworten an einer der Wände aufleuchteten. Bei trübem Wetter benützte man die Wolken zum Abdruck der neuesten Nachrichten. Einige baten, sterbend, man möge die Nachricht von ihrem Tod in die Wolken schreiben. An Festtagen wurde ein «Malen mit Gewehrsalven» veranstaltet. Geschosse mit verschiedenfarbigem Rauch wurden an verschiedene Punkte des Himmels abgefeuert. Etwa, die Augen — ein Blitz aus blauem Rauch, die Lippen — ein Schuß aus blutrotem Rauch, die Haare — Silbernebel. Ein plötzlich am wolkenlosen Blau des Himmels erscheinendes, vertrautes Gesicht brachte die Ehrerbietung der Bevölkerung für ihren Führer zum Ausdruck.

Ackerbau. Der Pflüger in den Wolken

Im Frühling konnte man beobachten, wie zwei Wolkengänger wie Fliegen die verträumten Wangen einer Wolke entlangkrochen und, eine Egge hinter sich herziehend, eifrig die Felder pflügten. Von Zeit zu Zeit waren die Wolkengänger verschwunden; wenn eine Wolke sie den Blicken entzog, schien es, als würde die eifrige Wolke, wie Ochsen in ein Joch gespannt, die Egge hinter sich herziehen. Später kamen, hinter Wolken verborgen, majestätische Gießkannen geflogen, wie Himmelsflieger, um das gepflügte Land mit künstlichem Regen zu besprengen und ganze Ströme von Samen über das Land auszugießen. Der Pflüger war in die Wolken umgezogen und konnte von dort aus mehrere Felder, den ganzen Boden seiner Sippschaft, auf einmal bestellen. Ein einzelner Pflüger, hinter Frühlingswolken verborgen, konnte die Felder mehrerer Familien bebaun.

### Verbindungswege. Funkbriefe

An einigen Stellen verbanden Unterwasserwege mit gläsernen Wänden die beiden Ufer der Volga. Die Steppe bekam noch mehr Ähnlichkeit mit einem Meer. Im Sommer zogen Schiffe am Trokkenen, mittels Wind und einem Segel, auf Rädern über die endlose Steppe. Donnerwägen, Schlittschuhe und Segelschlitten verbanden die Dörfer untereinander. Jede Jägersiedlung hatte sich mit einem Feld zum Start von Luftkähnen sowie einem eigenen Aufnahmegerät für Strahlengespräche mit dem Erdball ausgerüstet. Die empfangenen Funkstimmen vom anderen Ende der Welt waren augenblicklich im Druck auf den Schattenbüchern zu lesen.

### Heilung durch Augen

Die Frühlingsaussaat durch die Wolken, die Schattenbücher, die den Planeten zu einer wissenschaftlichen Gemeinschaft verbanden, die Segel der Schiffe am Trockenen, die die Steppe wie ein Meer durchzogen, die Mauern der Plätze, jene großen Lehrer der Jugend, hatten das Aussehen Lebedijas binnen zwei Jahren merklich verändert. In Schattenlesesälen lasen Kinder gleichzeitig in ein und demselben Buch, das Seite für Seite vor ihnen, von einem Mann hinter ihnen, umgeblättert wurde ... Pflanzen, Vögel und Schildkröten erhielten das Recht, auf einem umzäunten Stück Land zu leben, zu sterben und zu wachsen. Es wurde zur Regel erhoben, daß kein einziges Tier abhanden kommen dürfe. Berühmte Ärzte hatten entdeckt, daß die Augen lebendiger Tiere besondere Strahlen mit heilender Wirkung für seelisch erschütterte Menschen aussandten. Zur Seelenheilung verschrieben die Ärzte das bloße Betrachten von Tieraugen, waren es nun die sanften, untertänigen Augen der Kröte, der starre Blick der Schlange oder der mutige des Löwen — und maßen dem ebensolche Bedeutung bei, wie sie ein Stimmer für verstimmte Saiten hat. Die Heilung durch Blicke wurde ebenso verbreitet wie heutzutage die Heilung durch ein bestimmtes Wasser.

Das Dorf verwandelte sich in eine wissenschaftliche, von einem Wolkenpflüger gelenkte Zadruga. Mit festem Schritt näherte sich der geflügelte Schaffende nicht nur der Gemeinschaft aller Menschen überhaupt, sondern der Gemeinschaft aller Lebewesen des Erdballs.

Und an seiner Tür vernahm er das Klopfen einer winzigen Affenfaust.


Brief an zwei Japaner

Liebe ferne Freunde! Es ergab sich, daß mir Eure Briefe im Kokumin-Simbun in die Hände fielen, und ich überlegte, ob es aufdringlich wäre, Euch zu antworten. Doch ich entschied, daß dies nicht der Fall sei, und werfe Euch nun den Ball zurück, den ich gefangen habe, um mich an unserem Ballspiel der Jungen zu beteiligen. So habt Ihr uns also Eure Hand entgegengestreckt, und unsere Hand hat sie mit festem Druck empfangen, und nun hängen die Hände der Jünglinge aus zwei Ländern wie ein Nordlichtbogen über ganz Asien. Die besten Wünsche für den Händedruck! Ich glaube, Ihr wißt nichts von uns, aber es fügte sich, daß es scheint, als schriebt Ihr auch von uns. Die gleichen Gedanken, die Euch klug und plötzlich erleuchtet haben, kamen auch uns in den Sinn. Denn es kommt vor, daß entfernte Saiten zu klingen beginnen, obwohl kein Spieler sie berührt hat, wenn ein geheimnisvoller gemeinsamer Laut sie erregt. Ihr sprecht sogar direkt zur Jugend unseres Landes und im Namen Eurer Jugend. Das entspricht ganz unserem Gedanken von weltweiten Jugendbünden und vom Krieg der Altersklassen. Denn die Altersklassen haben doch einen verschiedenen Schritt und verschiedene Sprachen. Eher werde ich einen jungen Japaner verstehen, der Altjapanisch spricht, als so manche meiner Landsleute in zeitgenössischem Russisch. Vielleicht liegt viel daran, daß die Jungen Asiens einander noch nie die Hand geschüttelt haben und nie zu einem Meinungsaustausch und zur Erörterung gemeinsamer Angelegenheiten zusammengetroffen sind. Denn wenn es den Begriff Vaterland gibt, dann gibt es auch den Begriff Sohnesland, laßt sie uns beide bewahren. Es scheint nicht darum zu gehen, sich ins Leben der Alten einzumischen, sondern darum, neben dem ihren das eigene aufzubauen. Das Gemeinsame, worüber wir schweigen, was wir jedoch fühlen, ist, daß Asien nicht nur ein nördliches, von einer vielgliedrigen Völkergröße besiedeltes Land ist, sondern auch ein Stück Literatur, auf dem das Wort ICH ins Dasein treten soll. Vielleicht wurde es noch nicht aufgesetzt, sollten dann aber nicht gemeinsame Schicksale in beliebiger Feder das fällige Wort schreiben? Die Hand des Weltschriftstellers möge darüber nachsinnen! Laßt uns im Wald eine Föhre ausreißen, sie ins Tintenfaß des Meeres tauchen und das Zeichen-Banner schreiben «Ich — Asiens». Asien hat seinen eigenen Willen. Zerbricht die Föhre, so nehmen wir den Gaurisankar. Fassen wir uns also bei den Händen, nehmen wir zwei oder drei Inder, Dajak, und steigen wir aus dem Jahr 1916 auf als Ring von Jünglingen, nicht durch benachbarte Räume verbunden, sondern kraft der Brüderlichkeit des Alters. Wir könnten uns in Tokio treffen. Denn wir sind das heutige Ägypten, wenn man von Seelenwanderung spricht, und Ihr klingt oft wie das alte Griechenland. Wenn ein Dajak-Jäger über den Schädeln eine Postkarte von Vereščagins «Lob des Krieges» an seine Hütte nagelt, wird er einer der Unseren sein. Aber es ist herrlich, daß Ihr den Schlagball in unsere Herzen geworfen habt. Es ist deshalb schön, weil es uns das Recht gibt, den zweiten Schritt zu tun, der für beide Seiten nötig ist und der ohne Euren liebenswürdigen Beginn unmöglich wäre, da das Ballspiel im Rückwurf des Balls besteht.

Stets Euer, liebe japanische Freunde,
*V. Chlebnikov.*

Hier eine Reihe von Fragen, die wir beim ersten Treffen auf dem Asiatischen Tag erörtern könnten:
1) Verbündete Hilfe für die Erfinder in ihrem Krieg gegen die Erwerbler. Die Erfinder sind uns nah und verständlich.

2) Gründung der ersten Hochschule für Budetljane. Sie soll aus einigen (13) von den Menschen (auf 100 Jahre) gemieteten räumlichen Besitzungen bestehen, am Meeresufer oder im Gebirge, in der Nähe von erloschenen Vulkanen in Siam, Sibirien, Japan, Ceylon, an der Murmanküste gelegen, in öden Gebirgen, wo es schwierig ist, etwas von jemandem zu erwerben, aber leicht, etwas zu erfinden. Ein Radiotelegraph verbindet sie untereinander, und die Vorlesungen werden per Radiotelegraph stattfinden. Seinen eigenen Radiotelegraph besitzen. Mitteilungen durch die Luft.

3) Jedes 2. Jahr regelrechte Angriffe auf die Seelen (nicht auf die Körper, sondern auf die Seelen) der Menschen des Raumes veranstalten, Jagd auf die Wissenschaften machen und sie mit dem tödlichen Pfeil einer neuen Erfindung treffen.

4) Ein Asiatisches Tagblatt für Lieder und Erfindungen gründen. Dies, um unseren Schwalbenflug der Zukunft zu beschleunigen. Artikel werden per Radiotelegraph von überallher in jeder beliebigen Sprache gedruckt. Übersetzungen des Inhalts binnen einer Woche. Eine Peitsche der Geschwindigkeit wird das Blatt sein, wenn es täglich erscheint und in den Händen der Futuristen ist.

5) Eisenbahnen rund um den Himalaja mit Abzweigungen nach Suez und Malakka überlegen.

6) Nicht über den griechischen, sondern den asiatischen Klassizismus nachdenken. (Widschajanagar, die Ronin, Masich-al-Dedschal.)

7) Raubtiere zur Bekämpfung der Verwandlung von Menschen in Hasen züchten. Krokodile in den Flüssen ansiedeln. Den Zustand der Geistesfähigkeiten höherer Altersstufen erforschen.

8) In unseren auf Zeit gemieteten malerischen Besitzungen Erfinderlager veranstalten, wo man sich seinen Gebräuchen und Geschmäckern entsprechend einrichten kann. Die umliegenden Städte und Dörfer verpflichten, die Erfinder zu erhalten und zu verehren.

9) Die Übergabe des uns gebührenden Anteils aller Mittel in unsere Hände erreichen. Die älteren Jahrgänge können sich gegenüber den jüngeren nicht genügend Ehrlichkeit abzwingen, und in vielen Ländern führen letztere das Leben byzantinischer Hunde.

10) In allem übrigen es den älteren Jahrgängen freistellen, sich nach Belieben einzurichten.

11) Die Sprachen durch eine Belagerung ihrer Geheimnisse zer-

stören. Das Wort bleibt nicht um des alltäglichen Gebrauchs, sondern um seiner selbst willen bestehen.

12) Sich in die Baukunst einmischen. Transportable Kajüten mit einem Ring für Zeppeline, Häuser-Gitter.

13) Die Zahlensprache des Kranzes Asiatischer Jünglinge. Wir können jede Handlung, jede Form mit einer Zahl benennen, und durch das Erscheinenlassen einer Zahl auf dem Glas eines Lämpchens können wir sprechen. Bei der Zusammenstellung eines solchen Wörterbuchs für ganz Asien (Formen und Überlieferungen aus ganz Asien) ist der persönliche Kontakt aller Mitglieder des «Conciliums der Jünglinge der Zukunft» von Nutzen. Besonders geeignet ist die Zahlensprache für Radiotelegramme. Zahlenreden. Der Verstand wird sich von der sinnlosen Vergeudung seiner Kräfte im Alltagsgespräch befreien.


Man kann baden in der Menge der Tränen, die von den besten Denkern vergossen worden sind, weil noch niemand die Schicksale des Menschen vermessen hat. Die Aufgabe der Vermessung der Schicksale fällt zusammen mit der Aufgabe, die Schlinge um das dicke Bein des Schicksals zu werfen. Das ist die Kampfaufgabe, die der Budetljanin sich gesetzt hat.

Sie nicht zu sehen und sich mit Unwissen herauszureden, kann der Budetljanin nicht, und dazu hat er auch nicht das Recht. Wenn sie einmal gelöst sein wird, wird er sich am kläglichen Schauspiel des Schicksals weiden, das in der Mausefalle sitzt und voller Schrecken die Menschen betrachtet. Es wird die Zähne an der Mausefalle wetzen. Das Trugbild der Flucht wird vor ihm stehen. Aber der Budetljanin wird hart zu ihm sagen: «Nichts dergleichen» und es, nachdenklich darüber gebeugt, Rauchschwaden ausstoßend, studieren.

Die weiter unten folgenden Zeilen entsprechen dem Augenblick, wenn der Reiter seinen Fuß in den Steigbügel setzt. Schicksal, gesattelt und gezäumt, sieh dich vor!

Der Budetljanin hat mit eiserner Hand den Zügel genommen. Er hat dein Pferdemaul fest im Zaum! Noch ein Windstoß, und es beginnt ein wildes neues Springen der Schicksalsreiter.

Die Trunkenheit des Sprunges lehre sie der Blaue Don!

Trompete der Marsianer

Leute!

Das Hirn der Menschen hüpft auch heute noch auf drei Beinen herum (die drei Achsen des Raums)! Wir, die Pflüger, die das Hirn der Menschheit bebauen, kleben diesem jungen Hund ein viertes Bein an, nämlich — die Achse der Zeit.
Lahmes Hündchen! Nun wirst du unser Ohr nicht länger mit deinem häßlichen Gebell martern.
Die Menschen vergangener Zeiten dünkten sich klug, wenn sie meinten, man könne Staatssegel nur an den Achsen des Raumes hissen. Wir, gekleidet in einen Mantel aus lauter Siegen, gehen an den Bau eines neuen Bundes mit dem Segel um die Achse der Zeit, und teilen schon im voraus mit, daß unser Maß größer als Cheops, die Aufgabe kühn, erhaben und hart ist.
Wir, die rauhen Zimmermänner, werfen erneut uns und unsere Namen in die Kessel herrlicher Aufgaben.
Wir vertrauen auf uns und stoßen voll Abscheu das lasterhafte Geschwätz der Vergangenheitsmenschen zurück, die davon träumen, uns in die Fersen zu beißen. Denn wir sind Gönner. (Ein Fehler im Mitlaut.) Wir jedoch sind herrlich im standhaften Verrat an unserer Vergangenheit, die kaum ihr Siegesalter erreicht, und im beständigen Zorn beim stetigen Schlag des Hammers gegen den Erdball, der unter unserem Stampfen bereits zu zittern beginnt.
Rauschet, schwarze Segel der Zeit!

*Viktor Chlebnikov*
*Marija Sinjakova*
*Božidar*
*Grigorij Petnikov*
*Nikolaj Asejev*

«DIE MILCHSTRASSE SPALTE SICH IN EINE MILCHSTRASSE DER ERFINDER UND EINE MILCHSTRASSE DER ENTDECKER»

— Dies sind die Worte einer neuen heiligen
Feindschaft.

Unsere Fragen stehen im leeren Raum, wo noch kein Mensch gewesen, — machtvoll werden wir sie in die Stirn der Milchstraße brennen und in den runden Abgott der Kaufleute, — die Fragen, wie der geflügelte Motor von der fetten Raupe des Lastzugs der älteren Jahrgänge befreit werden soll. Die Jahrgänge mögen sich trennen und gesondert leben!
Wir haben die Siegel am Zug hinter unserer Lokomotive der Verwegenheit erbrochen, — dort ist nichts als Gräber von Jünglingen.
Wir sind sieben. Wir wollen ein Schwert aus dem reinen Stahl von Jünglingen. Sie, die in den Familiengesetzen und in den Handelsgesetzen Ertrunkenen, sie, die nichts sagen können als «ich esse», sie können uns nicht verstehn, wo wir weder an das eine noch an das andere, noch an ein Drittes denken.
Das Recht auf weltweite Altersbünde, Trennung der Altersklassen, das Recht auf gesondertes Leben und Treiben. Das Recht, alles, bis zur Milchstraße hin, getrennt zu haben. Hinweg, Lärmen der Altersklassen! Es gebiete der Klang der gebrochenen Zeit, die weißen und schwarzen Lose und der Pinsel des Schicksals. Alle, die dem Tod näher sind als der Geburt, mögen sich ergeben! Im Zeitenkampf werden sie unter unserem wilden Ansturm auf die Schaufeln fallen. Wir jedoch — wir, die den Boden des Zeitkontinents erforscht haben, wir haben entdeckt, daß er fruchtbar ist. Doch zähe Arme haben uns von dort hinweggezerrt und hindern uns, den herrlichen Verrat am Raum zu vollziehen. Hat es je etwas Trunkeneres gegeben als diesen Verrat? Ihr! Womit auf die Gefahr antworten, als Mann geboren zu werden, wenn nicht mit dem Raub der Zeit? Wir rufen ins Land, wo die Bäume reden, wo es Wissenschaftsbünde gibt, die den Wellen gleichen, wo die Frühlingsheere der Liebe stehn, wo die Zeit wie ein Faulbeerbaum blüht und in Bewegung setzt, wie ein Kolben, wo der Übermensch im Zimmermannsschurz die Zeit zu Brettern zersägt und wie ein Drechsler mit seinem Morgen verkehrt. (O Gleichungen aus Küssen — ihr! O Todesstrahl, getötet vom Strahl des Todes, auf den Grund der Welle gesenkt.) Wir sind auf dem Weg dorthin, ihr Jungen,

doch plötzlich packt uns jemand Toter, jemand Knochiger und verhindert, daß wir uns aus den Federn des törichten H e u t e mausern. Ist das denn richtig?
Staat der Jugend, hisse die geflügelten Segel der Zeit; vor dir liegt der zweite Raub der Flamme der Erwerbler. Mutiger! Fort die knochigen Hände — das G e s t e r n — möge Balašovs Schlag die schrecklichen Pupillen zerfetzen. Das ist ein neuer Schlag in die Augen des derb räumlichen Volks. Was ist mehr: «erfinden» oder «erwerben»? Die Erwerbler sind stets in Herden hinter den Erfindern hergeschlichen, jetzt verscheuchen die Erfinder das Gebell der Erwerbler, die sich scharenweise hinter einem einsamen Erfinder verbergen. Vom Standpunkt der Erwerbler aus ist die gesamte Industrie des heutigen Erdballs «Diebstahl» (Sprache und Sitten der Erwerbler) am ersten Erfinder — Gauß. Er begründete die Lehre vom Blitz. Und bei Lebzeiten besaß er keine 150 Rubel im Jahr für seine wissenschaftliche Arbeit. Mit Denkmälern und lobenden Artikeln seid i h r bemüht, die Freude am begangenen Diebstahl zu heiligen und das Knurren des Gewissens zu mäßigen, das sich verdächtigerweise in eurem Wurmfortsatz befindet. Euer Banner — Puškin und Lermontov — sollt ihr angeblich einmal vor der Stadt, im Feld, wie wilde Hunde ums Eck gebracht haben. Lobačevskij habt ihr unter die Dorfschullehrer geschickt. Montgolfier war im Irrenhaus. Und wir? Der Kampftrupp der Erfinder?
D a s  s i n d  e u r e  S i e g e !  m i t  i h n e n  k a n n  m a n  d i c k e  B ü c h e r  f ü l l e n !
Deshalb sondern sich die Erfinder, im vollen Bewußtsein ihrer besonderen Art, ihrer anderen Sitten und besonderen Sendung, von den Erwerblern ab im unabhängigen Staat der Z e i t (bar des Raums) und werden zwischen sich und ihnen Eisenstangen errichten. Die Zukunft wird entscheiden, wer sich im Käfig befand; die Erfinder oder die Erwerbler? und wer am Schüreisen nagen wird.

*V. Chlebnikov.*

## BEFEHLE

I. Die ruhmreichen Teilnehmer der Ausgaben der Budetljane werden aus dem Rang von Menschen in den Rang von Marsianern versetzt.

Gezeichnet: *König der Zeit Velimir I.*

II. Mit dem Recht der beratenden Stimme und als Gäste werden zur Duma der Marsianer geladen: Wells und Marinetti.

Gegenstände der Beratung.
«Hulla, hulla Marsianer!»

1) Wie sich von der Herrschaft der Vergangenheitsmenschen befreien, die noch einen Schatten Macht in der Welt des Raums besitzen, ohne sich an ihrem Leben zu beschmutzen (Seife der Wortschöpfung), nachdem man ihnen freigestellt hat, im selbstverdienten Schicksal von bösartigen Schaben zu versinken. Wir sind verurteilt, durch Maß und Zeit unsere Rechte auf Freiheit von den schmutzigen Gebräuchen der Menschheit vergangener Jahrhunderte zu erkämpfen.

2) Wie die schnelle Lokomotive der jüngeren Jahrgänge vom sich frech und ungebeten anhängenden Lastzug der älteren Jahrgänge befreien.

Ihr Alten! Ihr verzögert den Lauf der Menschheit und hindert die brodelnde Lokomotive der Jugend, den auf ihrem Weg liegenden Berg zu nehmen. Wir haben die Siegel erbrochen und uns überzeugt, daß die Fracht — Grabplatten für die Jugend sind.

In Gestalt der heimlich an unseren hochmütig pfeifenden Traum gekoppelten Fracht wird der Schmutz von vorhimmlischen Menschen befördert!

# Lanze in die Zukunft
*Ljalja auf dem Tiger*

Du — nördliche Gottheit Weißrußlands, du mit den schneeigen Wimpern, mit blauen Augen und schwarzer Braue, du, deren lachende Haare dem Wind über den Arm fallen, die du die Krieger der Zeit fragst: Na, ihr Rehe, satt geworden? — Er hat eben erst den Hirsch mit den wild zurückgebogenen Hörnern verlassen, und die kleinen Jungen der Luft kleiden deinen Körper in die Bastmatte der Luft, — du badest doch ewig in den schwarzen und grauen Augen der Menschen — frohen und mürrischen, bist auf den Tiger gesprungen, er, der Gestreifte, ging zwischen den Kiefern spazieren, und hast ihn gezwungen, mit wütender Lanze einen Wurf auf die Zukunft zu tun. Sie steht noch am eisernen Tor, aber blöken nicht die Schafe der Zukunft, wenn das Eisen der Tigerbrust gegen das Eisen des Tors schlägt! Ja, wir und Ljalja Weißrußlands, das so oft die Kränze seiner Anmut an die Hörner des Wisents hängt, wir und der schreckliche und braune Babr des Ganges. Das ist auch der Grund, weshalb wir fröhlich sind wie das Kinderwort sasa, und ungeheuer wie der Hopfen der von sich selbst berauschten Gewehre, die den Hexentanz tanzen. Deine goldenen Haare, die auf das wilde Tier fallen, — das sind unsre ersten reinen Gläuben. «Auf den graulichen Gipfel vieler Gläuben ...» (Petnikov).

Zerbrochene Klauen und wunde Stellen an der Brust — unsere gestorbenen Genossen — «Der Herzen verzweifeltes Troja hat der Zeiten Brand noch nicht vergossen — krümmt euch nicht in wilder Schlachtenordnung, vorwärts, vorwärts, Genossen!» — Asejev — an Božidar. Sie, unsere gestorbenen Genossen, waren einmal, sie haben sich das Opfermesser selbst an die Kehle gesetzt, sie selbst haben die Reisigbündel für ihren Rauch herbeigeschleppt. Ihrem Andenken sei noch einmal die Ehre erwiesen. Wen würde wie ein schrecklicher Hammerschlag die Stimme Vladimirs des Wolkigen erschlagen, wenn er nicht in ebendieser Stimme das Lächeln Ljaljas bemerkt hätte, die den Tiger lenkt. Die finstere Totenfeier der Krieger wie der Feiertag der Schwerter seiner Stimme — das ist nur das Boot, in dem die Krieger rudern, aber in ihm sitzt Ljalja. Wenn er sagt: «He, ihr! Himmel, zieht die Mütze, ich will gehen», so hat er erneut gegen die Wände des Tors geschlagen, und wenn er sagt: «Ich klemme mir die Sonne als Monokel ins weitaufgerissene Auge», so fragt sie, was soll ich tun mit Sonne und Monokel? Wir wissen mit Bestimmtheit, daß wir auf dem Erdball unwiederholbar sind. Um ein Denkmal zu hinterlassen und damit die Leute nicht einmal sagen: sie sind untergegangen wie die Avaren, — wir sind der Staat der Zeit (eine neue steinerne Baba in den Steppen der Zeit; sie ist grob herausgehauen, aber stark), wobei wir es den Staaten des Raums überlassen, sich entweder mit seiner Existenz abzufinden und ihn in Ruhe zu lassen oder in einem grimmigen Kampf mit ihm einzutreten. Bislang haben die Menschen mit ihren Körpern, ihren Rümpfen gekämpft, erst wir haben gefunden, daß Rümpfe langweilige und zweitrangige Hebel sind, fröhliche dagegen in der Schädelschachtel. Darum haben wir uns zu Pflügern der Gehirne gemacht. Hirnpflügern. Eure Gehirne sind für uns nur Brachfelder von Sand, Lehm, Schieferschichten. Wir verhalten uns zu euren Gewohnheiten schon wie zu toter Natur, so unnatürlich ist alles, was ihr schafft und macht auf dieser armen Erde. Wir — sind erst der Anfang. Wie Kručonych einmal gesagt hat: die Welt stirbt ab, aber wir sind ohne Ende. Als Fischer haben wir euren freien Willen und festen Glauben und eure Gleichungen begriffen. Als Schneider sind wir in der Lage, mit einem einzigen Gedicht ein ganzes Jahr im Leben des großen Volkes zu sättigen. Als Näherinnen nähen wir die Volkstümlichkeit in einen bürgerlichen Anzug ein, damit das erfrorene Land etwas hat, in das es sich hüllen kann (die langen gelben Beine! Eurer Hinfälligkeit, ihr Herren). Wie das? Was wird sein, wenn wir noch weitere Sprossen der gesellschaftlichen Stufenleiter erklimmen? Schon jetzt, wo wir die lieben und verwandten Stimmen von den Ufern des fernen Nippon hören («Kokumin», Tokio — «Jahrbuch», Moskau), eignen wir uns den stolzen Namen des Jünglings Des Erdballs an. Vielleicht werden wir das noch in 100 Jahren sein. Erleuchtet sei der Weg dieses neuen Namens. Der Staat der Zeit beleuchtet mit Leut-Strahlen den Weg der Menschheit. Er hat bereits das ganze alte Wissen zum Klumpen eines schmutzigen Blattes zerknüllt. Seine Wiegen-Heldentat. Wirklich, ihr seht in ihm ein «Spiel vor sich hin» (Evreinov), und wir gehen irgendwohin, mal wie Schaum, der ins Meer zurückgedrängt wird, mal wie die von der Hand des Fuhrmanns an den Siegespfahl geworfene Semerka der besten Pferde von Hicks mit schneeweißen Mähnen und schwarzen Leibern. Wir haben uns in vielen Bereichen besser erprobt, als ihr denkt. Merkt doch, schon fünf Jahre führen wir Krieg mit den besten Köpfen des großen Volkes (darum, weil irgendwer besser ist — entweder ihr oder wir) (aus Bescheidenheit schlagen wir vor: ihr). Na und? Ihr werdet damit enden, daß ihr mit dem Mund der «Russischen Nachrichten» unsere Errungenschaften als ungewöhnlich und blendend anerkennt ...

Majakovskij hat mit seiner unerhörten «Wolke in Hosen» Gorkij zum Weinen gebracht. Er wirft die Seele des Lesers rasenden Elefanten zu Füßen, die von seinem Haß gefüttert sind. Die Peitsche seiner Stimme entflammt ihren Grimm. Kamenskij hat in seinem «Stenka Razin» erfahren die Aufgabe bearbeitet, hundert Nachtigallen und Lerchen auf einen blühenden Strauch zu setzen, damit aus ihnen Stenka Razin hervorkommt. Chlebnikov ist in den Sümpfen der Zahlenrechnereien versunken und wurde gewaltsam gerettet. «Leuchte, oh, der voranschreitenden Jugend, noch ungeborener Stamm. O Zeit, ich bin froh, daß ich es erreicht habe, dir jetzt den Steigbügel zu halten.» — Das schreibt, mit verhaltenem Stolz, Asejev, denn er weiß, daß es noch größere Stolzestaten gibt. (Asejev und Petnikov — «Letorej»). Petnikov hat Novalis herausgegeben und an der Erforschung der Wurzeln der russischen Sprache gearbeitet. Das Feuer, das entzündet worden ist an dem fernen Gestell, geheiligt durch den Namen Božidar, anderen Strahlen als der Norden. «Letorej» und «Oj konin» — der Eisgang des Don. Von Božidar, der weiterhin Gefährte von zwei oder drei Leuten auf dem Weg zum Erdball bleibt, gibt es die wunderbare Rede über das «einheitliche Erkenntnisgerät» und «die Kathedrale der außersinnlichen Beuten». Er ist im Flug an der durchsichtigen Wand des Schicksals zerschellt. Da fällt der Vogel zur Erde, und Blut tropft ihm aus dem Schnabel. «In uns flimmert unablässig das Bild des Geräts», «mit leichten Flügeln beflügeln wir, alles einend, für die einheitliche Decke der Allwissenheit». — Das sind seine schönen Worte. Wir begreifen Božidar über die widergespiegelten Schwankungen in den Herzen, die ihn gekannt haben ... «Ist solche Freiheit nicht zuendbesungen, ist diesem Schritt kein Weg?» — fragte Asejev, und er antwortete: «Schau hin, schau hin, schmerzhafter, schärfer», «Wir schlagen, schlagen auf die Ringe der Krämpfe, Wir kommen, kommen dir zu Hilfe». Kummer ist ein guter Nährboden für die Freiheit. Und unserer russischen

Schmiede der hundert Flüsse schließen sich der Reihe nach die kleinen Hämmer Nippons an. Wir gehen einem gemeinsamen Ziel entgegen, der Enträtselung des Willens Asiens = AS + z+u.


Aufruf der Vorsitzenden des Erdballs

Nur wir — sind die Regierung des Erdballs. Das ist auch weiter nicht erstaunlich. Daran wird niemand zweifeln. Wir — sind die Unbestreitbaren, und in dieser Würde sind wir anerkannt von jedermann.
Wir, die wir eure drei Kriegsjahre zur kleinen Tüte einer schrecklichen Trompete gedreht haben, wir singen und schreien — das Brausen der schrecklichen Wahrheit, daß es eine Regierung des Erdballs gibt. Sie — das sind wir.
Nur wir erkühnen uns, auf der Scholle unsres Ichs und unsrer Namen stehend, im Meer eurer boshaften Blicke, uns Regierung des Erdballs zu nennen. Sie — das sind wir.
Was für Frechlinge — werden einige sagen, doch wir werden lächeln wie Götter.
Wir erklären, daß wir keine jener Herren anerkennen, die sich Staaten, Regierungen, Vaterländer und ähnliche Handelshäuser nennen, Verlage, die die Krämermühlen ihrer Wohlfahrt am dreijährigen Wasserfall eurer Bierströme errichtet haben, und am Ergebnis aus unserem Blut 1917 mit seiner blutroten Welle. Mit der löchrigen Bastmatte aus Worten über die Todesstrafe habt ihr die Augen des Krieges verhängt, die Heimat auf den Lippen und die Kriegsgerichtsordnung.
Heo-he! Wer ist unser Genosse und Freund auf diesem langen Weg?
Wir preisen die Züge der Ihrer Hoheit Frühling Ergebenen und sein Volk, das in dichter Bienentraube die Züge umschwärmt, die unter der Last eines neuen Reiters schmachten — des F r i e - d e n s. Wir wissen, der Frühling ist es, der mit traurigem Lächeln ruft und auf sein Volk blickt.
Also sprechen wir, die Abgesandten und Kommissare des Erdballs. Ihr jedoch, Raumstaaten, beruhigt euch, streicht eure Wei-

bertücher glatt und jammert nicht, als würdet ihr beim Begräbnis euch selber beweinen: niemand will euch etwas tun. Ihr werdet als Sonderabkommen zwischen Privatpersonen den Schutz unserer Gesetze genießen, auf gleicher Ebene mit den Gesellschaften zum Kampf gegen Zieselmäuse oder den Vereinen der Dante-Verehrer, oder jener zum Bau von Unterführungen, oder den Verbänden zur Erweiterung der Vervollkommnung von Dreschmaschinen.

Wir werden euch kein Haar krümmen.

Unsere schwierige Aufgabe ist es, Weichensteller an den Scheidewegen von Vergangenheit und Zukunft zu sein.

Bleibt unter euch, in freiwilliger Übereinkunft zwischen Privatpersonen, unnötigen, unwichtigen und langweiligen, langweilig wie das Zahnweh einer Großmutter aus dem 17. Jahrhundert. Staaten, wenn ihr wohlgesittet seid, weshalb dann diese Götterspeise, warum krachen wir dann auf euren Kiefern, wir, die Soldaten und Arbeiter?

Wenn ihr aber schlecht seid, o Staaten, wer von uns wollte dann einen Finger krümmen, euren Untergang zu verhindern.

Verstandesbegabt, stehen wir dem Tod ebenso kaltblütig gegenüber wie der Landmann dem Tausch eines Pfluges gegen einen anderen, vollkommeneren. Euer finsterer Räuberstaat des Raumes, o Könige und Sultanskaiser, unterscheidet sich von unserer gemeinschaftlichen Genossenschaft ebenso, wie die vom unbekannten Feuergott verbrannte Hand eines Äffchens von der Hand des Reiters, der ruhig den Zaum des gesattelten Schicksals hält, des Denkers, der ruhig die Zügel des Weltalls hält.

Mehr noch. Wir gründen eine Gesellschaft zum Schutz von Raumstaaten gegen grausame Behandlung seitens der jungen Verwalter des Erdballs. Wie klingt diese neue Bedingung in euren Ohren.

Sie sind jung und unbescheiden, verzeiht ihnen die Mängel ihrer Erziehung. Wir — sind eine gesonderte Waffengattung. Klagt nicht, Genossen Arbeiter, wenn wir einen eigenen Weg zum gemeinsamen Ziel gehen. Jede Waffengattung hat ihre Formen und Gesetze ... Wir sind Arbeiter-Baumeister (Sozial-Baumeister). Diese drei Worte mögen der nächste schwere Fehdehandschuh sein:

**REGIERUNG DES ERDBALLS.**

Jemandes schwarzes Banner der Machtlosigkeit wurde von Menschenhand emporgehoben und bereits von der Hand des Weltalls erfaßt. Wer wird diese schwarzen Sonnen herausreißen? Die Brandzeichen der schwarzen Sonnen? Der Feind?
Nach dem Recht des Vorrangs und kraft des Eroberungsrechts sind **WIR** — die Regierung des Erdballs. Wir und sonst niemand.

Unterschriften: *V. Chlebnikov*
*G. Petnikov*

Wir sind überzeugt, daß die Liste in Kürze durch die glanzvollen Namen Majakovskij, Burljuk und Gorkij ergänzt werden wird.
Passierschein in die Sternenregierung (Liste).


Nur wir, die wir eure drei Kriegsjahre
zur kleinen Tüte einer schrecklichen Trompete gedreht haben,
wir singen und schreien, singen und schreien,
trunken von der Herrlichkeit der Wahrheit,
daß eine Regierung des Erdballs
schon besteht:
sie — das sind WIR.
Nur wir haben uns auf die Stirn
die wilden Kränze der Vorsitzenden des Erdballs gedrückt,
unerbittlich in unserer flammenden Schrecklichkeit,
auf der Scholle des Rechts der Eroberer,
das Banner der Zeit erhoben,
brennen wir den feuchten Lehm der Menschheit
zu Zeitkrügen, Steinkrügen,
wir führen die Jagd auf die menschlichen Seelen,
wir stoßen in die grauen Nebelhörner,
wir trommeln die Menschenherden zusammen —
Heo-he! Wer ist mit uns?
Wer ist uns Genosse und Freund?
Heo-he! Wer kommt mit uns?
So tanzen wir, Hirten der Menschen und
der Menschheit, Dudelsack spielend.
Heo-he! Wer kann mehr?
Heo-he! Wer weiter?
Nur wir, die wir stehn auf der Scholle

unserer selbst und unserer Namen,
wir wollen im Meer eurer boshaften Blicke,
die abgeschnitten sind vom Hunger der Galgen,
von Todesangst verzerrt,
umbrandet vom Geheul der Menschheit,
uns auch weiter so nennen und feiern:
Vorsitzende des Erdballs.
Was für Frechlinge — werden einige sagen,
nein, sie sind heilig, andere entgegnen.
Aber wir werden lächeln wie Götter
und mit der Hand zur Sonne zeigen.
Sie fangt mit eurer Hundeleine
und hängt sie an die Worte:
Gleichheit, Brüderlichkeit, Freiheit,
richtet sie auf eurem Scherbengericht der Küchenmägde
dafür, daß sie uns im Vorzimmer
des ewig lächelnden Frühlings
diese herrlichen Gedanken zugeflüstert,
diese Worte geschenkt hat
und diese zornigen Blicke.
Die Schuldige — ist sie.
Wir erfüllen nur das Sonnenflüstern,
wenn wir bei euch eindringen als
Hauptbevollmächtigte ihrer Befehle,
ihrer strengen Gebote.
Die fetten Massen der Menschheit
schleppen sich dahin auf unseren Spuren.
Wo wir gegangen sind,
London, Paris und Chicago,
vertauschen sie aus Dankbarkeit ihre
Namen gegen unsere.
Aber wir verzeihen ihnen ihre Dummheit.
Das ist ferne Zukunft.
Einstweilen, Mütter,
schafft schnell eure Kinder beiseite,
wenn irgendwo der Staat sich zeigt.
Jünglinge, eilt, versteckt euch in Höhlen
und tief unterm Meer,
wenn ihr irgendwo den Staat seht.
Mädchen und ihr, die keinen Leichengeruch ertragen,

fallt beim Wort «Grenzen» in Ohnmacht:
sie riechen nach Toten.
Jeder Richtblock war einmal
gutes Kiefernholz,
eine lockige Kiefer.
Ein Richtblock ist nur deshalb im Unrecht,
weil man auf ihm Menschenköpfe abholzt.
So bist auch du, Staat,
ein schönes Wort, ein Kiefernbaumtraum —
11 Laute:
viel Annehmlichkeit und Frische.
Du bist im Wald der Wörter gewachsen:
Aschenbecher, Streichholz, Zigarettenkippe,
ein Gleicher unter Gleichen;
warum jedoch wird es mit Menschen gefüttert?
Warum ist plötzlich Vater Staat ein Menschenfresser
und die Heimat seine Frau?
He! Hört!
Wir wenden uns im Namen aller Menschheit
mit Verhandlungen
an die Staaten der Vergangenheit:
wenn ihr, o Staaten, so schön seid
wie ihr so gerne selber von euch sagt
und eure Diener zwingt von euch zu sagen —
wozu dann diese Götterspeise?
Wofür krachen wir, die Menschen, auf eueren Kiefern
zwischen Eck und Backenzähnen?
Ihr Raumstaaten, hört: drei Jahre schon
habt ihr den Anschein erweckt,
als sei die Menschheit nur ein Pastetchen,
ein süßer Zwieback, der euch auf der Zunge zergeht;
aber wenn der Zwieback wie ein Rasiermesser aufspringt
Wenn wir sie überfluten            [und sagt «Mamočka!»
wie Gift?
Von heute an befehlen wir, die Worte «Von Gottes Gnaden»
zu ersetzen durch «Von Fidschis Gnaden».
Gehört es sich für einen Herrn des Erdballs
(sein Wille geschehe)
zur öffentlichen Menschenfresserei zu ermuntern
in seinen Grenzen?

Und ist es nicht die höchste Knechtschaft
seitens der Menschen, der Eßbaren,
ihren Ober-Fresser zu schützen?
Hört! Sogar die Ameisen
spritzen dem Bären Ameisensäure auf die Zunge.
Wenn sie aber einwenden,
daß ein Staat des Raumes nicht derselben Gerichtsbarkeit
wie jede andre öffentliche juristische Person,    [unterläge
erwidern wir dann nicht, daß auch ein Mensch
ein zweibeiniger Staat
seiner Blutkörperchen ist, ebenfalls öffentlich?
Wenn die Staaten aber schlecht sind,
wer von uns rührt dann nur einen Finger,
um ihren Traum zu verlängern
unter der Decke: bis in alle Ewigkeit?
Ihr seid zufrieden, o Staaten,
und eure Regierungen,
sie knirschen warnend mit den Zähnen,
sie machen Hopser, Sprünge, Schwinger. Ja nun!
Wir — wir sind höhere Gewalt
und immer imstande
den Aufruhr der Staaten,
den Aufruhr von Knechten, —
mit aufgeweckter Schrift zu erwidern.
Wir stehn an Deck des Wortes «Überstaat des Sterns»
und brauchen keinen Stock jetzt, wo es schlingert,
wir fragen: was ist höher:
Wir, kraft unsres Rechtes auf Empörung
und unbestreitbar in unserer Priorität,
die wir als Ochrana die Gesetze der Erfindungen benützen
und uns zu Vorsitzenden des Erdballs erklärt haben,
oder ihr Regierungen
einzelner Länder der Vergangenheit,
diese Alltagsreste rund um die Schlachthöfe
für zweibeinige Stiere,
mit deren Leichengift ihr gesalbt seid?
Was uns betrifft, die Führer einer Menschheit,
die wir errichtet haben nach den Strahlengesetzen
unter Zuhilfenahme der Gleichungen des Schicksals,
wir lehnen alle die Herrschaften ab,

die sich Staatenlenker nennen, Regenten
von Staaten und anderen Buchverlagen
und Handelshäusern Krieg & Co.,
die die Mühlen ihrer Wohlfahrt
angeschlossen haben an den dreijährigen Wasserfall
eures Biers und unseres Blutes
in schutzlos roter Welle.
Wir sehen Staaten, die sich in ihr Schwert gestürzt haben
aus Verzweiflung, daß wir gekommen sind.
Die Heimat auf den Lippen führend,
den Fächer Feldgerichtsordnung in Händen,
habt frech den Krieg ihr überführt
in die Mitte der Bräute des Menschen.
Raumstaaten, ihr! beruhigt euch
und weint doch nicht wie kleine Mädchen.
Zusammen mit den Dantegesellschaften,
Kaninchenzüchtervereinen, Kampfbünden gegen die Zieselmäuse
werdet ihr unter den Schatten der von uns erlassenen Gesetze
Wir werden euch kein Haar krümmen.              [fallen.
Einmal jährlich werdet ihr eure Jahresversammlung abhalten,
antreten zur Parade vor den erschlaffenden Gewalten,
gestützt auf das Verbandsrecht.
Bleibt unter euch, in freiwilliger Übereinkunft
zwischen Privatpersonen, die niemand braucht
und niemand ernst nimmt.
Langweilig wie das Zahnweh
einer alten Großmutter aus dem 17. Jahrhundert.
Ihr werdet euch zu uns verhalten
wie der behaarte Bein-Arm eines Äffchens,
versengt von einem unbekannten Flammengott,
zur Hand des Denkers, der in aller Ruhe
das Weltall lenkt,
Reiter auf dem gesattelten Schicksal.
Mehr noch: gründen werden wir
eine Gesellschaft zum Schutze der Staaten
vor schlechtem und flegelhaftem Benehmen
seitens der Zeit-Gemeinden.
Als Weichensteller
an den Scheidewegen von Vergangenheit und Zukunft
werden wir uns ebenso kaltblütig verhalten

zur Ablösung eurer Staaten
durch eine wissenschaftlich aufgebaute Menschheit
wie zur Ablösung des Lindenbastschuhs
durch den Spiegelschein der Eisenbahnen.
Genossen Arbeiter! Murrt nicht über uns:
wir gehen als Arbeiter-Baumeister
einen besonderen Weg zum Ziel der Allgemeinheit.
Wir sind eine besondere Waffengattung.
Sodann — der Fehdehandschuh
aus drei Worten: Regierung des Erdballs
ist geworfen.
Vom roten Blitz durchzogen
die blaue Fahne der Herrenlosen,
die Fahne der Sternendämmer, Morgensonnen
weht hoch erhoben über den Landen,
da ist sie, meine Freunde!
Regierung des Erdballs.


Thesen für ein öffentliches Auftreten

Es treten auf — Chlebnikov und Petnikov
1. Wir sind braungebrannte Jäger, die sich eine Mausefalle an den Gürtel gehängt haben, in der erschrocken mit schwarzen Augen das **Schicksal** zittert.
Bestimmung des Schicksals als einer Maus.
2. Unsere Antwort auf die Kriege ist — die Mausefalle. Die Strahlen meines Namens.
3. Strahl der Menschheit. Völker als Strahlen. Die schönen Wasserfälle der Zahlen.
4. Ein Armvoll Gleichungen für das Schicksal. (Wir sind die Holzfäller im Zahlenwald.) Müde gewordene Arme.
5. Der genaue Teppich der Geburten. Das Geheimnis der Menschheit. Die Strahlen Chlebnikovs.
6. Das Schleppnetz der Generationen und sein Maß. Die Gesetze der Werkbank der Zeit.
Er ist müde geworden, dieser Reisende in Jahrhunderten, geben wir in seine staubigen Hände blaue Blüten.

7. Wer ist als erster dem wilden Schicksal auf den Rücken gesprungen? Wir, und wir allein.
Wir brauchen keinen Sattel. Wir springen, mit der Hand bringen wir das Schicksal zum Klingen.
Unsere Schläge sind froh. Der Selbstmord der Staaten. Wer hat das Schwert gereicht.
Wir sitzen im Sattel.
8. Die Masche am dicken Bein des **Krieges**.
9. Belagerung der Sprachen. Das **We** als Drehung eines beweglichen Punktes um einen unbeweglichen. **S** als Gleichheit von Einfallswinkel und Reflexionswinkel.
Die künftigen Locken der Sprachen und das Entsetzen ihrer Einfachheit. Leut und Leib. (Brief an Petnikov.)
10. Wir sind die Zeit des Maßes. Zeitblöcke. Rotes Lächeln der Jahrhunderte.
11. Über das Blutkörperchen. Sein Stammbaum.
Bekannte. Freunde.
12. Über das Helium. Strahl der Welt. D i e  W e l t  a l s  G e d i c h t.
13. Hymne auf die a u f g e h e n d e  S o n n e. Wir flicken das verlotterte Gestirn der Sonne und klopfen mit Hämmern. Fürchtet euch, glaubt uns nicht. Wir sind zu euch aus der Zukunft gekommen, aus der Ferne der Jahrhunderte.
Wir schauen auf eure Zeit vom Felsen der **Zukunft**.
Wir lesen Gedichte. Aussprache.


Wir, die Vorsitzenden des Erdballs, Freunde des Schicksals, Freunde des Liedes usf. usf., haben es am 1. Juni des Jahres 1918 für wert befunden, jetzt den Gedanken zu verwirklichen, der bis auf den heutigen Tag so viele Herzen bewegte: die SKIT der Arbeiter des Liedes, des Pinsels und des Meißels zu gründen. Verborgen unter den breiten Pfoten der Kiefern, am Ufer einsamer Seen sammelt er in seinen Blockhaus-Wänden barfüßige Propheten, die derzeit durch Wind und Staub über das feuchte Gesicht Moskaus verstreut sind. Der graue Gewalttäter, der Skythe, entfernt sich in die SKIT-Klause, um dort in der Einsamkeit den Willen der alten Sterne zu lesen.

Es wird ein Kloster — ein außeretatmäßiges oder von uns erbautes — je nachdem, ob Pierrot Mitleid findet, der jetzt auf sein zerquältes Haupt die Armsündermütze zieht und einen Ledergürtel um die müden Lenden. In unseren Werken geleitet vom grauhaarigen Chef des Gebets, bauen wir vielleicht aus dem Lied des Schneesturms und der Glocke der Bäche das alte Verhältnis zwischen dem Skythenland und dem Skythengott.
Wir rufen alle Untertanen unseres Gedankens auf, am Feiertag seiner Verwirklichung zu erscheinen.
Briefe mit Vorschlägen sind zu richten nach: Nižnij Novgorod, Tichonovskaja, 22, an den Flieger Fjodor Bogorodskij.
Abgefaßt am Scheidewege aller Straßen um 10 Uhr 33 Min. 27. Sek. (Uhr von Predtečenskij).
    Anwesend:
    *Velimir Chlebnikov, Fjodor Bogorodskij, Predtečenskij,*
    *Arsenij Mitrofanov, Boris Gusman,*
    *Uljanov, Sergej Spasskij*


Bund der Erfinder


Gegründet in der Stadt des tiefen geistigen Stillstands, der Stadt Astrachan, bemüht sich der Bund der Erfinder langsam, sein Lebensrecht und Unterstützung zu bekommen bei der Erfindung neuer Arten der Nahrungsbeschaffung, wie Fischmehl, Kürbistee. Es besteht die Meinung, die Herstellung von «Seekohlsuppe» sei möglich, da das Wasser austrocknender Flußseen gesättigt ist mit kleinsten Lebewesen und, gekocht, sehr nahrhaft; der Geschmack erinnert an Fleischbrühe. Wenn in Zukunft die Eßbarkeit einzelner Arten dieser unsichtbaren Wasserbewohner erforscht sein wird, wird jeder See mit künstlich in ihm ausgesetzten unsichtbaren Lebewesen einer großen Schale von Seekohlsuppe gleichen, die allen zugänglich ist.
Natürlich läßt das regional wissenschaftliche Denken eine weitere Lebensmittelmöglichkeit nicht unberücksichtigt.
Der Stachel des Weltverstandes, gerichtet auf das Bevölkerungswachstum, wird beharrlich alle lebenden Stellen der Trägheit und des Stillstands aufstacheln.

Irgendwann einmal wird die Menschheit ihre Arbeit aus Herzschlägen aufbauen, wobei ein Herzschlag zur Arbeitseinheit wird. Dann werden Lachen und Lächeln, Fröhlichkeit und Kummer, Faulheit und Lastentragen gleichwertig sein, denn sie alle erfordern die Energie von Herzschlägen.

Möge einmal ein Mensch, der sich im Zustand **a** befindet, die Arbeit **d** brauchen, um in den Zustand **v** zu gelangen. Angenommen, ein nackter Mensch will sich anziehen. Und möge er die Stelle oder Sache **m** haben, die die Arbeit **d** und **k** verringert. Dann wird die Differenz **d — k,** die die Mühe des Übergangs aus dem einen Zustand in den anderen verringert, zum Wert der Sache **m**. Zum Beispiel, der Mensch findet ein Hemd und zieht es einfach über, anstatt es selbst noch einmal zu weben. Diese Verringerung der Arbeit ist der eigentliche Wert des Hemds.

Die Arbeit des Herzens — des allgemeinen Schatzmeisters, der sämtliche Lebensbekundungen des menschlichen Körpers ausbezahlt, wird eine neue Einheit für den Austausch von Arbeit schaffen — einen Herzschlag.

Die Geisteswissenschaften werden große Bedeutung erlangen, denn es wird untersucht werden, auf welche Weise die Faulheit des einen zur Arbeit der anderen beiträgt.

Auf diese Weise wird der Faulpelz gerechtfertigt, denn seine Herzarbeit ist auf die Anhebung der allgemeinen Arbeitsfreude gerichtet. Untersucht werden wird, wann und nach welchem Gesetz die freiwillige Faulheit von selbst, und ohne äußere Gewalt, in freudige Arbeit übergeht. Und auf diesen Wiederholen des Übergangs von Faulheit in Arbeit nach dem Wellengesetz wird sich die Arbeit der ganzen Welt und aller Arbeitsklang der Menschen aufbauen.

Er wird zum freiwilligen Strahl der faularbeitsamen Wellen. Gefunden werden werden die zeitliche Länge der Faularbeitsamkeit und die Gesetze des schönen Klanges, ganze Zahlen gleichzeitiger Wellenschwingungen werden zur Arbeit verwendet werden.

# Eröffnung einer Volksuniversität

Bericht

Gestern fand im Volksauditorium in Anwesenheit der künftigen Hörer und aller, die am Werk der Volksbildung mitfühlen, die Eröffnung der Höheren Abendvolksschule statt.
Genosse Bakradze machte die Anwesenden mit der Aufgabe des neuen Borns des Wissens bekannt — den Arbeitern die Möglichkeit zu geben, ihre Abenderholung ihrer eigenen Bildung zu widmen.
In ihren Reden machten die Prof. Usov und Skrynnikov bekannt mit den Gesichtspunkten der modernen Wissenschaft auf den Ablauf des Lebens im Lande und den Einfluß des Erdballs auf die Lebewesen.
Verlesen wurden einige Grußbotschaften, darunter von Schülern der Mittelschule.

Gedanken aus gegebenem Anlaß

In seinem einführenden Wort hob Gen. Bakradze hervor, daß die Arbeitermacht mit der Schaffung eines höheren Abend-Borns des Wissens den Zutritt zur Sonne der Wissenschaft denen öffnet, deren Alltag sich in drei gleiche Teile teilt: Arbeit, Erholung und Schlaf und, da er tagsüber beschäftigt ist, er dem Wissensdurst seine abendliche Erholung widmen muß.
Die bisher verbannten Arbeiter hatte die anstelle des Zarenrechts gekommene Arbeitermacht im Blick. Möge jeder, der den Tempel der Wissenschaft durch einen engen Spalt gesehen hat, nun durch seine weitgeöffneten Türen treten! Welche Sprünge der Weg der Weltfreiheit auch machen mag, nichts kann solchen Denkmälern des Arbeiterrechts drohen wie der soeben eröffnete Abendtempel der Wissenschaft. Hier ist der Weg, den die Arbeitermacht genommen hat, fehlerfrei.
Prof. Usov hielt eine Rede über den Ablauf des Lebens auf dem Lande. Er wies darauf hin, daß der kleinste Lebensstaub von jenen Himmelssteinen auf die Erde geweht worden sein konnte, die mit solchem Geprassel und Lärm über die Erde dahinfliegen. Das ist eine Art Himmelspost, und jeder solcher Stein fällt herab wie ein Brief von einem benachbarten Stern. Ist es nicht Sache des Menschen der Zukunft, dieses unvollkommene Kind der Natur in seine Hände zu nehmen und mit dem Hammer des Arbeiters richtige Beziehungen mit den benachbarten Himmelskörpern

aufzurichten, die wahrscheinlich ebenfalls bewohnt sind, und sei es auch nicht von Menschen?

Man war vielleicht der Meinung, im Recht seien jene, die den großen Krieg durch die Eroberung des Mondes krönen wollten. Einstweilen jedoch fliegen die «Nachrichten von dort» als Himmelssteine auf uns zu.

Prof. Skrynnikov widmete seine Rede den ersten Schritten auf der Erde. «Nachrichten aus der Zukunft» bestürmten das Bewußtsein.

Unwillkürlich ging der Gedanke in die Zukunft, wenn die Hand des Arbeiters zur Erforschung der Meerestiefen Paläste unter Wasser errichten wird, wenn auf dem Berge Bodgo stolz sich das Schloß zur Erforschung des Himmels der Lebedija erheben wird — die Belagerung der Sternenwelt durch den menschlichen Verstand, wenn zahllose Brunnen, gebohrt in der Wüste, den Flugsand mit Gärten und Grün bedecken werden, gemahnend an die Wunder, die die Franzosen in der Sahara vollbracht haben, und die wohlgestalte Pappel den Flugsand der Volga-Mündung an Ort und Stelle binden wird, damit, an Belgien gemahnend, Lebedija ein blühender Garten wird, eine von Gärten bedeckte Gemeinde-Genossenschaft, auf dem Wege zur einen großen Gemeinde des Erdballs.

Man war der Meinung, daß sich an der Volga-Mündung die großen Wellen Rußlands, Chinas und Indiens treffen und daß hier der Tempel der Erforschung der menschlichen Rassen und Erbgesetze gebaut werden würde, um durch Kreuzung der Stämme eine neue Menschenrasse von künftigen Besiedlern Asiens zu schaffen, und die Untersuchung der indischen Geschichte wird daran erinnern, daß Astrachan — das Fenster nach Indien ist.

Gedacht wurde der Zeit, wenn die für den gesamten Erdball einheitliche Schul-Zeitung durch das Radio ein und dieselben Lektionen verbreiten wird, die man über den Lautsprecher hören wird und die von einer Versammlung der besten Köpfe der Menschheit, vom Obersten Sowjet der Krieger des Verstandes zusammengestellt worden sind.

Verlesen wurde ein Gruß aus der Zukunft, von den Schülern der Mittelschule.

*29. XI. 1918*

## Rede in Rostov am Don

Hier hat mir Genosse Schicksal das Wort entzogen, aber da wir Budetljane sind, die nicht nur mit dem Schicksal kämpfen, das lange Hosen trägt und Mirzabekjana raucht, sondern auch mit dem, dessen kleiner Fingernagel der Sternenhimmel ist, und manchmal auch ihn auf die Schaufel nehmen, werde ich dennoch aus einem Stummen und Menschen mit geschlossenem Munde hörbar, indem ich mir die Gabe der freien Rede zurückerstatte. Die Gegenwart kennt zwei lange Schwänze; Schlangen: vor dem Kino und der Lebensmittelzuteilung. Rassehähne mißt man nach der Länge ihres Schwanzes. Wer auf einem Stuhl sitzt und den Reiter sieht, der durch die Steppe jagt, dem scheint, er jage selber dahin in der wilden Wüste Amerikas, mit dem Winde kämpfend. Er vergißt seinen Stuhl und siedelt in den Reiter über. China verbrennt Papierpuppen des Verbrechers anstelle seiner selbst. Die Zukunft des Schattenspiels wird den Schuldigen zwingen, in der ersten Sitzreihe seine Folterungen im Reich der Schatten zu sehen. Die Strafe soll nicht aus dem Reich der Schatten heraustreten! Soll der, der ein einfaches Brötchen gestohlen hat, auf der Leinwand die wilde johlende Menge, die ihn verfolgt, und sich selbst hinter Gittern sitzen sehen. Und nachdem er es gesehen hat, ruhig zu seiner Familie zurückkehren. Soll, wenn wieder einmal Razin bestraft und gerädert wird, all das nur im Reich der Schatten vor sich gehen! Und Razin, im Sessel des Lichtspiels sitzend, wird dem Gang seiner Folterungen, Bestrafungen im Lichtspiel folgen. Er wird sehen, wie sein Schattendoppelgänger, wie ein Geschenk seiner letzten Verachtung, seine zerkrümelten, aber schweigenden Zähne ausspuckt.

Sollen die Menschen sich im Gefängnis sehen, statt in ihm zu sitzen. Sollen sie ihre Schattenerschießung mit ansehen, anstatt selbst erschossen zu werden. Daß dies einmal so sein wird, das garantiert die Länge der Schlange vor dem Schattenspiel.

# Radio der Zukunft

Das Wort Rosta ist durch Verschmelzung der Anfangslaute folgender drei Wörter zu einem Ganzen entstanden: «Russische Telegraphen Agentur». Die Menschheit hat genau dieselben 365 Tage wie der Höhlenmensch. Ihr ist es in ihren 365 Tagen zu eng; da sie das Jahr nicht dehnen kann, verzichtet sie auf lang klingende Wörter. In dieser Beziehung hat die russische Sprache einen kühnen Sprung getan, indem sie überging zu kurzen künstlichen Wörtern wie z. B. Rosta.
Die Rosta können wir in Zukunft vergleichen mit dem Bewußtsein des Menschen, mit seinem Hirn. Sie ist der einheitliche Willenspunkt des Volkes, der ihm, auf zahllosen Wegen und Strömen, seinen Willen zusendet und ihm Stöße und Schläge versetzt. Zur Zeit tobt ein grausamer Kampf, und die Rosta ist aufgerufen, an ihm teilzunehmen. Aber ihre Zukunft ist anders. Das Wachstum eröffnet der Rosta Aussichten auf unendliche Aufgaben.

Das Radio der Zukunft — der wichtigste Baum der Erkenntnis — wird der Wissenschaft eine Fülle von Aufgaben eröffnen und die Menschheit zusammenführen.
Neben der Radiohauptstation, diesem Schloß aus Eisen, um das Wolken aus Drähten wie Haare verstreut sind, werden wahrscheinlich ein Knochenpaar, ein Schädel und die bekannte Aufschrift: «Achtung» zu sehen sein, da die geringste Unterbrechung in der Arbeit des Radios die geistige Ohnmacht des ganzen Landes, den zeitweiligen Verlust seines Bewußtseins verursachen würde.
Das Radio wird zur geistigen Sonne des Landes, zu dessen großem Hexenmeister und Wundertäter werden.
Stellen wir uns die Radiohauptstation vor: in der Luft ein Spinnennetz aus Wegen, eine Wolke von verlöschenden und wieder aufflammenden Blitzen, die von einem Ende des Geländes zum anderen überspringen. Der dunkelblaue Ball eines Kugelblitzes, der wie ein ängstlicher Vogel in der Luft hängt, schräg gespannte Taue.
Von diesem Punkt des Erdballs aus werden, einem Vogelzug im Frühling gleich, Tag für Tag Schwärme von Nachrichten aus dem Leben des Geistes ausgesandt.

In diesem Strom aus Blitz-Vögeln wird der Geist die Gewalt, der gute Ratschlag die Drohung überwiegen.

Die Werke der Meister von Feder und Pinsel, die Entdeckungen der Meister des Gedankens (Mečnikov, Einstein), die die Menschheit plötzlich zu neuen Ufern tragen ...

Ratschläge zum einfachen Hausgebrauch werden mit Aufsätzen von Bürgern der schneebedeckten Gipfel des menschlichen Geistes abwechseln. Die Wellenkämme des Meeres der Wissenschaft breiten sich über das ganze Land hin zu den örtlichen Rundfunkstationen aus, um noch am selben Tag zu Buchstaben auf den dunklen Seiten der riesigen, die Häuser überragenden Bücher zu werden, die auf den Dorfplätzen emporgewachsen sind und langsam ihre Blätter wenden.

Radiolesesäle

Jene Bücher der Straße – sind die Lesesäle des Radios! Mit ihrem riesenhaften Umfang rahmen sie die Dörfer ein und lösen die Aufgaben der ganzen Menschheit.

Das Radio hat eine Aufgabe gelöst, die das Gotteshaus als solches nicht zu lösen imstande war, und ist für jedes Dorf ebenso unentbehrlich geworden wie heutzutage eine Schule oder ein Lesesaal.

Die Aufgabe des Zusammenschlusses zu einer einigen Menschheitsseele, einer einigen Geisteswoge, die täglich das Land überzog und es über und über mit einem Regen aus wissenschaftlichen und künstlerischen Neuigkeiten besprengte, – diese Aufgabe wurde vom Radio, mit Hilfe des Blitzes, gelöst. Heute hat der Rundfunk auf den riesigen Schattenbüchern des Dorfs die Erzählung eines beliebten Schriftstellers, einen Artikel über die Potenzialbrüche des Raumes, die Beschreibung von einem Flug – und Nachrichten aus den Nachbarländern abgedruckt. Jeder liest, was ihm Freude macht. Das Buch – ein und dasselbe für das ganze Land – steht in jedem Dorf, stets von einer Leserschar umringt, in strengem Satz gesetzt, der stumme Lesesaal der Dörfer. Soeben ist in schwarzem Druck auf den Büchern eine aufsehenerregende Nachricht aus der Wissenschaft erschienen: der Chemiker X., eine Berühmtheit im engen Kreise seiner Mitarbeiter, hat ein Verfahren zur Herstellung von Fleisch und Brot aus häufig vorkommenden Lehmsorten entdeckt.

Die Menge ist unruhig und fragt sich: was wird geschehen? Erdbeben, Brände, Verwüstungen würden binnen 24.Stunden auf den Radiobüchern im Druck erscheinen. Das ganze Land wird von Radiostationen überzogen sein ...

R a d i o h ö r s ä l e

Der Eisenmund des Selbstsprechers verwandelt den eingefangenen und an ihn durchgegebenen Seegang der Blitze in schallende Umgangssprache, Gesang und menschliche Worte.
Das ganze Dorf ist versammelt, um zuzuhören.
Aus dem Mund der eisernen Trompete erschallen die Neuigkeiten des Tags, die Taten der Staatsmacht, Wetternachrichten, Nachrichten aus dem stürmischen Leben der Hauptstädte.
Es scheint, als würde irgendein Riese in einem riesenhaften Tage-Buch lesen; aber es war der Selbstsprecher; streng und genau verkündet er die Morgennachrichten, die der Leuchtturm der Hauptradiostation ins Dorf ausgesandt hatte.
Doch was war das? Woher kam dieser Strom, diese Flut von überirdischen Gesängen, Flügelschlag, Pfiffen und Zok-Zok-Lauten mit einem ganzen Silberstrom aus wundervollen, verrückten Glöckchen, der sich, zusammen mit dem Gesang von Kindern und Flügelrauschen, von dorther ergoß, wo es uns nicht gab? Über jeden Dorfplatz des Landes ergossen sich diese Stimmen, dieser silberne Regenguß. Herrliche Silberschellen strömten, mit Pfiffen, von oben herab. Waren es Himmelsklänge — Geister — die niedrig über die Hütte hinwegflogen? Nein ...
Der Musorgskij der Zukunft gab einen Nationalabend mit seinen Werken, auf die Radiostationen im Luftraum zwischen Vladivostok und dem Baltikum gestützt, unter den blauen Wänden des Himmels ... An diesem Abend die Menschen betörend, sie seiner Seele teilhaftig werden lassend, und morgen ein gewöhnlicher Sterblicher! Er, der Künstler, verzauberte sein Land; schenkte ihm den Gesang des Meeres und das Pfeifen des Windes! In jedes Dorf und in jede Kate würde das göttliche Pfeifen und die ganze süße Wonne der Töne gelangen.

Das Radio und Ausstellungen

Warum drängen sich heute um die ungeheuren, feurigen Leinwände, die von Riesen aufgestellten Büchern gleichen, die Menschen der entlegenen Dörfer? Das Radio strahlt bunte Schatten über seine Apparate aus und läßt das ganze Land und jedes Dorf zu Besuchern einer Gemäldeausstellung der fernen Hauptstadt werden. Die Ausstellung wurde durch Lichtstöße übertragen und auf Tausenden von Spiegeln in jeder Radiostation reproduziert. Wenn das Radio einst das Ohr der Welt war, so war es jetzt das Auge, das keine Entfernungen kannte. Der Hauptleuchtturm des Radios sandte seine Strahlen aus, und die Moskauer Ausstellung mit Bildern der größten Maler erblühte auf den Blättern der Lesesäle in jedem Dorf dieses riesengroßen Landes, besuchte jeden bewohnten Punkt.


Radioklubs

Treten wir näher ... Stolze, in Wolken versinkende Wolkenkratzer, ein Schachspiel zwischen zwei Menschen an entgegengesetzten Punkten des Erdballs, ein angeregtes Gespräch zwischen einem Menschen in Amerika und einem Menschen in Europa ... Jetzt wurde es in den Lesesälen dunkel; und plötzlich erklang das ferne Lied eines Sängers, mit eisernen Kehlen warf das Radio die Strahlen des Lieds an seine eisernen Sänger weiter: singe, Eisen! Und das ganze Land hatte teil an dem in die Stille und Einsamkeit hinausgetragenen Wort, an seinem pulsierenden Quell.

Und die eisernen Instrumente des Radios werden sprechen und singen, seinen Willensstößen folgend, gefügiger als die Saiten unter den Händen eines Geigers.

Jedes Dorf wird Hörgeräte und eiserne Kehlen für eine Sinnesempfindung, und eiserne Augen für die andere haben.


Der große Zauberer

Und schließlich lernte man, Geschmacksempfindungen zu übertragen – zum einfachen, derben, aber gesunden Mittagsmahl strahlt das Radio Geschmacksträume aus, Vorstellungen von völlig anderen Geschmacksempfindungen.

Die Menschen werden Wasser trinken — aber glauben, Wein vor sich zu haben. Ein einfaches und sättigendes Mahl wird die Maske eines luxuriösen Festmahls anlegen ... Dies wird dem Radio noch größere Macht über das Bewußtsein des Landes verleihen ...

Selbst die Gerüche werden in Zukunft dem Willen des Radios untertan sein: im tiefen Winter wird der Honigduft einer Linde, mit dem Geruch des Schnees vermischt, ein echtes Geschenk des Radios an das Land sein.

Die Ärzte von heute heilen auf Entfernung, über einen Draht, mittels Suggestion. Das Radio der Zukunft wird auch als Arzt auftreten können, der ohne Arzneien heilt.

Und weiter:

Es ist bekannt, daß gewisse Laute, wie «lja» oder «si», die Muskelkraft zuweilen um das Vierundsechzigfache erhöhen, durch Konzentration auf eine kurze Zeitspanne. In Zeiten erhöhter Arbeitsanstrengung, während der Ernte im Sommer, beim Bau von großen Gebäuden, werden diese Laute über das ganze Land ausgestrahlt werden und seine Kräfte um ein Vielfaches steigern. Und schließlich — die Einrichtung der Volksbildung wird in die Hände des Radios übergehen. Der Oberste Wissenschaftsrat wird Lektionen und Vorlesungen für alle Schulen des Landes — sowohl höhere wie Grundschulen — ausstrahlen.

Während dieser Vorlesungen wird der Lehrer nur Satellit sein. Tägliche Himmelsflüge von Aufgaben und Lehrbüchern zu den Dorfschulen des Landes, der Zusammenschluß seines Bewußtseins zu einem einigen Willen.

So wird das Radio ununterbrochene Glieder der Weltseele schmieden und die Menschheit zu einer Einheit verschmelzen.


An alle! Alle! Alle!


Freiheit! Budetljanin-Freiheit!

Sie ist da! Sie ist da! Die heißersehnte Teure! Herabgefallen aus einem Vogelzug. Unsere herrliche Offenbarung und unser Traum im Zahlenkleid.

Das Geschenk des Rechtes für alle Staaten des Erdballs (alle sind gleich — es gibt weder Lieblinge noch Stiefkinder), $3^n$ Tage nach einem Sieg zerstört zu werden. Desgleichen, $3^n$ Tage nach einem Fall und Flügelbruch am Stein des Schicksals, sich zu erheben und mit Gesang emporzusteigen.

So manche vor uns haben sich bemüht, Gesetze zu schreiben und ihre schwachen Kräfte im Gesetzesgang zu versuchen.

Die Armen! Dachten sie, dies würde leichter sein als Gedichte schreiben? Doch gab es einige, die das Gesetzesschaffen als Altersheim der Dummheit betrachteten (Disraeli). Im ersten Wirkungsfeld geschlagen, marschierten sie zum zweiten, in Richtung des geringsten Widerstandes. Die Armen! Wichtigster Schmuck ihrer Gesetzesreden schien ihnen die Gewehrmündung zu sein; ihre Gesetzbücher parfümierten sie mit Pulver und meinten, darin bestünden guter Geschmack und elegantes Auftreten, das Salz der Kunst im «Gesetzesgang».

Die Beredtheit ihrer Gesetze vermengten sie mit der Beredtheit von Schüssen — welcher Schmutz! Welch verwerfliche Gebräuche der Vergangenheit! Welch sklavischer Vergangenheitskult.

Man beschuldigt uns, als hundertundeinter Huf auf dem Weg der Gesetzesmacher zu marschieren.

Welch üble Verleumdung!

Wurden vor uns etwa Gesetze geschaffen, die unübertretbar waren. Nur wir, auf der Scholle der Zukunft stehend, vermögen Gesetze zu geben, die man nicht hören, denen man aber gehorchen muß. Sie sind unübertretbar.

Versucht es, sie zu übertreten!

Und wir werden uns geschlagen geben!

Wer vermag unsere Gesetze zu übertreten?

Sie sind nicht aus dem Stein von Wünschen und Leidenschaften gemacht, sondern aus dem Stein der Zeit.

Leute! Sprecht alle gemeinsam: Keiner!

Gerade und streng in ihren Umrissen, benötigen sie den Halt des scharfen Kriegsrohrs nicht, das jeden verletzt, der sich darauf stützt.

# Aus der Zukunft
Berichte Velimirs I.

*Aufmerksamkeit. Eine Straße der Zukunft: zwei in Schwarz, in wallendem Gefieder und Harnischen schneeigen Leinens.*

I: Wohin so eilig, lieber Freund? Uil-uil okejt jukut julin julin kuajnz uog! Sie sterben doch morgen?

II *stöbert in seinem Notizbuch:* Ich bin geboren am dritten Blätterfall. Zweimal zwei ist vier. — Ja! Wie traurig, ich sterbe morgen.

I: Und werde geboren am Tag des blauäugigen Ganges. Mein Lieber! Wenn Sie aus dem Leben scheiden, müssen Sie sich darum kümmern, daß den Platz Ihres Lebens kein anderer einnimmt. Also — Sie sind ein zerstreuter Mensch — kümmern Sie sich um die Vereinigung dieses Ihres Lebens mit dem kommenden, gehen Sie zur Polizei. Natürlich, Sie müssen Steuer zahlen, aber die ist nicht hoch. Und es ist so unkompliziert: zwei-drei Gesetzesartikel, amtliches Zeugnis, daß Sie der und der sind, der dann und dann geboren werden muß ...

II: E-e-e ... Wie traurig, — ich sterbe morgen. Ich muß mich in den Strom des Todes stürzen und ein kaltes Bad nehmen. Brr ... Aber macht nichts. Als ich das letzte Mal starb, habe ich mich ein bißchen erkältet und mir einen Schnupfen geholt — diesmal nehme ich einen Brustwärmer mit.

I: Dafür kommen Sie um so besser ans andere Ufer, und dort schütteln Sie das Wasser ab wie eine nasse Ente. Und Ihre schöne Arbeit über die Bedeutung des $\frac{1}{365 \cdot 365}$ lassen Sie bis zu Ihrem nächsten Leben liegen? Dann überlassen Sie sie doch mir zur Aufbewahrung.

II: Nein, ich habe viel Kummer mit der schönäugigen Naga Weja. Diese Arbeit werde ich nach meinem zweiten Tod im dritten Leben fortsetzen.

I: Also dann — bis zum zweiten Leben! Dann werden Sie mir die Arbeit übergeben. In Ordnung?

II: Ja. Ich werde rasen im Zeichen der Liebe, und dort werde ich der kalte und ruhige Verstand sein. Hören Sie, mein Lieber, ich bitte Sie, mich zu verbrennen und mir das Säckchen mit meiner Asche am Tage meiner Geburt zu übergeben. Wenn ich mich nicht irre, werden Sie zu diesem Zeitpunkt bei voller Gesundheit sein. In Ordnung?

I: Ja, mit Vergnügen. Auf Wiedersehen! Wenn Sie jemand treffen: grüßen Sie ihn. Seien Sie tot, vergessen Sie es nicht. Grüße an die verstorbenen Zi-zi und Du-du. Sagen Sie, daß wir auf sie warten. Ein Empfang mit Blumen wartet auf sie. Grüße. Grüße an alle. Die Freunde!
*Sie gehen auseinander.*


Vor dem Krieg

«In zwei Monaten werde ich tot sein! In die preußische Stirn! Hurra! Hurrra!» — rief der Fähnrich, den Becher schwenkend.
«Hurra» — wiederholten die übrigen, sich von ihren Plätzen erhebend, und sahen ihm teilnahmsvoll in die Augen.
«Der Tod kommt sicher! Ein Hurra auf meinen Tod!» — rief er kühn aus, erregt und, wie es schien, mit vor Glück erstickter Stimme. Die Weinesröte stieg ihm als himbeerrotes Dunkel in die Wangen, ihm, der ohne Verlust in zwei Monaten eine Leiche sein würde!
Er stand und sprach. Über ihm badete ein blanker Säbel, zerhackte die Luft, zerschnitt mit der Klinge die Dämmerung, — ein Bürger des nahenden Kriegs. Schamlos tanzte er, die letzte Seide abwerfend, und von den Augen wiederholt, kehrte er in den Spiegeln des mit Militärjugend überfüllten Kellers wieder, auf den silberglänzenden Flächen, die die Wände und die Decke des Kellers bildeten; der ganze Keller glich einem Spiegelschrank. «Gott schütze den Zaren», — sangen die kupfernen Kehlen der Blasinstrumente, denen plötzlich eingefallen war, daß es sie auch noch gab.
Man trat in die Kälte hinaus. Nahm in einem Fahrzeug Platz, um quer durch Moskau zu fliegen, bis weit vor das schneebedeckte Stadttor hinaus. Den Wein in der Hand. Leute in den frischen Gräbern aus Blumen und Tieren, von Kopf bis Fuß in Gräber gekleidet: wärmte nicht ein Schaf, blond gelockt und lieb, den Hals des Fähnrichs mit seinem Todeshauch, — erschien nicht im Leinen des Hemds auf dem Arm, der den Wein hielt, das Massengrab des Flachses aus dem Pskover Land? Ein Massenfriedhof, mit Schnee bestäubt? Warf nicht ein dunkles Tier vom

anderen Ende des Erdballs, aus den finsteren Wäldern Amerikas, an den Schädel eines Malers geschmiegt, einen lebendigen atmenden Schatten auf die Stirn und auf die strenge Falte und auf die brennenden Augen des Malers? Es, das einst im Laub verträumte Vögel gejagt hatte, wärmte jetzt den Menschen mit einem schwarzen Grab, mit der warmen Nacht aus dämmrigem, dichtem Haar, mit dem schwarzen Glänzen dichter Strahlen und schützte ihn, ein Krieger nach dem Tod, vor den Speeren des Frosts. Leben in der Hütte eines fremden Tods, bereiteten sich diese Menschen in den Fellen aus frisch aufgeworfenen Gräbern auf den Sprung in den Tod vor, um irgendwo dort, in Pflichterfüllung, zum Nährboden für die Pflanzen, zu Holz für die pflanzenfressenden Öfen zu werden.

«Wir erfüllen unsere Pflicht», — alle wiederholten dieses Wort. Welche schwarzscheckige oder weiße Kuh würde ihr Euter, das bis zum Boden hängt, mit der Seele dieses Fähnrichs überschwemmen? Welches Feld — vielleicht himmelblaue Vergißmeinnicht, vielleicht goldener Löwenzahn, würde zur zweiten Seele dieses Fähnrichs werden? — dieser Handvoll Erde, einer verstandesbegabten Uhr gleich, die als Welle zur schwarzen Erde zurückflutet, wenn sie plötzlich das Flüstern der Erde vernimmt: «Mein Sohn! Komm! Ich muß dir etwas sagen!» Sie fuhren dahin; finster und fröhlich schwiegen sie. Zuweilen erhob sich der Fähnrich, und im Fahren beschrieb der nackte Säbel in der Luft irgendwelche Zeichen, wie eine Acht.

Das Fahrzeug umschlang Moskau mit einem Gürtel, blies im Fahren eine Trompete aus Schneestaub empor — und stieß Seufzer eines verwundeten Tieres aus. Die paar durch den nahenden Krieg zum Tode Verurteilten saßen hinter gläsernen Gittern, wie aufmerksame Götter der Fahrt. Das Ungeheuer flog dahin, irgendeine gläserne, in tiefer Ohnmacht liegende Jaroslavna über sich emporhaltend, ihren gläsernen Leib mit kräftigen schwarzen Armen haltend, wie der in den Liedern Puškins unauffindbare, verrückte Mohr, der seine Beute entführt.

«Chrro!» grunzte das Ungeheuer wild, die Dunkelheit mit kalten, weißen Zähnen durchbohrend. Die Entgegenkommenden antworteten mit dem Seufzer einer Wildgans und verschwanden in der frostigen Seligkeit. Ich rätselte über den Krieg nach. Was war er für die Menschen? Ein großer Bo-Bo? Um ein Uhr nachts, auf dem Heimweg, wurde der Schlagbaum am Siegestor vom außer Atem gekommenen Ungeheuer von den Pfosten gerissen. Wir klopften dem zitternden, sterbenden, in die Knie gesunkenen Lebewesen den Hals. Die Stadtwächter, die die Falle gestellt hatten, notierten unsere Namen, wobei sie nicht sehr erfreut schienen, uns auf den Beinen zu sehen. Ohne uns zu wundern, daß der vereiste Balken quer vor unseren Kehlen unsere Schädel nicht gespalten hatte, kletterten wir aus dem kaputten, in Todesängsten zitternden, neben uns verendenden Ungeheuer in den Schnee hinaus; es war verwundet, mit zerschlagenen Augen, deren Glanz so betörend gewesen war und die den schwarzen Schober der Nacht mit Gabeln durchbohrt und über die Schulter nach hinten geworfen hatten.

Jetzt wußte ich, wie der Krieg sein würde: in rasender Fahrt fliegen wir aus unseren weichen Sitzen, landen auf der Erde, aber der Schlagbaum ist heruntergerissen! Wir hatten diese verächtlich im Schneestaub liegende Bezauberin gesehen, wir befühlten unsere Köpfe und fanden, daß sie fest auf unseren Schultern saßen.

Dieser kleine Brief aus der Zukunft, flink und von den Umstehenden unbemerkt durch den Zufall überreicht, zeigte mir plötzlich das Wesen des Kriegs. Der große Plan des Riesenbauwerks Krieg, der uns noch nicht erreicht hatte, hier war er, zwei, drei Worte, die den Sinn des großen Werks andeuteten.

Ich bin imstande, in den kleinen Zeichnungen den Winkel der großen, durch mehrere Jahre voneinander getrennten Ereignisse zu erkennen. In diesem Zusammenprall gab es Züge, die die Zukunft erhellten.

Ja, wir befanden uns nahe der Spitze eines Winkels, und die kleine Gerade unseres Zusammenstoßes ging über in die riesenhafte des Krieges, die die Seiten des Plans unter demselben Winkel schnitt, wie auf der Vorlage. Ja, der Schlagbaum würde geknickt werden! obwohl wir auf der Erde landen würden.

Mit gütigem Blick betrachtete ich den Freund, der las: «Dich, Gepflügte, will ich erschließen, von da bis nach Alaska», — und mit schrecklichen Umarmungen zerstörte seine mächtige Stimme die kindlichen Kämme der Begriffe, die noch nicht hatten sterben wollen.

Auf den Gesichtern der Diebsfänger stand geschrieben «unsere Hütte am Rand». Der eiserne Körper des Siegestors, eine Trompete in der Hand, blickte uns an ... Der im Klang seiner Macht anschwellende Krieg, wie das Signal eines Gegenzugs, verschoß die Asse der besten Regimenter und erbrach immer neue Särge mit Menschen. Zum Schutz vor Kopfweh hüllte der Verlierer sein Haupt in eine Wolke. Dieses buchararote Tuch verlieh ihm ein östliches Gepräge.

Der Ton des Kriegs erreichte eine Höhe, an der Grenze des Hörbaren, wo die Tonempfindung in eine Schmerzempfindung übergeht, und häufig konnte man unter den durch die Straßen Davonstürzenden, blindlings die Flucht Ergreifenden eine stehengebliebene 6 oder 13 erblicken, voll mit Verwundeten.

«Wir müssen alle sterben», — klang das dumpfe Urteil aus den Reihen eines stolzen Regiments, das geschäftig gegen Westen zog. Immer neue Jahrgänge warf man in den schrecklichen Ofen. Zuweilen wurde aus einem schwarzen, erleuchteten Gebäude das Geräusch eines traurigen und mächtigen Gebets herübergetragen: die Brustkästen Tausender ins Feld Ziehender sangen ... «Auf der anderen Seite beten sie ja auch», — dachte ich. Und plötzlich sah ich vor mir das Bild eines kleinen, jämmerlichen Chinesen, den mehrere Hände zugleich am Zopf zogen. Was konnte er in diesem Haufen tun? Ich begann Mitleid für den zu empfinden, den sie anbeteten. Ein Pfahl aus der Zukunft bewegte sich zu auf die vom Geruch gestriger Wörter und Begriffe erfüllte Straße. Nur die Dachböden konnten sich vor der Flut der neuen Zeit retten. Die Keller wurden überschwemmt. Ich verfluche die kalten Dreiecke und Kreisbögen, die ein Festmahl an der Menschheit hielten, Gefäße mit schäumendem Dünnbier emporgehoben, die grauen Schnurrbärte triefend vom Met, und ich sah, wie sich die Faust der Krüppel mit derselben Drohung zu ihren Schatten erhob. Deutlich sah ich das kalte «Tatarenjoch» der Heerscharen von Dreiecken, der Wirbelstürme des Kreises, das auf uns Menschen zukam wie der Abend auf den Tag, mit Schattentruppen, zur festgesetzten Zeit, wie die 12 Stunden eines Kriegs; ich erinnerte mich ständig, wie die Erbse, die die Kessel des Infanterieregiments füllte, plötzlich zu einer Erbse aus Rachestrahlen geworden war, sich in einem Punkt sammelte und in Flammen aufging.

Ich erinnerte mich, wie zunächst durch die Reihen des Heeres das geflügelte Wort ging: «so also sieht das aus», heiter, mit dem verschmitzten Ausdruck gegenseitigen Verstehens von einem bärtigen Alten verlautet, fern von der Obrigkeit, und spä-

ter: «die Alte redet mit doppelter Zunge», mit düsterer Miene von einem rauhen, kampferfahrenen Mann geäußert. Wie der Widerschein der nahenden blutigen Morgenröte, zwei Risse durch die damalige Welt.
Aber bezog sich dieses seltsam rauhe «die Alte redet mit doppelter Zunge» nicht auf den Krieg «bis zum Ende»? — fragte ich mich unwillkürlich. Möglich, daß die Zahl, möglich, daß das Dreieck der Hirte dieser nach Westen rollenden Wellen war. Hatte nicht Letzteres die riesigen Stäbe der eisernen Mausefalle errichtet?
Mit der ganzen Kraft meines Stolzes und meiner Selbstachtung senkte ich den Arm auf den Zeiger des Schicksals, um aus der Stellung innerhalb der Mausefalle in die Stellung ihres Zimmermanns zu wechseln. «Wer läßt wen beim Schafkopfspiel den Schafkopf sein?» — fragte ich mich.
Ich erinnerte mich, wie ein Raunen — «der Zar fährt vorbei!» — die Menge an einer Ecke der Tverskaja versammelte. Ein Schnelläufer von riesenhaftem Wuchs, größer als das durchschnittliche Niveau der Tücher und Melonen, bewegte sich vorbei, und die Polizisten schafften geschäftig Ordnung.
Plötzlich flog ein Geier, scharfsichtig wie ein Häscher, zweimal auf der Suche nach jemand über die Menge hin, um dann, ohne, scheints, gefunden zu haben, was er suchte, von den Dächern versteckt, abzuziehn. Und erst als das schwarze Zweigespann des Zaren vorüberflog und sein Gesicht aufblitzte, tauchte der Geier unerwartet wieder auf, stieß direkt auf den Kopf des Zaren hinab — als hätte er einen Auftrag auszuführen — um rasch wieder emporzusteigen und zu verschwinden. Als ob ein gesenkter Finger plötzlich auf jemanden gezeigt und eine Stimme gesagt hätte: «da ist er». «Ein Geier», — wiederholten viele enttäuscht, und das Fest der Begegnung war verdorben, beendet durch das unerwartete Erscheinen einer neuen Person der Handlung.
*20-I-1922*

## Oktober an der Neva

Frühlingsanfang 1917 stiegen ich und Petnikov in den Zug nach Moskau.

Nur wir, die wir Eure drei Kriegsjahre zur Tüte einer schrecklichen Trompete gedreht haben, wir singen und schreien, wir singen und schreien, trunken von der Kühnheit der Wahrheit, daß es eine Regierung des Erdballs gibt. Sie — das sind wir.
Nur wir haben uns die immergrünen Kränze der Vorsitzenden des Erdballs auf unsere Stirn gedrückt, wir, die wir unerbittlich sind in unserer sonnenverbrannten Kühnheit, wir, die Brenner des feuchten Lehms der Menschheit zu Krügen der Zeit und irdenen Gefäßen, und wir, die Anstifter der Jagd auf menschliche Seelen ...
— Was für Frechlinge! — werden einige sagen. — Nein, es sind Heilige! — werden andere erwidern. Aber wir werden lächeln und auf die Sonne zeigen: zerrt sie an Eurem Hundehalsband hinter Euch her, verurteilt sie mit Eurem hinterteiligen Urteil — wenn Ihr wollt, denn sie hat uns diese Worte eingegeben, und sie hat uns diesen zornigen Blick geschenkt. Die Schuldige — ist sie.
*Die Regierung des Erdballs — die und die.*

Mit diesem Aufruf begann das dichterische Jahr, und mit ihm unterm Arm bestiegen die zwei anonymen Vorsitzenden des Erdballs, von kühnsten Hoffnungen erfüllt, den Nachtzug Charkov—Moskau.
In Petrograd war unsere Aufgabe, die Liste der Präsidenten zu erweitern und eine Art Unterschriftenjagd zu eröffnen, und schon bald füllte sie sich mit den äußerst geneigten Angehörigen der Chinesischen Botschaft, Tin-Eli und Jan-Jui-Kai, und dem jungen Abessinier Ali-Serar; mit den Schriftstellern Evreinov, Zenkevič, Majakovskij, Burljuk, Kuzmin, Kamenskij, Asejev; den Malern: Malevič, Kuftin, Brik, Pasternak, Spasskij, Zigmund; den Fliegern Bogorodskij, G. Kuzmin, Michajlov, Muromcev, Zigmund, Prokofjev; den Amerikanern — Crawford, Willer und Davis, der Sinjakova u. v. a.
Am Tag der Künste, dem 25. Mai, wehte das Banner der Vorsitzenden des Erdballs, erstmals von Menschenhand gehißt, vom Lastwagen an der Spitze des Zugs.

Wir hatten den Festzug weit überholt. So wurde im sumpfigen Boden der Neva erstmals das Banner der Vorsitzenden des Erdballs aufgepflanzt.
In der Eintagszeitung «Unterpfand der Freiheit» veröffentlichte die Regierung des Erdballs die Verse:

>Gestern rief ich: Hulla, hulla!
>Und die Kriege kamen geflogen und pickten
>Mir die Körner aus der Hand.

Es war ein verrückter Sommer, als wir, nach langer Gefangenschaft im Reserve-Infanterieregiment, durch einen Stacheldrahtzaun von der restlichen Welt getrennt, uns nachts am Gittertor drängten und über einen Friedhof — die Feuer einer toten Stadt — auf die Feuer einer lebendigen Stadt blickten, auf das ferne Saratov. Ich litt geradezu an Raum-Weh und fuhr zweimal auf den Zügen — mit Menschen behangen, die den Krieg verrieten und den Frieden besangen — die Strecke Charkov—Kiev—Petrograd und zurück.
Weshalb? — ich weiß selbst nicht.
Den Frühling begrüßte ich von der Spitze eines blühenden Faulbeerbaums, im höchsten Wipfel des Baums sitzend, in einem Vorort von Charkov. Zwischen den zwei Augenpaaren war ein Vorhang aus Blüten gespannt. Jede leise Bewegung eines Zweigs überschüttete mich mit Blüten. Später betrachtete ich eines Nachts den Sternenhimmel von der Dachspitze eines dahinbrausenden Zugs aus; nach einigen Betrachtungen schlief ich sorglos ein, in den grauen Mantel des Infanterieregiments Saratov gehüllt. Diesmal übersäte uns, die Bewohner des Oberdecks, der schwarze Faulbeerbaum des Lokomotivdampfs, und als der Zug aus irgendeinem Grund im freien Feld hielt, stürzte alles zum Waschen an einen Fluß, und statt eines Handtuchs pflückten wir uns die Blätter von den Bäumen der Ukraine.
— Na, und was ist Petrograd jetzt? Wettrograd! — wurde im Zug gescherzt, als es im Herbst zurück an die Neva ging.
Ich hatte mich im Dorf Smolensk niedergelassen, wo nachts in geheimnisvollen, verdunkelten Zügen Deserteure fuhren, wo im sumpfigen Feld die Zelte von bewaffneten Zigeunern aufgeschlagen waren, und wo unaufhörlich die Lichter eines Irrenhauses brannten. Mein Gefährte Petrovskij, ein großer Kenner der Welt der Erscheinungen, lenkte meine Aufmerksamkeit auf einen

kleinen Baum, — eine schwarze, hinterhältige Birke jenseits eines Zaunes.

Beim leisesten Windhauch zitterte sie hörbar mit den Blättern. Im goldenen Sonnenuntergang wurde jedes einzelne schwarze Blatt des Baumes besonders unheilschwer mit Strahlen bedacht. So wie sie war, erschien sie Petrovskij hartnäckig Nacht für Nacht im Traum. Er begann sie mit abergläubischem Interesse zu betrachten. Später entdeckte er, daß die Birke über einer Totenkammer wuchs, wo man die Körper von Ermordeten bis zu ihrer Obduktion aufbewahrte. Das war schon mitten in der Hitze der Ereignisse. Wir wohnten beim Arbeiter Morev, und wie bei vielen Bewohnern der Randbezirke waren auch bei ihm Bleistücke zum Gießen von Kugeln gelagert: «nur so, für alle Fälle».

..........................................................................

Unter dem drohenden Geschützdonner in Carskoje Selo verging mein Geburtstag. Wenn ich nachts am Heimweg an der Stadt der Irren vorbeikam, mußte ich stets an den irren Gemeinen Lysenko denken, dem ich während meiner Militärzeit begegnet war, mit seinem hastigen Geflüster: «Wahrheit ja, Wahrheit nein, Wahrheit gibts. Wahrheit nein ...» Immer schneller wurde sein wiederholendes Geflüster, und immer leiser; ganz wahnsinnig, verkroch er sich unter der Decke, die er bis ans Kinn zog, um sich vor jemandem zu verstecken, nur seine Augen blitzten, aber es war ein unmenschlich schnelles Blitzen. Dann erhob er sich langsam und setzte sich aufs Bett: je weiter er sich aufrichtete, desto hastiger und lauter wurde sein Geflüster; dann saß er starr, auf die Fersen gekauert, da, mit den runden Augen eines Habichts, die sich langsam gelb färbten, und plötzlich schnellte er zu seiner vollen Größe empor, rüttelte an seinem Bett und rief mit irrer, das ganze Gebäude durchdringender Stimme, von der die Fenster klirrten, nach der Wahrheit. «Wo ist die Wahrheit? Gebt die Wahrheit her, bringt die Wahrheit!» Woraufhin er sich wieder setzte, mit seinem langen, borstigen Schnurrbart und den runden gelblichen Augen, die Funken eines Brandes erstickte, den es nicht gab, und sie zu fangen versuchte. Daraufhin kamen die Bediensteten angerannt. Das waren die Aufzeichnungen aus einem Totenfeld, das Wetterleuchten vom fernen Feld der Toten, — an der Schwelle zweier Jahrhunderte.

Ein Hüne — er glich einem Propheten auf dem Krankenbett. Wir trafen uns in Petrograd wieder. Ich, Petnikov, Petrovskij, Lurjé, hin

und wieder kamen auch Ivnjov und die anderen Präsidenten vorbei.
— Hört, Freunde. Folgendes: wir waren im Irrtum, als wir meinten, das Kriegs-Monster habe nur noch *ein* Auge und es würde genügen, einen Stamm anzukohlen, ihn zuzuspitzen und mit vereinten Kräften den Krieg zu blenden, um sich danach in einem Vlies zu verstecken.
— Hab ich recht damit? Ist es nicht so?
— Genauso ist es, — kam die Antwort.
Es wurde beschlossen, den Krieg zu blenden.
Die Regierung des Erdballs gab ein kurzes Flugblatt heraus, Unterzeichner: die Vorsitzenden des Erdballs, auf einem leeren Blatt, sonst nichts.
Das war der erste Schritt.
«Kommt her, ihr Toten, und mischt euch in die Schlacht. Die Lebenden sind müde, — donnerte jemandes Stimme: — mögen Lebendige und Tote sich zu einigem Urin verbinden. Steigt aus euern Gräbern, ihr Toten.»
In jenen Tagen klang im Wort «Bolševik» ein eigenartiger Stolz mit, und bald wurde klar, daß die Dämmerung des «Heute» in Kürze von Schüssen zerhackt sein würde.
Dmitrij Petrovskij, in einer riesigen schwarzen Tscherkessenmütze, mit abgemagertem, durchscheinendem Gesicht, grinste geheimnisvoll: — Merkst du was? — Was draußen vor sich geht? Kaum zu fassen, — sagte er und stopfte geheimnisvoll seine Pfeife mit jenem Blick, der deutlich verriet, daß noch so manches bevorstand.
Er war in unheilschwangerer Stimmung.
Einer von uns dreien sollte zum Winterpalast gehen und Kerenskij eine Ohrfeige geben.
Ich hatte Erstaunliches über ihn gehört: «Erst neun Monate da und schon so eingewurzelt, daß man ihn mit Kanonenkugeln heraussprengen muß.» Worauf wartet er denn? Gibt es jemanden, der ihn nicht dürftig und lächerlich fände?
Der Sitz der provisorischen Regierung war im Marienpalast und einmal wurde ein Brief abgesandt: «Hier. Marienpalast. Provisorische Regierung. An alle! An alle! An alle! In ihrer Sitzung vom 22. Oktober faßte die Regierung des Erdballs den Beschluß: 1) Die provisorische Regierung als provisorisch nicht vorhanden zu betrachten und den Oberinsektierenden A. F. Kerenskij — als unter strengem Arrest befindlich.

Wie schwer doch der Druck einer steinernen Rechten wiegt. Die Präsidenten des Erdballs: Petnikov, Lurjé, Dm. und P. Petrovskij, der Kommandoturm — ich (Chlebnikov).»

Ein andermal wurde folgender Brief abgeschickt: «Hier. Winterpalast. Aleksandr Fjodorovič Kerenskij. An alle. An alle. An alle ... Wie? Sie wissen nicht, daß es bereits eine Regierung des Erdballs gibt? Aha, Sie wissen also nicht, daß es sie gibt! Regierung des Erdballs. Unterschriften.»

Einmal versammelten wir uns in der Akademie der Künste und beschlossen, brennend vor Ungeduld, im Winterpalast anzurufen.

— Winterpalast? — Würden Sie uns bitte mit dem Winterpalast verbinden. Winterpalast? — Hier das Fuhrleute-Artel.

— Ja bitte? — eine kühle, freundliche, unlustige Stimme. Antwort: Der Verband der Fuhrleute bittet um Nachricht, wann die Bewohner des Winterpalasts auszuziehen gedenken.

— Wie bitte? — die Frage.

Antwort: Falls die Bewohner des Winterpalasts ausziehen sollten ... Wir stehen zu Diensten.

— Ist das alles? — hört man ein saueres Lächeln.

— Ja.

Dort hören sie, wie hier am anderen Ende der Leitung ich und Petnikov kichern.

Aus dem Nebenzimmer blickt ein verstörtes Gesicht.

Zwei Tage danach sprachen die Kanonen.

Irgendwie hatten sie im Marienpalast den «Don Juan» zur Aufführung gebracht, und aus irgendeinem Grund sah man im Don Juan Kerenskij. Ich erinnere mich, wie in der gegenüberliegenden Loge die Leute zusammenzuckten und die Ohren spitzten, als einer von uns (ich) den Kopf neigte und Don Juan beifällig zunickte, noch bevor dies der Kommandeur (neben dem Vorhang) hatte tun können ...

Die Aurora lag schweigend auf der Neva, gegenüber dem Palast, und das lange Kanonenrohr, das sie auf ihn gerichtet hatte, glich einem starren Eisen-Auge — Blick eines Meeresungeheuers.

Von Kerenskij erzählte man sich, er sei in den Kleidern einer Angehörigen der Heilsarmee geflohen, und die kämpferischen Jungfrauen von Petrograd, seine letzte Leibgarde, hätten ihn tapfer beschützt. (Dies war prophezeit worden, als man ihn früher mitunter auch Aleksandra Fjodorovna genannt hatte.)

Der Nevskij war die ganze Zeit über belebt, von Menschen überlaufen, und es fiel kein einziger Schuß.
An den hochgezogenen Brücken brannten Feuer, die von Wächtern in riesigen Pelzmänteln gehütet wurden; ihre Gewehre waren mit den Spitzen zusammengestellt, und lautlos marschierten dichte, schwarze, im Dunkel der Nacht verschwimmende Reihen von Matrosen vorbei; nur das Auf und Ab ihrer Achselfalten war zu sehen. Am Morgen erfuhren wir, daß die Kadettenschulen eine nach der anderen übergelaufen waren. Die Bevölkerung der Hauptstadt jedoch hatte sich aus diesem Kampf herausgehalten.
Ganz anders war es in Moskau, wo ich den umherstreifenden Petrovskij wiedertraf: wir hatten eine einwöchige Belagerung durchzumachen. Die Nächte verbrachten wir auf dem Kazaner Bahnhof, an einem Tisch sitzend, den Kopf in die Arme gestützt. Untertags gerieten wir mehrmals auf der Trubnaja und der Mjasnickaja unter Beschuß. Die übrigen Stadtteile waren von den Truppen gänzlich abgeriegelt.
Dennoch gelang es mir einmal mitten in der Nacht, mehrmals angehalten und durchsucht, auf der Sadovaja quer durch ganz Moskau zu gehen.
Ab und zu wurde die Finsternis von einem vorbeifahrenden Panzer erhellt, hin und wieder fielen Schüsse — und plötzlich war die Waffenruhe vorbei. Kanonendonner. Dann wieder Stille.
Wie Kinder, die sich am Schnee ergötzen, taumelten wir durch den Hunger der Straßen, um die Eissterne der zerschossenen Fenster zu betrachten, die Schneeblumen der feinen Risse, die Spuren der Kanonen ringsum und die Schrapnellsplitter, die so krumm waren wie von einem Brand versengte Schmetterlingsleiber.
Wir sahen die schwarzen Wunden der schwelenden Mauern.
In einem Laden bemerkten wir eine prächtige graue Katze; sie miaute durch die dicken Scheiben, begrüßte jedermann und beschwor die Leute, sie zu befreien: lange hatte sie in Einzelhaft gesessen!
Wir wollten alles mit Namen benennen. Trotz der gußeisernen Schimpfkanonaden, die von den Sperlingsbergen heruntergeprasselt waren, war die Stadt heil geblieben.
Besonders liebte ich das Zamoskvorečje mit den vier Fabrikschloten, die dort wie Kerzen von schwerer Hand entzündet worden wären, eine Brücke aus Eisen und einen Krähenschwarm auf

dem Eis. Über all den goldenen Kuppeln jedoch thront, aus einer riesenhaften Hand emporwachsend, der vierarmige Leuchter der Fabrikschlote; eine Eisentreppe führt bis an die Spitze der kahlen Türme empor; zuweilen kletterte ein Mensch an ihr hinauf – ein Priester, mit einer Kerze aus grauer Flockenasche vor dem Gesicht. Wer ist er, dieser Mann? Ein Freund oder ein Feind? Diese qualmgezeichnete Stirn über der Stadt? Von einem Wolkenbart umrahmt?

Und wird nicht abermals eine schwarzäugige Guriet el-Ajn ihr seidenes köstliches Haar dieser Flamme weihen, auf der sie einst verbrannt werden soll, Gleichheit und Gleichberechtigung verkündend? Wir wissen es noch nicht, wir können zunächst nur schaun. Aber über dem alten Gotteshaus thronen die neuen Kerzen eines unbekannten Herrschers.

Hier blätterte ich zum ersten Mal eine Seite im Buch des Todes um, als ich einen Zug meiner Lieben in langer Schlange vor dem Lomonosov-Park warten sah und eine ganze Straße voll von Toten, die sich am Eingang einer Aufbewahrungshalle drängten. Der Anfangsbuchstabe des neuen Tags der Freiheit ist oft mit der Tinte des Todes geschrieben.


Niemand wird bestreiten, daß ich euren Erdball auf meinem kleinen Finger trage.

Als friedliebender Mensch widme ich mich der Umwandlung des geflügelten Wortes «Haut die Hurensöhne» ins nicht weniger geflügelte «Haut die Tattergreise», und betrachte kaltblütig die Abstimmung mit Kanonendonner und die Stimmzettelabgabe durch eine Gewehrsalve in den Himmel. Der Himmel läßt sich schwer verfehlen und stellt ein geeignetes Gefäß zum Einsammeln von Zetteln dar. Dort kämpfen Kosaken mit «schlechten Menschen» – Betvätern. Ich erinnere mich an den schrecklichen Durchbruch zu einer Festung, als auf seiten der Angreifer die Reihen um nur zwei Mann gelichtet wurden, und die dösigen Überrumpelten mit dem Ruf «Vanjka, sie schießen!» – ein neuer Schlachtruf – ihre Gewehre packten und den Überfall erfolgreich parierten.

Und trotz allem erwischte es einen Leichnam an der Backe, als er im Wagen des Todes — ein bescheidener, gebückter Kutscher mit weißer Fahne, einen Sarg quer über die Droschke gestellt — ins Reich der Toten fuhr, nachdem er noch kurz zuvor in unserer Mitte gescherzt hatte.

«Ptiu!» — singen die Kugeln über euch, wenn ihr einen Blick aus der Tür werft. Jünglinge mit weißen Armbinden, in roten gefütterten Halbpelzen, mit gelben Streifen an den Hosen huschen vorbei, und ihre Gesichter bringen Leben in die ausgestorbenen Gassen, wenn sie aus einem Torbogen hervorlugen. Und der Arzt saß eine Viertelstunde lang, unter Beschuß von einem Zaun her, im Schnee, nachdem er fatalerweise ein Streichholz angezündet und gerufen hatte: «Wer da?» Er holte sich einen Schnupfen. Ein streitbarer Priester, mit dem gelben Zeichen des Sieges im Knopfloch, schwebte durch die Straßen und hielt, blond und hoch gewachsen, krampfhaft eine Feuerwaffe an sich gepreßt.

Der Krieg, den sie gebracht hatten, war ein Spiel, der Spaß der Leute aus den Schützengräben, — ich wußte, daß ein einzelner Tscherkesse, der nach einem Streit in der Schenke davonsprengt, mehr Tote hinterläßt als dieser tagtägliche Krieg. Im übrigen teilten hier zwei Widersacher unter sich ein Bärenfell, und zwei Krieger tanzten über dem Leichnam eines Stadtbewohners. Ich war sicher, daß sie sich bald versöhnen würden. Um so mehr, als ein dritter Gast an die hohen, weißen Stadtmauern klopfte — die Pest. «Gestattet, daß ich eintrete!» — erklang ihre Stimme schon zum dritten Mal. Übrigens genügte es auch, das Fleisch der Zieselmaus zu essen, um nicht krank zu werden. Tataren, Bolševiki und ein Teil der Gefangenen hatten alle ihren Sitz in der Festung, und die zwei Kirchen, — die russische und die armenische — hatten auf dem Glockenturm je ein Maschinengewehrnest erhalten. In den Nächten wechselte man beharrliche Salven, die von den steinernen Spiegeln der Stadt dumpf zurückgeworfen wurden. Finsternis senkte sich über die Stadt. Die Bahngeleise färbten sich vom Rost gelb, und im Bezirksgerichtsgebäude versammelte sich die öffentliche Ratsversammlung, um ihre Schnäbel mit dem Wasser von Ratsreden zu spülen.

Dafür war nachts die Stadt wunderbar. Totenstille, wie in mohammedanischen Siedlungen, menschenleere Straßen und ein schwarzes, grelles Rot am Himmel. Nachdem mein Glühstrumpf seinen Totentanz ausgetanzt hatte und still vor meinen Augen dahingeschieden war, stand ich da ohne Licht. Ich dachte mir eine neue Beleuchtung aus: ich nahm Flauberts «Versuchung des Heiligen Antonius» und las sie ganz durch, indem ich jeweils eine Seite anzündete und in ihrem Licht die nächste las; eine Unzahl von Namen und Göttern huschte durch mein Bewußtsein, erregte es kaum, streifte einige Saiten und ließ andere unberührt, und schließlich verwandelten sich all diese Glauben, Kulte, Lehren des Erdballs in schwarze, raschelnde Asche. Als ich fertig war, wußte ich, daß ich so hatte handeln müssen. Ich versank im beißenden, weißen Rauch, der über dem Opfer schwebte. Namen und Glaubensbekenntnisse brannten wie dürres Reisig. Wahrsager, Priester, Propheten, Besessene — dieser dürftige Fang im Netz der Tausende von Wörtern des Menschengeschlechts, seiner Wellen und Masse, waren zu einem Bündel Reisig im Arm eines grausamen Priesters geworden.

Ich wunderte mich, daß Diana in Dunstschleiern und Träumen hatte ertrinken wollen.

Ich freute mich heimlich, daß Buddha im Berechnen von Atomen bewandert gewesen war.

Und dies alles wurde — in einer Zeit, wo die verrückten Tagträume einer Stadt in Reih und Glied aufmarschierten, wo Pflüger und Steppenreiter sich um den Leichnam eines Stadtbewohners balgten und aus der Frühlingsmündung der Volga das Gelächter Pugačovs herüberklang — zur schwarzen, höchst erbaulichen Asche der dritten schwarzen Rose. Die Namen Jesu Christi, die Namen Mohammeds und Buddhas zuckten im Feuer wie ein Vlies, das ich dem Jahr 1918 zum Opfer gebracht hatte. Wie Kiesel in einer durchsichtigen Welle wurden diese abgetragenen Namen menschlichen Wunschdenkens und Lebens von Flauberts gleichmäßigem Redefluß dahingewälzt.

Beißender Rauch stand um mich her. Mir wurde leicht und frei. Das war am 26. Januar 1918.

Ich hatte lange versucht, dieses Buch nicht zu bemerken, aber erfüllt von einem geheimnisvollen Klang, war es heimlich auf meinen Tisch gekrochen, um zu meinem Entsetzen, unter anderen Dingen versteckt, lange dort liegen zu bleiben. Erst als ich es in Asche verwandelt und auf einmal eine innere Befreiung empfunden hatte, begriff ich, daß es irgendwie mein Feind gewesen war.

Der besondere Zauber mancher Dinge kam mir in den Sinn, wie gewisse Dinge uns teuer und von einer innigen Sprache erfüllt erscheinen, um nach einer bestimmten Zeit plötzlich dahinzuwelken, zu sterben und leer zu werden.
Ich entschied, daß sie einen für den Verstand nicht wahrnehmbaren Klang besitzen mußten.
Das ist so: sie sind von einem geheimnisvollen Klang erfüllt, der Gegenschwingungen in uns erregt.
Und erst kürzlich, vor zwei Tagen, hatte ich mich meines menschlichen Schädels gerühmt, als ich ihn mit dem Knochenkamm und den grimmigen Zähnen eines Schimpansen verglich. Ich war von Stolz auf meine Gattung erfüllt. Kennt ihr das auch?


Von gewissen Gebieten des Erdballs heißt es: «Dorthin hat noch kein menschliches Wesen sich verirrt.» Bis vor kurzem konnte man das vom ganzen Schwarzen Erdteil sagen.
Ebenso läßt sich von der Zeit sagen: dorthin hat noch kein denkendes Wesen sich verirrt.
Wenn auch nicht jeder Lastzug imstande sein wird, das von der Menschheit über den Raum Verfaßte von der Stelle zu bewegen, so wird jede Taube mit Leichtigkeit das über die Zeit Geschriebene in einem unter ihrem Flügel versteckten Brief emporheben können. Dabei spreche ich nicht von den reinen Wortkunstwerken zu dieser Frage, die an kein Ziel führen und nur schlechtes Brennmaterial für die Lokomotive des Wissens abgeben.
So kam es, daß zwischen der Kindheit in der Wissenschaft von der Zeit und den ersten Lebenstagen der Wissenschaft vom Raum eine Frist von annähernd sieben «Götterjahren» liegt.
Siebenmal dreihundertfünfundsechzig Jahre, wie man aus praktischen Gründen die großen Zeitabschnitte, die großen Leinwände der Jahrhunderte, bemißt.
Es schien, daß die Wissenschaft von der Zeit den gleichen Weg einschlagen mußte wie die Wissenschaft vom Raum.
Vorgefaßte Gedanken vermeiden, und seinen Verstand wie ein Ohr der Stimme des bevorstehenden Versuchs öffnen. Wenn es in den Ohren nicht klingelte und sie nicht von der lästigen Stimme einer Phantasterei erfüllt waren, würde die Stimme des Versuchs selbstverständlich erhört werden.

Die Aufgabe war — mit klarem Blick den Versuch vor dem Horizont des menschlichen Verstands zu sehen.

Wir wissen, daß der Wissenschaft vom Raum der Versuch einiger Zimmermänner und Landvermesser zugrunde liegt, bei der Zuweisung von Land an die Landbesitzer von einst, gleich große Felderflächen festzusetzen.

Diese Menschen der Wissenschaft mußten die dreieckigen und rechteckigen Felder an die runden angleichen, und das in der Feder von Berg und Tal verfaßte Beispiel von gleichen Flächen für Felder mit ungleichen Umrissen lösen. Genaue Zeitgesetze würden umgekehrt die Frage der Gleichberechtigung in der Macht, die gerechte Verteilung von Land in der Zeit, die Aufgabe einer gleichmäßigen Verbreitung der Machtlehren und die der Vermessung der Generationen lösen. So sollte die Wahrheit von der Zeit aufgestellt werden.

Die reinen Zeitgesetze lehren, daß alles relativ ist. Sie lassen die Sitten weniger blutdürstig erscheinen und verleihen ihnen einen seltsamen Adel.

Sie helfen, Mitarbeiter und Schüler auszuwählen, ermöglichen das Ziehen der kürzesten Geraden zum einen oder anderen Punkt der Zukunft, ohne den schwierigen, gewundenen Weg der trügerischen Jagd nach dem Heute einschlagen zu müssen.

Während einer Aufstiegsperiode besitzt jedes Volk die Eigenschaft, seine Zukunft als Tangente an den Punkt seiner Gegenwart zu sehen.

Und jedes Volk erlebt eine bittere Enttäuschung in der Dauerhaftigkeit dieser urtümlichen Art und Weise des Blicks in die eigene Zukunft.

Die Zeitgesetze verleihen jeder Bewegung gerechte Grenzen; etwa gestatten sie bei der Bestimmung der Furchen zwischen den Generationen gleichzeitig, einen Blick in die Zukunft zu tun, da sie unabhängig von der Lage des Punkts sind, von dem aus der Mensch die Zeit studiert. Der Weg, der vor der Wissenschaft von der Zeit liegt — ist die Erforschung der quantitativen Gesetze einer neu entdeckten Welt.

Das Aufstellen von Gleichungen und ihr Studium.

Bereits beim ersten Blick auf die neu gefundenen Gleichungen über Zeitgrößen treten einige charakteristische Züge hervor, die nur der Welt der Zeit eigen sind und die genannt zu werden verdienen.

Die Heringsfässer der Großstädte werden vom Gesetz der Masse beherrscht. Plötzlich nimmt dort ein prallgefüllter menschlicher Hering die Umrisse seines Nachbarn an. In diesem mächtigen, mit Wolkenkratzern vollgestopften Faß wird ein Nachbar gegen den anderen gequetscht, und in der Seite eines eilig mit einem Aktenstoß durch die Stadt flitzenden Herings kann man den hageren, mit einem bösartigen Kinn versehenen Kopf seines Nachbarn eingedrückt sehn.

Ich erkannte einige Bekannte, die in die Achselhöhlen eines rasch vorbeilaufenden jungen Mannes eingepreßt waren: schlauerweise hatten sie es verstanden, dort einen Abdruck ihrer Gesichter zu hinterlassen. Und stellen Sie sich vor: an einer Ferse war der Abdruck eines wunderhübschen Mädchens zu sehen. Klar, daß ich mit Vergnügen hinterherging, um die aufblitzende Ferse mit dem lachenden Kopf des Mädchens zu beobachten. Und so bearbeitete das Gesetz des Fasses die Einwohner der Stadt, die vollgestopft war von geistigen Heringen mit grünen, langgezogenen Gesichtern und eingefallenen Augen. Eine komische Sache: geschäftig rennend, eilten und hasteten die Leiber der Leute durch die Straßen, während nebenan, mit tödlich aufgerissenem Maul, riesenhaft und regungslos, die schreckliche Schwere ihrer Seelen lag, und die Worte eines Weisen bestätigte: «Wo Gedränge herrscht, braucht es keine Photographen, braucht es keine Maler: auf schicksalhafte Weise hinterläßt man sein Bild auf Pupillen, Stiefelschäften und Ellbogen der anderen. Das nennt sich das Heringsgesetz der Großstädte.» Aber stellen Sie sich einen großen Denker vor, der sein Gesicht an der Ferse eines vorbeiflitzenden Knaben erblickt! Er wird verdutzt an einer Straßenecke stehnbleiben und lange mit dem Stock drohen! Der Ur-Wald einer neuen Wahrheit kam auf die großen Gebäude mit den vergoldeten, rechtwinkligen Nachtaugen zu. Der wilde, herrliche Wald aus neuen Erscheinungen, der Wald der Traumgesichte, den das alte Eisen nicht hatte betreten dürfen, bewegte sich auf die Menschheit zu. Quer über den großen Straßen hingen in Leuchtschrift die Gleichungen der Sitten und die Gleichungen des Todes. Zwischen den riesigen Stämmen umherstreifen. Sich an den unsichtbaren Zweigen der inmitten der Stadt erwachsenen luftigen Bäume festhalten. Als einsames Tier durch die Blättermasse an den Stämmen der zweiten Welt huschen, die die erste wie ein dichtes Gestrüpp umschließt. Die Menschen sind schlau und vorsichtig geworden, — und unfähig, aller Schicksale der Welt Herr zu werden, sind sie dazu übergegangen, die Welt als tote Natur zu betrachten. Und bald hatte ein kleiner Pilz aus Priestern, getragen von der Gnade des Gesetzes der Geburtsdaten, die Menschheit fest umstrickt, und wie das Sturmläuten einer fernen, brennenden Kirche erklangen die Worte ihrer Predigt. Ich hielt eine Stange mit kleinen Netzen in der Hand. «Gut! — dachte ich, — diesmal bin ich der einsame Spieler und die anderen — die nächtliche, lodernde Stadt — sind die Zuschauer. Aber die Zeit wird kommen, wo ich der einsame Zuschauer sein werde, und ihr — die Personen der Handlung.» — Ich mache die endlosen Massen der Stadt meinem Willen untertan. Der aufrührerische Verstand des Kontinents, der siegessicher aus der Sackgasse des Umstandsworts bog, und der Sieg der Augen über die Ohren, der Wirbelsturm der weltumspannenden Malerei und des selbsthaften Lauts, der bereits Augen und Ohren des Kontinents in einem Bündel verschnürt hat, und die Freundschaft zwischen den schwarz-grünen chinesischen Lubki, den anmutigen, an riesenhafte Schmetterlinge gemahnenden Chinesinnen mit den feinen Brauen — und den Schatten Italiens an der stets gleichen Wand eines Stadtzimmers, und Nägel, liebevoll von einer Sklavin gereinigt — all das verkündete: die Stunde naht!

Die Schmetterlinge des Ostens, diese Göttinnen mit den sanften Vogelaugen, sind nicht zufällig zu einem Treffen mit den himmelblauen Gesichtern Italiens gekommen. Besser gesagt — es haben sich schwarze Schmetterlinge auf die weißen Blüten der Gesichter gesetzt. In schräger Starre stürzten goldene Zwiebeltürme, auf blaue Mauern hingeduckt, in sich zusammen, und fielen in eine Schlucht. Wie ein Mensch, der sich nach einer Tracht Stockhiebe plötzlich zusammenkrümmt und sich den Magen hält, oder wie eine mehrmals geknickte Ähre, neigten sich die Glockentürme mit den hohen Fensterbögen zur Seite.

Ein Sturm ging durch die Malerei; später würde auch einer durchs Leben gehn und viele Glockentürme knicken. Ich nahm Abschied von dem Maler und machte mich auf den Weg.

Ein glatzköpfiger Wallache, der durch die dunkelblauen Pfosten eines Zauns guckt — gut, wie?

So blitzt bei einem Übungsschießen am Meer zuerst ein Feuerschein auf, dann hallt ein Donnerschuß, und erst dann, lange danach, steigt eine Wassersäule empor — die Kunde davon, daß das Geschoß sein Ziel erreicht hat.


— Worauf sitzt du?
— Auf einem Leichnam. Er ging, den Tod fürchtend, und fand den Tod.
Hochmütig aufgeblasene Backen eines Kindes. Traurig die Mutter.
Von vorn die Hausecke eines steinernen Tiers — von hinten Luft, in eine Menschenmenge gebohrt. Das Haus — die Stirn eines Elefanten.
Trompeten aus unsichtbaren Stimmen kleben an ihm, wie das zusammengerollte Manuskript eines Gelehrten, der zum Lehren geht.
Die drei schwarzen Zeichen E, I, T leuchten dunkel wie die Stimmen eines anderen Willens. Das T, auf die Ruinen herabgefallen, dunkler als der Wille, wie das Laub eines anderen Jahrhunderts.
Schnecken-Schnörkel, die schrägen, kurzsichtigen Augen des Elefanten auf der Gesichts-Platte, der eierförmigen Wand des Gebäudes. Weint es? Regengüsse an den Fenstern, ein lebendiger Wasserfall.
Flächen-Messer, ein schuppiger Raum. Der Platten-Panzer ist von einem Schatten-Guß überschüttet.
Haufen oder rechtwinkelige Blöcke?
Sie kriechen, schleichen, steigen.
Die Unterschrift des Schatzmeisters auf einem grauen Rubel — die Unterschrift des Monds.
Der wilde Zaporoger — Licht, der die nächtlichen Wolken zu Steinen zerschlug, oder ein Jüngling aus einer grauen Flächen-Reihe, der eifrig über eine Handschrift gebeugt sitzt?
Doch dort, hinter den Wolken, welk wie ein herbstliches Blatt, wurmzerfressen, ein Gedicht — die Stadt hat sich erhoben, in Plätze gekleidet, und trägt ein Manuskript.
Ich kenne nur das erste Wort ihrer Schriftrolle.
Doch auf dem Riemen am Buckel glänzte, dunkel wie ein Ver-

letzter, aus toten Fensterlöchern ein leerer, wilder Wolkenkratzer.
Die Würmer der Fenster hatten die Stadt zerfressen wie ein herbstliches Blatt.


Felsen aus der Zukunft

In blinde Lichtflecken gehüllt, mit hellen Wolken aus strahlendem Schweigen, strahlender Stille, sitzen und gehen die Menschen.
Einige sitzen in schwerelosen Klubsesseln, hoch oben in der Luft. Zuweilen betätigen sie sich malerisch und tun einen Pinselstrich. Die Gemeinschaft der übrigen schleppt gläserne Schöße und Stöße.
Andere wieder spazieren, auf einen Rohrstock gestützt, durch die Luft, oder laufen auf den Skiern der Zeit über den luftigen Schnee oder über Wolkenharsch; oberhalb der niedrigen Türme mit den Achsen, um die sich wie Drahtspulen die Blitze wickeln, verläuft die große Luftstraße, die Rangälteste, für die Massen der Himmelsfußgänger; Menschen überqueren den schwerelosen Pfad wie eine Brücke. Zu beiden Seiten des Wegs zieht sich der Steilhang zur Schlucht des Verfalls hin; ein schwarzer Erdstrich markiert die Richtung.
Einer mit hocherhobenem Kopf durchs Meer gleitenden Schlange gleich, kommt ein Gebäude, Brust voran, durch die Luft geschwommen, wie ein umgekehrtes L. Eine fliegende Gebäudeschlange. Nach unten zu verbreitert sie sich, wie ein Eisberg im Nordmeer.
Die gerade, gläserne Klippe einer senkrechten Hüttenstraße, mit einem Eck in die Luft hinausragend, in den Kleidern des Windes der Schwan jener Zeit.
Auf den schmalen Treppen der Häuser hocken Menschen — die Götter der besinnlichen Gedanken.
— Das zweite Meer ist heute wolkenlos.
— Ja! Laßt uns die Hand erheben und auf den großen Lehrer der Gleichheit, auf das zweite Meer über uns zeigen. Es hat den Brand der Staaten gelöscht, sobald wir ihm einen Pumpen-

schwengel und eine Feuerspritze in die Hand gedrückt hatten. Es war seinerzeit nicht leicht gewesen, das zu erreichen.
Das große Verdienst des zweiten Meeres! Zum Zeichen der Dankbarkeit hat man auf ewig, wie eine Postkarte an einen guten Freund, das Gesicht eines Mannes in die Wolken gedrückt.
— Vorbei der Kampf zwischen den Inseln und dem an Meer armen Festland. Wir sind dem Meer ebenbürtig, das wir über unserem Kopf entdeckt haben. Doch unser Blick war nicht scharf genug. Der Sand der Dummheit hatte uns wie Grabhügel zugeweht.
Eben rauche ich einen hinreißenden Gedanken mit bezauberndem Aroma. Seine teerige Wonne hat meinen Geist in ein weißes Leintuch gehüllt.
Gerade wir dürfen nicht die moralische Pflicht vergessen, die der Mensch vor den Bürgern, den Besiedlern seines Körpers hat. Er ist ein komplizierter Stern aus Knochen.
Das menschliche Bewußtsein, die Regierung dieser Bürger, darf nicht außer acht lassen, daß das menschliche Glück ein Sack ist, gefüllt mit den Sandkörnern aus dem Glück seiner Untertanen. Laßt uns eingedenk sein, daß jedes Menschenhaar — ein Wolkenkratzer mit Fenstern ist, an denen Tausende Sašas und Mašas stehen und in die Sonne blicken. Laßt uns die Welt auf Pfählen in die Vergangenheit versenken.
Da liegt der Grund, warum es zuweilen glücklicher macht, einfach das Hemd auszuziehen oder im Frühling in einem Bach zu baden, als der größte Mann der ganzen Welt zu sein. Die Kleider ausziehen — sich im Sand des Meeres aalen und die flüchtige Sonne zurückholen — das bedeutet, der künstlichen Nacht des Körperstaats den Tag schenken; die Saiten des Staats, dieses großen Kastens mit klingenden Drähten, auf Sonnenharmonie umstimmen.
Seid keine Arakčejevs für die Bürger eures Körpers. Fürchtet euch nicht, nackt am Meer in der Sonne zu liegen. Laßt uns unsere Städte und uns selber entkleiden. Gebt ihnen gläserne Panzer gegen die Pfeile des Frosts.
Andererseits:
— Rauchen Sie während der Mahlzeiten?
— Nach dem Essen wollen wir uns eine anstecken.
— Süßes Aroma? Marke Gzi-Gzi?
— Ja, sie stammen von weither, vom Kontinent A.

Vortrefflicher, genüßlicher Rauch, zauberhaft die lichtblauen Tupfen am Himmel, der sanfte Stern im einsamen Streit mit dem dunkelblauen Tag.

Herrlich die Körper, die aus dem Kerker der Kleidung befreit sind. In ihnen ringt lichtblaue Himmelsröte mit milchigweißer.

Übrigens wurde die Gleichung des Menschlichen Glücks erst gefunden und gelöst, als man entdeckte, daß es sich in sanften Dunstschleiern um den Stamm der Erde windet. Dem Knistern eines Korbstuhls lauschen oder Augen und Seele eines Freundes in einer mit erhobenen Scheren seitlich flüchtenden Krabbe wiederfinden, die stets in Gefechtsstellung ist — schenkt oft größeres Glück als alles, was Ruhm und einen klingenden Namen, etwa den eines Obersten, verleiht.

Das menschliche Glück — ein Widerhall, er umschlingt und umweht den Grundton der Welt.

Ein müder Mond an den die Sonne umkreisenden Erden, am Kuhauge eines sanften Kätzchens, das sich am Ohr kratzt, am Huflattich im Frühling, am Tanz der Wellen im Meer.

Das sind die Grundtöne des Glücks, seine weisen Väter, der schwingende Eisenstab, dem die Familie der Klänge folgt. Kurz gesagt, seine Drehachse.

Da liegt der Grund, warum die fern von der Natur lebenden Stadtkinder stets unglücklich sind, während die Landkinder mit der Natur vertraut und unzertrennlich mit ihr verbunden sind, wie mit ihrem Schatten.

Der Mensch hat der weisen Gemeinschaft der Tiere und Pflanzen die Erdoberfläche entzogen und ist einsam geworden: niemand ist mehr da, mit dem er Blindekuh und Murmeln spielen könnte; Dunkel herrscht im leeren Zimmer des Nichtseins, die Spiele und Kameraden sind verschwunden. Mit wem soll er sich vergnügen? Rings um ihn ein leeres Nichts. Aus den Rümpfen der Tiere vertrieben, stürzten sich die Seelen auf ihn und bevölkerten seine Wüste mit ihrem Gesetz.

Tierische Städte erbauten sie in den Herzen.

Der Mensch schien in seinem eigenen Kohlengas zu ersticken. Sein Glück war eine Rechenmaschine, der zu einer Summe viele Zahlen, die Zweien und Dreien, fehlten; und ohne diese Zahlen konnte das herrliche Beispiel nicht aufgestellt werden. Die flüchtenden Tiere hatte sie als Zahlen ihrer Art mit ins Grab genommen.

Ganze Teile der Glücksrechnung verschwanden wie die Seiten eines Manuskripts. Finsternis drohte hereinzubrechen.
Doch da geschah ein Wunder: kühne Geister kamen und erweckten im grauen, heiligen Lehm, der die Erde in mehreren Schichten umgab, ihre schlummernde Seele aus Fleisch und Blut. Die Erde wurde genießbar, jeder Hügel wurde zu einem Mittagstisch. Pflanzen und Tiere erhielten ihr Recht zum Leben wieder, dieses herrliche Geschenk.
Und wir konnten wieder glücklich sein: auf meinen Knien schläft ein Löwe, und eben rauche ich mein luftiges Mittagsmahl.


Rauhe Schönheit der Berge. Ich habe den rauhen Luftkuß gesehen, den ein Abgrund dem anderen schickt; ich habe Berge gesehen, die sich für diesen Kuß an einem Abgrund, einem anderen gegenüber, recken, ich habe die Lippen der Abgründe gesehen, die zum Kusse vereint waren; sie glauben mir nicht, sie werden gleich lachen. Das ist natürlich: sie sind in der Stadt geboren, ich bin als Infanterist über den steinernen Kuß zweier Abgründe gegangen, habe gesehen, ihre ineinander verschmolzenen Lippen warfen Dunkelheit auf das Flüßchen tief unten. Die Füße steinerner Gottheiten, in den Felsen geschmiedet, — mit dem zornigen Auge eines geduckten Blickes, die Hände gerungen, schauen sie hinab, rauh festgeschmiedet in den Ringen der Tage und Nächte.
Ich habe den Leichnam des Windes gesehen, als man ihn über die Berge schleifte, und durch seine Fersen war ein Ring gezogen. Ich habe die wilde Schönheit der Hirtenschalmei gehört: als es regnete und die Hirten ihre Ziegen einfingen. Ich habe die Sprünge der Wasserfälle gesehen, Sprünge über die Runzeln des versteinernden Lieds. Als Punkte krochen die Ziegen über die Wände der Kluften, und zu mir ins Tal drangen die Räuberpfiffe des Windes und des Menschen. Ich habe die Leiber steinerner Geschlechter von so nahe gesehen, daß zwischen ihnen kaum eine Taube hindurchfliegen konnte; dazwischen, zwischen den Füßen des Abgrunds, floß ein grauer Bach, das niedergeschlagene Plätschern eines Taubenschwarms am Fuße aufrechter, lotrechter Massen. Ich habe Felsen gesehen, die bedeckt waren mit Honigwaben mohammedanischen Öls; sie krönt der ruhende Adler, das Horn

der Ziege, eingepfercht in den Zaun der Saklja. Der kühne Blick der Frauen durch den Spalt des schwarzen Gewebes — ich war in Daghestan.


— Ja, was denn? Was ist denn das? — rief Bessy aus und klatschte in die Hände. — Mein Gott, wie dumm! Mein Gott, wie dumm!
In der Tat, die Nordhänge des westlichen Montblancmassivs, die als schwarzer Gesteinsstrom den breiten Flächenrücken herabgeflossen kamen, während sie nach oben zu als senkrechte Wand emporstiegen, waren in der spröden Schönheit ihrer hundertjährigen Fichten zu den unzweifelhaften Umrissen eines menschlichen Kopfs verunstaltet worden. Fliegen gleich, summten Flieger am hohen Himmel dahin, und ihre strengen Schatten sammelten sich als dunkle Punkte auf der umwölkten Stirn des Propheten und in den schwarzen, unter weit überhängenden Brauen verborgenen Augen, die Schalen, gefüllt mit schwarzem Wasser, glichen. Es war der Kopf Hiawathas, vom Messer eines Künstler-Giganten herausgeschnitzt, in die Nordhänge des Montblanc gehauen.
Zum Zeichen der Einheit des Menschengeschlechts war dieser Stein von der Neuen Welt auf einen Felsen des Alten Kontinents gesetzt worden, während die Alte Welt als Gegengabe einen Andengipfel mit Zarathustras Kopf geschmückt hatte.
Der Kopf des göttlichen Lehrers war so in den Stein gehauen worden, daß die in schneeweißen Fäden herabfließenden Gletscher als der weiße Bart und das Haar dieses Lehrers aus einer fernen Zeit erschienen.
— Mit einer Malerei aus Stein hat man das Segel der Gemeinsamkeit zwischen den beiden Kontinenten gehißt, — bemerkte Sam.
— Segel aus der Masse der menschlichen Herzen.
— Sind sie nicht schön, diese harten Steinkohlenschichten, aus denen man die Augen des Propheten herausgehauen hat. Man sagt, daß nachts die Hirten am brennenden Erz ihre blauen Lagerfeuer entzünden und daß dann seine Augen zornig aufblitzen. Außerdem hat man in verschiedener Höhe hundertjährige Fichten über sein Gesicht verstreut.

— Gott, wie dumm! Wozu denn die Natur verschandeln? — verwunderte sich Bessy.
— Wenn die Berge das dumpfe Rollen des Donners zurückwerfen, weshalb dann nicht nach dem steinernen Widerhall eines Gesichts streben?
— Freunde, wißt ihr was, laßt uns die Nacht auf der Böschung von Hiawathas strengem Auge verbringen. Es führt ein kaum sichtbarer Weg hinauf. — Einverstanden. Hurra, vorwärts, im Laufschritt mir nach! — Es war die Stimme Bessys. Aber schon nach drei Schritten setzte sich das junge Mädchen an den Wegrand und rief aus: — Das sind teuflisch harte Steine. Ich verstehe nicht, wie man auf so was gehen kann? Soll ich etwa eine Ziege werden? Was soll ich tun?
— Nein, nein, dort oben könnten wir die Nacht wie Götter der Finsternis verbringen! In Gedanken könnten wir Kränze aus den steinernen Dornbüschen der Berge in graue und schwarze Locken drücken.
— Ein gutes Nachtmahl im Tal wäre vermutlich besser als erdachte Götter mit erdachten Locken.
— Unten gibts Sahne!
— Einen ganzen Krug voll!
— Und Tee, herrlichen, goldenen Tee, und alten Likör! Was tun?
— Und dennoch, dennoch voran!
— Bei Sonnenaufgang werden wir die Berge vom Ruf unserer Vorfahren widerhallen lassen und der Heiligen ein Stieropfer darbringen. — Tu einen Zug, Sonne!
— Junge Götter, ist dieses Schicksal nicht zu hart — Zähneklappern und Gänsehaut? — Wo es im Tal richtige Sahne gibt?
— Klebt ihnen den Mund zu!


Razin
*Zwei Troizen*

Auf der stolzen Barke der Minus-Eins über die Seele Razins, über die weiten Wellen schwimmen, wie über einen breiten Fluß, zwischen Weiden und Ulmen den Kahn quer gegen die Welle, gegen die Strömung lenken, gegen die Volga, die er zu seinem Schicksal bestimmt hatte, wie der Adler mit seinem harten Schna-

bel die auf einem Richtplatz Verschiedene, aber dem Leben eine
andere Richtung geben, entgegengesetzt zu den Sternen über
ihm, die Zeit in umgekehrter Richtung zu ihm von der Kalmük-
kensteppe an bis nach Žiguli durchschneiden, den rauschenden
Strom seines Ich überqueren. Und wie ein Geizhals das durchsichtige Geld seiner Wellen, den Wellenglanz zählen, wenn der
gespenstische Kahn der Minus-Eins sanft über den Fluß Razins
schwimmt, quer zur natürlichen Strömung des Wesens der Zeit,
seines Ichs, zwischen den schwarzen Wellen von Žiguli, von den
Niederungen des bescheidenen Kopfs, gedankenversunken auf
der Streitaxt liegend, unter Beschuß aus den Augen der plötzlich nachdenklich gewordenen Menge, hin zu den Lebensquellen
des jungen Mannes vom Don in Solovki, der ganz Rußland ent-
zweigeschnitten hatte, um nördliche Reden zu hören, die Augen
des nördlichen Gottes zu erblicken, des Gottes des Nordens, oder
am Dnepr, über einem tiefen Abgrund stehend, mit dem Auge aus
heidnischer Verwegenheit fröhlich die Nixen aus der lichtblauen
Welle herbeizurufen, mit so vielen Namen in die Wasserlocken
gedruckt, wie sie die alten Chroniken schmückten.
Nicht umsonst lachen die Hügel: «Gesindel aufs Verdeck!» und
ziehen Achsen, Wurzeln des vergänglichen «Nicht» aus den Einsern der Nixen zu den Einsern des «Ja».
Nicht umsonst kleidet die Volga sich Nacht für Nacht ins Räuber-
tuch des ungestümen Razinschen Gesangs und sieht, eine himmelblaue Schönheit, zu, wie die Himmelsröte mit dem buchararoten
Zündholz des Morgens die Dämmerung des Waldes entflammt.
Vom Ende des Lebens zur Jugend schwimmen.
Jetzt springt und hüpft von der Streitaxt, wie die Zunge einer
Kuh, der Kopf ab, stellt sich auf die Schultern und überzieht sich
mit dem Trugbild gewaltiger Heldenlocken: «He, bleibt da!» –
schreit er, die Faust an den Heldenmund gesetzt.
Sein Segel, sein Boot, mit einem Matrosenjungen besetzen –
manchmal im Helm, dann wieder in einem weitoffenen Kumat-
schenhemd, die Brust der großen Absichten – ein aufgeschla-
genes Bett, und von dort in die Tiefe blicken – in die finstere
Welt des Abgrunds, die Schatten betrachten, die ein flüchtender,
erschreckter Krebs wirft. – He! Doppelgänger Razin, setz dich
ins Boot meines Ich, – Boot für einen Toten sein, multipliziert
mit Minus-Eins, – aus dem Knieholz meiner Tage, setz dich,
auf die Bank meines Lebens.

Negativer himmelblauer Doppelgänger Razin, die Asche der Beschwörung streue ich auf dich.

Sei das schwarze Getreide für die Dürre meines funkelnden Willens, wie der Zaum, vom Blechschild einer Kennummer verdeckt, am Kopf eines ungezähmten Pferdes, sei meinem Willen untertan.

Vom roten Richtblock, wie ein gefangener Vogel der Volga, mit dem zerwühlten, ungestümen Haar des weißglühenden Eisens der Todesfolter und des großen Todesmeers, in das die Volga dieses Lebens fliegt, zu den ersten Seligkeiten des kindlichen Ich schwimmen, eines jungen, wilden, südrussischen Helden, begierig auf den Himmel, der die Pfeiler der Wahrheit im Schlag der Wellen an die Steine des Eismeers suchte, unter dem mächtigen Schrei der Abertausenden von Vogelreichen, die schlanke Tempel aus dem Stein des Flügelschlags, dem Stein der Stimmen errichteten.

Niemand hätte in dem jungen Recken, der am Ufer des nächtlichen Meers den Stimmen der dahinziehenden Kraniche, der Ruhmeslawine ihrer Stimmen lauschte, der im Buch der Flüge, in den nächtlichen Seiten der nächtlichen Wolken las, den zukünftigen rauhen und stolzen Aufrührer erkannt, der die Zaren der Nachbarländer spöttisch mit «lieber Bruder» anredete.

Die klugen Augen des Knaben mit dem ersten Flaum auf den Lippen wurden wie weitgeöffnete Waldseen zu den Vogelstimmen emporgetragen, die vielleicht riefen: «Bruder, Bruder, da bist du!»

Dort suchte er nach jenen Achsen zum Bau der menschlichen Welt, nach den Hauptpfeilern seines Glaubens, die er dann später als mächtige Pfähle ins Land der Väter, in die Lebensweise seines Volks rammte.

Er war nicht der Ober-Wutling mehrerer Jahrhunderte, der Erbe des Landes der Väter. Er war ein Eremiten-Knabe, ein Einsiedler-Knabe, mit sanften, nachdenklichen Augen, der von seinem Meer zum Meer Lomonosovs gelangt war. Ein Eisbrecher am Himmel, die grauen Eisschollen der Vögel, eine Himmelsflut aus den schwarzen Spitzen eines Vogelzugs. Die schlanken, schrägen Ziegel der Staaten, schmachtende Trompetenrufe in der Luft. Die reißende Flut der dahinrasenden schwarzen Milchstraßen. Eine gespenstische, fliegende Luftreiterei, ein Muster aus Punkten, und das Kriegsgeschrei einer himmlischen Infanterie, die zur Erstürmung des Frühlings flog, tönende Regimenter, eingesetzt zur Eroberung des Frühlings, mit den Trompetenstimmen von Kranichen, die die Welt mit klingendem Ruf durchschnitten, im Krieg der Lieder zum Sturm des Winterschlosses eingesetzt, der Frühlingshimmel des Nordens spiegelte sich auf ewig in den großen, einsamen Augen Razins, den Augen des Einsiedler-Jünglings, des Reisenden an den Ufern des Eismeers.

Zwei Troizen waren es gewesen: die grüne Waldes-Troiza des Jahres 1905, auf den schneebedeckten Gipfeln des Ural, wo kluge und sanfte Augen in einer Fassung aus Schneebrokat auf die Welt blickten, dunkle Wolkenaugen, von wo eine mit Schrekken erfüllte Luft angebraust kam und wo in den Strahlen silbergrauer Wimpern mit silbernem Blick die Augen der Götter herabglänzten.

Und der Troiza-Tag des Jahres 1921 in Halhala (Nordpersien), der Heimat einer der ersten kühnen Taten Razins. Hinter Perm, am äußersten nördlichen Zipfel der Volgaarme, an der Scheide zwischen der Volga und den nach Norden fließenden Strömen Sibiriens, verging die erste Troiza, am steinernen Spiegel der Berge, wo nach der anderen Seite hin die Flüsse von den Bergen herab zum Meer liefen, dem Liebling der aus dem Norden kommenden Volga, dort verging die zweite Troiza des Umbruchsjahres 1921.

«Wir wissen schon, sie gehen ihren Gott anbeten», – entschieden die nördlichen Bewohner der Tajga von Perm, wenn wir in schwarzen Bauernstiefeln und Bauernschuhen, geflochtene Körbe an einem Riemen über die Schulter gehängt, vor dem Troizatag für einen Monat zur Jagd in die schneebedeckten Höhen aufbrachen, auf der Suche nach Waldesglück, von den Zobeln und Mardern des Konžakov-Steins träumend, und eine unbekannte Schneekette uns zuwinkte und rief.

Das Flüßchen Serebrjanka flog in seinem Bett dahin, die glitschigen, schwarzen Steine in sein schneeiges Haar hüllend, umarmte es sie mit seinem Schaum, als wären es seine teuersten, liebsten Wesen und überschüttete sie reichlich mit Bergküssen, und wenn man das Ohr zu ihm hinneigte, konnte man die Huhu-Rufe der Mädchen, ein lebhaftes menschliches Lachen und die alten Lieder der russischen Dörfer vernehmen.

Wer hatte vom anderen Saiten und menschliche Stimmen genommen: der Fluß oder das Dorf? Im plötzlichen Abgrund die Fäden einer flinken Flußwelle.

Wie ein Schnellbote mit dem im Rocksaum eingenähten Brief dahineilt und hastet — bewahrte der Fluß in seinen himmelblauen Wellen einen vom Norden an die Volga gerichteten Brief. Jemand lachte in der Tiefe des Wassers und rief ihm ein erregtes, kühnes — «Huhu!» des Waldes zu, dem herabgebeugten Gesicht, dem Fremdling von dort, aus der Welt der Menschen; wo der Fluß sein steinernes Schluchtbett verließ, im halbvertrockneten Lauf aus feuchtem Sumpfboden, konnte man frei hingeworfene breite Krallen sehen, die ein Bär hinterlassen hatte, vom Fluß in Luxusausführung mit weiten Feldern, herrlichen Tannenstreifen, mit einem Einband aus Sandufern und fernen, schneebedeckten Gebirgen, mit schwarzen Tannen an der Spitze herausgegeben.

Das waren die beflügelten Lieder eines alten Volks, kleine Liedchen, vom Hauch des Lebens erfüllt, aus denen man erkennen konnte, wie alt ihr Schöpfer war, wohin er ging, welche Stimmung er hatte, ob er verärgert oder nachdenklich war, ob ihm das All als finsterer Fluch oder als Segnung erschienen war, angefüllt mit den Erbsenkörnern silberner Wörter, als Säbel über dem Kopf eines Betrunkenen oder als besinnlicher Händedruck der Nacht?

Auf den Büchern des schwarzen Moorbodens standen die Verlage des Walds. Nicht nur die Bären, auch die Jäger können diese Častuški in den Ausgaben der sumpfigen Moorböden lesen, aus der Frühzeit der Welt.

Welche Laura wird die Lieder des Wald-Petrarca lesen?

Und wir ziehen flußaufwärts, immer höher und höher, zur rauhen Zimmerdecke des Gebirges.

# Gamma des Budetljanin
An die Maler der Welt

[An die Maler der Welt]

Lange haben wir nach einer solchen, der Linse ähnlichen Aufgabe gesucht, damit sich die von ihr auf einen gemeinsamen Punkt gelenkten Strahlen der Arbeit der Maler und der Arbeit der Denker in gemeinsamer Arbeit trafen und sogar die kalte Dinglichkeit des Eisens anstecken und in einen Scheiterhaufen verwandeln konnten. Jetzt ist eine solche Aufgabe, – die Linse, die euren stürmischen Mut und den kalten Verstand der Denker zusammenlenkt, gefunden. Dies Ziel ist – eine allgemeine Schriftsprache zu schaffen, allgemein für alle Völker des dritten Sonnentrabanten, Schriftzeichen zu errichten, die für den ganzen menschenbevölkerten Stern verständlich und akzeptabel sind, der verloren ist in der Welt. Ihr seht, daß er unserer Zeit würdig ist. Die Malerei hat immer in einer allen zugänglichen Sprache gesprochen. Und die Völker der Chinesen und Japaner sprechen Hunderte verschiedener Sprachen, aber sie schreiben und lesen in einer einzigen Schriftsprache. Die Sprachen haben ihre ruhmreiche Vergangenheit verraten. Früher einmal, als die Wörter Feindschaft zerstörten und die Zukunft durchsichtig und ruhig machten, vereinten die Sprachen, stufenweise vorwärtsschreitend, die Menschen 1) der Höhle, 2) des Dorfes, 3) des Stammes, des Sippenverbandes, 4) des Staates – zu einer Welt des Verständnisses, einem Verband von Menschen, die Verstandeswerte mit ein und denselben Tauschlauten austauschten. Der Wilde verstand den Wilden und legte die blinde Waffe beiseite. Jetzt, da sie ihre Vergangenheit verraten haben, dienen sie der Sache der Feindschaft und haben, als selbständige Tauschlaute zum Tausch von Verstandeswaren, die vielsprachige Menschheit in Lager eines Zollkriegs, in eine Reihe von Sprachmärkten aufgeteilt, hinter deren Grenzen die gegebene Sprache keinen Zugang hat. Jede Ordnung des Lautgeldes beansprucht die Oberhoheit für sich, und auf diese Weise dienen die Sprache als solche der Desintegration der Menschheit und führen durchsichtige Kriege. Möge eine Schriftsprache Trabant der ferneren Schicksale des Menschen sein und auftauchen als ein neuer vereinender Wirbelsturm, als neuer Sammler des Menschengeschlechts. Die stummen geometrischen Zeichen werden die Vielzahl der Sprachen miteinander aussöhnen.
Zum Anteil der Künstler des Gedankens fällt der Aufbau eines

Alphabets der Begriffe, einer Struktur von Grundeinheiten des Denkens, — aus ihnen baut sich das Wortgebäude auf.
Aufgabe des Künstlers der Farbe ist, als Grundeinheiten des Verstandes geometrische Zeichen zu geben.
Wir haben einen Teil der Arbeit getan, der den Denkern als Anteil zufällt, wir stehen auf der ersten Fläche der Leiter der Denker und treffen hier auf die schon höher gekletterten Künstler Chinas und Japans — seien sie gegrüßt! Hier, was von dieser Leiter der Denker sichtbar ist: Aussichten auf das allgemeinmenschliche Alphabet, das sich von der Leiter der Denker aus entdeckt.
Einstweilen stelle ich, ohne den Beweis anzutreten, fest, daß:
1) **W** in allen Sprachen die Drehung eines Punktes um einen anderen bedeutet, entweder im vollen Kreis oder nur in seinen Teilen, im Bogen, hoch und zurück.
2) Daß **H** eine geschlossene Kurve bedeutet, die als Schranke die Lage eines Punktes von der Bewegung eines sich auf ihn zubewegenden Punktes trennt (eine Schutzlinie).
3) Daß **Se** die Reflexion eines sich bewegenden Punktes von der Linie des Spiegels weg bedeutet, unter einem Winkel, der dem Einfallwinkel gleich ist. Der Schlag eines Strahls gegen eine harte Fläche.
4) Daß **M** den Zerfall einer bestimmten Größe in endlos kleine Teile bedeutet, die, im Ganzen, der ersten Größe gleich sind.
5) Daß **Tsch** das Zusammenfließen einiger Oberflächen zu einer Oberfläche bedeutet und das Zusammenfließen der Grenzen zwischen ihnen. Das Bestreben der eindimensionalen Welt der gegebenen Dimensionen, die größte Fläche der zweidimensionalen Welt zu bezeichnen.
6) Daß **P** das Anwachsen der Leere auf einer Geraden zwischen zwei Punkten zeichnet, die geradlinige Bewegung eines Punktes weg von dem anderen und, als Endergebnis, für die punktförmige Menge, das stürmische Anwachsen des Volumens, das von einer bestimmten Zahl von Punkten eingenommen wird.
7) Daß **Sch** die Leere eines Körpers bezeichnet, die vom Volumen eines anderen Körpers ausgefüllt wird, so daß das negative Volumen des ersten Körpers dem positiven Volumen des zweiten nahezu gleich ist. Das ist die zweidimensionale Welt des Hohlen, die einem dreidimensionalen Körper als Hülle dient — an der Grenze.

8) Daß **L** die Ausbreitung der niedrigsten Wellen auf einer breitestmöglichen Fläche bedeutet, die quer liegt zu dem sich auf sie zubewegenden Punkt, das Verschwinden der Dimension der Höhe bei Anwachsen der Breitendimensionen, bei gegebenem Volumen eine endlos kleine Höhe bei zwei endlos großen anderen Achsen — Werden eines dreidimensionalen Körpers zu einem zweidimensionalen.

9) Daß **K** das Fehlen von Bewegung bedeutet, Ruhe des Netzes der **p**-Punkte, Aufrechterhaltung der gegenseitigen Lage durch sie; Ende von Bewegung.

10) Daß **Es** einen unbeweglichen Punkt bedeutet, der als Ausgangspunkt einer Bewegung vieler anderer Punkte dient, die in ihm ihren Weg beginnen.

11) Daß **T** die Richtung bezeichnet, wo ein unbeweglicher Punkt das Fehlen von Bewegung zwischen einer Menge von Bewegungen in ebenjener Richtung geschaffen hat, der negative Weg und seine Richtung hinter dem unbeweglichen Punkt.

12) **D** bedeutet den Übergang eines Punkts aus einer punktförmigen Welt in eine andere punktförmige Welt, die durch die Angliederung dieses Punktes umgestaltet wird.

13) Daß **G** die größten Schwankungen bedeutet, deren Höhe der Bewegung entgegengesetzt ist, längs dem Strahl der Bewegung. Bewegungen der Grenzhöhe.

14) Daß **N** das Fehlen von Punkten bedeutet, ein leeres Feld.

15) Daß **B** das Zusammentreffen zweier Punkte bedeutet, die sich auf einer Geraden von verschiedenen Seiten bewegen. Ihren Kampf, die Umkehr des einen Punkts durch den Schlag des anderen.

16) Daß **Z** den Durchgang eines Körpers durch eine leere Stelle eines anderen bedeutet.

17) Daß **Schsch** das Zerschlagen einer früher ganzen Fläche in verschiedene Teile bedeutet, bei unbeweglichem Volumen.

18) Daß **R** die Zerteilung eines Körpers «durch eine flache Höhle» als Folge der Bewegung eines anderen Körpers durch ihn hindurch bedeutet.

19) Daß **Sch** die Bewegung aus einem geschlossenen Volumen bedeutet, die Abtrennung freier punktförmigen Welten bedeutet. Also — von unserer Stufe der Leiter der Denker ist klargeworden, daß die einfachen Körper der Sprache — die Laute des Alphabets — das Wesen des Namens verschiedener Aspekte des

Raumes sind, ein Register der Fälle seines Lebens. Das Alphabet, vielen Völkern gemeinsam, ist ein kurzes Wörterbuch der räumlichen Welt, die eurer Kunst, Maler, und eurem Pinsel so nahe ist.

Das einzelne Wort gleicht einem kleinen Arbeitsbündnis, wo der erste Laut des Wortes einem Vorsitzenden des Bündnisses gleicht, der die ganze Menge der Laute des Wortes verwaltet. Wenn man alle Wörter, die mit ein und demselben konsonantischen Laut beginnen, sammelt, so wird sich erweisen, daß diese Wörter, ähnlich wie Himmelssterne, oft aus einem Punkt des Himmels fallen, all diese Wörter aus ein und demselben Punkt des Denkens vom Raum fliegen. Dieser Punkt ist dann auch als Bedeutung des Lauts im Alphabet angenommen worden, als des einfachsten Namens.

So tragen 20 Namen von Bauwerken, die mit **H** beginnen, den Punkt des Menschen schützend vor dem feindlichen Punkt des Unwetters, der Kälte oder der Feinde, ausreichend haltbar auf ihren Schultern die Schwere der zweiten Verstärkung usw.

Aufgabe der Arbeit der Künstler wäre, jedem Aspekt des Raumes ein besonderes Zeichen zu geben. Es muß einfach sein und anderen nicht ähneln. Möglich wäre, zum Mittel der Farbe Zuflucht zu nehmen und **M** mit Dunkelblau zu bezeichnen, **W** — mit Grün, **B** — mit Rot, **Es** — mit Grau, **L** — mit Weiß usw. Aber möglich wäre auch für dieses Weltwörterbuch, das kürzeste aller bestehenden, die geometrischen Zeichen zu bewahren. Natürlich fügt das Leben seine Korrekturen an, aber im Leben ist es immer so gewesen, daß zu Beginn das Zeichen des Begriffs eine einfache Linie dieses Begriffes war. Und schon wuchs aus diesem Korn der Baum eines besonderen Buchstabenlebens.

Mir erscheint **We** in Form eines Kreises und eines Punktes in ihm.

**H** in Form einer Verbindung zweier Linien und eines Punkts.

**Se** in Art des einfallenden **K:** Spiegel und Strahl.

**L** als kreisförmige Fläche und Linie der Achse.

**Sch** in Form einer Schale.

**Es** ein Bündel von Geraden.

Aber das, Maler, ist eure Aufgabe, diese Zeichen zu verändern oder zu vervollkommnen. Wenn ihr sie einsetzt, so bindet ihr den Knoten der gemein-sternlichen Arbeit.

Der vorgeschlagene Versuch, die Zaum-Sprache aus dem wilden

Zustand in einen zahmen überzuführen, sie zu zwingen, Nutzlasten zu tragen, verdient Aufmerksamkeit.

Vritti bedeutet auch im Sanskrit Drehung, und Hütte [Hata] heißt auch im Ägyptischen Chata.

Die Aufgabe einer einen wissenschaftlich gebauten Weltsprache tritt immer klarer und klarer vor Augen der Menschheit.

Eure Aufgabe, Maler, wäre es, passende Tauschzeichen zwischen den Werten des Lautes und den Werten des Auges zu schaffen, ein Netz von Linienzeichen zu schaffen, die Vertrauen einflößen.

Im Alphabet ist bereits ein Welt-Netz von Laut-«Bildern» gegeben für verschiedene Arten des Raums; jetzt sollte ein zweites Netz geschaffen werden — aus Schriftzeichen — stummes Geld auf den Märkten des Gesprächs.

Ihr werdet natürlich Angst haben vor fremder Eingebung und eurem eigenen Weg folgen.

Ich schlage die ersten Versuche einer Zaum-Sprache als einer Sprache der Zukunft vor, mit folgendem Vorbehalt, daß die vokalischen Laute hier zufällig sind und dem Wohllaut dienen. Statt zu sagen:

«Nachdem sie sich vereinigt hatten, nachdem sie sich um Attila versammelt hatten, voller Kriegsbegeisterung, bewegten sich die Horden der Hunnen und Goten gemeinsam weiter, aber begegnet und geschlagen von Aetia, dem Beschützer Roms, verstreuten sie sich in eine Menge von Banden und blieben stehen und beruhigten sich auf ihrem Lande, zerstreut über die Steppen, deren Leere ausfüllend» — sollte man da nicht sagen:

«Scha + So (der Hunnen und Goten), We Attilas, Tsch Po, So, do, no bo + so Aetias, Ho Roms, So Mo We + Ka So, Lo Scha der Steppen + Tsch.» So klingt mit Hilfe der Saiten des Alphabets die erste Erzählung. Oder:

«WE SO des Menschengeschlechts BE GO der Sprachen, PE der Geister WE SO SCHA der Sprachen, BO MO der Wörter MO KA des Verstands SCH der Laute PO SO DO LU der Erde MO SO der Sprachen, WE der Erde.»

Das heißt:

«Über die Vereinigung des Menschengeschlechts nachdenkend, dabei aber auf die Gebirge der Sprachen stoßend, geht das stürmische Feuer unserer Geister, das sich um die vereinte Zaum-Sprache dreht, die durch die Zersplitterung der Wörter zu

Gedankeneinheiten in einer Hülle von Lauten erreicht wird, stürmisch und einig zu auf die Anerkennung der einen Zaum-Sprache auf der ganzen Erde.»
Natürlich sind diese Versuche erst der erste Schrei eines Säuglings, und die eigentliche Arbeit steht noch bevor, aber das allgemeine Bild einer voranschreitenden Weltsprache ist gegeben. Das wird die Sprache des «Zaum» sein.

*13. IV. 1919*


Man sagt, Gedichte müßten verständlich sein. So ... [ein Aushängeschild auf der Straße], auf dem in klarer und einfacher Sprache geschrieben steht: «hier wird das und das verkauft ...» ... aber ein Aushängeschild [ist noch kein Gedicht. Aber es ist verständlich. Auf der anderen Seite, warum sind die Zaubersprüche und Beschwörungsformeln der magischen Sprache, die heilige Sprache des Heidentums, diese «schagadam, magadam, wygadam, pitz, patz, patzu» — warum sind dies Reihen gesetzter Silben, in denen der Verstand sich nicht klarwerden kann und die in der Volkssprache als geichsam Zaum-Sprache erscheinen. Dennoch: diesen unverständlichen Wörtern wird die größte Macht über den Menschen zugeschrieben, der Zauber der Wahrsagerei, der direkte Einfluß auf das Schicksal des Menschen. Ihnen wird die Macht zugeschrieben, in gut und böse zu lenken und das Herz der Zarten zu leiten. Die Gebete vieler Völker sind in einer Sprache geschrieben, die den Betenden unverständlich ist. Versteht denn der Inder die Veden? Die kirchenslavische Sprache ist dem Russen unverständlich. Die lateinische — dem Polen und Čechen. Aber ein lateinisch geschriebenes Gebet wirkt nicht minder stark als ein Aushängeschild. Daher will die magische Rede der Zaubersprüche und Beschwörungsformeln nicht den Alltagsverstand zu ihrem Richter haben.
Ihre seltsame Weisheit zerfällt in Wahrheiten, die in einzelnen Buchstaben enthalten sind: **sch**, **m**, **w** usw. Wir verstehen sie einstweilen noch nicht. Wir geben es zu. Aber es besteht kein Zweifel, daß diese Klang-Reihen eine Reihe von Weltwahrheiten sind, die an den Dämmerungen unserer Seele vorbeiziehen. Wenn man in der Seele die Regierung des Verstandes und das stür-

mische Volk der Gefühle unterscheidet, so sind die Zaubersprüche und die Zaum-Sprache die direkte Hinwendung zum Volk der Gefühle, über den Kopf der Regierung hinweg, der direkte Aufruf an die Dämmerungen der Seele oder der höchste Punkt der Volksmacht im Leben des Wortes und des Verstandes, das Rechtsverfahren, das in seltenen Fällen anzuwenden ist. Andererseits ist Sofja Kovalevskaja für ihre mathematische Begabung, wie sie selbst in ihren Erinnerungen betont, dem Umstand verpflichtet, daß die Wände ihres Kinderzimmers mit eigenartigen Tapeten beklebt waren — den Seiten aus den Werken ihres Onkels über höhere Algebra. Gesagt werden muß, daß die Welt der Zahlen der geheimnisvollste Bereich ist für die weibliche Hälfte der Menschheit. Die Kovalevskaja ist eine von wenigen Sterblichen, die diese Welt betreten haben. Konnte etwa ein siebenjähriges Kind die Gleichheitszeichen, die Potenzen, Klammern und all diese magischen Schriftzeichen der Ergebnisse und Resultate verstehen? Natürlich nicht, aber trotzdem haben sie sich als einflußreich auf ihr Lebensschicksal erwiesen — sie ist unter dem Einfluß der rätselhaften Tapeten ihrer Kindheit zu einer berühmten Mathematikerin geworden.

Auf diese Weise bleiben die Zauberkräfte des Wortes, sogar des unverständlichen, Zauberkräfte und verlieren nichts von ihrer Macht. Gedichte können verständlich sein, sie können unverständlich sein, aber sie müssen gut sein, sie müssen echt sein. An den Beispielen der Algebrazeichen auf den Tapeten des Kinderzimmers der Kovalevskaja, die einen so entscheidenden Einfluß auf das Schicksal des Kindes hatten, und an den Zaubersprüchen ist gezeigt worden, daß einem Wort nicht vorgeschrieben werden kann: «Sei verständlich wie ein Aushängeschild.» Die Rede des höheren Verstandes, sogar die unverständliche, fällt mit irgendwelchen Samenkörnern in die Schwarzerde des Geistes und ergibt später, auf rätselhaften Wegen, eine junge Saat. Versteht denn die Erde die Buchstaben der Körner, die der Sämann in sie wirft? Nein. Aber der herbstliche Acker wächst dennoch als Antwort auf diese Körner heran. Im übrigen will ich durchaus nicht sagen, jedes unverständliche Werk sei schön. Ich will sagen, daß man ein Werk nicht ablehnen sollte, wenn es einer gegebenen Leserschicht unverständlich ist. Es wird gesagt, Schöpfer von Liedern der Arbeit könnten nur Leute sein, die an der Maschine arbeiten. Stimmt das? Besteht nicht Natur eines Liedes gerade darin, daß man von sich abgeht, von seiner eigenen Lebensachse? Ist ein Lied nicht gerade die Flucht vor dem eigenen Ich? Das Lied ist dem Lauf verwandt, das Wort muß in kürzestmöglicher Zeit die größtmögliche Verstzahl von Bildern und Gedanken decken!

... von sich selbst wird kein Raum fürs Laufen. Die Inspiration hat noch immer die Herkunft des Sängers verraten. Die mittelalterlichen Ritter besingen die wilden Hirten, Lord Byron — die Meeresräuber, der Sohn des Zaren Buddha ... und preist die Armut. Im Gegenteil, der wegen Diebstahls verurteilte Shakespeare spricht die Sprache der Könige, so wie der Sohn des bescheidenen Kleinbürgers Goethe, und ihr Schaffen ist dem höfischen Leben gewidmet. Ohne je einen Krieg erlebt zu haben, hegen die Tundren der Gegend von Pečersk die Bylinen von Vladimir und seinen Recken, die am Dnepr längst vergessen sind. Schaffen, verstanden als größte Entfernung der Saite des Denkens von der Lebensachse des Schaffenden und als Flucht von sich selbst, zwingt zu denken, daß auch die Lieder der Maschine nicht von dem geschaffen werden, der an der Maschine steht, sondern von dem, der außerhalb der Fabrikswände steht. Im Gegenteil, dadurch, daß er von der Fabrik flieht, daß er die Saite seines Geistes soweit wie möglich von ihr entfernt, geht der Sänger, gebunden an die Maschine durch die Natur der Arbeit, entweder in die Welt wissenschaftlicher Bilder, seltsamer wissenschaftlicher Visionen, in die Zukunft des Erdballs über, wie Gastev oder wie Aleksandrovskij, in die Welt der allgemeinmenschlichen Werte, die Welt des verfeinerten Lebens des Herzens.


[Über zeitgenössische Lyrik]

Das Wort lebt ein Doppelleben.
Zum einen wächst es einfach wie eine Pflanze, es zeugt eine Druse ihm benachbarter Klangsteine, und dann lebt das Klangprinzip ein Eigenleben, während der Anteil des Verstandes, Wort genannt, im Schatten steht, oder aber das Wort verdingt sich beim Verstande, der Klang hört auf, «allgroß» und selbstherrscherlich zu sein; der Klang wird «Name» und erfüllt gehor-

sam die Befehle des Verstandes; dann blüht dieser als das ewige zweite Spiel einer Druse aus sich ähnlichen Steinen.

Mal sagt der Verstand zum Klang «ich gehorche», mal sagt es der reine Klang — zur reinen Vernunft.

Dieser Kampf von Welten, der im Wort immer vor sich gehende Kampf zweier Mächte verleiht der Sprache ein Doppelleben: zwei Kreise fliegender Sterne.

In dem einen Werk dreht sich der Verstand rund um den Klang, Kreiswege beschreibend, im anderen der Klang rund um den Verstand.

Manchmal ist die Sonne ein Klang, die Erde ein Begriff; manchmal ist die Sonne ein Begriff, die Erde ein Klang.

Entweder ein Land des strahlenden Verstandes oder ein Land des strahlenden Klangs. Und so kleidet sich der Baum der Wörter mal mit dem einen, mal mit dem anderen Getöse, mal feierlich wie die Kirsche kleidet er sich mit dem Schmuck des Worteblühens, mal bringt er die Früchte des fettleibigen Verstandesgemüses. Es ist unschwer zu bemerken, daß die Zeit des Worteklingens die Hochzeit der Sprache ist, der Mond der heiratenden Wörter, und die Zeit der vom Verstand ausgegossenen Wörter die, wenn die Bienen des Lesers schlafen, die Zeit des herbstlichen Überflusses, die Zeit von Familie und Kindern.

Im Werk von Tolstoj, Puškin und Dostojevskij trägt das Wort Entwicklung, ehemals Blüte bei Karamzin, bereits fette Sinnfrüchte. Bei Puškin verheiratete sich der sprachliche Norden mit dem sprachlichen Westen. Zu Zeiten Aleksej Michajlovičs war die polnische Sprache die Sprache des Moskauer Hofes. Das sind die Züge des Milieus. Bei Puškin klangen die Wörter auf «enije», bei Balmont auf «ost'». Und auf einmal wurde der Wille geboren zum freien Milieu — in die Tiefe des reinen Wortes zu gehen. Nieder mit dem Milieu der Stämme, Mundarten, Breiten und Längen.

An einem unsichtbaren Baum sind die Wörter erblüht, in den Himmel springend, als Knospen, folgend der Kraft des Frühlings, sich nach allen Seiten hin aussäend, und darin besteht das Schaffen und der Hopfen der jungen Strömungen.

Grigorij Petnikov webt im «Milieu der Fluchten» und im «Sonnenunterholz» hartnäckig und streng, mit starkem Willensdruck, sein «Musterbuch der Windereignisse», und die klare Willenskälte seines Schreibens und die strenge Klinge seines Verstan-

des, vom Wort gelenkt, wo «im rohen Gewesensein ein feuchter Mnestr» und der «Abglanz allunmöglicher Höhe» ist, ziehen klar eine Linie zwischen ihm und seinem Altersgenossen Asejev.
«Die Glut der Frühlingslinde nicht verwehend», wächst der stille und klare Gedanke Petnikovs «wie der allmähliche Flug des Vogels, der auf seinen bekannten Schlafbaum zufliegt», «in Mustern der nördlichen Weide» wächst er, klar und durchsichtig.
Der Flügel des europäischen Verstandes schwebt über seinem Schaffen im Unterschied zum asiatischen, persisch-hafis-schen Rausch an Wortzelten in der Reinheit ihrer Blüten bei Asejev.
Gastev ist etwas anderes.
Das ist ein Bruchstück des Arbeitsfeuers, in seinem reinen Wesen genommen, das ist nicht du und nicht er, sondern das harte «ich» des Feuers der Arbeiterfreiheit, das ist die Fabriksirene, die ihre Hand aus der Flamme streckt, um dem müden Puškin den Kranz vom Haupt zu nehmen — stählernes Laub, geschmolzen in der Feuerhand.
Sprache, geborgt aus staubigen Buchaufbewahrungsstellen, bei verlogenen Laken des Alltags, eine fremde und nicht seine Sprache im Dienst des Verstandes der Freiheit. «Auch ich habe einen Verstand» — ruft sie aus: «ich bin nicht nur Körper», «gebt mir ein klar artikuliertes Wort, nehmt mir die Binde von den Lippen».
Voll Feuer im glänzenden Schmuck der Blüten des Blutes, leiht sie sich verwelkte, gestorbene Wörter, aber auch auf den staubigen Saiten konnte sie Lieder des Arbeiter-Schlages spielen, schreckliche, manchmal große, aus dem Dreieck: 1) Wissenschaft, 2) irdischer Stern, 3) Muskeln der Arbeiterhand. Er schaut tapfer in jene Zeit, wenn «am Tage der Atheisten die Götter Hellas' erwachen werden, die Riesen des Gedankens Kindergebete stammeln, Tausende der besten Dichter ins Meer gestürzt werden», dieses «wir», in dessen Marschordnung das «ich» Gastevs eingeschlossen ist, rupft tapfer «aber laßt doch».
Er geht kühn auf diese Zeit zu, wenn einmal «die Erde zu schluchzen anfangen wird», und die Arbeiterhände sich in den Gang des Weltgebäudes einflechten werden.
Er ist ein Kirchenkünstler der Arbeit, der in den alten Gebeten das Wort Gott durch das Wort Ich ersetzt. In ihm betet das ICH der Gegenwart zu sich in der Zukunft.
Sein Verstand — ein Sturmverkünder, der die Note auf den höchsten Wellen des Sturmes abreißt.

Abb. 1. Vladimir Burljuk:
Velimir Chlebnikov 1910.

Abb. 2. Vladimir Burljuk:
Elena Guro 1910.

Abb. 3. Velimir Chlebnikov: Aleksej Kručonych 1913.

Abb. 4. Nikolaj Kulbin: Velimir Chlebnikov 1913.

Abb. 5. Vladimir Burljuk:
Vasilij Kamenskij 1910.

Abb. 6. Vladimir Burljuk:
David Burljuk 1910.

Abb. 7. Vladimir Majakovskij: Velimir Chlebnikov 1913. Bildunterschrift von Kručonych: «Porträt V. Chlebnikovs (Zeichn. v. V. Majakovskij aus dem Buch ‹Altar der Drei›, ersch. 1913)».

Abb. 8. Vladimir Burljuk: Nikolaj Burljuk 1910.

Abb. 9. L. Žegin: Vladimir Majakovskij 1913.

Abb. 10. Vladimir Burljuk: David Burljuk 1911.

Abb. 11. Nikolaj Kulbin:
Aleksej Kručonych 1913.

Abb. 12. David Burljuk:
Vladimir Majakovskij 1913.

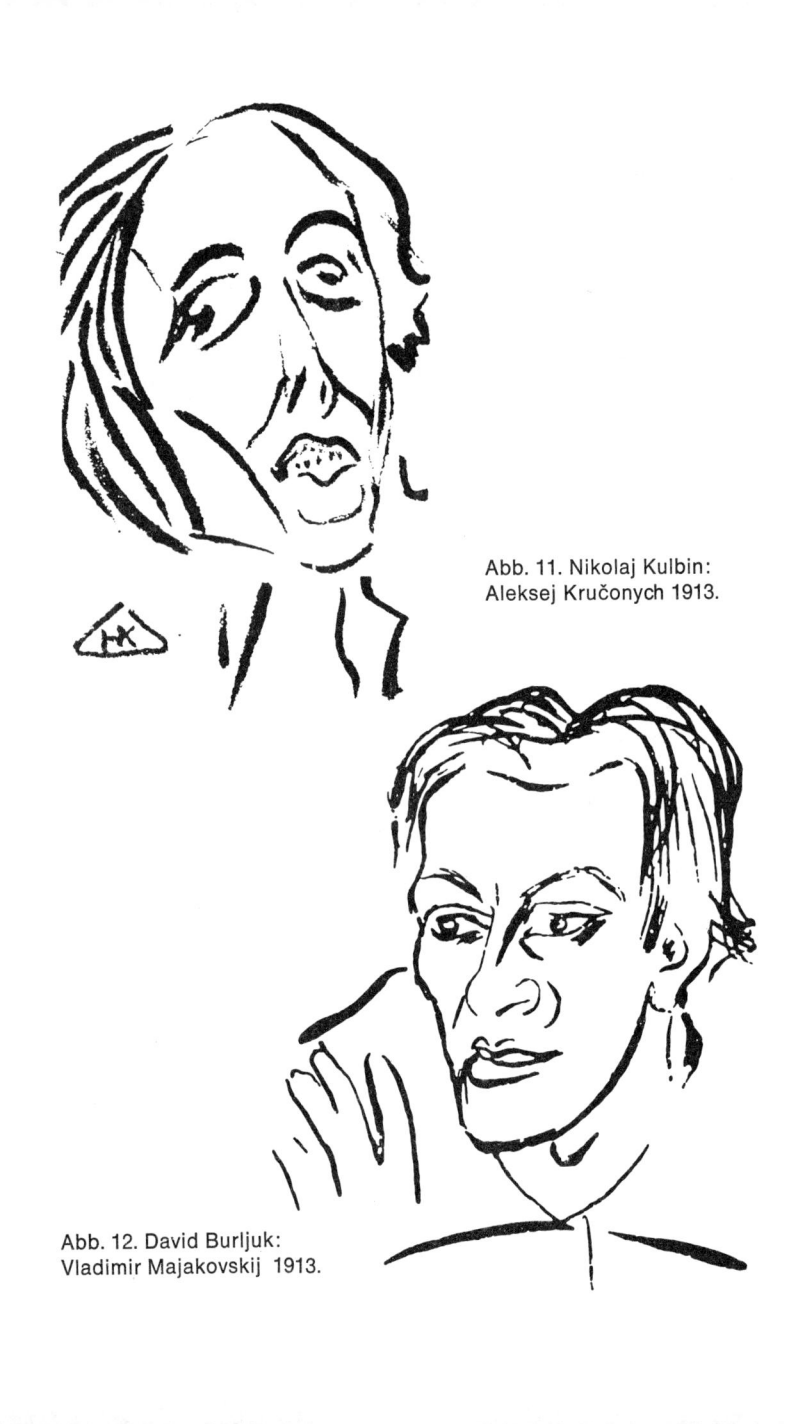

Abb. 13. Nikolaj Kulbin:
Marinetti 1914.

Abb. 14. Vladimir Burljuk:
Velimir Chlebnikov 1913.

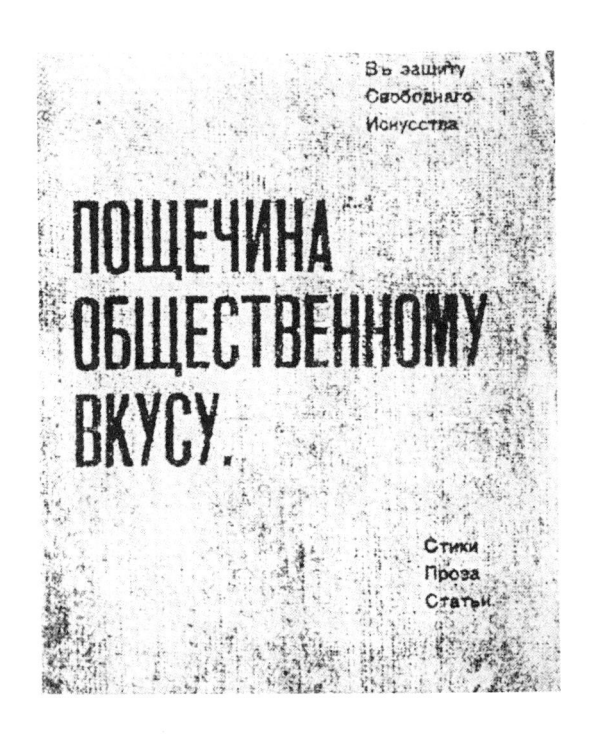

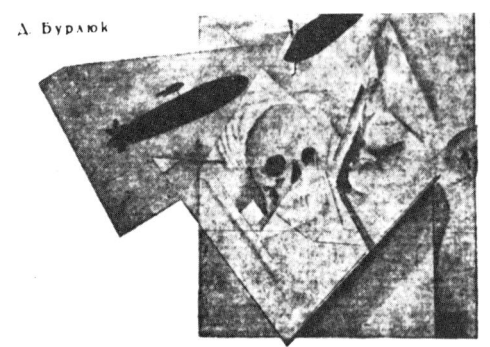

Abb. 15 (oben). Umschlag des Almanachs
«Eine Ohrfeige dem öffentlichen Geschmack», 1912. Oben: «Zum Schutz der Freien Kunst», unten: «Gedichte, Prosa, Aufsätze».
Abb. 16 (unten). David Burljuk: «Angesichts der Welt des Jenseits» 1915, Collage aus dem Almanach «Genommen».

Abb. 17. Vladimir Majakovskij: Velimir Chlebnikov 1915.

Abb. 18. Ivan Kljun: Velimir Chlebnikov 1916.

Abb. 19. Boris Grigorjev: Velimir Chlebnikov 1915.

Abb. 20. Velimir Chlebnikov: Grigorij Petnikov 1917.

Abb. 21. David Burljuk: Zeichnung 1913,
aus dem Almanach «Der verreckte Mond».

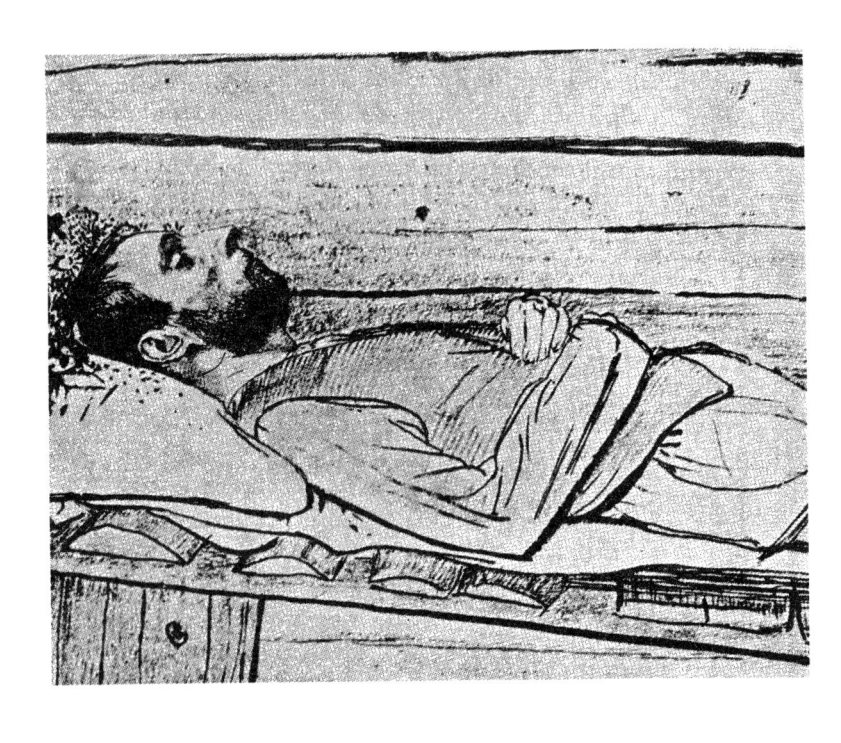

Abb. 22. Pavel Miturič: Chlebnikov auf dem Totenbett (Ausschnitt), 28. VI. 22.

Abb. 23. Vladimir Majakovskij: Vasilij Kamenskij 1917.

Abb. 24. Michail Larionov: «Der Waldschrat», 1915.

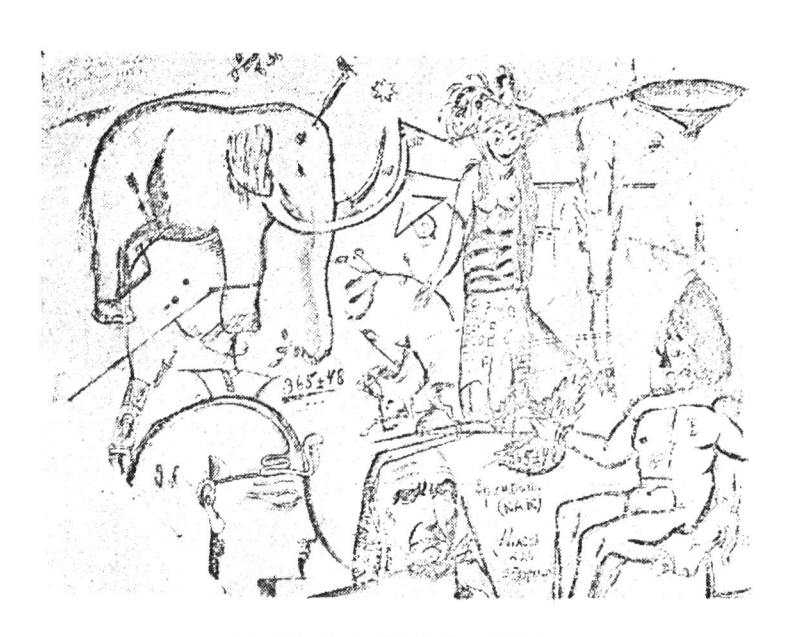

Abb. 25 Velimir Chlebnikov: Zeichnung.

Abb. 26 «Sie tragen mich auf Elfenbeinen...»
Der Gott Vishnu, indische Zeichnung.

Abb. 27. Vladimir Burljuk:
Zeichnung, aus dem Almanach «Stutenmilch», 1914.

Abb. 28. David Burljuk:
Zeichnung, aus dem Almanach «Stutenmilch», 1914.

Abb. 29. Pavel Filonov:
Zeichnung, aus Chlebnikovs «Musterbuch», 1914.

Abb. 30. David Burljuk:
Zwei Zeichnungen, aus
Chlebnikovs «Schöpfungen», 1914.

Abb. 31 (oben). Kirill Zdanevič: Umschlag zum
«Unveröffentlichten Chlebnikov» Nr. 14, 1930.
Abb. 32 (unten). Ivan Kljun: Umschlag zum
«Unveröffentlichten Chlebnikov» Nr. 6, 1928.

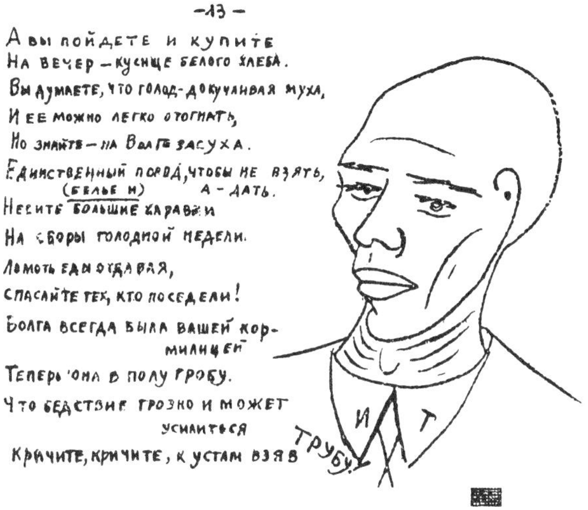

– 13 –

А вы пойдёте и купите
На вечер — кусище белого хлеба.
Вы думаете, что голод — докучливая муха,
И её можно легко отогнать,
Но знайте — на Волге засуха.
Единственный поезд, чтобы не взять,
          (белье и)      а — дать.
Несите большие караваи
На сборы голодной недели.
Ломоть еды отдавая,
Спасайте тех, кто поседели!
Волга всегда была вашей кор-
                          милицей
Теперь она в полу гробу.
Чтобы бедствие грозно и может
                   усилиться
Кричите, кричите, к устам взяв
трубу.

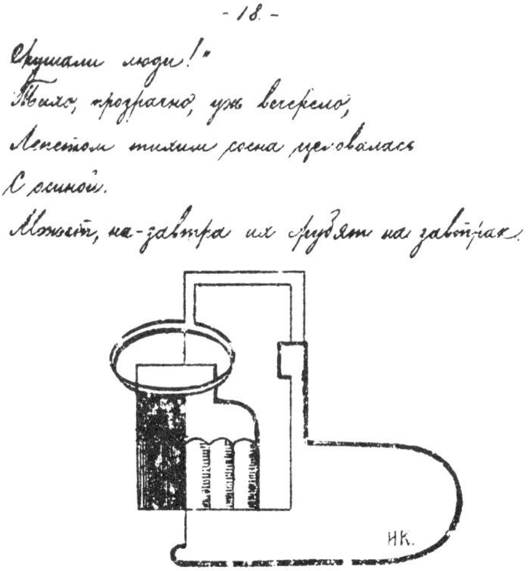

– 18 –

«Слушайте люди!»
Было, прозрачно, уж вечерело,
Лепетом тихим сосна целовалася
С осиной.
Может, на-завтра их срубят на завтрак.

Abb. 33 (oben). Igor Terentjev:
Seite aus dem «Unveröffentlichten Chlebnikov» Nr. 9, 1928.
Abb. 34 (unten). Ivan Kljun:
Seite aus dem «Unveröffentlichten Chlebnikov» Nr. 9, 1928.

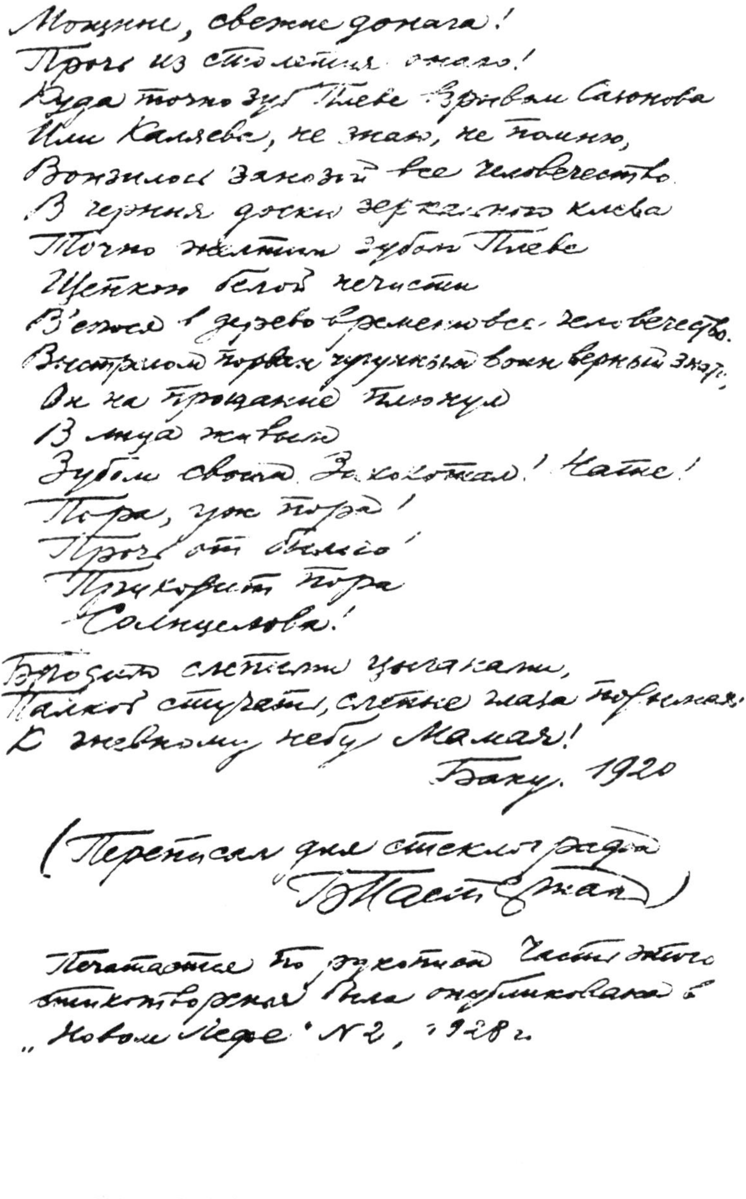

Мокрые, свежие дощатые!
Прочь из столетия злого!
Куда точно зуб Тебе Зубами Сазонова
Или Каляева, не знаю, не помню,
Вонзилось занозой все человечество.
В черные доски зеркального киска
Точно желтым зубом Тебе
Щеткой белой чистит
В'елось с дрожью временов все человечество.
В выстреле поркой чужукъел воин верный зной,
Он на прощание блеснул
В мгле живой
Зубом своим. Захохотал.! Катись!
Пора, уже пора!
Прочь от белил!
Приходит пора
Солнцелова!
Бродит слепыми узнаками,
Палкой стучит, слепые глаза подымая.
К дневному небу Малая!
                                Баку. 1920
(Переписал для стекла ради
          Пастернак)

Печатается по зачетной части этого
стихотворения была опубликована в
„Новом Мире" № 2, 1928 г.

Abb. 35. Boris Pasternak:
Seite aus dem «Unveröffentlichten Chlebnikov» Nr. 9, 1928.

И жалом многожальным
Чело страдальное страданьева овили
И в сиянии нездешнем сиянии
И в бездумном играны играний
Расплескались при бываний...

(тетрадь стр 117. )
переписывал
Валентин Катаев.

Огнебеют голосами в сумерках.
Волосы украны башня мишолку.
Иногда курганам соломенных тканей.
(Весь попасувел он алыми цветами)
Бескечно роняют, что были зимою
в Париже.
С печалью ем свои вишни.
Вижу!
Здесь я лишний...

ПЕРЕПИСАЛ Артём ВЕСЁЛЫЙ

И куревом-маревом дол озарил.          Темь.
И сладкую дымность в бывшем взнёс.    Явь.
                                        Яй.
Зливо — то, чем высекают' злобу.       Зовь.
Злильня.                                Збй.
Злобище.              злеж              Сй.
                                        Дей!
           Злобничий дух воины.

(Тетрадь - стр. 16 а, 17.)
(Переписчик В. Каптанян)

Abb. 36. Valentin Katajev (oben), Artjom Vesjolyj (Mitte), Vasilij Katanjan (unten) im «Unveröffentlichten Chlebnikov» Nr. 7 bzw. 8, 1928.

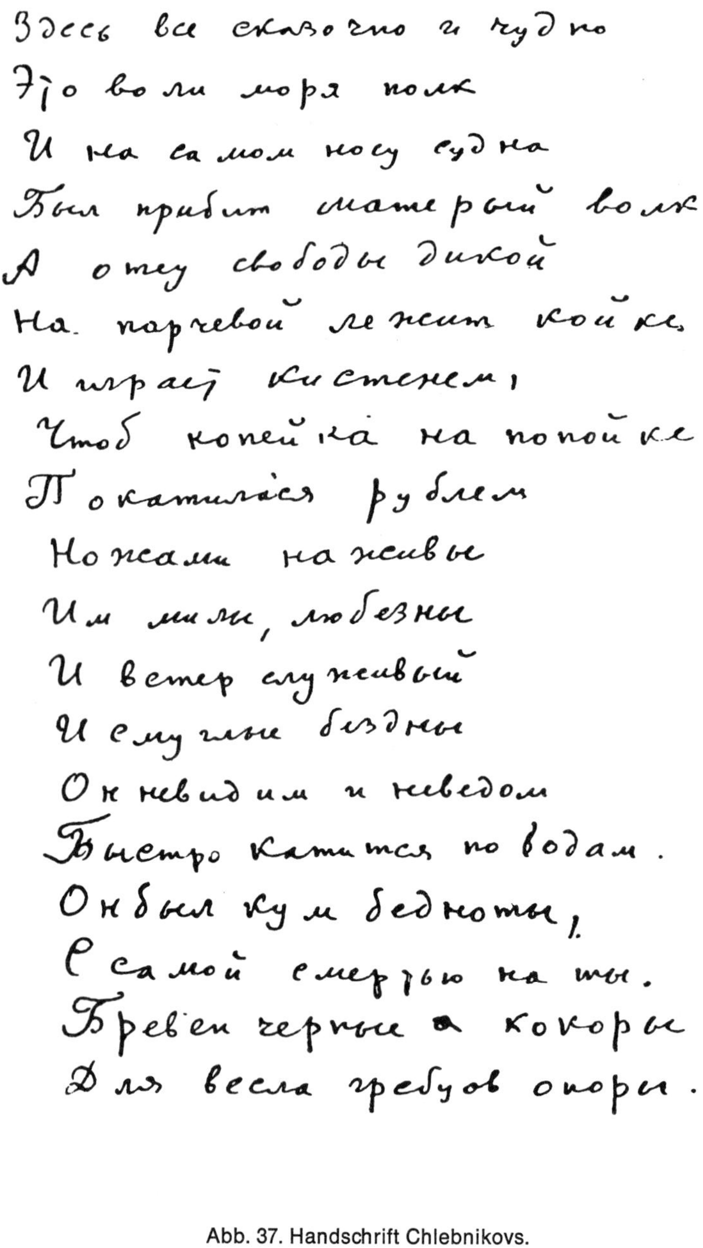

Здесь все сказочно и чудно
Это воли моря полк
И на самом носу судна
Был прибит матёрый волк
А отец свободы дикой
На парчевой лежит койке
И играл кистенем,
Чтоб копейка на попойке
Покатилась рублем
Ножами на живые
Им мили, любезны
И ветер служивый
И случаи бездны
Он невидим и неведом
Быстро катится по водам.
Он был кум бедноты,
С самой смертью на ты.
Бревен черные кокоры
Для весла требуют опоры.

Abb. 37. Handschrift Chlebnikovs.

Abb. 38. Chlebnikov, 19. XI. 1912.

Abb. 39 und Abb. 40.
Chlebnikov.

Abb. 41 und Abb. 42.
Chlebnikov.

Abb. 43. Von links: Kručonych, David Burljuk, Majakovskij, Nikolaj Burljuk, Benedikt Livšic, 1913.

Abb. 44 Grigorij Petnikov und Velimir Chlebnikov, Anfang 1916.

Abb. 45 Georgij Kuzmin und Majakovskij, 1912.

Abb. 46 Von links: David Burljuk, Benedikt Livšic, Nikolaj Burljuk, Majakovskij, Anatolij Mariengof, 1913.

Abb. 47 Vasilij Kamenskij in Warschau, 1911.

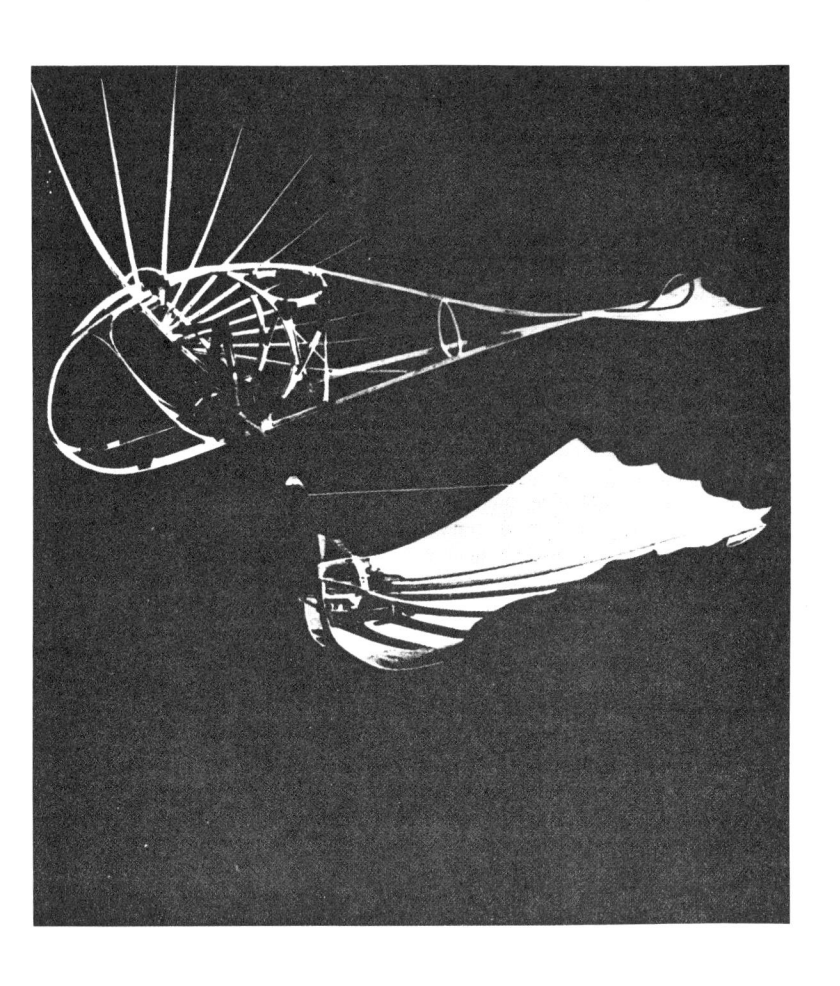

Abb. 48. «Die Luftfahrt möge das eine Bein, sprühende Rednergabe das andere Bein der Menschheit sein. Was dann kommt — wird sich zeigen.»
Der «Letatlin» von Vladimir Tatlin, 1933.

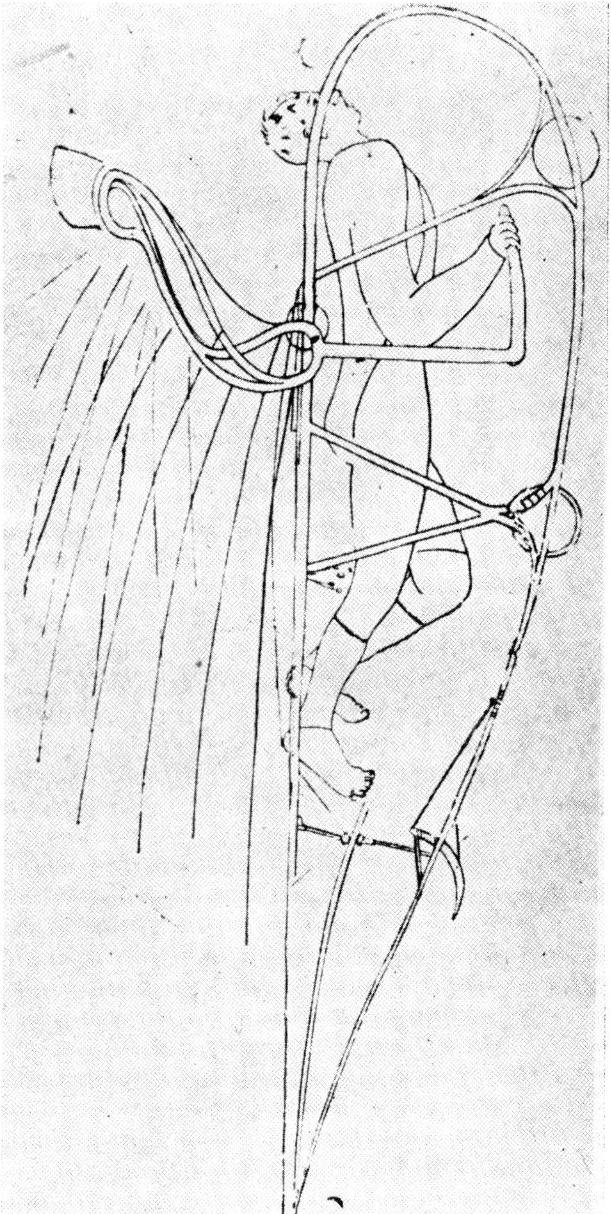

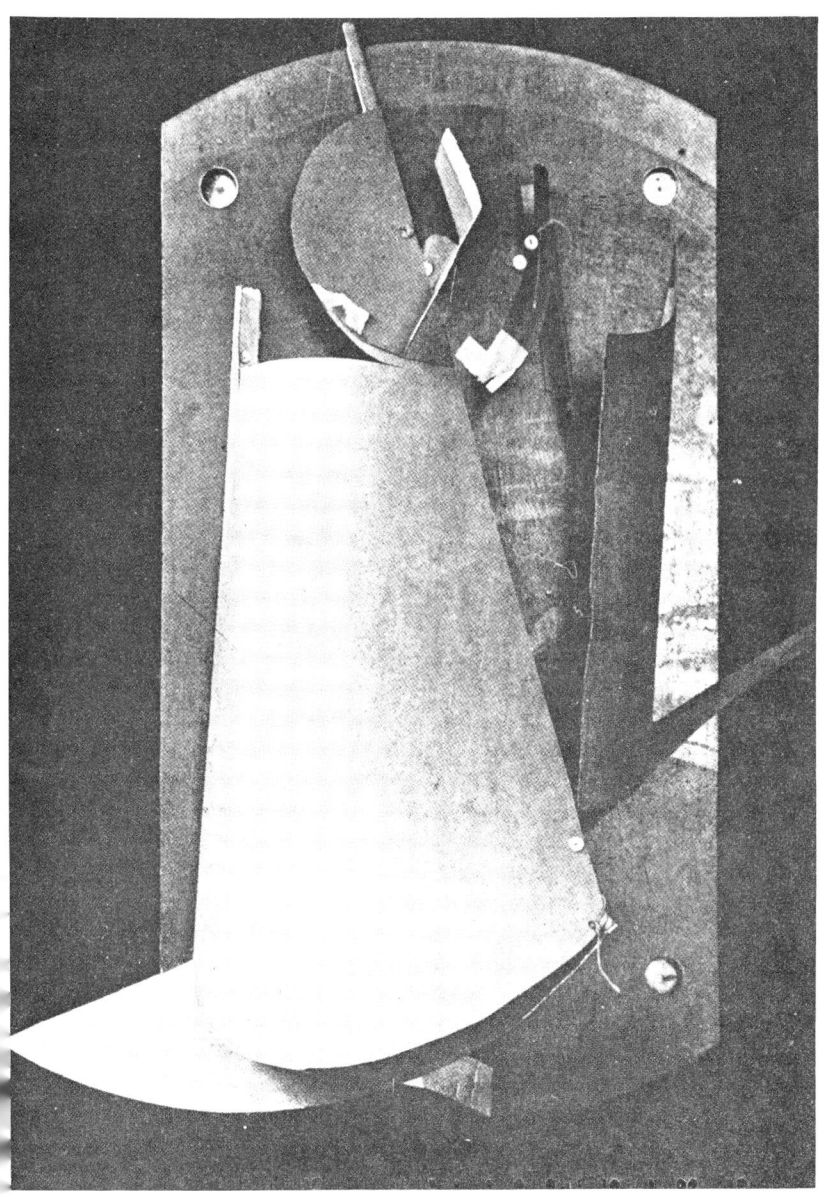

Abb. 49. Vladimir Tatlin: Skizze zum «Letatlin».
Abb. 50. Vladimir Tatlin: Materialkompositionen 1917.

Abb. 51. Tatlin 1915.

Abb. 52. Vladimir Tatlin:
Zwei Skizzen zum «Turm».

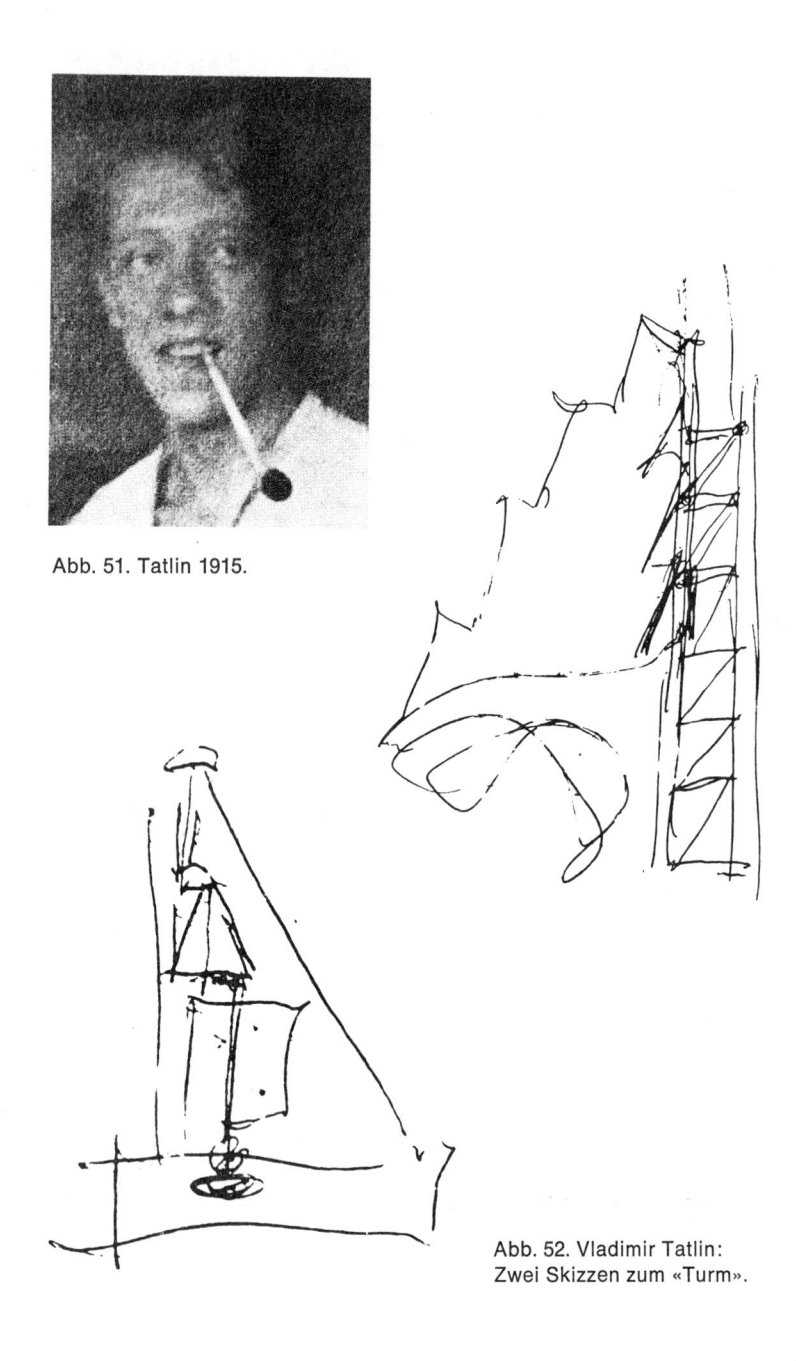

Abb. 53. Tatlin bei der Arbeit am Modell des «Turms».
Von links: Sofja Dymšic-Tolstaja, Tatlin, Šapiro, Mejerzon, 1920.

Abb. 54. «Häuser in Form von Eisengittern bauen, in die transportable Glashäuschen eingesetzt werden können...»
Tatlins «Turm» im Modell fertig, Spruchband: «Es lebe die III. Internationale!» Davor Tatlin (mit Pfeife) im Gespräch mit einem Freund.

Abb. 55 Modell für Massentheater im Freien.

Abb. 56 Jurij Annenkov, Skizze zu dem Theaterstück «Die Erstürmung des Winterpalasts», 1920.

Abb. 57. «In den Fabrikschloten den Wunsch wecken, der aufgehenden Sonne ein Loblied zu singen, an der Seine wie in Tokio, am Nil und in Delhi . . .» Konzert der Fabriksirenen und Dampfpfeifen in Baku, 7. 11. 1922. Der Dirigent.

Abb. 58 und Abb. 59. Konzert der Fabriksirenen und Dampfpfeifen, Baku, 7. 11. 1922.

Abb. 60 und Abb. 61. «Die Erstürmung des Winterpalasts» am 7. 11. 1920.
Regie: Nikolaj Evreinov, A. Kugel, N. Petrov, K. Deržavin, Jurij Annenkov.

Abb. 62 und Abb. 63. Vladimir Tatlin: Skizze und Bühnenmodell zur Aufführung des «Zangezi», 1923.

Abb. 64. Szenenfoto von Tatlins «Zangezi»-Aufführung am 9. V. 1923.
Oben: Vladimir Tatlin als Zangezi.

Abb. 65. «Laufende und fahrende Denkmäler auf den Plattformen der Züge errichten . . .»
«Die sehnsüchtigen Augen der Eisenbahnzüge zum Abdruck des jeweiligen Kunsttags benützen, der einem dahinjagenden Pfeil gleicht.»
Propaganda-Waggons der Jahre nach 1917.

Abb. 66. «Den Montblanc mit dem Kopf Hiawathas schmücken und die grauen Felsen Nicaraguas — mit dem Kopf von Kručonych, die Anden — mit dem Kopf von Burljuk.»
Lenin [Arbeit eines unbekannten Künstlers].

## Unsere Grundlage

§ 1. Wortschöpfung

Wenn Sie sich in einem Wäldchen befinden, sehen Sie Buchen, Kiefern, Tannen, Kiefern mit einem kalten dunklen blauen Schimmer, die rote Freude der Tannenzapfen, das hellblaue Silber des Birkengehölzes dort, in der Ferne.
Aber all diese Vielfalt des Laubes, der Stämme und Zweige ist geschaffen worden durch ein Häuflein fast nicht zu unterscheidender Körner. Der gesamte Wald der Zukunft — er hat Platz auf Ihrer Handfläche. Die Wortschöpfung lehrt, daß die ganze Vielfalt des Wortes von den Grundklängen des Alphabets ausgeht, die die Samen des Wortes ersetzen. Aus diesen Ausgangspunkten baut sich das Wort auf, und der neue Sämann der Sprachen kann einfach die Handfläche mit 28 Lauten des Alphabets füllen, mit den Sprach-Körnern. Wenn Sie Wasserstoff und Sauerstoff haben, können Sie den trockenen Grund des Meers und die leeren Flußbetten mit Wasser füllen.
Die gesamte Fülle der Sprache muß in Grundeinheiten der «Wahrheiten des Alphabets» zerlegt werden, und dann kann für die Klang-Sachlichkeiten etwas aufgebaut werden wie das Mendelejevsche Gesetz oder das Moseleysche Gesetz — des letzten Gipfels des chemischen Denkens. Die Öffentlichkeitsarbeiter haben wohl kaum jenen Schaden begriffen, der entsteht durch ein mißgebildetes Wort. Und das darum, weil es keine Buchführungsbücher gibt über die Ausgaben der Vernunft des Volkes. Und keine Straßenbaubeamten der Sprache. Wie oft läßt der Geist der Sprache ein direktes Wort zu, die einfache Abänderung eines Konsonanten in einem bereits bestehenden Wort, aber statt dessen bedient sich das Volk eines komplizierten und spröden beschreibenden Ausdrucks und vermehrt die Verschwendung der Weltvernunft in der Zeit, die für das Überlegen verwendet worden ist. Wer fährt, wenn er von Moskau nach Kiev will, über New York? Und welche Zeile der zeitgenössischen Schriftsprache ist frei von solchen Reisen? Das kommt, weil es die Wissenschaft der Wortschöpfung nicht gibt.
Wenn sich herausstellen sollte, daß die Gesetze der einfachen Körper des Alphabets für die Sprachenfamilie gleich sind, dann wäre es für diese ganze Völkerfamilie möglich, eine neue Welt-

sprache aufzubauen — einen Wortspiegel-Zug New York—Moskau. Wenn wir dies- und jenseits einer Bergwand zwei benachbarte Täler haben, so kann der Reisende diese Bergkette niederreißen oder sich auf den langen Umgehungsweg machen.
Wortschöpfung ist das Aufreißen des sprachlichen Schweigens, der taubstummen Sprachschichten.
Haben wir im alten Wort einen Laut durch einen anderen ersetzt, so schaffen wir im Nu den Weg aus dem einen Tal der Sprache ins andere, und wir legen, wie Straßenbaubeamte, Straßen der Mitteilung im Land der Wörter über die Rücken des sprachlichen Schweigens.
Die «kahle Sprache» bedeckt ihre Rodeflächen mit Wegen. Das Wort teilt sich ein in das reine und das alltägliche. Man könnte meinen, daß in ihm die nächtliche Vernunft der Sterne verborgen ist und die eines Sonnentages. Das kommt, weil irgendeine Alltagsbedeutung des Wortes zugleich alle übrigen einzelnen Bedeutungen in sich einschließt, so wie tagsüber alle Lichter einer Sternennacht verschwinden. Aber für den Astronomen ist die Sonne ebenso ein Stäubchen wie alle übrigen Sterne. Und es ist einfach ein Zufall, daß wir uns gerade um die gegebene Sonne herum befinden. Und die Sonne unterscheidet sich durch nichts von anderen Sternen. Indem es sich von der Alltagssprache absondert, unterscheidet sich das selbsthafte Wort ebenso von dem lebendigen, wie sich die Umdrehung der Erde um die Sonne von der Alltagsumdrehung der Sonne um die Erde unterscheidet.) Das selbsthafte Wort löst sich von den Gespenstern der gegebenen Alltagsumstände und baut, zur Abwechslung der offenkundigen Lüge, Sternendämmerungen. So bedeutet das Wort «ziry» sowohl **Sterne** als auch **Auge** [zvezdy, glaz]; das Wort «zen'» sowohl **Auge** [glaz] als auch **Erde** [zemlja]. Aber was haben Auge und Erde gemeinsam? Dieses Wort bezeichnet also nicht das menschliche Auge, nicht die Erde, die von Menschen bevölkert ist, sondern irgend etwas Drittes. Und dieses Dritte ist in der Alltagsbedeutung des Wortes versunken, in einer von möglichen, aber gerade der, die dem Menschen am nächsten war. Vielleicht hat «zen'» ein Spielgerät bedeutet, das eine Fläche spiegelt. Oder man nehme die beiden Wörter «**lad'ja**» [Boot] und «**ladon'**» [flache Hand]. Die bei Dämmerung hervortretende Sternen-Bedeutung dieses Wortes: eine verbreiterte Oberfläche, auf die sich der Weg einer Kraft stützt, wie

eine Lanze, die gegen einen Panzer stößt. Auf diese Weise erlaubt die Nacht des Alltags, die schwachen Bedeutungen der Wörter zu sehen, die dem schwachen Gesichtssinn der Nacht ähnlich sind. Man kann sagen, daß die Alltagssprache Schatten der großen Gesetze des reinen Wortes sind, die auf eine unebene Fläche gefallen sind. Früher einmal haben die Sprachen die Menschen vereint. Versetzen wir uns in die Steinzeit. Nacht, Lagerfeuer, Arbeit mit schwarzen Steinhämmern.
Plötzliche Schritte; alle stürzen zu den Waffen und ersterben in drohender Haltung. Aber da dringt aus der Dunkelheit ein bekannter Name, und plötzlich wird klar: welche von uns kommen, «Unsere!» — dringt aus der Dunkelheit mit jedem Wort der gemeinsamen Sprache. So einte die Sprache, wie eine bekannte Stimme. Die Waffen — ein Zeichen der Feigheit. Wenn man sich auf sie versteifte, so erweist sich, daß eine Waffe das Ergänzungswörterbuch für solche ist, die eine andere Sprache sprechen — ein Taschenwörterbuch.
Wie Abschreckungskleidung für Andersstämmige, so verdienen die Sprachen das Los der Tiger im abgelegenen Tiergarten, die, nachdem sie genügend Ausrufe der Bewunderung eingeheimst haben, abgelöst werden durch die Tageseindrücke: «und was meinen Sie dazu?» — «Ich bekomme zwei Rubel am Tag.» — «Das ist es wert!» Man könnte meinen, daß die Wissenschaft schicksalhafterweise denselben Weg geht, den die Sprache schon gegangen ist.
Das Lorentzsche Weltgesetz sagt, daß sich der Körper in der Richtung abplattet, die der des Druckes quer liegt. Aber dieses Gesetz ist ja gerade der Inhalt des «einfachen Namens» **L**; bedeutet **L** einen Namen, Linse, Löffel, Lappen, Liege, Laub, Lid, Laken — überall ist der Kraftstrahl der Bewegung, der sich auf einer querliegenden Fläche ausgießt, — bis zum Gleichgewicht des Kraftstrahls mit den Gegenkräften. Wenn er sich auf der Quer-Fläche ausgegossen hat, wird der Gewichtsstrahl leicht und fällt nicht mehr. Ist dieser Kraftstrahl das Gewicht des Matrosen, des **Skiläufers** [lyžebežec], das Gewicht des Schiffes auf der Brust des Treidlers oder der Weg des Tropfens des Lenzregens, der sich in eine Lache ergießt? Hat die Sprache gewußt von dem Schwanken des Strahls? (Strahl, Wirbelwind)? Hat sie gewußt, daß

R wird zu $R\sqrt{1 - \frac{v^2}{c^2}}$,

wo υ die Geschwindigkeit des Körpers ist, c die Geschwindigkeit der Welt.

Anscheinend ist die Sprache so weise wie die Natur, und wir lernen nur mit dem Fortschritt der Wissenschaft, sie zu lesen. Manchmal kann sie zur Lösung abstrakter Aufgaben dienen. So versuchen wir mit Hilfe der Sprache die Wellenlänge des Guten und Bösen zu messen. Durch die Weisheit der Sprache ist seit langem schon die Weltnatur der Welt entdeckt. Ihr «Ich» fällt zusammen mit dem Leben der Welt. Durch die Sitten dringt ein Feuer. Der Mensch lebt auf der «weiten Welt» mit deren Grenzgeschwindigkeit von 300 000 km und träumt von «jener Welt» mit einer größeren Geschwindigkeit als der der Welt? Die Weisheit der Sprache ist der Weisheit der Wissenschaften vorausgegangen. Hier nun zwei Spalten, wo die Weltnatur der Sitten erzählt und — durch Sprache — der Mensch als Welterscheinung begriffen ist; hier — der Mensch, ein Teil des Weltalls.

| *«Jene Welt»* | *«Prinzip der Bezüglichkeit»* |
|---|---|
| Verlöschen im Sinne von | Verlöschen im Sinne von |
| Zerfallen des Körpers | Verschwinden des Feuers |
| Schlaf | Schatten |
| Tat | Tag |
| Platz, Blatt | Blitz |
| grausam | Grausen, Gewitter [groza] |
| Süßholz, Süße | Sonne |
| Sippe, Sohn | strahlen, Sonne |
| Scham, Schmach, Schande | Schauer, erschaudern |
| Hagestolz, Hag | Hagel |
| Reben, ragen | Regen |
| leben | lodern |
| Leib, Liebe | leicht, licht |
| feurig, hitzig | Flamme |
| Leuchter | Licht |
| Höhle | Hölle |
| Sünde, Sünder | sieden |
| Grimm | grelle Flamme |
| redlich | rötlich |
| ehrlich | Ära |
| Saal, Säle | Seele |
| ver-achtet | Asche |

Wenn das Licht einer der Aspekte des Blitzes ist, so ist mit diesen beiden Pfeilern die blitzerhellte Natur des Menschen ausgesagt und folglich auch die der sittlich-moralischen Welt. Nur wenig noch, und wir werden die Gleichung der abstrakten Aufgaben der Sittlichkeit aufstellen, die davon ausgeht, daß das Prinzip der «Sünde» auf dem schwarzen und brennenden Ende des Lichts liegt und das Prinzip des Guten — im Hellen und Kalten. Die schwarzen Teufel sind die Götter der Hölle, wo die Seelen der Sünder sich aufhalten, sind sie nicht die Wellen eines unsichtbaren warmen Lichts?
Und so geht, in diesem Beispiel, die Sprachwissenschaft den Naturwissenschaften voran und bemüht sich, die sittliche Welt auszumessen, nachdem sie zu deren Haupt die Lehren vom Strahl gemacht hat.
Wenn wir das Wörterpaar haben wie es das Paar «Gehöft» und «Geschöpf» ist und wir vom Wort «Höflinge» wissen, so können wir das Wort «Schöpflinge» bilden — die Schöpfer des Lebens. Oder wenn wir das Wort Landarbeiter haben, so können wir das Wort Zeitpflüger bilden, Zeitarbeiter, d. h. diejenigen mit einem direkten Wort bezeichnen, die ihre Zeit genauso bearbeiten wie der Landarbeiter seine Scholle ...
Zu den Wörtern Raufbold, Saufbold können wir die Wörter Singbold, Kaufbold, Waschbold bilden. Zu den Namen der Flüsse Dnepr und Dnestr — Strom mit Schnellen und schneller Strom — können wir Mnepr und Mnestr (Petnikov) bilden, den schnell dahinströmenden Fluß des Geists der persönlichen Erkenntnis — über die Stromschnellen [porog] des «pr»: das schöne Wort Gnestr — schneller Untergang. Oder Volestr, Willestr: der Volkswillestr, oder Feurepr und Feurestr ... Schlestr und Schlepr — von schlafen. Mir träumte ein Trestr. Es gibt das Wort ich, und es gibt das Wort in mir, mich. Hier können wir das Wort MIN (mein-s) wiederaufleben lassen — den Verstand, von dem das Wort ausgeht. Neben dem Wort Bekenntnis ist das Wort Besterbnis denkbar, auch Gestörbnis (Gelöbnis) und störbig: sterbend, störblos — unsterblich. Das Wort König schenkt dem Wort Mönig das Recht auf Leben, Renig. Sönig. Klang, dem Klang ähnlich. Wonne, Monne (Minne, mahnen) — Konne.
Dem Wort Wind entspricht das Wort Sind, auch Sing vom Zeitwort singen: «das ist des Windes leichter Sing ...» Dem Wort Landmann entspricht das Wort Finstermann, Dunkmann. Und

umgekehrt: Erdmann, Landner. Ländrer. Das Wort Klinge verleiht das Recht, das Wort Kringe zu bilden, ein Werkzeug des Kriegers. Wir sagen: er ist listig. Aber wir können auch sagen: er ist istig. Recht, richtig; schlecht – schlichtig. Gestützt auf das Wort schlichten, können wir auch schlichtig sagen. Nehmen wir das Wort Schwan. Das ist Lautschrift.

Der schlanke Hals des Schwans läßt an den Weg des fallenden Wassers denken; die breiten Flügel – an das Wasser, das über den See verschüttet ist. Das Zeitwort schütten ergibt das Schu, Schw (Schwall) – das verschüttete Wasser, während das Wortende – an – an einen Kahn denken läßt, auch an den Kranich. Folglich können wir auch bilden – Schwaich.

«Heute abend verschwand hinterm Wald ein Schwarm Schwaiche.»

Ihr werdet euch erinnern, welche Freiheit von der gegebenen Welt manchmal ein Druckfehler gibt. Ein solcher Druckfehler, geboren vom unbewußten Willen des Setzers, gibt einer ganzen Sache plötzlich einen Sinn und ist eine der Arten geistlichen Schaffens und kann daher begrüßenswert sein als eine erwünschte Hilfe für den Künstler. Das Wort Blumen gestattet, Mlumen zu bilden, ein – weil überraschendes – starkes Wort. Gütig, gütlich ergibt das Wort kältlich, «dieser Herbst ist wieder kältlich». Feiertag, frieren, Freitag Friertag. Wenn es eine Sonne gibt, so kann es auch eine Donne geben. «Und die Donne bescheint mich.» Geschlecht – Gegut; Gesonst. Gestreng ergibt gesanft, gemild. Gefängnis – Gefreinis. Unterschlupf – Überschlupf, Aufschlupf. Gleich dem Wort Tollkopf, kann der Krieger auch «Schlagekopf» heißen, Schwertner, wie Schlagetot: Schwertetot, Stichtot.

Schlafsmann, Arbeiter, Feldtätiger.

Das Worteschöpfen ist ein Feind der Versteinerung der Buchsprache. Darauf gestützt, daß auf dem Lande, in der Umgebung von Flüssen und Wäldern, bis auf den heutigen Tag Sprache sich selbst schafft, jeden Augenblick Wörter bildend, die mal sterben, mal das Recht auf Unsterblichkeit erlangen, überträgt das Worteschöpfen dieses Recht auch dem Leben des Schreibens. Das neue Wort muß nicht nur genannt werden, sondern auch auf die zu bezeichnende Sache gerichtet sein. Die Wortschöpfung zerstört die Gesetze der Sprache nicht. Der zweite Weg der Wortschöpfung ist die innere Beugung der Wörter.

Wenn der Mensch von heute in den verarmten Flußgewässern Wolken von Fischen aussetzt, so verleiht die Sprachführung das Recht, die verarmten Wellen der Sprache mit neuem Leben, ausgestorbenen oder nichtexistierenden Wörtern zu besiedeln. Wir glauben, daß sie wiederaufleben werden wie in den ersten Tagen der Schöpfung.

§ 2. Zaum

Die Wortbedeutungen der natürlichen Alltagssprache sind uns verständlich. So wie der kleine Junge sich beim Spiel einbilden kann, daß jener Stuhl, auf dem er sitzt, ein echtes Pferd aus Fleisch und Blut ist und der Stuhl ihm beim Spiel das Pferd ersetzt, so ersetzt in der mündlichen und schriftlichen Sprache das kleine Wort Sonne in der bedingten Welt des menschlichen Gesprächs einen schönen, majestätischen Stern. Das durch ein Wortspielzeug ersetzte, majestätische, in aller Ruhe strahlende Gestirn stimmt bereitwillig dem dritten und zweiten Fall zu, die auf seinen Stellvertreter in der Sprache angewandt werden. Aber diese Gleichheit ist bedingt: wenn das echte verschwindet und nur das Wort Sonne bleibt, so kann dieses allein nicht vom Himmel strahlen und die Erde erwärmen, sondern die Erde wird vereisen, sie wird zur Schneeflocke in der Faust des Weltenraums. Ebenso kann ein Kind, das mit Puppen spielt, in aller Ehrlichkeit Tränen vergießen, wenn sein Bündel Lumpen stirbt, auf den Tod krank ist; eine Hochzeit veranstaltet zwischen zwei Lumpenbündeln, die absolut nicht voneinander zu unterscheiden sind, bestenfalls mit groben stumpfen Kopfenden. Im Spiel sind diese Fetzen — lebende echte Menschen, mit Herz und Leidenschaften. Das Verständnis der Sprache ist wie das des Spiels mit Puppen; in ihr sind aus den Fetzen des Klanges Puppen für alle Dinge der Welt genäht. Menschen, die in einer Sprache sprechen, — sind Teilnehmer an diesem Spiel. Für Menschen, die in einer anderen Sprache sprechen, sind solche Klangpuppen einfach ein Sammelsurium von Klangfetzen. Also, das Wort ist eine Klangpuppe, das Wörterbuch, Vokabular — eine Sammlung von Spielzeug. Aber die Sprache hat sich auf natürliche Weise aus einigen wenigen Grundeinheiten des Alphabets entwickelt; mitlautende und selbstlautende Klänge waren die Saiten dieses Spiels mit den Klangpuppen. Wenn man aber eine Zusammensetzung dieser Klänge und Laute in freier Anordnung nimmt, zum Beispiel: bobeobi, oder dyr bul ščel, oder mantsch! mantsch! tschi breo so!, — so gehören diese Wörter zu keiner, überhaupt keiner Sprache, aber sagen dennoch etwas, irgend etwas nicht Faßbares, aber dennoch Bestehendes.

Wenn die Klangpuppe «Sonne» in unserem menschlichen Spiel erlaubt, mit den Händen jämmerlicher Sterblicher einen herrlichen Stern an Ohren und Schnurrbart zu reißen, mit allen möglichen Dativen, denen die wirkliche Sonne niemals zustimmen würde, so ergeben diese Wortfetzen dennoch nicht die Puppe der Sonne selbst. Aber trotzdem sind dies ebenjene Fetzen, und als solche bedeuten sie auch irgend etwas. Aber da gerade sie nichts zu Bewußtsein geben (nicht zum Puppenspiel taugen), so werden diese freien Zusammensetzungen, das Spiel der Stimme jenseits der Wörter, Zaum-Sprache genannt. Zaum-Sprache bedeutet: jenseits der Grenzen des Verstandes befindlich. Vergleiche «Zarečie» — ein Platz, der jenseits des Flusses liegt. «Zadonščina» — jenseits des Don. Daß in Beschwörungsformeln, Zaubersprüchen die Zaum-Sprache herrscht und die verständliche Vernunftsprache verdrängt, beweist, daß sie eine besondere Macht über das Bewußtsein hat, besondere Rechte auf ein Leben neben der verständlichen. Aber es gibt einen Weg, die Zaum-Sprache verständlich zu machen.

Wenn man ein Wort nimmt, angenommen «Schale», so wissen wir nicht, welche Bedeutung jeder einzelne Laut für das gesamte Wort besitzt. Wenn man aber alle Wörter mit dem Anfangsbuchstaben **Sch** zusammennimmt (Schüssel, Schädel, Schuh, Scheune usw.), so verlieren alle übrigen Laute und vernichten sich gegenseitig, und jene allgemeine Bedeutung, die diese Wörter besitzen, wird zur Bedeutung des **Sch**. Beim Vergleich dieser Wörter auf **Sch** sehen wir, daß sie alle einen Körper in der Umhüllung eines anderen bedeuten; **Sch** bedeutet Hülle. Und auf diese Weise hört die Zaum-Sprache auf, Zaum — jenseits des Verstandes — zu sein. Sie wird zum Spiel auf dem von uns erklärten Alphabet — zur neuen Kunst, an deren Schwelle wir stehen.

1. Der erste Mitlaut eines einfachen Wortes regiert das ganze Wort — er befehligt die anderen.
2. Wörter, die mit ein und demselben Mitlaut beginnen, vereinigen sich in ein und demselben Begriff und fliegen gleichsam von verschiedenen Seiten auf ein und denselben Punkt des Verstan-

des zu. Wenn man die Wörter Schale und Schuh nimmt, so regiert, befehligt beide Wörter der Laut **Sch**, wenn man die Wörter auf **Sch** sammelt: Schuh, Schlapfen, Schlorre, Schädel, Scheune, Schuppen, Schachtel, Scheide, Schiff, Schüssel, und Schale, Schranze, Schurz, Schwindsucht, — so sehen wir, daß all diese Wörter sich im Punkte des folgenden Bildes treffen. Sei es Schuh oder Schale, in beiden Fällen füllt das Volumen des einen Körpers (Fuß oder Wasser) die Leere des anderen Körpers, der ihm als Oberfläche dient. Von hier — schalen, d. h. Schale sein für das Wasser der Zukunft. Auf diese Weise ist **Sch** nicht nur ein Laut, **Sch** ist ein Name, ein unteilbarer Körper der Sprache.

Wenn sich herausstellt, daß **Scha** in allen Sprachen ein und dieselbe Bedeutung hat, so ist das Problem der Weltsprache gelöst: alle Arten von Schuhwerk werden **Schas**, Fuß-**Schas**, alle Arten von Schalen und Schüsseln — Wasser-**Schas** genannt werden, einfach und klar. In jedem Falle bedeutet Hata Hütte nicht nur auf russisch, sondern auch auf ägyptisch; **w** bedeutet in den indoeuropäischen Sprachen eine Drehbewegung, winden. Gestützt auf die Wörter Haus, Hof, Herd, Hütte, Heim, Herberge, Hort, — sehen wir, daß die Bedeutung die ist: die Hindernislinie zwischen einem Punkt, der sich auf sie zubewegt, und einem anderen, der sich hinter ihr verbirgt. Die Bedeutung von **W** liegt in der Umdrehungsbewegung eines Punktes um einen anderen unbeweglichen.

Von hier kommen — Wirbel, Welle, Wind, Windung und viele andere Wörter. **M** ist die Aufteilung einer Größe in unendlich kleine Teile. Die Bedeutung von **L** ist der Übergang eines Körpers längs einer Bewegungsachse in einen zweidimensionalen Körper quer zum Weg der Bewegung. Die Bedeutung von **K** — ein unbeweglicher Punkt, ein verfestigendes Netz beweglicher Punkte. Auf diese Weise ist die Zaum-Sprache die vorwärtsschreitende Weltsprache im Keim. Nur sie kann die Menschen einen. Die Verstandessprachen trennen.

*Bestätigung des Alphabets*

Wörter auf **L**: Licht, Lache, Lager, Land, Löffel, Lot, Laub, Luchs, Löwe, Laken, Lappen, Luch, Lindwurm, Lerche, Leiche, liegen leicht, Lilie, Linie, Lattich ... Nehmen wir den Flieger in der Luft: sein Gewicht verteilt sich auf eine breite Fläche, auf die Fläche der Luft. Der Stützpunkt der Kraft verströmt auf der breiten Fläche, und die Schwere wird um so geringer, je breiter diese Fläche ist. Der Flieger wird leicht. Darum läßt sich **L** definieren als die Verringerung einer Kraft in jedem gegebenen Punkt, die hervorgerufen wird durch Wachstum ihrer Stützfläche. Ein fallender Körper wird angehalten, gestützt auf eine genügend große Fläche. In der Organisation der Gesellschaft entspricht einer solchen Verschiebung die Verschiebung vom Rußland der Duma zum sowjetischen Rußland, da durch die neue Organisation das Gewicht der Macht ausgegossen ist auf eine unvergleichlich breitere Fläche von Machtträgern: Flieger — Staat — auf die Fläche der breiten Volksmacht.

Jeder Mitlaut also verbirgt ein gewisses Bild und ist ein Name. Was die Selbstlaute betrifft, so kann über **O** und **I** gesagt werden, daß die Pfeile ihrer Bedeutungen in verschiedene Richtungen gehen, sie verleihen den Wörtern entgegengesetzte Bedeutungen (Mist — Most, Tier — Tor, trist — Trost; Sonde — Gesinde, Sitte — gesotten). Aber die Selbstlaute sind weniger erforscht als die Mitlaute.


§ 3. Das mathematische Verständnis
der Geschichte. Gamma des Budetljanin.

Als Vorgamma kennen wir das indische, chinesische und das hellenische. Das jedem dieser Völker eigene Verständnis der Schönheit des Klangs vereint durch eine besondere Klangreihe das Schwingen der Saiten. Immer jedoch war der Gott jeder Klangreihe die Zahl. Das Gamma des Budetljanin vereint mit einer besonderen Klangreihe auch die Größe der Schwingungen und Schwankungen der Menschheit, die Kriege hervorrufen und die Schläge des einzelnen menschlichen Herzens. Wenn man die ganze Menschheit begreift als eine Saite, so ergibt die beharrlichere Untersuchung eine Zeit von 317 Jahren zwischen zwei Anschlägen der Saite. Um diesen Zeitraum festzustellen, ist die Erforschung ähnlicher Punkte geeignet. Blättern wir die Seiten der Vergangenheit durch. Wir werden sehen, daß die Gesetze Napoleons 317·4 nach den Gesetzen Justinians auf die Welt kamen — im Jahre 533. Daß zwei Kaiserreiche, das Deutsche 1871 und das Römische 31, 317·6 nacheinander gegründet worden sind. Der Kampf um die Seeherrschaft, der Insel des Festlands, zwischen England und Deutschland im Jahre 1915 hatte 317 · 2 zuvor einen Vorgänger in dem großen Krieg zwischen China und Japan zu Lebzeiten Kubilaj-Chans im Jahre 1281. Der russisch-japanische Krieg des Jahres 1905 war 317 Jahre nach dem anglo-spanischen Krieg 1588. Die große Völkerwanderung im Jahre 376 geschah 317 · 11 nach der Wanderung der indischen Völker im Jahre 3111 (der Ära Kali-Yuga). Also: 317 Jahre sind kein Gespenst, Frucht einer kranken Einbildung, auch kein Hirngespinst, sondern eine ebensolche Wägbarkeit wie das Jahr, der Erdentag, der Sonnentag.

Das Gamma besteht aus folgenden Kettengliedern: 317 Tagen, 24 Stunden, 237 Sekunden, dem Schritt eines Infanteristen oder dem Herzschlag, der ihm in der Zeit gleich ist, ein Schwingen der Saite **A** und ein Schwingen des tiefsten Lautes des Alphabets — **U**. Ein Infanterist der deutschen Infanterie muß der Militärordnung gemäß 81 oder 80 Schritte in der Minute tun. Folglich tut er an einem Tage 365 · 317 Schritte, d. h. ebenso viele Schritte wie in 317 Jahren Tage enthalten sind — Zeit eines Schlages der Saite der Menschheit. Ebenso viele Schläge tut ein mittleres Frauenherz. Teilt man diese Zeit, nämlich eines Schrittes, in 317 Teile, so erhalten wir 424 Schwingungen in der Sekunde, d. h. eine Schwingung der Saite **A**. Diese Saite ist so etwas wie die Achse der Klangkunst. Nimmt man einen mittleren Schlag eines Männerherzens mit 70 Schlägen in der Sekunde an und weiter, daß dieser Schlag ein Jahr ist, für das der Tag gefunden werden muß, so finden wir den Tag in der Schwingung ebenjener Saite **A**, im mittleren Schlag des männlichen Herzens enthält er 365. Dieses Gamma schmiedet Kriege, Jahre, Tage, Schritte, Herzschläge zu einer einzigen Klangreihe zusammen, d. h., es führt uns ein in die große Klangkunst der Zukunft. Die Saite **A** fällt im deutschen und französischen Mittelalter nicht recht zusammen, aber das ändert nichts an der Lage der Dinge. Nach Berechnungen Ščerbas macht der Laut **U** 432 Schwingungen in der Sekunde. Wenn man die Reihe von 133 · 225 Jahren für das Schwingen des Festlands annimmt, verstanden als flache Saiten, 317 Jahre für die Schwingungen der Saite der Kriege des Jahres 317 Tage für das Leben des Gedächtnisses und der Gefühle der Tage, 237 Sekunden, 1/80 und 1/70 Teil der Minute, und den 1/439 und 1/426 Teil der Sekunde, so ersteht vor uns die Kette der Zeiten, a, $a^2$, $a^3$, $a^4$ . . . . . . . $a \cdot p - 1$, ap, die gebunden sind nach diesem Gesetz: ap in 365 oder in 317 mal weniger ap − 1. Diese Reihe der verringerten Zeiten i s t das Gamma des Budetljanins. Stellt euch einen jungen Mann mit einem scharfen, sorglosen Blick vor, er hält in seinen Händen etwas in Art einer Balalajka mit Saiten. Er spielt. Das Klingen der einen, einer Saite ruft Verschiebungen der Menschen in 317 hervor. Das Klingen der zweiten − Schritte und Herzschläge, die dritte ist die Achse der Klangwelt. Vor euch steht der Budetljanin mit seiner «Balalajka». An ihre Saiten geschmiedet, bebt die Vision der Menschheit. Und der Budetljanin spielt: er glaubt, daß man die Feindschaft der Länder ersetzen kann durch den Zauber der Saiten. Als die Wissenschaft die Wellen des Lichtes vermaß, sie im Lichte der Zahlen erforschte, wurde die Regierung über den Gang der Strahlen möglich. Diese Spiegel bringen dem Schreibtisch den Anschein eines entfernten Sterns näher, geben endlos kleinen Dingen Ausmaße, die dem Auge erkennbar sind, vor allem unsichtbaren Dingen, und machen aus den Menschen in bezug auf die Welt der einzelnen Welle des Strahls allmächtige Gottheiten. Nehmen wir an, daß die Welle des **Lichts** und der **Welt** [svet] von vernünftigen Wesen besiedelt ist, die von ihrer Regierung, ihren Gesetzen und sogar von ihren Propheten beherrscht werden. Wird ihnen nicht ein Gelehrter, der mit Hilfe von Spiegeln die Wellen regiert, als eine allmächtige Gottheit erscheinen. Wenn sich auf solch einer Welle die eigenen Propheten finden, werden sie die Macht des Gelehrten preisen und ihm schmeicheln: «Du athmest und bewegst die Okeane. Sprichst, und sogleich sie stroemen»; sie werden traurig sein, daß ihnen dies unzugänglich ist.

Jetzt, nachdem riesige Strahlen des menschlichen Schicksals studiert sind, dessen Wellen von Menschen besiedelt sind, ein Schlag sich aber Jahrhunderte in die Länge zieht, hofft das menschliche Denken, das Spiegelverfahren auch auf sie anzuwenden, eine Regierung zu errichten, die aus zweifach erhabenen und konkaven Gläsern besteht. Man könnte meinen, daß die jahrhundertelangen Schwingungen unseres riesigen Strahls dem Gelehrten ebenso gehorsam sein werden wie die endlos kleinen Wellen des Lichtstrahls. Dann werden die Menschen mit einem Schlage auch das die Welle des Strahls bewohnende Volk sein, und die Gelehrten die, die den Gang dieser Strahlen lenken, ihren Weg nach Belieben verändern. Natürlich ist dies eine Aufgabe der kommenden Zeit. Unsere Aufgabe ist nur, auf die Gesetzmäßigkeit des menschlichen Schicksals hinzuweisen, ihm die geistigen Umrisse eines Strahls zu geben und in Zeit und Raum zu vermessen. Dies geschieht, damit die Gesetzgebung auf den Schreibtisch des Gelehrten verlagert wird und damit das eingestürzte Holz des tausendjahrealten römischen Rechts ersetzt wird durch die Gleichungen und Zahlengesetze der Lehre von den Strahlenbewegungen. Es ist notwendig, daran zu erinnern, daß der Mensch End aller Enden ein Blitz ist, daß ein Blitz existiert, der größer ist als das Menschengeschlecht — und zwar der Blitz des Erdballs. Ist es denn erstaunlich, daß die Völker, sogar ohne voneinander zu wissen, miteinander verbunden sind durch genaue Gesetze.

So gibt es zum Beispiel das Gesetz von der Geburt ähnlicher Menschen. Es lautet, daß der Strahl, dessen Wellenkämme verworfen sind durch das Geburtsjahr großer Menschen mit demselben Schicksal, eine einzige Schwingung in 365 Jahren vollendet, so, wenn Kepler im Jahre 1571 geboren wurde und sein Leben, das dem Beweis gewidmet war, daß sich die Erde um die Sonne dreht, im ganzen ein Höhepunkt des europäischen Denkens war, für eine Reihe von Jahrhunderten, so ist $365 \cdot 3$ vor ihm, im Jahre 476, «der Höhepunkt des indischen Denkens», Ariabhatta geboren, der im Lande der Yogi genau dasselbe, die Erddrehung proklamiert hat. Zu Kopernikus' Zeiten wußte man nur dunkel von Indien, und wenn die Menschen nicht Blitze gewesen wären, die gesetzmäßig miteinander verbunden sind, so wäre diese Geburt Keplers mit derselben Lebensaufgabe verwunderlich, wie auch die Ariabhattas zu diesem gesetzmäßigen Zeitpunkt. So ist auch der größte Logiker Griechenlands, Aristoteles, der versuchte, Gesetze des richtigen Denkens, der Kunst zu denken aufzustellen, im Jahre 384 geboren. $365 \cdot 6$ vor John Stuart Mill im Jahre 1804. Mill — der größte Logiker Europas, besonders Englands. Oder nehmen wir die Namen Aischylos, Mohammed (Gedichtsammlung: der Koran), Firdusi, Haphis. Das sind die großen Dichter der Griechen, Araber und Perser, Menschen, die immer nur einmal in der ganzen Breite des Schicksals des gegebenen Volkes geboren werden. Das ist — der Fliegende Holländer ein und desselben Schicksals, in den Meeren verschiedener Völker. Nehmt ihre Geburtsjahre: 525 v. Chr., 571 n. Chr., 935 und 1300 — vier Punkte in der Zeit, getrennt durch das Wasserplätschern von 365 Jahren. Oder die Denker:

Fichte 1762 und Plato 428: 365 · 6, das heißt sechs Schläge des Schicksals. Oder die Begründer der Klassik Konfuzius 551 v. Chr. und Racine im Jahre 1639, hier sind durch die Sechs Frankreich und das graue China verbunden: stellen wir uns das widerliche Grinsen Frankreichs vor und sein «fis donc»: es mag China nicht. Diese gegebenen Größen weisen hin auf die Oberflächlichkeit der Begriffe Staat und Volk. Die genauen Gesetze zerschlagen die Staaten und bemerken sie nicht einmal, so wie die Röntgenstrahlen durch das Muskelgewebe gehen und ein Abbild der Knochen geben: sie ziehen der Menschheit alle Lumpen des Staates aus und kleiden sie in ein anderes Gewebe — den Sternenhimmel.

Gleichzeitig geben sie eine Vision der Zukunft nicht, wie die alten Propheten, mit Schaum vor dem Mund, sondern mit Hilfe kalter verstandesmäßiger Berechnung. Heute kann man, dank der Auffindung der Welle des Geburtenstrahls, allen Ernstes sagen, daß in dem und dem Jahr ein Mensch geboren werden wird, ein «Jemand» mit dem Schicksal, das dem Schicksal dessen gleicht, der 365 Jahre vor ihm geboren wurde. Auf diese Weise ändert sich auch unser Verhältnis zum Tode: wir stehen auf der Schwelle zu einer Welt, in der wir Tag und Stunde wissen werden, wann wir wiedergeboren werden, betrachten den Tod als ein zeitweises Baden in den Wellen des Nichtseins. Damit geschieht auch eine Umwandlung in unserem Verhältnis zur Zeit: möge die Zeit eine Reihe von Punkten sein: $a, b, c, d, \ldots m$. Bisher hat man die Natur eines Zeitpunkts aus der Natur des ihm nächsten Nachbarn abgeleitet. Hinter dem Denken dieser Art stand die Handlung des Subtrahierens, man sagte: Punkt **a** und **b** sind sich ähnlich, gleich, wenn $a - b$ so nahe wie möglich der Null ist. Das neue Verhältnis zur Zeit setzt an erste Stelle das Dividieren und sagt, daß ferne Punkte identischer sein können als zwei benachbarte und daß ein Paar von Punkten **m** und $\pi$ dann gleich sind, wenn $m - \pi$ ohne Rest durch **y** teilbar ist; im Gesetz der Geburten ist $y = 365$ Jahren, angesichts der Kriege ist $y = 365 - 48 = 317$ Jahren; die Anfänge von Staaten — 413 Jahre, d. h. $365 + 48$; so liegt der Anfang Rußlands im Jahre 862 413 Jahre nach dem Anfang Englands, im Jahr 449; der Anfang Frankreichs 486 nach dem Anfang Roms im Jahre 753. Durch diese Auffassung kommt die Zeit der Natur der Zahlen ungewöhnlich nahe, d. h. der Welt der unterbrochenen, auseinandergerissenen Größen. Wir beginnen die Zeit zu verstehen als eine abstrakte Aufgabe der Division im Lichte der irdischen Endrichtung. Die genaue Erforschung der Zeit führt zur Aufteilung der Menschheit, da die Sammlung der Eigenschaften, die früher den Göttern zugeschrieben wurden, erreicht wird durch die Erforschung seiner selbst, und eine solche Erforschung ist nichts anderes als die Menschheit, die an die Menschheit glaubt. Erstaunlich ist, daß auch der Mensch als solcher den Stempel derselben Rechnung auf sich trägt. Wenn Petrarca zu Ehren Lauras 317 Sonette geschrieben hat und die Zahl der Schiffe in einer Flotte oft gleich 318 ist, so enthält auch der menschliche Körper $317 \cdot 2$ Muskeln — 634, 317 Paare. Knochen hat der Mensch $48 \cdot 5 = 240$, die Oberfläche eines Blutkörperchens ist gleich der Erdoberfläche, geteilt durch 365 in zehnter Potenz.

1. Gläser und Linsen, die die Strahlen des Schicksals verändern, sind das voranschreitende Geschick der Menschheit. Wir müssen trennen: zwischen dem Gelehrten, der die Strahlen befehligt, und dem Stamm, der die Wellen des Strahls besiedelt, der in der Macht des Gelehrten steht.
2. In dem Ausmaß, in dem die Strahlen des Schicksals entdeckt werden, verschwindet der Begriff Volk und Staat, und zurück bleibt eine einige Menschheit, deren Punkte sämtlich gesetzmäßig miteinander verbunden sind.
3. Möge der Mensch, wenn er sich von der Werkbank erholt hat, die Keilschrift der Sterne lesen gehen. Den Willen der Sterne begreifen bedeutet: vor Augen aller die Gesetzesrollen der wahren Freiheit aufrollen. Sie hängen als etwas zu schwarze Nacht über uns, diese Tafeln der künftigen Gesetze, und besteht der Weg des Teilens nicht gerade darin, sich zu befreien vom Draht der Regierungen zwischen den ewigen Sternen und dem Gehör der Menschheit. Möge die Regierung der Sterne drahtlos sein.
Einer dieser Wege ist das Gamma des Budetljanin, das mit dem einen Ende den Himmel aufrührt und mit dem anderen sich in den Herzschlägen versteckt.

# In der Welt der Ziffern

Wir alle wissen, wie sehr unsere Großmütter und Urgroßmütter hingezogen waren zu der «Tierzahl» — 666, der sie einen besonderen, geheimnisvollen Sinn beigaben. Das ist keineswegs merkwürdig. Wissenschaftliches Wahrsagen ist so oft vom Glanz der «jenseitigen» Welt umgeben. Später zerstört der Verstand das Teufelswerk und findet die kalten Gesetze.
Solche Zahlen sind nicht zum ersten Mal gefunden worden ...
So sind auch Zahlen wie 48, 317, 1053, 768, 243.
Das Schicksal solcher Zahlen erinnert an das verbreitete Erwachsenenspiel — den Verkehr mit der Welt jenseits des Grabes, diese kleinen Schalen, die Prophezeiungen abhorchen, diese unsichtbaren Flügelschläge vorbeifliegender Geister, der nichtirdische Gesang usw.
Wahrscheinlich erwartet solch ein Schicksal auch diese Zahlen. Wer zum Beispiel hätte gedacht, daß die zahlreichen Regierungen, auf die die Worte Puškins so anwendbar sind:

> «Wieviel es sind! Wohin sie jagen!
> Was singen sie so kläglich?
> Tragen sie den Domovoj zu Grabe?
> Verheiraten sie eine Hexe?» —

die Regierungen Lvov, Skoropadskij usw. als richtige Wellenkämme der Zeit entstanden, 48 Tage nacheinander.
Ihre Gleichung, nennt X den Tag des Regierungsantritts, K den Ausgangspunkt, folglich ist $X = K + 48 n$.
Nehmen wir als Ausgangspunkt den 27. August 1917, als die «Staatsberatung» gebildet wurde und der Stern Kornilovs aufging. Dieser Tag, mit sehr weißer Farbe geschrieben, sei K. Dann ist, 48 Tage danach, wobei $n = 1$ ist, der 14. Oktober 1917 — die Bildung des «Provisorischen Sowjets» mit Kerenskij an der Spitze. Setzen wir $n = 3$, erhalten wir den 19. Januar 1918 — die Sitzung der Konstituante; $n = 4$ ergibt den 8. März — die Regierung des Fürsten Lvov; $n = 5$ ergibt den 26. April 1918 — die Bildung der Regierung Skoropadskij; bei $n = 7$ erhalten wir den 18. September 1918 — die Regierung Aksentjevs.
Diese weißen Regierungen sind wie Spielzeugschiffe, die, aufs Wasser gesetzt, auftauchten und 48 Tage später untergingen.

Am besten veranschaulicht ihr Schicksal die folgende Tabelle:

$X = K + 48n$ Tage.   $K = 27$. Aug. 1917

| Bedeutung, Name der Regierungen | n | $X = K + 48n$ Tage |
|---|---|---|
| Staatsberatung in Moskau (Kornilov) | $n = 0$ | 27. Aug. 1917 |
| Provisor. Sowjet Rußlands (Kerenskij) | $n = 1$ | 14. Okt. 1917 |
| Konstit. Versammlung | $n = 3$ | 19. Jan. 1918 |
| Sibirische Regierung d. Fürsten Lvov | $n = 4$ | 8. März 1918 |
| Regierung Skoropadskij in Kiev | $n = 5$ | 26. Apr. 1918 |
| Staatsberatung Aksentjevs in Ufa | $n = 7$ | 16. Sept. 1918 |

So vereinigen sich diese Namen wie eine zudringliche Krähenschar unter einem gemeinsamen Regiment.
Überhaupt vereinigen 48 Tage sehr oft ähnliche Ereignisse; so zum Beispiel ist die Prozession Gapons, 22. Januar 1905 und 19.–22. Dezember 1905 – der bewaffnete Aufstand in Moskau – durch $48 \cdot 7$ Tage voneinander getrennt.
Nehmen wir jetzt die Zahlen 768 und 1053.
Dies sind zwei echte kleine «Teufel», die überall dort auftreten, wo zweimal aufeinanderfolgendes Kettenklirren vereinigt werden muß. Die reinen Gesetze der Zeit sind für alle Dinge gleich, genau wie die Gesetze des Raumes ein und dieselben sind sowohl für ein Dreieck dreier unbeweglicher Sterne als auch für ein Dreieck dreier Punkte am menschlichen Schädel, der sich der Hand eines ihn erforschenden Gelehrten unterwirft.
Nehmt die Tode der Zaren, diese Zahlen darauf angewandt.
Wenn die Zahl 48 geholfen hat, die «Gleichung» der weißen Regierungen aufzustellen, so nimmt die Zahl $768 = 48 \cdot 16$ teil an der «Gleichung» des Todes der in die Ewigkeit eingegangenen Zaren.
Das «Kummerblatt der Zaren» hat als Gleichung folgendes Aussehen: $X = 769 \cdot 5n + 1052 k$.
Bei $n = 1$, $k = 1$ ist $x = 4897$ Tage $= 769 \cdot 7 + 1052$ oder gleich der Zahl der Tage zwischen dem 16. Juli 1918 (Tod Nikolajs II.) und dem 17. Februar 1905 (Ermordung des Sergej Aleksandrovič). Ist $n = 3$, $k = 2$, so ist $x = 13639 = 769 \cdot 15 + 1052 \cdot 2$, d. h. die Zeit zwischen dem 13. März 1881 (Ermordung Aleksandrs II.) und dem 16. Juli 1918 (Ermordung Nikolajs II.). Auf diese Weise haben wir in der Gleichung $x =$ (Todestag) $= 769 \cdot 5 \cdot n + 1052 k$ bei $k = n = 0$ den Todestag Aleksandrs II., bei $n = 2$,

k = 1 erhalten wir den Tag, an dem Sergej Aleksandrovič durch Kaljajevs Bombenattentat ums Leben kam, bei n = 3, k = 2 den Tag der Erschießung Nikolajs II.

Diese Regelmäßigkeiten weisen hin auf die Gesetzmäßigkeit der geschehenen Ereignisse.

Wenn wir das bis zu Ende studieren, können wir eine Aufnahme entfernter Punkte der Zeit machen, in der Vergangenheit wie in der Zukunft.

Studieren wir die «Berge der Zukunft», gehen wir ganz genauso vor wie der Landvermesser, der Winkel und Schattenlänge mißt, um daraus die Höhe der Berge zu errechnen, auf denen er nie gewesen ist.

Hier aber nun dieselben Zahlen als zeitliche Verbindungen zwischen wiederholten Punkten von Volksaufständen:

I) 31. März 1871 — Beginn der Pariser Kommune. 768 · 22 danach — am 16. Juli 1917 — bewaffneter Aufstand der Arbeiter in Petrograd.

II) 29. Mai 1871 — Zerstörung der Säule auf der Place Vendôme zum Zeichen des Verzichts auf Macht über andere Völker. 1053 · 16 — am 16. Juli 1917 — der bewaffnete Aufstand in Petrograd.

III) 7. März 1848 — Beginn der Pariser Kommune. 1053 · 20 — am 3. November 1905 — Rotes Petrograd.

IV) 29. April 1848 — Demonstration der Arbeitslosen, die Arbeit fordern. 1053 · 8 — am 10. April 1871 — Proklamation der Pariser Kommune.

V) Ermordung Sipjagins (14. April 1902), eines der Räder der Freiheitsbewegung, 1053 Tage vor dem Befehl zur Einberufung der Volksvertreter am 3. März 1905.

VI) Die chinesische Republik (13. Februar 1912) wurde 1054 · 2 vor der Proklamation der ukrainischen Republik am 22. November 1917 sowie vor Beendigung des Kriegszustandes ausgerufen.

Auf diese Weise trifft man diese Zahlen ziemlich oft als Entfernungsmaße in der Zeit, und vielleicht wird irgendwann einmal ein neugieriger Kopf ihnen eine abstrakte Erklärung zugrunde legen.

Aber diese Gleichungen «vergleichen» erstaunlicherweise alles und alle vor dem Angesicht eines abstrakten Gesetzes.

Was die $3^5 - 1 = 242$ betrifft, so trennt diese Zahl — die fünfte Potenz von drei weniger eins — sehr oft den Beginn einer Tätigkeit von deren Ende.

Kerenskij wurde Regierungsmitglied am 15. März 1917. Kurz darauf wurde er ihr Chef. Am 14. März 1917 wurde der «Befehl Nr. 1» erlassen.
$3^5 - 1$ danach war die Schlacht um Carskoje Selo, die Flucht Kerenskijs — am 12. November 1917.
Der 7. November 1917 als Kriegsende war die Wiederholung in den russisch-deutschen Beziehungen und Triumph Deutschlands, Gipfel der deutschen Macht.
$3^5 - 1$ wurde Mirbach, der deutsche Gesandte, ermordet.
Am 21. März wurde Nikolaj II. verhaftet. 2 ($3^5 - 1$) danach, am 16. Juli, wurde er erschossen.
Hier gab es auch einen Fall von einer Stufe in eine andere, wie er weiter unten erläutert ist, wenn auch beide Ereignisse gleichbedeutend sind.
Am 22. November begannen die friedlichen Verhandlungen mit Deutschland. Zur selben Zeit erklärte sich die Ukraine, teilweise unter dem Druck Deutschlands, zum unabhängigen Staat. $3^5 - 1$ danach wurde Eichhorn, dieser Träger deutschen Einflusses in der Ukraine, ermordet.
Der Umstand, der das Erscheinen von Skoropadskij als einem Statthalter des deutschen Einflusses notwendig machte, entstand nach der Zerschlagung Kornilovs, eines Anhängers der Entente, und der Niederschlagung des Kongresses der linken SR, die den Krieg gegen Deutschland gefordert hatten (17. April).
$3^5 - 1$ nach dem 6. April — der Tag der Abdankung und Flucht Skoropadskijs (14. Dez.). Er war für den Lauf der Dinge überflüssig geworden.
Kornilov wurde am 13. April getötet, $3^5$ nach der Beratung der Alliierten in London am 17. August 1917, die Kornilov zu ihrem Vertreter erhoben hatten.
Der Angriff der Čechoslovaken vom 25. Mai war die mächtigste militärische Einmischung der Alliierten in die Angelegenheiten Rußlands. $3^5$ — am 23. Jan. 1919 — danach: die Zustimmung zur Teilnahme an friedlichen Verhandlungen auf den Prinzeninseln, Verzicht auf grobe Gewaltanwendung.
Desgleichen entflammte der Aufstand der linken SR gegen die Sowjetmacht (am 7. Juli 1918) $3^5 - 1$ nach Bildung der Regierung Lenin am 9. November 1917. Dagegen war 2 ($3^5 - 1$) nach Bildung der Sowjetregierung (7. November 1917) der erste Kongreß der III. Internationale, am 6. März 1919, ihre feierliche Ehrung.

Es ist, als trete hier die alte Regel zutage: Negation der Negation ergibt Bestätigung, zwei «Neins» ergeben «Ja».

Am 28. Januar 1919 wurde die Sowjetregierung Rakovskijs gebildet. $3^5$ zuvor, am 30. Mai, war in Kiev der Bauernkongreß auseinandergejagt worden.

Am 20. Januar 1863 Bildung des «Rząd Narodowy» in den ersten Tagen des polnischen Aufstands. $3^5 - 1$ danach — am 10. September 1863 — das Attentat auf den Statthalter Polens, den Grafen Berg. Dieser Schuß war der letzte Schlußpunkt unter den am 22. Januar entflammten Aufstand, der von der russischen Militärmacht niedergeschlagen wurde.

Die Ermordung Mirbachs und der Aufstand der linken SR vom 7. Juli war ein Tag des Schismas unter den Linken. $3^5 - 1$ danach, am 2.–6. März 1919 wurde die III. Kommunistische Internationale abgehalten, die diesem Schisma ein Ende setzte und der Befreiungsbewegung ihre Einheit zurückgab.

Auf diese Weise vereinigt $3^5 - 1 = 242$ deutlich Anfang und Ende einer bestimmten Schicht in der Zeit.

Hoffen wir, daß diese Gegenüberstellungen, die einstweilen nur den Geist aufwecken, bald zum Gegenstand wissenschaftlicher Forschung werden ...

# Auszüge aus den Tafeln des Schicksals

Vom Morgenrot gekrönt
*Blatt 1*

Das Schicksal der Volga gibt Unterricht in Schicksalskunde.
Der Tag der Vermessung des Volgabetts wurde zum Tage ihrer Unterwerfung, ihrer Eroberung durch die Kraft von Segel und Ruder, die Kapitulation der Volga vor dem Menschen. Das Vermessen des Schicksals und die Erforschung seiner gefährlichen Stellen muß die Schicksalsschiffahrt zu einer ebenso leichten und ruhigen Angelegenheit werden lassen wie die Volgaschiffahrt zum leichten und gefahrlosen Handwerk geworden ist, seitdem Hunderte von Schiffern mit roten und grünen Lichtern die gefährlichen Stellen, Felsriffe, Untiefen und Schnellen des Flußgrunds gekennzeichnet haben. Ebenso kann man die Risse und Sprünge in der Zeit erforschen.
Ähnliche Vermessungen kann man auch für den Strom der Zeit anstellen, indem man die Gesetze des morgigen Tages aufstellt, das Flußbett der künftigen Zeiten erforscht, ausgehend von den Lehren der vergangenen Jahrhunderte, und den Verstand mit neuen geistigen Augen in die Ferne kommender Ereignisse ausrüstet.
Es ist seit langem ein Gemeinplatz, daß Wissen eine Form von Macht ist, die Vorhersage der Ereignisse dagegen ihre Lenkung, Regierung.
Hier zwei Gleichungen: die eine umreißt die Geschicke Englands, die andere ergibt einen Grundriß in der Zeit Indiens.
Erinnert werden muß daran, daß die Potenzen der Drei ($3^n$) überhaupt entgegengesetzte Ereignisse vereinigen, Sieg und Niederlage, Anfang und Ende. Die Drei ist gleichsam das Rad des Todes für das Ereignis, von dem man ausgegangen ist.

Moskau, 16/I — 22.

DER TAG DES LEICHNAMS BEIM NACHBARN
(Die Stunde der Beerdigung)

Die reinen Gesetze der Zeit habe ich im Jahre 20 gefunden, als ich in Baku lebte, im Lande des Feuers, im hohen Gebäude des Matrosenwohnheims, zusammen mit Dobrakovskij, nämlich am 17/XI.
Die riesige Aufschrift «Dobrokuznja» war schräg über die Wand geschrammt, um die Farb-Eimer herum lagen Pinsel, und in mei-

nen Ohren stand unabwendbar, daß, wenn jetzt eine Nina erschiene, aus der Stadt Baku der Name Bakunins werden würde. Sein riesenhafter zottiger Schatten hing über uns. Der Maler, der begonnen hatte, Kolumbus zu modellieren, modellierte aus dem Stück grünen Wachs auf einmal mich. Das war ein gutes Vorzeichen, gute Hoffnung für den, der auf den Kontinent der Zeit zuschwamm, in das unbekannte Land. Ich wollte den Schlüssel zur Uhr der Menschheit finden, ihr Uhrmacher sein und die Grundlagen der Vorhersage der Zukunft aufzeichnen. Das war in der Heimat der ersten Bekanntschaft der Menschen mit dem Feuer und seiner Zähmung zum Haustier. Im Lande des Feuers — in Aserbaidschan — hat das Feuer seine ursprüngliche Gestalt verändert. Es fällt hier nicht als wilde Göttin vom Himmel, als furchteinflößende Gottheit, sondern sprießt als sanftes Blümlein aus der Erde, als wolle es darum bitten und dazu auffordern, es zu zähmen und zu pflücken.

Am ersten Frühlingstag des Jahres 20 nahm ich teil an der Ehrbezeugung, die dem ewigen Feuer erwiesen wurde, und schlief, abends von der rasch hereinbrechenden Dunkelheit überrascht, draußen in der Steppe, mitten in Grasbüscheln und Spinnenhöhlen. Rings um mich standen die Schrecken der Nacht.

Die Gleichung des inneren Gürtels der Lichter der Sonnenwelt fand ich am 25/IX—20 auf einer Sitzung des Proletkult in Armavira, auf den Hinterbänken des Versammlungssaales, wo ich während der zündend-geschäftigen Reden in meinem Notizbuch die Zeiten dieser Sterne ausrechnete.

Diese Gleichung hat die Sternengrößen zusammengeschmiedet und sie, zusammen mit der menschlichen Gemeinde, zu Bürgern eines allgemeinen Gesetzes gemacht.

Mein erster Entschluß, die Gesetze der Zeit zu suchen, fiel am Tage nach Tsushima, als die Nachricht von der Schlacht bei Tsushima in die Gegend von Jaroslavl gelangte, wo ich damals im Dorf Burmakino, bei Kuznecov, wohnte.

Ich wollte die Rechtfertigung für diese Tode finden.

Ich erinnere mich an den Frühling des Nordens und den Klang des Zaumzeugs und der Steigbügel, ihre Walzen auf den Pferden in einem eigenen kleinen Faß, die über das Feld dahinrollten, um dem rostigen Eisen den silbrigen Glanz von Zaumzeug und Geschirr zu verleihen. Die ergebenen Schindmähren des Nordens schleiften die Fässer mit ihren Ketten hinter sich her.

Bei dieser Arbeit war mein hoffnungsvoller und treuer Helfer der Zufall, der mir in meinem Bücherhunger genau das Buch zusteckte, das ich brauchte.
So gab mir Gen. Brovko eine Chronik der Ereignisse 1917—20. Sie gestattete, der Zählung und Berechnung der Tage näherzutreten, was der erste Schritt war.
Das Atmen dieses Gefährten habe ich immer gehört.
Ich bin fest entschlossen, wenn diese Gesetze unter den Menschen keine Anerkennung finden, den versklavten Stamm der Pferde in ihnen zu unterweisen. Diesen meinen Entschluß habe ich bereits in einem Brief an Ermilov mitgeteilt.
Die ersten Wahrheiten vom Raum der gesellschaftlichen Gerechtigkeit suchte man in den Umrissen der Felder, indem man Steuern für ein rundes oder dreieckiges Feld festlegte oder die Erdflächen der Erben einander anglich.
Die ersten Wahrheiten von der Zeit sucht man in Stützpunkten für die richtige Aufbereitung der Generationen und überträgt den Willen zur Gleichheit und Gerechtigkeit auf eine neue Dimension der Zeit. Aber der Mörser war auch für sie dieser alte Wille zur Gleichheit, zur Aufteilung der Zeit in gleiche Zeitreiche.
Als eine in der Zeit vorüberströmende Erscheinung erkannte die Menschheit die Macht ihrer reinen Gesetze, aber es erstarkte auch das Gefühl, Untertan zu sein, und zwar durch feindliche Glaubenslehren, die versuchen, den Geist der Zeit mit der Farbe des Wortes darzustellen.
Die Lehrer von Gut und Böse, Ahriman und Ormuzd, von kommender Vergeltung, waren die Wünsche, über die Zeit zu sprechen, aber man hatte kein Maß, keinen Aršin, um zu messen.
So wurde das Gesicht der Zeit mit Worten auf die alte Leinwand von Koran, Veden, der Guten Kunde und anderer Lehren geschrieben. Hier in den reinen Gesetzen der Zeit wird vom Pinsel der Zahl ebenfalls ein großes Gesicht skizziert und auf diese Weise die Sache der Vorgänger anders angegangen. Auf die Leinwand wird nicht das Wort, sondern die genaue Zahl geworfen, in ihrer Eigenschaft eines kunstvollen Pinselstrichs, der das Gesicht der Zeit darstellt.
Auf diese Weise hat sich im alten Bereich des Zeitmalens ein gewisser Umbruch vollzogen.
Seit er das Gros der Wörter abgeschafft hat, hält der Zeitmaler einen genauen Aršin und Maßstab in Händen.

Wer die reinen Gesetze der Zeit vernachlässigen und zugleich richtig urteilen möchte, würde den Herrschern des Altertums gleichen, die das Meer auspeitschten, weil es ihre Schiffe verschlungen hatte.
Angebrachter wäre gewesen, die Gesetze der Schiffahrt zu erlernen.
Zuerst fand ich die Gegensätzlichkeit von Ereignissen heraus, die $3^5$ Tage, 243 Tage auseinanderliegen. Dann fuhr ich in den Potenzen und im Wachstum der gefundenen Zeiten fort und begann, sie auf die Vergangenheit der Menschheit anzuwenden.
Diese Vergangenheit wurde plötzlich durchsichtig, und das einfache Gesetz der Zeit erteilte plötzlich seinen Segen.
Ich begriff, daß die Zeit auf den Potenzen der Zahlen Zwei und Drei, den kleinsten geraden und ungeraden Zahlen aufgebaut ist.
Ich begriff, daß die wiederholte Multiplikation der Zweien und Dreien mit sich selbst die wahrhafte Natur der Zeit ist, und als ich mich des altslavischen Glaubens an das «Gerade oder Ungerade» erinnerte, erkannte ich, daß Weisheit ein Baum ist, der aus einem Korn erwächst. Aberglauben in Gänsefüßchen.
Nachdem ich die Bedeutung von Gerade und Ungerade in der Zeit entdeckt hatte, hatte ich das Gefühl, als hielte ich eine Mausefalle in Händen, in der wie ein verschrecktes kleines Tier das alte Schicksal zitterte. Einem Baum ähnlich, stellten sich die Gleichungen der Zeit, einfach wie ein Stamm in seinem unteren Teil, biegsam und mit den Zweigen ihrer Potenzen ein kompliziertes Leben lebend, dort, wo das Hirn und die lebendige Seele der Gleichungen konzentriert sind, als Umkehrungen der Gleichungen des Raumes heraus, wo die große Zahl des Stammes gekrönt ist durch eine Eins, eine Zwei oder Drei, aber nicht mehr.
Dies sind zwei entgegengesetzte Bewegungen in ein und derselben Dimension des Rechnens, erkannte ich.
Ich sah sie deutlich: die Berge, die riesigen Schollen der Grundzahl, auf die sich, um auszuruhen, der Raubvogel der Potenz gesetzt hatte, der Vogel der Erkenntnis, Grundzahl für den Raum und die dünnen Stämme der Bäume, die Zweige mit ihren Blüten und lebendigen Vögeln, die dort hin und her flogen.
Die Zeit im Raum ist, wie es scheint, ein steinerner Exponent der Potenz, er kann nicht größer sein als drei, und die Grundlage

des Raums lebt ohne Grenze; anders bei der Zeit, wo die Grundlage aus den «harten» Zahlen Zwei und Drei gebildet wird und der Exponent der Potenz ein kompliziertes Leben lebt, als freies Spiel der Größen. Dort, wo früher die blinden Steppen der Zeit waren, wuchsen plötzlich wohlgestalte, aus Zweien und Dreien gebaute Polynome, und mein Bewußtsein glich dem eines Reisenden, vor dessen Auge plötzlich die zinnenbesetzten Türme und Mauern einer niemandem bekannten Stadt erscheinen.

Wenn in dem bekannten Märchen Kitež-Grad in einem blinden Waldsee versank, so trat hier aus jedem Zeitflecken, aus jedem Zeitsee ein wohlgestaltes Polynom aus Dreien mit Wacht- und Glockentürmen hervor, eine Art Čitež-Grad.

So sind Reihen wie $3^{3+3} + 3^{3+2} + 3^{3+1}$, wo die Zahl der Glieder der Grundzahl gleich, der Exponent der höheren Potenz die doppelt genommene Drei ist, während die anderen Exponenten zur Eins hin abnehmen, oder die allen bekannte Zahl $365 = 3^5 + 3^4 + 3^3 + 3^2 + 3^1 + 3^0 + 1$ einerseits das alte Verhältnis zwischen Jahr und Tag aufgedeckt, andererseits der alten Erzählung von Kitež-Grad einen neuen Sinn verliehen haben.

Die Stadt der Dreien mit ihren Wachttürmen und Glockentürmen hat klar aus der Tiefe der Zeit geläutet. Eine schöngebaute Stadt aus Zahlentürmen hat die früheren Flecken der Zeit ersetzt.

Ich habe mir diese Gesetze nicht ausgedacht; ich habe einfach die lebendigen Größen der Zeit gesammelt, versucht, sie bis auf die Haut der bestehenden Lehren zu entkleiden, habe nachgesehen, nach welchem Gesetz diese Größen eine in die andere übergehen, und Gleichungen aufgestellt, die auf Versuchen beruhen. Und die Formeln der Zeitgrößen traten eine nach der anderen in einer merkwürdigen Verwandtschaft mit den Formeln des Raumes hervor, bewegten sich gleichzeitig, aber in entgegengesetzter Strömung.

Die Zahl ist eine Schale, in die Flüssigkeiten beliebiger Größe gegossen werden können, die Gleichung ist das Zubehör, das eine lange Reihe von Größen aufstellt, wo die harten Zahlen als die unbeweglichen Metallringe der Gleichung, als ihr Gestell erscheinen, die Größen m, n dagegen — als die beweglichen Glieder des Geräts, die Räder, Hebel, Schwungräder der Gleichung.

Manchmal habe ich in Gedanken die Zahlen der Gleichung, die in ihrer Größe harten Zahlen mit dem Gerippe eines Körpers

verglichen, die Größen m, n dagegen mit den Muskeln und dem Fleisch eines Rumpfs, die die Märchentiere in Bewegung setzen.
In der Gleichung habe ich Muskeln und Knochen unterschieden. Und die Gleichungen der Zeit erwiesen sich als Spiegelbilder der Gleichungen des Raums.
Die Gleichungen des Raumes glichen den Ausgrabungen ausgestorbener Tiere mit einer riesigen Körpergrundzahl und einem winzigen Schädel. Einem Gehirn, der Krone des Rumpfes.
Wenn die Formel für ein Volumen $A^3$ ist, so kann A bis ins Unendliche wachsen, während der Exponent immer drei bleibt.
Drei ist die harte Größe, der Knochen der Gleichung. A ist ihr flüssiger Teil; für zwei entgegengesetzte Punkte in der Zeit ist die Verbindung $3^a + 3^a$ charakteristisch, oder $3^n + 3^m$, oder in einfacherer Gestalt: $3^n$. Diese Verbindung vereinigt Ereignis und Gegenereignis in der Zeit.
Das Ereignis des Gehens. A und das Ereignis des Entgegengesetzten ist ebenfalls A. Hier ist die harte Grundzahl die Drei und der ins Unendliche wachsende Exponent p – ist er nicht die Gegenströmung der Rechnung?
Worüber die alten Glaubenslehren sprachen, drohten, im Namen der Vergeltung, das geschieht jetzt durch die einfache und rohe Kraft dieser Gleichung; in ihrer trockenen Sprache liegt eingeschlossen: «Mein ist die Rache» und der grausame, nicht vergessende Jehova der Alten.
Denn das Gesetz Mose und der ganze Koran gehen doch in der eisernen Kraft dieser Gleichung auf.
Aber wieviel Tinte wird dadurch verschont! Wie wird das Tintenfaß aufatmen! Darin liegt das fortschreitende Wachstum der Jahrhunderte. Man kann die durchsichtigen Umrisse der 3 Tage aufblühen lassen in der Farbe des Blutes, des Eisens und des Todes.
Vergehen und Strafe, Tat und Vergeltung.
Wenn im ersten Punkt das Opfer stirbt.
$3^5$ später stirbt der Mörder.
Wenn der erste Punkt durch einen großen Kriegserfolg einer bestimmten Welle der Menschheit in Gestalt einer Eroberung bezeichnet wird, so wird der zweite Punkt, $3^n$ Tage darauf, der Stillstand dieser Bewegung werden, wird zum Tag des Widerstandes gegen sie, zum Tag der Interjektionen: Halt! nicht von der Stelle, während die ganzen $3^n$ Tage über die Knute des

Schicksals gepfiffen hat und man die mächtigen: He! Vorwärts! Hü-hott! hörte.

So liegt der Tag der Schlacht bei Mukden, am 26/II 1905, als die Bewegung der Russen nach Osten aufgehalten wurde, die mit der Einnahme Iskers durch Ermak eingesetzt hatte, $-3^{10} + 3^{10} = 2 \cdot 3^{10}$ nach der Einnahme Iskers am 26/X 1581.

Die Schlacht bei Angora am 20/VII 1402, die der Bewegung der Mongolen nach Westen eine Grenze gesetzt hatte, eine feste Schwelle, war $3^{10}$ nach dem mächtigen Erfolg der Tataren, ihrer Einnahme Kievs am 6/XII 1240, diesem Beginn der Invasion des Ostens, als der Osten, nach Westen gewandt, das Visier des Kampfes fallen ließ.

Kulikovo pole am 26/VIII 1380 gebot der Bewegung der Völker des Ostens nach Westen Einhalt, diesen Wellen der Hunnen, Slaven, Magyaren, Polovzer, Pečenegen, Tataren. Diese hatte aber $3^{11} + 3^{11} = 2 \cdot 3^{11}$ eingesetzt: nach der Einnahme Roms durch Alarich am 24/VIII 410, als Rom dem Erdboden gleichgemacht worden war. Mit der Einnahme Byzanz' 1453 setzten die Türken der altgriechischen Sehnsucht nach dem Osten Grenzen. Aber dieses Ereignis, der Untergang der griechischen Hauptstadt, geschah $3^{11} \cdot 4$ nach dem Jahre 487 v. Chr., als die Griechen, nach ihrem Sieg über die Perser, nach Osten vordrangen.

Roms Bewegung nach Osten begann um das Jahr 30 (am 4/VIII 30 nahm Octavian Alexandria).

Als Rom zum Herren auf dem Mittelmeer geworden war, unterwarf es auch die Hauptstadt des Ostens, Alexandria.

Dieses Jahr war die Blüte Roms, ein echter Schritt nach Osten; $3^{11}$ Tage später kam das Jahr 455 (der 12/VII 455), das Jahr des Untergangs und der Zerstörung Roms.

Der Osten stieß seinen Säbel in seinen Gegner; Bulgarien war von den Türken mit der Schlacht bei Turnovo am 17/VII 1393 erobert worden, $3^{11}$ Tage später widerfuhr ihm das entgegengesetzte Ereignis: es erhielt die Befreiung durch den Berliner Kongreß. Der 13/VII 1878 ist gebunden durch das Gesetz $3^n$, der Punkt der Versklavung, der Ketten an den Händen, und der Punkt der Befreiung.

Beweisen wir jetzt unsere Wahrheit, daß ein Ereignis, das einen Wuchs von $3^n$ erreicht hat, sein Zeichen in das entgegengesetzte verkehrt (der Multiplikator, die Ja-Einheit als Zeiger verkehrt sich in den Multiplikator der Nein-Einheit (+ 1 und − 1), so daß in den wiederholten Zeiten der Zahlenstruktur $3^n$ Ereignisse sich zueinander verhalten wie zwei Züge, die sich auf derselben Strecke entgegenkommen, auf der kleinen Stufe n, der Potenz. Wenn die großen Grundzahlen der Potenz beschäftigt sind mit dem Tanz und Geplätscher der Staaten, mit ihrem kleinen Stab den großen Gopak der Invasionen lenken, Völkerwanderungen dirigieren, so beziehen sich die kleinen auf das Leben einzelner Menschen, wobei sie die Vergeltung lenken oder die Sprünge in der Gesellschaftsordnung, und in Zahlen das alte Original liefern, die alten Tafeln ihrer Übersetzung in die Sprache der Wörter.

«Mein ist die Rache.»

So hat der Militär Min am 26/XII 1905 das aufständische Moskau niedergeschlagen, $3^5$ Tage 243 danach wurde er ermordet, am 26/III 1906.

Von der strafenden Hand der Konopljannikova, oder war es das Schicksal selbst, das bei dem Schuß das Abzugshündchen des Browning zurückgerissen hatte.

Der Autokrat Nikolaj Romanov wurde am 16/VII 1918 erschossen, $3^7 + 3^7$ nach Auflösung der Duma am 22/VII 1906.

Der Präsident Amerikas, Garfield, wurde am 2/VII 1881 ermordet, $3^5$ Tage nach seiner Wahl für dieses Amt, am 2/XI 1880.

Der Mordanschlag auf den Statthalter Polens, Graf Berg, war 243 Tage nach Beginn des Aufstandes, das heißt, der Tag des Jüngsten Gerichts, der Tag der Rache brach $3^5$ nach dem Ereignis an, das die Rache heraufbeschworen hatte.

Der Krieger für die Freiheit, Robert Blum, wurde am 9/XI 1848 hingerichtet, $3^5$ nach Beginn des Aufstandes von 1848 (13/III 1848).

Die zaristischen Schulden wurden von Sowjet-Rußland am 6/XI 1921 anerkannt, $3^6 + 3^6 = 1458$ Tage nach dem Beginn der Sowjetregierung am 10/XI 1917, als sie gleich Null gesetzt worden waren.

Die Regierung Miljukov-Kerenskij wurde am 10/III 1917 $3^5$ vor der Regierung Lenin-Trockij − den 10/XI 1917 gebildet.

Die Zerschlagung Vrangels, des Nachfolgers von Kolčak, und das Ende des Bürgerkriegs war am 15/XI 1920, $3^6$ nach der Ernennung Kolčaks zum «Provisorischen Regenten» − 17/XI 1918.

Der Rückzug der Heere vom Kriegsschauplatz und die Auflösung der Regimenter am 7/XII 1917 war $3^5$ nach der Erklärung Miljukovs vom 9/IV 1917 «über den Krieg bis zum Ende» und die Bündnistreue.

Der Tag des Vseobuč am 11/VIII 1918 war $3^5 + 2^2$ nach der Auflösung der Armee durch Tolstovskij, 7/XII 1917.

Die Engländer verprügelten den Kontinent $3^n$ nach der Schlacht von Hastings, als die Insel durch die Militärgewalt des Kontinents erobert wurde.

Am 3/X 1066 war die Schlacht bei Hastings, oder der Sieg des Kontinents über die Insel; ihre Ureinwohner wurden geschlagen; die Insel wurde besetzt von den Horden Dänemarks, $3^9 + 3^9$ brach der Tag der Schlacht Glenville an, als die Engländer am 13/VI 1174 die Franzosen schlugen.

$3^{10}$ Tage später die Seeschlacht von Bornholm, 22/VII 1227, als sich die Engländer an den Dänen rächten und ihren Bezwinger von damals zur See zerschlugen. Die Insel war gerächt. So wurden der Reihe nach Frankreich und Dänemark zur See besiegt, jeweils $3^n$ nach dem entgegengesetzten Ereignis — der Niederlage der Engländer.

So wechselte der Reihe nach ja und nein.

Wir sahen den Heereszweikampf zwischen Westen und Osten, wir haben gesehen, daß der Säbel der Hand eines beider Gegner in $3^n$ Tagen nach dessen glücklichem Erfolg entgleitet, wenn jene die Hauptstadt des anderen in Schutt und Asche gelegt hat. Isker, Kiev, Rom, London waren die eine Reihe. Die Schlachten von Mukden, Angora, auf dem Kulikovo pole, bei Bornholm erklangen $3^n$ Tage nach der ersten Reihe. Der Bewegung wurde eine Schwelle gesetzt, eine Schranke, Einhalt, dem Besiegten der Sieg, dem Sieger eine Niederlage zuteil. Das Ereignis kehrte sich um, machte eine Wende nach 2 d, in zwei rechten Winkeln, und ergab einen negativen Umbruch der Zeit. Die Mitternacht eines Ereignisses wurde dessen Mittag, und es öffnete sich der wohlgeformte, mit rauchenden gesprengten Hauptstädten von Staaten tickende Lauf der Uhr der Menschheit.

Wer keine gewöhnliche Uhr hat, trägt nicht ohne Nutzen die große Uhr der Menschheit und hört auf ihr wohlgeordnetes Gehen: tik-tik-tik.

Im Zeitraum von $3^n$ bewegt sich das zweite Ereignis dem ersten entgegen; in entgegengesetzter Richtung, gleichsam ein Gegenzug, der dem ersten Ereignis mit einem Unglück droht.

Als diese «Wahrheit», setzen wir sie für diejenigen, die gern zweifeln, in Gänsefüßchen, erscheint die räumliche Bestimmung des Ereignisses, nämlich die Richtung, der Weg der Bewegung wird zur Abhängigen, Veränderlichen.
Der Tagesrechnung — das heißt der natürlichen Zeitgrößen. Oder der durch Versuch gefundene Zusammenhang der Grundlagen von Zeit und Raum ist gegeben. Erste Brücke zwischen ihnen.
Er geht aus der Erforschung der lebendigen Zeitgrößen hervor — nach welchem Zahlen-Gesetz gehen sie ineinander über.
Vergleicht man die lebendigen natürlichen Volumina aller Klötze mit rechtwinkligen Kanten und gleichen Rändern, so gehen entsprechend diesem Gesetz diese Volumina ineinander über.
$A^3$ oder $n^3$, wo n oder A die Kantenlänge im Gesetz des Volumens ist, erscheint als Flußbett und als harte Ufer der Gleichung der Exponent — Drei (die harte Zahl, Fessel der Größen), als bewegliches Naß des Flusses, als Strömung der Gleichung erscheint die Grundzahl A, durch die jede beliebige Größe ausgedrückt werden kann, A = der Fluß der Gleichung.
Für das Gesetz lebender Flächen, das Gesetz, wonach Flächen ineinander übergehen, ist die Wechselbeziehung $A^2$, $n^2$ am Platze, hier ist die harte Zahl die Zwei.
Dagegen gehen die Zeitgrößen nach dem Gesetz $3^n$ Tage oder $2^n$ Tage ineinander über; hier ist der Exponent frei wie der Wind, die Grundzahl der Potenz festgelegt — die Zwei oder Drei.
Der Fluß der Gleichung strömt über die Potenz, als deren Ufer die Grundzahl 3 = harte Zahl dient, während n eine freie, beliebige Zahl ist.
Irgendwie wäre es schön zu glauben, im Grunde gäbe es weder Zeit noch Raum, aber es gibt zwei verschiedene Rechnungen, zwei Deckflächen ein und desselben Daches, zwei Wege zu ein und demselben Zahlgebäude.
Zeit und Raum erweisen sich als ein und derselbe Baum des Rechnens, aber im einen Falle klettert das gedachte Eichhörnchen des Rechnens aus den Zweigen zum Stamm hinunter, im anderen vom Stamm aus hinauf in die Zweige.
Wirkungen über Größen, das ist die Kunst, größte Gleichheit durch kleinste Ungleichheit zu bestimmen.
Wie viele Jahrhunderte sind nötig, um diejenige Zahl zu bestimmen (aufzuschreiben), wo der Stamm aus drei Dreien der Exponent der Dreierpotenz ist, mit Hilfe des Dezimalsystems?

Wenn wir indes bei der Gleichheit einer höheren Ordnung Zuflucht suchen, werden wir es bestimmen, es im Nu aus einer Reihe von anderen herausziehen.

Dieses Gesetz kann das Gesetz des geringsten Tinteverbrauchs genannt werden, die Voraussetzung «geiziger Tinten».

Das zweite Gesetz — der Wille zu kleinsten Zahlen; ein Nirwana seiner Art, die Lehre Buddhas in der Zahlenwelt.

In dieser Rechnung, die die Zeit aufmacht, bestimmt die Anziehungskraft der Zahlen, die die Welt des Nichts umkreisen (d. h. der Einheit Zwei und Drei), die Struktur der Grundzahl; hart sind in dieser Grundzahl die Zweien und Dreien; in den Gleichungen des Raumes sind die Exponenten: drei, zwei, eins.

Dagegen wächst die Grundzahl bis ins Unendliche.

Kann man die Zeit den auf den Kopf gestellten Raum nennen?

Das Potenzieren ist eine Handlung des geizigsten Tinteverbrauchs; das Durchlesen einer Reihe von Jahrhunderten, sie werden (aus der Reihe der übrigen herausgenommen) mit zweidrei Federstrichen geschrieben. Dies liegt der Raumberechnung wie der Zeitrechnung zugrunde.

Aber im Fall des Raumes ist der Exponent vom Willen zu kleinsten Zahlen geschaffen, zur größten Nähe zum Nichts, bei der Zeit dagegen ist er Grundzahl.

Bei den Größen des Raums:

|  | In der Grundzahl | Im Exponenten |
|---|---|---|
| Festgelegte Zwei oder Drei |  | X |
| Unendliches Wachstum der Zahl (Zahlenfreiheit) | X |  |

Bei der Zeit:

|  | In der Grundzahl | Im Exponenten |
|---|---|---|
| Festgelegte Zwei oder Drei | X |  |
| Unendliches Wachstum der Zahl |  | X |

Oder Raum und Zeit sind zwei entgegengesetzte Rechnungsrichtungen, sind $m^n$ und $n^m$.

Im Leben einzelner Menschen habe ich die besondere grollende Zeit der Struktur $2^{13} + 13^2$ festgestellt. Sie ruft Heldentaten unterm Himmel von Mars oder Venus hervor, gleich welchem.

So hat Boris Samorodov, der den Aufstand in den Weißen Schiffen des Kaspischen Meeres führte, dies $2^{13} + 13^2$ nach seiner Geburt getan.

Mir scheint, daß der Geist der großen Heldentat in ihm von der dreizehnten Potenz der Zwei hervorgerufen worden ist, von seiner Geburt an gerechnet.

Wenn es die reinen Gesetze der Zeit gibt, so müssen sie alles und alle lenken, was die Zeit durchläuft, gleichgültig, ob die Seele Gogols, Puškins «Evgenij Onegin», die Himmelskörper der Sonnenwelt, die Sprünge in der Erdrinde und die schreckliche Ablösung des Reichs der Drachen durch das Reich der Menschen, die Ablösung des Devon durch eine Zeit, die gekennzeichnet ist durch den Eingriff des Menschen in Leben und Struktur des Erdballs.

Tatsächlich, wenn man in der Gleichung $x = 3^n + 3^n$ als dem Zeitraum für negative Sprünge $n = 11$ setzt, wird x gleich der Zeit zwischen der Zerstörung Roms im Jahre 410 durch die Völker des Ostens und der Schlacht auf dem Kulikovo pole, die der Bewegung dieser Völker ein Ende gesetzt hat. Diese Schlacht hat dem Osten Widerstand geleistet. Hat man $n = 10$ gesetzt, erhalten wir als x die Zeit, die zwischen dem Feldzug Ermaks und dem Rückzug Kuropatkins liegt. Diese Punkte sind Anfang und Ende der Bewegung der Russen nach Osten.

Setzt man $n = 18$, erhalten wir die Zeit zwischen Tertiär und Gegenwart. Und wenn schließlich $n = 23$, ist $x = 369.697.770$ Jahre oder der Zeitraum zwischen dem Devon, als die Drachen lebten, und der Gegenwart, wo die Erde ein Buch ist mit dem schreienden Titel «Der Mensch». Erklärt sich durch diese geheime Sprache der Dreien nicht das abergläubische Entsetzen der Menschen vor Drachen; vor nicht selten ungefährlichen Feinden?

Zwischen dem Devon und der Gegenwart liegen nach Definition des Gelehrten Solms $3^{33} - 2^2 + 3^{33} - 2^2$ Tage oder $3^{23} + 3^{23}$ Tage. Während dieser Zeit wurden aus den Staaten der schlüpfrigen, mit glitzernden Schuppen bedeckten Drachen die Staaten der nackten Menschen in der weichen Hülle der Haut. Nur die Locken auf dem Kopf erinnern, wie der Wind der aufgeschichteten Jahrhunderte, an die Vergangenheit. Von diesem Gesichtspunkt könnte man die Menschen Gegendrachen nennen. Aus Kriechtieren wurden Fallende, wie ein Ball fallende und wegspringende Menschen. Die reinen Gesetze der Zeit, als deren Posaunist und Herold ich hier auftrete, machen das Leben der Erdrinde wie die Sprünge im Aufbau der menschlichen Gesellschaft zu gleichberechtigten Bürgern ein und derselben Gleichung.

Hier ist das Gesetz des Seefahrerruhms der Engländer: $x = k + 3^9 + 3^9 n + (n - 1)(n - 2) 2^{16} - 3^{9n-2}$, wobei $k =$ der Tag des Jahres 1066 ist, als mit der Schlacht bei Hastings die Insel von den Dänen erobert wurde; bei $n = 1$ fällt x auf das Jahr 1174, das Jahr des Kampfes mit Frankreich; bei $n = 2$ liegt x auf dem Jahre 1227, dem Kampf mit Dänemark; bei $n = 3$ liegt x auf dem Jahre 1588, Seekrieg mit Spanien.

All diese Kriege haben Albion die Herrschaft zur See gesichert. Das war auch zu erwarten, weil die Gleichung auf der Drei aufbaut und ihr Ausgangspunkt die Niederlage der Engländer war.

| In Jahren | | | (Einheit Tag) | In Jahren | |
|---|---|---|---|---|---|
| (Einheit Tag) | Das Jahr angenommen als = 365 Tage | Das Jahr angenommen als = 365¼ Tage | | Das Jahr angenommen als = 365 Tage | Das Jahr angenommen als = 365¼ Tage |
| 2⁰ = 1 | | | 3⁰ = 1 | | |
| 2¹ = 2 | | | 3¹ = 3 | | |
| 2² = 4 | | | 3² = 9 | | |
| 2³ = 8 | | | 3³ = 27 | | |
| 2⁴ = 16 | | | 3⁴ = 81 | | |
| 2⁵ = 32 | | | 3⁵ = 243 | | |
| 2⁶ = 64 | | | 3⁶ = 729 | 2 Jahre weniger 1 T. | 2 Jahre weniger 2 T. |
| 2⁷ = 128 | | | 3⁷ = 2187 | 6 Jahre weniger 3 T. | 6 Jahre weniger 4 T. |
| 2⁸ = 256 | Jahr weniger 109 T. | Jahr weniger 109 T. | 3⁸ = 6561 | 18 Jahre wen. 3 T. | 18 Jahre wen. 13 T. |
| 2⁹ = 512 | 1 Jahr und 147 T. | 1 Jahr und 147 T. | 3⁹ = 19683 | 54 Jahre wen. 27 T. | 54 Jahre wen. 40 T. |
| 2¹⁰ = 1024 | 3 Jahre wen. 71 T. | 3 Jahre wen. 72 T. | 3¹⁰ = 59049 | 161 Jahre u. 284 T. | 161 Jahre u. 244 T. |
| 2¹¹ = 2048 | 6 Jahre wen. 142 T. | 6 Jahre wen. 143 T. | 3¹¹ = 177147 | 485 Jahre u. 122 T. | 485 Jahre u. 1 T. |
| 2¹² = 4096 | 11 Jahre u. 81 T. | 11 Jahre u. 79 T. | 3¹² = 531441 | 1456 Jahre und 1 T. | 1455 Jahre u. 2 T. |
| 2¹³ = 8192 | 22 Jahre u. 162 T. | 22 Jahre und 157 T. | 3¹³ = 1594323 | 4368 Jahre u. 3 T. | 4365 Jahre |
| 2¹⁴ = 16384 | 45 Jahre wen. 41 T. | 45 Jahre wen. 52 T. | 3¹⁴ = 4782969 | 13104 Jahre u. 9 T. | |
| 2¹⁵ = 32768 | 90 Jahre wen. 82 T. | 90 Jahre wen. 104 T. | | | |
| 2¹⁶ = 65536 | 179 Jahre u. 201 T. | 179 Jahre u. 156 T. | | | |
| 2¹⁷ = 131072 | 359 Jahre u. 37 T. | 359 Jahre wen. 53 T. | | | |
| 2¹⁸ = 262144 | 718 Jahre u. 74 T. | 718 Jahre wen. 106 T. | | | |
| 2¹⁹ = 524209 | 1436 Jahre u. 148 T. | 1436 Jahre wen. 212 T. | | | |
| 2²⁰ = 1043576 | 2872 Jahre u. 296 T. | | | | |

## DAS LEBEN DER JAHRHUNDERTE IM LICHTE VON $3^n$

Der ewige Zweikampf, beschienen von den Fackeln der $3^n$.
Das Zepter des Sieges geht aus den Händen des einen Kriegers über in die Hände des anderen.
Die Wellen der zwei Welten, die sich reihenden Lanzen des Ostens und Westens, die die Jahrhunderte durchschneiden.

| | | |
|---|---|---|
| 3/III-3313 v. Chr. Ära Kali-Yuga. Eroberung Indiens durch die Arawäer. Weiße Welle vom Westen. | $3^{13} + 3^7 - 2 \cdot 3^6$ | 10/XI-1256. Eroberung Bagdads durch die Mongolenheere Hulagus; Welle der Mongolen vom Osten. |
| 24/VIII-410. Alarich plündert Rom, die Hauptstadt des Westens. Die Welle des Ostens ergießt sich über den Westen. | $3^{11} + 3^{11}$ | 26/VIII-1380. Schlacht vom Kulikovo pole; durch sie ist den Völkern des Ostens eine Schranke gesetzt, der Widerstand gegen den Osten erreicht. |
| 2/VII-451. Attila geschlagen, Widerstand gegen den Osten. | $3^{12} - 2^7$ | 26/II-1905. Schlacht bei Mukden. Widerstand gegen den Westen. |
| 26/X-1581. Ermak erobert die Hauptstadt Sibiriens, Isker, Welle gegen den Osten. | $3^{10} + 3^{10}$ | 26/II-1905. Der Tag von Mukden, Stillstand der russischen Welle gegen Osten. |
| 3/IX-36 v. Chr. Schlacht bei Naulocha, Welle der Römer gen Westen. | $3^{12} + 3^{11}$ | 26/IX-1904. Schlacht bei Scha-ha. Der Westen wird aufgehalten. |

Lassen wir das Gerippe dieser Zeiten sprechen; kleiden wir es in menschliches Fleisch und verleihen den Felsen der Zeit die Stimme der Ereignisse, die $3^n + 3^n$ Tage voneinander trennen.

| | | |
|---|---|---|
| 24/VIII-410. Alarich erobert Rom; Welle des Ostens gen Westen. | $3^{11} + 3^{11}$ | 26/VIII-1380. Schlacht auf dem Kulikovo pole. Stillstand der Völker des Ostens. |

| | | |
|---|---|---|
| 26/X-1581. Ermak eroberte Isker. Welle der Russen nach Osten. | $3^{10} + 3^{10}$ | 26/II-1905. Schlacht bei Mukden. Widerstand gegen die Russen. |
| 3/X-1066. Schlacht von Hastings; Unterwerfung Englands. | $3^9 + 3^9$ | 13/VI-1174. Schlacht von Glenville. Insel-England besiegt den Kontinent. |
| 18/V-1899 Haager Friedenskonferenz. | $3^8$ | 9/V-1917. Friedensangebot des Petrograder Sowjets der Arbeiter-Deput. |
| 22/VII-1906. Auf Befehl Nik. Romanovs die Reichs-Duma aufgelöst. | $3^7 + 3^7$ | 16/VII-1918. Nikolaj Romanov erschossen. |
| 1/XI-1917. Beginn der Sowjetmacht in Rußland. | $3^6 + 3^6$ | 7/XI-1921. Ruck nach rechts, Verhandlungen über die Anerkennung der Schulden Rußlands. |
| 26/XII-1905. Aufstand in Moskau, von Min niedergeschlagen. | $3^5$ | 26/VIII-1906. Min durch die Schüsse der Konopljannikova ermordet. |
| 21/V-1792. Geheimverhandlungen des Königs mit ausländischen Staaten. | $3^4$ | 10/VIII-1792. Erstürmung der Tuilerien. |

DAS 19. JAHRHUNDERT IM LICHTE DER ENTFACHTEN FACKELN
2ⁿ TAGE UND 3ⁿ TAGE
Wachsen der Ereignisse innerhalb von $2^{14}$ Tagen.

| | | |
|---|---|---|
| 19./VI-1815 Waterloo, Widerstand gegen den Westen. Sieg der östlichen Hälfte des Kontinents über die westliche. | $2^{15} - 3^2$ | 26/II-1905. Mukden. Zum zweiten Mal Widerstand gegen den Westen, Richtung des Ereignisses dieselbe. Sieg des Ostens. |
| Die «kleine Panzerfaust Deutschland» im Jahr 1870. 2/IX-1870 = Sedan, die geflügelten Worte Bismarcks vom «Blut und Eisen» flogen in $2^{14}$ später als Zeppeline am Himmel und wurden wie die Zähne eines Märchendrachens zum Krieg am Himmel, zu Wasser und zu Lande, unter der Erde, unter Wasser, sie fauchten vergiftete Winde der Todesdämpfe über die Schützengräben hin. | $2^{14}$ | Die «große Eisenfaust Deuschlands». 11/VII-1915 der Weltkrieg Die Eisenfaust Deutschlands, die früher Frankreich gedroht hat, bedroht jetzt den gesamten Erdball. |
| 14/XI-1860. Peking erobert. (Seevölker belagern den Kontinent Asiens.) | $2^{14}$ | 23/IX-1905. Russisch-japanischer Krieg. 2-ter Seesieg. Der Kontinent geschlagen. |

## Schicksale der einzelnen Völker
*Blatt 2*

DIE SCHICKSALE EINZELNER VÖLKER,
BESCHIENEN VON DEN LAGERFEUERN DER ZEIT IN $3^{11}$ TAGEN.

Das Hohe wird niedrig, das Tiefe wird hoch.
Zenit und Nadir der Völker.

$n \cdot 3^{11}$ Tage

| | | |
|---|---|---|
| 17/VII-1393. Unterwerfung Bulgariens durch die Türken; Schlacht bei Turnovo. | $3^{11}$ | 13-20/VII-1878. Berliner Vertrag; Befreiung Bulgariens. |
| 4/VIII-30. Eroberung Alexandrias durch Rom. Höhepunkt Roms. | $3^{11} - 2 \cdot 3^3$ | 12/VI-455. Zerstörung und Einnahme Roms. |
| 487 v. Chr. Sieg der Griechen über die Perser. Griechenland auf dem Gipfel seiner Macht. | $4 \cdot 3^{11}$ $3^{12} + 3^{11}$ | 29/V-1453. Zerstörung und Einnahme Konstantinopels durch die Türken, der zweiten Hauptstadt der Griechen. |
| Makedonische Welle, Aufstieg Alexanders zur Sonne; Eroberung des Ostens und Arabiens. | $3^{11} + 3^{11}$ | Auferweckung des Ostens. Aufstand Mohammeds. Freies Arabien. |
| 7/II-1238. Eroberung von Vladimir. Unterwerfung Rußlands durch die Tataren. | $\dfrac{3^{11}}{2} + 2^3 \cdot 11$ | 1480, 7/XI. Ende des Tatarenjochs. |

## WACHSTUM DER POSAUNE DER EREIGNISSE

$2^{18}$ im Leben der Völker.
($2^{3^2+3^2}$ = 718 Jahre weniger 106 Tage.)

| | | |
|---|---|---|
| 753. Beginn des römischen Staates. Welle der Römer. | $2^{18}$ | 3/IX-36. Schlacht bei Naulochos. Schwelle zur Weltherrschaft der Römer, Afrika und der Osten. |
| 862. Beginn des russischen Staates; Welle der Russen. | $2^{18}$ | 26/X-1581. Schlacht bei Isker. Eroberung Sibiriens. Feldzug Ermaks; Schwelle zum russischen Weltstaat. |
| 5. März 1198. Beginn des «Drangs nach Osten», Gründung des ehrgeizigen Deutschen Ordens. | $2^{18}$ | 19/XI-1915. Kampf Deutschlands um die Herrschaft auf dem Erdball. |
| 3/X-1066. Beginn eines neuen dänisch-sächsischen England. | $2^{18}$ | 188 . . . . . . . . |

Oder: die Laune, die Ufer seiner Heimat zu verlassen, Herr des Erdballs zu werden, besucht die Völker im Alter der 18-ten Potenz von Zwei (Einheit: Tage).

Der Exponent dieser Potenz ist gleich dem Lebensalter des Menschen, wenn sich dem Menschen vor lauter unerfüllbaren Träumen der Kopf dreht; was kann wahnwitziger sein, als wenn man 18 ist?

In der Zeit wie im Laut wohnen die Götter der Zahl als Exponenten und haben deren Aussehen.

## VERFOLGEN WIR DIE BEDEUTUNG DER REINEN ZEITGESETZE FÜR DIE SCHICKSALE EINZELNER VÖLKER.

Die alte Welle des deutschen Volkes war die Wanderung der Kimbern, als diese gen Westen zogen und im Jahre 107 v. Chr. Rom bedrohten.

$3^{11}$ Jahre danach — die zweite große Welle der Deutschen gegen Osten und Westen.

9/VIII-378. «Die deutsche Gefahr.» Das erste Mal selbst zerschlagen, zerstören sie diesmal Rom, nach einigen Wiederholungsschlägen.

Die Schlagkraft dieses Jahres wächst in der Zweierpotenz, nämlich $2^{18}$ Tage danach, im Jahre 1096 sammeln sich die Gewitterwolken der Kreuzzüge, als sich die deutsche Gewitterwolke mit schönem Blitz gegen den Osten entlud.

Am 5/III-1198 wurde der Deutsche Orden gegründet mit seinem geweihten Traum von der Herrschaft auf dem Erdball, von der Bewegung «Drang nach Osten».

Dem Gesetz entsprechend brach $2^{18}$ Tage später das Jahr 1915 an, und der alte verborgene Blitz dieses weißen Kriegerbundes entlud sich im Rollen des Weltkriegs, und die Gespenster der Namen Wilhelm, Hindenburg, Tirpitz flogen um die Welt, und das «gottgeliebte» Blut des blauäugigen Stammes erhob mit bewaffneter Hand Anspruch auf das Zepter der Macht über unseren armen Stern. Es ist klar, daß das Jahr 1915 die Entladung des Jahres 1198 war. Die auf das Jahr 1870 bezogenen Worte Bismarcks von dem «Fetzen Papier», trunken von Sedan und Paris, wurden $2^{14}$ später, 1915, zum Kriegsgrund.

Das Lied «Deučland, Deučland juber alles» wurde $2^{14}$ Tage lang gesungen, von 1870 bis 1915, ohne Pause.

Der Beginn der Kreuzzüge am 18/XI-1095 war im allgemeinen $2^{18}$ nach der «deutschen Gefahr» im Jahre 378, am 9/VIII.

$2^{19}$ nach der deutschen Gefahr des Jahres 378 kam das Jahr 1814 (7/X-1814: die Völkerschlacht bei Leipzig, Bünde der Wiedergeburt), die Schwelle zum «deutschen Jahrhundert», in dem sich das deutsche Volk, nach Jahrhunderten des Niedergangs, zur höchsten Höhe emporschwang und jahrzehntelang auf allen Ebenen des Denkens und Handelns zum Führer der Menschheit wurde.

*Einige Gleichungen:*

1.) $X = K + 2^n (1 + n)^{19-n^3} + \dfrac{3 \cdot 2^{10-n^2}}{n}$

$X = K + 2^n (1 + n)^{19-n^3} - 2^9 (2-n) - 2^7 - 3 \cdot 2^{3-n}$

Das ist die Gleichung der drei Punkte im Kampf zwischen Osten und Westen. Wenn $K = 3/IX-36$ ist, Schlacht bei Naulochos, Beginn der Bewegung der Römer nach Osten.
Bei $n = 1$, $x = 18/XII-1398 = $ Eroberung der Hauptstadt Indiens, Delhi, durch Tamerlan.
Bei $n = 2$, $x = 1904, 20/XII$. Kapitulation von Port Arthur.

2.) $X = K + 2^{17+n} - 2^6 + 2^3 (2-n)$.

$K = 21/IV-753 = $ Gründung Roms.
Bei $n = 1$, $x = 13/XI-36$, Caesar zieht auf einem weißen Pferd in Rom als dessen Herrscher ein, $2^{19}$ nach dessen Gründung.
Bei $n = 2$, $x = 26/VIII-683$. Der Kalif erobert Medina, die Hauptstadt der Araber, das Rom des Islam.
Dieses Ereignis geschah $2^{19}$ Tage nach der Gründung Roms; in den Enden des arabischen Halbmondes kann man die Flügel des römischen Adlers erkennen.
Und im Namen des Kalifen — den Namen Caesars.

3.) $X = K + (1 + n)^{21-n^3} + 2^{13-n^2} (-1)^{n+1} + 13^{n+1}$

wobei $K = 5/III-3113$, $=$ indische Ära Kali-Yuga.

$n = 1$, $x = 10/X-331 = $ der Tag, an dem Alexander der Große Darius besiegte, $2^{20}$ Tage nach der Invasion und dem Beginn der Ära Kali-Yuga.

$n = 2$, $x = 10/XI-1256$, Tag der Einnahme Bagdads durch den Mongolen Hulagu, $3^{13}$ Tage seit Beginn der Ära der «Schwarzen Tage».

4.) $X = K + 2^{15 \cdot 2n} + 2 \cdot 3^{4+n} (-1)^n + 3^3 + 3^2 + 3^1 + 3^0 + 1) (2-n)$

Der Punkt in der Zeit $= K = 13/XI-36$, der Einzug Octavians auf einem weißen Pferd in Rom.

$n = 1$, $x = 3/VII-323$, Sieg Konstantinopels und des Kreuzes, Ankunft Konstantins. $2^{17}$ nach Caesars Machtantritt in Rom.
$n = 2$, $x = 18/XII-1398$, Einzug Tamerlans in Delhi; das Zepter der Weltmacht in Händen der Mongolen; die Hand der Mongolen nach dem Erdball ausgestreckt.
$2^{19}$ nach derselben Bewegung der Römer.

1.) Die Gleichung vom «Entstehen des Dritten Roms»:

$$X = K + 3^{11} + 3^{11} + (n-1)(3^{10} + 3^9 + 3^8 - 365)$$

wobei $K = 24/VIII-410$ ist. Die Zerstörung Roms durch Alarich. Bei $n = 1$ erhalten wir den Tag der Schlacht auf dem Kulikovo pole, 26/VIII. 1380, Dämme gegen den Osten und Errettung Rußlands vom Mongolenjoch; bei $n = 2$ erhalten wir den Tag der Wahl der Romanovs am 6/III-1613, in deren Namen schon die Übergabe des Vermächtnisses des gestorbenen Roms an seinen nördlichen Nachfolger jener Zeit anklingt.

2.) $X = K - 2^n \cdot 3^{9+n} - (365 + 48 \cdot 4)(n-1)$

$K = $ Schlacht bei Mukden, Tag des Widerstandes gegen den Westen, 26/II-1905. Wenn $n = 1$, $x = 26/XI-1581 = $ dem Feldzug Ermaks, dem Beginn der Bewegung der Russen nach Osten; $n = 2$, $X = 3/XI-36$, Schlacht bei Naulochos, oder Beginn der Bewegung der Römer nach Osten.

Versteht man die zwei R, die zwei, die keine Schranken kennen, die Römer und Russen, als den Westen, so sehen wir, daß die Schlacht bei Mukden für beide Völker ein Damm war, $3^{11} \cdot 2$ und $3^{10} \cdot 2$ Tage auseinander.

3.) Die Gleichung vom Tode zweier Zaren.

$$X = K + 3^n(3^9 + 3^8 + 3^7) + (365 + 48)(n-1) + 3^{3+n} \cdot n$$

$K = 25/VI-1215 = $ «Magna Charta libertatum» der Engländer; bei $n = 1$, $x = 30/I-1649$ oder der Tag der Hinrichtung Charles' 2-ten, Königs von England.

Bei $n = 2$, $x = 16/VII-1918$ Erschießung und Tod Nikolajs 2-ten. Hier ist die Drei abnehmender Dreierpotenzen beteiligt. Zwischen der «Charta libertatum», die einem Körnchen Radium gleicht, und den Tagen der Französischen Freiheit des Jahres 1792 vergingen 577 Jahre oder ein Drittel von 1730 Jahren, dem Termin der Auffindung des Radiumstrahls.

4.) $X = K + 6^6 - 2^{12} + (1+n)^{14-(1+n)^n} + n^{14-n^{(12-1)}}$

Dies ist die Gleichung der Punkte der russischen Freiheit.

$K = 30/VI\ 1789$. Beginn der Freiheit Frankreichs.

$n = 1$, $x = 17/III\ 1917$, Sturz der Zaren.

$n = 2$, $x = 7/XI\ 1917$, Beginn der Sowjetmacht.

## DIE UMBROCHENE MENSCHHEIT

In einer gewöhnlichen Darstellung durch Sprache sieht die Menschheit aus wie ein Manuskripthaufen, wie ein Packen roher, frisch zusammengelesener Druckfahnen, die noch nicht zu einem Buch zusammengestellt sind. Der kleinste Wind wirbelt sie in alle Himmelsrichtungen auseinander. Doch es gibt ein Verfahren, diese verschiedenartigen Blätter zu einem strengen Buch zusammenzustellen und zu umbrechen, wenn man das Verfahren der Vermessung der Geburt von Menschen mit dem Schicksal ein und derselben Kurve anwendet.

Ähnliche Geburten verstärken wie ein fester Draht die zum Auseinanderfliegen bereiten Seiten des zukünftigen Buchs.

Über die Masse der Zeit verloren, hier und dort verstreut, gehorchen sie dem Gesetz der Teilbarkeit durch 365 Jahre und flackern als einförmige Flammen auf der Straße der Jahrhunderte, wie Wegmarken.

Hier sind solche Reihen:

Hier ist der allen bekannte Sokrates, der Prophet der mündlichen Rede, der im Jahre 468 v. Chr. geboren ist.

365 · 5 nach ihm Dson-ka-wa — der große Lehrer der Mongolen, geboren 1357.

Er war ein Prophet des Guten für die tauben Steppen des Kontinents, ein Bücherfeind, der mit seinen Schülern den Weg der mündlichen Unterhaltung beschritt; er war der Begründer des Lama-Ordens.

Er war der Sokrates des wüsten Asiens.

365 · 6 freute sich der ukrainische Sokrates — Skovoroda, geboren 1722 — sterbend darüber, daß die «Welt ihn nicht gefangen» hatte. Hier haben wir den alten Sokrates unter neuen Umständen: umgeben von Pappeln, inmitten von Kirschgärten, auf dem Erdhügel einer blauen ukrainischen Lehmhütte.

Auf den Wegen der Seelenwanderung hat er die Meereswellen seiner Heimat verraten.

Gesagt werden muß, daß der kategorische Imperativ Kants sehr an den Dämon des Sokrates erinnert, der gute Lösungen aufgezeigt hat. Kant wurde 1724 geboren. Jetzt wird die fast gleichzeitige Ähre Kants und Skovorodas im deutsch-slavischen Osten verständlich.

Auf diese Weise waren diese beiden Weisen, indem sie in die Welt traten, der Vorschrift bezüglich der Geburten gehorsam. $a_1 \equiv a_2$ (modul 365 Jahre). John Stuart Mill, Schöpfer der Kunst des Denkens im jungen Norden, wurde 1806 geboren, $365 \cdot 6$ nach dem Lehrer des strengen Denkens der Alten, Aristoteles, der 384 geboren wurde.

Dies sind zwei harmonisch zusammenklingende Väter von Regeln, wie man beim Denken Fehler vermeidet.

Also ist schon die Kunst des Denkens an sich der Regel der Geburten in 365 Jahren untergeordnet.

Der Prophet des Iran, Mirza-Bab wurde $365 \cdot 6$ nach Jesus geboren (6 v. Chr.). Erinnern Tahiré oder Guriet el-Ajn nicht an Magdalena, als sie sich selbst den Strick um den Hals legte? und die Krähen, die über Bab kreisten, als er in den Felsen von Täbris erschossen wurde, erinnern sie nicht an den Krähenschwarm von Golgatha?

Mirza-Bab wurde 1820 geboren, d. h. $365 \cdot 6$ nach Jesus.

| | | |
|---|---|---|
| 5/III 3113 | Ära Kali-Yuga. | $0_1$ |
| 10/X 331 | Darius zerschlagen. | $0_2$ |
| 10/XI 1265 | Hulagu erobert Bagdad. | $0_3$ |
| 20/V 1498 | Zug da Gamas nach Indien. | $0_4$ |
| 3/VIII 1858 | Annexion Indiens durch England. | $0_5$ |
| 18/XII 1398 | Tamerlan erobert Delhi. | $0_6$ |
| 2/I 1757 | Die Engländer erobern Kalkutta, Mamelucken. | $0_7$ |

$$0_1 \, 0_2 = 2^{20} + 2^{12} + 13^2$$
$$0_1 \, 0_3 = 3^{12} - 2^9 + 13^8$$
$$0_4 \, 0_5 = 2^{17} + 2 \cdot 3^5$$
$$0_6 \, 0_7 = 2^{17} - \frac{3^6}{2} + 2 \cdot 3^3$$
$$3^{13} = 4365 \text{ Jahre.}$$
$$0_1 + 3^{13} = 5/III\ 1253,\ 1349 \text{ Tage danach } 10/XI\ 1256$$
$$\text{oder } 3^{13} + 13^8 - 13^2 - 13 - 666.$$

## UMBRUCH IN DER ZEIT NACH $3^5$ TAGEN

| Kamm der weißen Welle. Angriff der Weißen. | | Kamm der roten Welle. Sieg der roten Heere. | |
|---|---|---|---|
| — | Name des Angreifers. | | Unterschied (in Tagen) |
| 15/III 1919 | Kolčak. | 14/XI 1919 Einnahme von Omsk der Hauptstadt Kolčaks. | $243 = 3^5$ |
| 25/V 1919 | Denikin. | 23/I 1920 Vernichtung der letzten Heere Kolčaks und Denikins. | $3^5$ |
| 3/V 1919 | Eindringen der finnischen Heere, Belagerung Petersburgs. | 2/I 1920 Fall von Juzovka, 156 Geschütze erobert. | $3^5$ |
| 9/V 1919 | Grigorjev. | 8/I 1920 Einnahme von Krasnojarsk. 9/I 1920 Einnahme von Rostov. | $3^5$ |
| 25/V 1918 | Čechoslovaken. | 23/I 1919 Flucht Krasnovs. | $3^5$ |
| +Ereignis | $3^6$ | — Ereignis | Unterschied |
| 18/XI 1918 | Kolčak zum Regenten ernannt. Beginn der Kolčak-Macht. | 15/XI 1920 Zerschlagung der Kolčak-Anhänger Adm. Vrangels. | $3^6 - 2$ |
| 19/I 1918 | Konstituante; antisowjetische Welle ihre Aufhebung. | 23/I 1920 Vernichtung der Heere Kolčaks und Denikins. «Grab der Weißen». | $3^6 + 2^2$ |

| Kamm der weißen Welle. Angriff der Weißen. | | Kamm der roten Welle. Sieg der roten Heere. | |
|---|---|---|---|
| — | Name des Angreifers. | | Unterschied (in Tagen) |
| 16/III 1915 | Przemyśl vor dem Fall. Erfolg der russischen Waffe. Höhepunkt des zaristischen Rußland. | 15/III 1917 Sturz des militärischen Rußland Abdankung der Zaren. | $3^6$ |
| 3/VII 1917 | Angriff Kerenskijs. Spätes Aufflackern des Krieges. | 3/II 1918 Unterzeichnung des Vertrags von Brest-Litovsk. Frieden. | $3^5$ |
| 8/XII 1917 | Angriff der roten Heere gegen Kornilov. | 10/VIII 1918 Die Čechoslovaken erobern Kazan. | $3^5$ |
| 7/XII 1917 | Auflösung der Heere. Wille zum Frieden. | 11/VIII 1918 Tag des Vseobuč. Wille zum Krieg. | $3^5 + 4$ |
| 24/II 1918 | Annahme der schweren Vertragsbedingung. Tag der Macht der Deutschen. | 25/X 1918 Räte in Budapest. Niedergang Deutschlands. | $3^5$ |

| Kamm der weißen Welle. Angriff der Weißen. | | Kamm der roten Welle. Sieg der roten Heere. | |
|---|---|---|---|
| — | Name des Angreifers. | | Unterschied (in Tagen) |
| 14/II 1917 | 4-ter Sowjetkongreß bestätigt Frieden von Brest-Litovsk. | 13/XI 1918 Aufkündigung des Brest-Litovsker Friedens. | $3^5$ |
| 3/II 1917 | Besetzung der Ukraine durch Deutschland. Tag des größten Kriegserfolges Deutschlands. Blitzen des deutschen Schwerts. | 12/XI 1918 Sturz der Monarchie in Deutschland. Waffenstillstand mit den Staaten der Entente. | $3^5$ |

LEKTIONEN DER RACHE. TAGE DES JÜNGSTEN GERICHTS

Wie kommt der Tag der Rache?

| Wann. | W E R. | Wann. | W E R. | Zeitraum. |
|---|---|---|---|---|
| 29/XII 1905. | Min schlägt den Aufstand in Moskau nieder. | 26/VIII 1906. | Min von der Konopljannikova ermordet. | $3^5$ |
| 2/XI 1880. | Garfield wird zum Präsidenten Amerikas gewählt. | 2/VII 1881. | Garfield ermordet. | $3^5$ |

| Wann. | W E R. | Wann. | W E R. | Zeitraum. |
|---|---|---|---|---|
| 11/III 1848. | Aufstand in Berlin. | 9/XI 1848. | Robert Blum hingerichtet. | $3^5$ |
| 22/I 1863. | Beginn des polnischen Aufstands. | 22/IX 1863. | Attentat auf Berg, den Würger Polens. | $3^5$ |
| 14/III 1917. | Sturz der Zarenmacht, Kerenskij an der Macht. | 11/XI 1917. | Flucht Kerenskijs. | $3^5$ |

Betrachten wir nun, wie innerhalb von Zeiträumen von $2^n$, Zwei in beliebiger Potenz, die Freiheit wächst, ihre Fläche, ihr reines Volumen, und die Menschenmengen, die ihr angehören, ebenfalls an Zahl zunehmen. Es zeigt sich, daß die Freiheit eine Barfüßige ist, deren sich wiederholende Beinbewegungen dem Klopfen des Exponenten der Zeitrechnungen gehorchen.

Wenn im Lande der Klänge ein Klang einen deutlichen Sprung macht und vom Ohr anders wahrgenommen wird, dann nämlich, wenn der Exponent der Potenz in seiner Schwingungszahl einen Schritt auf die Eins macht, so entstehen auch entgegengesetzt sich begegnende Schicksale, Risse der Wahrnehmung in der Zeit und Umbrüche ihres Verständnisses durch das ehemalige Gefühl des Menschen, durch das Gefühl des Schicksals, genau dann, wenn sich der Exponent der Potenz in der Zahl der Tage zu einer Einheit aufschwingt oder herabsenkt. Die Alten haben den Himmel mit Göttern besiedelt. Die Alten haben gesagt, die Götter lenkten die Ereignisse, und nannten sie danach Ereignislenker. Es ist klar, daß diese Himmel zusammenfallen mit der Potenzierung der Zahlen der Zeit und daß diese Himmelsbewohner, die Exponenten der Potenz, ebendiese Götter der Alten sind. Demnach kann man sprechen von Saiten des Schicksals, von den Saiten der Jahrhunderte, von Klangmenschen.

Die Götter des Altertums, die sich in den Wolken des Nichtberechneten versteckt hielten = die Potenzzahlen.

Ich sage es noch einmal: nicht die Ereignisse lenken die Zeiten, sondern die Zeiten lenken die Ereignisse.

Nehmen wir an, es gäbe einen großen heiligen Zahlenwald, wo

jede Zahl, eng verflochten mit den anderen, Grundzahl für das Indie-Potenz-Erheben der einen Zahlen, zugleich aber auch für andere Zahlen Exponent ist. Sie leben ein Doppel- und Dreifachleben. Diese Zahlen wachsen wie Stämme und lassen Hopfenflocken hängen. Treten wir als neugieriger Wilder, für den alles um ihn Geheimnis ist, ein in diesen heiligen Wald der Zweien und Dreien. In diesem Walde verflechten sich die Stämme verschiedener Rechnungen, und der herrschende Wille zum Frieden um nichts läßt nur die drei Zahlen übrig: **Eins, Zwei** und **Drei**.

Aber der Wille zum größtmöglichen Umfang an Gleichheit, der eingeengt ist von einem Ring der Ungleichheit, schenkt den Zahlen Flügel, um aufzufliegen in die Potenzrechnung.

Wenn man in diesem Wald irgendeine Drei nimmt und von den übrigen absondert, wird man sehr leicht sehen können, daß sie als Exponent einer Potenz für die einen Zahlen (aus der Welt der Zeit) dient wie gleichzeitig auch als Grundzahl für andere (aus der Welt des Raums).

Seien diese anderen Zahlen negativ, wenn sie die Ausmaße des Raumes bestimmen, — in die Dreierpotenz erhoben, bleiben sie negativ, d. h. auf die Gegenseite gerichtet, ein Gegenereignis.

In die Potenz der Zwei erhoben, werden sie positiv.

In diesem Walde würde unser Verstand begreifen, warum zwischen entgegengesetzten, widerläufigen Ereignissen die Zeit vom Zimmermann der Welt nach dem Gesetz $3^n$ Tage errichtet wird, während zwischen den Wellen eines folgerichtigen Wachstums nach dem Gesetz $2^n$ Tage liegen: eine negative Einheit, in gerader Zahl mit sich selbst multipliziert, wird positiv, in einer ungeraden — bleibt sie negativ.

WACHSTUM DES FREIHEITSSTRAHLS INNERHALB VON $2^n$ TAGEN

| | | |
|---|---|---|
| 16/I 1547. Krönung des Zaren im Sinne der Zustimmung und des Einverständnisses des Volkes. | $2^{17}$ | (4/XII 1905) 22/XII 1905. Aufstand in Moskau. Die alte Residenz Moskau erhebt sich wider die Zaren. |
| 11/VI 1346. Wahlkaiser in Deutschland. Erste Konzessionen des gewählten Kaisers. | $2^{16}$ | 19/XI 1525. Die Adelsschlösser brennen. Bauernaufstände in Deutschland. Vertiefung des Risses. |

| | | |
|---|---|---|
| 26/XI 1825. Aufstand der «Erben der Rjurikiden» Dekabristenbewegung. | $2^{15}$ | (15/IX 1915) 5/IX 1915. Zimmerwalder Konferenz, Aufbruch der Bolševiki. |
| 3/III 1861. Geschehen von oben «Fall des Leibeigenenrechts». | $2^{14}$ | (11/I 1906) 22/I 1906. Bewaffnete Arbeiterdemonstration. Aufstand in Moskau. |
| 15/I 1826. «Aufstand der Rjurikiden». | $2^{13}$ | 22/VI 1848. Aufstand der Arbeiter von Paris. |
| 25/XII 1905. Bewaffneter Arbeiteraufstand in Moskau. | $2^{12}$ | 13/III 1917. Sturz der Autokratie in Rußland. |

DIE EISERNE UHR DES SEERUHMS

Die alte Herrin der Meere. Gesetzesrolle der Seesiege — hier ist sie, in Zahlen vermessen. Die Punkte der Seeschlachten sind von einer strengen Nadel vernäht.

Kleines Schlachten-Wörterbuch:

3/X 1066: Schlacht von Hastings. England unterworfen $= d_1$
13/VII 1174: Sieg über die Franzosen. Die Insel gerächt $= d_2$
22/VII 1227: Vernichtung der Dänen zur See. Bornholm $= d_3$
30/VII 1588: Drake, im Bunde mit den Stürmen, zerschlägt Spaniens Armada $= d_4$
20/V 1692: Seeschlacht bei La Hogue $= d_5$
6/IV 1803: Seeschlacht bei Cadiz $= d_6$
11/I 1915: Seeschlacht an der Doggerbank $= d_7$

Zerschlagung der Deutschen

Es ist leicht, das Meeresgesetz Englands aufzustellen, wenn man die Regel der Anordnung dieser Punkte auf der Zeittafel gefunden hat.

Wir werden denken, diese Jahrhunderte seien nicht ein grünes Blatt, über das ein blinder Wurm kriecht, der nur denjenigen Punkt kennt, an dem er sich gerade befindet, sondern Tafeln, die sämtlich plötzlich von irgendwoher ein arbeitsamer Zimmermann betrachtet und auf ihnen mit seinem Meißel, nach einem bestimmten Gesetz, die Kerben und Einschnitte der Seeschlachten einträgt:

$$d_1\,d_2 = 2\,(3^9 + 1) = 3^9 + 3^9 + 2$$
$$d_1\,d_3 = 3^{10} + 3^5 = 3^4$$
$$d_3\,d_4 = 2^{17} + 2^6 + 3^6$$
$$d_4\,d_5 = 2\,(3^9 - 3^6)\,2 + 5$$
$$d_5\,d_6 = 2\,(3^9 + 3^6) - 3^5 - 3^4 - 5$$
$$d_6\,d_7 = 2\,(3^9 + 3^6) - 5$$
$$d_4\,d_7 = 3^{10} \cdot 2 + 2 \cdot 3^6 - 3^5 - 3^4$$
$$d_3\,d_5 = 3^{11} - 3^8 - 3^6 - 3^4$$
$$d_2\,d_3 = 3^9 - 3^5 - 3^4 - 2$$
$$d_4\,d_6 = 4 \cdot 3^9 - 3^5 - 3^4$$

Das Meeresgesetz Englands hat seine Locken gelöst und sieht uns an.

So bewegte sich von einem Land zum anderen der Strahl des Krieges gleich dem schrecklichen Blick des auf einer Insel lebenden Meeresungeheuers mit seinem grausamen Kriegsblick, zukkend wie der Zeiger einer Uhr, entsprechend dem Gesetz $2\,(3^9 + 3^6)$. Es ist die achtbeinige Insel-Krake, die ihr Schwertauge mal auf den einen, mal auf den anderen Teil des Kontinents richtete, und schon entflammte ein Krieg.

Wir sehen, daß für eine Änderung des Winkels dieses Ereignisstrahls, eines räumlichen Risses, eine Dreierpotenz nötig ist, während das Wachstum von Ereignissen die Zweierpotenz braucht; darum baut $d_3\,d_4$ auf $2^{17}$ auf.

Wir sehen, daß zwischen Medina Sidonia und La Hogue die Zeit genau dieselbe Struktur hat wie zwischen Cadiz und der Doggerbank, nur sind die Zeichen zwischen den Potenzen verschieden.

Es ist bezeichnend, daß ein Absinken von Potenzen um drei Einheiten vorliegt, — so ergießt sich die Zahl wie ein Bergwasserfall aus der Höhe ins Tal. Hier handelt es sich um zwei ungleich hohe Hügel der Potenzen; drei hoch neun und drei hoch sechs, den Höckern des Kamels ähnlich. Oder $3^9 + 3^6$ **ist** das zweihöckrige Dreierkamel, das das Salz des Seeruhms über alle Meere getragen hat, ohne es naß zu machen.

## HIER DIE GLEICHUNG DES MEERESGESETZES ENGLANDS

I:

$$X = K - 3^{8+n} + 3^5 + 3^4 + 2(2-n)$$

wobei $K = 22/VII\text{-}1227$ (Bornholm).

Bei $n = 1$ erhalten wir den Punkt des Seeruhms 13/VII-1174 (Glenville).

Bei $n = 2$ erhalten wir den 3/X-1066 (Hastings).

II:

$$X = 3^9(2n) + 2 \cdot 3^6(n-2) + (-3^5 - 3^4)(n-1)2^{2-n} + K$$

wobei $K = 30/VII\text{-}1588$. Zerschlagung Spaniens.

Bei $n = 1$, $x = 20/V\text{-}1692$. Seeschlacht bei La Hogue.

Bei $n = 2$, $x = 6/IV\text{-}1803$. Seeschlacht bei Cadiz.

Wenn $n = 3$, ist $x = 11/I\text{-}1915$. Seeschlacht an der Doggerbank.

Das ist die Gleichung der hauptsächlichen Seekriegspunkte Englands, sie ist so klar, daß, wenn man die Schollen der Zeit nimmt, sie vom Staub der Tage reinigt und die allgemeinen Kriegsflecken auszählt, das Gesetz eine noch einfachere Gestalt erhält:

$$X = K + 3^9(2^n) + 2 \cdot 3^6(n-2) = (3^6 + 3^6)(3^3 n + n - 2).$$

 Ich führe Buch
 über Siege und Schlachten.
 Schrecklicher als Seefestungen
 sind meine Gleichungen.
 Die Ehre der Völker
 wahre ich besser als diese schwimmenden Haufen.
 Hier ist die Gleichung des Seeruhms
 der Insel des Nordens

$$X = 3^9 \cdot 2n - 3^6 \cdot 2^{3-2n} + 2(3+2)^n + K.$$

 K – das ist der Tag
 Und die meinem Willen Ergebnen
 mit scharfer schwarzer Brust
 schwimmen sie dahin, die Segel mit der Aufschrift «Deus
                 [afflavit»
 Medina Sidonia geht an Deck,
 Gold in Weiß, Pfauenfedern,
 Seeschlacht.

## IN DER EINHEIT JAHR KANN MAN MEIN GESETZ
## AUF DER LEINWAND DER JAHRHUNDERTE VERFOLGEN

Mit dem Jahr 2250 v. Chr. verbinden sich die Tontafeln Hammurabis.
Ein herrlicher alter Herrscher, der seine Lehre von den Zahlen in weißgeflügelte Löwen gemeißelt hat, die auf der Schwelle seiner Paläste standen.
Mit dem Jahr 622 n. Chr. verbinden sich die inspirierten Reden und Gesetze, die, im Sternenhimmel gelesen, der Hirte Mohammed verkündet hat.
Der Herrscher des Altertums erwachte in der Decke eines Hirten, verwundert, so lange geschlafen zu haben, aber da er dasselbe Sternenzelt über sich gesehen hatte, das frei war von der Lüge der Menschen, war er in einem Kameltreiber und Schafhirten erwacht. Und wenn er seine Hände, die die aufständische Stadt genommen hatten, in den Lebern dessen badete, der ihn im Lied besiegt hatte, der mit dem Eisen des Vaters des göttlichen Liedes gesiegt hatte, war nicht das grimmige Gesicht des Herrschers, der herausgetreten war, um Mann gegen Mann gegen den Löwen zu kämpfen, um von ihm Gesicht und Brüllen zu lernen, während er ihn mit der langen langsamen Lanze durchbohrte, wiedererstanden in dem wilden sonnenbraunen Gesicht dieses Hirten?
Ist es nicht derselbe sonnenbraune Süden, der mit Gebrüll auf den Norden antwortete, mit seinem Glauben, seinem Gesetzesverständnis, seinem Verständnis des Weltgeschicks des Schicksals?
Süden, der seine Mähne schüttelt! Süden, der seine Macht verkündet! Zwischen ihnen liegen 2872 Jahre oder $2^{20}$ Tage.
Und so ergab die zwanzigste Potenz von Zwei den Islam, den schweren Übergang von Baal zu Allah.
Desgleichen erließ der «Sohn der Belenissa und Istoks», Upravda, seine Gesetze, um sie wie Geschmeide Byzanz um den Meereshals zu legen, im Jahre 533 oder 2783 Jahre nach Hammurabi oder, in unserer Rechnung, die die Ereignisse so trefflich erklärt, $2^{20} - 2^{15}$ Tage nach Hammurabi und $2^{15}$ vor Mohammed.
Und der geistige Enkel Platons, der, im Durste nach Indien, die Perser zerschlagen, die kriegerischen Schneewächten der Bergbewohner bis zu den Quellen des Ganges vergossen, eigenhändig die Brust des Mardonios auf dem Wege zur künftigen Heimat

Mohammeds durchbohrt hatte, hat nicht er Jahrhunderte hindurch Mohammed gedroht, $3^{11} + 3^{11}$ Tage (970 Jahre) bevor diese Perser Mohammeds Nachfolger, Omar, zerschlug? (Kadissija, 637.)

Söhne des Westens und Ostens, sie drohen einander durch die Jahrhunderte über ein und derselben Beute, und ihre grimmigen Wellen des Wassers der Völker sind geteilt durch die 11-te Potenz der Drei, doppelt genommen, zwei Wellenschläge des Meers.
Wenn wir die Zeit von der Seite aus sehen könnten, so sähen wir diese beiden Jahre wie zwei aufeinander zujagende schreckliche Wogen, mit der Antwortkraft von Frage und Antwort.
Jede Lehre findet ihre Lanze und ihren Kriegssattel für ihren Ruhm.
Die kalte Lehre Platons, seine luftigen gedachten Schatten, die Götter der Dinge, und die Lehre, nicht zu leben, sondern nur meinen zu leben, das Gesetz von der Seelenwanderung und die süße jenseitige Welt Mohammeds, die wie der Traum eines Gutsbesitzers ist: voll von leibeigenen Mädchen im Stile Brjullovs, es fehlen nur die Schulterstücke und die lange türkische Pfeife — welch ein «Ja» und «Nein»!
Auch diese beiden geistigen Willensordnungen sind getrennt durch $3^{11} + 3^{11}$ Jahre.
Dort noch ein bißchen, und vom Menschen bleibt nur noch eine Zahl, hier noch ein bißchen, und: «Wieviel die Nacht?»
«Traurig, öde, meine Seele!» Glauben nur an den Geist, Glauben nur an den Körper.
Diese beiden negativen Glauben sind durch die Drei als Grundzahl miteinander verwandt.
Und nach $3^{11}$ kamen, um die Infanterie Alexanders abzulösen, die Schreie Allah! Allah! und die Nacht der Seufzer Omars, eine Woge in entgegengesetzter Richtung, die aus der Ferne heulte.
Wir Menschen sind wie Wellen, die das eiserne Gesetz des Verhältnisses von Zeit und Raum gegeneinander wirft; der Ewigkeiten alte Vertrag zwischen Zeit und Raum ist wahrzunehmen in unseren Kriegen, Propheten, Glauben (Brillen für alles). Es ist angenehm, sich als Sache zu fühlen.
Fu-si, der Prophet der Chinesen, wurde 2852 v. Chr. geboren, $2^{20} - 2^{13}$ vor Jesus, dem Propheten des Westens.
Beide Ähren, des Westens wie des Ostens, sind durch die 20-te Potenz der Zwei voneinander getrennt. Beide sind aufgezogene

Vorhänge über unserem Ich, in der ewigen Beleuchtung des Gott-Nennens wurden sie auf Befehl dieser Potenz aufgezogen.

Das altersschwache Rom, Herrscher über den Westen und auf seine Weise ein «Baum auf dem Vulkan», der die heilige Fahne des Westens im Winde flattern ließ, fiel zum ersten Mal am 22/X 312, als es der Anführer der Welle des Ostens eroberte, der Vater des noch nicht bestehenden Byzanz, Konstantin der Große, der die Lanze des Westens in der Hand des Ostens war, d. h. $2^{23}$ Tage und $2^{11}$ nach der «Geburt des Erstmenschen der Chinesen Pan-gu im Jahre 22670».

Die Erscheinung Pan-gus kann man als Zeichen für den alten Aufbruch des Ostens nehmen und in ihr die älteste Woge des «erwachten Ostens» sehen, der nie verschlafen gewesen ist.

Die zweite Völkerwanderung, eine große Bewegung nach Westen, war, wenn man sie auf das Jahr 378 bezieht (die «deutsche Gefahr» am 9/VIII 378), $2^{23} + 2^{14} + 2^{13}$ nach dem Völkerstrom Pan-gus. Es ist klar, daß man sie nur grob bestimmen kann, die Entfernung dieser beiden Zeiten liegt bei $2^{23}$ Tagen.

Neben diesem riesigen Felsen in der Zeit verlieren sich die Winzigkeiten der zusätzlichen Potenzen $2^{14}$ und $2^{13}$.

Dem Grundgesetz entsprechend, wiederholt sich die räumliche Natur der Ereignisse in $2^n$ Tagen; in $3^n$ wird sie negiert, ergibt sie einen negativen Sprung.

Die Reinigung der Auffassung Gottes von ihrer allzu körperlichen Bekleidung im Westen (Luther) vollzog sich allgemein $2^{20} + 2^{13}$ nach demselben Ereignis in Ägypten, bezogen auf das Jahr 1378 (Amenophis IV.), als sämtliche Gottheiten auf die Sonne zurückgeführt wurden.

Die Gründung Konstantinopels am 26/XI 328 war ein unterirdisches Dröhnen der eingeläuteten Völkerwanderung und großen Entblößung der jeweiligen Stämme der Menschheit, und war $2^{23} + 2^{13}$ nach Pan-gu.

Konstantinopel, das einem Kreuz gen Osten und einem Schwert gen Westen glich, ging $3^{12} - 2 \cdot 3^{10}$ nach dem 3/VII 323, dem Siege Christi und des Ostens über Rom, unter.

Wir haben gesehen, daß das Morgenrot der großen Völkerwanderung − 376 und der Punkt Pan-gu − 22670, zwei Stoßpunkte des Ostens, durch eine Zeitmasse von $2^{23}$ Tagen getrennt liegen. Diese Schicht ist die vielleicht mächtigste im Querschnitt des Menschengedenkens.

Wechseln wir auf die andere Seite des Erdballs über. Den 5/III 3113 hält die Chronik Indiens für ihren schwarzen Tag, für die Schwelle der Schwarzen Zeit (Kali-Yuga).
Es erfuhr vielleicht eine wichtige Invasion, was es zwang, die Seite des Rechnens umzublättern und mit der Jahreszählung zu beginnen.
$3^{11} + 3^{11} + 3^{11} + 3^{11}$ danach das Jahr 1173, d. h. drei Jahre nach der zweiten großen Erschütterung im Jahre 1176, als das «Rudel Ramas» auf der Malabaren-Küste eindrang, d. h. eine militärische Invasion. Vielleicht waren die Sieger der ersten Schwelle die Besiegten an der zweiten Schwelle der Jahrhunderte.
Jetzt, im Jahre 205 v. Chr., eroberten die Tomilen Ceylon. $3^{12} + 3^6$ Tage danach, im Jahre 1252, ein scharfer Schnitt: die Schiffe des Volks der Modiopagiten zerstörten Singapur.
Korea war das «Rom des Ostens» und hat den Flammenherd der Bürgerschaft Nippons und Chinas hervorgebracht.
Früher einmal waren die Koreaner mächtig und kriegerisch, waren tapfere Seefahrer und zogen übers Meer, die Inseln 33 v. Chr. und 59 n. Chr. angreifend. Oder $2^{15}$ Tage der eine Angriff nach dem vorigen.
$3^{12}$ nach dem Jahre 33, im Jahre 1419 brachen die Zeiten für den umgekehrten Funken des Feldzugs der Japaner gegen Korea an, das Jahr des negativen Umbruchs, — des Gegenschlags des Stammgewitters. Es war die militärische Entladung zwischen denselben Punkten des Festlands und der Inseln, aber in umgekehrter Richtung.
$2^{16}$ später wurde dieser Donnerschlag des Meeres im Jahre 1599 durch den Feldzug Hideyoschis wiederholt.
Das war ein neuer Angriff Japans.
Der Feldzug von 1419 hatte keine Entscheidung gebracht, die Japaner waren verjagt worden.
$3^{11}$ nach 1419 kam der große russisch-japanische Krieg, und es dröhnten die — für die Russen ewigen — Donner von Tsushima im Jahre 1904.
Als sich mit den Namen Togo und Roždestvenskij das alte Spiel zwischen Drake und Medina Sidonia wiederholte, das von den Meeresstürmen vor den Ufern Englands unterbrochen worden war.

## ÜBER POTENZEN

Fügt man der Potenz $3^{3^3}$ das Zeichen einer Drei hinzu im einfachen Verhältnis der Addition dreier Einheiten zu einer echten Menge, zu der sozusagen drei neue Mitglieder stoßen, drei gewöhnliche, über das bekannte Pflaster schreitende Teilnehmer an ihrer Leidenschaft, wird kein noch so scharfes Auge eine Veränderung bemerken, so nichtig sind die Macht der Ungleichheit (der Zahl) in diesem Verhältnis und der durch sie hervorgerufene Sprung.

Setzt man aber diese Drei — Zeichen des einen oder anderen Kampfes für Gleichheiten oder Ungleichheiten — oben auf die Säule unserer Dreien, «in die Himmel der Gleichung», so treten wir ganz einfach aus einer Welt in eine andere, aus der Welt der kleinsten Körper des Dinglichen in eine Welt hoch über der Milchstraße, so stark ist der Sprung und so groß ist die Macht der neuen Stellung der Zahl, der bekannten Ungleichheit im neuen Verhältnis zur Gleichheit.

Hier aber liegt die Straße unseres Seins, die Straße unseres Bewußtseins. Wir nehmen die Sprünge eines Klanges, den Schritt des Reisenden Bewußtseins auf der Klangstraße nicht dann wahr, wenn die gesamte Zahl der Schallwellen zur Eins hin wächst, sondern dann, wenn sich der Exponent der Potenz der Wellenzahl auf Eins zubewegt.

Wie in den Schicksalen der Menschheit, so ergeben sich auch in den Klängen Umbruch und Harmonie im Himmel der Gleichung, nicht auf deren Erde.

Das Blitzezucken dort, am Himmel der Gleichungen, ergibt den neuen Schritt des Reisenden aus dem Klängeland.

Das ist die tiefe Ähnlichkeit zwischen dem Schall (Klang) und dem Schicksal.

Aršin des Klanges ist nicht die Zahl der Wellenschläge, sondern die Zahl des Exponenten in der Potenz; sie macht den «Preis des Klangs».

Auch im Leben der Völker ordnen sich nicht die Zeiten den Ereignissen unter, sondern aus den Zeiten ergeben sich die Ereignisse. Früher warfen die Alten Gewichte in ein Becken, die 2 und 3mal so schwer waren wie das erste, und erkannten in dem verschiedenen Dröhnen schöne oder häßliche Klangketten wieder.

Häßliche Klänge bauen auf der Drei auf (1, 3, 9, 27, 81 . . .), schöne, zarte, dem menschlichen Gehör angenehme auf der Zwei, auf zweimal größeren Gewichten (1, 2, 4, 8, 16 . . .).

Der Mensch trägt in seinem Ranzen eines denkenden Wesens aus der Welt der Alltagsangelegenheiten das Zählen von Schafherden mit sich, wenn er ein Schafhirte ist, das Zählen von Geldsäulen, wenn er ein Geldhirte ist, das Zusammenzählen als das allerheiligste Gefäß, das notwendigste Gerät, um über das Weltall nachzudenken.

Von diesem Gerät muß man sich hier trennen!

Dieses Hauskleid des Denkens taugt hier nicht!

Der Zimmermann, der an dem Weltall gearbeitet hat, hielt in der Hand die Potenzrechnung.

Der Pfahlbau des Weltalls ist mit dem Hämmerchen der Potenz errichtet; man kann ihn befühlen, mit groben Händen daran pochen, gegen sein grobes Gebälk, aber man muß die alten Ketten des hergebrachten menschlichen Denkens von sich werfen — die Ketten der Additionsrechnung, man muß auf die Gleichheiten kleinster Ordnung verzichten, zu den höheren Rechnungsarten übergehen und gemeinsam mit dem ganzen Weltall, Welle um Welle, mitschaukeln auf dem Fluß der kleinsten Ungleichheit im Bereich der größten Gleichheit.

Hier umschmiedet der Ring der Ungleichheit die unermeßlich mächtigeren Schichten der Gleichheit.


REPARATUR DER GEHIRNE. WEGE.


Wir spüren oft, wenn wir im einen oder anderen Schritt über das Pflaster des Schicksals gehen, daß wir alle, mit dem ganzen Volk, gleich in eine Schlucht stürzen, auf die Tiefe zugehen, gleich aber wieder auffliegen, wie auf der Schaukel, und wie uns irgendeine Hand ohne Anstrengung nach oben trägt.

Und dann dreht sich angesichts der Höhe, die sich plötzlich vor ihm aufgetan hatte, dem ganzen Volk der Kopf, wie bei einem Menschen, der auf der Schaukel bis in den höchsten Punkt geflogen ist, direkt über seinem eigenen Kopf.

Diese Jahrhundertschaukel der Völker folgt folgender Zeitregel:

das Untertauchen beginnt nach natürlichen Nestern von Tagen, $3^n$ Einheiten nach dem Aufschwung; der Untergang eines Volkes $3^n$ nach seinem Aufgang, Untertauchen und jämmerliches Dahinvegetieren $3^n$ nach stürmischer Macht und großem Aufschwung. Als Aršin für größere Schicksalsflächen dient die elfte Potenz der Drei oder 485 Jahre.

Drei hoch fünf = 243 Tage sind der Aršin für kleine Umschwünge im einzelnen Menschenschicksal.

Diese Aufschwünge und Niedergänge der Völker in $3^n$ kann man auf den Tafeln der Vergangenheit der Menschheit verfolgen, an den Jahrhunderten, die die Menschheit bereits durchlebt hat.

Zur Zeit ihrer Macht ist für die Völker charakteristisch, daß sie ihre Gegenwart auf der Tangente fortführen, hin zur Schicksalskurve in die Zukunft.

Das ist der Ursprung von Selbstbetrug und bis zur Grausamkeit lächerlichen Enttäuschungen.

Die Zeit des Niedergangs erinnert daran, daß die Tangente ihre eigensinnige Natur nicht auf die Kurve überträgt.

Man kann unzufrieden sein mit der Erbärmlichkeit des Wortschatzes der lebenden Wesen und der Wesen-Schöpfung nähertreten.

Nennen wir Wesen A dasjenige, das sich zu den vergangenen und künftigen Jahrhunderten der Menschheit wie zum Raum verhält und über unsere Jahrhunderte einherschreitet wie über das Straßenpflaster.

Die Seele dieses Wesens wird, in bezug auf unsere, eine gedachte sein und seine Zeit, in bezug auf unsere, einen rechten Winkel bilden.

Wesen B ist das, dem unser Kleines groß und das Große klein erscheint.

In der Hauptgleichung der Welt wird dieses Wesen einen negativen Exponenten besitzen, wenn wir einen positiven haben.

Das Weltall wird sich als ein Stäubchen Wasserstoff erweisen, und ein Stäubchen als das Weltall.

Es ist klar, daß diesem Wesen die Rechenart der Addition nicht schwerfallen und die höheren Rechenarten sehr nahe sein werden.

Ihm werden jene Prinzipien, auf denen das Weltall aufbaut, stets gegenwärtig sein.

Alphabet des Himmels
*Blatt 3*

ALPHABET DES HIMMELS

Wenn die Hütte der Welt aus den Stämmen von Zweien und Dreien gebaut ist, so kann man dies am besten an den Himmelszeiten sehen.

Nur muß man sich dazu von dem Haushaltsgerät des Addierens trennen und die Rechenart des Potenzierens mit auf den Weg nehmen.

Die Additionsrechnung taugt für kleine Angelegenheiten des Alltags, für das Zusammenrechnen von Geld in kleinen Säulen, für das Zählen der Schafe in der Herde. Das Addieren war Gefährte der Schafhirten und Geldhirten.

Sternenhirten nehmen als ihren Richtstab die Potenzrechnung mit sich.

Wenn die reinen Gesetze des Weltalls existieren, müssen ihre Zahlen die Plätze von Potenz-Exponenten einnehmen; nur in dieser Stellung hat jede ihrer Bewegungen, auch die geringste, einen Riß ergeben, von dem das Weltgebäude erschüttert wurde, und auf diese Weise ist die Lenkung des Weltalls zur leichten und angenehmen Beschäftigung geworden, fast zu einem Spiel, und das Zepter des Weltalls — zu einem Spielzeug.

In dieser Stellung besitzt die Zahl Eigenschaften der Macht, in anderen Stellungen dagegen trägt sie das Siegel der Knechtschaft.


WIE EIN JAHR GEBAUT IST

Das Jahr erinnert an den Turm Sjumbeki, an die Tempel und Volumina des Ostens, wo Schachtel über Schachtel, kleiner werdende rechtwinklige Überbauten in die Höhe streben und in einer Nadel mit einem Drachen oder irgend etwas anderem enden.

Das Jahr besteht aus einer Reihe abfallender Dreierpotenzen, angefangen bei drei hoch fünf. Sein Tempel endet mit der Eins.
Nämlich
$$365 = 3^5 + 3^4 + 3^3 + 3^2 + 3^1 + 3^0 + 1.$$

Auf diesem Spiel abnehmender Reihen sind auch die Zeiten der Himmelskörper des äußeren Sonnenrings aufgebaut, das heißt, sie sind Zweige desselben Baumes, an dem aus den Wurzeln der Tage das Jahr wächst, während die Tage aufhören, Tage zu sein. Es wächst, wobei es sich in seinen Enden verliert, im wiederholten Sprung auf die nächstfolgende Potenz.

Hier die Tafeln der abfallenden Dreierreihen:

$$A_{n+1} = 3^n + 3^{n-1} + 3^{n-2} \ldots + 3^1 + 3^0 + 1$$

| Ordnung $A_n$ | Bedeutung der Dreien | Bedeutung von $A_n$ | Name der Reihe |
|---|---|---|---|
| 1  | $3^0 = 1$        | 2      | $A_1$ |
| 2  | $3^1 = 3$        | 5      | $A_2$ |
| 3  | $3^2 = 9$        | 14     | $A_3$ |
| 4  | $3^3 = 27$       | 41     | $A_4$ |
| 5  | $3^4 = 81$       | 122    | $A_5$ |
| 6  | $3^5 = 243$      | 365    | $A_6$ |
| 7  | $3^6 = 729$      | 1094   | $A_7$ |
| 8  | $3^7 = 2187$     | 3281   | $A_8$ |
| 9  | $3^8 = 6561$     | 9842   | $A_9$ |
| 10 | $3^9 = 19683$    | 29525  | $A_{10}$ |
| 11 | $3^{10} = 59049$ | 88574  | $A_{11}$ |
| 12 | $3^{11} = 177147$| 265721 | $A_{12}$ |
| 13 | $3^{12} = 531441$| 797162 | $A_{13}$ |

wo $3^{n-1} + 3^{n-2} \ldots 3^0 + 1 = \dfrac{3^n + 1}{2}$

$$A_{n+1} = 3A_n - 1$$

Die ältere Straße der in ihrer Höhe abnehmenden Türme ist gleich der jüngeren mal drei weniger eins.

## STADT DER DREI AM HIMMEL

| | | |
|---|---|---|
| 1 | $365 = A_6$ | $=$ Erde |
| 2 | $687 = A_7 - A_4 - A_6 - 1$ | $=$ Mars |
| 3 | $4332 = A_8 + A_7 - A_4 - A_1$ | $=$ Jupiter |
| 4 | $10759 = A_9 + A_7 - A_4 - A_5 - A_3$ | $=$ Saturn |
| 5 | $30688 = A_{10} + A_7 - A_4 + A_5 - A_3 + A_1$ | $=$ Uranus |
| 6 | $60181 = A_{11} - A_{10} + A_7 + A_4 - A_1 - 1$ | |

wo $A_7 - A_4 = 1053$

Wir sehen, daß die 4-te und 5-te Zerlegung sich lediglich durch die Veränderung des Zeichens vor $A_5$ unterscheiden sowie durch die Erhöhung um eins in der Potenz des ersten Gliedes, des höchsten Turms der ganzen Straße.
Schreibt man:

$$x = \frac{A_{19+n}}{2} + A_7 - A_4 - A_3 + A_5 n,$$

so erhalten wir bei $n = -1$ die Zahl 10759, bei $n = +1$ die Zahl 30688, oder schreiben wir:

$$x = \frac{A_{15+n}}{2} - A_4 + \frac{(A_{13+n})^{n-1}}{2}$$

erhalten wir
bei $n = -1$ 687 Tage das Marsjahr
bei $n = +1$ 4332 Tage das Jupiterjahr oder die Zeiten des Sterns der Welle.
Die allgemeine Formel für alle drei Sterne lautet:

$$x = A_{7+n} + A_7 - A_4 - (A_3 - A_5(-1)^n)(n-1)2^{2-n}$$

$n = 1, x = 4332$
$n = 2, x = 10759$
$n = 3, x = 30688$

Diese Gleichung ist sehr schön, wenn man sie mit Ketten abnehmender Dreierpotenzen schreibt.
Die gesetzmäßig abnehmenden Exponenten schwanken mit ihren Köpfchen wie Reihergras, wie Grasspitzen und wogen wie Roggenfelder aus Zahlen, ein Roggen aus Dreien.
Schreiben wir unser Gesetz mit den Dreierketten auf, um uns die sichtbare Freude des Anblicks dieser endlosen Ketten, dieser wohlgestalten Zahlen-Ähren zu bereiten.

$$x = 3^{6+n} + 3^{5+n} + 3^{4+n} \ldots + 3^1 + 3^0 + 1 + 3^6 + 3^5 + 3^4 + 3^3$$
$$+ 3^2 + 3^1 + 3^0 + 1 - 3^3 - 3^2 - 3^1 - 3^0 - 1 - (3^2 + 3^1 + 3^0$$
$$+ 1 + (-3^4 - 3^3 - 3^2 - 3^1 - 1)(-1)^n)(n-1)2^{2-n}$$

$n = 1, x = 4332$
$n = 2, x = 10759$
$n = 3, x = 30688$

Wir sehen, daß das einfachste Gesetz das des irdischen, des Erdjahres ist, nämlich:

$$365 = 3^5 + 3^4 + 3^3 + 3^2 + 3^1 + 3^0 + 1$$

Andere Jahre wachsen als Zweige desselben Gesetzes, nur komplizierter.

Die Grenzsterne, die äußersten Sterne der beiden Ringe, Krieg und Meer (Mars und Neptun), haben den allgemeinen Bau, ihre Jahre bauen auf Unterschieden in den Schlußketten auf: $A_7 - A_6$ und $A_{11} - A_{10}$, was in anderen Fällen nicht zu beobachten ist.

Dieses «Dreiergras» bedeckt manchmal wie Gestrüpp die Steppen der menschlichen Schicksale.

Der Atem des einen Mundes der Zeit deckt die Gläser der Sterne wie die Gläser des menschlichen Schicksals. Hier wie dort herrscht das eine Gesetz.

Zeigen wir nun, daß nach demselben Gesetz auch Staaten zerfallen, in die Welt der Fackel des Liedes eingehen.

Dieselben abnehmenden Dreierketten, dieselben Zahlenähren.

Es gibt eine in ihrer Spiegelnatur erstaunliche Reihe, gebildet aus den drei Zahlen: 2, 3 und 11, wo das Rauschen der wogenden Zahlen fast zu hören ist. Die 11 ist eine erstaunliche Zahl, sie kann der Stein im ganzen Zahlengebäude sein, wir rühren besser nicht an sie, wenn wir von der Zwei in die Drei hinübergehen und umgekehrt. In der Welt der 11 ist die Natur der Zwei und der Drei einander angeglichen, — es ist eine süße Zahl, die die Bitternis der Drei lindert.

Es ist nicht verwunderlich, daß auf ihr die Struktur in der Zeit, der «Zucker» des Dinglichkeitshimmels beruht, nämlich in der Gleich. $x = a^n + n$, wo a und n 3 oder 2 sein können; x ist immer 11, wird n 3 oder 2.

Die 11 ist überall, wo die Welt der Zwei in die Welt der Drei übergeht. Das sieht so aus, als begönnen wir, den Geschmack der Zahlen kennenzulernen.

Diese Reihe:

$S = 11^3 + 3^{11} + 3^{10} + 3^9 + 3^8 + 3^7 + 3^6 + 3^5 + 3^4 + 3^3 + 3^2 + 3^1 + 3^0 + 1 + 1 + 2^0 - 2^1 + 2^2 + 2^3 + 2^4 - 2^5 + 2^6 + 2^7 + 2^8 + 2^9 + 2^{10} + 2^{11} + 11^2$

Das Gesetz des Wachstums der Potenzen verläuft von 0 bis zur 11-ten, zu Beginn über die Flächen der Drei, dann über die der Zwei, genau wie Wirklichkeit und Spiegelung, dann ändert sich die Zählrichtung, und nicht die Drei und Zwei werden in die 11-te Potenz erhoben, sondern die 11 in die zweite und dritte Potenz.

Diese zwei- und dreimal mit sich multiplizierten 11 schließen wie Wächter die Prozession der Zweien und Dreien, die Schau der Potenzen.

Mit einem Wort, das ist die Stadt, die Straße der in die Ferne gehenden Zweien und Dreien.

Da $2^n + 2^{n-1} + 2^{n-2} \ldots 2^1 + 2^0 + 1 = 2^{n+1}$

ist $S = 2^{12} + \dfrac{3^{12} + 1}{2} + 11^2 + 11^3 = 271269$ Tage

oder 743 Jahre und 74 Tage,
mit Schaltjahren 742 Jahre und 253 Tage.

| | | | |
|---|---|---|---|
| 29/V | 1453 | Fall Konstantinopels | $= a_1$ |
| 21/VII | 711 | Fall Spaniens | $= a_2$ |
| 2/IX | 31 | Fall Ägyptens | $= a_3$ Actium. |
| 24/VIII | 410 | Zerstörung Roms | $= a_4$ |
| 5/XI | 333 | Fall Persiens | $= a_5$ |

Diese Reihe ähnlicher Punkte von Untergängen der berühmtesten und mächtigsten Staaten ihrer Zeit.

$a_1\, a_2 = 742$ Jahre weniger 52 Tage.
$a_2\, a_3 = 741$ Jahre weniger 43 Tage.
$a_4\, a_5 = 742$ Jahre weniger 73 Tage.

Die Ablösung von Staaten lebt ein Leben abnehmender Potenzen der Drei und baut sich auf aus deren Stämmen, ebenso wie die Himmelszeiten.

Der Untergang des Sterns eines Staates, einer Macht, ist der Aufgang eines anderen, der den reinen Gesetzen der Zeit nicht weniger gehorsam ist.

Stellt man die Gleichung auf:

$$x = (11^3 + 3^{11} + 3^{10} + 3^9 + 3^8 + 3^7 + 3^6 + 3^5 + 3^4 + 3^3 + 3^2 + 3^1 + 3^0 + 1 + 1 + 2^0 + 2^1 + 2^2 + 2^3 + 2^4 + 2^5 + 2^6 + 2^7 + 2^8 + 2^9 + 2^{10} + 2^{11} + 11^2)n - 365(3-n) + 2^6 + 2^{4+n}(3-2n) + K$$

wo $K = 2/IX\ 31$, die Eroberung Ägyptens, der Ausgangspunkt der Rechnung.

Bei $n = 1$, erhalten wir $x = 21/VII\ \ 711 =$ Fall Spaniens,
bei $n = 2$, erhalten wir $x = 29/V\ \ 1453 =$ Fall Konstantinopels
oder seine Eroberung durch die Türken.
Diese gefällten Hauptstädte hängen wie Brücken an den Ketten eiserner Dreien, unterbrochen durch die Abgründe der Zeit, und durchschneiden die Jahrhunderte.
Jetzt weiter — $11 = 3^2 + 2$.

> 15/X 70 Vergil geboren $= a_1$
> 30/1265 Dante geboren $= a_2$
> 28/VIII 1749 Goethe geboren $= a_3$
> $a_1\ a_2 = 1333$ Jahre und 226 Tage $= 3^{11} + 3^{11} + 2^{17} + 2^{11}$
> $a_2\ a_3 = \ \ \ 484$ Jahre und $\ \ 90$ Tage $= 3^{11} - 2^8 - 11$

Durch die Kreise der Unterwelt hatte Dante Vergil zum Führer; da er das Gesetz nicht kannte, fühlte er undeutlich als Herz seinen Stengel in der Zeit.
Sowohl Dante als auch Goethe waren Betrachter einer wirren Zeit und betrachteten sie von der Seite.

Ihre Gleichungen:

$$X = K + (2^{17} + 2^{11}) + (1 + n)(11^5 + 11^4 + 11^3 + 11^2 + 11^1 + 11^0) + 2^{4+n^2}(3 - 2n) - 6$$

anders:

$$X = K + 2^{17} + 2^{11} + (1 - n)(3^{11} + 3^2) + 2^{4+n^2}(3 - 2n) - 6$$

$K = $ Geburt Vergils
bei $n = 1$, $x = 30/V\ 1265$ Geburtstag Dantes
bei $n = 2$, $x = 28/VIII\ 1749$ Geburtstag Goethes.
Zwischen der Geburt Leonardo da Vincis (1452) und der Geburt des Euripides (490) liegt, von Kleinigkeiten abgesehen, die allgemeine Scholle von Tagen: $3^{12} + 3^{11}$
Im allgemeinen ist an der Geburt dieser drei: Vergil, Dante, Goethe, die 11-geflügelte Drei beteiligt.

Wenn sich der Exponent der Potenz der Zahl der vergangenen Tage in eine Eins verändert, ändert sich der Geist der Zeit, und an der Ecke der neuen Zeitrechnung wird eine «Fackel des Wortes» geboren, das altertümliche menschliche Bewußtsein flammt auf mit neuem Feuer, das früher nicht zu sehen war.
Folgende Zerlegungen der Sternenzeiten müssen zeigen, wie ihre Zeiten zerbrechen zu Stücken von Dreierpotenzen im Falle des äußeren, und von Zweierpotenzen im Falle des inneren Ringes.
Wenn wir uns erkühnen, den Hühnerställen der Wissenschaft zu entfliegen, werden wir ein und dasselbe Bild der Zahl sehen, ein und denselben Zahlenbaum mit den drei Ebenen: 1) der Zeit, 2) des Raums, 3) von Massen oder Mengen.
Und wenn wir die gemeinsamen Winkel zwischen diesen Flächen feststellen, die Multiplikatoren des Übergangs, Schalter von besonderer Art, werden wir sofort die Rechnung aus den Ebenen der Zeit in die Ebene des Raumes umschalten, werden wir hinaustreten auf eine große Straße.
Wie es scheint, ist das Weltall grob mit der Axt der Erhebung in die Potenz errichtet, und wenn wir lebendige Zahlen in Gestalt von Potenzen der kleinsten drei ganzen Zahlen anordnen, werden wir sehen, daß die Strahlen der Macht die hoch oben stehenden Zahlen umkreisen, die Formeln an der Zimmerdecke der Potenz.
Von dort kommt das Strahlen der Machtstrahlen. Von der Zimmerdecke der Formel hinab zum Fußboden verlieren sie die Zeichen der Macht, und aus den «Ebenbildern Gottes» werden jämmerliche Strahlen für den Samovar.
Aber die Geheimnisse des Spiels der Potenzen sind kaum bekannt; sie sind unberührtes Land.
Studieren wir sie aufs neue, sehen wir, daß die Gesetze des Weltalls mit den Rechengesetzen zusammenfallen.
Der großartigste Fall der Eulen! dessen Zeuge unser alter Erdball jemals war, unser Großväterchen.
Das Gewölbe der Wahrheiten über die Zahl und das Gewölbe der Wahrheiten über die Natur ist ein und dasselbe.
So ist das.
Viele sind der Meinung: das Seiende ist das einzige, was existiert. Aber niemand vor mir hat seinen Opferstein vor das Feuer meines Denkens gerückt, daß, wenn alles das einzige ist, in der Welt nur noch die Zahlen bleiben, da die Zahlen etwas anderes sind als ein Verhältnis zu dem einzigen, zu dem Identischen, nämlich das,

worin sich das einzige unterscheiden kann.

Zum Priester meines Denkens geworden, habe ich begriffen:

Man muß ansehen, erforschen, ausmessen und die Zeichen unseres Denkens hier und dort in den Ländern des Seienden aufstellen, die Schützengräben unseres Wissens vorantreiben.

Wenn aber ein Stück eines Zahlenlebens besteht, ein Zweig nur, so besteht auch der gesamte Zahlenbaum. Die Natur der Zahlen ist so, daß dort, wo es eine «Ja»-Einheit gibt, auch eine «Nein»-Einheit und eine gedachte bestehen. Aber was wissen wir über sie?

Daraus folgt, daß, wenn sich die Sonnentage in bezug auf die Lichttage wie 3 zu $3^{41}$ verhalten, so sind die Weltalltage gleich $3^{122}$, und die Tage eines Überweltalls $= 3^{365}$ Ausschläge der Lichtwellen, eingedenk dessen, daß

$$41 = 3^3 + 3^2 + 3^1 + 3^0 - 1, 122 = 3^4 + 41, 365 = 3^5 + 122.$$

Solche Reihen bestehen auch für negative Dreierpotenzen.

Das heißt, es besteht auch ein erstes Licht und ein zweites Licht mit der Zeit ein und derselben Welle in

$$\frac{1}{3^{122}} \text{ und } \frac{1}{3^{365}} \text{ Tagen.}$$

Ebenso entwickeln sich die räumlichen Dimensionen

(das Hufeisen für die zwei Welten: der Sonne und des Lichtes).

Der Strahl des Jahreskreises der Planeten in den Halbachsen der Sonne drückt sich in folgenden Zahlen aus.

$$v = \text{des Jupiter} = 2^{10} + 10^2 - 2^3$$
$$v = \text{des Saturn} = 2^{11} + 11^2 - 2^7$$
$$v = \text{des Uranus} = 2^{12} + 12^2 - 2^7 - 2^2$$

Diese Sonnenreihen marschieren laut schallend unter dem Eins! Zwei! Eins! Zwei! der Sterne.

Exerzieren von Sonnen! Zwei junge Sonnen, die feurig und frisch vor den Richteraugen des Menschen aufmarschierten.

$v = $ des Neptun $= 3^8 + 2^{11} - 3^7 - 2$, oder: die Natur seines Abstands ist reichlich anders.

Damit übereinstimmend macht auch sein Gewicht einen schroffen Sprung nach oben. Der Neptun ist der Sonderling unter seinen Nachbarn:

Setzt man in der Gleichung

$$X\left(2^{3^2+n} + (3^2+n)^2 - 2^{2^{1+n}-1}\right)3^{3^2} \text{ Lichtwellen}$$

n = 1, erhalten wir die Achse des Jupiter
wenn n = 2, erhalten wir die Saturnachse.
Es ist klar, daß wir im Weltall die Dimensionen von $3^{41}$ wie $3^{122}$ wie $3^{365}$ finden müssen — nach dem Gesetz $3^{2^n}$, das sind vielleicht die Wirbelringe der Jagdhunde, Sternennebel, aber uns leuchtet durch das Fleisch des Weltalls klar dessen Skelett hervor.

Erforschen wir doch diese Rippen und Schienbeine unseres großen Onkels!

Hier eine neue Sonnenaushebung für die Gleichung (Werbung für die Heere):

$$X = \left(2^{9+n} + (9+n)^2 - 2^{n^{n+(-1)^n} + n + (-1)^n - 4} \right.$$
$$\left. - \frac{n^{n+(1-n)^n} + n + (-1)^n - 11}{5} - 2^{n-2}\right)3^{3^2}$$

Diese Achsen errichten ihre Gleichung auf der Zwei, Länge d. Lichtwell.

n = 1, x = Achse des Jupiterjahres.
n = 2, x = Achse des Saturn.
n = 3, x = Achse des Uranus (Himmel).

Das für die Achsen der Räume.
Für die Zeiten dieser Sterne führe ich folgende Formeln auf:

$$\left(\frac{3^6+1}{2}\left(3^{n+1}+3\right) - (2^5+2^4)(3_n-2) + \right.$$
$$\left. \left(\frac{3^6+1}{2}\right)^{n-2}\right)3^{3^3+3^2+3^1+3^0+1}$$

Lichtwellen.
Oder A. $3^{42}$ Lichtwellen.

n = 1, x = 4332
n = 2, x = 10759
n = 3, x = 30688 Tage.

Hier brechen sich deutlich die Zeiten zu Stücken von Dreierpotenzen.

Das ist die Zahl 41, Bruder von 365, gebildet durch die abfallenden Potenzen der Drei. Es ist dieselbe 41, die zwischen der Geburt von Luther und Zwingli liegt, hier ist sie jedoch bereits Exponent einer Potenz.
Aber es ist derselbe Tempelabhang der Zahlen.

Die Zeiten riesiger Kugeln sind hier verbunden mit den Zeiten äußerst kleiner Wellen.

Wir sehen, daß die Achsen ein und derselben Sterne auf der Zwei aufbauen, die Zeiten derselben Sterne jedoch auf der Drei.

Aus diesem Anlaß wurde seinerzeit in der Stadt Bakunins folgendes Gedicht gedruckt:

*Neuheit! Verschwörung! Schmach und Schande! Eroberung des Himmels!* Die Budetljane haben den Himmel überfallen! Wir, die Obhimmler, kleben unsere Befehle frischesten Datums an die Wände.

Wir sagen: Sich umdrehen — zu wem? Die Antwort ist gegeben! 1) dem Krämer (Merkur), 2) dem Liebchen (der Venus), 3) Marfa (der Erde), 4) dem Krieger und Fleischhauer (Mars).

— Wie? Die Antwort ist gegeben?

— Nach den Gesetzen der gereinigten Zeit:

(Nur reinen Vodka trinken!)

$$S_n = S_1 2^{n-1} + (n-1) S_0 2^{2n-n^2+1} - \left(\frac{2S_0}{3}\right)^{n-3}$$

wo $S_0$ = Sonnentag, 24 Tage, S = der Merkurtag = 88 T.
Bei $n = 1$, $S_n = 88$, bei $n = 2$, $S_n = 224$, bei $n = 3$, $S_n = 365$.

Diese Gesetze sind ein für allemal erlassen! Sie sind gereinigt von den nebensächlichen Zutaten der schmutzigen Dinglichkeit.

Sie verleihen strenge Gleichheit vor dem Gesetz. (Die Gleichheit hat sich als ein Stück Flamme losgerissen von den Grenzen der Erde.)

Wir schwören, daß unsere eigenen mächtigen Befehle nie von den ergebenen Sonnen umgestoßen werden.

So groß sind heute Besitz und Reich der Budetljane — ab heute Himmelzüchter (die Viehzucht steht uns bis hier).

Wir sind doch — Sternenhirten!

Wir bitten, uns nicht mit den Geldhirten zu verwechseln!

Himmelskörper zu regieren ist mehr, als Menschen zu regieren!

                              Die Obhimmler (die und die).

Verändert man die Gleichung in:

$$S_2 = 3 + 3^{n+1} - 3^{4(n-3)}$$

so erhalten wir außer der vorangegangenen auch die Umlaufbahn des Neptun.

Dies ist die Ähnlichkeit der Sonnen- und der menschlichen Welt,

sie ist gleich stark in bezug auf die Verwandlung von Menschen in Sterne wie, umgekehrt, von Sternen in Menschen sowie in bezug auf den Bau eines hellen Wohnheims für Menschen und Sterne.
Es gibt eine gemeinsame Weihe für Sterne und Menschen in Gestalt der Drei und der Zwei.
In den Gleichungen des Raumes ändert sich und wächst unaufhörlich die Quantität; dagegen kann der Exponent der Potenz nicht größer als drei sein, da der Raum drei Dimensionen hat. Zum Beispiel bemißt sich das Volumen einer Kugel nach $v^3$, in der dritten Potenz der Länge ihres Halbmessers. Dagegen nehmen die Gleichungen der Zeit nur dann ein strahlendes Aussehen an, wenn wir als Voraussetzung die Forderung akzeptieren, daß die Quantität unter der Potenz nicht größer ist als drei.
Dagegen sind in den Gleichungen der Zeit die Exponenten ganze komplizierte Gleichungen, über den Grundzahlen Zwei und Drei, weshalb sie Bäumen ähnlich werden.
Hier ist zum Beispiel die Gleichung der Umlaufzeit der vier Jupitermonde:

$$X = 42 \cdot 2^{n-1} + 2^{n^2-2n-2} - \frac{1}{2^{2n-2}} + 1$$

Setzen wir für EN dessen Bedeutung, 1, 2, 3, 4 — so erhalten wir in Stunden die Umlaufzeit der 4 Monde: 42, 85, 171, 401 Stunden. Hier hat die Zwei eine ganze Gleichung zum Exponenten: $n^2 - 2n - 2$, was in der Welt des Raums wenig wahrscheinlich wäre.
Oder nehmen wir die grobe, aber genaue Gleichung für Jupiter, Saturn und Uranus:

$$X = (3 + 3^{n+1}) \text{ Erdjahre.}$$

Setzen wir für n 1, 2, 3, so erhalten wir 12 Jahre, 30 Jahre und 84 Jahre — eine vollkommen richtige, wenn auch grobe Aufnahme der Zeiten und Verhältnisse.
In neuer Gestalt:

$$X = 3 + 3^{n+1} - 3^{4(n-3)}$$

wird sie auch dem Neptun gerecht.
Dieser Abriß in Zahlen gestattet, einen Gürtel von Himmelsstaub in der Sonnenwelt vorherzusagen, einen Ring von Sternenstaub zwischen Jupiter und Mars, für n kleinere Einheiten. Sie ist jedoch für größere Körper gebaut. Dies unterstreicht nochmals, daß wir

es hier mit den hohen Verhältnissen eines Grundgesetzes zu tun haben.

Dieselbe Rechnung mit Zwei und Drei flammt als Wetterleuchten auch an anderen Enden des Weltalls auf; die Erdachse macht ihre Schwingung in 25867 Jahren, diese Zeit aber ist $2(3^{14} - 3^{10}) + 3^4$ Tage.

Nennen wir t die Zeit der Länge einer Lichtwelle, auf der Grenze zur großen Welt an der Schwelle der Sichtbarkeit, nämlich t = der $395,5^{10^{12}}$-te Teil einer Sekunde.

Der Jupitertag ist gleich 35737 sec = a
der Saturntag 36864 sec = b;

sofort sehen wir, daß, bei einem Fehler von 25 sec, $a = (1 - \frac{1}{32}) b$.

Gleichzeitig ist $\frac{b}{2^{12}} = 9$ sec.

Und $\frac{9 \text{ sec}}{3^{32} + 3^{32}}$ Zeit $t = \frac{1 \text{ sec}}{395_{10}{}^{12}}$

oder: der Saturntag ist gleich $2^{13} \cdot 3^{32}$ Längen der Lichtwelle.

Jetzt ist klar, woher im Verhältnis zwischen Saturn und Jupiter die 32 kommt; es ist dieselbe Zahl, die den Übergang von den Sonnen zum Licht bewirkt hat, im Dienste des Exponenten der Potenz.

Jetzt ist sie an einer anderen Dienststelle und ergibt den Übergang vom Jupitertag zum Saturntag.

Es ist klar, wo das Streichholz der Sonnen versteckt ist; das Streichholz, das die schönen nächtlichen Sonnen anzündet: es ist in den winzigen Schwingungen der Lichtwellen.

Dort liegt die Streichholzschachtel des Sternenhimmels!

Für das Pulver der schwarzen Beerdigungen der Nacht.

Überhaupt erscheinen 31, 32 sehr oft in den Wechselbeziehungen der Tage der Sonnenwelt.

Aber das ist dieselbe Dreier-Rechnung, nur die 32-te Potenz der Drei. $32 = 2^5$; durch sie wird der Sprung vom Lichtstrahl zu den Sonnen bewirkt.

Es ist klar, daß die nächste Potenz $2^6$ ist, $= 64$ und $3^{64}$ müssen die Lichtwelle und die Tage des Weltalls oder Teile davon verbinden.

Jetzt: der «Denk-Tag» ist gleich 0,1406 sec = d (die Zeit der Empfängnis eines Urteils oder etwas in dieser Art), oder der Saturntag ist gleich $2^{18}$ Verstandestagen;

der Denk-Tag ist $\frac{3^{32}}{32}$ t.

In der Formel: $X = 3^{32} \cdot 2^{4+9n} t$

Wo t = die Länge einer Lichtwelle ist $= \frac{1 \text{ sec}}{395_1 5_{10}{}^{12}}$ bei n = +1 erhalten wir die Zeit des Saturntages, 36864 sec; bei n = −1 erhalten wir den Denktag = 0,1406 sec.

In diesen Garten der «großen Kiefern der Zeit» kann man noch eine Gleichung pflanzen:

$$x = 3^{32} 2^{13} (1 - \frac{1}{32})^{\frac{n+1}{2}} t$$

Wenn n = 1, x = 35737 = Saturntag.

Wenn n = −1, x = 36864 = Jupitertag.

Diese schöne Gleichung durchschneidet das gesamte Weltall.

Der Sprung von Ermak zu Kuropatkin geschah in der zehnten Potenz der Drei.

Der Sprung von der Länge einer Lichtwelle zum Tag des Bewußtseins und den Sonnentagen geschieht in der 32-ten Potenz der Drei und stützt sich auf die Länge 1 Lichtwelle, seinen Baustein.

Unser Bewußtsein ist ein rohes Schloß, ähnlich den mittelalterlichen Palästen, bestehend aus kleinen Zeiten der Flamme.

Und dort, ganz oben, fliegt der Rabe des Bewußtseins und krächzt leise.

> Welcher Sklave hat seinen Spaten und seine Hacke
> stumpf gemacht am wilden Zeitgestein, beim Bau
> des rohen Schlosses des Denkens?
> Welche Peitsche pfiff über ihm?
> Welchen Herrn hat er gehaßt?

Wir haben gesehen, daß

$$4332 = \frac{3^8 + 1}{2} \cdot 1053 - 2$$

$$10759 = \frac{3^9 + 1}{2} + 1053 - - 122 - 14$$

$$30688 = \frac{3^{10} + 1}{2} + 1053 + 122 + 14 + 2$$

wo 122, 14 und 2 = die Ketten der Ausgangspotenzen der Drei sind, 1053 der Unterschied zwischen ihren beiden Ketten.

Jeder Himmelskörper antwortet mit einer besonderen Stufe auf der Leiter der Dreien, und der Schritt vom einen zum anderen

Leuchtkörper geschieht durch Erhöhung der Potenz um eine Eins. Das ist der Gesang der Sterne, die Erhöhung der Stimme der Zeit, von der die Alten geträumt haben.

$$X = \frac{3^{7+n}+1}{2} + 1053 + 122\,(-1)^n\,(1-n)2^{2-n} - 14(n-1)2^{2-n} + 2(n-2)$$

Desgleichen: $365 + 687 = 1053 - 1 = 3^6 + 3^5 - 3^4 - 1$,

während $224 = 2^7 + 2^6 + 2^5$, und $88 = 2^6 + 2^5 - 2^3$.

Erinnern wir uns daran, daß die Gleichung der Ankunft des Sterns der «Hinrichtung der Zaren» diese Gestalt hatte:

$769 \cdot 5n + 1052k$ oder $(2^9 + 2^8 + 1)5n + (3^6 + 3^5 + 3^4 - 1)k$.

Das ist nicht verwunderlich. Die reinen Gesetze der Zeit sind überall dieselben, für alle Dinge, Sterne und Menschen.
So, wie die Gesetze des Raumes dieselben sind für ein Dreieck dreier Sterne am Himmel wie für drei Punkte auf einem Schädel, der auf der flachen Hand des Denkers ruht.
Wir haben gesehen, daß $3^{11} + 3^{11}$ Tage entweder die Zeit ist zwischen der Eroberung Roms durch Alarich, durch die wogenden Horden des Ostens, und dem Sprung der Schlacht auf dem Kulikowopole, die der Damm war gegen den Strom der Völker des Ostens. $3^{10} + 3^{10}$ Tage ist die Zeit zwischen dem Feldzug Ermaks, an den bis heute die Lieder der Jugend 1) der Deutschen, 2) der Japaner, 3) der Chinesen erinnern, so stürmisch war er, und der Schlacht von Mukden, dem Punkt des Widerstandes.
Festgestellt werden sollte, daß ein Tag, der durch $3^{10} + 3^{10}$ geteilt wird, 82,01 Schläge pro Minute ergibt.
Die Vorschriften der deutschen Infanterie verlangen von der Infanterie 81 Schritte pro Minute. Hierher gehören auch die Herzschläge. Auf diese Weise ergeben die negativen Exponenten der Potenzen von drei und zwei die Harmonie des Innenlebens des Menschen.
Eine Versammlung von Menschen, Staaten werden von positiven Potenzen regiert, die Kreide des Staates — der Mensch — ein Staat in sich — von negativen.
In der Formel $3^{+10} \pm 3^{+10}$ Tagen ergibt das positive Zeichen den Umhang der Unterwerfung Sibiriens, das negative den im Kriege gewöhnlichen Schritt der Infanterie.

*Was ist das Sehen?* Das Sehen ist eine Gestalt der Zeit von besonderer Rechnung.

Das Sehen ist ein Hinabklettern über 41 Stufen der Leiter des Turms des Exponenten.

Wenn der Seher über die Stufen dieser Leiter von dem hohen Turm, auf dem er lebt, hinabklettert, sieht der Mensch.

Das ist wieder eine jener Dreierpotenzen, denn 41 ist $3^3 + 3^2 + 3^1 + 3^0 + 1$, das ist die Straße der Rechentürme, die wir oft gesehen haben in der Stadt der Dreien, der Stadt des Himmels, aber hier ist sie nicht auf der Erde der Arbeit, —

hier hängt diese Reihe abnehmender Dreien, die Stadt der Dreien hoch in den Wolken: sie selbst ist Exponent der Potenz! Oder: wir beginnen zu sehen, wenn die Stadt der Türme, die Stadt der abnehmenden Dreien selbst zum Exponenten der Potenz wird!

Erinnern wir uns an die Reihen des Himmels: dort haben die 41 und ihr Genosse 365 als additive Elemente teilgenommen; hier hängen sie mächtig in der Luft.

Tatsächlich sieht das Auge, angefangen bei einer Schwelle von $394{,}5_{10}^{12}$ Schwingungen pro sec; an einem Tage von 86164 sec macht dieses Licht $3395_{10}^{16}$ Schwingungen.

Aber $4^{41}$, wo $41 = 3^3 + 3^2 + 3^1 + 3^0 + 1$, gibt es.

Hier ist das Sehen komplizierte Zeit:

Das Sehen ist ebenso ein Zweig der Zeit wie das Jahr, aber es trägt zwei unterschiedliche Züge:

Das Jahr wächst aus Tagen nach dem Gesetz einer aufsteigenden Reihe von Dreien. Im Sehen hängt diese Reihe 1) als Exponent der Drei, und 2) ist in ihr alles in negative Potenz erhoben.

Wenn Pythagoras die Sterne wie Klänge gehört hat und in den Klängen Sternenhimmel gesucht hat, so deshalb, weil in seinem Bewußtsein der Exponent der Potenz sowohl negativ als auch positiv sein konnte.

Seine Wahrnehmung des Jahres ging in Klänge über und umgekehrt; bei den meisten Menschen ist nur positiv.

## SCHAU DER HIMMELSGLEICHUNGEN

| Zahl der Gleichung | Meine Heere gegen die Himmel | Größe von n. Aufgaben | X Antwort Größe | Name von X (Namen der Sterne) |
|---|---|---|---|---|
| 1. | $X = 11 \cdot 2^{n+2} + (n-1)$ $3 \cdot 2^{2n-n^2+4} - 2^{4n-12}$ oder: $X = 88 \cdot 2^{n-1} + (n-1)$ $3 \cdot 2^{2n-n^2+4} - 2^{4n-12}$ | 1 2 3 4 | 88 Tage 224 Tage 365 Tage 687 Tage | Krämer-Stern. Liebchen. Erde. Krieger. |
| 2. | $X = (3 + 2^3)2^{n+2}$ $+ (n-1)3 \cdot 2^{26-2n}$ | 1 2 3 | 88 Tage 224 Tage 365 Tage | Krämer. Liebling. Erde. |
| 3. | $365 = 3^5 + 3^4 + 3^3 + 3^2$ $+ 3^1 + 3^0 + 1$ | | | Erde. |
| 4. | $224 = 2^7 + 2^6 + 2^5$ $= 2^8 - 2^6$ | | | Kußhändchen. |
| 5. | $687 = 1052 - 365$ $= 3^6 + 3^5 + 3^4 - 1$ $- 3^5 - 3^4 - 3^3$ $- 3^2 - 3^1 - 3^0 - 1$ $= \dfrac{3^7 - 3^6 - 3^4 - 3}{2}$ | | | Krieger. |
| 6. | $88 = 2^6 + 2^5 - 2^3$ | | | Krämer. |
| 7. | $X = (2^6 + 2^5)^{\frac{n+1}{2}} + 2n^{4+n}$ | ±1 +1 | 88 Tage 224 Tage | Krämer. Liebling. |
| 8. | $X = (3^5 + 3^4 + 3^3 + 3^2$ $+ 3^1 + 3^0 + 1)2^{n-1}$ $- (n-1)3^3 + 3^2$ $+ 3^1 + 3^0 + 1)$ $- 2(n-1)$ oder: $X = 365 \cdot 2^{n-1} - (n-1)$ $41 - 2(n-1)$ | 1 2 | 365 Tage 687 Tage | Erde. Fleischhauer. |

| Zahl der Gleichung | Meine Heere gegen die Himmel | Größe von n. Aufgaben | X Antwort Größe | Name von X (Namen der Sterne) |
|---|---|---|---|---|
| 9. | $X = 2^{7+n} + 2^7 - 1 +$ $(2^4 + 2^{1+4(-)})(-1)^n$ | 1<br>2 | 365 Tage<br>687 Tage | Erde.<br>Schlagetot. |
| 10. | $X = 2^{6+n} - 2^5 - 2^3$ $(2-n)$ | 1<br>2 | 88 Tage<br>224 Tage | Krämer.<br>Hübschchen. |
| 11. | $X = (3^6 + n)2^{\frac{-n-1}{2}}$ $+ \frac{41(n-1)}{2}$ | $+1$<br>$-1$ | 365 Tage<br>687 Tage | Erde.<br>Krieger. |

Diese Gleichungen umfassen die Ringe des inneren Sternengürtels.

Wenn im ersten Gürtel dieser Himmelsleuchten das «Dreigespann» mit der Zwei kämpft, so sind im zweiten die Gebäude der Gleichungen und des Überganges der Größen deutlich aus dem Stein der «Drei» gebaut. Die Hütten dieser Welt zerfallen in abfallende Dreierketten, Dreier-Stücke.

Im ersten Gürtel steigt die Kurve des Gewichts, hebt sich nach oben, der zweite Gürtel ist das Land des erlöschenden Gewichts, der greisenhaften, absterbenden Dinglichkeit.

Ihr Gewicht fällt unveränderlich, außer einem plötzlichen Sprung in die Höhe beim letzten Stern.

Die Gebäude dieser Welt sind mit der Steinaxt der Dreierpotenz (der wiederholten Drei) gebaut.

| Ordnung der Gleichungen | Meine Heere gegen die Himmel | Bedeutung von n | X Antwort | Name der Sterne |
|---|---|---|---|---|
| 1. | $X = \left(\frac{3^{7+n} - n}{2} + 1093 - 41\right)n$ | $+1$<br>$-1$ | 4332 Tage<br>687 Tage | Jupiter.<br>Krieger-Stern. |

| Ordnung der Gleichungen | Meine Heere gegen die Himmel | Bedeutung von n | X Antwort | Name der Sterne |
|---|---|---|---|---|
| 2. | $X = \left(3^{9+n} - 2^{\frac{n+1}{2}}\right)$ $2^{\frac{n-1}{2}} + 1093 + 41n$ | +1<br>−1 | 60181 Tage<br>4332 Tage | Stern Mars.<br>Jupiter. |
| 3. | $X = (3^6 + n)$ $2^{\frac{-n-1}{2}} + 41^{\frac{(n-1)}{2}}$ | +1<br>−1 | 365 Tage<br>687 Tage | Erde.<br>Krieger. |
| 4. | $X = 3^{2+2^{1+n}} + 41$ $+ 3^{3+n^2}(2n-3)$ $2^{1-n} - 2$ | 1<br>2 | 687 Tage<br>60181 Tage | Krieger.<br>Meer. |
| 5. | $X = 3^{6+2n} + 41n$ $+ 1095^{\frac{(n-1)}{2}} - 2$ | −1<br>+1 | 687 Tage<br>60181 Tage | Stern Krieger.<br>Stern Mars. |

Befehle der Vorsitzenden des Erdballs (Vorserdbas)

I. Die älteren Sonnenwelten, Rivalen der Sonne mit sinkendem Gewicht, Jupiter, Saturn, Uranus, mögen nach dem Gesetz A ihre Bahnen ziehn:
damit
ihre Jahreszeiten nach der Gleichung, die auf Grundlage der Zahl Drei aufgestellt wurde, als n-ter Wurzel aus der Anzahl der Tage, ineinander übergehen. Drei — Deichselwagen des Todes, des Verfalls; die älteren Welten haben als Grundlage der Gleichung — die Drei.
Gesetz A:

$$x = \frac{3^{7+n} - 1}{2} + 1053 + \frac{n-1}{2n-2x}\left(\frac{3^5+3}{2}\right) - 1\,(^{n+1} - 3^2 - 3)$$

oder
$x - 365\,(365^{n-3} + 3^{n+1} + 3) - 48\,(3n-2)$

Antwort: n = 1 · x = 4332 das Jupiterjahr; n = 2 · x = 10759 das Saturnjahr; n = 3 · x = 30688 das Uranusjahr.
In Jahreseinheiten stellt sich dieses Übergangsgesetz folgendermaßen dar:
x = $3^{n+1}$ + 3 Jahre oder 123084 Jahre (ein Jahr = 365 = $3^5$ + $3^4$ + $3^3$ + $3^2$ + $3^1$ + $3^0$ + 1 Tage).
II. Der Befehl, die Gleichung des Zeitenwechsels bei jüngeren Sternen (mit steigendem Gewicht) auf Grundlage der Zwei aufzustellen. (Auf dem Fuß der Zwei stehend.)
x = 11 · $2^{n-2}$ + (n — 1) (3 · $2^3$)$2^{(n-1)}$ $^{(5-2^n)}$ = 6
Antwort: n = 1 · x = 88 (Merkur); n = 2 · x = 224 (Venus); n = 3 · x = 365 (Erde).
Diese fest auf dem Fuß der Z w e i stehende Gleichung verbirgt einen Pakt der drei Sterne! Auf ihm ist die Gemeinschaft der drei Sterne mit verschiedener Charakterfärbung begründet. (Krämer, Venus und Ehefrau).
III. Befehl über die Ankunft der Sonnen-Genossen
«Fliegende Regierung der Sonnenwelten».
Man beachte:

$$\frac{3^m + 1}{2} = 3^{m-1} + 3^{m-2} + 3^{m-3} + 3^{m-4} \ldots 3^2 + 3^1 + 3^0 + 1$$

und
1053 = $3^6$ + $3^5$ + $3^4$ = $3^{3+3}$ + $3^{3+2}$ + $3^{3+1}$
Wir befehlen nicht Menschen, sondern Sonnen! ( S o n n e n ). (Befehlsneuerung, Befehlsschöpfung) (Verschiebung des Befehlsziels). Und wir — die Vorsitzenden des Erdballs, fragen, wem sich besser befehlen läßt — Menschen oder Sonnen?
Und voll Erstaunen sehen wir, daß die Sonnen ohne Widerspruch und Geschrei unsere Befehle ausführen. Wir Vorserdbas würden Aufruhr und Aufstand vorziehn, Genosse — Sonne!
Langweilig ist es auf der Erde.

*30. I. 1922* *Ergebenst: Velimir der Erste*

# Notizen

Die Natur der Umdrehung liegt darin: die Summe der Divisoren einer Zahl ist gleich der Zahl selbst — Grundwahrheit der Umdrehung.

\*

Die Menschen werden begreifen, daß es Stunden der Menschheit und Stunden der Einzelseele gibt.

\*

Igor Usypljanin.

\*

Dem singenden Wilden hat der Gleichklang geholfen, sich nicht im Chaos der Wörter zu verlieren, er hat eine Auswahl getroffen, er hat gekämpft mit den großen Zahlen der Sprache.

\*

Wörter sind besonders stark, wenn sie zwei Sinne haben, wenn sie lebendige Augen für das Geheimnis sind und wenn durch den Glimmer des gewohnten Sinnes ein zweiter Sinn hervorleuchtet.

\*

*25. Oktober 1921*
Meer. Tod der Zukunft. Zusammenbruch des Weltalls. Sajan. Nixe und Fee. Kummer und Lachen. Das Pferd. 3 Schwestern. Schwestern der Blitze. Ladomir. Razin. Himbeersäbel. Garšin. Gekürzter Shakespeare. Nacht in Schützengräben.

\*

Die Feder des Krieges taucht zu oft ins Tintenfaß der Menschheit.

\*

Richter können alle Rechte haben, außer dem Recht, kindlich unschuldig in denjenigen Bereichen zu sein, die sie angehen.
Ist denn nicht das Getrappel des keuchenden Kindes zu hören? Schon Mallarmé und Baudelaire haben von lautlichen Entsprechungen der Wörter und von den Blicken hörbarer Gesichte und Laute gesprochen, in denen ein ganzes Wörterbuch steckt.
In meinem Aufsatz «Lehrer und Schüler» sieben Jahre habe auch ich einen gewissen Begriff von diesen Entsprechungen gegeben.

**B** oder eine hellrote Blüte, und darum sind die Lippen bobeobi, we-eomi ist blau, und darum sind die Augen blau, pi-i-eo ist schwarz. Es verwundert nicht, daß Toporkov befremdet gelacht hat, ohne diese [*unleserl.*] zu lesen, und diese Verse anstarrte wie ein kaukasischer Wildesel die Eisenbahn, ohne deren Sinn und Bedeutung zu begreifen.

*

*Über die Natur der Freundschaft*
Gibt es Regeln für die Freundschaft? Ich, Majakovskij, Kamenskij, Burljuk waren Freunde vielleicht nicht im zärtlichen Sinne, aber das Schicksal hat aus diesen Namen einen einigen Kranz geflochten.
Und zwar? Majakovskij wurde 365 · 11 nach Burljuk geboren, die Tage der Schaltjahre mitgezählt, zwischen mir und Burljuk liegen 1206 Tage, zwischen mir und Kamenskij 571 Tage.
284 · 2 — 568.
Zwischen Burljuk und Kamenskij 638 Tage.
Zwischen mir und Majakovskij 2809 Tage ...

*

*Lautschrift*
Diese Gattung der Kunst ist der Nährboden, aus dem der Baum der Weltsprache hervorwachsen kann.

| | |
|---|---|
| **m** — blaue Farbe | **s** — golden |
| **l** — weißes Elfenbein | **k** — himmelblau |
| **g** — gelb | **n** — zartrot |
| **b** — rot, hochrot | **p** — schwarz mit rotem Schimmer. |

*

Die Rechenkunst verfügt nicht über Zeichen für die Wiedergabe der Bewegungen der Größe Zeit, und bis zur Schaffung, zur Umformung solcher Zeichen — bis zur Zeichenschaffung wird es unmöglich sein, diese Bewegungen wiederzugeben. Sehr oft haben wir es mit der Überführung ein und derselben Wirkung auf eine Fläche zu tun, zum Beispiel der Zusammenführung zweier Sehweisen ein und derselben Wirkung, die nur von zwei verschiedenen Gesichtspunkten aus betrachtet wird.

Gedichte müssen nach den Darwinschen Gesetzen aufbauen.

\*

Kant mit seiner wie ein Flußabhang überhängenden Stirn eines Denkers über dem Kinn, gerunzelt wie eine Kinderfaust, tief in einen Kragen gesteckt.

\*

Ich starre auf die Zahl wie eine Katze, bis die Maus herauskommt.

\*

Versuchen wir, die Zeitgesetze zu sehen, wie sie in Puškin widergespiegelt werden. Am 10. Oktober 1824 beendete er die «Zigeuner», wo er die Freiheit der Menschen jenseits der Gesetze, jenseits des Staates feierte; innerhalb von $3^6 + 3^6$ mußte nach dem Gesetz die gegenläufige Welle kommen, und tatsächlich beendet er am 8.–9. Oktober 1828 «Poltava», wo die Gestalt Peters des Großen dargestellt wird, des Schmiedes des jungen Landes, und der autokratische Hammer, der das russische Faß mit dem Reifen Poltavas beschlagen hatte, dem Poltava-Reifen, fand in Puškin eine hellklingende Nachtigall.
Am 15. Mai 1821 dagegen wurde der «Gefangene im Kaukasus» beendet — das Atmen des wilden Ostens im ursprünglichen Wesen der Bergbewohner, der wilden Kraft und Freiheit, $3^6 + 3^6 - 2^2$ danach, am 9. Mai 1823 wurde «Evgenij Onegin» begonnen, das verweichlichte Bild eines vom Westen vergifteten Herren, das entgegengesetzte Ereignis.
Der Gefangene eröffnete die Begegnung des Russen mit dem Osten. Onegin seine Begegnung mit dem «gebildeten Westen». Puškin rechtfertigt vollkommen seine Würde eines erfahrenen kleinen Froschs, eines Versuchsfroschs — das Wellengesetz der Zeit ist an seinem Schaffen leicht zu verifizieren.
9. November 1828 «Ančar» — ein tödliches Wort über die Autokratie, $2^5$ Tage nach «Poltava».
4. September 1826 «Der Prophet».
6. Januar 1835 Anakreont 3 Oden.

Gleichungen meines Lebens: ich wurde am 28. Oktober 1885 geboren + $3^7$ + $3^7$ = 3. November 1921 habe ich im «Roten Stern» in Baku die Sowjetregierung vorausgesagt. Am 17. Dezember 1920 = 2 · $3^7$ − 317, in $3^7$ + $3^7$ − $3^6$ − 48 wurde ich zum Vorsitzenden des Erdballs gewählt.

Den 20/XII/1915 nach meiner Geburt oder 2 · $3^7$ − $3^6$, am Jahrestag von Tsushima, habe ich den Gedanken gefaßt, den Staat zu besiegen, am Tage des Falls von Przemyśl habe ich mich für Chemie begeistert.

\*

*Gleichung der Seele Gogols*

Am 19. März 1809 wurde Gogol geboren. $2^{13}$ = 8192 Tage danach das Jahr 1831, nämlich der 22. August 1831, das ist der Tag, an dem das Leben Gogols in kühner Jugend überschäumte und Gogol, weil er sich mit Puškin treffen wollte, in brüderlicher Anwandlung einen großen Brief an ihn schrieb und einen Antwortbrief von ihm bekam. In dieser Zeit schrieb er die heiteren Abende, wo der klare Frühling der Ukraine herrscht, ihre Feen, heidnisch fröhliche Augen verbergen sich hinter jeder Zeile des Moskauer Satzes.

Damals war die Sonnenblume seines «Ichs» dem Leben zugewandt, dem Leben und der Liebe.

$3^8$ + $3^8$ danach kam aber der allgemeine Flecken des Jahres 1845, besonders des 1. März 1845, das sind die Tage, als Gogol (am 24. Februar 1845) beschloß, nicht mehr «dem Ruhm» zu leben, nicht mehr der Unternehmungsfreude, sondern in seinem heiligen Namen, nicht mehr für die Erheiterung der Menschen, sondern für deren Trost.

Gogol wandte sich wie die Sonnenblume mit allen Blättern seiner Seele dem Herrn zu, er hatte sich abgewandt vom Klang der Küsse und dem Lallen der Feensprache der «kleinrussischen Geschichten». Der strenge und heilige Herrgott ersetzte nun in seiner Seele die sündige Fee, als die Drei in der Zeitgleichung die Zwei ersetzt hatte.

Die Zwei ergab im Grunde Geschichten mit plantschenden Feen, die Drei Gedanken an Gott, an die weltliche Finsternis für das Ich. Nennen wir den Tag seiner Geburt den Feldzug nach Sibirien — die Eroberung von Isker durch die Truppen Ermaks. (Verbinden wir das «ua» Gogols mit dem Namen Ermaks.)

$3^{10} + 3^{10}$ nach der Eroberung von Isker trat die gegenläufige Bewegung ein — die Schlacht von Mukden. Und Ermak war ersetzt durch Kuropatkin.

Die Hinwendung zu Gott war das Mukden im Leben Gogols, und seine Frömmigkeit ein Akt der Abtrünnigkeit gegenüber seiner Geburt, die Kapitulation der Bereiche des Ichs vor dem Feldherrenstab des Todes oder der Heldentat Kuropatkins. Entweder verhält sich die Freiheit zu Gott zur Freiheit und dem Leben wie $-1$ zu $+1$, und Gogols Gott ist das Dasein vor der Geburt und der Frömmigkeitsanfall, — die gegenläufige Bewegung aus dem Leben hin zur Welt vor der Geburt, oder Leben und Frömmigkeit sind einander zuwiderlaufende Wege des Lebens ..............

\*

*Was ich studiert habe*
Die Tiere.
Das Alphabet.
Die Zahlen.
Meine Familie.
Burljuk.
Meine Genossen.
Die Menschen.
Die Jahreszeiten.
Nächte in Persien.
Nächte in Astrachan.

\*

Die Verleger, die mich betrügen wollen, auf meine Dummheit hoffen und meinen flüsternd schweigsam lachenden Mund nicht sehen. Na bitte sehr, um Gottes willen! soviel ihr wollt, betrügen und betrogen sein.

Ich gewinne den Felsen, mit dem Kiel der Volgaschiffe markiere ich das Recht, betrogen zu werden. Auf diesem Felsen seid ihr nur ein paar Haare Gras. Wie schön liegt da mein As auf der Neun dieses Felsens der Finsternis.

Die Verleger kommen, den Bruder spielend, zu mir ans Krankenbett, um Manuskripte zu verheeren, einzuheimsen, die Verleger, die auf meinen Tod warten, um über dem Grabe des Dichters ein Geheul anzustimmen. Und jahrelang lassen sie meine Gedichte herumliegen. Seid verflucht, ihr!

Mit der Zeit, wenn das Wort WIR Gott geworden ist, werden die Wortflußbetten aller Gedanken vom Gipfel des einen Gedankens strömen.

Aber wir sind keine Götter, und darum werden wir wie die Flüsse ins Meer der einen Zukunft strömen. Von dort, wo die Erfahrung jedes einzelnen zu strömen geneigt ist – wie die Volga, wie der Terek, wie der Jaik – ins gemeinsame Meer der einen Zukunft. Wir werden die mittelalterlichen Streitereien um die Zahl der Haare im Barte Gottes nicht mitmachen.

\*

*7. Dezember 1921*
Ich fühle die Grabplatte über meiner Vergangenheit.
Mein Vers erscheint mir fremd.

\*

*Aufgaben der Vorsitzenden des Erdballs*
Bestimmung der Hauptstädte.
Neuordnung der Maße.
Neuordnung des Alphabets.
Untergang der Sprachen, die der Kralle am Flügel gleichen.
Voraussicht der Zukunft.
Auszählung der Arbeit in den Einheiten der Herzschläge.

\*

Der Mensch als raumzeitlicher Punkt.
Mehr als die Hälfte des Körpers besteht aus Wasser.

\*

Die Sprachen der Menschheit von heute sind die Kralle am Flügel der Vögel: unnützes Überbleibsel des Altertums, Kralle der Vorgeschichte.

\*

Die Internationale der Menschen ist denkbar über die Internationale der Ideen der Wissenschaften.

Es genügt, die ersten drei Zahlen zu betrachten, gleichsam einen strahlenden kleinen Ball, um ein Weltall zu errichten. Die Gesetze der Welt sind identisch mit den Rechengesetzen. Alles fliegt ins Nichts, zwei Schmetterlinge fliegen im Flug der Wörter: ja und nein, die Wolke der göttlichen Falter, eine Wolke des Feuerscheins.

\*

Das Gesetz teurer Tinte hat den Schriftsteller gelenkt, der die Handschrift der Welt geschrieben hat. Dieser dunkle schwarze Elch ist der schwarze Stern der Wolken.

\*

Die Menschen haben die Zeitrechnung mit dem Blut der Kriege aufgestellt, mit dem Schwert. Deshalb werden Kriege dann abgebrochen, wenn die Menschen gelernt haben, die Zeitrechnung mit Tinte zu machen.
Der Krieg hat das Weltall in ein Tintenfaß voll Blut verwandelt und in ihm den jämmerlichen, lächerlichen Schriftsteller ersäufen wollen. Der Schriftsteller dagegen will den Krieg in seinem Tintenfaß ersäufen, den Krieg selbst. Glaubensstreit — Freiheitsklang.
Wer wird siegen?

*21. März 1921*

\*

5 Schimpfworte — sind Liebkosung.
Das 100-te Wunder — ist schon Alltag.
Gift heilt und tötet (Gift in großen Mengen ist eßbar).
Der Strom einer kleinen und einer sehr großen Kraft berührt den Menschen nicht. Klang und Licht sind unsichtbar und unhörbar auf der einen wie der anderen Seite des Klang-(und Licht-) Flecks. Ein zu lauter Ton ist ebenso unhörbar wie ein sehr schwacher.
Eine Sache, die n u r mit neuen Wörtern geschrieben ist, berührt das Bewußtsein nicht ...

Die Kraft des Wortes (wenn man eine Größe finden will) gleicht der Wirkung eines Funkens auf einen Pulverkeller unter einer Großstadt (etwa London). Die Detonation hängt nicht ab von der Kraft, sondern vom Maß, von der Menge (der Genauigkeit) — der Schritt der Infanterie zerstört die Brücke, über die er geht.
Das schwache und unverständliche Wort kann die Welt zerstören.
O Zweikampf zwischen Schicksal und Mensch!
Jiu-Jitsu mit dem Staat!

\*

1) Spucke dem Tod in die Augen, in all seinen Erscheinungsformen.
2) Den Nacken in Zukunft dem Gestern zuwenden.
3) Aufteilung der Macht des mädchenhaft verschämten Autokraten nach den Zeitgesetzen, die ein Kind versteht.
4) Sturz der Sprachen, als Pflicht.
5) Die Schalen und Rinden der Sprache aufbrechen, immer und überall.
6) Harnische aus Zahlen.
7) Anwachsen der Fläche menschlicher Willkür.
Recht um Recht entreißen.
Liederheer.
Schützengraben ins Weltall.

\*

Bewegen wir uns in der der Zeit entgegengesetzten Richtung, so werden wir mit Leichtigkeit die Berge der Zukunft sehen.
Diese dem Geist des Propheten so bekannte Bewegung ist die Errichtung von Höhe in bezug auf die Breite der Zeit, d. h. die Schaffung einer Ergänzungsdimension.

\*

Solange die Regierenden Handel treiben mit dem Blut ihrer Untertanen, bleiben wir, die Ruhe bewahrend inmitten einer Menge Verdummter, die gehofft hatten, in der Regierung des Erdballs eine Milchkuh mit schmackhaftem Euter zu sehen, und dann enttäuscht weggegangen sind, — bleiben wir allein fest wie ein Fels. Freunde, gehen wir daran, für den ganzen Erdball eine gemeinsame Sprache aufzubauen!

Mehr seliges Schafsgeblök, mehr Zaum der reinen menschlichen Stimme, die vom Blitz des Gedankens durchschnitten ist, sichten wir, was in dieser Richtung von der Masse der Jahrhunderte getan worden ist.

Wir werden auf dem Mars Blumen pflücken, wir werden dem Erdball das Voraussehen der Zukunft schenken.

\*

Wenn in der Frage Ja und Nein der Verstand des Aristoteles keine Linie zu ziehen wußte — eine Grenze zwischen dem Reich der Gleichheit und dem Reich der Ungleichheit — und dort stehengeblieben ist, so gibt es diese Zweifel für uns nicht mehr. Wir sehen genau, daß Ja und Nein, quantitativ gleich, dasselbe Zahlenmaß haben und daß sie nur ein Unterschied im Winkel von $180°$ trennt — die Wendung zum $180^2$ ist noch nicht vollzogen — zwei Gerade, das bedeutet: Ja und Nein sind gewöhnliches Blei, Bronze, eine Legierung aus Brocken der Gleichheit und Brocken der Ungleichheit, zahlenmäßig gleich, nicht aber im Winkel zueinander.

# Autobiographisches

I
Viktor Vladimirovič.
1885, Oktober, 28.
Steppe Astrach. Chanskaja stavka.
Ekaterina Nikolajevna Verbickaja und Vladimir Aleksejevič Chlebnikov. Orthodox.
Der erste Chlebnikov wird erwähnt als Stadtoberhaupt des mittelalterlichen Rostov.
Gymnasium (eingetreten in die 3. Kl.).
Universität (nicht beendet).
Vater — Verehrer von Darwin und Tolstoj. Großer Kenner des Vogelreichs, das er sein Leben lang studiert hat; hatte weitgereiste Freunde, ein Bruder in Neuseeland verlorengegangen und aus dem Blick verloren, einer aus dem Geschlecht der Chlebnikovs war Mitglied des Staatsrates.
Großvater in Jerusalem auf einer Wallfahrt gestorben.
Einer seiner Söhne ist Prof. der Milit.-Medizin. Akademie (Physiker). Viele Chlebnikovs zeichnen sich aus durch Eigensinnigkeit und Dickköpfigkeit.
Erste Auftritte im «Frühling» des H. Šebujev, gellender Aufruf an die Slaven in der Zeitung «Abend». In der «Heckenrose» Notiz von Čukovskij. Habe zwei Dramen geschrieben, «Jungfrauengott» und «Kinder der Otter» — in der «Ohrfeige dem öffentlichen Geschmack», dem «Brüllenden Parnaß».
In der wissenschaftlichen Arbeit «Lehrer und Schüler» kam ich auf den Gedanken, daß ähnliche Ereignisse in der Geschichte in $365 \cdot 2 \pm 48$ Jahren wiederkehren (die Brücke zu den Sternen).

*V. Chlebnikov*

In meinen Stud.-jahren dachte ich nach über die Wiedergeburt der Sprache, schrieb die Verse «Oh schlagt die Lache an» und «Spiel in der Hölle».
Ich kümmerte mich um die Erweichung der Charaktere, habe aber nicht viel erreicht.

*5. 8. 14*

II

Ich wurde am 28. Oktober 1885 im Lager mongolischer, Buddha bekennender Nomaden geboren — der Name «Chanskaja stavka», in der Steppe — auf dem ausgetrockneten Grund des verschwindenden Kaspischen Meers (das Meer der 40 Namen). Während der Volgafahrt Peters des Großen bewirtete ihn mein Vorfahre mit einem Becher Dukaten geraubter Herkunft. In meinen Adern fließt armenisches Blut (die Alabovs) und das Blut der Zaporoger (die Verbickijs), deren besondere Rasse sich darin erwies, daß Prževalskij, Miklucha-Maklaj und andere Landsucher und Abenteuerer Nachkommen der Seč-Nestlinge waren. Gehöre zum Treffpunkt der Volga mit dem Kaspischen Meer (Sigaj). Er hielt nicht nur einmal im Verlaufe von Jahrhunderten die Waage der russischen Angelegenheiten in Händen und brachte die Schalen zum Schwingen.
Trat in eheliche Bande mit dem Tod und bin auf diese Weise verheiratet. Lebte an Volga, Dnepr, Neva, Moskva und Gorynja. Die Landenge überquerend, die die Gewässer von Volga und Lena vereint, zwang ich ein paar Händevoll Wasser, statt ins Kaspische Meer ins Eismeer zu fließen.
Habe die Bucht von Sudak (3 Verst) und die Volga bei Epatjevsk durchschwommen. Bin auf ungesattelten Pferden fremder Reitereien geritten.
Mit der Forderung hervorgetreten, die russische Sprache vom Kehricht der Fremdwörter zu reinigen, indem ich alles tat, was man von 10 Zeilen erwarten kann.
Veröffentlichte «Oh schlagt die Lache an», mit 365 ± 48 gab ich den Menschen das Werkzeug, die Zukunft vorauszusehen, ich habe das Gesetz der Generationen gefunden, den «Jungfrauengott», wo ich in lichten Schatten die Vergangenheit Rußlands beschrieb, die «Dorffreundschaft», durch die Gesetze des Alltags des Volks habe ich ein Fenster zu den Sternen geschlagen.
Einmal bin ich hervorgetreten mit einem Aufruf an die Serben und Montenegriner anläßlich des Raubes von Bosnien und der Hercegovina, der sich einige Jahre später teilweise rechtfertigte, im Balkankrieg, und zum Schutze der Ugrorussen, die von den Deutschen in die Kategorie des Pflanzenreichs versetzt worden sind.
Das Festland, das sich verstreut, wird den Befehlsstab den Menschen der Meeresgrenzen aushändigen.

1913 wurde ich zum großen Genie der Gegenwart ernannt, welchen Ruf ich bis heute genieße.
War nicht beim Militärdienst.


Muß man eine Erzählung mit der Kindheit beginnen? Muß man sich zurückerinnern, wie mein Volk und meine Leute einst die Völker des Festlands in Angst und Schrecken stürzte, sie Feiglinge auf Rädern nannte und mit seiner längst vergessenen Geschicklichkeit alles mit Eitelkeit strafte, mein Volk, das zu einem Hiawatha von heute mißtrauisch «Feigling auf Rädern» gesagt hätte, worauf jener den grauen Schnurrbart traurig gesenkt hätte und verstummt wäre – wieder ein Grund zu einem verstohlenen Seufzer: «Oh, alle haben mich verlassen!», mein Volk, das listig wie der Stör in ausgehöhlten und mit Rudern versehenen, unterseeischen Booten nach Cargrad schwamm, unsichtbar unter der Wasseroberfläche verborgen, sobald es vor den unzähligen bunten Türmen in den lärmerfüllten Straßen der Hauptstadt lag, um nach siegreichen Raubfischzügen in der engen Meeresstraße mit flinken Ruderschlägen zurück ins offene Meer zu tauchen, über sich die stolzen Segel der es erfolglos verfolgenden türkischen Flotte, die Dneprmündung zu erreichen, und frei die von Möwen wimmelnde Luft des Zaporožje einzuatmen. Mein Volk hat das Meer aus seinem Gedächtnis verloren, und in seinem eitlen Freiheitsdrang hat es vergessen, daß die Freiheit – eine Meerestochter ist. Der Stamm der Volgarussen meiner Heimat hatte um den Zauber der weiten Steppe gewußt (Ausruhen von den Menschen und ihren Weiten), der Nähe zum Meer und der geheimnisvollen Kühle des stolzen Flusses. Dort, wo das Chinesische Meer in den Weiten der Steppe einige versprengte Spritzer verloren hatte und wo diese Tropfen – versprengte Zeltlager in einer fremden Steppe, mit der Zeit ihr gemeinsames Leben und gemeinsames Schicksal mit dem ganzen russischen Volk erkannt hatten, dort fügte sich meine Kindheit.
Sie haben einen Lebensabschnitt, einen Teil ihres Lebens vollendet, und schon können sie fühlen, daß viele Wahrheiten von ihnen abgefallen sind, wie der Rabe zur festgesetzten Zeit seine langen schwarzen Flügelfedern verliert und einsam im finstren

Dickicht des Waldes sitzt und stumm wartet, bis ihm neue wachsen. Ja, ich habe ein Stück Weg zurückgelegt, und nun sehe ich mich an: und mir kommt vor, als ob die zurückgelegten Tage mein Gefieder wären, mit dem ich, so oder so, mein ganzes Leben lang fliegen muß. Ich habe gewählt. Ich bin zu Ende. Doch wo ist jener See, in dem ich mich sehen kann? Mit einem goldenen oder einem tiefblauen Auge habe ich mich in seine Tiefe gebeugt und erkannt: das bin ich. Ich bezeuge, daß ich keinen anderen See habe als meine Erinnerung. Keinen See-Spiegel, zu dem der Rabe mit linkischen Sprüngen schleicht, wenn ringsum alles plötzlich still wird und die stummen Bäume des Waldes und die linkische Schnabelbewegung zu einem Klang verschmelzen, dem Klang vom Geheimnis des dämmrigen Fichtenwalds. Doch der Rabe begehrt einen Spiegel: dort empfangen ihn, gleich Schwänen, die Bäume.

Aber das Gedächtnis ist ein großer Minotaurus, und ihr, Erinnerungen, seid die tiefen Gänge. Wie Aufständische, die einen Platz stürmen wollen, habt ihr euch einst in meinem Bewußtsein gedrängt. Ihr habt die Wache beim Paar-Unpaar-Spiel überrannt und von meiner Tinte und meinem Talent Unsterblichkeit haben wollen. Ich schlug eure Bitte ab. Und wie viele, ihr Bilder der Vergangenheit, werden bei meinem Aufruf nun erscheinen? So kennt ein Fürst, der einen Krieg zu spät beginnt, die Größe seines Heeres nicht, traurig spielt er herum, rätselt über die Zukunft nach und sattelt sein Pferd zur Flucht. Da erklang seine Stimme, und ich wurde stutzig: das war doch ich, nur in anderer Gestalt, das war mein zweites Ich — ein Mongolenknabe, der über das Schicksal seines Volks nachdenkt. Und vom Tor eines mongolischen Götzentempels blickten holzgeschnitzte Elefanten. Damals hätte ich mongolische Götzenbilder bringen sollen, doch ich lehnte verächtlich ab.

Ich sehe mich als ganz Kleinen, bei einem kindlichen Streit: würde ich über einen Geländerpfeiler klettern können oder nicht? Ich kletterte darüber und erntete das Lob meines Bruders. Die Berührung zwischen meinem Körper und dem Pfeiler ist mir bis heute in Erinnerung geblieben. Und da ist ein anderer Zipfel Land: ein alter Garten, hundertjährige Ahornbäume, Steintrümmer, mit Bäumen bewachsen, — der bei einem Aufstand niedergebrannte Palast eines polnischen Pans. Während jener Morgenröte in unserem Leben waren wir Weise gewesen, und das

Gesetz dieser Zeit war, den Tag in einem warmen Bach zu verbringen. Dort wurden Schleien und Käfer gefangen, soviel kleiner als ein Veršok, wie wir kleiner als die Erwachsenen waren, und der leuchtendste Fleck jener Jahre war die Frühlingsjagd auf stecknadelgroße Störe, die ans Ufer geschwommen kamen; aber unser beider Fischernetz nützte wenig: pfeilschnell entwischten sie uns, um dann wieder aufzutauchen, und regungslos mit ihren schuppigen Leibern im Wasser zu verharren. Die zwei Fischer waren aufgeregt und bekümmert — in der Hand hielten sie einen Rahmen mit einem Mückennetz.

Hier mußte ich einmal den Schwanz eines Fischotters kosten — eine bekannte Delikatesse. Man brachte das Tier, erdverkrustet, mit schwarzem, eingetrocknetem Blut bedeckt, und unter Apfelbäumen, die damals gerade in Blüte standen, briet man seinen mit Schuppen und vereinzelten Haaren überzogenen Schwanz. Nichts Außergewöhnliches. Ich mochte das Fleisch der grauen Ziegen, die so schön und kläglich waren, mit schwarzen, gefrorenen Augen. Und an eine Jagd erinnere ich mich: ein Waldweg, ein Schlittenlager, Reiter, Wolfsspuren in einem Feld; die Erwachsenen sind verschwunden, ein polnischer Pan mit schneeweißem Schnurrbart eilt den übrigen nach. Einmal war an unserem Haus ein Wagen vorübergefahren, bis obenhin voll mit Leibern von Frischlingen. Ein andermal brachten sie einen jungen Hund mit aufgequollenem Bauch. O diese vierbeinigen Menschen des Waldes mit ihren rauchgelben, krummen, abgeflachten Zähnen. Wie sie für die rasche Kugel im düsteren Licht der Winterdämmerung an ihren zweibeinigen Brüdern Rache nahmen! Ein solcher krummer Zahn hatte lange Zeit hindurch auf dem Schreibtisch meines Vaters gelegen ...

Eine geheimnisvolle, abendliche Schmetterlingsjagd, wo der Abend sich in einen Tempel verwandelte: Blumen reckten sich dem Sonnenuntergang entgegen wie Priesterinnen auf einer Waldwiese aus feinsten Hemden, Opfergeruch, und ein Schwärmer, der mit pfeifendem Flügelschlag vorbeihuschte, wie ein Gebet. Als wir uns gerade zaghaft an den Falter heranschlichen, um die Hand nach ihm auszustrecken, sehe ich von oben das Zittern eines Wetterleuchtens. Die Fenster wurden geschlossen. Ein Gewitter zog auf. Die Lehrjahre an der fernen Volga und die frischen Schläge des jungen Bluts gegen die Welt ...

Der Weidenzweig
Tag —
Weiden, Federhalter des Schriftstellers

Ich schreibe eben mit einem verdorrten Weidenzweig, an dem die Klümpchen silberner Daunen wie flaumige kleine Hasen sitzen, hervorgekommen, um den Frühling zu sehen, umringen sie die trockene schwarze Gerte von allen Seiten.
Der vorige Artikel wurde mit der spitzen Nadel geschrieben, die ein Waldstachelschwein verloren hatte.
Danach hatte ich einen Federhalter aus Dornen eines Schlehengebüschs — was hatte das zu bedeuten?
Dieser Artikel wird mit einem Weidenzweig geschrieben, mit einem anderen Blick ins Unendliche, in das «ohne Namen», man muß ihn auf andere Weise sehen.
Ich weiß nicht, welchen Wohlklang all diese drei Federhalter des Schriftstellers zusammen ergeben.
Währenddessen floß der Strom der Ereignisse vorbei.
Aus der Heimat des Stachelschweins schreckliche Nachrichten.
Ich erfuhr, daß Kučuk-Chan, von seinem Gegner aufs Haupt geschlagen, in die Berge floh, um den Schneetod zu sehen, und dort erfror er, gemeinsam mit den Resten seiner Heere, während eines Schneesturms auf den Gipfeln des Iran.
Die Krieger zogen in die Berge und trennten der erfrorenen Leiche den seherisch schönen Kopf ab, spießten ihn auf eine Lanze und trugen ihn zu Tal und erhielten vom Schah die versprochenen 10 000 Tuman Belohnung.
Wenn die Schicksale ihre Flußbetten übertreten, wie oft setzen das Schlußzeichen dann die Naturgewalten!
Er, der den Palast angezündet hatte, um seinen Gegner im Schlafe verbrennen zu lassen, der ihm den Tod im Feuer gewünscht hatte, die Feuerstrafe, er kommt im äußersten Mangel an Feuer um, im Atem des Schneesturms. Der Schneepunkt setzte diesem Leben ein Ende. In seinem Kopfe stand die Hütte seiner Heimat — aus guten Tumanen und guten Kriegern. Da er das zu Lebzeiten nicht hatte tun können, tat er es nach seinem Tode, als die guten Krieger für seinen Kopf gutes Geld bekamen. Als ich im Jahre 21 in diesem Lande war, hörte ich die Worte: «Die Russen sind gekommen und haben Frost und Schnee mitgebracht.»
Kučuk-Chan aber stützte sich auf Indien und den Süden.

Aber das größte Licht am Himmel der Ereignisse, das in dieser Zeit aufgegangen ist, ist «der Glaube an die vier Dimensionen» — die Skulptur aus Käse von Miturič.
3. IV. 1922


[Aus dem Tagebuch]

28-XI-13.
Gumiljov hat erzählt, daß in Abessinien die Katzen vernachlässigt würden, nie schnurrten, und daß eine Katze bei ihm erst eine Stunde später geschnurrt habe, nachdem er sie zärtlich gestreichelt hatte: die Abessinier kamen gelaufen und bestaunten das verwunderliche Werk: nie gehörte Töne ...
19-XII-913 Matjušin war hier und beruhigte mich ... Umkehr in Richtung auf den sauberen und strengen Charakter.
30 oder 31 November.
Schlafen gegangen um 6 U.; aufgestanden um 2 U.; hatte einen Traum: Flug von Astrachan nach Petersburg. «Streunenden Hund" studiert ... Mandelštam erklärte, das beziehe sich auf ihn (Lüge) und er sei so unbekannt (Glückliche Reise).
Šklovskij: Ich kann Sie nicht im Duell töten, Puškin wurde getötet, Lermontov wurde getötet, und wehe, daß das, wie man sagt, in Rußland der Brauch ist ... ich kann nicht D'Antès sein. Filonov machte dunkle Anspielungen, die in ihrer Grobheit und Direktheit abstießen. Und «mit Entsetzen reißen sie den aus Birkenruten geflochtenen Kranz des Groschenruhms von der stolzen Stirn».
9-XII-1913. Der 7-XII: der kürzeste Tag, ich verbrachte ihn auf der Datscha Kuokkala bei Puni. Der Tag war freudlos und ... (mein Süßholz) sauer. 1-ter Streit. Streit und Zorn über mich. Die Tage werden länger? Streit oder Frieden. Drei Tage gesessen, ohne das Zimmer zu verlassen. Sonnenstand wie im Herbst, düstere Stimmung.

[*Später von V. Chlebnikov hinzugefügt:*] 2. September 1915 zweimal 317, als ich 1913 bei Puni übernachtete. Festgestellt, daß der Hund den Mond wie einen fernen Herrn anbellt und daß die Macht der Schwerkraft und [der Träne] ein und dasselbe ist.

Höchst wichtig von 13 Lenzen bekam ich einen am 4-V-1914 in Moskau geschriebenen Brief, in dem sie schreibt: mir ist langweilig, ich bin stolz, sehr stolz. Der erste, die ganze Zeit. In ihm, in Raskolnikov, das Horn des Dämons ... und am selben Tag, am 4-V verlangte ich von Z. S. Ch. das Recht, in sie verliebt zu sein, und die Antwort, daß, wenn ich mich verliebe, sie in lautes Gelächter ausbrechen [in Stimmung kommen] und mich heiraten würde. Also an einem Tag der erste Brief von L. Dzel. und die erste direkte Frage und Heiratsantrag an Z. S. Chl. und fast [*unles.*] und Voraussicht der Zeit.

17-ten Mai 1914 fühlte ich ein klares Gewitter des Herzens ... des Gleichgewichts Verschwindens der Stürme ... des ruhigen Geistes. Am 20-ten habe ich mir zum erstenmal einen Bart angeschafft ... Dieser Tag ist der Todestag von P. D. Svjatopolk-Mirskij, 28 Jahre vor mir geboren, Altersgenosse des Papstes. Ich suchte nach dem Geheimnis der Ursache für diesen Zustand; an diesem Tag, dem 17-20, verspürte ich zum erstenmal Mitleid mit meinem Vater und teilte den Familienstandpunkt.

Wir haben den Zeitgenossen eingesperrt, er heult und tobt im Käfig, wir ... werfen ... Fleisch ...

... Sie zerfallen in Krieger und Kuscher; Krieger — das sind wir, und Kuscher — das sind die, die sich von den Resten nach uns ernähren; von den bedeutendsten Kuschern muß man hervorheben ... Kuscher Kuprin, Kuscher [Sologub].

12-VI-1914 der Verstand arbeitet wunderbar, bringt Ergebnisse.
7-VI? war, versöhnt?
10-V Kamenskijs Brief.
8 mich gezankt mit ... Demidovskaja, vielmehr am 11., am 8-ten war ich bei ...
1914 9-10 Juni Veränderung, stilles Wetter des Glücks ...
10. Juni 1914 Ruhe des Herbsts.
7. Juli ein düsterer Tag ... wie schwarze Farbe.
8. Juli 1000 Chinesen Abstand für eine Dschunke.
77 Jahre in der Natur. 365 + 48 in der Natur.
Ein Fall:
1837
1914.
Das Wasser in der Čusova am 17. Mai 1914. Kama 3 saž. höher als der normale Stand in der Natur.
14. Juni [1914] mich von der Seite gesehen.

Neuigkeiten:
Chlebnikov hat sich aus unerbittlicher Verachtung vor sich selbst 101mal auf den Scheiterhaufen geworfen und, abseits stehend, darüber geweint.
Schicksale der Gefühle und Jahr.
Gefühle sind wie Schicksale des Herzens mit der Sonne verbunden: die Gefühle haben ihre Periode und versiegen plötzlich nach besonderen Gesetzen.
Von Petersburg am ersten Tag des FRÜHLINGS abgereist.
In Moskau 10 Tage — verrecke vor Langeweile.
Wenn ich Parzifal bin, dann war die Sühne am 19. September 1914 in dem finnischen Schuhladen, wo die blauäugige Finnin sich rasch auf meine Knie setzte und mit schnellen behenden Bewegungen mir die Schuhe zuband und ihre dunk[le] Stirn einen Kuß verlangte. Als sei ich Jesus Christus. Sie selbst schaute mir aus eigenem Wunsche und mit unaussprechlicher eilfertiger Anmut in die Augen.
Ich nahm hohe mit doppelter [*Sohle*] ...
Briefe an mich geschrieben: am 11-II-15 Belenson,
am 29-XII-1914 Asejev
Kuzmin
1915 VIII-21 Burljuk.
21-XI-1914 Nikolajeva.

Schade, daß das Tagebuch nicht da ist.
Brief von Vjačeslav Ivanov.
Der zuverlässige siebentägige Rhythmus des 24. August 1914, des Tages, an dem sich alle fanden: 1) Brief von Vera ... 2) Brief von Zinaida Semjonovna. Tonja ist gekommen. Solovej. — 31-VIII. Gegen 7 kam Zinaida Semjonovna. Ich habe mich getrennt vom Haus der Ahnen.
Von den Eltern verjagt ...
7. September ...
«Lieber Vitečka, schreib, vergiß mich nicht. Ich und Nadočka sind auf du»
23. September ein wunderbarer Tag, Sonne, warm ...

Streit mit Repin wegen Lukomskij (Ecke, Bruch).
«Ich kann nicht mehr in der Gesellschaft der Leute von gestern bleiben und muß gehen.» Repin: «Bitte sehr, wir werden nicht

hinter Ihnen herlaufen.» Erschrocken floh Šebujev, Bergsons Kutscher; alle. Lukomskij fragte: verkehren bei Ihnen die Künstler C. D.! Stehen sie bei Ihnen in der Ecke? Nein!!
Ein Bruch mit Künstlern oder irgend etwas. Segantini ... Im Kreis der Malerei hat Repin sich verteidigt. «Nichtswürdigkeit, Schwachsinn, Erbärmlichkeit, Verrückte!» Aber wie nichtswürdig die Seite sein muß, um so einer nichtswürdigen Erscheinung solche Aufmerksamkeit zu widmen.
Geburtsjahre und -tage
der Turkovskijs.
Lišnevskij.
Puni.
Boguslavskaja.
Lazarevskaja.
Budberg.
9-10-III-1915. Korrespondenz Ka. Fall von Przemyśl.
7. Januar 1915. Hochzeit von Lišnevskij. Turkovsk.
21. August 1915 bei Puni übernachtet.

K. Čukovskij 19. März 1883.
Chlebnikov 28. Oktober 1885.
oder $731 + 223 = 954 = (317 + 1) \cdot 3$!!! angenehm.

Freundschaften; Gesetze der Freundschaft.
Kreisschaften der Lügschaft
Dienstschaft; Gesetze der Dienstschaften.

O. Puni am 24. Januar $1892 = a$
Ivan Andrejevič am 22. Februar $1890 = b$
zwischen mir und Ivan Andr.
$(317 \cdot 1) 5 - 1$ Tage oder einfacher $(317 - 1) 5$.
$a + b = 365 + 48 \cdot 7 = 701$ Tage
$l = $ Ehefall.

Am 21. August 1915 las ich Lazarevskij aus den Karten des verstorbenen Oleg Konstantinovič; heraus kam:
    1) Herzenskummer
    2) ich weiß nicht
    4) eine betagte Witwe, wohlwollend, freundlich, aber nicht liebenswürdig (Asejev).

3) ein Schmeichler (zweimal)
5) eine unerwartete Geldsumme
6) ein Angebot
7) das große Glück.
19. Sept. 1915 bei Brik auf der Schwelle gestürzt.
Am 22. Sept. die Glebova gesehen. Gebrochene Schönheit des Ostens. 14. Sept. 1915 Schuttabladeplatz von Bänken bei Puškin hinter Nikolaj Kudel.
Den 22jährigen Krieger der 11. Klasse. Deutschenpogrom.
Zu Gast bei Budberg am 18. September 1915, gelesen, mich gelangweilt.
Und am 12. September 1915 zum erstenmal Vera. 17. September Treffen am Meer. 24. September 1915. Sprang über die Felsen, fing an Steine zu werfen; Laune wie ein Falke. 16. August 1915 traf ich 5mal V. Lazarevskaja, 5 Begegnungen; das verlorene Armband.
1) Am Ufer früh um 4 U.
2) Auf dem Bahnhof 5
3) im Restaurant 7
4) im Kinematographen 8.
5) Am Meeresstrand um 11 $^1/_2$ danach.

| | |
|---|---|
| 16. August 915 | 16. August 915 |
| 11. August 413 | 317 |
| 24. Juni 1914 | 28. September 1914 |
| 7. Mai 1913 | 15. November 1913 |
| 29. März 1912 | 29. Dezember 1912 |
| | 15. Januar 1912 |

16. August 1915
5mal Liebespaare gesehen: Rosenkranz Vera Lazarevskaja und Adam Adamovič.
Zweimal 317
20. November 1913 was war da bloß?
Kerzenstummel B.
Taschentuch Gr.
Krawatte Evr[einovs].
Hem. Čuk[ovskijs].
Groschen

2mal 317 gibt den 14. September 1915.
2mal 316 — 12. September, das ist eine Begegnung mit den Budbergs, Bekannten von Matjušin; eine ordentliche Familie. Vera Al. erstaunte mich durch die Schönheit ihrer kalten beherrschten Bewegungen und die schöne Rasse ihrer graublauen Augen.
Diese prophetische Reihe, wird sie sich fortsetzen? Kalte graue blaue Augen...
19. Oktober 1915 saß ich neben Vera.
«Schön, neben einer Braut zu sitzen, Sie heiraten ja bald.» Ich und Andrejev zu beiden Seiten von Vera. In der Seele fing ich an zu weinen, freute mich aber darüber, daß Vera wenigstens nicht verheiratet ist... Um die Knie hat sie ein schwarzes Band, sie ist traurig und streng. Sie saß mir gegenüber, die Beine übereinandergeschlagen, und ihr schien, sie sei ungeschickt, sie zeigte beharrlich das Ende ihres Rocks, von wo in Strümpfen die Beine... Ihre Knie waren irgendwie ungeschickt gestellt. Irina hatte eine schöne Blume auf der Brust, sie ist dümmlich, komisch und lieb.
1915. War mit Andrejev am 19. Oktober bei Budberg.
Es saßen

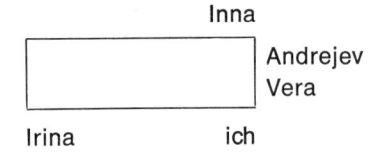

|  | Inna |  |
|---|---|---|
|  |  | Andrejev |
|  |  | Vera |
| Irina | ich |  |

Andrejev fragte grob: «Und wo haben Sie Ihren Bräutigam aufgegabelt?» V errötete und sagte: «Das ist sehr schwer, aber...» Irina schaute finster drein; am Tisch wurde gesagt: Vera ist die Braut von Ber (Bankbeamter). Ich fing im stillen an zu weinen; Vera schenkte Wein ein und sagte: «Rauchen ist ein Zeichen der Männlichkeit, rauchen. Hurra!» Vera ist wunderbar; schweigend, konzentriert raucht sie, fragt selten etwas. Inna war traurig. Vera war fröhlich, so war es beschlossen. Vera sagte: «Soll denn auch ich in den Krieg ziehn?»
26. Oktober 1915. Majakovskij hat abgesagt: «Sagen Sie, daß ich mich entschuldige; ich arbeite, schreibe.» Inna lachte. Als ich die Verse zu Ende gelesen hatte, steckte Vera sich eine Zigarette an und sagte (mit einem Lächeln) «jämmerlich!» und

schenkte Wein ein, fragte: «Ihnen auch?» Ich wurde rot, dankte und schaute ... Es schien, als liebten wir Ziegen.

Sie erzählte von der Jagd, wie der Hase schrie, als er mit dem Kopf gegen den Kolben schlug ... Inna ... der Helm und sie fanden, daß ich hübsch sei und einem Ritter ähnlich. Vera sagte «Ja.» Sie fanden, ich sei ein Krieger.

... «Ich schoß. Der Schuß traf, nu ... den Hasen in den Hintern. Und ich weiß einfach nicht ... Ich nahm ihn am Kopf und schlug ihn so gegen den Kolben. Und er schrie und schrie so, — ich weiß einfach nicht. Mir tat es sehr leid (sie raucht) um den Hasen ...

Erzählung von dem Hasen bei Budberg am 23. Oktober 1915.

14. Oktober 1915 Abend K. R.; Unkosten 10 R.; mich rasiert; Begegnung mit Urvancev, der sagte, er habe vorausgeahnt, daß er mich treffen werde.

Lenskij – Grušnickij.

Onegin – Pečorin.

Ich will nicht Pečorin sein und habe Angst, Grušnickij zu sein. Vera Lazarevskaja ist Tolstojs Nataša Rostova.

Vera Budberg ... von Lermontov, aber die russischen Schriftsteller haben nichts gegeben, was ihrem Bild ähnlich sähe.

Den 26. schaute ich auf die Ringe und bemerkte mit Freude, daß es Trauringe sind (golden und schwer). Ist das wirklich der letzte Traum und die letzte Prüfung?

Ich werde niemals mehr lieben!

14. Oktober 1915 platzte ein Glas mit Zapfen; zur Wendung zum Leben.

13. Oktober erinnere mich an Brik, er ist so jung geworden, daß man ihn unmöglich erkennt.

25. November 1915 verbrannte ich die Zigarettenschachtel aus Kuokkala, ich fühlte eine Last von mir weichen.

Am 23. November 1915 den Sieg über den Tod geschrieben – «Fehler des Todes.»

23. Oktober 1915 bei Majakovskij bei [Frančeski]. Die Lišnevskijs. Nachts bei Evreinov 10 Uhr bei Ževeržejev von 12 bis 5 U. 24 bei Brik. Krönung zum Mikado, und Majakovskij nannte mich König der russischen Poesie.

24. Oktober 1915. Subbotnik. Majakovskij nannte mich König der russischen Poesie, las schlechter als sonst die «Wolke in Hosen».

Pasternak, Šklovskij sagte «Sie sind noch hübscher geworden» [Kriven] sagte: «ich bin bezaubert von ihm» und Vr. bestätigte das.

30. Oktober 1915. Marija Michajlovna Urečina angekommen.
22. Oktober 1915 war bei den Lišnevskijs. Mich verzankt, gehe da nicht mehr hin.
20. Dezember 1915 zum König der Zeit gewählt.
31. Dezember 1915 Osip Brik brachte einen Toast aus auf den König der Zeit V. Chlebnikov.

Am Abend v. 5. Januar 1916 alle Mädchen schweigsam, «wie heißen Sie?» klang schlaff; ein Offizier legte die Hand an den Mützenschirm und sagte: [sofort sind sie alle verliebt] ...

(1915) Notizen vom 27. Oktober.
Lilija Brik gab auf gut Glück einen «Groschen» ½ Kopeke.
Majakovskij verlangte, daß ich den «Brüllenden Parnaß» bringe, sonst bekommen wir Streit miteinander.
Kälte Šklovskijs.
Vergeblich Evreinov gesucht.
War bei Belenson.
28. Geburtstag.
Beschloß, nicht zu Brik zu gehn.
Trank morgens 2 Unzen Fleischsaft, sah dann ein Großfeuer, abends bei Evreinov und Ėtter. Gegen Abend ging das Geld bis zur letzten Kopeke aus.
Feuer im Gebäude [Udelov] gegen Abend (Feuerwehrleute im Rauch, Fackeln, Verwundete, Lüster). Arznei ... von der Krätze.
Mich mit Evreinov geküßt, Milejev gratuliert. Beschloß, nur noch Evreinov und Ėtter zu besuchen; Pavluša gesehen. Evreinov sagte: Vera Aleksandrovna Chlebnikova in [unles.] Vera Aleksandrovna Bėr — versuchen Sie, ihr den Hof zu machen; sagte, alles sei möglich, nur mit der Ruhe.
Im Weggehen rief ich: «Also wir sind Verschwörer.» «Ja», sagte er, «handeln Sie nicht mit Gewalt, ein Mädchen muß man brechen, erobern; vergessen Sie nicht, daß Sie Jahr und Tag mit ihr bekannt sind, isolieren Sie sie von den anderen Schwestern, beim geringsten Anlaß rufen Sie an, kommen Sie um 6 Uhr abends.»
............................................................

Verschwörung am Geburtstag!
Ich sagte, daß ich es nicht glaube, aber daß ich der glücklichste Verschwörer sei. Bei [*Evreinov*] 28; ich schwöre, ich spiele den Antichristen, wenn es so wird. War ich nicht ein bißchen zuviel Grušnickij. Ich küßte (leckte) den lieben Diener Evreinovs mit dem mittelalterlichen Gesicht, er sagte: «Und dann werde ich Ihr Chauffeur.» Ein männlicher, roher Mensch mit glühendem und gutem Herzen. Ich mag ihn sehr.

27. Februar 1916 Šura abgefahren.
30. Februar 1916. Habe entdeckt, daß Männer 317 · 2 Muskeln haben.
5. März Pičeta gesehen.
12. März auf der Versammlung der Ätheromanen gewesen; schwarzer Sand.
17. März die Mutter von Nadežda Vasiljevna gesehen.
19. März Zinaida Semjonovna gesehen.
Kamm gefunden.
6-VII-1916
Skythen in der Kappe geschrieben.
10. August 1916. 861 = 317 e erfunden,
Telegramm von der Rückkehr Veras nach Rußland.
19. August Briefe der Perserin gelesen.
20. August 1916 zu den Urečins gefahren.
Hatte am 13. September 1916 einen Traum. Ževeržejev, Nacht, Lazarett. Ich zerschlug 2 Lüster (Streit, Denunziation) und rannte, ohne Stiefel, die ganze Nacht durch Petrograd. 20 im Traum lachender Budberg.
26. September hatte einen Traum: Vermel und seine verlassene, verrückte Frau in der Kirche.
23. September 1916. Abschrift des ganzen Artikels für «Ullja» auf dem Fußboden griechischer Weiser...
10-XII-1917 Kamenskijs Polin.
14-XII Zigeunerin.

[*1915*] Sonnenstand des 10. Juni im Sommer und 10. Dezember im Sonnenstand erwachte Gesundheit der Gefühle.
Ich suchte [ich wollte] ich träumte, ich war ruhig.
29. Oktober. Die Wirtin hatte einen Traum, ich liege im Krankenhaus, und es kommt eine barmherzige Schwester in Schwarz

und sagt: «Bei Ihnen ist eine Desinfektion notwendig»; ich hatte Scharlach oder Diphtherie. Habe drei Betten in meinem Zimmer (Frau, Sohn, ich)...

G. L. K. erzählt: er träumt selten, fünfmal bisher im ganzen, aber er kann sie sich alle gut merken, und fast alle sind sie hellsichtig, bis auf den ersten und komischen. 1. Traum: im Traum erschlug er irgendein Mädchen, wozu er nach eigenem Eingeständnis unfähig ist. 2. Traum: sah einen toten, am Boden liegenden Menschen, einen Offizier, Revolver. Morgens, vor dem Aufwachen, fragte er sich: ist das nicht etwa B. D. (ein wenig bekannter Mensch, Bruder eines Genossen). Beim Tee kam S. D. und teilte mit: weißt du, es ist ein Unglück geschehen — mein Bruder hat sich in Vladivostok erschossen, ich habe ein Telegramm bekommen. 3) Er hatte diesen Traum: viele Sterne, Feuerschein, roter Himmel, ein Funke und das Gesicht Makarovs mit schwarzem Bart. Am Morgen kam das Telegramm vom Untergang der «Petropavlovsk». 4) Er hatte im Traum einen Menschen mit wallendem Mantel und Hut gesehen, der an der Tür stand; er nahm den Revolver, öffnete im Halbschlaf die Tür und sah einen Mann. Er wollte schießen — nicht geladen. Er warf den Revolver nach ihm, wollte schlafen und legte sich. Am Morgen erzählte er es. Sie lachten, fanden den Revolver. Die Wache kam und erzählte von der Festnahme eines Sträflings in wallendem Mantel und Hut. 5) Ein kleiner Hund führte im Traum ein Gespräch und verbeugte sich.

31. Dezember 1914 Kamenskij hat wahrgesagt ... Ein gutes Genie ... zwei Würmer. Den 30. war ich bei den Budbergs. Niemand. Inna Aleks. saß und strickte einen Strumpf, dann die Mutter ... dann Vera Aleks. bekümmert, müde. Inna A. fuhr fort: «Einen König gibt es, wollen Sie, daß ich die Königin bin?» Ich schwieg still und wurde blaß.

Sie begleitete mich hinaus und dann über die zerrissenen, abgetragenen Galoschen: «Sie gehen ohne Galoschen?» ...

Wenn ich sitze, gehen Vera und Irina manchmal weg und schreiben irgendwas.

Am 10. April 1616 Cervantes und Shakespeare gestorben.

# Briefe

1.) An E. N. und V. A. Chlebnikov  [Kazan, Etappengefängnis,
Liebe Mama und lieber Papa!  3. XII. 03]
Ich habe deshalb nicht geschrieben, weil ich dachte, daß mich irgend jemand besuchen kommt.
Jetzt ist es nur noch wenig — fünf Tage —, und vielleicht sogar noch weniger, und die Zeit vergeht schnell. Wir sind alle gesund, vor kurzem ist einer mit Schwindsucht entlassen worden — der Student Kibardin, ihm haben wir einen rauschenden Abschied bereitet, ich habe mich neulich mit Zeichnen befaßt, an der Wand, und «aus dem Leben» ein Porträt [*unleserl.*] und noch zwei Köpfe gezeichnet, aber da sich herausstellte, daß das gegen die Gefängnisvorschriften war, habe ich sie weggewischt. Ich habe eine Neuigkeit, von der ich nachher erzählen werde. Ich habe mich dieser Tage mit Physik beschäftigt und mehr als 100 Seiten gelesen, heute lese ich Minto. Einer von uns ist Mathematiker des I. Kurses, er hat Vasiljev einen Brief geschrieben, wie das mit den Repetitionen würde. Vasiljev hat geantwortet, die letzten Repetitionen seien am 18. Dezember, so daß man sich darauf immer noch vorbereiten kann. Von der Analyse habe ich mehr als die Hälfte gelesen. Hier sind einige mit gutem Gehör und Stimme, und vor der abendlichen Einteilung auf die Zellen hören wir ihnen zu, manchmal singen wir im Chor. Die Kunstschule ist abgebrannt? zu uns sind Gerüchte gedrungen, sie habe gebrannt, aber ob sehr oder nur wenig, weiß ich nicht. So ein Feuer hat man voraussehen können, weil es dort vielleicht brennbares Material gibt und noch mehr Petroleumlampen mit Papierschirmen.
Ich küsse alle, Katja, Šura, Vera, — wir sehen uns bald.

Vitja

2.) An E. N. und V. A. Chlebnikov  [*Moskau, 1904*]
Liebe Mama und Papa!
Ich küsse alle, sicher wartet Ihr mit Ungeduld auf einen Brief von mir, ich schreibe am zweiten Tag. Die Bahnfahrt war vergleichsweise angenehm, aber zwei Tage hintereinander habe ich nicht mehr als drei oder zwei Stunden geschlafen, die ganze Zeit habe ich nur ein paar Piroggen gegessen und nur zwei Glas

Tee getrunken, so daß ich, als ich in Moskau ankam, sehr müde war und mir die Beine weh taten, weil ich den größeren Teil der Zeit im Stehen geschlafen hatte. Im Gasthaus bin ich nicht geblieben, sondern habe die Sachen beim Portier gelassen und mir ein Zimmer für 6 R. gesucht, und nachdem ich die Sachen hingebracht hatte, habe ich noch am selben Tag fast ganz Moskau abgefahren, die Tretjakov-Galerie angeschaut, das Historische Museum und war im Turgenev-Lesesaal, so daß ich fast zwei Tage auf den Beinen war, um 6 Uhr früh in Moskau angekommen und bis 8 Uhr abends durch die Straßen gegangen, so daß ich sehr müde war und mehrere Male anhalten mußte, damit die Beine sich ausruhen konnten. Aber heute ist alles vorüber, ich bin ganz ausgeruht. Und gestern sah ich so (wahrscheinlich erschöpft) aus, daß sich die Leute nach mir umdrehten. Heute habe ich mich wieder umgesehen und das Rumjancev-Museum besichtigt und das Historische Museum, heute habe ich auch den Versuch einer musterhaften Existenz in Moskau gemacht: es zeigt sich, daß ein Vegetarier für zehn Kopeken am Tag durchaus existieren kann.

Das ist die detaillierte Ausführung über mein Treiben. In der Tretjakov-Galerie haben mir am meisten die Bilder Vereščagins gefallen, einige Sachen haben mich aber enttäuscht. Im Rumjancev-Museum war eine sehr gute Statue der Kanova, Der Sieg, und die Büsten Puškins, Gogols. Ich schreibe später ausführlicher, ich küsse alle: Papa, Mama, Katja, Šura, Vera.

Vitja

3.) An E. N. und V. A. Chlebnikov         [*Moskau, 1904*]
Lieber Papa und liebe Mama!
Ich schreibe am dritten Tage meiner Ankunft in Moskau, in Moskau habe ich mich jetzt so sehr eingelebt, daß ich es mir anders als in Moskau gar nicht mehr vorstellen kann. Gestern hatte ich mich in der Adresse vertan: Meščanskaja čast', Dominikanskij per., D. Glazunova. Also nicht Ulanskij pereulok, sondern Dominikanskij. Heute war ich wieder draußen und habe mir zum zweiten Mal das Moskauer Historische Museum angesehen und das Dom Igumnova. Das ist im Stil eines Bojarenhauses gebaut und sehr künstlerisch, mit bauchigen Säulen, Kachelöfen, einem Schuppendach. Ich fragte den Kutscher, wo dieses Haus sei, er ant-

wortete und fügte hinzu: «ein sehr schönes Haus». Da einfache Leute gewöhnlich für Architektur nichts übrig haben, ist dieser Stil offenbar dem russischen Menschen am nächsten und verständlichsten, sonst hätte der Kutscher das nicht gesagt. Und das heißt, nur dieser Stil kann der nationale russische Stil sein. Ich würde in den Seminaren veranlassen, Architektur zu unterrichten, weil die hiesige Geistlichkeit es überhaupt nicht versteht, Denkmäler des Altertums zu bewahren. Hier gibt es sehr viele alte Kirchen, sie waren früher einmal sehr schön und originell, heute sind es dank der Nachlässigkeit des Klerus gewöhnliche, gelb gestrichene und mit grünem Eisenblech beschlagene Kirchen. Manchmal kann man sogar alte Stuckverzierungen sehen, grob verputzt, unter anderem habe ich im Historischen Museum auf einer alten Ikone eine Darstellung des Uspenskij Sobor gesehen. Es scheint, daß darin die Architektur der von Vasilij Blažennyj ebenfalls sehr nahekam; jetzt jedoch ist nicht mehr die geringste Ähnlichkeit da.


4.) An Vjačeslav Ivanov
Als ich diese Verse las, erinnerte ich mich an die «allslavische Sprache», deren Triebe die Schollen der zeitgenössischen, russischen überwachsen müssen. Das ist der Grund, warum gerade Ihre Meinung über diese Verse mir teuer und wichtig ist und ich mich gerade an Sie wende. Wenn Sie es für möglich befinden, sagen Sie mir Ihre Meinung über die beigefügten Zeilen, und schicken Sie Ihren Brief an die Adresse: Kazan, 2 gora, D. Uljanova, an den St[udenten] V. V. Chlebnikov.
Ich werde Ihnen überaus dankbar sein.
31. III. 1908 Kazan V. Chlebnikov


5.) An V. V. Chlebnikova [Petersburg, 23. IX. 08]
Wie fühlt Ihr Euch? Vielleicht seid Ihr gar nicht mehr im Kaukasus, sondern nach Australien ausgewandert? Ich habe keinen einzigen Brief bekommen, keine einzige Zeile, und inzwischen war ich am 22. Sept. bei Tante Sonja, habe Onkel Saša gesehen, Großm. Olga P. und Sofja N.? sie baten, den Ausdruck verwandtschaftlicher Gefühle zu übermitteln. Am meisten hat mir Onkel Saša gefallen. O. P. (die Großmutter) hat noch kein einziges

435

graues Haar. Tante Sonja lebt mit ihrem Drok, einem schwarzen
Pudel, der mich sehr ungesellig empfing. Sie ähnelt den Photos,
die bei uns sind, nicht sehr, sondern ihr Lächeln, ihre lachenden
Augen und die Stimmfarbe zwingen einem das Bewußtsein auf,
man sehe doppelt, als sei es sowohl Tante Sonja als auch Tante
Varja. Bei Onkel Petja war ich noch nicht.
Ich schicke die zärtlichsten Gefühle.
Meine Adresse: Vas. Ostrov, Malyj pr., D. Nr. 19, kv. 20.


6.) An V. A. Chlebnikov [Petersburg, 13. X. 08]
Euer Hochwohlgeboren!
Ich habe die Ehre, Sie untertänigst zu bitten, mir die «Zoologie»
— von wem, weiß ich nicht mehr, zu schicken. Schicken Sie telegraphisch zum nächsten Termin den Pelz [und Geld] und 30 +
25 habe ich erhalten. Ich berichte über mein Leben: wohne auf
dem Vas. Ostrov, 15—20 Minuten von der Universität, zu Fuß.
Zahle 10 Rub. für das Z[immer] — allein, zu Mittag esse ich in
der Mensa, und zwar für 10 K., mal für 50 K. — das Essen ist
immer ungenießbar. Bei meiner Wirtin könnte ich für 11 Rub.
essen, — aber bis zu besseren Zeiten. Die Entfernungen bringen
mich um. Die Straßenbahnen auch. Ich habe unsere Verwandten
besucht, aber ... nicht Onkel Petja. Schick auch das Goldene
Vlies, eine oder zwei N°N°. Neulich habe ich einen «Abend der
Schalmei des Nordens» besucht und alle gesehen: F. Sologub,
Gorodeckij und die anderen aus dem Tiergarten ...
In Petersburg sind die Entfernungen so groß, daß fast alle Zeit
mit Laufereien draufgegangen ist ...


7.) An V. A. Chlebnikov [Petersburg, 25. XI. 1908]
25. November.
Ich wohne einstweilen bei wem? Bei Gr. Sudejkin! Sie sind nach
Lesnoj gezogen, und ich, am 21-ten aus meiner Wohnung vertrieben, bin zu ihnen gezogen. Habe mir bei ihnen 20 R. geborgt.
In Charkov habe ich Briefe postlagernd gelassen. «Wegen der
Wiedervereinigung der Kirchen» bin ich bereit, zu Euch nach
Odessa zu ziehen, wenn ich meine Literaturwerke beendet habe.
Die Sache von Onkel Saša, der entlassen wurde und keine Pension bekommt, wird in der Duma verhandelt werden. Ich habe

wieder Onkel Petja und Tante Maša gesehen. Ich habe zur Zeit keine Adresse, weil ich bald umziehe, ich weiß nicht, wohin. Die Adresse von G. S. Sudejkin: Lesnoj, Institutskij pereulok, D. Nr. 4, Kv. 2. Sie lassen grüßen. Ich merke, da ist etwas, worüber ich schreiben wollte, aber ich habe es vergessen. Wie geht es Katja? Und wo ist ihre Adresse?
Ich küsse Euch. Würde Euch gern irgendwo im Süden wiedersehen.


8.) An E. N. Chlebnikova. [Petersburg, 28. XI. 1908]
28-ter November. Ich bekomme seit langem keine Briefe, weder von Euch noch aus Charkov. Die «Gaben» der älteren Generation an die jüngere habe ich auch bis heute nicht bekommen. Deshalb habe ich etwa eine Woche beim Gr. S. Sudejkin gewohnt. Sie wohnen: Lesnoj, Institutskij per., D. Nr. 4, kv. 2. Sie senden herzliche Grüße. Morgen ziehe ich um in mein Zimmer: Petersb. St., Guljarnaja ul., D Nr. 2, kv. 2. In ein paar Tagen wird es wieder Scherereien um die Literatur geben. Ich führe das Leben der «Boheme». Petersburg wirkt wie ein guter Zugwind und läßt alles abkühlen. Eingefroren sind auch meine slavischen Gefühle und Sinne. Wenn ich mit meinen Sachen fertig bin, bin ich nicht dagegen, Euch zu sehen.
Gr. Sem. spornt mich an, meine Notizen über die Gegend um den Pavdin zu beenden. Ich habe noch einige Dinge auf dem Herzen, und wenn ich mit ihnen fertig bin, bin ich bereit, aus der Stadt auf den Meeresgrund zu fliehen. Im Heer der Heuschrekken klingt meine Note besonders, aber nicht laut genug und wird offenbar nicht bis zu Ende gehalten. Ich küsse Euch und einen Gruß an die Rjabčevskijs, Tante Varja, Kolja, Marusja. Ist Katja auch wieder gesund geworden? Vera schreibe ich über die Ausstellung. Wartet auf neue Drucke.
Šura macht weiter mit der Naturkunde?


9.) An E. N. Chlebnikova [Moskau, 28. XII. 1908]
Durch die vereinten Kräfte eines bösen Schicksals bin ich nicht nach Odessa gefahren. Da es innerlich nötig war, bei Euch zu sein, bin ich, ich leugne es nicht, in irgendeine Sackgasse geraten, aus der ich den Ausgang nicht finden konnte. Ich kam auf

den Bahnhof in so einem Rausch, mich schon auf dem Weg nach Odessa wähnend. Mir kam es nicht in den Sinn, den Kutscher zu treiben. Der Kutscher fuhr an der Auffahrt in dem Augenblick vor, als es drei Uhr schlug. Ich rannte auf den Bahnsteig genau in dem Moment, als der Schlüssel des Bahnwärters sich im Schloß umdrehte. So erfuhr ich an mir die Macht der Vergeltung, Spott, aber wofür — weiß ich nicht. Jetzt bin ich in Moskau. Habe heute den Kreml besichtigt. Morgen die Tretjakov-Galerie und v. and. Man hat uns ein Obdach gratis gegeben, ein Bett (im Studentenwohnheim) und überhaupt begegnet man uns mit der gewohnten Moskauer Gastfreundschaft. Ich habe mich gewundert, daß ich in der allgemeinen Moskauer Lebensform etwas Edles und Würde gefunden habe. Moskau ist die erste Stadt, die mich besiegt und erobert hat. Es hat sich zum Besseren verändert, seit ich hier war.
Ein gutes neues Jahr!


10.) An Vasilij Kamenskij                   Svjatoši [no] 10. I. 909
Vasilij Vasiljevič!
Ich schicke Ihnen drei Sachen («Skythisches», «Krymsches», «Grabhügel von Svjatogor»). Bringen Sie sie unter? Das wird mich ermutigen. Ich träume von einem großen Roman, dessen Vorbild die «Badenden» von Savinov sind, — die Freiheit von Zeit, vom Raum, gleichzeitige Existenz des zu Liebenden und Liebenden. Das Leben unserer Zeit, mit der Zeit Vladimirs zu einem Roten Sönnchen verbunden (Vladimirs Tochter, verheiratet mit dem Fluß Donau), wie sie den Dichtern der Bylinen vorschwebte, ihren Zuhörern. Einzelne Kapitel werden (werden sie es?) frei geschrieben, andere gemessen, die einen als dramatische Werke (dr[amatisch] diff[erential] an[alytisch]), die anderen erz[ählerisch]. Und alles ist vereint durch die Einheit der Zeit und zusammengepfählt zu einem Stück der Dauer in ein und derselben Zeit. Außerdem verabschiedete Militärs, Bändiger, Maxim[alisten] und dergl. im Geiste des «Totenzaubers». Aber ich brauche den Segen eines Redakteurs, geben Sie ihn? Aber das ist geheim.
Was sagt Remizov über meine «Snežimočka»? Wenn Sie ihn sehen, Vasilij Vasiljevič, so seien Sie nicht faul, fragen Sie ihn. Wie sieht die erste N° der Zeitung aus? Wenn es keine Schwie-

rigkeiten macht, schicken Sie sie? Ich bedaure sehr, daß ich es nicht geschafft habe, etwas aus dem altrussischen Leben zu schreiben. Aber ich habe so lange auf Reisen zugebracht, daß der ganze russische Geist verschüttet ist. Mich hat es nach Svjatoši[no] verschlagen, Kievskij uezd, Gouvernement Kiev, Severnaja ul. D. Nr. 53.
An Vikt. Vlad. Chlebnikov.
Wie viele Städte haben Sie zerstört — roter Rabe? In Ihnen kocht das Blut der Novgoroder Flußpiraten, Ihrer Vorfahren, und die ganze Ausgabe erscheint mir als ein Werk der Jugend, die ihre Boote volgaabwärts hat fahren lassen, um eine neue Freiheit und neue Ufer kennenzulernen.
Wenn Sie es annehmen, schreiben Sie sofort, wenn nicht, schicken Sie es zurück — diese Blätter sind mir teuer.
Aber trotzdem sind Redakteure — ein großes Übel.

Der «Slavenheger».

P. S. In diesem Brief liegen 6 Blatt.


11.) An E. N. Chlebnikova [Petersburg, 22. V. 1909]
Ich habe noch nichts über meine Sachen gehört. Schon vier Nächte habe ich überhaupt nicht geschlafen und finde, daß bei guter Ernährung dadurch die Gesundheit gestärkt wird. Da ich inkognito in Petersburg bin, habe ich niemanden besucht und werde auch niemanden besuchen. Ich bin zum Sohn der Straße geworden, sucht übrigens in dem, was ich schreibe, keine Ähnlichkeit mit der Wahrheit. Bei uns auf der Universität (von der ich aus irgendeinem Grunde immer noch nicht verjagt bin) wird eine Exkursion in den Kaukasus organisiert — Jäger, Philologen, zu Fuß durch Svanetien. Möchte sich Šura ihr nicht in Caricyn anschließen? Heute ist herrliches Sonnenwetter.


12.) An V. A. Chlebnikov [Petersburg, 31. V. 1909]
Seid gegrüßt auf die Entfernung von 1000 Verst. Ich wäre Ihnen äußerst verbunden, wenn ich *unverzüglich* einen genauen Brief mit Erklärungen dafür bekäme, was Ihr am 2-ten Juni zu tun gedenkt. Das hat mich erlöst von unnötigen Prüfungen und der Ungewißheit, die am schlimmsten ist. Ich habe mich mit V. Ivanov

getroffen. Er verhielt sich meinem Vorhaben gegenüber sehr teilnahmsvoll. Ich küsse alle. Sind die Odessaer gekommen? Wenn ja, dann auch ihnen meinen Gruß.
Ich hoffe, ich sehe Euch bald ...


13.) An E. V. Chlebnikova [Petersburg, 8. VI. 1909]
Ich sehe Euch bald. Will Šura nicht zu der Fußwanderung (der Studenten der Universität, Zoologen, Photographen) durch Svanetien (Nördl. Kaukasus) hinzustoßen? Er könnte mitmachen und würde mit offenen Armen aufgenommen (die Exkursion ist schon am 30. V. in Petersburg losgegangen). Ich habe mich vor kurzem mit einem Totenschädel photographieren lassen, und wenn ich komme, dann zeige ich Euch das Bild.
In Petersburg entsteht im Herbst ein Zirkel, in dem meine Sachen [*gelesen*] werden.


14.) An Vjačeslav Ivanov
Wissen Sie: ich schreibe Ihnen nur, um mitzuteilen, daß mir aus irgendeinem Grunde traurig zumute ist, weil ich unbegreiflicherweise, in 4 St[unden], wegfahrend traurig bin und es mir irgendwie körperlich leid tut, daß es mir nicht gelungen ist, mit ausgestreckter Hand, «Auf Wiedersehen» oder «Leben Sie wohl» zu V[era] K[onstantinovna] und and. Mitgliedern I[hres] Zirkels zu sagen, auf deren Bekanntschaft ich so großen Wert lege und über die ich mich sehr freue.
Ich bin durch irgendeine Kraft den Strom hinabgerissen, den ich nicht sehe und nicht sehen will, aber meine Blicke gehören Ihnen und Ihrer Wohnlichkeit.
Ich weiß, daß ich in etwa 100 Jahren sterben werde, aber wenn es stimmt, daß wir das Sterben schon bei Geburt angefangen, so bin ich noch nie so *stark* gestorben wie in diesen Tagen. So wie ein Sturzbach die Wurzeln wegspült, mich von der gebärenden und nötigen Grundlage. Das ist der Grund, weshalb die Ahnung des Todes — nicht als eines Endeffekts, sondern als Erscheinung, die das Leben im Laufe *allen* Lebens begleitet — immer schwächer und weniger spürbar war als jetzt.
Was habe ich diese paar Tage getan? Ich war im Zoolog[ischen] Garten, und merkwürdig fiel mir irgendein Zusammenhang des

Kamels mit dem Buddhismus in die Augen, und des Tigers mit dem Islam. Nach kurzer Überlegung kam ich zu der Formel, daß die Arten — Kinder des Glaubens sind und daß die Religionen — Kinderarten sind. Ein und derselbe Stein hat die Menschheit in zwei Ströme gespalten, hat den Buddhismus und den Islam geschaffen, und die ununterbrochene Achse des Lebens, die den Tiger und das Boot der Wüste geboren hat.

In dem friedlichen Gesicht des Kamels las ich das aufgeschlagene Buch des Buddhismus. Das Gesicht des Tigers verkündete das Gesetz Mohammeds. Von hier ist es nicht weit zu der Feststellung: die Arten sind deshalb Arten, weil die Tiere ihre Gottheiten auf verschiedene Weise zu sehen verstanden haben. Die uns bewegenden Religionen sind nur der blassere Abglanz der früher wirkenden Kräfte, die einst die Arten geschaffen haben. Das ist mein leicht majestätischer Standpunkt. Ich glaube, ihm anschließen kann sich nur der, der Besteigungen des Berges und seiner Höhe vollführt hat.

Ich füge einige von mir schlecht zusammengefügte Zeilen darüber bei.

O Garten, Garten!

Wo Eisen dem Vater gleicht, der die Brüder daran erinnert, daß sie Brüder sind, und dem blutigen Geplänkel Einhalt gebietet.

Wo die Adler der Ewigkeit gleich sitzen, die bestimmt wird durch den immer noch abendlosen Tag.

Wo der Schwan ganz dem Winter gleicht, und sein Schnabel — einem Herbstwald.

Wo der Elch nur Furcht und Furcht ist, blühend als ein breiter Stein. Wo der Soldat mit dem gepflegten Gesicht dem Tiger Erde nur deshalb hinwirft, weil jener großartig ist.

Wo der schöne Allerblauste seinen Schwanz fallen läßt, gleich Sibirien, wie man es vom Felsen bei Reif, wenn das Gold der Feuersbrünste und Lärchen eingesetzt ist in einen stellenweise grünen und blauen Wald, und über all das der Schatten fliehender Wolken geworfen ist; der Felsen selbst aber gleich in allem dem Rumpf des Vogels.

Wo die komischen Fischschnäbler sich gegenseitig putzen mit der Hingabe altertümlicher Gutsbesitzer.

Wo im Pavian merkwürdig Mensch und Hund vereint sind.

Wo das Kamel das Wesen des Buddhismus kennt und die Fratze Chinas verheimlicht.

Wo wir in dem Gesicht, das umrandet ist von einem schneeweißen Bart, und mit den Augen eines ehrbaren Muselmanen, den ersten Mahametanen ehren und die Schönheit des Islam einsaugen.
Wo ein niedriger Vogel den goldenen Sonnenuntergang hinter sich herschleppt, zu dem er zu beten versteht.
Wo die Löwen aufstehen und müde in den Himmel schauen.
Wo wir beginnen uns vor uns selber zu schämen und zu denken beginnen, daß wir hinfälliger sind, als es uns früher erschien.
Wo die Elefanten Späße machen, wie Berge bei einem Erdbeben, und den Rüssel nach einer milden Gabe aussaugen, ihn dem kleinen Jungen entgegenstreckend, und die alte Weise «essen will ich! – essen!» bestätigen. Und sie krächzen heiser, wie die Kiefern im Herbst, die klugen Augen verdrehend und mit den Ohren wackelnd.
Wo der Eisbär jagt gleich dem Seeadler nach nichtexistierender Beute.
Wo die Robbe lebhaft an die Martern des Sünders erinnert, sich im Wasser mit unaufhörlichem Heulen hin und her werfend.
Wo die wilden Tiere gelernt haben, vor schamlosen Blicken zu schlafen.
Wo die Fledermaus schläft, den Körper umgestülpt wie der Russe sein Herz.
Wo der Zobel zärtliche Ohren zeigt, zärtlich wie zwei Herbstnächte.
Wo ich die Dimension suche, wo Tiere und Menschen Füße wären.
Wo die Tiere hinter dem Gitter blitzen, wie der Gedanke hinter der Sprache.
O Garten, Garten!
Heute habe ich Al. M. Remizov gesehen. Ihn scheinen die Angriffe der Presse zu betrüben.
Leben Sie wohl! im Sinne von baldigem Wiedersehen!
Geben Sie mir die Möglichkeit, mich auf dem Papier von denen zu verabschieden, die ich nicht gesehen habe, als ich mich verabschiedete. Übermitteln Sie mein heißes Streben und Pilgerfahrten.

[*Petersburg*] 9 U. am 10. VI. [*1909*]  Velimir Chlebn.
Carskosel. Vokzal

15.) An Vasilij Kamenskij [Svjatošino, 8. VIII. 1909]
1. Ich schreibe Ihnen in der Hoffnung, Ihnen in baldiger Zukunft die Hand zu drücken.
2. Den Sommer habe ich in Gefangenschaft verbracht. Das, was ich tun wollte, habe ich nicht getan.
3. Ich habe die «Enkelin Malušas» geschrieben, deren ich mich jedoch schwerlich rühmen kann.
4. Meine Lage zu Anfang des Sommers könnte man mit der Lage des «großen Zorns» auf jene Welt und jenes Jahrhundert beschreiben, in das ich durch die Gnade der guten Vorsehung geworfen bin, jetzt aber habe ich mich beruhigt und betrachte die Gotteswelt mit «ruhigen Augen». Ich habe mir das komplizierte Werk «Quer durch die Zeiten» ausgedacht, wo die Regeln der Logik von Zeit und Raum so oft zerstört werden, wie ein Trinker in der Stunde zum Schnapsglas greift. Kein Kapitel darf irgendeinem anderen gleichen. Dabei will ich mit der Freigebigkeit eines Bettlers all meine Farben und Entdeckungen auf die Palette werfen, und jede von ihnen hat die Herrschaft über nur ein Kapitel: differenziales dramat[isches] Schaffen, dra[matisches] Sch[affen] mit Einführung der Methode der Sache in sich, das Recht auf Benützung neu geschaffener Wörter, das Schreiben mit Wörtern einer einzigen Wurzel, der Benützung von Epitheta; von Welterscheinungen, Lautmalerei. Wenn diese Sache gedruckt würde, sähe sie ebenso mißlungen wie bemerkenswert aus. Das Schlußkapitel — mein Ausblick auf die Menschheit der Zukunft. Genosse Vasilij, [...] ich muß Ihnen von einem schwer auf mir lastenden Verbrechen schreiben, in dem alle Gesetze der Freundschaft, des Mitgefühls und der Schuld des Herzens vernichtet sind. Vielleicht erweise ich mich aber doch nicht als so ungeheuerlich, wie es scheinen könnte. Der hochverehrte Ati Nežit' Mochojelič hat mich gebeten, ihm Ausschnitte aus den Kiever Zeitungen über seine Sachen zu schicken, die er braucht. Ich bin natürlich sofort in die Redaktion gegangen, um diese Nummern zu besorgen. Trotz dem ungastlichen Benehmen der Zeitung, war ich ein 1-tes und 2-tes Mal und ein 3-tes in einer zweiten Redaktion, aber nachdem ich alle N°N° der Zeitung durch hatte, hatte ich die Artikel nicht gefunden. Aber das ist noch nicht so schlimm. Aber dann erscheint in der «Kievskaja mysl» ein Nachdruck aus dem «Birževyja vedomosti» unter dem Titel «Plagiat eines Schriftstellers», wo in einem Ton, für den

man einen in die Fresse haut, über ein angebliches Plagiat der Geschichte «Das Mäuschen» im Almanach «Italien» die Rede ist. Da ich weiß, daß den Autor des «Nach der Sonne» des Diebstahls zu bezichtigen bedeutet, etwas Unvernünftiges, Nichtüberzeugendes auf boshafter Grundlage zu tun, verhielt ich mich demgegenüber mit Ekel und Verachtung. Aber ich war erstaunt, daß die Leute um mich herum, die sich zu den fortschrittlichen und klugen Leuten zählen, der widerwärtigen Notiz blind glaubten. Zwar ist später eine Notiz erschienen, aber dennoch ist es ein Schlag ins Gesicht eines russischen Schriftstellers. Auf den Schriftsteller fällt, wie ein Donnerschlag, die Beschuldigung eines schmutzigen Blattes, ein Plagiat begangen zu haben, und die Schriftsteller scheuen zurück, wie die Hammel vor dem Knallen der Peitsche, und der Schriftsteller bittet geradezu kniefällig, nicht auf die zweite zu schlagen. Das ist Ehrlosigkeit! Ist das nicht Ehrlosigkeit! Ich kann denen nicht erlauben, denen ich Freundschaft schenke, ungestraft sich beleidigen zu lassen. Die Ehre muß reingewaschen werden. Wenn Aleksej Michajlovič nicht stolz Genugtuung verlangen will, dann muß er seinen Freunden gestatten, Genugtuung zu fordern. Wir müssen auftreten als Schützer der Ehre des russischen Schriftstellers, dieses Tempels, der verpachtet ist — wie die Gajdamaken, — mit der Waffe in Händen und mit Blut. Zum Teufel mit den Schiedsgerichten, hier ist Rausch nötig und eine andere Flamme. Aleksej Michajlovič soll Genugtuung vom Herausgeber der Zeitung, Herrn Propper verlangen. Da er selbst das, vermutlich, nicht wollen wird, und seine Freunde lassen ihn ja auch nicht, so muß er seinen Freunden das Recht geben, Genugtuung zu fordern. So muß sich der Schriftsteller mit stolz erhobenem Haupte verhalten — der Seher der Wahrheit. Wir als seine Freunde müssen uns um Alek Mich scharen. Al Mich soll wissen, daß jeder seiner Freunde stolz sich in die Schranken stellen wird, um seine Ehre und die Ehre des russischen Schriftstellers überhaupt zu schützen, wie der Gajdamak aufstand für das Recht seiner Heimat. Aber dieser Bekannte kann einem keine Hand geben, wenn er ihn den vornehmen Dienst des Freundes ablehnen sieht, der die Ohrfeigen erträgt.

Also, noch einmal: ich wäre so stolz, in die Schranken zu steigen für die Ehre Al M und für die Ehre des Schriftstellers überhaupt. Über all das habe ich Al Mich nicht schreiben können, ich schreibe Ihnen, weil ich hoffe, daß Sie ihm viel von dem Geschriebenen übermitteln werden.

16.) An V. A. Chlebnikov [Petersburg, 29. IX. 09]
Meine Adresse: Vasiljevskij Ostrov, 11. Linie, d. 48, kv. 18. Ich bin zur Historisch-Philologischen übergewechselt und bin nun von den Gebühren befreit. Damit mir dieses Jahr angerechnet wird, muß ich bis zum 10. Oktober für das vergangene Jahr zu Nutz und Frommen der Universität 25 R. einzahlen. Außerdem habe ich mir keine Galoschen und Schuhe gekauft. So stehen meine Finanzen. Das Wetter ist, bis auf einige Regentage, ziemlich schön. Mein Zimmer hell und zufriedenstellend. Den Tee bekomme ich in einem Spielzeugsamovar. Ich habe mich mit einem größeren Teil meiner Bekannten getroffen. Die Petersburger haben sich an die Cholera gewöhnt und haben keine Angst mehr vor anderen Krankheiten, Flecktyphus usw.
Meinen Gruß an alle.


17.) An E. N. Chlebnikova [Petersburg, 16. X. 09]
Ich schreibe Euch schon zum zweiten Mal: das Buch ist nicht zu Hause liegengeblieben, es war ein Irrtum des Bibliothekars. Ich bin mit beinahe allen jungen Literaten von Petersburg bekannt geworden: Gumiljov, Auslender, Kuzmin, Gofman, Gr. Tolstoj und and., Gjunter.
Meine Verse werden wahrscheinlich im «Apollon» gebracht, einer neuen Petersburger Zeitschrift, die in Piter erscheint.
Die Dinge mit der Universität ermüden und [*beunruhigen*] mich entsetzlich, nehmen viel Zeit. Ich bin Geselle, und mein Lehrer ist Kuzmin (der Autor des Alexander d. Groß. u. a.). Gumiljov will eine Afrikareise machen.
Gjunter will Kuzmin mit seiner Cousine verheiraten. Gr. Tolstoj will [*unleserl.*] schreiben und sich von fremden Einflüssen befreien. Gumiljov hat seltsam blaue Augen mit Pupillen. Tolstoj hat das Wasser eines Zeitgenossen Puškins.
Einige prophezeien mir großen Erfolg. Aber ich bin sehr müde geworden und alt. (Gjunter ist die Hoffnung der deutschen Literatur.)
Ich küsse und umarme alle in Lubny und Odessa.

18.) An A. V. Chlebnikov [Petersburg, 23. X. 09]
Lieber Šura! Wie geht es in Odessa?
Ich schreibe in aller Eile einen Brief. Ich werde an der «Akademie» der Dichter teilnehmen. Vjač. Ivanov, M. Kuzmin, Brjusov, Makovskij sind ihre Führer. Ich bin mit Gjunter bekannt geworden, den ich liebgewonnen habe, Gumiljov, Tolstoj.
Ich bin wieder gesund geworden. Und passe sehr auf. Gumiljov hat seinen «Dante» fertiggeschrieben, der Dir, wie ich mich erinnere, gut gefallen hat. Schreib mir, was Du über die Dichtung denkst. Ich lege großen Wert auf Tiefe, Aufrichtigkeit und Eigensinn, woran ich arm bin. Mein Gedicht in Prosa wird im «Apollon» gedruckt. Und ich tue, als sei ich sehr froh, obwohl ich gleichgültig bin.
Ich schicke Dir ein Exemplar.
Ich bin der Geselle des bekannten Kuzmin. Er ist mein Magister. Er hat die «Heldentaten Alexanders d. Großen» geschrieben.
Ich schreibe ein Tagebuch meiner Begegnungen mit Dichtern.
Grüße G. V. und die andern.


19.) An V. A. Chlebnikov [Petersburg, 13. XI. 09]
Ich habe die 30 R. erhalten.
Der Winter hat genau am 1. November begonnen.
Wenn ich den Pelz nicht brauche, dann träume ich sehr davon, daß er auf dem Teppich per Flugzeug nach Petersburg zusammen mit einem Kopfkissen, einer Kapuze (wenn da), einer warmen Wintermütze (wenn da) und einer warmen Decke kommt. Wenn die Mütze leicht ist, dann ist es sehr gut. Ich bin Mitglied der «Akademie des Verses», sehr verdummt, habe zweimal meine Verse auf Abenden gelesen. Eine meiner Sachen wird im «Apollon» gedruckt, in der Februarnummer, ein anderes Drama wird vielleicht inszeniert.
Wie geht es Veras Malerei? Habe Černov-Plesskij getroffen. Er befahl, allen einen Gruß auszurichten. Außerdem traf ich Grigorjev. Šura bat, ihm meine Notizen über Pavda zu schicken. Ich tue das so bald wie möglich. Weiß aber leider seine Adresse nicht. Die Aufstellung der Vögel ist im «Zoologischen Museum der Universität Kazan» st. Lavrov. Das Buch ist bei Euch in der Bibliothek.

20.) An M. A. Kuzmin [*Petersburg, 1909*]
Michail Aleksejevič!
Das zweideutige Bauchreden des Portiers stürzte mich in einen Abgrund der Verzweiflung. Ich sitze da, kaue auf meinen Lippen herum und weiß nicht, was ich tun soll: soll ich meine Reichtümer zwischen Essigessenz und dem Papier für den letzten Brief in gleiche Teile teilen, oder jemandem eine schreckliche Aufforderung, eine schreckliche Kriegserklärung auf Tod oder Leben schicken. Ich bilde mir ein, daß dieses Nägelkauen auch nach dem Tode weitergeht, wenn ich mich totstelle und mir alle glauben! Aber Sie würden wahrscheinlich nichts glauben, wovon hier die Rede ist, und einen schmeichelnden und tröstenden Brief schreiben, der meine Zweifel zerstreut. Andernfalls: persae ex omnibus populis antiquis bellicosi erant.
Nicht auf dem Schild, aber auch nicht unter dem Schild —

ICH.


21.) An V. V. Chlebnikova [Petersburg, 28. XII. 09]
Liebe Vera, ich hoffe, Du kommst so um den 1-ten Januar. Dann werden wir schon irgendwie hinkommen. In meinem unternehmungsfreudigen Kopf flimmert eine Fahrt nach Černogorija in Gesellschaft eines Malers. Ich versuche mit sämtlichen Segeln, im Monat Januar den langweiligen Feiertagen zu entkommen. Ich bin schon in die neue Wohnung gezogen: Vasiljevsk. Ostr. (neben der 15-ten Linie, Durchfahrt vom Malyj pr.). Donskaja ul., D. 11, kv. 10. Ich langweile mich in diesen Tagen und fühle nicht wenig Müdigkeit. Wie geht es meinen Sachen? ich habe sie noch nicht geholt. Ich küsse die Ungehorsame, Freiheitsliebende, Stürmische.


22.) An die Familie Chlebnikov [Petersburg, 30. XII. 09]
Glückliches neues Jahr, Katja, Mama, Papa. Was hat mir das vergangene Jahr gebracht? Müdigkeit, Leichtsinn, Übermut. Jemand hat mir gesagt, ich hätte geniale Zeilen, jemand, ich hätte ein Löwenherz in meiner Brust. Also — ich bin Richard Löwenherz. Man nennt mich hier Ljubek und Velimir.
Ich habe mich photographieren lassen und sehe der m-lle Adrienne ähnlich. Irgend jemand findet an mir eine Ähnlichkeit mit

dem jungen Turgenev und preist monsieur Tourgeneff. Ich schicke Euch meine Visitenkarte mit Velimir anstelle des durchgestrichenen Viktor. Ich bin wieder fröhlich, sorglos. Küsse alle. Am 29-ten war bei uns Herbstwetter. Es regnete, und mit Musik wurde [*irgendein*] Oberst auf den Smolnyj-Friedhof gebracht. Die Feiertage verbringe ich essend, wie die Gans vorm Opfermesser. Worin mein Opfermesser besteht, erfahrt Ihr vielleicht bald. In diesem Halbjahr bin ich so oft zu Duellen gegangen, wie es in ihm Monate gibt. Ich gehe in Melone. Die Leute meinen, ich versteckte mich und lebte unter fremdem Namen. Gumiljov jagt in Afrika Hyänen.

23.) An A. V. Chlebnikov [Petersburg, 16. I. 10]
Glückliches neues Jahr! Lieber Šura. Ich entschuldige mich in allen lebendigen und toten Dialekten, daß ich bis heute die Vögel nicht geschickt habe. Rechtfertigen kann ich mich nur damit, daß auch meine Sachen etwa einen Monat auf dem Bahnhof gelegen haben. Wir kommen zusammen, indem wir es hinausschieben, und wie das Sandkorn keinen Unterschied macht zwischen dem Haufen und der hohlen Hand, so verspäten wir uns aus Hochmut zum festgesetzten Tag. Das ist eine Lehre. Ich möchte etwas machen aus den Vögeln. Ich habe ihnen zugewinkt. Vielleicht ist es möglich, Deinem Bericht einen Schwanz anzufügen, damit sich mir die Entstehung der Arten erklärt? Mir schien, ich sei in dieser Frage tief und neu gewesen.
Übermittle Marija Nik. Neujahrswünsche, Tante Vera, dem älteren und jüngeren Kolja, wenn sie nicht allzu majestätisch aussehen. Dein Bruder bis ans Ende der irdischen Fehler, sei er nun nah oder fern.

Velimir [Viktor]


24.) An E. V. Chlebnikova [Petersburg, 1. II. 10]
Ich habe vor kurzem zwei Briefe geschrieben, aber ich weiß nicht, ob sie angekommen sind, weil die Adresse falsch war. Von Vera habe ich einen sehr unleserlichen bekommen, aber aus ihm geht hervor, daß sie sehr traurig ist. Wahrscheinlich sind in Moskau große Fröste, denn sie schreibt, «mit dem Frühling werde ich aufleben», dem «warmen». In dem Brief schreibt sie

von einer Fee, die auf eine Eiche geklettert und heruntergefallen ist. Bei Tante Sonja und den anderen war ich lange nicht. Die Puppe gefällt allen sehr, und wenn es möglich ist, dann schickt noch zwei oder eine solche Puppe. Ich schenke sie irgend jemandem, Remizov zum Beispiel, und die andere behalte ich selber. Und werde an Kleinrußland denken. Zur Zeit bin ich gesund und munter. Meine Adresse ist ganz anders: Volkova derevnja, S.-P., Volkovskij prospekt, d. Nr. 54, Michajlovna. Ich habe Unterricht bekommen. Wohin geht Šura im Sommer? Ich würde ihm raten, auf das Gut «Ascania nova» von Falc-Fejne im Gouv. Tavr., am Ufer des Schwarzen Meers und nahe am Dnepr. Da gibt es Zebras, Wisente, Wildpferde. Das ist ein Zoo, der in der ganzen Welt berühmt ist, nur in Rußland nicht, obwohl er sich an dessen Grenze befindet. Dort könnte er mit Erlaubnis der Verwaltung Beobachtungen anstellen. Ich weiß nicht, was ich tun werde und wo. Eine Zeitlang habe ich an eine Reise nach Černogorija gedacht. Jetzt weiß ich nicht mehr. Ich bin weiter in der Akademie des Verses. Šura soll schreiben, was er mit den Vögeln macht und ob er sie braucht.


25.) An V. A. Chlebnikov [*Petersburg, Anfang 1910*]
Ich bin umgezogen in die Peripherie von St. Petersburg. «Volkova derevnja», d. Nr. 54 – Michajlova, über den Volkovskij prospekt, d. Nr. 54.
Bitte schicke mir so bald wie möglich. Ich bin gesund. Habe Šura Vögel geschickt. Habe meine Sachen geholt. Von Vera habe ich lange keinen Brief bekommen. War auf Vorlesungen [*unleserl.*] über die Studentenschaft. Bei den Sudejkins war ich lange nicht. Bei Tante Sonja auch nicht. Ich sitze zu Hause. Eine Zeit war ich mit allen zerstritten. Bald sehe ich Brjusov. Das Wetter ist heute verzweiflungsvoll.
Habe Unterricht.
Ich. Ich. Ich.
In der Akademie des Verses war ich zwei Wochen nicht. Ich schicke mich an, aus meiner Asche aufzuerstehen.

26.) An V. A. Chlebnikov [*Petersburg, 1910*]
Ich danke. Ich war bei Tante Sonja und habe mir meinen Tribut geholt, verwundert darüber, was ich wohl noch alles kriegen werde. Ich habe die Absicht, die Universität zu verlassen, ich war krank, werd aber, wies aussieht, wieder gesund, obwohl ich noch nicht recht überzeugt bin.
Fahre in ein, zwei Tagen nach Moskau. Gut wäre, zu erfahren, wo Šura lebt. In St. Petersburg ist es sterbenslangweilig. Allen einen Gruß. Vera sehe ich oft. Nach Weihnachten gebe ich einen Band mit eigenen Werken heraus. Über den «Richterteich» eine Notiz – spöttisch. Das Wetter: Regen, Matsch, tauender Schnee.


27.) An A. V. Chlebnikov [Teplyj stan, 25. II. 11]
Lieber Šura. Ich habe Ostvald gemeint und glaube, sie haben ihn geschickt. Katja fährt dieser Tage weg; ich habe es satt hier und würde gern kommen, aber einstweilen lassen sie mich nicht weg. Ich beschäftige mich eifrig mit den Zahlen und habe ziemlich viele Gesetzmäßigkeiten gefunden. Ich will es aber zu Ende bringen, bis ich die Antwort darauf habe, warum das alles so vor sich geht.


[*Alferovo, April 1911*]
28.) An M. V. Matjušin   Simbirsk, g. st. Teplyj stan s Alferovo
Michail Aleksejevič!
Wenn Sie Ihre Absicht nicht geändert haben zusammen mit El[ena] G[enrichovna] und anderen Böswilligen, die Ihnen geschickten Sachen der Szene zu übergeben, wenn ich nicht sämtliche Gesetze durch Faulheit, Trägheit usw. gebrochen habe, gehen Sie daran, sie zu drucken! Ich war der Stimmung unterworfen, in der man alles geschehen läßt und von der entgegengesetzten Seite betrachtet, aber jetzt taue ich mit der Frühlingssonne auf. Wenn Sie keine Unternehmungen vorhaben und auch keine herzliche Abneigung, unverzüglich an den Druck zu gehen, dann schicken Sie mir ein Telegramm mit dem geheimnisvollen Wort – ja!, das alle Unteroffiziere beunruhigen wird und die gesamte Dorfbehörde.
Hier werden alle Briefe abgehorcht und bleiben lange liegen. Das treibt einen nicht gerade zum Korrespondieren.

Ich arbeite die ganze Zeit über Zahlen und Schicksalen der Völker als von den Zahlen abhängigen Veränderlichen, und ich habe einige Schritte vorwärts getan.

Wahrscheinlich haben Sie sich gewundert, daß ich nicht schreibe, und dann aufgehört, sich zu wundern. Aber wie Sie sehen, bin ich mit rechtfertigenden Umständen gewappnet.

Ich schicke 4 Sachen — den «Groß-Tag», «Asparuch», den «Tod Palivodas», den «Jungfrauengott».

Ich habe absichtlich kein einziges Gedicht geschickt und auch «Sn[ežimočka?]» nicht, damit der Sammelband ein Ganzes wird. An Titeln schwebt mir vor «Wunderhütte», «Schwarzer Baum», «Schwarzer Hügel», insbesondere der letzte; wenn Sie dagegen nichts haben — möge er den Umschlag zieren!

Ich schicke einige Zeichnungen, damit El Genr mit dem ihr eigenen Geschmack und ihrer Sachkenntnis 2 oder 3 auswählt; ich würde auf der 2-ten Seite gern den Hütten-Vogel sehen, und auch eine der weiblichen Schöpfungen — die Zeichnungen von Vera Chlebnikova, aber ob sie signiert werden müssen, weiß ich nicht. Benachrichtigen Sie mich so bald wie möglich, ob Sie das Buch herausgeben wollen oder nicht.

Einen tiefen Gruß an Elena Genrichovna und den ganzen Kreis der Kunstergebenen. Wie geht es Kamenskij?

Und der junge Maler, auf den Sie Ihre Sorgen konzentriert haben.

Übrigens hat Ihnen mein Aufenthalt in dieser Stadt, der schweinischsten aller Städte, materiellen Verlust gebracht. Ohne mich mit der Verwirklichung dieser Erklärung zu beeilen, beeile ich mich zu versichern, daß er aufs sorgfältigste und genaueste ersetzt werden wird.

Also: drucken Sie!

Meinen Gruß!

V. Chlebnikov


Die Manuskripte kommen mit einem Boten nach Petersburg.
Den Umschlag ohne Zeichnung, ganz schlicht, mit einem Kranz.
Gouv. Simb. Ardatovskij uezd, počt. st. Teplyj stan, selo Alferovo.

29.) An V. V. Chlebnikova [Frühjahr 1911]
Vera. Ich drucke vielleicht zwei von Deinen Zeichnungen zusammen mit meinen Sachen (die kleine Hütte). Was macht die Kunst? Hast Du Dich nicht mit meinen Bekannten getroffen? Ich möchte die Zeichnungen sehen, aber es ist zu weit. Ich arbeite an den Zahlen. Sie haben mich wieder mit Beschlag belegt. Das Buch wird, wenn es herauskommt, den Titel «Schwarzer Hügel» tragen. Kann ich nicht zu irgend etwas nützlich sein? Verbeugung und Gruß an Tante Sonja, Onkel Saša und alle anderen.
Ich drucke den «Jungfrauengott», «Asparuch», den «Tod Palivodas», den «Groß-Tag». Die Einwohnerschaft unserer Schuppen hier verringert sich immer mehr, einige von ihnen fahren braun gebrannt zu Euch. Allen einen Gruß.


30.) An Elena Guro [Alferovo, April 1911]
S. Alferovo p[očtovaja] st[anica] Teplyj
stan Ardatovskij uezd Sim[birskoj] gub.
Hochverehrte Elena Genrichovna!
Ihren Brief habe ich erhalten. Ich beeile mich, Sie zu versichern, daß es meinerseits Hindernisse für den Druck des Sammelbandes in diesem Sommer nicht gibt. Im Gegenteil, ich wäre durch sein Erscheinen sogar bezaubert. Schade, daß Sie nicht Ihre Meinung gesagt haben über die Sachen, die Sie, wie es scheint, zum ersten Mal gelesen haben, und auch nicht darüber, ob der Band zu mager oder zu dick geworden ist. Im einen wie im anderen Falle könnte man, mit ein wenig Zeit, einiges ändern, in Übereinstimmung mit Ihren Eindrücken und Hinweisen. Ich habe Sachen für zwei oder drei Bände vorrätig — schrecklich? wahrscheinlich. Ich selber fühle mich nicht sehr wohl — wie ein erkaltetes Lagerfeuer, in dem jemand mit einem Stock nach den Kohlen herumwühlt. Übrigens habe ich Zeichnungen geschickt; mir scheint, ich habe das unter dem Einfluß einer Augenblickslaune getan, und es wäre besser gewesen, sie nicht dazuzutun. Möge der Band durchsichtig werden wie ein Wassertropfen, wie ein Mensch des Ostens sagen würde. Im Herbst werde ich vielleicht in Ihrer Gegend sein.
Was meinen geheimnisvollen Bekannten betrifft, die Zahl 365, so habe ich einen Teil der Arbeit getan und mußte sie dann aufschieben, da ich einige Bücher nicht zur Hand hatte.

In irgendeiner Zeitung flog die Meldung vorüber, daß während eines Fluges Vasiljev-Kamenskij abgestürzt sei. Ist das nicht vielleicht der arme Vasja K[amenskij]? Das ist der «Töne Tag»! Ich wüßte gern seine Adresse.

Sollte es Ihnen, wider Erwarten, in den Sinn kommen, nicht zu antworten, so bin ich nachsichtig und verzeihe es, aber wenn Sie mir einen Brief schreiben sollten und seine Adresse wissen, so teilen Sie sie mir doch bitte mit.

Sie waren wahrscheinlich auf der Ausstellung, wo die Burljuks herrschen? Dort bin in Gestalt einer alten Zitrone mit grünen Flecken offenbar auch ich abgebildet. In ihrer Malerei wird das künstlerische Prinzip oft einer Idee des Kopfes geopfert und teilweise zerfetzt wie der Hirsch vom Luchs.

Schreibt Hr. Mjasojedov irgend etwas? Sein Blök-Land hat tatsächlich einen Anflug von Sternen, und er könnte Großes und Schönes schaffen. Es ist sehr gut, daß sein Schreiben — ein Land ist, das keinerlei Einflüsse über sich anerkennt. Ich würde gern seine Meinung über meine Sachen erfahren, z. B. über den «Asparuch». Macht trotz allem die ungestüme Deutsche mit den Haaren eines schwarzen Widders ihre Anläufe?

Hat Michail Vasiljevič den «Don-Quijote» beendet? «Welch verrückter Gedanke, Sänger des verrückten Hidalgo zu Zeiten Sancho Pansas zu sein»! Ich drücke die Hand, verneige mich vor Tamara loganson und grüße Sie!

Der Beschützer Ihres Kreises ist zweifellos Don Quijote, und nicht der achtunggebietende Waffenträger, und darin liegt seine Rechtfertigung. Ist nicht irgendwas über den «Richterteich» zu hören? Über ihn ist anscheinend die Decke des Schweigens gebreitet, aber ich finde, im «Apollon» müßten sie mit nichtverstehendem Lächeln auf und ab spazieren, wie?

Es ist gerade windig, kalt. Ich habe mir einen schwarzen Hamster mitgebracht: ein Tier von der Größe einer Hauskatze, gutmütig und zahm. Abends läuft er auf dem Tisch herum und liest etwas in den Papieren und denkt, scheints, über sie nach.

V. Chlebnikov

In dem Falle, daß sich am Sternenhimmel der Schicksale des Bandes unheilverkündende Lichter zeigen, so möge doch eine kleine Nachricht zu mir fliegen! Sonst werde ich an ihn denken und glauben, er befinde sich im Zustand des Embryos, eines Keims, und er ist nicht einmal gesprossen!

31.) An die Familie [*Volga, September 1911*]
Ich schreibe auf dem Dampfer während der Fahrt. Das Wetter ist schön. Gorskij dient auf einem Motorschiff.
Ich lese Kellers «Sieben Legenden» (ein wundervolles Buch).
Ich glaube, Vera wird auf ihre Gesundheit nicht mit der Hartnäckigkeit des Esels achten, den man rückwärts zu gehen antreibt. Im übrigen ist die Gesundheit so eine langweilige Sache, die man überall bekommen kann.
Bald kommt Samara. Dort werde ich den Brief abschicken.
Einstweilen alles Gute, Hege und Pflege des Herbsts.
Ich verabschiede mich von Šura (von ihm habe ich mich aus Zerstreutheit nicht verabschiedet). Soll er sich drucken lassen — Fischbäuche und Pfauenschwänzchen.
Seine Adresse rate ich, mir mit dem ersten Brief nach Astrachan zu schicken.
Gestern habe ich Störfleisch gegessen, woran teilzunehmen ich auch Euch im Geiste bitte.
Ich verbleibe und so weiter.

Der Simbirier

Bald kommt Žigulevskie vorota.
Auf dem Dampfer bleibt mir nichts anderes zu tun als Briefe schreiben, getränkt von Bitterkeit und Bosheit auf Verwandte und Mißgeburten. Einen blauen Sack habe ich aus dem Kasten des Imkers gestohlen!!!?
Kazan ist wie immer, die Leute schlimmer: die jungen Leute haben so gemeine Gesichter wie Leute an die Vierzig.


32.) An E. N. Chlebnikova [Astrachan, 5. IX. 11]
Ich bin in Astrachan. Habe Boris und Zinaida Semjonovna besucht. Vom Dampfer aus bin ich direkt zum Pferderennen gegangen. Boris und Zinaida Semjonovna schicken Küsse, Grüße getrennt, mit Aufzählung der Adressaten. Sie waren sehr herzlich und werden mir als Verwandte ein Winkelchen abtreten. Einzelheiten im Brief. Die Kalmücken springen ausgezeichnet, mit großem Gefühl.

33.) An V. A. Chlebnikov [Petersburg, 26. X. 11]
Meine Adresse: Vasiljevskij ostrov, 12 linija, dom 63, kv. 153. An der Universität ein Rückstand von 50 R.
Ich wechsle vielleicht in die Archäologische über.
Ich überlege es mir.


34.) An Andrej Belyj [*Sommer 1912*]
Die «Silberne Taube» hat mich überwältigt, ich schicke Ihnen das Geschenk meines Landes.
Aus dem Lager der Belagerung in das der Belagerten fliegen nicht nur vergiftete Pfeile, sondern auch Nachrichten der Freundschaft und Achtung.

Chlebnikov. Ich.<br>
[Ich Sohn Asiens.]

35.) An E. V. Chlebnikova [Cherson, 23. IV. 12]
Ich drücke freundschaftlich die Hand und melde, daß ich bald ein neues Dingsda schicke — es heißt Gespräch zwischen Lehrer und Schüler. Ich gebe es im Selbstverlag heraus (15 R.). Überhaupt kann man hier für rund zehn Rubel ein Buch herausgeben. Und ich lasse im Sommer noch ein Buch in Gottes Welt hinaus. Gruß an die hochverehrte Malanja Jakimovna und Elizaveta Grigorjevna und an alle jungen Hündlinge. Ich zähle mich schon zu den Greisen und warte auf das erste graue Haar. Blüht Kazan? Ich bin überzeugt, mal einen Blick hineinwerfen zu können. Schade, daß ich auf keine Antwort hoffen darf, da ich keine Adresse habe. Wenn das Buch gedruckt ist, schicke ich es. Soll es ruhig einen Ausbruch der Empörung hervorrufen, oder der Gleichgültigkeit. Das ist das Schicksal aller Bücher. Wahrscheinlich ist es in Kazan sehr schön.
Ich schicke — was, weiß ich selbst nicht. Bleibt gesund. Gruß. Cherson, Bogorodickaja ul., d. Volochina.
Ich fahre bald, ich weiß nicht, wohin.

36.) An V. A. Chlebnikov [Odessa, 5. VI. 12]
Ich habe mich herzlich gefreut, Ihren Brief zu bekommen (ich schreibe manchmal an Katja und Šura).
Er hat mich gefreut durch seine ungeteilt schmeichelhafte Ehrlichkeit.
In Antwort auf ihn antworte auch ich mit der ganzen Fülle der Offenheit: er ist durchdrungen von Feigheit, dem Wunsch, sich in Ausflüchte zu verlieren, — Dinge, die ich vermeide.
Ich versichere Sie, daß ich absolut nichts von dem bin, was erlaubte zu zittern wie die Hasen um die Ehre der Familie und des Namens. Im Gegenteil, ich bin überzeugt, die Zukunft wird es zeigen, daß Sie stolz sein können auf dieses Tischtuch mit dem Schmaus für die geistigen Münder der ganzen Menschheit, das ich ausgebreitet habe.
Aber es ist trotzdem gut, daß Mitte und Ende gefielen.
Bei Ivan Step. Roždestvenskij!! — habe ich nichts gepumpt. Ich bin froh, Euch die Freude zu machen. Ich lese hier Schiller, das Decameron, Byron, Mjatlev. Aber trotz meinem Wunsche, etwas zu tun, tue ich nichts. Jeden Tag bade ich im Meer und mach mich zur Amphibie, weil ich im Wasser ebenso lange Reisen unternehme wie auf dem Trockenen. Ich bin gerührt, daß Vera sich nicht am Familienzittern über die Erschütterung der Grundlagen beteiligt hat und danke für den mit Hasenhand begrabenen Brief.
Ich möchte glauben, Ihr seid alle gesund. Marusja ist nach Svjatošino gefahren. Kolja macht Prüfungen, ist abgemagert und aufgeschossen. Ich schicke noch das Gespräch.


37.) An M. V. Matjušin
Ich flehe Sie an! Ich beschwöre Sie im Guten, nehmen Sie diese beiden Gedichte mit hinein. Ich weiß, es ist eine starke Tendenz (D D V V) gegen ihre Aufnahme. Aber ich bin überzeugt, daß Sie mir diese Bitte erfüllen werden. Wenn noch Sachen gebraucht werden, schicken Sie eine Postkarte: Novo-Vasiljevskij, d. 11, kv. 3, und ich schicke sie sofort (ein Versdrama). Gruß an Elena Genrichovna. Herzlichen Gruß.

V. Chlebnikov
5. Oktober 1912

P. S. Das erste Gedicht ist beachtenswert durch die Wege, auf denen das Bild des Todes in den kindlichen Verstand eingeht. Das zweite zeigt auf, wie auf dem kleinen Herzen unserer Zeit das Bild der Jungfrau von Orléans lastet. In vier Jahren tritt diese Generation ins Leben. Was für ein Wort bringt sie mit? Vielleicht lassen diese Sachen eines kindlichen Herzens die Jugend der Jahre 1917–19 erraten. Es beschreibt die rührende Entschlossenheit, die Knochen einzusetzen für die Rechte des Wortes und der Staatlichkeit und ist voll besorgten Bebens der Vorahnung des Kampfes für diese Rechte. Wichtig ist festzustellen, daß dies Vorahnungen sind. Ob sie sich bewahrheiten oder nicht, wird die Zukunft erweisen.

38.) An M. V. Matjušin [*Moskau, Oktober 1912*]
Lieber Michail Vasiljevič!

Für alle Fälle, wenn es nur um den Inhalt geht, schicke ich Ihnen das neue Gedicht protegé (?). Es ist doch Platz dafür. Sie können ihn immer schaffen, indem sie ein oder zwei meiner kleineren Gedichte ausschließen.

Ihr Einverständnis, das so nötige, ist schon gegeben. Worin liegt die Quelle der Zweifel? Das ist ungut. Wenn das Versprechen nicht gegeben worden wäre, wäre alles zu korrigieren, aber jetzt wartet sie (Ėl. Al.) wahrscheinlich mit stockendem Herzen auf das Erscheinen ihrer ersten Verse, auf mich vertrauend wie ich auf Sie. Lassen Sie mir diese Freude, ich habe, scheints, im Moment nicht allzu viele. Sehen Sie doch, wie rührend es ist! Wenn das Buch überhaupt nicht im Druck erschiene, dann wäre ich nur eine halbe Stunde lang traurig. Aber das Wegfallen dieser kindlichen Versuche verletzt mich sehr viel tiefer. Natürlich, das kleine Wunder, daß diese Verse in einem größeren Buch erscheinen werden, aber Kunst und Wunder sind artverwandt, nicht wahr? Verhindern Sie es nicht, Michail Vasiljevič! Seien Sie nicht grausam zu mir, denn so zwingen Sie mich, ziemlich schweinisch die Hoffnungen eines Kindes zu betrügen; soll in diesem Büchlein kein Tropfen Teer in diesem Honigfaß sein. Eine Seite bloß, ohne jede Kinderabteilung, Unterschrift «Milica, 13 Jahre» Moskau.

Ich unterstreiche, daß ich Ihnen sehr und sehr verbunden bin, wenn die blutigen Pläne vom Erschlagen dieser zwei Gedichte

nicht verwirklicht werden, oder wenn statt ihrer die beigelegten Verse aufgenommen werden. Später werde ich mich Ihnen irgendwie revanchieren.
Und ich habe mich so gefreut über das schöne Äußere des «Richterteichs», und plötzlich: «schrecklicher Sprung, heißer Atem, das Gesicht verbrannt».
Sie schwenken das blutige Messer über den kindlichen Zeilen, und auch Ihr Gesicht hat einen gar nicht zu Ihnen passenden wütenden Ausdruck angenommen.
In Moskau waren Sie fröhlich und gutmütig.
Dank für die gute Meinung zu den geschickten Sachen, und noch glühenderen im voraus, falls Sie das jetzt Geschickte statt ihrer aufnehmen. Ich habe vergessen, was und wie, aber ich denke, auch Elena Genrichovna wird ein Wörtchen einlegen für die Aufnahme dieser Versuche. Ein Seitchen bloß, als Unterschrift können Sie nehmen «Kleinrussin, 13 Jahre».
Ich verneige mich und denke an die Fastnachtswoche, vielleicht schaue ich zu Ihnen herein.
In der Hoffnung, daß ein Fehler unterlaufen ist, und zwar ein korrigierbarer, kein schicksalhafter.

V. Chlebnikov

(Vielleicht handelt es sich hier um fremde Einflüsse.)
Novo-Vasiljevskij, 11, kv. 3
Also, eine Kinderabteilung (das ist kein Garten) ist unnötig. Doch Platz haben Sie, wenn Sie das eine oder andere meiner Gedichte rauswerfen.
Schreiben Sie mir einen besänftigenden Brief?
Ich schicke den «Lehrer und Schüler» auch an Elena Genrichovna, per Streifband.


39.) An den Schatten V. V. Chlebnikovs [19. XI. 12. Moskau]
Ich setze gnädige Frau meinen Schatten in Kenntnis über das Eintreffen ihres Eigentümers in die heimgesuchte Stadt. Wie ist ihre werte Gesundheit? Streitet sie sich noch immer nach dem Beispiel des Herren mit den Urbewohnern? usw. Der Herr des Schattens.

40.) An B. L. Chlebnikov [Moskau, XII. 1912]
Ich teile Ihnen, lieber Boris Lavrentjevič, einige Einzelheiten beziehungsweise Dinge mit, die sich Ihrer Aufmerksamkeit als würdig erweisen können. Die Adresse der Uhr Gub. Tavričesk., selo (i počt. otd.) Malaja Majačka, Černjanka, an David Fjodorovič Burljuk für David Davidovič Burljuk, Schuld 20 R., noch zwei Rubel für Auslagen. 100 Seiten, geschrieben zur Verwunderung der Welt, sind mein eigen. Mein Buch ist bereits im Druck, ich schicke bald irgend etwas. Es heißt «Ohrfeige dem öffentlichen Geschmack». Ich bekomme bei einer Zeitschrift eine Stelle für 40—50 R. und bin auf diese Weise gesichert.
Serjoža Maslovskij grüßt Ekaterina Nikolajevna und Vladimir Aleksejevič Chlebnikov.
Ich war bei Zinaida Semjonovna, aber sie war schon seit zwei Wochen weg.
Ich drücke freundschaftlich die Hand, habe Tigr gesehen.


41.) An Aleksej E. Kručonych [*Anfang 1913*]
Danke Ihnen für den Brief und das Buch: es hat ein scharfsinniges Äußeres und Einband. Es tut mir sehr leid, daß ich seinerzeit nicht auf Ihren Brief geantwortet habe, aber das geschah nicht nach meinem Willen. In jedem Fall ist es gut, daß Sie das nicht zum casus belli genommen haben. Mich hatte der Spleen gepackt, ziemlich entschuldbar, aber er zieht alle und alles in die Länge, auch die Antwort auf Ihren Brief schicke ich einen Monat nach dem Brief.
Die Verse «die wilden Rosen des alten Sonnenuntergangs sind Flicken» finde ich nicht gut: das bedeutet das Kind mit dem Bade ausschütten — wie die Deutschen sagen — obwohl man etwas sehr Scharfes, nicht zu Ende Gesagtes darin spürt. Das lange Gedicht stellt eine Vereinigung mißlungener Zeilen dar, mit sehr glühendem und konzentriertem Verständnis der Gegenwart. In ihm sind Anspielungen auf den Wind, den Schlag des Sturms, folglich kann das Schiff fahren, wenn man die nötigen Wortsegel hißt. Um zu sagen «von innen klopfen die Altgläubigen mit dem Feuer des Schürhakens», muß man den wirklichen Stand der russischen Dinge sehen und ihn richtig umreißen. Dieser junge Ausfall und die junge Freigebigkeit ist auch in dem «Feuer entfachten die Lacherer» zu hören, d. h. die Freigebigkeit der Ju-

gend, die sorglos den nötigen Sinn und Verstand in gedrängte Worte wirft, und der nutzlose Dienst am Schicksal in der Predigt seiner Aufträge, vereinigt mit der unbekümmerten Gleichgültigkeit dem Schicksal dieser Predigt gegenüber. Es ist wahr, ich fürchte, daß sich die Altgläubigen nicht nur auf den Stand der Leute alten Stils beziehen, sondern auch auf die Träger alter Geschmäcker überhaupt, aber ich glaube, daß Sie auch in diesem Falle unter dem Druck zweier Bewußtseinsebenen geschrieben haben: unter dem Druck des Bewußten und Unterbewußten; und haben folglich mit der einen Schneide der doppelten Feder die echten Altgläubigen betroffen. Diese beiden Stellen sind, wenn man sie richtig versteht, wertvoll für das Verständnis Rußlands überhaupt; das besonders bei den Russen (ihr edler Zug) fehlt. Also, der Sinn Rußlands erschließt sich darin, daß die «Altgläubigen mit dem Feuer des Schürhakens klopfen», der von den Ahnen akkumulierten Wärme, während ihre Kinder, die Lacherer, Feuer des Gelächters entfacht haben, Feuer des Anfangs von Fröhlichkeit und Glück. Von daher ist der Blick auf das russische Glück wie auf schwächlichen Wein in den Schläuchen des alten Glaubens. Neben diesen existieren die Flenner, deren Tränen, zu Eiszapfen frierend, die russische Kate überwachsen haben. Das sind offenbar die Kinder der Herren «isten», die alljährlich das russische Kloster einfrieren lassen. Das Leben verbringen sie wie Krieger des Regens und des Herbsts. Die Verpflichtung, diese Kräfte zu verkörpern, erfüllen sie mit seltenem Anstand. Gut ist noch: «es schmieden die Schlägerer schwarze Schwerter, die Kraftmeier sammeln sich». Die anderen Zeilen sind nicht frei von Mängeln: die Kraft und den unregelmäßigen Bau, der hier angemessen ist, beibehaltend, stoßen sie nicht mit der Ecke ihrer Bilder des Verstands und treffen vorbei. Übrigens, interessant wären diese Aufgaben:

1) Ein Balladenbuch zusammenstellen (mehrere Teilnehmer oder nur einer). Was? — Rußland in der Vergangenheit, die Sulims, Ermaks, Svjatoslavs, Minins usf. . . . Višneveckij.
2) Das Rußland jenseits der Donau besingen. Den Balkan.
3) Eine Fahrt nach Indien machen, wo die Menschen und Gottheiten eins sind.
4) Einen Blick in die Welt der Mongolen werfen.
5) Nach Polen.

6) Gewächse besingen. Das alles sind Schritte vorwärts.
7) Der japanische Versbau. Er hat Gleichklänge, aber melodisch. Er hat vier Zeilen. Er beschließt wie ein Korn den Gedanken und wie Flügel oder Flaum, die das Korn umgeben, die Vision der Welt. Ich bin überzeugt, daß die verborgene Feindschaft gegen Gleichklänge und die Forderung nach Gedanken, so charakteristisch für viele, eine Stimmung vor dem Regen ist, in dem sich über unser Land die japanischen Gesetze des schönen Wortes ergießen werden. Die Gleichklänge haben eine arabische Wurzel. Hier sind die Gegenstände aus der Ferne sichtbar, wie ein fernes untergehendes Schiff während des Sturmes von einer fernen Steinklippe.
8) Im Vokabular der alten Slaven, der Černogorcy u. a. herumstöbern — die Sammlung der russischen Sprache ist noch nicht beendet — und viele schöne Wörter auswählen, besonders diejenigen, die schön sind. Eines der Geheimnisse des Schaffens ist, das Volk vor sich zu sehen, für das du schreibst, und Platz zu finden für jene Wörter, die die Lebensachsen dieses Volkes, die Extrempunkte von Breite und Höhe bilden. Auf diese Weise, die Achsen des Lebens aufrichtend, hat Goethe die Vereinigung Deutschlands um diese Achse antizipiert, und die Flucht und gleichsam der Wasserfall Byrons vom Steilhang Englands bezeichnete die nahende Angliederung Indiens. Beigelegt die «Vila», unvollendet. Sie sind berechtigt, etwas herauszustreichen und wegzulassen und, wenn es Ihnen in den Sinn kommt, zu verbessern.
Es ist eine inkomplette Sache, widerwillig geschrieben, aber trotzdem ist etwas dran, besonders am Schluß.

Ihr V. Ch.


42.) An Elena Guro
Hochverehrte Elena Genrichovna!
Später werde ich ein saubereres Buch schicken. Das hier ist mir durch irgendein Wunder geblieben, auf dem Boden meines Korbs. Daß es eines ist, das viel durchgemacht hat in seinem Leben, dafür zeugt der Umschlag mit dem dunklen Streifen und dem verblaßten Einband anderer Bücher. Im «Herbsttraum» vernimmt man irgend etwas sehr Bekanntes, zahlreiche junge Kamele, lang aufgeschossene Sonderlinge, Don Quijote, Tamara,

assyrische Weise, all das erinnert an den Licejskij pereulok und das gelbe Fensterchen. In den «Heuschrecken» erklingt ein leichter Spott über ein anderes vorüberfliegendes Leben, aber hier wird auch der Schlüssel zu seinem Verständnis und Verzeihung für die Fehler und den Starrsinn gegeben. In der Geigen-Sache von M[ichail] V[asiljevič] wird ein «lebendigeres» Anstatt eingeführt? (fortissime?) Verdienst und Winkel des Prinzips. Verstreut sind die Anspielungen auf die Vergangenheit, und ihre Wellen ergießen sich von den Seiten des Buches, doch im Wörterbuch der Wendungen und Wörter steht «sie denken das wahre ritterliche Wort», und das ist nach Meinung einiger sehr wichtig. Die Zeichnung des Jünglings-Gespensts, dünn wie eine Gerte, ziert das Buch. Gehöre ich zu denen, die es verstehen und nicht Jagd darauf machen? Es ist denjenigen lieb, die in ihm das Hochwasser des Lebens erblicken, das die Literatur überschwemmt, und die in ihm die Zeichen des Lieben lesen. Bemerkenswert ist noch der Vergleich des Deutschen mit einem fetten Eber. Ich grüße Michail Vasiljevič.
Dank, daß er mich begriffen hat.

Der Krieger der Zukunft
V. Chlebnikov
Moskau 12. I. 13

Bei uns hängen verzweifelte Schlägereien in der Luft. Für und wider. Vielleicht heute.

Ich warte schon nicht mehr auf den «Richterteich».

«Š[aman] und V[enus]» ist grob und flach ausgefallen. Im Manuskript hat diesen Text die Handschrift gerettet. 2 oder 3 Zeilen sind verstellt.


43.) An Michail V. Matjušin [Astrachan, 18. VI. 13]
Ihr Kummer und Ihr Verlust treffen in mir auf ein Echo; das Bild Elena Genrichovnas ist durch viele Fäden mit mir verbunden. Ich erinnere mich wie heute an ihre tapfere Rede während meines letzten Besuchs; nach Ansicht El Genrichovnas kann die allzu hartnäckige Idee des einen Menschen den Tod des anderen verursachen. Sie schien so sorglos, und ihr war, schien es, alles nah, außer ihrem Leiden. Mein erster Eindruck war, wie stark sich El G in dieser Zeit verändert hatte. Aber immer schien es so, als befinde sie sich in der Macht von Kräften, von denen die

Mehrheit nicht gelenkt wird und die der Mehrheit fremd sind. Aber ein schweres Gefühl wird geschwächt durch den Eingriff des Verstandes; es war, als würde er sagen: «beeile dich nicht mit dem Beweinen: niemand, der noch nicht gestorben ist, weiß, was der Tod ist. Ist er Freude oder Kummer oder etwas Drittes.» Dieser Glaube war Elena Genrichovna nicht fremd, wie man den Zeichen vom Nicht-Zufälligen der Begegnungen entnehmen kann, die auf der Birkenrinde gefunden werden. Die letzten Sachen sind stark in ihrer erhabenen charakterlichen Lehre, in der Kraft und Ehrlichkeit der geäußerten Überzeugungen. Hier fällt der Mantel des Mitleids auf die gesamte lebende Welt, und die Menschen verdienen Bedauern, wie die himmlischen Kameljungen, wie die verendenden jungen Tiere «mit der goldenen Kanone». Bei den Russen lahmt mehr der gute oder gebührende Verstand als das gebührende Herz. Diese Seiten mit dem rohen, starken Satzbild, mit ihrem Haphis gleichen Bekenntnis zum Leben sind besonders gut durch ihren Atem eines erhabenen Gedankens und das Siegel des Geists. Sie bezeichnen ebenso ein Austrocknen des Meers der Lüge und Lasterhaftigkeit, das derzeit in der Literatur der Bojans, der Väter Petrov wie eine Sintflut herrscht. Überhaupt gibt es Wörter, die man ängstlich ausspricht, wenn diese einen gegenständlichen Inhalt haben. Ich glaube, so ein Wort ist der Tod, wenn er einen überrascht. Dann fühlt man sich als Schuldner, dem Nachbarn gegenüber, zu dem der Gläubiger gekommen ist. Eigentlich ist der Tod eine von den Arten der Pest, und folglich ist jedes Leben immer und überall ein Gastmahl während der Pest.

Soll man darum, im Andenken an Mary, zu seiner Ehre den Becher der Fröhlichkeit erheben?

Oder aufstehen, in seinem Verhältnis zum Tode, als Aufständischer, der körperlich die Ketten anerkennt, geistig aber schon von ihnen frei ist? Und seherisch die Stufe des Aufstands betreten gegen die Räuberin Tod; ich weiß abstrakt, daß ich sterben werde, aber ich spüre das nicht. Wenn die Schwerkraft viele und vieles lenkt, so sind Luftschiffahrt und verhältnismäßige Unsterblichkeit miteinander verbunden.

Aber in diesen Tagen habe ich irgendwie gespürt, daß ich mich, wie ein geworfener Stein, nicht auf meine Geburt stütze, sondern auf meinen Tod. Geschehe, was da will. El Genr hat ein wie Kreide weißes Gesicht, fast verrückt wie Holzkohle schwarze

Augen, sorgfältig gekämmte goldene Haare. Jetzt erwartet sie Begegnungen dort, wo auch wir einmal sein werden. Es ist langweilig, daß die einen Leute sterben, folgl. auch du stirbst, und Bücher schreiben, drucken.
Ich sterbe geistig. Irgendeine Veränderung, Enttäuschung; ein Schwinden des Glaubens, Trockenheit, Verhärtung. Ich weiß nur, daß ich meinem Tode voll Ruhe begegnen werde.
Leben Sie wohl, M V.
Ich werde Sie im Winter wiedersehen. Wenn ich Ihnen einen Rat geben darf: seien Sie zärtlich, fröhlich, gut, und alles wird gut.
Ich habe keine Angst vor dem frühen Altern der Gefühle.
Müssen die Toten die Lebenden beweinen oder die Lebenden die Toten?
Obwohl ich einfach nicht glauben konnte, was ich gelesen habe in dem Brief aus Usikirko, aber irgendwie versagten meine Hände, und ich habe Ihnen nicht schreiben können. Ich habe gespürt, daß ich schreiben muß, und zugleich habe ich gespürt, daß ich es nicht kann.
Ich teile als Freund das Leid mit Ihnen, und ich liebe Sie.

V. Chlebnikov

Aber Worte sind hier überhaupt fehl am Platz.
Ich schicke für Sie und Kručonych etwas an die H-Post.


44.) An M. V. Matjušin [*Astrachan, Juli 1913*]
Lieber Michail Vasiljevič!
Ich komme! Warten Sie auf mich, und schicken Sie 18—20 Silb., diese irdischen Flügel, damit ich aus Astrachan zu Ihnen fliegen kann. Hier habe ich vergeblich etwas tun wollen, und irgend etwas hat die Arbeit hartnäckig verwirrt. Ich wollte die Frische zurückgewinnen, aber überall empfing mich dasselbe Mißlingen, und trotzdem liebe ich Astrachan und verzeihe ihm seine Gleichgültigkeit mir gegenüber und die Hitze, und auch daß es sich im Kreise dreht und tut, als lese es Bücher und denke etwas. Außerdem Betrügerinnen, Schweißfüße, die Presse mit ihrem besonderen Anflug. Also, ich komme. Vielleicht wird der Herbst die Wünsche erfüllen und ich schreibe etwas Böses über den Sommer.
Einstweilen sage ich auf Wiedersehen und denke daran, bei Ihnen zu sein, Kručonych zu sehen, all das vielleicht in einer

Woche. Sehr lieb empfangen zu werden. Auf Wiedersehen, Michail Vasiljevič.
Ich sehe Sie bald.


45.) An Michail V. Matjušin [*Astrachan, Ende Juli 1913*]
Lieber Michail Vasiljevič!
Ich will kurz erzählen, was mir geschehen ist.
Zwei oder drei Stunden, nachdem Ihr Brief gekommen war und die Übersetzung, habe ich in der Badeanstalt mein Portemonnaie fallen lassen. Dieser höchst unwahrscheinliche Fall ist deshalb bemerkenswert, weil ich den ganzen Sommer nicht ein einziges Mal etwas habe fallen lassen, obwohl ich nicht zum ersten Mal gebadet habe. Wenn ich an die Teufel glaubte, würde ich es gern ihrer Intervention zuschreiben. Das Portemonnaie glitt dahin wie belebt, wie ein lebendiges Wesen und entschwand. Das ist ein schlechtes Zeichen, die Reise verschiebt sich bis zum Herbst.
Ich hoffe, Sie glauben, daß es genauso und nicht anders passiert ist und daß ich an dem Vorfall unschuldig bin.
Astrachan ist langweilig, weil ich hier fremd bin.

Velimir Chlebnikoff


Danach habe ich eine Jagd auf den Portemonnaie-Frosch veranstaltet, mit Netz und Haken, aber es ist nichts dabei herausgekommen.


46.) An Aleksej È. Kručonych [*Astrachan, 19. VIII. 13*]
A u t o r — Werkner·manchmal [Werkerer] Worterer.
L i t e r a t u r — Buchicht.
K o m ö d i e — Spaßel, Lachial, Trauer-raus, Einlache.
V o r s t e l l u n g — Anschaunis, «ich war in der Anschaunis».
H a n d e l n d e   P e r s o n e n — Handler. T h e a t e r — [Gesehel.] Geschehel, Spielelei; Gesehel, Schausel oder Schausal von anschauen.
F a r c e — Langweiltod.
L e b e n e i — Milieustück.
C h o r — Singenei. Wer hat das Theater begr.?
K r i t i k e r — Quäkel-mäkel.

A k t — ein Sicht. 1-ter Sicht, 2-ter Sicht; manchmal ist ein Stück überhaupt nur ein Sicht.

Tragödie — [Geschicksle, Schicksial, Schicksanei] V a u d e - v i l l e — Lusterei.

O p e r — [Singselnei], Besingel, (Spielzeuglich) — Liedelei, Liederei, Gesingel, Langgesingel, Liednei.

P f e i f s c h w a r m — musikalische Begleitung.

D r a m a — Geschehling, Geschehnheit, [Geschichte] Rederei, manchmal Sprechelei.

A k t e u r — [Arter] [Bilder] Spielbold, Spielerin, [Einbildner] oder Bildrich (Fähnrich).

Z u s c h a u e r — Anschauler, Auganstrenger. S c h a u s p i e l — Anschausel [Schausaal — der Zuschauerraum].

S c h a u s p i e l e r t r u p p e — Leutkörper.

R e g i s s e u r — Willrich, Wollter. D i c h t e r — Himmelschwärm, Schwarmling, Liedler, Schwärmrich, Himmelholer.

Ich bedaure die unleserliche Handschrift. In den nächsten Tagen schreibe ich an alle einen Brief. Die gelungenen Wörter sucht selbst heraus.


47.) An Aleksej É. Kručonych  [Astrachan, 22. VIII. 13]
[Bildgeber Bildling Gesichtwechsler Körperwechsler Bildgeber Bildträger]

B i l d l i n g — der Schauspieler. W e r k n e r — der Autor. Der K r i t i k e r — Verurteiler des Ausdichts.

H a n d l e r — die handelnden Personen.

L e u t k ö r p e r — [Schauspieltruppe] die das Ausdicht im Ganzen spielt.

K a h l s t a d t — die Kulissen. W o l k e n [Galerie] der Logenrang unter der Decke.

B ä u m e — die Logen. Die H a n d l u n g — Zeignis.

T a l — [Parterre] die Plätze auf dem Boden. Z w i s c h e n - s p i e l ist der Zeitabstand zwischen dem Spiel — der Entracte.

L i e d l e r — der Dichter, Schöpfer von Liedern, Liedling, Signer.

S i n g m a c h e r — der Komponist, Werdhold. T h e a t e r — Führicht, Vorzeigerei, Geschehel. Zeignis, Zeigerei, Vorzeige.

A k t e u r — [Umzieher] — Körperwechsler [Ummantler, Übermantler].

Theater — Anschausal, Anschausel. Souffleur — Hinterwander [Vorsager].
Rufelei — ruft zum Gehen. Sindelei — Drama jenseits der Zeit.
Seielei — Drama aus der Gegenwart. Liedigung — ein Motiv.
Warelei — aus der Vergangenheit [Vergangelei] [Altenei] (Tantalus).
Kommelei — aus der Zukunft.
Auf besonderem Wissen beruhend — ein Kennt, auf der Phantasie — ein Seht («Jungfrauengott», «Die Erde»).
Stimmspiel — eine Oper (Brüllnis).
[Ein]richtrich — der Regisseur — Anweiser.
Rolle — Geschick.
[An]sicht — Probe. Sehrer — der Zuschauer.
Qualsal, Kampsel — die Tragödie. Schicksalzank, Schuldgesprech, Qualzeug.
Kassierer — Wertwechs.


48.) An Aleksej Kručonych [Astrachan, 31. VIII. 13]
Ich komme. Das ist gut und geistreich. «R[usskoje] B[ogatstvo]» habe ich nicht gelesen, aus Černjanka nichts gehört, ich werde hinschreiben. «Drei» ist überhaupt ein schlechter Titel, und nach dem «Altar der Drei» um so mehr. Mir scheint, dieser Sammelband wird blaß, wie schon der «Altar der Drei», und wenn er ein Trauerkranz wird, so ist das um so jämmerlicher. Ich fürchte mich vor fruchtlosen abstrakten Streitereien über die Kunst. Besser wäre, wenn die Sachen (Macheleien) des Künstlers das eine oder andere bestätigten, und nicht er selbst. Schreiben Sie, nach genauer Überlegung, wo die Jugend aufs Alter folgen würde, das, was später ist, wäre früher. Zu Anfang Greise, dann Säuglinge. Ich stimme darin überein, daß die Reihe **aio, eee** eine gewisse Bedeutung und einen Inhalt hat und daß das in erfahrenen Händen zur Grundlage einer Weltallsprache werden kann. **Euy** harmoniert mit einer Blume. Der schnelle Wechsel der Laute vermittelt feste Blütenblätter (einer gebogenen Blüte). Hitzige Wörter zur Verteidigung Adams würden Sie mit Gorodeckij zusammenzwingen. Der Sinn ist der: wir schreiben nach «Tsushima». Aber ein Adam muß man sein, und Augenbrauentusche und Tin-

ten retten keine Betrüger. Zu streng? Wer jung ist, ist Vater der Menschen. Aber das zu sein ist ein großes Verdienst, und wer es kann — soll es sein. **Lyki-myki** — das ist ein mohammedanischer Gedanke; sie haben **šurum-burum** und **pivo-mivo**, **šaro-vary**, d. h. die übersinnliche Verzierung des Wortes durch ein fast gleiches, hinzugefügtes Glied.

**Dyr bul ščyl** beruhigt sozusagen die auseinanderstrebendsten Leidenschaften.

Meine Ansicht über Gedichte beschränkt sich auf den Hinweis auf die Verwandtschaft von Vers [*stich*] und Elementargewalt [*stichija*].

Das ist die zornige Sonne, die mit dem Schwert oder der Fliegenklatsche auf die menschlichen Wellen einschlägt. Überhaupt kann der Blitz (Kategorie) in allen Richtungen durchdringen, aber tatsächlich durchdringt er dort, wo er zwei Elementargewalten vereinigt. Diese Kategorien durchschnitten die russische Sprache im dörflich-landwirtschaftlichen Milieu. Die Welt Puškins dachte und sprach ausländ. und übersetzte ins Russische. Daher gibt es viele Wörter gar nicht. Andere ächzen in der Gefangenschaft slavischer Dialekte.

Danke für die Briefe.

Ich studiere die Berge und ihre Lage auf der Erdrinde.


49.) An Aleksej E. Kručonych [Petersburg, 14. X. 13]
L. A.!

Dostojevskij wurde in einer Familie geboren, die den russischen Militärkreisen jener Jahre sehr nahestand. Die russische Armee (und die Russen), die vom Feldzug in die Hauptstadt der Gallier im Jahre 13 mit der Treuherzigkeit der Sieger nach Hause zurückkehrte, sah in sich nur die Gewalt, im lebendigen Geiste [*Galliens*] dagegen «Maß und Ende» (Geschmack, Verstand, feinen Charakter), was zu Hause fehlte.

Wenn das staatliche Rußland jener Zeit deutsche Grundsätze in sich einschloß, so sahen die militärischen Kreise im gallischen «Charakter» auch die Freiheit von grober Staatlichkeit. Darum war das einstige, unter dem Zeichen der Freiheit stehende nichtstaatliche Rußland eintönig besudelt mit der Farbe Frankreichs (besudelt) als Staatlichkeit (Band der Dienstschuld) der deutschen (teutonischen). Nach dem Gesetz — Einfallswinkel gleich

Reflexionswinkel — suchten und fanden sie in Frankreich ebenjene Grundsätze, nur die entgegengesetzten, d. h., sie suchten nur die negative Bedeutung zu den herrschenden deutschen Grundsätzen. Sie fanden Proudhon, Saint-Simon, Fourier. Petraševskij war ihr gläubiger und belesener Schüler und das Flußbett, durch das die französischen − − (die negativen Bedeutungen) die teutonischen + + Größen nach Rußland einflossen.

Dostojevskij flog als ein Strahl zu Zeiten Petraševskijs dorthin, dorthin, in den esprit français. Aber die Verbannung warf diesen Strahl zurück und lenkte ihn zu sich nach Rußland. Entdeckte ihm Rußland in seinen Gesetzen. Der Kreis um Petraševskij hatte ihn zu einem extremen Gallier gemacht, während ihn die Verbannung in die Lage eines Fremden versetzte, der ein neues Land Rußland entdeckt.

Dafür, daß das Gericht des staatlichen Rußland Dostojevskij begnadigte und ihm die Schlinge abgenommen hatte, begnadigte das freie Gericht und das Gericht der öffentlichen Meinung Rußlands und nahm ihm die [geistige] nicht-dingliche Schlinge ab.

Das gesamte Schaffen Dostojevskijs war ein Abzahlen für die Gnade und Barmherzigkeit des Gerichts des staatlichen Rußland, war Barmherzigkeit als Antwort.


50.) An Aleksej Kručonych [Petersburg, 16. X. 13]
Unbedingt festhalten sollte man die unbezweifelbare Verwandtschaft zwischen dem **Bösen** [*bes*] und der **weißen** [*belyj*] Blume sowie zwischen dem **Teufel** [*čert*] und der **schwarzen** [*černyj*] Blume.

Besonders der **Teufel** [*čert*], das **Teufelchen** [*čortik*] mit den Ziegenhörnern ist in der Handlung der **schwarzen** [*černyj*] Kräfte des Propheten eine Leidensfigur, leidend unter dem herrischen und mächtigen Čerun.

Vgl. **Perun** und **plattgedrückt** [*pripertyj*], eher ihr Opfer als ihr Schöpfer.

Von daher auch das Zwanghafte, Erzwungene in seiner Arbeit am Schrecken, das geht nicht dem Teufel aufs Gewissen, sein Dienst besteht im Übersenden, er ist der Diener Čeruns, mit einem düsteren Fastengesicht und nicht selten einer gebrochenen Pfote.

Das **Č** weist auf Abhängigkeit hin, auf das Erzwungene seines

Daseins, er ist ein jämmerlicher **Wurm** [*červjak*], **oft** [*často*] zertreten vom «**schwarzen** Fuß» [*černoj nogoj*].
**Gestern** [*včera*] – vgl. in alter Zeit – weist darauf hin, daß dem «**čer**» eine Bedeutung beigegeben wurde, die dem Nicht-Sein nahe war. Ebenso nennt man ein besonders nichtswürdiges, ekelhaftes Dasein einen Wurm [*červjak*]. (Glaube – **vera, vervie**) (übrigens, **volezn'** ist «Wunsch»).
Wenn das **Č** begleitet wird vom Sinn eines Erlöschens von Leben, des Ver**schwindens** [*isčezanija*]: **ruhen** [*počit'*], und des Schattens von **Dasein** [*bytie*], so ist das **B** der Höhepunkt von Sein – **schlagen** [*bit'*], **Hellebarde** [*berdyš*].
Der **Böse** [*bes*] steht folglich auf seiten der Gewalttätigkeit, der Schlacht, des Elends und anderer Äußerungen extremen Bits.
Grast den čechischen, polnischen, serbischen und noch irgendeinen Wortschatz ab und sammelt Wörter, die aus sich selbst heraus verständlich sind, z. B. das čechische Wort «žas» statt des russischen «užas» [*Entsetzen*]. Schreibt: wir haben die slavischen Dialekte vernichtet, indem wir diese Lämmer auf dem Opferstein der russischen Sprache geschlachtet haben, haben wir russische Sprachen hinterlassen (d. h. bewahrt).


51.) An Nikolaj Burljuk [2. II. 14]
Unbegabter Schwätzer!
Das säuische Benehmen des Arztes Kulbin beiseite. Er, dieser schwachsinnige Wahnsinnsmensch, dieses treue Großmaul, hatte gehofft, durch überzeugtes Gezänk eines ehrlichen Trottels jemandes Namen zu besudeln.
Aber da ich in dem säuischen Benehmen des berühmten Arztes die Stimme der Italiener gehört habe, den Italiener, der Hanswurste befehligt, erwidere ich Ihnen mit einigem Ekel für dieses schmutzige Werk Kulbins Worte: Schurke, Taugenichts. Er ist Euer Rain (der Slave hat einen Herrn gefunden und die Knute dazu). Tretet doch ein für Euern Diener, als einer, der stärker ist und mir ebenbürtiger, und ertragt, wenn Ihr schon die Verantwortung tragt für sein Benehmen, auch die volle Schwere der Worte Taugenichts, Schurke, und nehmt ihn hin, den Schlag ins Gesicht Marinettis, dieses italienischen Gemüses.
Versteht den Brief wie Ihr wollt, zusammen oder jeder für sich mit drei Freunden, aber hier wirft der OSTEN dem überheb-

lichen WESTEN den Handschuh hin, mit Verachtung über die Leiber der Aastränker hinschreitend.
Euer Italiener Marinetti (Rede in [*Nr.*] 13984 der «Bör[*sen*] Nach-[*richten*]) erstaunt durch seine angenehme Ungezwungenheit.
Wir hatten keinerlei Grund, uns von außen etwas einimpfen zu lassen, denn wir hatten uns schon seit 1905 auf die Zukunft geworfen. Daß die Burljuk, Kulbin diese Lüge nicht bemerkt haben, zeigt, daß sie sich nur herausgeputzt hatten, aber es nicht auch waren.
Im übrigen ist diese Rede N° 13984 der Monolog aus Gribojedov (das Französlein aus Bordeaux).
Sie, Freund, sind zu spät nach Rußland gekommen, Sie hätten 1814 kommen sollen. Hundert Jahre zu spät bei der Geburt des Menschen der Zukunft. Der rasende Lauf des Lebens besteht nicht darin, daß ein Französlein aus Bordeaux jedes Jahrhundert überspringt.
Also: indem Sie zur Sprache Zuflucht genommen haben, zu der auch Ihr Kulbin Zuflucht genommen hat, sind Sie ein Schurke und Taugenichts. So erweist ein Budetljanin dem modernen Französlein aus Bordeaux die Ehre. Auf Wiedersehen, Gemüse! Ich bin überzeugt, wir werden uns irgendwann bei Kanonengebrüll im Zweikampf zwischen dem italo-germanischen Bund und den Slaven an den Ufern Dalmatiens wiedersehen. Dubrovnik habe ich als den Ort für ein Treffen der Freunde festgesetzt.

P.S. Angesichts, daß Ihr Freund sich aus der Verantwortung für seine Worte geschlichen hat, bin ich vollkommen überzeugt von einem entsprechenden Verhalten Ihrerseits, und ich werde durch keinerlei Bitten zu bewegen sein, Sie zu belästigen, denn ich halte das Geschehene für erschöpft.
Die Feigheit ist ein nationaler Zug der Italiener, erfahrener Händler und Lehrer, die in Schurkerei unterrichten.
Der Brief bleibt kein Geheimnis.
Mit den Mitgliedern der «Hyläa» habe ich von nun an nichts mehr gemein.

## 52.) **Offener Brief**

In den Sammelbänden «Band I der Gedichte V. Chlebnikovs», «Stöpsel» und «Journal der russischen Futuristen» drucken David und Nikolaj Burljuk fortgesetzt unter meinem Namen Dinge, die nichts taugen, und entstellen sie noch dazu sorgfältigst.
Durch List an diesen alten Papierkram gekommen, der überhaupt nicht für den Druck bestimmt war, — edieren ihn die Burljuks, ohne mich um Erlaubnis zu fragen.
Handschrift verleiht nicht auch das Recht zur Unterschrift. Für den Fall, daß die Verleger auch in Zukunft frei über meine Unterschrift verfügen sollten, warne ich sie mit der Anklagebank, — da ich den Schutz meiner Rechte meinem Bevollmächtigten übergeben habe und aufgrund des oben Gesagten verlange ich — erstens: die Seite in dem Sammelband «Stöpsel» zu vernichten, die mein Gedicht «Unendlichkeit» enthält, zweitens: nichts ohne meine Genehmigung zu drucken — was zu meinem Ich als Autor gehört, drittens erkläre ich das Verbot des Erscheinens des I. Bandes meiner Gedichte als von mir nicht genehmigt.
2. Februar 1914                          Viktor Vladimirovič Chlebnikov


53.) An Vasilij Kamenskij                 [*Astrachan, Mai 1914*]
Lieber Vasja!
Freue Dich verzweifelt. Ich schreibe und strecke beide Arme aus über dem Ural: irgendwo wirst Du sein und unter den Segen fallen. Ich beneide Dich: sogar das Singen der Nachtigall ist für mich unerreichbar. Wenn ich mich entschließe zu heiraten, werde ich mich mit meinem Segen ebenfalls an Dich wenden. V! Lieber, Liebster! Ich habe auch von der Nikolajeva einen Brief bekommen (Maksimovič ist tot, und ich wollte hinfahren, konnte aber nicht). Sie muß mir böse sein. Neulich habe ich einen Brief von den «13 Lenzen» aus dem «Richterteich» bekommen. Aber ich habe geantwortet, und zwar so dumm, daß ich fürchte, sie wird sehr unzufrieden damit sein. Deine «Herbstliche Lichtung» kenne ich schon und liebe sie, Deinem Brief nach. Wünsche auch mir eine «Herbstliche Lichtung», und dann wirst Du der weißbärtige Seher sein, der aus der Ferne segnet.
Was soll ich sagen? Lebt in Frieden, fürchtet mich? haltet Euch in der Budetljanin-Furcht. Dieser Vers wird dem Besitz Deiner

Herbstlichen Lichtung zugeschlagen auf ewige Zeiten, was kann ihr ein Einsamer Hirte noch wünschen?
Ich hatte gedacht, wir sähen uns diesen Sommer, aber daraus wird jetzt nichts. Und ist es schade? Geschäftlicher Vorschlag: schreib die Tage und Stunden der Gefühle auf, so als bewegten sie sich wie Sterne. Deine und ihre. Besonders die Winkel, Wendungen, Höhepunkte. Und ich baue daraus die Gleichung! Ich habe einige Andeutungen im Hinblick auf ein allgemeines Gesetz. (Zum Beispiel den Zusammenhang der Gefühle mit dem Sonnenstand im Sommer und im Winter.) Man muß herausbringen, was sich auf den Mond, was sich auf die Sonne bezieht. Tagundnachtgleichen, Sonnenuntergang, Neumond, Vollmond. So wird man Sternencharaktere aufbauen können. Bau die genaue Kurve des Gefühls, Wellen, Ringe, Schrauben, Drehungen, Kreise, Niedergang. Ich verbürge mich, daß man, wenn sie einmal gebaut ist, sie auch erklären können wird, daß sie erklärt wird von M, S, E, — Mond, Erde, Sonne. Diese Geschichte wird kein einziges Wort haben. Durch I und E wird das Newtonsche Gesetz hindurchschauen, das einstweilen erst atmet.
Küsse. Euer Vitja.
Band II des Journals habe ich nicht, auch nicht den «Tango mit Kühen». Schick sie. Schön ist eine Bärenhöhle mit einer «Herbstlichen Lichtung»! ...
Ich lebe hier mit der Kriminalabteilung zusammen. Welch schmutzige Einzelheit! und massenhaft und oft gehen sie unter den Fenstern vorbei. Das ist, was Dein Vojevode tut. Er langweilt sich. In häuslicher Gefangenschaft. Wo wohnst übrigens Du? Zu Hause? Ist dort wer? Meine Hausgenossen lassen mich nirgendwohin. Ich erhebe den Pokal mit trübem Volgawasser und trinke auf die «Herbstliche Lichtung». Hurra! Wünsch mir, daß ich mich in irgendwen verliebe und irgend etwas schreibe. Zur Zeit ist das eine wie das andere unmöglich. Übrigens. Blitz [*molnija*] und Prachtkerl [*molodec*], Sonne [*solnce*], Solnija und solodka [*Süßholz*] — ein ugro-russisches russisches Wort, — sind Gefährten.
Beim Tier im gelben Hemd (lies VI. Majakovskij) «in euern Seelen ist der Sklave abgeküßt» — Haß auf die Sonne; «unsere neuen Seelen, tönend wie Regenbogen» — Lob des Blitzes; «streichelt und streichelt die schwarzen Katzen» — ebenfalls ein Lob des Blitzes (des Funkens des Blitzes). Sieg über die Sonne

mit Hilfe des Blitzes? Sag der «Herbstlichen Lichtung», daß sie schon mein Freund ist. Lieber guter Sonnenfänger und seine «Herbstliche Lichtung»! Auf Wiedersehen. Ich küsse Euch.
Ich bin hier in einem Sack mit vier Wänden, Astrachan habe ich aufgehört zu lieben, ich gehe nirgendwohin raus. Tut mir leid, daß ich hierhergekommen bin. Ich schreibe halbgelehrte Artikel, aber bin mit ihnen unzufrieden.
Möge der Regenbogen Euch vereinigen und auf ihm unehrerbietig ein Sperling Platz haben.
Alles. Ich bin Euer!
Ich widme Euch, Freunde, nach Wahl etwas von meinen geschriebenen oder ungeschriebenen Sachen.


54.) An Nadežda V. Nikolajeva [Astrachan, 26. VIII. 1914]
Ich schicke Ihnen mich selbst, zwei junge Katzen und Fragezeichen??? Aufgenommen in Petrograd in unbekannter Gesellschaft. Ich habe die Briefe gelesen. Der letzte hat mir leid getan. Ich komme auf der Durchreise durch M.

Ihr Velimir

55.) An Nadežda V. Nikolajeva [Astrachan, 29. VIII. 1914]
Wie gehts, wie stehts?
Na?...
Haben Sie an den Versammlungen zum «Tag des Kriegers» teilgenommen? Meine Zukunft hat sich bis jetzt noch nicht geklärt, aber wie es aussieht, werde ich bald weiter nördlich leben als jetzt.

Ihr Chlebnikov

56.) An Nadežda V. Nikolajeva [Petrograd, 7. X. 14]
Nadežda Vasiljevna!
Möge Ihnen der 13. Okt. Freude, Stille und alles Gute bringen, die Heilung von allen Übeln.
Ich bin immer noch hier.
Schreibe einen Artikel.
Gehe nirgendwohin raus.
Ich schicke zwei Bücher.

57.) An Nadežda V. Nikolajeva [Petrograd, 11. X. 14]
Liebe Nadežda Vasiljevna!
Ich habe mich ziemlich säuisch in Šuvalovo, bei Petersburg, eingerichtet. Dort habe ich das Vergnügen, jeden Tag Kručonych zu sehen. Ich bin zufrieden mit der Stille und dem See rund um die Datscha; ich schreibe den Aufsatz zu Ende und drucke ihn; jetzt weiß ich gewiß, daß es neben mir keinen einzigen Menschen gibt, der mich verstehen könnte.
Im Krieg: 1) Vasilisk Gnedov; 2) Gumiljov; 3) Jakulov; ich weiß überhaupt nichts; «Streun. Hund» ist nicht mehr am Leben. Meine Bekannten habe ich fast nicht gesehen.
Ich schicke Ihnen die besten Wünsche und meinen Gruß zum 13.; den «Brüllenden Parnaß» habe ich nicht bekommen können; er ist beim Stadthauptmann unter Verschluß. Was ich weiter tun werde — ich weiß nicht: in jedem Falle muß ich mit dem Vergangenen brechen und etwas Neues für mich suchen.
Ich schicke Ihnen kleine Bücher von älteren Ausgaben, die mir ekelhaft erscheinen.
Begehen Sie den 13. Oktober gut! [In Liebe] ·V. Chl.


58.) An Michail V. Matjušin [*Astrachan, Dezember 1914*]
Lieber Michail Vasiljevič!
Sie werden sich, halb bedauernd, halb froh, an den kalten düsteren Tag erinnern, wo ich Nevsk verlassen habe, um mich zu retten vor der Kälte und dem Frost. Als der Zug losfuhr, winkten Sie grüßend. Ich bin in eine finstere Gesellschaft geraten; am Dienstag bin ich abgefahren, angekommen am Samstag — das sind fünf Tage Bahnfahrt; einen überflüssigen Tag habe ich selber drangehängt. Nach dem Übersetzen über die Volga wurde ich zu einem Stück Eis und begann die Welt aus dem Reich der Schatten zu betrachten. Als solcher irrte ich durch den Zug, die Lebenden in Schrecken versetzend; so holen die Matrosen die Segel ein und eilen beim Anblick des verblichenen TOTEN Holländers ans Ufer. Die Nachbarn stürzten zur Seite, als ich mich ihnen näherte; die Kinder hörten auf zu weinen, die Gevatterinnen zu tuscheln. Aber nun ist der Schnee von den Feldern verschwunden, die Hauptstadt Go-ASPA ist nahe. Ich leihe mir vom Kutscher, gebe dem Träger und rolle zu mir; hier ein bezaubernder Empfang, einige Hammel werden zu meiner Ehre gebraten,

es werden Kerzen auf die Götter erhoben, wohlriechende Kohlen verbrannt. Ein Schwarm lieber und verdammender Schatten, ich stehe, mir schwirrt der Kopf; trübe; ich schaue in den Spiegel: statt schöner lebhafter Pupillen mit einem eingegebenen Gedanken — die trüben Löcher eines Leichnams. In irgendeiner unwissenden Welt fühle ich mich schon bestraft. Um so besser. Hier bin ich dazu bestimmt, den deutschen Arzt anzuschauen, wie er die Decke vom Geheimnis des Todes zieht. Er legte seinen klugen Schädel auf die Hand und richtete die Augenhöhle auf den goldhaarigen Leichnam der Frau. Ich wühle im Brockhaus, vielbändigen Arbeiten über die Menschheit, aber ich hauche in die Kerzenflamme und bemerke nicht, daß sie in Bewegung gerät.

Ich warte auf das Buch «N[eue] Kr[iegslehre]».

Es stellt sich heraus, daß ich, wenn die Kälte nicht gewesen wäre, möglicherweise nicht weggefahren wäre: man hatte mir eine Art Gehalt (40 R.) zugesagt, gerade vom 28. an.

Einstweilen (eine Woche) träume ich nur davon, mich von dieser erstaunlichen Überfahrt zu erwärmen. Gerade liegt kein Schnee, es regnet manchmal; tagsüber ist es manchmal sonnig, aber mich will irgendein Gefühl der Kälte einfach nicht verlassen.

Ich grüße Al[eksej] Él[isejevič], V. Kamenskij, Burljuk.

Wenn der Platz reicht, dann, liebster M[ichail] V[asiljevič], setzen Sie ans Ende die folgenden 4 Anmerkungen:

Anmerkungen

1) Festgestellt werden muß, daß 317 · 4 — bis zum Code Napoléon — der Codex Justinians bestand: 1801 erschien die Erstausgabe der 5 Bücher Napoleons; vor 317 · 4 im Jahre 533 30. Dez. traten die Gesetzessammlungen des Sohns der Belenissa in Kraft; der Kampf zwischen Jakobinern und Royalisten fand 317 · 4 nach dem Gemetzel zwischen Blauen und Grünen im Jahre 532 statt. 317 · 10 vor der Anbetung des Verstandes in Frankreich änderte der Sohn Thebens Amenophis IV. seinen Namen um in Echnaton (1378 v. Chr. und 1792 n. Chr.). Dieser Pharao ersetzte in seinem Namen Amon das M durch ein T und führte in Ägypten die Anbetung des Sonnengottes ein. Die Anbetung des Verstandes und die Anbetung der Sonne sind auf dem Erdball getrennt durch 317 · 10 Jahre. Echnaton zeichnete sich durch schwache Gesundheit aus und hatte eine Hühnerbrust.

2) 365 ± 48 kann überhaupt begriffen werden als 365 ± ($\sqrt{365}$ + 28); $19^2$ = 361; der Zeitabstand von 28 Jahren steht in Zusammenhang mit dem Sternenmond = 28 Tage.
3) Ptolemäus wurde 365 + 2 · 48 (461) nach Aristoteles geboren.
4) Die Jahre von Erfindungen und wissenschaftlichen Entdeckungen sind manchmal sehr regelmäßig, wellenförmig angeordnet.
So 1542 die Kopernikanischen Gesetze.
28 · 3 darauf — 1626 die Gesetze der Lichtbrechung von Willbrord Snellius.
28 · 2 später — 1682 die Gesetze der Gravitation Isaak Newtons.
28 · 2 später — 1738 die Gesetze der Schallgeschwindigkeit. Akademie.
28 · 4 später — 1850 das Mechanische Wärme-Äquivalent Joules.
Die Erfindung des Perkussionsgewehrs 1807 — 28 · 2 nach Erfindung des Hinterladers 1751.
Die Rübenzucker-Produktion 1801 — 27 · 2 nach Erfindung des Rübenzuckers 1747 (Marggraf), Achard.
Aluminium-Produktion 1854 durch Claire-Deville 27 nach Entdeckung des Aluminiums durch Wöhler 1827.
Elektrischer Telegraph Semmerings 1809, 28 bis zum Nadel-Telegraphen Steinheils 1837.
1662 das Boylesche Gesetz.
1696 Die Huyghenssche Wellenlehre.
1802 Ròmagnos, der Elektromagnetismus.
1886 Lichtlehre von Hertz
abgelöst in 1 + 4 + 2 + 1 = 8 · 28 Jahren. Das heißt die Hertzsche Lehre kam 28 · 7 nach der Lehre von Huyghens.
1775 Lavoisiers Verbrennungstheorie.
1803 Der Popovsche Lichtbogen.
1831 Faradays Induktionsströme.
1859 Bunsens Spektralanalyse.


59.) An Michail Matjušin [*Astrachan, Dezember 1914*]
Lieber Michail Vasiljevič!
Dank für den Brief und für die Bücher. Ich bin so ausgeleiert, daß ich mich mit Mühe gefangen habe in der raren Zeit, in der ich Briefe schreiben kann. Diese Tage sind für mich sehr wichtig, da am 15. Dez. und 20. D. meinen Berechnungen zufolge große Seeschlachten (erster Größe) sein müssen. Darüber habe

ich vor langer Zeit Georgij Kuzmin geschrieben (seine Adresse Petrograd, Politechničeskij institut, 1-te aviacionnaja rota, Kuzmin), und nun, heute, am 16. meldet unser Blättchen «Gerüchte über eine große Seeschlacht». Morgen werde ich genau erfahren, ob sie stattgefunden hat oder nicht. Wenn sie stattgefunden hat, dann kann ich die Tage von großen Seeschlachten dieses ganzen Krieges sowie ihren Ausgang genau bestimmen. Ein Tag oder 24 Stunden der Wende! Diesen Tag habe ich zur Probe festgesetzt. Wenn er sich als falsch erweisen sollte, so werfe ich die Rechnereien in die Ecke, die Regelmäßigkeiten ermüdender Berechnungen. Und ich lebe schon einen Monat lang nur in seiner Erwartung. Adams und Leverrier! Eine 2-te Entdeckung des Neptun! Entweder ... oder ... eine fröhliche Pfütze von Berechnungen, auf denen ich sitzenbleibe.

Das eine wie das andere geht nicht über die Grenzen der menschlichen Natur hinaus, dem einen wie dem anderen Ausgang stehe ich gleichgültig gegenüber. Ich bin ruhiger Stimmung, allen meinen Gruß.

Ein besonderes Danke an Kr[*učonych*] für die Mühe der Durchsicht des Büchleins.

Es ist ein wenig unreif und ruft den Eindruck hervor, als sei, während man den Käfig zubereitete, die Meise fortgeflogen. Im übrigen sollten die Herren Sonnenfänger angemessener sagen, daß die Sonne sich versteckt hat. Aber ich komme auf diese Frage noch zurück — sie mit meiner Kralle zu Tode zu kratzen, wenn sie mir dann nicht vor Alter ausfallen.

Dieses einfältige Geschwätz, ich weiß es, findet in Ihnen, Mich Vasiljevič, keinen gestrengen Richter, da Sie, gewöhnlich, ausgelassen sind, und meine schwachen Kräfte mit solch lauten Worten unterstützen, wie ein Genie. In diesem Jahr bemerke ich ein umgekehrtes Verhältnis zur Vergangenheit, d. h., die für mich düsteren Tage im vergangenen Jahr waren in diesem Jahr licht und hell.

Ich habe die «Arbeiten und Tage Puškins» von Lerner wie ein Menschenleben studieren wollen, das in der Zeit genau abgemessen ist. Aber nicht jetzt. Darum kaufen Sie es auf alle Fälle und bewahren Sie es bei sich auf.

Wenn es eine Chronologie aller Zeiten und Völker gäbe, aber eine sehr genaue, dann wäre das sehr nützlich, oder eine Geschichte aller Seekriege.

Über die 3 Dimensionen hat Bechtjorev geschrieben; aber da er Grenze und Sinn der Konstruktion der 4. Dimension nicht kannte, deren Heimat in der zulässigen Annahme liegt, daß es in der Natur des Raumes keinen Grund für seine Beschränkung auf nur drei Stufen gibt, wie ja auch die Zahlen, wo es ähnlich ist, bis zur Stufe der Unendlichkeit erhoben werden können, so schloß er, die drei halbkreisförmigen Windungen des menschlichen Ohrs seien nächste Ursache für die 3 Dimensionen des menschlichen Raumes; das hat Pointcaré widerlegt, entweder in seinem Buch «Wissenschaft oder Hypothese» oder «Mathematik in der Naturwissenschaft», denn dann könnte man den Ratten nur einen Raum mit 2 Dimensionen zuordnen, weil diese nur 2 Ringe im Innenohr haben, und den Tauben (offenbar) nur einen mit 1 Dimension. Er hat Bechtjorev das Fehlen eines wahren Sinnes für die 4. Dimension bescheinigt und ihn als mißglücktes Beispiel einer Brücke von der Naturwissenschaft zur Zahl zitiert.
Über die 4. Dimension am besten in der Lobačevskij-Festschrift in den Arbeiten der Mathematischen Gesellschaft Kazan.


60.) An Michail V. Matjušin [Astrachan, 17. XII. 14]
Michail Vasiljevič!
Ich beginne die Geschichte von meinem Fehler. Ich hatte angenommen, daß am 15. eine Seeschlacht stattfinden würde. Sie hat nicht stattgefunden. Mein Fehler besteht aus mehreren Teilen:
1) Die Annahme, daß ein einzelner Krieg die Jahrhunderte bis zu ihm wiederholt; so zieht vor dem Auge eines Sterbenden, einem verbreiteten Volksglauben zufolge (ich bin nicht gestorben), sein gesamtes Leben vorüber.
2) Die Annahme, daß man für den Seekrieg des Jahres 1914 die Jahrhunderte des Kampfes zwischen Islam und dem Westen seit Beginn der Kreuzzüge nehmen müsse — das Jahr 1095.
3) Die Annahme, daß, wenn eine lokale Entsprechung gefunden ist, diese sich auch weiterhin fortsetzt.

| N° | N° Gefundene Entsprechung | |
|---|---|---|
| 1 | 1095 Beginn der Kreuzzüge. | 19. Juli. Kriegsausbruch. |
| 5 | 1099 Einnahme Jerusalems. | 23. Untergang der «Amphion». |
| 93 | 1187 Eroberung Jerusalems durch Saladin. | 19. Oktober. Schlacht in Chile. Untergang der «Monmouth», «Hogdon». |
| 89 | 1183 Saladin hat Mesopotamien erobert. | 15. Oktob. Schlacht mit der «Žemčug», Untergang der «Itaro», «Kataschicho». |
| | 1146 Zerstörung Edessas durch Imadeddin Zengi (Nur-Eddin). Dieselbe Reihe. | 9. September. Untergang der «Cressy», «Hawke» und «Aboukir». |
| I. | 1199 Die Christen erobern Jerusalem. | 23. Untergang der «Amphion». |
| | 1187 Jerusalem erobert von Saladin. | 19. Oktober. Schlacht in Chile. |
| | 1180 Die Portugiesen schlagen die Mauren. | 12. Okt. 2 Kreuzer der Deutschen. |
| | 1110 Fall von Sidon. | 3. August. «Zriny». |
| | 1189 Safed erobert. | 21. Okt. Untergang der «Yorck». |
| | 1196 Palästina-Feldzug der Deutschen | 28. Okt. Untergang der «Emden». |
| | 1183 Mesopotamien durch Saladin erob. | 15. Okt. Schlacht mit der «Žemčug», «Itaro», «Kataschicho». |
| | 1146 Edessa von Imadeddin Zengi zerstört. | 9. September. «Aboukir», «Cressy», «Hawke». |
| | 1118 Arragon erobert. | 11. August. «Zenta». |

Gestützt auf diese Reihe, wo den Siegen des Islam die Seesiege der Deutschen entsprechen (am 19. Okt., 15. Okt, 9. Sept), hatte ich angenommen, Seeschlachten würden an dem Tage stattfinden, der der Erob Jerusalems im Jahre 1244 entspricht, d. h. am 15. Dezember.
Dann wäre möglich gewesen, eine große Seeschlacht für den Tag vorauszusagen, der dem Jahre 1453, dem Hauptjahr des Islam entspricht.
Aber am 15. Dezember kam es zu keiner Schlacht.
Folgl ist der von mir gewählte Weg falsch und ist niemandem zu raten, ihn zu begehen.
Das ist die ganze Geschichte meiner Niederlage.
Ich persönlich freue mich über diese Niederlage, denn sie hat eine Last von mir genommen. Ich bin befreit, seit ich eingesehen habe, daß der Weg falsch war.

          Ihr Sie liebender V. Chlebnikov

Wäre es nicht gut, irgend etwas zugunsten der Verwundeten herauszugeben?? Einen Sammelband oder ein Heft. «Chrestomatie». Übrigens habe ich überhaupt nichts.
Seit ich meinen Fehler eingesehen habe, merke ich, daß ich wieder flott bin.


61.) An Michail Matjušin         [Astrachan, 18. I. 15]
Lieber Michail Vasiljevič!
Da der letzte Kampf im Nordmeer mit der beschädigten «Lion» und dem Untergang der «Blücher» am 11. Januar und der «Gazelle» bei Rügen mit ihren Riesenschultern auf sich die Steine der Lehre tragen, daß Seeschlachten des Krieges 1914 den Kampf zwischen Europa und Aszu (Islam) wiederholen, angefangen mit dem Jahr 1095, — entspricht doch gerade der Kampf zwischen der «Blücher» und «Lion» vom 11. Januar den Jahren 1271 und 1270 des letzten Kreuzzugs, gibt dies erneut Mut, in 20 nach dem 11. Januar eine große Seeschlacht zu erwarten, nämlich am 30. Januar oder 1. Februar, mit einem für die Deutschen günstigen Ausgang. 1291 fiel Akra, der letzte Schutzwall der Christen in Palästina; der dem entsprechende Tag liegt beim 31. Januar; eine große 95 nach dem 31. Januar und einige dazwischenliegende.

Wenn am 31. Januar oder am 30. eine große Seeschlacht stattfindet, so werden die Umrisse des Krieges zur See durch diese Lehre hinreichend klar erhellt. Wenn sich für den 31. Januar diese Voraussage erfüllen sollte, so wäre es wert, daß man unverzüglich eine Liste sämtlicher Seeschlachten mit dem jeweiligen Ausgang für die eine wie die andere der feindlichen Seiten *veröffentlicht.*
2 Seiten.
Ich studiere gerade [*unleserl.*] V. Chlebnikov

Ich schicke Ihnen einen Lotos vom Kaspij.
Es wäre schön, wenn man im Sommer von Perm aus auf einem eigenen Boot den Lotos-Feldzug der Argonauten nach Astrachan machen könnte.


62.) An Aleksandr E. Belenson [*Astrachan, Frühjahr 1915*]
Sehr geehrter Aleksej Emmanuilovič!
Hier ist die ganze Geschichte: eine andere konnte ich nicht schicken, eine andere habe ich nicht abgeschrieben; ich erwarte voll Ungeduld Ihren Brief.
Ich verbleibe stets zu Diensten Ihr V. Chlebnikov


63.) An Michail Matjušin [*Astrachan, April 1915*]
Lieber Michail Vasiljevič!
Das Buch ist mit dem allergrößten Geschmack ediert, gemessen an all den anderen «Kranich»-Editionen. Es ist gut, daß es keine überflüssigen Seiten hat und daß der Umschlag von Anzeigen frei ist, — das verdirbt ein Buch immer.
Dadurch ist, zum Beispiel, das Buch «Neue Kriegslehre» verdorben.
Von Filonov als Schriftsteller erwarte ich gute Sachen; auch in diesem Buch gibt es Zeilen, die zum Besten gehören, was über den Krieg geschrieben worden ist.
Mit einem Wort, das Buch hat mich erfreut durch die Abwesenheit des Händlerprinzips.
«Weltblüte» klingt ebenfalls sehr gut.
Die Zeichnung des Höhlenjägers, des Elchs und des Hündchens gefällt mir sehr, von ihrer Raserei zerrissen und fast als seien

sie nie geboren, und der vorsichtig-furchtsame Elch.
Ich fahre mit meinen Berechnungen fort, aber neue gibt es bis jetzt noch nicht, eine größere Ordnung gibt es nur, wenn man die Ereignisse in den Zeitabständen von 317 Jahren betrachtet.
Dabei habe ich eine gedrängte Art der Darlegung erreicht, so daß nur noch ein Schritt fehlt, und das Manuskript ist fertig.
Ich studiere noch das «Tagebuch der Marija Baškirceva». Es liefert mir Schlüssel zum Verständnis der Träume.
Ich warte auf den Mai.
Wenn Sie bis Mai die 4—5 Seiten Tabellen der Eroberungsfeldzüge in 317 Jahren drucken wollen, so schreiben Sie mir, ich schicke sie dann. Wenn es aus irgendeinem Grunde unmöglich ist, so muß es nicht sein.
Wer verbreitet übrigens das Gerücht, daß meine Werke von Al. Él. Kruč. in Kommission verkauft werden? Das ist ein grober Irrtum.

Ihr V. Chlebnikov

Für mich existieren drei Dinge: 1) ich; 2) der Krieg; 3) Igor Severjanin?!!!
Den Winter habe ich in der Menge verbracht, aber in voller Einsamkeit.
Das ist nur eine listige Händlerstadt.


64.) An Michail Matjušin [Caricyn, 8. VI. 15]
Lieber Michail Aleksejevič!
Ich bin in Caricyn; in zwei Tagen bin ich in Moskau; mit geringen Mitteln. Kommen Sie nicht zufällig dorthin? Einstweilen ist meine Adresse: postlag. M gl počt. Ich habe drei kleine Entdeckungen gemacht; mehr nicht. Die Burljuks und K° werde ich sehen. Asejevs Adresse habe ich verloren. Es wäre gut, wenn er zufällig nach Moskau käme und mit dem Verlegen anfinge. Ich würde mitarbeiten.

65.) An E. V. Chlebnikova [Moskau, 11. VI. 15]
Guten Tag in Abwesenheit und tintlich.
Meine Adresse: Moskau, st. Puškino, Severn. žel. dor., der. Akulova gora, dom Ignatija Šumanova, dort ist es sehr gut, und das Gesundwerden zwei Wochen lang kostet nichts; von Caricyn bin ich mit der Eisenbahn gefahren.
Allen alles. Habe niemanden besucht, auch Šura nicht.


66.) An die Familie Chlebnikov
Ihr Lieben: alles und rundherum!
Ich bin in Kuokkala, habe das Geld erhalten, gestrahlt, wofür zu danken ist. Ich bade im Meer, genauer: habe gebadet, solange es warm war, noch etwas? ich bin bei den lokalen Vertretern der Kunst und warte worauf? auf die Krieger II-ter Klasse, glaube ich.
Ich bleibe hier bis zum 6. September, dann fahr ich nach Moskau.
Große Abenteuer keine.
Alles war ruhig, eintönig und langweilig. Šura sehe ich wohl ziemlich bald. Ich hoffe, Ihr werdet Euren freiwillig aufgenommenen Verpflichtungen auch in Zukunft treu bleiben.
Den sechsten oder ersten September.
Die Photographien habe ich noch nicht bekommen. Ich drucke meine Arbeiten vom Winter. Habe eine Menge seichter, oberflächlicher Bekanntschaften, habe die Wege zu weiteren Aufgaben auf dem Gebiete der experimentellen Erforschung der Zeit abgesteckt (durch Experiment, nicht Spekulation). So werde ich in die Ewigkeit eingehen — als Entdecker der Zeitgesetze. Einstweilen aber schickt fleißig zu jedem Ersten das Versprochene.
Das sind meine Beschwörungen.
Ich halte große Stücke auf die Bekanntschaft mit der Familie des Schriftstellers Lazarevskij. Ein alter Seebär mit dem Blute der Zaporoger in den Adern.
All die Evreinovs, Čukovskijs, Repins sind, als Menschen, doch nur eine Imitation.
Die Lehre vom Krieg ist eingegangen in die Lehre von den Bedingungen der Ähnlichkeit zweier Punkte in der Zeit. (Darin besteht die Lehre.)

Hier spüre ich einen bestimmten Raum und ausreichend Luft, um die Flügel des Kaspij-Orlan zu entfalten, und ich schöpfe mit dem Schnabel im Meer der Zahlen. O Flug des Weißschwanzes von der Volga über der Weißen Insel. Also sprach Zarathustra.
Was macht Milica?
Anna Pavlovna?
Nina Pavlovna?
Zinaida Semjonovna?
Lavr. Lavr.
Pavel Aleks.
Pavel ...
N ...
Tiefste Verbeugung vor allen, deren Namen Du allein, einiger Gott weißt!
Ich gegeben in Kuokkala 21. August 1915.


67.) An Vasilij Kamenskij          [*Petrograd, September 1915*]
Lieber Vasja!
Mir ging es sehr schlecht, und ich bin auf allen vieren gekrochen, habe den Zug verpaßt. Ich hatte keine Uhr! Ließ mich hinreißen. Daher die grobe Übertretung der Gesetze der Freundschaft und alles. Verzeih dieses böse Werk bei den Petersburger Schalmeiern. Um $^1/_2$ 8 bin ich geschlagen. Was macht die Erzählung «Ka»?
Ist sie angekommen?
Die Gejša?
Grüße alle.
Auch Samuil Matvejevych.
Die Nikolajeva?
Morgen schreibe ich mich in Prosa.
400 Zeilen Gedichte, pro zehn — hundert Rubel??!!
Bitte die nicht gedruckten Manuskripte in einem Monat zurückschicken.

68.) An Nikolaj Asejev [*Petrograd, Dezember 1915*]
Ich bin in Petrograd.
«Genommen» ist am Sonnabend erschienen; um 11 war ich auf dem Kurskij, ging aber weiter, weil ich den Expreß nicht zahlen wollte, auf den Nikolajevskij und fuhr um 12 weg; die Fahrt war nicht allzu schlecht. Mich. Vas. Matjušin schreibt eine interessante neue Sache; Majakovskij ist fröhlich, ist am Schreiben eines winzigen Buchs, mit der Hand, mit schönen Titelbuchstaben; heute werd ich wegen meiner Sachen überall hinrennen. Habe noch nichts erfahren. Das Zimmer war die ganze Zeit leer, was unangenehm ist. Ich freue mich an «Genommen». Die II. Sammlung wird heißen «Nochmal genommen» (!). Habe Šimann gesehen (ein alter Bekannter von Matjušin). Ich küsse, umarme alle; ich jage herbei mit den Büchern für den letzten Stoß (den Gnadenstoß) ins Genick des alten Verstands.
Velimir

69.) An E. N. Chlebnikova [Caricyn, 17. V. 16]
Ich war auf der Kommission und bin nach Kazan versetzt, ins Lazarett oder Hospital? zur Untersuchung vor einer neuen Kommission. Außerdem habe ich von der Kompanie 20 Rubel bekommen. Das sind alle Neuigkeiten. Von Caricyn habe ich für eine Zeit Abschied genommen, ich fahre mit dem Dampfer dritter Klasse, auf Staatskosten, wann, weiß ich nicht.

70.) An E. N. Chlebnikova [Caricyn, 4. VI. 16]
Meinen Gruß und die ehrliche Begeisterung über die Schnelligkeit und den Andrang der Briefe, die so wohltuend mein Schicksal beeinflußt haben. Stecenko hat mir von dem Brief an ihn erzählt. Ich bin zwei Wochen + zwei Wochen vom Kreuz des Militärdienstes abgenommen, und meine Lage als König der Erste auf dem Erdball der Regierung der Zeit hat sich sehr zum Bessern verändert. Ich bin in der weichen Gefangenschaft der Wilden der vergangenen Jahrhunderte. Briefe bekomme ich seit langem keine. Die 1. Sendung habe ich erhalten und 20 Rubel. Mehr nicht. Am 15. Mai war die Kommission, und mich haben sie durch die Gnade von Hauptmann Suprotivnyj zur Untersuchung nach Kazan abkommandiert. «Militärhospital Kazan». Aber bis

heute bin ich noch nicht hingeschickt worden. Ich stelle mir oft die Frage: kommt die Ermordung von Dichtern, mehr noch — des Königs der Dichter, von der Arakčejevščina? Sehr dumm und langweilig. Übrigens kursieren über Kazan die finstersten Gerüchte. Ich weiß einfach nicht, wie es weitergehen soll. Am 25. Mai ist ein Rekrut, aus Astrachan, an der Front gefallen. Schickt mir bitte unverzüglich telegraphisch 10 Rubel. Ugol Predtečenskoj i Petrovskoj, 7, an Silvija Tatlin für mich; ich bekomme kein Geld, das Regiment hält es zurück.


71.) An G. N. Petnikov und N. N. Asejev [Astrachan, 19. IX. 16]
Liebe Nikolaj Nikolajevič und Grigorij Nikolajevič!
Ich war in einer Kommission, und sie haben mich in das Zemstvo-Krankenhaus des Gouvernements abkommandiert. Bis jetzt war ich noch nicht dort. Das ist alles. Für das Jahrbuch ausgesucht habe ich: 1. Schlamm und Weide. 2. 5+p. 3. Vertrag. 4. Verzeichnis der Konsonanten. 5. Befehl an den Erdball. 6. Gedichte. 7. Brief. 8. über ASZU. 9. Gazelle. 10. Anschluß an die Marsianer. 11. die Skizze Fräulein Tod. 12. die Sieben Geflügelten.
Der Artikel ist fast geschrieben. Ka nicht. Ich flehe Euch an, den Artikel zu drucken. Da sind schrecklich wichtige Sachen drin, + N. N. Asejev zum B. fand ihn gut. Obwohl er schlecht geschrieben ist. Aber viel Gehalt. Wenn das alles gedruckt wird, schicke ich Euch für das Jahrbuch das nächste Werk in kleinen Teilen jeweils gleich. Wenn nicht, dann lasse ich es liegen, bis alles fertig ist.
Dann wird das Jahrbuch ein Leib-Bote von Dreien werden und wird blühen und gedeihen, und ich werde wissen, wohin ich die kleinen Sachen schicke, damit sie bald gedruckt werden.
Die «Trompete der Marsianer» ist sehr gelungen, in Richtung Schnelligkeit.
Ich drück Euch die Hand. Euer Velimir
Astrachan.

72.) An Michail V. Matjušin                [*Astrachan, August 1916*]
Lieber Michail Vasiljevič!
Was treiben Sie? Ich bin bis zum 15. September in Freiheit, auf Urlaub. Bis 15. Aug. bleibe ich in Astrachan. Viele Ergebnisse über das Wort und die Zahlen. P, L, Š, Č und ŠČ sind gemacht. Brauchen Sie Wort-Schollen? Ich predige einen gemeinsamen Sammelband aller: ·Kručonych, Majak, [*unleserl.*] Burl, ich.
Die Briefe sind nicht angekommen (verlorengegangen). Die 10 Bücher sind gekommen, ich danke. Orkanartiges Feuer von Ausgaben im Herbst. Geben Sie irgend etwas heraus? Soll ich Ihnen etwas schicken für eine Ausgabe?
Verlegersyndikat für eine Tageszeitung.
Friede denen, mit denen ich mich gezankt habe, und das im Auseinandergehn. Ich bin in Astrachan bis zum 15. Aug.


73.) An G. N. Petnikov.                    [Astrachan, 30. IX. 16]
Heute ist der 28. September.
Ich hänge immer noch zwischen der ersten und der zweiten Kommission.
Brunnen, Kamel, Krokodil, Mäuse.
Verschwommene Situation. Aber ich habe alles abgeschrieben außer der Erzählung $K^2$ und geschickt.
Ich denke an Euch.
Ich bin mit mir zufrieden und zur Zeit frei. Ich will meinen, daß der Almanach leben wird. Ich schicke den Artikel «Baum der Krieger».
«Ich und der Erdball» — va + v — 12 S., ASZU — 4 S., Weide und Schlamm Verzeichnis der Konsonanten. 5 m + p. Gazelle. Den kritischen Artikel. Gedichte. Brief an die Japaner.
Die Manuskripte schicke ich getrennt.                V. Chlebnikov


74.) An Michail Matjušin                  [Astrachan, 30. IX. 16]
Lieber Michail Vasiljevič!
Petnikov hat um Ihre Sachen und Guro gebeten. Er bat mich, Ihnen vor meiner Abreise zu schreiben.
Ich bin einstweilen immer noch in Freiheit. Was weiter wird, weiß ich nicht. Hier ist es noch warm.
Ihnen und allen einen Gruß.                           V. Chlebnikov

75.) An G. N. Petnikov und N. N. Asejev [Astrachan, 2. XI. 16]
Gr. Nik. und Nik. Nik!
Nik. Nik. und Grig. Nik!
Heute liege ich im Krankenhaus. Ich finde, daß für die Feldzüge der Zukunft unerläßlich ist, daß vieles von dem gedruckt wird, was ich geschickt habe. Wenn der Artikel über die Zahlen gedruckt wird, dann gibt mir das Kraft, den angedeuteten und schon klaren Weg weiterzugehen. Der Gipfel — das ist alles Wissen in einem Vergleich mit $\sqrt{-1}$.
Die lebende (tierische) Zahl zu finden ist unser schönes Ziel.
Die Erzählung Ka abzuschreiben hatte ich keine Zeit und keine Kraft. Ich schicke sie Euch, aber wann, weiß ich nicht. Wenn sie sich gut ausgelegen hat, wird das eine gute Sache. Die Wells-Adresse kann man im Büro Petr. erfahren, Admiraltejskaja nab. d. 9, Mister Williams.

*Auf den Feldern der Entdeckung:*
Lager von Gegengeld. Neue Muster. Auskünfte — tel. 365—365. Erklärung — von Unserem Handelshaus ausgegeben in großer Menge + $\sqrt{-1}$ Leute, tel. $n^n$. V. Ch.


76.) An G. N. Petnikov [*Caricyn, November—Dezember 1916*]
Ich bin sehr finster gestimmt. 3 Wochen unter Verrückten, und wieder steht die Kommission bevor und nichts, was dafür spräche, daß ich freikomme. Ich bin in Kettenhänden. Und bis jetzt lassen sie mich nicht los.
Die kleinen Artikel kann man nach Nummern anordnen, so:

1
(Artikel)
2
(Artikel)
3

Zirin. Schwert Asiens. Vielleicht statt Velimir Chlebnikov — Unsuri Hiawathas.
Darum überlasse ich die Montage der Sachen Ihnen. Übrigens, oder wenn ich in Petrograd sein werde, dann bekomme ich eine Kopie meiner Werke. Für mich ist sehr wichtig, daß der «Baum der Kriege» gedruckt wird, «Ich und Der Erdball», das Verzeichnis des Alphabets und die kleinen Zahlen-Artikel. Bei beschleu-

nigtem Gang der Dinge kann man das Verzeichnis des Alphabets an den «Bezauberten Wanderer» schicken.
Betiteln würde ich den Almanach I mit «Uferbogen» oder «Blitzgarbe», und II mit «Mava auf dem Schwan», wenn Sie nicht die Absicht haben, sich dieser Wortverbindung zu bedienen.
Oder für den I Almanach den Namen — «Ljalja auf dem Tiger».
Weitere Wünsche keine, wie es scheint.
Können auch Zeichnungen reinkommen?
Wie es scheint, werde ich mich bald wieder als Infanterist bewegen...
Auf Wiedersehen!


77.) An Nikolaj I. Kulbin [*Caricyn, Ende 1916*]
Nikolaj Ivanovič!
Ich schreibe Ihnen aus dem Lazarett des «Krätze-Kommandos». Ich bin hier auf Zeit befreit von den mir in solchem Maße fremden Beschäftigungen an der Front, daß sie mir als Strafe und verfeinerte Folter vorkommen, aber meine Lage bleibt schwer und unbestimmt. Ich spreche nicht davon, daß, wenn man sich unter 100 Mann des Kommandos befindet, Hautkranken, die niemand genau untersucht hat, daß man sich mit allem anstecken kann, Lepra einschließlich. Sei dem so. Aber was wird weiter? Wieder die Hölle der Umwandlung eines Dichters in ein des Verstandes beraubtes Tier, mit dem man in der Sprache der Stallknechte spricht und dem man zum Zeichen der Liebe so den Gürtel überm Bauch zuzieht, indem man ihn mit dem Knie eindrückt, daß es einem den Atem verschlägt, wo man mit einem Schlag unters Kinn mich und meine Kameraden zwang, den Kopf höher zu halten und fröhlicher dreinzuschauen, wo ich zum Treffpunkt der Strahlen des Hasses werde, weil ich keine Menge und keine Herde bin, wo es auf alle Argumente nur eine Antwort gibt, daß ich noch am Leben bin, während im Krieg ganze Generationen vernichtet worden sind. Aber ist denn etwa das eine Übel die Rechtfertigung eines anderen Übels und ihrer Ketten? Ich kann nur Strafsoldat werden mit der Zukunft: Disziplinarbataillon. Schritte, Befehle, Ermordung meines Rhythmus machen mich gegen Ende der Abendbeschäftigungen zum Verrückten, und ich weiß dann nicht mehr, wo mein rechtes und wo mein linkes Bein ist. Außerdem bin ich infolge des Vertieftseins

vollkommen der Möglichkeit beraubt, schnell genug und genau zu gehorchen.

Als Soldat bin ich ein Nichts. Jenseits des militärischen Zaunes bin ich etwas. Wenn auch mit einem Fragezeichen, und gerade das, was Rußland fehlt, das hatte es zu Beginn des Krieges sehr viel: gute Soldaten (kräftige, widerstandsfähige Tiere, die ohne zu überlegen gehorchen und den Verstand abgeschrieben haben). Und es gibt wenig oder weniger andere. Ich wäre ein sehr schlechter Fähnrich.

Und was soll ich mit dem Eid machen, ich, der ich meinen Eid schon der Dichtung geleistet habe? Wenn die Poesie mir diktiert, aus dem Eid einen Witz zu machen. Und meine Zerstreutheit? Beim Militär werde ich nur in einem einzigen Fall am Platze sein, wenn man mich in einem Bataillon hinter der Front Landarbeit machen ließe (Fische fangen, Garten), oder den verantwortungsvollen und attraktiven Dienst auf dem Luftschiff «Muromec». Aber dieser zweite Vorschlag ist unmöglich. Und der erste, wenn auch völlig erträglich, so doch dumm. Ein Dichter hat seinen komplizierten Rhythmus, das ist es, weshalb der Militärdienst so besonders schwer ist, der das Joch der anderen unterbrochenen Reihe der Punkte der Rückkehr bindet und der hervorgeht aus der Natur der Mehrheit, d. h. der Ackersleute. Auf diese Weise, vom Kriege besiegt, werde ich meinen Rhythmus brechen müssen (das Geschick Ševčenkos u. a.) und als Dichter verstummen. Dies lächelt mich ganz und gar nicht an, und ich werde weiter schreien vom rettenden Kreis zum Ungewissen auf dem Dampfer.

Dank dem Geschimpfe, dem einförmigen und schweren, erstirbt in mir das Sprachgefühl.

Wo ist der Platz für das Ewig Weibliche unter den 45-cm-Geschossen des Geschimpfs?

Ich merke, daß einige Höfe und Schlösser meiner Seele ausgemerzt sind, dem Boden gleichgemacht und zerstört.

Außerdem muß ich den Weg der Sonderrechte und Privilegien gehen, was den Unmut meiner Kameraden hervorruft, die keine anderen ausreichenden Begründungen verstehen, außer dem Fehlen eines Beins, Bauchschmerzen. Ich bin aus der Mitte des Feldzugs für die Zukunft herausgerissen.

Und jetzt bin ich unsicher, was weiter wird.

Darum, weil ich im Bereich der friedlichen Arbeit für alle nütz-

lich bin, und ein Nichts beim Militärdienst, haben sie mich hier sogar als «physisch unentwickelten Menschen» anerkannt. Man nennt mich schon lange «es», nicht er.
Ich bin ein Derwisch, ein Yogi, Marsianer, egal was, nur kein Gemeiner des Infanterie-Reserve-Regiments.
Meine Adresse: Caricyn. Militärlazarett des 93. Infanterie-Reserve-Regiments, «Krätze-Kommando», für den Gemeinen V. Ch.
Hier bleibe ich 2 Wochen. Der Oberarzt, Šapiro, ziemlich gutmütig, aber streng.
In Achtung vor Ihnen und von Ihnen schon einmal unterstützt
Velimir Chlebnikov

Am 29. Februar ist in Moskau die Gesellschaft der «317» Mitglieder entstanden. Wollen Sie Mitglied werden? Eine Satzung gibt es nicht, aber viel Gemeinsames.


78.) An Nikolaj I. Kulbin [*Caricyn, Ende 1916*]
Wenn Sie können, Nikolaj Ivanovič, dann tun Sie das, was nötig ist, damit aus einem Dichter und Denker kein Soldat wird. Erstaunlich! in Deutschland haben sowohl Goethe als auch Kant abseits der Napoleonischen Stürme gestanden, und die Gesetze ihrer Umwelt hatten ihnen beschieden, nur Dichter zu sein.
Tatsächlich, zu Friedenszeiten hat man uns und mich nur Verrückte genannt, Geisteskranke; dank dem war uns der Dienst überhaupt versperrt; jetzt zu Kriegszeit, wo jede Bewegung besonders verantwortungsvoll ist, werde ich zum vollberechtigten Bürger, gleiche Rechte = gleiche Pflicht.
Außerdem: Dichter sind Mitglieder eines theokratischen Verbandes — unterliegen sie eigentlich der Wehrpflicht?
[Wenn möglich, befreien Sie mich davon ... In Hoffnung V. Chlebnikov.]
Hier werde ich immer nur Strafsoldat, — so feindlich sind diese Bewegungen, dieser Drill für mich. Dort kann ich kein Schöpfer sein. Wo muß ich sein?
Sie haben mir einmal aus der Klemme geholfen. Jedenfalls flehe ich Sie an: schicken Sie Ihre Antwort per Einschreiben, in der Ärztekommission wird Ihre Meinung natürlich riesige Bedeutung haben. Und diese Kommission ist in der Lage, meine Situation zu verbessern.

Wenn es Puškin schwerfiel, Kammerjunker zu sein, so ist es für mich noch schwerer, mit 30 Jahren Rekrut zu sein, inmitten der niederträchtigen und dreckigen 6-ten Rotte, aber da ist Ihr Sie liebender V. Chlebnikov. Schicken Sie die Diagnose.

79.) An G. N. Petnikov [Saratov, 22. XII. 16]
Ich bin Gemeiner des 90. Res. Inf. Regiments, 7. Rotte 1. Zug. Ich lebe etwa zwei Verst von Saratov entfernt hinter dem Friedhof, in einer finsteren Lagerbaracke. Das ist der Lohn für das Jahrbuch und Petrograd. Ich habe den Sommer nicht für mich genutzt und erhalte jetzt die Strafe dafür. Ist es unmöglich, das Jahrbuch zum Unternehmen zu erklären, das für die Staatsverteidigung arbeitet?
Ich verfluche alles und schreibe darüber einen Brief. V. Chlebn.
[*Stempel 90. Inf. Reg.*]

80.) An die Familie Chlebnikov [Saratov, 25. XII. 16]
Meine Lieben!
Meinen Gruß an Euch! Schicke Euch eine Belehrung. Lebt in Frieden, zankt Euch nicht, liebt und helft einander, aber vor allem vergeßt nicht, daß es nötig ist, die Ehre des Namens der Familie Chlebnikov zu wahren.
Ich muß am ersten Weihnachtstag hüpfen und springen, und das hat mich so erbittert, daß ich angefangen habe, Briefe und Belehrungen zu schreiben. Nach Saratov hat man mich nicht gelassen: das heißt, ich kann nicht grüßen. Was tun! so ist es, so, so. Ich habe auch wirklich mit der Hand in der Tasche gegrüßt, und der Oberleutnant fauchte mich an: «Die Hand, wo hast du die Hand!» In der Nacht auf Weihnachten habe ich Jagd gemacht auf innere Feinde. Hinter dem Birkenwäldchen glitzert mit tausend Feuern Saratov. Unsere Scheune ist eingehüllt von den eisigen Haaren schmelzender Eiszapfen und kommt einem wie halb tot vor, mit gelben Hasenaugen. Sie atmet listig. Mehr schreibe ich Euch nicht, weil Ihr mir nicht schreibt.
Ich sehe es vor mir, Ihr habt Tränen in den Augen, Familienschrecken, den Krieg der zwei. Schämt Euch! Ihr Kinder!
Traurig, daß ich auf einem so schmierigen Blättchen schreibe. Schreibt an Šura, daß ich wieder im Fangeisen bin. Ihr Kinder!

benehmt Euch friedlich und ruhig bis zu Kriegsende. Es sind nur noch 1½ Jahre, bis der äußerliche Krieg übergeht ins tote Wogen des inwendigen Kriegs.
... und Stempelzeichen des Friedens und der Liebe.
Ich habe nur einen einzigen Brief von Vera bekommen.
Schickt mir die «Trompete der Marsianer» und «Fräulein Tod».
Heute habe ich vor Rührung geweint. Zu Heiligabend haben sie uns ein französisches Brot und ein Stück Wurst ausgegeben, wie Hunden.
«Besonderer Gruß» an den Pavdinier Šura.


81.) An G. N. Petnikov [Saratov, 4. I. 17]
!... ...!
Ich habe von einer unbekannten Person die «Volja» bekommen mit der kaum wahrnehmbaren handschriftlichen Notiz: «Schreiben Sie mir Ihre genaue Adresse.»
Da ich annehme, daß Sie das geschrieben haben, erfülle ich Ihre Bitte. Für Briefe: Saratov 90. Res. Inf. Regiment 7. Rotte 1. Zug, für Bücher: Saratov, ugol Nikolskoj i Kirpičnoj ulicy, Kirpičnaja ulica, d. 89, an N. N. Gorskij für V. Chlebnikov.
**Persönlich:** Saratov, Bahnhof, Ugol Universiteta. Straßenbahn zum Friedhof I fährt bis zum Friedhof, über den Friedhof hinaus Lager I, Fuhrmann 2 Rubel.
Genauer kann ich es nicht schreiben. Danke für das «Fräulein». Sehr schön ediert, nur äußerst schade, daß keine Artikel drin sind, nur sie. Sie Leichtfuß! Wäre gut, Sie wiederzusehen!
...!


82.) An E. N. Chlebnikova [*Januar/Februar 1917*]
Allgemeine Aufmerksamkeit!
Spitzt die Öhrchen! Gorskij ist weggefahren, und darum die Kopie des Attests und die telegraphische Bestätigung des 3. Gymnasiums, daß ich das Gymnasium absolviert habe, nicht an ihn, sondern *an mich* ins Regiment schicken. Jetzt nur keine Aufregung: ich war beim Schreiber des Adjutanten und habe ihm meine Papierchen gezeigt (hopp-hopp), er hat gesagt, daß er mich auf die Liste setzt und daß ich mit solchen Papieren schon längst auf der Militärakademie sein müßte. Das ist gut. Ich habe

den ganzen Tag vor denen gesungen: O klär de la lüne mon ami Pjero und war zum erstenmal in der ganzen Zeit kampflustig gestimmt.

Also: Ihr bittet 1) die Bestätigung, daß ich das 3. Gymnasium in Kazan 1903 absolviert habe, mir ins Regiment schicken zu lassen, — das ist der erste eilige Schritt, 2) bitte mir per Telegraph ins Regiment die Kopie des Attests schicken, — der zweite, weniger eilige Schritt. Wie die Metrik.

Einstweilen bin ich mit meinen Maßen und Schritten auf der Liste. Einstweilen auf Wiedersehen. Ich entschuldige mich für den Geschäftsbrief. Habe mich kein einziges Mal gewaschen hier. Ins 93-te Regiment kann man weder geschickt werden noch fahren.

83.) An E. N. Chlebnikova [Saratov, 19. II. 17]

Guten Tag! Ich schicke euch mein warmes Lallen (!). Äußere Ereignisse: ich bin ins Kommando für Unterrichtswesen versetzt und warte auf Briefe von Euch; den letzten habe ich vor zwei Wochen bei Gorskij bekommen, ebenfalls die Übersetzung; ich habe Euch den «Löwen» und die japanischen Gedichte geschickt. Ich weiß nicht, was bei Euch so passiert. Was macht Šura. Ich warte auf Briefe über die Adresse von Gorskij (Übersetzung) und über die Adresse: Saratov, 90-tes Regiment, Kommando für Unterrichtswesen.

Vielleicht geht alles ohne große Schläge und Erschütterungen zu Ende. Hier hat es Fälle gegeben, daß Briefe aus Saratov ans Regiment elf Tage unterwegs waren (3 Tage pro Verst). Nach Astrachan versetzt worden ist aus unserem Regiment Oberstleutn. Dombrovskij. Heute war Frühlingswind und der erste Tag des Übergangs. Aber viel Schnee und noch Kälte. Die Zeit vergeht langweilig und verschafft Abwechslung durch Geplänkel mit der neuen Stelle. Ich schicke meine hellsten guten Wünsche. Ich werde schreiben. Bin nicht überzeugt, daß der Brief ankommt.
                                                                                                Veli Mir.

84.) An G. N. Petnikov [*Anfang 1917*]
Lieber Petnikov!
Sie wissen, unser Ziel, das uns schon gekrönt hat, indem es mit Saitenspiel das löst, was durch Gewehrkampf gelöst wird, ist, der Sternenwelt die Macht über die Menschen zu geben, losgelöst von unnötigen Vermittlern zwischen ihnen und uns.
Auf die vom Löwenrachen der Aufstände zerrissenen Straßen treten wir wie eine Märtyrerin, unerbittlich im Glauben und der Sanftmut unserer erhobenen Blicke (Blitze aussendend aufs Meer der irdischen Sterne).
Das Weltgetöse der Aufstände — ist es uns schrecklich, wenn wir selbst ein viel schrecklicherer Aufstand sind? Sie erinnern sich, daß die den Erdball umfassende Regierung der Dichter gegründet worden ist. Sie erinnern sich, wie die klingende Saite von Generationen Tokio, Moskau und Singapur vereinigt hat.
Wir tun es den Meereswogen gleich zur Zeit des silbergrauen Sturms, mal einigend, aufsteigend, mal hinabgleitend in die Menge, in die Breite. Sie erinnern sich, daß es gelungen ist, die Harmonie der Schicksale herauszufinden, die unerläßlich für uns ist, um die Menschheit auf der Handfläche unseres Gedankens auf eine bestimmte Stufe des Seins überzuführen. Er regt sich doch schon, dieser Wanderer der Jahrhunderte.
Wie die gefundenen Harmonien den Buchstaben **u** ins Tosen der Saite **A** gebunden haben, in den Schritt der Infanterie und die Herzschläge, das Tosen der Wellen, und die Harmonien der Geburten sind ähnliche Punkte des Strahls des Schicksals.
Erinnern Sie sich, wie die ausreichende Begründung gebaut war, um von den Strahlen der Leute zu sprechen, von der Leutwelt, mit dem schwarzen kalten und brennenden Strahl, und mit dem Harzstrahl des rasenden Blitzes. Das geschah, um die Gesetzgebung auf den Schreibtisch des Gelehrten zu bringen und das hochmütige römische Recht, das beruht auf literarischen Bestimmungen, zu ersetzen durch das voranschreitende Gesetz des Budetljanins, das aus Gleichheitszeichen besteht, Multiplikationspunkten und Teilung von Zahlen, den Zeichen der Wurzeln **I** und **N**, die imaginären Größen angewandt auf den menschlichen Stoff. Wie wir davon träumen, mit dem Bau von Sehgläsern und Vergrößerungslinsen für die Leut-Strahlen, elementar in Kriegen wallender, und der wilde Lebensstrahl der

Menschheit, der mit verbundenen Augen vorübergeht, — zu ersetzen durch wissenschaftliche Wellen. Alle Erfindungen für die kleinen Strahlen und Gesetze von Ballmer, Frenell und Planck, alle Kunst wiederzuspiegeln, zu führen, zu entfernen, zu nähern schwören wir, Jünglinge, anzuwenden auf die Strahlen des Menschengeschlechts. So vollzieht sich der Sieg über den Raum, und der Sieg über die Zeit ist erreicht auf dem Wege der Reduktion und Wiedergabe des Bewußtseins bei der zweiten Wiedergeburt. Wir beabsichtigen zu sterben, in Kenntnis der Sekunde der zweiten Geburt, unser Vermächtnis: das Gedicht zu beenden.

So näht die Schneiderwerkbank des Schicksals, indem sie mit der Nadel die Punkte der Geburt durchsticht im gesetzmäßigen Knoten auf der Leinwand des Menschengeschlechts.

Ariabhatta und Kepler! Wir sehen es erneut, das Jahr der alten Götter, große heilige Ereignisse, die in 365 Jahren vorbeisausen. Das ist einstweilen die höchste Saite des Gammas des Budetljanins, und sind wir nicht entzückt, wenn wir sehen, daß am Ende dieses wachsenden Sprungs der Gattungsgesetze sich das Schwingen des Lautes **u** und der Welle der Hauptachse der Klangwelt der Saite **A** sich befindet. Dies ist die erste Teilung unseres Vertrags mit dem Himmel des Menschengeschlechts, unterschrieben mit dem Blut des großen Krieges.

Was das zweite Hindernis auf unserem Wege betrifft — die vielen Sprachen — so denken Sie daran, daß begonnen wurde mit der Durchsicht der Grundlagen der Sprachen und daß festgestellt wurde, daß als klangliche Werkzeugbank der Sprachen das Alphabet erscheint, jeder Laut, der ein völlig genaues räumliches Wortbild verbirgt. Das ist notwendig zur Überführung des Menschen auf die künftige Stufe der einen Sprache, und das werden wir im kommenden Jahr tun.

Ganz Ihr Velimir Chlebnikov

85.) An Michail V. Matjušin [Tver, 13. V. 1917]
Ich schreibe auf dem Tisch einer Wachstube.
Gestern bin ich angehalten und aus dem Zug geholt worden.
Eine dumme Situation.
Ich glaube, was weiter geschieht, wird auch dumm werden.
Ich war für 5 Monate befreit, fuhr nach Petrograd, aber auf der

St. Tver wurde ich am 12. Mai aus dem Zug geholt und auf die Hauptwache des M[ilitär] B[efehlshabers] gebracht, obwohl ich ein Papier über den 5monatigen Urlaub habe.

*V. Chlebnikov*

Was macht Petnikov?


86.) An Michail V. Matjušin [Kiev, 11. VI. 1917]
Lieber Michail Vasiljevič!
Ich bin in Kiev.
Unterwegs liefen die Wagenachsen heiß, fingen an zu zischen, zu rauchen, man begoß sie mit Wasser, aber ohne Erfolg. Das war bei Kursk. Von Kursk an Reise auf dem Dach.
P. S. In der Liste der dram. Sachen habe ich das «Teufelchen» und den «Chovun» vergessen («Schöpfungen»).


87.) An Michail V. Matjušin [Astrachan, 8. VIII. 17]
Lieber Michail Vasiljevič!
Ich bin in Kiev gewesen, in Charkov, Taganrog, Caricyn, habe im Azovschen Meer gebadet und bin jetzt in der von mir verfluchten Stadt meiner großen Vorfahren (d. h. Astrachan).
Morgen fahre ich mit einem Sohn der Sonne, um mich wie eine Eidechse an der Sonne zu wärmen und Wassermelonen und Kumys zu trinken.
Hier ist alles beim alten. Ich träumte davon, in den Kaukasus zu fahren, aber das gelang nicht. Ich bleibe 2 Wochen hier.
In der Aufstellung der dram. Sachen ist von mir das «Teufelchen» («Schöpfungen») ausgelassen.
Was macht Kručonych?
Wenn man einen gemeinsamen Sammelband herausgäbe (Burl, Kam, ich, Kruč)? «Lager der zwei».


88.) An Grigorij N. Petnikov [*Krasnaja Poljana, Frühjahr 1919*]
Der Garten steht in Blüte. Zum Wegfahren fehlt mir die Kraft — ein Verbrechen. Ich komme Dienstag. Vel. Chlebnikov
[*Zeichnung eines Rades und Überschrift:*] Gegeben zu Krasnaja Poljana.

89.) An Grigorij N. Petnikov [*Charkov, Oktober 1919*]
Grigorij Nikolajevič!
Ich komme bis nächsten Dienstag. Kommen Sie vor dem 28. Oktober! Der Überbringer dieses Briefes ist entweder mein Genosse Künstler Subbotin oder ein Diener. Der Hunger vereinigt die Datscha Saburovs wie der Zugwind und die St. Moskovskaja. Benützen Sie diesen seltenen Zufall und schicken Sie Briefumschläge, Papier, was zu rauchen und Brot und Kartoffeln. Und es möge Ihnen gutgehen, und lange mögen Sie leben auf der Erde! Alaverdy. Eine Sache des Takts, noch etwas zu erfinden. Wenn es Bücher zum Lesen gibt (Džerom-Džerom), so auch sie. Wir.
[*Beigelegt auf zwei Zetteln:*]
Drelin-dron!
Lirum-larum.
Drelin-dron.
Lirum-larum.
Larum-lirum.
Ein Gedicht von mir und dem Erdball.
Die Oberfläche meines roten Blutkörperchens ist der $1/365^{110}$-te Teil der Oberfläche des gesamten Erdballs.
Der Abdruck dieser Hand und die Aufschrift «Hand angelegt» habe ich gesehen auf allen Sachen in tausend Spiegeln.


90.) An Vera V. Chlebnikova [*Charkov*] 2. Januar 1920
Verinka, Häuschen, huhu!
Fliegt dahin Briefe, wie Birkenblättchen, auf die blonden Köpfe der Lieben, fallt auf die Verzweifelten an der Volga.
Es ist Zeit, den Drachen zu enttäuschen, das wird das Zischen des Drachen-Reiches sein. Dieses Jahr wird das Jahr des großen und letzten Gefechts mit dem Drachen.
Alles, was in meinem Bewußtsein ist: schwarze nächtliche Fenster, das Atmen von keuchendem Brennholz, das sich eilt, Asche zu werden, — all das erhebe ich auf meinen Sieg über den Drachen.
Für diese Zeit habe ich den Speer für den Kampf mit ihm geschmiedet — das ist die Vorahnung des Zukünftigen: in mir sind die Gleichungen der Sterne, die Gleichungen der Stimme, Gleichungen des Denkens, die Gleichungen von Geburt und Tod.

Ich als erster habe das neue Festland betreten — die befehlende Zeit, ich als erster habe es betreten, ich war trunken vor Freude, aber die Menschen sind immer Menschen, — und aus der ersten Schlacht mit dem Drachen bin ich in Ketten hervorgegangen: mir entflogen alle meine Gedanken, und mein bezauberter Frieden verließ mich, als hätte ich ihn verraten. Alle Visionen der Zukunft haben mich plötzlich verlassen, wie den unnützen Baum ein Zug von Tauben, die sich erholt haben.

Das geschah, nachdem ich zum letzten Mal in meinem Leben Vertrauen hatte zu den Menschen und vor der gelehrten Gesellschaft an der Universität «Roter Stern» einen Vortrag gehalten habe.

Es ist wahr, ich habe sie auf verfeinerte Weise gefoltert: den Marxisten habe ich mitgeteilt, ich sei Marx im Quadrat, und denen, die Mohammed bevorzugen, ich sei die Fortsetzung der Lehre Mohammeds, der verstummt ist und das Wort durch die Zahl ersetzt hat.

Den Vortrag hatte ich genannt Koran der Zahlen.

Das ist der Grund, warum alle diejenigen, deren Ehrgeiz nicht weiter reicht als bis zum Empfang von Stiefeln als Belohnung für gutes Betragen und loyales Denken, auseinandergestoben sind und erschrocken auf mich blickten.

Aber trotzdem ist das Los geworfen, und der Drache wird direkt im Bauch durchstochen. Solange aber wird das Leben eingehüllt sein in sein fettes Leben mit den finsteren Beispielen von Toden des Körpers und des Geistes.

Aber und aber! der Zweikampf wird kommen!

Der Zeuge — meine nicht zu Ende gerauchte Kippe, mein einziger Freund zur Zeit. Übrigens habe ich aus einem Röhrchen aus Kanonenpulver geraucht und geschrieben mit einem Federhalter aus Pulver. Da ich ein zerstreuter Mensch bin, habe ich die Zigarettenkippen auf das Pulver gelegt, und das hat angefangen zu brennen und ist entflammt, dann habe ich es mit den Fingern ausgelöscht. In der Tat ist das ungefährlich, Kanonenpulver brennt sehr ruhig, und aus seinen langen schwarzen Röhrchen lassen sich vorzügliche Federhalter für Budaki (Budetljane) machen, aber das klingt alles sehr laut.

Ich verfolgte mein einziges Ziel mit finsterer Verbissenheit, und nur dein Brief hat mich erwärmt mit Frühlingsdingen, und ich bin schwatzhaft. Ich bestätige, daß ich im Tauwetter auch tropf-tropf war.

Seine ganze finstere Wahrheit, daß wir in der Welt des Todes
leben, der bis heute noch nicht zu Boden geworfen ist als gebundener Gefangener, als unterworfener Feind, — er läßt in mir
das Blut des Kriegers «ohne Gänsefüßchen» aufwallen. Hier
lohnt es sich, Krieger zu sein. Hier sage ich nicht, was ich neulich gesagt habe, daß ich «den Reigen mit der Waffe in der
Hand» nicht mitmachen werde, weil ich es ablehne, dieses altertümliche und ekelhafte Ritual mit meiner Zustimmung zu heiligen. Ich kann es mir nicht verzeihen, daß ich nicht in Kiev war.
Das hätte ich tun können [und dann wäre es vielleicht nicht geschehen].
Wenn ich heute so frei schreibe, so ist mein Stil erweckt worden
von den Strahlen deines Briefes.
Schließen wir ein Bündnis, zusammen die Büschel blauer Beeren
um das Rauschen der Bergflüsse herum abzureißen und uns
heranzuschleichen an die schlafenden Schildkröten.
Was brauchen wir noch?
Ich habe den Frieden der Gleichklänge vergessen; sie habe ich
als Reisig zum Opfer auf das Feuer der Zahlen geworfen. Aber
bald kehrt das geheiligte Wort wieder zu mir zurück.
Das ist mein Geschwätz ...
Briefe nicht gezählt, und es gibt nichts Langweiligeres als genaues Zählen. Allen alles.
Ich habe nach Persien fahren wollen, aber vielleicht fahre ich nach
Vladikavkaz oder nach Derbent.
Ich umarme Euch. Denke an Euch. Bis zum Frühling.
Vielleicht finde ich im Frühling allgemeines Wohlbehagen am
Ufer des Meers, im Kaukasus, aber dazu ist es notwendig, weiterzumachen und sich zur Flucht aus Ägypten zu entschließen.


91.) An Osip M. Brik [Charkov, 23. II. 1920]
Osip Maksimovič!
Wir haben den Sommer von Moskau abgeschnitten gelebt, und
jetzt ist alles in ihm geheimnisvoll für mich.
Aber das Hauptgeheimnis, das strahlt wie der Polarstern, das ist
— sind meine Werke erschienen oder nicht? Ich fürchte stark,
daß nicht! Genauso wie die «Internationale der Künste». Und
plötzlich schicken Sie mir einen dicken Band Puškin? Mit Druckfehlern, in grobem Druck? Wirklich, soll das gut sein?

Als Richter der Briefsprache bedenken Sie, ich bin eben erst aus dem Bett aufgestanden, nach zweimal Typhus hintereinander.
Ich brauche unbedingt Geld. Kann der Verlag «Imo» keins schicken?
Charkov, Černyševskaja, 16, kv. 2 Vikt. Vlad. Chlebnikov.
Was wird das Schicksal dieser meiner Botschaft sein — ein gutes oder schlechtes?
Im übrigen habe ich, auf der Flucht vor der Militärpflicht der Weißen und typhuskrank, 4 Monate in Lazaretten gelegen! Entsetzlich! Jetzt dreht sich mir der Kopf, Beine sind schwach.

Ihr Chlebnikov

P. S. Ich möchte 10 Tausend geschickt bekommen oder 5 — aber das wäre schon schlechter.


92.) An Osip M. Brik
Lieber Osip Maksimovič!
Mit Kummer habe ich mich damit ausgesöhnt, daß meine gesammelten Werke nicht erschienen sind.
Da mir Esenin und and. Anträge gemacht haben, möchte ich wissen, besteht ein Termin von wenigstens zwei Monaten für das Erscheinen des Gesamtwerks?
Es weiter zurückzuhalten ist unmöglich — dieser Ausgangspunkt veranlaßt mich zu wünschen, daß Sie die Verpflichtung auf sich nehmen, die Ausgabe rechtzeitig zusammenzunageln, wenn Sie sie zum festgesetzten Termin von 2 Monaten eingesetzt haben.
Ich bedaure sehr, daß ich nicht in Moskau sein und die Sachen mit eigenen Augen sehen kann.
Einige Verhandlungen aus diesem Anlaß könnte G. Petnikov führen.
Ich möchte die Sachen sehr gern gedruckt sehen.
Mein Gruß aus der Ferne des Südens an Lidija Jurjevna und Vladimir Vladimirovič.
Ich fange wieder an zu arbeiten, was zu tun mir lange unmöglich war.

V. Chlebnikov<br>Charkov. 30. IV. 20.

93.) An Vasilij D. Ermilov
Lieber Vasja Ermuša!
Möge mir diese Einleitung verziehen werden, aber es ist so herausgekommen.
Ich bin in Baku (Morskoj Politprosvet, Bailovskaja ul., Gemeinschaftsheim). Ich habe das Grundgesetz der Zeit entdeckt und glaube, daß es jetzt ebenso leicht sein wird, die Ereignisse vorauszusehen wie bis 3 zu zählen.
Wenn die Menschen keine Lust haben, meine Kunst, die Zukunft vorauszusehen, zu erlernen (und solches ist schon, in Baku, geschehen, unter den lokalen Geistesgrößen), so werde ich in ihr die Pferde unterrichten. Vielleicht wird sich das Reich der Pferde als fähigerer Schüler erweisen denn das Reich der Menschen.
Die Pferde werden es mir danken, sie werden, außer dem Wagenziehen, noch eine weitere hilfreiche Verdienstmöglichkeit haben: sie werden den Menschen das Schicksal voraussagen und den Regierungen helfen, die noch Ohren haben. Aus Charkov ist Šlejman hier, er ist krank, Mane Kac.
In den Bergen, wo ich bis Baku gelebt habe, war es sehr schön. Hier ist das Meer und das Tal Bibi-Ejbata, das aussieht wie ein Mund, in dem eine Menge Zigaretten qualmen.
Ert. Neues Jahr! Erdreckliches
(Erdrecklich oder Erträglich?)
das ist die Frage! Ich.
Baku, 3. I. 1921


94.) An Vladimir Majakovskij
ROSTA. An Vladimir Vladimirovič Majakovski. [Baku, 18. II. 21]
Ich denke daran, eine Sache zu schreiben, an der die ganze Menschheit, 3 Milliarden teilnehmen werden und in der das Spiel für sie obligatorisch ist.
Aber die gewöhnliche Sprache taugt nicht für diese Sache, es empfiehlt sich, Schritt für Schritt eine neue zu schaffen.
Machen Sie sich bekannt mit Gen. Solnyškin, ich stelle ihn als einen guten Freund vor. Hier sind, außer Kručonych, — er will gerade zu Ihnen kommen, — Samorodov, Loskutov, Solnyškin, die Sie alle zu ihrer Zeit sehen werden. Wenn die Druckerpresse schweigt, bin ich tot. Bis zur Auferstehung des Druckens von den Toten!

95.) An Vladimir Majakovskij
Lieber Volodja!
Im Tintenfaß des Schriftstellers ist es trocken, und die Fliege ist nicht außer sich vor Entzücken, die in diesem Tintenfaß herumgeschwommen ist.
Diese Wahrheit der neuen Großen Bärin herrscht über unsere Zeit.
Ich lebe auf der Grenze zwischen Rußland und Persien, wohin es mich sehr zieht.
Im Kaukasus ist es im Sommer sehr schön, und ich denke nicht daran, irgendwo anders hinzufahren.
Ich nehme den Turban des Elbrus ab und verneige mich vor den Reliquien Moskaus.
In den Zahlen kenne ich mich sehr gut aus. Und ich bin bereit, einen Frühling der Zahlen zu bauen, wenn die Druckerpresse arbeiten würde.
Aber anstelle des Herzens habe ich so einen Kienspan oder einen geräucherten Hering, ich weiß nicht. Die Lieder schweigen.
Das ist es, warum die «Heo-he»-Rufe und aufgelöste Haare so schön sind.                    Dein V. Chlebnikov.
                                                                   18-II-21.


96.) An V. È. Mejerchold                     [Baku, 18. II. 21]
Vsevolod Ėmilievič!
Lassen Sie sich den lieben Genossen Solnyškin vorstellen, damit er Ihnen in Ihre Hauptstadt des Nordens etwas, eine Handvoll ewigen Feuers, aus Baku bringt. Wenn bei Ihnen auf den Brettern Dunkel herrscht — Zar des Weltalls, bringen Sie ihn ein bißchen höher, ein bißchen näher ans Himmelsgewölbe, als kleines künstliches Sönnchen. — Mein Rat. Ihm ist es gegeben, zu seiner Zeit und zu seiner Frist — beeilen Sie sich nicht — den Strahl des warmen Sonnenlichts dorthin zu werfen, wo Dunkelheit und Feuchtigkeit ist, wenn diese darum bitten werden. Später werden Sie sich selbst davon überzeugen. Außer vielen verschiedenen Begabungen, die leider bis jetzt noch nicht vom Leben eingeschätzt worden sind, zieht es ihn in die Welt Ihrer Kunst, das ist den Bereich jener Verwandlungen und Verkleidungen des menschlichen Geistes, innerhalb derer der Mensch selbst als Schneider und Zuschneider erscheint. Dieser Durst

nach Vielfalt des Seins, mit dem Tausende von Wellen gegen den Fels seiner Einheitlichkeit geschlagen haben, gegen die Ketten der einheitlichen Zahl, sucht sich den natürlichen Ausweg in Ihrem Bereich, in der Kunst des Spiels. Ich habe keine hohe Meinung von dem Land, das die Menschen zwang, wie G. Solnyškin, bei Beleuchtungsversuchen sich mit Stückchen leuchtenden Schwefels zu behelfen, was er in der Jugend zu tun hatte. Was mich betrifft, so habe ich die versprochene Umwälzung erreicht im Verständnis der Zeit, die den Bereich einiger Wissenschaften umfaßt, und ich brauche unbedingt das Mandat für den Druck meines Buches. Wie, wenn Sie es mir hierher nach Baku schickten? Das wäre ein gelungener Ausweg aus dieser Lage. Das Buch ist bereits fertig und geschrieben in der Sprache der Gleichungen. Das ist ein Bild, auf dem es nur eine einzige Farbe gibt — die Zahl.

Wollen wir hoffen, daß wir uns noch vor seinem Erscheinen sehen.

Verbl. V. Chlebnikov.


97.) An Vasilij D. Ermilov [Baku, 7. IV. 21]
Ich umarme Sie und Katjuša.
Ein Voraussehen der Zukunft *gibt es*, es ist verwahrt, hinter der Hoffnungswand meines Schweigens verwahrt.
Das wird im Herbst sein Ende finden.
Kommen Sie unbedingt, hier ist es sehr schön. V. Ch.


98.) E. N. Chlebnikova [Baku, 9. IV. 21]
Ich umarme Euch. Küsse.
Über Šura habe ich nichts erfahren können, wo er gedient hat.
Die 9-te Armee ist gerade am Kuban.
Gesund. Munter.
Kommt alle hierher.
Hier ist es sehr schön!
Ich bleibe mein Leben lang im Kaukasus. V. Chl.

99.) An V. V. Chlebnikova                                    Enzeli, 14-IV-21
Mutig wie ein Löwe schreibe ich einen Brief.
Die Fahne der Vorsitzenden des Erdballs folgt mir überallhin, sie weht soeben in Persien. Am 13./IV. habe ich die Genehmigung zur Ausreise bekommen, am 14./IV. schwamm ich auf der «Kursk» bei ruhigem Wetter, das war wie ein an die ganze Menschheit gerichtetes Lächeln des Himmels, gen Süden, den blauen Ufern Persiens entgegen.
Die mit schneeigem Silber bedeckten Bergesgipfel glichen den Augen eines Propheten, verborgen in den Augenbrauen der Wolken. Die verschneiten Bilder der Gipfel glichen der Arbeit strengen Denkens in der Tiefe göttlicher Augen, den strengen Augen einer erhabenen Duma. Das blaue Wunder Persiens stand über dem Meer, hing über der endlosen Seide der rot-gelben Wellen, erinnernd an die Augen des Schicksals einer anderen Welt. Der Gold sprühende Süden wie die besten Seiden, ausgebreitet vor den Füßen des Mohammed aus dem Norden, gingen im Norden, hinter dem Schiff «Kursk», in das dunkle matt-blaue Silber über, wo grünlich das durchsichtige Glas der Wellen greller als Gras aufwirbelte; und es bissen sich selber und wanden sich in Strafzuckungen die Schneedrachen des Schaums. Die «Kursk» fuhr geräuschvoll nach Süden, und ihre weiße Ölfarbe stritt mit dem Gefieder der Möwe.
Das Schiff war das Wort des menschlichen Verstandes, dem Ohr des erhabenen Meeres zugewandt.
Schweinsjäger standen auf Deck und redeten von Jagdangelegenheiten. Mich haben sie im Meer gebadet, in weiße Wäsche gekleidet und gespeist und liebevoll als «Brüderchen» gefeiert. Ich, ein alter Jäger auf das Voraussehen der Zukunft, empfange mit Stolz die Bezeichnung «Brüderchen» des Militärschiffs «Kursk» als meine Seetaufe.
Nach dem an die Gruben von Nerčinsk erinnernden Winter in Baku habe ich trotzdem das Meine bekommen: ich habe das große Gesetz der Zeit gefunden, unter dem ich alle meine Vergangenheit und Zukunft unterschreibe, und deshalb habe ich alle Kriege des Erdballs nachgezählt, an den ich glaube und andere zu glauben veranlasse.
Der 14./IV. war ein Tag der frühlingshaften Feier, Tag der Wiedergeburt und der Ehrenbezeugung mir gegenüber (die Bewegung der Selbstachtung).

Als ich von Baku abfuhr, hatte ich mich mit dem Studium Mirza-Babas befaßt, des persischen Propheten, und von ihm werde ich hier Persern und Russen vorlesen: «Mirza-Baba und Jesus.»
Enzeli kam mir mit dem wunderbaren Mittag Italiens entgegen. Die silbernen Visionen der Berge standen als blaues Gespenst über den Wolken, ihre Schneekränze erhebend.
Schwarze Seekrähen mit krummen Hälsen erhoben sich als schwarze Kette aus dem Meer. Hier vermischten sich Fluß und Meeresstrom und das Wasser war grün-gelber Farbe.
Nachdem ich Wildschwein, Sobsa und Reis gegessen hatte, gingen wir die engen japanischen Straßen von Enzeli besichtigen, die Bäder in grünen Kacheln, Moscheen, runde Türme vergangener Jahrhunderte in grünem Moos und goldene runzelige Äpfel in blauem Laub.
Der Herbst trat in goldenen Tropfen auf die Haut dieser goldenen Sönnchen Persiens, denen der grüne Baum als Himmel dient.
Dieser an goldenen Sonnen vieläugige Himmel der Gärten erhebt sich über der Steinmauer jedes Gartens, und umherstreifen die Schleier mit schwarzen tiefen Augen.
Ich ging ans Meer, um seine geheiligte Rede zu hören, ich sang, die Perser verwirrend, und danach kämpfte und zappelte ich $^1/_2$ Stunde mit den Wasserbrüdern herum, bis der Klang der Zähne daran erinnerte, daß es Zeit war, sich anzuziehen und die menschliche Hülle anzulegen — dieses Gefängnis, in dem der Mensch abgeschlossen ist von Sonne und Wind und Meer.
Krapotkins Buch «Brot und Freiheit» war beim Schwimmen mein Gefährte.

[*P. S. auf Seite 1:*] Vera! komm hierher nach Enzeli! wenn Du keinen Passierschein hast, werde ich mich bemühen, ihn Dir zu geben. Ich war auf Wildschweinjagd.
[*P. S. auf Seite 3:*] Dieser Tag, der 14./IV. war der Tag der Geburt des «Kursker Glaubens» an die Ehre der Begegnung zwischen dem Meer und der Zukunft.
[*P. S. auf Seite 4:*] Den Persern habe ich gesagt, daß ich der russische Prophet bin.

100.) An E. N. und V. V. Chlebnikova [*Enzeli, Mai 1921*]
Liebe Mama! Liebe Vera!
Ich schicke Blätter vom Chinarindenbaum, ich habe sie in einem Garten von Enzeli abgerissen. Wo bin ich. Ich bin in Persien. Ich habe die blauen Gespenster der Berge Persiens gesehen, das gelbe Flußbett des Iran, an dessen Ufern, den Lanzen eines eingeschlafenen Heeres gleich, die Rispen des Riedgrases schwanken. Ich habe aus dem Gewehr auf laichende Zander geschossen, habe abends Schwärme weißer Reiher erschreckt, die mit ihrem S (es) aus Schnee die dichten Lauben der überschwemmten Bäume krönten. Das Ufer des Iran ist bedeckt mit verwesenden Zandern und Welsen.
Enzeli besteht aus einer Menge ziegelgedeckter Häuschen, die mit Teppichen von grünem Moos bedeckt sind, mit lieblichen roten Blümchen. Goldene Orangen und Portachalary ziehen die Zweige der Bäume herab. Die Derwische mit knotigen Stäben, ähnlich sich ringelnden Schlangen, mit den harten Gesichtern von Propheten lassen mit ihrem Gesang die Straßen erschallen. Die wie bei Toten ausgetrockneten Gesichter der Perserinnen hinter dem schwarzen Schleier, die verweichlichten Gesichter der Händler, ganz Persien fühlt sich zu Frankreich hingezogen: sie haben zwei Hauptstädte Paris und Teheran, und das bezaubernde Singen der Zikaden, mal wie ein Kind weinend, mal frech und grob über den Leuten lachend, — sie heißen die Rothaarigen, — mit Tausenden von Stimmen, wie in Fuchssäcke eingeschnürte Menschen, die alle Bruchstellen des menschlichen Herzens hinwegnehmen. Der Fasan fliegt wie ein Pfahl zum Himmel auf, mit seinem Gefieder glitzernd wie fauliges Wasser. Das sind meine Eindrücke. Meine Hände sind von einem großen Zander aufgeschnitten, ihn habe ich vom Ufer aus festhalten wollen.
Ich umarme Borja, Katja, Papa.
Vera, komm hierher. Hier ist es sehr schön.
Enzeli. Politbüro d. Kaspischen Flotte. Iran. Partei-Komm. (Adalet).
Kommt alle nach Persien oder Daghestan (aber nicht nach Baku, dort ist es schlecht). Schreib mir. Komm hierher. Hier ist Platz und alles, was man braucht.
Persien ist schön, besonders die verschneiten Berge, nur das Volk selbst ist irgendwie vergreist.
Apfelsinen — Portogallobäume.

Der Mond heißt auf persisch Aj. Im Juli blüht hier die Lotosblume, ich werde sie alle zusammen abreißen! Mich haben sie hier wegen meiner langen Haare Derwisch getauft.


101.) An die Familie Chlebnikov [Šachsevar, Sommer 1921]
Ihr Lieben Astrachaner.
Ich bin im fernen Persien am Meeresufer im Hafen Šachsevar, zusammen mit einer russischen Abteilung. Das Leben ist hier sehr langweilig, nichts zu tun, die Gesellschaft — Abenteuerlustige, Avanturisten der Banden von Amerigo Vespucci und Ferdinando Cortez. Darum gibt es im Sinne der Verproviantierung hier keinerlei Schwierigkeiten. Wenn Vera doch herkäme! Es wäre auch für sie schöner und lustiger für mich. Ich bin Mitarbeiter der russischen Wochenzeitung an der leeren Küste Persiens. Hierhergelangen kann man über die Propagandaabteilung. Umarme und küsse alle. Euer Vitja.


102.) An V. A. Chlebnikov [Pjatigorsk, August-September 1921]
Lieber Vater! Heute habe ich Deinen Brief bekommen und habe mich sehr gefreut, daß es im allgemeinen, außer Šura, allen, wenn nicht gut, so doch so einigermaßen geht.
Was Šura angeht, so kann es sein, daß er zusammen mit der Armee von Gaj bei der Belagerung von Warschau in deutsche Gefangenschaft geraten ist, dort war die 33. Division.
Ihr habt es schwer in Astrachan; aber warum verlaßt Ihr es nicht? Hier in Pjatigorsk, oder in Grozno, oder Derbent, oder Vladikavkaz wäre es viel leichter zu leben. Baku ist nicht zu raten — dort ist Teuerung und die Schwierigkeiten einer großen Stadt. Pjatigorsk ist bequem, weil man hier bei Krankwerden immer gleich in die Klinik kann. Železnovodsk ist im Sommer sehr schön. Dann besteht von hier aus ständige Verbindung mit Moskau und Piter, man kann leicht dorthin durchkommen. Vera als Malerin könnte immer in der ROSTA von Pjatigorsk unterkommen oder im herrlichen, von Schneebergen umgebenen [Železnovodsk]. Im Sommer kann man in die Berge oder ans Meer fahren, ins liebe Derbent. Überhaupt seid Ihr zu unbeweglich und nicht gerade neugierig.
Wenn Vera es wollte, könnte ich ihr eine Freifahrkarte schicken.

Wirklich, die Verkehrsverhältnisse sind gerade entsetzlich. Ich bin von Baku nach Pjatigorsk 7 Tage gefahren und war danach den ganzen Monat halb tot. Wirklich, das Kein-Geld-Haben hat geholfen. Jetzt hat sich meine Lage geändert; ich bin völlig barfuß hierhergekommen, habe mir Bretter gekauft, sie haben sich natürlich empört, und so ging ich wie ein Sträfling, dröhnend und polternd, und blieb auf den Straßen stehen, um die Schuhe zu wechseln. Aber heute hat mir die TERROSTA, wo ich als «Nachtwächter!!» diene, hervorragende amerikanische Stiefel zugeteilt, schwarze, haltbare — fu-ty, nu-ty, wie wir früher sagten. Jetzt sitze ich da und freue mich an ihnen.

Die Arbeitsbedingungen in der TERROSTA (Terskaja ROSTA) sind sehr gut, echte genossenschaftliche Beziehungen; ich sitze nur nachtsüber in dem Zimmer, außerdem drucke ich Gedichte und Artikel, bekomme rund 300 000 R., aber könnte auch mehr (Mütterchen Faulheit); das reicht mir.

Man kann hier für 10 T. R. am Tage satt werden, um so mehr für 20. Schw.-brot 3 T., weißes 4 T., Weintrauben 5 T., Mittagessen 5 T.

Nachtwächter bin ich zum Spaß geworden, nachdem ich einige Male hierhergekommen war, in die fremde, aber gastfreundliche Behörde, um auf dem Tisch zu übernachten. Der Leiter der ROSTA, Dm. Serg. Kozlov — Amerikaner nach einigen Jahren Aufenthalt in Amerika, ist sehr anständig zu mir. Ich habe mich sehr mit ihm angefreundet und habe ihn richtig liebgewonnen. Ich fahre bald vielleicht für nicht lange nach Moskau und dann zurück nach Pjatigorsk, zur ROSTA. Ich habe nicht genug Entschiedenheit, Euch zu raten, sofort in den Kaukasus zu kommen, aber im Sommer würde ich die Übersiedelung fast verlangen; an vielen Stellen der Küste, in den Auls, in Derbent ist es herrlich schön (das wahre Paradies), und man kann leicht einen Platz finden.

Nächsten Sommer fahre ich wahrscheinlich wieder nach Persien, und wenn Vera will, kann sie mitkommen.

Die Zeit der Versuchungen für mich ist zu Ende: eine Zeitlang war ich so schwach geworden, daß ich kaum die Straße überqueren konnte, und ich ging taumelnd, blaß wie ein Toter.

Jetzt bin ich wieder stark, werde bald kräftig, mächtig und werde das Weltall erschüttern. Aber Dummheiten beiseite. Vera käme auch jetzt hierher durch. Ich würde ihr helfen, bei der ROSTA unterzukommen, was leicht ist.

103.) An E. N. und V. V. Chlebnikova
Ich umarme Euch!
Ein glückliches neues Jahr.
Ich bin in Moskau. In Moskau ist Teuerung. Und die Rückkehr in die Vergangenheit + die Zukunft, geteilt durch zwei.
Schwarzbrot 11 Tausend, der mittlere Verlust beim Spielen am grünen Tisch eine sechsstellige Zahl, manchmal neunstellig.
Seit langem hat es keine rein slavischen Ausschweifungen gegeben, wie diese Weihnachten. Moskau steht fest auf den Beinen, und es gibt keine Entblößungen, Niedergänge und Verwilderungen wie in anderen Städten.
Im Frühjahr schaue ich bei Euch vorbei.
Küsse noch einmal alle. Vitja, 14. I. 22.

Zur Zeit bin ich angezogen und satt. Nach Moskau bin ich mit einem Hemd bekleidet gekommen: der Süden hatte mich bis auf die letzte Faser ausgezogen, die Moskauer haben mir eine Pelzmütze und graue Hosen gegeben. Ich gehe vom Arbat auf die Mjasnickaja wie ein Kranich. Gefahren bin ich in einem warmen Lazarettzug, einen ganzen Monat lang.
Mjasnickaja, Počtamt, Vodopjanyj pereulok, d. 3, kv. 43. An O. M. Brik für mich.


104.) An Lilija Ju. Brik [*Moskau, Januar 1922*]
Lilija Jurjevna! Dieses Briefchen ist der Beweis meines Aufenthalts in Moskau und meiner Ankunft bei den lieben und teuren Freunden in der Mjasnickaja.
Ich habe in Baku das Grundgesetz der Zeit gefunden, das ist der Ring durch die Nase des Bären des Erdballs — eine grausame Sache, — mit seiner Hilfe kann man eine Vorstellung mit unserem neuen Miška geben.
Das wird lustig und amüsant. Das wird ein Spiel auf den Wahnsinn: wer ist wahnsinnig — wir oder er.

Vel. Chlebnikov

105.) An Pjotr V. Miturič [Moskau, 14. III. 1922]
Lieber Pjotr Vasiljevič Miturič!
Ich bin schon zwei Monate in Moskau. Ich habe Ihren Brief gelesen und sympathisiere von ganzem Herzen mit der Unterwerfung des Himmels, obwohl die Verteilung der Achsen der Kraft und das Gewicht des fliegenden Körpers in der Luft ein Bereich ist, den der Fuß meines Verstandes noch nicht betreten hat und wo ich als Heide jenseits der Schwelle dieses Tempels bleibe. Ich errichte das Gebäude nur aus Dreien und Zweien und habe viele Bemerkungen und besondere Stellen aufgeschrieben.

Mein Grundgesetz der Zeit: in der Zeit vollzieht sich innerhalb von $3^n$ Tagen ein negativer Umschwung, ein positiver in $2^n$ Tagen; Ereignisse, der Geist der Zeit, kehrt sich um in $3^n$ Tagen und steigert seine Zahlen in $2^n$; zwischen dem 22. Dezember 1905, dem Aufstand von Moskau, und dem 13. März 1917 sind $2^{12}$ Tage vergangen; zwischen der Eroberung Sibiriens 1581 und dem Widerstand Rußlands 1905 am 25. Februar bei Mukden sind $3^{10} + 3^{10}$ Tage vergangen. Wenn die Zukunft dank diesen Berechnungen durchsichtig wird, verliert sich das Zeitgefühl, scheint, daß du unbeweglich auf Deck der Voraussicht der Zukunft stehst. Das Gefühl für die Zeit verschwindet, und es geht auf dem Felde vor einem und dem Felde hinter einem, wird auf seine Art ein Raum.

Wir haben einen ausländischen Verlag zu gründen vor, Kamenskij hat «Mein Journal» herausgegeben, bald kommt Asejev. Ich gebe den «Boten Velimir Chlebnikovs» heraus. Ich hoffe, das Gesetz der Zeit drucken zu können, und dann werde ich frei sein. Ich schicke Ihnen vereinte Beschwörungen und errege in Gedanken Wind und Sturm von der Seite, die Ihrem Werk zum Erfolg verhilft.

In Gedanken tragen Sie auf der Hand die mit einem Riemen festgemachte Uhr der Menschheit meiner Arbeit und geben Sie mir die Flügel Ihrer Arbeit, ich habe den schweren Schritt meiner Gegenwart bereits satt.

Also tauschen wir Vertrauen auf Distanz und auf Wiedersehen aus. 14-III. V. Chlebnikov.

106.) An E. N. Chlebnikova [*Moskau, April 1922*]
Liebe Mama.

Ich bereite wie zuvor in Moskau ein Buch vor, ich weiß nicht, ob es herauskommen wird; sowie es gedruckt ist, fahre ich über Astrachan an den Kaspij; vielleicht wird alles ganz anders, aber so träume ich es.

Moskau ist nicht wiederzuerkennen, es ist, als hätte es eine schwere Krankheit, jetzt ist in ihm kein «Zamoskvorečje» mehr, kein Tee, keine Samovare und keine Lockerheit und Lustigkeit früherer Zeiten! Es ist wie krank, «Weltfieber», und die Leute erinnern mit ihrem hastigen Gang, den Schritten, den Gesichtern an eine Stadt der Neuen Welt.

Mir geht es so halbwegs, aber im allgemeinen bin ich satt — angezogen, obwohl ich nirgends diene. Mein Buch, das ist meine Hauptsache, aber es hat sich auf der ersten Seite verfangen und rührt sich nicht weiter vom Fleck.

Artikel über mich standen in «Revolution und Presse», «Rotes Neuland», in den «Grundlagen». Jakobson hat eine Untersuchung über mich herausgebracht.

Manchmal treffe ich Tarasov-Rodionov und Denike.

Tarasov ist in die Malerei dieser Jahre eingegangen, als ein erfahrener Nat Pinkerton. Er unterwarf Puriškevič, Komissarov, Gen. Krasnov dem Freiheitsentzug und führte Krieg.

Jetzt sitzt er auf seiner Datscha.

Ich treffe mich mit Kručonych, Kamenskij, Majakovskij, Evreinov. Die Zeit vergeht ein wenig langweilig, der Frühling war sehr schön, ein paar klare Sonnentage.

Abich ist hier.

Ich wohne zusammen mit dem Mal. Spasskij in einem Zimmer, Mjasnickaja 21, kv. 39.

Ich hoffe, alle bald zu sehen und allen guten Tag zu sagen nach so langer Abwesenheit.

Um Weihnachten herum rechnete man als mittleres Vermögen eines Moskauers 30—40 Milliarden; ein großer Verlust beim Spiel waren 7 Milliarden, eine Hochzeit 4 Milliarden.

Jetzt ist alles 10mal teurer, 2 Millionen steht der Vorkriegsrubel, auf dem Auto 5 Millionen die Stunde.

107.) An Aleksandr P. Davydov [*Korostec, Juni 1922*]
Aleksandr Petrovič!
Ihnen als Arzt teile ich meine medizinischen Kümmernisse mit. Ich kam zu einer Datscha im Gouv. Novgorod, st. Borovenka, s. Santalovo (40 Verst davon entfernt), da ging ich zu Fuß, fiel zu Boden und hatte meine Beine verloren. Sie können nicht gehen.
[*unleserl.*]
Man hat mich ins «Krankenhaus» von Korostec gebracht, Gouv. Novgorod, Korostec, 40 Verst von der Eisenbahnlinie entfernt.
Ich will wieder gesund werden, die Gabe zu gehen zurückerlangen und nach Moskau und in meine Heimat fahren. Wie soll ich das machen?

# Anhang

# Anmerkungen zu Teil 1

In den Anmerkungen benützte Abkürzungen:
SS — Sobranie sočinenij, Gesammelte Werke; die Leningrader «Gesamtausgabe» in 5 Bänden, 1928–1933, Redaktion: Jurij Tynjanov und N. Stepanov
Nch — Neizdannyj Chlebnikov, Unveröffentlichter Chlebnikov, 30 Hefte, herausgegeben von der «Gesellschaft der Freunde Chlebnikovs», Redaktion Aleksej Kručonych. Erschienen zwischen 1928 und 1933
Npr — Neizdannye proizvedenija, Unveröffentlichte Werke, herausgegeben von N. Chardžiev, Leningrad 1940
E — Russische Erstveröffentlichung
Sb — Sammelband
Zs — Zeitschrift
Ü — deutsche Übersetzung
Personennamen, die in den Anmerkungen nicht näher erklärt sind, vgl. Register in Teil 2 dieser Ausgabe. Desgleichen über Probleme der Übersetzung, Auswahl usw. im Nachwort, Teil 2.

**Velimir Chlebnikov:** Nachruf Majakovskijs, E: in Zs *Rotes Neuland,* Nr.4, 1922. Ü: Peter Urban.
Chlebnikov starb am 28. Juni 1922.
**Opojaz** — «Gesellschaft zur Erforschung der dichterischen Sprache», 1914–1923, Kernzelle des russischen «Formalismus» in der Literaturwissenschaft. Mitglieder: V. Šklovskij, B. Ėjchenbaum, J. Tynjanov, O. Brik, L. Jakubinskij, R. Jakobson u. a.
**ein sehr langes Gedicht** — Majakovskij meint *Razin,* zitiert aber das Gedicht *Umdreher.*
**Vor drei Jahren war es mir unter großen Mühen gelungen** — vgl. Chlebnikovs Briefe an O. Brik, Teil 2. Die erste Chlebnikov-Gesamtausgabe kam nicht bzw. erst 1928 zustande.
**Jakobsons einzigartig schöne Broschüre** — über Chlebnikov, erschienen 1921 in Prag, *Neueste russische Lyrik. Erste Skizze — Viktor Chlebnikov,* zugleich ein herausragendes Manifest der formalen Methode.
**GIZ** — Gosudarstvennoe Izdatel'stvo, der Staatsverlag.
**Ohrfeige dem öffentlichen Geschmack** — Sammelband der russ. Futuristen, der, obwohl die Futuristen, Chlebnikov zumal, schon früher veröffentlicht hatten, als die eigentliche Proklamation des russ. Futurismus gilt. Die *Ohrfeige* erschien in Moskau Ende 1912.

**lach anlachsam belacherant**

(**Beschwörung durch Lachen**): E: in Sb *Studio der Impressionisten,* 1910. Vermutl. früher geschrieben, vgl. «Variante» *Allerleilach* bzw. *Lach-Alle.*
**Beschwörung durch Lachen:** Hans Magnus Enzensberger.
**Beschwörung durch Lachen:** Rolf Fieguth.
**Incantation by Laughter:** Vladimir Markov.

**beschwörung lachen:** Franz Mon.
**Beschwörung durch Lachen:** Klaus Reichert.
**bannung durch lachung:** Gerhard Rühm.
**La conjuration par le rire:** Luda Schnitzer.
**Beschwörung der Lachmanns:** Peter Urban.
**Beschwörung durch Schmähen:** Peter Urban (phonetisch).
Mit Ausnahme von H. M. Enzensberger, dessen Lach-Gedicht früher entstand (vgl. *Kursbuch* 10), lag den Autoren deutscher Versionen, von der Transkription des russ. Originals abgesehen, folgende Aufschlüsselung des Textes vor:
Übersetzung des Titels: Beschwörung durch Lachen bzw. Gelächter.
Das Gedicht besteht aus einer Reihe russisch regulärer Ableitungen von der Wurzel «sme» bzw. den Wortstämmen «smech», «smej-» und «smeš-» — die im Deutschen durch «lach» und «läch-» wiederzugeben wären; «smech» als Substantiv bedeutet «das Lachen», «Gelächter». Variationen auch mit dem Verbum «lachen» (smejat'sja), das im Russischen reflexiv ist, von Chlebnikov aber nicht immer reflexiv gebraucht wird.

1) **rassmejtes':** Verb, Imp. Pl. «laut auflachen, Gelächter anheben, in Gelächter ausbrechen», kein Neologismus; «ras» soviel wie «zer-», bedeutet sonst Beginn einer Handlung.
2) **smechači:** Subst., Vokativ Pl. Das Suffix «-ač» bedeutet Verstärkung eines, der etwas tut, analog zu «silač» (Kraftmeier), «lichač» (Tollkopf, Wagehals).
3) **zasmejtes':** Verb, Imp. Pl. «anfangen zu lachen, auflachen», kein Neologismus.
4) **čto smejutsja smechami:** «was lachen sie mit Lachen» (Instrumental Plural von «smech»), kein Neologismus.
5) **smejanstvujut:** Verb, 3. Pers. Pl. (syntaktisch parallel zu 4) gebaut), «anstv-» (nach dem Muster «p-janstvujut»: stark trinken, saufen): etwas übermäßig tun, vergröbernd. Vgl. auch «usoveršenstvovat'» — etwas vervollkommnen.
6) **smejal'no:** Adv. «al'no» nach Muster «pečal'no» (betrüblich), nachal'no (frech, dreist); im Grunde ein Allerweltssuffix, etwa: «-ig», auch «-sam».
7) **u-smejal'no:** Adv. Das Präfix «u-» in der Bedeutung von «ver-», «er-», «ein-»; als Verbum existiert «usmechat'sja»: hämisch, höhnisch lachen.
8) **rassmešišč nadsmejal'nych:** Subst. plus Adj. Attr. Gen. Pl.
   **rassmešišče:** Stätte, Handlungsort, *aber auch* (nach Muster čudovišče, «Ungeheuer») zur pejorativen Bezeichnung eines Täters gebraucht.
   **nadsmejal'nyj:** vgl. 6). Präfix «nad-» bedeutet «über-», «überaus», «auf-», auch «hoch-». (Nadmennyj: hochmütig, anmaßend.)
9) **umsjenych smechačaj:** adj. Attr. plus Subst., Gen. Pl.
   **usmejnyj:** «u-» (s. 7) smejnyj: «-ig», «-lich», «-lig».
   **smechač** — s. 2).
10) **issmejsja:** Verb. Imp. Sg., «is-»: «aus-».
11) **rassmejal'no:** Adv. Vgl. 6) mit Präfix «ras-», das Beginn einer Handlung bezeichnet, oder auch «zer-», «ver-».
12) **nadsmejnych smechačej:** adj. Attr. plus Subst., Gen. Pl.

nadsmejnyj: vgl. 9) plus Präfix «nad-» anstelle von «u-».
smejač: vgl. 2), hier von anderem Stamm abgeleitet («smej-»).
13) **smejevo**: laut Majakovskijs Interpretation ein Substantiv, das ein «Land des Lachens» bezeichnet; andere Substantive auf «-evo»: kurevo (Rauchtabak), črevo (Bauch, Wanst), zarevo (Feuerschein), pečivo (Gebäck). — Könnte auch Adverb sein, gebildet von smejevyj; das Suffix «-evyj»: «-ig», «-lich», «-tlich».
14) **usmej**:
15) **osmej**: entweder von den Verba ein Imperativ Singular, der ungewöhnlich wäre, da «lachen» im Russischen reflexiv ist; stünde dem Imperativ «smej» nahe (wage, untersteh dich). «u-»: «ver-», «er-». «o-»: «be-», «er-».
Oder: Substantiva in Analogie zu «dej» von delat', tun, machen; «dej» als Wort für den «Autor», «Urheber»), so mit der Wurzel «lach-».
16) **smešiki**: Subst. Nom./Vok. Pl.: «-ik» ist einer, der etwas tut («-er»). smeški: fröhliches Gelächter; smešit': jemanden zum Lachen bringen.
17) **smejunčiki**: grammat. wie 16); «-cik» in der Bedeutung wie «-ik», «-jun-» wie «-jan» (vgl. 5). Laut Majakovskij: *listige* Lacher. Wörter auf «-unčik»: skakunčik (Beißheuschrecke; skakun: Rennpferd), tolkunčik (Tanzfliege), sosunčik (Milchkalb, Saugkalb; sosun — ein Sauger).

**Allerleilach**: Oskar Pastior.
**Lach-Alle**: Peter Urban.
Geschrieben ist dieser Text zwischen 1906 und 1908, E: in *Schöpfungen 1906—08,* 1914. In SS Bd II wird er, in den Anmerkungen gedruckt, als «Variante» des Gedichts *Beschwörung durch Lachen* ausgegeben: die drei ersten Verse des Gedichts sowie einzelne Wörter finden sich in diesem Text wieder. Arbeitsmaterialien: 1. Transkription des russ. Originals, 2. Legende:
Titel: Lachende «vsemiri» — «-ir'» (hier als Plural) ist einer, der etwas tut; «vsemir» ist das «Weltall», bildet aber einen anderen Plural (vsemiry). Auf «-ir'» enden sonst z. B. «snegir'» (Gimpel), «imbir'» (Ingwer), «mizgir'» (Tarantel: Schwächling), «čichir'» (junger Wein).
Untertitel: *«Koppelung von Wurzeln»*
I) Der Text — eine Vorstufe zur «Beschwörung durch Lachen» (Zakljatie smechom) — ist syntaktisch an mehreren Stellen dunkel, gewisse Stellen lassen sich nur als Reihungen verstehen (wobei Chlebnikov auch in der Kommatasetzung sehr willkürlich verfährt).
II) Weitere Anmerkungen vgl. Legende zu *«Zakljatie smechom»*.
 1) **smejno**: Adv.; «-no» (vom Adjektiv-Suffix «-nyj») soviel wie «-ig», «-erig», häufiges Suffix.
 2) **vossmeemsja**: Verb. Imp. 1. Pers. Pl.: fangen wir an zu lachen. Kein Neologismus.
Folgender Satz syntaktisch mehrdeutig, Reihung ohne Kommata?
 3) **osmejanstvennosti**: Subst. — entweder Gen. Sg. oder Nom. Pl. «o-»: «be-», «er-». «-anstvennosti»: «-lichkeit» u. ä., Abstraktum, vgl. «ubijstvennost» (Tödlichkeit), «bezdejstvennost» (Untätigkeit, Müßigsein). «osmeivat'»: be-, ver-lachen, verspotten.

4) **smeja**: entweder Verb (unregelmäßig, da nicht reflexiv), Part. Präs. Act. oder Subst., Gen. Sg. von «smej» (?), gebildet mit dem unproduktiven Suffix «-j» (nach Chlebnikovschem Muster: «dej» (von delat': tun, machen) für «Autor, Urheber»).
5) **smechi**: Subst., Nom. Pl. von smech (Lachen, Gelächter), kein Neologismus.
6) **smejnye**: attributiv gebr. Adjektiv, zu 5); «-nyj»: «-ig», «-erig», «-lich» (vgl. 1).
7) **usmeja**: dasselbe Problem wie 4), Präfix «u-»: «ver-», «er-».
8) **osmejanstvennost**: vgl. 3), hier Nom./Akk. Sg.
9) **osmeja**: vgl. 7) bzw. 4); Präfix «o-»: «be-», «er-».
10) **osmejannost'**: Subst. Nom. Sg./Akk. Sg. Präfix «o-» s. o. Suffix «-annost-» soviel wie «-igkeit» (vgl. 3).
11) **smejnych**: attr. Adj., gehört zu 12), sonst vgl. 6).
12) **smechov**: Gen. Pl. von smech, vgl. 5).
13) **zasmejtes'**: Imp. Pl., anfangen zu lachen, auflachen, kein Neologismus.
14) **smejnost'**: Subst., Nom./Akk. Sg., abstrakt, abgeleitet von 6): «-keit», «-heit», «-schaft».
15) **smeja**: siehe 4).
16) **usmejte**: Imp. Pl.; als Verb ungewöhnlich, da lachen im Russ. reflexiv.
17) **smech**: Nom./Akk. Sg. von 5).
18) **posmeja**: Gen. Sg. von posmej (Subst.); «po-»: 1) bedeutungsloses Präfix zur Bildung des vollendeten Aspekts (ljubit'/poljubit': lieben). 2) zur Bedeutung von «etwas ein wenig tun». 3) «be-».
Hier wahrscheinlich Neubildung in Analogie zu «posmech» (das Verlachen, Belachen, der Spott).
Folgender Satz syntaktisch unklar.
19) **smejevno**: Adv. «-evnyj» (als die zugrunde liegende Form): «-lich», «-lisch». Wörter auf evnyj: duševnyj: seelisch. plačevnyj: weinerlich. duchovnyj: geistig. cerkovnyj: kirchlich.
20) **usmej**: entweder Nom./Akk. Sg. von 7) oder Imp. Sg. von 16).
21) **osmej**: wie 20), vgl. dazu 9) (Bedeutung) und 16) (gramm. Form).
22) **os'mijanstvennost**: Subst., Nom./Akk. Sing., vgl. 3) Dazu: den Anfang des Wortes hat Chlebnikov hier geringfügig verändert, so daß er zugleich die regulär flektierte Form des Grundzahlworts «Acht» bildet.
23) **smeja**: s. 4).
Das Folgende eine Reihung von Substantiven im Nominativ oder (formgleichen) Vokativ Plural
24) **smešiki**: «-ik» ist einer, der etwas tut («-er»); smeški: fröhliches Gelächter, smešit': jemanden zum Lachen bringen.
25) **smechiri**: «-ir'» ist einer, der etwas tut, vgl. Erklärung des «vsemiri» im Titel.
26) **smechuški**: smechušok — «-ok» ebenfalls ein Tät-«er». Deminutiv oder Pejorativ.
27) **smešanki**: weiblicher Tät-«er». meščanka: Kleinbürgerin. In der Nähe befindet sich das Wort «smešannyj»: vermischt.
28) **smejevo**: entweder Subst. oder Adv. — vgl. Legende zu «*Zakljatie*» Nr. 13).

29) gleich*lautende* Form zu 28).
Folgender Satz ist der Beginn von «*Zakljatie smechom*»:
30) vgl. 13) in diesem Erklärungstext.
31) **smechači**: vgl. 2) in Legende zu «*Zakljatie*».
32) **rassmejtes'**: wie 13)/30), kein Neologismus, vgl. zu «*Zakljatie*» Punkt 1).
Folgendes weicht vom «*Zakljatie*»-Text ab:
33) Was lachen die smechači — smechači vgl. 31) bzw. 2) in Legende zu «*Zakljatie*».
34) **smejanstvujut**: vgl. 5) in «*Zakljatie*»-Legende.
35) **smejal'no**: desgleichen, Punkt 6).
36) **usmejal'no**: Adv., vgl. «*Zakljatie*»-Legende Punkt 7).
Folgendes: Reihung von Substantiven in Nominativ/Vokativ Plural
37) **smejuny**: wie «begun» (Läufer), einer, der etwas tut (Täter).
38) **smejunčik**: von 37) abgeleitet, ein «-čik» ebenfalls ein Täter. vgl. dazu Punkt 17) in «*Zakljatie*»-Legende.
39) **smejušik**: «-šik» wie 37), 38) — Deminutiv?
40) **smejunjavye**: attr. Adj., wie die Subst. im Nom. Pl. — kann auch subst. Adj. sein. «-(j)avyj»: lich (sladunjav: süßlich, mozgljavyj: kränklich u. ä.).
41) **smejunjane,** smejunjanki: männl. und weibl. «-er»: Plural von smejunjanin wie «krest'janin»: Bauer, graždanin: Bürger.
smejunjanki: weibl. Entsprechung (erin).
42) **smejunyši**: «-yš»: Deminutiv, häufig gebraucht, um Klein- und Kleinstkinder zu bezeichnen (Nesthäkchen, Frühgeborenes, Findling, untergeschobenes Kind u. dgl.).
43) **smejanyški**: weibl. Entsprechung zu 42) ?
44) vgl. 32).
45) **usmejtes'**: vgl. 16), hier regulär (reflexiv).
Folgendes wieder Reihung von Substantiven im Nominativ Plural
46) **smejunost**: Abstraktum von 37) («-heit», «-keit»), wobei sme-junosti auch die geläufige Pluralform von «Jugend» (junost') enthält.
47) vgl. 46), ohne die Jugend-Koppelung.
48) **smejannosti**: s. 47). «smejanie»: das Lachen.
49) **smejunčik**: vgl. in der «*Zakljatie*»-Legende Punkt 17).
50) **smejušiki**: vgl. 39).
51) **smešunki**: Nom. Pl. von smešunok: kleines Lachen (?), dem. smešit': zum Lachen bringen. «-unok» kann auch einer, der etwas tut, sein.
52) **smeen'**: Gen. Pl. des Subst. smenja? smeenja? ?
Folgendes syntaktisch dunkel bis «o issmejsja»
53) **smejanec**: Subst., Nom. Sg. — «-anec», «-janec»: Angehöriger eines Volkes, Stammes, Standes u. ä.
54) **smejanice**: Dat. Sg. des Femininums von 53).
55) **osmejatva**: Nom. Sg. «-atva»: unprodukt. Suffix zur Bildung von Abstrakta. Möglich auch Nom. Pl. der (ebenfalls abstrakten) Ableitung «-atvo» (Neutrum)!
56) **smejunnost'**: vgl. 47).
57) **issmejsja**: regulärer Imp. Sg. von Neologismus is-smejat'sja; «is-»: «aus-».

58) **usmejal'no**: Adv., vgl. 36).
59) vgl. 17).
60) Präfix «u-» mit 11), Adj., Gen. Pl., gehört zusammen mit
61) dem Gen. Pl. von 31).
62) **smejanil**: Gen. Pl. von smejanilo; «-ilo», «-lo»: zur Bezeichnung von Werkzeug, Zubehör (vozilo): Gefährt, Fahrzeug). oder: Präteritum des Verbums smejanit': mögliche Ableitung von smejanie (das Lachen).
63) **smejučik**: Nom. Sg., Subjekt des Satzes. Gebildet nach Muster von 37), 38), 39).
smejučij (pevučij — wohlklingend) und durch «-ik» substantiviert.
64) **smejanstv**: Gen. Pl. des abstrakten Substantivs («-anstvo»: «-heit», «-keit»).
65) **smejučij smech**: 17) plus Attribut, das besteht aus adjektivisch gebrauchtem Partizip (begučij — flüchtig, flüssig, fließend). Nom. Sg.
66) **smech usmejnych smejačej**: Subst. 17), hier abgeleitet von Stamm «smej-» plus Genitiv Plural, bestehend aus Attribut (vgl. 60) und Substantiv (vgl. 31).
Hier: grammatisch smech mit zwei attributiv erweiterten Genitiv-Objekten, die spiegelbildlich stehen: 0+Attribut+smech+Attribut+0.
67) Abstraktum («-keit», «-heit») von 35), Attribut: 35).
68) attr. Adj., aus 11) mit Präfix «ras-» («zer-» oder Beginn einer Handlung) plus
69) Gen. Pl. von 31).
70) **smejanstvujte**: Imp. Pl. von 34).
71) smejanno: Adv., von Adj. smejannyj (vgl. smejanie: das Lachen), vgl. auch 48).
72) hier wohl Akk. Sg.
73) Gen. Pl. des Adjektivs 35), das als Attribut gehört zu
74) **Rassmejanstv**: Gen. Pl. des Substantivs (Abstraktum), «ras-»: (vgl. 68) «-smejanstvo» (Abstr., «-heit», «-keit», «-schaft»).

**Lieb-Satz:** Oskar Pastior.
**Liebsch:** Peter Urban.
Geschrieben vermutl. 1907/09. E: in Sb *Verreckter Mond*, 1913. Nachgedruckt in SS Bd IV. Die philologische Analyse dieses Textes (analog zur Aufschlüsselung der *Beschwörung durch Lachen*) wird insofern erschwert, als der in den SS gedruckte Text eine Reihe offensichtlicher Druckfehler enthält. So daß man also auch an anderen «dunklen» Stellen Versehen vermuten könnte. Hinzu kommen syntaktische Mehrdeutigkeiten, verursacht durch die z. T. äußerst legere Zeichensetzung, wie im *Allerleilach*. Der Text besteht aus insgesamt 483 Wörtern, nicht mitgerechnet Artikel und Hilfszeitverben, die das Russische nicht kennt. Davon sind:
ca. 100 — Präpositionen, Konjunktionen, «unds», «wies» usf.
ca. 75 — gebräuchliche «lieb»-Wörter, die das Pavlovskijsche Wörterbuch ausweist, wobei sich gewisse Wörter öfters wiederholen (ljubov' — die Liebe u. ä.),
ca. 55mal wiederholen sich Chlebnikovsche Neologismen,
ca. 10 Druckfehler,
das russische *Ljubcho* besteht also zu etwa 50 Prozent aus Neologismen,

Ableitungen von der Wurzel «ljub-» («lieb-»). Die Mittel, deren sich Chlebnikov zur Wortbildung bedient, sind im Prinzip dieselben wie in *Beschwörung durch Lachen.* Bei der Wurzel «ljub-» kommt, im Gegensatz zu Wurzel «lach-», ein weiteres spezifisch slavisches Element hinzu, nämlich der Einschub eines «l» zwischen das Wurzel-«b» und das Suffix, sofern es mit weichem Vokal (e, i) beginnt. Die so entstehenden Nuancierungen sind in nichtslavischen Sprachen nicht reproduzierbar, sie sind allerdings auch eher optisch denn semantisch von Belang, in diesem Text. Qualitativ verschieden von den Neologismen der Lach-Texte sind Neubildungen dieses Typs: in Wörtern, die an irgendeiner Stelle die Lautfolge «l+Vokal+b» aufweisen, wird der Vokal durch «ju» ersetzt – z. B. setzt Chlebnikov für «kolybel'» (die Wiege) **koljubel'**, für «golub'» (die Taube) **goljub'**. Die Bezeichnung der alten russischen Holzschnitte, «lubok», Pl. «lubki», wird zu «**ljubok**», dessen Plural «ljubki» in die Nähe (der Kurzform) des Adjektivs «ljubkij» (liebenswürdig, lieblich, liebreich) rückt.
Das Wort «ljubek» schließlich könnte eine Analogie zu «ljubok» sein, ist zugleich aber auch die russische Transkription des dt. «Lübeck».

**Muster für Wortneuerungen in der Sprache:** Peter Urban.
Vor 1912. E: in Sb *Ohrfeige dem öffentlichen Geschmack,* 1912.
Ableitungen von der Wurzel «let-» («flieg-»); der Flug: polet. Gegen Ende des Aufsatzes nimmt Chlebnikov noch weitere Wurzeln hinzu (parit' – schweben). Anders als im Falle der Wurzel «lach-» (wo den russischen Stämmen «smech», «smeš» und «smej» nur zwei deutsche gegenüberstehen: «lach-» und «läch-») bietet in diesem Falle die semantische Entsprechung des Deutschen mehr Möglichkeiten, mehr sogar als das russische Original (wo die Wurzel «let-» zumeist konsequent durchgehalten und nur gelegentlich, per Analogie und etymologisch «falsch», zu «lt» ablautet) – «flieg-», «flog-», «flug-», dazu «flügge», «fleuchten».
Einzelne Wörter, die Chlebnikov von der Wurzel «let-» bildet, bestehen bzw. bestanden 1911 bereits, wenn auch nicht im Zusammenhang mit dem neuen Phänomen des Fliegens von Flugzeugen und Menschen – für diesen Bereich behalf sich das Russische mit Übernahmen lateinischer Ableitungen (aviator, aviacionnyj, aeroplan, aerodrom). – Was Chlebnikov, in Analogie zum Wort «deržava» (Staat), mit «letava» («Flucht») meint, divergiert natürlich mit dem bereits bestehenden Begriff: die «3. vollständig neubearbeitete, berichtigte und vermehrte Auflage» des Pavlovkijschen Wörterbuchs von 1911 verzeichnet unter «letava»: «der Herumtreiber, -streicher». Chlebnikovs Vorschlag, den, der im Flugzeug fliegt, «letun» zu nennen, bedeutet lt. Pavlovskij: «1. der Flinke, Schnelläufer; der Flatterer, Flatterhafte; 2. feuriger Drache, böser Luftgeist». Unter «polet» – dem noch heute einschlägigen Begriff für «Flug» – steht bei Pavlovskij 1911:
«1. der Flug (der Vögel, der Phantasie); p. myslej der Schwung, Aufschwung der Gedanken, der Gedankenschwung; p. snarjada (Artill.) die Flugbahn des Geschosses; [...] 2. die Weite zwischen beiden ausgespannten Flügeln, die Spannweite; 3. Pl. die Flugmaschinen;» – für die Flugzeug-«Flugmaschinen» hat sich im Russischen dann das russ. gebildete Wort «samolet» eingebürgert (Selbst-Flieg/er).
Heute gebräuchliche Fach-Termini aus dem Bereich des Flugwesens:

**Flughafen** — aerodrom, aeroport
**Flugmodell** — aviamodel'
**Flieger** — letčik, pilot, aviator
**Flugzeugunglück** — avarija samoleta
**Flugfigur** — figura pilotaža
**Flugzeugmechaniker** — bortmechanik.

**Zwei Briefe an Aleksej Kručonych:** 19. 8. u. 22. 8. 1913. E: SS Bd V, 1933. Ü: Urs Widmer.
Diese Briefe stehen im Zusammenhang mit Kručonychs Oper *Sieg über die Sonne,* die 1914 uraufgeführt wurde. Vgl. dazu auch den von Kručonych geschriebenen und von Chlebnikov mit unterzeichneten Aufsatz *Über Kunstwerke* (1913) in Teil 2.
Russische Termini aus Literatur und Theater:
**Autor** — avtor
**Literatur** — literatura, daneben slovesnost'
**Komödie** — Komedija, **Tragödie** — tragedija, **Farce** — fars
**Theater** — teatr
**Chor** — chor, **Drama** — drama
**Kritiker** — kritik
**Akteur,** Schauspieler — aktjor. **Souffleur** — sufler. **Kassierer** — kassir.
Dazu das *Neueste wort- und sacherklärende Verteutschungs-Wörterbuch aller jener aus fremden Sprachen entlehnten Wörter* von Johann Gottfried Sommer, Prag 1825 —
**Autor** — 1) Urheber, 2) Schriftsteller, Verfasser
**Literatur** — 1) Bücherwesen, Schriftwesen, Bücherkunde; 2) Gelehrsamkeit, Wissenschaft
**Komödie** — 1) Lustspiel, auch 2) Schauspiel überhaupt
**Tragödie** — Trauerspiel
**Farce** — (Farße) 1) Posse, Possenspiel, possenhaftes Schauspiel; 2) kleingehacktes Fleisch, Füllsel
**Theater** — Bühne, Schauplatz, Schaubühne
**Chor** — 1) Kreis, Reigen; 2) Singkreis; 3) Vollgesang, vollstimmiger Gesang
**Drama** — 1) Bühnenstück, Schauspiel überhaupt, 2) Schauspiel, (Mittelding zwischen Lust- und Trauerspiel)
**Kritiker** — Kunstrichter, Prüfer, Beurtheiler
**Akteur** — (Aktöhr), Schauspieler
**Souffleur** — (Sufflöhr) Einbläser, Einhelfer, Vorsager, Zuflüsterer (auf Schaubühnen)
**Cassirer** — Cassenverwalter, Sekkelmeister
**Oper** (Mus.) Singspiel, Singschauspiel; ein ganz aus Versen bestehendes und durchgängig mit Musik begleitetes Schauspiel
**Regisseur** — (Rehschissöhr) 1) Verwalter, Verweser, Einnehmer; 2) Vorsteher einer Schaubühne (welcher die Rollen vertheilt usw.)
**Jungfrauengott:** Theaterstück Chlebnikovs, 1912 im Sb *Ohrfeige* veröffentlicht.

«**Zittricht**», «**Wacherei**»: Rosemarie Ziegler.
«**Jahrlitz**», **Namen handelnder Personen,** «**Gräuler**», «**Schneeler**»: Peter Urban. Geschrieben vermutl. 1906/08, E: in Sb Altar der Drei 1913.

«**Luftiger Luftold**»: Paul Celan.
«**Wässriger Wassermann**» und «**Immergrüner Immergründer**»: Rosemarie Ziegler, 2 Versionen. Geschrieben 1919/21. E: SS Bd V, 1933.
**machtgetön der macht:** Franz Mon.
**M-Satz, mögliche Machtfragen:** Oskar Pastior.
Geschrieben 1921/22. E: in *Zangezi*, 1922.
Vorlagen: 1) Transkription des russischen Originals, 2) Wort-für-Wort-Entschlüsselung des Texts analog zu *Beschwörung durch Lachen*, *Allerleilach* u. a. Der Text beruht im Russischen durchgehend auf der Wurzel «mog-» (idg. *mokti), die im Russischen vor allem in diesen Wörtern vertreten ist: «Macht» (mošč) – «können» (moč') – «ich kann» (ja mogu).
Die Wurzel «mog-» alterniert in der Flexion mit «mož-»:
«er/sie/es kann» (možet), «möglich» (voz-možnyj).
Einer deutschen Übersetzung können demnach zugrunde gelegt werden: «mach-», «mäch-», «moch-», «mög-» – also dieselbe Wurzel; aber auch die (semantisch im Umkreis des Russischen enthaltene) Familie «kann-», «kenn-», «konn-», «kun-».

**Blagovest umu:** dt. «Glockengeläut dem Verstand». Transkription des Originals.
**des kopfes glockengelocke:** Franz Mon.
**glockenlauten für den geist:** Gerhard Rühm.
**Sinnsang vom Sinn:** Peter Urban.
Geschrieben 1921/22. E: in *Zangezi*, 1922.
Dieses Gedicht, das, eher unbewußt, Elemente der konkreten Poesie enthält, kann man als eine Art Synthese des Chlebnikovschen Sprachuniversums ansehen; es verbindet Lautdichtung mit Sternensprache (vgl. die folgenden Kapitel), es hat – neben seiner onomatopoetischen Seite – auch eine semantische.
Sämtliche Wörter bestehen aus einer Vorsilbe und dem maskulinen Substantiv «um», wobei diese «Vorsilben» teilweise keine echten Präfixe, sondern auch selbständige Wörter und Wortpartikel sind (z. B. «da» bedeutet «ja», «by» ist die Partikel zur Bildung des russ. Konjunktivs u. ä.). (Richtig zu lesen ist, da das Russische keine Diphthonge kennt: Go-um, o-um usw.). Zum Wort «um» sagt das Pavlovskijsche Wörterbuch:
«**um** (gen. usw.) s. m. (eig. nur) der (auch den Thieren eigne) **Verstand;** (bisw. aber gebraucht für) die (nur Menschen gegebene) **Vernunft** (razum); (oft auch) der **Sinn**, die **Besinnung**, der **Kopf**; umý (pl. oft) die **Gemüther**; matematičeskij u. ein mathematischer Kopf, Verständniß Begabung für Mathematik; [. . .] sto golov, sto umov soviel Köpfe, soviel **Sinne**» usw.
In seinem Versepos *Zangezi* hat Chlebnikov dem *Blagovest umu* eine Liste mit Erklärungen nachgeschickt; in eckigen Klammern jeweils weitere Erläuterungen.
«**Vyum** – das ist Erfindg. Natürlich, der Haß auf das Alte führt zum Vyum. [Vy: als Präpositionspräfix «aus heraus»; sonst «ihr/Sie»]
**Noum** – feindlicher Verstand, der zu anderen Schlüssen führt, ein Verstand, der zum ersteren «no» sagt.
[No: Konjunktion, aber; «nicht nur, sondern auch».]
**Goum** – hoher, wie diese Nippsachen des Himmels, die Sterne, tagsüber

unsichtbar. Bei gestürzten Herrschern nimmt er den hingefallenen Stab **Go**. [Typische Sternensprach-Definition Chlebnikovs, siehe bei Go im Wörterbuch der Sternensprache; «Herrscher»: go-sudar', gospodin: Herr usw. «Go» weder Präfix noch Präposition, nur als Interjektion gebraucht für «oh!» und «hopp!»]

**Laum** — breit ausgegossen auf breitester Fläche, kennt keine Ufer, wie das Hochwasser eines Flusses.

[Ebenfalls Sternensprache, siehe *Lied vom El*; «la» ist kein selbständig bestehendes Wort, taucht als «Urwurzel» im Aufsatz *Lehrer und Schüler* auf.]

**Koum** — ruhiger, zusammenschmiedender, der Grundsätze, Ketten, Gesetze und Regeln gibt.

[Entweder: erweiterte Form der Dativpräposition «k», oder Verstärkungspartikel bei Imperativen, normalerweise «-ka» in der Bedeutung von «doch, doch mal».]

**Laum** — kommt aus der Höhe in Massen zu allen. Erzählt den weiten Feldern, was von oben zu sehen ist.

**Čeum** — um, der das Glas [«čaša»] auf die unsichere Zukunft erhebt. Seine Blicke sind Če-Blicke. Sein Strahl — Če-Strahl. Seine Flamme — Čeflamme. Seine Freiheit — Čefreiheit. Sein Kummer — Čekummer. Seine Zärtlichkeit — Čezärtlichkeit.

[Ebenfalls Sternensprach-Definition, vgl. den Aufsatz *Zerlegung des Wortes*, wo statt des «Če» des Originals das deutsche «Sch» verwendet wird. Als Präfix o. ä. existiert če im Russischen nicht.]

**Moum** — verderbenbringender, ruinöser, zerstörerischer. Er ist in den Grenzen des Glaubens vorhergesagt.

[«Mo» ebenfalls eine in den Sternensprach-Gedichten gebrauchte Partikel; als Präfix, -position etc. nicht existent.]

**Veum** — um des Schüler-Seins und der gläubigen Unterwerfung, des frommen Geistes.

[Ve in dieser Form wie «mo» und «če»; vgl. aber «we» im Wörterbuch der Sternensprache. «V» allein, und zu «vo» erweitert: Präposition mit Akk. und Lok., «in», «nach».]

**Oum** — abstrakter, erhellt alles um sich herum, von der Höhe eines einen Gedankens.

[«O»: Präfix mit den Bedeutungen «be-», «er-», «ver-», «um-», «über-»; auch Interjektion.]

**Izum** — Sprung über die Grenzen des alltäglichen Verstandes hinaus.

[Präposition mit Genitiv, «von ... her», «aus ... her»; als Präfix in derselben Bedeutung.]

**Daum** — bestätigender. [«da» — ja.]
**Noum** — bestreitender.
**Suum** — Halbverstand.

[«s», erweitert zu «so» und selten «su»: bezeichnet als verbales Präfix «von ... herab», «ab-»; als Präposition («s») mit Instrumental: «zusammen mit».]

**Soum** — Vernunft-Helfer. [siehe Suum].
**Nuum** — befehlender.

[«Nu!» — Interjektion der Aufforderung, Ermunterung.]

**Choum** — geheime, verborgene Vernunft.
[«Cho»: Kürzel der Sternensprache, das sich von «chovat'»: verbergen, verstecken herleitet.]
**Byum** — wünschender Verstand [oder: sich Vernunft wünschender um], nicht zu dem geschaffen, was er ist, sondern zu dem, was er sein will.
[«by»: Partikel der Konjunktivbildung, z. B. chotel by: ich möchte.]
**Nium** — negativer.
[«Ni»: Konjunktion, in Zusammensetzung mit Pronomina: nicht, z. B. ni-kto («nicht wer»): niemand; ni – ni: «weder noch».]
**Proum** — Voraussicht.
[Als Verbalpräfix bedeutet «pro»: «ver-», «durch-».]
**Praum** — Vernunft eines fernen Landes, Verstandes-Vorfahre.
[«Pra»: in Zusammensetzungen soviel wie «Ur-», «Vor-», das lat. prae.]
**Boum** — der Stimme der Erfahrung folgender.
[«Bo»: Konjunktion, «weil, denn».]
**Voum** — Nagel des Gedankens, eingerammt ins Brett der Dummheit.
[«vo»: «in – hinein», vgl. «Veum».]
**Vyum** — der herabgefallene Reifen der Dummheit, keine Grenzen und Schranken kennender, strahlender, glänzender Verstand.
**Raum** — Seine Worte sind Rahörner.
[«Ra» ist keine Präposition, kein Präfix, sondern Sternensprache.]
**Zoum** — gespiegelter/reflektierter Verstand.
Ebenfalls Sternensprache, vgl. *Wörterbuch der Sternensprache* zum stimmhaften «Se».
In Chlebnikovs Liste nicht erklärt:
**uum** — als Verbalpräfix bedeutet «u-»: «ver-», «er-»; als Präposition bei, nahe bei.
**paum** — vgl. *Wörterbuch der Sternensprache* und das Gedicht *Perun*; «pa» weder Präposition noch Präfix.
**prium** — Präp. «an», «bei»; als Verbalpräfix auch «hinzu-», «zu-».
**doum** — «do»: «bis» als Präposition (ot – do, von bis); als Verbalpräfix oft, um zu bedeuten, daß eine Handlung bis zu Ende ausgeführt worden ist (vollendeter Aspekt).
**mium** — ? (Mir nur in einem Sternensprach-Gedicht begegnet, in dem Vers: «wo **Mi** atmet, die Himmelsfinsternis»; weder Präposition noch Präfix.) My: wir, aber in «Mi» ein anderes **i**.
**chaum** — Sternensprache, siehe *Wörterbuch* und *Zerlegung des Wortes* bei **H**.
**neum** — «ne»: nicht, in Zusammensetzung auch «un-»; vgl. **noum, nium.**
**naum** — «na»: Präposition mit 1) Akk. der Richtung, 2) Lok. (Frage «wo») – auf, an, in; in diesen Bedeutungen auch Verbalpräfix. Naum für Nahum, Name. Naumit': jemanden belehren.
**dvuum** — «dvu» in Zusammensetzungen: «zwei-», «doppel-».
**treum** — dasselbe mit «drei-».
**deum** — «de» weder Prä-Position noch -fix. Vermutlich Witz, lateinisches Wort kyrillisch geschrieben.
**poum** — «po»: Allerweltspräposition mit allen möglichen Kasus; als Verbalpräfix: 1) Anfang einer Handlung, 2) vorübergehende, nur kurz dauernde Handlung, 3) Vollendung einer Handlung, 4) eine Menge von

Handelnden (povyskat': nacheinander herausspringen), 5) bedeutungslos.
**glaum** – «gla» keine Präposition, keine Präfixbedeutung, in der Sternensprache nicht nachgewiesen. Mit «gla-» beginnen folgende Wörter im Russischen:
glava: Kopf, Haupt (glavnyj – Haupt-)
glagol: Wort, Rede, gramm.: Verbum
gladkij: glatt
glad: Hunger (seltenere Form für «golod»)
glaz: Auge
glas: Stimme (neben «golos»)

«**Wonnewillige und Gemeine**»: Rosemarie Ziegler. Geschrieben 1921/22, E: in SS Bd IV, 1930.

### Bobeobi sangen die Lippen

Diese Abteilung versammelt Chlebnikovs Lautgedichte im engeren Sinn. Sie enthält sämtliche bekannt gewordenen Texte, in denen sich Chlebnikov der Zaum-Sprache zusammenhängend bedient.
Zaum – sprich «Sa-um»; frz. Transkription: Zaoum. Substantiv, gebildet aus der Präposition «za» (jenseits, über hinaus, hinter) und dem Substantiv «um» (Sinn, Verstand, Vernunft, Geist). Zaum bedeutet das, was jenseits des Begrifflichen, des rational Faßbaren liegt, was den Verstand übersteigt. Im Russischen, als feminines Substantiv gebraucht, ist Zaum längst feststehender Begriff. Das von Zaum abgeleitete Adjektiv (zaumnyj) ist, in Verbindung mit «Sprache» oft mit «metalogisch» oder «transmental» übersetzt worden, wozu an sich kein Anlaß besteht und was den Intentionen der Zaum-Dichter zuwiderläuft: Zaum ist, wenn auch als Neologismus zunächst fremd klingend, kein Fremdwort, sondern ein durch und durch russisches, russisch gebildetes Wort, gebildet im Sinne der Chlebnikovschen Sprachauffassung. Zaum ist zweitens, schon vom Wortklang, ein Programm, ist, als Begriff und Klang, bereits das erste Wort in Zaum-Sprache. Es ist nicht einzusehen, wieso man den Begriff Zaum nicht so, wie er ist, ins Deutsche übernehmen sollte.
Als Begriff deckt Zaum allerdings äußerst heterogene Phänomene, entsprechend den unterschiedlichen Konzeptionen der einzelnen Zaum-Dichter (neben Chlebnikov vor allem Aleksej Kručonych und Ilija Zdanevič). – Gemeinsam ist allen die Ablehnung der allgemeinen Sprache, der erstarrten Begriffssprache, des semantischen Gehalts der Sprache.
Den Lautdichtungen Hugo Balls und Hausmanns lettristischen Lautgedichten am nächsten stehen gewiß die Zaum-Dichtungen und reinen Phoneme von Ilijazd (Ilija Zdanevič) – vgl. dazu die Abbildungen im Text. Zdanevičs *LidantJU fAram* (1923) war Hausmann im übrigen bekannt. Hierzu gehören aber auch Kručonychs Phoneme, das berühmte *Dyr, bul, ščyl*, das *Erschrockene Kleinbürgerlied* u. a. Für das Entstehen der NEUEN Sprache, die einmal Weltsprache werden sollte, hat Kručonych in zahlreichen Deklarationen und theoretischen Schriften Beispiele gegeben, etwa:
«Gedanke und Rede kommen nicht nach dem Erlebnis von Inspiration,

darum ist der Künstler frei, sich nicht nur in der allgemeinen Sprache (des Begriffs) auszudrücken, sondern auch in einer persönlichen (der Schöpfer ist ein Individuum) und in einer Sprache, die keine bestimmte Bedeutung hat ... Die allgemeine Sprache bindet, die freie gestattet, sich vollkommener auszudrücken ... Der Künstler hat die Welt neu gesehen und gibt, wie Adam, allem neue Namen. Die Lilie ist schön, aber das abgegriffene und ‹vergewaltigte› Wort Lilie ist ausdruckslos. Darum nenne ich die Lilie euy – und die ursprüngliche Reinheit ist wiederhergestellt.» (Aus: *Deklaration des Wortes als solchem*, 1913.)

Definitionen dieser Art bilden jedoch nur einen Teil des Zaum-Bereichs, auch für Aleksej Kručonych. Kručonych selbst hat den Begriff des Zaum später sehr viel weiter gefaßt; in der *Deklaration der Zaum-Sprache* von 1921 subsumiert er unter Zaum auch Deformationen von Normal-Sprache aller Art, etwa Stottern und Lispeln, Ausrufe, Druckfehler u. a. m. Schwitters' «ich liebe dir» wäre demnach ebenfalls Zaum. Doch auch bereits 1913 tauchen in Kručonychs Theorien als weitere Zaum-Möglichkeiten die «religiöse Ekstase» (russischer Sektierer) auf, oder auch folkloristische Elemente, und schließlich, in seinem Band *Gesprengst* (1913):

«am 27. april um 3 uhr nachmittags beherrschte ich plötzlich zur vollkommenheit alle sprachen     So ist der dichter der gegenwart     Ich bringe meine verse auf japanisch spanisch und jiddisch:

> ike mina ni
> ssinu kssi
> jamach alik
>     sel
>   GO OSSNJEG KAJD
>   M R BATULBA
> WINU AJE KSSJEL
> WER TUM    DACH
>     GIS
> SCHISCH»

Bei Chlebnikov gibt es keine reinen Zaum-Gedichte, sondern stets nur «kombinierte», in denen die einzelnen Zaum-Schöpfungen gewissermaßen in die normale Sprache der Allgemeinheit übersetzt werden – so z. B. im *Gewitter im Monat AU*, wo akustische und optische Erscheinungen in Zaum formuliert, zugleich aber «übersetzt» werden. – Auf der anderen Seite gibt es bei Chlebnikov zahlreiche Gedichte, wo Zaum-Partikeln eingestreut sind: Fremdsprachliches, transkribierte Tierstimmen u. ä. Zaum im engeren Sinn ist für Chlebnikov Lautimitation nach dem Muster des *Gewitters im Monat AU*, Imitation von Tierstimmen (vgl. die *Weisheit im Fanggarn*, *Die Götter*), ist drittens Folkloristisches, ist vor allem aber auch der gesamte Bereich seiner Sternensprache, die mit der Zaum-Definition Kručonychs im Grunde nur das Ziel, nämlich DIE Sprache des Weltalls zu werden, gemein hat, sonst aber auf sprachlich anderen Voraussetzungen beruht.

**«Bob-e-obi sangen die Lippen»:** 1908? E: in Sb *Ohrfeige dem öffentlichen Geschmack*, 1912. Ü: Peter Urban.

Die meisten in der *Ohrfeige* publizierten Chlebnikov-Gedichte sind Jahre früher entstanden. So kannte David Burljuk z. B. von dem *Heupferdchen* Fassungen aus den Manuskripten von 1906/08.

**«Richter können alle Rechte haben», Lautschrift:** 2 Notizen aus Chlebnikovs Notizbüchern, E: SS Bd V, 1933. Ü: Peter Urban.
Die in SS Bd V publizierten Auszüge aus den Notizbüchern stammen aus den Jahren 1914–1922. Einen gewissen Anhaltspunkt für die Datierung zumindest der ersten Notiz bietet die Formulierung **sieben Jahre** – nach (?) *Lehrer und Schüler*, also 1919.
**Toporkov:** möglicherweise A.T., Mitarbeiter der nachsymbolistischen Zs *Trudy i dni* (Artikel über Goethe, Fichte).

**Eine Nacht in Galizien:** 1912/13? E: 1914 in *Musterbuch*. Ü: Rosemarie Ziegler.
**Das Lehrbuch von Sacharov** – I. Sacharov, *Skazanija russkogo naroda* (Märchen des russischen Volkes), St. Petersburg 1836. – In Chlebnikovs Gedicht handelt es sich nachweislich um «folkloristische Zaum»-Sprache. Die entsprechenden Zitate aus Sacharov:
«*Das Lied der Hexen auf dem kahlen Berg*. Es besteht fast keine Möglichkeit, den Sinn dieser Worte zu erfassen. Es ist irgendein Gemisch aus verschiedenartigen Lauten einer Sprache, die niemand kennt und die womöglich nie bestanden hat:
>
> Kumara
> Nich, nich, pasalam, bada.
> Eschochomo, lawassa, schibboda.
> Kumara
> A . a . o – o . o . o . – i.i.i – e.e.e – u.u.u – je.je.je.
> Aa, la ssob, li li ssob, lu lu ssob.
> Schunschan
> Wichoda, kssara, gujatun, gujatun. usw.
>
> *Zauberlied der Nixen*
> io, ia, – o – io, ia, zok, io, ia,
> pazzo! io, ia, pipazzo!
> Sookatjema, soossuoma, nikam, nissam, scholda.
> Paz, paz, paz, paz, paz, paz, paz, paz!
> Pinzo, pinzo, pinzo, dynsa.
> Schono, tschikodam, wikgasa, mejda.
> Bouopo, chondyrjamo, boupo, galpi.
> Ruachado, rassado, ryssado, zaljemo.
> io, ia, o. io, ia, zok. io nje zolk, io ia zolk.»

**Mava** – die Hexe.

**Die Weisheit in der Schlinge**: 1912/13? E: in Sb *Brüllender Parnaß*, 1913. Ü: Rosemarie Ziegler.

**Worte Echnatons**: 1915. E: in Sb *Moskauer Meister*, 1916. Auszug aus der Erzählung *Ka*, vgl. Teil 2.

**Gewitter im Monat AU**: 1919/21. E: in SS Bd V, 1933. Ü: Rosemarie Ziegler.

**Die Götter**: 19. 11. 1921 (Chlebnikovs Datierung). E: SS Bd IV, 1930.
Ü: Peter Urban.
Das Gedicht — ein Selbstzitat aus der Verserzählung *Ladomir* — ist von Chlebnikov mit dem 9. 5. 1919 datiert.
Identifizierung der einzelnen Gottheiten nach dem Brockhaus, 14. Aufl. 1901–1907 sowie Anmerkungen Bd IV SS.

**Isanagi** — japanische Gottheit, Schöpfer Japans, mit seiner Schwester, die er ehelichte, Ahnherr aller japanischen Götter.

**Perun** — slavischer Donner-Gott, entsprechend dem litauischen Perkunas. Das Bild Peruns wurde, wie in der Nestorchronik beschrieben, von Fürst Vladimir anläßlich der Christianisierung Rußlands aus Kiev an den Dnjepr geschleift und dort in den Fluß gestoßen.

**Monogatori** — japanischer Ritterroman.

**Schang-ti** — höchste Gottheit in der chinesischen Mythologie (Schandi), vgl. Ti-en.

**Ma-a Emu** — polynesische Gottheit?

**Ti-en** — zweiter Name für Schang-ti, den Gott des Himmels. Japanisch: Tenjin («Himmelsgott»). Chinesisch: «Höchster Herr».

**Indra** — in der Vedischen Religion der herrschende nationale indische Gott, «König der Götter», der innerhalb der indischen Religionen allmählich zu einer unbedeutenden Rolle absank.

**Zintekuatl** — Gottheit der Mexikaner oder der Maya. Da unklar ist, welcher Transkription die von Chlebnikov benützten Bücher folgten, ist es in diesem Falle schwierig, den richtigen Gott auszumachen. Ist es, wie der Editor der SS vermutet, Chicomecoatl, der Gott der Maisfrucht? Oder Xiuhtecutli, Name des schöpferischen Urgottes Tonacatecutli («Herr unseres Fleisches»), der, als Gott des Himmels, des Lichts und des Feuers, den Namen Xiuhtecutli trägt?

**Unkulunkulu** — höchste Gottheit der Zulus; nach Auskunft von D. A. Olderogg in der Übersetzung: «sehr, sehr alt».

**Thor** — der alte Hauptgott in der skandinavischen Mythologie, der altdeutsche Donar, Thonar und Freund der Menschen, ihr mächtiger Beschützer vor den Riesen. Entsprechung zum slavischen Perun.

**Astarte** — im Alten Testament mit willkürlicher, von bôschet (Schande), dem Euphemismus für «Abgott», entlehnter Name verschiedener weiblicher Lokalgottheiten bei Phöniziern, Kanaanäern und Aramäern. Entsprechungen im Südarabischen (Athtar), Assyrisch-Babylonischen.

**Hokkusai** — Maler des japanischen Mittelalters.

**Kali** — genauer: Durgâ, in der indischen Mythologie Tochter des Himalaja, Gattin des Çiva. Als dessen Frau erscheint sie, wie er, in doppelter Gestalt, als gnädige wie als furchtbare Göttin. Als Furchtbare heißt sie Kâlî oder Mahâkâlî, auch Tschandî, und wird mit schrecklichem Gesicht, weit vorstehenden Zähnen, einem dritten Auge auf der Stirn und Schlangen oder einem Kranz aus Totenschädeln um den Hals dargestellt, oft mit abgehauenen Menschenschädeln in der Hand.

**Veles** — oder Volos, Gott der altslavischen Mythologie, verantwortlich für die Erhaltung des Wohlstandes, besonders der Viehzucht.

**Stribog** — altslavischer Gott der Winde (die im *Igor-Lied* seine «Enkel» genannt werden).

**Loki** – altnordisch «Schließer», der alles beendende Gott, macht sowohl dem Guten als auch dem Bösen ein Ende, Doppelnatur. Hervorstechende Eigenschaften: Schlauheit, List, Heimtücke.
**Unduri** – mongolisch-tatarische (?) Gottheit.
**Lel** – slavischer Schutzgott der Liebe und Ehe.

**Lautschriften 1922**: 1922. E: in *Zangezi*, 1922. Ü: Peter Urban.
Beide Texte Fragmente aus dem Versepos *Zangezi*, ähnliche Lautschriften in der Verserzählung *Schramme am Himmel*, 1922.


### bliblablümlein täuschendschön

«Die kleinen Sachen», die diese Abteilung vereinigt, hat Chlebnikov 1919 selbst so bewertet: «sind dann von Bedeutung, wenn auch sie die Zukunft beginnen, so wie eine Sternschnuppe einen Feuerschweif hinter sich herzieht. Ihre Geschwindigkeit muß so groß sein, daß sie die Gegenwart durchstoßen können. Vorläufig wissen wir noch nicht, was diese Geschwindigkeit hervorbringt. Aber wir wissen, daß eine Sache dann gut ist, wenn sie, als Stein der Zukunft, die Gegenwart in Brand steckt. In den Gedichten ‹Heupferdchen›, ‹Bobeobi› und ‹Oh schlagt die Lache an› waren Knoten der Zukunft, – ein kleiner Spaziergang des Feuergotts und sein fröhlicher Tanz. Als ich bemerkte, wie die alten Zeilen plötzlich verblaßten, wie der in ihnen verborgene Inhalt zum heutigen Tag wurde, begriff ich, daß die Heimat des Schaffens die Zukunft ist. Von dort weht der Wind der Götter des Wortes.» (*Mein Eignes*, vgl. Teil 2 dieser Ausgabe.)
Erstmals publiziert wurden diese Gedichte aus Chlebnikovs Frühperiode z. T. in den Almanachen *Altar der Drei* (1913), teilweise in dem Chlebnikovschen Sammelband *Schöpfungen 1906–08* (1914); ein dritter Teil erschien, gedruckt nach Manuskripten, die A. Kručonych besaß, in den SS Bd II, 1928.
So heiter und leicht diese Stücke auf den ersten Blick wirken, so kompliziert ist ihre innere, formale Struktur, die im Grunde jeweils eine genaue Analyse (der Reime, Assonanzen, Rhythmen usw.) erforderte. Aus Platzgründen ist dies nur in einigen Fällen exemplarisch durchführbar. Was die Neologismenbildungen betrifft, vgl. das Kapitel *lach anlachsam belacherant* sowie die einschlägigen theoretischen Texte in Teil 2.

**Der Grashüpfer**: Rosemarie Ziegler. Diese Fassung diente als Orientierungsvorlage für alle anderen deutschen Versionen.
Das Original (Kuznečik), E: in Sb *Ohrfeige dem öffentlichen Geschmack* 1912, basiert auf der rhythmischen Wiederholung einzelner Laute und Lautfolgen (wie der Zischlaute š, č, ž; von z und (u)z, t-r u. a.). Vgl. hierzu Chlebnikovs Analyse in *Oleg und Kazimir*, Teil 2. Gereimt sind die Verse 2 und 3, 4 und 5.
**Krylyškuja** – Neologismus, abgeleitet vom Deminutiv krylyško (das Flügelchen), davon das Verbum krylyškovat': etwa: mit dem Flügelchen schlagend.
**zinziver** – nach Mitteilung von D. Burljuk ein regionaler Name eines am Wasser lebenden Vogels. Das Pavlovskijsche Wörterbuch (das Paul Celan

benutzt hat) dagegen: «Roßpappel, Waldpappel, Käspappel, Feldmalve».
V. Markov erklärt, in Band III seiner Chlebnikovausgabe (München 1972): volkssprachlicher onomatopoetischer Name für «Meise» (regional).
**lebedivo** — gebildet vom Substantiv lebed' (der Schwan), mit dem adjektivischen Suffix -iv bzw. -ev. Könnte so die Adverbialform des Adjektivs sein, könnte aber auch Substantiv sein (in Analogie z. B. zu «zarevo», Feuerschein).

**Das Heupferdchen**: Paul Celan.
**der grashüpfer**: Ernst Jandl.
**grashupfer**: Oskar Pastior.
**Opus N° 16**: Luda Schnitzer.
**Der Heuschreck**: Peter Urban.
**Kuh's net schick**: Peter Urban (phonetische Oberflächenversion).

«**Zeitkreise-Schilfweise**»: Rosemarie Ziegler. Orientierungsvorlage für alle anderen deutschen Versionen.
Zur Erläuterung des ersten Verses: analog zum russischen «kamyš» (Schilfrohr) bildet Chlebnikov vom Wortstamm «Zeit-» (vremja) das neue Wort «vremyš». Geschrieben 1908/09?
«**Zeitschilf-Steinschilf**»: Chris Bezzel.
«**zeit-dies schilf-das**»: Ernst Jandl.
«**zeitgeschöhn binsgeschülf**»: Oskar Pastior.
«**Zeiticht — Steinicht**»: Peter Urban.

«**Schwalbenzug**»: Rosemarie Ziegler.
«**ein spalm lüfter**»: Oskar Pastior.
«**Schwalben schwärmen**»: Peter Urban.

«**Und das Schreien der Kriechenten**»: Rosemarie Ziegler.
«**schrilf — die schrepfen**»: Oskar Pastior.
«**Der Stockentenkreisch**»: Peter Urban.

«**Wem soll man erzählchen**»: Rosemarie Ziegler.
«**Wem bloß erzählchen**»: Paul Celan.
«**wem-klein wem-klein**»: Ernst Jandl.
«**wie die kleine ach wie qualtig**»: Oskar Pastior.
E: in A *Ohrfeige dem öffentlichen Geschmack*, 1912.

«**Dort wo die Schalmeier lebten**»: Rosemarie Ziegler.
«**posaunen staunen**»: Ernst Jandl.
**dort ...**: Gerhard Rühm.

**Liebheit**: Rosemarie Ziegler.
**liebidonis**: Oskar Pastior.

**Schwarzer Liebier**: Rosemarie Ziegler.
**Schwarzlieb**: Paul Celan.
**schwarzer liebuster**: Oskar Pastior.
**schwarzer lieberer**: Gerhard Rühm.
E: in A *Verreckter Mond*, 1913.

**Weil**: Rosemarie Ziegler.
E: in A *Verreckter Mond*, 1913.

**Wurmwerk**: Rosemarie Ziegler.
**laubeidach**: Oskar Pastior.
**Zeitweise**: Rosemarie Ziegler.
**«Zur Zeit als in warme Länder»**: Rosemarie Ziegler.
**«Finsternis. Gerell»**: Rosemarie Ziegler.
**«In Trugreichen — Traumreichen»**: Rosemarie Ziegler.
**«in fantasy-pantasy»**: Oskar Pastior.
**«Ich bin ein blasser Himmeling»**: Rosemarie Ziegler.
**«Himmliebchen, Himmliebchen»**: Rosemarie Ziegler.
**«himbellinster spymbellipsen»**: Oskar Pastior.
**«Ich bin ein Liebetrachter»**: Rosemarie Ziegler.
**«Wir lieben uns und leiben uns»**: Peter Urban.
Im Russischen abgeleitet von den Wurzeln «čar-» und «čur-»; čurat'sja — sich im Spiel warnen, indem man «čur» ruft. Čarovat' — zaubern, verzaubern, verhexen.
**«Ein Zeitner ich»**: 1906/08, Ü: Peter Urban.
**Lächterei alter Morgenröten**: Rosemarie Ziegler.
**Gelächter veralteter Morgenröten**: Chris Bezzel.
**Was ich bin**: Oskar Pastior.
Als Kommentar zu diesem Gedicht war gegeben:
1. Transkription des russischen Originals,
2. Alternativlösungen für einzelne Wörter:
    alter: im Sinne von altertümlich, historisch.
    Morgenröten: Abendröten.
    Abkömmling: Abfall; Abbiegung, Abzweigung.
    Abzupfe: Abhaar.
    Abklang: Abstimme.
    Drehung: Garn.
    Absplitter: Abspalte.
    nahenden: zukünftigen, kommenden.
    Welle: Seegang.
3. Erklärung der Neologismen:
    Zukünftung: budizna, gebildet nach novizna (Neuheit), aus der Wurzel bud- (budet — er/sie/es wird sein; buduščee — Zukunft).
    Todheit: smertizna, von Tod (smert') gebildet.
    Farbung: cvetizna, abgeleitet von «cvet» (Farbe, Blume).
    Abzupfe: otvolos, zusammengesetzt aus «ot» (aus, von-ab) und «volos» (Haar) oder substantiviertes Verbum «otvoloč'» — wegziehen.
    spinnahend: prjaduščij, enthält «prjadenie» (das Spinnen) und «prjad'» (Strähne, Garnstrang, Locke); grjaduščij — kommend, nahend. Oder einfach: spinnend.
    Erklinger: zvučennik; aus zvučat' (er)tönen, (er)klingen, substantiviert mit dem Suffix «-ennik» (izmennik — Verräter).
    Verquäler: mučennik; von mučit' — quälen.
    Starrung: nemizna, abgeleitet von «nemoj» — stumm, «nemet'» — verstummen, erstarren, Substantivierung mit dem Suffix «izna» (s. o.).
    Starrheit: nemostynja, vgl. «Starrung».

**Erfahrung**: Chris Bezzel.
**erfahrendse**: Oskar Pastior.

«**Gelage zweier Stürme, zweier Abendröten**»: Rosemarie Ziegler.
«**Fest zweier Stürme und Tageszeiten**»: Gerald Bisinger.
«**Zwei abendrote Stürme**»: Otto Nebel.
«**zwo witter bamms**»: Oskar Pastior.

«**Flamme mondlichter als Haare**»: Rosemarie Ziegler, 2 Versionen.
«**Flamme mondigerer Haare**»: Chris Bezzel.
«**flammer monder alser haar**»: Oskar Pastior.

«**Feuergott! Feuergott!**»: Rosemarie Ziegler.
«**Feuergott und Brand**»: Gerald Bisinger.
«**feurott go feurott**»: Oskar Pastior.

«**Dir singen wir Gebärer**»: Rosemarie Ziegler.
«**Dir singen wir Gebär-Ass**»: Chris Bezzel.
«**kommerar tir neuerar**»: Oskar Pastior.

Gebärer u. a. — mit dem Suffix «-un» gebildet, das in zahlreichen russischen Wörtern besteht (begun — Läufer, einer, der gerne und viel läuft, letun u. a.), kann aber auch die Bildung neuer Mythen bezwecken, analog zum Namen des slavischen Donnergottes Perun.

«**Anruf**»: Peter Urban.

«**Oh strahlendes Willen**»: Peter Urban.
«**Strahlendes Dallen**»: Rosemarie Ziegler.

«**Das Wonnicht der leichten Wähne**»: Peter Urban.

«**Leli, leidend**»: Titel des Originals: Pečal'nye belye Leli. Ü: Peter Urban, als Ersatz für die z. T. klingenden, grammatisch gebildeten Reime — der L-Anlaut.

**Aus der Zukunft**: Peter Urban.

**die El-Kraft im Lautleib des El**

Die Sternensprache nimmt, theoretisch wie in der Praxis, im poetischen System Chlebnikovs einen mindestens so zentralen Raum ein wie der Bereich der Neologismen, der Neubildung von Wörtern. Sternensprache bildet zunächst keine neuen Wörter, sondern stützt sich auf den historisch gewachsenen Wortbestand; Neologismen sind hier ebenso ausgeschlossen wie, aus dem gesamten Chlebnikov-System, die Fremdwörter.
Beiden Bereichen — der Neologismenbildung wie der Sternensprache — ist (wie im übrigen auch dem Bereich der Zahlen) die Suche nach den eigenen, inneren Gesetzen gemeinsam, denen Sprache folgt, nach denen sie sich entwickelt hat und beständig weiterentwickelt: Erklärung der sprachlichen Vergangenheit, um mit den gefundenen Gesetzen die Sprache der Zukunft, die «dem gesamten von Menschen bevölkerten Stern gemeinsame» Sprache zu finden bzw. zu bilden (analog: Aufhellung der Geschichte, um die Zukunft voraussagen zu können).
Kann man Chlebnikovs Neologismenbildungen **auch** verstehen als ein

praktisch-literarisches Ergebnis eines sprachtheoretischen Studiums, nämlich der vorausgegangenen Analyse der Eigenschaften von Prä- und Suffix, so wendet sich Sternensprache an die **Wurzel** des Wortes direkt. In seinem Aufsatz *Lehrer und Schüler* (1912) legt Chlebnikov seine Vorstellung von der sogenannten Wurzelflexion dar — vgl. in Teil 2   vgl. auch Majakovskijs Zitat aus diesem Aufsatz, vorn in Teil 1 —: aus einigen wenigen einsilbigen Urwurzelwörtern hat die Sprache, mittels der im Russischen üblichen synthetischen Flexion, neue, aber wesentlich verwandte Wörter gebildet, z. B. von der (femininen) Urwurzel «La» über den Dativ des femininen Substantivs (auf «e») das Wort Wald (les), über den Genitiv (auf y) das Wort kahl (lys-yj): eine Stelle, die **ohne** (im Russischen regiert «ohne» den Genitiv) **Wald** ist, **kahl**; die **Glatze**: lysina.

Die Hypothese von der Wurzelflexion, der «Selbstschöpfung von Sprache», wie Chlebnikov es einmal genannt hat, ist wahrscheinlich der eigentliche Ausgangspunkt für Theorie und Praxis der Sternensprache.

Das zweite konstitutive Element, das gewiß auch von der überlieferten Poetik von bestimmten stilistischen Mitteln mitinitiiert ist, und das wesentlich zum Ausbau des Sternensprach-Systems beitrug, ist die — bereits in dem Dialog *Oleg und Kazimir* 1912/13 getroffene — Feststellung, daß bestimmte gleichanlautende Wörter auch gemeinsame Eigenschaften aufweisen. Diese Bemerkung benützt Chlebnikov später als Methode, um zu seinem «Alphabet des Geistes» zu gelangen. Die im *Wörterbuch der Sternensprache* niedergelegten Kürzel verkörpern kosmische Bewegungen, Bewegungen der Gestirne, Planeten, Lichtstrahlen usw. — daher der Name des Chlebnikovschen Sprachsystems.

Die räumlichen Bewegungen, die Chlebnikov in den Buchstaben des Alphabets, d. i. hauptsächlich in den Konsonanten ausgedrückt sieht, finden ihre Entsprechung aber nicht nur in Physik und Astronomie, sondern, weiter gefaßt, auch in der Mathematik und der Chlebnikovschen Geschichtsbetrachtung. Sternensprache und die Bestätigung ihrer Richtigkeit ergeben sich für Chlebnikov auch bei Betrachtung der Grundzahlen 2 und 3: die Zahlwörter «dva» (2) und «tri» (3) fügen sich scheinbar lückenlos in sein System, sein Alphabet ein; ein Gedicht wie *Zucht und Zwinger, Zwillinge ihr ...* («trata i trud i trenie») steht mit derselben Berechtigung im Kapitel Sternensprache wie im Kapitel Zahlen.

Die in diesem Kapitel versammelten Texte zeichnen den Weg nach, den Chlebnikov genommen hat, um zur Sternensprache zu gelangen; die Dichtungen **in** Sternensprache stehen in den Verserzählungen *Schramme am Himmel* und *Zangezi*. Bei den theoretischen Texten dieses Kapitels handelt es sich um eine Auswahl, die wesentlich dadurch mitbestimmt worden ist, es dem Leser zu ermöglichen, anhand der Theorie die eigentlichen Dichtungen in Sternensprache selbst zu entschlüsseln; weitere Texte und Bemerkungen, Notizen und Briefe, die um Chlebnikovs Sprachsystem kreisen, finden sich in  Teil 2  dieser Ausgabe. Die theoretischen Texte machen ferner sichtbar, wie unerheblich die Grenze zwischen theoretischer Erkenntnis und poetischer Praxis bei Chlebnikov geworden ist, wie belanglos auch die Feststellung ist, Chlebnikov sei «in der Sprachwissenschaft immer nur ein kühner Dilettant» geblieben (Tschižewskij). Tynjanov: «Für Chlebnikov gibt es keinen Klang, auf den nicht Bedeutung abgefärbt hätte, genausowenig wie eine Trennung von Metrum und Thema. Die zuvor als Klangimitation verwendete ‹Instrumentierung› wird in seinen Händen zu einem Mittel der Bedeutungsänderung, der Belebung der dem Wort längst nicht mehr geläufigen Verwandtschaft mit nahestehenden, der Entstehung einer neuen Verwandtschaft mit fremden Wörtern.» — «Poesie nähert sich in ihren Methoden der Wissenschaft: das lehrt Chlebnikov.» (J. Tynjanov in seinem Chlebnikov-Essay zu Bd I SS, 1928.)

Die Übertragbarkeit dieses Systems — weniger der Zaum-Gedichte **in** Sternensprache als der theoretischen Texte und Gedichte wie z. B. des *Lieds vom El* — ist eines der Kernprobleme der Chlebnikov-Übersetzung, genauer: die Übertragbarkeit vom Russischen — aus dem Chlebnikovs System seine Evidenz bezieht — in **nicht**slavische Sprachen. (Den Übersetzern in süd- und west**slavische** Sprachen stehen eine beträchtliche Anzahl gleichlautender Wurzeln und Wortstämme zur Verfügung, bei teilweise nur unerheblicher semantischer Verschiebung.) Daß völlige Identität zwischen russischem Original und deutscher Version, Identität in Semantik **und** poetischem Prinzip, unerreichbar ist, liegt auf der Hand; andererseits läßt sich, in einzelnen Fällen, Kongruenz durchaus herstellen. Der Kreis der Möglichkeiten erweitert sich erheblich, löst man sich — **im Sinne der Chlebnikovschen Stern-Definition** — ein wenig von dem, was das Original semantisch vorschreibt (setzt man z. B. für **molot** [Hammer] — «**Em:** Teilung eines Volumens in kleine Teile» — das Zerkleinerungswerkzeug «Meißel»); selbstverständlich ist bei einem solchen Verfahren der umstrittene Punkt das Maß an Freiheit, das sich die Übersetzung gegenüber dem Original nimmt. Die Übersetzung dieser Aufsätze und Gedichte versucht jedoch nicht, über diese Schwierigkeiten und über die z. T. notwendigen Abweichungen hinwegzutäuschen, sondern eher, sie dem Leser durchsichtig zu machen; und selbst wenn (was in einzelnen Fällen geschehen sein mag) mit den Prinzipien des Chlebnikovschen Systems neue Gedichte entstanden sind, selbst wenn in — philologisch unzulässig freien — Versionen die «Belebung der dem Wort längst nicht mehr geläufigen Verwandtschaft mit fremden» **deutschen** Wörtern stattfindet, ist im Sinne des Chlebnikovschen Prinzips mehr gewonnen als das, was bei einer nurphilologischen Interlinearversion herauskommt.

«**Unser Kohlkopf**»: Peter Urban.
Geschrieben 1908. E: Npr 1940.
«**Wir im Trockenen**»: Peter Urban.
1908. E: Npr 1940.

«**Ich sah**»: Peter Urban.
«**ei wie**»: Oskar Pastior.
«**Sah man**»: Peter Urban.

1919/20. Ein Fragment dieses Textes publiziert im Sb *Wir,* 1920. Die hier benützte Fassung nach SS Bd III, 1930.
In der Transkription des Originals: betonte Vokale fett.
In der Interlinearversion die im Russischen nicht existierenden Artikel sowie Wörter, die durch Kasus ausgedrückt werden, in eckigen Klammern.

**Perun**: Rosemarie Ziegler und Peter Urban.
**Perun** («Ich puste ...»): Oskar Pastior. Mit der Anmerkung: «Nur Anlaut-P = wie prächtig wär's! Aber sich darauf kaprizieren = Platsch! Das Piriwotschen-P bloß als Pegel: Pladerbefindlichkeiten ‹in Zeit und Raum› des sich pelzenden Pes. Idg-Wurzeln, na ja, womöglich. Und im letzten Drittel ein großer Einschub.»
**Sirin**: Urs Widmer.
Als Material lag den Autoren vor: 1) Transkription des russ. Originals, 2) die *Perun*-Interlinearversion, mit Alternativlösungen (bei einigen syntaktisch und semantisch unklaren Stellen) und Anmerkungen, u. a. auch den Vorschlag, falls dieses Gedicht im Deutschen mit P nicht zu machen ist, einen anderen Konsonanten zu wählen.
In der Interlinearversion: P-Anlaute fett; Artikel und Hilfsverben (die im russischen Text nicht in Erscheinung treten) kursiv, restliche Wörter normal aufrecht.
**Perun:** der slavische Donnergott, Thor der slavischen Mythologie. Zur Bedeutung von «Sirin» vgl. die Aufsätze über das S.
E: im Nch 18, 1930. Kručonych teilt mit, dieser Text gehöre zu den früheren Arbeiten Chlebnikovs, was die Redaktion der SS (die den *Perun* in Band III nachdruckt) bezweifelt — sie datiert den *Perun* mit «wahrscheinlich 1915/16». Zum Perun vgl. auch Chlebnikovs *Poetische Überzeugungen* aus den Manuskripten 1919/21. — Bei *Perun* handelt es sich in jedem Fall um ein unvollendetes Stück (im Manuskript mit vielen Streichungen, die die SS-Redaktion zu Recht rückgängig gemacht hat), es besteht zum überwiegenden Teil aus Wörtern, die auf P anlauten und von Chlebnikov auf gemeinsame Eigenschaften hin untersucht werden. Vgl. dazu die P-Definitionen in *Wörterbuch der Sternensprache, Zangezi* u. a.

**Über das S**: Peter Urban.
*I*: «Auf welche Weise in SO» (stimmloses S) 1912, E: Npr 1940.
*II*: «SE und seine Umgebung» (stimmhaftes S) vermutl. 1915, E: Npr 1940.
Jeweils eine Interlinearversion, eine freiere Fassung, die im Deutschen auf die Schwierigkeit stößt, daß das Deutsche — im Unterschied zu allen slavischen Sprachen — kein stimmloses S im Anlaut kennt.
In den Interlinearversionen sind jeweils diejenigen Wörter fett gesetzt, die Chlebnikovs Argumentation und S-Definition stützen, also mit dem jeweiligen S-Laut beginnen. Wörter, die auch das Pavlovskijsche Wörterbuch nicht führt, in Transkription, da sie zumeist von Chlebnikov selbst übersetzt werden.
Das «*Buch über die Grundeinheiten der Sprache*» (vgl. weiter unten gleichnamigen Aufsatz) ist Plan geblieben. — In einigen Sternensprach-Katalogen, z. B. dem *Wörterbuch*, wird das stimmhafte S als «Se», das stimmlose als «Es» bezeichnet; die Übersetzung dieses Artikels gleicht sich dieser Nomenklatur an (im Original des Aufsatzes lautet es nur *S und seine Umgebung*).

**Zerlegung des Wortes**: Peter Urban.
Geschrieben 1915/16. E: im Nch Nr. 15, 1930.
Entgegen einigen Konsonanten — wie P oder S/S — lassen sich die von Chlebnikov gesammelten L- und H-Wörter relativ leicht übertragen (vgl. die

Versionen des *Lieds vom El*), wobei, im Falle des H, hinzugesagt werden muß, daß es sich um den russischen Velarlaut handelt, der in seinem Lautwert einem deutschen «Ch» (z. B. in «Ach!») gleichkommt. Das «Tsch» existiert als deutscher Anlaut nicht, an seiner Stelle «Sch», das zahlreiche, sogar mehr Entsprechungen hergibt, als das Original eigentlich vorschreibt. Als Beispielwörter besonders für das «Tsch» (Č) benützt Chlebnikov zahlreiche regionale Wörter, Dialektwörter, Argotausdrücke, was die SS-Redaktion (die den Text in Bd V nachdruckt) veranlaßte, eine ganze Seite Č-Wörter für den russischen Leser ins Russische zu «übersetzen».
**Flosse** — im Russischen ein L-Anlaut.

**Von den Grundeinheiten der Sprache**: Rosemarie Ziegler.
1916. E: in Sb *Bezauberter Wanderer* Nr. 11, 1916.
Russisch und Deutsch identisch: M, K, W (V); S — das stimmlose S.

**Verzeichnis. Alphabet des Geistes**: Rosemarie Ziegler.
1916. E: in *Vremennik I*, 1916.
M = M, L = L; stimmloses S. K = K. Sch — das russische stimmlose «Sch» (Š). St für den russischen Doppelzischlaut «Schtsch» (gesprochen als langes und weiches Sch), das ŠČ. Z (abweichend von der Version der S-Aufsätze) für das stimmhafte S. Sch auch für das russische «Tsch» (Č), vgl. *Zerlegung des Wortes*. W = W (V), P = P. G für das stimmhafte «Sch» des russischen (Ž). H, D, T mit den russischen Lauten identisch.

**Wörterbuch der Sternensprache**: Peter Urban.
E: Nch Nr. 14, 1930. Vgl. hierzu *Zangezi*, Ebene VIII.

**B**: geschrieben Ende 1920, E: in Npr, 1940. Ü: Peter Urban.
**Mirsa-Baba-Ali-Mohammed** — geb. 1820, Reformator des Islam 1840/49; «Baba»: «Himmelspforte», begründete die Sekte der Babiden.
**Enver-Beg** — Enver-Bej, 1883—1922, Führer der Jungtürken, ab 1913 Kriegsminister und faktischer Diktator in der Türkei, auch Enver-Pascha.

**Lied vom El**: Franz Mon.
**Protokoll vom El**: Oskar Pastior.
**das Lied vom eL**: Gerhard Rühm.
**Terade**: Klaus Reichert.
**Lied voll El**: Peter Urban.
**Slovo o El'**: Transkription des Originals.
**Schlaf wohl, oh Al**: Klaus Reichert (phonetische Oberflächenübersetzung).
1920? E: SS Bd II, 1929, gedruckt nach dem Manuskript, das Chlebnikov 1920 in Baku I. V. Egorov gegeben hat.
In der Interlinearversion (*Das Lied vom El*) fettgedruckt: L-Anlaute; nur in Wortteilen fett — Wörter, die an exponierter Stelle ein L aufweisen, Komposita etc. Dazu gehört ferner, daß sämtliche Präterita im Russischen mit L gebildet sind, also z. B. «wir sagten»: govorili. — Der Unterschied zwischen dem «harten» und dem (vor den Vokalen I und E sowie dem weichen Zeichen) palatalisierten L ist im russischen Original nicht berücksichtigt, obwohl es sich um zwei praktisch verschiedene Laute handelt.
**Leli**: sing. Lel, in der slavischen Mythologie Schutzgott der Ehe und Liebe. Vgl. das Verbum «lelejat'» (hegen, pflegen, hätscheln).

**Poetische Überzeugungen**: Peter Urban.
Geschrieben 1919/21. E: SS Bd V, 1933.
Die überwiegend gebrauchten Laute: P und Č. Entsprechend — das deutsche P und das Sch (vgl. *Zerlegung des Wortes*) bzw. S(ch)t.
**Lenskij** und **Evgenij Onegin**: Gestalten aus Puškins Roman in Versen *Evgenij Onegin*, in dem Lenskij im Duell mit Onegin getötet wird.
  «**Der Säugling**»: Rosemarie Ziegler. Interlinearversion.
  «**Mütter Marter ist das Milchkind**»: Peter Urban.
1919/21. E: SS Bd V, 1933.
  «**Der Matz ist die Mühsal**»: Rosemarie Ziegler.

**Zwei und Drei**: Peter Urban.
1 («Zucht und Zwinger»): 1921/22; E: in *Tafeln des Schicksals*, 1922.
2 («Die Freiheit kommt...») 1921/22? E: SS Bd V, 1933.
Russische 2: dva; so in sämtlichen slavischen Sprachen, vgl. duo, deux, dos. Die slavische 3: tri; trois; tres, three, usw. — Die deutschen Zwei und Drei stellen, den Anlaut betrachtet, das vom Original und Chlebnikovs Zahlentheorie gegebene Verhältnis auf den Kopf (die semantisch «richtige» Version vgl. im Kapitel Zahlen): das Z hält im Deutschen mehr Wörter bereit, die Chlebnikov mit der 3, das D zumindest einige Wörter, die er mit dem Bereich der 2 in Verbindung bringt.

«**Dreimal Ve, dreimal Em**»: 1919/21, E: SS Bd V, 1933. Ü: Rosemarie Ziegler.
**Im Namen dem Vater gleich**: der russische Name besteht aus Vorname, **Vatersname** und Familienname. Majakovskij, Vladimir Vladimirovič (d. i. Sohn des Vladimir) — drei V, drei M.


**365 ± 48**

Entgegen der Bedeutung, die Chlebnikov — vgl. *Notizbuch* und Briefe in Teil 2 — der Zahlenwelt im engeren, den exakten Wissenschaften im weiteren Sinne beimaß, ist das Kapitel «Ausrechnungen, Zahlen» in den russischen Ausgaben besonders vernachlässigt. Vgl. dazu Chlebnikovs Zahlenprosa in Teil 2 dieser Ausgabe.

«**Ich blicke euch an, ihr Zahlen**»: geschrieben vor 1913. E: in Almanach *Verreckter Mond*, 1913. Ü: Hans Christoph Buch.

**Blick auf das Jahr 1917**: E in Sb *Ohrfeige* 1912. Ü: Peter Urban.

**Die Erzählung von dem Fehler**: Dez. 1914. E: in SS Bd II, 1929. Ü: Rosemarie Ziegler. Als Kommentar zu diesem Gedicht:

**2 Briefe an Michail Matjušin**: E: in Npr, 1940. Ü: Peter Urban.
Den Jahr(eszahl)en der Kreuzzüge entsprechen in Chlebnikovscher Sicht im Seekrieg des Jahres 1914 **Tage**.
**1187** — Beginn des dritten Kreuzzugs unter Friedrich Barbarossa.
**Rauch über Chile** — 1. November 1914, Schlacht bei Coronel, die deutsche Ostasiatische Flotte vernichtet die englischen Kreuzer **Monmouth und Otranto**.

**Saladin** — Held des dritten Kreuzzugs 1187–93, Nachfolger Nureddins, der Jerusalem eroberte. Nureddin hatte **1147** — die Stadt Edessa erobert. In den Anmerkungen zu Bd II SS wird Chlebnikovs Buch *Zeit Maß der Welt* (1916) mit folgenden zwei Sätzen zitiert:
«Das Jahr 1146 (Eroberung Edessas durch Nureddin) = 9. September (Versenkung der Hogg, Cressy und Abukir durch Viddinen).
Das Jahr 1146 (Eroberung Edessas durch Nureddin) = 9. September Kampf in Chile (Hogdon, Monmouth, Otranto).»
«Viddinen» — Kapitänleutnant Weddingen, «U 9», der am 22. September 1914 vor der holländischen Küste drei englische Kreuzer versenkte. Zu beachten: Die 12-Tage-Verschiebung zwischen Julianischem und Gregorianischem Kalender!

**Zeit Maß der Welt** — Ü: Peter Urban. Der erste Teil (*Er heute. Ufer am Himmel*) erschien Dezember 1915 im Sb *Genommen*; mit dem Zu-Satz «II» 1916 als Einzel-Veröffentlichung.
**N. G.** — Natalija Gončarova, Frau Puškins. — Zu dieser Bemerkung vgl. das Fragment «*Versuchen wir, die Gesetze der Zeit zu sehen, wie sie in Puškin widergespiegelt werden*», das 1921/22 entstand, als Chlebnikov sich offenbar eingehender mit den Ordnungszahlen 2 und 3 befaßte als mit den Zahlen 365 ± 48.
**Marija Baškirceva** — ukrainische Malerin (Baškyrceva), 1860–1884, errang nach ihrem Studium in Paris mit Genrebildern und Porträts rasch großen Erfolg. 1887 wurde ihr Tagebuch veröffentlicht.
**Masich-al-Dedschal** — der mohammedanische Antichrist.
**Upravda** — Kaiser Justinian, 438–565, war, der Legende nach, slavischer Abstammung.
**Solovjov** — Sergej, 1820–1879, Historiker, der die Geschichte als eine Einheit definierte, deren Triebkraft die Staatsmacht sei.

«**Versuchen wir, die Zeitgesetze zu sehen**»: 1921/22 geschrieben. E: SS Bd V, 1933. Ü: Peter Urban.
**Poltava** — Verserzählung Puškins, die Petr I. und den russischen Sieg 1709 über die Schweden feiert.
**Zigeuner** — Verserzählung, in der Puškin die romantische Geschichte eines Russen schildert, der, der Zivilisation entflohen, sich den Zigeunern anschließt, dort «jenseits der Gesetze» lebt, sich in ein Zigeunermädchen verliebt, das er schließlich aus Eifersucht ermordet.
**Der Gefangene im Kaukasus** — schildert die Geschichte eines ebenfalls zivilisationsmüden Russen, der von einem Tscherkessenstamm gefangengenommen wird. Ein Tscherkessenmädchen, das sich in ihn verliebt, dessen Liebe von dem Gefangenen aber nicht erwidert wird, begeht Selbstmord.
**Evgenij Onegin** — Puškins Hauptwerk, Roman in Versen, zwischen 1813 und 1830 geschrieben, der, in Chlebnikovs Augen, eine Art Ausgeburt der russischen Frankophilie Anfang des XIX. Jahrhunderts darstellt. Vgl. Chlebnikovs Brief an Aleksej Kručonych vom 14. X. 1913, Teil 2.

«**Gleichungen meines Lebens**»: 1921/22, E: SS Bd V, 1933. Ü: Peter Urban.

**Gleichung der Seele Gogols:** 1922. E: SS Bd V, 1933. Ü: Peter Urban.
**die heiteren Abende** — *Abende auf dem Vorwerk bei Dikanka*, 1831/32.
**Ermak** — German Timofejev, als Ataman der Donkosaken vom Zaren zunächst als Räuber geächtet, dann begnadigt und Führer der russischen Eroberer Sibiriens. Besiegte Kučum-Chan und zog 1581 in dessen Residenz **Isker** ein. Ermak ertrank 1584 im Irtyš und wird in vielen Volksliedern verherrlicht.
**Kuropatkin** — russ. General, anfangs Oberbefehlshaber der russischen Armee im Russisch-Japanischen Krieg, Verlierer von Mukden (10. März 1905), daraufhin abgelöst.

**Lied:** 1922, E: 1923. Ü: Peter Urban.

**«Irgendwann einmal»:** 1919/21, E: SS Bd IV. Ü: Peter Urban.

**«Ausgabe und Mühe und Reibung»:** 1922. E: in *Tafeln des Schicksals*, 1922. Ü: Rosemarie Ziegler.
**«presse arbeit reibung diese drei»:** Oskar Pastior.
**«Rachgier, Rackerei und Reibung»:** Peter Urban.

**«Die Freiheit kommt im Zeichen der 2»:** 1922? Fragment aus dem Notizbuch, E: in SS Bd V, 1933. Ü: Peter Urban.
**«Wonnen des Wohlseins im Zeichen der 2»:** Ü: Peter Urban.
Beide Texte, das Gedicht *«Ausgabe ...»* wie das Fragment aus dem Notizbuch, basieren im Russischen auf den Prinzipien der Sternensprache: der Anlaut der beiden Ordnungszahlwörter zwei und drei sucht sich gleich anlautende Wörter und stellt, auch auf dem Hintergrund der Chlebnikovschen Rechnungen, gemeinsame semantische Eigenschaften fest: die 2 (dva) ist das positive, die 3 (tri) das negative Element in der Sprache, wie in der Geschichte. Vgl. *Gleichung der Seele Gogols.*
Auf **D** (**d**va) lauten im Russischen an:
**delo** (Tat), **dar** (Gabe Geschenk), **duša** (Seele), **dobro** (Hab und Gut), **deva** (Jungfrau), **duch** (Geist);
Auf **T** wie «**tri**»:
**trata** (Ausgabe), **trud** (Arbeit, Mühe), **trenie** (Reibung), **trava** (Gras), **otrava** (Vergiftung), **tupoj** (stumpf), **tupik** (Sackgasse), **trudnyj** (schwierig), «negativ»: **otricatel'nyj** (wobei hier die Lautfolge «tri» nicht aus dem Ordnungszahlwort kommt, sondern sich zusammensetzt aus dem Ende der Vorsilbe «ot-» und dem Wortstamm «rek-» bzw. «ric-»), **tjažkij** (schwer), **tropa** (Saumpfad), **tuša** (Fettwanst), **trup** (Leichnam), **truna** (Grab), **teret'** (reiben), **taščit'sja** (sich schleppen), **travit'** (vergiften).
Die deutsche Übersetzung muß in diesem Falle eines der beiden Prinzipien opfern — entweder das semantische der Chlebnikovschen Definition (die mit der 2 Positives, mit der 3 Negatives verbindet) oder das Strukturprinzip der Sternensprache.
Beim «Z» von Zwei ergeben sich wie von selbst zahlreiche Wörter, die der Chlebnikovschen Definition direkt entgegengesetzt sind, es gleichsam umdrehen: Zucht, Zwang, Zwinger, Zoll, Zelle, Zaum usw.
Eine dritte Möglichkeit: mit den jeweils zweiten, nicht weniger markanten Lauten des deutschen Zahlworts zu arbeiten, die sich sogar mit den entsprechenden Lauten des russischen Zahlworts decken: «W» in zwei und

dva, «R» in drei und tri. Vgl. dazu auch die Definition des «Sterns» **We** im Wörterbuch der Sternensprache.

**O Eins**: geschrieben 1919/21. E: in SS Bd V, 1933. Ü: Rosemarie Ziegler.

**Befehle der Vorsitzenden des Erdballs**: datiert mit «30. I. 1922». E: in *Bote Velimir Chlebnikovs* Nr. II, 1922. Ü: Rosemarie Ziegler.
**Krämer** — für Merkur; **Ehefrau** für Venus, vgl. *Tafeln des Schicksals*, Teil 2.

**«Ich erkannte die Zahlen»**: geschrieben vermutlich 1906/08. Ü: Rosemarie Ziegler.


**Das eine Buch**

**«Wir wünschen die Sterne zu duzen»**: 1906/07?: E: in *Schöpfungen 1906—08,* 1914. Ü: Rosemarie Ziegler.
Im Original gereimt, sehr rhythmisch.
**Ostranica** — XVII. Jh. **Platov** (1751—1818), **Baklanov** (1809—1873) — Kosakenatamane, berühmt durch kriegerische Heldentaten, Helden des russischen Volkslieds.
**Morozenki** — Plural. Morozenko: Held kleinrussischer Bylinen und Volkslieder.
**Svjatoslav** — Großfürst der Kiever Rus, 962—973.
**Ermak** — Kosakenataman, Eroberer Sibiriens. 1584 im Enisej ertrunken.
**Osljabja** — Mönch, der in der Schlacht auf dem Kulikovo polje 1380 eine Rolle spielte.
**Vladimir** — Großfürst Vladimir I., Sohn Svjatoslavs, der das Reich der Kiever Rus endgültig konsolidierte und christianisierte, Heiliger der russischorthodoxen Kirche.

**«Gejagt von wem»**: vermutlich 1909/11, E: in Sb *Ohrfeige dem öffentlichen Geschmack,* 1912. Ü: Rosemarie Ziegler.
In der *Ohrfeige* gedruckt unter dem Titel *Das Prževalskij-Pferd.*
Das P.-Pferd oder asiatische Wildpferd, benannt nach seinem Entdecker, dem russischen Geographen und Forschungsreisenden Nikolaj Prževalskij, 1839—1888.
**«was jagt mich wer»**: Oskar Pastior.

**Sieben**: 1911/12. E: in Sb *Verreckter Mond*, 1913. Ü: Paul Celan.

**«Wolkinnen schwammen und schluchzten»**: 1906/08. E: in Npr 1940. Ü: Peter Urban.

**Melancholie**: 1907/14. E: in *Musterbuch*, 1914. Ü: Hans Christoph Buch.

**«Wenn Pferde sterben»**: vor 1913. E: in Sb *Verreckter Mond*, 1913. Ü: Hans Christoph Buch.

**«Wenn der Hirsch»**: vor 1913. E: in Sb *Stutenmilch*, 1914. Ü: Chris Bezzel.

**«Das Gesetz des Ausgleichs»**: 1907/14. E: in *Musterbuch* 1914. Ü: Hans Christoph Buch.
**Ha-Leute:** Ü: Hans Christoph Buch.

«Das Gesetz der Schaukel befiehlt»: Ü: Rosemarie Ziegler.

«Dummheit, Klugheit und Tollheit»: 1906/08. Ü: Rosemarie Ziegler
«Dumpfe Schwätzheit der Leutheit»: 1906/08. Ü: Rosemarie Ziegler.
«Der üppigen Geschwätzigkeit»: Ü: Otto Nebel.
«gschwätzität»: Oskar Pastior.

«Weder die zarten Schatten Japans»: 1914/15. E: in Sb *Moskauer Meister*, 1916. Ü: Rosemarie Ziegler.

«Mit einer Feueraxt schlug ich Frieden»: 1906/08. Ü: Rosemarie Ziegler.

«Wenn Menschen verliebt sind»: vor 1913. E: in Sb *Baumstammkrachen*, 1914. Ü: Hans Christoph Buch.
«Wenn Menschen lieben»: Ü: Friederike Mayröcker.

«Die Elefanten schlugen sich mit den Stoßzähnen so»: vor 1911 (1911 hat David Burljuk dieses Gedicht abgeschrieben). E: in SS Bd V, 1933. Ü: Rosemarie Ziegler.
«Die Elefanten schlugen sich»: Ü: Friederike Mayröcker.
«zwei elefanten stießen im zahnkampf so bein»: Ü: Oskar Pastior.

«Auf der Insel Ösel»: E: in Sb *Ohrfeige*, 1912: Ü: Hans Christoph Buch.
«Gemeinsam träumten wir»: Ü: Friederike Mayröcker.

**Von der Krim was**: vermutlich 1908. E: in Sb *Richterteich*, 1913. Ü: Gerald Bisinger.
**In freien Versen** — ohne daß Chlebnikov auf versteckte Reime, Assonanzen, Binnenreime u. a. verzichtet hätte.

**Der Kranich:** E (ein erster Teil) in Sb *Richterteich I*, 1910, und *Schöpfungen* 1914 (komplett). Ü: Hans Magnus Enzensberger, erstmals in *Kursbuch* 10, 1967. Der russ. Titel hat die Bedeutung von 1. Kranich, 2. Kran.

**Waldesdickicht**: 1906/08. E: in Sb *Studio der Impressionisten*, 1910. Ü: Peter Urban.

«Ein Schütze von schlanker Figur»: vor 1913. E: in *Welt vom Ende her*, 1913. Ü: Hans Christoph Buch.

«Auf Blumen und Lippen»: aus den Notizbüchern 1914/22, E: SS Bd IV, 1930. Ü: Peter Urban.

«Ein grüner Waldschrat»: vor 1913. Eine Variante 1913 im Sb *Baumstammkrachen*, hier gedruckt nach einer vollständigeren Fassung aus SS Bd II, 1929. Ü: Rosemarie Ziegler.
«im geknarr der hohen stämme»: H. C. Artmann.

«Wo ein in Linden ...»: vermutlich 1914 oder früher. E: 1916 in Sb *4 Vögel*. Ü: Rosemarie Ziegler.
«einsam steht mein junges ich»: H. C. Artmann.

«Der schwarze Zar»: E: in Sb *4 Vögel*, 1916. Ü: Peter Urban.
«Mich tragen sie»: vermutlich 1913. E: in Npr 1940. Ü: Peter Urban.
Zu diesem Gedicht vgl. Abb. Teil 2.

**Gespenster**: 1913/14: E: in SS Bd II, 1929. Ü: Rosemarie Ziegler.
**geisterreigen**: Ü: Gerhard Rühm.
**Vobla** — Volgafisch, lt. Pavlovskij «Plötze», «Bleie», «Zährte».

**Im Wald**: E: 1916 in Sb *4 Vögel*. Ü: Rosemarie Ziegler.

**«Ein sanfter Hauch weht»**: 1914. E: in Sb *4 Vögel*, 1916. Ü: Rosemarie Ziegler.
**«Allah bismullah»** — soviel wie «im Namen Allahs».
**Jaroslavna** — Frau des Fürsten Igor von Novgorod-Seversk, Ende XII. Jh. Bekannt in der altruss. Literatur durch die «Klage der Jaroslavna» im *Igorlied*.

**«Gehöft bei Nacht»**: 1914. E: in Sb *4 Vögel*, 1916. Ü: Peter Urban.
In diesem Gedicht hat die Redaktion der SS (Bd II, S. 217) die Imperative wegretuschiert und setzt statt der Verbformen schlicht die Namen.
**Batyj** — (Batu Chan), Enkel Dschingis-Chans und Heerführer im Mongolensturm, der 1240 mit der Eroberung Kievs die Tatarenherrschaft und das Ende der Kiever Rus besiegelte.
**Mamaj** — Chan der Goldenen Horde, der 1380 die Schlacht gegen die Russen unter Dmitrij Donskoj verlor, Schlacht auf dem Schnepfenfeld.

**«Heute gehe ich besessen»**: vor 1916. E: in SS Bd V, 1933. Ü: Rosemarie Ziegler.

**Flucht vom Ich**: 1916. E: in *Fehler des Todes*, 1917. Ü: Rosemarie Ziegler.
**der böszüngige Suvorov** — Aleksandr, 1730—1800, Feldherr, errang seine größten Siege 1799 in Norditalien.

**«Das Volk ergriff das höchste Zepter»**: datiert mit «10. März 1918».
E: in SS Bd III, 1930. Ü: Rosemarie Ziegler.

**«Ihr Untergehenden»**: 1919/21. E: in SS Bd V, 1933. Ü: Rosemarie Ziegler.

**«Ihr Mächtigen, ihr nackten Frischen»**: datiert mit «Baku 1920». E: in Nch Nr. 9, 1928. Ü: Rosemarie Ziegler.
**Pleve** — russischer Innenminister von 1902—1904, wurde von dem Sozialrevolutionär **E. Sazonov** ermordet.
**Kaljajev** — I. P. Kaljajev, Sozialrevolutionär, organisierte verschiedene Attentate, u. a. auch auf Pleve.
**Podrugol** — 1904 gegründete ausländische Handelsgesellschaft für Mineralheizstoffe, Monopol für die Vorkommen im Donbas.

**Gegenwart**: 1920. E: in Sb *Radius der Avantgardisten*, 1920. Ü: Rosemarie Ziegler.

**Hunger**: datiert mit «7. X. 1921». E: 1921 «in irgendeiner Krimzeitung» (nach Auskunft von Majakovskij), unter dem Titel *Warum?* in der Zs *Rotes Neuland* Nr. 8/1927 nachgedruckt. Ü: Rosemarie Ziegler.
**Šči** u. a. — russische Nationalgerichte: **šči** — Kohlsuppe, **okroška** — kalte Suppe aus Kvas mit Fleisch, Fisch, Gurken etc.

**«Möge der Pflüger»**: 1921. E: in SS Bd II, 1929. Ü: Rosemarie Ziegler.

**«Zwei Wolken mitsammen»**: 1921. E: in SS Bd III, 1930. Ü: Rosemarie Ziegler.

**«Und die Wirbelrücken»**: 1921. Ü: Rosemarie Ziegler. E: in *Verse*, 1923.

**Das eine Buch**: 1920. E: in Sb *Radius der Avantgardisten*, 1928. Ü: Paul Celan.

**«Es versöhnt das Blau der Nächte»**: 1921. E: in SS Bd III, 1930. Ü: Rosemarie Ziegler.
**«Blau der Nächte»**: Otto Nebel.

**«Die Läuse beteten mich an»**: 1920/21. E: in SS Bd V, 1933. Ü: Rosemarie Ziegler.

**Ich und Rußland**: 1920/21. E: in *Verse*, 1923. Ü: Rosemarie Ziegler.

**Asien**: 1921. E: in SS Bd III, 1930. Ü: Rosemarie Ziegler.

**«O Asien!»**: 1921. E: in SS Bd III, 1930. Ü: Rosemarie Ziegler.

**«Aufmerksam lese ich»**: 1921. E: in SS Bd V, 1933. Ü: Rosemarie Ziegler.
**Walt** — Whitman.

**«Seht Perser»**: 1921. E: SS Bd V, 1933. Ü: Rosemarie Ziegler.
**Sinvat** — Brücke ins Jenseits.
**Gudeschar-mach** — und folgende Namen und Begriffe entnahm Chlebnikov den heiligen Büchern der persischen Feueranbeter.
**Gurriet el Ajn** — persische Lyrikerin und Revolutionärin, die in ihren Werken und Schriften für eine Verbesserung der sozialen Lage der Frau eintrat. Schlug einen Heiratsantrag des Schahs Nasr ed Din aus, wofür sie hingerichtet wurde. Über sie sind zahlreiche Legenden verbreitet.

**Passah in Enzeli**: April/Mai 1921. E: SS Bd III, 1930. Ü: Rosemarie Ziegler.
**Enzeli** — die persische Stadt Pahlewi am Kaspischen Meer.
**Dshi-dshi** — Traubenschnaps, Trester.
**Trockij** — russisches Kanonenboot.

**Eine Nacht in Persien**: 1921. E: Zs *Makovec*, Nr. I, Moskau 1922. Ü: Rosemarie Ziegler.
**Samorodov** — Boris, Matrose, Bekannter Chlebnikovs, der in der Weißen Kaspischen Flotte einen Aufstand organisierte. Vgl. Brief 18. 2. 21!?

**Persische Eiche**: 1921/22. E: Zeitschrift *Iskusstvo* (Kunst), Baku 1922. Ü: Rosemarie Ziegler.
**Masdak** — persischer Sozialreformer.

**Die Frula Gul-mullahs**: 1921. E: in SS Bd I, 1928. Ü: Peter Urban.
Titel des russ. Originals: Truba gul-mully, was eigentl. die «Posaune», das «Horn» des Gul-mullah bedeutet. **Frula** — ein auf dem Balkan verbreitetes Blasinstrument, Hirtenflöte.
**Kursk** — russ. Passagierschiff, vgl. Brief v. 14. 4. 21.
**Krapotkin** — Petr Krapotkin, 1842–1921, russischer Geograph und Revo-

lutionär, Individualanarchist. «Krapotkins Buch ‹Brot und Freiheit› war beim Schwimmen mein Gefährte.» (Brief v. 14. 4. 21)
**Razin** — vgl. Anmerkungen zu gleichnamiger Verserzählung.
**Tahiré** — zweiter Name der Gurriet el Ajn, s. o.
**Schai** — pers. Münze, etwa $1/2$ Kopeke.
**Locken des blauen Luxus** — bezieht sich auf den Kopfschmuck der kurdischen Krieger, der aus farbigen Tüchern besteht. Je mehr Tücher, desto höher der Rang.
**rote Eierschalen** — einem religiösen Brauch zufolge färben die Perser Hühnereier himbeerrot.
**Aussätzige** — die Rede ist von pers. Prostituierten.
**Tyrann** — russ. Schreibweise: Tiran.
**Rejis tumam donja** — «Vorgesetzter des Erdballs»: Chlebnikov hat sich seinen «Titel» («Vorsitzender des Erdballs») ins Persische übersetzen lassen.
**Schiré** — laut Anm. in SS ein Narkotikum, laut Brockhaus «wird aus dem Most unreifer Trauben der saure Schiré (Vert-jus) gewonnen, der als Zusatz zu Scherbets dient».
**Derwisch uruss** — «russischer Derwisch».
**Sardescht** — persische Aussprache des Namens Zarathustra.
**Kardasch** — Genosse.
**Kirshim** — (Kerdshi), flachbödiges Schiff.

«**Noch einmal, noch einmal**»: 1922. Ü: Hans Christoph Buch.
«**Leitstern**»: Otto Nebel.

**Absage**: 1922. Ü: Rosemarie Ziegler.

**An Alle**: Mai/Juni 1922: E: 1927 in Sb *Nachlebniki Chlebnikova*.
Ü: Hans Christoph Buch.
**Kučum** — Gegner Ermaks, von Ermak im Kampf getötet.
**Uglič** — Stadt bei Moskau, wo der Carevič Dmitrij, Sohn Ivans des Schrecklichen, 1591 auf rätselhafte Weise ums Leben kam, wahrscheinlich auf Geheiß Boris Godunovs ermordet.


**Razin**

**Umdreher**: Pereverten': E: in *Richterteich* II, 1913, vermutlich sehr viel früher geschrieben.
Geschrieben in Palindrom-Versen.
**Nie so sein, nie so sein**: Peter Urban.
**Rätsel, Nebel, Manie ...**: Oskar Pastior. Bemerkung von O. P.: «Palindrom — frei phonetisch — nach ‹Setz dich, Gevatter ...›»

**Razin**: 1920. E: SS Bd II, 1929. Ü: Rosemarie Ziegler. Palindrom.
**Ich, Stenka Rasin**: Peter Urban.
Der Form des Palindroms kommt im Russischen entgegen, daß im Russischen weder Hilfsverben noch Artikel existieren (die das Palindrom im Deutschen auf einige wenige Möglichkeiten festlegen), daß das Russische synthetisch flektiert und schließlich eine größere Zahl von einsilbigen

Wörtern kennt, deren sich Chlebnikov ausgiebig bedient, ebenso wie zahlreicher Archaismen, regionaler Ausdrücke, ungebräuchlicher und vergessener Wörter: auch in der russischen Ausgabe werden, russischen Lesern, verschiedene Wörter übersetzt.

Versteht man das Prinzip des Palindroms streng mathematisch (also Buchstabe links = Buchstabe rechts – Reinhold Koehler hat dies, allerdings unter Verwendung vieler Fremdwörter, in seinen *Contra-Texten* demonstriert), so engt sich der Bereich der Möglichkeiten geradezu unnatürlich ein. Aus Gründen der Orthographie, also einer keineswegs logischen Absprache, entfallen dann soundso viele Wörter, die **phonetisch** in der Umkehrung durchaus gleichwertig sind (vgl. «Boot-tob!», «las-Saal» u. v. a.). Das phonetische Spiegelbild des deutschen «st» ist ein «z». «Z» und «tz» sind in vielen Fällen identische Laute usw.

Chlebnikov hat den Schritt vom rein arithmetischen zum phonetischen Palindrom insofern vollzogen, als er z. B. das (orthographisch unbedingt erforderliche, aber – fast – stumme) sog. weiche Zeichen des Russischen praktisch ignorierte. Desgleichen macht er beispielsweise zwischen dem harten è (einem «ä») und dem stets jotierten weichen e keinen Unterschied («ėtak o kate»), und er läßt Verse wie «otče čto» (Vater, was), die zwar orthographisch, nicht jedoch auch phonetisch gleich sind, als Palindrom laufen. – Im Deutschen würde das bedeuten, daß z. B. das Dehnungs-h entfällt oder daß «i» und «ie» und «ih» als identische Laute verwendet werden.

In Unkenntnis dieser Sachlage, also unabhängig davon, hat Oskar Pastior mit einem Vers wie «... trumm! Kuckuck murrt ...» diesen phonetischen, der echten Klangstruktur des Deutschen besser entsprechenden Weg gewählt.

Ein dem Palindrom nicht nur formal nahestehendes Formprinzip hat Anfang der zwanziger Jahre Otto Nebel mit der «Runenfuge» gefunden und bis heute unermüdlich vervollkommnet. Eine Runenfuge ist, formal und unzulässig vereinfacht gesehen, eine Gedicht- bzw. Textfolge, eine Verserzählung, in der – der Palindromzeile vergleichbar – der ungleich lange, freie Vers durchgehend nur eine ganz bestimmte Anzahl von Buchstaben (Runen) benützt; er muß nicht immer alle zugleich, kann einzelne Runen aber auch mehrmals verwenden.

So ist der *Unfeig* (eine «Neun-Runen-Fuge, zur Unzeit gegeigt»: 1924 im *Sturm*, erst 1960 als Buch erschienen) aus insgesamt 9 Runen gemacht, gefügt – E, I, U, F, G, N, R, T, Z.

>                 Neun Runen feiern eine freie Fuge nun
>                          Unfug erfriert
>                         Feuer fing Engen
>                          Unfug zerfriert
>                          Enge fing Feuer
>                 neunzig Zentner runtertreten!
>                               usw.

Der *Unfeig* beschränkt sich nicht darauf, die vom geläufigen Wortschatz bereitgehaltenen Möglichkeiten auszuschöpfen (dies wäre eine mathematische Lösung), erreicht vielmehr zwangsläufig und sehr bald den

Punkt, wo das vorgegebene Formprinzip wie von selbst die Sprache aufbricht, um in tieferen, älteren Schichten taugliche Wörter aufzuspüren, und, parallel dazu, immer neue und neue Wörter erfindet.

Rein technisch mußte es möglich sein, mit Otto Nebels Erfindung auch «Übersetzungen» zu versuchen.

**Razin** — Stepan (Stenka) Timofejevič Razin, Donkosak, Führer des Kosaken- und Volksaufstandes 1667—1670 in Südrußland, der sich rasch volgaaufwärts ausbreitete und gegen die Grundbesitzer und Beamten des Moskauer Imperiums gerichtet war. Das Volk sah in Razin, der in den eroberten Städten eine eigene Kosakenverfassung errichtete, seinen Retter und Befreier; viele gegen ihn ausgeschickte Truppen gingen zu Razin über. Erst nach der Eroberung der Städte Caricyn, Samara und Saratov gelang es Regierungstruppen, Razin zu schlagen, der sich in den Süden zurückzog, dort von seßhaften Kosaken gefangengenommen und nach Moskau ausgeliefert wurde. Nach grausamen Folterungen wurde Razin am 16. Juni 1671 hingerichtet. Held zahlreicher Volkslieder.

**Lobačevskij** — Nikolaj Ivanovič L., 1792—1856, russischer Mathematiker, der ein neues, nach ihm benanntes nichteuklidisches System schuf, das in der Mathematik des 19. Jahrhunderts eine Wende bezeichnet, zu Lebzeiten Lobačevskijs jedoch keine Anerkennung fand.

«**Ra — wenn jemand seine Augen**»: E: SS Bd III, 1930, geschrieben 1920/21. Ü: Rosemarie Ziegler.

Der «Stern» **Ra** könnte selbstverständlich auch zur Sternensprache gezählt werden, vgl. im *Zangezi* den Gesang über **G** und **R**.


### Schramme am Himmel

**Schramme am Himmel**: 1921/22. E: Nch Nr. 14, 1930. Ü: Peter Urban. Nach Auskunft A. Kručonychs wurde dieser Text 1922 beendet und, in der Abschrift durch P. Miturič, im Nch veröffentlicht. Laut Miturič waren zumindest Teile des Gedichts früher fertig, einige schon vor 1920. Datum der Abschrift durch Miturič: 1. 5. 1921.

Die *Schramme* ist die umfangreichste Arbeit Chlebnikovs in Sternensprache bzw. Zaum, eher sogar Versuch einer Synthese verschiedener Ebenen des Zaum, dem *Zangezi* vergleichbar.

Zu großen Teilen sind die Sternensprach-Kürzel, die in diesem Gedicht verwendet werden, mit Hilfe der theoretischen Schriften (vgl. Teil 2 dieser Ausgabe), besonders mit dem *Wörterbuch der Sternensprache*, zu entschlüsseln.

**Schlacht an der Kalka** — 1223, — erster entscheidender Sieg Dschingis Chans über das Kiever Reich, Beginn des «Mongolensturms».

**Herren und Knechte im Alphabet.** Dieses Gedicht beinhaltet von der Übersetzung her nochmals die gesamte Problematik der Sternensprache; im Œuvre Chlebnikovs steht es dem *Lied vom El* und, mehr noch, den *Poetischen Überzeugungen* nahe. Wie bereits im (russischen) Titel anklingt, basiert es auf dem Konflikt der «Sterne» P und H: pany (Pans, Herren) und cholopy (altrussisch Sklave; Leibeigener, Knecht). Sollen in der Übersetzung — eines der wenigen «politischen» Gedichte in Sternensprache — die wichtigen semantischen Zusammenhänge erhalten bleiben, und sei es annäherungsweise, so muß die Übersetzung sich vom vorgegebenen P/H-Grundriß lösen und die deutschen Ausgangswörter zugrunde legen, d. h. auch deren Anlaut (**He** & **Kn**); die Definition des **Ha** (vgl. *Wörterbuch der Sternensprache, Zerlegung des Wortes*: Gebäude, Schutz schwacher Punkte) bleibt ebenso unberührt wie die Laute **M** (Em), **D** (De), **N** (Ni), **L** (El). — Zusätzlich erschwert wird die Übersetzung dadurch, daß das Verbum «fallen», das im Verlauf der Gedichte eine wesentliche Stellung erlangt, russisch auf P anlautet; «pan pal» — der Herr ist gefallen. **Go-um** u. a. — vgl. *Glockenläuten auf den Verstand*, hier handelt es sich nicht um «reine» Sternensprache, sondern um Zaum des Neologismentyps.

## Zangezi

**Zangezi**: geschrieben zwischen 1920/22. E: 1922. Ü: Peter Urban.
Aufzeichnung in Chlebnikovs Notizbüchern: «Zangezi zusammengestellt am 16. I. 1922.» Die Notizbücher enthalten auch verschiedene Vorschläge zur Anordnung der einzelnen Stücke; die Redaktion der SS zitiert in den Anmerkungen diese:

1. Die Menge sammelt sich.
2. Die Predigt.
3. Das Meer.
4. Spiel der Lanzen.
5. Ekstase.
6. Der Tod.
7. Manuskript der Mathematik.
8. Philosophie.

1. Die Vögel.
2. El.
3. Das Pferd.
4. Die Schwestern.
5. Kummer und Lachen.
6. Das Meer.
7. St. Razin.
8. Manuskript.

(Die meisten dieser Texte lassen sich anhand des *Zangezi* mühelos identifizieren; unklar ist, welches Gedicht, welcher Text mit «Meer» gemeint ist. «Die Schwestern» meinen offenbar Chlebnikovs Verserzählung *Schwestern Blitze*, die in den Jahren 1915/16 begonnen, deren letzter Teil jedoch erst Anfang Oktober 1921 abgeschlossen wurde, Chlebnikov also, als er den *Zangezi* zusammenstellte, noch sehr nahe war. «St. Razin» — *Razin*.) Der hier vorgelegte Text folgt dem in SS Bd III gedruckten, der sich wiederum auf das Manuskript beruft einschließlich der Veränderungen, die Chlebnikov noch während der Drucklegung selbst vorgenommen hat. In der vorliegenden Version fehlt die allegorische Verserzählung *Kummer und Lachen,* die in der Übersetzung mißlungen ist; *Kummer und Lachen* steht im russischen Original vor der «Lustigen Stelle».
Zur Identifizierung der einzelnen **Götter** (Ebene II) s. Anm. zu den *Göttern*.
**Kaledins, Krymovs** u. a. — weißgardistische Generäle des russ. Bürgerkriegs. Zum Bild des Ge vgl. in Band II die Aufsätze *Gespräch zweier Personen* und *Oleg und Kazimir.*
**Gedankenebene XI**: zum «Glockenläuten auf UM» vgl. die deutschen Versionen vorn im Band. Über die Rolle der Vorsilben siehe auch die theoretischen Aufsätze in Band II, besonders die aus den Jahren 1912/14.
**XVI: Osseten** — kriegerischer Stamm im Kaukasus, im Gebiet Georgiens.

**XVIII: Rylejev**: Kondratij Fjodorovič Rylejev, 1795–1826, Dichter der Puškin-Ära, wegen Beteiligung am Dekabristenaufstand hingerichtet.
**Isker** — Hauptstadt Sibiriens, Residenz Kučum-Chans, 1581 vom Kosakenführer Ermak erobert.
**Stessel** — Anatolij St., russ. General, 1904 Kommandant von Port Arthur, 1906 von einem Militärgericht zum Tode verurteilt, weil er sich den Japanern ergeben hatte, ohne die Mittel der Verteidigung voll ausgenützt zu haben.
**Min**: Unterdrücker des Arbeiteraufstands Ende 1905 in Moskau, 1906 von **Konopljannikova** ermordet.
**SR** — Sozialrevolutionär. Die Ermordung des deutschen Botschafters, des Grafen Mirbach, am 6. Juli 1918 durch den Sozialrevolutionär Blumkin, sollte einen Bruch zwischen Deutschland und der Sowjetregierung provozieren und leitete eine Reihe sozialrevolutionärer Aufstände ein mit dem Ziel, die Sowjetregierung zu stürzen.
Sämtliche in Ebene XVIII zitierten Vorgänge: vgl. *Tafeln des Schicksals*, Teil 2.


### Vladimir Tatlin
*Über Zangezi*

Am 9. Mai d. J. findet im Museum für Bildende Künste (Isakievskaja pl. 9) eine Vorstellung + Vortrag + Ausstellung von Materialkonstruktionen statt.
Zum Thema wurde das letzte Werk, das V. Chlebnikov vor seinem Tode geschrieben hat, «Zangezi», gewählt. Diese Sache ist die Vollendung des Chlebnikovschen Schaffens. Seine Arbeit über die Sprache und an der Erforschung der Gesetze der Zeit bilden darin eine Art Über-Neuschöpfung. Einen Vortrag über die Chlebnikovschen Zeitgesetze hält N. Punin. Der Phonetiker Jakubinskij wird über Chlebnikovs Wortschöpfungen sprechen. Die «Zangezi»-Aufführung gründet auf dem Prinzip: «Das Wort ist eine Baueinheit, das Material die Baueinheit eines organisierten Raums.» Nach Chlebnikovs eigener Definition ist die Über-Erzählung ein «Gebäude aus Erzählungen», eine Erzählung dagegen ein «Gebäude aus Wörtern». Er betrachtet das Wort als plastisches Material. Die Eigenschaften dieses Materials gestatten ihm, am Bau eines «Staates der Sprache» zu arbeiten. Dieses Verhältnis Chlebnikovs zur Sprache gab mir die Möglichkeit, an der Aufführung zu arbeiten. Parallel zum Wortgebäude wurde beschlossen, eine Materialkonstruktion einzuführen. Dieses Verfahren gestattet, die Arbeiten zweier Menschen mit verschiedenen Spezialisierungen zu einem einzigen Ganzen zu verschmelzen, damit das Werk Chlebnikovs der Masse zugänglich gemacht werden konnte.
Als Grundelement nimmt Chlebnikov den Wortklang. Dieser trägt in sich den Impuls zur Wortbildung. Der Laut SCH z. B. gebiert die Wörter: Schale, Schaff, Schädel, Schuh, Schachtel. All diese Wörter ergeben die Vorstellung von einer Umhüllung. Ein Körper in der Umhüllung eines anderen. Der Laut L spricht von der Verringerung der Energie in bezug auf eine Stützfläche: Lager, liegen, Lache, Lappen usw. In einer der «Blöcke der Wortebenen», aus denen «Zangezi» zusammengesetzt ist,

wird eine Reihe solcher «dinghaften Laute» gegeben wie das Lied der Sternensprache:

> Wo ist der Schwarm zweier grüner HAs
> Und das EL der Kleider beim Lauf,
> das GO der Wolken überm Spiel der Menschen,
> Das WE der Massen rund ums unsichtbare Feuer,
> Und das Arbeits-LA, das SI von Sing und Spiel usw.

Um die Natur dieser Laute herauszuarbeiten, habe ich nach Material und Bearbeitung unterschiedliche Flächen benützt.

Das «Lied der Sternensprache» und überhaupt alles, was Zangezi spricht, ist wie ein Lichtstrahl, der sich von der Höhe des Denkers langsam auf die nicht begreifende Menge herabsenkt.

Dieser Kontakt wird hergestellt durch einen speziell dafür angefertigten Apparat. Im «Zangezi» gibt es Stellen größter Energieanspannung, die Wortschöpfung betreffend.

Es empfahl sich, Maschinen einzuführen, die durch ihre Bewegung ihrerseits eine Parallele zur Handlung ergeben und mit ihr zu einem Ganzen verschmelzen.

«Zangezi» ist – für eine Aufführung – eine vom Aufbau her derart schwierige und vielseitige Sache, daß Bühnen nicht in der Lage sind, diese Handlung zu fassen, denn sie sind eingeschlossener Raum. Um die Aufmerksamkeit des Zuschauers zu lenken, gleitet die Linse des Projektors von einer Stelle zur anderen, um Ordnung und Folgerichtigkeit herzustellen. Der Projektor ist notwendig, auch um die Eigenschaften des Materials zur Wirkung zu bringen.

Es spielen junge Leute, Maler, Studenten der Akademie der Künste, der Stadtakademie und der Universität. Das ist Absicht; professionelle Schauspieler sind in den Traditionen des alten und zeitgenössischen Theaters erzogen. «Zangezi» ist eine zu neue Sache, als daß er irgendwelchen bestehenden Traditionen unterworfen werden dürfte. Deshalb ist es besser, um Chlebnikovs Werk als ein revolutionäres Ereignis zur Wirkung zu bringen, die jungen und vom Theater noch unberührten jungen Leute zu mobilisieren.

1923, in der Zs *Leben der Kunst*, Nr. 18, 1923.

# Anmerkungen zu Teil 2

Verwendete Abkürzungen:
SS — Gesammelte Werke (Sobranie sočinenij), die Leningrader Gesamtausgabe in 5 Bänden, 1928–1933 (herausgegeben von Jurij Tynjanov und N. Stepanov).
Nch — Nichtveröffentlichter Chlebnikov (Neizdannyj Chlebnikov), 30 Hefte, 1928–1933, herausgegeben von Aleksej Kručonych (der «Gesellschaft der Chlebnikov-Freunde»), Auflage pro Heft zwischen 100 und 150 Expl.
Npr — Nichtveröffentlichte Werke (Neizdannye proizvedenija), Herausgeber Nikolaj Chardžiev, Leningrad 1940.
Zs — Zeitschrift
Sb — Sammelband, Almanach
E — Russische Erstveröffentlichung
Ü — Deutsche Übersetzung

Namen, die in den Anmerkungen nicht erklärt werden, vgl. Register am Schluß des Bandes.

### Mein Eignes

Geschrieben 1919. E: SS Bd II, 1929. Ü: Rosemarie Ziegler. Geschrieben für eine erste Chlebnikov-Gesamtausgabe, die dann nicht zustande kam, vgl. die beiden Briefe an Osip Brik und Anm. dazu.

**«Jungfrauengott»** — ein frühes «slavophiles» Theaterstück, veröffentlicht in Sb *Eine Ohrfeige dem öffentlichen Geschmack*, 1912.

**Lindnis** — Neologismus, Abstraktum, abgeleitet von «Linde» (lipa).

**polabisch** — ausgestorbene elbslavische Sprache und Stamm, ansässig westlich der Oder bis hin zur Elbe, im nördlichen Raum von Berlin bis zur Ostsee (Ratzeburg).

**Oročonen** — auch Orotschen, Oltscha, Stamm der mongolischen Tungusen, die ursprünglich in der Mandschurei beheimatet waren; leben heute im Gebiet zwischen Amur und Stillem Ozean.

**«Ägyptische Nächte»** — von Aleksandr Puškin.

**«Vila und Waldschrat»** — frühe Verserzählung Chlebnikovs, 1913.

**«Marquise Dezes»**, **«Teufelchen»** — frühe Theaterstücke, die aus Umfangsgründen nicht aufgenommen wurden.

**In meinen Aufsätzen (über die Zeitgesetze)** — vgl. das Zahlen-Kapitel in Teil 1 dieser Ausgabe, desgleichen auch die Gedichte, auf die Chlebnikov hier Bezug nimmt (*Heupferdchen*, *Von der Krim was* usw.), vgl. aber auch den Dialog *Lehrer und Schüler*, den Aufsatz *Unsere Grundlage*.

**die Zaum-Worte «Mantsch, mantsch»** — Zaum (sprich: sa-um), wörtlich: jenseits des Verstands, über den Verstand hinausgehend, Name der Sprache, in der Chlebnikov und Kručonych Lautgedichte schrieben, nichtsemantische Sprache, die zu der künstlich-künstlerischen Weltsprache

werden sollte. Vgl. das entsprechende Kapitel in Teil 1, auch: *Maler der Welt, Unsere Grundlage.*
**Ein glänzender Erfolg** — in *Lehrer und Schüler* prophezeit der Schüler 1912 für das Jahr 1917 den Zusammenbruch und Untergang eines großen Reiches.
**Marija Baškirceva** — 1860—1884, ukrain. Malerin, deren *Tagebuch* 1887 erschien und von Chlebnikov als Grundlage benützt wurde für die Erforschung der Zeitgesetze im Leben des einzelnen Individuums (vgl. die Briefe 1914 an M. Matjušin sowie den Aufsatz *Ufer am Himmel* in Teil 1 ).

**Weltvomende**

**Weltvomende:** 1912? E: in Sb *Wau*, 1913. Ü: Peter Urban.
In SS Bd IV wird mitgeteilt, daß dieser Text 1913 «von Kručonych ohne jede Interpunktion gedruckt» worden ist. Dieser Umstand dürfte die z. T. sehr willkürliche Zeichensetzung erklären, mit der dieser Text in Bd IV SS versehen worden ist. *Weltvomende* erscheint in dieser Ausgabe deshalb in der Gestalt, in der dieser Text dem russischen Leser 1913 präsentiert wurde.
**Machorka** — russ. Krümeltabak.
**Batjuška** — das russ. «Väterchen».
**Frau Lenin:** 1912/13. E: in Sb *Verreckter Mond*, 1913. Ü: Peter Urban.

**Kinder der Otter**

**Tiergarten:** 1909 (vgl. Brief an V. Ivanov v. 10. VI. 09). E: 1910 in Sb *Richterteich* I. Ü: Peter Urban.
Dieser Text gab dem Kritiker K. Čukovskij Anlaß zu der Behauptung, Chlebnikov habe hier Whitman «offen parodiert» (Walt Whitman, 1914), eine Behauptung, die Čukovskij auch früher schon vertreten hatte. Vgl. dazu Chlebnikovs *Polemische Notizen* von 1913. — Vgl. auch Brief Nr. 6 v. 13. X. 08.
**V. I. gewidm.** — Vjačeslav Ivanov, führender Petersburger Theoretiker des Symbolismus, den Chlebnikov in jungen Jahren sehr verehrte.
**Igorlied** — älteste russische Versdichtung (Ende XII. Jh.), hier Anspielung auf die Vernichtung der einzigen alten Abschrift dieses Texts, die beim Brand Moskaus 1812 verbrannte.

**Jüngling Ich-Welt:** 1907? E: in Sb *Erstes Journal der russischen Futuristen*, 1914. Ü: Rosemarie Ziegler.

**«... Und da wollte ich weggehen»:** 1906/07? E: in Npr, 1940. Ü: Peter Urban.

**Eine einfache Geschichte:** 1907? E: in Sb *Erstes Journal der russischen Futuristen*, 1914. Ü: Rosemarie Ziegler.

**Ausflug aus dem Grabhügel des toten Sohns:** 1907/08? E: in Sb *Wau*, 1913. Ü: Rosemarie Ziegler.
**Der Jäger Usa-Ghali:** vor 1912. E: in Sb *Drei*, 1913. Ü: Rosemarie Ziegler.
**Urus** — pers. Russe.

**Nikolaj:** vor 1912. E: in Sb *Drei,* 1913. Ü: Rosemarie Ziegler.
**Melnikov** — Pavel I. Melnikov, 1819—1883, russ. Schriftsteller, der die **Raskolniki** — Ketzer, Schismatiker — studiert hatte und ab 1847 von diesen Kenntnissen als Beamter des Innenministeriums Gebrauch machte, sich nämlich aktiv an der Verfolgung der «Altgläubigen» beteiligte. Das Schisma der russischen Staatskirche geht zurück auf die Reformen des Patriarchen Nikon im XVII. Jahrhundert, als sich von der «rechtgläubigen» orthodoxen Kirche die «Altgläubigen» abspalteten.
**Perun** — höchste Gottheit der slavischen Mythologie, dem germanischen Donnergott vergleichbar.

**Die Kinder der Otter:** 1910—1912. E: in Sb *Brüllender Parnaß*, 1914, der jedoch wegen «anstößiger» Zeichnungen Filonovs sofort konfisziert wurde und gar nicht in den Verkauf gelangte. Eigentliche Erstveröffentlichung somit erst in SS Bd II (dem Gedichtband), 1929. Ü: Peter Urban.
In SS Bd II, da das Manuskript als verloren gilt, nach dem gedruckten Text als *Brüllender Parnaß*, jedoch mit nicht nur graphischen redaktionellen Veränderungen gedruckt («die Redaktion hat hier — in «Segel 3» und Segel 5 bis Ziffer 2» — jede Zeile in zwei aufgespalten»); nach Auskunft von M. Matjušin außerdem unvollständig. In der deutschen Fassung wurde auf das lange Gedicht (Segel 5, Ziffer 1) verzichtet, das in Verse faßt, was Chlebnikov an anderer Stelle sehr viel präziser in theoretischer Prosa ausgeführt hat. In «Segel 3» folgt die deutsche Fassung notgedrungen der russischen Ausgabe.
Über die *Kinder der Otter* vgl. den Aufsatz *Mein Eignes.*

**Segel I:** gibt die Entstehungsgeschichte der Welt nach den Sagen der Oročonen wieder. Die Oročonen (auch Orotschen, Oltscha): ein Stamm der mongolischen Tungusen, die ursprünglich in der Mandschurei beheimatet waren; leben im Gebiet zwischen Amur und Stillem Ozean.
**Budetljanin** — Neologismus Chlebnikovs, maskulines Substantiv, abgeleitet von der flektierten Form «budet» des Hilfsverbums «sein», «er/sie/es **wird** sein» (futuristische Bedeutung). Ein Budetljanin ist einer, der sieht bzw. ist, was sein wird, «Bürger der Zukunft». Von Chlebnikov in Abgrenzung zum europäischen Futurismus gebraucht. Plural: Budetljane.
**Segel II:**
**Lomonosov** — Michail V. Lomonosov, 1711—1765, russischer Universalgelehrter, Dichter, Naturphilosoph u. v. m. Gründer der Moskauer Universität 1755.
**Boskovič** — 1711—1787, russ. Astronom und Mathematiker.
**Segel III:** berichtet von den Feldzügen der alten Varäger und Slaven entlang der Volga, gegen die Volgabulgaren, Chazaren und das Land Berdai am Kaspischen Meer. Zugrunde gelegt hat Chlebnikov diesem Bericht V. Grigorjevs Buch *Rußland und Asien* (1877), speziell *Über die alten Feldzüge der Russen nach Osten.* Grigorjev und andere, die über diese

Zeit schrieben, berufen sich auf Zeugnisse arabischer Historiker, besonders Ibn-Fadlan und Massudi (deren Namen Chlebnikov offenbar falsch zitiert als «**Iblan**» und «**Messakudi**»). Ibn-Fadlan hatte 921/22 Bulgarien bereist und beschrieben. Bei der Beschreibung der Schlacht zwischen den Russen und dem Heer Berdais hat Chlebnikov das Gedicht **Iskandername** des persischen Dichters Nisami (das von Grigorjev gekürzt zitiert wird) benützt. — Nisami — 1141—1202, persischer Dichter. In seinem epischen Gedicht *Iskander name* feiert er als krönende Tat aller Heldentaten Alexanders des Großen dessen Sieg über die Russen. Alexander erfährt davon, daß die Russen nach Berdai eingedrungen sind, von Führern der «**Abchasen**» (Nisami meint damit nicht die Bewohner des heutigen Abchasiens, sondern die Bewohner Daghestans und Schirwans, die im Altertum als «Albanen» bekannt waren). Die Russen haben die Kaiserin Berdais, **Nuschabé,** gefangengenommen. Alexander beschließt, sich an den Russen zu rächen. **Kintal** (Kental), Führer der Russen, sammelt, als er davon hört, ein großes Heer, das aber in einer schrecklichen Schlacht unterliegt; nach Worten Nisamis wäre selbst der weise Platon, hätte er die Russen während und nach der Schlacht gesehen, vor Entsetzen davongelaufen.
**Bulgar** — Hauptstadt des alten volgabulgarischen Reiches, in der Nähe des heutigen Saratov, vermutlich von Alexander dem Großen gegründet im IV. Jahrhundert v. Chr. Über Bulgar verlief die Handelsstraße nach Indien.
**Berdai** — Hauptstadt des Reiches Berdai, am Kaspischen Meer gelegen, wichtige Handelsstadt, 704 von den Arabern wiederaufgebaut, nachdem sie im V. Jahrhundert von den Armeniern erobert worden war; 944 von den Russen geplündert.
**Jass** — die Jassen, Stamm, der auf seiten der Chazaren mit den Russen kämpfte.
**Zorevend** — Zerivend, aus Malanderan, Held auf seiten der russischen Gegner.
**Keremet** — Kiremet kepe, Geist, der die Schicksale des Menschengeschlechts lenkt; Göttin der alten Bulgaren, heute der Čuvaschen, Geist des Bösen.

**Segel IV**: Erzählung über die Zaporoger Seč, die Zaporoger Kosaken.
**Palivoda** — vgl. Gogol, *Taras Bulba*. — Die Geschichte spielt in der Zeit der Türkenkriege (XVIII. Jh.), als die Zarin Ekaterina II. in Begleitung ihres Freundes und Regenten G. Potjomkin ihre berühmte Krimreise unternahm. Potjomkin (der von den Potjomkinschen Dörfern) wurde von den Kosaken **Nečosa** — einer, der sich nicht kämmt bzw. kämmen muß, weil er eine Perücke trägt, die Zarin **Njenka** — «Mütterchen» genannt.
Die Geschichte verwendet neben historischem Material auch ukrainische Überlieferungen und Volkslieder, u. a. auch die *Geschichte des Kosaken Korz*, der erzählt, wie der Kosak, als er durch die Steppe ritt und an ein Gehöft kommt, noch bevor er im Hof absitzt, ruft: «Pugu, pugu!» Der Hausherr fragt durchs Fenster: «Pugu? pugu?» Worauf der Gast antwortete: «Kozak s lugu.» (Ein Kosak von der Wiese.) Pugu — ukrainisch: erschrecken. Chardžiev bringt in den Npr einen weiteren, 1912 geschriebenen Text, der ebenfalls von Gogol angeregt ist (*Die Bergbewohner*), in

den Anmerkungen dazu vermerkt Chardžiev, daß Chlebnikov in einer weiteren Erzählung (*Velik den'*) als Untertitel «Nachahmung Gogols» gesetzt hatte. Vgl. in Chlebnikovs *Notizbuch* den Text *Gleichung der Seele Gogols*.

**Ataman, Essaul, Koševoj** — Kosakendienstgrade; der Koševoj: «der Oberste im Kosakenlager»; der Essaul: «Jessaul, Kosakenkapitän; der Heeres-Jessaul = Stabs-Offizier beim Heeres-Ataman des Don-Heeres»; der Ataman: «Ataman, Hetman; Heer-Führer» (nach Pavlovskij).

**Keréji** — im Singular: keréja, kyréja, ukrain., Teil der männlichen Oberbekleidung, ungenau: Umhang.

**Gopak** — kleinrussischer Tanz, «Hopser» (Pavlovskij).

**Segel V:**

**Sirin! Sirin** — in den sprachtheoretischen Schriften (vgl. Teil 1, Kapitel Sternensprache) äußert Chlebnikov, dieser Ruf habe früher einmal «Zu den Sternen!» bedeutet; bei Pavlovskij nicht ausgewiesen.

**Spiel auf dem Dampfer** — «Tag und dag und day»: im Original wird diese Reihe bestritten mit dem russischen, ukrainischen und weißrussischen Wort.

**Sie befreit ihn, wie eine Tscherkessin** — Anspielung auf Puškins Erzählung *Der Gefangene im Kaukasus*.

**Segel VI:**

**Karl und Charles** — Karl Marx und Charles Darwin.

**Svjatoslav** — Fürst der Kiever Rus (X. Jh.), der gegen die Griechen Krieg führte und von den **Pečenegen** an den Dneprschnellen ermordet und enthauptet wurde. Der Chronik zufolge hat S. seine Feinde immer mit dem Ruf gewarnt: «Idu na vy!» (Ich komme auf/gegen euch.)

**Pugačov** — Emeljan Ivanov, 1726–1775, Kosakenführer und Führer eines Volksaufstandes in Südrußland, der sich 1773 rasch ausbreitete. Von seinen eigenen Anhängern verraten, wurde P. 1775 in Moskau hingerichtet.

**Samko** — Kosakenführer aus der Zeit der Wirren, nach dem Tode Bogdan Chmelnickijs; 1660 zum Hetman gewählt, ging auf die Seite der Polen über und wurde 1663 enthauptet (Anm. in SS Bd II). Vgl. Chlebnikov in *Über die Erweiterung der Grenzen* ...

**Volynskij** — 1689–1740, Minister und Staatsmann unter Zarin Anna Ioannovna (1730–40), der gegen deren kurländischen Günstling **Biron** und den deutschen Einfluß am Zarenhof kämpfte und dafür 1740 enthauptet wurde.

**Razin** — Stenka Razin, Führer eines Kosaken- und Volksaufstandes 1667 bis 1771, vgl. Anm. in Teil 1.

### Lehrer und Schüler

**«Möge man auf meiner Grabplatte lesen ...»:** datiert: «24. XI. 904». E: Npr 1940. Ü: Peter Urban.

**Lehrer und Schüler:** geschrieben 1912. E: 1912 als eigene Broschüre in Cherson. 1913 nachgedruckt in der Zs *Bund der Jugend,* Nr. 3. Ü: Rosemarie Ziegler.

Derjenige Teil des Dialogs, der von der Sprache handelt, beinhaltet im Kern bereits die Theorie der Sternensprache: aus gleich anlautenden Wörtern bzw. sogar identischen Wurzel-Wörtern einer slavischen Ur-Sprache sind, durch Flexion, neue Wörter entstanden, die den engen Kreis der ursprünglich existierenden Begriffe erweiterten. Zur Verdeutlichung: der Genitiv Singular des maskulinen und neutralen Substantivs lautet im Russischen auf «a» (babr aus bobr), des femininen Substantivs («La») auf «y»; Dativ Singular Fem. — «e».
**Babr** — «Tiger» in sibirischen Dialekten.
**Lobačevskij** — Nikolaj I. L., 1792—1856, russischer Mathematiker, Schöpfer des nichteuklidischen Systems in der Mathematik.
**Morana** — Todesgöttin in der slavischen Mythologie.
**Križanić** — Juraj K., 1618—1683, kroatischer Schriftsteller und Politiker, der für ein einiges Slavenreich unter Führung des russischen Zaren eintrat. Seine Schriften wurden erst Mitte des XIX. Jahrhunderts in Moskau publiziert, wo sie auf die slavophile Bewegung Einfluß ausübten.

**«Die deutsche Wissenschaft»:** geschrieben 1912. E: in Npr, 1940. Ü: Peter Urban.
Zitiert in den Anmerkungen der Npr, unter Hinweis auf einen (in keiner russischen Ausgabe) reproduzierten Aufsatz Chlebnikovs, *Der westliche Freund*, 1914, der mit dem Satz beginnt: «Heutzutage ist die Wissenschaft in Deutschland — eine Dienerin des Staates.»

**Gespräch zwischen zwei Personen:** vermutlich unmittelbar nach *Lehrer und Schüler* geschrieben, Ende 1912. E: Nr. 3 der Zeitschrift *Bund der Jugend,* im Anschluß an Gespräch I, d. h. **Lehrer und Schüler**, in SS abgedruckt unter dem Titel *Gespräch zwischen zwei Personen.* Ü: Rosemarie Ziegler.
**Essen/edinica** — «edinica» russ. die Eins. In *essen* steckt auch im Russischen die idg. Wurzel *«-ed».
**Vintanjuk, Romančenko** — ukrainische Namen, vermutlich Lehrer Chlebnikovs oder Verfasser von Schullehrbüchern.
**Častuška** — Gattungsbezeichnung aus der russischen Volkspoesie, meint Lieder lyrischen Charakters, mit meist vierzeiligen Strophen, oft mit Refrain, Tanzliedchen.
**Krylyškuja** usw. — Zitat des Gedichts *Flügelchend mit dem Goldschrieb*, vgl. Teil 1.
**Bud'te grozny** — Gedicht Chlebnikovs. Übersetzung: «Seid schrecklich wie Ostranica, Platov und Baklanov, ihr habt euch genug gebeugt vor den heidnischen Fratzen.» Vgl. Teil 1 dieser Ausgabe.
**I und E:** Verserzählung Chlebnikovs von 1910, vgl. Anm. w. u.
**Przevalskij-Pferd** — Nikolaj M. Prževalskij, 1839—1888, russ. General, Forschungsreisender und Geograph, der Zentralasien erforschte und u. a. das asiatische Wildpferd entdeckte, das P.-Pferd.

**Streit um die Priorität:** Schlußteil des Chlebnikovschen Nachworts zu seinem Auswahlband *Izbornik stichotvorenij*, 1914, dort S. 44—49. Erst wieder nachgedruckt in der Münchner Chlebnikov-Ausgabe, Band III, 1972. Ü: Peter Urban.

**Mond und Monat** — im Russischen ein Wort, mesjac.
**Deržavin** — Gavrill D., 1743–1816, größter russischer Lyriker des XVIII. Jahrhunderts und Staatsmann.
**Čebyšov** — Pafnutij Č., 1821–1894, Mathematiker. Arbeiten über Zahlentheorie, Wahrscheinlichkeitstheorie, Infinitesimalrechnung, theoret. Mechanik. Die Č.-sche Regel dient zur Berechnung von Schiffsvolumina. Entwickelte eine Rechenmaschine.
**Mezap(p)a** — Ivan, geb. 1644? –1709. Hetman der Ukraine 1687–1709, paktierte im schwedisch-russischen Krieg mit Karl XII., um die Ukraine gegen Peter den Großen zu befreien. Starb nach der Schlacht von Poltava (8. 7. 1709), angeblich durch Gift. Symbolfigur einer unabhängigen Ukraine.
**Karamzin** — Nikolaj K., 1766–1826, Schriftsteller und Historiograph, als Prosaschriftsteller Vertreter der empfindsamen Literatur in Rußland; Verfasser einer *Geschichte des russischen Staates*.
**Čaadajev** — Pjotr, 1794–1856, Publizist und Philosoph. Freund Puškins, stand kurze Zeit den Dekabristen nahe, einer der Vorläufer der russischen «Westler».
**Nikon** — Patriarch Nikon, 1605–1681, Kirchenreformator. Auf seine Revision der Riten und Kirchenbücher geht das russische Schisma (Abspaltung der «rechtgläubigen» Orthodoxen oder Altgläubigen von der russischen Staatskirche) zurück.
**Katkov** — Michail, 1818–1887, Journalist und Publizist, nach liberalen Anfängen Gegner der fortschrittlichen Tendenzen der sechziger Jahre (Herzen, Černyševskij), religiös-reaktionäre Richtung.
**Belinskij** — Vissarion, 1811–1848, Literaturkritiker, unter dem Einfluß der französischen Sozialisten, forderte soziale Tendenz in der Kunst sowie realistische Darstellung, Wegbereiter der «Anklageliteratur».
**Kutuzov** — Michail, 1745–1813, Feldmarschall, Sieger über Pugačov, Befehlshaber der verbündeten Heere bei Austerlitz, Sieger von Smolensk im Rußlandfeldzug Napoleons 1812.
**Golicyn** — Vasilij, 1633–1713, Günstling der Schwester Peters des Großen, Sofija, unterdrückte 1682 den Strelitzenaufstand.
**Vitte** — Sergej Vitte, 1849–1915, Staatsmann, Verdienste um Erweiterung des Eisenbahnnetzes, Finanzminister 1892–1903, Unterhändler bei den Friedensgesprächen nach dem russisch-japanischen Krieg, danach zum ersten russischen Ministerpräsidenten ernannt.
**Pobedonoscev** — Konstantin, 1827–1907, Staatsmann, Inbegriff der zaristisch-monarchistischen Reaktion.
**Verstovskij** — Aleksej, 1799–1862, Komponist, gilt als Vorläufer Glinkas. Seine Oper *Askolds Grab* erlangte große Beliebtheit.
**Lvov** — Aleksej, 1799–1870, Komponist.
**Sumarokov** — Aleksandr, 1718–1777, Dramatiker, Lyriker und Publizist.
**Speranskij** — Michail, 1772–1839, führender Reformpolitiker in der ersten Regierungsperiode Alexanders I. Entwurf eines russischen Zivilrechts in Anlehnung an den Code Napoléon u. a. Reformen.
Zu diesem Aufsatz vgl. auch die *Anmerkungen* (Brief Nr. 58 an M. Matjušin).

**Notizen:** 1913/14. E: in Auswahl 1914. Ü: Peter Urban.

**Gespräch zwischen Oleg und Kazimir**: 1912/13. E: im Sb *Erstes Journal der russischen Futuristen*, 1914. Ü: Peter Urban.
Dieser Text bildet gewissermaßen erst die Erklärung für den Schluß des *Gesprächs II*, zugleich stellt er aber auch, zusammen mit dem *Nichtveröffentlichten Aufsatz* (s. u.), eines der wenigen Beispiele dar, wo Chlebnikov den Vokalen nachspürt (die «Sternensprache» befaßt sich vorwiegend mit den Eigenschaften der Konsonanten; was Chlebnikov in dem Artikel *Unsere Grundlage* 1920 auch selbst darlegt: «die Natur der Vokale ist noch wenig studiert»). — Die zitierten Gedichte bzw. Gedichtanfänge: aus der *Ohrfeige*.
**Wolhynien** — «vol» russ. der Ochse.
**Anglija** — russ. England.
**Ispanija** — Spanien.
**Goethe, Heine** und, weiter unten, **Gogencollery** — das Russische kennt keinen dem Deutschen «H» entsprechenden Laut (es besitzt nur ein «Ch»); das «H» in Eigennamen wird daher mit «G» wiedergegeben, was die Namen zwar entstellt, dieses «G» spielt aber in der «Sternensprache» eine so wichtige Rolle (vgl. *Zangezi*), andererseits sind die von Chlebnikov aufgeführten Namen so wichtig, daß die Übersetzung hier nicht, dem G/R-Prinzip zuliebe, neue Namen (etwa Grimm, Geibel) finden darf. Daher die kleine Unstimmigkeit beim «Stern» G.
**«warm — Licht»** — liegen phonetisch auch im Russischen weit auseinander; für «erlaucht» steht im Original «heilig». Vgl. dazu *Unsere Grundlage* (die Tabelle «Jene Welt — Welt der Bezüglichkeit»), 1920.

**Nachwort zu «I und E»**: 1912. E: in Sb *Eine Ohrfeige dem öffentlichen Geschmack*, 1912. Ü: Peter Urban.
Die Verserzählung *I und E* (mit dem Untertitel «Ein Märchen aus der Steinzeit») fand aus Umfangsgründen in Teil 1 keinen Platz. Dieses Nachwort, von der Redaktion der SS in Bd I nur in den Anmerkungen zitiert, ist als theoretische Äußerung Chlebnikovs wichtig genug, um als eigener Text in diesem Kapitel zu fungieren.
**Šestoper** — lt. Pavlovskij «Ein Stab mit sechs Federn» (oder sechs geschnitzten Flügeln, eine Art Marschallstab, wie ihn die Wojewoden (Heerführer) der kleinrussischen Heere trugen)». Chlebnikov geht, dieser Definition gegenüber, in seiner Analyse des Wortes sehr viel weiter und kommt dabei dem ursprünglichen Sinn näher. — «Šest'» — russ. sechs.

**Über die Erweiterung ...**: E: 21. März 1913, geschrieben 1912/13, gedruckt in der Zeitung *Der Slave*. Ü: Peter Urban.
Vgl. dazu den Brief an A. Kručonych August/September 1912.
**Pučič** — richtiger Orsat Počić, geb. 1821, Literaturkritiker, Herausgeber einer Anthologie altragusanischer Poesie (1844), Geschichtsschreiber.
**Aleksej Tolstoj** — 1817—1875, russischer Lyriker, Vertreter der reinen Kunst, satirische Thematik.
**Upravda** — slavischer Name Justinians. Es besteht die Legende, Justinian sei in Wirklichkeit Slave gewesen, der erst als byzantinischer Kaiser den Namen Justinian angenommen habe. — Upravda trat ursprünglich auch in dem 6. Segel der *Kinder der Otter* auf, nach Jan Hus; Chlebnikov hat diesen Auftritt später gestrichen.

«**Vadim, Ruslan und Ljudmila**» usw. — Verserzählungen der russischen Klassik (Puškin, Lermontov).
**Bulgar** — einer der hauptsächlichen Verwaltungs- und Handelsknotenpunkte des Staates der Volga-Bulgaren (X.–XIV. Jh.).
**Biarmija** — Name eines halblegendären Landes in Nordrußland, der oft in nordischen Sagen auftaucht. Es wird angenommen, daß B. von hochkultivierten Finnen bevölkert war und Handelsbeziehungen mit Byzanz und sogar Indien unterhielt.
**Schnepfenfeld** — oder Kulikovo pole am Don, bekannt durch die Schlacht vom 8. September 1380, in der Dmitrij Donskoj erstmals die Tataren unter Mamaj schlug. Im russischen Geschichtsbewußtsein bedeutet diese Schlacht das Ende des Tatarenjochs.
**Amselfeld** — oder Kosovo polje, berühmt durch die Schlacht im Jahre 1389, in der die Serben, geführt von Knez Lazar, den Türken unterlagen. Dieses Datum bezeichnet den Beginn der Türkenherrschaft auf dem Balkan.
**Grünwald** — auf dem rechten Ufer der Weichsel bei Grünwald siegten am 15. Juni 1410 die litauisch-russischen und polnischen Heere über den Deutschritterorden.
**Prževalskij** — s. o., hier metaphorisch, für «Entdecker».
**Longfellow** — «Song of Hiawatha», 1855.
**Ilja Muromec** — Held der russischen Volksepik (Bylinen), ebenso **Svjatogor.**

**Vom Nutzen des Studiums von Märchen**: E: SS Bd V, 1933. Dort mit «1914/15» datiert, womöglich früher. Ü: Peter Urban.
**Sivka-Burkeveščaja-kaurka** — mythologische Gestalt des russ. Märchens, Zauberpferd, das dem Helden hilft, seine Taten zu vollbringen.
**Farman** — Henri Farman, französischer Flugzeugkonstrukteur, erste Doppeldecker, vollendete 1908 einen Ein-Kilometer-Rundflug.
**Masich al Dedschal** — in der arabischen Mythologie der Antichrist.
**Saka-Vati-Galagalajama** — als mytholog. Begriff nicht nachgewiesen. jama im Sanskrit: Tod, Ende. Gal-galaj: langsam nacheinander; könnte also das «langsame Vergehen zum Ende hin» bedeuten.

**Über die Brodniki:** 1913? E: im Sb *Richterteich* II, 1913. Ü: Peter Urban.
**Ermak** — Kosakenataman, Eroberer Sibiriens, vgl. Anm. Teil 1.
**Chabarov** — Erofej P. Ch., in den fünfziger Jahren des XVII. Jahrhunderts Kolonisator des Landes diesseits des Amur.

**Schmutziger Schaum:** E: in *Auswahl* 1914, offensichtlich früher geschrieben und zu den sprachtheoretischen Schriften der Jahre 1912/13 gehörig. Ü: Peter Urban.
**podol** — lt. Pavlovskij «veraltet», für «Kleidersaum». Ebenfalls «veraltet»:
**kodol** für «Fessel, Kette und 2. den Strick» (bes. zum Ziehen der Fischnetze).

«**Das Ohr des Wortners**»: geschrieben vermutlich Ende 1912, E: 1940, in Npr. Ü: Peter Urban.
Dieser Text stellt bereits eine Weiterentwicklung der Theorie der Wurzelflexion dar, wie sie Chlebnikov in *Lehrer und Schüler* gegeben hat. Er ist

zugleich eine Art Variante zur «Sternensprache», eine Variante allerdings, auf die Chlebnikov immer wieder zurückgekommen ist, vgl. *Einführendes Wörterbuch* w. u., aber auch, in *Zangezi* 1922, die Variationen auf die Wurzel «um» (*Glockenläuten auf den Verstand*), wo auf ähnliche Weise die semantische Bedeutung einzelner phonetischer Einheiten benützt wird zur Bildung neuer Wörter.
**Gesindel aufs Verdeck** — Kriegsruf der Volga-Piraten.

**Der nichtveröffentlichte Aufsatz:** E: SS Bd V, 1933. Ü: Peter Urban.
Der Aufsatz ist zu Lebzeiten Chlebnikovs tatsächlich nicht veröffentlicht worden, obwohl der Titel von Chlebnikov stammt.
Chlebnikov variiert hier die Thesen des *Gesprächs zwischen Oleg und Kazimir*, legt mit Punkt 11) seines Manifests erstmals die Grundzüge der «Sternensprache» nieder, vgl. Teil 1.


**Eine Ohrfeige ...**

«**Wir wollen die Jungfrau des Wortes**»: Anfang 1912, eine der ersten Deklarationen Chlebnikovs gegen den Symbolismus. E: in Npr, 1940. Ü: Peter Urban.
**Andrej Belyj quält sich ab** — Anspielung auf Andrej Belyjs programmatischen Aufsatzband *Symbolismus*, 1910.

«**Wir erheben Anklage**»: 1912, geschrieben im Zusammenhang mit der Vorbereitung der Sammelbände *Eine Ohrfeige* und *Richterteich II*, geschrieben auf den Umschlag eines Exemplars der von Kručonych und Chlebnikov gemeinsam edierten Verserzählung *Spiel in der Hölle*, August 1912.
**Boborykin** — Pjotr, 1836—1921, Schriftsteller, Journalist, seit den neunziger Jahren Auslandskorrespondent, Mitarbeiter an den liberalen Zeitungen *Bote Europas*, *Bote des Nordens*; ca. 100 Romane, Novellen, Erzählungen vorwiegend naturalistischen Stils.

«**Eine Ohrfeige**»: Manifest aus dem gleichnamigen Sammelband (das Manifest selbst ist ohne Titel), E: Januar 1913 (Erscheinungsdatum: Dezember 1912). Ü: Peter Urban.
**Sollogub** — gemeint ist Fjodor Sologub, dessen Name absichtlich falsch geschrieben ist.
**Averčenko** — Arkadij, 1881—1925, Feuilletonist, Autor humoristischer Feuilletons, aber 1913 Redakteur der Zs *Satirikon*, emigrierte 1917; dt. *Der Truthahn mit Kastanien*.
**Čornyj** — Saša, 1880—1932, Lyriker, humoristisch-satirische Epigramme, Feuilletons.

«**Richterteich**»: Manifest aus dem gleichnamigen Sammelband (ohne Titel), E: 1913. Ü: Peter Urban.
Die Anspielung auf den Sb *Richterteich I* (1910) ist «Literaturpolitik» (V. Markov), nachdem in diesem Almanach von futuristischen Prinzipien noch so gut wie nichts zu spüren gewesen sei.
**Metcl & Co.** — Reklame-Kontor in Petersburg. Anspielung auf die Bindun-

gen des Ego-Futuristen-Führers Ignatjev an Petersburger Geschäftskreise;
Ignatjev begann zu jener Zeit gegen die Führer des Kubofuturismus zu
polemisieren.
Punkt 5 des Manifests bezieht sich vor allem auf die neue Bewertung des
Handschriftlichen durch Kručonych und Chlebnikov, vgl. den Aufsatz *Der
Buchstabe als solcher.*
**Ekaterina Nizen** — Dichterin, geboren 1875; Schwester Elena Guros, außer
ihrer Beteiligung am *Richterteich II* ist wenig über sie bekannt.

«**Über Kunstwerke**»: geschrieben 1913 mit A. Kručonych, E: September
(?) 1913, mit Illustrationen von K. Malevič und Olga Rozanova. — Vieles
spricht dafür, daß Chlebnikov diesen Text nur mitunterzeichnet hat.
**Fürstin und Werwolf** — aus einer längeren Verserzählung Chlebnikovs.
**Finnland** — Lautgedicht von Elena Guro, erschienen im Sammelband
*Drei,* 1913.
**Gesprengst** — Gedicht, das im gleichnamigen Buch Kručonychs 1913 erschien. Der Titel («Gesprengst») ist eine willkürlich abgewandelte Form
(Substantiv?), abgeleitet vom Verbum vzorvat': sprengen, explodieren.
Gereimt.
«**mit den Fetzen**» — aus Majakovskijs Gedicht *Vor Müdigkeit,* gedruckt in
dem Almanach *Verreckter Mond,* 1913. Dort auch das Gedicht David Burljuks, «**Der Himmel — eine Leiche!**»
**Ja žrec** — russisch, weil sich die Analyse mit dem russischen Original auseinandersetzt. Autor Kručonych: Übersetzung:

> Ich bin ein Priester ich bin müde geworden
> wozu alles aus Erde bauen
> in die Kammern der Wonne habe ich mich zurückgezogen
> ich liege und wärme mich neben einem schwein
> > auf warmem lehm
> > ausdünstungen des schweins
> > und duft von hunden
> ich liege mäste mich meterweis.
> Irgendein Bote hat geklopft

**Po nebu** — aus einem frühen Lermontov-Gedicht. Übersetzung:
> Am Himmel flog mitternachts ein Engel
> und sang ein stilles Lied.

**Dyr bul ščyl** — eines der ersten und berühmtesten Lautgedichte von A.
Kručonych, 1913 oder früher.
**Jeder Junge** — publiziert im *Verreckten Mond* 1913. Angelehnt an die
«Fêtes de la faim» Rimbauds. Paarig gereimt.
«**ewig-weibliches Etwas**» — Anspielung auf die Lyrik A. Bloks und dessen
Gedichtband *Von der schönen Dame,* 1905.
«**so schnell wie möglich**» — diese Phrasen-Collage setzt sich aus Zitaten
(Dostojevskij, Lermontov) oder zumindest Anspielungen zusammen (V.
Markov).
**Zaum-Sprache** — zur Definition der Zaum-Sprache vgl. Teil 1 das Kapitel
Sternensprache und Zaum, vgl. in diesem Band Chlebnikovs Aufsatz
*Unsere Grundlage* (1920).

**Mezzonin der Poesie** — Sammelband der sog. Ego-Futuristen um I. Severjanin, Ignatjev u. a., zu denen die Kubofuturisten der Gruppe «Hyläa» in scharfem Gegensatz standen.
**Sehel (Theater)** — vgl. hierzu die 2 Briefe Chlebnikovs an Kručonych; 1913 schrieb Kručonych seine Oper *Sieg über die Sonne,* zu der Chlebnikov einen Prolog verfaßte und die, mit einem Bühnenbild von K. Malevič, 1914 uraufgeführt wurde. Musik: Michail Matjušin.
**6 Bücher der Budetljane** — *Eine Ohrfeige dem öffentlichen Geschmack* (erst 1913 erschienen, wenn auch mit 1912 datiert), *Richterteich II, Bund der Jugend* Nr. 3, *Drei, Altar der Drei* und *Verreckter Mond.*

**Das Wort als solches**: Text aus dem Jahr 1913, gemeinsam mit A. Kručonych. E: Nch, 18/1930. Ü: Peter Urban.
**Im Jahre 1908** — absichtlich vordatiert, der Almanach wurde Ende 1909 geplant und erschien Anfang 1910.
**S. Mjasojedov** — Mathematiker, der zum *Richterteich I* einen Text beigesteuert hatte, bald darauf von der Bildfläche verschwunden.
**Erscheinen eines großen Sammelbandes** — I poeti futuristi, 1912?

**Der Buchstabe als solcher**: 1913, gemeinsam mit Kručonych. E: Nch, 18/1930. Ü: Peter Urban.
**Boris und Gleb** — Söhne des Großfürsten Vladimir des Kiever Reiches, auf Befehl ihres älteren Bruders Svjatopolk ermordet (1015), später heiliggesprochen.

**Polemische Notizen:** geschrieben Oktober/November 1913. E: 1940, Npr. Ü: Peter Urban.
1913 war das Jahr der heftigsten Polemiken pro und contra Futuristen. Beide Notizen beziehen sich auf aktuelle Ereignisse.
Kornej Čukovskij war einer der ersten (und den Futuristen keineswegs so böse gesonnenen) Kritiker, der versuchte, Besonderheiten und Eigenheiten der russischen Futuristen zu definieren. Nur hatte er in einem Aufsatz über Whitman den amerikanischen Lyriker als den «ersten Futuristen» bezeichnet. — Vgl. auch «Čukovskij»-Notiz in *Tagebuch.*
**Polizeioffizier Č.** — Gemeint ist ein Zwischenfall, der damit endete, daß bei einer angekündigten Lesung in der Tenišev-Schule ein Polizeioffizier Čukovskij eröffnete, die öffentliche Lesung der Futuristen sei verboten, nachdem Čukovskij seine einführenden Worte bereits über die Bühne gebracht hatte.
**Jablonovskij** — Sergej, 1870–1953, Journalist, Redakteur der Zeitung *Russisches Wort*, Gegner der Futuristen, emigrierte nach 1917.

**Der Brüllende Parnaß**: Ende 1913. E: in Sb *Brüllender Parnaß,* Januar 1914. Ü: Peter Urban.
Zwei Fassungen: I ist ein Entwurf, geschrieben von A. Kručonych, in den eckigen Klammern die Zusätze von Chlebnikov; II (Schert euch zum Teufel!) ist der endgültige, in Sb **Brüllender Parnaß** gedruckte Text. — Der Vergleich beider Versionen läßt einige Rückschlüsse auf das Zustandekommen der kubofuturistischen Manifeste zu (über Chlebnikovs Anteil vgl. auch Majakovskij in seinem Nachruf 1922, Teil 1 ), vor allem aber auch über die unterschiedlichen Intentionen der einzelnen Gruppenmit-

glieder (Kručonych, Chlebnikov auf der einen – D. Burljuk und Majakovskij auf der anderen Seite); dem definitiv gedruckten Text ist die Redaktion durch Majakovskij/Burljuk sehr wohl anzumerken.
Das Manifest, das praktisch das Ende des Kubofuturismus verkündet und mit I. Severjanin den Ego-Futurismus zu integrieren versucht, steht – was Chlebnikov betrifft, aber auch allgemein – am Anfang des Endes organisierter Zusammenarbeit zwischen dem alten, «harten Kern» der *Ohrfeige*-Unterzeichner. Was Chlebnikov betrifft (vgl. *«Heute werden sich manch Einheimischer* sowie den Brief an N. Burljuk vom 2. 2. 1914), besiegelte der Marinetti-Besuch in Petersburg und Moskau den Zerfall der Gruppe.
**Igor Severjanin** – einer der Wortführer des Ego-Futurismus (vgl. den Manifest-Entwurf!) und eher zweitrangiger Lyriker. Sein erster Gedichtband – der **Donnerkochende Pokal** – fand, als er 1913 erschien, den Beifall nicht nur bei «den» Futuristen, sondern auch bei Autoren wie Brjusov, Blok und sogar Gorkij.
**Daniil Zatočnik** – Verfasser eines berühmten *Gebets*, XIII. Jahrhundert. Anspielung auf die – kritisierte – Verwendung archaischer Wörter z. B. bei Chlebnikov.
**Vasilij** – absichtliche Entstellung von Brjusovs Vornamen **Valerij.**
**«Mezzanine der Poesie»** – kurzlebige Gruppe von Ego-Futuristen, edierten gleichnamigen Sammelband, unter dessen Beiträgern auch Severjanin war.
**Adame** – Anspielung auf die Gruppe der Akmeisten (vgl. Namen in Text II), die sich auch «Adamisten» nannten. Organ dieser Gruppe: die von S. Makovskij herausgegebene Literatur- und Kunstzeitschrift **Apollon** (1909–17).
**Ivan** – wie Vasilij sehr häufiger Name.
**Durov** – Vladimir, 1863–1934, bekannter Moskauer Zirkuskünstler und Dompteur.
**«Russisches Denken»** – Zeitschrift, Redakteur: V. Brjusov.
**das ist kein Korken für dich** – Brjusovs Familienangehörige betrieben einen Handel mit Flaschenkorken.
**Pjast** – Vladimir A. Piastowski (1886–1940), akmeistischer Dichter, Mitunterzeichner des Akmeismus-Manifests im *Apollon*, Freund Bloks, Mandelštams.

**«Heute ...»**: geschrieben Ende Januar oder 1. Februar 1914, E: 2. 2. 1914 in einer der führenden Petersburger Tageszeitungen, den *Börsennachrichten*. Ü: Peter Urban.
Geschrieben anläßlich des Rußlandaufenthalts von Marinetti Anfang 1914, der Moskau und Petersburg besuchte, mit dem Ziel, Kontakte zu den russischen Futuristen herzustellen; als Flugblatt vor Marinettis erstem Vortrag in Petersburg verteilt. Auf diesen Text bezieht sich auch Chlebnikovs Brief an Nikolaj Burljuk.

**! des Budetljanin**: geschrieben 1914? E: 1930 in Zeitschrift *Zvezda*, Nr. 2. Ü: Peter Urban. – Entwurf für ein Manifest, das die Herausgeber der SS mit dem futuristischen Sammelband *Brüllender Parnaß* in Verbindung setzen, der 1914 erschien, jedoch ohne diesen Text.

**Izmajlov u. a.** — Kritiker der Futuristen der bürgerlich-reaktionären Seite, Anhänger des Symbolismus. **Aleksandr Izmajlov** (1873—1921), Kritiker der Tageszeitung *Börsennachrichten* (Birževyja vedomosti), Autor parodistischer Gedichte und Feuilletons. **Dmitrij Filosofov** (1872—1940), Publizist und Philosoph, sprach von den Futuristen gewöhnlich als von den «Schweinophilen», emigrierte nach der Revolution nach Polen, wo er (mit Arcybašov) eine Emigrantenzeitschrift edierte. **Ieronim Jasinskij**, Journalist und Schriftsteller.
**Ėllis** — Lev, 1879—1939, Lyriker, dem Symbolismus der Petersburger Generation (Blok, Belyj) nahestehend.
**«Waage»** — Zeitschrift, Organ des Symbolismus, herausgegeben von V. Brjusov, erschien 1904—1909.
**«Und vom Himmel ...»** — ungenau zitiert aus V. Majakovskijs Gedicht *Morgen von Petersburg,* erschienen im *I-ten Journal der russischen Futuristen,* 1914.


**Ka.**

**Ein Traum**: 1914/15. E: in Nch, Nr. 10, 1928. Ü: Rosemarie Ziegler.
**Agankara** — Theorie von der Realität des eigenen Ichs, der eigenen Persönlichkeit.

**«Ich ging zu Aschoka»**: 1914/15. E: in Npr, 1940. Ü: Peter Urban.
**Aschoka** — indischer König, vgl. Anm. in *Ka,* desgl. **Lejla.**

**«Wir nahmen $\sqrt{-1}$»**: 1914. E: SS Bd V, 1933: Ü: Peter Urban. Vgl. in *Kappe des Skythen* die Stelle über das Unterseeboot.

**Ka**: 1915. E: in Sb *Moskauer Meister,* 1916. Ü: Rosemarie Ziegler.
Unter Chlebnikovs nachgelassenen Papieren findet sich auch ein Zettel mit dieser Notiz: «‹Ka› habe ich am 22. Februar 1915 begonnen, abgeschrieben am 9.—10. März 1915.» Zu *Ka* vgl. auch *Mein Eignes.*
1
**Andree** — Salomon August, 1854—1897, schwedischer Ingenieur, der 1897 im Freiluftballon zum Nordpol flog und dabei verunglückte.
**Masr** — althebräische Bezeichnung für Ägypten, Ägypter.
3
**Amenophis** — Amenophis IV. Ägyptischer König, Sozial- und Religionsreformator, der anstelle der Vielgötterei die Anbetung der Sonne als der obersten Gottheit einführte, des «Aton». Amenophis nahm infolge seiner Reformation den Namen Echnaton (der Aton Angenehme) an.
**Ai** — Aji, Eje, Oberster Priester des Aton.
**Schururu** — Priester, Freund Amenophis' IV.
**Nofretete** — Frau Amenophis' IV.
**Chepru-Ra** — Sonnen-Käfer. Nefer-Chepru-Ra: Anrede der Pharaonen.
**Such** — Sutjech, Gottheit asiatischer Herkunft, Gott des Wassers.
**Mnevis** — der heilige Stier.
**Bennu** — der Feuer-Vogel, Phönix.
**Chapi** — der Nil.
**Schesch** — Hech, Gott der Ewigkeit.

**Akbar** — Großmogul Hindustans (1542—1605), eroberte ganz Nordhindustan, einigte die verschiedenen Völkerschaften seines Reiches und führte die Gleichheit aller Glaubensbekenntnisse ein.

**Aschoka** — berühmter indischer König (259—222 v. Chr.), der zum Buddhismus übertrat und diesen durch seinen Sohn Mahendra nach Ceylon verpflanzen ließ, das von da an Hauptsitz des Buddhismus wurde. Bekannt auch durch die Inschriften, die er in den verschiedensten Teilen seines Reiches einhauen ließ, die eine Hauptquelle für die Erforschung der älteren indischen Sprachen darstellen.

**Sikorskij** — Igor Ivanovič S., geb. 1889, russischer Flugzeugkonstrukteur; 1913 erstes viermotoriges Flugzeug; Hubschrauber.

**Widschaj** — mythischer Kaiser, erster arischer Eroberer Ceylons.

**Ivan Ivanovič** — ein «Niemand», Ivan — Hans, auch im Russischen sehr häufiger Name.

4

**«Masich al Dedschal»** — der Antichrist in der arabischen Mythologie.

5

**eine Tanka** — japanische Versform, beschrieben in Chlebnikovs Brief Nr. 41, Anfang 1913.

**Montezuma** — letzter Herrscher Mexikos (1480—1520), zu dessen Lebzeiten Mexiko von den Spaniern erobert wurde.

**Lejla** — Lejla und Medschnun (in Chlebnikovs Transkription Lejli und Medlum), Name zweier arabischer Liebender, die zwei verfeindeten Beduinenstämmen angehörten — Romeo und Julia der arabischen Poesie, besungen im Versepos des persischen Dichters Nisami.

6

**Isanagi** — Name einer japanischen Gottheit, Schöpfer Japans. Mit seiner Schwester, die er heiratete, Ahnherr sämtlicher Götter Japans.

**Tamara** — Gestalt aus Lermontovs romantischer Verserzählung *Der Dämon* (1841), dem unschuldigen Mädchen aus Georgien, dem der Rebell und Dämon zum Verhängnis wird; **Gadal** — ihr Vater, der Fürst.

7

**Hannon** — berühmter karthagischer Seefahrer im V. Jahrhundert, bereiste die afrikanische Küste.

**Ade-Sahi** — «Sahib»? (Arabische Anrede für «Europäer».)

**Hatschepsut** — Königin der 18. Dynastie, 1479—1457.

**Teje** — Teji, Mutter Amenophis' IV.

**Anchnespaaton** — Tochter Echnatons.

8

**Uschepti** — Statuetten, Stellvertreter der Gestorbenen in dieser Welt.

**Osiris** — Gott der Fruchtbarkeit und der Landwirtschaft.

**Gator** — Göttin des Himmels, mit dem Kopf einer Kuh.

**Sobek** — Gott des Wassers, mit dem Kopf eines Krokodils.

**Rabisu** — ägyptischer Statthalter.

**Chau-chau** — die folgenden Worte sind Zaum-Sprache Chlebnikovs, vgl. *Mein Eignes*. Zu *Ka* vgl. auch die Zeichnung Chlebnikovs.

9

**Mendelejev** — Dmitrij I., 1834—1907, russ. Chemiker und Gelehrter; Arbei-

ten über Ausdehnung der Gase und Systematisierung der chem. Elemente aufgrund ihrer Atomgewichte.
«**Und auf den Weg**» — Vierzeiler auf den Tod des Dichters I. Ignatjev, der sich 1914 das Leben genommen (die Kehle durchgeschnitten) hatte.
**Die Kappe des Skythen**: datiert: 6. VII. 1916. E: Nch Nr. 11, 1929. Ü: Rosemarie Ziegler. — In Nr. 11 Nch teilt A. Kručonych mit: «Das Manuskript der ‹Kappe des Skythen› hatte offensichtlich 13 Blatt, uns liegen aber nur 5 Seiten vor: 1—4 und 13.» Die Seiten 7—10 fanden sich unter den Manuskripten, die P. Miturič der Redaktion der SS übergab, die Seiten 6 und 11—12 fehlen. In Bd IV SS stellt die Redaktion abschließend folgende Vermutung auf: «Wahrscheinlich ist ‹Ka 2›, das von Chlebnikov erwähnt wird, nur ein zweiter Name für die ‹Kappe des Skythen›.»
**Stribog** — in der slavischen Mythologie vermutlich Gott der Winde — im *Igorlied* werden die Winde als seine Enkel bezeichnet.
**Lada** — Göttin des Frühlings in der slavischen Mythologie.
**Podaga** — erfundene Göttin der slavischen Mythologie, offenbar Göttin des Waldes, der Bäume.

«**Wieder ging ich die gelben ...**»: E: SS Bd IV, 1930. Ü: Rosemarie Ziegler.

**KA$^2$**: geschrieben 1916 (vgl. Brief an G. Petnikov vom 30. September 1916). E: 1933 in Bd V SS. Ü: Peter Urban. — Gedruckt ist in Bd V SS allerdings nur eine Kopie, die D. Petrovskij angefertigt und auch redigiert hat.
Zur Entstehungsgeschichte dieses «autobiographischen» Texts teilt D. Petrovskij mit: «Die autobiographische Erzählung KA$^2$ begann er am ersten Tage unserer Bekanntschaft zu schreiben, dem Tage, an dem wir gemeinsam die Flugzeuge in Chodynka anschauen gingen. Sie umfaßt die voraufgegangenen Ereignisse in Petersburg, von wo Chlebnikov eben gekommen war, und die weitere Periode unserer ersten Begegnungen (ich bin darin mal der Doppelgänger, mal der Zaporoger). Die Erzählung ist nicht beendet, ich habe sie mir während ihrer Entstehung abgeschrieben. Ihr weiteres Schicksal ist mir unbekannt.»
Von Petrovskij stammen auch folgende Erklärungen:
**Schädel Bajdas** — Bajda: Beiname Dmitrij Višneveckijs im ukrainischen Volkslied. Chlebnikov spielt hier auf ein Bild David Burljuks an, das den Zaporoger Bajda darstellt.
**das Gesicht eines grauhaarigen deutschen Gelehrten** — beschrieben wird hier das Äußere Vjačeslav Ivanovs, dem Chlebnikov («mein Sturm und Drang») zumindest bis 1909 sehr nahegestanden hatte.
**Ecke Sadovaja** — in Moskau. — **Tverskaja** desgl.
«**ägyptische Nächte**» — Anspielung an gleichnamigen Text A. Puškins. Vgl. auch Chlebnikovs *Mein Eignes*, über *Ka*. **Ruslan und Ljudmila** — Verserzählung von Puškin.

«**Čao plätscherte durchs Gehör**»: 1915/16? E: SS Bd IV, 1930. Ü: Peter Urban. Von der Redaktion der SS aus den «Notizbüchern 1915/21» herausgelöst und nicht näher datiert, gehört dieser Text offensichtlich in die zeitliche Nachbarschaft von *Ka* und *KA$^2$*.

**Manu** — («Mensch»), in der Veda der Vater der Menschen, spielt die Hauptrolle in der indischen Sintflutsage. M. schenkte einem Fisch, den er in seinem Waschwasser fand, das Leben, der ihm dafür das Kommen einer Sintflut voraussagte und, als diese eintrat, Manus Schiff auf den Himalaja zog, während alle anderen Menschen vertilgt wurden. Aus Dickmilch, Butter und Quark formte sich M. eine Frau, mit der er dann die Menschen zeugte. Außerdem gilt M. als Autor des berühmtesten indischen Gesetzbuchs.
**Hiawatha** — «der Sucher des Wampumgürtels», Indianerhäuptling, Held des epischen Gedichts von Longfellow (1855).
**Vasja Kamenskij** — Vasilij Kamenskij, s. Register.
**Fu-si** — chinesischer Prophet, 3. Jahrtausend v. Chr.

**Esir:** geschrieben 1918/1919? E: 1924 in *Russischer Zeitgenosse,* Nr. 4. Ü: Rosemarie Ziegler. — Erschien 1924 mit folgender Anmerkung: «Das Manuskript ist zu verschiedenen Zeiten geschrieben worden, teils in der alten, teils in der neuen Orthographie. Redaktion von G. Vinokur.» Dieser Hinweis bedeutet, daß Chlebnikov den Text 1916/17 begonnen, u. U. aber erst 1918 abgeschlossen hat (Reform der russischen Orthographie 1917/1918).
**Kulala** — langgestreckte unfruchtbare Insel im nordöstlichen Teil des Kaspischen Meeres.
**Budarka** — reg. Flußbarke.
**Kutum** — Arm der Volga bei Astrachan.
**Razin** — Stepan (Stenka) Razin, Führer des Kosaken- und Bauernaufstandes von 1667—1670. Hauptschauplatz des Aufstandes: die untere Volga, Astrachan und die Küste des Kaspij. Razins Truppen eroberten Caricyn, Saratov, Samara und wurden vor Simbirsk im Oktober 1670 von den Heeren des Zaren geschlagen, Stenka Razin wurde im Juni 1671 hingerichtet. Razin ist Held vieler russischer Volkslieder, Märchen und Sagen, eine Gestalt, die Chlebnikov besonders fasziniert hat.
**Aurangsep** — Großmogul, 1658—1707, Feldherr, für seine Grausamkeit und List bekannt (ließ all seine Brüder vergiften, hielt seinen Vater bis zu dessen Tod gefangen), fanatischer Verfolger der Hindu. Vergrößerte sein Reich durch zahlreiche Kriege.
**Nanak** — Stifter der Sekte der Sikh, 1469—1538, versuchte die Religionen des Islam und der Hindu zu vereinigen, eine Idee, die bereits in den Lehren des Religionsreformators **Kabir** (XV. Jh.) vorbereitet war.
**Guru** übersetzt der dt. Brockhaus (1901—1907) mit «Stellvertreter»: als Nanak starb, setzte er seinen Diener als seinen Stellvertreter (Guru) ein.
**Govind** — Sohn und Nachfolger des Sikh-Oberhauptes Ardschun, der die Sikh im XVII. Jahrhundert zu einem Kriegervolk umbildete. **Tegh-Bahadur**, Nachfolger Govinds, von Aurangsep 1675 hingerichtet.
**Aum** — Ôm, Ausruf in indischen Gebeten.
**Kala-Hamsa** — Kala ist eine indische Todesgottheit.
**Švetambara** — (die in Weiß Gehenden, sanskr.) indische Sekte, entstanden zur gleichen Zeit wie der Buddhismus.
**Lebedija** — im Altertum Name des Steppengebiets zwischen Volga und Don.

**Sjumer-Ula** u. a. — von Chlebnikov selbst übersetzte Begriffe aus der tatarisch-mongolischen (?) Mythologie.
**Stutenmilch** — auch: Titel eines futurist. Sb.
**Dschingis-bogdo-Chan** — Herrscher der Mongolei, XII. Jh., Eroberer eines Teils von China, der Mandschurei, vereinigte unter seiner Macht ganz Mittelasien.
**«Jakschi Russ»** — Guter Russe.
**Ljalja** — Gottheit der weißrussischen Mythologie, Gott der Liebe.
**Kudašku-Bilik** — Sammlung von Aussprüchen und Weisheiten aus der Zeit Dschingis-Chans.
**Aschai** — falls Sanskrit, kann dieses Wort «erhalten, erlangen, empfangen» bedeuten.
**Kali** — Göttin der indischen Mythologie, Tochter des Himalaja.


**Zeit, Maß der Welt**

**Neue Lehre vom Krieg:** 1914. E: in *Die Schlachten der Jahre 1915—1917*, 1915. Ü: Peter Urban.
Über die Entstehung dieser Broschüre vgl. Chlebnikovs Briefe 1914/15 an Michail Matjušin, den Verleger dieses Bandes (24 Seiten); vgl. auch den Aufsatz *Lehrer und Schüler*. — Diese Arbeit ist in keine der russischen Chlebnikov-Ausgaben aufgenommen worden, übersetzt wurde nach der Erstausgabe, die die Interpunktion sehr locker handhabt, vermutlich auch Fehler enthält. — Vgl. auch *Erzählung vom Fehler*, Teil 1.
**Česme, Sieg von Česme** — Sieg der russischen Ostseeflotte über die türkische, sichert den Russen die weitere Herrschaft im Schwarzen Meer.
**§ 5.** — fehlende Zahlen auch in der russischen Ausgabe nicht belegt, desgl. die Zahl 1271 in § 6. Fragezeichen Chlebnikovs.

**Zeit Maß der Welt:** E: in Sb *Genommen*, Dezember 1915 (der erste Teil: *Er heute. Ufer am Himmel*); mit dem zweiten Teil, «II», als Einzelbroschüre 1916. Ü: Peter Urban.
**N. G.** — Natalija Gončarova, Frau Puškins.
**Marija Baškirceva** — ukrain. Malerin, 1860—1884, deren Tagebuch 1887 veröffentlicht wurde.
**Upravda** — Kaiser Justinian, 438—565, war, der Legende nach, slavischer Abstammung und legte den Namen Justinian erst an, als er byzantinischer Kaiser wurde.
**Solovjov** — Sergej S., 1820—1879, Historiker, der die Geschichte als eine Einheit definiert, deren Triebkraft die Staatsmacht sei.
II
**Batyj** — Batu, Enkel Dschingis-Chans und Neffe des mongolischen Großchans Ögödäi, unterwarf 1237—1240 Kipčak, Volgabulgaren, Rußland (Volgagebiet, Rjazan, Moskau, Vladimir).
**Kubilaj-Chan** — Großchan der Mongolen und Kaiser von China (1280 bis 1294), unter dessen Herrschaft fast ganz Asien stand.

**Blatt I von 317:** datiert mit «19. IV. 17». E: in *Jahrbuch* Nr. 2, 1917. Ü: Peter Urban.

**Zweikampf mit Hammurabi:** 1917. E: in *Jahrbuch* Nr. 4, 1918. Ü: Peter Urban.

### Wir, die Vorsitzenden des Erdballs

**Vorschläge**: zwischen 1914 und 1916. E: teilweise im Sammelband *Genommen*, Dezember 1915, und Nch Nr. 12, 1929; in dieser Zusammenstellung erst in SS Bd V, 1933. Ü: Rosemarie Ziegler.
Vgl. weiter unten Texte, die einzelne Vorschläge ausführlicher dartun (*Bund der Erfinder* u. a.).
**Kalpa** — Weltperiode in der indischen Mythologie.

**Wir und die Häuser:** geschrieben Ende 1914/Anfang 1915. E: SS Bd IV, 1930. Ü: Rosemarie Ziegler.
**Ostrovskij, Ostern, Osten** — Wortspiel, im Original mit den Wörtern: posolon': dem Weg der Sonne folgend, von Osten; «sol'»: Salz; «solonka»: Salzfaß; wörtlich übersetzt lautete der Satz: «Wenn die Menschen Salz sind, muß dann das/ihr Salzfaß nicht dem Lauf der Sonne folgen?»
**Stra** — bei Chlebnikov «ul-»; «ulica»: Straße. Chlebnikovs Beispielwörter sind: «ulica», «ulej» (Bienenstock, Bienenkorb), «ulika» (Beweis, Beweisstück, corpus delicti), «ulybka» (das Lächeln).
**Zamoskvorečje** — Stadtteil Moskaus, und zwar jener Teil jenseits der Moskva, vom Kreml aus gesehen.
**Zukünstler** — Neologismus analog zum Wort Budetljanin; russ. «Budrye».
**im bezaubernden Gedicht aus den vier Worten** — «goum, moum, suum, tuum»: Zaum-Worte, vgl. das Gedicht *Glockenläuten auf den Verstand* Teil 1.
**I und E** — Selbstzitat, vgl. *Nachzuwort zu «I und E»*.

**Lebedija der Zukunft:** 1915: E: Nch Nr. 10, 1928. Ü: Rosemarie Ziegler.
**Lebedija** — im Altertum Name des gesamten Steppenlandes zwischen Don und Volga.
**Zadruga** — Genossenschaft, Verband. Ein slavisches Wort, im Serbischen z. B. bis heute geläufig, im Russischen verloren.

**Brief an zwei Japaner:** 1916, E: *Jahrbuch I* 1916. Ü: Rosemarie Ziegler.
In *Jahrbuch* sind auch die Namen der beiden Japaner genannt: Siotaroo Jamana und Teoeoo Morita, und am Ende des Buches findet sich folgende Notiz: «Die japanischen Jünglinge wandten sich in der Zeitung ‹Russisches Wort› vom 21/X/1916 an die Jünglinge Rußlands, sich mit ihnen zu vereinigen. Zur Antwort wurde von dem Verlag ‹Liren› ein Kongreß der Jugend in Tokio vorgeschlagen, dessen Termin noch bekanntgegeben wird.»
**Kokumin Simbun** — japanische Zeitung, die diesen Brief abdruckte.

**«Man kann baden in der Menge der Tränen ...»**: nach Auskunft von G. Petnikov geschrieben 1916. E: in SS Bd V, 1933. Ü: Peter Urban.

**Trompete der Marsianer:** geschrieben Sommer 1916. E: Charkov 1916 unter diesem Titel, nachgedruckt in SS Bd V, 1933. Ü: Rosemarie Ziegler.

**Balašov** — zerschnitt 1913 Repins Bild *Ivan der Schreckliche erschlägt seinen Sohn.*

**Lanze in die Zukunft (Ljalja auf dem Tiger):** Anfang 1917. E: in Sb *Nördliche Chrestomathie,* 1918. Ü: Peter Urban.

**«Auf den greulichen Gipfel»** — Zitat aus dem Lyrikband Petnikovs *Paportnik,* 1915.

**«Der Herzen...»** — Zitat aus einem Božidar gewidmeten Gedicht Asejevs.

**Letorej** — wie **Oj konin** Titel eines Asejev-Gedichtbandes, erschienen 1915 und 1916. «Letorej» nannte sich auch der von Petnikov und Asejev betriebene Verlag.

**Vladimir der Wolkige** — V. Majakovskij, dessen Verserzählung *Wolke in Hosen* vor kurzem erschienen war. **«He, ihr! Himmel, zieht die Mütze»** ein Zitat daraus.

**Freiheit, Wille** — im Russischen ein Wort («volja»).

**Marija Sinjakova** — Malerin, später Frau von N. Asejev.

**Aufruf der Vorsitzenden des Erdballs:** geschrieben März/April 1917. Zwei Fassungen: die Prosafassung («Nur wir — sind die Regierung des Erdballs»), erstmals publiziert in SS Bd V, 1933; Ü: Rosemarie Ziegler, wird von der Redaktion als die ursprüngliche Version angegeben, die Chlebnikov dann in ein Gedicht umgearbeitet hat. Die Gedichtfassung ist (vermutlich von Chlebnikov selbst) datiert: 21/IV-1917. E: im Sb *Jahrbuch II,* 1917. Ü: Peter Urban. Die Gedichtfassung, die sich in einigen Formulierungen wesentlich vom ersten Entwurf unterscheidet, ist in freien Versen geschrieben, ohne Reime und weitgehend auch ohne die sonst für Chlebnikov-Gedichte charakteristischen Merkmale.

**11 Laute** — gosudarstvo.

**«Nur wir, die wir eure drei Kriegsjahre»:** datiert mit «21/IV-1917», E: in *Jahrbuch* Nr. 2, 1917. In einer Werk-Liste betitelt mit «Manifest der Vorsitzenden des Erdballs». Ü: Peter Urban.

**Thesen für ein öffentliches Auftreten:** nach Auskunft von G. Petnikov zusammengestellt Ende April. E: in SS Bd V, 1933. Ü: Peter Urban.

**«Wir, die Vorsitzenden des Erdballs»:** E: Juni 1918 in Sb *Ohne Musen,* nachgedruckt erst in Npr 1940. Ü: Peter Urban.
In einem Werkverzeichnis, das Chlebnikov sich häufig anlegte, fungiert dieses Manifest 1922 als «Manifest der Skythen».

**Bund der Erfinder:** vermutlich Herbst 1918. E: in Nch, Nr. 24, 1933. Ü: Peter Urban.

**«Irgendwann einmal wird die Menschheit»:** 1918/19. E: SS Bd V, 1933. Ü: Peter Urban.

**Eröffnung einer Volksuniversität:** E: 29. XI. 1918 in der Zeitung *Roter Krieger,* dem Organ des lokalen Militär-Sovets der Südfront, nachgedruckt erst in Npr, 1940. Ü: Peter Urban.
Teil I (in Kursivsatz) ist der redaktionelle Vorspann, nur die *Gedanken aus gegebenem Anlaß* (gezeichnet mit «V. Ch.») stammen von Chlebnikov.
**Berg Bogdo** — Berg in den Kirgisensteppen auf dem linken Volga-Ufer.

**Rede in Rostov am Don:** geschrieben 1920. E: SS Bd V, 1933. Ü: Peter Urban.

**Genosse Schicksal** — Wortspiel mit einem Namen: Rjurik Rok («rok» — Schicksal), Angehöriger der kurzlebigen Dichtergruppe der Ničevoki (einer Gruppe von Epigonen der Imaginisten und Futuristen), brachte 1922 einen Sb heraus, die *Hundekiste.*

**Radio der Zukunft:** geschrieben 1921, in Pjatigorsk. E: in Zs *Rotes Neuland,* Nr. 8/1927. In Pjatigorsk war Chlebnikov bei der lokalen ROSTA angestellt. Der Text existiert in 2 Varianten — einer vollständigeren (mit dem Vorspruch über «Das Wort Rosta ...»; Ü: Peter Urban) und einer (von D. Kozlov) im *Roten Neuland* ohne diesen Absatz gedruckten Fassung. Ü des *Radios:* Rosemarie Ziegler.

**Mečnikov** — 1845–1916, russischer Biologe. Nobelpreis 1908.

**An Alle! Alle! Alle!:** 1919/21. E: SS Bd V, 1933. Ü: Rosemarie Ziegler.


**Aus der Zukunft**

**«Aufmerksamkeit. Eine Straße der Zukunft»:** E: in Nch, Nr. 21, 1931. Lt. Mitteilung von Aleksej Kručonych Fragment aus dem verlorengegangenen Theaterstück *13 in der Luft,* 1916?

**Vor dem Krieg:** datiert mit «20. I. 1922», E: in SS Bd IV, 1930; eine Variante desselben Texts erschien 1922 in der Zs *Das Schiff.* Ü: Rosemarie Ziegler.

Unter diesem Titel hatte Chlebnikov schon Ende 1914 einen Gedichtzyklus geplant, der dann jedoch nicht realisiert wurde.

**Jaroslavna** — Frau des Igor von Novgorod-Seversk, bekannt ist die *Klage der Jaroslavna* aus dem *Igorlied.*

**Oktober an der Neva:** nach Auskunft von D. Petrovskij 1917/18 geschrieben. E: SS Bd IV, 1930. Ü: Rosemarie Ziegler.

**Petrograd — Wettrograd** — spielt mit dem Klang bzw. der Bedeutung des Wortes «Wind» («veter»). Petrograd, Stadt der Winde.

**Ivnjov** — Rjurik (Pseud. f. Michail Kovaljov), geb. 1893, Lyriker des Ego-Futurismus, Prosa unter Belyj-Einfluß. Lyrik: *Selbstverbrennung,* 1913 bis 1916 (3 Bde); *Die Flamme lodert,* 1913; *Gold des Todes,* 1916; *Selbstverbrennung,* 1917, u. a.

**Guriet el-Ajn** — persische Lyrikerin und Kämpferin für die Gleichberechtigung der Frau, vgl. Anm. zu den *Tafeln des Schicksals,* w. u.

**«Niemand wird bestreiten, daß ...»:** 1918. E: SS Bd IV, 1930. Ü: Rosemarie Ziegler.

**«Von gewissen Gebieten»** bis einschließlich **«— Ja, was ist denn?»:** 1921. E: SS Bd IV, 1930. Ü: Rosemarie Ziegler.

**Arakčejev** — Aleksej A. A., 1769–1834, führender Politiker unter Alexander I. und später auch Nikolaus I. und «Symbol autokratischer Reaktion». (G. Stökl).

**Lubki** — sg. Lubok, altrussische folkloristische Holzschnitte.

«Worauf sitzt du?»: 1919/21. E: SS Bd IV, 1930. Ü: Rosemarie Ziegler.

**Felsen aus der Zukunft**: 1919/21. E: SS Bd IV, 1930. Ü: Rosemarie Ziegler.

«**Rauhe Schönheit der Berge**»: aus den Tagebüchern 1915/21, E: SS Bd IV, 1930. Ü: Peter Urban.

«**Ja, was denn?**»: 1919/21. E: SS Bd IV, 1930. Ü: Rosemarie Ziegler.

**Razin**: 1922. E: SS Bd IV, 1930. Ü: Rosemarie Ziegler.
**Razin** — vgl. oben, vgl. auch Anm. zu *Razin* in Teil 1.
**Troizen** — Dreieinigkeit(en) bzw. Pfingstfeste.


**Gamma des Budetljanin**

«**An die Maler der Welt**»: datiert: 13. IV. 1919. E: SS Bd V, 1933. Ü: Peter Urban.
Zum Titel: das Wort «chudožnik» bedeutet nicht nur Maler, sondern zugleich auch «Künstler». Da der Aufsatz aber eindeutig über Malerei beginnt und zudem von Vladimir Tatlin in Auftrag gegeben worden war, hier mit dem «einengenden» *Maler* übersetzt.
Zur Entschlüsselung der «Sterne» des Alphabets vgl. das Kapitel *Sternensprache* in Teil 1.

«**Man sagt, Gedichte müßten...**»: Fragment ohne Titel, vermutlich 1919 entstanden. E: Bd V SS, 1933. Ü: Peter Urban.
**Sofja Kovalevskaja** — 1850–1891, berühmte Mathematikerin, Arbeiten über Differentialrechnung, Gesetze der Mechanik, befaßte sich auch mit Astronomie (u. a. dem Ring des Saturn).
**Vladimir:** Vladimir I. Großfürst des alten Kiever Reichs.
**Gastev** — Aleksej Gastev, 1882–1941, Lyriker im Umkreis des Proletkult, Publikationen ab 1904. G. «feierte die industrielle Macht, die Einheit der Arbeiter bei der Arbeit und im Kampf, die Unausweichlichkeit ihres Sieges» (Kratkaja Literaturnaja Ėnciklopedija). Gedichte, die den Arbeitsvorgang illustrieren und erklären, zugleich belehren, wie man ihn rationeller ausführen kann, mit konstruktivistischen Illustrationen. *(Wie man arbeiten soll,* 1921; *Päckchen mit Ordern,* 1921).
**Aleksandrovskij** — Vasilij D. A., 1881–1925, einer der ersten proletarischen Dichter; *Aufstand, Der Norden* (beide 1919), trat nach Auflösung des Proletkult 1920 der proletarischen Schriftstellervereinigung *Die Schmiede* bei.

«**Über zeitgenössische Lyrik**»: geschrieben 1919/20, E: in der Zs *Wege des Schaffens*, Nr. 6/7, 1920. Ü: Peter Urban.
**Aleksej Michajlovič** — russischer Zar, 1645–76.
«**Milieu der Fluchten**» — Titel zweier Bücher von G. Petnikov, 1918 erschienen. Chlebnikov zitiert daraus, die Asejev-Zitate stammen aus dem Buch *Letorej*.

**Unsere Grundlage**: E: im Sammelband *Liren,* 1920 (Charkov). Geschrieben vermutlich bereits Ende 1919. Ü: Peter Urban.
**Moseley** — 1887–1915, englischer Physiker, fand 1913 das M.sche Gesetz:

die Linien des Röntgen-Spektrums verschieben sich regelmäßig entsprechend den Ordnungszahlen des Periodischen Systems.
**Lorentz** — Hendryk Antoon Lorentz, 1853—1928, niederländischer Physiker, Begründer der Elektronentheorie, Nobelpreis 1902.
«**Jene Welt**» usw. — die gegenüberstehenden Kolonnen sind in erster Linie durch den Anlaut bestimmt. Chlebnikovs Beispielwörter russisch, mit der jeweils wörtlichen Übersetzung:

1. telo, tuša — ten'
   (Körper, ausgeweidetes Tier) (Schatten)
2. tuchnut' usw. — tuchnut' usw.
   (Vgl. die wörtliche Übersetzung vorn im Band)
3. voskresat' — kresalo i ognivo
   (auferstehen) (Feuerstrahl und Brennmaterial)
4. delo, duša — den'
   (Tat, Seele) (Tag)
5. molodost', molodec — molnija
   (Jugend, junger Kerl) (Blitz)
6. groznyj — groza
   (schrecklich, streng) (Gewitter)
7. solodka, sladost' — solnce (solnija)
   (Süßholz, Süßigkeit) (Sonne) («solnija» analog zu «molnija» — Blitz, Blitzstrahl)
8. soj, sem'ja, syn, semja — sijat', solnce
   (?, Familie, Sohn, Same) (strahlen, Sonne)
9. temja, tyl, telo — tijat'
   (Scheitel, Rücken, Körper) (analog zu «sijat'»)
10. čerti — černyj cvet
    (die Teufel) (schwarze Farbe)
11. merzost' — merznut'
    (Garstigkeit) (frieren, gefrieren)

usw.

**Dyr bul ščel** — Lautgedicht von A. Kručonych (1913), vgl. *Über Kunstwerke* (gemeinsam mit A. Kručonych, 1913) in diesem Band.
**Mantsch, mantsch!** — Selbstzitat Chlebnikovs, vgl. die Erzählung *Ka*, 1915.
«**Du athmest ...**» — Zitat aus dem Gedicht *Nachdenken aus Anlaß des Donners* von I. Dmitriev.

**In der Welt der Ziffern:** 1920. E: in der Zs *Voenmor*, Baku, Nr. 49/1920. Ü: Peter Urban. Nachdruck erst in der Münchner Ausgabe, Bd III, 1972. Markov: «mit groben Druckfehlern, die ohne das Original nicht korrigiert werden können».
Zahlreiche Bezüge, die dieser Text herstellt, klarer in den *Tafeln des Schicksals*; beide bauen auf den früheren Zahlen-Theorien auf (*Neue Kriegslehre* u. a.).

**Auszug aus den Tafeln des Schicksals:** 1922. E: 1922/23. Ü: Peter Urban. Die *Tafeln des Schicksals* erschienen als 3 Einzelhefte zu je einem Bogen, doch durchgehend paginiert und in Heft 3 mit einem Inhaltsverzeichnis für alle Hefte. Nur das erste Heft («Blatt») erschien noch zu Lebzeiten des Autors. Der hier gedruckte Text ist nur um drei Gedichte gekürzt, deren wichtigstes (*«Ausgabe und Mühe und Reibung»*, vgl. auch verschiedene deutsche Fassungen) in Teil 1 dieser Ausgabe abgedruckt ist.

**«Dobrokuznja»** — soviel wie Gutschmiede, Schmiede, in der das Gute geschmiedet wird.

**Ahriman und Ormuzd** — Ahriman (armenisch Arhmn; griechisch Areimánios), in Zarathustras Religion das Prinzip des Bösen, Vater der Lüge, Ursprung alles Bösen und oberster Teufel, Gegner des heiligen, heiligsten Geistes (Ormuzd).

**Čitež-Grad** — vgl. russisch čitat' — lesen; dieselbe Wurzel auch in sčitat' — zählen.

**Gopak** — kleinrussischer Tanz, Hopser («gop!» auch als Interjektion, «hopp!»).

**Vseobuč** — Abkürzung für vseobščee obučenie, allgemeine Ausbildung, im militärischen Bereich.

**Mirza-Bab** — Mirza-Bab-Ali-Mohammed, Begründer der Sekte der Babiden (Bâbî), Reformator des Islam, der sich «Bab» (die Himmelspforte) nannte und wesentliche Bestimmungen des Koran revidierte, u. a. die Unterdrückung der Frau. 1849 in Täbris erschossen. In Chlebnikovs Notizen findet sich die Bemerkung: «M.-B. am 5. Okt. 1819 geboren», «begann seine Prophetie in Machmed-Schaha». **Guriet el-Ajn** — Babidin und überzeugte Anhängerin, «Apostel» Mirza-Babs, Dichterin, ebenfalls hingerichtet; ihr Beiname: **Tahiré**. Guriet el-Ajn im Volkslied besungen. Vgl. den Persienzyklus Chlebnikovs in Teil 1.

**Kolčak** u. a. — weißgardistische Generäle im russischen Bürgerkrieg; Aleksandr **Kolčak** (1873–1920), Anton **Denikin** (1872–1947), Pjotr **Krasnov** (1869–1947), Pjotr N. **Vrangel** (1878–1928). Lavr **Kornilov** (1870–1918). Vgl. zu «K» (Kolčak, Kaledin, Krasnov, Kornilov) *Zangezi* in Teil 1, Ebene VII f.

**Brjullov** — Karl Pavlovič Brjullov (Briullo), 1799–1852, Klassiker der russ. realistischen Malerei, stimmungsvolle Genrebilder, Volkstypen; sein Hauptwerk: *Der letzte Tag von Pompeji* (1830/33), inspirierte Bulwer zu dem gleichnamigen Roman.

**Aršin** — «Elle» (0,711 m = $2^{1}/_{3}$ russ. Fuß), im übertragenen Sinn: Maßstab.

**Befehle der Vorsitzenden des Erdballs (Vorserdbas):** datiert mit «30. I. 1922», E: in: *Bote Velimir Chlebnikovs,* I, Moskau (Februar) 1922 (100 Expl.). Ü: Rosemarie Ziegler.

**Notizen**

Unter diesem Titel sind in SS Bd V, 1933, Auszüge aus Chlebnikovs Notizbüchern, Heften, Blocks usw. publiziert worden. Die Eintragungen stammen aus den Jahren zwischen 1914 und 1922, sie sind im einzelnen — wenn nicht von Chlebnikov selbst — in der russischen Ausgabe nicht datiert; Anhaltspunkte zur Datierung zumindest einiger Notizen ergeben sich aus den Briefen.

**Igor Usypljanin** — verballhornter Name (für: Igor Severjanin); «usypat'» — einschlafen, in Schlaf verfallen; «usypit', usypljat'» — einschläfern.

**Richter können alle Rechte haben:**
**sieben Jahre** — vermutlich «vor sieben Jahren», diese Notiz dürfte mithin aus dem Jahr 1919 stammen.
**Toporkov** — ? Möglicherweise A. Toporkov, Mitarbeiter der nachsymbolistischen Zs *Trudy i dni* (Aufsätze über Goethe, Fichte).

**Versuchen wir, die Zeitgesetze zu sehen:**
**Poltava** — Verserzählung A. Puškins, die den Sieg der Russen 1709 über die Schweden und Peter I. als den Begründer Rußlands feiert.
**Zigeuner** — Verserzählung, in der Puškin die Geschichte eines Russen schildert, der, der Zivilisation entflohen, bei den Zigeunern «jenseits der Gesetze» sich in ein Zigeunermädchen verliebt und es später aus Eifersucht ermordet.
**Der Gefangene im Kaukasus** — schildert die Geschichte ebenfalls eines zivilisationsmüden Russen, der von einem Tscherkessenstamm gefangengenommen wird. Ein Mädchen, das sich in ihn verliebt und dessen Liebe der Gefangene nicht erwidert, begeht Selbstmord.
**Evgenij Onegin** — 1813—1830, Roman in Versen, Puškins Hauptwerk.

**Gleichung der Seele Gogols:**
**die heiteren Abende** — auf dem Vorwerk bei Dikanka, 1831/32, Erzählungen.
**der allgemeine Schandfleck des Jahres 1845** —
**Ermak** — German Timofejev, als Ataman der Donkosaken vom Zaren zunächst geächtet, dann begnadigt und zum Eroberer Sibiriens avanciert. Besiegte Kučum-Chan und zog 1581 in dessen Residenz **Isker** ein. Ermak ertrank 1584 im Irtyš, Held vieler Volkslieder.
**Kuropatkin** — russischer General, der Verlierer von Mukden im russisch-japanischen Krieg (10. März 1905).

**Die Verleger, die mich betrügen wollen:**
vermutlich 1920, vgl. die beiden Briefe an Osip Brik, Nr. 91, 92 (?).


**Autobiographisches**

**I:** datiert mit «5. 8. 14», Antworten auf eine Umfrage S. A. Vengerovs, der ein «Kritisch-bibliographisches Lexikon russischer Schriftsteller» vorbereitete. Übersetzt nach SS Bd V, 1933.
**Gymnasium** — 1898 in 3. Klasse des Gymnasiums von Simbirsk eingetreten, nach Übersiedlung der Familie nach Kazan Besuch des 3. Gymnasiums Kazan. Abitur am 27. Juni 1903.
**Universität** — August 1903 Eintritt in die Mathematische Abteilung der Phys.-Mathematischen Fakultät an der Universität Kazan. Juli 1904 übergewechselt zur Naturwissenschaftlichen Abteilung derselben Fakultät. Dann Universität Petersburg, wo er Oktober 1909 als Student im 3. Kurs der Naturwissenschaftlichen Fakultät zur Historisch-Philologischen Fakultät überwechselt. Am 17. 6. 1911 (wegen Nichtzahlung der Studiengebühren) von der Universität relegiert.

**Jungfrauengott, Spiel in der Hölle** — 2 längere frühe Verserzählungen, die aus Umfangsgründen nicht aufgenommen werden konnten.

II: vermutlich ebenfalls 1914 geschrieben, E: Npr 1940.

**«Muß man eine Erzählung mit der Kindheit beginnen?»**: 1919? E: 1928 in Nch, Nr. 1/2; Ü: Rosemarie Ziegler.

**Aus dem Tagebuch:** E: Nch, Nr. 11 und 12, M. 1929, nachgedruckt in Bd V SS, 1933. Ü: Peter Urban.
Die Redaktion der SS hatte, wie sie in den Anmerkungen festhält, «keine Möglichkeit, sich mit dem (von A. Kručonych publizierten) Manuskript bekannt zu machen», sie reproduziert daher den Text in der Auswahl und Redaktion von Aleksej Kručonych. Klar ist, daß dieser Text nur einen winzigen Bruchteil der autobiographischen Aufzeichnungen und Tagebücher Chlebnikovs darstellt, und offenbar ist keineswegs alles übrige Material verlorengegangen. Nicht klar ist in allen Fällen, von wem — ob von Kručonych oder der Redaktion der SS — die Konjekturen stammen, mit denen die Redaktion SS, in anderen Fällen zumindest, womöglich auch mit sehr, ziemlich freigebig umgeht.

**«Streunender Hund»** — Künstlerkeller in Petersburg, Treffpunkt von Autoren, Malern, Boheme.

**D'Antès** — Offizier, französischer Monarchist (1812—1895), tötete Puškin im Duell.

**von den 13 Lenzen ein Brief** — Mädchen von damals 13 Jahren, von dem Chlebnikov 2 Gedichte in den *Richterteich* II brachte, vgl. Brief Nr. 38 an Michail Matjušin.

**Z. S. Ch.** — Zinaida Semjonovna Chlebnikova, Schauspielerin, Frau des Arztes Boris Chlebnikov, eines Vetters von Chlebnikov.

**Nikolajeva** — vgl. Briefe Nr. 54/7, Bekannte Chlebnikovs in Moskau, studierte u. a. chinesische Kunst.

**Belenson** — A. Belenson, Lyriker, Verleger, Herausgeber der Almanache *Der Schütze*, 1915. Der geplante *Schütze* II kam nicht zustande.

**Repin** — Ilja Repin, 1844—1930, Maler. Vielleicht größter Maler des russischen Realismus.

**Lukomskij** — Georgij Lukomskij, Maler, geb. 1884.

**Šebujev** — Journalist und Schriftsteller, 1874—1937, Redakteur der Zs *Der Frühling*, wo 1908 ein Text Chlebnikovs erschienen war.

**Turkovskij, Lišnevskij, Boguslavskaja** — Bekannte Chlebnikovs.

**Lazarevskaja** — Vera Lazarevskaja, Frau des Schriftstellers Boris Lazarevskij (1871—1936).

**Budberg** — Baron Budberg; mit seiner Familie war Chlebnikov über Matjušin bekannt geworden, der dort Musikunterricht erteilte.

**Glebova** — G. Sudejkina, Olga, Schauspielerin.

**Lenskij** — Held aus Puškins Roman in Versen *Evgenij Onegin*, von Evgenij im Duell getötet.

**Grušnickij** — Gestalt aus Lermontovs Roman *Ein Held unserer Zeit*, der, in der Erzählung *Prinzessin Mary*, im Duell getötet wird; naßforscher Soldat und Angeber, Byronliebhaber und Anbeter von Schulterstücken.

**Pečorin** — Held des Lermontovschen Romans *Ein Held unserer Zeit*, einer

der Prototypen des «überflüssigen Menschen» in der russischen Literatur.
**Nataša Rostova** — Gestalt aus *Krieg und Frieden*.
**Ževeržejev** — L. I. Ževeržejev, 1881—1942, Verleger des Sammelbands *Bund der Jugend*.
**Urečnina** — Malerin, bürg. Name Sinjakova, Chlebnikov befreundete Familie; illustrierte futuristische Almanache.
**«Wolke in Hosen»** — eine der frühen Verserzählungen V. Majakovskijs.
**Šura** — Aleksandr V. Chlebnikov, Chlebnikovs älterer Bruder.
**Nadežda Vasiljevna** — Nikolajeva.


**Briefe**

Briefe von Chlebnikov sind sowohl in der Gesamtausgabe SS (Bd V, 1933) als auch in den Npr von 1940 enthalten. Alle danach vorliegenden Briefe sind in neue chronologische Reihenfolge gebracht und neu numeriert worden. Ü: Peter Urban.
Redaktionelle Konjekturen erscheinen in der deutschen Ausgabe in eckigen Klammern kursiv; Dinge, die Chlebnikov selbst durchgestrichen hat, in eckigen Klammern aufrecht. Runde Klammern — Klammern Chlebnikovs. Datierungen: in eckigen Klammern aufrecht — gesicherte Datierungen, meist durch das Datum des Poststempels belegt; vermutete Datierungen — in eckigen Klammern kursiv.

### 1.) An E. N. und V. A. Chlebnikov
Ins Gefängnis war Chlebnikov wegen Beteiligung an revolutionären Studentenunruhen in Kazan gekommen, wo er 1903 an der Mathematisch-Naturwissenschaftlichen Fakultät studierte.
**E. N.** — Ekaterina Nikolajevna Chlebnikova, geb. Verbickaja, Chlebnikovs Mutter.
**V. A.** — Vladimir Aleksejevič Chlebnikov, Chlebnikovs Vater.
**Vasiljev** — A. V. Vasiljev, Professor für Mathematik in Kazan, Mathematiker, der an der Verbreitung der Lehre Lobačevskijs einigen Anteil hatte.
**Katja** — Ekaterina Vladimirovna Chlebnikova, ältere Schwester Chl.
**Šura** — Aleksandr Vladimirovič Chlebnikov, älterer Bruder Chl.
**Vera** — Vera Vladimirovna Chlebnikova, jüngere Schwester Chlebnikovs.

### 2.) An E. N. und V. A. Chlebnikov
**Rumjancev-Museum** — berühmtes Museum, reiche Sammlung an altslavischen Handschriften und Drucken, ethnograph., zoolog., mineralog. Sammlungen.
**Tretjakov-Galerie** — Privatsammlung (Malerei).
**Vereščagin** — Vasilij V., 1842—1904, realistischer Maler, Schlachten (Napoleonische Kriege, *Krieg und Frieden* Tolstojs insp.), Historische und ethnograph. Motive, Landschaften.
**Kanova** — ?

### 3.) An E. N. und V. A. Chlebnikov
Adressen durchgehend russisch.
**per.** — **pereulok**: Gasse **Dom** — Haus.

**Uspenskij Sobor** — U.-Kathedrale, 1475–79, Kathedrale, in der die Zaren gekrönt und Metropoliten geweiht wurden, eine der größten russisch-orthodoxen Kirchen Moskaus.

### 4.) An Vjačeslav Ivanov

1908 war Chlebnikov Student an der Mathem.-Physik. Fakultät der Universität Kazan.
**die beigefügten Zeilen** — Chlebnikov schickte Ivanov 13 kurze Gedichte, darunter (vgl. Teil 1) die *Zärtigungen leichter Gedunken*, *Die Wolkinnen*, *Dort wo die Schalmeier lebten* u. a. Die Antwort V. Ivanovs, die vermutlich erfolgte, ist nicht erhalten.

### 5.) An V. V. Chlebnikova

**V. V.** — Vera Vladimirovna, Chlebnikovs jüngere Schwester.
**Tante Sonja** — Sofja Nikolajevna Verbickaja, Schwester der Mutter Chl.
**Onkel Saša** — Aleksandr Nikolajevič Verbickij, Bruder der Mutter Chl.
**Tante Varja** — Varvara Nikolajevna Rjabčevskaja, zweite Schwester der Mutter Chlebnikovs.
**Onkel Petja** — Petr Nikolajevič Verbickij, zweiter Bruder der Mutter Chl.

### 7.) An V. A. Chlebnikov

**Gr. Sudejkin** — Grigorij Semjonovič Sudejkin, Lehrer, Bekannter der Familie Chlebnikov.
**Tante Maša** — Marija K. Verbickaja, Frau von Aleksandr Verbickij.

### 8.) An E. N. Chlebnikova

**Gr. Sem.** — Sudejkin. Chlebnikov hatte 1906 an einer naturwissenschaftlichen Expedition (Pavdin-Felsen) teilgenommen, deren Eindrücke er schriftlich festhielt, der Artikel erschien 1911, Zeitschrift *Natur und Jagd*.
**ul.** — ulica: Straße.
**Kv.** — kvartira: Wohnung.
**Rjabčevskijs** — Verwandte Chlebnikovs mütterlicherseits, **Varvara Nikolajevna Rjabčevskaja:** Schwester der Mutter Chl., **Marusja:** Cousine, **Kolja:** Vetter Chlebnikovs.

### 9.) An E. N. Chlebnikova

### 10.) An Vasilij Kamenskij

Ende 1908 fuhr Chlebnikov von Petersburg nach Moskau (s. Brief Nr. 9) und von dort nach Svjatošino im Gouv. Kiev, er kehrte im Mai 1909 von dort nach Petersburg zurück. Beigelegt waren dem Brief nur 6 Blatt mit dem Text von *Grabhügel Svjatogors*; *Krymsches* (vgl. Teil 1 *Von der Krim was*) erschien erst im *Richterteich* II, 1913.
**die «Badenden» von Savinov** — Bild des Malers A. Savinov, das Chlebnikov auf einer Ausstellung der Akademie der Künste 1908 gesehen hatte.
**Vladimir** — Großfürst des alten Kiever Reiches, 979–1015.
**Snežimočka** — Theaterstück Chlebnikovs.
**die erste N° der Zeitung** — es handelt sich um die Zeitung *Der Lichtstrahl*, in deren Redaktion Kamenskij kurzfristig arbeitete und für die er Chlebnikov zur Mitarbeit aufgefordert hatte, zusammen mit allen damaligen großen Namen des (vorwiegend symbolistischen) Kulturbetriebs.
**uezd** — Kreis.

### 13.) An E. V. Chlebnikova
**Ekaterina Vladimirovna** -- Katja, Chlebnikovs Schwester.
**ein Zirkel** — vgl. Nr. 17, es handelt sich um einen Kreis jüngerer Autoren um die Zeitschrift *Apollon* (Petersburg).

### 14.) An Vjačeslav Ivanov
Juni 1909 fuhr Chlebnikov wieder für eine Zeit nach Svjatošino, bis August.
**Vera Konstantinovna** — V. K. Švarsalon, Stieftochter V. Ivanovs.
**Vokzal** — Bahnhof; nachdem Chlebnikov (im Aufsatz *Mein Eignes*) sagt, der *Tiergarten* sei im Moskauer Zoolog. Garten geschrieben, dürfte es sich, in diesem Brief, nicht um die erste Version des T. handeln.
**Carskosel. Vokzal** — Petersburger Bahnhof.

### 15.) An Vasilij Kamenskij
**Enkelin Malušas** — Verserzählung, erstmals publiziert im Sb *Der verreckte Mond*, 1913.
**Quer durch die Zeiten** — diese Idee wurde (lt. Chardžiev) nicht realisiert.
**Ati Nežit' Mochojelič** — gemeint ist der Schriftsteller Aleksej Remizov, der von der Petersburger Tageszeitung *Birževyja vedomosti* (Börsennachrichten) des Plagiats beschuldigt wurde, es ging um eine Erzählung in dem Sammelband *Italien* (zugunsten der Erdbebengeschädigten von Messina), 1909. In diesen ersten Jahren schätzte Chlebnikov die Autoren des «archaischen» Flügels der Symbolisten (Remizov, V. Ivanov, S. Gorodeckij) sehr hoch, vgl. auch Brief an Kamenskij (Nr. 10).
**Genosse Vasilij, [...]** — im Russ.: «továrišč Vasílij, požárišč vesélym», was etwa soviel bedeutet wie «Genosse Vasilij, Brenner Fröhlich» («požarišč», abgeleitet von «požar», Feuer, Brand).
**Herr Propper** — Herausgeber der *Birževyja vedomosti*.
**Gajdamak** — oder Hajdamak(en), ukrainische «Aufständische», Bauern und Kosaken der Ukraine, die sich 1768 gegen den polnischen Adel und die Städte erhoben.

### 17.) An E. N. Chlebnikova
Chlebnikov berichtet hier über seine literarischen Bekanntschaften, die er in der «Akademie des Verses» gemacht hat, einem Lese- und Diskussionsabend, der zweimal monatlich bei V. Ivanov stattfand. Es handelt sich vorwiegend um symbolistische und Autoren, die sich um die Zs *Apollon* gruppierten, die sich bald zum Organ der Akmeisten entwickelte.
**Auslender** — Sergej, 1886–1943, Schriftsteller. *Goldene Äpfel*, 1908.
**Gofman** — Viktor, 1884–1911, symbolistischer Dichter, Einflüsse der Lyrik Balmonts, beging 1911 Selbstmord in Paris.
**Gr. Tolstoj** — Aleksej N. Tolstoj, 1883–1945. Schriftsteller.
**Gjunter** — Johannes von Guenther, geb. 1891, Übersetzer aus dem Russischen, in Petersburg geboren und aufgewachsen, mit verschiedenen Symbolisten befreundet (A. Blok).
**Lubny** — in Lubny bei Odessa lebt die Familie Rjabčevskij, Chlebnikovs Verwandte mütterlicherseits.

### 18.) An A. V. Chlebnikov
**A. V.** — Aleksandr Vladimirovič — Chlebnikovs älterer Bruder, der im I.

Weltkrieg spurlos verschwand. Seiner Ausbildung nach war A. V. Naturwissenschaftler. — **Šura**: Koseform von Aleksandr.
**Makovskij** — Sergej Makovskij, 1878–1962, Kunstkritiker, Publizist, Herausgeber der Zs *Apollon*, «aktiver Gegner des Futurismus» (N. Chardžiev).

### 19.) An V. A. Chlebnikov
**ein anderes Drama** — vermutlich ist die Rede von dem *Teufelchen*, dessen Inszenierung jedoch nicht zustande kam.
**Veras Malerei** — Chlebnikovs Schwester studierte Malerei.
**Černov-Plesskij** — Maler, Lehrer von Vera Chl.
**Grigorjev** — Boris G., 1886–1939, bekannter Maler, mit Chl. aus der Zeit in Kazan bekannt; vgl. Grigorjevs Chlebnikov-Porträt Abb. 19; Teil 2.
**meine Notizen über P.** — die Notizen, entstanden anläßlich der naturkundlichen Expedition, s. o.

### 22.) An Familie Chlebnikov
**M-lle Adrienne** — Chlebnikovs Französischlehrerin in Kazan.

### 23.) An A. V. Chlebnikov
**daß ich bis heute die Vögel nicht geschickt habe** — Chlebnikovs Bruder arbeitete an einer Kollektion von Vögeln, wobei Chlebnikov mithalf. Chlebnikov schrieb auch zu dieser Zeit noch naturwissenschaftliche Aufsätze (sämtl. ungedruckt).

### 26.) An V. A. Chlebnikov
**Über den Richterteich** — gemeint ist der Sammelband *Richterteich* I, der 1910 erschien. Demnach dürfte die vermutete Datierung, so allgemein sie sein mag, stimmen. In diese Zeit fällt Chlebnikovs Bekanntschaft mit den Futuristen David Burljuk, Matjušin u. a.

### 27.) An A. V. Chlebnikov
**Ostwald** — Wilhelm O., 1853–1932, deutscher Chemiker, theoretische, physikalische und Elektrochemie, Naturphilosoph, Nobelpreis 1909.
Anm. in SS Bd V: «Das Ende des Briefes voller Tabellen und Rechnereien.»!!

### 28.) An Michail V. Matjušin
**Matjušin** (1861–1934), Maler und Musiker, Herausgeber verschiedener futuristischer Sammelbände (*Richterteich* I und II, *Brüllender Parnaß*, *Drei* u. a.), verheiratet mit Elena Guro (1877–1913). — Einen Sammelband mit Arbeiten Chlebnikovs herauszugeben, hatte Matjušin schon Ende 1910 geplant.
**El[ena] G[enrichovna]** — Guro.
Der geplante Band kam nicht zustande, alle von Chlebnikov an Matjušin geschickten Texte erschienen später in anderen futuristischen Almanachen. Im Zusammenhang mit diesem Brief steht der folgende an Chlebnikovs Schwester Vera, der in SS Bd V fälschlich mit «Frühjahr 1912?» datiert ist.

### 30.) An Elena Guro
**Vasiljev Kamenskij** — Vasilij Kamenskij war 1911/12 Flieger (vgl. Foto). Nach einem Absturz im Mai 1912 hörte er mit der Fliegerei auf. Zu dem

von Chlebnikov angesprochenen Unfall: «ich fahre nach Gatčina hinaus, um auf dem Flugplatz zu trainieren ... Einmal falle ich aus geringer Höhe, der Schwanz des Flugzeugs bricht ab, und ich zerschramme mir die Beine» (*Ego – meine Biographie*, 1918).
**Töne Tag** – Gedicht von V. Kamenskij aus dem *Richterteich* I, 1910.
**wo die Burljuks herrschen** – Ausstellung des *Bunds der Jugend*, 11. April 1911 in Petersburg eröffnet, 11 Arbeiten von David B., 7 von Vladimir Burljuk, darunter ein (verlorengegangenes) *Porträt des Dichters Chlebnikov*.
**Mjasojedov** – Teilnehmer am *Richterteich* I (Erzählung *Unterwegs*), Mathematiker, von dem daraufhin nichts mehr an Literatur kam.
**Michail Vasiljevič** – Matjušin, der an einer (1915 erschienenen) Suite für Klavier, betitelt *Don Quijote*, arbeitete.
«**Welch verrückter Gedanke**» – Zitat aus dem Antwortbrief von E. Guro.
**Tamara Ioganson** – Schülerin Matjušins.

### 31.) An die Verwandtschaft
**Soll er sich drucken lassen** – es geht um den mit A. Chlebnikov gemeinsam geschriebenen Aufsatz *Ornithologische Beobachtungen*, der 1911 in der Zs *Natur und Jagd* erschien.
Die *Sieben Legenden* Gottfried Kellers erschienen Juli 1911 in russischer Übersetzung.
**Der Simbirier** – Anspielung auf den Aufenthalt in Alferovo im Gouv. Simbirsk.
**Boris** – Boris L. Chlebnikov, Vetter V. V. Chlebnikovs, Arzt.
**Zinaida Semjonovna** – dessen Frau, Schauspielerin.

### 33.) An V. A. Chlebnikov
Am 17. Juni 1911 war Chlebnikov von der Universität relegiert worden; in die archäologische Fakultät wechselte er schließlich doch nicht über.

### 34.) An Andrej Belyj
Belyjs Roman *Silberne Taube* erschien 1910 in Moskau. Chlebnikovs Brief ist auf den Umschlag des – Mai 1912 in Charkov als einzelne Broschüre erschienenen – Aufsatzes *Lehrer und Schüler* geschrieben. Über die Unterschrift geschrieben: Ich. Durchgestrichen: Ich Sohn Asiens.

### 36.) An V. A. Chlebnikov
**Mjatlev** – Vladimir M., russischer Dichter, 1866–?
**Ich schicke noch das Gespräch** – *Gespräch zweier Personen*, das zusammen mit dem Dialog *Lehrer und Schüler* in Nr. 3 der Zs *Bund der Jugend*, 1913, publiziert wurde.

### 37.) An M. V. Matjušin
In diesem Brief geht es um zwei Gedichte, die Chlebnikov von einem 13jährigen Mädchen bekommen hatte und die er unbedingt im *Richterteich* II publiziert sehen wollte. Der *Richterteich* erschien schließlich *mit* den beiden Gedichten.
**D. D. V. V.** – David Davidovič Burljuk und Vasilij V. Kamenskij, Mitredakteure des *Richterteichs*, sträubten sich gegen die Aufnahme der «13 Lenze» in den programmatischen Sammelband.

### 38.) An M. V. Matjušin
«schrecklicher Sprung ...» — Selbstzitat, aus der Verserzählung *I und E*.

### 39.) An den Schatten V. V. Chlebnikovs
Schatten («ten'») im Russ. Feminin. Lesbar auch: Ich setze gnädigen *Herrn* usw. Eintreffen *seines* Eigentümers usw.

### 40.) An Boris L. Chlebnikov
Die Rede ist von einer goldenen Uhr, die Boris Chlebnikov seinem Vetter Velimir geschenkt und die Chlebnikov David Burljuk verpfändet hatte.
**Serjoža M.** — Schulfreund Chlebnikovs im Gymnasium Simbirsk, später Jurist.

### 41.) An Aleksej Kručonych
Der Brief geht zunächst auf zwei Gedichte Kručonychs ein, die — in der *Ohrfeige* bzw. dem Sb *Weltvomende* — 1912 erschienen sind; der zweite Teil des Briefs ist mit eine der wichtigsten theoretischen Äußerungen Chlebnikovs über die eigene Aufgabenstellung im Bereich der Lyrik, zumindest für seine frühe Periode.
**Sulims, Ermaks** — historische Gestalten, Helden von Volksliedern, Bylinen und Balladen. Ermak, der Eroberer Sibiriens, gest. 1584.
**Beigelegt die «Vila»** — Chlebnikovs Verserzählung *Vila i lešij* (die Vila und der Waldschrat), die Kručonych 1914 im Sb *Wau* publizierte.
**Višneveckij** — Dmitrij, Held ukrainischer Volkslieder und Märchen.

### 42.) An Elena Guro
**ein saubereres Buch** — gemeint ist ein Exemplar des *Lehrer und Schüler*.
**«Herbsttraum»** — russ. Osennij son, Titel einer Textsammlung von E. Guro, 1912 erschienen; zugleich Titel einer Suite für Klavier und Violine von M. Matjušin (1915), der *«Geigen-Sache»*.
**Gehöre ich zu denen** — Paraphrase der Widmung des Buchs von E. Guro (Denen gewidmet, die usf.).
**Ich warte schon nicht mehr** — der *Richterteich* II, erschienen 1913, Chlebnikov hatte offenbar Korrektur gelesen: *Šaman und Venus* erschien im *Richterteich*.

### 43.) An Michail Matjušin
Elena Guro starb am 6. Mai 1913 in Usikirko (Finnland).
**wie man den Zeichen vom Nichtzufälligen** usw. — Zitat aus einem im *Richterteich* II publizierten Fragment von E. Guro, *Himmlische Kameljunge*, zugleich Titel eines 1914 erschienenen Nachlaßbandes.
**Literatur der Bojans** — Bojan (Roslavlev), Journalist, Mitarbeiter verschiedener Petersburger Tageszeitungen und Zeitschriften.
**der Väter Petrov** — Grigorij Petrov, Geistlicher, Autor einer Reihe geistlich-moralischer Bücher, Mitarbeiter der Zs *Russisches Wort*.

### 45.) An Michail Matjušin
Auf Chlebnikovs Brief (Nr. 44) hatte Matjušin Geld geschickt, in Usikirko sollte der «Erste allrussische Kongreß der Gröler der Zukunft» am 18./ 19. Juli eröffnet werden, u. a. um ein futuristisches Theater zu gründen (Kručonych, K. Malevič, Matjušin). Chlebnikov hat das Geld aber verloren und fuhr also nicht. Das Thema Theater blieb für ihn jedoch weiter aktuell,

vgl. Briefe 46/47 an Kručonych.
**Chlebnikoff** — in lateinischen Buchstaben.

### 46. und 47.) An Aleksej Kručonych

Vgl. dazu Urs Widmers Version und Anmerkungen in Teil 1 sowie den Aufsatz *Über Kunstwerke* in diesem Band. Im Zusammenhang damit steht auch Chlebnikovs Prolog zu Kručonychs Oper *Sieg über die Sonne* (erschienen 1913 in Petersburg, Musik: Michail Matjušin).
Von Interesse ist auch die Bemerkung «Die gelungenen Wörter sucht selbst heraus», bezgl. Chlebnikovs Einstellung zu den von ihm neu gebildeten Wörtern (vgl. Majakovskijs Aufsatz über Chlebnikov, 1922).

### 48.) An Aleksej Kručonych

**Ich komme** — zu einem für Herbst in Petersburg geplanten «Kongreß» der Futuristen. — Brief Kručonychs an Matjušin (8. 9. 1913): «Gestern habe ich einen Brief an Sie geschickt, und heute einen von Ihnen bekommen, einen von Malevič und von Burljuk auch einen. Sie schreiben, der Abend in Moskau würde nach dem 20. Sept. stattfinden — wahrscheinlich wird der Kongreß deshalb verschoben werden müssen (von dem Kongreß schreiben sie überhaupt nichts). Chlebnikov ist immer noch dort, wo er war: Astrachan, ich habe ihm wegen seines Kommens geschrieben, er freut sich sehr. Schreiben Sie ihm . . .»
Chlebnikov kam im September 1913 nach Petersburg. Am 11. November hielt D. Burljuk in Moskau, im Beisein Chlebnikovs, einen Vortrag *Puškin und Chlebnikov*.

**Die Welt Puškins sprach ausländisch** — meint die zahlreichen Lehnwörter aus dem Französischen der Puškinzeit, die von Puškin im *Evgenij Onegin* allerdings in parodistischer Absicht als Reimwörter gebraucht sind. Über die Frankophilie im Rußland der ersten Hälfte des XIX. Jahrhunderts vgl. auch den folgenden Brief sowie den Aufsatz *Über zeitgenössische Lyrik* in Teil 2.

**R[usskoje] B[ogatstvo]** — in der Zeitschrift (Russischer Reichtum) war 1913 ein Artikel über *Das Piedestal des afrikanischen Götterbilds* erschienen, auf den Kručonych Chlebnikov aufmerksam gemacht hatte.

**Černjanka** — Gut des Grafen Mordvinov, wo die Burljuks lebten.

**Drei** — Sammelband, bestritten von Kručonych, Elena Guro und Chlebnikov, erschien September 1913 als Gedenkband für Elena Guro.

**Altar der Drei** — Sammelband, erschienen 1913 im März. Teilnehmer: Majakovskij, Chlebnikov, David und Nikolaj Burljuk. Im Russischen lautet dieser Titel, futuristisch stabgereimt, *Trebnik troich*.

**Ich fürchte mich vor . . .** — gemeint ist die Streitschrift Kručonychs *Deklaration des Wortes als solchem* (vgl. Anhang), auf sie geht Chlebnikov im weiteren ein, auf das nur aus Vokalreihen bestehende Gedicht («o-e-a», «i-e-e-i», «a-e-e-je»), auf das «euy» (aus dem von Chlebnikov mitunterzeichneten Aufsatz *Das Wort als solches*).

**Hitzige Worte zur Verteidigung Adams** — im Zusammenhang mit dem Satz «Der Künstler hat die Welt neu gesehen und gibt, wie Adam, allem neue Namen» (*Das Wort als solches*): Januar 1913 erschien in der Zs *Apollon* ein Grundsatzartikel, der den Akmeismus proklamierte, den er zugleich «*Adamismus*» nannte.

**Lyki-myki** u. a. — vgl. *Das Wort als solches*. Die Deklaration Kručonychs, auf die sich Chlebnikov bezieht, erschien als Flugblatt und hat folgenden Wortlaut:

«4) GEDANKE UND REDE KOMMEN NICHT NACH DEM ERLEBNIS DER INSPIRATION, darum ist der Künstler frei, sich nicht nur in der allgemeinen Sprache (des Begriffs) auszudrücken, sondern auch in einer persönlichen (ein Schöpfer ist ein Individuum), und in einer Sprache, die keine bestimmte Bedeutung hat (einer nicht erstarrten), einer übersinnlichen. Die allgemeine Sprache bindet, die freie gestattet, sich vollkommener auszudrücken. (Beispiel; go osneg kajd usw.) 5) WÖRTER STERBEN, DIE WELT IST EWIG JUNG. Der Künstler hat die Welt neu gesehen und gibt, wie Adam, allem neue Namen. Die Lilie ist schön, aber das abgegriffene und ‹vergewaltigte› Wort Lilie ist ausdruckslos. Darum nenne ich die Lilie éuy — und die ursprüngliche Reinheit ist wiederhergestellt. 2) Konsonanten geben Milieu, Nationalität, Gewicht, Vokale — das Entgegengesetzte — DIE SPRACHE DES WELTALLS. Ein Gedicht nur aus Vokalen:

a e u     3) der Vers stellt (unbewußt) Reihen von Vokalen und Konsonanten auf. DIESE REIHEN SIND UNANTASTBAR. Es ist
e e u
i i i e     besser, ein Wort durch ein anderes zu ersetzen, das ihm nicht gedanklich, sondern klanglich nahesteht (lyki-myki-kyka). Vokale wie Konsonanten bilden Zeichnungen, die unantastbar sind (z. B. III-I-I-III). Darum ist aus einer Sprache in eine andere zu übersetzen UNMÖGLICH, man kann ein Gedicht lediglich in lateinischen Buchstaben schreiben und eine Rohübersetzung hinzufügen. Die bisherigen Übersetzungen sind nur Rohübersetzungen, als Kunstwerke sind sie — gröbster Vandalismus. 1) Eine neue literarische Form schafft einen neuen Inhalt, und nicht umgekehrt. 6) NEUE WÖRTER SCHAFFEND, biete ich einen neuen Inhalt, WO ALLES beginnt zu gleiten (Bedingtheit der Zeit, des Raumes und ä. Hier stimme ich mit N. Kulbin überein, der die 4-te Dimension — das Gewicht entdeckt hat, die 5-te — Bewegung und die 6 oder 7-te die Zeit). 7) In der Kunst kann es ungelöste Dissonanzen geben — «das Unangenehme fürs Gehör» — weil in unserer Seele eine Dissonanz ist, durch die die erstere gelöst wird. Beispiele dyr bul ščyl usw. 8) Durch all das wird die Kunst nicht eingeengt, sondern sie erobert sich neue Felder.

*1913*

                                             *Aleksej Kručonych»*

### 49.) An Aleksej Kručonych

**Petraševskij** — Michail V. Butaševič-Petraševskij, fortschrittlicher und «radikaler» Oppositioneller der vierziger Jahre des XIX. Jahrhunderts in Rußland; die Freitagsgespräche des Kreises der Petraševcy (Bakunin, Alexander Herzen, Ogarjov u. a.) besuchte auch Dostojevskij, wo er mit den Lehren der französischen Sozialisten in Berührung kam. Der Kreis wurde 1849 ausgehoben, Dostojevskij mit vielen anderen zum Tode verurteilt und unter skandalösen Umständen, auf dem Richtplatz, zu vier

Jahren Verbannung begnadigt. Was Chlebnikov hier reflektiert, hat Dostojevskij so beschrieben: «Drei meiner Gefährten (Petraševskij, Grigorjev und Mombelli), die am meisten beschuldigt waren, hatte man bereits an die Pfähle gebunden und ihnen eine Art Sack über den Kopf gezogen. Gegenüber hatte ein Zug Soldaten Aufstellung genommen, die nur auf das schicksalsschwere Wort ‹Feuer› warteten. Mir blieben, wie ich annahm, noch etwa fünf Minuten zu leben. Ich rechnete mir das aus, um über mich nachzudenken.»
So wie Chlebnikov in diesem Brief das Leben Dostojevskijs in seine Suche nach den Gesetzen der Zeit einbezieht, hat er es auch mit anderen prominenten Schriftstellerbiographien getan (Puškin, Gogol, sich selbst), vgl. die entsprechenden Fragmente im bzw. aus dem *Notizbuch*.

### 50.) An Aleksej Kručonych
Zum Buchstaben «P» vgl. Perun in Band I, zum «Č» (in der Übersetzung Sch) den Aufsatz *Zerlegung des Wortes* sowie die *Poetischen Überzeugungen*, Teil 1.
Im Čechischen ist das Wort **«žas»** unbekannt bzw. kommt nur in «žasnouti» vor (staunen, sich verwundern, auch: sich entsetzen).

### 51.) An Nikolaj Burljuk
Ende Januar 1914 war Marinetti nach Rußland gekommen, um Kontakt mit den russischen Futuristen aufzunehmen. Am 27. und 28. Januar hielt er Vorträge in Moskau, am 1. Februar 1914 in Petersburg. Vgl. dazu das Flugblatt *Heute werden sich manche Einheimische [...] Marinetti zu Füßen werfen*, das Chlebnikov, zusammen mit Benedikt Livšic, aus gegebenem Anlaß verfaßt hatte.
**Das säuische Benehmen des Arztes Kulbin** — N. Kulbin hatte die Vortragsreise Marinettis organisiert. In den unveröffentlichten Memoiren Matjušins wird der Streit mit Kulbin so festgehalten: «Bei Lesungen und Vorträgen trat Chlebnikov gewöhnlich nicht auf und saß schweigend auf der Bühne; an dem Marinetti-Abend jedoch wurde er so wütend, daß er Kulbin fast geschlagen hätte, und ging im selben Augenblick.»
Im Anschluß daran der Konflikt mit Nikolaj Burljuk.
Am 2. Februar 1914 brachten die *Börsennachrichten* eine Meldung vom Auftritt Marinettis, in der Chlebnikovs Flugblatt in voller Länge zitiert wurde. Später beeilten sich auch andere Mitglieder der Gruppe Gileja (d. i. der Kubofuturisten), ihre Unabhängigkeit und Eigenständigkeit gegenüber dem italienischen Futurismus zu erklären: am 5. Februar in einer Deklaration verfaßt von David Burljuk und V. Kamenskij, gezeichnet mit allen (!) Namen der Teilnehmer am *Richterteich* II; worauf am 13. 2. ein Dementi seitens Kručonychs, Matjušins und Nikolaj Burljuks erschien, in dem es heißt, sie seien bei der Abfassung der Gruppendeklaration vom 5. 2. nicht beteiligt gewesen. Nach einer weiteren Lesung Marinettis (am 13. 2. 14 in Moskau), die von Majakovskij und D. Burljuk gesprengt wurde, richtete auch Majakovskij eine scharfe Erklärung gegen die «Italo-Futuristen».
Wie böse Chlebnikov noch Jahre nach diesem Zwischenfall war, zeigt ein Exemplar des Flugblatts (im Besitz Aleksej Kručonychs), auf das Chlebnikov im Herbst 1921 hinzugeschrieben hatte: «Dieser Čičikov, der aus-

ländische Spitzen einführt.» — Für Chlebnikov zumindest bezeichnet die Petersburger Lesung Marinettis das Ende der Zusammenarbeit mit den Futuristen (als Gruppe).
**Gribojedov (das Französlein aus Bordeaux)** — Aleksandr S. Gribojedov, 1795—1829, russischer Dichter, berühmt ist seine Komödie *Verstand schafft Leiden* (1823). Der Held dieser Komödie, Čackij, kehrt nach längerem Auslandsaufenthalt in seine Heimat Moskau zurück; soziologischer Hintergrund der Gribojedovschen Komödie ist praktisch die Kollision zweier Weltbilder (ähnlich wie sie Chlebnikov in seinem Brief an Kručonych [Nr. 49]) umreißt. Der Monolog mit dem Französlein aus Bordeaux, von Čackij vorgetragen, erzählt die Geschichte eines Franzosen, der zu einer Reise nach Rußland («zu den Barbaren») aufbricht, in Rußland aber «keinen einzigen Ton Russisch, kein einziges russisches Gesicht» antrifft, sondern sich wie zu Hause, wie in «seiner Provinz» fühlen kann, «wie ein kleiner Zar» in den russischen Salons. «Er freut sich, aber wir uns nicht.»
**Hyläa** — russ. «Gileja», erster Name der Futuristen als Gruppe (David Burljuk, Majakovskij, Kručonych, Chlebnikov u. a.). Griechischer Name für die russische Schwarzmeerküste (um Cherson), Schauplatz einiger Heldentaten des Herakles.

### 52.) Offener Brief
Die Redaktion der SS (Bd V, 1933), der Brief Nr. 51 noch nicht vorlag, führt diesen Offenen Brief allein auf die drucktechnischen Unzulänglichkeiten, Fehler und Schlampereien bei der Edition Chlebnikovscher Werke zurück (die allerdings meistens von Chlebnikovs Freunden realisiert wurde, vgl. Majakovskijs Nachruf, Teil 1 dieser Ausgabe). Der zeitliche und sachliche Zusammenhang mit dem Marinetti-Auftritt wurde erst durch Veröffentlichung des Briefs an Nikolaj Burljuk (in Npr, 1940) evident. Der *Offene Brief* erschien erstmals in Nch, Nr. 21, 1930.

### 53.) An Vasilij Kamenskij
Von diesem Brief existieren zwei Versionen — eine von Chardžiev als authentisch bezeichnete und 1940 in Npr gedruckte, eine andere in SS Bd V (1933) publizierte, die allerdings einen Nachdruck aus Kamenskijs Autobiographie (*Weg eines Enthusiasten,* 1931) darstellt. In der von Kamenskij verbreiteten Fassung findet sich am Ende des Briefes ein Postskriptum, das erstmals (zumindest in den erhaltenen Chlebnikov-Briefen) von der endlich zu realisierenden «Regierung der Vorsitzenden des Erdballs» spricht: Kamenskij wird von Chlebnikov aufgefordert, eine Liste (der Kabinettsmitglieder) anzufertigen und ihm zu schicken.
Chlebnikovs Brief ist die Reaktion auf die Nachricht, daß Kamenskij geheiratet hatte, d. i. auf Kamenskijs Brief vom 10. 5. 1914. Zu dieser Zeit hatte Chlebnikov Petersburg längst verlassen und war, nach einem Zwischenaufenthalt in Moskau, nach Astrachan zu seiner Familie gefahren.
**Nikolajeva** — Bekannte Chlebnikovs in Moskau, Kunststudentin vgl. Briefe Nr. 54—57.
**Maksimovič** — V. N. Maksimovič, Maler, Selbstmord Ende April 1914.
**Band II des Journals** — *der russischen Futuristen,* der März 1914 zum Druck vorbereitet worden war, aber nicht erschienen ist.

**Tango mit Kühen** — Gedichtband Kamenskijs, erschienen März 1914. Vgl. Abb. in Teil 2 (die Ausgabe hatte die Form eines Fünfecks).

#### 54.) An Nadežda Nikolajeva
Beigelegt: ein Foto von sich selbst und eine Postkarte, Reproduktion des Bildes von A. Weczerzick «Liebe Mädchen und kein Mann».

#### 56.) An Nadežda Nikolajeva
Nach einem Streit mit seiner Familie hatte Chlebnikov Astrachan am 7. 9. 1914 verlassen und war nach Petersburg gefahren.
**13. Oktober** — Geburtstag von N. N.
Ich schickte zwei Bücher — *Wau* und *Schöpfungen* (Chlebnikovs erster eigener Gedichtband, in Moskau 1914 erschienen).

#### 57.) An Nadežda Nikolajeva
**Gnedov** — Vasilisk, geb. 1890, ego-futuristischer Dichter, Teilnahme an dem Sb *Petersburger Herold* 1913 u. a. Lyrik: *Tod der Kunst*, 1913; *Geschenk an die Sentimente* 1913; später in Chlebnikov-Nähe, Publikationen im *Jahrbuch IV*, das er herausgab.
**«Streun. Hund»** — der Streunende Hund, 1912—1915 ein Künstlerkeller in Petersburg.
**Brüllender Parnaß** — futuristischer Sammelband, erschienen 1914 (Januar, 1000 Expl.), wegen «Pornographie» verboten und konfisziert, auch die Klage Matjušins wurde abgewiesen. Autoren des Bandes: Chlebnikov, Majakovskij, Kručonych, Kamenskij, D. Burljuk, N. Burljuk, I. Severjanin sowie die Maler D. Burljuk, V. Burljuk, Filonov, Puni, Olga Rozanova.

#### 58.) An Michail Matjušin
**N[eue] K[riegslehre]** — von Matjušin edierter Band Chlebnikovs (November 1914, Vorwort A. Kručonych, 700 Exemplare). Chlebnikovs beigefügte *Anmerkungen* fehlen in dem gedruckten Text, wie in SS bzw. Npr die Aufsätze (2), der Aufsatz Chlebnikovs mit dem Titel *Neue Kriegslehre*.

#### 59.) An Michail Matjušin
**Georgij Kuzmin**, Flugkapitän, Freund der Futuristen, mit dessen Geld 1912 die *Ohrfeige* ediert wurde.
**Adams und Leverrier** — John Couch Adams (1819—1892), Urbain Jean Leverrier (1811—1877), Astronomen, die gleichzeitig und unabhängig voneinander 1845 aus Bahnstörungen des Uranus den Neptun errechneten.

#### 61.) An Michail Matjušin
**Lotos vom Kaspij** — beigelegt war eine Postkarte, Abbildung einer «Kaspij-Rose», mit einer Zeichnung Chlebnikovs: Arm mit einer Lanze, der eine Schlange tötet. Dazugeschrieben: S novym gadom! Gad 1914—15. (Der russische Neujahrsglückwunsch «S novym godom»; gad: Ekel.)

#### 62.) An Aleksandr Belenson
Belenson gab 1915 einen Almanach *Der Schütze* heraus, und bereitete einen zweiten Band vor. Chlebnikovs Brief, der offenbar nie abgeschickt worden ist, steht unter der Erzählung *Ein Traum* und ist im übrigen von Chlebnikov selbst durchgestrichen worden.

**63.) An Michail Matjušin**
**Das Buch** — gemeint sind Texte des Malers Filonov, erschienen März 1915.
**Tagebuch der Marija Baškirceva** — vgl. Anm. zu *Zeit Maß der Welt*.

**63.) An Michail Matjušin**
Von Moskau aus fuhr Chlebnikov nach Carskoje Selo und dann zu den Burljuks nach Michaleva, wo er bis Ende Juli blieb.
**Asejev** — hatte mit G. Petnikov einen Verlag («Liren'») gegründet und wollte dort, außer Büchern, eine sprachwissenschaftliche Zeitschrift herausgeben, die Vorbereitung des ersten Bandes zog sich jedoch, worüber Chlebnikov etwas enttäuscht war, bis September 1916 hin; der Band erschien dann nicht mehr.

**66.) An die Familie**
Herbst 1915 verbrachte Chlebnikov auf einer Datscha in Kuokkala, vgl. das *Tagebuch*.
**Lazarevskij** — B. L., 1871—1936, Schriftsteller.
**Anna, Nina Pavlovna** — Cousinen Chlebnikovs.

**67.) An Vasilij Kamenskij**
Im September hatte Chlebnikov nach Moskau fahren wollen.
**Ka** — geschrieben März 1915.
**Die Gejša** — gemeint ist Nadežda Nikolajeva (vgl. Briefe Nr. 54—57), die chinesische Kunst studierte.
**Samuil Matvejevič** — Vermel, Verleger einiger futuristischer Sammelbände, z. B. der Band *Moskauer Meister*, wo 1916 die Erzählung *Ka* erschien.

**68.) An Nikolaj Asejev**
**Genommen** — futuristischer Sb, erschienen Dezember 1915 (Originaltitel: *Vzjal*), die wörtl. Übersetzung des Titels: Genommen. Wie bei vielen futuristischen Titeln ist hier der eine charakteristische Laut, das einsilbige Wort, gleichsam Urlaut und Kampfruf, wichtiger als die semantische Bedeutung. Vgl. den Titel *Rjav (Wau,* Imitation der Hundestimme). — *Noch mal genommen* ist nicht zustande gekommen.
**Šimann** — Maler, Bekannter Matjušins.

**70.) An E. N. Chlebnikova**
**Silvija Tatlin** — Frau Vladimir Tatlins, der sich zu dieser Zeit vorübergehend in Caricyn aufhielt und, wie D. Petrovskij in seinen Chlebnikov-Erinnerungen berichtet, im Theater Caricyn einen Futuristenabend veranstaltete. (Lesung des gemeinsam erarbeiteten Vortrags *Eiserne Flügel*. Der Soldat Chlebnikov durfte an ihr nur illegal teilnehmen.)

**71.) An G. Petnikov und N. Asejev**
Im Verlag «Liren'» (betrieben von Asejev/Petnikov) erschienen einige Bände von Chlebnikov oder mit dessen Beteiligung, darunter die *Trompete der Marsianer, Fräulein Tod*. Geplant war ferner ein *Jahrbuch* mit gesammelten Texten futuristischer Autoren. — Nicht alle von Chlebnikov aufgezählten Texte sind in das *Jahrbuch I* (1916) aufgenommen worden.
**Schlamm und Weide** — russ. *Il i iva*.

**5 + p** — gedruckt unter dem Titel *Zweite Sprache*, eine Analyse dreier berühmter Werke von Puškin und Lermontov, in der Chlebnikov seine

Theorie von der «Fünfstrahligkeit» ausbaut und in Lermontovs *Dämon* die Gleichung 5(m) + 1(p) realisiert sieht; in Puškins *Gastmahl während der Pest* stellt er 150p und 250m fest. Schluß des Aufsatzes: «Es scheint, ich habe einen Fehler gemacht, aber nach meinen Notizen im ‹Gastmahl› finde ich 140p und 226m; 140 + 226 = 365, die Zahl der Tage im Jahr.» Der Aufsatz wurde wegen der Zitatenfülle (die in deutscher Übersetzung nichts hergeben) nicht aufgenommen.

**Verzeichnis der Konsonanten** — *Verzeichnis. Alphabet des Geistes*, s. Band I.

**Brief** — *an zwei Japaner.*

**Ka** — *Ka$^2$*, vgl. Briefe Nr. 73, 75.

### 72.) An Michail Matjušin
Am 15. August bekam Chlebnikov vier Wochen Urlaub, in dem er nach Charkov fuhr (wo Asejev und Petnikov lebten), um an der Vorbereitung des *Jahrbuchs* mitzuwirken. Es erschien November 1916.

**P, L . . .** — vgl. *Verzeichnis*, Band I dieser Ausgabe.

### 75.) An G. Petnikov und N. Asejev
**die Wells-Adresse** — wurde gebraucht, um Wells die Mitgliedschaft in der «Gesellschaft der 317 Vorsitzenden des Erdballs» anzutragen. Aufgerufen waren alle Lyriker, Maler, Philosophen, Gelehrte und Revolutionäre.

### 76.) An Grigorij Petnikov
Von den hier aufgezählten Texten wurde im *Jahrbuch* I nur das *Verzeichnis* gedruckt. Chlebnikovs Titelvorschläge blieben unberücksichtigt.

### 77.) An Nikolaj Kulbin
Chlebnikov wandte sich mit diesem Hilferuf an N. Kulbin in dessen Eigenschaft als Arzt, Psychiater und einflußreiches Akademie-Mitglied.

**«Muromec»** — nach dem Bylinenheld Ilja Muromec benanntes Luftschiff des Flugzeugkonstrukteurs Igor Sikorskij, 1889—?

**Ševčenko** — Taras Ševčenko, 1814—1861, ukrainischer Nationaldichter. Wegen seiner Kontakte zur revolutionären Bewegung und wegen antizaristischer Texte 1847 zu zehn Jahren Sibirien und absolutem Schreibverbot verurteilt. Durfte auch danach nicht in die Ukraine zurück.

### 79.) An Grigorij Petnikov
Das *Jahrbuch*, zunächst als einzelner Sammelband geplant, erschien als Periodikum weiter, vier Nummern 1916—1918.

### 84.) An Grigorij Petnikov
Vgl. zu diesem Brief den Grundsatzartikel *Unsere Grundlage*, 1920. — Dieser Brief wurde 1922 in dem Sammelband **Zaumniki** publiziert unter dem Titel **Ljud und Lad** (Leut und Harmonie).

### 85.) An Michail Matjušin
Im Frühjahr bekam Chlebnikov einen fünfmonatigen Urlaub, fuhr nach Charkov und von dort zusammen mit Petnikov nach Moskau.

**Was macht Petnikov?** — Petnikov hatte weiterfahren dürfen.

### 86.) An Michail Matjušin
**Liste der dram. Sachen** — während seines Aufenthalts in Petrograd Mai/

Juni 1917 hatte Chlebnikov Matjušin vorgeschlagen, einen Band mit seinen Theaterstücken herauszugeben. Das Stück *«Teufelchen»*: erstmals gedruckt in *Schöpfungen* 1914; *Chovun* 1913 im *Richterteich* II.

### 88.) An Grigorij Petnikov
Krasnaja Poljana — bei Charkov, wo Chlebnikov auf der Datscha der Sinjakovs wohnte.

### 89.) An Grigorij Petnikov
Brief aus der psych. Heilanstalt (: **Datscha Saburovs**), wo sich Chlebnikov im Zusammenhang mit dem Militärdienst zur Untersuchung befand.
**St. Moskovskaja** — Straße, in der Petnikov wohnte.

### 91.) An Osip Brik
**von Moskau abgeschnitten** — Charkov, wo, Chlebnikov von Mai 1919 bis Juni 1920 gelebt hat, war vorübergehend von den Weißen besetzt. (25. 6. bis 11. 12. 1919.)
**Sind meine Werke erschienen oder nicht** — eine Chlebnikov-Gesamtausgabe war seit Oktober 1918 geplant, ein Vertrag zwischen dem Volkskommissariat für Bildungswesen und der Futuristen-Vereinigung IMO («Kunst der Jungen») war geschlossen, die IMO hatte Chlebnikov dafür bereits im März und April 1919 Vorschüsse gezahlt. — Die Stelle in Majakovskijs Nachruf («Vor drei Jahren hatte ich unter großen Mühen usw.») nimmt Bezug darauf; Chlebnikov fuhr Frühjahr 1919 von Moskau nach Charkov.
**Internationale der Künste** — Sammelband, der vom Internationalen Büro der Abteilung Bildende Künste vorbereitet wurde (mit Beiträgen von A. Lunačarskij, K. Malevič, V. Tatlin, Chlebnikov u. a.), für ihn hatte Chlebnikov, auf Tatlins Aufforderung hin, den Aufsatz *Maler der Welt* geschrieben.

### 92.) An Osip Brik
**Lidija Jurjevna** — Lilija Brik.
**Vladimir Vladimirovič** — Majakovskij.
**Esenin und and.** — die Imaginisten hatten 1920/22 einen eigenen Verlag; Esenin gab 1920 Chlebnikovs *Nacht in Schützengräben* heraus.

### 93.) An Vasilij Ermilov
**Vasilij Ermilov** — Maler, 1894—1968, der 1920 in Charkov Chlebnikovs Verserzählung *Ladomir* herausgegeben hat (Aufl. 50 Expl.).
**und solches ist in Baku geschehen** — vgl. Brief Nr. 90, Anspielung auf den Vortrag *Koran der Zahlen*, den Chlebnikov in der Universität *Roter Stern* Mitte Dezember in Baku gehalten hatte.
**Mane Kac** — Maler, mit dem Chlebnikov 1919/20 in Charkov zusammengetroffen war.
**Šlejman** — Pavel, 1893—1968, Lyriker, Übersetzer, traf Chlebnikov in Baku.

### 94.) An Vladimir Majakovskij
**Ich denke daran** — gemeint sind vermutlich die *Tafeln des Schicksals*, Chlebnikovs Zahlentheorien, die 1922 als Einzelbroschüre erschienen.
**Solnyškin** — Matrose der Roten Flotte, Bekannter Chlebnikovs aus Baku.
**Loskutov** — Beschäftigter im Bakuer Politprosvet.

#### 96.) An Vsevolod Mejerchold
**Solnyškin/Sönnchen** — Spiel mit der semantischen Bedeutung des Namens.

#### 97.) An Vasilij Ermilov
**Katjuša** — Ekaterina Nejmar, geb. 1897, Ballerina.

#### 99.) An Vera Chlebnikova
Vgl. zu diesem Brief die *Frula des Gul-mullah*, Teil 1.

#### 102.) An V. A. Chlebnikov
Nach Pjatigorsk geriet Chlebnikov Herbst 1921, auf der Rückkehr aus Persien. Er war dort, wie D. Kozlov in seinen Chlebnikov-Erinnerungen berichtet, zunächst Nachtwächter, dann Angestellter bei der lokalen ROSTA.
Vgl. *Radio der Zukunft* Anm. dazu.
**Piter** — volkstümlicher Name für Petersburg/Petrograd.

#### 104.) An Lilija Brik
Nach Riga geschickt.
Am 29. Dezember 1921 hatten Chlebnikov, Majakovskij, Kručonych und Kamenskij eine gemeinsame Lesung in Moskau. Chlebnikov publizierte, in seiner Moskauer Zeit, den *Boten Velimir Chlebnikovs* und die *Tafeln des Schicksals* heraus und bereitete die *Zangezi*-Ausgabe vor.

#### 105.) An Pjotr Miturič
Miturič, Maler, lebte zu jener Zeit in Santalovo. War bis dahin mit Chlebnikov nicht bekannt, kam bei einem seiner Moskau-Besuche mit ihm in Kontakt und beteiligte sich an den Arbeiten um die Edition von *Zangezi*. Chlebnikov antwortet hier auf ein von Miturič entworfenes Projekt, einen Flug-Apparat, den Miturič «Flügel» nannte.
Zur Paraphrase seines Zahlen-Grundgesetzes vgl. die *Gleichung der Seele Gogols* (Notizbuch) sowie Anmerkungen.

#### 106.) An E. N. Chlebnikova
**Jakobson hat eine Untersuchung über mich herausgebracht** — Roman Jakobson, *Neueste russische Literatur, V. Chlebnikov*, Prag 1921.
**Tarasov-Rodionov** — Schriftsteller, mit Chlebnikov aus Astrachan bekannt.
**Denike** — Bekannter Chlebnikovs aus Kazan, Historiker für orientalische Kunst.

#### 107.) An Aleksandr Davydov
A. Davydov — Arzt.
Chlebnikov starb im Dorf Santalovo am 28. Juni 1922.

# Bibliographie

Vladimir Sillov, Herausgeber einer **Bibliographie Velimir Chlebnikovs 1908—1925** (Moskau 1926), führt mehr als zehn Einzel- und fünfzig Zeitschriftenpublikationen Chlebnikovs allein in den Jahren nach 1917 an. Die hier vorgelegte Bibliographie, zusammengestellt anhand der benutzten Chlebnikov-Werkausgaben und der Futurismusgeschichte von Vladimir Markov (**Russian Futurism. A History**, Los Angeles 1969), verzeichnet, wo bekannt, auch Herausgeber, Mitarbeiter und Auflagenhöhe der einzelnen Publikationen.
Eine ausführliche Chlebnikov-Bibliographie, auch der Sekundärliteratur, zusammengestellt von Vladimir Markov, ist in Band III der Münchner Chlebnikov-Ausgabe (W. Fink Verlag).

I
*Einzelausgaben, Werkausgaben*

**Učitel' i učenik** [Lehrer und Schüler], Cherson 1912: Ed. D. Burljuk.

**Rjav! Perčatki 1908—1914** [Wau! Handschuhe 1908—1914], Petersburg (Dezember) 1913; Ed. A. Kručonych.

**Izbornik stichov 1907—1914** [Musterbuch, Chrestomathie der Verse], Petersburg (Februar) 1914; Edition Éuy (A. Kručonych).

**Tvorenija 1906—1908** [Schöpfungen 1906—1908], Moskau 1914; Ed. D. Burljuk.

**Bitvy 1915—1917 gg., Novoe učenie o vojne** [Die Schlachten der Jahre 1915—1917. Neue Kriegslehre], Petersburg (November) 1914; Vorwort von Aleksej Kručonych; Ed. M. Matjušin; 700 Exemplare.

**Vremja — mera mira** [Zeit, Maß der Welt], Petersburg 1916; Ed. M. Matjušin; 300 Expl.

**Ošibka smerti** [Der Fehler des Todes], Moskau 1917 (erschienen Dezember 1916).

**Ladomir,** Charkov (Juni) 1920; Ed. V. Ermilov; 50 Expl.

**Noč' v okopach** [Die Nacht in Schützengräben], Charkov (März) 1921; Ed. S. Esenin.

**Vestnik Velimira Chlebnikova, I, II** [Der Bote Velimir Chlebnikovs], Moskau (Anfang) 1922; lithograph. Ausgabe, sehr geringe Auflage.

**Zangezi,** Moskau 1922; Ed. P. Miturič.

**Otryvok iz dosok sud'by** [Auszug aus den Tafeln des Schicksals] I, Moskau 1922; II, III — Moskau 1923.

**Stichi** [Verse], Moskau 1923.

**Zapisnye knižki Velimira Chlebnikova** [Notizbücher Velimir Chlebnikovs], zusammengestellt und mit Anmerkungen versehen von A. Kručonych; Moskau 1925.

**Nastojaščee** [Die Gegenwart], Moskau 1926.

**Neizdannyj Chlebnikov** [Unveröffentlichter Chlebnikov], Moskau (ab Frühjahr) 1928—1933; 30 Hefte; Auflage zw. 90 und 150 Expl. Herausge-

geben von der «Gesellschaft der Freunde Chlebnikovs», Redaktion A. Kručonych; Mitwirkung von V. Kamenskij, V. Majakovskij, V. Katajev, V. Terentjev, I. Kljun, Ju. Oleša, B. Pasternak, V. Sillov u. a.
**Sobranie sočinenij** [Gesammelte Werke] in fünf Bänden, Leningrad 1928–1933; Ed. Ju. Tynjanov und N. Stepanov; Vorworte der beiden Herausgeber, Textredaktion N. Stepanov; Auflage zw. 2500 und 3500 Expl.
**Zverinec** [Der Tiergarten], Moskau 1930.
**Izbrannye stichotvorenija** [Ausgewählte Gedichte], Moskau 1936.
**Neizdannye proizvedenija** [Unveröffentlichte Werke], Moskau 1940; Ed. N. Chardžiev.
**Stichotvorenija i poėmy** [Gedichte und Verserzählungen], Leningrad 1960; Ed. N. Stepanov, Vorwort von N. Stepanov.

**Sobranie sočinenij** [Gesammelte Werke], in IV Bänden, München (Wilhelm Fink Verlag) 1968–1972; Ed. Vladimir Markov. Die bislang vollständigste russische Chlebnikov-Ausgabe, enthält, unter Hinzuziehung der Npr 1940, die fünfbändige Ausgabe Leningrad 1928–1933 sowie wesentliche Ergänzungen, Texte, die nach ihrer Erstveröffentlichung zu Lebzeiten Chlebnikovs nie in sowjetische Ausgaben aufgenommen worden sind.


II
*Sammelbände, Almanache mit Beiträgen von Chlebnikov*

**Studio impressionistov** [Studio der Impressionisten], Petersburg 1910; Ed. N. Kulbin. Mit David und Nikolaj Burljuk.
**Igra v adu** [Spiel in der Hölle], Moskau (August) 1912; Ed. A. Kručonych; 300 Expl. $^2$1913 (November), 800 Expl. Mit Kručonych.
**Mirskonca** [Weltvomende], Moskau (November) 1912; Ed. A. Kručonych. Mit Kručonych, Ill. M. Larionov.
**Poščečina obščestvennomu vkusu** [Eine Ohrfeige dem öffentlichen Geschmack], Moskau (Dezember) 1912 (erschienen Januar 1913); Ed. D. Burljuk. Mit David und Nikolaj Burljuk, Majakovskij, Livšic, Kručonych, Kandinskij (Texten).
**Pomada** [Pomade], Moskau (Januar) 1913; Ed. A. Kručonych; mit 3 Gedichten von E. Lunev (Pseud. f. Chlebnikov).
**Sadok sudej I** [Richterteich], Petersburg (April) 1910; Ed. M. Matjušin; 300 Expl. Mit D. Burljuk, E. Guro, N. Burljuk, Kamenskij, Nizen, Mjasoedov, Gej, V. Burljuk.
**Sadok sudej II,** Petersburg (Februar) 1913; Ed. M. Matjušin. Mit Matjušin, Guro, Larionov, N. Gončarova, David und Nikolaj Burljuk, Kručonych, Nizen, Majakovskij.
**Sojuz molodeži** [Bund der Jugend], Nr. 3, Petersburg (März) 1913; Ed. L. Ževeržejev. Mit O. Rozanova, Matjušin, Nikolaj und David Burljuk, Kručonych.
**Trebnik troich** [Altar der Drei], Moskau (März) 1913; Ed. Kuzmin/Dolinskij. Mit Majakovskij, David und Nikolaj und Vladimir Burljuk, Vladimir Tatlin.

**Vzorval'** [Gesprengst], Petersburg (Mai) 1913; Ed. A. Kručonych. Mit Kručonych.

**Dochlaja luna** [Der verreckte Mond], Moskau (August) 1913, ²1914; Ed. D. Burljuk. Mit Majakovskij, Livšic, Kručonych, David Burljuk.

**Zatyčka** [Der Pfropfen], Cherson (Sommer) 1913; Ed. D. Burljuk. Mit Nikolaj und David Burljuk.

**Troe** [Drei], Petersburg (September) 1913; Ed. M. Matjušin, Elena Guro gewidmet. Mit Kručonych und E. Guro; Zeichnungen Kazimir Malevič. Vorwort Matjušin.

**Slovo kak takovoe** [Das Wort als solches], Moskau (September) 1913; Ed. A. Kručonych. Mit Kručonych. III. O. Rozanova, K. Malevič.

**Čert i rečetvorcy** [Der Teufel und die Wortschöpfer], Petersburg (November) 1913; Ed. A. Kručonych. Mit Kručonych.

**Rjav** [Wau], Petersburg (Dezember) 1913; Ed. A. Kručonych.

**Rykajuščij parnas** [Der brüllende Parnaß], Petersburg (Januar) 1914; Ed. M. Matjušin und I. Puni. Aufl. 1000 Expl., die wegen «unanständiger Ausdrücke» sofort konfisziert wurden. Mit Kručonych, Kamenskij, Majakovskij, David und Nikolaj Burljuk, Igor Severjanin; III. David, Vladimir Burljuk, Pavel Filonov, I. Puni, O. Rozanova.

**Tê-li-lê**, Petersburg (Januar) 1914; Ed. N. Kulbin. Mit Kručonych, O. Rozanova, Kulbin.

**Starinaja ljubov'. Buch lesinyj** [Eine alte Liebe. Baumstammkrachen], Petersburg (Januar) 1914; Ed. A. Kručonych. Mit Kručonych, III. N. Gončarova.

**Moloko kobylic** [Stutenmilch], Moskau (Anfang) 1914; Ed. D. Burljuk. Mit Nikolaj und David Burljuk, Aleksandra Ekster, I. Severjanin, Kručonych, Majakovskij, Livšic, Kamenskij.

**Pervyj žurnal russkich futuristov** [Erstes Journal der russischen Futuristen], Nr. 1–2, Moskau (März) 1914. Mit E. Guro, Matjušin, Ivan Puni, Pavel Filonov, O. Rozanova, Vadim Šeršenevič, Nikolaj und David Burljuk, Kamenskij, Majakovskij. (Wurde wegen «Pornographie» konfisziert, nur 10 Expl. konnten aus der Druckerei geschmuggelt werden.)

**Očarovannyj strannik** [Der bezauberte Wanderer], 1913–1916 (insgesamt 11 Hefte); Ed. V. Chovin.

**Strelec** [Der Schütze] I, Moskau (Februar) 1915; Ed. A. Belenson. Mit David und Nikolaj Burljuk, Kamenskij, Majakovskij, Kručonych, Livšic, A. Lurjé, O. Rozanova, N. Kulbin, Sinjakova, N. Evreinov, A. Šemšurin, Aleksandr Blok, Aleksej Remizov, Fjodor Sologub, Michail Kuzmin.

**Vesennee kontragentstvo muz** [Herbstliche Kontrahenz der Musen], Moskau (Mai) 1915; Ed. S. Vermel. Mit Burljuk, Majakovskij, Asejev, Boris Pasternak, Bolšakov, Kamenskij.

**Vzjal** [Genommen], Petersburg (Dezember) 1915; Ed. A. Kručonych. Mit Majakovskij, Kamenskij, Pasternak, Viktor Šklovskij, Osip Brik, Kručonych; III. David Burljuk.

**Moskovskie mastera** [Moskauer Meister], Moskau (April) 1916; Ed. S. Vermel. Mit Rjurik Ivnjov, David und Nikolaj Burljuk, Bolšakov, Kamenskij, Asejev, Majakovskij, T. Churilin. (1000 Expl., davon 200 im Verkauf.)

**Truba marsian** [Posaune der Marsianer], Charkov (September) 1916; Ed. Asejev/Petnikov. Mit Asejev, Petnikov; III. Sinjakova.

**Četyre ptícy** [Vier Vögel], Moskau (November) 1916; Ed. D. Burljuk. Mit Kručonych, Kamenskij, David Burljuk, G. Zolotuchin.

**Vremennik** [Das Jahrbuch], I: Charkov (Dezember) 1916; II, III: Moskau 1917; Beiträge von Petnikov, Asejev, Chlebnikov; Ed. Petnikov. Band IV: 1918, mit Beiträgen von Chlebnikov, Asejev, Petnikov, Dmitrij Petrovskij, Vasilisk Gnedov; Ed. V. Gnedov.

**Bez muz** [Ohne Musen], Nižnij Novgorod (Juni) 1918.

**Severnyj izbornik** [Nördliche Chrestomathie], Moskau 1918.

**Fantastičeskij kabaček** [Phantast. Schenke], Tiflis 1918; Ed. Kručonych.

**Sbornik novogo iskusstva** [Almanach der neuen Kunst], Charkov 1919.

**Mjatež** [Getümmel], I, Baku 1920; Ed. Aleksej Kručonych.

**Charčevnja zor'** [Garküche der Morgenröten], Moskau 1920; Almanach der Imaginisten (Esenin, Mariengof u. a.).

**My** [Wir], Moskau 1920.

**Liren',** Charkov 1920.

**Mir i ostal'noe** [Die Welt und das Übrige], Baku (Herbst) 1920; Ed. Kručonych. Mit Kručonych. 20 Expl.

**Stichi vokrug Kručonych** [Gedichte um Kručonych], Baku 1921.

**Zaumniki,** Moskau 1922; Ed. Kručonych, mit Kručonych und Petnikov.

**Nachlebniki Chlebnikova** [Kostgänger Chlebnikovs], Moskau 1927.


III

*Übersetzungen*

Vélemir Khlebnikov, **Ka,** Textes choises, traduits du russe et présentés par Benjamin Goriély; Paris (Emmanuel Vitte) 1960.

Wielemir Chlebnikow, **Poezje,** wybrał i wstępem opatrzył Jan Śpiewak; przełożyli Anna Kamieńska, Seweryn Pollak, Jan Śpiewak, Warszawa 1963.

Velemír Chlebnikov, **Čmáranice po nebi,** Auswahl, Übersetzung und Vorwort von Jiří Taufer, Praha (SNKLU) 1964.

Velimir Hljebnikov, **Kralj vremena Velimir I.,** Izbor i predgovor Milica Nikolić, preveli Vera Nikolić, Bora Ćosić, Olga Vlatković, Oskar Davičo i Milica Nikolić, Beograd (Prosveta) 1964.

Vélimir Khlebnikov, **Choix de poèmes,** traduit du russe et présenté par Luda Schnitzer, Honfleur/Paris (Pierre Jean Oswald) 1967.

**Poesie di Chlébnikov,** Saggio, antologia, commento: Angelio Maria Ripellino, Torino (Einaudi) 1968.

Vélimir Khlebnikov, **Le pieu du Futur,** Traduction et préface de Luda Schnitzer, Lausanne (Editions L'age d'homme) 1970.


IV

*Chlebnikov in deutschen Anthologien, Zeitschriften, Büchern*

Johannes von Guenther, **Neue russische Lyrik,** Frankfurt 1960 (1 Chlebnikov-Gedicht).

Hans Magnus Enzensberger, **Museum der modernen Poesie,** Frankfurt 1960 (2).

Neue deutsche Hefte, Nr. 95 (1963), Hans Baumann (9).
Hans Baumann, **Russische Lyrik 1185–1963,** Gütersloh 1963 (10).
Viktor Šklovskij, **Zoo oder Briefe nicht über die Liebe,** Frankfurt 1965 (Alexander Kaempfe, Chlebnikovs **Tiergehege**).
**Kursbuch Nr. 10** (1967), Dossier **Chlebnikov und andere,** 8 (Paul Celan, Hans Magnus Enzensberger, Dietlind Steck, Peter Urban).
**Sowjetliteratur,** Heft 6 (1967), 5 (N. N., H. A. und 2 von Wilhelm Tkaczyk).
Edel Mirowa-Florin und Leonhard Kossuth, **Oktoberland. Russische Lyrik der Revolution,** Berlin 1967 (2 von Wilhelm Tkaczyk).
**Neue deutsche Hefte,** Nr. 130 x (1971), Hans Baumann, 3.
Fritz Mierau, **Links! Links! Links! Eine Chronik in Vers und Plakat,** Berlin 1971.


V
*Literatur über Chlebnikov*
Boris Èjchenbaum, **Aufsätze zur Theorie und Geschichte der Literatur,** Frankfurt 1965, dort: **Die Theorie der formalen Methode.**
Victor Erlich, **Russian Poets in Search of Poetics,** in: **Comparative Literature,** IV, 1962.
Victor Erlich, **Russian Poets in Search of Poetics,** in: **Comparative Literature,** IV, 1962.
Johannes Holthusen, **Russische Gegenwartsliteratur,** I, Bern–München 1963.
Roman Jakobson, **Neueste russische Dichtung. I: Viktor Chlebnikov** (Prag 1921); in: **Texte der russischen Formalisten,** II, München 1972.
Vladimir Majakovskij, **Ich selber,** in: **Wie macht man Verse,** Frankfurt 1964.
Vladimir Markov, **The Longer Poems of Velimir Khlebnikov,** Berkeley and Los Angeles 1962.
Vladimir Markov, **Hlebnikov et la poésie soviétique,** in: **Cahiers du monde russe et soviétique,** IV, 1963.
Vladimir Markov, **Russian Futurism. A History,** Berkeley and Los Angeles 1968.
Dmitrij S. Mirskij, **Geschichte der russischen Literatur** (1926), München 1964.
Renato Poggioli, **The Poets of Russia, 1890–1930,** Cambridge (Mass.) 1960.
Angelo Maria Ripellino, **Chlébnikov e il futurismo russo,** in: **Convivium,** V, 1949.
Angelo Maria Ripellino, **Majakovskij e il teatro russo d'avanguardia,** Torino 1959, deutsch: Köln 1964.
Vsevolod Setschkareff, **Geschichte der russischen Literatur,** Stuttgart 1962.
Viktor Šklovskij, **Zoo oder Briefe nicht über die Liebe,** Frankfurt 1965.
Viktor Šklovskij, **Sentimentale Reise,** Frankfurt 1964.
Viktor Šklovskij, **Erinnerungen an Majakovskij,** Frankfurt 1966.
Viktor Šklovskij, **Kindheit und Jugend,** Frankfurt 1968.

Gleb Struve, **Soviet Russian Literature. 1917—1950,** Oklahoma 1951; deutsch: **Geschichte der Sowjetliteratur,** München o. J.

Lev Trockij (Trotzkij), **literatur und revolution** (1923), Berlin 1968.

Dmitrij Tschiżewskij, **Anfänge des russischen Futurismus,** Wiesbaden 1963.

Jurij Tynjanov, **Die literarischen Kunstmittel und die Evolution in der Literatur,** Frankfurt 1967, dort: **Über Chlebnikov.**

# Nachwort

1

Als Velimir Chlebnikov im Juni 1922 starb, schrieb Vladimir Majakovskij: «Im Namen der Bewahrung der richtigen literarischen Perspektive halte ich es für meine Pflicht, sowohl in meinem Namen als auch – ich zweifle nicht daran – im Namen meiner Freunde, der Dichter Asejev, Burljuk, Kručonych, Kamenskij und Pasternak, schwarz auf weiß zu sagen, daß wir ihn für einen unserer dichterischen Lehrmeister und einen großartigen und ehrenhaften Ritter in unserem poetischen Kampf gehalten haben und halten.»[1]

In Deutschland sind bislang nur die Schüler bekannt geworden, und auch von ihnen eigentlich nur Majakovskij. Die Namen Kručonych, Burljuk, Kamenskij und, als Lyriker, Pasternak sagen im allgemeinen wenig; sie führen ein Schattendasein in der Sekundär- und übersetzten Memoirenliteratur.

Ich habe nur den einen Hinweis darauf finden können, daß Chlebnikov-Gedichte zu Lebzeiten des Autors im deutschsprachigen Raum vorgestellt worden sind – in seiner *Einführung in die Geschichte des Lautgedichts (1910–1939)*[2] berichtet Raoul Hausmann: «Immerhin, Kandinsky war auf dem laufenden über die ‹Erfindungen›[3] Khlebnikov's und er ließ im Cabaret Voltaire in Zürich 1916 Phoneme von Khlebnikov, in Gegenwart von Hugo Ball, vortragen.» Um welche Texte es sich gehandelt hat, ob vielleicht auch Kručonych-Texte darunter waren, wie viele es waren, wer sie vorgetragen hat, wie, ob im Original oder einer (Kandinskijs?) Übertragung – all das ist unklar und wird wohl auch kaum mehr zu klären sein.[4] Selbst wenn man annähme, Kandinskij hätte eine Anzahl von Chlebnikov-Gedichten übersetzt: einem breiteren Publikum sind sie nie bekannt gemacht worden.

Die Zahl der seither erschienenen deutschen Übersetzungen von Chlebnikov-Gedichten liegt etwas über 30[5]; keine der mittlerweile zahlreichen Anthologien russischer Prosa enthält eine Erzählung Chlebnikovs. – So vielfältig begründbar diese Lage sein mag, sie erscheint nicht zufällig in einer Literatur, die eine Stramm-Ausgabe erst 1963, aber bis heute keine brauchbare Schwitters-Ausgabe, keine Hausmann-Ausgabe, keine vernünftige Arp-Ausgabe zustande gebracht hat; einer Literatur, die Dichter wie Paul Klee, Max Ernst und Otto Nebel bis heute nicht zur Kenntnis nimmt, in der Herrlichkeiten wie Nebels *Unfeig* hoffnungslos vergriffen und der *Zuginsfeld* seit seinem Erscheinen im *Sturm* nie wieder aufgelegt worden sind. — Hätte er deutsch geschrieben, wäre auch Chlebnikov in der Anthologie der «Abseitigen» erschienen, was Carola Gideon-Welckers Verdienste nicht im mindesten schmälert.

In der russischen Literatur hat Chlebnikov ein durchaus ähnliches Schicksal erfahren. Chlebnikov hat nicht, wie Majakovskij, wenigstens postum, eine offizielle Heiligsprechung und, dann, Millionenauflagen erlebt. Auch seine nach 1917 geschriebenen Arbeiten teilen nicht das Schicksal der Blokschen *Zwölf,* die, zwar noch 1932 von Lunačarskij als das Werk eines «deklassierten Adelsintellektuellen» und «letzten Herrendichters» verspottet, der «sogar dem roten Hahn ein Loblied singen [konnte], obwohl sein eigenes Anwesen brannte»[6], inzwischen zum Hohelied der Oktoberrevolution uminterpretiert sind und heute allgemein zum Kanon der Sowjetlyrik zählen. Chlebnikov ist, wohin ihn die bürgerliche Kritik vor 1917, und danach auch die sowjetische Literaturwissenschaft verwiesen hat, nämlich — offiziell — «außerhalb der Sphäre der Dichtkunst»[7] geblieben. Beide Lager, das bürgerliche wie das sozialistische, teilen sich, bei Chlebnikov, in Ablehnung, die oft nur die reine Ratlosigkeit kaschiert.

Es wäre jedenfalls verfehlt, für das Faktum, daß Chlebnikov eigentlich nicht zur Literatur gehöre, im Stalinismus den Alleinschuldigen zu suchen. Die Doktrin vom sozialistischen Realismus, 1934 verkündet, doch bereits in den Theorien des Proletkult enthalten, hat zweifelsohne wesentlich dazu beigetragen, Chlebnikovs Werk ins Abseits zu drängen. Hier haben aber auch andere Faktoren eine Rolle gespielt. Realismus, besonders in der Prosa, war in den zwanziger Jahren eine nicht nur in Rußland diskutierte Formel; auch im Rußland der zwanziger und dreißiger Jahre hat sich der Schwerpunkt des Interesses mehr und mehr von der Lyrik auf die Prosa verlagert — und nur wenige Kritiker, wie etwa Roman Jakobson, haben die Bedeutung der «bewußten Abweichungen, der außertourlichen Versuche verseschmiedender Virtuosen» (Belyj, Chlebnikov, Pasternak u. a.) auch und gerade für die Prosa erkannt[8]. Chlebnikov galt auch seinen Freunden in erster Linie immer als Lyriker; und als Lyriker nannte ihn das Klischee vor allem einen Dichter «für Dichter», einen «Dichter für Produzenten»[9] — den eine breite Leserschicht nicht verstünde, folglich auch nicht brauche.

Wenn Jurij Tynjanov 1928 konstatiert, Chlebnikovs «Stimme»

habe bereits «Wirkungen gezeitigt», habe die Dichtung der einen «fermentiert», anderen Autoren «einzelne Kunstgriffe weitergegeben», mehr noch: die zeitgenössische Dichtung nähre sich stillschweigend von Chlebnikov[10], so ist diese Feststellung a u c h ein Reflex dieses Klischees vom «Dichter für Dichter»; sie ist, auch in dieser Pauschalität, eine ziemlich exakte Beschreibung des Einflusses, den Chlebnikov bis 1928 auf zeitgenössische und jüngere Autoren ausgeübt hat (und in den wenigen noch verbleibenden Jahren hat ausüben können). Dieser Einfluß — ein kompliziertes und wenig untersuchtes Kapitel — hat sich selten auf mehr als den einen oder anderen Kunstgriff, auf einzelne Ideen und insgesamt auch eigentlich nur auf den Bereich der Lyrik erstreckt[11]; Chlebnikovs Einfluß auf jüngere Lyriker läßt sich, unter dem Vorbehalt ihrer späteren Verflachung oder Anpassung, belegen mit den Namen, die Majakovskij in seinem Chlebnikov-Nachruf nennt: Asejev, Kamenskij, Pasternak — Aleksej Kručonych und David Burljuk waren, scheint es, als Futuristen der ersten Stunde und als Autorenpersönlichkeiten, zu stark geprägt, als daß man von «Einfluß» sprechen könnte. Wesentlichen Einfluß hatten Chlebnikov und der Futurismus auf die Theorie der russischen Formalisten. Unmittelbar von Chlebnikov beeinflußt ist Nikolaj Zabolockijs Gedichtband *Stolbcy* (1929). Sicher nachweisbar wäre Chlebnikov- und Kručonych-Einfluß in den Arbeiten der Gruppe «Obėriu»[12], lägen diese Arbeiten, was größtenteils nicht der Fall ist, gedruckt vor. Einiges an Chlebnikov-Einfluß wäre im «außerliterarischen» Bereich zu suchen.

An jungen Autoren, die direkt und bewußt an Chlebnikov, Kručonych, an Daniil Charms und Aleksandr Vvedenskij anknüpfen, gibt es vielleicht mehrere — ich kenne mit Namen und Werk nur den 1938 geborenen Vladimir Kazakov[13].

Eine der Hauptschwierigkeiten bei der Beurteilung des Chlebnikov-Einflusses besteht darin, daß Chlebnikovs Werk in seiner komplexen Breite und Geschlossenheit bis heute auch in Rußland nicht recht sichtbar geworden ist. Wollte man den Superlativen, die nach Chlebnikovs Tod aufgebracht worden sind, einen hinzufügen, der nicht übertreibt, so wäre es dieser: Chlebnikov ist (neben den überhaupt nicht edierten Autoren) der schlechtest edierte Dichter der russischen Sowjetliteratur.

2

Die Geschichte der Chlebnikov-Edition beginnt mit den ersten Gedichtveröffentlichungen Chlebnikovs in den futuristischen Sammelbänden und Almanachen; ein Ende hat sie bis heute nicht. Sie ist, wie Vladimir Sillov 1928 im LEF feststellt, «nicht weniger legendär und phantastisch als Chlebnikovs Biographie»[14].
Von Chlebnikovs Biographie gibt Majakovskij einige auch von anderen bestätigte Kostproben[15]; die Behauptung allerdings, Chlebnikov hätte nie etwas veröffentlicht, wenn «nicht der Zufall zugepackt und irgendeinen Sammelband vorbereitet», «wenn nicht irgend jemand aus dem Haufen» Chlebnikovscher Manuskripte ein Blatt hervorgezogen und sichergestellt hätte, wird durch Chlebnikovs Briefe in vielem korrigiert. Chlebnikov hat am Druck, an der Herstellung von Büchern und Sammelbänden — sie erschienen nur zu oft, in verschwindend geringen Auflagen, im Selbstverlag — aktiv mitgearbeitet; um die Edition des *Zangezi* und der *Tafeln des Schicksals* hat er sich eingehend gekümmert; er hat ein «Testament» hinterlassen, ein Werkverzeichnis, das minuziös Titel auch aus sehr frühen futuristischen Sammelbänden aufführt, mit Seitenangaben usw. — Gedichte, Texte, Aufrufe, die in eine Chlebnikov-Gesamtausgabe aufgenommen werden müßten[16]; diese Ausgabe ist, wie andere, zu Lebzeiten Chlebnikovs nicht zustande gekommen. Schließlich äußern zahlreiche Briefe das genaue Gegenteil von Gleichgültigkeit Chlebnikovs am Schicksal seiner Arbeiten.
In den Bereich der Legende muß offenbar auch die Behauptung verwiesen werden, die Endgültigkeit der von Chlebnikov publizierten Texte sei «Fiktion» (Majakovskij). Russische Philologen, die mit Chlebnikovs Manuskripten zu tun (und von Chlebnikov im übrigen äußerst unterschiedliche Auffassungen) hatten, beschreiben diese Manuskripte übereinstimmend als sehr sorgfältig bearbeitet, von Chlebnikov mehrfach gefeilt und überarbeitet[17] — so daß man, scheint es, Majakovskij, in diesem Punkte, eher umkehren muß: der Anschein des Fragmentarischen bei Chlebnikov ist oft Fiktion, die Entstellung seiner Texte ist nicht selten das Werk seiner Freunde und Herausgeber[18].
Als Chlebnikov starb, gab es aus seinem nächsten Umkreis — den Moskauer Futuristen — mehrere Autoren und Kritiker, die qualifiziert genug und auch bereit gewesen wären, eine Chlebnikov-Gesamtausgabe zu betreuen. Schon im ersten Heft der von Maja-

kovskij begründeten Zeitschrift *Linke Front* (LEF), 1923, erschien eine entsprechende Anzeige[19], als Redakteure der geplanten Ausgabe waren der Kritiker G. I. Vinokur und der Dichter Nikolaj Asejev vorgesehen, der bereits an mehreren Einzelpublikationen Chlebnikovs beteiligt gewesen war[20]; auch diese Ausgabe blieb, wie die seinerzeit von Majakovskij im Verlag IMO initiierte Ausgabe[21], ein Plan. 1925/26 hatte sich Vladimir Sillov als Chlebnikov-Redakteur empfohlen[22]. Daß auch Aleksej Kručonych an einer Chlebnikov-Edition gern mitgearbeitet hätte, steht außer Frage — er hat 1925 die wichtigen Notiz- und Tagebücher Chlebnikovs und, bis 1922, sehr viel anderes von Chlebnikov ediert. Weshalb eine Moskauer Chlebnikov-Ausgabe unter Mitwirkung Kručonychs nicht zustande gekommen ist, wird man vielleicht (sollten sie je gedruckt werden) aus Kručonychs Memoiren[23] erfahren. Daß er seine Mitarbeit an der Ausgabe verweigerte, die schließlich im «Verlag der Schriftsteller in Leningrad» erschien, geht aus dieser Ausgabe selbst hervor, vielleicht auch bereits aus der Tatsache, daß die beiden Redakteure der Leningrader Ausgabe mit Chlebnikov vorher nur recht wenig zu tun gehabt haben: Jurij Tynjanov, ein brillanter, aber auf das XVIII. und beginnende XIX. Jahrhundert spezialisierte Kritiker, steuerte zur Leningrader Chlebnikov-Ausgabe außer seinem Namen übrigens nur einen längeren Essay als Vorwort bei[24], während er die eigentliche Arbeit an Auswahl, Text usw. seinem Schüler Nikolaj Stepanov überließ; Stepanov aber veröffentlichte 1927 einen Aufsatz über Chlebnikovs Nachlaß ausgerechnet in der Zeitschrift *Auf Posten*, dem Organ der erklärten Futurismusgegner.

So kam es dazu, daß 1928, beinahe zeitgleich, zwei «konkurrierende» Chlebnikov-Ausgaben zu erscheinen begannen: in Leningrad die bislang einzige sowjetische «Gesamtausgabe» in fünf Bänden, 1928–1933, in einer Auflage zwischen 2500 und 3500 Exemplaren — in Moskau der von Kručonych redigierte *Unveröffentlichte Chlebnikov* (herausgegeben von der «Gesellschaft der Freunde Chlebnikovs»), der mit seinen schmalen lithographierten Heften (Auflage: 80 bis 150 Exemplare) in schöner Hartnäckigkeit die ganze Zeit über erschien, die das Erscheinen der Leningrader Ausgabe in Anspruch nahm, und N. Stepanov zwang, sich von Band zu Band zu korrigieren, fortlaufend zu vervollständigen und letztlich, sogar ziemlich direkt, zuzugeben, daß von der ursprünglichen Absicht seiner Ausgabe, nämlich «Chlebnikov

endlich ‹in voller Größe› zu zeigen»[25], nur mehr wenig übriggeblieben war.
Der so entstandene Chlebnikov-Torso, die Leningrader Ausgabe, ist jedoch keineswegs Resultat einer «Obstruktion» der Moskauer[26] — die Gründe hierfür liegen mindestens ebenso in den Selektionsprinzipien Stepanovs, die man, im Falle von Chlebnikov, tatsächlich nur phantastisch nennen kann, nachdem Stepanov einem Werk, das von Anfang an ein nicht nur literarisches war, sondern die Grenzen des überlieferten Literaturbegriffs sprengte, eben dieses von Chlebnikov erklärtermaßen negierte Literatursystem überzustülpen sucht und alles, was «keine unmittelbare Beziehung zur literarischen Tätigkeit Chlebnikovs» (Stepanov) habe[27], aus seiner Ausgabe verdammt. Stepanov ging dabei so weit, daß er in einem Chlebnikov-Brief, der besagt: ich beschäftige mich eben intensiv mit Zahlen, diese Zahlen aus dem Brief streicht und dafür die Anmerkung bringt: «Das Ende des Briefs besteht aus Tabellen mit Rechnungen.»[28] Eingriffen, «Verbesserungen» dieser Art unterlagen in dieser Ausgabe auch andere Texte, etwa ein Gedicht, in dem Chlebnikov aus Namen Verben gemacht hatte, die Stepanov auf die Stufe der simplen Eigennamen zurückbeordert; oder das Stück *Weltvomende*: Kručonych hatte dieses Stück seinerzeit ohne jede Interpunktion gedruckt; Stepanov legt diesen Sachverhalt offen, versieht den gedruckten Text aber mit einer Interpunktion, die effektiv nur seiner Phantasie entsprungen sein kann.[29]
Schon diese Beispiele zeigen, daß die Vorwürfe der Manipulation, Retuschierung, Fehler und Verfälschung, die im LEF schon 1928, um so mehr, als die Ausgabe 1933 abgeschlossen vorlag, von Moskauer Seite gegen Stepanov erhoben wurden, nicht allein damit zu erklären sind, daß die Moskauer «ihren» Chlebnikov lieber selbst ediert hätten. Die Liste der von Stepanov nicht aufgenommenen Texte ist lang und keineswegs vollständig. Sie umfaßt Gedichte wie Aufsätze, Briefe, Materialien und Prosa und war so lang, daß sie 1940 ein ganzes Buch füllte, einen von Chardžiev mustergültig edierten Ergänzungsband, der die Leningrader Ausgabe in vielem korrigiert[30], en passant jedoch wissen läßt, daß auch mit diesem Band bei weitem noch nicht alles von Chlebnikov gedruckt sei. Doch Nikolaj Chardžiev hat offenbar bis heute keine Möglichkeit gefunden, die historisch-kritische Gesamtausgabe zu veranstalten.

Die derzeit vollständigste russische Chlebnikov-Ausgabe ist, nach allem, die von Vladimir Markov betreute Chlebnikov-Sammlung[31] — sie enthält, neben den Ausgaben von 1928—1933 und 1940, mit nur wenigen Ausnahmen sämtliche Gedichte, Texte, Schriften, die zu Chlebnikovs Lebzeiten in Rußland und der Sowjetunion gedruckt worden sind.

3

Jurij Tynjanov setzte sich 1928 heftiger Kritik seitens des LEF aus, als er schrieb: «Spricht man über Chlebnikov, muß man nicht über Symbolismus, Futurismus, nicht einmal unbedingt über Zaum sprechen. Weil man nämlich bisher, wenn man so verfuhr, nicht über Chlebnikov gesprochen hat, sondern über ‹und Chlebnikov›: ‹Der Futurismus und Chlebnikov›, ‹Chlebnikov und Zaum›. Selten sagt man ‹Chlebnikov und Majakovskij› (man sagt es gar nicht), und oft wird gesagt: ‹Chlebnikov und Kručonych›.» Dies erweise sich als falsch: «Erstens sind Futurismus und Zaum-Sprache keineswegs einfache Größen, sondern eher bedingte Namen, die verschiedene Phänomene decken, lexische Einheiten, die verschiedene Wörter vereinigen, etwas wie ein Familienname, unter dem verschiedene Verwandte und sogar Namensvettern laufen.»
In der konkreten, kulturpolitischen Situation (die Zeitschrift LEF mußte noch im selben Jahr endgültig ihr Erscheinen einstellen) war die Kritik an diesen Sätzen nur zu verständlich; in seiner Rezension von Band I der Leningrader Ausgabe wies V. Sillov hin auf die Konsequenzen des Versuchs, Chlebnikov von der Bewegung des Futurismus zu isolieren: vor der Revolution, als Chlebnikov «in vielem den Futurismus selbst mitbestimmt hat», sei charakteristisch gewesen, «daß die Mehrzahl der Anerkennungen [für Chlebnikov] von der Erklärung begleitet wurde, die betreffenden Zeilen Chlebnikovs, die betreffende Sache oder der ganze Chlebnikov habe mit dem Futurismus nicht das geringste zu tun»: «Der vom Futurismus isolierte Chlebnikov war für die literarischen Spießbürger aller Ränge akzeptabel.»[32] — Eine ähnliche Isolierungstaktik wandten die Gegner des Futurismus auch nach 1917 an, um die Linke Front der Künste, die sich mit den Autoren des Proletkult («auf dem Gebiet der Gestaltung völlige Reaktionäre»[33]) nicht zusammenschließen wollte, aufzusplittern. In dieser Situation war richtig, wenn Sillov auf Majakovskijs Chlebnikov-Nachruf verwies und feststellte, daß auch Chlebnikovs «erste literarische

Auftritte organisch an die Geschichte des russischen Futurismus gebunden», daß auch nach 1917 die meisten Chlebnikov-Publikationen «auf Initiative, durch Vermittlung und unter Beteiligung seiner wahren Freunde und Gleichgesinnten, der Futuristen, realisiert worden» sind (Sillov).

Dennoch ist im Zusammenhang mit der literarischen «gruppirovka» Chlebnikovs nicht zu übersehen, daß Tynjanovs Definition des russischen Futurismus den Tatsachen — nicht nur soweit sie Chlebnikov betreffen — am nächsten kommt. Futurismus hat in Rußland nicht immer dasselbe bedeutet. Futurismus hat als Begriff sehr verschiedene Phänomene und Elemente vereinigt. selbst wenn man die Gruppe des E g o - F u t u r i s m u s und die C e n t r i f u g a ausklammert und sich auf den «harten Kern» des K u b o f u t u r i s m u s, die Gruppe «Hyläa» beschränkt.[34] Einzelne Mitglieder auch dieser Bewegung haben Akzente durchaus verschieden gesetzt und aus ihren Differenzen kein Hehl gemacht. An Marinettis Rußlandtournee 1914 haben sich die Geister geschieden (zumindest für Chlebnikov hat dieses Ereignis einen klaren Einschnitt bedeutet); nach dem Almanach *Brüllender Parnaß* hat es kein Manifest, keinen Aufruf, keine Erklärung mehr gegeben, die im Namen aller Unterzeichner der *Ohrfeige* (Majakovskij, Kručonych, David Burljuk und Chlebnikov) gesprochen hätte. Den Futurismus, der 1913 als vorrangig literarische Bewegung an die Öffentlichkeit getreten war, hatte Majakovskij schon im zweiten Kriegsjahr für tot erklärt — den Futurismus «der Zerstörung», den Futurismus «als Idee der Auserwählten», der angetreten war, 1. «den Eiskasten sämtlicher Kanons zu zerschmettern, die aus der Inspiration Eis machen», 2. «die alte Sprache zu zerbrechen, den kraftlosen Galopp des Lebens anzutreiben» und 3. «die alten Großen vom Dampfer der Gegenwart zu stoßen» — dies hat Majakovskij jedoch nie gehindert, sich weiterhin Futurist zu nennen, im Gegenteil: «Heute», 1915, «ist jeder ein Futurist. Das Volk ist Futurist. Der Futurismus hat im toten Handstreich Rußland GENOMMEN. [...] Der Futurismus ist auch als eine Idee der Auserwählten gestorben, wir brauchen ihn nicht. Den ersten Teil unseres Programms — die Zerstörung — halten wir für beendet. Wundert euch deshalb nicht, wenn ihr heute in unseren Händen statt der Narrenpeitsche das Skizzenbuch des Architekten erblickt»[35]: Chlebnikov hatte zu solchen Erläuterungen keinen Anlaß.

Chlebnikov war, als sich die Gruppe «Hyläa» konstituierte, als auch er seine ersten Texte zu publizieren begann, bereits ein formierter Dichter, ein Dichter mit einem festumrissenen Programm, einem Programm, das den Futurismus wesentlich mitbestimmt hat, von dem man aber kaum mit Bestimmtheit sagen kann, ob andere futuristische Dichter in der Lage gewesen wären, dieses Programm ihrerseits zu bestimmen[36]. Den Roman, den David Burljuk von Chlebnikov geschrieben sehen wollte, hat er nicht geschrieben. Chlebnikov ging, m i t dem Futurismus, immer auch seine e i g e n e n Wege. Chlebnikovs Programm war von Anfang an kein nur-literarisches, sondern griff über die Grenzen des Literarischen hinaus, es negierte diese Grenzen, literarische, und andere auch. Das Denken in Gruppen, Schulen hat Chlebnikov nie gehindert, seine Mission zu verfolgen, wenn dies notwendig war. So berichtet Dmitrij Petrovskij von einem Besuch Chlebnikovs bei Vjačeslav Ivanov, lange nachdem die Ohrfeige auch Ivanov «vom Dampfer der Gegenwart» gestoßen hatte, einem Besuch 1915 (1916?) mit der Absicht, Ivanov für seine Idee der «Gesellschaft der 317» zu gewinnen[37]. Im Aufruf der Vorsitzenden des Erdballs 1917 soll sogar Maksim Gorkij (ihm hatten die Futuristen mit der Ohrfeige nur noch eine «Datscha am Fluß» gewünscht) der Idee der Vernunft sich anschließen und in die «Regierung des Erdballs» eintreten, die den alten, abgewirtschafteten Territorialstaat ad acta gelegt hat und nur noch die «reinen Gesetze der Zeit» anerkennt.

Chlebnikov ist nicht festzulegen auf den einen oder anderen Programmpunkt des Manifests aus dem Richterteich II von 1913 (der präzisesten und vollständigsten theoretischen Äußerung der Kubofuturisten als Gruppe) — all diese Punkte lassen sich bei Chlebnikov nachweisen, und Chlebnikov ist immer noch etwas anderes, ist immer noch mehr als das. Chlebnikov ist nicht festzulegen auf einige prominente Gedichte wie etwa die Beschwörung durch Lachen, weder auf den Gebrauch von archaischem Wortmaterial noch auf die Bildung neuer Wörter; Chlebnikov ist nicht die «sinnlose Klangrede» des Zaum, Chlebnikov ist nicht zu identifizieren mit den «realistischen», «autobiographischen» Gedichten, die er auch geschrieben hat. Chlebnikov macht keinen Unterschied zwischen theoretischem Konzept und poetischer Praxis, einem theoretischen Aufsatz und einem Prosatext oder Gedicht; er bemängelt, in seinem Brief an Petnikov (4. 1. 1917), daß sein Band *Fräulein Tod* nicht auch die dazugehörigen theoretischen Aufsätze enthält; Chlebnikov erläßt Aufrufe in Gedichtform, in Briefen, die öffentlich sind, poetischer Akt; Chlebnikov ist nicht Reim, Reimreform und auch nicht freier Vers – er hat alle diese Formen beherrscht, und nicht nur sie. Chlebnikov ist auch als Journalist noch Chlebnikov, denn dieser Chlebnikov ist ein «neues Sehen» (Tynjanov), eine neue Sehweise, neue Wahrnehmung der Welt, und zugleich Entwurf einer Neuordnung der Welt und neuer Welten in dieser Welt. Die neue Wahrnehmung der Welt, Chlebnikovs Welten in dieser Welt, die von der konkreten Wirklichkeit Rußland vor und nach 1917 keineswegs unabhängig waren, trennen nicht mehr zwischen dem Alltag des Lebens und dem Feiertag der Literatur, zwischen der Wirklichkeit der «Erwerbler» und den Träumen und Visionen der Budetljane, der «Bürger der Zukunft»; Bürger der Zukunft hat Chlebnikov nur sein können, weil die Kategorien von Vergangenheit, Gegenwart und Zukunft für ihn, Chlebnikov, gleichwertige Größen waren, weil Chlebnikov nicht trennte zwischen Leben und Tod; Chlebnikov unterhielt sich nicht nur gern mit den Toten (vgl. *Lehrer und Schüler*), sondern diese Unterhaltungen waren für ihn absolute Notwendigkeit. – Chlebnikov ist noch am ehesten die Gesamtheit seiner Werke, und zu diesen Werken gehört unbedingt auch sein Leben, gehören Chlebnikovs Taten und Titel.

Chlebnikovs Titel: Zangezi, Puma, großer Lehrer, Zahlengott, König des Reiches der Zeit, Derwisch uruss, Marx[2], Jüngling des Erdballs, Präsident des Ich-Staats, Gul-mullah, Ascha-walista, Vorsitzender des Erdballs (Vorserdbars), Doppelgänger Razins, Guschedar-mach, Sohn Asiens, der neue Vishnu, Marsianer, Ermak des Erdballs, Horn unserer Zeit, Sojabone der Himmel, Genie der Gegenwart, ICH, Prophet und großer Dolmetsch, Mund des Schicksals, Euer Stern, Rejis tumam donja (Vorsitzender des Erdballs), schrägbrauiger Samurai, Yogi, Liebetrachter, Richard Löwenherz, Kschatra-wajrija, Großer Lehrer der Gleichheit, Lobačevskij des Wortes, Felsen der Zukunft, Seele des Sohns der Otter, Columbus neuer poetischer Kontinente und Fortsetzung der Lehre Mohammeds, der verstummt ist und das Wort durch die Zahl ersetzt hat...

Zu Chlebnikovs Werken zählen die Verbindung der Zeit mit dem Raum, die Ausweitung des Gebotes «Liebe deinen Nächsten wie dich selbst» und die davon ausgehende Wirkung auf die edlen

Tierarten, die Durchschwimmung der Bucht von Sudak (3 Verst) und der Volga bei Epatjevsk, die Begründung eines Instituts zur Erforschung des Lebens der Kinder vor der Geburt, die Befreiung der Völkerschaften seines ICH-Staats, der Entwurf von Städten der Zukunft und einer einheitlichen Weltsprache, der Vorschlag, in den Fabrikschloten den Wunsch zu wecken, der aufgehenden Sonne das Lob zu singen, an der Seine wie in Tokio, am Nil wie in Delhi; Erklärung der Grundlagen einer räumlichen Chemie und Übersetzungen aus den Sprachen der Vögel, Nixen, Waldschrate und Götter, die Voraussage der russischen Revolution von 1917. Der Bruderkuß mit Echnaton. Die Gleichung der Seele Gogols. Chlebnikov hat studiert: die Tiere, das Alphabet, die Zahlen, seine Familie, seine Freunde, die Jahreszeiten, Nächte in Persien, Nächte in Astrachan; die großen Erfindungen, Biographien großer Männer, Darwin, den Koran, russische Bylinen, indische Mythologie, den japanischen Versbau, ägyptische Geschichte, den deutschen Geist, die Bewegung der Himmelskörper, Lieder der Revolution, die Eroberung Sibiriens und den russisch-japanischen Krieg, die Feldzüge der Weißen und Roten. Chlebnikov hat mit der Zahl 365 $\pm$ 48 der Menschheit das Werkzeug an die Hand gegeben, die Zukunft vorauszusehen, er hat die Kraft gefunden, die hinter dem L verborgen liegt, er hat das Schicksal in der Mausefalle der Zahlen gefangen und so den Tod besiegt, hat die deutsche Wissenschaft eine Staatsdienerin genannt, die Zusammenhänge der Erdkräfte mit dem Entstehen großer Städte erklärt, vorgeschlagen, den Herzschlag zur allgemein verbindlichen Geldeinheit zu erheben und auch menschliche Arbeit darin zu messen, er hat vorgeschlagen, die großen Reden der Weltgeschichte mit Nummern zu versehen, um die Kommunikation in Gerichtssälen und Universitäten abzukürzen; Chlebnikov hätte beinahe Kerenskij ohrfeigen müssen und hat in einer Provinz-ROSTA als Nachtwächter gedient; er hat selten länger als ein halbes Jahr an einem Ort verbracht, meist nicht so lange; er hat oft den Zug verpaßt, aber nicht den nach Persien, in das er mit der Roten Armee einzog, Fraschokereti (die Welt der Zukunft) in der Hand, Chlebnikov litt an Asien und war zweimal verhaftet, als Spion einmal von den Weißen, einmal von den Roten; Chlebnikov hat den Zeitstaat geschaffen und aufgerufen in das Land, wo die Bäume reden und die Zeit wie der Faulbeerbaum blüht; Chlebnikov hat einen Brief an seinen eigenen Schatten geschrieben

und, mit Freunden, diesen Funkspruch an Kerenskij adressiert: «Hier. Winterpalast. An Aleksandr Fjodorovič Kerenskij. An alle. An alle. An alle ... Wie? Sie wissen nicht, daß es eine Regierung des Erdballs bereits gibt? Aha, Sie wissen also nicht, daß es sie gibt. Regierung des Erdballs. Unterschriften.»[38]
Chlebnikovs Leben, seine Reisen, deren Gründe und Zeiten einfach nicht zu begreifen waren (Majakovskij), seine Reisen i n die Zeit, sei es in die Ära Kali Yuga oder ins Ägypten Echnatons, sei es in die russische Eroberung Sibiriens oder in die Zeit der Kreuzzüge, seine Erlasse an die Menschheit, ausgegeben «an der Scheide aller Wege um 10 Uhr 33 Minuten 27 Sekunden, nach der Uhr Predtečenskijs», seine Briefe an den eigenen Schatten, an Kerenskij — sie gehören zu Chlebnikovs Werk. Chlebnikovs Leben — hätten seine Freunde es aufgezeichnet — wäre ein großes, großangelegtes Gedicht; Chlebnikovs Tagebuchfragmente, Briefe von ihm zeigen es; dieses Leben ist a u c h Werk, ist sein integraler Bestandteil. Chlebnikovs Leben ist seinen strahlenden Wortgebäuden nicht nur «gleich» (Majakovskij), sondern hängt so ursächlich mit ihnen zusammen, wie Urs Widmer es an H. C. Artmann beschrieben hat[39], wie überhaupt eine Beschreibung der Lebensweise Chlebnikovs der Artmanns in vielem gleichen würde, nicht nur in puncto Reisen. Wie der «literarische» Chlebnikov in der Literatur seiner Zeit, war Chlebnikovs Leben ein beständiges Aufbegehren gegen Dinge wie den «öffentlichen» Geschmack, gegen Normen, Konventionen, von außen gesetzte Zwänge, die Chlebnikov nicht akzeptieren k o n n t e, nicht weil er sie nicht begriffen hätte, sondern weil er sich ihnen nicht beugen w o l l t e : weil ein Leben in ihnen für Chlebnikov ein Ding der Unmöglichkeit war. Wie bewußt, kalkuliert und keineswegs naiv seine Revolte gegen das «Man darf nicht», gegen die Verbotsschilder der gesellschaftlichen Konvention war, geht beispielsweise aus einem Brief an seine Schwester hervor:
«Alle Visionen der Zukunft haben mich plötzlich verlassen, wie den unnützen Baum ein Zug von Tauben, die sich erholt haben. Dies geschah, als ich zum letzten Mal in meinem Leben Vertrauen hatte zu den Menschen und in der gelehrten Gesellschaft an der Universität ‹Roter Stern› einen Vortrag hielt. E s i s t w a h r , i c h h a b e s i e a u f v e r f e i n e r t e W e i s e g e f o l t e r t : den Marxisten habe ich mitgeteilt, ich sei Marx im Quadrat, denen, die Mohammed bevorzugen, ich sei die Fortsetzung der Lehre

Mohammeds, der verstummt und das Wort durch die Zahl ersetzt hat. Den Vortrag hatte ich genannt: ‹Koran der Zahlen›. Das ist der Grund, warum all diejenigen, deren Ehrgeiz nicht weiter reicht als bis zum Empfang von Stiefeln als Belohnung für gutes Betragen und loyales Denken, auseinandergestoben sind und erschrocken auf mich blickten.»[40]

Nichts, scheint mir, beschreibt das Verhältnis von Chlebnikovs poetischem Universum, einer organischen Einheit aus Leben und Werk, zur Wirklichkeit der Angepaßten und deren genormten, standardisierten Werten besser als dieser Vorgang an der Universität «Roter Stern».

4

«Ich habe mir», schreibt Chlebnikov schon 1909 an Vasilij Kamenskij, «das komplizierte Werk ‹Quer durch die Zeiten› ausgedacht, wo die Regeln der Logik von Zeit und Raum so oft durchbrochen werden, wie der Trinker stündlich zum Schnapsglas greift. Kein Kapitel darf irgendeinem anderen gleichen. Dabei werde ich mit der Freigebigkeit eines Bettlers all meine Farben und Entdeckungen auf die Palette werfen, und jede von ihnen herrscht nur über ein Kapitel.» — Ob das Werk «Quer durch die Zeiten» Plan geblieben ist oder ob Chlebnikov es geschrieben und ihm nur einen anderen Titel (die *Kinder der Otter*?) gegeben hat, ist unbekannt. Allein der Plan eines solchen Gesamtkunstwerks — später durch den *Zangezi eingelöst* — zeigt bereits, wie sehr alle «Farben und Entdeckungen» Chlebnikovs ein Ganzes bilden, ein geschlossenes System sein wollen, aus dem einzelne Teile nicht herausgelöst werden können, jedenfalls nicht ohne Schaden für das Verständnis des Ganzen. Ein Aufsatz wie *Lehrer und Schüler* unterstreicht, daß Chlebnikovs Farben und Entdeckungen bereits sehr früh geprägt waren. An ihrer Erweiterung, Vertiefung und, wo nötig, Korrektur hat Chlebnikov zeitlebens hartnäckig gearbeitet. Seine «Stile» und Verfahren bedingen sich gegenseitig; sie resultieren sämtlich aus der Reflexion von Sprache, der Reflexion des Lebens der Wörter und ihres Verhältnisses zu den Sachen, die sie bezeichnen, bezeichnen sollen, aber, genau genommen, nicht bezeichnen, weil eine bestimmte Literatursprache die Wörter in ganz bestimmte Richtungen festgelegt, ihnen einen ganz bestimmten Sinn auferlegt hatte, der die «Strukturen, Widerstände und Verarbeitung» (Majakovskij) weitgehend unberücksichtigt ließ, wogegen Chlebnikov feststellt: «Wörter sind besonders stark, wenn sie zwei Sinne haben, wenn sie lebendige Augen für das Geheimnis sind und wenn durch den Glimmer des gewohnten Sinnes ein zweiter hervorleuchtet.» Es war kein flotter Spaß, kein Aperçu, wenn Chlebnikov in seinem *Brief an zwei Japaner* klarstellte: «Eher werde ich einen jungen Japaner verstehen, der Altjapanisch spricht, als so manchen meiner Landsleute in zeitgenössischem Russisch.» Die festgefahrenen Formen dieser «zeitgenössischen» Literatursprache, der Wörter, die für Chlebnikov sinn-los geworden waren und Schweigen bedeuteten, die Verunsicherung und gleichzeitige Konkretisierung dieses «Wortschatzes», das «Aufreißen des sprachlichen Schweigens, der taubstummen Sprachschichten» brachten Chlebnikov zu den fünf Säulen seines dichterischen Vokabulars: zum W o r t als der eigentlichen Grundeinheit, zum Wort als solchem; zur S i l b e als dem Grundelement zur Erweiterung der Sprache durch neue, neugebildete Wörter; zum B u c h s t a b e n als dem kleinsten Baustein des Wortes, zugleich der Grundlage für Chlebnikovs Sternensprache; zur Z a h l als adäquater Möglichkeit, Gedanken zu bezeichnen und auszudrücken, exakter und kürzer noch, als Sprache es vermag; schließlich zum reinen Klang, zu den Lautkombinationen der Z a u m - Sprache (s. w. u.). — Dieser Katalog ist selbstverständlich eine Hilfskonstruktion; in Chlebnikovs Werk sind Kombinationen z. B. von Sternen- und «normaler» Sprache, von Zaum und Alltagssprache, von Zahlenrede und Sprache der Normalfall: «Eine Sache, die n u r in neuen Wörtern geschrieben ist, berührt das Bewußtsein nicht.» —

In Chlebnikovs Verhältnis zum Wort müssen vier Blickrichtungen unterschieden werden: das Wort als semantische, als phonetisch-akustische, als graphische, audio-visuelle Einheit, und das Wort in seinem syntaktischen Zusammenhang als Konstruktionselement im Satz, im Vers.

Die erste äußert sich in Chlebnikovs wiederholten Aufrufen, den erstarrten Wortschatz der symbolistischen Literatursprache durch Einbeziehung verwandter slavischer Sprachen und Dialekte zu erweitern; das Wort ist hier vor allem semantische Einheit, nicht selten aber zugleich auch phonetisch wichtig. An Kručonych schreibt er 1913: «Grast den čechischen, polnischen, serbischen und noch irgendeinen Wortschatz ab und sammelt Wörter, die aus sich heraus verständlich sind, z. B. das čechische Wort žas statt des russischen užas.» «Im Vokabular der alten Slaven, Černogorcy, herumstöbern — die Sammlung der russischen Sprache ist noch nicht beendet — und viele schöne Wörter auswählen, besonders solche, die schön sind.» — In Konsequenz dessen enthält Chlebnikovs Wortschatz zahlreiche Übernahmen aus dem Ukrainischen, Weißrussischen, aus sibirischen, südrussischen Dialekten, aus dem Altrussischen und Kirchenslavischen, aus spezifischen Argots, aus verschiedenen Umgangssprachen. So enthält der Aufsatz *Zerlegung des Wortes* 42 Wörter auf «Ch» und 39 mit dem Anlaut «Č», die auch dem normal gebildeten Russen fremd sind und ins Russische übersetzt werden müssen — sie entstammen regionalen Sprachbereichen wie z. B. aus Tula, Pskov, Novgorod, Jaroslavl, Simbirsk, Irkutsk, Astrachan. Nicht selten bewegen sich Chlebnikovs Wörter, seine dunklen, fremden Wortfunde an der Grenze zur Fremd-Sprache. Gewisse Übernahmen aus dem Volkssprachlichen liegen, wo sie Klanggesten umschreiben (wie etwa das «Heo-he!» der Volgaschiffer), fast schon im Bereich der Zaum-Sprache.

Ein Wechselspiel zwischen Wortklang und Semantik betreibt Chlebnikov mit Fremdwörtern, wenn er beispielsweise feststellt, daß der Name Kant, aus allen Zusammenhängen gerissen und zufällig von einem Schotten gelesen, die Bedeutung von «Schuster» annähme. Chlebnikovs Freude an der kräftigen Klangfarbe fremder Wörter (die etymologisch mit den slavischen Sprachen nichts zu tun haben) manifestiert sich in Chlebnikovs eigenen «Übersetzungen»: Gul-mullah ist in Persien,

«Wo Geld — Pul ist»,
«Wo der schweigsame Mond
den klingendsten Namen hat —
Aj».

Auch mit diesen Übernahmen aus nichtslavischen Sprachen — und in den Erzählungen *Esir* oder *Ka* werden ähnliche Zitate durchaus nicht überall «übersetzt» — bewegt sich Chlebnikov am Rande der Zaum-Sprache; die Grenze fließt, ebenso wie die zwischen der Übersetzung von Lehnwörtern ins Russische und den Chlebnikovschen Neologismenbildungen (wie z. B. in den beiden Briefen an Kručonych über die Terminologie eines Theaters der Budetljane, 1913).

Allgemeiner Natur ist ein dritter Aspekt, der Chlebnikov wie jeden anderen Dichter ebenso betrifft, hier aber zumindest angedeutet werden muß: es sind die semantischen Veränderungen der Wörter, je nach ihrem syntaktischen und poetischen Zusammenhang, je nach ihrer Stellung im Vers, im Prosatext, Manifest oder Brief. Wenn Chlebnikov in der *Schramme am Himmel* eine Reihe von L-Anlauten (Lob, Lippen, Licht) in einem Vers mit dem Namen «Laotse, Lassalle und Lenin» und, im nächsten Vers, «Lunačarskij und Liebknecht» verbindet, so bedeuten diese «unverwechselbaren» Namen etwas anderes und mehr, als wenn sie in einem Zeitungsartikel vorkommen. Der Begriff «libertas» an sich ist ein bloßer, relativ neutraler Begriff; in einem Gedicht wie *Herren und Knechte im Alphabet* vorkommend, ist er bereits noch etwas anderes, ist er historische Anspielung und Parole, z. B. der Französischen Revolution, bedeutet er Parallele zur Oktoberrevolution, die mit im Hintergrund dieses Gedichts steht; im poetischen Kontext der Sternensprache — und diese Methode wendet das Gedicht an — ist er auch: Chlebnikovsches Beispielwort; in einer Zeile und nur durch ein «und» mit dem Wort «Liebe» verbunden, ist «libertas» ein Glied in einer einfachen Gleichung, ganz abgesehen von dem «etymologischen» Bezug, in den dieser Vers die beiden Wörter setzt. — Im Sonderfall des gereimten Gedichtes schließlich ist die Bedeutung des Reimworts nie identisch mit seinem lexischen Gehalt, seiner normalen Bedeutung, sondern unterliegt mindestens ebenso dem musikalischen Gesetz des Reims, aus dem erst sich wesentliche Bedeutungsschichten erschließen.

Noch anders liegt der Fall, wo Chlebnikov die Wörter s i e h t, als graphische Einheit, als Zeichen, z. B. in dem umschreibenden Wortspiel mit dem Namen Iran: Tyrann (russ. «tiran») «ohne T» (*Gul-mullah*). Hierher gehören die Gedichte in Palindromen, vor allem die Verserzählung *Razin.* Ein Text wie *Schmutziger Schaum* illustriert, wie diese Art, Wörter als Bilder, als mathematische Bildzeichen zu sehen (die Chlebnikov übrigens mit Otto Nebel gemeinsam hat), auch zur «Klärung der Rolle der Vorsilben und Suffixe»[41] führen kann.

Chlebnikov und die Silben. Silben, Prä- und Suffixe sind im Russischen (wie auch in anderen slavischen Sprachen) stärker noch als im Deutschen sprachbildende Mittel. Einen großen Teil der Wörter, bei denen sich das Deutsche der Wortzusammensetzung bedient oder sich mit attributen, adverbialen Bestimmungen behelfen kann, bildet das Russische (obwohl auch das Russische Wortzusammensetzungen kennt) durch einfache Suffigierung eines Wortstamms. Die gründliche philologische Analyse von Wirkung und Bedeutung der slavischen Prä- und Suffixe vorausgesetzt, lassen sich, wie Chlebnikov demonstriert, unbeschränkt viele neue Wörter bilden; es ist ein fast mathematisches Verfahren, das sich auf die Formel bringen ließe: $N = (a+b+c) S (x+y+z)$, wobei S der Wortstamm, a, b, c verschiedene Vorsilben, x, y, z verschiedene Suffixe wären, jeweils in beliebiger Zahl.

Es ist eine Binsenweisheit, daß Sprache ständig neue Wörter bildet und alte Wörter ausscheidet. Sie tut es natürlich, aber sie findet offenbar weniger gern den ihr entsprechenden treffenden Ausdruck, und sie scheidet ältere, logisch falsch gewordene Ausdrücke deshalb bei weitem nicht rechtzeitig aus, sondern erst sehr viel später. Sprache steht immer dann vor besonderen Problemen, wenn die, die sich ihrer bedienen, mit neuen Phänomenen des Alltags und ihrer Umwelt konfrontiert werden (was um die Jahrhundertwende, eigentlich die ganze Zeit über, die Chlebnikov schrieb, der Fall war). Nicht immer hat die Sprache sofort den passenden, ihr entsprechenden Ausdruck parat, nicht selten bürgert sie dann Ausdrücke ein, die ihr nicht nur nicht ent-, sondern sogar widersprechen.

Majakovskij beschreibt diesen Zustand:

«Nehmen Sie die zwei Knöpfe auf dem Rücken Ihres Gehrocks. Ohne diese beiden Knöpfe würden Sie keinem Schneider einen Gehrock abnehmen ... Aber wozu brauchen Sie sie im Grunde? Um etwas zum Abreißen zu haben? Früher, als Ihre entfernten Vorfahren ihr halbes Leben zu Pferde verbrachten, knöpften sie ihre flatternden Rockschöße daran, aber jetzt fahren Sie doch Straßenbahn — wozu also diese Knöpfe? Natürlich, werden Sie sich rechtfertigen — Sie haben keine Zeit, sie abzutrennen, und stören tun sie auch nicht. Vielleicht ja, an Ihrem Gehrock stören sie nicht, aber an irgendeinem anderen Gegenstand oder einer Empfindung stören sie!

Nehmen Sie irgendein Faktum!

Sagen wir: es werden Schienen gelegt, Waggons genommen, Pferde davorgekoppelt. Wenn man ein ähnliches Faktum in ein lautliches Kostüm kleiden will, erhält man das Wort Pferdebahn. Das Leben arbeitet.

Pferde werden jetzt durch die Elektrizität ersetzt, aber die Menschen sagen, weil sie sich keine neue Bezeichnung denken können, noch lange Zeit ‹elektrische Pferdebahn›. Das Wort ‹Pferdebahn› am Wortkleid ‹elektrisch› — das sind die zwei unnötigen Knöpfe.
Sie werden sagen, das sage heute niemand mehr. Nehmen Sie einen anderen allgemeingebräuchlichen Ausdruck: ‹rote Tinte›. Offensichtlich ist, daß das, was ‹Tinte› genannt wird, früher nur etwas Schwarzes war. Jetzt taucht rote, lila Tinte auf. Eine Bezeichnung dafür hat man nicht finden können, also wurden zwei Wörter zusammengeklebt, die einander ausschließen. Das Wort ‹rot› am Wort ‹Tinte› — das ist derselbe störende Knopf.»[42]

Diese «störenden Knöpfe» scheidet die Sprache eher zögernd aus, während sie sich oft sehr schöner, kräftiger, logisch gebildeter Wörter zugunsten blasserer beraubt. — Chlebnikov gibt «die Methode, wie man Wörter richtig bildet» (Majakovskij). Damit aber, mit der Nutzanwendung neu gebildeter Wörter in der praktischen Sprache, ist nur die eine Seite der Chlebnikovschen Neologismen beschrieben. Es ist nicht zu übersehen, daß seine konkret aufs Praktische zielenden Vorschläge (etwa zur Benennung von Gegenständen und Tätigkeiten, die mit dem Flugwesen aufkamen), relativ selten sind: Chlebnikovs Methode, Wörter richtig zu bilden, ist auch dort anwendbar, wo die Sprache mit neuen Phänomenen ihrer Umwelt konfrontiert wird, wo, mit anderen Worten, die Sprache der Wirklichkeit, die sie bezeichnen soll, hinterherhinkt. Dabei sind Chlebnikovs Neubildungen keineswegs immer, eher selten, die «passenderen», kürzeren, treffenderen Ausdrücke für die bereits eingebürgerten.

Der andere, weit größere und im Chlebnikovschen Werk auch wichtigere Bereich sind die Neologismen, die, für den praktischen Sprachgebrauch, Knöpfe sind, die das normale Sprachverständnis stören, indem sie in ihrer Bedeutung schillern, mehrdeutig bleiben. «Mit neuen Wörtern bilde ich auch einen neuen Inhalt», hat Kručonych einmal geschrieben[43]: ich meine diejenigen neuen Wörter Chlebnikovs, für die es — im sogenannt normalen Sprachgebrauch — keinen Inhalt gibt, Wörter, die, für diese Normalität, «nichts» bedeuten; Wörter, die es, weil sie angeblich nichts bedeuten, nicht geben «darf»; Wörter, die, weil sie etwas bezeichnen, was «man» nicht kennt, irritieren, Emotionen auslösen, für das gewohnt gewöhnliche Lesen eine Sperre bilden; Wörter, die es, obwohl es sie nicht geben darf, gibt und die die bei Chlebnikov vorausgegangene Reflexion von Sprache nachzuvollziehen zwingen.

Insofern sind Chlebnikovs «kombinierte» Neologismengedichte vom Typ «Zeiticht — Steinicht» / am Ufer des Sees» grundsätzlich unterschieden von den «konkreten» Gedichten, die sich aus den Wurzeln «lach-», «lieb-» und «mach-» entwickeln und die, in ihrer «beschwörenden» Häufung, der Klang betonenden Wiederholung eines Wortstamms, einer Wurzel bereits auf die Sternensprache verweisen (gleichsam als Bindeglied zweier wesentlich verschiedener Verfahren in Chlebnikovs poetischem System).

Auf die Rolle des einzelnen Phonems und des Buchstaben verweisen die neuen Wörter, in denen Chlebnikov in einem wohlbekannten und geläufigen Wort einen einzelnen Buchstaben durch einen anderen ersetzt, wodurch plötzlich gewaltige Bedeutungsverschiebungen zustande kommen; Wörter, die also überhaupt keine eindeutige Bedeutung mehr haben, folglich Verwirrung stiften müssen. Es gibt das russische Wort «dvorjanin», das soviel wie «Edelmann», «Adeliger» und «Aristokrat» bedeutet; etymologisch übersetzen müßte man es, nachdem in ihm der «Hof» («dvor») enthalten ist, mit «Höfling». Für Chlebnikov gibt es, analog, das Wort «tvorjanin», in dem, durch Phonemverschiebung, durch Substituierung eines einzelnen Buchstabens, plötzlich der ganze Umkreis des Wortes «schaffen» («tvorit») enthalten ist.

Chlebnikov und der Buchstabe. Chlebnikovs Verhältnis zum einzelnen Schriftzeichen, das einen Laut umschreibt, scheint, an seinem Werk verifiziert, weniger das zu sein, das das Manifest *Der Buchstabe als solcher* formuliert, nämlich die Eigenschaften und das Eigenleben der Buchstaben in ihrer handschriftlichen Charakteristik. Es ähnelt, scheint mir, eher einem Verhältnis, wie es Otto Nebel, der Erfinder der Runenfuge, in seinem *Geleitwort zur Kunst der Fuge in der Dichtung*[44] darlegt: für Nebel sind das große und das kleine «A-Be-Ce, vom kleinen a bis zum großen Zett und vom großen A bis zum kleinen zett, zwei wundervolle ORDNUNGEN bildhafter SINNWERTE». «Erst nach dem Untergange der letzten Morgenpest wird der belieferte Vernünftler von seiner Dünkelhaftigkeit befragt werden, warum er in allem, was er versprach, vollkommen ver-sagte. Und sie werden es beide für spitzfindig halten, wenn das Ur-Gehör ihnen beweisen kann, daß sie beide schon in dem Worte: BUCH-STABE nicht die bildhafte

Herkunft des Wortes erlebten, daß sie weder die BUCHE sahen, noch den STAB von der Buche, den Zweig vom Baume der Erkenntnis, der das Ur-Zeichen trug, das die RUNE ist. / Und die Blätter der Buche raunen und rauschen Erkenntnis. Doch weder Erkenntnis noch gar Kunst sind auf einem Blatte oder in einem Buche zu finden, deren Urheber das UR der Sprache nicht hoben.»[45]

Chlebnikov kannte die Energien, die im Abc stecken; und obwohl Nebel und er — was den Buch-Stab betrifft — von zwei verschiedenen Richtungen auszugehen scheinen (Nebel eher vom Lesezeichen als bildhaftem Wert, Chlebnikov von den UR-Bedeutungen der Wörter), haben beide das UR des Wortes gehoben und sind in diesem Punkte UR-Verwandte[46].

Chlebnikov geht aus von der Vorstellung einer inneren Flexion der Wortwurzel, die vor Urzeiten stattgefunden habe, als sich nämlich aus einer geringen Anzahl von Wurzelwörtern durch Kasusbildung innerhalb dieser Wurzel neue Wörter, neue Bedeutungen entwickelt haben — die Beispiele dafür gibt er in seinem Dialog *Lehrer und Schüler*. Die Idee einer Wurzelflexion mag linguistisch anfechtbar sein — als Strukturprinzip im Gedicht, im Text ist sie es nicht; sie hat, ähnlich den Phonemvertauschungen (aber nicht mit ihnen identisch), in der Praxis viel von dem erreicht, was Tynjanov meint, wenn er sagt: «Das ganze Wesen seiner Theorie besteht gerade darin, daß er in der Dichtung den Schwerpunkt von den Fragen des Klangs auf die Frage der Bedeutung gerückt hat. Für ihn gibt es keinen einzigen Klang, der nicht auf die Bedeutung abgefärbt hätte, für ihn besteht die Frage von ‹Metrum› und ‹Thema› nicht getrennt. Die ‹Instrumentierung›, die als Klangimitierung verwendet wurde, wird in seinen Händen zu einem Werkzeug der Bedeutungsänderung, der Belebung von längst vergessenen Verwandtschaften des einen Wortes mit anderen, der Entstehung einer neuen Verwandtschaft mit fremden Wörtern.»

Ausgehend von einer (im Anlaut identischen) Reihe wie «byk» (Stier), der, mit seinem «y»-Nominativ, der ist, der stößt, und «bok» (Hüfte, Seite), dem, das den Stoß des «byk» erleidet («o» als das in Nominativ wie Akkusativ gleiche Neutrum), gelangt Chlebnikov zu seiner Sternensprache, in der nurmehr der Anlaut, nicht die gesamte Wurzel, der in ihr zusammengefaßten Wörter den Ausschlag gibt; diese Sammlung von gleichlautenden Wörtern vollzieht sich über die theoretische Brücke, wonach der Anlaut eines Wortes das Schicksal der übrigen, folgenden Buchstaben bestimmt, diese Buchstaben ausrichtet. Die diesen, gleich anlautenden Wörtern gemeinsamen Eigenschaften (und in Chlebnikovs poetischem Universum existierte nur, was Er, Chlebnikov, gestattete) setzte Chlebnikov dann als Definition und Laut-Zeichen für diesen Anlaut, diesen Buchstaben, für diese regierende Rune. So z. B. die für das — auch im Deutschen charakteristische — Drehen von «W»irbel, «W»elle und «w»eben charakteristische Bewegung um eine bestimmte Achse; H i s t dann das Auf«h»alten des «H»agelschlags durch ein «H»ausdach, durch eine «H»ülle; «L» ist das Sich-«L»egen einer «L»awine «l»eichter Punkte auf eine F«l»äche.

Die Zeichen des Abc, des ALPHABETS, die Buchstaben verkörpern — das zeigt Chlebnikov — Bewegungen, die denen der Sterne und Himmelskörper gleich sind. Daher der Name seiner «Weltallsprache», einer Sprache, die, da sich die Sprachen gleichen, international sein könne, einer Sprache, die nicht auf der Willkür des Esperanto (Kručonych) beruhen müsse, sondern, aus den Eigenschaften von Sprache deduziert, eine Sprache sein könnte, die Räume und Bewegungen verbinden könnte (und nicht, was Sprache bisher tat: trennen). — Alle Einwände der Linguistik übersehen den Wert dieses Verfahrens für die Konstruktion poetischer Texte, sie verkennen damit Wesentliches. Hochinteressant dagegen ist Vladimir Tatlins Interpretation der Sternensprache und seine Beschreibung, wie er diese Sternensprache mit Hilfe von Platten verschiedenen Materials und verschiedener Verarbeitung 1923 auf die Bühne gebracht, inszeniert hat[47].

Dieselben Bewegungen — von Blutkörperchen und Buchstaben wie von Atomen, Lichtstrahlen und Himmelskörpern — verifiziert Chlebnikov später in seiner poetischen Mathematik und Raum-Chemie.

Erklärter Ausgangspunkt für Chlebnikovs Beschäftigung mit den Zahlen (zunächst denen der Vergangenheit) war das Eintreffen der Nachricht von Tsushima; sie erreichte Chlebnikov im Dorf Burmakino, Gouvernement Jaroslavl, wo er das Versprechen — die Gesetze der Zeit zu finden — in die Rinde eines Baumes ritzte.[48] Wer die Bewegungen der Geschichte erklärt hatte, mußte, mit Hilfe dieser «Gesetze», die Möglichkeit haben, die Zukunft vorauszusagen.

Anhaltspunkt dafür war zunächst die Zahl 365, die Zahl der Tage im Jahr; hinzu kamen Zahlen wie die Umlaufbahn des Mondes, 28 (manchmal 29); mit Hilfe der Gleichung 365 $\pm$ 48 sagte Chlebnikov 1912 den Untergang eines mächtigen Staates für 1917 voraus; die Februarrevolution wurde sein Triumph, die Oktoberrevolution zwang ihn umzudenken, aber nur in Details; ebenso die Kalenderreform nach 1917. Schon 1914/15 untersuchte Chlebnikov den Einfluß der Wellenbewegungen der Geschichte auf die Gegenwart: die großen Schlachten der Geschichte, durch Jahre getrennt, konnten auf die Schlachten der Gegenwart nicht ohne Einfluß sein, die Kreuzzüge mußten sich in den Tagen der Gegenwart spiegeln, so, wie die Eroberung Sibiriens durch die Russen im Mittelalter (die «Welle» des Festlands zum Meer der Japaner) vom Inselvolk Japan in den Tagen des russisch-japanischen Krieges zurückgeworfen wurde: die Ereignisse des Mittelalters, in Jahren gezählt, finden ihre gegenläufige Entsprechung in den T a g e n der Gegenwart. Beweise dafür, daß die Zahlen auch im Bereich eines individuellen Lebens nicht lügen, hatte Chlebnikov im Tagebuch der Marija Baškirceva gefunden; sie brachten ihn zu den Grundzahlen 2 und 3, den «Monaden» seines Geschichts-Systems (es war nur eine Frage der Zeit, und der rechnenden Ausdauer, die Systeme der großen Wellen der Weltgeschichte mit den kleinsten atomhaften Wellen der individuellen Seele auf eine Formel zu bringen.)

Über den praktischen Wert seiner Kunst teilt Chlebnikov am 3. Januar 1921 dem Maler Ermilov mit: «Wenn die Menschen keine Lust haben, meine Kunst, die Zukunft vorauszusehen, zu erlernen (und solches ist in Baku schon geschehen, unter den lokalen Geistesgrößen), so werde ich in ihr die Pferde unterrichten. Vielleicht wird sich das Reich der Pferde als ein fähigerer Schüler erweisen denn das Reich der Menschen. Die Pferde werden es mir danken, sie werden, außer dem Wagenziehen, noch eine weitere hilfreiche Verdienstmöglichkeit haben: sie werden den Menschen das Schicksal voraussagen und den Regierungen helfen, die noch Ohren haben.»

Und diese Voraussagen werden Zahlen sein, Gleichungen ähnlich denen in den *Tafeln des Schicksals*. Schon 1914/15 hatte Chlebnikov vorgeschlagen, die Kommunikation in Gerichtssälen und Behörden zu vereinfachen: «Alle Gedanken des Erdballs (ihrer sind nicht viele) wie die Häuser einer Straße mit Nummern versehen und sich in Unterhaltungen und beim Gedankenaustausch der Sprache des Sehens bedienen. Die Reden Ciceros, Catos, Othellos, Demosthenes' mit Ziffern kennzeichnen und bei Gericht und auf anderen Ämtern die unnützen Phrasen durch ein einfaches Aushängeschild mit Angabe der jeweiligen Rede-Ziffer ersetzen. Dies ist die erste internationale Sprache.» Auch diesem Vorschlag liegt die Reflexion der Möglichkeiten von Sprache zugrunde — einerseits «unnütze Phrasen», andererseits die Zahl als präziseres Denkinstrument: «Die geistreichsten Köpfe können ihr Denken nicht anders definieren als mit Hilfe des Wortes, einer wenig vollkommenen Vermessung der Welt», schreibt Chlebnikov 1916; und zum Beispiel dafür: «Mit dem Wort ‹wenig› kann man sowohl die Zahl der Sterne in der Milchstraße als auch die Zahl der Augen oder Arme (am Körper) benennen. Im Denken in Worten gibt es keine Grundvoraussetzung für Vermessungen — keine Beständigkeit der Maßeinheit, und die Sophisten Protagoras, Gorgias sind die ersten tapferen Steuerleute, die auf die Gefahr hingewiesen haben, auf den Wellen des Wortes zu segeln. Jeder Name ist nur eine Annäherung», und: «Der größte Teil der Bücher ist deshalb geschrieben worden, weil man ‹mit dem Wort› über etwas nachdenken will, über das man in Zahlen denken kann.»

Das Chlebnikovsche Alphabet der Zahlen, das, wie die Sternensprache, eine Kürze des Ausdrucks ermöglicht, wie sie die Mathematik, Chemie und Musik erreicht haben, ist, wie das der Sternensprache, nur scheinbar eine nichtsemantische Sprache. D i e Zahlen, die Chlebnikov aus der Geschichte hervorzieht und periodisiert — diese Zahlen r e d e n. Sie haben, innerhalb des Chlebnikovschen Systems, eine klar umrissene, spezifische Bedeutung und sind insofern Träger einer eigenen Semantik, sind S p r a c h e. Chlebnikovs Zahlenrede ist eine «wissenschaftlich begründete» Möglichkeit der Kommunikation, sie ist zugleich eine neue Form künstlerischer Prosa. Grundlage dieser Prosa ist nicht, wie Majakovskij sagt, «die reine Poesie», sondern das Zeichen der Zahl; und diese Zahl, Chlebnikovs Zahlen, transportieren Poesie oder, weniger anspruchsvoll gesagt, Gedanken, Assoziationen, Farben. Ein Beispiel: in der Erzählung *Esir* wird der Leser mit Zahlenreihen konfrontiert, die nur entschlüsseln kann, wer diese Zahlen als historische Daten sofort erkennt und unmittelbar etwas mit ihnen verbindet oder wer Chlebnikovs Gedanken aus dem Dialog *Lehrer und Schüler* gefolgt ist; für ihn bilden diese Zahlen einen Sinnzusammenhang. Ein Gedicht wie die *Erzählung vom Fehler* wirklich verstehen kann nur der, der auch Chlebnikovs Aufsatz *Neue Lehre vom Krieg* oder zumindest seine Briefe an Michail Matjušin kennt.

Umgekehrt liefern diese Zahlensysteme Chlebnikov eine Vielzahl von Themen und «Metaphern», die für Chlebnikov nicht mehr Metaphern, sondern poetische, erlebte Wirklichkeit sind. Auf das Thema der Erzählung *Ka* ist Chlebnikov wahrscheinlich nicht n u r gestoßen, weil Echnaton eine faszinierende Persönlichkeit war, sondern weil ihm die Zahl 1398 v. Chr. den Weg zu dieser Gestalt eröffnet hat.

Die Zahlen 2 und 3 — in den *Tafeln des Schicksals* schließlich d i e Zahlen, auf denen das gesamte System aufbaut — die Verkörperung der entgegengesetzten Prinzipien von Positiv und Negativ, von Gut (2) und Böse (3), mußten auch in der Sprache verankert sein. Die Brücke von der Zahlenrede zur Sternensprache bauen das Gedicht *Verlust und Arbeit und Reibung* sowie ein Tagebuchfragment gleichen Inhalts, wo nämlich das Zahlenprinzip sprachlich verifiziert wird, bzw. der sternensprachliche Anlaut in der Sprache die Bedeutung der beiden Zahlen, aus der Sprache heraus, bestätigt.[49]

Chlebnikov und Zaum. — Als Begriff wurde Zaum von Aleksej Kručonych geprägt, dem vielleicht konsequentesten russischen Theoretiker des Lautgedichts, der «Verse ohne Worte», einer nicht semantischen Sprache im Sinne von Hausmann und Hugo Ball, einer Sprache «ohne bestimmte Bedeutungen» (Kručonych)[50]. Wer unter den russischen Futuristen nun wirklich das erste Lautgedicht geschrieben hat, wird kaum mehr feststellbar sein; geschrieben haben fast alle welche: Elena Guro, Vasilij Kamenskij, David Burljuk, Chlebnikov — am berühmtesten wurde dieses Phonem von Kručonych:

> Dyr bul ščyl
> ubeščur
> skum
> vy so bu
> r l zz.[51]

Kručonych erklärt: «Der Künstler ist frei, sich nicht nur in der allgemeinen Sprache (des Begriffs) auszudrücken, sondern auch in einer persönlichen Sprache (der Schöpfer ist ein Individuum) und in einer (nicht erstarrten) Sprache, die keine bestimmte Bedeutung hat, in der Zaum-Sprache. Die allgemeine Sprache bindet, die freie erlaubt, sich vollkommener auszudrücken.»[52] Damit kommt Kručonych sowohl theoretisch als — mit «Dyr bul ščyl» — auch praktisch dem später, 1916 von Hugo Ball und Raoul Hausmann unabhängig voneinander erfundenen lettristischen Lautgedicht nahe. Dennoch versucht Kručonych in seiner *Deklaration des Wortes als solchem* seine Zaum-Erfindungen auch semantisch zu begründen: «Das abgegriffene und ‹vergewaltigte› Wort Lilie ist ausdruckslos. Darum nenne ich die Lilie éuy — und die ursprüngliche Reinheit ist wiederhergestellt.» — Dieser Definition (von «Lilie» im besonderen, von Zaum allgemein) sind Chlebnikovs «Übersetzungen» aus der Zaum-Sprache sehr ähnlich:

> Pupupopo! Das ist der Donner.
> Gam gra gra rap rap.
> Pi-pipisi — das ist er.

Chlebnikov hat Begriff und Praxis des Zaum nicht so eng gefaßt wie Kručonych 1913 oder später Ilja Zdanevič (Ilijazd) in seinen Zaum-Dramen *LidantJU fAram* z. B. Chlebnikov hat Kručonychs *Deklaration* von 1913 nicht ohne Vorbehalte akzeptiert[53], sondern als Zaum beispielsweise auch Laut-Imitierungen wie die von Vogelstimmen gelten lassen (vgl. die *Weisheit im Fanggarn*); er hat folkloristische Elemente (aus Scherzliedern, Abzählversen, Zauberformeln), die ekstatische Sprache religiöser Sekten, später auch die von ihm erfundene Sternensprache unter Zaum subsumiert.

Kručonychs Zaum-Begriff erscheint später dem Chlebnikovschen angenähert: zur Zaum-Sprache zählen in seiner *Deklaration der Zaum-Sprache* 1921 auch Phänomene wie «erfundene Namen» (Gogols Čičikov z. B.), allerdings nur die nichtallegorischen Namen; ferner: «Ausrufe, Interjektionen, Murmeln, Mitsingen von Liedern, Kinderlallen, Kosenamen, Spitznamen — diese Art von Zaum gibt es im Überfluß bei Schriftstellern aller Richtungen»; «Wortschöpfungen», wobei Kručonych unterscheidet zwischen 1) «liedhafter, beschwörender und verzaubernder Magie», also musikalisch-phonetischer Wortschöpfung, 2) «verstandesmäßiger» Wortschöpfung (im Gegensatz zur «wahnsinnigen, klinischen») und 3) «alogischer, zufälliger» Wortschöpfung, nämlich «mechanischer Verbindung von Wörtern, Versprechern, Druckfehlern,

Lapsus; hierher gehören teilweise Laut- und Sinnverschiebungen, nationaler Akzent, Stottern, Lispeln usw.»[54]

In diesem — vom lettristischen Prinzip der frühen Kručonych-Phoneme abweichenden — Sinne wird der Begriff Zaum heute im Russischen gebraucht[55], und in diesem Sinne muß man mit Hausmann anerkennen, «daß Khlebnikov und Ilijazd» — und Kručonych! — «zu den ersten Phonisten zählen»[56].

Chlebnikovs Bedeutung als Zaum-Dichter wird nicht dadurch geschmälert, daß er Laut-Gedichte sporadischer als Kručonych oder Zdanevič geschrieben hat; Zaum-Einsprengsel finden sich in vielen Chlebnikov-Texten, nicht nur in den frühen, sondern nachdrücklich auch im *Zangezi*, in der *Schramme am Himmel*; seinen längsten Zaum-Text, das Drama *Die Götter*, hat Chlebnikov 1921 geschrieben. Das Zaum-Phänomen hat Chlebnikov, entgegen anderslautenden Interpretationen, kontinuierlich beschäftigt und ist, auf der «Palette seiner Farben und Erfindungen», ein integraler Bestandteil des Chlebnikovschen Spektrums.[57]

5

Aus dieser kurzen Skizze der Chlebnikovschen Erfindungen, Techniken und Verfahren geht hervor, daß in jeder Chlebnikov-Ausgabe, ob russisch oder deutsch, die Vielschichtigkeit und die Kontinuität dieses Werks zumindest erkennbar bleiben muß (vollständig dokumentieren könnte dies erst die weiter ausstehende historisch-kritische Gesamtausgabe). Chlebnikovs Verfahren, einzeln genommen (obwohl sie im Werk selbst ja nie oder nur selten vereinzelt vorkommen), illustrieren auch, daß Probleme wie das der Auswahl, der Anordnung der ausgewählten Texte und das Problem der Übersetzung nicht voneinander isoliert betrachtet werden können. Vielmehr hat die Übersetzbarkeit einzelner Verfahren, einzelner Gedichte die vorliegende Auswahl ebenso mitbestimmt wie die Übersetzbarkeit bestimmter Gattungen, die, in der russischen Literatur bis heute bewahrt, von der deutschen ausgeschieden oder durch andere Gattungen verdrängt worden sind wie z. B. die epische Verserzählung, mit deren Übersetzung man Chlebnikov in Deutschland kaum Freunde gewönne. Es gibt in Chlebnikovs Werk kurze Gedichte, die die «poetische Aufgabe» (Majakovskij) besser lösen, auch wenn die Verserzählungen für Chlebnikov keineswegs eine Art literarischer Pflichterfüllung waren. Die interessantesten, methodisch wichtigsten

Verserzählungen — zu ihnen zähle ich die *Schramme am Himmel*, *Razin*, den «Zyklus» der Persien-Gedichte und den *Gul-mullah* — durften in der Ausgabe natürlich ebensowenig fehlen wie das Epos *Zangezi*, das die Liste der Chlebnikovschen Erfindungen zweifellos am vollständigsten dokumentiert.

Der ideale Aufbau einer Chlebnikov-Ausgabe wäre mit Sicherheit eine strikt chronologische Reihenfolge der einzelnen Texte. Eine solche Anordnung, die nicht mehr unterscheidet zwischen Kästchen Prosa, Lyrik, Manifest, Poesie, Theorie usw., sondern die einzelnen Texte rein nach ihren Entstehungsdaten bringt (und sie würde vermutlich noch einiges an innerem Zusammenhang im Werk Chlebnikovs zutage fördern), war wohl schon zu Lebzeiten Chlebnikovs schwer darstellbar, bedingt durch seine vielen Aufenthaltsorte, Reisen; durch seine Arbeitsweise, die allgemein und übereinstimmend als «chaotisch» beschrieben wird. Eine verläßliche Chlebnikov-Chronologie ist h e u t e nach 50 Jahren editorischer Versäumnisse, um so weniger vorzustellen.

Unter diesem Vorbehalt geht Band I dieser Ausgabe in seinem Aufbau den Kompromiß ein, daß er Chlebnikovs Lyrik und, soweit für das unmittelbare Verständnis erforderlich, theoretische Aufsätze mit dem chronologischen Prinzip verbindet; die Texte sind, je nach dem ihnen zugrunde liegenden Verfahren, zu Gruppen zusammengefaßt, innerhalb dieser Gruppen aber chronologisch geordnet (soweit möglich). Band II enthält die Chlebnikovschen Schriften in einer übergeordnet chronologischen Abfolge.

6

In seiner berühmten *Deklaration des Wortes als solchem* (1913) stellt Aleksej Kručonych fest: «Der Vers bildet (unbewußt) Reihen von Vokalen und Konsonanten. D i e s e  R e i h e n  s i n d  u n a n t a s t b a r. Es ist besser, man ersetzt ein Wort durch ein anderes, das ihm nicht dem Gedanken nach, sondern dem Klange nach nahesteht.» Dieser Grundsatz unterstreicht nicht nur die überragende Rolle des Wort k l a n g s im futuristischen Gedicht, sondern ist zugleich Ausgangspunkt für eine radikale Kritik der Übersetzungspraxis. Sind die Lautreihen, die den Vers konstituieren, unantastbar, so folgt daraus, daß es «darum auch unmöglich [ist], aus einer Sprache in eine andere zu übersetzen: man kann ein Gedicht lediglich in lateinischen Buchstaben schreiben und eine interlineare Rohversion hinzufügen. Die bisherigen Übersetzungen sind nur interlineare Rohversionen gewesen, als Kunstwerke sind sie — gröbster Vandalismus.»[58]

Die These, wonach Lyrik in andere Sprachen nicht übertragbar sei — und sie erstreckt sich auf die Lyrikübersetzung allgemein —, muß also, auch Kručonych räumt es ein, nicht automatisch auch das Ende des Übersetzens überhaupt bedeuten. Die Konsequenz seiner These mündet logisch in das Prinzip, fremdsprachige Lyrik in zweisprachigen Ausgaben anzubieten. Dafür jedoch entfallen bei uns, bei russischer Literatur, die nötigen Voraussetzungen. Selbst angenommen, jeder deutsche Leser könne das transkribierte russische Original in seiner Klanggestalt eindeutig nachvollziehen — die Assoziationen, die diese Klänge evozieren, wären andere als die, die, beim selben Klang, der Russe empfindet — sie wären so verschieden wie die Klanggestalt ihrer beiden Sprachen; nicht im entferntesten würde das vom Deutschen klanglich nachvollzogene Original zugleich auch das Wechselverhältnis von Klang und Bedeutung erhellen, das Chlebnikovs System bestimmt.

Hier verläuft eine eindeutige Grenze; aber diese Grenze verläuft durchaus nicht nur zwischen verschiedenen Sprachbereichen, entlang einer Sprachgrenze, sondern manchmal auch mitten durch ein und dieselbe Literatur. So hat Kručonych, um nachzuweisen, daß die Klassiker der russischen Literatur «unverständlicher als Hieroglyphen» seien, an einigen Puškin-Versen «Unsauberkeiten» und Zweideutigkeiten demonstriert, die auf Differenzen von Wortklang und Wortsinn zurückgehen. Der Puškin-Vers «Slychali-l' vy za roščej glas nočnoj», ein klassischer fünfhebiger Jambus, semantisch eindeutig übersetzbar — nämlich: «Hörtet ihr hinter dem Hain die nächtliche Stimme» — enthält lautlich «Löwen»; die Frage «Slychali li vy» (hörtet ihr), bei Puškin aus metrischen Gründen verkürzt zu «slychali-l' vy», ergibt, ihrem Klang nach: «Hörten die Löwen». In einem anderen Vers hört Kručonych aus der Wendung «mogučemu dan» (dem Mächtigen gegeben) das Wort «čemodan» heraus, das soviel wie «Reisekoffer» bedeutet.[59]

Daß solche Wechselbeziehungen zwischen phonetischem und semantischem Wert des Wortes unmöglich aus dem Russischen ins Deutsche herübergerettet werden können, liegt auf der Hand. Da Klänge, auch Wortklänge, in jeder Sprache Assoziationen oder sogar semantische Bezüge transportieren, ist der Schluß zulässig, daß der Wortlaut einer Übersetzung — und gemeint ist zunächst durchaus eine Interlinearübersetzung — als eine neue Reihe von Vokalen und Konsonanten, deutsch innerhalb der deutschen Sprache Assoziationen herstellt; nur sind es a n d e r e Bezüge als die des russischen Originals beim Russen. — Es ist nicht uninteressant zu sehen, welche semantischen Bedeutungen der Wortlaut des russischen Originals in einer anderen, z. B. der deutschen Sprache ergibt, wenn man, bei nur geringen Konzessionen an den Lautstand des Deutschen, die phonetische Oberfläche des russischen Originals übersetzt.[60]

Wenn schließlich, wie bei Chlebnikov häufig der Fall, das semantische Gebäude des Textes einem System phonetischer Entsprechungen untergeordnet ist, wird man sich überlegen müssen, ob man nicht, der Empfehlung Kručonychs folgend, ein dem «Sinne» nach, weniger exponiertes Wort durch ein anderes ersetzt, das den Erfordernissen des phonetischen Systems gerechter wird als etwa eine getreue philologische Entsprechung. Es ist sehr die Frage, welche Übersetzung der Verse:

> Lesa lysy.
> Lesa obezlosili. Lesa obezlisili

die richtigere ist — die semantisch getreue, die lauten würde: «Die Wälder sind kahl. Die Wälder sind entelcht. Die Wälder sind entfuchst», oder die freiere Übersetzung, die den phonetischen Impuls des Originals aufgreift und das Verfahren des russischen Originals deutsch reproduziert. Eine solche Umdichtung könnte lauten:

> Der Wälder Wildnis.
> Die Wälder sind entwildet. Die Wälder
> sind entwollt.

Oder, nach einem Vorschlag von Klaus Reichert:

> Wälder wilder.
> Die Wälder sind entwildet. Die Wälder
> sind entweltet.

Ein herkömmliches, doch auch bei Chlebnikov wichtiges Klang- und Strukturprinzip ist der Reim; Reim bedeutet nicht nur den Gleichklang am Versende, sondern bildet, zusammen mit dem Metrum oder Versrhythmus, eine Struktur, die sowohl die Syntax als auch die Semantik wesentlich beeinflußt. — In Übersetzungen gereimter Gedichte ist schon ein seltener Glücksfall, wenn man auch nur einen simplen Vierzeiler die dem Original «identischen» Reimwörter findet (wobei klar ist, daß sich die Bedeutungsinhalte der Wörter, ihr emotionaler Bedeutungsradius in verschiedenen Sprachen nie ganz decken) u n d dabei auch annähernd Syntax und Wortfolge des Originals bewahren kann. Es stellt sich bei jedem gereimten Gedicht erneut die Frage, welche Struktur die wichtigere ist. Nur von Fall zu Fall ist zu entscheiden, ob man dem semantischen System des Originals den Vorzug gibt und auf den Reim verzichtet (wobei man u. U. am Metrum festhalten kann) oder ob die Klangstruktur des Gedichts ein so starker Bedeutungsträger ist, daß man, und das auf Kosten der philologischen Genauigkeit, diese Klangstruktur zu transponieren versucht.

Ein weiteres allgemeines Übersetzungsproblem, das sich in seiner ganzen Komplexität jeder anderen Sprache auch stellt, wenn sie aus dem Russischen übersetzt, ist, daß das Russische, wie die meisten slavischen Sprachen, keine Artikel kennt, was — nachdem damit auch die Unterscheidung zwischen unbestimmtem und bestimmtem Artikel wegfällt — auch semantisch von Bedeutung ist, was vor allem aber den russischen Vers knapper macht, àls der übersetzte es sein kann. Hierher gehört, daß Genus und Kasus, russisch wie im Lateinischen: synthetisch gebildet werden, womit sich nicht nur — von den Futuristen oft genutzt — Möglichkeiten zu grammatischer Zweideutigkeit ergeben, sondern auch zur demonstrativen Deformation von Sprache. Wenn Kručonych in einem Text sämtliche Substantive als Maskulina behandelt, so ist dieser Effekt im Deutschen auf d i e s e l b e Weise, nämlich durch Streichung bzw. Veränderung allein der die Genera anzeigenden Endung, n i c h t erreichbar.

Damit hängt das Problem der Abweichungen von der Norm zusammen — wie sind sie zu übersetzen? Das Durchbrechen der Normen des «öffentlichen Geschmacks», des sogenannten guten Stils, war für die russischen Futuristen Programm. Das beginnt bei Interpunktion und Orthographie und hört bei lexischen Problemen, dem persönlichen Wortschatz des betreffenden Autors nicht auf; hierher gehört z. B. auch die Behandlung umgangssprachlicher Elemente und deren Transkription, hierher gehört die Übersetzbarkeit spezifischer Dialektausdrücke, besonderer Argot-Termini usw. — die Übersetzbarkeit eines reichen Wortschatzes. Man kennt Fälle, wo Übersetzer in Texten, denen die

Wiederholung als Stilprinzip zugrunde liegt, zum Synonymwörterbuch gegriffen haben, weil Wiederholungen doch «schlechter Stil» seien. Dieser sogenannt gute Stil ist beim Übersetzen nicht selten ein Hindernis oder, anders gesagt, die Brücke zur schlechten Übersetzung und konsequenterweise zur Verarmung des reichen Wortschatzes in der Übersetzung, ohne daß es in jedem Falle notwendig wäre. Die Übersetzung bewegt sich ständig zwischen diesen beiden Fragen: bis zu welchem Grade sollte bzw. darf sie ein-deutschen und: in welchem Maße muß sie «Unregelmäßigkeiten» des Originals mitübersetzen und riskieren, daß die mitübersetzten Unregelmäßigkeiten des Originals ihr, der Übersetzung, als Fehler oder Stilbrüche angelastet werden.

7

Die Chlebnikov-spezifischen Übersetzungsprobleme liegen in seinem Sprach-System begründet, in dem — für die Übersetzung — die Wurzelflexion, das Alphabet der Sternensprache und der Neologismenkomplex zweifellos die interessantesten Bereiche sind.
Chlebnikovs Zaum-Gedichte und deren Assoziationsradius ist durch einfache Transkription gelöst worden; die Assoziationen sind im Deutschen zwangsläufig andere. Hier im Original einem semantischen Sinn nachzuspüren, würde in den Bereich des Unsinns, jedenfalls in den der reinen Spekulation führen. Semantisch begründete Zaum-Texte wie Kručonych mit seinem *Gedicht in Vokalen* hat Chlebnikov nicht; dieses Vokalgedicht lautet russisch:

o e a
i e e i
a e e je.

Nachdem dieses Gedicht, wie Vladimir Markov entdeckt hat[61], aus den Vokalen der ersten Bitte des Vaterunsers besteht, müßte die deutsche Ü b e r s e t z u n g lauten:

a e u e
e u i i
i e.

Beide Versionen wären «richtig».
Die Wurzelflexion in ihrem theoretischen Entwurf, dem Dialog *Lehrer und Schüler,* ist in anderen Sprachen am ehesten in einer

philologischen Übersetzung wiederzugeben, die den jeweils von Chlebnikov zitierten Beweis russisch stehen läßt und die deutsche Bedeutung in Klammern unmittelbar erklärt, zum Beispiel: «Beg [der Lauf] wird mitunter durch Angst hervorgerufen, bog [der Gott] ist ein Wesen, dem man Furcht entgegenbringen soll» — es hätte hier, nachdem sich die deutsche Sprache bei der Flexion anderer Mittel bedient, wenig Sinn, deutsche Lösungen zu erfinden. — Eine andere Frage ist, wie man sich bei ähnlichen Fällen innerhalb eines Chlebnikov-Gedichts verhält, wo diese Wurzelflexion angewandt wird; Wurzelflexion ist n i c h t Alliteration oder Stabreim. Laut Definition regiert der Anlaut zwar das Schicksal des Wortes; im Beispiel «beg/bog» ist er aber nicht das einzige Element: das «g» gehört dazu. Wenn sich die Übersetzung hier öfters des Stabreims bedient, so ist dies ein Behelf; Fälle, wo man — wie im Beispiel «See» und «Seele» — auf ursächliche Zusammenhänge stößt[62], sind selten. Bereits hier stellt sich aber die Frage, durchbricht man das semantische System des russischen Gedichts und reproduziert das Verfahren, oder bringt man eine philologische Fassung, die von diesem Verfahren nichts mehr erkennen lassen kann.

Deutlicher noch stellt sich diese Frage beim Übersetzen der Sternensprache. Hier würde die philologisch getreue Übersetzung — und zwar im Gedicht wie im theoretischen Aufsatz — Chlebnikovs Verfahren eher verschleiern denn erhellen, jedenfalls würde nicht sofort klar, was im russischen Chlebnikov-Text eigentlich geschieht.[63]

Ein Beispiel: Für das L gibt Chlebnikov folgende Definition: «Wir haben breite Flächen, die einen Stützpunkt darstellen für Schwimmen, Fliegen und Gehen von leichten Körpern. Darum ist L der Übergang von Punkten über gerade Linien in eine Flächenbewegung, quer zu dieser Geraden. Ein Tropfen fiel von oben nach unten und wurde zum Teil einer P f ü t z e [lyža]. Diese aber ist ein flüssiger Körper, quer zum Weg des Tropfens. F u ß s o h l e [lapa], S c h n e e s c h u h [lyža], B o o t [ladja] liegen quer zum Vektor des menschlichen Gewichts.» — Schon diese vier Belege zeigen, daß ein großer Teil der Chlebnikovschen Beispiele sich der Übersetzung in nichtslavische Sprachen widersetzen muß. Andererseits trifft der L-Katalog Chlebnikovs auf eine Reihe deutscher Entsprechungen durchaus zu: «Lawine, Laub, Licht, Lichtstrahl, Lager, Lungen, liegen, Löffel, Leute, leicht, lieben» usw. Und

zweitens lassen sich im Deutschen «L-Wörter», und gar nicht wenige, durchaus finden, die mit Chlebnikovs Definition vom L vereinbar sind (schließlich gibt es auch im Russischen Wörter, die auf L anlauten, aber nicht auf die Definition paßten und von Chlebnikov daher nicht genannt werden), ganz abgesehen davon, daß Chlebnikovs Definitionen meist weit genug sind, um auch «kontroverse» Erscheinungen unter sich zu vereinigen.[64]
Um Chlebnikovsche Sternensprache adäquat zu «übersetzen», m u ß die Übersetzung den I m p u l s des betreffenden Chlebnikov-Texts oder Gedichts aufgreifen, den Wortschatz des Deutschen und deutscher Dialekte durchstöbern nach Wörtern, die auf denselben Buchstaben anlauten[65] und mit den Grundzügen der Chlebnikovschen Definitionen des jeweiligen Sterns vereinbar sind, um das semantische Grundgerüst des Gedichts u n d a u c h sein Verfahren zu reproduzieren, das dieses semantische System gleichsam selbsttätig vorwärtstreibt. Eine solche Nachdichtung oder «evidente» Übersetzung muß, an den Chlebnikovschen Beispielen orientiert, frei genug sein dürfen, den von Chlebnikov gegebenen Impuls auf spezifisch deutsche Möglichkeiten auszudehnen und u. U. zur Umdichtung zu werden, d. h. einige Verse auch neu zu schreiben. Lautet z. B. ein Vers in seiner wörtlichen Übersetzung:

> Wenn der Blüten breites Blatt
> als Jagd den Flug des Strahls einfängt,

im Russischen aber folgende Wörter auf L anlauten: Blatt, einfängt, Flug und Strahl, darüber hinaus die «Jagd» ein L an exponierter Stelle hat, muß die «evidente» Übersetzung oder Umdichtung frei genug sein dürfen, für das breite Blatt einer Blüte mit einer spezifischeren Blüte (Lotos, Linde) zu arbeiten, für «Strahl» mit «Lichtstrahl», für «einfangen» z. B. «an-locken» zu wählen o. ä. — Ein solches Übersetzungsverfahren bedingt natürlich, daß es offengelegt und daß, zumindest an einzelnen Beispielen, auch die philologische Interlinearversion mitgeliefert wird.
Daß es praktisch unmöglich ist, die Geschlossenheit des Chlebnikovschen Sprachsystems in die deutschen Fassungen hinüberzuretten, liegt auf der Hand. Dafür ergibt ein Übersetzungsverfahren wie das Beschriebene einige in sich stimmige Texte und Gedichte in d e u t s c h e r Sternensprache.

Während Chlebnikovs Sternensprache vor allem auf der Analyse phonetischer (und semantischer) Ähnlichkeiten von Wurzelwörtern beruht, basieren seine Neologismen auf dem eingehenden Studium der morphologischen Mittel des Russischen (und slavischer Sprachen überhaupt). Chlebnikov erweitert den Bedeutungskreis einer bestimmten Wurzel, indem er diese Wurzel mit sprachlichen Fertigteilen koppelt, wobei diese Fertigteile — Prä- und Suffixe — B e d e u t u n g s t r ä g e r sind und der, in anderen Kombinationen geläufigen, Wurzel neuen Sinn verleihen. — Welch maßgebliche Rolle auch in den Neologismen-Gedichten phonetische Prinzipien, beispielsweise die Häufung eines bestimmten Anlauts, einer einzigen Wurzel, gespielt haben, demonstrieren die Texte der Lachgedichte.
Es gibt Neologismengedichte von Chlebnikov, die auf jeden syntaktischen Zusammenhang verzichten:

> Zittricht
> Wacherei
> Klugnis
> Atmicht
> Völlerei
> Singnis
> Sterbicht
> Siederei
> Ewnis
> Flechticht
> Kalterei
> Opfnis usw.

Mit Hilfe dreier nicht mehr produktiver, aber durchaus geläufiger Suffixe entsteht eine Reihe abstrakter Substantive, von denen alle, mit Ausnahme des Wortes «Völlerei» («deboš»), Neologismen sind. Ihre Übersetzung bereitet im Prinzip keine unüberwindlichen Schwierigkeiten, sofern man Bedeutung und Rolle der von Chlebnikov verwandten Wortbestandteile, nämlich der jeweiligen Wurzel und der Suffixe, geklärt und deutsche Entsprechungen gefunden hat.
In der Praxis stellen sich der Übersetzung Chlebnikovscher Neologismen vor allem zwei Schwierigkeiten:
1. verfügt das Russische an Substantivierungssuffixen — um nur sie herauszugreifen — über ungleich mehr als das Deutsche, das

sich zur Bildung entsprechender Begriffe, zur Substantivbildung außer der Suffigierung auch anderer Mittel bedient: etwa der Wortzusammensetzung, der Substantivierung des reinen Adjektivs (das Weiß, das Weiße), des Suffixes «-e», oft mit Ablaut verbunden (die Höhe, die Größe); dieses «-e» wird auch grammatisch gebraucht: bei der Pluralbildung, Kasusbildung, als Imperativendung usw. Im gegebenen Beispiel würde ein Substantiv auf «-e» zu Mehrdeutigkeiten führen, die das oben zitierte Original nicht enthält, im zitierten Falle also vermieden werden müssen.
2. sind die Chlebnikovschen Neologismen selten «eindeutig», sondern schillern, oszillieren zwischen mehreren Bedeutungen. Dies ist praktisch überall dort der Fall, wo die Neologismen nicht in so systematisch-paralleler Reihung auftreten, sondern im Kontext eines Gedichts; besonders wo der Neologismus durch Phonemvertauschung vom Typ «dvorjanin/tvorjanin» zustande gekommen ist oder wo das verwandte Substantivierungssuffix semantisch (in den Wörtern, in denen es auch in der normalen Sprache gebraucht wird) schillert; ein Wort wie «plakva» als abstraktes Substantiv, abgeleitet vom Verbalstamm weinen («*plak-»), oszilliert, schon von seinem Suffix her, zwischen assoziativen Bedeutungen, die gedeckt werden durch Wörter wie die Ernte, der Buchstabe, die Schlacht, das Gebet, Rasierklinge, Opfer u. a.

Ein anderes Beispiel: Vladimir Markov weist in einem Brief über die Wort-für-Wort-Entschlüsselungen der einzelnen Neologismen in Chlebnikovs «Macht»-Gedicht (aus dem *Zangezi*), den Entschlüsselungen, die den Autoren für ihre Nachdichtung — vgl. Oskar Pastiors «M-Satz, mögliche Machtfragen» und das «machtgetön der macht» von Franz Mon — vorgelegen haben, darauf hin, daß ein Wort wie «mogunnyj» eben von der Wurzel «*mog-» bzw. «*mok-» und dem Neologismus «mogun» (der soviel wie «Macher» bedeuten könnte) abgeleitet sein könnte, daß dasselbe Wort aber genauso das Wort «čugunnyj»: eisern (ein Lieblingswort Chlebnikovs) enthält; daß ein Wort wie «mogi» zwar auch eine Ableitung von der zugrunde gelegten Wurzel sein könnte, daß es aber auch den Plural des Wortes «Gott» («bog») assoziiert: «Nicht umsonst hat Jakobson, im Zusammenhang mit den Neologismen Chlebnikovs, von einer ‹gedämpften›, ‹betäubten›, ‹erstickten› [priglušennaja] Semantik geschrieben — ihr Sinn schwankt, und darum sind die Vorwürfe der Idioten von Kritikern, daß nur so

wenige seiner Neubildungen ‹in die Sprache eingegangen› seien, Unsinn.»[66]
Hier m u ß die Übersetzung also frei genug sein, vom ohnehin nicht ein-, sondern mehrdeutigen «Sinn» des Wortes abzuweichen, um mit einem Annäherungswert, der möglich ist, die Struktur des Chlebnikovschen Neologismus, die M e t h o d e seiner Wortbildung durchsichtig und begreifbar zu machen. Dabei sind die Wortbildungsprinzipien, die Chlebnikovs russischen Neologismen zugrunde liegen, ebenso «zugelassen» wie die dem Deutschen angemessenen, deutsch gebräuchlichen Wortbildungsverfahren. Jede solche Umdichtung leistet mehr als eine philologische Erklärung, dann nämlich, wenn sie mit derselben Freiheit, mit der Chlebnikov im Russischen zu Werke geht, von Chlebnikovs Anregungen entsprechend in deutscher Sprache Gebrauch macht; sie vermittelt, indem sie zeigt, was Chlebnikovs Vorwürfe auch in anderen Sprachen zu leisten imstande sind, von C h l e b n i k o v mehr als ein slavistischer Kommentar, der sich — als ob es darum ginge — mit der Frage abmüht, wieso sich Chlebnikovs Neologismen im Russischen nicht haben halten können. Für Kopfzerbrecher dieser Schule hat Chlebnikov diesen Satz:
«Wer die reinen Gesetze der Zeit vernachlässigen und zugleich richtig urteilen möchte, würde den Herrschern des Altertums gleichen, die das Meer auspeitschten, weil es ihre Schiffe verschlungen hatte. Angebrachter wäre gewesen, die Gesetze der Schiffahrt zu erlernen.»
Chlebnikov, der wissenschaftliche Methoden auf die Poesie übertragen hat, hat a u c h gesagt: «Erkühnen wir uns, den Hühnerställen der Wissenschaft zu entfliegen.»

*30. 11. 71*

8
Die Idee zu einer «Anthologie» von Chlebnikov-Nachdichtungen geht zurück auf Harald Raabs Arbeit über die deutschen Puškin-Übersetzungen zwischen 1820—1870 (Berlin 1964), die zugleich die Prinzipien erläutert, die Raab später seiner sechsbändigen Puškin-Ausgabe, der bislang besten und umfassendsten deutschen Puškin-Edition (Aufbau Verlag Berlin 1964—1968) zugrunde gelegt hat: Raab griff auf die jeweils besten deutschen Puškin-Übersetzungen v e r s c h i e d e n e r deutscher Dichter und

Übersetzer zurück. Dieses Verfahren kann natürlich nicht die Einheitlichkeit des Puškin-Vokabulars (wie im russischen Original) garantieren, bringt dafür aber einzelne, in sich stimmige deutsche Puškin-Gedichte, wohl auch im Bewußtsein, daß gewisse zeitgenössische Fassungen, etwa vom Gedicht *An A\*\*\** von Karoline Jaenisch-Pavlova unerreicht sind und daß ein Übersetzer heute Intonierung und Diktion kaum mehr so treffen kann wie, zum Beispiel, Karoline Jaenisch-Pavlova 1833. — Von Chlebnikov gibt es, allem Anschein nach, keine zeitgenössischen deutschen Versionen.

Bei Chlebnikov bot sich aus Gründen, die im mehrdeutigen Charakter, in der schillernden Semantik seiner Wortschöpfungen liegen, eine Ausweitung des anthologischen Prinzips an: nämlich deutsche Autoren, die, nach ihren bisherigen Arbeiten, ein Verhältnis zu Chlebnikov hätten haben müssen, mit kommentierten Interlinearversionen (soweit möglich) dazu anzuregen, mit Chlebnikovschen Mitteln und Methoden im Deutschen deutsche Entsprechungen zu versuchen, nachdem traditionelle Methoden der Übersetzung hier nicht mehr greifen konnten; solche Entsprechungen konnten — wenn schon nicht dem «Sinn», so doch der poetischen Methode nach — getreu sein. Das bedeutete auch, von ein und demselben Chlebnikov-Gedicht mehrere Fassungen parallel zu bringen, Versionen, die das betreffende Gedicht von verschiedenen Seiten, mit verschiedenen Mitteln angingen und zu erschließen versuchten. — Von der *Beschwörung durch Lachen* wird, scheint mir, 1972 mehr sichtbar als nach dem einen Lach-Gedicht von Enzensberger im *Kursbuch* Nr. 10 (1967), dem, das sollte gesagt sein, damals nur eine notdürftig kommentierte Rohversion von mir, keine Wort-für-Wort-Entschlüsselung wie später Franz Mon, Gerhard Rühm und Oskar Pastior vorgelegen hatte.

«Anthologie» war, wenn auch nur im Ansatz und eher durch Zufall, schon meine in vielem unvollkommene Chlebnikov-Präsentation im *Kursbuch*; Paul Celan, frisch zu Suhrkamp übergewechselt, rückte mit seiner Fassung des Gedichts *Das eine Buch* heraus, als im Gespräch der Name Chlebnikov fiel. Sie war früher entstanden. Alle anderen Chlebnikov-Gedichte von Celan sind später und für diese Ausgabe geschrieben, wie Celan überhaupt bis zuletzt ein unverändert großes Interesse an Chlebnikov und dem Zustandekommen dieser Ausgabe geäußert hat. Interessant ist, daß Celan sich nie auf bestimmte Chlebnikov-Gedichte im voraus hat festlegen wollen (seine Fassungen kamen immer unerwartet, spontan, wie sie entstanden waren); erwähnenswert ist, scheint mir, auch, daß Celan, der ja Russisch konnte, die als Orientierungshilfen gedachten Übersetzungen von Rosemarie Ziegler «keineswegs missen» mochte, sondern fand: «sie fördern die Auseinandersetzung mit dem Original, sagen Sie bitte Rosemarie Ziegler schon jetzt, daß ich ihr Dank schulde, und schicken Sie mir bitte auch ihre weiteren Fassungen».

Daß sie kein Russisch könnten, war für einige (nicht alle) der aufgeforderten Autoren ernster Grund, sich am Chlebnikov nicht zu beteiligen. Jürgen Beckers Ablehnung wie auch die von Enzensberger (der aber auch nichts dagegen hatte, daß seine früheren Chlebnikov-Versionen aufgenommen wurden) laufen im Prinzip auf die Begründung hinaus, die Helmut Heißenbüttel gab: «Ich bin einfach deswegen sehr skeptisch, weil ich keine Vorstellung davon habe, wie es ist, wenn man russisch spricht. Ich brauche eigentlich keine genauen Sprachkenntnisse, aber ich muß wissen, wie es sich so vielleicht in einer solchen Sprache denkt, und wenn ich das nicht kann, weiß ich einfach nicht, was ich schreiben soll. Meine Version wäre eine Sache der Beliebigkeit oder aber etwas, wozu ich von irgendwelchen Assoziationen angeregt würde, und ich glaube, beides wäre nicht richtig.» Heißenbüttel hat sich für Chlebnikov sehr interessiert, er hat, als das Projekt noch keinen Verlag hatte (und das war lange genug), mehrfach vermittelt und versucht, es an den Mann zu bringen.

Andere Autoren haben entweder gar nicht reagiert (Erich Fried, zum Beispiel) oder abwimmeln lassen (Arno Schmidt); Ludwig Harig fand, es sei ihm nichts gelungen, von seinen hartnäckigen Versuchen erzählte mir auch Michael Krüger auf H. C.s Fünfzigstem. Günter Kunert schrieb, die Idee, «Chlebnikov mittels Variationen zu verdeutlichen, ist gut, scheint mir. Da habe ich schon Lust, mit-nachzudichten», sehr viel später dann eine Karte, daß aus dem Ganzen leider nichts werden könne.

Insgesamt wurden an die Chlebnikov-willigen Autoren 3 Pakete mit «Rohversionen» geschickt, das erste noch bevor Chlebnikov einen deutschen Verleger hatte, das letzte April 1971. In der Hauptsache handelte es sich um die kürzeren Neologismen- und die «Sinn»-Gedichte, die jetzt in dem Kapitel *Das eine Buch* zusammengefaßt sind; jeder Autor bekam dasselbe Material, um sich daraus die Gedichte zu wählen, die ihn besonders reizten.

Das erste Paket «Rohversionen» enthielt eine Auswahl mit recht knappen Anmerkungen (über rhythmische Struktur, Reimschema, Sprachebene), aber noch wenigen Alternativlösungen, Vorschlägen zum Andersmachen, Worterklärungen; die angebotenen «Rohversionen» waren im Grunde bereits Nachdichtungen (so Rühm und Jandl). — Die zweite Sendung enthielt: 1. je eine deutsche Version (von derselben Qualität), 2. Alternativlösungen, Erklärung zur Struktur einzelner Wörter, ihres Assoziationsradius, 3. die Transkription des russischen Originals mit Betonungszeichen, aus der sich die rhythmisch-musikalische Struktur des Gedichts erschließen ließ. Die dritte Sendung, in Wien vom 1. 3. bis 10. 3. 71 erarbeitet, enthielt die Wort-für-Wort-Entschlüsselungen der methodisch besonders interessanten Gedichte wie: *Perun, Lied vom El, Blagovest umu, Mogovest mošči,* die beiden Versionen vom Lach-Gedicht — vgl. dazu die Anmerkungen in Teil 1. — Keiner der beteiligten Autoren hat andere Versionen vom selben Gedicht gesehen, bevor er nicht abgeliefert hatte.

Nicht unmittelbar für diese Ausgabe geschrieben sind:
Luda Schnitzers französische Versionen der *Beschwörung* und des *Heupferds*; sie sind erstmals in Luda Schnitzers Chlebnikov-Auswahl publiziert, erschienen bei Pierre Jean Oswald, Honfleur — Paris 1967, mit dessen freundlicher Genehmigung sie hier abgedruckt werden. Vladimir Markovs Version der *Beschwörung* — in seiner Futurismusgeschichte. Rolf Fieguths *Beschwörung durch Lachen* erscheint im Zusammenhang mit den *Texten der russischen Formalisten,* Band 2, der Fieguths Übersetzung von Roman Jakobsons programmatischem Chlebnikov-Aufsatz enthält.

Von den größeren deutschen Verlagen sah sich der eine absolut nicht in der Lage, sich mit Chlebnikov, einem weiteren «Klassiker», zu belasten; der zweite war bereit, einen kleinen «Vorreiter» (100 Seiten Lyrik) zu wagen, als Testballon, gewissermaßen; der dritte wäre zu *einem* umfangreicheren Band bereit gewesen, obwohl er mit einem anderen Russen kurz zuvor nicht gerade die besten Erfahrungen gemacht hatte ... Eine Chlebnikov-Ausgabe mußte, wenn sie sinnvoll werden sollte, die Möglichkeit haben, ‹alles› zu zeigen, d. h. einen Mindestumfang von 800 Seiten. Zu einer Ausgabe in diesem Umfang war Heinrich Maria Ledig-Rowohlt, und nur er, bereit. Das entscheidende Gespräch zwischen Ledig, Raddatz, Urban und Rühm — der Chlebnikov zum Rowohlt Verlag gebracht hat — fand Juni 1969 in Reinbek statt.

Mit Hinweisen geholfen hat Vladimir Markov; Vincent Sieveking hat das Material des 3. Bandes der Münchener Chlebnikov-Ausgabe, Troels Anderson das russische Original von Tatlins *Zangezi*-Aufsatz, Nikolaus Einhorn das Manuskript von Hausmanns *Einführung in die Geschichte des Lautgedichts* und die seltene *Unfeig*-Ausgabe von Nebel zur Verfügung gestellt.

# Anmerkungen

1 Vladimir Majakovskij, *V. V. Chlebnikov,* in der Zs *Rotes Neuland* Nr. 4/1922; vgl. in dieser Ausgabe Teil 1. Wo nicht anders angegeben, wird im Folgenden aus diesem Aufsatz zitiert.

2 Aus dem Manuskript Hausmanns; geschrieben jedenfalls nach 1964.

3 «Erfindungen» in Gänsefüßchen, weil Hausmann, gestützt auf die Darstellung von Benjamin Goriély (*Vélemir Khlebnikov et l'avant-garde littéraire russe,* in: *Ka,* Paris 1960), feststellt, Zaum sei «keine von einem Dichter, unabhängig vom üblichen poetischen Gebrauch, erfundene Sprache, wie es der Fall für die ersten Phonisten war, sondern eine Mischung von folkloren und magischen Tendenzen mit einer Neigung zu einer, teilweise prähistorischen, teilweise asiatischen, siehe chinesischen Sprache. Er scheint, nach Goriély, daß Khlebnikov nicht nur Beziehungen zu einer Geheimsprache tscherkessischer Prinzen hatte, die bereits Jan Potocki im 18. Jahrhundert erwähnt, sondern auch mit einer rituellen und liturgischen uralischen Sprache, von der Khlebnikov Kenntnis hatte. Goriély bemerkt, daß in ‹Zangesi› von Khlebnikov, Zaoum einen sehr klaren und konkreten Sinn hat, während man im allgemeinen mit dem Wort ‹Zaoum› alles bezeichnet, was man will.» — Diese Darstellung enthält Richtiges und Falsches; über Chlebnikovs Zaum-Begriff vgl. w. u. S. 589 f.

4 Eine Anfrage bei der Witwe Kandinskijs blieb unbeantwortet. — Die im Zusammenhang mit dieser Lesung von Tristan Tzara erhobene Behauptung, Hugo Ball habe sich bei seinen Lautgedichten u. U. von den Russen inspirieren lassen, weist Hausmann zurück: «Wir finden einen Widerhall dieser Möglichkeit in der ‹Chronique Zurichoise› von Tristan Tzara vom 14. Juli 1916, wo er schreibt: ‹Tzara, im Frack, erklärt vor dem Vorhang, trocken, nüchtern für die Tiere, die neue Aesthetik: gymnastische Dichtung, Vokal-Konzert, Geräusch-Dichtung, statische Dichtung, chemische Bearbeitung der Begriffe . . . Vokal-Gedichte aaô ieo aii . . .› Folglich: Ball hätte sich von gewissen geheimen tscherkessischen und uralischen Ausdrücken inspirieren lassen!» — Das Stichwort «Vokalgedichte», aber auch das zitierte Beispiel, sind ein Hinweis darauf, daß im Cabaret Voltaire nicht nur Chlebnikov-, sondern auch Kručonych-Gedichte vorgetragen worden sind.
Um so interessanter ist, daß Kandinskij es war, der eine Lesung russischer Futuristen zumindest initiiert haben muß. Als nämlich 1912 in der *Ohrfeige* auch Kandinskij-Texte erschienen, soll Kandinskij öffentlich protestiert und die Futuristen des «Rowdytums» beschuldigt haben (vgl. Markov, *Russian Futurism,* S. 48 und 392).

5 Wobei es sich in der Hauptsache um verschiedene Übersetzungen ein und derselben «verständlichen» Chlebnikov-Gedichte handelt.

6 Anatolij Lunačarskij (Lunatscharski), *Die Revolution und die Kunst,* Dresden 1962 (Übersetzt von Franz Leschnitzer), S. 204 ff., S. 223.

7 Lev Trockij (Trotzkij), *literatur und revolution* (1923), berlin 1968, S. 112 f. — Trockij beschränkt sich in seiner kritischen Darstellung ausschließlich auf Chlebnikovs und, vor allem, Kručonychs Zaum- und Neologismengedichte: einen Großteil der nach 1917 entstandenen Chlebnikov-Arbeiten konnte Trockij noch nicht kennen, da diese noch nicht gedruckt vorlagen. Im Gegensatz zu späteren «marxistischen» Kritikern räumt Trockij immerhin die Möglichkeit ein, «daß irgend jemand nach diesem musikalisch-philologischen schlüssel einmal verse schreiben wird, die puschkins verse übertreffen werden», im Prinzip jedoch unterscheidet sich sein Urteil über Chlebnikov und Kručonych durchaus nicht von der der konservativen Literaturkritik, im Westen wie im Osten. Zu einem ganz ähnlichen Urteil kommt z. B. ein westlicher Kritiker 1962, indem er trennt zwischen Chlebnikovs «experimentlosen Versen», die «große dichterische Begabung» bewiesen, und der sog. «Wortspielerei», aus der sich — das «ist klar» für ihn — keine «Dichtung» ergeben könne. (Vsevolod Setschkareff, *Geschichte der russischen Literatur,* Stuttgart 1962.)

8 Roman Jakobson, *Randbemerkungen zur Prosa des Dichters Pasternak,* in: *Slavische Rundschau,* Nr. 6, 1935. Jakobson weist darauf hin, daß jenes «silberne Zeitalter der Poesie» (1890—1915) wichtige Konsequenzen auch für die Prosa hatte, wobei er unterscheidet zwischen der «berufsmäßigen Kunstprosa dieser Epoche» und den zahlreichen, «unbewußten Abweichungen, den außertourlichen Versuchen verseschmiedender Virtuosen»: «Bis auf wenige Ausnahmen ist die berufsmäßige Kunstprosa dieser Epoche eine typische Epigonenproduktion, eine mehr oder weniger erfolgreiche Reproduktion klassischer Muster; das Interesse dieser Machwerke liegt entweder in der gelungenen Nachahmung des Alten oder in der grotesken Verwilderung des Kanons, oder aber besteht das Neue in der schlauen Anpassung neuer Thematik an vererbte Schablonen. [. . .] Der evolutionäre Wert dieser hundertsten Provinz des russischen klassischen Realismus ist in der Geschichte der Kunstprosa unbedeutend, während die Prosa Brjusovs, Belyjs, Chlebnikovs, Majakovskij, Pasternaks — diese eigenartige Kolonie der neuen Dichtung — verschlungene Wege zu einem neuen Aufschwung der russischen Prosa eröffnet. So verkündete seinerzeit die Prosa Puškins und Lermontovs die Nähe des großartigen Prosafestivals, das von Gogol eröffnet wurde.» — Tynjanov stellt 1928 fest, die Entdeckung von Chlebnikovs Prosa bleibe noch immer «der Zukunft vorbehalten» (Tynjanov, *Über Chlebnikov,* Band I der SS, 1928), und daran hat sich bis heute wenig geändert.

9 Majakovskij a. a. O. So auch Trockij, und viele andere.

10 Tynjanov a. a. O. — In deutscher Übersetzung erschienen in: J. T., *Die literarischen Kunstmittel und die Evolution in der Literatur,* Frankfurt 1967, übersetzt von Alexander Kaempfe. Dort S. 61 ff., S. 63. — Wo nicht anders angegeben, wird w. u. aus diesem Aufsatz zitiert.

11 Tynjanov a. a. O., S. 63.

12 «Obèriu», Abk. für «Gesellschaft für eine reale Kunst»; unter diesem Namen trat Ende der zwanziger Jahre eine Gruppe Autoren in Leningrad auf, die an bestimmte experimentelle Formen des Futurismus anknüpfen, in Theater, Lyrik, Prosa. Die Autoren dieser Gruppe: Nikolaj Zabolockij, Daniil Charms (deutsch: *Fälle. Prosa, Szenen, Dialoge,* Frankfurt 1970), Aleksandr Vvedenskij, Konstantin Vaginov, Igor Bachterev und Boris Levin. Teile des «Obèriu»-Manifests und Texte von Charms und Vvedenskij russisch in: *Grani,* Nr. 81, 1971.

13 Vgl. Vladimir Kazakov, *Meine Begegnungen mit Vladimir Kazakov,* München 1972.

14 Vladimir Sillov in: *Novyj LEF,* Nr. 11/1928, S. 37 ff., S. 37.

15 Majakovskij a. a. O. – Vgl. auch D. Petrovskijs Chlebnikov-Erinnerungen in: *LEF,* Nr. 1/1923, S. 143 ff. Wichtigstes biographisches Zeugnis sind und bleiben freilich Chlebnikovs Briefe.

16 Dieses Testament wurde von Kručonych in Nr. 6 (1928) des Nch unter dem Titel «Vermächtnis Chlebnikovs» publiziert; nachgedruckt in Band III der Münchner Chlebnikov-Ausgabe (russisch, bei Fink), 1972. Vladimir Markov teilt dort mit, daß es sich bei diesem minuziösen Verzeichnis keineswegs um ein «Testament» handle, sondern nur «um eine von R. O. Jakobson angefertigte Liste für eine Chlebnikov-Ausgabe, die seinerzeit vorbereitet wurde; von Chlebnikov stammen nur einige Zusätze». Dennoch sei sie «im ganzen zweifellos Ausdruck des Willens des Dichters».

17 So Stepanov in der Beschreibung der Texte, Band I SS, 1928. Der Satz: «Die Manuskripte zeugen von sorgfältigem und nicht nur einmaligem Feilen Chlebnikovs an seinen Werken, und keineswegs von nachlässiger Einstellung zu ihnen.» ist praktisch der einzige, den Sillov an Stepanovs Chlebnikov-Darstellung als richtig gelten läßt. (In seiner Rezension von Band I der SS, in *Novyj LEF,* Nr. 11/1928, S. 41.)

18 Majakovskij a. a. O. – Vgl. Chlebnikovs «Offenen» (zu Lebzeiten nie veröffentlichten) Brief über die Edition seiner Werke durch David Burljuk.

19 In: *LEF,* Nr. 1/1923: «LEF wird eine Sammlung der Werke Viktor Vladimirovič Chlebnikovs herausgeben: gedruckte Sachen, nicht gedruckte Sachen, biographische Materialien, Aufsätze über sein Werk. Redakteure: N. N. Asejev und G. I. Vinokur. LEF bittet alle, die Materialien von und über Chlebnikov besitzen, diese an die Redakteure zu schicken. Adresse: Moskau, Pressehaus, Nikitskij bul'var, d. 8. Redaktion LEF» (S. 171). – G. Vinokur, 1896–1947, Literaturhistoriker, Mitbegründer des Moskauer Linguistischen Zirkels.

20 Vgl. Chlebnikovs Briefe an ihn und Petnikov.

21 Vgl. Chlebnikovs Briefe an Osip Brik und Anmerkungen dazu.

22 Mit seiner *Bibliographie Velimir Chlebnikovs,* Moskau 1926.

23 Chardžiev zitiert in den Npr 1940 verschiedentlich aus diesen Kručonych-Memoiren.

24 Während Tynjanov in einem Feuilleton für den *Querschnitt* 1925 (*Die russische Literatur der Gegenwart,* Heft Nr. 5/1925, S. 431 f.) Chlebnikov nur mit einem halben Satz erwähnt, wobei fast alle literarischen Errungenschaften, die er anderen Autoren (Ėrenburg, Zamjatin, Zoščenko, Babel, Pilnjak u. a.) nachrühmt, bei Chlebnikov im selben Maße feststellbar gewesen wären.

25 Stepanov a. a. O., S. 307. Zwei Seiten weiter wird diese Formulierung ein Wunsch: «Schuldigkeit der Zeitgenossen – und in erster Linie derer, die Chlebnikov nahestehen – ist es, vereint seinen Nachlaß zu sammeln.» Fußnote: «Den Grundfonds an Manuskripten für die vorliegende Ausgabe bilden die Manuskripte, die P. V. Miturič und V. V. Chlebnikova aufbewahren; einen Teil der Manuskripte bekamen wir von M. V. Matjušin. In der Ausgabe ist, außer gedruckten Quellen, auch die lithographierte Ausgabe der ‹Gruppe der Freunde Chlebnikovs› – der ‹Unveröffentlichte Chlebnikov› unter Redaktion von Kručonych berücksichtigt. Allen erwähnten Personen, wie auch N. O. Kogan, A. Kručonych, R. P. Abich, G. N. Petnikov, B. K. Livšic, V. A. Gofman und B. Ja. Buchštab, die mit ihren Materialien und wertvollen Hinweisen geholfen haben, drückt die Redaktion ihre Dankbarkeit aus. Materialien bitte ich zu richten an die Adresse: Leningrad, pr. K. Libknechta, 98, kv. 32. An N. L. Stepanov.»

26 Der Dank der Redaktion, d. i. Stepanovs, in Band V der SS, fiel 1933 kürzer aus. Zumindest im Falle des Tagebuchs von Chlebnikov, das Kručonych in den Heften 11 und 12 des Nch publiziert hatte, muß Stepanov die Kručonych-Redaktion des Texts übernehmen, nachdem «die Redaktion keine Möglichkeit hatte, sich mit dem Manuskript bekannt zu machen» (SS, Band V, S. 369).

27 Stepanov a. a. O., Band V, S. 339. Die Liste der nicht zu Chlebnikovs «literarischer Tätigkeit» gehörenden Arbeiten, die Stepanov folgen läßt, umfaßt immerhin 17 Positionen, darunter die *Neue Lehre vom Krieg, Zeit, Maß der Welt, Tafeln des Schicksals, Blick auf das Jahr 1917,* aber «auch noch Materialien zu den ‹Tafeln des Schicksals›, die sich im Besitz von P. V. Miturič befinden, sowie eine große Menge von Skizzen und Entwürfen in den Notizbüchern» ...

28 Stepanov a. a. O., Band V, S. 361.

29 Stepanov a. a .O., Band IV, S. 239 f. und Anmerkung S. 339.

30 Vgl. Fn. 28; vollständig ist diese Liste keineswegs; allein an Aufsätzen und Deklarationen bringt Chardžievs Ausgabe 1940 17 neue Titel, 19 Prosatexte und Fragmente, eine große Anzahl nichtgedruckter Gedichte sowie 37 unveröffentlichte Briefe. – Die Zahlenarbeiten sind auch bei Chardžiev nicht enthalten, die polemischen Sätze beispielsweise über die deutsche Wissenschaft werden von ihm nur in den Anmerkungen zitiert. – Durch die Kommentare dieses Bandes zieht

sich wie ein roter Faden die Bemerkung: «falsch abgedruckt», «falsch datiert», «mit groben Einstellungen» dort und dort. — Natürlich sind durch Chardžievs Band 1940 bei weitem nicht alle Fehler der Leningrader Ausgabe berichtigt.

31 V. V. Chlebnikov, Sobranie sočinenij, 4 Bände, Fink Verlag, München. Band I dieser Ausgabe enthält die ersten beiden, Band II die Bände 3 und 4 der Leningrader Ausgabe; Band IV den Nachdruck des Chardžiev-Bandes, Band III (1972) den 5. Band der Stepanov-Ausgabe und, zusätzlich, eine Anzahl von Gedichten, die in den frühen futuristischen Almanachen gedruckt, in alle späteren Ausgaben aber nicht aufgenommen worden sind, sowie die in sowjetischen Ausgaben nicht berücksichtigten Zahlenarbeiten Chlebnikovs (soweit sie zu Lebzeiten Chlebnikovs gedruckt worden waren). — Vladimir Markovs Begründung dafür: «Trotz ihres oft ‹mathematischen› Charakters **ist diese Prosa eng mit der chlebnikovschen Poesie verbunden** und manchmal der einzige Kommentar dazu. Außerdem handelt es sich, auch wenn sie zuweilen durch eine Menge von Ziffern, Daten und Formeln abgeschreckt, um **bemerkenswerte Prosa.**» (Vorwort zu Band III der Fink-Ausgabe.)

32 Sillov a. a. O., S. 38.

33 Aus dem Manifest der «Linken Front», in: LEF, Nr. 1/1923.

34 Über die futuristische Nomenklatur — die Gruppe nannte sich anfangs «Hyläa», dann «Futuristen», «Kubofuturisten» — ausführlich bei Vladimir Markov, op. cit., S. 29 f., 50 f., 117—119. Kručonych nannte sich gelegentlich einen «Kubisten des Worts». Bei Markov auch eine Skizze der futuristischen «Propagandareise» von David Burljuk, Majakovskij und Kamenskij Anfang 1914, die die Gedichte der Futuristen und Burljuks Vortrag *Puškin und Chlebnikov* durch ganz Rußland trug: Charkov, Simferopol, Sevastopol, Kerč, Odessa, Kišinjov, Nikolajev, Kiev, Minsk, Kazan, Penza, Samara, Rostov am Don, Saratov, Tiflis, Baku (vom 14. 12. 1913 bis 29. 3. 1914), S. 135/37.

35 Majakovskij, *Ein Tropfen Teer,* im Sb *Genommen,* 1915.

36 Markov über Chlebnikovs *Kinder der Otter*: «Here Khlebnikov once more shows that while his colleagues were busy rebelling against the past and the present and were expending so much energy trying to create a new art, he walked his own path with absolute naturalness. This man was completely immune to most of the influence that shaped the poetry of his contemporaries, but he was deeply touched by traditions that were habitually neglected or ignored.» Markov, op. cit., S. 171.

37 Dmitrij Petrovskij, *Erinnerungen an Chlebnikov,* in der Zs LEF, Nr. 1, 1923.

38 In der Erzählung *Oktober an der Neva,* dort Berichte über weitere Aktionen, vgl. S. 285 ff.

39 Urs Widmer, *Über H. C. Artmann,* in: *Über H. C. Artmann,* Frankfurt

(in Vorbereitung). – Ohne die Unterschiede zwischen Artmann und Chlebnikov zu übersehen (vor allem wohl im Bereich des spekulativen Denkens und der Systematik Chlebnikovs), könnte man in Widmers Aufsatz für Artmann oft «Chlebnikov» setzen: «Er wohnt in Eisenbahnzügen. Wenn wir ihn in Dublin vermuten, ist er schon in San Sebastian, wenn wir das gemerkt haben, steht er lächelnd in der Tür. Artmanns Körper kommt immer da an, wo sein Geist eben wieder abgefahren ist, er reist hinter seiner Sehnsucht drein. In Frankfurt denkt er ans grüne Irland, wo es noch Kneipen, Gesänge und Menschen gibt, in Dublin träumt er von Kärnten, wo die Lawinen ins Tal donnern. Die Vielzahl seiner zeitweiligen Wohnsitze ist frappant, seit 2 Jahren hat er überhaupt keinen mehr. Wenn Artmann ins Zimmer tritt, sind Ort und Zeit aufgehoben. Er ist [ . . . ] immer überall und in allen Zeiten. Mit wilden Sprüngen reißt er seine Freunde durch Zeiten und Landschaften. Es bleibt einem nichts anderes übrig als ihm zu folgen.»
«Artmann ist das Zentrum eines Kosmos, in dem nur zugelassen ist, was er zulassen will.» Artmanns Welt «ist ein Gegenentwurf. Sie ist seine Reaktion auf die naßforsche Welt der Technokraten. Artmann ist Reaktionär und Avantgardist in einem. Seine Sehnsucht nach der Idylle scheint sich manchmal mit derjenigen der ganz Konservativen zu treffen, aber seine loci amoeni sind kein Tarnwort.» In Artmanns Welt «gibt es kein Leistungsdenken und kein Oben-Unten. Nie hat Artmann, um im Bereich der Literatur zu bleiben, jene Bildungsliteratur akzeptiert, die das in die Kultur projizierte Spiegelbild der Hierarchien der Industriegesellschaft ist. Artmann hat nie darauf geschielt, was **man** tut, er nimmt aus der Welt, was er braucht, und er wünscht sich, sie hätte mehr davon. Er hat sich nie dem Konformitätsdruck von außen gebeugt, er hat nie gelesen, was ihm eine mächtige Bildungsideologie zu lesen vorgeschrieben hat. (Er hat nie getan, was ihm eine mächtige Ideologie zu tun vorgeschrieben hat.) Er ist ein erstaunlicher Kenner der verschütteten Tradition des Bildungsbürgerniveaus geworden, weil er selbst Wörter wie Niveau gar nicht kennt.»

40 Vgl. Teil 2, S. 499. Hervorhebung P. U.

41 Eine der Forderungen bzw. Beschreibungen der futuristischen Errungenschaften auf dem Manifest im *Richterteich* II, 1913. Vgl. Teil 2, S. 108.

42 Majakovskij, im Aufsatz *Krieg und Sprache* (1914), in der Zeitung *Neuland,* vom 27. 11. 1914.

43 Aleksej Kručonych in der *Deklaration des Wortes als solchem* (1913), zitiert nach: V. Markov, *Manifesty i programmy russkich futuristov,* München 1967, S. 63 f.

44 Zitiert nach der «druckreifen, endgiltigen Fassung», die Nebel «im März 1949 zu Schinznach in der Schweiz» besorgt hat; eine erste Fassung dieser Geleitworte war 1924 im Heft 4 des *Sturm* erschienen. Die Runenfuge entwickelt technisch aus einer festgesetzten Anzahl von Buchstaben (Runen) und nur aus ihnen ihren dichterischen Wortschatz. Die Neun-Runen-Fuge UNFEIG aus den 9 Runen

```
U E I
F G N
T R Z
```

(vgl. auch Teil 1, Anmerkung zu *Razin*) fügt Rune an Rune zur Fuge, in der sich graphische und musikalisch-phonetische Momente überlagern, zu Sprache, die, wie es in den *Vorworten zur Neun-Runen-Fuge UNFEIG* (überarbeitete Fassung von 1949) heißt, nicht die «Sprache des sinnverkehrenden V e r k e h r s» ist und in der « j e d e s W o r t, d a s  b i s h e r  d e m  H ö r e n  e n t s a g t e, weil es ein Abklatsch-Geräusch der Sinnlosen und Worttauben und Bildblinden war, e i n Geschehen  d e s  L a u s c h e n s  w i r d, das leis und lauter dem Hören e n t s p r i c h t».

45 Nebel a. a. O.

46 Während der *Unfeig,* festgelegt auf «neun Runen nur, nur neun», mit dem Wortschatz, der sich aus den «neun Zeugerrunen» konstituiert, bald am Ende ist und sich notwendig auf die Bildung von Wörtern verlegt, «die es nicht gibt», kommt Nebel in der Zwölf-Runen-Fuge *Das Rad der Titanen* (Zürich 1957) — neben den Wörtern, die sich aus den 12 Runen A E I O, D F N R, S T V W bilden lassen — zur Wiederbelebung vergessener Wörter, z. B.:

> «Der Wardein: Prüfer, Wertender.
> Der Wrasen: Dunst, Wasserdampf, Erdhauch.
> Der Säter: Weideland.
> wasen: bedeckend sich ausbreiten.
> Das Od: lebenspendende Kraft, die das Ver-öden verhindert.
> Der Tan: der fürstliche Herr.
> Die Fröne: uraltes Wort, das viele Bedeutungen hat, die Bann, Dienstordnung, Gemeinschaft, Herrschaft, Schar, Abordnung und noch entferntere umfassen.
> Der Waidstein: ein Feldergrenzstein.» usw.

47 Vgl. Tatlin, *Über Zangezi,* Teil 1, S. 427 f.

48 Vgl. den Aufsatz *Mein Eigenes,* wie auch den Anfang der *Tafeln des Schicksals,* in Teil 2.

49 Das Gedicht *Trata i trud i trenie* stellt, auf Sternensprache aufbauend, technisch wie semantisch die Verbindung zu Chlebnikovs Zahlensystem her — es steht mit derselben Berechtigung bei den Zahlen- wie bei den Sternensprache-Gedichten: die 2 (russisch «dva») als das positive, die 3 («tri») als das negative Prinzip in der Welt, somit muß das D positive, das T negative Phänomene auch sprachlich decken. Vgl. die «kontroversen» Umdichtungen dieses Gedichts in Teil 1.

50 Vgl. Kručonychs Aufsatz mit Beispielen in seinem Band *Gesprengst* von 1913 (zit. nach V. Markov, *Manifesty i programmy* . . ., S. 61): Gemütsbewegung verpackt sich nicht in Wörter (erstarrte, Begriffe) —

Qualen des Worts — gnoseologische Einsamkeit. Daher das Streben zur freien Zaum-Sprache (s. meine Deklaration des Wortes), zu einer solchen Ausdrucksweise nimmt der Mensch in ernsten Minuten Zuflucht. Hier ein Beispiel — die Rede des Chlysten V. Šiškov: nosoktos lesontos futr lis natrufuntru kreserefire kresentre fert tscheresantro ulmiri umilisantru — hier ist ein echter Ausdruck einer aufgerührten Seele vorhanden — religiöse Ekstase. Ich führe meine Gedichte in Zaum- und Weltallsprachen an — aus Lauten:

     i
     tsche
     de
     mali
     gr
     ju
     juch
     d d d
     d d d
     ssje
     w
     mj
     mj
     a
     je!
     mj
     mj

    ssjerschamjeljepjeta
    ssjenjal ok
    risum
    mjeljewa
    alik a ljeff amach
    li li lieb biel

   aus niedriger
       verachtung für
   die frau und
       die kinder in unserer
   sprache wird es
   nur einen männlichen
       geschlecht geben

\*

am 27. april um 3 uhr nachmittags beherrschte ich plötzlich zur vollkommenheit alle sprachen  So ist der dichter der gegenwart  Ich bringe meine verse auf japanisch spanisch und jiddisch:

    ike mina ni
    ssinu kssi
    jamach alik
      sjel

GO OSSNJEG KAJD
M R BATULBA
WINU AJE KSSJEL
WER TUM    DACH
GIS
SCHISCH.»

Nicht uninteressant ist, auch im Zusammenhang mit Kručonychs Erwähnung der «religiösen Ekstase», Hugo Balls eigene Darstellung, wie er im Cabaret Voltaire zum erstenmal Lautgedichte vorgetragen hat. (Vgl. *Das war Dada,* hrsg. von Peter Schifferli, München 1963, S. 16 ff., S. 31.)

51 Gedruckt in verschiedenen Almanachen, so in: *Das Wort als solches* (1913), *Pomade* (1913), dort erstmals; 1916 in: *Die geheimen Laster der Akademiker.*

52 Kručonych in: *Deklaration des Wortes als solchem,* a. a. O., S. 63/64.

53 Vgl. Teil 2, Brief an Kručonych über die *Deklaration,* S. 467 f.

54 A. Kručonych, *Deklaration der Zaum-Sprache,* Baku 1921, zit. nach Vladimir Markov, op. cit., S. 179 f.

55 Auch wenn das meistvertriebene russisch-deutsche Wörterbuch (von Lochovic-Leping) für das Adjektiv «zaumnyj» nur die Begriffe «geklügelt» und «überspannt» angibt ($^4$1960, S. 230). Das *Poetische Wörterbuch* von A. Kvjatkovskij folgt genau der Definition Kručonychs von 1921 (S. 112/113, Moskau 1966), weniger ausführlich die *Kurze Literaturenzyklopädie* in ihrem Band 2 (Moskau 1964). — Über Zaum auch Boris Ėjchenbaum in seinem Aufsatz zur *Theorie der formalen Methode* (1924), dt. 1965.
Zaum ist, im Russischen, ein fremdes Wort gewesen, aber kein Fremdwort. Die latinisierten Übersetzungen dieses Begriffs, wie sie in der westlichen Fachliteratur vorgeschlagen werden («transmental», «metalogisch», «transrational») sind schon deshalb falsch; im übrigen ist nicht einzusehen, weshalb man, wenn man sich an Begriffe wie «dada» und «Merz» gewöhnt hat, russische Termini vergleichbaren Werts unbedingt eindeutschen soll.

56 Hausmann a. a. O.

57 Unter russischen Philologen gibt es heute Autoren — und zu ihnen gehört neuerdings auch V. Šklovskij —, die, wohl um Chlebnikov wenigstens teilweise zu «retten», den reifen, für die «Revolution» akzeptablen, vom jungen, futuristischen Chlebnikov trennen, so als seien Texte wie die *Beschwörung durch Lachen* Chlebnikovs vorrevolutionäre Jugendsünden, die man nur im Vorwort zitieren könne (so in der von N. Stepanov 1960 edierten Chlebnikov-Auswahl, in der der *Zangezi* nur ein einziges Mal im Vorwort erwähnt wird), als sei Chlebnikov erst durch die Oktoberrevolution zum Dichter geworden (bzw. «als Dichter erkannte ihn erst die Revolution», Šklovskij, in *Žili-byli,* dt. *Kindheit und Jugend,* Frankfurt 1968, S. 115). Stepanov schreibt in seinem Chleb-

nikov-Vorwort 1960: «Wenn sich das Erbe Chlebnikovs nur auf die Werke beschränkte, die lediglich Illustrationen der theoretischen Deklarationen der Futuristen darstellen, so wäre ihm wahrscheinlich das Los solcher Verseschmiede wie z. B. Kručonych und dessen literarischen Zaum-Übungen zuteil geworden, die mit Poesie nichts zu tun haben — sein Werk wäre vergessen.»

58 Kručonych, *Deklaration des Wortes als solchem*, a. a. O., S. 63/64.

59 Zitiert bei D. Tschiževskij, *Anfänge des russischen Futurismus*, Wiesbaden 1963, S. 83.

60 Vgl. mit der russischen Transkription des Originals die Fassungen (des *Worts vom El*) Schlaf wohl, o Al (der *Beschwörung durch Lachen*), die *Beschwörung durch Schmähen* in Teil 1.

61 V. Markov, op. cit., S. 64.

62 Die Seelen «zu See als Seelenort», Hermann Paul, *Deutsches Wörterbuch*, Tübingen [5]1966. Friedrich Kluge, *Etymologisches Wörterbuch der deutschen Sprache*, Berlin [18]1960: «Bestimmte Seen galten den Germanen als Aufenthaltsort der Seelen vor der Geburt und nach dem Tode.»

63 Vgl. die wörtlichen Übersetzungen in Teil 1, beispielsweise die beiden Aufsätze *über das S*, S. 132 f.

64 So etwa Chlebnikovs Definition des «Ch», das dem deutschen «H» entspräche. Nachdem etwa 20 Wörter, die Gebäude bezeichnen, im Russischen diesen Anlaut haben, ist H:
1) «Fläche und Hindernis zwischen einem Punkt außerhalb dieses Schutzes **und einem anderen,** der sich dahinter verbirgt»; H bedeutet
2) «einen fliegenden Punkt, der auf seinem Wege aufgehalten wird», aber 3) auch das «Ziel des auf dieses Hindernis zufliegenden Punktes» (*Zerlegung des Wortes*).

65 Oder sogar auf einen anderen Buchstaben-Stern, der, dem Charakter der deutschen Sprache näher und, in Chlebnikovs Definition, ergiebiger, mehr leisten kann als die bloße Übernahme des von Chlebnikov gesetzten Buchstabens. In ein Gedicht wie das *Wort vom El*, spielen auch syntaktische Momente hinein, wenn das Russische die meisten Präterita auf «l» bildet, während das Deutsche hierfür, zumindest im Falle der schwachen Verben, den Laut «t» gebraucht. Was wiederum bedingt, daß man — wegen des neuen Anlauts — auch auf neue «Beispiel»-Wörter stößt, wie Tod, Trieb, Traum in Klaus Reicherts *Terade* oder neue S-Anlaute in *Sirin* (für *Perun*) vor Urs Widmer, Teil 1.

66 V. Markov, Brief vom 26. 12. 71. Markov bezieht sich auf die Wort-für-Wort-Entschlüsselungen zu dem Gedicht:

> *Mogovest mošči*
> Idi, mogatyr'!
> Šagaj, mogatyr'! možar', možar!
> Mogun, ja mogeju!

> Moglec, ja mogu! mogej, ja mogeju!
> Mogej, moe ja. Melo! Umelo! Mogej, mogač'!
> Moganstvujte oči! Melo! Umelo!
> Šestvujte, mogi!
> Šagaj, mogač'! Ruki! Ruki!
> Mogunnyj možestvennyj lik, polnyj mogebnov!
> Mogrovye oči, mogatye mysli, mogebnye brovi!
> usw.

Neben der Transkription des Originals lag den Autoren diese «Legende zu Mogovest mošči» vor:
Dieses Gedicht ist ein Stück aus dem «Versepos» Zangezi: es folgt unmittelbar auf «Blagovest umu» (Glockenläuten auf den Verstand, s. Anlage): der Titel ist parallel dazu gebildet. — Die dem gesamten Gedicht zugrundeliegende Wurzel lautet «mog-» (idg. «*moktí»), die im Russischen in vornehmlich folgenden Wörtern vorkommt:
MACHT («mošč»: alt)
KÖNNEN («moč'») — «ja mogu»: ich kann
Die Wurzel «mog-» alterniert, in der Flexion, mit «mož-»:
ER, SIE, ES KANN: «možet».
«(voz) možnyj»: MÖGLICH
MÄCHTIG: «moguščij»
Für eine deutsche Übersetzung kann man sowohl das eine als auch das andere zugrunde legen: «mach-», «(ver)mög-», «moch-», «mäch-» wie auch «kann-», «konn-», «kun-». Die Wurzel, für die man sich dann entscheidet, sollte dann aber durchgehalten werden.

1 **mogovest:** parallel zu «blagovest» (das Glockenläuten, die Betglocke), nur statt «blago-» MOG.

2 **mošči: Macht:** Gen. bzw. Dat. Sg., also entweder «der Macht» oder «für die M.»

3 **idi, mogatyr': Geh/komm,** «mogatyr'». «Mogatyr'»: Parallelbildung zu bogatyr' (Recke, Held, Riese).

4 **šagaj, m.: Schreite voran!**

5 **možar':** «-ar'» ist einer, der etwas tut («-er»), wäre auch mit «-ling» übersetzbar. Möglich ist auch, daß es sich hier um einen unregelmäßigen Imperativ Sg. handelt (von «možarit'»), der sich dann auf «možar» bezöge: «možar» in der Bedeutung wie «možar'»: hier könnte es sich aber auch um eine – von Chlebnikov bevorzugte – Art der Wortbildung handeln, die darin besteht, daß in einem geläufigen Wort ein Konsonant durch einen «fremden» ersetzt wird, z. B. «požar» (Brand, Feuer), «p» durch «m» ersetzt.

6 **mogun:** «-un»: Täter («beg-un»: Läufer, u. v. a.)

7 **ja mogeju: ich**... Verb, 1. Pers. Sg. Präs. «moget'»: an und für sich einer der gebräuchlichsten Verbtypen, unregelmäßig von der Wurzel «mog-» gebildet, die bei nachfolgendem «e» zu «mož-» wird.

8 **moglec:** Subst., Nom. Sg. Analog zu «beglec» (Flüchtling) u. ä., **ich kann!**

9 **mogej:** Subst., Nom. Sg., «-ej» (Tät-er), vgl. Chlebnikovs Neologismen «dej», von «de-lat'» (tun, machen), für «Autor».

10 **moe ja: mein Ich.**

11 **melo:** Adverb, das mit «mog-» nichts zu tun hat, möglicherweise aber in Anlehnung an «u-met'» (Verb: können, verstehen) gebildet ist, oder in Analogie zur Adverbform von «kühn, tapfer» (smelo).

12 **umelo:** entweder Adverb, parallel zu 11) mit Präfix «u-» («er-», «ver-»); oder neutrale Präteritum-Form des Verbs «umet'» (s. 11)

13 **mogej, mogač!:** entweder ist «mogej» Imperativ Sg. von 7) oder Nom. Sg. von 9).

14 **mogač':** alt für einen «reichen, mächtigen Menschen», hier sicher aber Neologismus im Sinne von «silač» (Kraftmeier), «lichač» (Tollkopf) u. ä.

15 **moganstvujte, oči:** «moganstvujte»: Imperativ Pl. einer Verb-Abteilung, die soviel bedeutet wie etwas stark, oft, übermäßig tun («p'janstvovat'»: viel trinken, saufen),
oči: **(ihr) Augen!**

16 **šestvujte: feierlich einherschreiten,** Imperativ Pl.

17 **mogi:** Nom./Vok. Pl. — entweder Plural der alten Form für «mošč» (Macht), nämlich «moga»? oder in Anlehnung an «nogi» (Beine)? Druckfehler?? — Jedenfalls: die Wurzel hier ganz nackt, mit einem unregelmäßigen neuen Plural.

18 4) + 14). **(Die) Hände/Arme! (Die) Hände/Arme!**

19 **mogunnyj:** Adjektiv, gehört wie 20) als Attribut zu 21), Nom. Sg., abgeleitet von «mogun» (vgl. 6), «—ig», «—lich».

20 **možestvennyj:** grammat. s. 19), «—estvennyj» ebenfalls «—lich», «—tlich» («božestvennyj»: göttlich).

21 **lik: Antlitz/Angesicht** (alt). Als weiteres Attribut dazu gehört das folgende «polnyj»: voll (+ Gen. Pl.).

22 **mogebnov:** Gen. Pl. von «mogeben», parallel zu «moleben» (das Gebet).

23 **mogrovye oči:** «oči» **Augen,** «mogrovye» — «—(r)ovyj»: «—ig», «—lich», «—tlich» u. ä. Attribut.

24 **mogatye mysli:** «mysli» **Gedanken,** dazu Attribut «mogatyj». («volosatyj»: haarig, behaart; «bogatyj»: reich)

25 **mogebnye brovi:** «brovi» **Brauen,** «mogebnye» (Attribut), Adjektiv, abgeleitet von 22)» —usw.

# Register

**Andrejev,** Leonid, 1871—1919, Prosaschriftsteller, begann als Gerichtsreporter und Feuilletonist, in der Tolstoj- und Gorkij-Nachfolge, Dostojevskij-Einfluß, Groteskelemente, «Kompromiß zwischen kritischem Realismus und melodramatischem ‹Nihilismus›» (Holthusen); Gesamtausgabe 1913 (8 Bände); Emigration nach der Revolution; dt. *Das Joch des Krieges, Die sieben Gehenkten.* — II/78, 79, 80, 106, 107, 426.

**Arcybašov,** Michail, 1878—1927, Prosaschriftsteller, Tolstoj-Einflüsse, liberale Anfänge; berühmt sein Roman *Sanin,* 1907, um den es Prozesse gab («Pornographie»); Theaterstücke; gab nach seiner Emigration in Warschau mit D. Filosofov die Zs *Für die Freiheit* heraus; Gesamtausgabe 1913—1917; dt. *Sanin.* — II/78, 79, 80, 106; *530.*

**Asejev,** Nikolaj, 1889—1963, futuristischer Lyriker, Teilnahme an der Gruppe *Centrifuga* (mit Pasternak), Freundschaft mit Chlebnikov, Majakovskij, Petnikov; *Zor* 1914, *Letorej* 1915, *Oj konin dan okejn* 1916; während des Kriegs im Fernen Osten, Teilnahme an der futuristischen Gruppe *Schaffen* in Vladivostok (Bekanntschaft mit Sergej Tretjakov); *Die Bombe* 1921; 1922 Rückkehr nach Moskau, Redakteur der Zs LEF; erste Gesamtausgabe (4 Bände) 1928—1933. 1941 Stalinpreis für die Verserzählung *Majakovskij bricht an.* — I/15, Abb. 7. — II/249, 253, 255, 285, 320, 423, 424, 483, 486, 487, 489, 512; *536, 538, 554, 555, 560, 561, 567, 569, 571.*

**Balmont,** Konstantin, 1867—1942, einer der führenden Symbolisten der ersten Periode, Musikalität und «Klangzauber», Neigung zu exotischen Elementen; Einflüsse von Poe, Maeterlinck, Baudelaire, die er auch übersetzte; Gesamtausgabe 1908—1913; Emigration 1918. I/10, 12. — II/116, 120, 121, 319.

**Belenson,** Aleksandr, Schriftsteller, gab 1915 den 1. Almanach *Der Schütze* heraus, dem bis 1923 zwei weitere folgten; Verfasser von *Amüsanten Gedichtchen* 1914, Essays u. a. — II/423, 428, 482, 485; *542, 560.*

**Belyj** (Pseud. f. Boris Bugajev), Andrej, 1880—1934, Lyriker Theoretiker des Symbolismus und neben Blok sein bedeutendster Vertreter, Verbindung von Neokantianismus, Okkultismus der Philosophie V. Solovjovs, später Einfluß der Steinerschen Anthroposophie; mystische Motive, Einflüsse der Ivanovschen «Theurgie»; apokalyptische Visionen; in der Prosa von Gogol und Dostojevskij beeindruckt; wichtigste Lyrikbände: *Gold in Azur* 1904, *Asche* 1909, *Urne* 1909; *Christus ist auferstanden* 1918. Verstechnisch einer der Vorläufer der Futuristen; wichtige theoretische Aufsätze (*Symbolismus* 1910 u. a.); unterrichtete im Proletkult Theorie der Literatur; autobiographische Schriften; autobiographischer Roman *Kotik Letajev;* Erinnerungen an Blok, Historische Romane; dt. *Petersburg, Die silberne Taube.* — II/105, 455; *526, 530, 537, 547, 568.*

**Blok,** Aleksandr, 1880—1921, neben Belyj der hervorragende Vertreter des russischen Symbolismus, der jüngeren, Petersburger, Generation. Von entscheidendem Einfluß für ihn V. Solovjovs Philosophie, die Idee der «ewig weiblichen Weltseele»; erste Gedichte 1903 (mit Merežkovskij und Z. Gippius), 1904 *Verse von der schönen Dame, Die Unbekannte* 1906; Hinwendung zur Volksmythologie, patriotische Töne in *Rußland* 1908 (Kulikovo pole); Redakteur für Kritik in der symbolistischen Zs *Das goldene Vlies* 1907/08, theoretische Aufsätze. Lyrische Dramen (*Schaubude,* 1906), von Mejerchold inszeniert; *Rose und Kreuz* 1913, *Nachtigallengarten* 1915; Gesamtausgabe 1910/11 (3 Bände); für die Verserzählung *Die Zwölf* 1918 später zum ersten Sowjetlyriker geschlagen; dt. *Die Zwölf* (Paul Celan), *Gesammelte Dichtungen, Aufsätze, Der Untergang des Zarenreichs.* — II/107, 116, 118; *527, 529, 530, 545, 560.*

**Bogorodskij,** Fjodor, 1895—1959, Maler; Gedichtband 1922 (mit Nachwort Chlebnikovs); früher proletarischer Dichter, ging dann endgültig zur Malerei über. — II/265, 285.

**Božidar** (Pseud. f. Bogdan Gordejev), 1894—1914, Lyriker in Charkov; *Tambourin* 1914; ²1916; theoretisches Buch über rhythmische und metrische Natur des Verses: *Gesangseinheit* 1914. — II/249, 253, 255; *536*.

**Brik,** Osip, 1888—1945, Schriftsteller, Kritiker und Literaturtheoretiker, einer der Organisatoren des OPOJAZ; Sammelbände zur Theorie der Sprache und Dichtung (Poetika) 1916, 1917; 1918/19 Herausgeber der Zs *Kunst der Kommune*; enger Mitarbeiter Majakovskijs in der Zs LEF, einer der intelligentesten Theoretiker einer linken, nichtbürgerlichen Kultur; Aufsätze schon im futuristischen Sb *Genommen* 1915. — I/393. — II/285, 425, 427, 428, 501, 502, 511; *517, 556, 560*.

**Brik,** Lilija, geb. 1892, Osip Briks Frau, eng befreundet mit Majakovskij, mit dem sie auch in mehreren Filmen auftrat (*Vom Film gefesselt* 1918, *Das Fräulein und der Rowdy* 1918 u. a.); vgl. dt. Majakovskij *Liebesbriefe an Lilija*. — II/428, 502, 511; *556, 557*.

**Brjusov,** Valerij, 1873—1924, Lyriker, Historiker, Philologe und erster Theoretiker des russischen Symbolismus (der älteren Generation, Moskau); 3 Bände *Russische Symbolisten* (mit vorwiegend eigenen Gedichten) 1894/95; Einfluß von Mallarmé, Verlaine, Rimbaud, urbanistische Note, klassizistische Themen, Mythen; Amoralismus, Geste des épater les bourgeois; später Einfluß der russischen Klassik (Puškin, Tjutčev), auch patriotisch-historische Motive; 1904—1909 Herausgeber der Zs *Die Waage*, ab 1909 Redakteur der Zs *Russisches Denken* (bis 1913); theoretische Aufsätze, *Neue Strömungen in der russischen Dichtung* 1913; historische Romane; Gesamtausgabe 1913/14. 1920 Eintritt in die Partei, Unterricht in Theorie der Literatur; dt. in Anthologien; dt. *Die Republik des Südkreuzes*. — II/9, 79, 107, 114, 118—121, 446, 449; *529, 530, 541*.

**Bunin,** Ivan, 1870—1953, Prosaschriftsteller, Gedichte unter Einfluß von Fet, A. Tolstoj; Bekanntschaft mit Čechov und Gorkij, Nachfolge des russischen Realismus; 1915 Gesamtausgabe in 6 Bänden; übersetzte Longfellows *Hiawatha* 1896, ²1898, Byron; emigrierte 1920; Nobelpreis 1933; dt. *Das Dorf, Ein Herr aus San Franzisko* u. a. — II/79, 107.

**Burljuk,** David, 1882—1967, Lyriker und Maler, einer der Hauptorganisatoren des Futurismus, Herausgeber der *Ohrfeige* u. a. Sb. «Mein Lehrer» (Majakovskij), «Burljuk hat aus mir einen Dichter gemacht»; Studium in München (Verbindungen zum Blauen Reiter) und Paris; Ausstellung 1910 in München. Beiträge in vielen futuristischen Sb; Organisator des futuristischen Films *Drama im Kabarett N° 13*, 1913; Vortragsreise mit Kamenskij und Majakovskij 1913/14 durch Rußland (Vortrag: «Puškin und Chlebnikov»); Bekanntschaft mit praktisch allen avantgardistischen Malern in Rußland; emigrierte 1920 nach Japan, von dort in die USA; Begründer des «Entelechismus», gab von 1930—1966 die Zs *Color and Rhyme* heraus; die meisten Publikationen in den USA. — I/14, 5; *406, 408, 420*. — II/11, 108 bis 112, 115, 118, 119, 230, 258, Abb. 6, 10, 12, 16, 21, 28, 30, 43, 46; 404, 407, 423, 453, 456, 459, 471, 472, 476, 483, 488, 498; *529, 546—549, 551—553, 558—561, 567, 569, 574, 590, 611*.

**Burljuk,** Nikolaj, 1890—1920, Lyriker, Schriftsteller, Beiträge in zahlreichen futuristischen Sb zwischen 1910 und 1916. — II/109, 110, 115, 119, Abb. 8, 43, 46; 453, 470—472, 483; *529, 547, 549, 551—553, 559, 560*.

**Burljuk,** Vladimir, 1888–1916, Maler, Illustrationen in zahlreichen futuristischen Sb, Porträts futuristischer Dichter. — II/109, 115, Abb. 1, 2, 5, 6, 8, 10, 14, 27; *547, 553, 559, 560.*

**Čechov,** Anton, 1860–1904; dt. *Werke* (in 6 Bänden). — II/142.

**Chardžiev,** Nikolaj, geb. 1903, sowjetischer Literaturwissenschaftler und hervorragender Futurismus-Spezialist, Arbeiten über Majakovskij, Herausgeber des Bandes *Unveröffentlichte Werke* von Chlebnikov. — I/393. — II/*517, 520, 521, 545, 546, 552, 559, 572.*

**Charms,** Daniil (Pseud. f. Juvačev), 1905–1942, Lyrik, Prosa, Drama *Elizaveta Bam,* Mitbegründer der Gruppe Oberiu (mit A. Vvedenskij, N. Zabolockij, I. Bachterev, K. Vaginov), Grotesken, absurder Humor, Gründung des Theaters *Radiks,* der «Akademie der linken Klassiker» (1927/28), später zahlreiche Kinderbücher; dt. *Fälle. Prosa, Szenen, Dialoge.* — II/569.

**Chlebnikov,** Aleksandr (Šura) Vladimirovič, Chlebnikovs älterer Bruder.
**Chlebnikov,** Boris Lavrentjevič, Vetter Chlebnikovs.
**Chlebnikov,** Vladimir Aleksejevič, Chlebnikovs Vater.
**Chlebnikova,** Ekaterina Nikolajevna (geb. Verbickaja), Chlebnikovs Mutter.
**Chlebnikova,** Ekaterina (Katja) Vladimirovna, Chlebnikovs ältere Schwester.
**Chlebnikova,** Vera Vladimirovna, Chlebnikovs jüngere Schwester.
**Chlebnikova,** Zinaida Semjonovna, Frau von Boris L. Chlebnikov, Schauspielerin.

**Čukovskij** (Pseud. f. N. I. Korničuk), Kornej, 1882–1970, Kritiker, Essayist, Verfasser populärer Kinderbücher. — II/117–119, 415, 424, 425, 484; *518, 528.*

**Dostojevskij,** Fjodor, 1821–1881; dt. *Werke.* — II/107, 319, 468, 469; *527, 550, 551.*

**Ermilov,** Vasilij, 1894–1968, Maler, Freund Chlebnikovs, kümmerte sich um die Edition der Verserzählung *Ladomir* von Chlebnikov (Charkov 1920). — I/Abb. 9. — II/345, 503, 505; *556–558.*

**Esenin,** Sergej, 1895–1925, Lyriker, Hauptvertreter der Schule des Imaginismus, das Dorf, später Hooligans und Rowdies verklärende Gedichte, (*Beichte eines Hooligans,* 1921), führte zwischen 1920/22 einen eigenen imaginistischen Verlag, Sb *Garküche der Morgenröten,* an dem Chlebnikov beteiligt war; 1924/25 Gedichtzyklus *Persische Motive;* Sänger des «verlorenen» russischen Dorfs, sentimentale, metaphorisch unkomplizierte, liedähnliche Lyrik; dt. *Gedichte* (Paul Celan). — II/502; *556, 558, 561.*

**Evreinov,** Nikolaj, 1879–1953, Regisseur und Theoretiker des Theaters, *Das Theater für sich selbst,* 1915; Bekanntschaft mit Chlebnikov auf Punis Datscha in Kuokkala (Finnland); Regie bei Massenschauspiel *Die Erstürmung des Winterpalasts* 1920; Idee des «Monodramas»; emigrierte 1925 nach Paris. — II/254, 285, Abb. 59, 60, 61, 62; 425, 427, 428, 429, 484, 513; *560.*

**Filonov,** Pavel, 1883–1942, Maler, Bühnenbildner, den Chlebnikov sehr schätzte; Illustrationen zu den Gedichten *Perun* und *Nacht in Galizien;*

Dekorationen für Majakovskijs Tragödie *Vladimir Majakovskij* 1913; von Matjušin ediert: *Gesangbuch vom Weltgewächs* 1915; 1925/28 Leiter des Instituts für «analytische Kunst». — II/130, Abb. 29; 421, 482; *519, 553, 554, 560.*

**Gogol,** Nikolaj, 1809—1852; dt. *Werke.* — I/204. — II/28, 114, 134, 166, 406, 407; *520, 521, 541, 551, 557, 577, 592.*

**Gončarova,** Natalija, 1881—1962, Malerin, Frau von Michail Larionov; Mitbegründerin des «Lučismus», «Rayonnismus» (Formen einer nichtgegenständlichen, dem Kubismus nahen Malerei); Teilnahme an Ausstellungen im Pariser Salon d'Automne 1906, 1907 in Moskau mit den Gebrüdern Burljuk, am *Goldenen Vlies* (1908, 1909), *Bund der Jugend* 1910, «Karo-Bube» (1911), Zusammenarbeit mit Tatlin, Malevič; Blauer Reiter 1912; Bühnenbilder für Djagilev, Rimskij-Korsakov; in futuristischen Sb ab 1912. — II/114, 162; *559, 560.*

**Gorkij,** Maksim, 1868—1936; dt. *Werke.* — II/107, 255, 258; *529, 575.*

**Gorodeckij,** Sergej, geb. 1884, Lyriker, anfangs Einflüsse des (archaischen Flügels des) Symbolismus, altslavische Motive; *Perun* 1907; einer der Organisatoren der *Dichtergilde,* d. i. des Akmeismus, in Abkehr vom Symbolismus; romantische Gedichte über die Revolution (*Die Sichel* 1921, *Rotes Piter* 1922); Übersetzungen aus dem Bulgarischen, Polnischen, Weißrussischen, Ukrainischen. — I/14. — II/119, 120, 436, 467; *545.*

**Gumiljov,** Nikolaj, 1886—1921, nach anfänglichen Symbolismus-Einflüssen (*Der Weg des Conquistadors* 1905, *Romantische Blumen* 1908) Organisator der *Dichtergilde* und damit der Schule des Akmeismus; 1907/08 Reise nach Italien und Afrika; verheiratet mit Anna Achmatova (1910); später historisierend-reflexive Lyrik (*Feuerpfahl* 1921): im Zusammenhang mit der Tagancev-Verschwörung erschossen. — II/119, 421, 445, 446, 448, 475.

**Guro,** Elena, 1877—1913, ab 1910 Teilnahme an futuristischen Sammelbänden, *Richterteich* I und II; verheiratet mit M. Matjušin; Lautgedichte; Verwendung von Kindersprache; *Herbstlicher Traum* 1912, *Himmelskameljunge* 1914; Gedichte im *Altar der Drei* (1913). — II/109, 110, Abb. 2; 450, 452, 453, 456, 458, 461—464; *527, 546—549, 559, 560, 590.*

**Ivanov,** Vjačeslav, 1866—1949, einer der führenden Theoretiker des Symbolismus, Altphilologe und Historiker; Neigung zum Archaischen, prägte die Ideologie seiner «Theurgie», eines mystischen Anarchismus; kulturphilosophische Essays; in der Lyrik klassizistisch-antike Züge; Ivanov war in Petersburg eine Zeitlang der literarische Mittelpunkt, durch die von ihm im «Turm» veranstalteten Gespräche und Lesungen, aus denen sich die «Akademie des Verses» entwickelte, zu der sich Chlebnikov bis 1909 zugehörig fühlte und mit der er Februar 1910 endgültig brach (nicht mit Ivanov); Ivanov emigrierte nach 1917, starb in Rom. — II/27, 423, 435, 439—442; *518, 532, 544, 545, 575.*

**Jacobson,** Roman, geb. 1896, Literaturwissenschaftler, Linguist, Mitglied des OPOJAZ und, nach seiner Emigration nach Prag, Mitbegründer des *Cercle linguistique de Prague,* heute Professor für Linguistik in Harvard; *Neueste russische Dichtung. Erster Entwurf: Viktor Chlebnikov* (Prag 1921); *Werke;* dt. *Aphasie und Kindersprache.* — I/13; *393.* — II/513; *562, 568, 601, 605, 608.*

**Jakulov,** Georgij, 1884–1928, Maler, Studium der östlichen Sprachen, einer der Autoren der futuristischen Deklaration *Wir und der Westen* (1914, Mitunterzeichner: A. Lurjé und B. Livšic), die Apollinaire 1914 im *Mercure de France* publizierte: Ausstellungen mit N. Gončarova, Larionov, *Welt der Kunst;* Bühnenbilder für Tairov; 1918/19 am VChUTEMAS; Bühnenbilder für Djagilev. — II/475.

**Kamenskij,** Vasilij, 1884–1961, kubofuturistischer Lyriker der ersten Stunde, besonders in der ersten Periode des Futurismus eng mit Chlebnikov befreundet; Mitunterzeichner der *Ohrfeige*, Teilnahme an zahlreichen Almanachen der Futuristen; vor dem Weltkrieg begeisterter Flieger, konstruierte den ersten russischen «glisseur» (aerochod); 1910 *Die Erdhütte*, 1914 *Tango mit Kühen. Poeme aus Eisenbeton; Nackt unter Gekleideten* 1914; *Stenka Razin* (Roman) 1915, später umgearbeitet (*Stepan Razin* 1919, ²1928); Verserzählung *Stenka Razin* 1918. Zaum-Text *Cuvamma* 1920. *Ego — Meine Biographie eines großen Futuristen* (1918) und *Weg eines Enthusiasten* 1931 (Autobiographien). Mitarbeiter der Zs LEF. — I/15, Abb. 10, 13; 244. — II/168, 255, 285, Abb. 5, 23, 47; 404, 422, 429, 430, 438, 439, 443–445, 453, 456, 472–474, 476, 485, 498, 512, 513; *533, 544–547, 551–554, 557, 559–561, 567, 569, 579, 590, 611.*

**Kandinskij,** Vasilij, 1866–1944, Jurastudium, beginnt 1896 zu malen, Teilnahme an «Karo-Bube» 1910, erstes abstraktes Bild 1910; 1911 Mitbegründer des Blauen Reiter; theoretische Schriften. 1915 Beteiligung an den Ausstellungen «Tramway V» und «0.10»; 1917–1920 Arbeit für das Volkskommissariat für Volksbildung (Lunačarskij), Professor für Malerei am VChUTEMAS; 1921 Berufung ans Bauhaus; mit Klee, Feininger und Javlenskij 1924 Gruppe der Blauen Vier. 1933 Emigration nach Frankreich; dt. *Über das Geistige in der Kunst* 1911, *Klänge* 1913. — II/*559, 567.*

**Kljun,** Ivan, Maler der russischen Avantgarde, Kubist, illustrierte z. B. Kručonychs *Geheime Laster der Akademiker* 1915; Essays. Mitarbeit auch an Kručonychs *Unveröffentlichtem Chlebnikov* 1928–1933. — II/Abb. 18, 32, 34; *559, 567, 607.*

**Kručonych,** Aleksej, 1886–1969, einer der Hauptvertreter des Kubofuturismus und dessen wichtigster Theoretiker, mit Chlebnikov eng befreundet. Lautgedichte 1913. Zahlreiche Publikationen, Initiator vieler futuristischer Sammelbände. *Das Wort als solches, Der Buchstabe als solcher, Deklaration des Wortes als solchem* (alle 1913); Organisator der Zaum-Gruppe «41°» 1918–1920 in Tiflis (Zdanevič, Terentjev, Kamenskij), *Deklaration der Zaum-Sprache* 1921; Mitarbeit an der Zs LEF; *Faktur des Wortes, Phonetik des Theaters,* 1923. Zahlreiche Chlebnikov-Editionen auch nach Chlebnikovs Tod, u. a. *Chlebnikovs Notizbücher* 1925; (hrsg.) *Unveröffentlichter Chlebnikov,* 30 Hefte, 1928–1933. — I/15, Abb. 11, 12, 16; 271; *393, 400, 404, 405, 408, 417, 425.* — II/108–119, 230, 254; Abb. 3, 7, 11, 43; 457, 459–461, 464, 465–467, 467–470, 475, 476, 478, 483, 488, 498, 503, 513; *517, 518, 524, 526–529, 532, 537, 539, 542, 548, 549–553, 557 bis 561, 567, 569, 571–574, 580, 581, 584, 587, 590–597, 608–611.*

**Kulbin,** Nikolaj, 1866–1917, Maler, Arzt (zuletzt beim Generalstab), Kunsthistoriker; Manifest *Freie Kunst als Lebensgrundlage* im Sb *Studio der Impressionisten* 1910; über ihn und Kamenskij wurde Chlebnikov mit David Burljuk bekannt; Teilnahme an Ausstellung «Karo-Bube» 1910; Organisator der Rußlandreise Marinettis 1914. — II/116, Abb. 4, 11, 13; 470, 471, 490–493; *550, 551, 555, 559, 560.*

**Kuprin,** Aleksandr, 1870–1938, realistischer Prosaschriftsteller, Milieustudien, in der Nähe von Bunin, Nachfolge des Realismus; 1917 Werke in 12 Bänden; 1919–1937 Exil; dt. *Im Schoß der Erde, Der Moloch, Das Duell* u. a. — II/78–80, 107, 422.

**Kuzmin,** Michail, 1875–1936, Lyriker in der Nachfolge des Symbolismus, dessen Arbeiten, z. B. die *Alexandrinischen Gesänge* (im freien Vers) 1906 Chlebnikov sehr schätzte; *Netze* 1908, *See im Herbst* 1912, *Tontauben* 1914; Roman *Die Taten Alexanders des Großen* 1910. 1910 auch das berühmte *Manifest des Clarismus* in der Zs *Apollon* (Überleitung zum «Akmeismus»); zugleich Musiker, Schüler von Rimskij-Korsakov, vertonte zahlreiche seiner Gedichte selbst; nach 1923 vorwiegend Übersetzungen. — II/107, 285, 423, 445–447; *560*.

**Larionov,** Michail, 1881–1964, Mann von N. Gončarova, Begründer des *Lucismus* (einer nicht gegenständlichen Malerei), Bekanntschaft mit David Burljuk 1907, Teilnahme an den Ausstellungen «Karo-Bube», Organisator der Ausstellung «Eselsschwanz» 1912, Rayonnistisches Manifest 1913; Ausstellung «Die Zielscheibe»; Beteiligung an zahlreichen futuristischen Almanachen; Teilnahme am futuristischen Film *Drama im Kabarett der Futuristen N° 13,* 1913; nach 1914 in Frankreich. — II/114, 116, Abb. 24; *559*.

**Lentulov,** Aristarch, 1882–1943, Maler, Mitglied der Gruppe «Karo-Bube», Bühnenbildner; befreundet mit vielen Futuristen, den Malern Tatlin, Jakulov, Maškov u. a.; «Maler meiner unmenschlichen Zeit» (Chlebnikov in *Ka²*). — II/164.

**Lermontov,** Michail, 1814–1841; dt. *Gedichte, Ein Held unserer Zeit.* — II/251, 421, 427; *525, 527, 542, 555*.

**Livšic,** Benedikt, 1886–1939, futuristischer Lyriker, erste Veröffentlichungen 1910, Teilnahme am *Richterteich* II, 1913; u. a. Almanachen; David Burljuk hatte Hoffnungen in ihn als den künftigen Theoretiker des Futurismus gesetzt, eine Rolle, die Livšic aber nicht erfüllte; eigene Veröffentlichungen 1911, 1914, 1922, 1926; Autobiographie *Der anderthalbäugige Schütze* 1931; Übersetzungen aus dem Französischen u. a. — II/109, 110, 119, 120, Abb. 43, 49; *551, 559, 560*.

**Lurjé,** Artur-Vincent, 1892–1966, den Futuristen nahestehender Komponist, mit Matjušin befreundet; Mitunterzeichner des Manifests *Wir und der Westen* 1914; «planned to divide musical tones into even smaller subdivisions, but unfortunately no instruments could play music for intervals of one-eights tone and less« (Markov). — II/287–289; *560*.

**Majakovskij,** Vladimir, 1893–1930, frühe Arbeiten: *Ich* 1913, *Vladimir Majakovskij* 1914, *Die Wolke in Hosen* 1915, *Die Wirbelsäulenflöte* 1916; erste Gesamtausgabe 1919 *Alles von Majakovskij*; theoretische Aufsätze 1914/15 (z. B. über Kino, Theater), Filmdarsteller; Vortragsreise über den Futurismus 1913/14 durch ganz Rußland (mit D. Burljuk und Kamenskij); nach der Revolution aktiv in der Nachrichtenagentur ROSTA, Begründer der Zs LEF, Filme; *Mysterium buffo* 1918 in Regie von Mejerchold; dt. Werke, ROSTA-Fenster. — I/7–15, Abb. 8, 14; 180; *393, 395, 412, 416*. — II/ 108–111, 119, 253, 255, 258, 285, Abb. 7, 9, 12, 17, 23, 43, 45, 49; 404–428, 473, 486, 488, 502–504, 513; *527, 530, 536, 543, 549, 551–553, 556, 557, 559, 560, 562, 567–574, 579, 583, 584, 592, 611*.

**Makovskij,** Sergej, 1878–1962, Publizist und Kunstkritiker, «aktiver Futuristengegner» (Chardžiev), Herausgeber der Zs *Apollon* (1909–1917), des Organs der Akmeisten, denen Chlebnikov durch Ivanov, Kuzmin u. a. eine

Zeitlang (bis Ende 1909) nahestand; nach 1917 emigriert. — II/119, 446; *529, 546.*

**Malevič,** Kazimir, 1879—1935, anfänglicher Einfluß der französischen Malerei, Fauvismus, auf Einladung Larionovs Beteiligung an «Karo-Bube», an der Ausstellung «Eselsschwanz»; 1913 das *Schwarze Quadrat auf weißem Feld;* Teilnahme am futuristischen Kongreß in Usikirko, Freundschaft mit Michail Matjušin, Burljuk und Kručonych (Chlebnikov hatte zu dem Kongreß nicht kommen können); Bühnenbild und Kostüme zu Kručonychs Oper *Der Sieg über die Sonne* 1913; Teilnahme auch an anderen futuristischen Veranstaltungen; Illustrationen in zahlreichen futuristischen Sb; Teilnahme an der Ausstellung «Tramway V» und «0.10»; erste suprematistische Bilder, Differenzen mit Tatlin; theoretische Essays *Vom Kubismus zum Suprematismus* 1915, *Von Cézanne zum Suprematismus* (erschienen 1920); 1917 zum Konservator aller Kunstschätze Moskaus ernannt, 1918 Professor am VChUTEMAS, Zusammenarbeit mit Aleksandr Rodčenko, Olga Rozanova, Puni, El Lisickij; plastisch-räumliche Konstruktionen (Planite); 1919/22 Lehrer an der Akademie Vitebsk, 1922/29 Leiter des Instituts INChUK (mit Tatlin, Puni); 1927 Reise nach Warschau, Besuch des Bauhauses, Kontakte zu Schwitters und Hans Richter; 1929 Schließung des INChUK; theoretische Arbeiten über Städtebau, *Soziologie der Farbe;* dt. *Suprematismus; Einführung in die Theorie des additionalen Elements in der Malerei; Betrachtungen; 1914—1919.* — I/Abb. 1, 2, 5, 18. — II/110, 285; *527, 528, 548, 549, 556, 560.*

**Mandelštam,** Osip, 1891—1938, Dichter des Akmeismus (zusammen mit Gumiljov, Anna Achmatova, S. Gorodeckij), *Stein* 1913, *Tristia* 1922 (Gedichte), *Rauschen der Zeit* 1925; theoretische Schriften, Kinderbücher; wegen eines läppischen Spottgedichts über Stalin in einem Lager umgekommen; dt. *Gedichte* (Paul Celan), *Die ägyptische Briefmarke.* — II/ 421; *529.*

**Matjušin,** Michail, 1861—1934, Maler und Komponist, Herausgeber verschiedener futuristischer Almanache, der Chlebnikovschen *Schlachten 1915/1917;* Mann Elena Guros (gest. 1913); Musik zu Kručonychs *Sieg über die Sonne* 1913; 1922 mit Malevič dem INChUK (Tatlin) beigetreten. — I/ 186, 188. — II/421, 426, 450, 451, 453, 456—458, 462—465, 475—483, 486, 488, 497, 498; *518, 519, 523, 528, 534, 542, 546—549, 551, 553—556, 558—560, 590.*

**Mejerchold** (Meyerhold), Vsevolod, 1874—1940, Schauspieler und bedeutendster russischer Regisseur des 20. Jahrhunderts; Inszenierung der *Schaubude* von Blok (am Theater der Kommissarževskaja), nach der Revolution zunächst in Nähe des Proletkult, Majakovskijs *Mysterium buffo* 1918 (Bühne: Malevič); während der Säuberungen verschwunden; konstruktivistische «Biomechanik»; dt. Meyerhold, in: *Theateroktober,* Lpz. 1967. — II/504, 505; *557.*

**Merežkovskij,** Dmitrij, 1865—1941, Kritiker, Publizist, philosophische Schriften, der theologisch-mystischen Richtung des Symbolismus verbunden; historische Romane; Emigration 1921. — II/78—80, 120, 121.

**Miturič,** Pjotr, Maler, mit dem Chlebnikov in seinen letzten Lebensjahren bekannt geworden war, Miturič edierte zusammen mit Chlebnikov den *Zangezi* (1922); nach Mitteilung von K. Zelinskij Studium der Bewegung der Fische, um Boot zu konstruieren, das die Stromschnellen besser bewältigen kann (vgl. Tatlins Letatlin); verheiratet mit Chlebnikovs Schwester Vera. — I/425. — II/Abb. 22; 421, 512; *532, 557, 558.*

**Ostrovskij,** Aleksandr, 1823–1886, Dramatiker der realistischen Schule und Klassiker des russischen Theaters; *Das Gewitter, Der Wald, Wölfe und Schafe* u. a. — II/79, 233; *535.*

**Pasternak,** Boris, 1890–1960, stand in seiner Jugend der ego-futuristischen Gruppe Centrifuga nahe (*Lyrik* 1913, *Der Armbein* 1914, *Zweiter Almanach der Centrifuga* 1916); Prosa, *Doktor Živago*; 1958 Nobelpreis; dt. *Ausgewählte Gedichte, Bescheidenheit und Kühnheit, Geleitbrief, Über mich selbst, Wenn es aufklart; Doktor Schiwago.* — I/15. — II/285, Abb. 35; *428; 559, 560, 567–569.*

**Petnikov,** Grigorij, geb. 1894, Lyriker, eng befreundet mit Chlebnikov, nach dessen Charkover Zeit 1915; zusammen mit Asejev Verlag *Liren,* Herausgeber der ersten Bände des *Jahrbuchs;* eigene Publikationen: *Schwarzes Paar* 1914, *Letorej* 1915 (mit Asejev), *Warmtau* 1915; Übersetzungen aus Novalis. — II/249, 253, 255, 258, 263, 264, 285, 287, Abb. 20, 44; *289, 319, 320, 325, 487–490, 493, 494, 496–499, 502; 532, 535, 536, 538, 541, 554, 555, 560, 561, 575, 576.*

**Petrovskij,** Dmitrij, 1892–1955, Schriftsteller aus dem Umkreis der Zs LEF, Bekanntschaft mit Chlebnikov 1915/16; *Erinnerungen an Chlebnikov* in der Zs LEF; Lyrik: *Wüster Herbst* 1920, *Die Dohle* 1928 u. a. — II/159, 286, 287–290; *532, 537, 554, 556, 561, 575.*

**Puni** (Pougny), Ivan, 1894–1956, Maler, mit Tatlin, Larionov und N. Gončarova Teilnahme an Ausstellungen des Bunds der Jugend, «Tramway V» und «0.10» 1915; signiert mit Malevič das Suprematismus-Manifest. 1918 Professor an der Akademie der bildenden Künste in Petrograd; Emigration 1919; auf Punis Datscha in Kuokkala/Finnland (heute: Repino) lebten Sommer 1915 Chlebnikov, Majakovskij, Čukovskij, N. Kulbin; Puni ist Mitherausgeber des Sb *Brüllender Parnaß*, Beiträge auch in anderen Almanachen. — I/Abb. 3. — II/421; *553, 560.*

**Puškin,** Aleksandr, 1799–1837; Werke. — I/191, 194, 202, 204, 238; *416, 417.* — II/57, 86–88, 99, 105, 107, 112, 115, 119, 121, 122, 165, 208, 209, 216, 251, 319, 320, 405, 406, 421, 425, 445, 468, 478, 493, 501; *517, 521, 523, 534, 542, 549, 555, 594, 602, 603.*

**Repin,** Ilja, 1844–1930, Hauptvertreter und Exponent der realistischen Malerei in Rußland, Genrebilder mit sozial-volkstümlicher Note, Porträts; Landschaften; *Volgatreidler* 1870/73; *Ivan der Schreckliche und sein Sohn* 1885. — II/423, 423, 424; *536, 542.*

**Remizov,** Aleksej, 1877–1957, Schriftsteller, in Nähe zum «archaischen Flügel des Symbolismus» (Chardžiev); eine Zeitlang für Chlebnikov eine Autorität wie V. Ivanov; in der Prosa Gogol-Einflüsse, Groteskelemente, verschnörkelt-ornamentaler Stil, religiöse, mystische Einschläge, stilisierte Folklore-Motive; 1921 emigriert; dt. *Die fünfte Plage, Die Uhr, Die Schwestern im Kreuz, In blauem Felde, Prinzessin Mymra, Legenden und Geschichten* u. v. a. — II/78, 79, 107, 438, 443, 444; *545, 560.*

**Rozanova,** Olga, 1886–1918, Malerin, Frau Kručonychs; Teilnahme an zahlreichen futuristischen Almanachen (Illustrationen), an den Ausstellungen «Tramway V» und «0.10»; Einflüsse des Suprematismus; nach der Revolution Leitung der Abteilung Industriekunst im Moskauer Institut IZO. — II/109, 116; *527, 553, 559, 560.*

**Saltykov-Ščedrin,** Michail, 1826–1889, satirischer Schriftsteller, der liberal-demokratischen Bewegung, später den Volkstümlern nahe; Mitarbeiter an den Zs *Vaterländische Annalen* und *Zeitgenosse; Geschichte einer*

*Stadt* 1869/70, *Die Herren Golovsljov* 1875/80 u. a.; dt. *Satiren, Geschichten und Märchen, Fabeln, Ausgewählte Werke.* — II/79, 88.

**Severjanin** (Pseud. f. Lotarjov), Igor, 1887—1941, Hauptvertreter des Ego-Futurismus, Veröffentlichungen ab 1905; Verehrer der Vorläufer der russischen «Dekadenz» und Symbolisten (Fofanov u. a.), seine Gedichte fanden den Beifall gleichzeitig von Brjusov und Gorkij; Teilnahme am Sb *Brüllender Parnaß* 1914 (der die Bewegung des russischen Futurismus sammeln sollte); für die «mondäne» Note bei S. typische Titel: *Ananas in Champagner* 1915, *Crème de violettes* 1919; später auch Zusammenarbeit mit den Imaginisten; nach der Revolution nach Estland emigriert, nach 1934 keine Veröffentlichungen mehr. — II/119, 403, 483; *528, 529, 541, 553, 560*.

**Sinjakova-Urečnina**, Marija, Malerin, Schwägerin N. Asejevs, Teilnahme am Sb *Brüllender Parnaß* 1914 (Illustrationen); ihre Datscha war eine Zeitlang Treffpunkt der Futuristen (Asejev, Petnikov, Matjušin, Kručonych u. a.; befreundet mit Pasternak. — II/249, 285, 428; *536, 560*.

**Šklovskij**, Viktor, geb. 1893, Literaturtheoretiker und Kritiker, Mitbegründer des OPOJAZ, mit vielen Futuristen bekannt, Beteiligung an dem Sb *Genommen* 1915; Aufsatz über Zaum 1916; formalistisches Manifest mit dem Aufsatz *Kunst als Verfahren* 1917; Filmarbeit; mit Tretjakov und Brik einer der Theoretiker der Zs LEF; später Revision oder Ausarbeitung zahlreicher Positionen der formalen Methode; dt. *Sentimentale Reise, Zoo oder Briefe nicht über die Liebe, Erinnerungen an Majakovskij, Kindheit und Jugend; Schriften zum Film; Theorie der Prosa.* — I/393. — II/421, 428; *560, 562*.

**Sologub** (Pseud. f. Teternikov), Fjodor, 1863—1927, symbolistischer Dichter und Romancier, metaphysische und «anarchistische» Implikate, satirisch-groteske Züge, die Sonne als das oberste dämonische Symbol des «bösen Schöpfungswerks»; Klangmagie; bekannt sein Roman *Der kleine Teufel* 1905; Übersetzungen: Kleist, Rimbaud, Verlaine; dt. *Der kleine Dämon, Süßer als Gift, Totenzauber.* — II/78—80, 106, 107, 119, 422, 436; *526, 560*.

**Tatlin**, Vladimir, 1885—1953, Maler, Bühnenbildner; Materialkonstruktionen; Konterreliefs; organisiert die Ausstellung *Magazin* 1916; Teilnahme an den Ausstellungen «Karo-Bube», «Tramway V», «0.10» 1915, Pamphlet gegen Staffeleibild, für Konterreliefs; Illustrationen in zahlreichen futuristischen Almanachen, z. B. *Weltvomende* 1912, *Altar der Drei* 1913; 1917 Dekoration von Räumen (mit Jakulov und Rodčenko); nach der Revolution Lehrer am VChUTEMAS, Manifest *Material, Volumen, Konstruktion* 1920; Entwürfe für Arbeitskleidung, 1920; Arbeit am INChUK (mit Malevič); 1925/27 Theater- und Filmarbeit in Kiev; Entwurf des *Denkmals* für die III. Internationale «neue, mathematisch genaue Monumente» (N. Punin); in Deutschland K. Umanskijs Buch über moderne russische Kunst, erwähnt Tatlins «Maschinenkunst»; — Hausmanns Kollage «Tatlin at home»; 1923 Aufführung des *Zangezi*; Entwurf des Segelflugzeugs *Letatlin* 1930/31; als Bühnenbildner zwischen 1933 und 1952 Dekorationen für mehr als 20 Inszenierungen; Illustrationen zu Daniil Charms, 1929; Buchumschlag für *Unveröffentlichte Werke Chlebnikovs* (1940). — I/427—428. — II/Abb. 48—54, 61—63; *538, 556, 559, 587*.

**Terentjev**, Igor, den Futuristen nahestehender Maler und Dichter, mit Zdanevič und Kručonych Gruppe «41°» in Tiflis; 1919 drei Bände; Mitwirkung an Kručonychs *Unveröffentlichtem Chlebnikov* 1928—1933; auch

Regisseur, Zaum-Inszenierungen, z. B. den *Revisor* 1927, Anfänge eines absurden Theaters, ähnlich dem der Gruppe Oberin. — II/Abb. 33; *559*.

**Tolstoj,** Aleksej Konstantinovič, 1817—1875, Lyriker, bekannt durch seine satirischen Verse unter dem Pseudonym Kuzma Prutkov (mit den Gebrüdern Žemčužnikov); sonst eher Vertreter der reinen Kunst; historischer Roman *Der silberne Fürst* 1862, Dramentrilogie *Tod Ivans des Schrecklichen* 1866. — II/79, 80, 92.

**Tolstoj,** Lev Nikolajevič, 1828—1910; dt. Werke. — I/175, 297. — II/99, 107, 114, 121, 122, 319, 427; *543*.

**Turgenev,** Ivan, 1818—1883; dt. Werke. — II/114, 448.

**Tynjanov,** Jurij, 1894—1943, Literaturkritiker und -theoretiker, Schriftsteller, gehörte mit V. Šklovskij, B. Ėjchenbaum, R. Jakobson zum Opojaz; 1921—1930 Lehrtätigkeit in Leningrad; *Probleme der Verssprache* 1924, *Archaisten und Neuerer* 1929; historische Romane; dt. *Die literarischen Kunstmittel und die Evolution in der Literatur*; *Wilhelm Küchelbecker, Puschkin, Sekondeleutnant Saber.* — I/393, 412—413. — II/517, 559, 563, 568, 569, 571, 573, 574, 576, 586.

**Verbickaja,** Ekaterina Nikolajevna, Mädchenname von Chlebnikovs Mutter.
**Verbickaja,** Sofja Nikolajevna, Tante Chlebnikovs.
**Verbickij,** Aleksandr Nikolajevič, Onkel Chlebnikovs.
**Verbickij,** Pjotr Nikolajevič, Onkel Chlebnikovs.
**Vvedenskij,** Aleksandr, 1904—1941, Lyriker, Dramatiker, Mitglied der Gruppe Obėriu (mit Daniil Charms, Konstantin Vaginov, Igor Bachterev), veröffentlicht sind nur seine Kinderbücher; Theaterstück *Der Weihnachtsbaum bei den Ivanovs.* — II/569.

**Zdanevič,** Ilija (Ilijazd), geb. 1894, Lyriker (Zaum), Dramatiker; Theoretiker der futuristischen Malerei, 1913 Aufsatz über Natalija Gončarova und Michail Larionov; Mitglied der Gruppe «41°» in Tiflis, Zaum-Theaterstücke wie *Janko, krul' albanskaj* 1918; *zgA JAkaby* 1919; Emigration Anfang der zwanziger Jahre nach Paris, 1923 Zaum-Stück *LidantJU fAram* u. a. — I/Abb. 6, 15; *404*. — II/591, 592.

**Ževeržejer,** L., 1881—1942, Kunsthistor., Sammler, half 1913 die Auff. der Tragödie «Vladim. Majak.» zu finanzieren; ed. Sb *Bund d. Jugend.* — II/427, 429; *559*.

# Inhalt

## Inhalt Teil 1 Poesie

**Vladimir Majakovskij: Velimir Chlebnikov.** [P. U.]    7

**lach anlachsam belacherant!**
Beschwörung durch Lachen. [Hans Magnus Enzensberger] 19
Beschwörung durch Lachen. [Rolf Fieguth] 19
Incantation by Laughter. [Vladimir Markov] 20
beschwörung lachen. [Franz Mon] 20
Beschwörung durch Lachen. [Klaus Reichert] 21
bannung durch lachung. [Gerhard Rühm] 21
La conjuration par le rire. [Luda Schnitzer] 22
Beschwörung der Lachmanns. [P. U.] 22
Zakljatie smechom 23
Beschwörung durch Schmähen. [P. U.] 23
Allerleilach. [Oskar Pastior] 24
Lach-Alle. [P. U.] 25
Lieb-Satz. [Oskar Pastior] 26
Liebsch. [P. U.] 27
Muster für Wortneuerungen in der Sprache. [P. U.] 31
Zwei Briefe an Aleksej Kručonych. [Urs Widmer] 34
«Zittricht», «Wacherei». [R. Z.] 36
«Jahrlitz», Namen handelnder Personen,
«Gräuler», «Schneeler». [P. U.] 37
«Luftiger Luftold». [Paul Celan] 38
«Immergrüner Immergründer». [R. Z.] 39
«Wässriger Wassermann». [R. Z.] 39
machtgetön der macht. [Franz Mon] 40
M-Satz. [Oskar Pastior] 41
Blagovest umu 44
des kopfes glockengeglocke. [Franz Mon] 45
glockenlauten für den geist. [Gerhard Rühm] 48
Sinnsang vom Sinn. [P. U.] 49
«Wonnewillige und Gemeine». [R. Z.] 52

**Bobeobi sangen die Lippen.**
«Bobeobi sangen die Lippen». [P. U.] 57
«Richter können alle Rechte haben». [P. U.] 58
Lautschrift. [P. U.] 59

# Inhalt Teil 1 Poesie

| | |
|---|---|
| Eine Nacht in Galizien. [R. Z.] | 60 |
| Die Weisheit in der Schlinge. [R. Z.] | 62 |
| [Worte Echnatons]. [P. U.] | 63 |
| Gewitter im Monat AU. [R. Z.] | 64 |
| Die Götter. [P. U.] | 65 |
| Lautschriften 1922. [P. U.] | 73 |

**bliblablümlein täuschendschön**

| | |
|---|---|
| Der Grashüpfer. [R. Z.] | 77 |
| Das Heupferdchen. [Paul Celan] | 77 |
| der grashüpfer. [Ernst Jandl] | 77 |
| grashupfer. [Oskar Pastior] | 78 |
| Opus N° 16. [Luda Schnitzer] | 78 |
| Der Heuschreck. [P. U.] | 78 |
| Kuznečik | 79 |
| Kuh s net schick! [P. U.] | 79 |
| «Zeitkreise-Schilfweise». [R. Z.] | 80 |
| «Zeitschilf — Steinschilf». [Chris Bezzel] | 80 |
| «zeit-dies schilf-das». [Ernst Jandl] | 80 |
| «zeitgeschöhn binsgeschülf». [Oskar Pastior] | 81 |
| «Zeiticht — Steinicht». [P. U.] | 81 |
| «Schwalbenzug». [R. Z.] | 82 |
| «ein spalm lüfter». [Oskar Pastior] | 82 |
| «Schwalben schwärmen». [P. U.] | 82 |
| «Und das Schreien der Kriechenten». [R. Z.] | 83 |
| «schrilf — die schrepfen». [Oskar Pastior] | 83 |
| «Der Stockentenkreisch». [P. U.] | 83 |
| «Wem soll man erzählchen». [R. Z.] | 84 |
| «Wem bloß erzählchen». [Paul Celan] | 84 |
| «wem-klein wem-klein». [Ernst Jandl] | 85 |
| «wie die kleine ach wie qualtig». [Oskar Pastior] | 85 |
| «Dort wo die Schalmeier lebten». [R. Z.] | 86 |
| «posaunen staunen». [Ernst Jandl] | 86 |
| dort ... [Gerhard Rühm] | 87 |
| Liebheit. [R. Z.] | 88 |
| liebidonis. [Oskar Pastior] | 89 |
| Schwarzer Liebier. [R. Z.] | 92 |

## Inhalt Teil 1 Poesie

| | |
|---|---|
| Schwarzlieb. [Paul Celan] | 92 |
| schwarzer liebuster. [Oskar Pastior] | 93 |
| schwarzer lieberer. [Gerhard Rühm] | 93 |
| Weil. [R. Z.] | 94 |
| Wurmwerk. [R. Z.] | 96 |
| laubeidach. [Oskar Pastior] | 96 |
| Zeitweise. [R. Z.] | 97 |
| «Zur Zeit als in warme Länder». [R. Z.] | 98 |
| «Finsternis. Gerell.» [R. Z.] | 99 |
| «In Trugreichen — Traumreichen». [R. Z.] | 100 |
| «in fantasy-pantasy». [Oskar Pastior] | 100 |
| «Ich bin ein blasser Himmeling». [R. Z.] | 101 |
| «Himmliebchen, Himmliebchen». [R. Z.] | 102 |
| «himbellinster spymbellipsen». [Oskar Pastior] | 102 |
| «Ich bin ein Liebetrachter». [R. Z.] | 103 |
| «Wir lieben uns und leiben uns». [P. U.] | 104 |
| «Ein Zeitner ich». [P. U.] | 105 |
| Lächterei alter Morgenröten. [R. Z.] | 106 |
| Gelächter veralteter Morgenröten. [Chris Bezzel] | 106 |
| was ich bin. [Oskar Pastior] | 106 |
| Erfahrung. [Chris Bezzel] | 107 |
| erfahrendse. [Oskar Pastior] | 107 |
| «Gelage zweier Stürme». [R. Z.] | 108 |
| «Fest zweier Stürme». [Gerald Bisinger] | 108 |
| «Zwei abendrote Stürme». [Otto Nebel] | 108 |
| «zwo witter bamms». [Oskar Pastior] | 108 |
| «Flamme mondlichter als Haare». [R. Z.] | 109 |
| «Flamme aus den Mondlichtern der Haare». [R. Z.] | 109 |
| «Flamme mondigerer Haare». [Chris Bezzel] | 109 |
| «flammer monder alser haar». [Oskar Pastior] | 109 |
| «Feuergott! Feuergott!» [R. Z.] | 110 |
| «Feuergott und Brand». [Gerald Bisinger] | 110 |
| «feurott go feurott». [Oskar Pastior] | 110 |
| «Dir singen wir Gebärer». [R. Z.] | 111 |
| «Dir singen wir Gebär-Ass». [Chris Bezzel] | 111 |
| «kommerar tir neuerar». [Oskar Pastior] | 111 |
| «Anruf». [P. U.] | 112 |

Inhalt Teil 1 Poesie

«Oh strahlendes Willen». [P. U.] 113
«Strahlendes Dallen». [R. Z.] 113
«Leli, leidend weiße Leli». [P. U.] 114
«Das Wonnicht». [P. U.] 115
Aus der Zukunft. [P. U.] 116

**die El-Kraft im Lautleib des El.**
«Unser Kohlkopf». [P. U.] 119
«Wir im Trockenen». [P. U.] 119
«Uns ins Trockene tunken». [P. U.] 119
«Ja widjel» 120
«Ich sah». [P. U.] 120
«ei wie». [Oskar Pastior] 121
«Sah man». [P. U.] 121
Perun. [P. U. und R. Z.] 122
Perun. [Oskar Pastior] 123
Sirin. [Urs Widmer] 129
Über das S. [P. U.] 132
  I 132
  II (SE und seine Umgebung) 134
Zerlegung des Wortes. [P. U.] 140
Von den Grundeinheiten der Sprache. [R. Z.] 146
Verzeichnis. Alphabet des Geistes. [R. Z.] 150
Wörterbuch der Sternensprache. [P. U.] 153
B 155
Das Lied vom El. [P. U.] 156
Lied vom El. [Franz Mon] 157
Protokoll vom El. [Oskar Pastior] 160
das Lied vom eL. [Gerhard Rühm] 161
Terade. [Klaus Reichert] 164
Lied voll El. [P. U.] 165
Slovo o Ěl' 168
Schlaf wohl, oh Al. [Klaus Reichert] 169
Poetische Überzeugungen. [P. U.] 174
«Der Säugling ist die Plage der Mutter». [R. Z.] 177
«Mütter Marter ist das Milchkind». [P. U.] 177
«Der Matz ist die Mühsal der Mutter». [R. Z.] 177

Inhalt Teil 1 Poesie

| | |
|---|---|
| Zwei und Drei. [P. U.] | 178 |
| «Dreimal Ve, dreimal Em!». [R. Z.] | 180 |

**365 ± 48**

| | |
|---|---|
| «Ich blicke euch an, ihr Zahlen». [Hans Christoph Buch] | 183 |
| Blick auf das Jahr 1917. [P. U.] | 184 |
| Die Erzählung von dem Fehler. [R. Z.] | 185 |
| Zwei Briefe an Michail Matjušin. [P. U.] | 186 |
| Zeit Maß der Welt. [P. U.] | 189 |
| Er heute. Ufer am Himmel | 189 |
| II | 194 |
| «Zweimal wechselte». [P. U.] | 201 |
| «Versuchen wir, die Zeitgesetze zu sehen». [P. U.] | 202 |
| «Gleichungen meines Lebens». [P. U.] | 202 |
| Gleichung der Seele Gogols. [P. U.] | 203 |
| Lied. [P. U.] | 204 |
| «Irgendwann einmal wird die Menschheit». [P. U.] | 205 |
| «Trata i trud i trenie» | 206 |
| «Ausgabe und Mühe und Reibung». [R. Z.] | 207 |
| «presse arbeit reibung diese drei». [Oskar Pastior] | 208 |
| «Rachgier, Rackerei und Reibung – ihr». [P. U.] | 209 |
| «Die Freiheit kommt im Zeichen der 2». [P. U.] | 210 |
| «Wonnen des Wohlseins im Zeichen der 2». [P. U.] | 211 |
| O Eins. [R. Z.] | 212 |
| Befehle der Vorsitzenden des Erdballs. [R. Z.] | 213 |
| «Ich erkannte die Zahlen». [R. Z.] | 215 |

**Das eine Buch**

| | |
|---|---|
| «Wir wünschen die Sterne zu duzen». [R. Z.] | 219 |
| «Gejagt – von wem». [R. Z.] | 220 |
| «was jagt mich wer?» [Oskar Pastior] | 221 |
| Sieben. [Paul Celan] | 224 |
| «Wolkinnen schwammen und schluchzten». [P. U.] | 227 |
| Melancholie. [Hans Christoph Buch] | 228 |
| «Wenn Pferde sterben». [Hans Christoph Buch] | 229 |
| «Wenn der Hirsch sein Geweih». [Chris Bezzel] | 230 |
| «Das Gesetz des Ausgleichs». [Hans Christoph Buch] | 231 |

## Inhalt Teil 1 Poesie

| | |
|---|---|
| «Das Gesetz der Schaukel». [R. Z.] | 231 |
| Ha-Leute. [Hans Christoph Buch] | 232 |
| «Dummheit, Klugheit und Tollheit». [R. Z.] | 233 |
| «Dumpfe Schwätzheit». [R. Z.] | 234 |
| «Der üppigen Geschwätzigkeit». [Otto Nebel] | 234 |
| «gschwäzität». [Oskar Pastior] | 234 |
| «Lächtrige Lippen bot der küssende Tod». [R. Z.] | 235 |
| «Weder die zarten Schatten Japans». [R. Z.] | 236 |
| «Mit einer Feueraxt schlug ich Frieden». [R. Z.] | 237 |
| «Wenn Menschen verliebt sind». [Hans Christoph Buch] | 238 |
| «Wenn Menschen lieben». [Friederike Mayröcker] | 238 |
| «Die Elefanten schlugen sich». [R. Z.] | 239 |
| «Die Elefanten schlugen sich». [Friederike Mayröcker] | 239 |
| «zwei elefanten stießen im zahnkampf». [Oskar Pastior] | 239 |
| «Auf der Insel Ösel». [Hans Christoph Buch] | 240 |
| «Gemeinsam träumten wir». [Friederike Mayröcker] | 240 |
| Von der Krim was. [Gerald Bisinger] | 241 |
| Der Kranich. [Hans Magnus Enzensberger] | 244 |
| Waldesdickicht. [P. U.] | 249 |
| «Ein Schütze von schlanker Figur». [Hans Christoph Buch] | 250 |
| «Auf Blumen und Lippen». [P. U.] | 251 |
| «Ein grüner Waldschrat». [R. Z.] | 252 |
| «im geknarr der hohen stämme». [Hans Carl Artmann] | 253 |
| «Wo ein in Linden geschmückter Stiefel». [R. Z.] | 254 |
| «einsam steht mein junges ich». [Hans Carl Artmann] | 255 |
| «Der schwarze Zar». [P. U.] | 256 |
| «Mich tragen sie auf Elfenbeinen». [P. U.] | 257 |
| Gespenster. [R. Z.] | 258 |
| geisterreigen. [Gerhard Rühm] | 259 |
| Im Wald. [R. Z.] | 262 |
| «Ein sanfter Hauch». [R. Z.] | 264 |
| «Gehöft bei Nacht — dschingis-chane!» [P. U.] | 265 |
| «Heute gehe ich besessen». [R. Z.] | 266 |
| Flucht vom Ich. [R. Z.] | 267 |
| «Das Volk ergriff das höchste Zepter». [R. Z.] | 268 |
| «Ihr Untergehenden!» [R. Z.] | 269 |
| «Ihr Mächtigen, ihr nackten Frischen!» [R. Z.] | 270 |

Inhalt Teil 1 Poesie

| | |
|---|---|
| Gegenwart. [R. Z.] | 271 |
| Hunger. [R. Z.] | 272 |
| «Möge der Pflüger». [R. Z.] | 274 |
| «Zwei Wolken mitsammen». [R. Z.] | 275 |
| «Und die Wirbelrücken». [R. Z.] | 276 |
| Das eine Buch. [Paul Celan] | 277 |
| «Es versöhnt das Blau der Nächte». [R. Z.] | 279 |
| «Blau der Nächte, das versöhnet». [Otto Nebel] | 279 |
| «Die Läuse beteten mich stumpfsinnig an». [R. Z.] | 280 |
| Ich und Rußland. [R. Z.] | 281 |
| Asien. [R. Z.] | 282 |
| «O Asien! An dir leide ich». [R. Z.] | 283 |
| «Aufmerksam lese ich». [R. Z.] | 284 |
| «Seht Perser — hier komme ich». [R. Z.] | 285 |
| Passah in Enzeli. [R. Z.] | 286 |
| Eine Nacht in Persien. [R. Z.] | 288 |
| Persische Eiche. [R. Z.] | 289 |
| Die Frula Gul-mullahs. [P. U.] | 290 |
| «Noch einmal, noch einmal». [Hans Christoph Buch] | 301 |
| «Leitstern Bin ich euch». [Otto Nebel] | 301 |
| Absage. [R. Z.] | 302 |
| An Alle. [Hans Christoph Buch] | 303 |

**Razin**
| | |
|---|---|
| Umdreher. [R. Z.] | 307 |
| Nie so sein, nie so sein! [P. U.] | 308 |
| Rätsel, Nebel, Manie . . . [Oskar Pastior] | 309 |
| Razin. [R. Z.] | 310 |
| Rasin. [P. U.] | 311 |
| «Ra — wenn jemand seine Augen». [R. Z.] | 332 |

**Schramme am Himmel** [P. U.]
| | |
|---|---|
| I. Durchbruch zu den Sprachen | 335 |
| II. Batyj und PI | 336 |
| III. Lautschrift des Frühlings | 338 |
| IV. An den Erdball | 338 |
| V. Kampf (Sternensprache) | 339 |

# Inhalt Teil 1 Poesie

| | |
|---|---|
| VI. Herren und Knechte im Alphabet | 340 |
| VII. Kampf | 345 |

**Zangezi** [P. U.]

| | |
|---|---|
| Einführung | 349 |
| Der Block der Wortebenen | 350 |
| Die Vögel | 351 |
| Die Götter | 352 |
| Menschen | 354 |
| «Tafeln des Schicksals» | 355 |
| Wortebene V | 357 |
| Ebene VI | 358 |
| «Er und Ka» | 359 |
| Ebene VIII («Sternensprache») | 363 |
| Gedankenebene IX («Glockenläuten auf UM») | 366 |
| Ebene X («Macher, komm!») | 369 |
| «Die Götter fliegen davon» | 371 |
| «Das Alphabet» | 372 |
| Ebene XIII | 373 |
| «Hört!» (Ebene XIV) | 375 |
| «Die Lieder in Lautschrift» (XV) | 377 |
| Die Fallsucht | 378 |
| Ebene XVII («Drei») | 380 |
| Ebene XVIII | 381 |
| «Das Pferd» | 387 |
| Lustige Stelle | 390 |

**Anhang**

| | |
|---|---|
| Anmerkungen | 393 |

## Inhalt Teil 2 Prosa Schriften Briefe

**Mein Eignes.**
**Vorwort zu einer nicht erschienenen Ausgabe**     9

**Weltvomende. Zwei Stücke**
Weltvomende     15
Frau Lenin     21

**Kinder der Otter. Frühe Prosa**
Tiergarten     27
Jüngling Ich-Welt     31
Eine einfache Geschichte     31
Ausflug aus dem Grabhügel des toten Sohns     32
Der Jäger Usa-Ghali     33
Nikolaj     35
«... Und da wollte ich weggehen»     41
Die Kinder der Otter     42

**Lehrer und Schüler**
«Möge man auf meiner Grabplatte lesen»     67
Lehrer und Schüler     69
«Die deutsche Wissenschaft»     81
[Gespräch zwischen zwei Personen]     81
Streit um die Priorität     85
Notizen     88
Gespräch zwischen Oleg und Kazimir     89
Nachwort zu «I und E»     91
[Über die Erweiterung der Grenzen der
russischen Literatur]     92
[Vom Nutzen des Studiums von Märchen]     93
[Über die Brodniki]     95
Schmutziger Schaum     96
«Das Ohr des Wortners»     96
Der nichtveröffentlichte Aufsatz     99

**Eine Ohrfeige dem öffentlichen Geschmack**
«Wir wollen die Jungfrau des Wortes»     105
«Wir erheben Anklage»     106

Inhalt Teil 2 Prosa Schriften Briefe

[Eine Ohrfeige dem öffentlichen Geschmack] 107
[Richterteich] 108
[Über Kunstwerke] 109
Das Wort als solches 115
Der Buchstabe als solcher 116
[Polemische Notizen aus dem Jahre 1913] 117
[Der Brüllende Parnaß] 118
I 118
II — Schert euch zum Teufel! 119
«Heute werden sich manch Einheimischer ...» 120
! des Budetljanin 120

**Ka**
Ein Traum 125
«Ich ging zu Aschoka» 126
«Wir nahmen $\sqrt{-1}$ und setzten uns in ihr an den Tisch» 126
Ka 127
Die Kappe des Skythen 145
«Wieder ging ich die gelben, ausgetretenen Schneepfade» 153
$Ka^2$ 156
«Čao plätscherte durchs Gehör» 167
Esir 169

**Zeit, Maß der Welt**
Neue Lehre vom Krieg 187
Zeit, Maß der Welt 206
Er heute. Ufer am Himmel 206
II 211
Blatt I von 317 218

**Wir, die Vorsitzenden des Erdballs**
Vorschläge 227
Wir und die Häuser 233
Lebedija der Zukunft 243
Brief an zwei Japaner 245
«Man kann baden in der Menge der Tränen ...» 248
Trompete der Marsianer 249

Inhalt Teil 2 Prosa Schriften Briefe

Lanze in die Zukunft — 253
Aufruf der Vorsitzenden des Erdballs — 256
«Nur wir, die wir eure drei Kriegsjahre . . . » — 258
Thesen für ein öffentliches Auftreten — 263
«Wir, die Vorsitzenden des Erdballs» — 264
Bund der Erfinder — 265
Eröffnung einer Volksuniversität — 267
Rede in Rostov am Don — 269
Radio der Zukunft — 270
An Alle! Alle! Alle! — 274

**Aus der Zukunft**
«Aufmerksamkeit. Eine Straße der Zukunft» — 279
Vor dem Krieg — 280
Oktober an der Neva — 285
«Niemand wird bestreiten . . . » — 291
«Von gewissen Gebieten des Erdballs heißt es . . . » — 294
«Die Heringsfässer der Großstädte» — 296
«Worauf sitzt du? — Auf einem Leichnam.» — 298
Felsen aus der Zukunft — 299
«Rauhe Schönheit der Berge» — 302
«Ja, was denn? Was ist denn das?» — 303
Razin. Zwei Troizen — 304

**Gamma des Budetljanin**
[An die Maler der Welt] — 311
«Man sagt, Gedichte müßten verständlich sein» — 316
[Über zeitgenössische Lyrik] — 318
Unsere Grundlage — 321
In der Welt der Ziffern — 336

**Auszüge aus den Tafeln des Schicksals**
Blatt 1 — 343
Blatt 2 — 360
Blatt 3 — 382
Befehle der Vorsitzenden des Erdballs — 399

Inhalt Teil 2 Prosa Schriften Briefe

**Notizen**
[Aus den Notizbüchern] 403

**Autobiographisches**
I 415
II 416
«Muß man eine Erzählung mit der Kindheit beginnen?» 417
Der Weidenzweig 420
[Aus dem Tagebuch] 421

**Briefe**
1. E. N. und V. A. Chlebnikov 433
2. E. N. und V. A. Chlebnikov 433
3. E. N. und V. A. Chlebnikov 434
4. Vjačeslav Ivanov 435
5. V. V. Chlebnikova 435
6. V. A. Chlebnikov 436
7. V. A. Chlebnikov 436
8. E. N. Chlebnikova 437
9. E. N. Chlebnikova 437
10. Vasilij Kamenskij 438
11. E. N. Chlebnikova 439
12. V. A. Chlebnikov 439
13. E. V. Chlebnikova 440
14. Vjačeslav Ivanov 440
15. Vasilij Kamenskij 443
16. V. A. Chlebnikov 445
17. E. N. Chlebnikova 445
18. A. V. Chlebnikov 446
19. V. A. Chlebnikov 446
20. Michail Kuzmin 447
21. V. V. Chlebnikova 447
22. An die Familie Chlebnikov 447
23. A. V. Chlebnikov 448
24. E. V. Chlebnikova 448
25. V. A. Chlebnikov 449
26. V. A. Chlebnikov 450

Inhalt Teil 2 Prosa Schriften Briefe

| | |
|---|---|
| 27. A. V. Chlebnikov | 450 |
| 28. Michail Matjušin | 450 |
| 29. V. V. Chlebnikova | 452 |
| 30. Elena Guro | 452 |
| 31. An die Familie | 454 |
| 32. E. N. Chlebnikova | 454 |
| 33. V. A. Chlebnikov | 455 |
| 34. Andrej Belyj | 455 |
| 35. E. V. Chlebnikova | 455 |
| 36. V. A. Chlebnikov | 456 |
| 37. Michail Matjušin | 456 |
| 38. Michail Matjušin | 457 |
| 39. An den Schatten V. V. Chlebnikovs | 458 |
| 40. B. L. Chlebnikov | 459 |
| 41. Aleksej Kručonych | 459 |
| 42. Elena Guro | 461 |
| 43. Michail Matjušin | 462 |
| 44. Michail Matjušin | 464 |
| 45. Michail Matjušin | 465 |
| 46. Aleksej Kručonych | 465 |
| 47. Aleksej Kručonych | 466 |
| 48. Aleksej Kručonych | 467 |
| 49. Aleksej Kručonych | 468 |
| 50. Aleksej Kručonych | 469 |
| 51. Nikolaj Burljuk | 470 |
| 52. Offener Brief | 472 |
| 53. Vasilij Kamenskij | 472 |
| 54. Nadežda Nikolajeva | 474 |
| 55. Nadežda Nikolajeva | 474 |
| 56. Nadežda Nikolajeva | 474 |
| 57. Nadežda Nikolajeva | 475 |
| 58. Michail Matjušin | 475 |
| 59. Michail Matjušin | 477 |
| 60. Michail Matjušin | 479 |
| 61. Michail Matjušin | 481 |
| 62. Aleksandr Belenson | 482 |
| 63. Michail Matjušin | 482 |

## Inhalt Teil 2 Prosa Schriften Briefe

| | |
|---|---:|
| 64. Michail Matjušin | 483 |
| 65. E. V. Chlebnikova | 484 |
| 66. An die Familie Chlebnikov | 484 |
| 67. Vasilij Kamenskij | 485 |
| 68. Nikolaj Asejev | 486 |
| 69. E. N. Chlebnikova | 486 |
| 70. E. N. Chlebnikova | 486 |
| 71. Grigorij Petnikov und Nikolaj Asejev | 487 |
| 72. Michail Matjušin | 488 |
| 73. Grigorij Petnikov | 488 |
| 74. Michail Matjušin | 488 |
| 75. Grigorij Petnikov und Nikolaj Asejev | 489 |
| 76. Gregorij Petnikov | 489 |
| 77. Nikolaj Kulbin | 490 |
| 78. Nikolaj Kulbin | 492 |
| 79. Grigorij Petnikov | 493 |
| 80. An die Familie Chlebnikov | 493 |
| 81. Grigorij Petnikov | 494 |
| 82. E. N. Chlebnikova | 494 |
| 83. E. N. Chlebnikova | 495 |
| 84. Grigorij Petnikov | 496 |
| 85. Michail Matjušin | 497 |
| 86. Michail Matjušin | 498 |
| 87. Michail Matjušin | 498 |
| 88. Grigorij Petnikov | 498 |
| 89. Grigorij Petnikov | 499 |
| 90. V. V. Chlebnikova | 499 |
| 91. Osip Brik | 501 |
| 92. Osip Brik | 502 |
| 93. Vasilij Ermilov | 503 |
| 94. Vladimir Majakovskij | 503 |
| 95. Vladimir Majakovskij | 504 |
| 96. Vsevolod Mejerchold | 504 |
| 97. Vasilij Ermilov | 505 |
| 98. E. N. Chlebnikova | 505 |
| 99. V. V. Chlebnikova | 506 |
| 100. E. N. und V. V. Chlebnikova | 508 |

Inhalt Teil 2 Prosa Schriften Briefe

101. An die Familie Chlebnikov 509
102. V. A. Chlebnikov 509
103. E. N. und V. V. Chlebnikova 511
104. Lilija Brik 511
105. Pjotr Miturič 512
106. E. N. Chlebnikova 513
107. Aleksandr Davydov 514

**Anhang**
Anmerkungen 517
Bibliographie 558

**Nachwort** 567

**Register** 621